KB241254

과거제도 형성사

**황 제 와
사 인 들 의
줄 다 리 기**

과거제도 형성사

황제와 사인들의 줄다리기

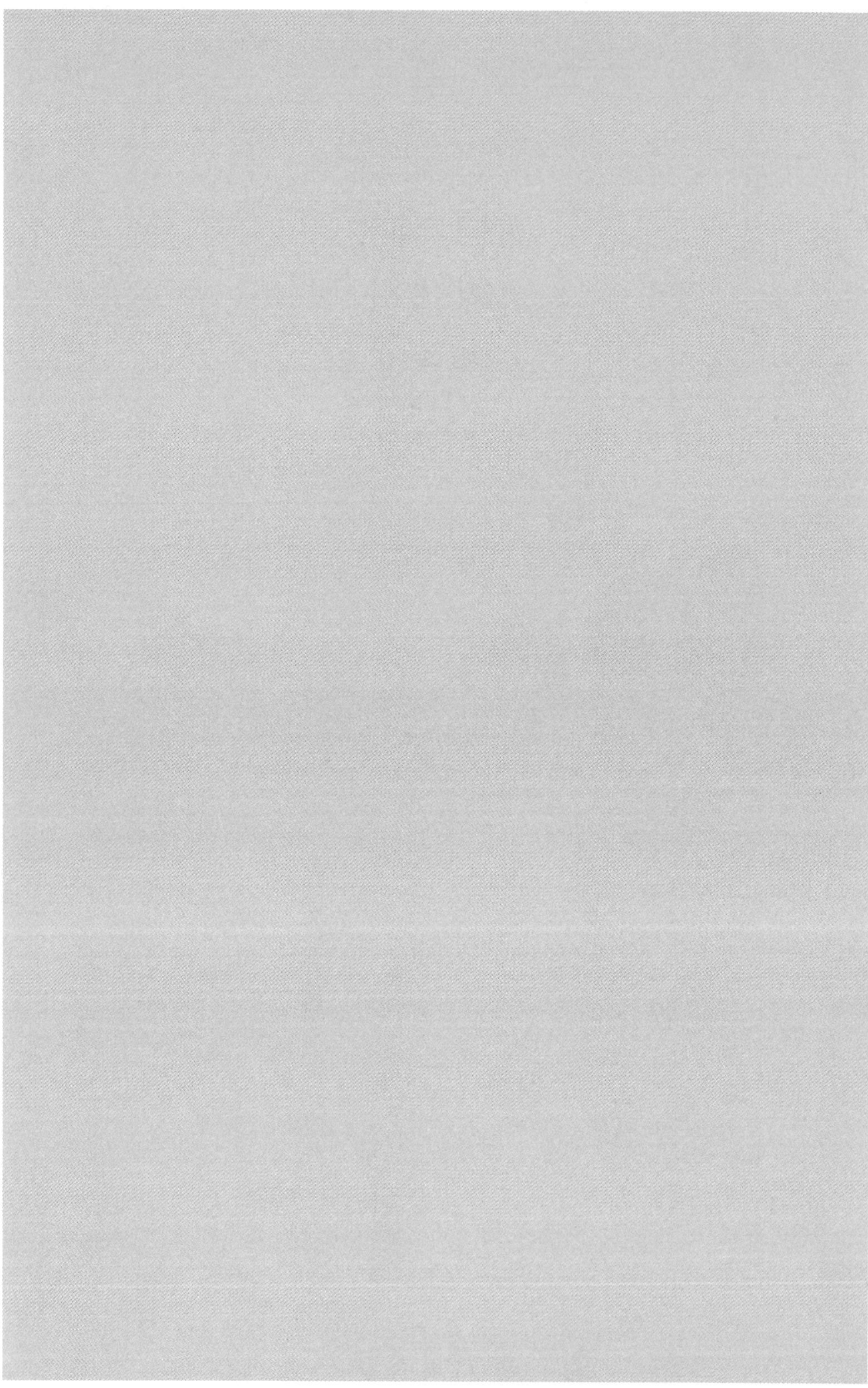

전언

역사에 조금이라도 관심을 가진 이라면 과거제도(科擧制度)를 모를 리 없다. 이것을 처음 만든 중국은 물론 한국에서도 과거가 오래도록 주요한 관인 선발 방식이었기 때문이다. 실제로 이를 통해 뽑힌 사람들이 당해 시대의 주역이었다고 해도 과언이 아니다. 그리고 시험을 위주로 한 이 제도의 공정성 덕분에 그 지역이 일찍부터 개인의 능력을 중시하게 되었다는 것도 익히 알려져 있다. 따라서 과거를 시행했던 곳에서는 이 제도를 자부하며 자랑스럽게 기억할 만하다.

이처럼 역사적으로 중요한 과거제도를 누가, 언제, 왜, 어떻게 만들었는가? 이에 관한 명확한 기록이 없다. 과거가 너무도 근본적인 변화와 연계되었기에, 특정한 몇 차례 조처로써 실현 불가능한 제도였던 까닭일까? 그렇다면 이것은 어느 때, 얼마나 긴 기간에 걸쳐 생겨났을까? 그리고 이 획기적인 개혁의 과정을 주도한 세력은 누구였고, 이에 협조하거나 저항한 이들은 누구였을까? 숱한 질문들이 잇따른다. 물론 이러한 문제들은 학계의 큰 관심거리였던 만큼 이미 많은 연구가 나와 있다. 그러나 필자에게 기존의 성과는 일면 수긍되면서도 온전히 동의하기 힘든 부분이 적지 않다.

기실 과거의 개념부터 의문이다. 송대(宋代)까지 이 제도가 보통 한대(漢代) 이래 존재하던 '공거(貢擧)'란 명칭으로 불렸다. 따라서 전통적인 찰거(察擧)나 황제가 임의적으로 실시해 온 제거(制擧)가 애초에 이것과 그다지 엄밀하게 구분되지 않았던 듯하다. 그러나 후대의 과거는 분명히 자발적인 일반민 응시자를 정기적으로 시험해서 관인을 선발한 상거(常擧), 특히 진사과(進士科) 중심으로 귀착되었다. 왜 하필 진사과였는가?

진사과란 이름은 시험 내용을 명시하지 않으므로 그 성격에 가변성이 클 수 있다. 이 점에서 상거를 대표하는 또 다른 과목인 명경과(明經科)와 확실히 다르다. 그렇다면 다시 묻게 된다. 당시 체제 이념은 유학(儒學)과 직결되고, 이를 시험한 명경과가 관인 선발 과목으로서 더 중요하지 않을까? 관학(官學)에서의 교육도 경학 중심이었는데 말이다. 하지만 문학적 소양 위주의 시험으로 정착해 간 진사과는 점차 중요해져서 당후기(唐後期)에 이르러 거의 독존적 지위를 차지한다. 그리고 중앙 조정의 역할이 축소된 이 시기에 과거가 확고부동한 관인선발제도로 자리 잡은 것도 사실이다. 이러한 과거제도의 전개 과정은 정말 왕조권력의 의도에 부합하는 것이었을까?

이와 같은 물음들은 계속 꼬리를 물고 이어진다. 과거가 단지 관인을 선발하기 위한 제도였다면, 이부(吏部)에서 이를 관할함이 당연하지 않은가? 그런데 본래 이부에서 주관했던 것을 왜 당 현종(玄宗)은 구태여 예부시랑(禮部侍郎)의 책임으로 바꾸었을까? 뿐더러 언뜻 납득되지 않는 이런 방식이 청말(淸末)까지 기본적으로 변함없이 유지될까? 이에 대한 역사학의 설명은 오로지 사료에 충실히 의거하면 된다. 하지만 여기에도 어려움이 존재한다. 과거 관련 문헌들 대부분 진사과에 응시하거나 급제했던 사람들의 손으로 쓰인 탓이다. 이 기록들은 대개 자신들의 명예로운 정체성(正體性)과 긴밀히 연관되어 있는데, 그 속에 나오는 진술을 곧이곧대로 믿어도 좋을지? 사료에 밀착해서 연구를 진행하더라도, 각별히 조심스러운 태도가 필요한 이유이다.

이처럼 갖가지 의문과 난점에도 불구하고, 지금까지 우리들은 과거를 너무 쉽게 규정하고 또 평가해 왔지 않았던가? 혹 이 제도의 역사적 중요성을 미리 전제하고, 그 성격을 섣불리 예단해 버린 경향은 없었는지 우려된다. 이러한 문제의식에 입각하여, 필자는 과거제도를 철저하게 재검토하고자 한다. 물론 이 모든 궁금증을 일거에 해소하는 일은 불가능하다. 무엇보다 먼저 과거라는 새로운 제도가 언제 또 어떻게 만들어졌는가, 과거제도의 초창기와 관련된 진부한 질문부터 거듭 제기해 보고 싶다. 본서는 이에 대한 필자 나름의 답변이다.

성균관대학교(成均館大學校) 연구실에서

하원수

목 차

제3부 과거제도의 확립

|제1장| 현종 시기 과거의 제도적 완비

|제2장| 현종 시기 과거를 둘러싼 현실

|종 장|

|그림 목록|

일러두기

1. 본문은 한글로 쓰고, 각주에서는 한자와 외국어 원문을 그대로 적었다.
2. 인용한 사료들은 믿을 만한 학계 통용본을 사용하되, 가급적 빠른 시기의 독립된 서적을 이용하였다. 예를 들어 『전당시(全唐詩)』와 『전당문(全唐文)』 편찬 이전에 믿을 만한 문헌이 남아 있을 경우 그것을 사용하였다.
3. 사료 문헌의 편명은 그 전체를 적는 것을 원칙으로 하였다. 다만 편명의 상·하 등과 같은 구분은 권수만으로도 그 소재가 확정된다면 적지 않았고, 편명이 여러 단계로 나뉘어져 너무 길 경우 그 처음과 끝만 밝히기도 했다.
4. 사료집에 실린 긴 명칭의 묘지 등은 『서명』과 해당 글이 실린 쪽수 혹은 일련번호만을 표시하였다. 또한 표 등에서 공간이 부족할 경우 각각 '『서명』(약칭 가능)-쪽수 숫자' 혹은 '『서명』(약칭 가능)=번호 숫자'로 정리했다.
5. 번역된 인용문의 정확한 내용 전달이 필요할 경우 본문이나 각주에 그 원문을 제시하였다. 각주에서는 혹 번역문의 문맥을 뚜렷이 하고자 번역되지 않은 구절까지 함께 밝히기도 했다.
6. 원문의 제시는 기본적으로 근거한 문헌에 따르되, 백문(白文)의 경우 표점을 하였다. 간혹 다른 서적이나 판본과 비교할 때 필요하다고 생각되는 부분에 설명을 덧보태었으나, 표점처럼 사소한 문제는 인용자의 판단에 따라 그냥 수정한 곳도 있다.
7. 원문 자체에 있는 주는 〈 〉 안에 적고, 그 번역문도 같은 방식으로 표시하였다.
8. 한자는 한국에서 통용되는 정자(正字)로 쓰는 것을 원칙으로 하였다. 따라서 출토문헌에 자주 보이는 이체자(異體字), 이형자(異形字)의 경우 대부분 그 대표자(代表字)로 바꾸었다.
9. 본문에 나오는 인물은 서력 기준으로 생몰년을 밝혔다. 단 음력 연말의 경우 양력으로 환산하면 해가 바뀔 수 있는데, 이것까지 고려하지는 않았다. 예컨대 설원초(薛元超)의 경우 광택(光宅)1년 12월에 사망하였으나, 몰년을 광택1년의 서력 연도인 684년으로 적었다.

사인士人의 눈으로 과거제를 보다

一

서장

1. 과거제도에 대한 기존의 이해

과거제도를 간략히 설명할 때 통상 '시험으로써 관인을 뽑는 제도'라고
한다. 대체로 동의할 만하다. 물론 과거에 합격한다고 해서 바로 관직을
주지는 않았으므로, 이 점에서 그 이전의 방법 즉 찰거(察擧)의 상례(常例)
와 다르다. 하지만 이것이 일반민들에게 관인의 임용 자격으로 요긴했던
이상 관인선발제도라고 불러도 크게 틀리지 않을 것이다. 그리고 과거는
추천 위주의 찰거와 확실히 대비된다. 게다가 자발적으로 응시한 시험이
기에 추천보다 훨씬 개방적·객관적인 방법으로 생각되며, 과거제도의
획기적 의의를 보통 여기에서 찾는다.[1]

그런데 이 제도의 역사적 중요성과 관련해 반드시 짚고 넘어가야 할
문제가 있다. 과거를 처음 만든 중국에서는 관인의 위상이 유달리 높았
다는 사실이 그것이다. 이들은 '직위(職位, position)'만이 아니라 '품위(品位,

---

[1] 한국인들에게 이 정도의 과거제도 설명은 거의 상식에 속할 것이다. 고려 초부터 조선
말까지 900년 이상 과거를 시행하였으므로, 이 제도에 대한 사회적 관심이 크기 때문이
다. 1980년 전국역사학대회의 공동토론 주제가 '과거'였고(역사학회 편, 『科擧』, 서울,
일조각, 1981 참조), 『한국사시민강좌』 46, 2010에서 '한국사에 펼쳐진 과거제'를 특집
으로 삼았던 사실이 이를 단적으로 보여준다.

personal rank)'까지 지닌, 일반 평민과 다른 일종의 '신분(身分)'이었다.[2] 이런 관인은 동아시아 역사세계 밖의 사람들에게 매우 낯선 존재였다.[3] 따라서 구미(歐美) 연구자들이 일찍부터 중국 특유의 관료제에 주의를 기울였으며, 혹 중국 사회를 '항구적 관료제'로 특징짓기조차 하였다.[4]

관인이 이처럼 중요했던 만큼 그 선발 제도에 대한 사회적 관심 또한 지대하였다. 선발자인 왕조의 입장에서 당연히 그러하였을 테지만, 관인이 되려는 피선발자(被選拔者)들도 여기에 골몰할 수밖에 없었다. 춘추전국(春秋戰國)시대의 변혁기를 거치며 사민(四民)의 최상층이 된 '사(士)' 곧 사인(士人)들이 그 핵심 당사자이다. 한대의 찰거 대상은 "사"로 통칭되었고,[5] 과거제도 폐지의 가장 큰 피해자 역시 그들이었기 때문이다.[6] 관인의 선발은 전통사회에 지대한 영향력을 가진 두 세력, 즉 황제를 정점에 둔 조정과 입사(入仕) 가능한 사인들의 복잡한 이해관계가 뒤얽힌 교착점

2　이 문제와 관련하여 閻步克의 많은 精致한 연구들이 있는데, 그의 기본 관점은 『中國古代官階制度引論』(北京, 北京大學出版社, 2010)의 제1장에 명료하게 설명되어 있다.

3　이를 잘 보여주는 것이 중국에 잠시 체류했던 포르투갈 선교사 Gaspar da Cruz의 『中國誌』이다. 1569~1570경에 출판된 이 책은 유럽에서 최초로 공간된 중국 전문서적인데, "국왕으로부터 어떤 관직·지휘권 내지 권위를 받은 사람"을 "Louthia"(老爹의 음역)라고 부르며 상당한 편폭을 할애해서 설명하기 때문이다. 여기에는 간략하나마 과거제도에 대한 언급도 있다. 日埜博司 역, 『クルス『中國誌』: ポルトガル人宣敎師が見た一六世紀の華南』(東京, 新人物往來社, 1996)의 제16~19장, 특히 157쪽의 역주1)과 161~162쪽 참조.

4　E. Balazs, "China as a Permanently Bureaucratic Society"(발표 1957), A. Wright 편, H. Wright 역, *Chinese Civilization and Bureaucracy: Variations on a Theme*(New Haven 등, Yale University Press, 1964), 13~21쪽. 이 책에 실린 "Significant Aspects of Chinese Society"(강연 1952)도 이와 유사한 논지이다.

5　福井重雅, 『漢代官吏登用制度の研究』(東京, 創文社, 1988), 377쪽.

6　이와 관련된 선구적 연구로 余英時의 「中國知識分子的邊緣化」, 『二十一世紀』 6, 1991과 "The Radicalization of China in the Twentieth Century", *Daedalus* 122-2, 1993이 있다. 羅志田도 「科擧制的廢除與四民社會的解體」, 『淸華學報』(新竹) 新25-4, 1995; 「淸末科擧制改革的社會影響」, 『中國社會科學』 1998-4; 『近代中國社會權勢的轉移: 知識分子的緣邊化與緣邊知識分子的興起』(武漢, 湖北人民出版社, 1999) 등 일련의 연구를 통해 이러한 사실을 더욱 소상히 밝혔다.

(交錯點)이었던 것이다.[7]

　따라서 관인선발제도의 변화는 비단 관인의 선발 문제로만 그치지 않으며, 좀 더 거시적인 시각에서 살펴볼 필요가 있다. 진(秦)·한(漢) 제국부터 청말(清末)까지를 '선거사회(選舉社會, selection society)'로 규정하는 연구가 그 좋은 예이다. 이 시기 사회의 "기본구조"인 "유동(流動)"은 당시 "선거"로 일컬어진 관인 선발 방식의 산물이란 것이다.[8] 또 이 선거의 방법들 가운데 개방성과 객관성이 컸던 것이 과거이고, 이 제도가 확고해진 송대(宋代)를 '과거사회(科舉社會)'로 명명하는 연구자들도 적지 않다.[9] 통상 과거제도가 처음 등장한다고 여겨지는 수(隋)·당(唐) 시기가 곧 분열을 끝내고 통일제국이 재건된 새로운 시대란 것도 결코 우연이 아니라고 하겠다.[10]

　중국사에서 관인선발제도가 이와 같이 중요한 까닭에 관련 연구는 방대하고, 과거제도로 그 범위를 좁히더라도 마찬가지이다. 세계 각지에 연구자가 존재하며, 근래 중국에서는 여러 전공 영역을 아우르는 '과거학(科舉學)'이란 독자적 학문 분야의 필요성마저 거론될 정도인 것이다.[11] 그

7　예컨대 B. Elman, *A Cultural History of Civil Examinations in Late Impereial China* (Berkeley 등, University of California Press, 2000)은 明·清 시기 과거제도에서 王朝와 "紳士-文人 엘리트(gentry-literati elite)"의 상호 관계를 중시하는데, 중세 이래의 "과거 시장(examination market)"이 왕조와 "발전해 가는 엘리트(evolving elite)"에 의하여 유지되었다고도 한다(xix쪽). Elman의 후속 연구인 *Civil Examinations and Meritocracy in Late Imperial China*(Cambridge 등, Harvard University Press, 2013)의 관점 역시 기본적으로 동일하다.

8　何懷宏, 『選舉社會: 秦漢至晚清社會形態研究』(北京, 北京大學出版社, 2011). 이 책은 저자의 『世襲社會及其解體: 中國歷史上的春秋時代』(北京, 三聯書店, 1996) 후속편으로 집필된 『選舉社會及其終結: 秦漢至晚清歷史的一種社會學闡釋』(北京, 三聯書店, 1998)을 수정·보완한 것이다.

9　대표적인 사례로서 近藤一成, 『宋代中國科舉社會の研究』(東京, 汲古書院, 2009)와 梁庚堯, 『宋代科舉社會』, (臺北, 臺灣大學出版中心, 2015)를 들 수 있다.

10　과거제도의 실질적인 영향력 강화 시기는 논란이 있다. 하지만 모든 唐代史 개설서에서 이 문제를 중시하고 있음에서 드러나듯이, 이것이 통일제국으로서 당의 역사에 중요한 역할을 한 것은 의문의 여지가 없다.

러므로 복잡다단하게 전개된 과거제도 연구사에 대한 개관은 전문적인 소개 글들로 미룬다.[12] 하지만 여기에서 하나 분명히 지적해 두고 싶은 사실은 지역별 연구 경향의 차이이다.

먼저 중국학계를 보면, 과거제도와 연관된 다양한 연구들 속에서 특히 그 초창기 상황에 대한 각별한 관심이 돋보인다. 최초의 시대별 전저(專著)가 1954년 대만(臺灣)에서 간행된 『당대고선제도고(唐代考選制度考)』란[13] 사실이 그 명증이다. 대륙에서도 1980년대에 과거제도의 평가가 긍정적으로 바뀌면서 연구자들이 늘어나는데,[14] 그 중심에 당대의 과거가 존재한다.[15] 어떤 제도든 그 연원의 파악이 역사학에서 주요 과제이겠지만,

---

11 劉海峰은 「"科擧學" 芻議」, 『廈門大學學報』 1992-4에서 처음으로 '科擧學' 개념을 제시하여 다양한 전공자들에 의한 과거제도 연구의 심화 가능성을 주장하였다. 이후 그는 『科擧制與科擧學』(貴陽, 貴州敎育出版社, 2004); 『科擧學導論』(武漢, 華中師範大學出版社, 2005) 등을 통해 자신의 논리를 발전시킴과 동시에 科擧學을 내세운 대규모 학술회의를 주도하며 그 영향력을 확대시켜 나갔다. 2005년부터 2021년 초 현재까지 19차례에 걸친 이 회의는 일본(제4차)·대만(제7차)·미국(제18차)에서 개최된 적이 있고, 중국에서 열릴 때도 대부분 외국 연구자들이 참가하는 국제회의 형태를 취한다.

12 과거제도의 전반적인 연구사는 전게 劉海峰, 『科擧學導論』에 잘 소개되어 있다. 이밖에 何忠禮, 「二十世紀的中國科擧制度史硏究」, 『歷史硏究』 2000-6; 劉海峰, 「前言」, 『二十世紀科擧硏究論文選編』, 陳文新 주편, 『歷代科擧文獻整理與硏究叢刊』(武昌, 武漢大學出版社, 2009 所收); 楊瑩瑩, 「十年來我國科擧學硏究述評」, 『敎育與考試』 2014-5도 참고할 만하다. 그리고 侯美珍, 「臺灣的科擧學」, 『廈門大學學報』 2013-6과 池田溫, 「科擧一瞥」, 笠谷和比古 편, 『官僚制と封建制の比較文明史的考察(公家と武家4)』(東京, 思文閣, 2008)은 대만과 일본 학계의 동향 이해에 도움을 준다. 아울러 『科擧學論叢』 잡지는 2009년 이후 거의 매년 중국에서 나온 과거 관련 연구서와 논문들의 목록을 제공하여 유용하다.

13 章群의 이 책은 臺北의 中央文物供應社에서 출판되었다.

14 中華人民共和國 초기에 과거를 封建的인 제도로 폄훼하여 역사학계도 이 문제에 별로 관심이 없었다. 淸末의 과거 급제자 商衍鎏의 『淸代科擧考試制度述錄』(北京, 三聯書店, 1958) 등이 나왔지만 대만처럼 연구가 많지 않은 것이다. 文化大革命 시기에는 더욱 그러하다가, 1980년대에 들어서야 程千帆의 『唐代進士行卷與文學』(上海, 上海古籍出版社, 1980)과 같은 본격적인 연구서들이 다수 간행되기 시작하였다.

15 전술했듯이 '科擧學'을 주창하여 현재 중국의 과거제도사 연구를 이끌고 있는 劉海峰은 원래 韓國磐의 지도를 받은 唐代史 전공자로서, 박사학위논문이 『唐代敎育與選擧

중국 학계의 이러한 양상은 나름의 연유가 있는 듯하다.

　기실 19세기 중엽 이래 총체적 위기에 빠진 중국에서는 자신들의 전통적인 제도에 대한 부정적인 인식이 강하였다. 그런데 쑨원(孫文)은 조금 달랐다. "고선(考選)" 즉 시험을 통한 관인 선발은 "중국이 처음 만든" 제도이고, 이것을 청조 타도 후 수립할 새로운 정치체제의 근간으로 삼아야 한다고 주장했기 때문이다.[16] 이는 서구(西歐)의 삼권분립론(三權分立論)에 고시권(考試權)·감찰권(監察權)을 추가한 오권분립론으로 발전해서 1928년 고시원(考試院)이라는 중화민국 특유의 관청을 낳았다. 이처럼 소위 '근대 민족국가(nation)' 건설 과정에서 중시된 시험제도의 근거는 물론 과거였으며, 과거제도를 주로 "고시"라고 일컫던 당시 양자가 동일시되는 분위기였다.[17]

　과거제도에 관한 학술적 연구의 선구자인 덩쓰위(鄧嗣禹) 또한 이와 같은 시대적 분위기를 잘 보여준다. 그는 과거를 시험제도와 등치시켜 그 기원을 수·당 시기에서 찾았고,[18] 후대까지 확장된 자신의 연구를 국민정부고시원(國民政府考試院)에서 『중국고시제도사(中國考試制度史)』라는 이름으로 1936년에 출판했던 것이다.[19] 그 뒤 도미(渡美)한 덩쓰위는 서양에 미친 과거의 영향에 관한 논문을 썼는데, 이 글의 첫머리에도 쑨원이 언

制度綜論』(臺北, 文津出版社, 1991)이다. 최근 중국에서『中國科擧制度通史』(上海, 上海人民出版社, 2015)가 隋唐五代·宋·遼金元·明·淸 총 5卷으로 출간되었는데, 이 중 '隋唐五代卷'이 가장 두꺼운 것도 이러한 학계 상황의 반영일 듯하다.

16　孫文, 「在東京『民報』創刊周年慶祝大會的演說」(1906.12.2.), 『孫中山全集(1)』(北京, 中華書局, 1981), 330~331쪽.

17　20세기 초의 이와 같은 상황은 졸고 「科擧制度의 多重性: 傳統의 近代的 解釋과 관련한 一試論」, 『사림』 39, 2011, 59~63쪽에서 상술하였다.

18　鄧嗣禹, 「中國科擧制度起源考」(원간 1934), 전게 劉海峰 편, 『二十世紀科擧研究論文選編』

19　鄧嗣禹, 「中國考試制度史新序」, 『中國考試制度史』(臺北, 學生書局, 1982. 원간 1966), 1쪽.

급된다.[20] 이와 같이 세계 최초로 필기시험을 시행했다는 민족적 긍지로 촉발된 중국의 과거제도사 연구는 계속 학계에서 공명(共鳴)되며,[21] 이러한 입장에서 볼 때 선진적(先進的)인 이 제도의 창치(創置) 자체가 무엇보다 중요한 문제일 수밖에 없다.

그런데 여타 지역의 학계는 송대 이후의 과거제도에 더욱 큰 관심을 보인다. 지금까지 한국에서 '과거'를 표제로 단 중국사 연구서는 송대에 관한 것이 대부분이고,[22] 일본과 구미의 경우도 당대와 관련된 전저가 거의 없다.[23] 사실 세계적으로 가장 유명한 과거제도 개설서는 미야자키 이치사다(宮崎市定)의 『과거: 중국의 시험지옥』일 터인데, 이 책은 과거의 제도적 출현 과정은 간략히 처리하는 대신 청대(淸代)를 중심으로 그 운용 방식과 사회적 기능을 설명하는 데 주력하였다.[24]

미야자키가 과거제도의 초창기보다 후대에 초점을 맞춘 까닭이 풍부

---

20 Ssu-yü Teng, "Chinese Influence on Western Examination System", *Harvard Journal of Asiatic Studies* 7-4, 1943, 267~270쪽.

21 일찍이 錢穆은 과거제도를 개관하면서 "考試" 곧 시험이 "中國土貨"란 점을 강조하였고(「中國歷史上之考試制度」(원간 1951), 전게 劉海峰 편, 『二十世紀科學研究論文選編』), 최근의 '科學學' 연구자들도 이것이 "中國的偉大發明"이란 점을 자랑스럽게 여긴다(楊學爲, 「中國需要"科學學"」, 『廈門大學學報』 1999-4).

22 한국 저작은 배숙희의 『송대 과거제도와 관료사회』(서울, 삼지원, 2001)가 유일하고, 번역서의 경우도 통시대적인 개설서를 제외하면 何炳棣, 조영록 등 역, 『중국과거제도의 사회사적 연구』(서울, 동국대학교출판부, 1987. 원간 1962); John Chaffee, 양종국 역, 『송대 중국인의 과거생활』(서울, 신서원, 2001. 원간 1985); 李弘祺, 강길중 역, 『송대 관학교육과 과거』(진주, 경상대학교출판부, 2010. 원간 1985)만 존재한다.

23 관견에 의하면, P. Herbert, *Examine the Honest, Appraise the Able; Contemporary Assessments of Civil Service Selection in Early T'ang China*(Canberra, Australian University Press, 1988)와 O. Moore, *Rituals of Recruitment in Tang China*(Leiden 등, Brill, 2004)가 그 희소한 예이다. 하지만 이 책들은 과거의 제도적 기원 문제에 연구의 초점을 맞추지는 않았다.

24 宮崎市定의 이 책은 1963년 초판(東京, 中央公論社)이 나온 뒤 2003년에 다시 신판이 간행되었다. 이 둘 모두 한국에서 중국사연구회(서울, 청년사, 1993)와 전혜선(고양, 역사비평사, 2016)의 번역으로 소개되었다.

한 사료 때문만은 아니다. 과거의 역사적 특성이 송대 이후의 중국 사회 구조와 직결된다고 생각했던 것이다. 과거제도에 대한 그의 첫 저작에서 과거가 객관적 시험으로써 귀족제(貴族制)를 종식시켰을 뿐더러, 송대에 이르러 황제가 주관한 전시(殿試)로 인하여 "천자독존(天子獨尊)이라는 근대지나(近代支那)의 풍격(風格)"을 낳았음을 강조하였다.[25] 이와 같은 인식은 미야자키가 속한 교토학파(京都學派)의 '당송변혁론(唐宋變革論)'과 불가분의 관계를 갖는다. 나이토 고난(內藤湖南)으로부터 유래하는 이 '시대구분론(periodization)'에 따르면, 삼국(三國)시대에서 당대까지는 '중세(中世)' 귀족사회이고, 송대부터 서민(庶民)의 성장과 군주독재체제(君主獨裁體制)의 성립으로 특징지어지는 '근세(近世)'이기 때문이다.[26] 이러한 논리에서 과거제도가 '시대'를 명확히 나눌 수 있는 시금석(試金石)과 다름없으며, 그 참된 역사적 의의도 결국 "근대"로 이행해 가는 "근세"적 속성에서 찾게 되는 것이다.

구미의 중국사 학계도 이처럼 귀족 중심의 당대를 근대적 양상이 나타나는 송대와 구분하는 경향이 강하다.[27] 그러므로 과거가 시험제도를 채용했다는 사실 자체를 그렇게 중시하지 않는다. 대표적인 중국사학자 트위체트(Twitchett)가 과거 응시자와 귀족(aristocrat)이 상호 모순적이지 않고, "세습적 귀족제(hereditary aristocracy)"에서 "전문적 관료제(professional

---

25 宮崎市定, 『科擧』(東京, 秋田屋, 1946), 8~32쪽.

26 京都學派의 시대구분론은 민두기 편, 『중국사시대구분론』(서울, 창작과비평사, 1984)에 실린 히사유끼 미야가와, 이개석 역, 「內藤·宮崎 時代區分論」(원간 1955) 등 관련 논문들 참조.

27 이러한 사실은 구미 학계를 대표하는 중국사 연구서나 개설서가 당대사를 서술하기에 앞서 內藤湖南의 시대구분론을 특기하고 있다는 점에서 잘 드러난다. D. Twitchett 편, *The Cambridge History of China(3) Sui and T'ang China 589-906*, Part Ⅰ, Cambridge 등, Cambridge University Press, 1979, 8~10쪽; M. Lewis, 김한신 역, 『하버드 중국사 당』(서울, 너머북스, 2017. 원간 2012), 18~19쪽 참조.

bureaucracy)"로 바뀌면서 등장한 "능력 본위 사회(meritocracy)"는 8세기 후반 이후의 일임을 강조한 것이[28] 그 단적인 예이다. 그렇다면 구미에서의 과거제도 연구가 송대 이후의 역사에 치중되었다고 해서 전혀 이상하지 않다.

이와 같이 과거제도 연구사의 궤적은 지역에 따라 상이하지만, 공통점 역시 분명히 존재한다. '현재'에 입각한 시점(視點)이 바로 그것이다. 근대 역사학에서의 시대구분론은 주지하듯이 현금(現今) 세계가 만들어지기까지의 단계적 발전 과정을 해명하기 위한 방법이고, 그 궁극적 목적은 현재에 대한 설명이다. 최근 당면한 현실의 새로운 문제들 속에서 '근대성(modernity)'을 재사유(再思惟)하는 구미와 일본의 흥미로운 저작들이 송대의 과거를 근대적인 제도의 전형으로 특기(特記)하는 것도[29] 이러한 시대구분론 혹은 그 역사 인식 태도의 연장선상에 있다고 하겠다.

중국의 경우도 마찬가지이다. 20세기 초 과거를 시험과 동일시한 인식은 새로운 민족국가 건설이란 당시의 시대적 과제에 부응한 것이고, 작금의 과거제도 연구도 민족적 자부심에 기반한다면 이와 크게 다르지 않다. 실제로 능력을 중시한 과거제도가 중국 특유의 경쟁력 강화에 일조하였음이 새삼 강조되는데[30] 이러한 주장은 점점 더 치열해지는 미국과의 각축 현실과 무관하지 않아 보인다. 중국이 21세기 세계를 선도하

---

28 D. Twitchett, "The Birth of the Chinese Meritocracy: Bureaucrats and Examinations in T'ang China"(발표 1974), *The China Society Occasional Papers 18*, 1976

29 A. Woodside, 민병희 역, 『잃어버린 근대성들』(서울, 너머북스, 2012. 원간 2006)이 동아시아에서 시행된 과거제도를 "근대성"의 전형으로 설명하고, 與那覇潤, 최종길 역, 『중국화하는 일본』(서울, 페이퍼로드, 2013. 원간 2011) 또한 일본의 특이한 '근세'와 다른 역사적 경로를 거친 중국에서 과거제도의 역할을 중시한다.

30 예를 들어, D. Bell, 김기협 역, 『차이나 모델: 중국의 정치 지도자들은 왜 유능한가』(파주, 서해문집, 2017. 원간 2015), 145~154쪽에서는 과거제도를 시행한 중국의 역사적 경험을 강조하고 있다.

기 위해 서구와 다른 독자적 가치를 찾으려 할 때, 자신의 역사적 경험들 중 과거제도가 여전히 매력적이기 때문이다.

물론 현재의 관점에서 지나간 역사를 성찰하는 것은 일면 당연하며 나무랄 일이 아니다. 그러나 이와 같은 역사관의 잠재적 위험성은 부정하기 힘들며,[31] 실제로 현재의 문제에 치중한 역사학이 심각한 문제를 야기하기도 한다. 1948년 총통(總統) 선거의 난맥상 속에서 과거를 "중국식 대의제도(代議制度)"라고 주장하는 연구가 나왔는데,[32] 이처럼 당장의 필요성에 집착한 역사 해석은 견강부회(牽强附會)가 되기 쉬운 것이다.[33] 더군다나 '현재'의 관점이 종래 서구의 역사로부터 도출된 근대성에 함몰되는 경향이 있었음은 분명 경계할 만하다. 그리고 이것이 정치권력의 입장을 대변한다면 학문의 정체성(正體性)마저 위협할는지 모른다. '과거학'이란 이름 아래 근래 활황을 보이는 중국의 과거제도 연구를 반기면서도, 중화염황문화연구회(中華炎黃文化研究會)라는 관변 단체의 도움을 받는다는 점이[34] 걱정스러운 까닭은 여기에 있다.

학문으로서의 역사학은 어디까지나 과거(過去)의 정확한 사실 파악에서 출발해야 마땅하다. 과거제도사 연구도 예외가 될 수 없고, 이 제도의

---

31 이와 관련하여 高橋哲哉, 「歷史 理性 暴力」(원간 1990), 『逆光のロゴス』(東京, 未來社, 1992)가 흥미롭다. 이 글은 現象學에 대한 철학적 비판이지만, "우리들의 現在"에 부여된 특권이 "타자를 부정"하는 "폭력"이 될 수 있음을 날카롭게 지적하고 있기 때문이다.

32 何永佶, 「論中國式的代議制度」, 『觀察』 4-11, 1948

33 林建華·劉成志, 「20世紀40年代"中國式代議制度"論辨的再認識」, 『長白學刊』 2013-6

34 劉海峰, 「科擧學的起承轉合」, 『社會科學戰線』 2013-7, 221쪽에 의하면, 2009년 '中華炎黃文化研究會科學文化專業委員會'의 출범으로 과거제도의 연구가 안정된 "學術組織"을 갖추어 계획적이고 조직적으로 이루어질 수 있게 되었다고 한다. 그런데 中華炎黃文化研究會는 "中華의 우수한 문화를 弘揚"하고, "民族精神"을 진흥하려는 목적으로 설립되었고, 중화인민공화국의 民政部·文化部의 "業務指導"와 "監督管理"를 받는다(http://www.yanhuangwang.org.cn/benhuigaikuang/benhuizhangcheng. 2021. 1. 9. 확인).

현재적 의미보다 더욱 중요한 문제가 과거 시행 당시의 정황이다. 그렇다면 기존의 과거제도에 대한 이해에 의문이 생긴다. 그 좋은 실례가 응시자가 누구인지 모르게 만든 호명법(糊名法, 彌封法 혹은 封彌法으로도 불림)·등록법(謄錄法)에 대한 평가이다. 이러한 제도를 채용한 송대의 과거가 공정성을 강화시켜 보다 근대적 형태로 발전했다는 것은 오늘날의 상식이다. 그러나 당사자를 익명화(匿名化)해 그 사람됨을 알 수 없도록 한 조처는 사인들의 끊임없는 비판 대상이었다.[35] 실제로 과거를 시행했던 시기와 지금 우리들의 판단 사이에는 뚜렷한 간극이 존재하는 것이다. 그리고 이 경우 양자의 시비를 가리기에 앞서 먼저 필요한 일은 과거제도 실시 당시의 구체적인 실상 확인이다.

이와 같은 시각에서 볼 때, 과거제도에 대한 기존의 해석에 근본적인 회의마저 생긴다. 왕부지(王夫之, 1619~1692)는 이 제도의 역할에서 "천하의 일을 맡"길 관인을 뽑는 것 이상으로 "군자"와 "소인"의 구분이 중요하다고 했기 때문이다.[36] 그의 말에 따르면, 과거는 시험을 통한 관인선발제도로써만 특징짓기 어렵다. 그리고 "군자"를 가려낸다는 점에서는 그 이전의 찰거 역시 다르지 않을 수 있으므로, 과거제도의 획기적 중요성도 의문스러워진다. 후술하듯이 과거가 오래도록 한대(漢代)부터 쓰이던 '공

---

35 宋代 이후 士大夫의 모범으로 여겨지는 范仲淹이 慶曆改革 시기에 "精貢擧"를 위하여 "鄕里擧選之本意"에 어긋나는 封彌法의 폐지를 주장한 것은 유명한데(『范文正公政府奏議』 권上,「答手詔條陳十事」,『范仲淹全集』, 成都, 四川大學出版社, 2002, 528~531쪽), 이와 비슷한 주장은 후대에 적지 않다. 明代에 오로지 "防姦"에 치중한 "彌封·謄錄一切之制"로 인해 唐代보다 도리어 "國家設科之意"를 구현하지 못한 것처럼 평가한 顧炎武의 글이 그 전형적인 예이다(黃汝成 집석,『日知錄集釋』 권17,「糊名」, 臺北, 世界書局, 1991 8판, 404~406쪽).

36 王夫之,『讀通鑑論』(北京, 中華書局, 2002. 원간 1975), 권22,「玄宗 15」, 665쪽. "夫貢擧者, 一事而兩道兼焉. 選天下之才, 任天下之事, 以修政而保國寧民, 此一道也. 別君子于小人, 榮之以爵, 養之以祿, 俾天下相勸於善, 而善者不抑, 不善者以愧, 此又一道也. 兩俱道, 而勸民以善之意, 尤聖人之所汲汲焉. 人勸於善, 國以保, 民以寧, 此本末之序也."

거(貢擧)'란 이름으로 불렸고, 이 제도의 기원도 흔히 그때까지 소급되었
다면[37] 더욱 그러하다.

기실 한초(漢初)의 찰거부터 '책시(策試)'를 이용하였고, 남북조시대에
이르러 그 비중이 확대되어 갔다.[38] 그렇다면 단지 시험의 유무(有無)로
과거제도의 획기성을 단정하기 어렵다. 물론 과거의 출현을 전후한 관인
선발제도의 변화는 간과할 수 없는 사실이다. 송대에 편찬된 당조(唐朝)의
정사(正史)부터 「선거지(選擧志)」가 독립된다는 점도 그렇지만, 두우(杜佑,
735~812)의 『통전(通典)』과 같은 당시 문헌이 이를 분명히 확인해 준다.
당대의 경우 그 이전 시기와 달리 "공사지법(貢士之法)"과 "선수지법(選授之
法)"을 나누어 서술하는데,[39] 이는 입사(入仕)의 방법일 뿐 전선(銓選)과는
무관한 과거제도의 중요성이 커진 결과라고 생각되는 것이다.

과거의 이러한 성격은 입사와 전선의 역할을 겸했던 찰거와 뚜렷이
다르며,[40] 양자의 차이는 과거 시험의 주무 관청을 이부(吏部)에서 예부
(禮部)로 옮김으로써 더할 나위 없이 확연해졌다.[41] 그리고 이 '거(擧)·선

---

37 과거제도가 周代에 시작되었다는 주장은 전통적인 復古 이념의 발로로 치더라도, "科
目兆於漢, 興於隋, 著於唐, 而備於宋朝. 此誠擢賢之路也."(章如愚, 『山堂考索』 續集
권38, 「選擧」 '唐選擧之弊', 北京, 中華書局, 1992, 1143쪽)처럼 과거의 기원을 한대에
서 찾는 기록이 드물지 않다. 사실 한대의 찰거도 "賢"한 "君子"의 발탁을 위한 것이었
으므로, 이런 논리가 당시 사인들에게 설득력을 가졌을 법하다.

38 한대의 찰거와 남북조시대의 상황에 대하여서는 黃留珠, 『秦漢仕進制度』(西安, 西北
大學出版社, 1985)의 下編과 閻步克, 『察擧制度變遷史稿』(北京, 中國人民大學出版
社, 2009. 원간 1991)의 제11·12장이 상세하게 설명하고 있다.

39 『通典』(北京, 中華書局, 1988) 권15, 「選擧 歷代制」, 353·359쪽.

40 전게 閻步克, 『察擧制度變遷史稿』, 2쪽. 이것은 考課와 구분되지 않던 한대의 찰거나
(전게 黃留珠, 『秦漢仕進制度』, 231~232쪽), 당대 銓選制度의 발전을(劉後濱, 『唐代
選官政務研究』, 北京, 社會科學文獻出版社, 2016, 18~26쪽) 생각할 때 매우 중요한
지적이다.

41 鄧定人의 『中國考試制度研究』(上海, 民智書局, 1929)가 과거제도에 관한 최초의 근
대적 단행본 연구서인데(전게 劉海峰, 「科擧學史論」, 전게 『科擧學導論』, 45~46쪽),
이 책은 "試士屬之禮部"와 "試吏屬之吏部"를 분리시킨 唐代를 "擧士"·"擧官"이 뒤섞

(選)의 분리'로 인해 과거가 '선관(選官)'과 독립된 '거사(擧士)'로서의 정체성
이 분명해지면서 그 사회적 영향력도 확대되어 갔다. 찰거가 일면 "관료
기구 상층부와 하층부의 연결" 역할을 했다면,[42] 원칙상 정식 관인의 응
시가 불가능해진 당대 과거의[43] 경우 일반민의 몫이 커졌기 때문이다.

여져 있던 漢代와 대비시키고 있다(27쪽).

42 楯身智志, 『前漢國家構造の研究』(東京, 早稻田大學出版部, 2016), 353~356쪽.

43 후술하듯이 당대의 制擧에는 관인의 응시도 더러 가능하였지만, 진정 새로운 관인
선발 방식으로서 과거제도의 핵심인 常擧는 그렇지 않았다. "其正員官不在擧限"(王
欽若 등, 『冊府元龜』 권640, 「貢擧部 條制」, 7678쪽. 이 책은 南京의 鳳凰出版社에서
발행된 活字本이 있으나, 北京의 中華書局에서 영인한 木版本이 더욱 신뢰도가 높다.
1960년의 明刊 영인본과 1989년의 宋刊 영인본이 그것인데, 이 가운데 온전한 형태
의 明本이 더욱 널리 통용된다. 그러므로 본고는 宋本이 있을 경우 양자를 대조하지
만, 두 책의 내용에 큰 차이가 없다면 명본을 인용하겠다.)이라고 한 당 德宗 建中3년
4월의 勅이 이를 명확히 보여준다 그리고 상거의 급제 뒤 받은 官品이 從9品下에서
시작한다면(王溥, 『唐會要』 권81, 「階」, 1768쪽. 본서는 일단 淸末 同治年間의 江蘇
書局本을 저본으로 삼아 上海古籍出版社에서 1991년 간행한 책에 주로 의거한다. 그
러나 이 판본은 劉安志·李豔靈·王琴, 「『唐會要』整理與研究成果述評」, 『中國史硏究
動態』 2017-4; 劉安志, 「淸人整理『唐會要』存在問題探析」, 『歷史硏究』 2018-1 등 기
존 연구들에서 밝혔듯이 복잡한 문제를 가지고 있다. 따라서 그 내용은 四庫全書本이
나 牛繼淸의 『唐會要校證』, 西安, 三秦出版社, 2010년과 대조하고, 필요할 경우 아래
와 같이 그 차이를 밝히겠다.), 이미 流內官을 가진 자가 굳이 여기에 응시할 까닭이
없었다고 생각된다. 아울러 憲宗 元和2년 12월의 勅은 "曾任州府小吏"(『冊府元龜』
권640, 「貢擧部 條制」, 7680쪽)의 응시를 불허함으로써 과거제도에서 胥吏와 같은
하급 관인을 원천적으로 배제하려 했다는 사실은 특히 주목하지 않을 수 없다.

上海古籍出版社本 (권81, 「階」, 1768쪽)	秀才上上第正八品上敍, 已下遞降一等, 至中上第從八品下. 明經降秀才三等. 進士、明法甲第從九品上, 乙第降一等. 若本蔭高, 在秀才、明經上第, 加本蔭四階, 已下遞降一等. 明經通二經已上, 每一經加一階; 及官人通經者, 後敍加階亦如之.
文淵閣四庫全書本* (권81, 「階」, 4뒤쪽)	秀才上上第正八品上敍, 以下遞降一等. 明經通一經、進士、明法甲第從九品上, 乙第降一等. 明經通二經已上, 每經加一階.
『唐會要校證』 (권81, 「階」, 1279쪽)	상해고적출판사본과 동일함(앞으로 특별한 차이가 없을 경우 이 책은 따로 명기하지 않음)

* 文淵閣四庫全書는 2007년 迪志文化出版有限公司에서 제작한 電子版을 이용했고 이하 四庫
全書本은 모두 이것에 의거함.

다시 말해 특권이 없던 백성들도 관인 신분을 가질 확실하고 명예로운 길이 새로 열렸고, 당해 시기 사회에서 과거제도가 갖는 의미가 매우 중요해질 수밖에 없었다.

과거제도가 역사적으로 중요한 까닭은 당연히 이것만이 아니다. 시험의 중시와 이로 인한 개방성·객관성 등 기왕에 익히 지적되어 온 많은 이유들 또한 대체로 타당하다. 또 그 설명이 현재의 관점에 입각할 경우 오늘날 설득력을 높일 수 있는 것도 엄연한 사실이다. 다만 이로 인하여 특정한 관점을 전제하여 과거의 성격을 시종일관(始終一貫) 획일적으로 고착시킬까 우려스러울 뿐이다. 그러므로 이 제도에 대한 기존의 주된 해석 이외에도 고려해 볼 만한 문제들 역시 적지 않음을 강조하고 싶다. 과거 시행 당시의 구체적인 실제 정황 그 자체에 좀 더 의문을 품고 유관 사료들을 면밀하게 검토한다면, 이 제도를 새롭게 이해하여 볼 가능성도 있으리라고 생각되는 것이다.

2. 본서의 연구 대상과 시각

필자의 일차적인 관심은 과거라는 새로운 관인선발제도가 언제 또 어떻게 만들어졌는가라는 의문이다. 이것이 과거제도사 연구의 출발점임에도 불구하고, 이 문제를 둘러싼 이견이 분분하기 때문이다. 예컨대 한국과 일본의 학계는 보통 수(隋) 문제(文帝, 재위 581~604) 때 과거가 생겼다고 하지만, 중국이나 구미의 경우 수 양제(煬帝, 재위 604~617) 시기로 보아 상이하다.[44] 현재로서 수 양제 대업(大業) 1년(605)에 과거제도가 등장했

---

44 위키백과의 '과거제' 출현 시기에 대한 설명이 언어별로 상이하다는 점이 이를 명언한다. 즉 한국어의 "수 문제", 일본어의 "598년"(문제 開皇 18년)과 달리 중국어·영어·

다는 주장이 대세이지만, 이를 당대 이후로 미루는 견해 또한 무시하기 어렵다.[45]

이처럼 과거제도의 출현 시기조차 합의되지 못하는 가장 중요한 까닭은 그 첫 시행과 관련된 구체적이고 명확한 기록이 없기 때문이다. 그런데 이러한 상황은 애매한 호칭 탓도 크다. 사실 '과거'란 말은 당후기 문헌에서야 나타나고, 송대까지 이 제도가 여전히 한대 이래 사용된 '공거'로 일컬어졌던 것이다.[46] 따라서 과거제도의 개시는 그 명칭으로써 확정되지 않으며 관인 선발 방식의 새로워진 성격 곧 과거의 개념 문제와 불가분의 관계를 갖는다.

이와 같은 측면에서 볼 때, 먼저 명백히 해 둘 점이 있다. 황제가 특별한 인재의 발탁을 위해 시행한 '제거(制擧)'와[47] 정기적으로 특정한 기준 아래 실시된 '상거(常擧)'의[48] 차이가 그것이다. 제거는 시험보다 추천이 중요한 경우가 많고 거(擧)·선(選)의 구분도 애매해서 찰거와 유사하기 때문이다. 게다가 원대(元代) 이후 거의 폐지되었다가 청대에 소규모

<hr>

불어·러시아어는 "605년"(양제 大業 원년)이라고 하는 것이다(2020. 12. 22. 확인).

45 과거제도사에 관한 근대적 연구의 개척자인 陳東原·鄧嗣禹가 당대에서 그 기원을 찾았고(劉海峰, 「科擧起源論」, 전게 『科擧學導論』, 92~93쪽), 현재 이러한 입장의 대표적 연구자는 何忠禮이다. 그의 「科擧制起源辨析: 兼論進士科首創于唐」, 『歷史硏究』 1983-2; 「再論科擧制度的定義和形成時間」, 劉海峰 주편, 『科擧制的終結與科擧學的興起』(武漢, 華中師範大學, 2006) 참조.

46 曾我部靜雄, 「中國往古の官吏登用制度」(「中國の選擧と貢擧と科擧」, 『史林』 53-4, 1970의 수정 원고), 『中國社會經濟史硏究』(東京, 吉川弘文館, 1976), 62~79쪽.

47 황제의 명령인 '詔·制'로 시행된 관인 선발 방식은 詔擧·制擧·制科·特科 등 다양하게 불리지만, 본서는 이칭으로 인한 불필요한 혼동을 피하고자 制擧로 통일해서 쓰겠다. 단 뒤에서 상술하듯이 필자는 常擧와 制擧의 구별이 唐 高宗 顯慶 연간에 명확해진다고 생각하므로, 그 이전의 경우 '詔擧'라고 표기함으로써 시기에 따른 성격 차이를 드러낼 것이다.

48 제거와 달리 정례화된 시험 과거 과목을 일컫는 말로 常擧 이외에 常科가 있으며, 간혹 常選 등 다른 명칭을 쓴 기록도 있다. 그러나 이러한 어휘들 간에 실질적인 의미 차이가 거의 없다고 여겨지므로, 본서는 특별한 필요가 없는 한 모두 常擧로 적겠다.

로 부활된 이것은 보통 합격자 수가 적었으며, 시험의 시기·내용 등 제
도적 고정성 또한 약하였다. 그러므로 시험을 위주로 할 뿐더러 법제상
정례화된 상거만큼 사회에 지속적으로 큰 영향을 미치기 어렵다. 과거가
역사적으로 획기적 중요성을 가진 제도라면, 그 핵심은 마땅히 상거여야
하는 것이다.

　제거와 상거의 이러한 구분 선례는 일찍부터 찾을 수 있다. 물론 전통
적인 과거 관련 기록들은 대부분 양자를 나누지 않았고,[49] 근대의 과거제
도사 연구들 역시 마찬가지이다.[50] 하지만 당 현종(玄宗) 천보(天寶, 742~
756) 말년의 진사과(進士科) 급제자가 9세기 초에 쓴 『봉씨문견기(封氏聞見
記)』의 경우 '공거'와 '제과(制科)'를 별도의 항목으로 분리시켰다.[51] 그리고
'당등과기총목(唐登科記總目)'에서도 고종 영휘(永徽) 3·4년(652·653)에 "응

49　예를 들어, 당대의 과거제도에 관한 기본 사료인 『新唐書』「選擧志」나 『唐會要』「貢
　　擧」는 제거를 포함하고 있다. 이는 전술한 바 찰거와 과거 모두 "賢"한 "君子"의 발탁
　　을 위한 것이었다는 전통적인 인식과 무관하지 않을 듯하다. 여기에서 『唐會要』와
　　관련하여 하나 짚고 넘어갈 점이 있다. 판본에 따라 「貢擧」 부분의 하위 항목 표제어
　　가 아래 표처럼 상이하다는 사실이 그것이다. 하지만 이 항목들의 내용은 기본적으로
　　같고, 『唐會要校證』의 경우 아무런 注記 없이 상해고적출판사본을 따르고 있다.

상해고적출판사본	制科擧	孝廉擧	童子	明法
사고전서본	制擧科	孝廉科	童子科	明法科

50　당대의 사례를 보면, 대표적인 연구서인 傅璇琮, 『唐代科擧與文學』(西安, 陝西人民出
　　版社, 2007. 1986년 원간의 이 책은 2020년 北京의 中華書局에서도 간행되었으나 그
　　내용은 섬서인민출판사본과 같음.)이나 吳宗國, 『唐代科擧制度研究』(北京, 北京大學
　　出版社, 2010. 원간 1992)는 제거를 위한 별도의 章을 마련해 두었다. 최근의 대표적
　　인 과거제도사 연구인 전게 『中國科擧制度通史』 또한 이와 같은데, 이것은 당시 관인
　　선발제도에서 제거도 중요하다고 여겼기 때문인 듯하다. 그러나 상거와의 분명한 성
　　격 차이를 생각하면, 과거제도의 역사에서 제거를 제외해도 무방하지 않을까 싶다.
51　封演, 趙貞信 교주, 『封氏聞見記校注』(北京, 中華書局, 2005) 권3, 「貢擧」·「制科」,
　　15~20쪽. 저자의 진사과 급제 시기와 이 책의 출판 시기는 歐陽修 등, 『新唐書』(北京,
　　中華書局, 1975) 권58, 「藝文」, 1461쪽과 趙貞信의 序文, 6쪽 참조.

제급제(應制及第)"한 자가 있으나 "불공거(不貢擧)"했다고 적었쪽.[52] 그렇다면 당대에는 상거와 제거가 상이한 관인 선발 방식으로 인식되었을 가능성이 클 듯하다.[53]

따라서 본서에서 고찰할 과거제도는 기본적으로 상거이다. 그런데 상거에는 주지하듯이 수재과(秀才科)·명경과(明經科)·진사과 등 여러 과목이 있고, 이 가운데 수재나 명경의 경우 찰거의 일종이기도 하였다.[54] 그러므로 새로운 관인선발제도의 기원을 찾으려 할 때 예전부터 있던 명칭의 과목들은 혼란을 야기한다. 과거제도의 출현에 관한 기존의 연구들이 대개 진사과라는 신생 과목의 등장에 주목한 것은[55] 이 때문이며, 타당한 관점이라고 여겨진다. 기실 송대에 여타 과목들을 폐지하여 결국 진사과만이 청말까지 상거로 유지되었음을 생각하면 더욱 그렇다.

전술하였듯이 과거제도는 일반적으로 수대에 만들어졌다고 보지만, 이 시기에는 상거와 직접 관련된 기록이 거의 없다. 그러나 당대의 상황은 전혀 다르다. 진사과를 비롯한 상거 과목들이 『신당서(新唐書)』「선

52　馬端臨, 『文獻通考』(北京, 中華書局, 2011) 권29, 「選擧考 擧士」, 845쪽. '唐登科記總目'의 내용에 의문스러운 점이 많으나(졸고 「『文獻通考』에 실린 '唐登科記總目'의 사료적 가치」, 『중국고중세사연구』 44, 2017), 이 기록에 따르면 "貢擧"와 "應制" 형식의 제거 시행 여부가 확실히 별개의 문제였다.

53　앞서 지적했던 것처럼 『新唐書』와 『唐會要』에는 상거와 제거의 구별이 분명하지 않아서 이와 다르다. 그러나 송대에 편찬된 이 두 책보다는 『封氏聞見記』나 '唐登科記總目'이 실제 唐人의 인식에 더 가까우리라고 생각된다.

54　秀(茂)才가 孝廉과 더불어 찰거의 대표적인 과목인 것은 주지의 사실이고, 後漢 시기의 明經 역시 전게 福井重雅, 『漢代官吏登用制度の研究』, 12쪽에 의하면 "歲擧"한 "常科"의 일종이었다고 한다. 전게 黃留珠, 『秦漢仕進制度』의 경우, 명경의 "歲擧"는 의문시하더라도 지역별 선발 숫자가 할당된 찰거란 것은 부정하지 않는다(170~171쪽).

55　현재 중국의 과거제도사 연구를 주도하는 劉海峰은 隋代에 과거가 시작되었다고 보는데, 그 주된 근거는 이때 진사과가 처음 생겼다는 것이다(전게 劉海峰, 「科擧起源論」, 『科擧學導論』). 그리고 劉海峰과 달리 이 제도의 기원을 당대에서 찾는 何忠禮의 前記 연구들 역시 그 논거가 진사과이며, 두 사람의 이견은 단지 수대의 진사과 존재 여부에 대한 판단 차이일 뿐이다.

거지」에 자세히 나오고, '당등과기총목'에 의하면 당초(唐初)부터 거의 매년 이것으로써 관인을 선발했다고 하는 것이다. 게다가 소종(昭宗) 광화(光化)3년(900) 진사과에 합격한 왕정보(王定保, 870~940)의[56] 『당척언(唐摭言)』은

> 300년 동안 과거제도가 시행되면서 〔이를 통해〕 초야(草野)의 사람들은 관인 신분을 얻으려 하고, 관인 집안 사람들이 대를 이어 벼슬하기를 바랐다. 빈한한 이들이 급제하지 못하면 굶주리고, 대대로 벼슬하던 이들은 급제하지 못하면 〔관인〕 가문이 끊어진다.[57]

라고 하였다.

이러한 기록들은 당시 상거가 제도는 물론 사회적 영향력에서도 이미 송대와 비슷할 정도로 정착되었음을 의미한다. 따라서 본서는 당대를 주된 연구 대상으로 삼는다. 그런데 아울러 짚고 넘어가야 할 문제가 있다. '당등과기총목'을 보면, 상거가 없던 해를 중종(中宗) 경룡(景龍)3년(709)까지 "불공거(不貢擧)"라고 쓴 반면 대종(代宗) 보응(寶應)1년(762) 이후에는 "정(공)거(停貢擧)"라고 달리 적었다는 점이 그것이다.[58] 이러한 차이는 8세기 중엽을 지나면서 과거의 정기적 시행이 더욱 확고히 제도화되었기

---

56 王定保의 생애는 김장환의 『唐摭言』 국역본(서울, 학고방, 2013)의 서문 「『당척언』: 당대 과거에 관한 다양한 기술」, 17~19쪽과 陶紹清, 『『唐摭言』研究』(北京, 中國社會科學出版社, 2014), 32~44쪽 참조.

57 王定保, 『唐摭言』(1957년 上海의 古典文學出版社本을 재간한 『唐摭言·唐語林』, 臺北, 世界書局, 1975 3판. 앞으로 이처럼 상이한 두 서적이 合本된 경우 해당 서적의 명칭만 적음.) 권9, 「好及第惡登科」의 "論曰", 97쪽. "〔殊不知〕三百年來, 科甲之設, 草澤望之起家, 簪紱望之繼世; 孤寒失之, 其族餒矣, 世祿失之, 其族絶矣." 『당척언』은 근래 姜漢春의 校注本(上海, 上海社會科學院出版社, 2003)·新譯本(臺北, 三民書局, 2005)과 黃壽成 點校本(西安, 三秦出版社, 2011) 및 전게 김장환의 국역본이 나와서 참고할 만하다. 그러나 내용상 큰 차이가 없으므로 예전의 판본을 이용하고, 다른 책과 반드시 비교할 필요가 있을 때만 여타 기록을 병기한다.

58 『文獻通考』 권29, 「選擧考 擧士」, 843~861쪽.

때문이라고 생각된다.

그렇다면 과거제도의 양상도 당대 모든 시기를 똑같이 간주해서는 안 된다. 당대사의 전개 과정에서 안사(安史)의 난(755~763)을 전후한 변화가 중시되는데, 과거 역시 당전기(唐前期)와 당후기(唐後期)로 나누어 고찰할 필요가 있는 것이다. 실제로 이러한 차이는 당시 사회의 통념을 보여주는 유서(類書)에서도 짐작된다. 당전기에 편찬된 『예문유취(藝文類聚)』나 『초학기(初學記)』의 표제어에 '천거(薦擧)'만 있을 뿐 '자거(自擧)'·'고시(考試)'처럼 과거제도의 특성과 연관된 항목이 없고, 이 점에서 당후기 백거이(白居易, 772~846)의 『백씨육첩사류집(白氏六帖事類集)』과 뚜렷이 다르기 때문이다.[59] 자발적으로 응시한 시험을 통해 관인을 선발하는 새로운 제도에 대한 명확한 자각은 당후기에 가서야 보편화되었던 것이다.

그렇다고 해서, 당전기 과거제도의 존재를 부정할 뜻은 전혀 없다. 거(擧)·선(選)의 분리가 전술했듯이 찰거와 상이한 과거의 중요한 특징인데, 현종 개원(開元)24년(736)에 상거의 책임을 이부에서 예부로 바꾸어[60] 이를 확고부동하게 만들었음이 그 단적인 증거이다. 기실 『예문유취』나 『초학기』도 '효렴(孝廉)'·'수재' 같은 찰거 과목을 독립된 표제로 내세우지

---

59 高祖 武德7년과 玄宗 開元13년에 완성된 歐陽詢 등의 『藝文類聚』(上海, 上海古籍出版社, 1982 신1판)나 徐堅 등의 『初學記』(北京, 中華書局, 2004 2판)를 보면, 관인의 선발과 직결된 표제 항목은 '薦擧'가 유일하다(『藝文類聚』 권53, 「治政部」, 956~963쪽; 『初學記』 권20, 「政理部」, 476~479쪽). 그런데 『白氏六帖事類集』(北京, 文物出版社, 1987)의 경우 '擧薦' 이외에 '擧選'이라는 항목을 두어 進士科 등 과거 과목의 시험과 관련된 考課令을 附記할 뿐더러 '自擧'·'考試'라는 항목도 독립시켰다(권12, 제3책의 78앞~80앞쪽, 83앞쪽, 84뒤~85앞쪽). 이 세 類書의 편찬 시기는 吳楓, 『隋唐歷史文獻集釋』(許昌, 中州古籍出版社, 1987), 247~256쪽; 黃永年 등, 『唐史史料學』(西安, 陝西師範大學出版社, 1989), 230~233쪽에 의거하였고, 이하 두 책에 의거한 隋唐 시기 문헌의 기본적인 書誌 사항은 따로 주기하지 않겠다.

60 이 문제는 후술하듯이 많은 관련 사료들이 있으나, 일단 『冊府元龜』 권639, 「貢擧部條制」, 7671쪽의 기록을 그 근거로 밝혀 둔다.

않았으며, 이는 수 양제 대업(605~617) 연간에 만들어진 유서인 『북당서초 (北堂書鈔)』와 다르다.[61] 즉 수대와 비교하면 당전기 또한 찰거의 중요성이 상대적으로 약화되었고, 당시 관인선발제도에서 모종의 개혁을 예상하게 만드는 것이다. 다만 개혁으로 인한 변화가 크면 클수록 그 제도의 확립에 어려움이 많았을 터인데, 이 긴 정착 과정이야말로 무척 흥미로운 연구거리라고 하겠다.[62]

이제 새로운 관인 선발 방식으로서의 과거 곧 자발적으로 응시한 일반민 대상의 정기적 시험제도가 언제, 어떻게 만들어졌는지 살펴보려는 본서의 연구 대상이 좀 더 명료해진다. 즉 수대와 당전기에 진사과를 위시한 상거 과목들의 실상이 어떠하였던가, 이 물음에 답해야만 하는 것이다. 물론 이와 관련된 연구들은 기왕에 적지 않다. 앞서 지적한 것처럼 과거제도의 창치 문제를 중시한 중국학계에서 특히 많은 성과를 내었다.[63] 하지만 과거를 시험제도와 동일시하며 그 이른 선진성을 자부할

---

61 虞世南의 『北堂書鈔』(天津, 天津古籍出版社, 1988)가 '孝廉'과 '秀才'를 표제어로 삼았으나(권79, 「設官部」, 323~327쪽), 『藝文類聚』와 『初學記』는 그렇지 않다. 이는 『北堂書鈔』와 찰거의 관계가 보다 긴밀했음을 시사하는데, 여기에서 '薦賢'·'任賢'·'禮賢' 등 '薦擧' 관련 항목을 唐前期의 類書에 비하여 더 세분시킨(권33·34, 「政術部」, 108~114쪽) 것도 동일한 맥락에서 이해된다.

62 이와 관련하여 한국의 일화 하나를 소개하고 싶다. 격변기의 儒學者 金永益은 해방 이후 근대적인 선거제도를 "스스로 출마하는 몰염치"라고 극렬하게 비난하였고(「모씨에게 줌」, 하영휘 편역, 『사교재 김영익(1886~1962) 문집: 변하는 세상에 맞선 유학자』, 서울, 너머북스, 2019, 103~104쪽), 여기에서 自薦이란 방식이 전통적인 사유 구조 속에서 얼마나 받아들이기 힘든지 적나라하게 드러나기 때문이다. 아마 이러한 저항감은 자발적으로 응시하는 시험 위주의 과거가 처음 만들어졌을 때도 마찬가지였을 터이며, 이 생경한 제도를 사인들이 적극적으로 받아들이기까지 길고 복잡한 인식 전환 과정이 필요했음에 틀림없다.

63 최근에 나온 전계 『中國科擧制度通史』의 '隋唐五代卷'을 쓴 金瀅坤은 「緒論」에서 연구 현황을 소개하고 풍부한 참고문헌도 덧붙여 두어 당대 과거제도 연구사 이해에 매우 유용하다. 문학사 분야에서의 성과는 徐曉峰, 『唐代科擧與應試詩研究』(北京, 北京大學出版社, 2015)의 참고문헌 목록 참조.

때 과도기의 불완전한 상태는 홀시되기 쉽다. 과거제도의 긍정적 요소를 가급적 일찍부터 인정하고 싶을 터이기 때문이다.[64]

수대나 당전기와 같은 과거제도의 초창기라면, 이에 대한 과감한 시각 전환이 필요하다. 사실 이 시기에 만들어지고 있던 새로운 관인선발제도가 반드시 후대와 똑같은 형태여야만 할 이유가 없다. 오히려 그 유동적 가변성을 인정하면서 과도기적인 특성에 주목해야 마땅한 것이다. 게다가 당시 정치 상황은 굉장히 복잡하다. 왕조가 수–당–주(周)–당으로 빈번히 교체되었고, 궁중 내부의 정변도 끊이지 않았기 때문이다. 따라서 당전기만 보아도 10여 차례 법령들이 바뀌며, 여기에 규정된 관인 선발의 방식 또한 마찬가지였을 터이다.[65] 그렇다면 설령 당전기라 하더라도, 현종 시기의 규정에 의거한 당초 상황의 예단 또한 섣부른 일이라고 하겠다.[66]

당대의 과거제도를 잘 정리한 사료인 『신당서』의 「선거지」 역시 이러한 혐의를 벗어나기 어렵다. 이 역시 당후기를 거쳐 송제(宋制)로 이어지

---

64 예컨대 위 金滢坤의 책은 기존의 연구들을 총정리한 좋은 연구서임에도 불구하고 이러한 한계를 벗어나지 못하는 듯하다. "과거 시험은 중국 고대 정치민주화의 중요한 실현 방식이다."는 말로 시작하여, 결국 객관적 시험을 통한 기득권층의 타파 등 이 제도의 通時代的 역할을 당대에도 똑같이 강조하고 있는 것이다(상게 金滢坤, 『中國科擧制度通史: 隋唐五代卷』, 「緒論」, 1쪽과 제8장, 「科擧制度的影響與作用」).

65 劉俊文, 『唐代法制研究』(臺北, 文津出版社, 1999), 23~63쪽에 의하면, 당전기에는 18차례의 立法 활동 결과 『武德令』·『貞觀令』·『永徽令』·『麟德令』·『儀鳳令』·『垂拱令』·『載初令』·『神龍令』·『太極令』·『開元3年令』·『開元7年令』·『開元25年令』·『天寶令』 등이 반포되었다. 따라서 그 「選擧令」에 규정된 관인선발제도 역시 시기에 따라 변했으리라고 짐작된다.

66 仁井田陞 편, 『唐令拾遺』(東京, 東京大學出版會, 1964 覆刻. 원간 1933)와 池田溫 주편, 『唐令拾遺補』(東京, 東京大學出版會, 1997)가 복원한 選擧令은 총 31개 조항의(『唐令拾遺補』에 의하면 『唐令拾遺』의 제3조와 제28조는 하나의 조항임) 37개 令文이다. 이 가운데 개원 연간의 令文이 아닌 것은 단지 제4조甲(『武德令』)·제4조乙(『貞觀令』)·제7조乙(『貞觀令』)·제16조의 'O' 이하 내용(『永徽令』) 4개뿐이다(시기 미상의 4개 令文 제외). 따라서 기존의 당대 과거의 제도사적인 연구는 주로 『唐六典』에 실린 개원 시기의 令에 치중할 수밖에 없었다. 하지만 이러한 방법에 의거한 당시 과거제도, 특히 당전기의 실상 이해는 분명한 한계를 지닌다.

며 체계화된 후대 과거의 상(像)에 입각한 송인(宋人)의 글이기 때문이다.[67] 따라서 이 제도에 대한 개관이 당전기, 특히 당초의 경우에도 타당한 것인지 치밀한 검토가 필요하다. 상거와 제거, 생도와 향공의 구분 등 당대 과거의 기본 틀처럼 여겨져 온 제도들도 예외가 아니다. 총론 형태의 설명 마지막에 "때에 따라 변화가 있어 늘 같지 않다"면서 그 일반화를 경계했다면[68] 더욱 그러하다.

따라서 초창기 상거의 실상을 밝히고자 하는 필자는 근대의 연구만 아니라 당후기 이후 기록들도 과신하지 않고 비판적으로 접근하고자 한다. 이와 같은 입장에서 볼 때 무엇보다 요긴한 사료는 당전기의 조칙(詔勅)이나 상주문(上奏文)이다. 이것들도 대부분 당후기 이후에 편찬된 문헌들을 통해 전해지며[69] 이 과정에서 생긴 착오가 당연히 없지 않다.[70] 그러나 이 사료들은 당전기의 현실, 그것도 공식적 언명(言明)을 직접 드러낸다는 점에서 중요하다. 특히 조칙과 상주문은 대개 그 정확한 시점(時點)까지 알 수 있으므로 시기에 따른 변화의 추적에 필수적이다.[71]

---

67 졸고 「『新唐書』 「選擧志上」의 內容과 宋代 編者의 성격」, 『진단학보』 90, 2000.

68 『新唐書』 권44, 「選擧志」, 1162쪽.

69 당대의 조칙과 상주문은 『通典』과 『冊府元龜』·『唐會要』·宋綬 등의 『唐大詔令集』(臺北, 鼎文書局, 1978. 1959년 간행된 北京, 商務印書館本과 같음)에 많이 실려 있는데, 덕종 貞元17년에 완성된 『通典』 이외에는 모두 송대에 만들어진 책이다. 『唐大詔令集』의 판본 등 유관 문제들에 관해서는 『唐研究』 25, 2020의 孟憲實, 「關於『唐大詔令集』的幾個問題」; 段眞子, 「商務印書館『唐大詔令集』排印本之得失」 등의 논문 참조.

70 그 좋은 예가 劉曉의 肅宗 上元1년 상소를 武則天 上元1년의 일로 오인한 『通典』이다(孟二冬, 「『登科記考』と『登科記考補正』について」, 『中國: 社會と文化』 18, 2003, 143쪽). 당후기에 쓰인 『通典』마저 이렇게 당초 사실에 혼동을 일으켰다면, 송대에 나온 책들은 두말할 필요가 없을 것이다.

71 당전기의 조칙이나 상주문은 여러 문헌에 조금씩 달리 기록된 경우가 많은데, 앞으로 그 내용상 특별한 차이가 없다면 대표적인 사료 한두 개만 注記하겠다. 그리고 『唐大詔令集』은 현재 通用本에 문제가 없지 않으나, 조칙의 경우 편의상 주로 여기에 의거한다. 다른 책에 실린 내용은 唐代史研究委員會 편, 『唐代詔勅目錄』(東京, 東洋文庫, 1981)을 이용하여 쉽게 찾을 수 있을 것이다.

이밖에도 개인 문집이나 총집(總集) 등에 실린 당전기 인물들의 시문(詩文)들도 신뢰할 만한 좋은 사료이다. 그러나 과거제도의 과도기적 양상을 직접 보여줄 이러한 기록은 당후기에 비하여 현격히 적다. 기실 당전기의 정황도 흔히 당후기 사인들의 글에 의존할 수밖에 없는 것이다. 그런데 이와 같은 전문(傳聞)들 중에는 과거제도 정착 이후의 고정관념으로 인해 사실과 어긋난 내용도 드물지 않다. 후술할 것처럼 진사과의 시(詩)·부(賦) 시험은 현종 연간에 이르러 비로소 일반화됨에도 불구하고, "국초이래(國初以來)" 줄곧 그러했다고 주장한 문종(文宗) 대화(大和)8년(834) 예부의 상주가 그 명증이다.[72]

이와 같이 후대 문헌의 당전기 과거제도에 대한 설명을 그대로 믿기 어렵고, 앞서 인용했던 『당척언』 역시 예외가 아니다. 과거 관련 내용이 풍부한 이 책은 종래 학계에서 중시해 왔고, 실제로 당후기 상황의 이해에 무척 유용하다. 그러나 당말(唐末)·오대(五代) 시기에 살았던 그 저자에게 2~3백년 전 사실의 정확한 지식까지 기대하기 어려우며, 실제로 당초 관련 서술에는 오류가 매우 많다.[73] 따라서 『당척언』처럼 과거제도가 확립된 뒤에 나온 글을 근거로 해서 이 제도 초창기의 모습을 설명하거나 유추하는 일은 대단히 조심스럽다. 당전기 사람이, 당시 과거에 관하여 쓴 정말 신빙할 만한 기록이 아쉬운 것이다.

이렇게 척박한 사료 환경에서 묘지(墓誌) 등 석각자료(石刻資料)들의 계속된 발견은 더할 나위 없이 반갑다.[74] 이 가운데 당전기에 제작된 것들

---

72 『冊府元龜』 권641, 「貢擧部 條制」, 7684쪽. 이러한 사실 왜곡이 생긴 배경은 졸고 「唐代 進士科의 登場과 그 變遷: 科擧制度의 歷史的 意義 再考」, 『사림』 36, 2010, 256쪽 참조.

73 구체적인 사례들은 뒤에서 상술할 터인데, 지금은 일단 전게 陶紹淸, 『『唐摭言』研究』의 173~174쪽; 252~261쪽이 『당척언』의 일반적인 문제점을 잘 지적했음만 밝혀 둔다.

74 중국 학계에서 끊임없이 신출 묘지를 보고하고 또 이를 정리한 책들이 출판되고 있다. 氣賀澤保規 주편, 『新編 唐代墓誌所在總合目錄』(東京, 明治大學東アジア石刻文

이 적지 않으며, 그 안에 과거와 관련된 내용도 다수 존재하기 때문이다. 물론 이와 같은 기록들도 그 나름의 문제가 있다. 예컨대 석물(石物)을 남길 만한 재력(財力)·영향력을 가진 인물은 제한될 수밖에 없고, 묘주(墓主)의 행적 서술도 과장되기 마련이다. 하지만 이러한 사실을 미리 감안하고 읽는다면, 당시 사람들의 모습을 이만큼 핍진하게 전하는 문헌이 별로 없다. 아울러 매지(埋誌) 기록에서 드러나는 명확한 작성 시기도 사료로서의 큰 장점이다. 청대 서송(徐松, 1781~1848)의 명저 『등과기고(登科記考)』가 최근 대대적으로 수정·보완된 데에도 이 신출 사료들의 역할이 지대하다.[75]

당전기의 과거제도와 관련하여 근래 가장 큰 성과는 석각자료를 통해 상거, 특히 진사과와 명경과의 합격자에 대한 정보가 훨씬 정확하고 많아졌다는 점이다. 급제 시기까지 확정 가능하다고 여겨지는 이들만도 무려 564명이나 되기 때문이다.[76] 그런데 기존 연구들이 개별 인물의 판단 근거로 삼은 사료의 성격이 상이하므로 그것이 실제로 얼마나 믿을 만한지 좀 더 따져볼 필요가 있다. 즉 당사자와 자료의 관계·시차(時差)를 고려한 '자료 신뢰성'과 해당 기록의 명징(明徵)함 정도에 따른 '과목 확실성'·'시기 정확성'의 세 항목으로 나누고, 각각 3단계로 구분한 이 항목들의 종합적 평가에 의하여 '사료 가치'를 4개의 등급으로 준별할 수 있는 것이다. 【부록1】이 바로 이 작업인데 그 결과를 황제별로 시기를 나누

物研究所·汲古書院, 2017)은 그 현황 파악에 매우 유용하며, 본서 역시 큰 도움을 받았다.

75 『登科記考』를 계승하며 발전시킨 가장 대표적인 성과가 孟二冬의 『登科記考補正』(北京, 北京燕山出版社, 2003)이고, 그 뒤 王洪軍, 『登科記考再補正』(桂林, 廣西師範大學出版社, 2010); 許友根, 『『登科記考補正』考補』(南京, 南京大學出版社, 2011)도 나왔다. 이러한 연구의 가장 주된 사료는 墓誌였다. 【부록1】 참조.

76 이것은 【부록1】에서 보듯이 기존 연구의 착오가 명백해서 "삭제"한 인물 33명을 제외한 숫자이다.

어[77] 간략히 도표화하면 아래와 같다.

〈표1: 【부록1】 인물들의 시기별 사료 가치〉

시기	과목	●	◐	○	⊗	총수
고조 (618~626)	진사과	0	0	5	2	7
	명경과	1	1	0	0	2
태종 (627~649)	진사과	3	4	10	7	24
	명경과	13	9	2	3	27
고종 (650~683)	진사과	15	11	25	7	58
	명경과	19	30	5	3	57
무측천 (684~704)	진사과	2	13	25	7	47
	명경과	15	17	4	1	37
중종·예종 (705~712)	진사과	1	5	18	1	25
	명경과	3	11	3	1	18
현종1 (713~736)	진사과	28	21	55	0	104
	명경과	17	20	0	2	39
현종2 (737~756)	진사과	9	31	49	1	90
	명경과	8	18	3	0	29
총계		134	191	204	35	564

● : 3개 항목 모두 최고 단계(◎)로 높게 판정된 경우

◐ : 3개 항목 중 중간 단계(△)로 판정된 것이 있는 경우

○ : '자료 신뢰성'이나 '시기 정확성'이 최저 단계(×)로 판정되어, 과거제도 관련 사실의 고찰에서 주의해야 하는 경우

⊗ : '과목 확실성'이 최저 단계(×)로 판정되어, 확실히 진사과나 명경과 급제자라고 인정하기 힘든 경우

---

77 본서는 고종이 죽은 弘道1년(683) 이듬해부터 무측천이 황제에서 퇴위한 長安4년 (704)까지를 '무측천 시기'로 보아서 독립시켜 이해한다. 690년까지는 황제가 따로 있었지만, 사실상 권력이 그녀의 손에 있었기 때문이다. 과거제도와 관련해 보더라도, '唐登科記總目'은 "武后光宅元年"이라고 써서(『文獻通考』 권29, 「選擧 擧士」, 847쪽. 이 앞에 "嗣聖二年"이 나오는 것은 순서가 도치된 착오임.), 684년 이후를 무측천과 연관시켜 두었다. 그리고 현종 治世는 과거의 주무 관청에 따라 1기(이부)와 2기(예 부)로 구분하였다.

이처럼 관련 사료와 함께 검증된 당전기의 분기별 진사과와 명경과 합격자들은 이 시기 과거제도 연구에 매우 긴요하다. 물론 이들을 통해 보충된 자료는 대개 개인 관련 기록으로서 사료적 한계가 있을 터이다. 그러나 제도란 결국 인간들이 만들어 나간 것이고, 특히 당시는 과거의 제도적 가변성이 컸던 과도기였다. 이러한 상황에서 진사과나 명경과에 응시하고 급제했던 이들이 그 변화에 상당한 영향을 미쳤을 가능성이 농후하다. 기실 당후기에도 진사과의 "풍속은 먼저 급제한 이들에게 달려 있고, 입제(立制)가 관청의 몫이다."고도 하였다.[78] 제도와 별개의 "풍속" 곧 과거를 둘러싼 사회적 분위기를 그 합격자들이 주도했던 것이다. 그렇다면 상거 급제자들의 존재가 제도와 상이한 현실의 파악에 중요하고, 특히 이들의 동태(動態)는 결코 간과해서 안 된다.

그러므로 위 표의 진사과와 명경과 합격자들에 주목하게 되는데, 이 가운데 '사료 가치'가 가장 높은(●) 이들은 134명에 불과하다. 하지만 '자료 신뢰성' 최고 단계의 기록 곧 당사자와 직접 관련되거나 동시기(同時期)의 문헌에서 급제 사실이 분명히 확인되는 인물로 그 범위를 넓히고, 다만 합격 과목 미상자(未詳者)만 배제하면 그 숫자가 313명으로 늘어난다.[79] 게다가 【부록2】에서 보듯이 여러 문헌들에 의거하여 그들 중 263명의 출신지(出身地),[80] 선조(先祖), 관력(官歷)을 빠짐없이 밝힐 수 있다.[81]

---

78 李肇, 『唐國史補』(上海, 上海古籍出版社, 1979 신1판) 권下, 56쪽. "其風俗繫于先達, 其制置存于有司."

79 【부록1】에서 '사료 신뢰성'이 최고인(◎) 인물이 총 344명이다. 그러나 이 중 31명은 '과목 확실성' 최저 단계(×) 곧 "射策"·"甲科" 등 급제 과목이 불분명한 기록에 의거하므로 사실상 '사료 가치'가 거의 없다(⊗).

80 본서에서의 '출신지'란 문헌에 자주 보이는 '모지역인(某地域人)'이란 표현에 의거한 것이다. 이 '지역'은 당시 郡望 곧 한국의 本貫과 유사한 용례가(안광호, 『중국의 군망제도와 한국의 본관제도 연구』, 파주, 지식산업사, 2019, 45~160쪽) 많으나, 더러 호적이 있는 곳이나 현재 거주지 등을 가리키는 듯한 경우도 있다. 따라서 그 사람과 출신지의 관계를 일률적으로 단정하기 힘들지만, 양자 사이에 실질적 혹은 심리적 특별한

두 과목 합격자들의 본인 행적부터 가계(家系) 성격까지 세밀한 검토가 가능한 것이다. 따라서 이를 급제 과목과 시기에 따라 나누어 비교·분석한다면, 당전기 상거의 구체적 실상에 대한 이해가 한층 깊어지리라고 기대된다.[82]

본서의 목적은 상거 과목들을 중심으로 수대와 당전기에 과거제도가 처음 만들어지는 복잡하고 오랜 과정을 고찰하는 데 있고, 이를 위한 필자의 생각을 지금까지 설명하였다. 여기에서 무엇보다 강조하고 싶은 점은 과도기의 특징이라고 할 가변적 유동성이다. 따라서 후대에 확립된 제도를 섣불리 이 초창기로까지 소급·적용해서는 안 되며, 기본적으로 동시기 사료에 의거한 연구가 필요하다. 다행스럽게 신출 묘지 등이 급제년까지 분명한 당전기의 많은 진사과와 명경과 합격자를 찾아 주었는데, 이들이 당시 과거제도를 이끌어 간 사람들이었다고 해도 좋다. 그리고 【부록】 작업을 수행하면서 실제로 상거의 대표적인 두 과목 급제자들

緣故가 있음은 확실하다. 이와 관련된 더 자세한 설명은 【부록2】 참조.

81 【부록2】의 검토 대상자와 출신지·선조·관력의 상호 비교가 가능한 인물들의 숫자를 分期別로 나누어 보면 아래의 표와 같다.

| 시기 | Ⅰ기 | | Ⅱ기 | | Ⅲ기 | | Ⅳ기 | | Ⅴ기 | | Ⅵ기 | | 총계 | |
과목	진	명	진	명	진	명	진	명	진	명	진	명	진	명
검토 대상자(명)	10	38	25	38	15	33	7	16	44	37	26	24	127	186
비교 가능자(명)	10	34	23	38	13	30	4	16	23	36	15	21	88	175

◦ Ⅰ기: 고조~고종 영휘 연간(618~655)/ Ⅱ기: 현경 연간 이후 고종 시기(656~683)/ Ⅲ기: 무측천 시기(684~704)/ Ⅳ기: 중종·예종 시기(705~712)/ Ⅴ기: 현종1기(713~736)/ Ⅵ기: 현종2기(737~756)
◦ 진: 진사과/ 명: 명경과

82 陸揚, 「從墓誌的史料分析走向墓誌的史學分析: 以『新出魏晉南北朝墓誌疏證』爲中心」, 『中華文史論叢』 2006-4는 魏晉南北朝 시기 묘지의 세밀한 분석을 통한 새로운 역사 해석의 가능성을 주장했는데, 훨씬 많은 신출 묘지를 가진 唐代史 연구라면 더 말할 나위가 없을 것이다.

의 성격과 그들의 역할에 대한 다각적 분석 가능성을 확인하였다. 과목별 차이나 시기에 따른 변화 추이 등을 면밀히 검토하면, 진사과와 명경과 위주로 전개되어 가는 과거제도의 동향이 좀 더 명확히 밝혀질 수 있는 것이다.

이러한 연구 시각 아래 구상된 본서는 크게 보아 3개 부분으로 이루어진다. 제1부 '과거제도의 원형(原形)'은 수대부터 당 태종(太宗) 연간까지를 대상으로 한다. 이 시기의 관인선발제도는 기존의 찰거와 크게 다르지 않은 듯하다. 그러나 태종 때 이르러 '진사'라는 말이 새롭게 등장하므로, 그 구체적인 실체를 궁구해 볼 것이다. 제2부 '상거의 독자적 발전'은 고종~예종(睿宗) 치세를 대상으로 삼는다. 과거의 특성을 잘 보여주는 상거가 고종 때 제거로부터 독립하고, 그 과목들이 분화해 새로운 관인선발제도로 정착해 간다. 이 과정에서 진사과와 명경과의 중요성이 점차 증대하는데, 무측천(武則天) 시기를 거치면서 두드러지는 두 과목의 상이한 양상은 특히 흥미로운 문제이다. 제3부 '과거제도의 확립'은 현종 연간을 대상으로 한다. 당조의 전성기인 이 시기에 과거의 주무 관청이 이부에서 예부로 바뀌어 청말까지 이어질 제도가 확실히 정립되었다.[83] 따라서 조정의 역할이 당연히 주목되지만, 이와 동시에 진사과를 둘러싼 사인들의 주체적 활동도 유난히 두드러져서 그들의 적극적인 행태에도 각별한 관심을 가지고 고찰하려 한다.

본서의 구성과 그 주안점을 간단히 요약해 보았으나, 실제 내용은 관련 사료에 대한 지겨울 정도의 천착과 분석이다. 기실 통일제국의 재건 뒤에 취할 수 있던 관인 선발 방식이 다양했으며, 과거는 단지 그 하나의

---

83 후술하듯이 과거제도는 송대 이후 변화가 적지 않으나, 省試 혹은 會試라고 불린 예부 관할의 시험이 그 중심이었음은 주지의 사실이다. 전게 宮崎市定, 『과거: 중국의 시험 지옥』(전혜선 역, 신판), 129~140쪽의 설명처럼 청대에도 禮部尙書 관할의 이것이 "과거의 본체"였던 것이다.

선택지에 지나지 않았다. 따라서 미리 후대와 같은 제도로 귀착됨을 전제하지 않고, 보다 열린 시각으로 당시의 제반 상황을 검토해야만 하였다. 더군다나 찰거에서 과거로 바뀌어 가는 과도기에 대한 서술은 훗날 윤색된 부분이 많으므로, 많은 문헌들의 비교·검토를 통한 고증이 불가피하였다. 그 결과 본서의 내용은 무척 번잡해졌지만, 이러한 작업이 관인을 뽑는 국가권력과 그 대상이 된 사인들 사이의 미묘한 길항(拮抗) 관계 속에서 최종적으로 과거라는 신제(新制)가 만들어져 가는 실상의 해명에 필수적이라고 여겨진다. 그리고 이를 통해 당대에 정착한 새로운 관인선발제도의 특징을 밝힘은 물론 앞서 지적했던 바 '현재'의 관점에 치중해 온 기존의 과거제도사 연구를 새롭게 재고하는 데 조금이나마 기여할 수 있기를 바란다.

제1부

과거제도의 원형

과거제도가 만들어지는 과정을 이해하려면, 무엇보다 먼저 기존의 찰거와 상이한 새로운 관인선발제도가 언제 시작되었는가 묻게 된다. 그런데 서장에서 설명하였듯이 그 시기에 대하여 학계에서 합의를 이루지 못했다. 신제(新制)의 개시와 관련된 명확한 사료가 없을 뿐더러, 과거도 오래도록 찰거와 마찬가지로 공거라고 불렸던 탓이다. 필자가 본서의 연구 대상을 진사과로 대표되는 상거 중심으로 좁힌 까닭도 이 때문인데, 그래도 여전히 이 첫 물음부터 답하기 어려운 문제이다.

많은 연구자들은 수 양제가 "진사 등의 과목"을 두었다는 설등(薛登, 647~719)의 무측천 천수(天授)3년(692) 상주문에[1] 주목한다. 그러나 양제 때로부터 무려 100년가량 뒤에 나온 이 주장은 『수서(隋書)』 등 그 이전 문헌에서 전혀 확인되지 않아 신뢰하기 어렵다. 실제로 오대 시기에도 "과거(科擧)"가 수 문제 개황(開皇, 581~600) 이전 혹은 당 태종(재위 626~649) 연간에 생겼다는 이야기가 항간에 존재하였다.[2] 당대 내내 "진사" 혹은 "과거"의 출현 시기가 논란거리였던 것이다.

---

1 薛登(薛謙光)의 이 글은 劉昫 등, 『舊唐書』(北京, 中華書局, 1975) 권101, 「薛登」, 3136~3141쪽;『冊府元龜』 권474, 「臺省部 奏議」, 5653~5656쪽과 李昉 등, 『文苑英華』(北京, 中華書局, 1966) 권696, 「論選擧疏」, 3591~3593쪽; 姚鉉, 『唐文粹』(臺北, 世界書局, 1972 2판) 권28, 「請選擧擇賢才疏」, 3뒤~6뒤쪽; 董誥 등, 『全唐文』(北京, 中華書局, 1982) 권281, 「論選擧疏」, 2850~2853쪽에 나온다. 『唐會要』 권76, 「貢擧 制科擧」, 1646~1648쪽;『通典』 권17, 「選擧 雜議論」, 409~411쪽의 기록은 이보다 소략하여 全文이 아닌 듯하다. 앞으로 薛登 관련 서술은 기본적으로 『舊唐書』에 의거한다. 본서의 여타 문제들도 내용상 특별한 차이가 없다면 사료의 신빙성과 참조의 편의성을 아울러 고려하여 한두 문헌만 주기하겠다.

2 『文獻通考』 권200, 「經籍 史〈僞史覇史 史評史抄〉」, 5736쪽에 의하면, 後蜀의 楊九齡이 편찬한 『蜀桂堂編事』에 "科擧起於隋開皇前, 陋者謂唐太宗時, 非也."라는 말이 나온다고 한다.

찰거와의 차이라는 것도 애매한 측면이 있다. 과거란 새로운 제도의 특성이 불분명해서가 아니라, 그 이전 찰거와의 이질성(異質性)이 너무 크기 때문이다. 과거제도는 전술한 바 자발적 응시의 허용, 상례화된 시험이나 전선과의 분리 이외에도 지식·재능의 평가, 학교제도와의 유기적 연계 등 여러 특징이 병존한다.[3] 상거로 논의 범위를 좁혀도, 이 상이한 속성들 중 무엇을 기준으로 그 새로운 성격을 설명해야 할지 애매하다.

한대에 수재·효렴 등 일부 찰거가 정기적으로 시행되었음은 주지의 사실이며, 단지 '진사'라는 특이한 과목 명칭만으로 그 새로움의 증거로 삼기에는 부족하다. 기실 남북조시대(南北朝時代) 후기에 이르면 벌써 관인의 선발에서 시험이 중요성이 예전보다 커져 있었다.[4]

그렇다면 과거제도의 등장은 이처럼 상거와 유사한 요소들이 장기간에 걸쳐 종합된 결과로 보아야 하지 않을까? 어떤 시기, 몇 권력자의 획기적인 개혁의 산물이라기보다 점진적 변화의 귀결일 수 있는 것이다. 찰거의 주요 과목이던 수재가 당대의 상거로도 오래도록 존속하였음을 생각하면 더욱 그러하다.

실제로 수대나 당초(唐初) 시기의 묘지들에 기록된 당시 입사(入仕) 방법은 매우 다기(多岐)하고, 그 선발 방법 가운데 찰거와 과거의 특성이 혼재된 경우가 많다. 이러한 석각자료는 훗날에 쓰인 전래문헌에 비하여 훨씬 가까이에서 새로운 제도의 출현 과정을 보여 준다. 사실 한두 차례의 조처가 과거 안에 내포된 복잡한 제도적 특성을 한꺼번에 실현하기

---

3 전게 閻步克, 『察擧制度變遷史稿』, 2~3쪽.
4 唐長孺, 「南北朝後期科擧制度的萌芽」, 『魏晉南北朝史論叢續編』(北京, 三聯書店, 1959) 등 많은 연구들이 남북조시대의 이러한 변화를 상세히 고증해 두었다.

힘들며,[5] 상당한 기간의 과도기는 부득이했을 것이다.

이와 같은 시각에서 필자는 과거제도의 기원을 수대 혹은 당초의 특정 시기나 사건에서 찾아온 종래의 연구들을 전면적으로 재검토하고자 한다. 이 작업은 후대로 이어진 과거의 역사적 의의를 미리 전제하지 않고, 수·당 통일제국의 기반 구축 과정에서 새로운 제도가 필요해진 현실 상황 그 자체에 유념하며 진행될 것이다. 따라서 당후기 이후의 문헌이나 이로부터 상정(想定)된 개념에 구애되기보다는 당시 사람들이 직접 쓴 기록을 더욱 중시하고 또 치밀하게 분석할 작정이다. 그 결과 이 시기 관인선발제도의 특징이 구체적으로 드러난다면, 이것이야말로 과거제도사 연구의 진정한 출발점이 아닐까 싶다.

5 이와 관련하여 이계명, 「中國 科擧制의 成立」(원간 1991), 『西魏·北周·隋唐의 官僚的 門閥士族 研究』(광주, 전남대학교출판부, 2017)은 주목된다. 비록 墓誌 등 신출 자료들을 참고하지 않아 논거가 부족하더라도, 과거제도의 개시 시기보다 그 "성립 과정"에 초점을 맞추려 한 立論 방향은 타당하기 때문이다.

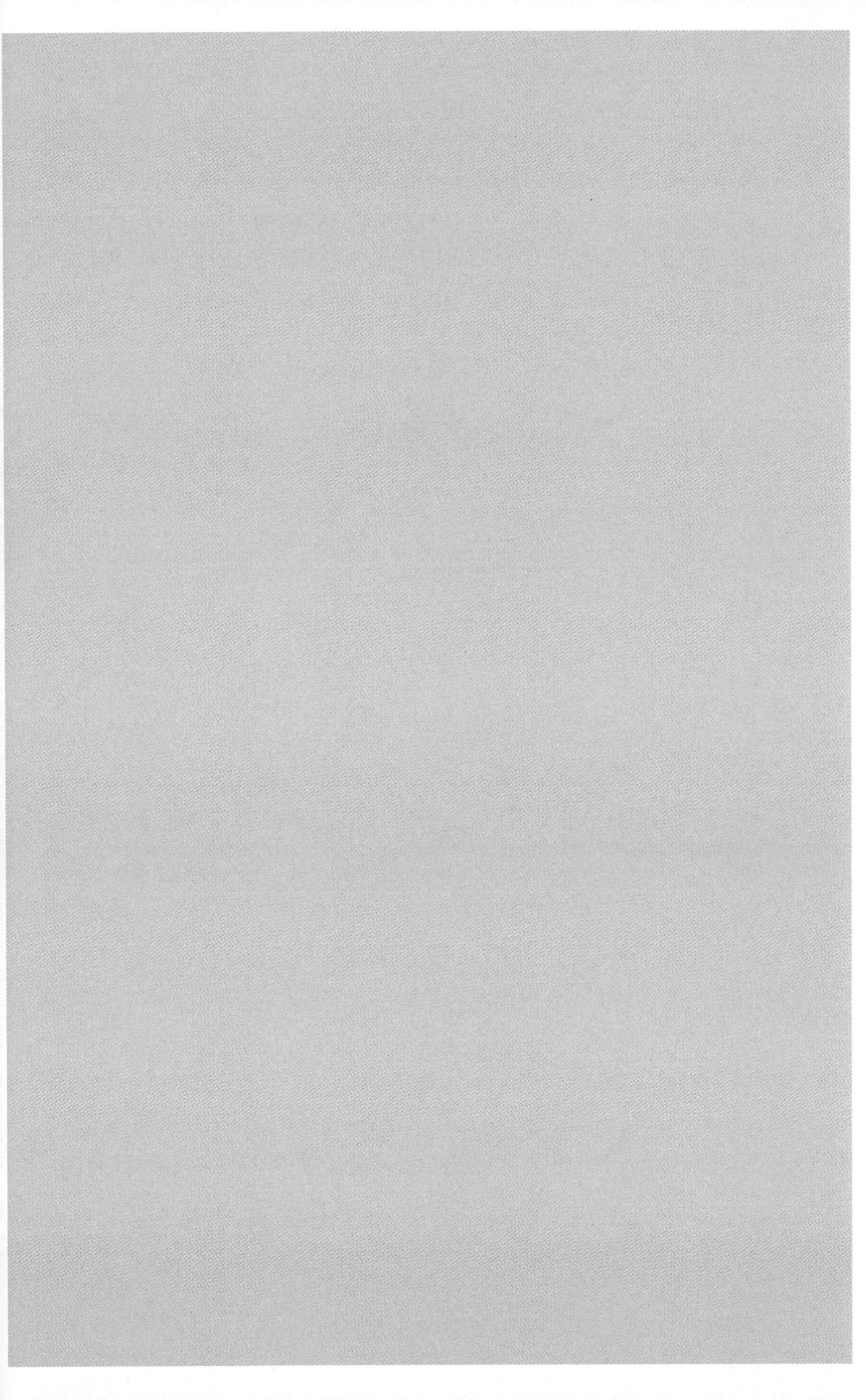

과거제도의 기원

1

제 1 장

1. 수대의 상황

과거제도의 수대 기원론

과거제도의 기원에 대한 분분한 이견 속에서, 한국의 역사학계는 대체로 수 문제 개황7년(587)에 이 제도가 만들어졌다고 본다.[1] 이러한 견해는 미야자키 이치사다의 영향이 크다. 그는 『수서』 등의 "〔개황7년 1월〕 제주(諸州)에 해마다 3명씩 세공(歲貢)하도록 제(制)하였다."는[2] 기록에서 "세공(歲貢)"과 "제(制)"라는 표현에 착목하여, 이때 진사과를 비롯한 상거 과목들이 생겨났다고 주장한 것이다. 『구품관인법(九品官人法)의 연구』에서 특

---

1 오금성, 「中國의 科擧制와 그 政治·社會的 機能」, 전게 역사학회 편, 『科擧』, 9쪽의 이러한 설명은 이후 학계의 통설처럼 되고 있다. 한국 과거제도사의 대표적인 연구자 이성무가 몇 차례 증보한 저서에서 줄곧 이렇게 말하고(『한국의 과거제도(개정증보판)』, 파주, 한국학술정보, 2004의 '머리말'), 『2015년 藏書閣의 특별전: 試券』(성남, 한국학중앙연구원출판부, 2015), 16쪽 또한 마찬가지이다. 다만 오금성은 뒷날 「중국의 과거제」, 『한국사시민강좌』 46, 2010에서 진사과의 경우 수 양제 대업1년에 만들어졌다는 중국 연구자들의 견해를 수용하였다.
2 魏徵 등, 『隋書』(北京, 中華書局, 1973) 권1, 「高祖」, 25쪽에서 "制諸州歲貢三人."이라고 한다. 李延壽, 『北史』(北京, 中華書局, 1974) 권11, 「隋本紀」, 413쪽과 『通典』 권14, 「選擧 歷代制中」, 342쪽에도 이와 동일한 기록이 있다.

히 강조된 이 사실은 개황3년(583) "향관(鄕官)"으로 바뀐 중정(中正)이 결국 개황(581~600) 연간에 없어졌음을 전제로 한다.[3]

하지만 수대의 중정 폐지 시기는 의문의 여지가 있으며,[4] 당 고조 무덕(武德)7년(624)부터 태종 정관(貞觀, 627~649) 초까지 일시 대중정(大中正)이 부활되기조차 하였다.[5] 뿐만 아니라 "세공"에 관한 기록은 훨씬 이전부터 나타나며,[6] 주군(州郡)에 세거(歲擧)를 명한 "제(制)" 또한 이것이 결코 처음이 아니다.[7] 물론 이러한 사례는 "효렴" 등 찰거와 관련된 것이지만, 개황 7년 "세공"의 대상이 이와 상이한 성격의 과목이라고 보아야만 할 확증 또한 없다.[8] 따라서 극히 소략한 이 한 문장만으로써 관인선발제도의 획기적인 변화를 단언하는 것은 무리이다.

사실 미야자키는 과거제도의 개시를 개황 연간의 다른 시기로 설명하기도 한다.[9] 새로운 제도의 출현과 관련하여 개황7년의 개제(改制)에 주목

---

3 宮崎市定, 임대희 등 역, 『구품관인법의 연구』(서울, 소나무, 2002. 원간 1956), 61~70쪽과 457~465쪽.

4 張旭華, 「隋及唐初九品中正制的廢除」, 『史學月刊』2009-8에 의하면, 수대의 中正은 몇 가지 상이한 계통으로 나뉘고 그 폐지 시기도 이에 따라 달랐다고 한다.

5 『唐會要』 권69, 「丞簿尉」, 1446쪽.

6 "歲貢"이란 말은 『史記』 이후 正史에서 빈출하고, 특히 姚興의 "令郡國各歲貢清行孝廉一人"(房玄齡 등, 『晉書』, 北京, 中華書局, 1974의 권117, 「姚興載記」, 2977쪽; 『冊府元龜』 권229, 「僭僞部 政治」, 2723쪽)과 같은 기록은 그 표현이 수 문제의 조처와 별반 다르지 않다.

7 宮崎市定는 開皇7年 기록의 "制"가 "永制"·"常制"라는 점을 강조하지만, 『通典』 권14, 「選擧 歷代制中」, 332쪽의 〔晉〕元帝制, 揚州歲擧二人, 諸州各一人"(『冊府元龜』 권639, 「貢擧部 條制」, 7666쪽 略同)이라고 하여 東晉 시기에 이미 "歲擧"의 "制"가 보인다. 그리고 北周 宣帝의 "詔制九條" 중에도 "州擧高才博學者爲秀才, 郡擧經明行脩者爲孝廉, 上州、上郡歲一人, 下州、下郡三歲一人."(令狐德棻 등, 『周書』, 北京, 中華書局, 1974, 권7, 「宣帝」, 116쪽)이라고 하였다.

8 "〔杜〕正玄一人應秀才, 餘常貢者, 隨例銓注訖, 〔杜〕正玄獨不得進止."(『北史』 권26, 「杜銓」, 962쪽)라는 말을 보면, 당시 秀才를 비롯한 "常貢" 과목들이 여럿 있었던 듯하다. 후술하듯이 당 무덕 연간까지 진사과와 같은 새로운 상거 과목의 명칭이 보이지 않는다면, 수대에 상례화 된 이 과목들은 찰거의 일종이었을 가능성이 짙다.

하였을지라도,[10] 그에게 진정 중요한 문제는 구체적인 제도 그 자체가 아니었다. 『구품관인법의 연구』 또한 "이런 것들은 오히려 형식적인 자질 구레한 일"이라면서, 수대가 당시 "과거를 필요로 하는 시대"였음을 특기하기[11] 때문이다. 미야자키에게 과거는 귀족(貴族) 중심의 '중세(中世)'에서 사대부(士大夫) 위주의 '근세(近世)'로 이행하는 과정에서 필수적인 제도이었으므로, 그 과도기에 존재하는 통일제국과 과거제도 사이의 상관성이 당연한 일이었다. 바꾸어 말해, 개황7년 혹은 수의 첫 황제인 문제 시기에서 과거제도의 기원을 찾는 그의 논리는 실증 가능한 사료가 아니라 전술했던 거시적 시대구분론에 주로 의거하고 있는 것이다.

물론 개황7년에 진사과가 등장했다는 연구자가 미야자키만은 아닌데, 이러한 논자들의 근거 역시 충분하지 않다.[12] 이때 진사과라는 새로운 과목이 있었음을 증명할 수 있는 명백한 사료가 없는 것이다. 그러므로 가오밍스(高明士)의 경우 개황7년에 생긴 것은 진사과가 아니라 그 원형인 빈공과(賓貢科)라고 한다.[13] 남북조시대의 문헌에 거의 없던 "빈공"이란

9　宮崎市定의 과거제도 관련 첫 저작인 전게 秋田屋本『科擧』, 16쪽은 "근세 과거제도의 기원은 중정제도가 폐지된 개황18년으로 정할 수 있다."고 하였으며, 이 책을 보완한 『科擧史』(東京, 平凡社, 1987), 28~29쪽의 경우 "근세 과거제도의 기원은 中正의 직무가 停止된 개황3년 혹은 그것이 폐지된 개황15년으로 정할 수 있다."고만 할 뿐이다.

10　전게 宮崎市定, 『과거: 중국의 시험지옥』(전혜선 역, 신판), 12쪽은 "과거제도가 성립된 시기가 … 587년이라는 사실"이라고 한다. 같은 책, 258쪽의 연표에서는 이 연도에 "무렵〔頃〕"이란 말을 덧보태었으나, 기본적으로 587년의 제도 변화를 중시한 것은 분명하다.

11　전게 宮崎市定, 『구품관인법의 연구』, 69쪽.

12　대표적인 예가 岑仲勉의 『通鑑隋唐紀比事質疑』(香港, 中華書局, 1977. 원간 1964), 4쪽의 '進士科之始'이다. 그는 司馬光, 『資治通鑑』(北京, 中華書局, 1956)의 陳 禎明1년 곧 수 개황7년의 "隋制諸州歲貢士三人"(권176, 5488쪽)이란 기록을 주된 근거로 삼아 宮崎市定와 유사한 결론을 얻었다. 그러나 이 "貢士"를 과거에서의 "鄕貢進士"와 동일시하는 岑仲勉의 논리는 설득력이 약하다. 『禮記』에서 연유한 貢士란 말은 察擧에서도 사용되었기 때문이다(范曄, 『後漢書』, 北京, 中華書局, 1965의 권49, 「王符」, 1638쪽).

표현이 수대 인물의 입사 관련 서술에 여러 차례 나타나기 때문이다.
"빈공"의 일차적 의미가 설령 하나의 "의식(儀式)"에 불과했을지라도, 이것이 관인선발제도의 변화를 드러내는 한 방증일는지 모른다.[14]

그렇다면 현존하는 수대의 빈공 관련 기록 7개 모두 세밀하게 검토할 필요가 있다. 유섬(劉瞻, ?~?)의 비석은 단지 빈공이 입사의 한 방법이었음만을 알려줄 뿐이다.[15] 방현령(房玄齡, 579~648)이 "몸을 굽혀 빈공을 좇았다[俯從賓貢]"는[16] 비문(碑文)도 이와 비슷한데, 두목(杜牧, 803~852경)과[17] 정사의 열전 모두 그를 진사과 급제자라고 하였다.[18] 이것이 빈공을 과거의 한 과목으로 유추할 수 있는 결정적 증거이다. 그리고 이러한 추론은 고사렴(高士廉, 575~647)·이정(李靖, 571~649)·방기(房基, 594~654)의 빈공 설명에 나오는 "(사)책(射策)" 혹은 "갑과(甲科)"라는 구절로써[19] 더욱 보강된

13　高明士는 「隋代的敎育與貢擧(上)」, 『大陸雜誌』 69-4, 1984부터 「再論賓貢與賓貢科」, 『文史哲學報』 50, 1999까지 이와 관련된 일련의 논문을 발표하였고, 그 결론은 『隋唐貢擧制度』(臺北, 文津出版社, 1999)의 「隋代的貢擧制度」, 12~52·55~66쪽과 「賓貢科的起源與發展」에 잘 정리되어 있다. 近作 「常鴻墓誌與隋代賓貢科」, 呂建中·胡戟 주편, 『大唐西市博物館藏墓誌硏究(續1·上)』, 西安, 陝西師範大學出版社, 2013 역시 신출 자료로써 자신의 기존 주장을 보완한 것이다. 그러나 唐代의 '賓貢進士'와 연관된 高明士의 이러한 논리에 대한 반론도 만만치 않다. 張寶三의 「唐'賓貢進士'及其相關問題論考」, 『語文·情性·義理: 中國文學的多層面探討國際學術會議論文集』, 1996; 「再論唐'賓貢進士': 敬答高明士先生之質疑」, 『文史哲學報』 48, 1998과 党銀平의 「唐代有無"賓貢科"新論」, 『社會科學戰線』 2002-1; 「최치원과 당대 빈공진사에 대한 고증」, 마중가 역, 『최치원신연구』, 춘천, 한림대학교출판부, 2004, 136~137쪽 참조.

14　郭麗, 「唐代賓貢科新論」, 『中國典籍與文化』 2017-1, 105~107쪽에 의하면, 『周禮』에서 기원한 '賓貢'이란 말은 원래 지방에서 올린 貢物이나 이를 바치는 儀禮를 뜻하다가 수대 이후 사람으로까지 그 의미를 확대시켜 갔다고 한다.

15　許敬宗, 羅國威 정리, 『文館詞林校證』(北京, 中華書局, 2001) 권459, 李百藥 「荊州都督劉瞻碑銘一首」, 201쪽에는 수대 劉瞻의 官歷을 적기 전에 "言從賓貢, 利用王庭."이라고 하였다.

16　吳鋼 주편, 『昭陵碑石』(西安, 三秦出版社, 1993), 「房玄齡碑」, 123쪽.

17　杜牧, 『樊川文集』(上海, 上海古籍出版社, 1979) 권12, 「上宣州高大夫書」, 180쪽.

18　『舊唐書』 권66, 「房玄齡」, 2459쪽; 『新唐書』 권96, 「房玄齡」, 3853쪽.

19　高士廉의 塋兆記에 "敬從賓貢, 射策□第"(『昭陵碑石』, 125쪽); 李靖의 碑石에 "引昇

다. "빈공에 응하였다"는 상홍(常鴻, 560~615) 묘지의 "탁제갑과(擢第甲科)"
나[20] 『수서』의 "빈공지례(賓貢之禮)의 실시" 기록에 보이는 "책시(策試)"[21]
또한 동일한 맥락에서 설명되기도 한다. 이와 같이 시험과 밀접한 관계
를 가진 빈공은 과거제도의 시발(始發)인 듯한 것이다.[22]

　　그런데 위의 『수서』 내용을 꼼꼼하게 살펴보면, 향학(鄕學)의 모든 학
생들이 매달 친 "책시"와 그 중 "대비(大比)하여 응거"한 이들의 "빈공지례"
는 별개의 일이다. 상홍도 실상 "빈공에 응하여 효렴으로 찰거"되어 "하
료(下寮)"로 근무한 뒤에 "탁제갑과"하였다. 이 두 사례의 빈공은 시험과
직접 관계가 없는 것이다. 물론 고사렴·이정·방기의 기록에 나오는 "(사)
책"이나 "갑과"는 분명히 빈공과 관련이 있다. 하지만 "사책갑과(射策甲科)"
가 한대부터 관인의 선발에 사용된 방법이고,[23] 수재·효렴 같은 찰거

賓貢, 策□□(缺三十五字)"(같은 책, 137쪽), 房基의 墓誌에 "旣預賓貢, 策應甲科"(周
紹良 주편, 『唐代墓誌彙編』, 上海, 上海古籍出版社, 1992, 211쪽의 永徽123번, 「大唐
故翼城令饒陽男房府君墓誌銘幷序」. 앞으로 묘지를 모아둔 책에서 이처럼 일련번호가
있을 경우 그것만을 밝힘.)라고 한다.

20　胡戟·榮新江 주편, 『大唐西市博物館藏墓誌』(北京, 北京大學出版社, 2012)의 52번 묘
지에 "〔常鴻〕業高鄕黨, 譽滿州閭. 以隋開皇十六年, 首膺賓貢. 察孝廉而光上國, 俯銷
聲而滯下寮. 擢第甲科, 用超非次. 爰從解褐, 授滎陽郡圃田縣長."라는 기록이 있다.

21　『隋書』 권73, 「循吏 梁彦光」, 1675~1676쪽에 "〔梁〕彦光欲革其弊, 乃用秩俸之物, 招
致山東大儒, 每鄕立學, 非聖哲之書不得敎授. 常以季月召集之, 親臨策試. 有勤學異等,
聰令有聞者, 升堂設饌, 其餘並坐廊下. 有好諍訟, 惰業無成者, 坐之庭中, 設以草具. 及
大比當擧, 行賓貢之禮, 又於郊外祖道, 幷以財物資之."(밑줄은 인용자. "大比當擧"는
저본에 "大成當擧"로 되어 있으나, 點校本二十四史修訂本 『隋書』 北京, 中華書局,
2019의 18801쪽에 따라 고침.)라고 한다.

22　전게 金瀅坤, 『中國科擧制度通史: 隋唐五代卷』, 「常擧的確立與發展」, 70~79쪽은 수
대의 빈공 관련 사료와 연구를 정리한 뒤, 빈공이 특정한 과목 명칭은 아니지만 개황
연간에 "貢擧·鄕貢 考試의 含義"를 지닌다고 보았다.

23　"〔蕭〕望之以射策甲科爲郞."(班固, 『漢書』, 北京, 中華書局, 1962의 권78, 「蕭望之」,
3272쪽)이란 기록이 그 단적인 예이다. 만약 陳飛, 「唐代"射策"與"對策"辨略」(원간
2008), 『文學與制度』(北京, 商務印書館, 2015)의 주장처럼 전통적인 "射策"과 과거 상
거에서 친 "對策"이 다르다면, "射策"은 찰거임이 자명하고 그냥 "策"으로 표현된 경우
그 성격을 좀 더 따져볼 필요가 있을 듯하다. 그러나 "〔權〕德興先公(權臯:인용자),

과목의 경우 또한 마찬가지이다.[24] 게다가 이정은 "빈공" 전에 이미 장안 (長安)의 '공조(功曹)'라는 관직을 가지고 있었다.[25] 그러므로 이러한 빈공은 기존의 찰거나 황제의 조서(詔書)에 의거한 응거(應擧) 방식과 명확히 구분되지 않고, 거(擧)·선(選)의 분리 역시 뚜렷하지 않다. 이를 후대의 과거와 동일시하기는 힘든 것이다.

실제로 빈공 관련 기록은 새로운 관인선발제도라는 예단 없이도 이해 가능하다. 『주례(周禮)』는 "향(鄕)"의 "현자(賢者)"·"능자(能者)" 선발을 "빈흥(賓興)"·"예빈(禮賓)"으로 표현하고,[26] 여기에서 "빈"이란 말에 "존사(尊士)"의 뜻이 담겨 있기 때문이다.[27] 즉 빈공은 지방에서 인재를 중앙으로

與公(李栖筠:인용자)天寶中修詞射策, 爲同門生"(權德輿, 『權載之文集』, 上海, 上海書店, 1926의 권33, 「唐故銀靑光祿大夫御史大夫贈司徒贊皇文獻公李公文集序」, 195쪽) 처럼 "射策"했다는 진사과 급제자 李栖筠도 분명히 있으므로, 두 용례가 실제로 그렇게 명확히 구분되지 않는다. 따라서 필자는 기본적으로 양자에서 공통된 策試의 성격이 중요하다고 생각한다.

24 『晉令』에 孝廉의 經書 시험과 秀才의 策試에 관한 규정이 존재하고(張鵬一 편, 『晉令輯存』, 西安, 三秦出版社, 1989, 42~44쪽. 1944년 이전의 遺稿), 그 실례가 많은 문헌에서 확인된다. 魏收, 『魏書』(北京, 中華書局, 1974)만 보더라도, "擧孝廉, 射策甲科"(권79, 「劉桃符」, 1757쪽)하거나 "擧司州秀才, 以射策高第"(권56, 「鄭伯猷」, 1244쪽)한 인물이 있다. 이러한 사례는 남북조시대 말기로 갈수록 더욱 늘어난다.

25 『昭陵碑石』, 137쪽의 「李靖碑並陰」에는 "年十有六, 長安令調爲功曹, 蓋以望表黃圖, 光膺禮貢, 英標赤縣, 不謝弓招. 俄而雍州引昇賓貢, 策□□(缺三十五字)"이라고 한다. 물론 당시 長安縣의 功曹는 "視從九品"으로서 정식 流內官이 아니었지만(『隋書』 권28, 「百官」, 791쪽), 李靖을 "賓貢"한 것이 그 상급 기관인 雍州였음을(같은 책의 권29, 「地理」, 808쪽) 간과할 수 없다. 이것은 당대의 『永徽令』에서 "府主"의 추천을 받은 視品官 "府佐"가 入流하기 위해 필요하던 "簡試"와 비슷해 보이며(졸고 「唐 高宗 초기 官人選拔制度 관련 두 史料의 釋義: 永徽令 중의 簡試와 顯慶 연간 劉祥道의 上奏」, 『중국고중세사연구』 37, 2015, 200~209쪽 참조), 원칙상 일반민을 대상으로 삼은 과거의 상거 과목과는 확연히 다르기 때문이다.

26 『周禮』는 "以鄕三物敎萬民而賓興之"(『周禮注疏』, 北京, 北京大學出版社, 2000의 권10, 「大司徒」, 314쪽), "三年則大比, 攷其德行、道藝, 而興賢者、能者. 鄕老及鄕大夫帥其吏與其衆寡, 以禮禮賓之."(같은 책, 권12, 「鄕大夫」, 349쪽)라고 지방의 인재 선발 과정을 설명하였다.

27 呂祖謙, 『歷代制度詳說』(揚州, 江蘇廣陵古籍刻印社, 1990) 권1, 「科目」, 15쪽에 "『周

바칠[貢] 때 각별히 예우(禮遇)한다는 의미로 읽어도 무방한 것이다. 다만 수대에 이러한 용례가 거듭 나타나는 현상에 주의한다면, 당시 조정의 관인 선발 과정이 예전보다 의례(儀禮)를 갖추어 체계화되었을 수는 있다. 방현령을 진사과 급제자라고 쓴 기록은 이 문제에 대한 좀 더 적극적인 해석이 가능할 듯하지만, 그 글들은 모두 과거제도가 확고히 정착한 뒤에 나온 문헌이다. 기실 방현령의 진사과 급제 사실에 부정적인 연구가 적지 않으며,[28] 이것은 도리어 당후기 이후의 기록이 갖는 신빙성에 의문을 남길 뿐이다.

이와 같은 입장에서 볼 때 과거제도의 기원은 좀 더 확실한 증거를 요구하고, 앞서 잠깐 언급했던 설등의 주장이 주목된다.

> [수 문제는] 실속 없이 화려한 글쓰기를 금하였습니다. … 뒤를 이은 양제는 이전의 제도를 바꾸어 "진사" 등의 과목을 두었습니다. 그 결과 후대에 배우는 자들의 무리가 서로 따라하며 구차하게 답습하고 시세(時勢)만을 급히 좇아 작은 글 따위나 지으며 "책학(策學)"이라 불렀으니, 사실에 입각함을 근본으로 삼지 않고 헛되게 꾸밈을 귀하게 여겼습니다.[29]

무측천 천수3년(692) 1월에 올린[30] 이 상소에 따르면 수 양제가 처음 "진사 등의 과목"을 만들었는데, "진사"는 종래 찰거 과목의 명칭으로 사

禮』以鄕三物敎民, 謂之賓興, 只看'賓'之一字, 當時蓋甚尊士."라고 한다.

28　과거제도의 개시 시기를 수 양제 이후로 잡는 연구자들은 房玄齡이 진사과 급제자가 아니라고 본다. 전게 劉海峰, 「科擧起源論」, 82~84쪽 참조.

29　『舊唐書』 권101, 「薛登」, 3138쪽. "[隋文帝]禁斷文筆浮詞. … 煬帝嗣興, 又變前法, 置進士等科. 於是後生之徒, 復相放效, 因陋就寡, 赴速邀時, 緝綴小文, 名之策學, 不以指實爲本, 而以浮虛爲貴."

30　薛登의 상소 시기는 『舊唐書』 권101, 「薛登」, 3136쪽에 "天授中"; 『通典』 권17, 「選擧雜議論」, 409쪽에 천수3년이라고 했으나, 『冊府元龜』 권474, 「臺省部 奏議」, 5653쪽의 경우 천수3년 1월로 명기되어 있다.

용된 적이 없다. 그러므로 이것은 과거의 상거 과목인 진사과로 여겨지며, 새로운 관인선발제도의 출현 사실이 당인(唐人)의 글로 증명되는 듯한 것이다.

그러나 이처럼 중요한 변화가 당 고조~고종 시기에 편찬된 『수서』에[31] 전혀 기록되어 있지 않다는 사실이 언뜻 납득되지 않는다. 실상 위 인용문에서도 진사과는 단지 하나의 예시에 불과하다.[32] 이 글의 초점은 수양제 시기로부터 비롯한 잘못된 사회 풍조에 맞추어져 있을 뿐이다. 이런 설등의 논지는 후속 내용에서 더욱 잘 드러난다. 그는 "〔양제 이래의 폐단을 바로잡기 위한 당조의 노력에도 불구하고〕 오늘날 응거자들은 '사실(事實)'과 어긋남이 있습니다. … 그러므로 세상에서 응거자들을 일컬어 모두 〔남이 자신을 알아주기를 스스로 구하는〕 '멱거(覓擧)'라고 합니다."라며 당시 상황을 비판한다. 그리고 관인의 적임자를 엄격히 뽑고 그 선발 책임을 확실히 해서 "남거(濫擧)"를 막아야 한다는 개선 방안의 제시로 이 글을 끝맺었다.[33]

설등의 상소 목적은 기본적으로 무측천 시기에 문란해진 관인 선발 문제의 해결이었다. 주지하듯이 비정상적으로 권력을 장악한 그녀가 폭넓게 자거(自擧)를 허용하며 관직을 남발하였는데,[34] 그의 주장은 바로

---

31 『隋書』의 本紀와 列傳은 高祖 武德4·5년경부터 태종 정관10년까지에 걸쳐 편찬되었고, 이후 정관15년부터 고종 현경1년까지 만든 『五代史志』를 합쳐 현재의 『隋書』가 되었다.

32 이와 관련하여, 薛登의 상소가 『唐會要』의 「貢擧 進士」가 아닌 「貢擧 制科擧」 항목에 나오고 『冊府元龜』의 경우 아예 「貢擧部」에 이 기록이 없다는 점을 간과해서 안 된다. 이 책들을 편찬한 宋人들은 그의 글이 진사과와 특별한 관계가 없다고 생각했던 것이다.

33 『舊唐書』 권101, 「薛登」, 3138~3141쪽. "有唐纂曆, 雖漸革於故非; 陛下君臨, 思察才於共理. 樹本崇化, 惟在旌賢. 今之擧人, 有乖事實. … 故俗號擧人, 皆稱覓擧. … 謹案漢法, 所擧之主, 終身保任. … 勢不云遠. 有稱職者受薦賢之賞, 濫擧者抵欺罔之罪, 自然擧得賢行, 則君子之道長矣."

34 여기에서 薛登이 상소를 올린 바로 그 달에 存撫使가 뽑아 보낸 이들 전부를 황제가 "擢用"했다는 『資治通鑑』의 기록은 特記할 필요가 있다(권205, 唐則天后長壽1(天授3)

이러한 상황을 배경으로 한다. 그러므로 수 양제 사후 거의 100년이 지나 갑작스럽게 나오는 진사과 창치(創置) 이야기는 당시 현실을 염두에 두고 읽지 않으면 안 된다. 무측천 시기에는 진사과 등 자발적인 응시를 허용한 과거가 어느 정도 자리를 잡았고, 그 응거자들은 무주혁명(武周革命, 690) 직후의 남관(濫官) 정책을 틈타 여러 가지 문제를 야기하였다. 이를 못마땅하게 여긴 설등은 그 원인 제공자로 수 양제를 지목해 에둘러 무측천을 비판하였던 것이다. 통치자에 대한 경고로써 망국의 군주인 양제를 상기시키는 것보다 더 좋은 방법이 없기 때문이다.

따라서 양제가 진사과를 만들었다는 설등의 말을 곧이곧대로 믿기 어렵다. 그의 글에 이 획기적인 개제(改制)의 배경이나 과정에 대한 설명이 전무함을 생각할 때 더욱 그러하다. 아래 〈표2〉로 정리해 둔 당후기 인물의 유사한 기록들 역시 마찬가지로서, 일부 덧보태어진 서술도 과거제도의 개시를 증명할 만한 구체적인 내용이 아니다.

〈 표 2: 당후기의 수 양제 진사과 창치설(創置說) 〉

성명	시기	내용	근거
양관(楊綰)	대종 보응2년(763)	近煬帝始置進士之科, 當時猶試策而已.	구-3430
두우(杜佑)	덕종 정원17년(801)	煬帝始建進士科.	통-343
유숙(劉肅)	헌종 원화2년(807)	後漢令郡國擧孝廉, 魏、晉、宋、齊互有改易. 隋煬帝改置明、進二科.	대-153

◦ 근거 문헌 : 구(『舊唐書』), 통(『通典』), 대(劉肅, 『大唐新語』, 北京, 中華書局, 1984)
◦ '-' 뒤의 숫자 : 근거 문헌의 쪽수(이하 사료 뒤 '-' 표시의 의미는 이와 같음)

年條, 6477쪽). 이를 天授2년의 일로 적은 문헌도 있어(『唐會要』 권67, 「試及斜濫官」, 1396쪽 등), 혹 이 두 사건의 상관성에 의문이 있을지 모르겠다. 그러나 天授2년의 "制官人者咸令自擧"(『舊唐書』 권6, 「則天皇后」, 122쪽)처럼 당시 이와 유사한 조처들이 빈번했음은 분명한 사실이다.

물론 진사과를 매개로 하여 수 양제 시기에서 과거제도의 기원을 찾는 이유가 위의 사료들만은 아니다. 예를 들어, 주희(朱熹, 1130~1200)의 『통감강목(通鑑綱目)』은 대업2년(606)에 진사과가 생겼다고 한다.[35] 그러나 아무런 근거 없는 이 기록 역시 신뢰하기 힘들다. 가오밍스는 개황 연간에 생긴 빈공과가 대업1년(605)에 진사과로 바뀌었으리라고 추정하는데, 그 주요 논거가 진사도(陳思道, ?~606) 묘지의 "공약관급진사제(公弱冠及進士第), 수북지군수(授北地郡守)"라는 구절이다.[36] 하지만 그가 급제 뒤에 받았다는 관직이 너무 이상하다. 북지군은 그의 사후에 생긴 지명이며,[37] 급제 후 받은 "군수"란 직위도 후대의 진사과 급제자에 대한 처우와 현격하게 다르기 때문이다.[38]

그럼에도 불구하고 대업1년에 진사과가 만들어지고 또 이를 과거제도의 개시로 보아야 한다는 주장은 계속되며, 이러한 논리를 가장 정치하게 전개한 연구자가 류하이펑(劉海峰)이다.[39] 그가 수대 당시의 기록으로서

---

35 朱熹, 『通鑑綱目』(『朱子全書(8~11)』, 上海, 上海古籍出版社, 2000 수록) 권36下, 隋煬帝大業2年條, 2047쪽.

36 전게 高明士, 『隋唐貢擧制度』, 「隋代的貢擧制度」, 46쪽 전후. 陳思道의 墓誌는 『隋唐五代墓誌滙編(北京大學卷第1冊)』(天津, 天津古籍出版社, 1992. 1991~1992년에 출판된 『隋唐五代墓誌滙編』 시리즈는 앞으로 書名 뒤 괄호 안에 지역과 冊數만을 밝힘.) 16쪽에 拓本이 있고, 吳鼎昌 편, 『誌石文錄續編』에 그 判讀文이 실려 있다(國家圖書館善本金石組 편, 『隋唐五代石刻文獻全編(4)』, 北京, 國家圖書館出版社, 2003, 922쪽). 그러나 불분명한 글자가 많아 전체 내용의 정확한 파악은 불가능하다.

37 묘지에 기록된 陳思道의 사망 시기는 대업2년이다. 그런데, 『隋書』 권29, 「地理」, 808~810쪽에 따르면, 北地郡은 그 전에 寧州 혹은 豳州로 불리다가 대업3년 州가 郡으로 바뀌면서 생긴 명칭이다.

38 수 대업 연간 郡의 長官은 낮아도 從4品 이상의 高官으로서(『隋書』 권28, 「百官」, 802쪽), 당대 상거 과목 진사과 급제자에게 주어진 從9品上・下의 品階(『唐會要』 권81, 「階」, 1768쪽)보다 훨씬 높다. 陳思道가 만약 "進士第"하여 "北地郡守"가 되었더라도, 이 "進士"와 후대의 진사과를 결코 동일시할 수 없다.

39 劉海峰은 「科擧制的起源與進士科的起始」, 『歷史研究』 2000-6에서 이 문제를 상론한 뒤 많은 논문과 책에서 자신의 주장을 계속 견지한다.

중시한 사료는 대업1년 윤7월의 아래와 같은 조서(詔書)이다.

> 이제 온 세상이 하나로 평정되어 문물과 제도가 같아져서, 어느 곳에나 향기로운 풀이 있는데 사해 안에 특출한 인물이 어찌 없겠는가! 집에 있든 혹은 지금 학교에 다니든, 만약 뜻을 돈독히 하고 옛것을 좋아하여 성현의 책을 즐겨 읽고 학식과 행실이 빼어나서 시무(時務)를 능히 감당할 수 있는 자가 있다면, 그 사람이 있는 곳에서 힘껏 탐문하고 찾아서〔採訪〕〔관련 사실을〕 잘 갖추어 보고하라. 즉시 그 기량과 재능에 따라 특별히 발탁하겠다. 만약〔이러한 인물들 중에〕 경술(經術)을 잘 익혀 뛰어나지만 벼슬살이〔進仕〕를 원하지 않는다면, 그 학업의 깊이와 가문〔門蔭〕의 높낮이에 의거하여 설령 조정에 들어오지 않더라도 합당한 "녹(祿)"을 주겠다. … 그리고 국자(國子) 등의 학교 또한 마땅히 옛 제도를 잘 밝혀서 생도들을 가르치고, 아울러 시험을 부과하는 제도〔課試之法〕도 채용함으로써 학업에 진력토록 하라.[40]

류하이펑은 위의 인용문에서 "집에 있든 혹은 지금 학교에 다니든"이 과거제도 아래 "향공(鄕貢)"과 "생도(生徒)"란 두 응시자 집단을 뜻하고, "뜻을 돈독히 하고 … 시무를 능히 감당할 수 있는 자가 있다면"은 준사(俊士)·명경·진사와 같은 과목과 관련된다고 본 것이다. 하지만 이것은 다만 추론일 뿐 확실한 증거가 없다. 특히 이때 생겼으리라고 추정한 '준사'와 '진사'가 『예기(禮記)』「왕제(王制)」에 나오는 그 어휘들의 "고사신용(古詞新用)"이란 주장은 사실과 어긋난다.[41] 『당육전』이 '준사'의 유래를 주제

---

40 『隋書』 권3, 「煬帝」, 64~65쪽. "方今宇宙平一, 文軌攸同, 十步之內, 必有芳草, 四海之中, 豈無奇秀! 諸在家及見入學者, 若有篤志好古, 耽悅典墳, 學行優敏, 堪膺時務, 所在採訪, 具以名聞, 卽當隨其器能, 擢以不次. 若研精經術, 未願進仕者, 可依其藝業深淺, 門蔭高卑, 雖未升朝, 並量準給祿. … 其國子等學, 亦宜申明舊制, 教習生徒, 具爲課試之法, 以盡砥礪之道."

41 이상과 같은 劉海峰의 설명은 전게 「科擧制的起源與進士科的起始」, 14~15쪽과 劉海

(周制)에서 찾은[42] 반면 '진사'에 대해서는 이러한 언급이 보이지 않기 때문이다. 관견에 따를 때, 진사과와 경서의 기록을 직접 연계시킨 설명은 당후기에 가서야 비로소 나타난다.[43]

사실 이 조서에는 과거제도와 무관하거나 오히려 상충되는 내용도 있다. 예를 들어 "힘껏 탐문하고 찾아서"라는 말에서 보듯이 양제가 의도한 관인 선발은 애당초 자발적 응거를 전제하지 않았다. "벼슬살이를 원하지 않는" 사람들까지 염두에 둔 추천 위주의 방식이었던 것이다. 이는 전술한 설등의 상소에서 "멱거(覓擧)"로 특징지어진 "진사"와 확연히 모순된다. 그리고 이 글 어디에도 이러한 방식의 관인 선발을 정례적으로 시행한다는 내용이 없다. 설령 여기에서 현능(賢能)한 인재의 선발 의도가

峰·李兵, 『中國科擧史』(上海, 東方, 2004), 65~67쪽에 상세하다. 그러나 전게 傅璇琮, 『唐代科擧與文學』, 「進士考試與及第」, 160쪽이 잘 지적했듯이, 과거 과목으로서의 '進士'와 周制의 '進士'가 완전히 상이한 성격의 것이었음을 잊어서는 안 된다.

42 李林甫, 『唐六典』(北京, 中華書局, 1992) 권21, 「國子監」, 561쪽.

43 復古의 이념이 강했던 전통시대 사인들이 자주 과거와 찰거의 차이를 무시하고 그 기원을 周代로까지 소급함은 주지의 사실이다. 그런데 현존 문헌에서 진사과와 古制를 분명히 동일시한 것은 『文苑英華』 권737, 趙儋「李奕登科記序」, 3841쪽의 "古者命於鄕而升於學, 俾大樂正論造士之秀者而升諸司馬曰進士. 進士者, 謂可進而授之爵、綠也. 然則前代選士, 其科不一. 洎聖唐高祖以神武靜天下, 用文敎貞萬姓. 武德五年, 帝詔有司, 特以進士爲選士之目, 仍古道也."가 처음인 듯하다. 이 글은 撰者에 관한 논란에도 불구하고 당후기 德宗 貞元(785~805) 연간에 쓰였음이 분명하다(전게 傅璇琮, 『唐代科擧與文學』, 「材料敍說: 唐登科記考索」, 5~7쪽). 그러나 현종 시기의 인물 趙昺(『全唐文』 권398, 4065쪽에서는 趙昺로 적고, "開元時擢書判拔萃科"라고 함)의 생각은 다르다. 그는 "鄕大夫之興賢最〈疑作能〉, 大司徒之論俊、造. 旣升司馬, 又告諸王, 天府拜而已登, 內史職爲其貳, 周云進士, 漢曰秀才. 在今日之區分, 非曩時之名數. 文藝小善, 進士之能; 訪對不休, 秀才之目."(『文苑英華』 권514, 「鄕貢進士判」, 2633쪽)이라고 하여 당대에 "文藝小善"한 進士를 周代의 그것과 확실히 구분하였기 때문이다. 이러한 당전기의 진사과에 대한 인식은 현종 先天2년에 만든 劉穆의 墓誌에 나오는 "鄕貢進仕"(『唐代墓誌彙編』, 先天007번. 『隋唐五代墓誌滙編(洛陽8)』, 181쪽 참조)라는 표현에서도 짐작 가능하다. 이것이 "鄕貢進士"의 誤記일 듯한데, 이러한 실수가 생긴 까닭은 당시 "進士(科)"를 『禮記』에서 그 기원을 찾기보다 단지 仕進의 수단으로 여기는 경향이 컸던 탓으로 보이는 것이다.

분명하다고 해도 그것은 황제의 조서에 의거한 임시적 조처에 불과하다. 따라서 대업1년의 조서가 진사과를 비롯한 상거 과목의 출현을 결코 증명하지 못한다.

그러나 위의 글에서 분명히 주목되는 사실도 있다. 우선 양제의 강렬한 구현(求賢) 의지와 그 실현 방안 모색이다. 이는 기본적으로 통일제국의 수립 이후 관인의 수요가 늘어난 때문이겠지만, 과거제도 역시 이러한 황제의 적극적 태도 없이는 불가능하다. 그리고 "국자(國子) 등" 중앙관학의 중시, 특히 그 학생들에 대한 "시험"의 강화도 홀시해서 안 된다. 비록 이것이 관인의 선발과 개념상 다를지라도, 대업3년(607) 국자감(國子監)의 설치까지[44] 아울러 생각할 때, 학교제도와 긴밀히 연계된 새로운 제도의 맹아일 수 있다. 그러므로 과거제도의 기원을 찾는 작업은 대업1년의 특정한 조처만 아니라 수대 전 시기에 걸쳐, 또 관인 선발과 관련된 다양한 영역에서 전면적인 고찰이 필요하다.

수대 관인 선발의 실상

수대에 새로운 관인선발제도가 언제 어떻게 만들어졌는지 분명한 기록이 없을지라도, 이 시기 진사과 급제자의 존재는 과거제도 출현의 확증이 될 수 있다. 실제로 『당척언』은 후군소(侯君素/侯白, ?~?), 손복가(孫伏伽, ?~658)와 장손지(張損之, ?~?)가 진사과 합격자이므로 양제 때 진사과가 시작되었다고 한다.[45] 만약 이것이 사실이라면 진사과를 비롯한 과거의 상거 과목이 수대부터 있었음이 자명하다.

그런데 정사에 따르면 후군소는 "수재"[46]·손복가는 "(소)사(小史)"[47]

---

44 『隋書』 권28, 「百官」, 793쪽; 『唐六典』 권21, 「國子監」, 557쪽.
45 『唐摭言』 권1의 「述進士上篇」, 3쪽과 「散序進士」, 4~5쪽.

로 벼슬을 시작하였다. 그리고 장손지의 진사과 급제 기록 또한 의문스러운 점이 있다.[48] 따라서 이 사례들은 『당척언』이란 서적의 성격을 생각할 때 전혀 신뢰가 가지 않는다. 당말의 과거 급제자 왕정보가 오대 시기에 당대 "과거의 아름다움〔科第之美〕"을 그리워하며 쓴[49] 이 책은 과거제도를 미화하기 위하여 그 기원을 앞당겼을 가능성이 농후한 것이다.

이러한 시각에서 보면, 진사과가 과거의 가장 중요한 과목으로 확립된 당후기 이후의 문헌은 조심스럽게 이용해야만 한다.[50] 특히 스스로 진사

---

46 『隋書』 권58, 「陸爽」, 1421쪽과 『北史』 권83, 「侯白」, 2807쪽에서 "擧秀才, 爲儒林郞."이라고 한다.

47 『舊唐書』75, 「孫伏伽」, 2634쪽에서 "大業末, 自大理寺史, 累補萬年縣法曹"라 하고, 『新唐書』103, 「孫伏伽」, 3995쪽도 "仕隋, 以小史累勞補萬年縣法曹"이라 한다. 그런데 徐松의 『登科記考』(北京, 中華書局, 1984. 이 책은 전술하였듯이 孟二冬의 『登科記考補正』에 의하여 수정·보완되었다. 이하에서는 徐松이 쓴 부분도 기본적으로 孟二冬의 책으로 인용하고 그 쪽수만 밝히겠다.) 권1, '〔무덕〕五年壬午', 4~5쪽에는 이와 전혀 다른 설명이 있다. 明代의 『玉芝堂談薈』가 그를 당 고조 무덕1년의 진사과 장원이라고 하였지만, 徐松은 무덕5년에 "貢擧"가 시작되었으므로 그의 급제 시기를 이때로 바꾼 것이다. 孫伏伽를 진사과와 관련시킨 이 모든 기록들의 오류는 전게 許友根, 『『登科記考補正』考補』, 103~104쪽에 잘 설명되어 있다.

48 『唐摭言』은 獨孤及이 쓴 그의 손자 張從師 墓誌의 "祖〔張〕揖之, 隋大業中進士甲科, 位至侍御史"라는 구절을 隋代 진사과 존재의 증거로 제시하였고(권1, 「散序進士」, 5쪽), 獨孤及, 『毘陵集』(上海, 上海書店, 1926) 권11, 「唐故河南府法曹參軍張公墓表」, 74쪽에 동일한 내용이 보인다. 그러나 『全唐文』 권995, 闕名 「張從師墓誌」, 10314쪽에는 "祖〔張〕揖之, 隋侍御史"라고만 되어 있어 진사과 합격 기록이 없다. 게다가 묘지의 張從師 생몰년(704~761)이 맞다면, 그의 조부가 대업 연간에 과거에 급제한다는 것은 불가능에 가깝다. 만약 張揖之가 대업 말년(617)에 비교적 빠른 나이인 20세에 합격하였더라도, 598년에 출생한 그와 손자 사이에 100살 이상의 나이 차이가 존재하기 때문이다.

49 王定保는 『唐摭言』의 저술 배경을 설명하면서 "治平盛事, 罕得博聞; 然以樂聞科第之美, 嘗諮訪於前達間"(권3, 「散序」, 24쪽)이라고 하였다.

50 宋代 賢良方正科의 策問에서 "隋가 進士〔科〕를 만들었고, 唐代에 〔이것을〕 그대로 시행하였다."(楊億, 『武夷新集』(文淵閣四庫全書電子版) 권12, 「咸平四年四月試賢良方正科策二道」, 3앞쪽)라고 할 만큼, 수대에 진사과가 생겼다는 것은 송대 이후 상당히 일반화되었다. 그러나 이러한 통념은 과거, 특히 진사과를 중요한 立身 수단으로 삼았던 당후기 이후 사인들의 태도와 무관하지 않을 듯하다. 그들은 스스로 중시한

과에 합격해서 자신의 급제 과목을 자부한 자의 글 혹은 묘지처럼 망자(亡者)에 대한 현양의 의도가 분명한 경우 더욱 그러하다. 전술한 바 두목의 문장과 손자의 묘지에 각각 나오는 방현령과 장손지의 진사과 급제 기록이 그 전형적인 예이다. 이밖에 후대의 책에서 수대의 진사과 급제자로 전하는 인물은 두정의(杜正儀, ?~?), 양찬(楊纂, ?~?), 온언박(溫彦博, 574~637)인데,[51] 이들 모두 비슷한 문제점을 갖는다. 두정의와[52] 온언박은[53] 이와 상이한 기록이 존재하고, 양찬이 급제 후 "사법서좌(司法書佐)"란 시품관(視品官)을 받았다면[54] 과거의 상거 과목 진사과 급제자와 명백히 달라 보이기 때문이다.

물론 수대의 글 특히 뒷날 첨삭이 어려운 석각자료의 "진사(進士)" 기록은 훨씬 사료적 가치가 높다. 그러나 앞서 "진사제(進士第)"해서 "북지군수

과목의 기원을 앞당김으로써 자신과 제도의 권위를 높이려는 경향이 두드러지기 때문이다. 실제로 위 책문이 실린 책의 저자 楊億은 童子科에 합격한 뒤 "賜進士及第"하였다(傅璇琮 主編, 龔延明 등 편, 『宋登科記考』, 南京, 江蘇敎育出版社, 2009, 24·43쪽). 그리고 唐末의 진사과 응시자 陳黯도 "進士科가 漢부터 唐까지 현능한 이를 뽑는 최고 〔科目〕이었다."(『全唐文』 권767, 「送王啓序」, 7984쪽. 그의 이력은 7983쪽의 小傳 참조.)면서, 그 출현 시기를 한대로까지 소급함과 동시에 높은 가치를 부여하려고 했다. 따라서 이처럼 명확한 근거 없는 후대의 기록은 신중하게 그 是非를 가리지 않을 수 없다.

51 『北史』 권26, 「杜銓」, 962쪽의 "時〔杜〕正藏弟正儀貢充進士, 正倫爲秀才, 兄弟三人同時應命, 當世嗟美之"; 『舊唐書』 권77, 「楊纂」, 2673쪽의 "大業中, 進士擧, 授朔方郡司法書佐"; 明代에 편찬된 『祁陽縣志』, 「鄕賢傳」의 "〔溫彦博〕隋朝進士"(전게 何忠禮, 「再論科擧制度的定義和形成時間」, 79쪽에서 재인용).

52 『隋書』의 杜正儀 형제에 관한 기록에는 "〔杜正玄〕兄弟數人, 俱未弱冠, 並以文章才辯籍甚三河之間. … 〔杜正藏〕兄弟三人俱以文章, 一時詣闕, 論者榮之."(권76, 「杜正玄〈弟正藏〉」, 1747~1748쪽)라고만 할 뿐 진사과에 관한 언급이 없다.

53 溫彦博의 碑文에 단지 "開皇中, 本州□□□, 後應詔□, 以高第直內史省"(『昭陵碑石』, 103쪽)이라 하고, 정사의 本傳 역시 진사과 급제 사실을 말하지 않는다.

54 『舊唐書』 권77, 「楊纂」, 2673쪽; 『新唐書』 권106, 「楊弘禮」, 4046쪽에 의하면, 楊纂의 급제 후 초임직은 朔方郡司法書佐이다. 양제 시기 지방 書佐의 관품을 정확히 알 수 없지만(『隋書』 권28, 「百官」, 802쪽), 문제 때 "諸州西曹書佐"는 視正9品官으로서 國子學生이나 太學生보다도 지위가 낮다(같은 책, 790~791쪽).

(北地郡守)"가 되었다는 진사도의 묘지를 신빙할 수 없음을 지적하였는데, 묘유(苗裕, 599~684)의 경우 더 심각한 문제를 가지고 있다. 그가 사성(嗣聖)1년(684)에 86세로 죽었다면, "주공진사(州貢進士)"했다는 개황2년(582)에 묘유가 태어나지도 않았기 때문이다.[55] 장제구(張齊丘, 584~619)의 조부가 "수국자진사(隋國子進士)"였다는[56] 묘지 역시 마찬가지이다. 그의 생년을 볼 때 조부가 수대에 급제했을 리 만무한 것이다.[57] 따라서 현재까지 확실한 수대의 진사과 급제자는 없는 셈이고, 급제자의 존재로써 이 시기 과거제도의 기원을 단언할 수 없다.

대업(605~617) 초년에 자사(刺史)가 "거섭용문(擧涉龍門), 시책갑과(試策甲科)"하여 현(縣)의 주부(主簿)로 된 왕안(王安, 568~634)을[58] 혹 진사과 급제자의 명증처럼 드는 연구도 있다.[59] 하지만 이러한 추론의 근거인 '(등)용문(登龍門)'은 결코 진사과의 전유물이 아니며, 일찍부터 명사(名士)를 만나 명성이나 신분이 높아진다는 의미로 사용된 말이다.[60] 그리고 이미 설명했듯이 '책시(策試)'·'갑과' 등이 한대 이래 찰거 과정에서도 흔한 표현이라면, 왕안이 결코 새로운 관인선발제도의 증거가 되지 못한다.

---

55 周紹良·趙超 주편, 『唐代墓誌彙編續集』(上海, 上海古籍出版社, 2001), 文明004번. 동일 묘지 안에서 이처럼 모순된 내용은 쉽게 이해되지 않으나, 縣志에서 採錄된 이 글은 실물과의 대조가 불가능하여 그 연유를 알 방법이 없다. 사실 "唐"·"貞觀"·"垂拱"이 각각 "隨"·"開皇"·"大業"으로 改竄된 「大口故朝散大夫行大學博士賈府君殯記」(『唐代墓誌彙編』, 垂拱007번)처럼 일부 석각자료는 후대에 날조된 것도 없지 않다. 여하간 현존하는 苗裕의 묘지 기록을 믿을 수 없음은 분명하다.

56 『唐代墓誌彙編』, 開元052번

57 唐 玄宗 開元5년 遷葬 때 만들어진 이 墓誌에서 "天壽"(宇文化及의 연호, 618~619)가 "天授" 혹은 "長壽"의 誤記라면, 636년 혹은 638년에 출생한 張齊丘의 祖父가 수대에 활동하였을 수 있다. 하지만 『隋唐五代墓誌滙編(洛陽9)』, 8쪽에 실린 拓本에서 "天壽"란 글자가 명확한 이상 섣불리 誤字로 단정해서는 안 될 듯하다.

58 『唐代墓誌彙編』, 貞觀050번.

59 전게 金瀅坤, 『中國科擧制度通史: 隋唐五代卷』, 「常擧的確立與發展」, 78쪽.

60 『後漢書』 권67, 「黨錮 李膺」, 2195쪽.

기실 『수서』에는 관인선발제도와 직결된 "진사(進士)"란 표현이 전혀 발견되지 않을 뿐더러[61] 찰거에 의한 인재 선발을 중지한다는 기록 또한 없다. 중정(中正)이 수대의 어느 시점엔가 폐지되었다고 해서 이를 곧 과거제도의 출현이라고 단언할 수 없기 때문이다.[62] 이 시기에 왕경(王卿, 559~607)이 "자거(自擧)"해 입사하였다고 해서 주목되지만,[63] 이처럼 자발적인 응거 사례는 달리 찾기 어렵다.[64] 실제로 수대에는 '현량(賢良)'·'방정(方正)' 등 전통적인 추천 위주의 관인 선발 방식이 계속 유지되었으며,[65] 특히 한대 이후 찰거의 대표적 과목인 수재와 효렴의 존재 형태에 주목할 필요가 있다.

수대의 "수재" 사례들은 이미 많은 연구들에서 밝혀졌는데, 이것이 자발적 응거·시험의 강화·중앙 조정의 관여 등을 이유로 과거의 한 과목처럼 바뀌었다는 연구자도 있다. 하지만 그 논거는 대부분 남북조시대 말기의 사실이거나 당후기 이후의 전문(傳聞)이다.[66] 당초까지 쓰인 글들

---

61 현존 『隋書』에서 유일한 용례는 "丞相太宰之位"로 비겨진 "南斗六星"이 "主褒賢進士"한다는 星座 관련 기록이다(권20, 「天文」, 545쪽).

62 宮崎市定를 비롯한 기존의 연구자들 다수는 中正制와 科擧制度를 대비시켜 중정의 有無를 중시한다. 그러나 閻步克가 지적했듯이 察擧制와 九品中正制는 구분할 필요가 있으며(전게 『察擧制度變遷史稿』, 137~157쪽), 시험 위주의 과거는 찰거의 속성 탈피가 관건이라고 생각된다.

63 『唐代墓誌彙編』, 顯慶026번의 墓主 王卿은 대업3년 사망 직전에 "自擧高才, 射策甲第, 解褐任光州光山縣丞."하였는데, 그의 應擧 과목은 여타 기록이 없어서 확인 불가능하다.

64 『隋書』 권77, 「隱逸 張文詡」, 1760쪽의 "明經自達"이란 표현도 일견 이와 비슷해 보이지만, "從官"을 거부한 張文詡의 실제 행적을 보면 이 "自達"은 관직을 얻기 위한 방법과는 별개의 문제인 듯하다. 필자는 위 王卿의 묘지 이외에 수대의 명백한 자발적 應擧 기록을 찾지 못하였다.

65 사료적 가치가 높은 당시 인물들의 묘지를 보더라도, 解深은 "開皇初, 以賢良辟, 不就."하였고(『唐代墓誌彙編』, 貞觀038번), 胡質은 "仁壽二年, 起家擧方正, 除燕州司戶參軍."(같은 책, 貞觀013번)하였다.

66 전게 金瀅坤, 『中國科擧制度通史: 隋唐五代卷』, 「常擧的確立與發展」, 46~51쪽은 이러한 기존 연구 성과를 망라하고 있다. 그런데 여기에서 수재가 자발적 응시를 허용했

에서 확인되는 사실이 기껏해야 "시책고제(試策高第)"·"사책제일(射策第一)" 정도로 그치며,[67] 이와 흡사한 표현은 전술하였듯이 찰거 과정에서도 보이므로 전혀 새롭지 않다. 남북조 시기의 수재 선발이 문장력을 중시하는 추세였다면[68] 더욱 그러하다.

"상서시방략(尙書試方略)"[69] 같은 구절은 중앙에서의 시험을 명기하여 과거와 비슷해 보이지만, 이 역시 북제(北齊) 때 벌써 선례가 존재한다.[70] 이 시기에 오히려 간과해서 안 될 것은 왕정(王貞, ?~?)이 주(州)의 주부(主簿)로서 "거수재(擧秀才)"하여 현위(縣尉)가 되었으나 결국 관직에 나가지 않았다는 이야기이다.[71] 관직을 가진 자가 응거할 수 있었을 뿐더러 자원(自願)도 아니었을 가능성이 크다는 점에서, 수대의 수재가 기존의 찰거와 별로 다르지 않았던 것이다.

수대에는 "효렴"에 관한 기록 역시 적지 않다. 그런데 "찰(察)", "벽(辟)" 등으로 묘사된[72] 당시 효렴의 선발 과정은 수재와 마찬가지로 과거제도

다는 핵심 증거는 北齊 때 馬敬德의 일화와 당후기 沈旣濟의 발언일 뿐이고, 여타 사실에 관한 논거도 이와 크게 다르지 않다. 그러므로 金瀅坤 역시 開皇15년 이후 수재가 찰거제에서 과거제로 "轉變"했다고 하면서도 이것이 "明確"하게 常擧 과목으로 된 시기는 당대로 미룬다(50쪽).

67 예를 들어, 『北史』 권26, 「杜正玄」, 961쪽에 "隋開皇十五年, 擧秀才, 試策高第."라 하고, 梁興都의 묘지는 "〔梁建〕隋擧秀才, 射策第一, 詔補弘文學士."(西安市長安博物館 편, 『長安新出墓誌』, 北京, 文物出版社, 2011, 70쪽)라고 한다.

68 北魏에서 "朝廷貢秀才, 止求其文"(『魏書』 권66, 「崔光伯」, 1479쪽)하였고, 北齊도 "擧秀才例取文士"(李百藥, 『北齊書』, 北京, 中華書局, 1972의 권44, 「儒林 馬敬德」, 590쪽)했다.

69 『隋書』 권76, 「文學 杜正玄」, 1747쪽.

70 『隋書』 권9, 「禮儀」, 188쪽에 의하면, "後齊每策秀孝, 中書策秀才, 集書策考貢士, 考功郎中策廉良, 皇帝常服, 乘輿出, 坐於朝堂中楹."하였다.

71 『隋書』 권76, 「文學 王貞」, 1736~1737쪽.

72 『唐代墓誌彙編』, 儀鳳029번, 張仁禕 묘지의 "□(父?:인용자)處平, 隋博陵郡察孝廉"와 羅振玉, 『芒洛冢墓遺文四編補遺』, 『隋唐五代石刻文獻全編(2)』, 432쪽, 張鍾葵 묘지의 "大業中, 以孝廉辟補"가 그 전형적 사례이다.

와 거리가 멀다. "군거효렴(郡擧孝廉)"하였지만 응하지 않았다는 설수(薛收, 591~624)의 사례에서[73] 단적으로 드러나듯이 여전히 전통적인 찰거의 형태로 존속하고 있었던 것이다. 다만 예전에 없던 "징효렴(徵孝廉)"이라는 표현의 등장은[74] 효렴의 선발에 황제의 개입을 시사하여 흥미롭다. 이 시기의 수재 또한 "응조(應詔)"와 직결된 경우가 발견된다.[75] 그러므로 수대의 찰거에서 황제의 역할을 홀시할 수 없는데, 이 문제는 일단 뒤로 미루어 두자.

이와 같이 수조(隋朝)의 성립 이후에도 한대 이래의 찰거 과목을 통한 인재 선발이 지속되었다면, 이 시기의 문헌에 나오는 "명경" 역시 찰거였을 가능성이 짙다. 서장에서 설명했듯이 명경은 일찍부터 찰거의 일종이었으므로, "주공(州貢) … 갑과(甲科)"하거나 "사책고제(射策高第)"했다는[76] 이유로 이것을 과거의 상거 과목이라고 단정하기 어렵기 때문이다. 북주(北周) 말에는 "경명행수(經明行脩)"한 이를 "효렴"으로 천거하라는 조서도 있어, 이즈음 "경명(經明)" 곧 '경서(經書)에 밝다는 것'과 효렴의 상관성도 없지 않아 보인다.[77]

---

73 『昭陵碑石』, 128쪽의 「薛收碑」에서 "擧以孝廉, 誓而不就."라고 한다. 단 正史의 열전은 薛收가 "郡擧秀才"했으나 "不應"하였다고 해서(『舊唐書』 권73, 「薛收」, 2587쪽; 『新唐書』 권98, 「薛收」, 3890쪽) 이와 조금 다르다.

74 王成은 開皇4년에 "徵孝廉入第, 釋褐"하였다(趙萬里 편, 『漢魏南北朝墓誌集釋』, 臺北, 鼎文書局, 1975, 524번. 원간 1956). 전게 高明士, 『隋唐貢擧制度』, 「隋代的貢擧制度」, 54~55쪽은 前記 효렴 기록들을 모두 제거의 일종으로 보고, 대업10년의 "詔擧郡孝悌廉潔各十人"(『隋書』 권4, 「煬帝」, 87쪽) 조처와 동일시한다. 그러나 당시 효렴의 선발에 황제가 더러 개입했을지라도 이처럼 일반화시킬 만한 근거는 없다.

75 『唐代墓誌彙編』, 貞觀122번의 묘지에 의하면, 墓主의 부친 李寶가 "隋開皇中應詔擧秀才"하였다.

76 苗先이 "隋開皇二年, 州貢明經, 行修廉潔孝悌, 敦冊甲科, 起家游騎尉."했고(『唐代墓誌彙編』, 顯慶135번 墓主 苗明의 부친), 孫子起가 "以明經應擧, 射策高第, 隋受□州司法參軍事."(같은 책, 咸亨068번 墓主 孫處約의 부친)하였다.

77 『周書』 권7, 「宣帝」, 116쪽에 따르면, 宣帝가 지방에서 "州擧高才博學者爲秀才, 郡擧經明行脩者爲孝廉."하여 매년 일정한 숫자의 사람들을 추천하게 하였다.

사실 경학(經學)의 전통적 권위를 생각할 때, 새로운 통일제국에서 이를 관인 선발의 기준으로 중시한 것은 당연한 일이다. 그러므로 당시 "명경"으로 불리는 사례가 늘어난다고 해서 결코 이상하지 않다. 그런데 이 가운데 관학(官學)에서의 수학을 강조하여[78] 기존의 찰거 과목과 상이해 보이는 경우가 존재한다. 북조 말기에도 유사한 예가 없지 않으나,[79] 이것은 관인의 선발과 교육제도의 연계성이란 측면에서 간과할 수 없는 현상인 것이다.

실제로 수대는 중앙관학의 정비라는 면에서 매우 중요한 시기이다. 문제가 개황13년(693) 국자시(國子寺)를 국자학(國子學)으로 바꾸어서 종래 태상시(太常寺) 아래에 있던 중앙관학을 예부(禮部) 직속 관청으로 독립시켰다. 그리고 양제는 국자학을 다시 국자감(國子監)으로 고쳐 이후 청말까지 존속된 중앙관학 제도의 기틀을 구축한다. 뿐만 아니라 기존에 "소학(小學)"이던 사문학(四門學)이 국자학·태학(太學)과 병렬된 고등교육 기관으로 발전하였고, 서학(書學)·산학(算學)이 국자감 안에 통합되는 경향도

---

78 예를 들어, "齒胄膠庠, 則靑衿□德, 服應儒肆, 則絳帷謝道. 開皇末年, 〔文帝〕駕行太學, 親臨策試, 遂以四經對詔, 擢授左武威兵曹."(『大唐西市博物館藏墓誌』, 49번)한 席繪이나 "志學在辰, 爰升國校. 垂帷習誦, 載明『詩』、『禮』. 于時儒首洪碩, 生徒殷茂, 莫不景慕稱嗟, 神交欽重. 弱齡(20세라면 仁壽1년:인용자)對策, 是膺高第."(『長安新出墓誌』, 48쪽)한 韋慶嗣가 그러하다. 또 정확한 시기는 알 수 없더라도, 錢昴 역시 隋代에 "起家國子生, 明三經擢第, 解褐爲宋州單父縣長."(吳鋼 주편, 『全唐文補遺(千唐誌齋新藏專輯)』, 西安, 三秦出版社, 2006, 38쪽. 1994~2007년에 출판된 이 『全唐文補遺』 시리즈는 앞으로 書名 뒤 괄호 안에 輯數나 專輯의 약칭만을 밝힘.) 했다.
79 『隋書』가 "明經"으로 관직을 얻었다고 명기한 柳謇之(『권47, 「柳謇之」, 1275쪽)·崔仲方(권60, 「崔仲方」, 1447쪽)과 田仁恭(권54, 「田仁恭」, 1364쪽)·梁毗(권62, 「梁毗」, 1479쪽)는 모두 北周 때 入仕하였고, 이들 중 앞의 두 인물은 각각 "因奏入國子"·"與諸子同就學"이라고 해서 官學을 거쳤음이 분명하다. 그런데 흥미로운 사실은 『北史』의 경우 이 4명 가운데 관학에서 수학한 이들만 "明經"이라고 적었다는 점이다. 후술하듯이 고종 현경 연간에 과거의 상거 과목이 확실히 독립하였다면, 이러한 차이가 『北史』가 편찬된 고종 현경4년(659)과 『隋書』의 열전이 만들어진 태종 정관10년(636) 사이에 생긴 명경과에 대한 인식 변화와 무관하지 않을 수도 있기 때문이다.

드러난다.[80]

　이러한 중앙관학의 대대적 정비는 국가 차원의 관인 자격자 양성 사업의 일환이라고 해도 좋을 터이다. 실제로 문제는 한 경(經)에 통(通)한 국자생(國子生)을 모두 다 탁용(擢用)하려고도 했다.[81] 이는 위에서 지적한 관학과 명경의 밀접한 관계는 물론 당시 관인의 선발에서 중앙관학이 갖는 특별한 위상을 명증한다.[82] 즉 수대에 중앙관학을 통한 관인의 확보라는 고래(古來)의 이상이 실현될 만한 제도적 기반을 마련했던 듯한 것이다.

　그런데 이 시기 관학 개혁의 한계 역시 분명하다. 인수(仁壽)1년(601) 문제 스스로 관학 학생들의 현실을 비판하면서 국자학에 70명의 학생만 남기고 태학·사문학과 지방의 관학을 모두 폐지하였던 것이다.[83] 그리고 양제의 즉위 후 국자감으로 개편된 중앙관학의 상황이 설령 조금 개선되었을지라도, 상대적으로 문호가 개방된 사문학은 여전히 복구되지 않았으며 전체 학생의 정원도 문제 때보다 적었다.[84] 따라서 수조는 "건학(建學)의 이름만 공허하게 있지, 홍도(弘道)의 내실이 없었다."고도[85] 한

80　수대 관학 제도의 변화는 高明士, 『中國中古的敎育與學禮』(臺北, 臺灣大學出版中心, 2005), 73~85쪽 참조.

81　『隋書』 권75, 「儒林 房暉遠」, 1716~1717쪽.

82　예컨대 宋行은 "弱冠出身於國子應擧. 大業中, 授宣德員外郎."(『唐代墓誌彙編續集』, 貞觀015번)하였고, 당시 그처럼 國子學 혹은 國子寺나 國子監을 거쳐 "應擧"하는 이들이 적지 않았을 것이다.

83　『隋書』 권2, 「高祖」, 46~47쪽.

84　문제는 國子寺에 國子學生 140명·太學生 360명·四門學生 360명을 두었는데(『隋書』 권28, 「百官」, 777쪽), 양제 때 國子監은 국자학을 "無常員"으로 만들어 기능을 약화시키고 태학에만 500명의 정원을 두었다(같은 책, 798~799쪽). 이와 관련하여 태학 敎師의 숫자와 지위 저하도 주목할 만하다. 『唐六典』 권21, 「國子監」, 560쪽에 의하면, 인수1년에 각각 5명씩 두던 博士와 助敎를 대업3년에 모두 2명으로 줄였으며 또 박사의 경우 官品을 從5品에서 從6品으로 낮추었기 때문이다.

85　『隋書』 권75, 「儒林 序」, 1707쪽.

다. 관학의 학생 곧 생도를 주요 대상으로 한 후대의 과거와 같은 새로운 제도의 출현은 아직 시기상조였던 셈이다.

물론 관학을 정비함으로써 관인 충원의 기반을 확대하려 한 조정의 시도 자체는 분명한 사실이다. 제국의 영역 확대가 관인의 수요를 급증시켰고, 황제는 이에 적극적으로 대응하였던 것이다. 이를 잘 보여주는 예가 앞서 인용한 대업1년(605) 윤7월의 조서인데, 그 "탐문하고 찾"는 대상을 "집에 있든 혹은 지금 학교에 다니든" 가리지 않았다. 그렇다면 당시 관인의 선발이 비단 관학의 학생에만 국한되지 않으며, 실제로 『수서』에는 현능한 인재를 뽑겠다는 문제와 양제의 조서 9개가 전한다.[86] 여기에 천거 주체나 대상을 특정한 경우까지[87] 합치면 그 수가 더욱 늘어나는데, 이와 유사한 성격의 글은 석각자료 등 여타 문헌에서도 확인된다.[88]

관인의 선발을 위한 조서의 이처럼 잦은 반포는 전술한 효렴·수재의 찰거에 대한 황제의 개입과 일맥상통하며 당시 중앙 조정의 강력한 구현(求賢) 의도를 극명히 드러낸다. 그런데 이 조서들 중 일부에는 몇 개의 "과(科)" 곧 항목으로 나누어 인재를 추천하라는 내용이 보인다. 개황18년(598)에 "5품 이상의 경관(京官)·총관(總管)·자사에게 조(詔)를 내려 '지행수근(志行修謹)'과 '청평간제(淸平幹濟)'의 두 항목으로 인재를 천거하게〔二科

---

86 전게 高明士, 『隋唐貢擧制度』, 「隋代的貢擧制度」, 53~54쪽에 잘 정리·인용된 이 조서들을 시기별로 나누면 아래와 같다.

문제	개황2년 1월, 개황3년 11월, 개황18년 7월, 인수3년 7월
양제	대업1년 1월, 대업1년 윤7월, 대업3년 4월, 대업5년 6월, 대업10년 5월

87 『隋書』의 권1, 「高祖」, 22쪽과 권2, 「高祖」, 47쪽에 "〔개황5년〕詔徵山東馬榮伯等六儒."; "〔인수2년〕詔內外官各擧所知."라고 한다.

88 예를 들어, 『文館詞林校證』의 「隋文帝令山東卅四州刺史擧人勅一首」(권691, 409~410쪽) 혹은 묘지의 "開皇八年, 詔擧賢良"(『唐代墓誌彙編』, 貞觀009번); "大業中, 詔天下擧廉貞尤異之士, 內外所推薦者七人"(『唐代墓誌彙編續集』, 開耀001번)과 같은 기록이 그러하다.

擧人]"[89] 한 뒤 대업3년(607)의 "십과거인(十科擧人)"[90], 대업5년의 "사과거인(四科擧人)"[91] 등 비슷한 사례가 이어지는 것이다. 여기에서 구체적인 선발 항목의 구분은 다를지라도 '분과거인(分科擧人)'하는 과거제도의 한 특징이[92] 발견된다. 더욱이 대업3년의 "십과거인"은 9품 이상 현임관(現任官)을 천거 대상에서 제외시켰고,[93] 이는 서장에서 강조한 바 거(擧)·선(選)을 분리시킨 과거의 핵심적 특징이다.[94]

　수 황제들의 관인 선발 요구에 내포된 이러한 새로운 요소는 일면 과거제도의 출현과 무관하지 않다고 해도 좋을 듯하다. 그러나 이때 간과해서 안 될 사실이 있다. 이 수대의 조서 어디에서도 시험을 선발 절차로 명기하지 않았다는 점이 그것이다. 그리고 "수에서 십과(十科)〔로 나누어 인재〕를 바칠〔貢〕 때 덕행으로 두 번 천거되었으나〔擧〕, 고사(固辭)하며 나가지 않고 끝까지 지조를 지켰다."는 관도애(關道愛, 561~626)의[95] 사례도 홀시할 수 없다. 분과(分科)하여 관인을 뽑더라도 본인의 의사와 무관한 추천 위주의 방식이었고, 자발적으로 응시한 과거와는 확실히 달랐던 것이다. 뿐만 아니라 부정기적인 조서에 의거한 선발이라면, 이것이 혹 후대의 제거(制擧)와 유사할지 몰라도 결코 상거(常擧)는 아니다.

89　『隋書』 권2, 「高祖」, 43쪽.

90　『隋書』 권3, 「煬帝」, 67~68쪽. 당시 10科는 "孝悌有聞", "德行敦厚", "節義可稱", "操履淸潔", "强毅正直", "執憲不撓", "學業優敏", "文才美秀", "才堪將略", "膂力驍壯"이다.

91　『隋書』 권3, 「煬帝」, 73쪽. 여기에서 4科는 "學業該通, 才藝優洽", "膂力驍壯, 超絶等倫", "在官勤奮, 堪理政事", "立性正直, 不避强禦"이다.

92　韓國磐, 「關于科擧制度創置的兩點小考」(1955 미간고), 『隋唐五代史論集』(北京, 三聯書店, 1979)은 '科擧'란 말의 유래를 이러한 '分科擧人'에서 찾는다.

93　대업3년의 조서에서 "其見任九品已上官者, 不在擧送之限."이라고 하였다(『隋書』 권3, 「煬帝」, 68쪽).

94　관인 자격자를 뽑는 과거가 관직을 주는 銓選과 분리된 것이었음을 중시할 때 이 대업3년의 조처는 특히 주목된다. 전게 劉後濱, 『唐代選官政務硏究』, 22~23쪽 참조.

95　『唐代墓誌彙編』, 貞觀001번

이와 관련하여 주목되는 사실이 인재 초치(招致)에서의 정중한 예우이다. 개황3년(583)과 대업1년의 조서에서 "이례발견(以禮發遣)"이라는 구절이 공통적으로 나오고,[96] 인수3년(603)의 경우도 "필수이례(必須以禮)"하도록 명시했기 때문이다.[97] 주(州)에서 천거한 이들을 보낼 때 반드시 "정직주부(正職主簿)"가 책임지도록 한 칙서(勅書)도[98] 동일한 취지로 생각된다. 기실 통일을 이루었다고 해도 아직 그 제국이 얼마나 지속될지 모르던 당시, 이처럼 특별한 우대 없이 필요한 관인의 확보가 쉽지 않았을 것이다. 그러므로 황제는 예의를 강조할 수밖에 없었으며, 이러한 상황에서 마치 초빙하듯이 시행된 관인 선발 과정은 그 성격상 엄격한 시험을 전제로 한 과거제도와는 거리가 멀다.

앞서 살펴본 수대의 빈공(賓貢) 사례도 이와 같은 측면에서 생각할 때 더욱 쉽게 이해된다. 기존의 찰거와 달리 황제의 조서에 의거해 궁궐로 뽑혀 올라갈 때, 그 과정은 인재에 대한 각별한 예우의 뜻을 담은 빈공이란 말로 미화될 법한 것이다. 개황16년 이후 지방에서 "홍재(鴻才)"로 추천되고 "태상(太常)이 상제(上第)로 발탁"해 현령(縣令)으로 임관한 왕숭(王嵩, ?~?)에 대한 기록도[99] 이러한 현실의 산물일지 모르겠다. 전술했듯이 태상시(太常寺)가 개황13년에 중앙관학과 분리된 후 관인의 선발과 무관해졌는데, 그럼에도 불구하고 이 관청이 거론된 까닭은 태상시의 예의(禮儀) 주관 기능이나 한대의 관인 선발 선례[100] 때문일 수 있기 때문이다.

---

96 『隋書』의 권1, 「高祖」, 20쪽; 권3, 「煬帝」, 63쪽.

97 『隋書』 권2, 「高祖」, 51쪽.

98 『文館詞林校證』 권691, 「隋文帝令山東卅四州刺史舉人勅一首」, 410쪽.

99 『唐代墓誌彙編』, 調露012번 묘주의 부친 王嵩이 "州部薦其鴻才, 太常擢以上第, 超授趙州大陸縣令."하였다. 그런데 趙州의 大陸縣은 수 개황16년에 처음 만들어져 당 무덕4년에 象城縣으로 바뀌었고(『隋書』 권30, 「地理」, 855쪽; 『舊唐書』 권39, 「地理」, 1501쪽), 王嵩 관련 서술은 아들과 달리 당조와 관련된 언급이 전혀 없으므로, 그의 "上第"는 개황16년 이후 수대의 일로 판단된다.

이처럼 관인의 선발 과정을 "태상"이나 "난대(蘭臺)" 등 전통적 권위를 가진 관청과 연계시킨 서술은 당대에 더욱 늘어난다.[101] 따라서 일단 이러한 인식의 단초가 수대부터 존재하였음만을 지적해 두고, 이 문제에 대한 본격적 검토는 차후로 미룬다.

이상에서 살펴본 '수대의 상황'을 간략히 정리하면 다음과 같다. 진사과로 대표되는 과거제도의 기원을 수대에서 찾는 연구들이 많지만 그 근거가 불충분하다. 이 시기의 진사과나 그 급제자 관련 기록은 모두 신뢰도가 낮은 사료들이기 때문이다. 물론 통일제국의 재건과 함께 나타나는 관인선발제도에서의 변화가 없지 않다. 태상시로부터 독립된 국자감의 정비와 이를 통한 관인의 선발 그리고 황제의 잦은 구현(求賢) 조칙이 그 좋은 예이다. 특히 당시 조칙들이 강조한 특별한 예우, 무관(無官)의 인물 발탁, 다양한 선발 항목의 제시 등은 과거제도의 중요한 속성을 드러낸다. 그러나 수조는 여전히 추천 위주의 찰거 과목들을 계속 시행하였으며, 석각자료 등 믿을만한 사료에서 확인되는 당시 인물들의 입사 과정도 대체로 이러한 전통적인 방법과 큰 차이를 보이지 않음 역시 분명한 사실이다.

그렇다면 수대의 관인 선발 방식에서 설령 새로운 현상들이 발견될지

---

100 太常寺의 연혁과 기능은 『唐六典』 권14, 「太常寺」, 395쪽에 자세하다. 특히 한대의 관인 선발과 관련된 역할에 대하여서는 『漢書』의 권19上, 「百官公卿表」, 726쪽; 권88, 「儒林傳 序」, 3593~3594쪽 등에 나온다. 단 전게 福井重雅, 『漢代官吏登用制度の研究』, 72~74쪽에 따르면, 한대의 태상이 찰거의 주체였던 것은 특정 지역과 시기에 국한된 일이었다고 한다.

101 이러한 표현이 수대에는 王嵩 이외에 찾기 힘든 반면 당대의 경우 태종 정관21년 "太常射策"한 李惠(『全唐文補遺(8)』, 31쪽. 〈그림2〉 참조)와 정관17년 "射策蘭臺"한 陰彦(『長安新出墓誌』, 126쪽) 등 적지 않다. 사실 王嵩에 관한 기록 또한 당 고종 調露1년에 만들어진 묘지에 나오므로, 이것이 수대의 실제 상황이 아니라 이러한 사례가 늘어난 후대 인식의 반영일 가능성을 배제하기 어렵다. 이와 관련된 분석을 뒤로 미루는 까닭도 바로 이 때문이다.

라도, 그것은 통일제국의 관인 수요 증가에 따른 다양한 선발 방법의 모색 결과였다고 해도 무방하다. 기실 내부적 통합과 관인의 충원에 급급할 수밖에 없었을 당시, 기존의 찰거를 굳이 폐지할 이유가 없었을 뿐더러 과거처럼 엄격한 시험의 강제는 애당초 불가능하였을 것이다. 문제개황7년(587)이나 양제 대업1년 등 특정 시기에 과거제도가 생겼다고 확언할 수 없음은 바로 이 때문이다. 과거라는 새로운 제도의 출현 과정에서 수대는 분명히 중요한 과도기일 터이나, 이 문제는 단명한 수를 이은 당조까지 포함하여 더욱 긴 시간 속에서 검토할 필요가 있다.

2. 당 고조 시기의 상황

당조의 과거제도 개시 문제

수대의 과거제도 시행을 의문시하는 연구자들도 뒤이은 당조에서 새로운 관인선발제도를 실시했다는 사실에 이견이 없다. 혹 '당송변혁론'과 같은 시대구분론에 입각하여 그 역사적 의의를 제한적으로 평가할지언정, 이 시기 과거제도의 존재 자체는 누구도 부정하지 않는 것이다. 『신당서』「선거지」에 소상히 기록된 당시 관인의 선발 방법은 기본적으로 과거를 전제로 하고 있기 때문이다. 그런데 과거제도가 당대에 이르러 확실히 출현했을지라도, 그것이 언제 또 어떻게 구체적으로 생겨났는가라는 물음은 여전히 남는다.[102]

---

102 기존의 과거제도 개시 시기에 관한 논란은 전게 鄧嗣禹, 「中國科學制度起源考」 이래
     수와 당 가운데 양자택일의 문제였다. 전술하였듯이 당대에서 과거의 기원을 찾는

예를 들어, 서장에서 누차 언급했던 '당등과기총목'은 당 고조 무덕1년 (618)부터 매년 "등과(登科)"한 "진사(進士)"의 숫자를 기록해서 당대 과거제도 시행의 확증처럼 보인다. 그러나 "진사"란 말을 모호하게 쓴 이 문헌에서[103] 무엇이 과거의 개시인지조차 불분명하다. 당대 과거제도의 시작이 무덕1년의 "상서배관(上書拜官)"인가, 아니면 3년간 "불공거(不貢擧)"하다가 처음으로 "수재"와 "진사"를 배출한 무덕5년(622)인가? 서송의 『등과기고』는 무덕5년을 "당대 공거(貢擧)의 처음"이라고 보았으나, 당시 상황을 "상격(常格)으로 논의할 수 없"음 또한 분명히 했다.[104] 그렇다면 과거의 "상격"이란 도대체 무엇이며, 또 그것이 확실해진 것은 언제부터인가? 의문은 계속 이어진다.

당대의 "공거" 곧 과거제도가 무덕5년에 시작되었다는 서송의 논거는 『당척언』의 아래와 같은 기록인 듯하다. 이 글의 내용을 월별로 나누어 그대로 옮겨 둔 『등과기고』가[105] 무덕5년부터 "이부의 고공원외랑 주관의 시험이 항구적인 제도로 되었다."는 그 결론도 긍정했다고 보이기 때문이다.

〔무덕〕5년 10월에 이르러 여러 주(州)에서 명경 143명, 수재 6명, 준사 39명, 진사 30명을 함께 바쳤다. 11월에 〔황제가 이들을〕 불러들여 만나

대표적 연구자가 何忠禮인데, 그의 두 전게 논문 곧 「科擧制起源辨析: 兼論進士科首創于唐」과 「再論科擧制度的定義和形成時間」도 수대에 이러한 제도가 없었음을 논증하는 데 그친다. 이는 학계에서 당대의 과거제도 시행을 너무 당연시하였기 때문이며, 그 결과 이 시기에 새로운 관인선발제도가 만들어지는 과정에 대한 실증 작업이 소홀해져 버린 듯하다.

103 '唐登科記總目'에는 상거 과목으로서의 진사과와 여타 항목까지 모두 포함하는 더 넓은 의미의 "進士"가 뒤섞여 있는에, 이에 관하여서는 이후 '廣義의 進士' 개념을 설명할 때 상술하겠다. 전게 졸고 「『文獻通考』에 실린 '唐登科記總目'의 사료적 가치」, 152~154쪽 참조.

104 『登科記考補正』, 4쪽.

105 『登科記考補正』, 4쪽.

고, 칙으로써 상서성(尚書省)에 보내어 시험하게 하였다. 12월에 이부가 고공원외랑(考功員外郎) 신세녕(申世寧)에게 시험을 맡겨 수재 1명, 준사 14명이 그 시험에서 모두 통과했다고 상주하였다. 〔황제는〕 칙을 내려 선발된 자를 공포하고 순리대로 관인이 되게 하였으며, 떨어진 자에게 도 각각 비단 5필을 하사하여 돌아갈 여비로 삼고 〔이후〕 각기 학업을 근실히 닦게 하였다. 이로부터 〔이부의〕 고공〔원외랑 주관의〕 시험이 항구적인 제도로 되었다.[106]

그런데 문제는 오대 시기에 나온 이 책의 서술 근거가 불확실하다는 사실이다. 이와 관련된 당초의 조칙 등 공식적인 기록이 현존 문헌에서 전혀 확인되지 않는 것이다.

위의 인용문을 좀 더 톺아보면 납득하기 힘든 내용이 적지 않다. 우선 지방에서 바친 네 과목의 응시자 가운데 최종 합격자를 배출한 것은 수재와 준사 두 과목뿐이다. "준사"까지[107] 거론된 여기에 정작 당대 과거제도의 대표 과목인 명경이나 진사가 빠져버려서 이상하다. 물론 그 응시자들이 모두 불합격했을 수도 있으나, '당등과기총목'의 경우 이 해의 진사를

---

106 『唐摭言』 권15, 「雜記」, 159쪽. "至〔武德〕五年十月, 諸州共貢明經一百四十三人, 秀才六人, 俊士三十九人, 進士三十人. 十一月引見, 敕付尚書省考試. 十二月吏部奏付考功員外郎申世寧考試, 秀才一人, 俊士十四人, 所試並通. 敕放選與理入官; 其下第人各賜絹五疋, 充歸糧, 各勤修業. 自是考功之試, 永爲常式."

107 "俊士(科)"에 대하여 수대 상거의 일종이라거나(高明士, 「隋代教育與貢擧(上·下)」, 『大陸雜誌』 69-4·5, 1984; 전게 『隋唐貢擧制度』, 「隋代的貢擧制度」, 45~52쪽), 사문학의 "俊士生"을 대상으로 한 과거 과목이라는(侯力, 「唐代俊士科考論」, 『中國史研究』 1999-1) 등 다양한 주장들이 있다. 하지만 이와 관련된 수대의 기록이 거의 없어 당대의 상황으로부터 그 성격을 유추할 수밖에 없다면, 劉海峰, 「唐代俊士科辨析」, 『中國史研究』 2000-2의 설명이 가장 설득력이 있다. 즉 "庶民"을 중앙관학의 학생으로 뽑는 일종의 입학시험이라고 생각되는 것이다. 따라서 이것은 함께 거론된 수재 등 여타 관인 선발 과목과는 차이가 있다. 기실 국자감 학생으로서 "준사"란 명칭은 후술하듯이 고종 시기에 가서야 분명히 확인되므로, 이 글에서 준사라는 말은 후대의 제도를 당초로 소급시킨 것일는지도 모른다.

"4명"으로 적어 이와 다르다.[108] 서송은 "14명"의 급제자를 낳았다는 준사가 진사라고 보았는데,[109] 그렇더라도 "14명"과 "4명"이라는 숫자의 차이는 설명 불가능하다. 뿐만 아니라 이 시험의 주관자가 "고공원외랑"이었다는 기록도 사실과 어긋난다. 『통전』과 『당회요(唐會要)』는 고조 때 고공낭중(考功郎中)이 "감시(監試)"하던 공거를 태종 이후 고공원외랑의 관할로 바꾸었다고 명기했기 때문이다.[110] 이러한 착오는 당초의 상황에 대한 무지나 오해에 기인하였을 듯하며, 『당척언』의 신빙성을 크게 떨어뜨린다.

그럼에도 불구하고 왕정보는 고조의 과거제도 시행 과정을 매우 상세히 설명한다. 위의 인용문 직전에

> 고조 무덕4년(621) 4월 11일에 여러 주에 칙을 내려, 학생〔學士〕과 평민〔白丁〕 가운데 명경이나 수재·준사〔·진사〕로서 다스림의 요체에 밝아 그 지역〔鄕曲〕에서 칭송되는 자가 있으면 〔그들을〕 본현(本縣)에 맡겨 시험하고〔考試〕 주(州)의 장관이 다시 심사하여 상등의 사람을 뽑아 매년 10월에 〔공〕물(貢物)과 함께 입공시키도록 하였다.[111]

라고 하여, 지방에서 바친 과거의 응시자들은 이미 현과 주에서 순차적인 "시험"을 거쳤다는 것이다.

---

108 『文獻通考』 권29, 「選擧考 學士」, 843쪽.

109 『登科記考』는 "『〔唐〕摭言』作進士十四人"(『登科記考補正』, 4쪽)이라고 하여 현재 통용되는 『唐摭言』의 내용과 어긋난다. 이것이 판본 문제인지 혹은 이때 진사과 급제자가 있어야 한다는 徐松의 선입견 때문인지 불확실하다.

110 『通典』 권15, 「選擧 歷代制」, 353쪽에서 "武德舊制, 以考功郎中監試貢擧. 貞觀以後, 則考功員外郎專掌之."라고 한다. 『唐會要』 권58, 「尙書省諸司」의 "舊〔考功〕郎中知貢擧"(1183쪽)과 "〔考功員外郎〕貞觀已後知貢擧"(1184쪽)라는 기록도 이와 일치한다.

111 『唐摭言』 권15, 「雜記」, 159쪽. "高祖武德四年四月十一日, 敕諸州學士及白丁, 有明經及秀才、俊士, 明於理體, 爲鄕曲所稱者, 委本縣考試, 州長重覆, 取上等人, 每年十月隨物入貢." 여기에 열거된 선발 과목에는 원래 "進士"가 없으나, 아래에 인용한 『唐摭言』 권1의 유사한 내용의 글에 따라 이를 덧붙여 번역하였다.

『당척언』의 첫머리에서도

> 일찍이 무덕 신사세(辛巳歲, 4년) 4월 1일에 여러 주에 칙을 내려, 학생〔學士〕이나 앞서 명경〔으로서의 지식 혹은 지위〕를 가졌거나 수재·준사·진사로서 다스림의 요체에 밝아 그 지역〔鄕里〕에서 칭송되는 이의 경우, 본현에 맡겨 시험하고 주의 장관이 다시 심사하여 그 합격자들을 뽑아 매년 10월에 〔공〕물과 함께 입공시키도록 하였다. 이것이 우리 당조에서 〔지방〕 사인을 바친 일의 시작이다〔貢士〕.[112]

라는 이와 거의 동일한 내용이 나오며, 여기에서는 무덕4년의 조처가 당대에 "지방 사인을 바친 일의 시작"이라고 단언하였다.

『신당서』「선거지」도 당대 과거제도의 연혁을 기술하면서 고조의 관학(官學) 정비 다음에 곧바로 위와 같은 사실을 적어,[113] 이를 과거제도 시행의 첫 출발로 인정한 듯하다. 그런데 『신당서』의 내용은 그 어구(語句)로 보아 『당척언』에 의거한 것처럼 짐작되나, 막상 이 『당척언』의 내용이 무엇에 의거하였는지 알 수 없다. 그렇다면 당대의 어떤 문헌에서도 무덕4년의 칙서가 확인되지 않는 지금, 오대 시기의 책에 처음 나오는 이 글을 그대로 믿기는 주저된다. 위의 두 인용문에서 드러나는 바 『당척언』 안에서조차 이 칙서의 날짜가 달리 적혀 있다면 더욱 그러하다.

물론 날짜 표기는 문헌의 전승 과정에서 생긴 사소한 오류일 수도 있다. 더 큰 문제는 무덕4년 4월이란 시기의 현실 상황이다. 아직 두건덕(寶建德, 573~621)·왕세충(王世充, ?~621) 등 강력한 수말(隋末)의 군웅들이 온

---

112 『唐摭言』 권1 「統序科第」, 1쪽. "始自武德辛巳歲四月一日, 敕諸州學士及早有明經及秀才、俊士、進士, 明於理體, 爲鄕里所稱者, 委本縣考試, 州長重覆, 取其合格, 每年十月隨物入貢. 斯我唐貢士之始也"

113 『新唐書』 권44, 「選擧志」, 1163쪽에서 고조의 즉위와 宗室子弟 등을 위한 "小學" 설치를 말한 뒤, "其後又詔諸州明經、秀才、俊士、進士, 明於理體, 爲鄕里稱者, 縣考試, 州長重覆, 歲隨方物入貢."이라고 한다.

존하던 당시 정말 현과 주에서 "시험"이 가능하였을지 의문이기 때문이다. 당조가 무덕4년 9월에 이르러서야 "천하호구(天下戶口)"를 처음으로 검괄(檢括)할 수 있었다면,[114] 호적(戶籍)마저 제대로 정비되지 못한 형편에서 관인의 선발 시험이 지방에서 이처럼 체계적으로 시행되었을 리 만무하다. 따라서 이 무덕4년의 이야기는 후대와 같은 과거제도를 당초로까지 앞당겼을 혐의가 농후하다. 실제로 이 글이 실린 『당척언』의 서문(序文) 격인 「통서과제(統序科第)」는 주나라의 예제(禮制)와 한대의 찰거(察擧)에서 과거의 기원을 찾는데,[115] 이처럼 윤색된 역사는 전술한 바 "과거의 아름다움"을 드러내려 했던 왕정보의 저술 배경과 무관하지 않을 것이다.

무덕(618~626) 연간에 진사과로 대표되는 과거제도를 실시했다는 기록이 『당척언』 이전에도 없지는 않다. 덕종(德宗) 정원(貞元)7년(791) 이후 조참(趙儋, ?~?)이 쓴 등과기(登科記)의 서문이 그것인데,[116] 무덕5년에 현·주·부(府)의 단계별 시험을 거친 진사과 응시자들이 상서성〔文昌〕으로 올라왔다는 것이다. 하지만 후술하듯이 『예기』의 "진사" 개념을 앞세워 과거와 "고도(古道)"·"유교"를 연계시킨 이 글은 진사과에 대한 미화 의도가 너무나 역력해서 신뢰성이 떨어진다. 실제로 조참은 무덕5년의 진사과 응시자들이 '알선사(謁先師)'했다고 강조하였으나, 이 의례는 현종(玄宗) 개

---

114 『資治通鑑』 권189, 唐高祖武德4年條, 5929쪽.

115 『唐摭言』 권1 「統序科第」, 1쪽은 唐代의 "貢士之始"를 설명하기에 앞서 周代의 이상 적인 "鄕擧里選"과 漢代 "顯五敎於萬民"한 인재 "上計" 제도를 그 연원으로 강조하고 있다.

116 『文苑英華』 권737, 趙儋 「李弈登科記序」, 3841~3842쪽. 여기에서 작성 시기를 貞元 7년으로 적으면서도 貞元17년일 가능성도 주기해 두었는데, 王應麟, 『玉海』(上海, 江蘇古籍出版社·上海書店, 1990 2판) 권115, 「選擧 唐進士學」, 2128쪽을 보면 注文 이 옳을 가능성이 크다. 그리고 전게 傅璇琮, 『唐代科擧與文學』, 「材料敍說: 唐登科 記考索」, 5~7쪽의 고증에 의하면, 이 글은 기실 趙儋이 崔氏의 『顯慶登科記』에 쓴 序文이라고 한다.

원5년(717)에 시작되었으므로[117] 명백히 사실과 어긋난다. 무덕4년에 이미 시(詩)·부(賦)를 시험한 진사과가 있었다는 당말(唐末)의 『소씨연의(蘇氏演義)』[118] 내용 역시 마찬가지이다. 원래 책(策)만을 시험하던 진사과에 시·부 시험이 추가된 것은 서장에서 잠깐 언급했듯이 현종 연간에 가서야 일반화되었기 때문이다.[119]

따라서 8세기 말 이후 비로소 나타나는 진사과 급제자들의[120] 이러한 사적(私的) 전문들은 모두 사료로서의 가치가 의심스럽다. 선종(宣宗) 대중(大中)10년(856)의 "무덕 연간 이후 진사·제과(諸科)가 있었습니다."란[121] 표문(表文)은 혹 황제에게 올린 글이므로 앞의 사례들과 다르다고 할 지 모르겠다.[122] 하지만 정호(鄭顥, ?~860)의 말은 당말에 배정유(裴庭裕, ?~?)가 편찬한 『동관주기(東觀奏記)』에 나올[123] 뿐 『책부원귀』 등의 그 상표(上表) 관련 기록에는 없다.[124] 그러므로 이 또한 공신력 있는 기록이 아니며, 무덕 초년부터 과거제도의 상거 과목이 존재했다는 달리 믿을만한 증거

---

117 『唐會要』 권76, 「貢擧 緣擧雜錄」, 1638쪽.

118 蘇鶚, 『蘇氏演義』(文淵閣四庫全書電子版) 권上, 10앞~11앞쪽.

119 진사과의 이러한 시험 내용 변화는 과거제도의 전개 과정에서 중요한 문제로서 이후 각 시기의 상황을 설명할 때 상술할 계획이다.

120 趙儆과 蘇鶚은 각각 덕종 정원3년과 僖宗 光啓2년(886)의 진사과 급제자이다. 『登科記考補正』의 510·993쪽 참조. 앞으로 과거 급제 시기를 【부록1】(당전기)이나 『登科記考補正』(당후기)에 의거할 경우 따로 주기하지 않겠다.

121 『全唐文』 권791, 鄭顥 「進科名記表」, 8287쪽.

122 물론 공식적인 上奏文이라고 해서 다 믿을 수 있는 것도 아니다. 서장에서 설명했듯이, 문종 대화8년 예부가 "國初以來" 진사과에서 시·부 시험을 쳤다고 그릇되게 상주하였기 때문이다.

123 鄭顥의 表文은 『文苑英華』 등 宋代까지 편찬된 官撰 서적에 없고, 다만 裴庭裕, 『東觀奏記』(北京, 中華書局, 1994) 권上, 94~95쪽에 실려 있다. 그러므로 "自武德元年至大中朝"라는 구절만 『東觀奏記』의 "自武德元年至聖朝"와 다른 『全唐文』 권791, 8287쪽의 「進科名記表」도 淸人이 『東觀奏記』의 기록을 轉載한 듯하다.

124 『冊府元龜』 권641, 「貢擧部 詔制」, 7686쪽 및 『唐會要』 권76, 「貢擧 緣擧雜錄」, 1640~1641쪽(사고전서본에서 鄭顥를 "鄭穎達"로 쓴 것은 명백한 오기); 李昉 등, 『太平御覽』(北京, 中華書局, 1960) 권629, 「治道部 貢擧」, 2819쪽.

도 발견되지 않는다.[125] 당후기 사인들의 글 특히 『당척언』과 같은 필기자료(筆記資料)의 경우, 적어도 당초의 사실에 관한 한 신뢰할 수 없는 것이다.

그렇다면 150년 이상의 큰 시차를 가진 문헌들에 의거한 무덕 연간의 과거제도 시행 주장은 그렇게 설득력을 갖지 못한다. 더욱 주목해야 할 것은 당 고조 당시의 기록이고,

〔관인으로〕 선한 사람을 고르고 유능한 자를 임용하는 것은 〔군주가〕 백성을 구제하는 중요한 방법이며, 어진 이를 추천하고 〔훌륭한〕 사인을 올리는〔推賢進士〕 것은 〔신하가〕 군주를 받드는 훌륭한 규범이다. … 〔새로운 왕조에서 기존 관인선발제도의 폐단을 혁파하겠다는 황제의 강한 의지 표명〕 … 진실로 재능이 있고 중시하는 바가 이 시기에 적합하다면, 자신을 깨끗이 하여 출사(出仕)하매 스스로 〔천거하여〕 올리는〔自進〕 것도 꺼리지 말라. 〔이러한 취지에 따라〕 의당 경관(京官) 5품 이상과 여러 주의 총관(總管)·자사는 각각 1명을 천거하게 한다. 〔뿐만 아니라〕 뜻과 행실이 중용할만하나 재능과 역량을 펴지 못한 자 또한 자신을 천거하는〔自擧〕 것을 허락하니, 재주와 능력을 잘 갖추어 진술해서 〔사실과 부합할 경우〕 마땅히 높이 발탁하고 파격적으로 대우하겠다.[126]

---

125 『文苑英華』 권760, 牛希〔濟〕 「貢士論」, 3986쪽에 "武德初, 令天下冬季集貢士於京師, 天子制策, 考其功業、辭藝, 謂之進士, 已廢於行實矣."라고 하여 무덕 초년부터 진사과가 존재했다고 한다. 그러나 진사과를 "天子制策"이라고 한 이 글은 분명히 상거 과목으로서 진사과의 성격을 왜곡하였고, 그 개시 시기에 관한 기록 또한 믿기 어렵다.

126 『唐大詔令集』 권102, 「京官及總管刺史擧人詔」, 518쪽. "擇善任能, 救民之要術; 推賢進士, 奉上之良規. 自古哲王, 弘風闡化, 設官分職, 惟才是與. 然而巖穴幽居, 草萊僻陋, 被褐懷珠, 無因自達, 實資選衆之擧, 固藉左右之容, 義自搜揚, 理宜精確. 是以貢士有適, 爰致加錫之隆; 無益於時, 必貽貶黜之咎. 末葉澆僞, 名實相乖, 擧非其人, 濫居班秩. 流品所以未穆, 庶職於是隳廢. 朕膺圖馭宇, 寧濟兆民, 思得賢能, 用淸治本. 招選之道, 宜革前弊, 懲勸之方, 式加恒典. 苟有才藝, 所貴適時, 潔己登朝, 無嫌自進. 宜令京官五品以上及諸州總管、刺史各擧一人. 其有志行可錄, 才用未申, 亦聽自擧,

라는 무덕5년 3월의 조서가 무척 흥미롭다.

고조는 고위 관료들에게 적극적인 인재의 천거를 요구함과 동시에 현능한 이들이 스스로 자신을 추천해도 좋다고 명언하였다. 이는 신생 제국이 당면한 바 관인 확보 문제의 절박함을 잘 보여준다. 그런데 이 글에서 아울러 홀시해서 안 될 사실이 있다. "자진(自進)"·"자거(自擧)"[127]라는 표현을 되풀이하며 자발적인 응거를 독려하고 있다는 점이 그것이다. 이것은 바로 과거제도의 중요한 특징이기 때문이다. 게다가 "진사"란 말까지 사용하여, 언뜻 보면 이 조처로 인해 마치 진사과가 시행된 것처럼도 읽히기도 한다.

그러나 이 조서에서 "추현(推賢)"과 함께 쓰인 "진사"는 문맥상 "훌륭한 사인을 올"린다는 뜻이며, 결코 과거 과목의 명칭이 아니다. 또 이 글이 강조한 자발적 응거 또한 기본적으로 황제의 조서에 의거한 것이므로 서송의 지적처럼 후대의 제거(制擧)와 유사할 뿐이다.[128] 더욱이 당시 조서로 인하여 "현량(賢良)"으로 "(천)거(薦擧)"된 인물이 있다면,[129] 이

具陳藝能, 當加顯擢, 授以不次. … 〈武德五年三月〉" 『全唐文』 권2, 32쪽에 「令京官五品以上及諸州總管刺史各擧一人詔」라는 이름으로 실린 이 조서는 『唐大詔令集』과 다른 글자를 쓴 구절이 적지 않은데, 이는 『冊府元龜』 권67, 「帝王部 求賢」, 755쪽의 기록에 주로 의거한 때문인 듯하다. 후술하듯이 『唐大詔令集』과 『冊府元龜』는 상이한 근거 자료를 가진 듯하고, 그 결과 이러한 차이가 생긴 것이다.

127 "自擧"란 말은 기록에 따라 없기도 하다. 『唐大詔令集』의 "亦聽自擧"가 『冊府元龜』·『全唐文』에 "亦聽自己"로 나오기 때문이다. 그리고 이 조서의 일부를 인용한 『唐會要』 권26, 「擧人自代」의 경우, "亦許聽自己"(570쪽) 혹은 "亦許聽自擧"(사고전서본)로 판본에 따라 기록이 상이하다. 하지만 그 표현이 다를지라도 자발적인 응거를 허용하겠다는 조서의 취지는 동일하다.

128 徐松은 『登科記考』에서 武德5년의 조서를 인용한 뒤 "制擧之始"라고 附注하였다(『登科記考補正』, 4쪽).

129 『大唐西市博物館藏墓誌』, 102번에 따르면, 張弼이 "〔武德〕五年三月, 詔擧賢良, 射策甲科"하여 左領軍鎧曹參軍이 되었다. 이 무덕5년 3월의 "詔"는 위에서 살펴본 동일 시기의 「京官及總管刺史擧人詔」일 개연성이 크다. 당시 張弼이 "朝散大夫"(『武德令』에서 확인되지 않으나 『貞觀令』에 따르면 종5품하에 해당한다. 『舊唐書』 권42, 「職

조처에 따른 관인의 선발은 기본적으로 전통적인 찰거 방식이었을 가능성이 짙다. 그러므로 이 무덕5년의 조서가 과거의 상거는 물론 새로운 관인선발제도의 출현을 결코 증명하지 못한다. 만약 당후기 사인들의 과거제도 개시 주장이 이에 의거하고 있다면 그것은 확실히 오해의 소치이다.[130]

진사과 급제자 관련 기록

고조가 과거로써 관인을 선발하였던 것처럼 기록한 당후기 이후의 문헌들은 지금까지 살펴보았듯이 사실과 다른 내용이 많다. 그렇다면 이를 근거로 하여 무덕 연간 새로운 제도의 출현을 주장하는 연구 역시 수긍하기 어렵다. 물론 이때 진사과와 같은 상거 과목의 급제자가 있었다면, 설령 그 정확한 개시 시기를 확정짓지는 못하더라도 과거제도의 존재 자체를 의심할 수는 없다. 따라서 당시 과거제도의 실상을 분명히 하기 위하여 진사과에 합격했다는 인물들에 대한 검토가 필수적이다.

　【부록1】의 〈고조 시기 진사과 급제자〉는 기존의 연구들에서 급제년까지 추정한 무덕 연간의 진사과 합격자들을 정리한 것이다. 그런데 이

官」, 1784~1785쪽 참조.)이므로 이 조서에 규정된 應擧 대상자이고, 그 덕분에 "賢良"으로 천거되었을 법하기 때문이다.

130　당후기의 사인들이 어떻게 이처럼 터무니없는 착오를 범하였는지 의문스러울 수도 있다. 그러나 『唐會要』 권26, 「擧人自代」, 570쪽의 "武德五年三月勅: 令京官五品已上, 及諸州總管、刺史各擧一人. 其有志行可錄, 才用未申, 亦許聽自己具陳藝能, 當加顯擢, 授以不次."(사고전서본의 경우 일부 표현이 다를지라도 그 기본 내용은 동일)란 기록에서도 이와 유사한 잘못이 발견된다. 위의 "勅"은 확실히 「京官及總管刺史擧人詔」의 내용인데, 이것을 자신의 후임자를 천거하는 '擧人自代'의 조처로 혼동하였기 때문이다. 이는 덕종 건중1년 擧人自代의 제도가 정비·확대된 이후의 상황 곧 官界에서 천거가 더욱 중시된 당후기 분위기에(寧欣, 『唐代選官硏究』, 臺北, 文津出版社, 1995, 69~70·87~93쪽) 기인한 명백한 오류인 것이다.

들 중 이현제(李玄濟, 607~642)처럼 기본적인 사실마저 잘못 판단한 경우가
없지 않으므로,**131** 관련 사료에 대한 면밀한 재고가 필요하다. 실제로 서
송의 『등과기고』가 당대 최초의 진사과 급제자라고 본 손복가부터 그렇
다. 전술하였듯이 그가 수대의 진사과에 합격했다고 한 『당척언』 등 이
와 상충되는 문헌이 존재하고, 최근의 연구에 따르면 그가 과거와 무관하
다고도 한다.**132** 기실 손복가의 진사과 급제 근거인 『옥지당담회(玉芝堂談
薈)』는 명대(明代)에 편찬되었으며, 이 책을 당초의 사실에 대한 근거로
삼기는 망설여진다. 【부록1】에서 사료와 해당 인물의 직접적 관련성이나
양자의 시차(時差)를 중심으로 '자료의 신뢰성'을 3단계로**133** 구분한 것은
바로 이 때문이다.

　물론 당사자와 가까운 시기의 사료 또한 주의를 요하는 경우가 있다.
예컨대, 이현제를 무덕9년(626)의 진사과 합격자로 여긴 까닭은 고종 영
휘5년(654)에 제작된 본인의 묘지에 "연보이십(年甫二十), 사책갑과(射策甲
科)"**134**라고 적혀 있기 때문이다. 따라서 이 자료의 신뢰성이 매우 높겠

---

131 『登科記考補正』, 7쪽에서 무덕7년의 진사과 급제자라고 한 "李玄齊"의 묘지 탁본이
　　趙力光 주편, 『西安碑林博物館新藏墓誌彙編』, 北京, 線裝書局, 2007, 024번에서 확
　　인된다. 그런데 이에 따르면 실제 이름은 李玄濟이고, 태종 정관16년(642) 36세로
　　사망한 그가 "年甫二十, 射策甲科"했으므로 급제 시기도 626년 곧 무덕9년이다.

132 孟二冬은 『登科記考補正』, 4쪽에서 『玉芝堂談薈』의 기록에 의문을 제기하였고, 전
　　게 許友根, 『『登科記考補正』考補』, 103~104쪽은 孫伏伽가 당대에 진사과에 응거했
　　을 가능성조차 부정한다.

133 '자료 신뢰성'의 3단계 구분의 기본 원칙은 아래와 같다. 더욱 자세한 내용은 【부록1】
　　참조.
　　(1) ◎ : 당사자와 직접 관련되거나 동일한 시기의 문헌 곧 본인의 묘지나 같은 세대
　　　　인물의 詩文 등
　　(2) △ : 당사자 전후 2세대까지의 문헌 곧 父子·祖孫 관계의 묘지나 당사자 死後
　　　　60년 미만의 전래문헌 등, 혹은 위의 '자료 신뢰성◎' 기록들 사이에 상충될 경우
　　(3) × : 당사자 전후 3세대 이상의 문헌 곧 曾祖·曾孫 이상 관계의 묘지나 당사자
　　　　사후 60년 이상 지난 뒤의 전래문헌 등, 혹은 위의 '자료 신뢰성△' 기록들 사이에
　　　　상충될 경우

으나, 문제는 여기에 과목의 이름이 나오지 않는다는 사실이다. 단지 위와 같은 표현만으로써 진사과에 급제했다고 확언할 수 없는 것이다.[135] 무덕7년(624)의 진사과 급제자로 간주되어 온 이의림(李義琳, 605~686)도 마찬가지이다. 자신의 신도비(神道碑) 기록은 "약관(弱冠), 사책급제(射策及第)"일 뿐인 것이다.[136] 그러므로 【부록1】에서 밝혔듯이 '과목의 확실성'도 3단계로[137] 나누어 그 사료의 가치를 준별할 필요가 있고, 이의림·이현제처럼 "진사"로 명기되지 않은 인물은 상거의 진사과 합격자라고 보기 힘들다.

이의림의 경우 또 다른 문제점도 있다. 그의 합격 연도는 "약관"을 20세로 추정한 때문인데, 사실 이 말의 용례는 다양하다.[138] 따라서 기존 연구들의 이러한 급제 시기 비정은 논란의 여지가 있으며, 【부록1】은 '시기 정확성' 역시 3단계로[139] 나눔으로써 합격자를 통한 과거제도의 실상

---

134 『西安碑林博物館新藏墓誌彙編』, 024번

135 졸고 「隋·唐初 進士科에 관한 記錄의 再檢討」, 『중국사연구』 44, 2006, 346쪽; 전게 許友根, 『『登科記考補正』考補』, 106~107·249~261쪽.

136 『唐代墓誌彙編續集』, 長安003번

137 '과목 확실성'의 3단계 구분의 기본 원칙은 아래와 같다. 더욱 자세한 내용은 【부록1】 참조.
   (1) ◎ : 합격 과목을 "진사", "명경"으로 명기한 경우(고종 영휘2년 이후의 "수재", "효렴" 포함)
   (2) △ : 과거 합격 방법을 "通經" 등과 같이 불분명하게 적었지만(고종 영휘1년 이전의 "수재", "효렴" 포함) 문맥상 급제 과목의 추정이 가능하거나 위의 '과목 확실성 ◎' 기록들 사이에 상충될 경우
   (3) × : 과거 합격 방법이 "射策", "甲科"처럼 애매한 표현으로 되어 있는 탓에 급제 과목을 확정할 수 없거나 위의 '과목 확실성△' 기록들 사이에 상충될 경우

138 '弱冠'이란 표현이 통상 20세를 뜻한다고 하지만, 실제 용례를 보면 이 말의 지칭 범위가 훨씬 폭넓다. 예를 들어, 『唐代墓誌彙編』, 貞元105번에서 묘주 薛迅이 "天寶十三載, 州擧孝廉, 弱冠擢第."하였다는데, 그의 생몰년(723~801)에 따르면 천보13년 당시 나이는 무려 32세이다.

139 '시기 정확성'의 3단계 구분의 기본 원칙은 아래와 같다. 더욱 자세한 내용은 【부록1】 참조.

파악에 혼란을 줄이고자 하였다. 이러한 시각에서 보면, 이의림이 실제로 무덕7년에 급제하였는지 불확실할 뿐더러, 이사본(李嗣本, 607~675)은 더욱 심각한 문제를 갖는다. 그의 묘지가 합격 시기를 단지 "초(初)"라고만 적었고,[140] 급제 후 경력을 보더라도 무덕 연간의 진사과 합격자라고 생각되지 않기 때문이다.[141]

이처럼 비판적인 시각으로 기존 연구들의 근거 사료를 읽으면, 그밖의 인물들 관련 사실 또한 의심스럽다. 우선 이의침(李義琛, ?~?), 이의염(李義琰, ?~688), 이상덕(李上德, ?~?)에 관한 기록은 『당척언』에 처음 나오는데, 당초의 상황에 대한 이 책의 내용에는 전술했듯이 오류가 많다. 실제로 여타 문헌에는 상이한 서술도 보여 그대로 믿을 수 없다.[142] 무덕7년의

------

(1) ◎ : 합격한 때의 연호 혹은 나이 등이 명기되어 있어 시기를 확정할 수 있는 경우
(2) △ : "弱冠" 등 통상적인 연령 표현 또는 '年號+初·末' 등으로 적어 합격 시기의 대체적인 추정이 가능하거나 위의 '시기 정확성◎' 기록들 사이에 상충될 경우
(3) × : "未弱冠", '연호+時·中' 등과 같은 애매한 시기 표현이나 모순된 기록으로 인하여 급제 시기의 추정이 힘들거나 위의 '시기 정확성△' 기록들 사이에 상충될 경우

140 李嗣本의 묘지는 기존 연구에서 "初舉進士甲科"(『登科記考補正』, 1333쪽)와 "弱冠舉進士甲科"(王洪軍, 『登科記考再補正』, 14쪽)로 달리 錄文되어 있는데, 『隋唐五代墓誌滙編(洛陽8)』, 136쪽의 탁본 〈그림1〉을 보면 전자가 옳다.

141 李嗣本은 "進士甲科" 후 네 번째 관직의 "官舍"에서 675년에 사망하였다(『隋唐五代墓誌滙編(洛陽8)』, 136쪽; 『唐代墓誌彙編續集』, 景龍019번). 그런데 "貞觀中 … 官員不充 … 考滿卽授牒請處分"(『封氏聞見記校注』 권3, 「銓曹」, 20쪽)이라고 하므로, 태종 때 임기를 마친 관인은 보통 다른 관직을 곧바로 받았다. 따라서 당시 관인의 官歷에 단절이 없었을 가능성이 크며, 그가 만약 무덕(618~626) 연간에 급제하였다면 한 직위에 평균 10년 이상 머물렀어야만 한다. 이는 일반적인 관인의 경력과 어긋나기 때문에 李嗣本의 실제 급제는 빨라도 정관(627~649) 시기의 일로 생각된다.

142 『唐摭言』 권7, 「起自寒苦」, 73쪽은 "同舉進士"한 李義琛과 李義琰은 친형제이고, 李上德은 이들과 종형제 사이라고 하였다. 그러나 『新唐書』 권72上, 「宰相世系」, 2446~2447쪽에 따르면 李義琛과 李義琰이 종형제이며, 李上德은 그 일족의 명단에 나오지 않는다(趙超, 『新唐書宰相世系表集校』, 北京, 中華書局, 1998, 212쪽도 이와 같음. 이하 集校本은 특별한 차이가 없을 경우 따로 주기하지 않음.). 게다가 李義琛

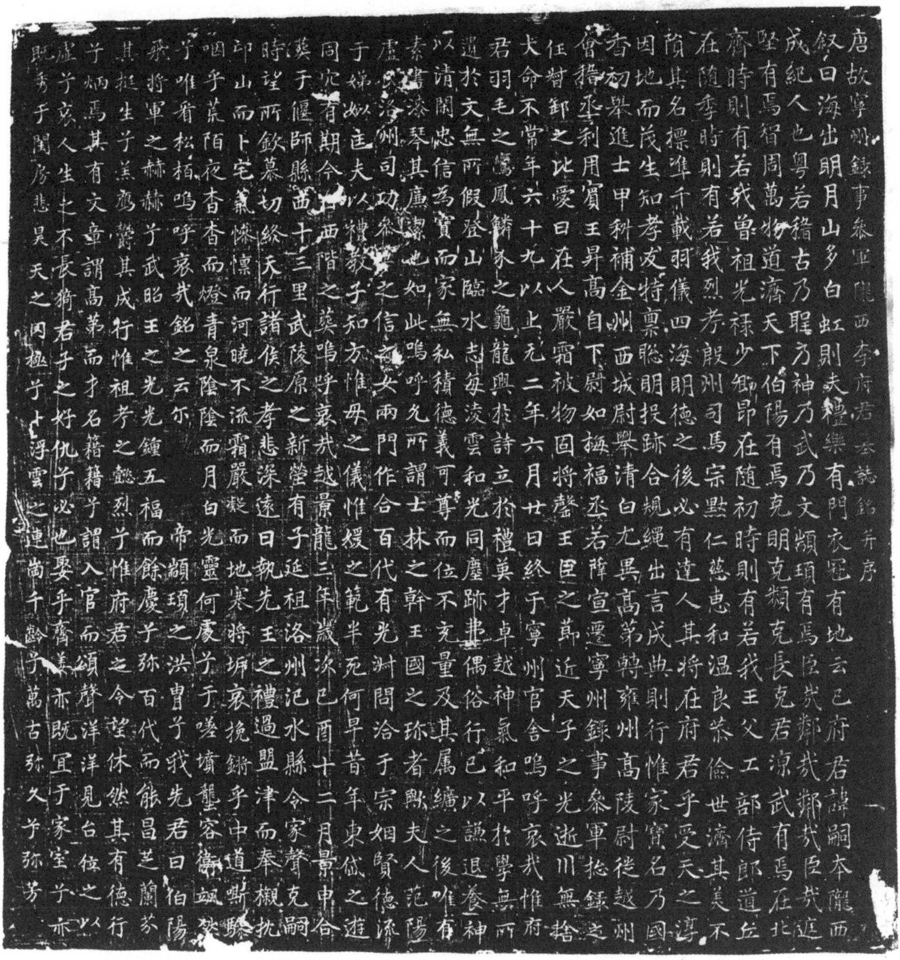

〈 그림 1: 이사본(李嗣本)의 묘지 〉

"初擧進士甲科, 補金州西城尉"(제9행)한 이사본의 "擧進士" 시기는 불확실하다. 그리고 영주녹사참군(寧州錄事參軍)으로서 "年六十九, 以〔高宗〕上元二年六月卄日終于寧州官舍."(제12행)할 때까지, 그가 역임했던 관직은 "雍州高陵尉"·"越州會稽丞"(제9~10행) 둘뿐이다. 본서의 88쪽 참조.

진사과 급제자라는 운홍사(雲洪嗣, ?~?) 역시 동일하다. 그에 관한 당대의 기록은 거의 없고, 이 판단은 명대에 편찬된 『만성통보(萬姓統譜)』를 근거로 한다.[143] 또 송 가태(嘉泰, 1204~1205) 연간에 편찬된 『오흥지(吳興志)』에 따르면, 그가 무덕7년에 우서자(右庶子)에서 정주자사(鄭州刺史)로 옮겼다고[144] 해서 이와 다르다. 상당한 시차를 가진 후대의 문헌들은 사료로서의 가치가 매우 낮고,[145] 이에 의거한 입론은 설득력이 약한 것이다. 그렇다면 【부록1】의 〈고조 시기 진사과 급제자〉 가운데 그 급제가 확실한 인물은 없다고 하겠다.

비록 정확한 시점은 모를지라도, 무덕 연간의 급제자로 추정 가능한 사람이 있을 수도 있다. 내재(來濟, 610~662)가 좋은 예이다. 그의 『구당서』 열전은 수말(隋末)의 수학(修學)과 정관 연간 통사사인(通事舍人)으로의 승진 기록 사이에 "거진사(擧進士)"라고 적어 두었기 때문이다.[146] 실제로 정사에 진사과 합격자처럼 기재된 이들 중에는 연령이나 경력으로 보아

은 그의 아들(『全唐文補遺(6)』, 30쪽)과 손자(『全唐文補遺(千唐)』, 200쪽)의 묘지에 급제 관련 기록이 없다. 이러한 사실들 모두 『唐摭言』의 당초 관련 내용에 대한 불신을 더욱 깊게 만들 뿐이다. 또 『登科記考補正』, 5쪽이 이들의 급제년 추정에 이용한 『廣卓異記』 역시 宋代에 편찬된 필기자료로서 그 신뢰도가 높지 않다.

143 凌迪知, 『萬姓統譜』(文淵閣四庫全書電子版) 권20, 「雲」, 12뒤쪽.

144 談鑰, 『嘉泰吳興志』(『宋元方志叢刊』, 北京, 中華書局, 1990 所收) 권14, 「郡守題名」, 4772쪽.

145 후대 문헌의 문제점을 드러내는 단적인 예로서 疫鬼를 쫓는다는 전설상의 인물 鍾馗가 있다. 明初에 王直은 그가 "武德中擧進士, 不中."(『抑菴文集』, 文淵閣四庫全書電子版, 後集 권37, 「鍾馗贊」, 9앞~10앞쪽)이라고 했지만, 鍾馗와 과거제도의 관계가 당대의 문헌에 전혀 보이지 않고, 宋代에 이르러서야 高承이 "武擧所棄"(『事物紀原』, 文淵閣四庫全書電子版, 권8, 「鍾馗」, 25뒤~26앞쪽)라고 하였을 뿐이다. 이와 같이 원래 과거와 무관했던 鍾馗에 대한 傳承이 무거 나아가 진사과 급제자로 변해가는 현상은 무척 흥미롭다. 이것은 그에 대한 민간의 존숭과 과거제도 특히 진사과의 중요성이 함께 커져 간 결과로서, 이 둘의 권위가 합쳐져 급기야 鍾馗를 당초의 진사과 합격자처럼 만들어 버린 것이다.

146 『舊唐書』 권80, 「來濟」, 2742

이와 유사한 사례가 더러 발견된다.[147] 그런데 정사의 열전을 근거로 삼아 당전기의 진사과 급제자로 간주되어 온 인물들 가운데 신출 자료에 의하여 그 사실을 부정할 수밖에 없는 경우가 적지 않다.[148] 따라서 당전기 특히 당초의 사실과 관련해서, 10세기 중엽에 편찬된『구당서』나 11세기 중엽에 완성된『신당서』는 다른 방증 사료가 없는 한 그대로 신뢰하기는 주저된다.[149]

내제의 경우 9세기 전반에 두목의 편지에도 진사과 급제자로 되어 있다.[150] 그러나 이 글의 목적이 진사과와 그 급제자에 대한 옹호에 있었던 만큼, 여기에는 앞서 방현령 사례에서 보았듯이 의문스러운 내용이 적지 않다. 당후기의 사인들은 진사과를 제도적 위상 이상으로 특별

---

147 예를 들어, 수말의 혼란 속에서 당조로 귀순한 許紹(?~621)의 막내아들 許圉師(?~679)가 "擧進士"하여 고종 현경2년에 재상이 되었다고 한다. 그렇다면 그의 급제 시기는 무덕 연간일 가능성이 크다.

148 이러한 사례들 중 대표적인 것이 馬懷素이다. 그의 열전은 "擧進士, 又應制擧, 登文學優贍科, 拜郿尉."(『舊唐書』 권102, 「馬懷素」, 3163쪽) 혹은 "擢進士第, 又中文學優贍科, 補郿尉."(『新唐書』 권199, 「儒學 馬懷素」, 5680쪽)라고 적어 馬懷素를 진사과 급제자라고 하였다. 그러나 그의 묘지에 "擧孝廉, 引同載入洛. … 以文學優贍, 對策乙科, 乃尉郿."(『唐代墓誌彙編』, 開元 074번)라고만 할 뿐 진사과에 대한 언급이 없다. 許杲(許景先)도 열전에서 진사과에 급제했다고 하지만(『舊唐書』 권190中, 「文苑 許景先」, 5031쪽;『新唐書』 권128, 「許景先」, 4464쪽), 최근 발견된 그의 묘지에서는 단지 "應賢良方正擧擢第"(『全唐文補遺(千唐)』, 160쪽은 그의 이름을 "杲"라고 적었으나, 張內翥 편,『龍門區系石刻文萃』, 北京, 國家圖書館出版社, 2011, 492쪽에 실린 탁본을 보면 "杲"로 보인다. 이하 그와 관련된 기록은 독자의 편의를 위해『全唐文補遺(千唐)』를 인용하더라도, 이름은 탁본에 따른다.)라고만 하여 전혀 다르다.

149 만약 당초의 "進士"가 후술하듯이 찰거 과목이나 求賢의 조서에 의해서 학식 있는 民이라고 뽑혀 '올려진 士' 곧 '廣義의 進士'를 뜻한다면, 이는 사실과 어긋나지 않을 수 있다. 하지만 진사과가 상거로 정착된 이후에 나온 문헌들은 대개 이 어휘를 특정 과목을 가리키는 '俠義의 進士'처럼 사용한다. 따라서 정사의 이러한 내용은 당시의 실상을 오해하게 만드는 극히 부주의한 서술, 나아가 잘못된 표현이라고 해도 무방할 것이다. 본서가 정사 열전의 급제 과목 관련 기록에 신중할 수밖에 없는 까닭은 바로 여기에 있다.

150 『樊川文集』 권12, 「上宣州高大夫書」, 180쪽.

히 중시했는데,[151] 이 시기의 문헌은 당전기와의 단순한 시차만이 아니라 이러한 정치사회적 상황까지 고려하며 독해(讀解)할 필요가 있다. 특히 어떤 가문이나 지역을 현양하기 위한 기록은 더욱 그러한데, 이종민(李宗閔, ?~846)이 당초의 진사처럼 적은 마백달(馬伯達, ?~?)이 그 전형적인 예이다.[152]

당전기에 쓰인 글, 게다가 당사자와 직접 관련된 석각자료라면 당연히 이와 달리 신뢰성이 높다. 그런데 이러한 문헌에 나오는 당초의 인물들은 대개 전술한 이현제·이의림처럼 급제 과목의 명칭이 분명하지 않다.[153] 관견에 의하면 유일한 예외가 그 아들의 비(碑)에서 "진사탁제(進士擢第)"하여 교서랑(校書郞)이 되었다는[154] 손처약(孫處約, 603~671)이다. 본인의 묘지에서

일찍이 '빈공(賓貢)'에 응하여 황제의 마음에 들어 금문(金門)에서 급제하고 잠봉각(簪蓬閣)에 올라서, 정관1년에 교서랑의 관직을 받았다.[155]

---

151 졸고 「唐代 明經科의 性格」, 『동양사학연구』 42, 1993은 이러한 진사과의 특성을 명경과와 대비하여 고찰하였다. 이와 관련하여 전게 吳宗國, 『唐代科擧制度硏究』, 「科擧在選擧中地位的變化」, 150~187쪽; 전게 傅璇琮, 『唐代科擧與文學』의 「進士行卷與納卷」·「進士放榜與宴集」·「擧子情狀與科場風習」, 248~381쪽도 참조할 만하다.

152 李宗閔은 「馬公家廟碑」에서 馬惣(摠)의 4代祖 馬伯達이 "入唐擧進士"한 뒤 3대 내리 진사과 급제자를 낳았다고 한다(『文苑英華』 권881, 4643~4644쪽). 그러나 憲宗 元和15년(820)에 쓴 이 비문은 당시 權臣의 가계를 칭송하려는 의도가 분명하여 곧이곧대로 믿기 힘들다. 후대에 편찬된 姓氏 관련 서적이나 方志類 문헌 역시 이와 마찬가지라고 생각된다.

153 "爰將筮仕, 射策蘭臺, 特挺甲科, 蒙授貝州漳南縣尉"(『唐代墓誌彙編』, 顯慶034번)한 元則(601~657)이 좋은 예이다. 孟二冬은 『登科記考補正』, 1145쪽에서 그를 진사과 급제자라고 했지만, 전술하였듯이 "射策"이나 "甲科"라는 표현만으로써 그의 합격 과목을 진사과로 단정할 수 없다.

154 『全唐文補遺(3)』, 69쪽의 孫俊 碑文에서 "父處約, 進士擢第, 授校書郞"이라고 한다.

155 『唐代墓誌彙編』, 咸亨068번. "初應賓貢, 特簡帝心, 擢第金門, 升簪蓬閣, 貞觀元年, 授校書郞."

고 하기 때문이다. 그가 정관1년(627)에 교서랑이 되었다면, "진사탁제"가 분명히 그 이전 무덕 연간의 일인 것이다.

하지만 자신의 묘지에는 "진사"란 표현이 없다는 사실을 간과해서 안 된다. 그 대신 사용된 말이 바로 위 인용문의 "빈공"인데, 이것은 앞서 지적하였듯이 수대에 관인의 선발과 관련하여 가끔 나오던 용례이다. 즉 기존의 찰거와 달리 황제의 조서로써 우대되며 궁궐로 뽑혀 올라갈 때, 그 과정은 인재에 대한 정중한 예우의 뜻을 담아 이렇게 표현되었던 것이다. 손처약의 묘지에서 빈공이란 말이 "황제의 마음", 한대의 궁문(宮門)이던 "금문" 등의 단어들로 연이어지는 까닭도 이와 무관하지 않아 보인다.

따라서 손처약의 사례에서 주목해야 할 것은 "진사"보다 오히려 "빈공" 곧 황제의 권위에 의거한 예우 문제이다. 물론 수대 이후 강조된 이 '빈공'의 과정에서 무덕5년의 조서처럼 자발적 응거를 허용하였다면, 이것과 새로운 관인선발제도인 과거 간의 유사성을 부정하기 어려울지 모른다. 개원 연간에 만든 그의 아들 비문에 쓰인 "진사탁제"란 표현도 나름의 이유가 있을 수 있는 것이다. 하지만 손처약 본인의 묘지에 적힌 그의 입사 방법은 황제의 뜻에 따른 임시적 조처로밖에 보이지 않는다. 굳이 후대의 과거 과목과 비교한다면, 정례적으로 시행된 상거가 아니라 제거에 가까울 뿐이다. 손처약이 혹 황제의 조서로 지방에서 뽑아 '올린 사인'이란 의미에서의 '진사'일 수 있을지언정, 그를 결코 진사과 급제자와 동일시해서는 안 되는 것이다.

그렇다면 현재로서는 무덕 연간에 진사과에 급제했다고 확언할 만한 인물이 존재하지 않는다. 이 시기의 과거제도 개시 관련 기록과 마찬가지로, 단지 후대의 문헌에서 그렇게 이야기하였을 뿐 그 사실 여부에 논란의 여지가 많은 것이다. 물론 과거의 상거 과목은 진사과만이 아니며, 수재·명경 등도 여기에 포함된다. 따라서 당초의 과거제도 시행 여부를 아직 속단하기는 이르고, 무덕 연간의 다양한 관인 선발 방식에 대한 전면적인 고찰이 필요하다.

무덕 연간 관인 선발의 실상

기존의 연구에서 급제년까지 확인된다는 무덕 연간의 명경과 급제자는 【부록1】의 〈고조 시기 명경과 급제자〉에서 보듯이 2명에 불과하다. 그런데 이의영(李義瑛, 607~680)의 경우 "효렴"으로 적혀 있어,[156] 실제로 분명한 "명경"은 "연입(年卄), 명경거(明經擧), 사책고제(射策高第)"한[157] 이조(李詔, 602~679) 1명뿐이다. 그리고 이 사례 또한 의문을 남긴다. 이조가 20세이던 무덕4년(621)은 '당등과기총목'에 따르면 "불공거(不貢擧)"하였고,[158] 『당척언』을 보아도 그해에 지방에서 "명경"을 선발했으나 실제 급제자는 이듬해부터 나왔다고 하기[159] 때문이다. 앞서 지적했듯이 이 두 문헌들의 내용은 비판적으로 읽어야겠지만, 고조 때 유일한 명경과 합격자의 급제년이 이처럼 논란거리가 된다는 사실은 홀시할 수 없다. 이조가 "거(擧)"하였다는 "명경"이 바로 후대 상거 과목으로서의 그 명경과인지 의심스러워지는 것이다.[160]

---

156 【부록1】은 '孝廉'과 '明經'을 동일시해 온 종래의 많은 연구들을 존중하여 일단 "擧孝廉射策甲科"(『全唐文補遺(千唐)』, 97쪽)한 李義瑛도 포함시켰다. 그러나 孝廉은 통일제국의 수립 이후에도 상당 기간 전통적 찰거 과목 혹은 제거와 유사한 형태로 존재했으므로, 필자는 당초의 효렴은 명경과 구분해야 마땅하다고 생각한다. 王洪軍도 『登科記考再補正』, 13쪽에서 그를 명경과 급제자로 간주하지 않았다.

157 『唐代墓誌彙編續集』, 開耀003번

158 『文獻通考』 권29, 「選擧考 擧士」, 843쪽.

159 『唐摭言』의 권1, 「統序科第」, 1쪽; 권15, 「雜記」, 159쪽.

160 金瀅坤은 李詔가 『唐摭言』의 기록처럼 武德4년에 지방에서 "明經擧"하여 이듬해 중앙에서 명경과에 급제했다고 하면서, 이 기록을 武德5년 과거제도 실시의 증거처럼 제시한다(전게 『中國科擧制度通史: 隋唐五代卷』, 「常擧的確立與發展」, 118쪽). 그러

물론 정확한 급제 시기를 알 수 없어도 무덕 연간의 합격자로 추정 가능한 인물은 더러 존재한다.[161] 예를 들어, 이원확(李元確, 602~665)은 생몰 시기와 "대당고국자명경(大唐故國子明經)…"이란 묘지의 표제를 볼 때 무덕 말년 명경과에 급제하였으리라 짐작된다.[162] 하지만 묘지의 서(序)와 명사(銘辭) 어디에도 '명경'이란 말이나 구체적인 시험 관련 서술이 없다. 단지 관례(冠禮)를 마친 뒤 "국상(國庠)"에 들어가 "비부(秘府)에서 갑과(甲科)에 급제하매 화담(華譚)에 뒤지지 않았다."는 이야기가 고작인 것이다. 또 이원확이 급제 후 "상선(常選)"에 들어갔으나 관직을 원하지 않아 낙향하였다. 그렇다면 이 '명경'은 자발적 응거로 특징지어지는 과거의 한 과목인지 의문이고, 추천에 의한 찰거의 일종으로 보는 편이 더 타당할 듯하다. 진대(晉代)의 "수재"로 저명했던 화담에[163] 대한 언급을 생각

나 이러한 설명은 납득하기 어렵다. 명경이나 진사에 "擧"하였다는 표현이 단순한 '응거'인지 혹은 최종 '합격'인지 의문스러운 경우가 있지만(「〔淸〕徐松登科記考凡例」」, 『登科記考補正』, 19쪽), 이 말이 주로 지방이 아닌 중앙에서의 선발 절차와 연관되어 사용되기 때문이다. 실제로 『登科記考補正』, 3쪽도 李詔를 무덕4년의 명경과 급제자라고 하였다.

161 예컨대 『登科記考補正』, 1266쪽은 王岐(590~644)의 "明經擢第"(『唐代墓誌彙編』, 文明008번)가 그의 나이로 볼 때 "武德初期"의 일이라고 한다. 그런데 王岐는 정관18년(644) 사망 당시 두 번째 관직인 師州錄事參軍이었으므로, 그가 정관 연간의 합격자일 가능성도 배제하기 어렵다. 이 시기에는 꽤 많은 나이에 급제한 孫義晉(583~675) 같은 인물도 드물지 않기 때문이다. "以明經擢第, 釋褐魏州昌樂縣令"한 그의 묘지 표제에서 "唐故魏州昌樂縣令孫君墓誌銘幷序"라고 해서(『唐代墓誌彙編』, 文明001번), 孫義晉의 초임직이 唐官처럼 보이는 것이다. 다시 말해, 그의 "明經擢第"는 빨라도 당조가 수립된 617년 곧 35세 즈음의 일인 것이다. 그러므로 필자는 급제년이 明記되지 않은 인물에 대하여 20~30세 가량으로 과거 합격 시기를 섣불리 예단해서는 안 된다고 생각하며, 본서도 앞으로 단지 나이에 의한 이런 추론은 가급적 피하고자 한다.

162 『登科記考補正』, 1267쪽이 李元確을 "武德後期"의 명경과 급제자로 간주한 근거는 그의 묘지이다(『唐代墓誌彙編』, 開元103번). 그런데 이것은 李元確의 사후 한참 뒤인 개원8년에 만들어진 탓에 후술할 바 과거제도가 이미 확고히 정착한 현종 연간의 인식, 표현을 반영할 수도 있음을 아울러 지적해 둔다.

163 『晉書』 권52, 「華譚」, 1449·1452쪽에서 "太康中, 刺史稽紹擧〔華〕譚秀才 … 時九

하면 더욱 그러하다.

명경과 급제자의 분명한 실례를 찾지 못하더라도, 『전당문』에는 「영제주거송명경조(令諸州擧送明經詔)」라는 고조의 글이 있다. 여기에서 황제는

> 바야흐로 중국[函夏]이 안정되어 전쟁이 점차 끝나가니, 관인[縉紳]의 과업(課業)을 이제 일으킬 수 있다. 의당 사방의 여러 주에 하명하여 1경 이상에 밝으면서도[明一經已上] 아직 발탁되지 못한 자를 소속된 곳에서 천거해 보내고 그 이름을 잘 갖추어 보고하도록 하라. 담당 관청에서 책을 시험하여[試策]하여 품계를 높여 임용하겠다.[164]

라고 하여, 천하의 안정과 더불어 경서에 밝은 "명(일)경(明一經)"을 관인으로 중용하려는 의지를 강력히 표명하였다. 『당대조령집』·『책부원귀』 등에도 나오는 이 무덕7년 2월의 조서가[165] 늦어도 무덕 후기에 이르면 명경과를 시행한 증거처럼도 읽히는 것이다.

그러나 이러한 해석도 의문을 낳는다. 상거로서의 명경과라면 굳이 이처럼 조서로써 명령할 까닭이 있을까? 혹 이것이 처음 명경과를 시행하게 한 조처였다면 그럴 법도 하지만, 이 글에는 "한 경 이상에 밝"은 이를 매년 계속 이렇게 선발하겠다는 말이 분명히 없다. 게다가 위 인용문의 전후 내용까지 아울러 살펴보면, 그 핵심은 경학의 중요성을 강조하고 관학의 중흥을 도모하는 데 있다. 사실 『전당문』에서 "명경" 운운한

州秀孝策無逮[華]譚者."라고 한다.

164 『全唐文』권3, 「令諸州擧送明經詔」, 35~36쪽. "方今函夏既淸, 干戈漸戢, 縉紳之業, 此則可興. 宜下四方諸州, 有明一經已上, 未被升擢者, 本屬擧送, 具以名聞. 有司試策, 加階敍用." 본서의 원칙과 달리 여기에서 『唐大詔令集』이 아니라 『全唐文』을 먼저 인용한 까닭은 뒤에서 드러나듯이 이 조서의 명칭이 더 명경과와 관련된 것처럼 읽히기 때문이다.

165 『唐大詔令集』권105, 「置學官備釋奠禮詔」, 537쪽; 『冊府元龜』권50, 「帝王部 崇儒術」, 557쪽.

이 글의 명칭은 청대에 붙인 것이고, 송대에 편찬된 『당대조령집』은 이것을 「치학관비석전례조(置學官備釋奠禮詔)」라고 불렀다.[166] 『통전』과 『구당서』·『책부원귀』 역시 위의 조서를 각각 '대학(大學)'·'석전(釋奠)'·'숭유술(崇儒術)' 항목에서 인용하고 있어[167] 『당대조령집』과 비슷한 입장이다.

뿐만 아니라 『당대조령집』을 보면, 위 인용문의 "책을 시험하여〔試策〕"라는 구절이 "등급을 의(議)하여〔議等〕"로 적혀 있다. 이 두 표현 중 어느 것이 실제 무덕7년 조서의 원문이었는지 단언하기는 어렵다. 『전당문』과 동일한 내용이 『책부원귀』에도 있어 그 근거가 없지 않을 듯하지만, 『당대조령집』 역시 독자적인 전거(典據) 문헌을 가졌다고 생각되기 때문이다.[168] 그런데 이때 간과할 수 없는 사실이 있다. 이 조서가 나오기 바로 한 달 전에 대중정(大中正)이 부활되었으므로,[169] 새로 생긴 대중정과 이명경의 "천거"가 관련이 있을 개연성이 그것이다. "의(議)"가 중정의 품평(品評)과 연관해 쓰였던 용례를[170] 생각하면 더욱 그렇다.

이와 더불어, 위 인용문 말미의 "품계를 높여 임용하겠다."는 말 역시 홀시해서는 안 된다. 이것은 그 "발탁" 대상이 기존의 찰거처럼 이미 관

---

166 『唐大詔令集』 권105, 「置學官備釋奠禮詔」, 537쪽.
167 『通典』 권53, 「禮 大學」, 1467쪽과 『舊唐書』 권24, 「禮儀」, 916쪽의 釋奠 관련 서술; 『冊府元龜』 권50, 「帝王部 崇儒術」, 557쪽.
168 『唐大詔令集』은 神宗 熙寧3년(1070)에 宋敏求가 부친의 遺業을 이어 완성한 책으로서, 眞宗 景德2년(1005)~大中祥符6년(1013)에 만들어진 『冊府元龜』보다 늦게 나왔다. 그러나 두 책은 각기 상이한 자료에 근거했던 듯하다. 『冊府元龜』에 실려 있는 내용임에도 불구하고 『唐大詔令集』이 "下闕"이라고 한 곳이 가끔 보이기 때문이다. 예컨대 『唐大詔令集』 권107, 「遣使選擇邊兵詔」, 554쪽의 마지막 "下闕"은 『冊府元龜』 권135, 「帝王部 愍征役」, 1628쪽에 "委州縣優郵, 所到宣撫, 稱朕意焉."으로 명기되어 있다. 사실 宋敏求는 『新唐書』 편찬에 참여하는 등 당대의 역사를 숙지한 인물이며, 그의 『唐大詔令集』은 편찬 시기를 이유로 사료적 가치를 폄훼해서는 안 된다. 전게 孟憲實, 「關於『唐大詔令集』的幾個問題」 참조.
169 『唐會要』 권69, 「丞簿尉」, 1446쪽.
170 『通典』 권32, 「職官 總論州佐」, 892쪽에 "『晉令』曰: 大小中正爲內官者, 聽月三會議 上東門外, 設幔陳席."이라는 注文이 보인다.

품을 가진 관인이었음을 시사하기 때문이다. 과거의 상거가 전술했듯이 원칙상 무관(無官)의 평민을 대상으로 한다면, 이 조처가 후대의 명경과와는 거리가 먼 것이다. 그러므로 이 무덕7년의 조서를 당시 새로운 관인선발제도로서 명경과가 존재했다는 증거로 삼기에는 부족하다. 기실 경학이 일찍부터 관인의 필수 지식으로 여겨져 왔던 만큼, 고조가 "명(일)경"을 관인 선발의 기준으로 제시한 것은 일면 당연하다. 그런데 "명경"의 평가 방법과 대상은 다양할 수 있으며, 이 말을 상거 과목의 명칭과 곧바로 동일시해서는 안 된다. 당초부터 "명경"을 거론한 기록이 증가함은 확실하지만, 이것은 다만 통일제국의 경학 소양에 대한 중시를 뜻할 뿐 명경과라는 새로운 관인 선발 방식의 출현·정착과는 별개의 문제인 것이다.

과거의 상거 과목으로 수재과도 있는데, '당등과기총목'은 무덕 연간 수재 합격자의 숫자를 6명이라고 명기하였다.[171] 물론 이 문헌은 누차 지적했듯이 미심쩍은 부분이 많고,[172] 실제로 언제 누가 수재과에 급제했는지 현재 확인되지 않는다. 하지만 배요경(裴耀卿, 681~743)의 조부인 배신(裴昚, ?~?)이 당대에 "거수재(擧秀才)"했다면, 그의 이력으로 보아 이즈음의 수재일 가능성이 크다.[173] 그리고 『신당서』에 체주자사(棣州刺史) 최추(崔樞, ?~?)가 "수재로 천거하려〔欲擧秀才〕"하자 도망가 버렸다는 임경신(任敬臣, ?~?)의 이야기가 전하는데,[174] 이것도 고조 때의 일로 추정된다.[175]

---

171 『文獻通考』 권29, 「選擧考 擧士」, 843~844쪽.

172 필자는 전게 「『文獻通考』에 실린 '唐登科記總目'의 사료적 가치」에서 이 문제를 專論하였다.

173 王昶 편, 『金石萃編』 권106, 『隋唐五代石刻文獻全編(3)』, 793쪽의 「裴耀卿碑」에 "王父〔裴〕昚皇朝擧秀才, 授許州司戶"라고 하는데, 裴昚은 수조 때 벌써 관인이었고 당 정관 연간에 縣令으로 승진하였다(『舊唐書』 권188, 「孝友 裴守眞」, 4924쪽).

174 『新唐書』 권195, 「孝友 任敬臣」, 5580쪽.

175 郁賢皓, 『唐刺史考全編』(合肥, 安徽大學出版社, 2000) 권111, 「棣州」, 1536쪽에 따

그런데 위 임경신의 일화를 보면 당시 수재의 응거는 본인의 의사와 무관하였고, 이와 유사한 사례는 후대에도 이어진다.[176] 따라서 무덕 연간의 수재는 예전의 그것과 마찬가지로 천거 위주의 찰거 형태였음에 틀림없다. 배신 또한 이와 다르지 않다. 그는 수 양제 때 "회남군사호(淮南郡司戶)"였으므로[177] 수재로 응거할 당시 이미 관인이었기 때문이다. 이들의 입사 과정 모두 새로운 관인선발제도와는 차이가 있는 것이다. 당초에 설령 수재과가 있었을지라도, 이것과 과거의 상거는 결코 같지 않다고 하겠다.

근래 무덕6년(623)에 "거명법고제(擧明法高第)"한 노의왕(盧醫王, 606~683)과[178] 무덕8년(625)에 "옹주공명법(雍州貢明法), 성시탁제(省試擢第)"한 왕식(王植, 603~662)의[179] 묘지가 발견되어, 이 시기 명법과의 실시를 당연시하는 연구도 있다.[180] 그러나 앞서 보았듯이 무덕 연간의 명경이나 수재가 전통적인 찰거 과목과 크게 다르지 않다면, 이 두 기록이 곧 상거 과목으로서의 명법과를 뜻하는지도 의문이다. "명법" 다시 말해 '법령 지식에 밝음'은 일찍부터 관인의 능력으로 중시되었고, 한대 이래 찰거의 한 기준이었기 때문이다.[181]

르면 崔樞가 樑州刺史였던 것은 무덕 연간의 일이다.

176 張昌齡이 "本州欲以秀才擧之 … 固辭, 乃充進士貢擧."(『舊唐書』 권190上, 「文苑 張昌齡」, 4995쪽)하였다. 이 사건의 정확한 시점이나 그의 진사과 최종 급제 여부는 논란의 여지가 있더라도, 이것이 태종 때의 일인 것은 분명하다. 『登科記考補正』, 30쪽 참조.

177 『舊唐書』 권188, 「孝友 裴守眞」, 4924쪽. 『新唐書』 권129, 「裴守眞」, 4473쪽에는 "淮南"이 "淮安"으로 되어 있다.

178 『全唐文補遺(8)』, 12쪽.

179 『唐代墓誌彙編續集』, 龍朔017번

180 전게 金瀅坤, 『中國科擧制度通史: 隋唐五代卷』, 「常擧的確立與發展」, 175쪽; 金瀅坤, 「唐五代明法科與律學敎育」, 『河北學刊』 2016-3, 51쪽. 여기에서 盧醫王의 급제 시기를 武德5년이라고 한 것은 그의 묘지를 볼 때 무덕6년의 착오이다.

181 전게 閻步克, 『察擧制度變遷史稿』, 14~20쪽.

무덕 연간 과거제도의 출현을 확실히 증명할 수 있는 것은 진사과나 명서과(明書科)·명산과(明算科)와[182] 같은 기존에 없었던 새로운 상거 과목의 존재이다. 그런데 전술한 것처럼 이 시기에 진사과의 실체가 불확실하므로 문제의 관건은 명서과와 명산과이다. 하지만 현재 이 두 과목의 급제자가 확인되지 않고, 고조가 이를 통해 관인을 뽑았다는 기록 또한 없다. 기존의 연구들도 명서과나 명산과는 관학이 정비된 정관 연간 이후에 비로소 생겼다고 한다.[183] 그러므로 이러한 상거 과목으로써 무덕 연간 과거제도의 개시를 설명하는 것은 불가능하다.

이 시기에 비록 상거의 실시와 같은 획기적인 제도의 변화를 확인하기 힘들더라도, 당시 관인의 선발 과정에서 전통적인 찰거와 다른 과거의 특성을 찾아볼 수는 있다. 이러한 시각에서 무덕7년 2월의 조서를 다시 면밀히 살펴보면, 앞서 인용한 글 뒤에 이어지는 다음과 같은 내용이 흥미롭다.

> 그리고 관리[吏]나 백성[民]의 자제로서 분별력이 뛰어나고 학업에 뜻을 둔 자가 있으면, 역시 이름과 정상(情狀)에 대한 기록을 잘 갖추어 상신(上申)하고 서울로 보내라. 그 능력의 차이를 헤아려 모두 〔중앙〕 학교에 입학시키고 그 평가를 밝게 행해서 각기 〔학업에〕 힘쓰도록 하면, 옥을 갈아 〔관인이 될 만한 인재로서의 훌륭한〕 그릇을 만드는 것이 멀지 않을 것이다.[184]

---

182 明書科는 혹 明字科로 불렸고(『新唐書』 권44, 「選擧志」, 1159쪽 등), 明算科를 明筭科라고 적기도 한다(『唐六典』 권4, 「尙書禮部」, 109쪽 등). 이하 특별히 필요한 경우가 아니라면 두 과목은 명서과와 명산과로 통일해서 쓰겠다.

183 이 과목들에 대하여 최초로 專論한 盛奇秀는 명서과와 명산과가 각각 태종 정관2년, 고종 현경1~永隆2년에 만들어졌다고 한다(「唐代明書科考述」, 『文史哲』 1987-2;「唐代明算科」, 『齊魯學刊』 1987-2). 후속 연구들 중에는 상이한 견해도 있으나, 현존하는 사료로써 두 과목의 출현 시기를 고조 때까지로 앞당기기는 어렵다.

184 『唐大詔令集』 권105, 「置學官備釋奠禮詔」, 537쪽. "其有吏民子弟, 識性開敏, 志希學

이 조처는 물론 중앙관학 학생의 충원을 위한 것이므로 관인선발제도와는 구별해야 마땅하다. 그러나 학생을 뽑는 궁극적 목적이 그들을 관인으로 임용하는 데 있었다면, 여기에서 특기할 만한 사실이 있다. 서장에서 강조했던 바 거(擧)·선(選)의 분리 곧 관인 자격자의 선발과 관인에게 관직을 부여하는 전선을 나누는 과거의 핵심 속성이 엿보이기 때문이다.

이와 관련하여 전술한 준사 곧 수·당 시기에 "서민(庶民)"으로부터 중앙관학의 학생을 뽑는 입학시험인 준사과(俊士科)에[185] 대하여 짚고 넘어갈 필요가 있다. 무덕 연간에 벌써 이 과목이 존재했다는 주된 논거는 『당척언』의 무덕4·5년의 준사 선발 기록인데, 앞서 상술했듯이 이것은 믿기 힘든 사료이다. 그리고 준사가 후대처럼 사문학(四門學)과 연계된 것이라면, 고조의 즉위 직후 관학을 정비할 때 태학(太學)보다 그 정원이 적었던 이곳에[186] 준사를 따로 뽑아 입학시켰을지 의심스럽다. 기실 중앙관학 학생으로서의 준사란 표현이 분명히 확인되는 것도 고종 연간의 일이다.[187] 따라서 이러한 이름의 제도 또한 중앙관학이 더욱 체계적으로 정비된 정관 연간 이후에서야 생겼을 듯하며,[188] 현능한 "백성의 자

藝, 亦具名(狀), 申送入京. 量其差品, 並卽配學. 明設考課, 各使廣精, 琢玉成器, 庶其非遠."(괄호 안의 글자는 『冊府元龜』 권50, 「帝王部 崇儒術」, 557쪽; 『全唐文』 권3, 「令諸州學送明經詔」, 35쪽에만 있으나, 문맥을 고려하여 삽입함)

185 준사과의 성격 문제는 논란이 없지 않으나, 앞서 언급했듯이 전게 劉海峰, 「唐代俊士科辨析」의 설명이 타당하다고 생각한다.

186 『舊唐書』 권189上, 「儒學 序」, 4940쪽; 『新唐書』 권198, 「儒學 序」, 5635쪽.

187 관견에 의하면, 믿을 만한 당초 문헌에 나오는 가장 이른 준사 기록은 고종 영휘4년에 쓰인 '五經正義卷末編纂列位及鈔錄記'의 "國子監俊士潘元珌"이다('펠리오(Pelliot) 3311호 문서', http://idp.bl.uk/database/oo_scroll_h.a4d?uid=25647570019;bst=1; recnum=60603;index=1;img=1, 2016. 10. 16. 확인). 池田溫, 『中國古代寫本識語集錄』(東京, 東京大學東洋文化研究所, 1990), 197쪽 참조.

188 이러한 사실은 관학의 학생과 관련된 『唐令拾遺』, 「衣服令」 제54조, 457쪽을 통해서도 알 수 있다. 『武德令』에는 『開元25年令』과 달리 "俊士"에 관한 언급이 없기 때문

제"를 중앙관학의 학생으로 추천하도록 한 위의 조서에 준사라는 말이 나오지 않음도 그 한 방증이 된다.

하지만 그 명칭이야 어떻든 간에 이 무덕7년의 조처가 중앙관학을 통한 일반민들의 입사를 유도하려던 고조의 뜻을 분명히 보여준다. 그렇다면 당시 관인선발제도와 관학의 관계에 주목할 필요가 있다. 학교제도와의 유기적인 연계 역시 과거의 중요한 특성이기 때문이다. 실제로 당초부터 중앙과 지방에 관학을 설치하고 상당한 숫자의 학생 정원을 책정했는데,[189] 이는 당연히 관인으로의 충원을 염두에 두었을 터이다.[190] 이러한 규정의 정확한 시행 시기를 밝히기 어렵지만,[191] 고조가 교육과 유교·경학을 중시하였음은 부정할 수 없는 사실인 것이다.[192] 위에서

이다. 그런데 여기에서 仁井田陞가 『舊唐書』에 의거해 복원한 『武德令』 중에 후술하듯이 정관2년에 만들어진 "書算學"에 관한 내용이 나오므로, 이것은 실상 그 이후 시기의 令文이라고 생각된다. 만약 이 令이 정관11년에 반포된 『貞觀令』이라면(『舊唐書』 권3, 「太宗」, 46쪽), 그때까지 국자감에 준사가 없었다고 생각되는 것이다. 다만 이 경우 위 영문의 복원 근거인 『舊唐書』에 정관6년 국자감에 설치된 律學 관련 규정이 빠진 것은 의문으로 남는다.

189 『舊唐書』 권189上, 「儒學 序」, 4940쪽; 『新唐書』 권198, 「儒學 序」, 5635-5636쪽. 그런데 여기에서 國子學(72명)·太學(140명)·四門學(130명)에 비하여 郡學(40~60명)과 縣學(20~40명)의 규모가 상대적으로 너무 크다는 점이 의아스럽다. 현종 시기의 상황을 반영한 『唐六典』의 기록과 비교할 때, 중앙관학의 정원은 훨씬 적음에 반하여 지방관학의 경우 그 숫자가 오히려 더 많은 편이기 때문이다. 만약 이 郡學·縣學 기록이 실제 당초의 규정이었다면 현실적으로 그 정원을 채우기 힘들었으리라고 짐작된다.

190 『通典』 권15, 「選擧 歷代制」, 362쪽에 따르면, 당대에 중앙관학은 물론 지방관학의 학생까지 모두 "合入官者"이다.

191 『舊唐書』 권189上, 「儒學 序」, 4940쪽은 고조의 관학 정원 확정이 "義寧三年五月"의 일이라고 했는데, 실상 義寧이란 연호는 2년으로 끝나 분명한 착오이다. 그리고 『舊唐書』는 이 뒤에 무덕2년의 周公·孔子廟 설치 조처를 적었으나, 『新唐書』 권198, 「儒學 序」, 5635~5636쪽의 경우 그 순서가 뒤바뀌어져 있다. 이처럼 혼란스러운 정사의 기록보다 더 이른 시기의 문헌이 없는 현재, 고조의 이러한 조처가 언제 나왔는지 확언할 수 없다.

192 무덕1년 11월에 皇族 등 특수 신분의 학생을 위한 小學을 설치해서(『唐會要』 권35,

인용한 무덕7년 2월의 조서가 "주현과 향리(鄕里)에 모두 학교를 설치하라."[193]는 명령으로 이어짐을 생각하면 더욱 그러하다.

그런데 이처럼 "향리"에까지 학교를 두려던 황제의 꿈이 당시 얼마나 실현되었는지는 의문이다. 사실 당초에 이미 정원까지 책정했던 지방관학의 설치를 무덕7년에 이렇게 거듭 명령한 것은 당시 조처들의 비현실성을 잘 보여준다. 이 조서의 직후에 고조가 아들에게 『효경(孝經)』을 가르친 전직(前職) 지방관을 자신의 뜻에 부응했다는 이유로 발탁한 것도[194] 유사한 맥락에서 이해된다. 황제의 의지가 아무리 강고하더라도, 그 실행은 이처럼 계속 특단의 조치를 요구했던 것이다. 게다가 무덕 연간에는 중앙관학의 위상도 그렇게 높지 않았다. 수 개황13년(693)에 예부 직속 관청으로 격상되었던 이것이 다시 태상시 아래로 들어가 독립성을 잃었기 때문이다.[195] 따라서 이 시기 관학의 실상은 전술한 바 "건학(建學)의 이름만 공허하"던 수대에 비하여 크게 개선되지 못했다고 하겠다.

무덕 연간의 관인선발제도 역시 마찬가지이다. 설령 새로운 요소가 나타났다고 해도, 그 한계가 분명하여 수대의 상황과 별반 차이가 없는 것이다. 앞서 지적했듯이 당시 수재·명경·명법은 과거의 상거 과목과 달리 추천 위주로 운용되었으며, 효렴이란 전통적인 입사 방법도 여전히

「學校」, 739쪽; 『通典』 권53, 「禮 大學」, 1467쪽) 교육을 중시하였고, 이듬해에는 國子學에 周公과 孔子의 사당을 세워 이 교육이 유교에 입각함을 분명히 했다(『冊府元龜』 권50, 「帝王部 崇儒術」, 557쪽과 『唐會要』 권35, 「褒崇先聖」, 742쪽; 『通典』 권53, 「禮 釋奠」, 1474쪽).

193 『唐大詔令集』 권105, 「置學官備釋奠禮詔」, 537쪽에서 "州縣及鄕里, 並令置學."이라고 한다. 그런데 『冊府元龜』 권50, 「帝王部 崇儒術」, 557쪽; 『全唐文』 권3, 「令諸州舉送明經詔」, 35쪽에는 "鄕里"가 "鄕"으로, "並"이 "各"으로 되어 있어 그 표현이 약간 다르다.

194 『冊府元龜』 권97, 「帝王部 獎善」, 1153~1154쪽. 徐松은 이 조처를 童子科의 기원처럼 보았으나(『登科記考補正』, 7쪽), 이것은 그 발탁 대상이 아버지였으므로 착오이다.

195 『唐會要』 권66, 「國子監」, 1368쪽.

시행하고 있었다. 제한된 사료 탓에 이 시기 효렴의 성격을 확언할 수는 없지만,[196] 여기에 수동적으로 응거한 듯한 인물은[197] 여전히 천거가 중요했음을 뜻하기 때문이다. 그리고 "응조(應詔)"하여 효렴에 급제한 인물도 존재하는데,[198] 이 또한 찰거와 황제의 긴밀한 관계를 보여준다는 점에서 수대와 유사하다.

실제로 관인으로 임용할 인재 추천을 요구한 조서는 앞서 살펴본 「경관급총관자사거인조(京官及總管刺史擧人詔)」나 「치학관비석전례조(置學官備釋奠禮詔)」만이 아니다. 기실 무덕 연간에는 아직 각지에 저항 세력이 잔존하였고, 이들의 토벌과 위무(慰撫)를 위해 관직은 중요한 미끼였다. 따라서 반란의 진압 후 "기재이행(奇才異行)"한 자를 발탁하겠다거나,[199] 정복한 지역에 파견된 대사(大使)에게 인재의 추천을 명하는[200] 글들이 이어지는 것이다. 물론 이러한 조처들은 의례적인 민심 수습책이었을 수 있다. 그러나 이 시기에 조서로써 관인의 선발에 적극 개입하였음은 분명하며, 이처럼 황제의 관여가 필요하던 혼란스러운 정국이 바로 당시의 현실이었다.

---

196 龔延明, 「唐孝廉科置廢及其指稱演變」, 『歷史研究』 2012-2에 의하면, 당초의 효렴은 隋制를 계승해 "歲貢常擧" 과목으로 존재하다가 태종 정관17년에 이르러 제거 형태의 효렴이 새로 생겼다고 한다. 그러나 앞서 지적하였듯이 수대에 이미 "徵孝廉"의 선례가 발견된다. 관련 사료의 부족으로 인해 무덕 연간 효렴의 성격을 단정하기는 어렵지만, 적어도 수대와 현격히 달라졌다는 확증을 찾을 수 없다.

197 李釋이 "以武德之歲, 孝廉被擧, 射策甲科, 擢富平縣尉."(『唐代墓誌彙編續集』, 咸亨006번)하였는데, "被擧"란 표현을 볼 때 자발적 응거가 아니었을 가능성이 크다.

198 "唐朝應詔孝廉及第"한 劉義弘(604~656)은 4개의 관직을 거친 뒤 고종 현경1년에 사망하였다(『唐代墓誌彙編』, 上元044번). 그렇다면 그의 "應詔孝廉"은 무덕 연간의 일로 추정된다.

199 무덕4년 6~7월 王世充 세력의 진압 과정에서 나온 「赦河南諸州爲王世充詿誤詔」(『唐大詔令集』 권121, 643쪽)과 「武德年中平王〔世〕充竇建德大赦詔一首」(『文館詞林校證』 권669, 359쪽)은 각각 "奇才異行, 隨事旌擢" "奇才異行, 隨狀薦擧"를 약속하였다.

200 『唐大詔令集』 권115, 「鄙國公軌等益州道安撫大使詔」, 600쪽에 따르면, 고조는 무덕 2년 益州에 安撫使를 보내며 "進擢廉平"의 임무를 부과하였다.

그러므로 무덕 연간에 "조거(詔擧)"·"응조(應詔)"하였다거나[201] "제거(制擧)" 급제자로 전하는[202] 인물들이 다수 발견되는 것은 당연하다. 그리고 이 가운데 무관(無官)의 평민도 있으나,[203] 관인으로서[204] 혹은 음(蔭)으로 "석갈(釋褐)"한 뒤 승진의 수단으로 이를 이용한[205] 자 또한 존재한다. 따라서 이것은 조서로 시행된 임시성만이 아니라 응거 전후의 상황에서 보더라도 후대의 제거와 비슷할 뿐 상거와는 엄연히 다르다. 하지만 이들에 관한 기록 대부분 "사책(射策)" 등 시험 절차를 명기했음이 중요하다. 물론 이러한 시험 형식은 누차 지적하였듯이 찰거에서도 보이나, 이 시기에 어떤 형태로든 평가를 거쳐 "〔급〕제(及第)"한 인물이 늘어나기 때문이다.[206]

201　응거 시기를 명기한 사례만 보더라도, "〔武德〕五年三月, 詔擧賢良, 射策甲科"한 張弼(『大唐西市博物館藏墓誌』, 102번)과 "武德六年, 應詔擧, 射策高第"한 甄庭言(『全唐文補遺(8)』, 280쪽)이 있다.

202　예를 들어, 『舊唐書』에 "武德初, 應制擧"한 인물로 崔仁師(권74, 「崔仁師」, 2620쪽)·田仁會(권185上, 「良吏 田仁會」, 4793쪽)가 나오고, 두 사람 모두 『新唐書』에도 "擢制擧"라고 적혀 있다(권99, 「崔仁師」, 3920쪽; 권127, 「循吏 田仁會」, 5623쪽). 이 "制擧"가 후대처럼 상거와 확실히 구분되는 제거였는지는 의문이지만, 이 두 사람의 入仕가 황제의 조칙과 관련이 있었음은 분명하다. 전게 傳璇琮, 『唐代科擧與文學』, 「制擧」, 135~137쪽; 吳宗國, 『唐代科擧制度硏究』, 「唐代科擧制度之二: 制擧」, 63~64쪽; 金瀅坤, 『中國科擧制度通史: 隋唐五代卷』, 「制擧的確立與發展」, 435~437쪽 참조.

203　『全唐文補遺(8)』, 280쪽의 甄庭言은 무덕6년에 "應詔擧"하여 縣尉가 되기 전의 官歷이 없을 뿐더러 初任職의 형태도 "試吏"였다.

204　『唐代墓誌彙編續集』, 垂拱001번의 묘주 格處仁(577~632)은 "任管州司戶參軍, 俄應詔擧射策甲第"하였다. "應詔" 시기를 정확히는 모르나, 묘지 내용을 보면 무덕 연간 혹은 정관 초기로 생각된다.

205　『唐代墓誌彙編續集』, 儀鳳008번의 묘주 唐河上(614~678)은 고조 때 中書侍郎을 역임한 唐儉의 아들로서 "釋褐東宮千牛, 陛景冑也. 尋應詔射策乙第, 授東宮通事舍人."했는데, 태종 때의 이력 앞에 나오는 이 "應詔"는 무덕 연간의 일로 판단된다.

206　대표적인 사례로서, "擢第桂枝, 早從榮於下邑. 起家任襄州安養縣尉"(『全唐文補遺(千唐)』, 103쪽)한 李義瑋(596~679)과 "屬四科明辟, 以時務早第, 授襄州襄陽縣尉"(『唐代墓誌彙編』, 上元027번)한 陳懷儼(598~675)이 있다. 이들의 생몰년과 "早"란 표현을 보면 둘 다 무덕 연간에 "(及)第"했을 가능성이 크고, 이 말은 모종의 평가에 의한 등급 구분을 전제로 한다.

더욱이 앞의 무덕5년 조서처럼 "자진(自進)"·"자거(自擧)"를 장려할 때 능력의 검증 절차가 필수적이었을 터이며, 이것이 관인선발제도의 변화를 촉진했을 법한 것이다.

이와 같은 측면에서 생각할 때, 기존의 찰거나 조서에 의거한 응시와는 사뭇 다른 듯한 무덕 연간의 사례들에 주목할 필요가 있다. "약관에 벼슬살이를 점쳐 보고〔筮仕〕 갑과(甲科)에 탁제하니, 장사랑(將仕郎)이 되어 관인의 자리에 들게 되었다."는 장의(張懿, 607~663)가 좋은 예이다.[207] 그가 "탁제"한 과목은 무엇인지 불분명하나, "약관"이 20세라면 이것은 무덕9년의 일이다. 그런데 장의가 "벼슬살이를 점"쳤다고 하므로 자발성이 있었고, 시험을 거쳐 받은 장사랑이란 산관(散官)은 종9품하에 해당해서 훗날 진사과·명법과 급제자에게 주었다는 것과 같다.[208] 따라서 장의를 섣불리 과거의 특정 과목 급제자로 단정할 수는 없을지라도,[209] 그의 입사 과정이 새로운 관인선발제도와 비슷해 보임은 사실이다.

이와 유사한 예로 왕령(王令, 582~649)도 있다. 그는 탁월한 품성과 능력으로 "빈정(賓庭)에서 두각을 나타내어 비로소 세벽(歲辟)으로 뽑혀 올라가, 산관 자리에 이름을 올려 유림랑(儒林郎)이 되었다."고 한다.[210] 왕령

---

207 『全唐文補遺(8)』, 296쪽. "弱冠筮仕, 甲科擢第, 爰授將仕郎, 從班例也."

208 『唐會要』 권81, 「階」, 1768쪽에 따르면 진사과와 명법과의 "乙第" 합격자를 종9품하로 敍階하였는데, 무덕 연간에 將仕郎이 바로 여기에 해당된다(『舊唐書』 권42, 「職官」, 1784쪽).

209 "射策及第"·"射策甲科"라는 기록만으로도 李義琳과 李玄濟를 진사과 급제자로 간주한 『登科記考補正』, 7쪽의 입장에서 보면, 張懿의 경우 당연히 이렇게 판단하리라고 추측된다. 그러나 전술했듯이 합격 과목이 명기되지 않은 이들과 진사과의 관계를 속단해서는 안 된다. 실제로 전게 王洪軍, 『登科記考再補正』, 14쪽과 전게 許友根, 『『登科記考補正』考補』, 130쪽 모두 張懿를 진사과 급제자로 분류하지 않았다.

210 『唐代墓誌彙編』, 總章028번. "遂得操榮夔里, 擢穎賓庭, 始充賦於歲辟, 乃登名於散秩, 爰授儒林郎." 王令의 나이로 보아 수대에 입사했을 가능성도 있으나, "大唐故儒林郎…"이란 묘지 표제를 볼 때 이것은 당초의 일로 여겨진다.

의 나이와 묘지 표제로 보아 이것은 무덕 연간의 일일 가능성이 큰데, "빈정"과 "세벽"이란 표현에서 그가 매년 지방에서 예의를 갖추어 중앙으로 뽑아 보낸 인재 중 하나였음을 알 수 있다. 또 급제 후 받은 정9품상의 유림랑이란 산관은 명경과 급제자의 그것이다.[211] 그렇다면 이 기록은 당시에 과거의 상거 과목이 시행된 증거처럼도 여겨진다.[212]

그런데 위 왕령의 묘지는 지방이나 중앙에서의 구체적인 선발 과정을 분명히 밝히지 않았다. 뿐만 아니라, "벽(辟)"이라는 표현을 보면 그가 지방에서 시험의 절차를 거쳤는지 의심스럽다. 사실 이 시기에 찰거나 조서와 무관하지만 일정한 평가를 통해 관인이 된 인물에 관한 기록들을 살펴보면, 대부분 응거의 자발성[213] 여부나 시험 유무가[214] 불확실하다.

---

211 『武德令』에서 儒林郎은 正9品上이고(『舊唐書』 권42, 「職官」, 1784쪽), 『唐會要』 권81, 「階」, 1768쪽이 명경과 급제자에게 원칙상 합격 등급에 따라 종9품상~종8품하의 관직을 주었다고 한다. 물론 명경과 급제자의 서계 규정은 문헌에 따라 상당한 차이가 있다. 앞서 보았듯이 사고전서본 『唐會要』의 경우 "明經通一經"은 진사과나 명법과와 동일하게 서계했다는 특이한 기록이 존재하고, 『舊唐書』 권42, 「職官」, 1806쪽과 『新唐書』 권45, 「選擧志」, 1173쪽의 기록도 아래의 표처럼 되어 있기 때문이다. 그러나 『唐六典』 권2, 「尙書吏部」, 32쪽의 기록은 상해고적출판사본 『唐會要』와 동일하다. 기실 정사의 기록은 일관성이 없어 의문스러울 뿐더러, 본서의 고찰 대상인 당전기 과거제도와 관련하여서는 현종 시기에 편찬된 『唐六典』을 그 기준으로 삼아야 마땅하다고 생각된다. 따라서 이후 서계 기록은 기본적으로 『唐六典』과 상해고적출판사본 『唐會要』에 의거한다. 서계와 연관된 문제는 제3부에서 『唐六典』의 내용을 설명할 때 좀 더 자세히 설명하겠다.

	上上第	上中第	上下第	中上第
『唐六典』	종8품하	정9품상	정9품하	종9품상
『舊唐書』	종8품하	종9품상	기록 없음	기록 없음
『新唐書』	종8품하	정9품상	정9품하	종9품하

212 『登科記考補正』, 1145쪽은 王㒤을 진사과 급제자로 보았는데, 급제 후 받은 관품을 보면 오히려 명경과 합격자로 분류하는 편이 나을 듯하다. 물론 후술하듯이 그의 묘지 기록만으로 이러한 상거 과목의 급제자라고 단정하기는 어렵다.

213 현존하는 석각자료에서 무덕 연간의 급제자로 추정되는 이들 가운데 元則은 "爰將筮

그리고 장의·왕령과 상이하게 급제 후 실직(實職)을 받았던 이들이 있으며, 그 초임(初任) 직위가 현격히 다르다.[215] 무덕 연간에 입사한 인물들의 사례에서 비록 과거제도와 흡사한 요소들이 나타날지라도, 실제 선발 과목이나 피선(被選) 과정의 구체적 양상은 매우 다양하여 그 성격을 일률적으로 규정하기 어려운 것이다.

이러한 문제가 묘지처럼 단편적 내용의 사료 탓일 수도 있으나, 이는 건국 직후 당조의 혼란스러운 상황과 무관하지 않다.

무덕 연간에는 천하의 전쟁이 끝나가서 백성들이 생업에 종사하였으나, 사인들이 벼슬을 구하지 않아 관인을 충원하지 못하였다. 이조(吏曹)에서 주부(州府)로 〔관인을 뽑겠다는〕 첩을 보내 〔이에〕 부응해 모인 사람들을 검증했지만〔課〕, 〔사인들이〕 오기만 하면 관〔직〕을 주고 물리치

仕, 射策蘭臺"(『唐代墓誌彙編』, 顯慶034번)라고 하여 전술한 張懿처럼 스스로 응시했던 듯하다. 그러나 이러한 사례는 이밖에 달리 찾기 힘들다. 이 시기의 시험 관련 기록은 대개 "以經術擢第, 授文林郎"(『唐代墓誌彙編』, 龍朔-081번의 묘주 仵□)·"登四科而入仕"(같은 책, 神龍026번 묘주의 조부 孫願)처럼 그 자발성 여부가 불분명한 것이다. 그리고 王令 이외에도 "(四科明)辟"(같은 책, 上元027번의 묘주 陳懷儼)이란 표현으로 보아 추천으로 응거한 듯한 경우도 존재한다.

214 예를 들어 "皇朝明禮, 授文林郎"(『唐代墓誌彙編』, 開元010번)한 戴開를 『登科記考補正』, 1267쪽에서 명경과 급제자로 보았으나, 이 기록만으로는 과목 명칭은 물론 시험의 유무도 단정하기 어렵다. 같은 책, 顯慶101번의 묘주 張弘(592~659)도 "苞筆海於胸中, 觀文濤於目際 … 從吾所好, 豈非樂哉. 是以刷羽龍門, 尺木斯具, 釋褐任絳州夏縣丞."이라고 해서 마찬가지이다. 이들의 묘지가 특정한 능력과 입사의 상관성을 보여줄지언정 시험을 거쳤다고 확언할 근거로는 불충분하기 때문이다.

215 『唐代墓誌彙編』, 延載001번 墓主의 부친 關翹는 "武德中年"에 "帝流叡旨, 延求秀彦, 遂授桃林縣令."하였다. 詔擧의 급제 후 받은 桃林縣令이 무덕 연간에 정확히 어떤 정도의 지위였는지 알 수 없지만, 【부록2】의 初官 品階 算定 방식에 따르면 桃林縣은 上縣이고 그 縣令이 從6品上에 해당한다. 그런데 "去武德年內, 被召赴京. 以君凤達天文, 觀于時變, 權直太史 … 加之上考, □授吏部文林郎."(『大唐西市博物館藏墓誌』, 38번)한 賈德의 경우 이와 뚜렷이 대비된다. 황제에게 "被召"된 비슷한 경력에도 불구하고, 그는 단지 "權直太史"란 임시직을 받았을 뿐더러 이후 文林郎이란 從9品上의 산관을 얻기 위해 다시 평가를 거쳐야만 했기 때문이다.

지 않았다. 4~5년 뒤 〔벼슬을〕 구하는 자가 점점 많아져서, 바야흐로
조금씩 떨어뜨리기도 하였다.[216]

는 것이다. 단명했던 수를 이은 새 왕조 역시 얼마나 존속할지 모르던
당시, 이러한 사인들의 입사 기피 양상은 쉽게 이해된다. 무덕 연간 후기
에 설령 형편이 좀 나아져갔다고 해도, 수말의 군웅들이 여전히 온존하던
이 시기에[217] 그다지 큰 변화를 예상할 수 없을 터이기 때문이다.

　이상에서 살펴본 '당 고조 시기의 상황'을 간략히 정리하면 다음과 같
다. 후대의 문헌들은 수대에 비해 무덕5년의 과거제도 시행에 관하여
훨씬 상세히 전하고 있다. 하지만 여전히 당시 실상과 어긋나는 내용이
많아서 그대로 믿기 어렵다. 무덕 연간의 진사과 급제자로 여겨져 온
인물들의 근거 기록들 역시 마찬가지이다. 사료로서의 가치가 낮거나 합
격 과목이 명기되어 있지 않기 때문이다. 무덕 연간에도 결국 전통적인
찰거와 확실히 다른 방식으로 관인을 선발했다는 명증이 없는 것이다.
물론 이 시기에 주목되는 현상 또한 나타난다. 당초 이래 계속된 관학의
중시와 그 학생의 선발, 자발적 응거를 적극적으로 권장하는 조서 등에서
드러나는 바 관학과의 유기적 연계성 강화, 추천의 중요성 약화와 같은
새로운 관인선발제도의 특성을 엿볼 수 있는 것이다. 그리고 급제 뒤
후대의 상거 과목 합격자와 동일한 산관을 받은 인물들의 존재도 흥미롭
다. 그럼에도 불구하고 무덕 연간 입사자들의 실례를 톺아보면, 그 선발
과정이나 선발된 자의 대우가 너무 다양하여 어떤 하나의 과거 상거 과
목이라고 일컫기에는 망설여진다.

216　『通典』 권15, 「選擧 歷代制下」, 362쪽. "武德中, 天下兵革方息, 萬姓安業, 士不求祿,
　　官不充員. 吏曹乃移牒州府, 課人應集, 至則授官, 無所退遣. 四五年間, 求者漸多, 方
　　稍有沙汰"
217　『資治通鑑』 권192, 唐太宗貞觀2年條, 6050쪽에서 보듯이, 각지의 군웅을 완전히 제
　　압한 것은 태종 즉위 이후의 일이다.

기실 고조 시기의 관인 선발 양상이 수대의 그것과 다르지 않다고 해서 별로 놀랍지 않다. 무덕7년에 반포된 율령이 기본적으로 수 문제 시기의 법제를 기준으로 삼았다면,[218] 이는 일면 당연한 일이다. 어쩌면 9년에 불과하던 짧은 무덕 연간에 과거처럼 획기적인 제도의 변화를 기대하는 것 자체가 애당초 무리일 수 있다. 이 시기에 관인의 고과(考課)를 주관한 고공낭중이 "공거의 감시(監試)" 책임까지 겸했다고 하며[219] 단지 거(擧)·선(選)의 분리 과정에 있었던 것이다. 그러므로 과거제도의 출현은 아직 시기상조의 일로 여겨지며, 이 문제는 이후 태종 시기의 상황에 대한 후속 검토를 요구한다.

---

218 『唐會要』 권39, 「定格令」, 819쪽.

219 앞서 지적하였듯이, 『通典』 권15, 「選擧 歷代制下」, 353쪽과 『唐會要』 권58, 「尚書省 諸司」의 1183·1184쪽은 정관 연간 이후 考功員外郎이 貢擧를 주관했다고 하였다.

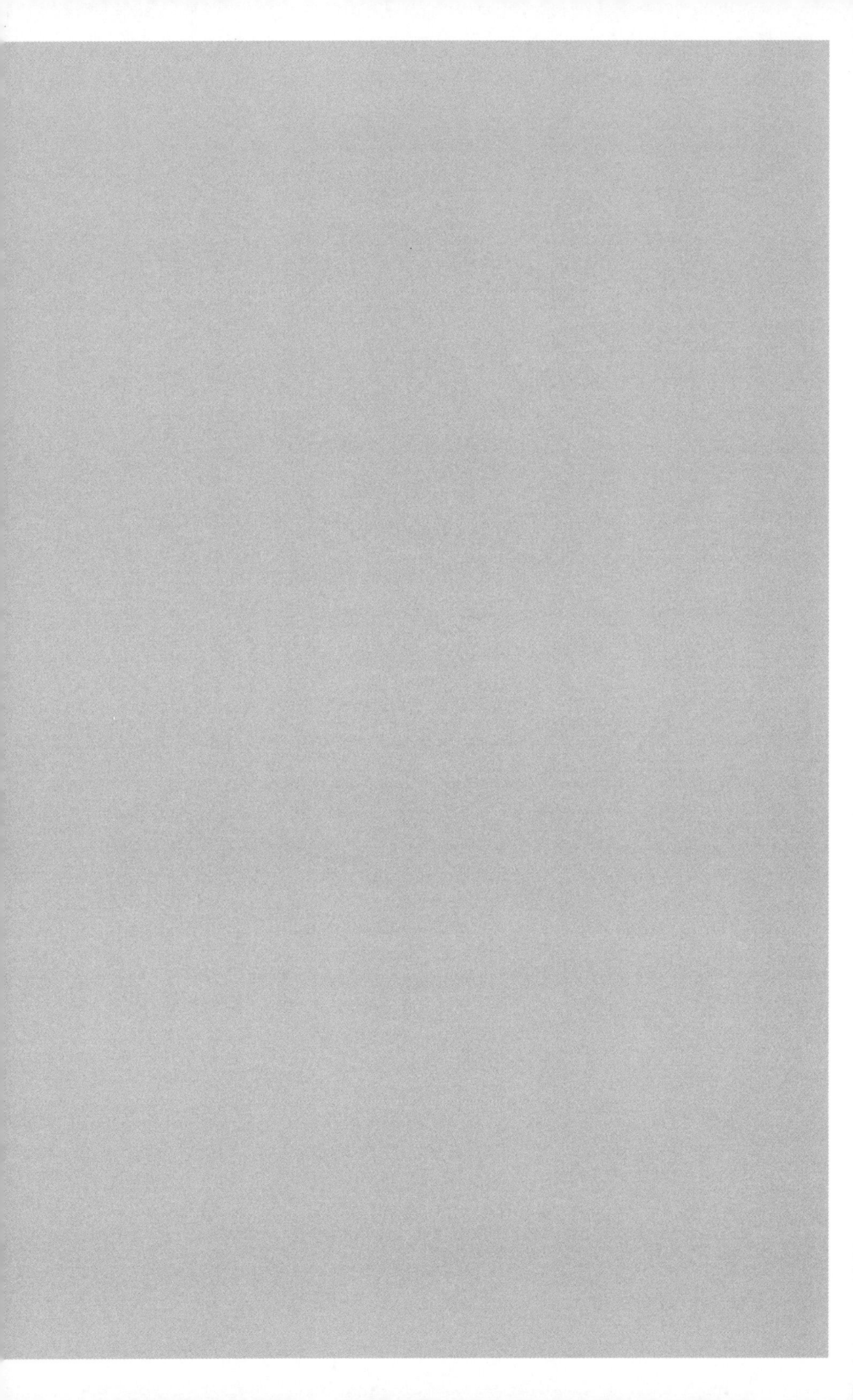

제 2 장

당 태종 시기의 관인선발제도

2

1. 정관 연간의 변화

통일제국의 정착 과정

당 태종은 정관2년(628) 삭방군(朔方郡)에 근거해 저항하던 양사도(梁師都, ?~628)를 평정하여 통일전쟁을 완수했다.[1] 그리고 정관4년(630)에는 서북 지역 유목(遊牧) 군장(君長)들에게 '천가한(天可汗)'으로 존숭될 만큼 주변의 위협도 제거하였다.[2] 뿐만 아니라 정관11년(637)에 새로운 율령(律令)을 반포함으로써 제도적 기반을 구축하고, 이듬해 황족을 제1등으로 하는 씨족지(氏族志)까지 편찬하여 그 사회적 영향력을 확대했다.[3] 따라서 안팎 으로 통일제국으로서의 내실을 공고하게 다진 이 시기는 주지하듯이 '정 관지치(貞觀之治)'라고 칭송되어 왔다.

그런데 20여 년에 걸친 정관 연간 전부 이처럼 특별한 융성기였다고 하기는 어렵다. 예컨대 봉선(封禪)의 시행을 둘러싸고 논란이 일었던 정관

---

1 『資治通鑑』 권192, 唐太宗貞觀2年條, 6050쪽.
2 『資治通鑑』 권193, 唐太宗貞觀4年條, 6073쪽.
3 『資治通鑑』의 권194, 唐太宗貞觀11年條, 6126쪽과 권195, 唐太宗貞觀12年條, 6135~
  6136쪽.

6년(632)에는 여전히 중원(中原)의 중심지조차 인적이 드문 곳이 있을 정도였다.[4] 실제로 이때 편찬되기 시작한 씨족지도 전통적인 문벌(門閥)인 박릉(博陵) 최(崔)씨를 최고 가문으로 삼아 태종의 진노를 샀다고 하는데, 이는 정관 초기까지 당조의 지배권이 아직 확고하지 못했음을 뜻한다. 물론 정관12년(638)에 완성된 『정관씨족지(貞觀氏族志)』는[5] 황족 중심으로 재편되었으므로, 태종 후기의 현실은 이와 달라졌을 법하다. 통일제국이 정착해 가는 과정을 좀 더 세밀하게 고찰할 필요가 있는 것이다.

이와 같은 측면에서 볼 때, 통일제국의 권위로써 경학을 통일하려 한 오경정의(五經正義)의 편찬이 흥미롭다. 먼저 정관4년부터 정관7년(633)까지 오경의 교정본(校定本)을 만들었다. 그리고 정관12년 공영달(孔穎達, 574~648)이 국자좨주(國子祭酒)가 되면서 본격적인 작업이 시작되었는데, 찬수(撰修)·심정(審定)을 거쳐 고종 영휘4년(653)에 이르러서야 비로소 오경정의 최종본이 나왔다.[6] 이처럼 긴 기간 동안 여러 단계로 작업이 이루어진 까닭은 기존 경학의 다양성과 이를 각기 계승한 학자들 간의 분분한 이견[7] 때문이었다.

---

4 吳兢, 謝保成 집교, 『貞觀政要集校』(北京, 中華書局, 2003) 권2, 「納諫 直言諫爭附」, 125~126쪽.

5 『貞觀氏族志』와 후술할 『顯慶姓氏錄』, 『開元姓族系錄』의 서명은 기록에 따라 다르나, 본서는 이 책들을 연호와 학계의 통칭을 붙여 적는다. 이 姓氏書들 관련 사실은 池田溫, 「唐朝氏族志の一考察: いわゆる敦煌名族志殘券をめぐって」(원간 1965), 『唐史論攷』(東京, 汲古書院, 2014), 95~106쪽과 정순모, 「唐代 譜牒의 編纂과 그 變遷」, 『중국사연구』 6, 1999 참조.

6 野間文史, 「五經正義の編纂」, 『五經正義の研究: その成立と展開』(東京, 硏文出版, 1998). 王貞, 「孔穎達與五經正義研究述略」, 『中國史研究動態』 2012-1 참조.

7 "諸儒"가 5경의 校定本을 비난하였고(『貞觀政要集校』 권7, 「崇儒學」, 384쪽), 오경정의의 편찬 중에도 "諸儒"의 여론을 등에 업은 馬嘉運의 비판이 있었다(『新唐書』 권198, 「儒學」, 5645쪽). 審定 뒤에 여전히 "雖加討覈, 尙有未周."라고 여겨진 이유(『全唐文』 권136, 長孫無忌 「進五經正義表」, 1375쪽) 역시 이러한 반발 때문이었을 것이다. 뿐만 아니라 오경정의의 최종본 완성 후에도 계속 이에 불복하는 학자들이 있었으니, 장안3년 王元感의 異論에 대한 여러 학자들의 공감이 그 좋은 예이다(『唐會要』 권77, 「貢舉

오경정의는 남북조시기에 화북과 강남에서 상이하게 발전해 온 경학을 두루 통합하고자 했다.[8] 이로 인해 체계적인 정합성(整合性)이 부족해진 이 책에는 기존의 전통적 학풍도 뚜렷이 잔존한다.[9] 이는 정관 연간에 통일제국의 기반 확립이 결코 쉽지 않았으며, 그 과정에서 분열시대와의 결별만이 아니라 계승 역시 불가피했음을 시사한다. 사실 태종이 씨족지의 개찬(改撰)을 명하였다고 해서 문벌의 존재 자체에 반감을 가졌던 것은 아니다.[10] 당시 조정에 다양한 지역과 가문 출신의 관인들이 혼재하였고, 황제가 명문 출신자들을 마냥 배척하기보다 적극적으로 조정·이용했던 듯하다.[11] 당조는 남북조시대의 기득권 세력까지 포섭하면서 통일제국을

───────

論經義」, 1662쪽).

8 皮錫瑞의 『經學歷史』(이홍진 역, 『중국경학사』, 서울, 동화출판공사, 1984. 원간 1907) 이래 오경정의를 비롯한 당초의 경학에서 남조의 전통이 강했다는 연구가 많다. 하지만 潘忠偉, 「五經正義與北朝經學傳統」, 『哲學研究』 2008-5에 따르면, 남조의 경학을 중시하던 당조의 官方 학자들이 오경정의 편찬 때 북제·북주와 수의 경학에 더욱 주목하게 되었다고도 한다. 실제로 이 시기의 학문은 D. McMullen, *State and Scholars in T'ang China*(Cambridge, Cambridge Univ. Press, 1988), 71~79쪽의 지적처럼 기존 경학의 "축적적(cumulative) 성과물"로서 "포용적(inclusive) 정책"의 산물이었고, 오경정의는 南學과 北學을 모두 받아들였다는 데 그 특징이 있다고 해도 무방할 것이다.

9 野間文史의 「引書からみた五經正義の成り立ち: 所引の緯書を通して」(원간 1988)·「引書からみた五經正義の成り立ち: 書傳·書傳略說·洪範五行傳を通して」(원간 1989), 전게 『五經正義の研究: その成立と展開』. 오경정의의 人性論에 포함된 道家的 요소(田中利明, 「孔穎達の五經正義における'人性'の研究」, 『大阪教育大學紀要(第1部門)』 29-2·3 合, 1980), 5경 각 正義들 사이에 드러나는 緯書에 대한 상이한 태도(武田時昌, 「中世義疏學と緯學」, 『信州大學教育學部紀要』 70, 1991) 등도 오경정의 내용의 非整合性을 잘 보여준다.

10 태종은 씨족지를 새로 편찬하게 하면서 "我與山東崔、盧、李、鄭, 舊旣無嫌."(『舊唐書』 권65, 「高士廉」, 2443쪽)이라 했고, 실제로 당초의 조정에는 史念海, 「兩『唐書』列傳人物的貫籍地理分布」, 尹達 등 편, 『紀念顧頡剛學術論文集』(成都, 巴蜀書社, 1990), 575~578쪽에서 보듯이 다수의 山東 출신 인물이 활동하였다.

11 H. Wechsler, 지배선 역, 「당초 조정 안에서의 黨派性」, A. Wright·D. Twitchett 편, 『唐代史의 照明』(서울, 아르케, 1999. 원간 1973)이 이러한 당시 상황을 잘 설명하고 있다.

정착시켜 나갔던 것이다.

　태종은 오경정의를 "국학(國學)"·"국자감(國子監)"의 교재로 사용하도록 했는데,[12] 실제로 그의 국가체제 정비 과정에서 교육이 매우 중시되었다. 우선 정관1년(627)에 고조가 태상시 아래 두었던 중앙관학을 다시 국자감으로 독립시키고,[13] 직접 이곳을 자주 방문하며 큰 관심을 보였다.[14] 그리고 기존의 국자학·태학·사문학에 서학·산학과 율학도 덧보태어 후대와 같은 국자감의 기틀을 마련했으며,[15] 태학박사(博士)와 국자학·태학·사문학 조교(助敎)의 관품을 높임으로써[16] 교육의 충실 또한 도모하였다. 뿐만 아니라 정관4년(630)에는 모든 주·현의 학교에 "공자묘(孔子廟)"

---

12 『貞觀政要集校』 권7, 「崇儒學」, 384쪽에 의하면, 孔穎達 등이 五經疏義를 만들자 태종은 이를 오경정의라 부르고 "付國學施行"하게 했다고 한다. 『昭陵碑石』, 「孔穎達碑」, 115쪽(『全唐文』 권145, 于志寧 「大唐故太子右庶子銀靑光祿大夫國子祭酒上護軍曲阜憲公孔公碑銘」, 1463쪽 참조); 『舊唐書』 권73, 「孔穎達」, 2602~2603쪽에서는 이와 유사한 내용을 전하면서 "付國子監施行"이라고 하였다. 물론 5경의 校定本을 "命學者習"하거나 孔穎達이 편찬한 오경정의를 "令天下傳習"했다는 기록에서 보듯이(『舊唐書』 권189, 「儒學」, 4941쪽), 오경정의 편찬의 궁극적 목적은 통일된 경학의 전국적 보급이었을 것이다.

13 『唐會要』 권66, 「國子監」, 1368쪽. 『新唐書』는 이를 정관2년의 일로 적었으나(권48, 「百官」, 1266쪽), 『舊唐書』는 『唐會要』와 같고(권42, 「職官」, 1785쪽), 『冊府元龜』도 "貞觀初, 改國子寺爲監."(권597, 「學校部 總序」, 7159쪽)이라고 하였다.

14 『貞觀政要集校』 권7, 「崇儒學」, 376쪽; 『通典』 권53, 「禮 大學」, 1467쪽 등 여러 문헌에서 태종이 "數幸國學"했다고 한다. 이때 국자감 관련자를 포상함은 물론 그 소재지 萬年縣에 曲赦한 적도 있다(『文館詞林校證』 권666, 「貞觀年中幸國子學典恩詔一首」, 303쪽). 『唐會要』 권35, 「釋奠」, 747~748쪽 참조.

15 수대와 당초에 율학·서학·산학의 置廢와 그 소속 기관이 일정하지 않은데, 6學을 갖춘 국자감이 처음 완비된 것은 분명히 태종 시기의 일이다. 정관2년에 서학·산학이 부활되고, 정관6년 율학도 국자감으로 들어왔기 때문이다. 전게 高明士, 『中國中古的敎育與學禮』, 33~36쪽; 任育才, 『唐型官學體系之硏究』(臺北, 五南, 2007) 참조.

16 『舊唐書』 권42, 「職官」, 1796~1800쪽은 이러한 學官들의 官品을 밝힌 다음 『武德令』의 경우 그 品階가 이보다 낮았다고 주기하였다. 그런데 태학박사에 관한 이 注文에 "貞觀年改"라는 보충 설명이 있으므로, 이 학관들의 관품을 올린 것은 정관 연간의 일로 생각된다.

를 설치하고,[17] 주학(州學)의 박사 품계도 올려주었다.[18] 이처럼 지방관학에까지 미친 태종의 관심이 전국적으로 국가 주도의 교육을 확산시켰다면,[19] 통일제국으로서 당조의 내실은 더욱 굳건해졌을 터이다.

정관 연간의 교육과 관련하여 무엇보다 주목되는 사실은 국자감이 비약적으로 커졌다는 점이다. 그 시기와 구체적 규모는 문헌에 따라 상이해서 논란의 여지가 있으나, 늦어도 정관14년(640) 이후에는 유학생(留學生)을 제외하고도 3200명 이상의 국자감 학생이 있었기 때문이다.[20] 이 숫자는 342명에 불과하였던 당초는[21] 물론 당조의 전성기라고 할 현종

---

17 『新唐書』 권15, 「禮樂」, 373쪽. 단 고종 咸亨1년에 "詔州、縣皆營孔子廟"(374쪽)라는 조처가 재차 나옴을 보면, 태종의 이 정책이 정관 연간에 제대로 실행되었는지 의문이다. 공자묘는 보통 학교에 설치되기 때문이다.

18 『舊唐書』 권42, 「職官」, 1801~1802쪽에는 앞서 언급한 중앙관학의 일부 학관들처럼 上州・中郡(州?)・下州 박사의 관품 아래 이보다 낮은 『武德令』의 품계가 주기되어 있다.

19 이와 관련하여 정관5년의 "進士"와 "明經"인 畢粹와 李諝의 첫 관직이 각각 "密州博士"와 "常州博士"였음이(『唐代墓誌彙編』, 咸亨074번과 같은 책 龍朔043번) 주목된다. 적어도 이 두 곳에는 당시 州學의 존재가 분명하기 때문이다.

20 정관 연간 국자감의 규모 확대를 상세히 전하는 문헌을 정리하면 아래와 같다. 徐松의 『登科記考』는 이 사실을 정관2년의 일로 보았으나(『登科記考補正』, 13쪽), 이러한 시기 비정은 의문스럽다. 관련 기록들 중간에 모두 정관12년에 생긴 "屯營飛騎"(『通典』 권28, 「職官 左右羽林軍」, 791쪽) 관련 언급이 나오기 때문이다. 따라서 『資治通鑑』이 이를 정관14년으로 편년한 나름의 근거가 있을 법하며, 김부식, 『三國史記』(서울, 을유문화사, 1996 개정판)도 한반도 3국의 유학생 파견을 모두 이 해에 적어 두었다(상책, 135・474쪽; 하책, 99쪽).

문헌*	정-376	통-1467	구-4941	신-5636	당-739***	자-6152
시기	정관2년	정관5년	정관2년	정관6년**	정관5년 이후	정관14년
학생 숫자	留學生 포함 "幾至萬人"	3260명/留學生 포함 8천여명	3260명/留學生 포함 8천여명	3200명	3260명/留學生 포함 8천여명	3260명/留學生 포함 8천여명

* '서명(『貞觀政要集校』, 『通典』, 『舊唐書』, 『新唐書』, 『唐會要』, 『資治通鑑』)의 첫 글자 – 관련 기록의 첫 쪽수'로 약칭
** 校勘記에서 정관2년의 착오일 가능성을 밝힘
*** 『唐摭言』 권1, 「兩監」, 5~6쪽에도 이와 거의 동일한 기록이 있음

21 『舊唐書』 권189上, 「儒學 序」, 4940쪽; 『新唐書』 권198, 「儒學 序」, 5635쪽.

시기의 정원 2210명보다도[22] 훨씬 많다. 국자감 학생의 이러한 증가는 선조의 관음(官蔭)을 가진 자만 입학시키는 원칙을[23] 고수했다면 불가능하다. 따라서 전술한 바 "분별력이 뛰어나고 학업에 뜻을 둔" "백성의 자제"에게 그 문호를 개방한 무덕7년의 조서와 비슷한 정책이 이 시기에 더욱 광범위하고 지속적으로 시행되었음에 틀림없다.[24]

그렇다면 정관 연간에 국자감이 유난히 많은 학생들을 받아들여 교육시킨 까닭을 묻게 된다. 이와 관련하여, 황제의 적극적인 구현(求賢) 노력에도[25] 불구하고 사인들이 모두 고향에 살면서 벼슬하려 하지 않았다거

---

22 『唐六典』 권21, 「國子監」, 555~556쪽에 의하면, 국자감 6학의 총 학생 숫자가 2210명이다.

23 『舊唐書』 권189上, 「儒學 序」, 4940쪽; 『新唐書』 권198, 「儒學 序」, 5635쪽에 나오는 국자학·태학·사문학의 학생은 각각 3品, 5品, 7品 이상 관인의 子(弟)孫으로 제한되어 있다. 물론 후대의 입학 자격은 이보다 조금 넓으나(『唐令拾遺』, 「寺監職員令」 제2조, 140~143쪽; 『唐令拾遺補』, 「學令」 補제1갑·을조, 563~564쪽), 사문학의 俊士生 이외에는 모두 선조의 官蔭을 필요로 한다는 점에서 동일하다. 전게 高明士, 『中國中古的敎育與學禮』, 230~231쪽의 〈中央官學入學資格一覽表〉 참조.

24 『貞觀政要集校』 권7, 「崇儒學」, 376쪽을 비롯한 정관 연간 국자감의 규모 확대를 전하는 여러 문헌들은 당시 전국에서 수천 명의 "儒生"이 국자감으로 몰려들었다고 한다. 그렇다면 이렇게 많은 유생이 모두 官蔭을 가졌을지 의문이다. 실제로 정관 연간에 "以國子監明經擧"한 李諝(『唐代墓誌彙編』, 龍朔043번), "自太學生進士擧"한 楊緘(『全唐文補遺(千唐)』, 23쪽), "任國子生, 龍門對策奏議者"한 楊德深(趙君平 등 편, 『河洛墓刻拾零』, 北京, 北京圖書館出版社, 2007의 99번) 등과 같이 선조 중에 당대의 관인이 확인되지 않는 국자감의 학생들이 적지 않다. 이 시기에 예전 왕조의 관직에 의한 관음까지 인정하지 않았다면, 이들은 일반적인 입학 원칙과 다른 경로로 입학했다고 볼 수밖에 없는 것이다. 더욱이 이 가운데 俊士生을 두지 않은 국자학과 태학의 학생도 존재하므로, 후술하듯이 정관 연간에 국자감의 학생을 확보하기 위한 다양한 방법이 강구되었으리라고 생각된다.

25 태종은 즉위와 더불어 지방장관들에게 "高年碩學, 直言正諫"한 인물을 "薦擧"하게 했다(『唐大詔令集』 권2, 「太宗卽位赦」, 6쪽). 이것은 새로운 황제의 상투적 명령인 듯도 하지만, 고조의 즉위 冊文(溫大雅, 『大唐創業起居注』, 上海, 上海古籍出版社, 1983의 권3, 57~58쪽)이나 「神堯卽位赦」(『唐大詔令集』 권2, 5~6쪽)에는 이러한 조처가 발견되지 않는다. 이처럼 새로운 정관 연간 분위기는 고종 현경3년에 만들어진 朱延度 묘지의 "貞觀開元, 勵精政術, 傍求俊人, 以闡大猷. 時□□然之擧, 用光多士之選."(趙君平·趙文成 편, 『秦晉豫新出墓誌蒐佚』, 北京, 國家圖書館出版社, 2012의 128번)이

나 전선에 참가한 이들 대부분 관직을 받았다는[26] 기록이 주목된다. 당시 민간의 현실은 통일제국의 정착 과정에서 늘어나는 관인의 수요에 전혀 부응하지 못했던 것이다. 이러한 상황에서 관인의 자격 요건을 엄격히 하려면 그 숫자를 대폭 줄여야만 했고,[27] 현능한 인재의 확보가 조정의 절실한 당면 과제였다. 그리고 이 문제의 해결을 위하여 관학에서의 교육을 통한 관인의 양성만큼 좋은 방법이 없었다.[28] 태종이 국자감의 확대·개방과 더불어 그 학생들의 용이한 입사를 허용한 것은[29] 이를 명증한다.

하지만 당조의 통치 기반이 점차 공고해지면서 이러한 관인 수급 상황은 조금 바뀌었을 수 있는데, 당시 전선 횟수의 변화가 이와 무관해 보이지 않는다. 정관2년(628) 매년 네 차례씩 전선을 시행하도록 했지만, 늦어도 정관19년(645)에 이르면 그 횟수를 한 번으로 줄여버린 것이다.[30]

란 기록에서도 확인된다.

26 『封氏聞見記校注』 권3, 「銓曹」, 20쪽에 의하면, "貞觀中 … 天下豊饒, 士子皆樂鄕土, 不窺仕進, 至於官員不充 … 選人至省, 便拜職官."하였다. 이와 같은 상황은 『通典』 권15, 「選擧 歷代制下」의 "貞觀時 … 參選者七千人, 而得官者六千人."(361·363쪽)에서도 확인된다. 당시 전선에서의 경쟁은 후대와 달리 치열하지 않았던 것이다.

27 『貞觀政要集校』 권3, 「論擇官」, 155쪽에 따르면, 정관1년에 房玄齡이 관인의 높은 자질을 요구하여 文武[內?]官의 수를 643명으로 줄였다고 한다. 이 조처는 혹 정관6년(『通典』 권19, 「職官 歷代官制總序」, 471쪽), "太宗初置官品令"(『唐會要』 권52, 「忠諫」, 1069쪽. 사고전서본에는 "置"가 없음) 때의 일로도 전한다.

28 무덕4년에 修文館이란 이름으로 처음 만들어져 주로 藏書 기능을 수행하던 弘文館이 정관3년에 교육기관으로 바뀌고, 여기에서 실제로 徐齊聃(『大唐西市博物館藏墓誌』, 89번) 등 관인을 배출하고 있음도 이러한 맥락에서 이해된다. 정관13년에 太子의 學館으로 만들어진 崇文館(初名 崇賢館) 역시 고종 때 홍문관처럼 교육 및 관인 양성 기관으로 변신한다. 전게 高明士, 『中國中古的敎育與學禮』, 43~47쪽 참조.

29 국자감 학생의 증원을 전하는 문헌들 대부분 "(大)經" 하나만 통달하면 "署吏" 혹은 "補官"했다는 사실을 함께 적고 있다. 『貞觀政要集校』 권7, 「崇儒學」, 376쪽; 『舊唐書』 권189上, 「儒學 序」, 4941쪽; 『新唐書』 권198, 「儒學 序」, 5636쪽; 『資治通鑑』 권195, 唐太宗貞觀13年條, 6153쪽 참조.

30 『通典』 권15, 「選擧 歷代制」, 361쪽; 『冊府元龜』 권629, 「銓選部 條制」, 7546쪽; 『唐會要』 권75, 「選部 選限」, 1605쪽. 『唐會要』에는 이를 정관8년의 일로 기록한 책도 있다고 附注했지만(사고전서본의 경우 본문처럼 적혀 있으나 기실 按語임), 司馬光은

이 개제(改制)의 이유를 확언할 수는 없으나, 자격을 갖춘 구관자(求官者)가 적으면 수시로 관인을 임용해야만 하겠지만 그 숫자가 충분하다면 굳이 그럴 필요가 없었으리라고 짐작된다.

사실 임관 자격자가 이처럼 늘어난 상황에서야 비로소 관인의 선발 과정과 절차가 엄격해질 수 있다. 그렇다면 이 시기에는 무덕 연간까지 의문시되던 과거제도의 출현도 상정해 봄직하다. 전술한 바 "정관초(貞觀初)"의 대중정(大中正) 폐지나[31] "정관이후(貞觀以後)" "공거" 책임자를 고공낭중에서 고공원외랑으로 바꾼 일을[32] 생각하면 더욱 그렇다. 이러한 조처들은 정관 연간의 관인 선발 과정이 찰거는 물론 관인에 대한 고과와 확실히 차별화되고 있음을 뜻하는 것이다. 따라서 남북조시대까지와 다른 새로운 제도의 등장과 관련하여, 이 시기의 상황은 그 이전에 비하여 훨씬 더 주목해야 마땅하다.

관인 선발의 새로운 양상

태종 시기에도 전통적인 찰거 과목들은 여전히 존재한다. "주벽(州辟)"했다는 효렴이[33] 그 대표적인 예로서, 이것은 당시 "세공(歲貢)"되기도 할[34] 만큼 상당히 일반화된 관인 선발 방식이었다. 그런데 정관 연간의 찰거

정관19년에 이 조처가 나왔다고 판단하였다(『資治通鑑』 권198, 唐太宗貞觀19年條, 6234쪽).

31 『唐會要』 권69, 「丞簿尉」, 1446쪽.

32 『通典』 권15, 「選擧 歷代制」, 353쪽; 『唐會要』 권58, 「尙書省諸司」의 1183 · 1184쪽.

33 『唐代墓誌彙編』, 天授035번의 墓主 元罕은 정관19년에 "州辟孝廉"하였다. 이밖에도 전래문헌은 물론 석각자료에 다수의 효렴 사례가 있다.

34 劉胡(626~699)가 "才優歲貢, 以鄕擧擢文林郞, 尋而稱疾不仕. 子奇樂道, 竟不過於孝廉."(『唐代墓誌彙編』, 聖曆042번)이라고 하므로, 그의 "歲貢" 명목은 "孝廉"일 것이다. 그리고 『登科記考補正』, 1269쪽은 이 시기를 劉胡의 나이로 보아 정관말로 추정한다.

과목에서는 새로운 모습 또한 보인다. 정관17년(643) 5월에 조서로 주현에서 "효렴"·"무재(茂才)" 등 뛰어난 사인을 "〔천〕거(薦擧)"하도록 했고,[35] 이듬해 2월 태종은 부주(鄜州)에서 올라온 효렴을 친문(親問)한 뒤 그들 모두 부적격자로 판단하고 천거한 사람까지 처벌하였기 때문이다.[36] 그 이전에도 이처럼 황제가 직접 찰거에 개입한 선례가 없지는 않다.[37] 하지만 이해의 효렴 급제자 가운데 선조의 관직 기록이 전무한 인물까지 있다면,[38] 이러한 심사의 강화로 인해 개인의 실력이 더욱 중요해졌을 가능성을 부인하기 어렵다.

하지만 정관 연간의 찰거 모두 위의 사례와 같이 새롭게 변모하였는지는 의문이다. 실제로 태종이 부주에서 올라온 효렴에 크게 실망했지만, 그가 정관18년(644)에 다시 내린 조서도 결국 "의전천거(依前薦擧)"하도록 해서[39] 추천 위주의 선발 방식을 유지하였다. 그리고 이즈음 수나라의 관품을 가진 자가 효렴에 응거하기도 하고,[40] 합격 후 입사하지 않은 효

---

35 『冊府元龜』권67, 「諸王部 求賢」, 757쪽. 『冊府元龜』권645, 「貢擧部 科目」, 7727~7728쪽; 『舊唐書』권3, 「太宗」, 55쪽 참조.

36 『冊府元龜』권643, 「貢擧部 考試」, 7708~7709쪽. 『唐會要』권76, 「貢擧 孝廉擧」, 1651쪽; 『唐大詔令集』권102, 「薦擧賢能詔」, 519쪽 참조.

37 전술했듯이 수대에 전통적인 찰거 과목에 황제가 개입한 듯한 기록이 있다. "隋開皇中應詔擧秀才"(『唐代墓誌彙編』, 貞觀122번)한 인물이나 대업10년의 "詔擧郡孝悌廉潔各十人"(『隋書』권4, 「煬帝」, 87쪽)한 조처 등이 그러하다. 다만 이러한 사례들의 구체적인 시험 방법은 정관 연간과 달리 명확하지 않다.

38 『唐代墓誌彙編續集』, 龍朔001번의 묘주 史行簡(625~660)이 "弱冠擧孝廉"하였고, "弱冠"이 20세를 뜻한다면 이는 정관18년의 일이다. 그런데 그의 묘지에는 先代의 관직에 대한 구체적 언급이 전혀 없다. 또 "貞觀十有八年"에 "州擧孝廉"했다고 명기된 顔仁楚의 묘지도 증조에 관해 언급하지 않았고, 조·부가 북주와 수의 하급 지방관으로서 "下位"에 머물렀을 뿐이다(『唐代墓誌彙編』, 乾封006번). 이해의 급제자 관련 기록은 당시 응거자 모두 낙방시킨 듯한 위 『冊府元龜』등의 내용과 일견 모순되지만, 아래에서 보듯이 태종이 다시 천거를 명했으므로 최종 합격자가 새로 생겼을 수도 있다. 기실 史行簡의 급제 시기는 단정하기 어려울지 모르겠으나, 설령 그렇더라도 정관18년과 큰 차이가 나지는 않을 것이다.

39 『唐大詔令集』권102, 「薦擧賢能詔」, 519쪽.

렴도 발견된다.[41] 따라서 태종 시기에 온존하던 찰거 과목이 무관(無官)의 자발적 응거자를 대상으로 삼았는지도 의심스럽다면, 황제 주도의 시험 강화 사례만을 이유로 새로운 관인선발제도의 출현을 예단할 수 없다.

수재의 경우 찰거의 일종이기도 하지만 과거의 상거 과목이기도 하며, 정관 연간의 이것이 실제로 어떻게 운용되었는지 논란거리일 수 있다. 당시 과거제도의 시행을 당연시하는 입장에서 정관8년의 "무재(茂才)"를 진사과로 간주하는 연구까지 있는 것이다.[42] 그러나 이 시기에 "무재"로 뽑힌 장초금(張楚金, ?~?)은 형에게 합격을 양보하려 했고,[43] 장창령(張昌齡, ?~666)이 "수재"로 천거되는 것을 고사하였다고도 한다.[44] 이러한 선발 과정은 자발적 응시자를 대상으로 한 시험 위주의 과거 곧 상거의 수재과 나 진사과라면 상상하기 힘들다. 게다가 정관 연간 지방에서 올라 온 수재가 불합격하면 그를 "(천)거"한 "주장(州長)"이 처벌되었다고도 한 다.[45] 이러한 수재는 전통적인 찰거 과목이라고 해도 전혀 이상하지 않다.

명경과 역시 찰거에서 유래하여 훗날 과거의 상거 과목이 되었는데, 이와 관련하여 정관 연간은 분명히 주목할 만한 현상이 발견된다. 당시

---

40 예컨대 『唐代墓誌彙編續集』, 永徽009번의 묘주 賈貞은 수말에 建節尉가 되었으나 정 관5년에 "以孝廉擧"하였다.

41 앞서 본 劉胡의 묘지에서 병을 핑계로 "不仕"했다는 기록이 좋은 예이다. 비슷한 시기 의 인물로 짐작되는 畢誠(張九齡, 熊飛 교주, 『張九齡集校注』, 北京, 中華書局, 2008 의 권18, 「故安南副都護畢公墓誌銘」, 978~983쪽)과 李長卿(『唐代墓誌彙編』, 開元461 번) 또한 결국 입사하지 않았다는 점에서 이와 동일하다.

42 孟二冬은 정관8년에 "以茂才應擧"한 裴晧를(『唐代墓誌彙編續集』, 龍朔028번) 이해의 진사과 급제자로 분류하였다(『登科記考補正』, 19쪽). 이것은 정관 연간에 과거의 상 거 과목이 확고히 정착했다는 전제 아래 진사과를 수재로 부르던 후대의 관행을 이 시기까지 소급한 탓이라고 생각된다.

43 『大唐新語』 권6, 「擧賢」, 92쪽. 張楚金의 급제 과목과 시기는 의문의 여지가 있으나, 일단 『登科記考補正』, 10쪽에 따른다.

44 『舊唐書』 권190上, 「文苑 張昌齡」, 4995쪽에 의하면, 張昌齡은 "本州欲以秀才擧之 … 固辭."하였다.

45 『通典』 권15, 「選擧 歷代制」, 354쪽.

"명경"이었다는 인물들의 숫자가 【부록1】에서 보듯이 대폭 증가하기 때문이다. 〈태종 시기 명경과 급제자〉 27명 가운데 '사료 가치'가 낮은(⊗, ○) 이들을 제외하더라도 무려 22명이나 되어, 유사한 사례가 단지 2명뿐이던 무덕 연간의 상황과 현격히 대비되는 것이다.[46] 게다가 이러한 인물들 가운데 무려 1/3 이상이 관학에서 수학한 적이 있다고 하므로,[47] 전술한 바 국자감의 학생을 늘려 부족한 관인의 내원(來源)으로 삼고자 했던 태종의 정책이 이를 통해 어느 정도 구현된 듯하다.[48] 그렇다면 당시 명경은 정관 연간의 새로운 시대적 분위기를 잘 반영하고, 여기에서 전통적으로 중시된 경학의 중요성을 재확인함과 동시에 교육제도와 유기적으로 연계된 과거의 속성을 예상해도 무리가 아니다.

뿐만 아니라 태종은 이미 설명했던 것처럼 국자감에 서학·산학·율학까지 설치해 중앙관학을 6학(學) 중심으로 재편하였다. 따라서 기존의 많은 연구들은 위의 3학(學)과 함께 명법·명서·명산의 3과(科)도 생겨나서, 정관 연간에 당대 과거의 6개 상거 과목이 분명히 존재했다고 본다.[49] 비록 국자감과의 관계는 불분명할지라도, 이 시기에 발견되는 명

---

46 이 숫자는 "효렴"이나 "五經"으로 표현된 이도 포함한 것이다. 확실히 "명경"이라고 기록된 사례만 보아도, 고조와 태종 시기는 각각 1명과 17명으로서 그 차이가 뚜렷하다.

47 【부록1】의 〈태종 시기 명경과 급제자〉에서 위 조건을 충족하는 인물 총 22명의 '비고'·'응거 방법'을 보면, 8명에 대한 기록 중 국자감·홍문관이나 "(超)序"·"庠(門)"·"璧沼" 등 중앙이나 지방의 관학을 뜻하는 말이 나온다. 〈고조 시기 명경과 급제자〉에서는 이런 사례가 보이지 않는다.

48 정관 연간의 국자감 학생들 가운데 물론 強偉처럼 "應詔擧"해서 입사하거나(『唐代墓誌彙編』, 麟德026번), 薄仁(같은 책, 開元001번)·皇甫文亮(『河洛墓刻拾零』, 105번) 등과 같이 단지 "射策"으로만 표현되어 정확한 급제 과목을 알 수 없는 이들도 적지 않다.

49 이와 같은 입장의 대표적 연구가 전게 高明士, 『隋唐貢擧制度』, 「唐代的貢擧制度」, 82~85쪽이다. 최근 金瀅坤의 『中國科擧制度通史: 隋唐五代卷』, 「常擧的確立與發展」, 170~183쪽과 전게 「唐五代明法科與律學教育」; 「唐代明書科與書學教育」, 『遼寧大學學報』 2016-2; 「唐五代明算科與算學教育」, 『中國考試』 2016-6의 설명은 명산과의 개

법 급제자도 이와 같은 추정에 설득력을 더해 줄는지 모르겠다.[50] 이러한 학계의 통설은 수·당 통일제국의 수립과 더불어 수재·진사·명경이 과거의 상거 과목으로 그 이전에 이미 확립되었음을 전제로 한다.

그러나 앞서 살펴보았듯이 무덕 연간까지 상거 과목의 실체가 불분명하다면, 태종 때 6과(科)의 등장이란 문제는 좀 더 구체적이고 명확한 근거로써 증명되어야만 한다. 그런데 정관 연간 이러한 과목들이 상례화해서 그 급제자를 매년 배출하였는지는 의문이다.[51] 현존 사료에서 녹정(逯貞, 630~696)이 정관 말년에 "세부명경(歲賦明經)"했다는 기록이 유일한 증거인데, 급제에 앞서 오로지 덕성에 대한 설명뿐인 이 "명경"과 후대의 상거 과목을 곧바로 동일시하기 어렵다.[52] 당시 "거명경(擧明經)"한 뒤 실직을 받지 못한 자가 있는[53] 반면 관인으로서 명경에 응거했다는

시 시기를 앞당기는 등 이와 조금 다르다. 그러나 金滢坤도 율학 등 3學과 명법과 등 3科의 연관성에 대하여 이론이 없고, 정관 연간에 과거제도의 상거 6科가 온전히 갖추어졌다고 주장한다.

50 張說, 熊飛 교주, 『張說集校注』(北京, 中華書局, 2013) 권20, 「府君墓誌」, 982쪽에 따르면, 張說의 부친 張隲은 정관20년에 "明法擢第"하였다. 단 그는 율학과는 무관해 보인다. 실제로 국자감에 율학을 두기 전인 무덕 연간에도 盧醫王(『全唐文補遺(8)』, 12쪽)·王植(『唐代墓誌彙編續集』, 龍朔017번)과 같은 "明法" 급제자가 있었다. 그러므로 태종 시기에 명법과와 중앙관학 정비 사이의 직접적인 상관성은 확언할 수 없다.

51 이와 관련하여 주목되는 사실은 고종 현경3년 국자감에서 율학·서학·산학을 폐지하였고, 이 3학은 龍朔2년에 잠깐 복구되었다가 이듬해 각각 大理寺·秘書省·太史局으로 分置되었다는 점이다(전게 高明士, 『中國中古的敎育與學禮』, 35~36쪽). 따라서 아직 국자감의 6학이 확고하게 제도화되지 못했던 당시, 6개의 상거 과목 특히 관학과 밀접한 관련을 가졌다는 명법·명서·명산의 3과가 후대와 다른 형태였을 가능성이 클 듯하다.

52 『唐代墓誌彙編』, 神功003번의 묘주 逯貞은 "修身踐言之道, 造次以之; 出孝入悌之方, 率由斯得. 弱冠歲賦明經."했는데, 여기에서 "弱冠"이 20세라면 "歲賦"한 해는 정관23년이다.

53 張行果(612~678)는 "旣冠(20세라면 貞觀5년:인용자)遊太學, 与李玄植齊名, 特爲孔〔穎達〕祭酒所知, 擧明經爲郎, 又擧學窮墳典, 調諸曁主簿."(趙君平·趙文成 편, 『秦晉豫新出墓誌蒐佚續編』, 北京, 國家圖書館出版社, 2015의 337번)하였다. 그는 "擧明經"한 뒤 단지 "郎"이 되었을 뿐이고, 主簿가 되기 위해서는 다시 "擧學窮墳典"이란 절차를 거쳐야만 했던 것이다.

인물도 있으므로[54] 이 과목의 성격을 획일적으로 말하기 주저되는 것이다. 사실 상거에서 무엇보다 중요한 과목은 진사과인데, 이에 대한 고찰은 너무 복잡하므로 다음 절에서 전론(專論)하고자 한다.

일단 과거의 상거 과목 출현 여부 판단을 유보하더라도, 태종 시기의 관인 선발에서는 흥미로운 양상이 적지 않다. 심백의(沈伯儀, 610~692)의 아래와 같은 묘지 기록이 한 예이다.

> "약령(弱齡)"에 남달리 뛰어나서 전문적 응대〔專對〕를 열심히 배웠고, 머잖아 주현에서 "세거(歲擧)"되어 상서성에서 이름을 날렸으니, "사과(四科)"에 걸출하여 관품을 〔통상적 기준보다〕 1등 올려서 조왕부참군사(曹王府參軍事)로 선임되었다〔調補〕.[55]

여기에서 "약령"이 20세를 뜻한다면 이것은 정관3년(629)의 일이고, 심백의의 입사 과정이 과거 급제자의 그것과 흡사하기 때문이다. 그는 지방에서 "세거" 곧 매년 실시한 모종의 선발 절차를 통과하였는데, 심백의가 그 전에 배운 "전문적 응대"가 이와 무관하지 않을 듯하다. 즉 주현의 선발 과정에서 말 혹은 글로 "응대" 능력의 평가를 거쳤다고 생각된다. "사과에 걸출하여 관품을 통상적 기준보다 1등 올려"주었다는 상서성의 심사는 더욱 그러하다. 평가 결과에 따라 등급을 구분해 관직을 부여하는 원칙[56] 아래 진행된 이것은 분명히 시험이란 방식을 취하였을 터이다.

---

54 "皇朝擧秀才授許州司戶, 登明經高科遷□□郎"(「裴耀卿碑」, 『金石萃編』 권106, 『隋唐五代石刻文獻全編(3)』, 793쪽)한 裴耆은 "登明經" 전에 벌써 "擧秀才"한 州의 司戶였다. 그리고 裴耆이 이렇게 발탁된 것은 그가 縣令으로 승진한 정관 연간의(『舊唐書』 권188, 「孝友」, 4924쪽) 일로 짐작된다.

55 『全唐文補遺(千唐)』, 87쪽. "弱齡卓爾, 强學專對, 俄從歲擧於州縣, 應星臺之揚歷. 首出四科, 品加一等. 調補曹王府參軍事." 여기에서 "星臺"는 尚書省을 가리킨다(王勃, 蔣清翊 주, 『王子安集註』, 上海, 上海古籍出版社, 1995, 권4, 「上皇甫常伯啓」, 127쪽의 "指星臺而有望"에 대한 주석 참조).

심백의의 묘지가 급제 과목의 이름을 명기하지 않았으나,[57] "사과(四科)"라는 표현이 눈길을 끈다. 정관3년 같은 해에 기주도독부병조(虁州都督府兵曹)이던 장범신(張梵信, 579~660)도 "조벽사과(詔辟四科)"하여 월주(越州)도독부병조가 되었다는 기록이 있기 때문이다.[58] 따라서 이 두 사람은 함께 급제했을 가능성이 크다면, 위의 인용문은 당시 "조벽(詔辟)" 곧 조서에 의거한 관인 선발 방식을 보여준다고 생각된다. 실제로 수대의 인재 추천 조서 가운데 "사과"란 말이 보이고,[59] 무덕 연간에도 "이사과응조(以四科應詔)"했다는 인물이 있다.[60] 그리고 유사한 명칭의 "팔과거(八科擧)"가 고종 시기에 빈출하는데, 이 또한 조서로써 관인을 선발한 조거(詔擧) 곧 제거의 일종이다.[61] 정관 연간에도 비슷한 사례가 있다. 시랑(柴郎, 611~672)이 복야(僕射)의 "표(表)"와 주장사(州長史)의 "천(薦)"을 받고도 병을 핑계로 사양한 "육과(六科)"가[62] 그것인데, 이 경우 자발적 응거가 아니란 점에서

---

56 賈隱이 태종의 고구려 침공(정관19년) 이전에 "以廉潔孝悌擧, 隨例爲郎."(『唐代墓誌彙編』, 長壽010번)했는데, 이 기록에서의 "例"도 동일한 맥락에서 이해할 수 있다. 단 楊全이 "貞觀九年, 爰應旌命, 射策高第, 泛授散官. 論例既多, 俯同將仕."(같은 책, 貞觀171번. 밑줄은 인용자)하였다면, 당시의 "例"가 후대의 敍階 규정만큼 명확히 법제화되지는 못했던 듯하다.

57 『新唐書』 권199, 「儒學中 沈伯儀」, 5663~5665쪽의 열전에도 그의 입사 방법에 대한 기록이 없다.

58 『全唐文補遺(千唐)』, 20쪽. "秩滿, 授虁州都督府兵曹. 俄而詔辟四科, 尤應嘉選, 策第居最, 顯級再加. 貞觀三年, 改授越州都督府兵曹."

59 『隋書』 권3, 「煬帝」, 73쪽.

60 『唐代墓誌彙編』, 永徽111번의 묘주 席泰는 "武德中, 隨例任東宮左親衛 … 尋以四科應詔"하였다.

61 八科擧의 구체적인 시행 방법은 학계의 오랜 논란거리이지만, 최근의 연구들은 이것이 제거의 일종이라는 데 이견이 없다. 徐曉峰, 「唐代"八科擧"考論」, 『安徽師範大學學報』, 2010-6; 전게 許友根, 『『登科記考補正』考補』, 261~266쪽; 전게 金瀅坤, 『中國科擧制度通史: 隋唐五代卷』, 「制擧的確立與發展」, 452~460쪽 참조.

62 『大唐西市博物館藏墓誌』, 153번. 여기에서 柴郎을 칭송한 "僕射梁公"은 房玄齡이고, 그는 정관3~16년에 左僕射였다(嚴耕望, 『唐僕尚丞郎表』, 臺北, 中央研究院歷史語言研究所, 1956, 23~24쪽).

새로운 관인선발제도와는 거리가 멀다.

그러므로 심백의가 급제한 과목은 과거의 상거와 동일시할 수 없다. 하지만 그가 "주현에서 세거"된 뒤 상서성의 심사를 거쳐 임관한 것 또한 사실이다. 그렇다면 당시 황제의 조서에 의한 관인의 선발이 매년 정례화되다시피 했을 뿐더러 어떤 형식으로든 평가의 중요성 또한 커졌음을 홀시해서 안 된다. 다시 말해, 정관 연간에는 후대의 상거 과목과 같은 명칭은 설령 없었을지라도 사실상 이와 흡사한 방식의 관인선발제도가 지방에서 황제의 이름으로 실행되었을 가능성이 있는 것이다. 이 시기 관인 선발의 새로운 양상과 관련하여 인재 선발 조서 문제에 주목하는 까닭은 바로 이 때문이다.

기실 태종은 국자감을 통해 관인을 확보하려 함과 동시에 인재를 발탁하라는 명령도 계속 내리고 있다. 전래문헌만 보더라도 이러한 조처가 무덕9년 즉위 때의 사문(赦文) 이후 14차례나 되며, 그 출현 빈도가 후기로 갈수록 더욱 높아져서 정관14년 이후에는 관련 조서가 거의 매년 나온다고 해도 과언이 아니다.[63] 게다가 이와 같은 기록이 없는 해에도 "응조거(應詔擧)"한 인물의 묘지가 확인되므로,[64] 실제 황제의 명령이나 권위에 의거한 관인 선발 사례는 이보다 더 많았을 것이다.

물론 이러한 조거에는 앞서 본 장범신처럼 이미 관직을 가진 자도 응거할 수 있었지만, 통상 일반민이라고 해서 결코 배제되지 않았다. 예를 들어, 정관3년 4월의 조서는 도독(都督)·자사에게 "제주(諸州)의 관리"만이

63　졸고, 「唐前期 制擧의 實狀: 官人選拔制度에서 皇帝權의 한계」, 『동양사학연구』 100, 2007, 6~7쪽. 陳飛, 『唐代試策考述』(北京, 中華書局, 2002), 「唐代制擧科目年表」, 302~308쪽 참조.

64　『全唐文補遺(8)』, 260쪽에 따르면 孟恭이 정관12년에 "應詔擧"하였다. 그런데 현존 문헌에는 이해의 관인 선발 조서에 관한 기록이 없고, 그 직전 정관11년 4월의 「採訪孝悌儒術等詔」(『唐大詔令集』 권102, 「擧薦」, 518쪽)도 관인이던 그와는 무관하다.

아니라 "문무재능(文武才能)"을 갖춘 "염려지인(閭閻之人)"의 추천을 독려했다.[65] 그리고 정관8년(634) 1월 각지에 "대사(大使)"를 파견하면서

> 만약 훌륭한 재능을 갖추고도 낮은 자리에 있거나 현명하고 특이한 인사가 은거하고 있다면, 마땅히 직접 찾아가 확인하고 특별한 예로써 올려라〔進〕. 사자(使者)의 〔인재 천거〕 임무를 다할지니, 짐이 직접 〔그대들이 올린 사람들을〕 만나보겠다.[66]

라고 한 말 또한 흥미롭다. 태종은 지방의 현능한 인물의 발굴을 중시했을 뿐더러 천거된 이들을 직접 만나서 평가하려 할 만큼 적극적이었기 때문이다. 이처럼 대사에 의한 추천은 비단 정관8년만의 일이 아닐 수 있으며,[67] 당시 황제가 다양한 방식으로 관인 선발에 개입하였던 듯하다.

물론 고조도 지방에 파견된 대사에게 인재의 추천을 요구한 적이 있다.[68] 그러나 통일제국의 내실을 다지고자 한 태종의 주체적 능동성은 전술한 조거의 상례화에서 드러나듯이 훨씬 두드러진다. 실제로 그는 추천 받은 인재를 모두 중용하였다거나[69] 근신(近臣)에게 유능한 관인을 스스로 발탁했다고 자랑하였다는[70] 이야기도 전한다. 그리고 태종은 "자거

---

65 『唐大詔令集』 권80, 「賜孝義高年束帛詔」, 460쪽.
66 『唐大詔令集』 권103, 「遣使巡行天下詔」, 524쪽. "若有鴻材異等, 留滯末班; 哲人奇士, 隱淪屠釣, 宜精加搜訪, 進以殊禮, 務盡使乎之旨, 俾若朕親覿焉."
67 『唐代墓誌彙編』, 顯慶010번의 묘주 賈統(614~656)은 "年甫十八, 爲大使李靖所擧, 待詔金馬, 擢第雲臺, 名冠奐然, 策標稱首, 授文林郎."했는데, 그의 나이로 볼 때 이것은 정관5년의 일이다. 단 李靖은 위 정관8년에 파견된 大使들 가운데 한 명이므로(『舊唐書』 권3, 「太宗」, 43쪽; 『冊府元龜』 권161, 「帝王部 命使」, 1947쪽; 『唐會要』 권77, 「諸使 觀風俗使」, 1669~1670쪽), 賈統도 실상 이때 선발되었을 가능성도 없지 않다.
68 예를 들어, 고조는 무덕2년 益州에 파견된 安撫使에게 "進擢廉平"을 명하였다(『唐大詔令集』 권115, 「鄖國公軌等益州道安撫大使詔」, 600쪽).
69 『唐會要』 권74, 「選部 論選事」, 1580쪽에 실린 정관20년 褚遂良의 上表에 따르면, "貞觀初"에 태종은 杜淹이 "採訪"한 인물들을 "悉擢用"했다고 한다.

(自擧)"를 통한 관료 선발에 무척 호의적이었다.[71] 이처럼 관인 선발 문제에 적극적인 황제 아래에서 과거와 같은 새로운 제도가 만들어졌다고 해도 별로 이상하지 않은 것이다.

이와 같은 시각에서 볼 때 간과할 수 없는 사실이 "조서로써 경서와 사서 한 책을 독(讀)하는 시험을 '진사'에 추가하였다〔詔加進士試讀經史一部〕."는 정관8년 3월의 조처이다.[72] 이것은 정관8년 "진사(과)"의 존재를 명언하는 듯하고, 『책부원귀』는 이 구절 뒤에 현종 개원24년(736) 이후 과거제도의 변화에 관한 주(注)까지 붙여 두었다.[73] 그러나 이것은 고종 조로(調露)2년(680)까지 진사과가 책(策)만을 시험했다는 여타 기록들과 달라 의문을 남긴다.[74] 누차 지적했듯이 안사의 난 이후 문헌에서 당초 상황에 대한

70　"制擧乙科"의 급제자 張行成이 탁월한 능력을 발휘하자, 태종은 房玄齡에게 "觀古今用人, 必因媒介, 若〔張〕行成者, 朕自擧之, 無先容也."(『舊唐書』 권78, 「張行成」, 2703쪽)라며 자부했다.

71　『貞觀政要集校』 권3, 「論擇官」, 165쪽을 보면, 태종은 "賢才"를 얻기 위한 방법으로 "自擧"를 주장했으나 魏徵의 반대로 좌절되었다. 『通典』 권15, 「選擧 歷代制」, 363쪽; 『唐會要』 권53, 「擧賢」, 1072쪽; 『新唐書』 권45, 選擧志, 1175쪽 등에도 이와 대동소이한 기록이 있다.

72　『通典』 권15, 「選擧 歷代制下」, 354쪽. 같은 책, 권17, 「選擧 雜議論」, 402쪽에는 "詔進士讀一部經史"라고만 하여 "試(驗)"의 "(追)加" 사실이 불분명하지만, 이 조처의 시기를 명기한 『冊府元龜』 권639, 「貢擧部 條制」, 7668쪽과 『唐會要』 권76, 「貢擧 進士」, 1633쪽의 내용 또한 『通典』 권15의 기록과 유사하다.

73　『冊府元龜』 권639, 「貢擧部 條制」, 7668쪽.

74　『冊府元龜』 권639, 「貢擧部 詔制」, 7669쪽; 『唐會要』 권76, 「貢擧 進士」, 1633쪽에 의하면 고종 調露2년 劉思立의 상주 당시 진사과가 "進士但試策而已"했고, 『通典』 「選擧 歷代制下」, 354쪽; 『封氏聞見記校注』 권3, 「貢擧」, 15쪽의 기록도 이와 부합한다. 따라서 徐松 이래 기존 연구들은 대체로 정관8년의 변화를 진사과의 策試에서 經史 관련 내용을 강화시킨 정도로 이해하여 왔다(『登科記考補正』, 18쪽; 전게 傅璇琮, 『唐代科擧與文學』, 「進士考試與及第」, 165~166쪽; 전게 吳宗國, 『唐代科擧制度研究』, 「進士科考試科目和錄取標準的變化」, 132쪽 등). 최근 이와 달리 陳飛, 「唐代進士科"止試策"考論: 兼及"三場試"之成立」(원간 2002), 전게 『文學與制度』와 전게 陳飛, 『唐代試策考述』, 121~123쪽은 이 태종의 조처로써 진사과에 帖經 시험이 추가되었다고 보며, 전게 金瀅坤, 『中國科擧制度通史: 隋唐五代卷』, 「常擧的確立與發展」,

잘못된 서술이 적지 않은데, 실제로 위의 『책부원귀』에 이어지는 정관9년(635)의 내용은 덕종 정원9년(793)의 일을 오인한 결과이다.[75]

　그렇다면 정관8년 3월의 조처는 전혀 다른 관점에서 접근해 볼 필요가 있다. 앞서 보았던 정관8년 1월의 조서에서 태종은 “특별한 예로써 올려라〔進〕”며 “진”이란 표현을 사용하였으므로, 그 직후에 나온 이 조처에서의 “진사”는 바로 대사(大使)의 추천으로 이렇게 ‘올려진 사(士)’를 뜻할 수도 있기 때문이다. 사실 “독(讀) 시험”이란 서적의 구문(句文) 관련 지식을 평가하는 간단한 시험으로서, 당시 부주(府主)의 “보〔증〕(保證)”을 받은 시품관(視品官) 부좌(府佐)가 입류(入流)하기 위해서도 이러한 “간시(簡試)”를 쳐야만 했다.[76] 태종은 대사가 천거한 이들을 관인으로 등용하기

87~90쪽도 대체로 이 견해에 따른다. 그렇다면 정관8년에 채용된 帖經 시험이 왜 고종 말 永隆2년의 진사과에는 없었는지 의문이 생긴다. 劉思立의 건의로 촉발된 당시 改制 내용은 논란거리이지만, 후술하듯이 이때에 진사과가 단지 雜文과 策을 시험하는 “二場” 제도로 바뀌었다고 생각되기 때문이다. 하지만 정관8년 帖經 시험이 추가된 “進士”가 상거 과목으로서의 진사과와 다른 것이라면 이러한 문제는 저절로 해소되며, 실제로 『封氏聞見記校注』 권3, 「貢擧」, 15쪽의 경우 “國初의 明經”이 “帖文”을 시험했다고도 한다. 본서는 뒤에서 상술할 것처럼 정관 연간에 다양한 科目들의 未分化 상태인 ‘廣義의 진사’ 개념을 想定하는데, 이와 같이 帖을 시험한 당초의 특이한 관인 선발 방식의 존재도 그 논거의 하나가 될는지 모르겠다.

75　『冊府元龜』 권639, 「貢擧部 條制」, 7669쪽에서 “〔貞觀〕九年五月二十日, 勅: 自今已後, 明經兼習『周禮』若『儀禮』者, 於本色內, 量減一選.”이라 했고, 『唐會要』 권75, 「貢擧 帖經條例」, 1629쪽도 이를 “貞觀九年五月勅”으로 명기하였다. 그러나 『冊府元龜』 권640, 「貢擧部 條制」, 7769쪽은 “習『周禮』若『儀禮』者, 量減一選”이란 조처를 정원9년의 일로 적었으며, 실제로 정원 연간의 「條流習禮經人敕」(『唐大詔令集』 권106, 550쪽)에서 이러한 내용이 확인된다. 따라서 『冊府元龜』 권639와 『唐會要』 권75의 기록은 착오이고, 이를 답습한 『登科記考補正』, 19쪽의 서술 역시 마찬가지이다.

76　『永徽令』의 “其〔白讀〕者, 試一大經·〔曰〕小經, 或一〔中經·曰小〕經, 皆兼『孝經』·『論語』, 〔每試經帖〕, 〔各帖十條得〕六以上. 如有史學者, 試『史記』·『前漢書』·〔『後漢書』〕·『三國志』內, 任帖一部, 試及通數准經.”(‘스타인(Stein)3375호 문서’. 전게 졸고 「唐 高宗 초기 官人選拔制度 관련 두 史料의 釋義: 永徽令 중의 簡試와 顯慶 연간 劉祥道의 上奏」, 223~227쪽의 判讀文 참조.)이란 “簡試” 관련 기록이 위 정관8년 조서의 내용과 비슷하다. 李錦繡의 「唐代視品官制初探」, 『中國史硏究』 1998-3; 「唐代

전에 바로 이 시험 방식을 원용했을 가능성이 있는 것이다. 물론 이처럼 기존 학계의 통설과 판이한 해석을 섣불리 주장하기 어렵고, 지금 여기에서는 단지 당초의 "진사"가 후대의 진사과와 다를 수 있는 개연성만 지적해 두고 싶다.

이상에서 살펴본 '정관 연간의 변화'를 간략히 정리하면 다음과 같다. 태종은 국내의 할거 세력과 외부의 위협을 확실히 제압하면서 명실상부한 통일제국의 기반을 공고하게 다져 나갔다. 이때 북조와 남조의 경학을 아우른 오경정의의 편찬, 국자감의 확대와 개방 등 관인선발제도와 연관된 변화도 당연히 수반되었다. 특히 고조 때 부활된 대중정을 폐지하거나 고공원외랑에게 공거를 전담시킨 것은 과거제도의 기틀을 마련한 조처로 주목된다. 그런데 당시 관인 선발의 실상을 보면 전통적 찰거 과목이 여전히 존속하였으며, 과거의 상거 과목 출현 역시 확언하기 어렵다. 하지만 황제가 직접 찰거에 개입하여 시험을 강화하고, 또 빈번히 구현의 조서를 내려 능동적으로 민간의 인재를 발굴하려 했음은 분명한 사실이다. 자발적 응거에 호의적이던 태종은 통일제국에 필요한 현능한 관인을 확보하기 위해 새로운 제도를 적극 모색하고 있었던 것이다.

그러므로 정관 연간에 과거제도의 시행을 당연시한 학계의 통설은 일면 수긍할 만하며, 정관8년 3월에 경서와 사서의 시험을 추가한 "진사"가 그 확실한 증거처럼도 보인다. 그러나 이때 부과된 시험 내용과 방법이 후대의 진사과와 다름 또한 분명한 사실이다. 따라서 이 '진사'란 말이 기실 글자 그대로의 의미 곧 그해 1월에 파견된 대사가 천거해 '올린 사'

的視品官制: 以嗣王以下府佐國官爲中心」, 『唐代制度史略論稿』(北京, 政法大學出版社, 1998)에 의하면, 이것은 府主의 "保〔證〕"을 받은 일부 視品官이 "考滿" 전에 "入流"하기 위해 쳐야 했던 "簡試"인데, 정관 연간에도 이러한 제도가 존재했을 가능성이 크다.

라는 뜻에 불과할 수도 있다. 물론 여타 상거 과목의 실체가 여전히 불확실한 상황에서 이 문제에 대한 결론을 성급하게 내려서는 안 된다. 이어서 정관 연간에 입사한 인물들의 사례를 "진사" 중심으로 철저히 재검토해 보려는 까닭이 바로 여기에 있다.

2. 정관 연간의 "진사" 사례 재검토

진사과 급제자로 추정되는 인물들

정관 연간 진사과에 합격하였다는 인물들은 많은 문헌들에서 자주 발견된다. 기존 연구에서 급제년까지 추정한 이들만 정리한 【부록1】의 〈태종 시기 진사과 급제자〉도 무려 24명에 달한다. 그런데 진사과 합격 후 그들의 입사 과정을 보면 특이한 경우가 더러 있다. 태종이 그 명성을 듣고 홍문관직학사(弘文館直學士)를 "소수(召授)"한 상관의(上官儀, 608~665)나[77] 태종이 "소견(召見)"해서 조서를 써보게 한 뒤 "통사사인리공봉(通事舍人裏供奉)"이란 관직을 준 장창령이[78] 그 대표적인 예이다. 진사과에 갓 급제한 이들이 황제와 직대(直對)한 것도 그렇지만 그 초임관(初任官)이 황제 측근의 요직이란 점 역시 쉽게 이해되지 않는다.

실제로 【부록1】 인물들의 초임 관직 곧 초관(初官)의 품계(品階)를 살펴보면 아래 〈표3〉과 같다.

---

77 『舊唐書』 권80, 「上官儀」, 2743쪽.
78 『舊唐書』 권190上, 「文苑 張昌齡」, 4995쪽.

〈 표 3: 기존 연구에서 태종 시기 진사과 급제자로 추정한 인물들의 초관 품계 〉

급제년	급제자	초관[품계]	근거
정관1	敬播	太子校書[정9하]	구-4954
	楊緘	校書郎[정9상]	보(천당)-23
	上官儀	弘文館直學士[미상]	구-2743
정관4	許□	德州平昌縣尉[종9상]	속=현경023
	崔志道	泰州萬春縣尉[종9상]	묘=영순022
	韋仁約	幽州昌平縣尉[종9상]	보(2)-6
정관5	賈統	文林郎[종9상]	묘=현경010
	畢粹	密州博士[종8하]	묘=함형074
정관7	姬溫	承奉郎[종8상]	속=상원015
	劉從仕	미상[미상]	영-993
	李堯臣	미상[미상]	영-993
정관8	李義府	門下省典儀[종9하]	구-2765
	裴晧	右屯衛騎曹參軍[정8하]	속=용삭028
정관9	楊全	將仕郎?[종9하?]	묘=정관171
정관18	冉實	并州大都督府參軍事[정8하]	장열-795
	張仁禕	岐州參軍事[종8하]	묘=의봉029
정관19	霍松齡	涇州參軍事[종8하]	보(천당)-69, 보(천당)-92
정관20	張昌齡	通事舍人裏供奉[미상]	구-4996
	郝連梵	미상[미상]	원-2548
	田備	미상[미상]	원-2575
	蓋暢	麟臺正字[정9하]	묘=신공013
정관21	李惠	滄州無棣(極은 오기*)縣主簿[정9하]	보(8)-31
정관22	楊玄肅	鄧王府參軍[정8하]	보(천당)-57
정관23	婁師德	江都尉[종9상]	구-2975

- 근거 문헌: 구(『舊唐書』), 보(『全唐文補遺』), 속(『唐代墓誌彙編續集』), 묘(『唐代墓誌彙編』), 영(解縉 등 편, 『永樂大全』, 北京, 中華書局, 1986), 장열(『張說集校注』), 원(『文苑英華』)
- '-' 뒤의 숫자: 근거 문헌의 쪽수 / '=' 뒤의 숫자: 근거 문헌의 일련번호(이하 사료 뒤 '=' 표시의 의미는 이와 같음)
- 품계: 【부록2】의 방식과 같이 추정함(이하 본서에서의 품계 판단은 기본적으로 이러한 방법에 따름)

* 『하락묘각습령(河洛墓刻拾零)』=228의 탁본(〈그림2〉)에서도 이 글자가 명확하지 않으나, 『신당서』 권39, 「지리」, 1018~1019쪽에 의하면 창주(滄州)의 속현(屬縣)은 무체(無棣)이고 무극현(無極縣)의 경우 정주(定州) 관할임

여기에서 종9품하를 '1'로 하고 한 계(階)마다 1씩 추가하여 품계를 계수화(計數化)해서 산정한 '품수(品數)'를 보면, 그 평균이 3.8로서 거의 정9품상(4)에 근접한다.[79] 이것은 후대에 상거 과목 진사과 급제자에게 주었다는 종9품상·종9품하의[80] 평균값 1.5에 비하여 월등히 높다.

이러한 현상은 혹 전술한 태종의 적극적인 구현 의지의 결과로 생각할 수도 있다. 하지만 위의 〈표3〉에서 보듯이 진사과 합격 직후 받은 품계는 정8품하부터 종9품하까지 매우 다양하다. 더욱이 이의부(李義府, 614~666)의 첫 관직은 당시 "사인(士人)"에게 어울리지 않다고 여겨질 만큼 경시된 문하성전의(門下省典儀)였고,[81] 경파(敬播, ?~663) 또한 급제 후 뚜렷한 직함 없이 수사(修史) 작업에 참여하였다.[82] 그러므로 기왕에 진사과 급제자로 추정해 온 인물들은 그 초관의 지위 차이가 너무 커서 정말 동일한 관인 선발 형태였는지 의문스럽다.

이와 같은 문제는 물론 여러 차례 지적했듯이 종래 진사과 급제자로 생각해 온 인물들의 사료적인 근거가 불확실 탓일 수 있다. 기실 이것이 【부록1】에서 기존 연구의 성과를 '자료 신뢰성', '과목 확실성', '시기 정확성'이라는 측면에서 그 '사료 가치'를 재검토한 까닭이었다. 그러므로 여

---

79 본서는 관품의 高低 비교를 위하여 이처럼 품계를 計數化한 수치인 品數를 자주 이용할 터인데, 편의상 이 또한 품계라고 부르기도 한다. 그러나 품수는 아라비아숫자만으로써 표기하여 당시 법제상의 품계와 혼동되지 않도록 하겠다.

80 『唐會要』 권81, 「階」, 1768쪽. 진사과 급제자의 경우 蔭에 의하여 관품을 높여준다는 부가 규정도 없으므로 제도적으로 정9품하(3) 이상의 관직을 가지기 어렵다.

81 『舊唐書』 권82, 「李義府」, 2765쪽. 『唐六典』의 "〔唐〕初, 用人皆輕. 至貞觀初, 李義府爲之, 是後常用士人."(권8, 「門下省」, 248~249쪽)이란 門下省典儀에 대한 설명을 보면, 그가 임용될 때 이것은 "士人"의 몫이 아니었다.

82 敬播는 "貞觀初, 擧進士. 俄有詔詣秘書內省佐顔師古、孔穎達修『隋史』, 尋授太子校書."(『舊唐書』 권139上, 「儒學 敬播」, 4954)하였다고 해서, 진사과 급제로 받은 공식적인 직함이 무엇이었는지 알 수 없다. 그 뒤에 된 太子校書도 『開元25年令』에 따르면 정9품하의 비교적 낮은 관직이다(『唐令拾遺』, 「官品令」 제1조丙, 112쪽).

기에서 태종 시기 진사과의 사례를 통하여 이러한 분석 방법을 구체적으로 설명함과 동시에 당시 급제자와 관련된 기록을 세밀하게 검증하고자 한다.

우선 '자료 신뢰성'과 관련하여, 당사자와 3세대 혹은 본인 사망 후 60년 이상의 시차를 가진 문헌은 신뢰도가 떨어진다.[83] 명대의 『영락대전(永樂大典)』 수록 방지(方志)에 나오는 이요신(李堯臣, ?~?), 유종사(劉從仕, ?~?)가 이에 해당한다. 물론 간행 시기가 늦더라도 그 사료적 가치를 쉽게 폄훼할 수 없는 정사나 정서류(政書類) 문헌도 있다. 그런데 이의부를 『구당서』가 대사의 "표천(表薦)"으로 입사했다고 적은[84] 반면 『책부원귀』는 "거진사(擧進士)"라고 한다.[85] 당시 대사의 천거에 의한 "진사"가 존재하지 않는 한, 이 두 기록 중 적어도 어느 하나는 명백한 착오이다. 그렇다면 이처럼 공신력을 지녔다고 여겨져 온 사료들마저 태종 시기의 상황을 상충되게 기록하였고, 그 내용을 섣불리 믿어서는 안 된다.

이러한 사실은 정관20년(646) 진사과 급제자로 추정된 장창령에 관한 기록의 혼란에서 거듭 확인된다. 우선 『구당서』는 그가 진사과에 급제했다고[86] 하지만 『신당서』의 경우 낙방했다고 한다.[87] 그리고 장창령이 낙

---

83 이러한 문제를 보여주는 좋은 예가 中宗 때 재상을 역임한 李懷遠을 "進士"라고 한 『新編古今姓氏遙華韻』이다(『登科記考補正』, 1158쪽 참조). 元代에 편찬된 이 책의 내용은 『舊唐書』 권90, 「李懷遠」, 2920쪽과 『新唐書』 권116, 「李懷遠」, 4244쪽의 "四科(擧攞)第" 기록과 다르기 때문이다. 앞서 沈伯儀와 관련해 설명하였듯이 "四科" 관련 과목을 상거와 구분해야 마땅함에도 불구하고, 후대의 문헌들은 그 차이를 인식하지 못하였던 것이다.

84 『舊唐書』 권82, 「李義府」, 2765쪽. 『新唐書』 권223上, 「姦臣 李義府」, 6339쪽도 大使의 "表"만을 언급할 뿐 진사과와 관련된 기록은 없다.

85 『冊府元龜』 권97, 「帝王部 獎善」, 1154쪽. 같은 책의 권840, 「總錄部 文章」, 9968쪽도 李義府가 "應進士擧"했다고 한다.

86 『舊唐書』 권190上, 「文苑 張昌齡」, 4995쪽.

87 『新唐書』 권201, 「文藝 張昌齡」, 5734쪽.

제했다는 당후기 이후 문헌들도 그 시기에 관한 서술이 제각각이다. 『담빈록(譚賓錄)』이 정관19년,[88] 『봉씨문견기(封氏聞見記)』가 정관20년,[89] 『당회요』는 정관22년(648),[90] 『통전』이 정관23년(649)으로[91] 달리 적고 있는 것이다.[92] 이와 같이 엇갈린 기록은 장창령의 급제 여부에 대한 판단을 어렵게 만들[93] 뿐더러 후대 문헌들의 당 초기 관련 서술을 미심쩍게 한다. 태종 시기와 상당한 시차를 가진 사료의 신뢰도를 낮게 평가하는 것은 바로 이 때문이다.

그러므로 장창령처럼 『구당서』에 주로 의거한 경파, 상관의, 누사덕(婁師德, 630~699)의 진사과 급제 사실도 그대로 신뢰하기 힘들다. 실제로 진사과 합격 뒤 "맹사(猛士)"가 되기를 청하여 변경에서 활약했던 누사덕의 이력은[94] 후대의 일반적인 진사과 급제자의 행태와 상이하다. 그리고 『등과기고』 이래 「용형관맹(用刑寬猛)」·「구현(求賢)」이란 책문(策文)을 상관의의 진사과 합격 근거로 들어 왔으나,[95] 책시가 진사과만의 전유물이

---

88 胡璩, 『譚賓錄』(『續修四庫全書』, 上海, 上海古籍出版社, 1995~1999, 1260책 所收) 권2, 8~9쪽. 『新唐書』 권59, 「藝文」, 1542쪽에 의하면, 저자 胡璩는 당후기 文宗·武宗 때의 인물이다.

89 『封氏聞見記校注』 권3, 「貢擧」, 15쪽.

90 『唐會要』 권76, 「貢擧 進士」, 1633쪽.

91 『通典』 권17, 「選擧 雜議論」, 402쪽에 정관22년으로 되어 있으나, 이는 429쪽의 교감기를 보면 저본의 정관23년을 『唐會要』와 『通典』의 異本에 의거해 수정한 것이다. 하지만 四庫全書의 『通典』(文淵閣四庫全書電子版, 권17의 1앞쪽)에는 역시 정관23년으로 나온다.

92 이밖에도 『太平御覽』 권629, 「治道部 貢擧」, 2816쪽에 인용된 『唐書』는 張昌齡의 낙제 시기를 "貞觀中"이라고만 적었다.

93 徐松은 『舊唐書』를 근거로 張昌齡을 진사과 급제자로 보았으나 岑仲勉은 이를 부정하였고, 孟二冬의 경우 이 두 의견에 명확한 결론을 내리지 않았다. 『登科記考補正』, 30쪽 참조.

94 『舊唐書』 권93, 「婁師德」, 2975쪽.

95 『登科記考補正』, 9쪽. 『文苑英華』의 권497, 「策 刑法上」, 2547쪽; 권502, 「策 求賢」, 2574쪽 참조.

아니므로 이것은 결코 급제 과목 판별의 증거가 못 된다. 나아가 장창령의 급제를 전제로 한 뒤, 동일한 제목의 책문 작성자인 전비(田備, ?~?)나 학연범(郝連梵, ?~?)까지 정관20년의 급제자로 판단한 것은[96] 더욱 설득력이 없다. 따라서 위의 9명은 '자료 신뢰성' 최저 단계(×)에 속하며 정관 연간의 진사과 합격자라고 단정하기 어렵다.

'과목 확실성'이란 측면에서 보더라도, 【부록1】에는 진사과 합격 여부가 불분명한 인물들이 많다. 『문원영화』에 전하는 글 이외에 달리 근거가 없는 전비와 학연범도 그렇지만, 비교적 상세한 기록을 가진 허□(許□, 608~657)·최지도(崔志道, 611~682)·가통(賈統, 614~656)·희온(姬溫, 601~675)·양전(楊全, 607~649)·장인위(張仁禕, 621~678)·양현숙(楊玄肅, 621~686) 역시 마찬가지이다. 관련 문헌에 "진사"라는 표현이 없는 것이다. 그럼에도 불구하고 이들을 기존의 연구에서 진사과 급제자로 판단한 까닭은 "사책(射策)"·"갑과(甲科)"·"탁제(擢第)" 등의 구절 때문이라고 짐작되는데, 전술하였듯이 이러한 표현은 과거의 여타 과목은 물론 전통적인 찰거에서도 사용되었다. 이들 중 급제 후 장사랑(將仕郎)·문림랑(文林郎)이 되었다는 점에서 진사과 합격자와 비슷한 이도 있으나, 당시 이렇게 서계(敍階)된 인물은 비단 진사과에만 국한되지 않는다.[97] 더군다나 "부종추천(俯從推薦)"한 허□,[98] 대사의 천거 후 "대조금마(待詔金馬)"한 가통의[99] 응거 과정은 과거제도의 상거 과목과 거리가 멀다.

---

96 『登科記考補正』, 30쪽.
97 賈統과 楊全은 급제 후 각각 文林郎과 將仕郎이 되었는데, 이것은 『唐會要』 권81, 「階」, 1768쪽의 서계 규정에서 진사과 합격자에게 주었다는 종9품상·하에 해당한다. 그러나 정관 연간 "明經"이나(『唐代墓誌彙編』, 天授045번의 董本 등) "孝廉"으로서도 (같은 책, 乾封006번의 顔仁楚 등) 이러한 산관을 받았다.
98 『唐代墓誌彙編續集』, 顯慶023번.
99 『唐代墓誌彙編』, 顯慶010번.

그리고 『등과기고보정』이 정관8년의 진사과 급제자로 간주한 배호(裴晧, 608~662)의 묘지에는 단지 "이무재응거(以茂才應擧), 사책갑과(射策甲科)."라고 적혀 있다.[100] 무재가 곧 수재를 뜻함은 주지의 사실인데, 그의 진사과 급제 여부 판단은 쉽지 않다. '당등과기총목'에 따르면 고종 영휘2년(651) "정수재거(停秀才擧)"할 때까지 수재라는 별도의 과목이 존속했고, 실제로 정관8년에 급제자도 1명 있었다고 한다.[101] 게다가 전술한 것처럼 이 시기의 수재는 찰거와 유사한 형태였을 가능성도 있으므로, 그를 진사과 급제자라고 속단해서 안 된다. 단 배호의 묘지가 만들어진 고종 용삭(龍朔)3년(663)은 이미 수재과를 "정(停)"한 뒤이므로, 후대처럼 진사과의 급제를 이렇게 표현하였을 가능성도 배제할 수는 없다.[102]

'시기 정확성'의 경우도 나름의 기준으로 차별화할 수 있다. 하지만 【부록1】의 3단계 차이를 정관 연간의 급제 여부 판단에 일률적으로 적용하기 어렵다. 예컨대 갑창(蓋暢, 622~697)은 정관20년 "授麟臺正子"한 임관 사실만 전하므로[103] 합격 시기의 정확도를 가장 낮게 평가할 수밖에 없지만, 나이로 볼 때 정관 연간에 급제했음은 확실한 듯하다. 그리고 "정관4년(貞觀四年), 연입(年卅)"에 "사책고제(射策高第)"했다는 許□의 묘지 기록은 명백한 오류이다. 생몰년에 따르면, 그가 20세였던 것은 정관1년이기 때문이다.[104] 하지만 어느 경우나 그의 합격은 태종 시기의 일이다.

---

100 『唐代墓誌彙編續集』, 龍朔028번.

101 『文獻通考』 권29, 「選擧考 擧士」, 844~845쪽.

102 이와 같은 판단의 어려움 때문에, 【부록1】에서 고종 영휘1년 이전의 "수재"·"효렴"과 진사과·명경과의 관계를 그 후(◎)보다 한 단계 낮추어(△) 평가하면서도 【부록2】에서는 이러한 인물들까지 상거 과목의 급제자로 간주하였다. 물론 이렇게 범주 설정을 달리한 까닭은 두 과목의 성격을 장기간에 걸쳐 동일한 기반 위에서 비교·분석하기 위해서이기도 하다.

103 『唐代墓誌彙編』, 神功013번.

"정관초(貞觀初)"에 합격했다는 경파나 상관의도[105] 정관1년의 급제자로 확언하지 못하더라도, 정관 연간에 합격하였다고 생각된다.

그런데 급제 시기가 "약관(弱冠)"으로 표현된 이들의 문제는 복잡하다. 앞서 지적하였듯이 통상 20세를 뜻하는 약관의 실제 용례가 상당한 편차를 가지므로, 상황에 따라 정관 연간의 합격 여부를 달리 판단할 필요가 있기 때문이다. 즉 정관4년에 "약관"이던 위인약(韋仁約, 611~689)·최지도는[106] 태종 시기에 합격하였음 직한 반면 정관18·19·23년에 "약관"이란 염실(冉實, 625-695)·곽송령(霍松齡, 626~688)·누사덕의 경우[107] 그 가능성이 비교적 작은 것이다. 따라서 염실 등을 정관 연간의 급제자로 검토해도 좋을지 논란의 여지를 남긴다.

위와 같은 이유로, 시기별 급제자 분석에서 특히 주의할 것은 '자료 신뢰성'과 '과목 확실성' 항목이다. 서장에서 밝혔듯이 【부록2】의 검토 대상을 【부록1】의 '사료 가치' 최고 등급(●)으로만 국한시키지 않고, 이를 '과목 확실성' 최저 단계(×)를 제외한 '자료 신뢰성' 최고 단계(◎)의 인물로 확대한 까닭도 바로 여기에 있다. 여타 문제의 경우 태종 시기 진사과의 실상 해명에 상대적으로 큰 장애가 되지 않을 듯한 것이다. 물론 그렇게 하더라도 정관 연간의 진사과 급제자로 고찰할 만한 이들은 아래의 8명으로 축소된다.

---

104 『唐代墓誌彙編續集』, 顯慶023번.

105 『舊唐書』 권189上, 「儒學 敬播」, 4954쪽과 같은 책의 권80, 「上官儀」, 2743쪽.

106 『全唐文補遺(2)』, 6쪽과 『唐代墓誌彙編』, 永淳022번.

107 『張說集校注』 권16, 「河南刺史冉府君神道碑」, 795쪽; 『全唐文補遺(千唐)』, 92쪽; 『舊唐書』 권93, 「婁師德」, 2975쪽.

〈표 4: 믿을 만한 태종 시기 진사과 급제자〉

급제년	성명	"진사(進士)" 관련 기록[초관의 품계]	근거
정관1년	楊纘	"年廿, 自太學生進士擧, 試策高第, 補校書郎."[정9상]	보(천당)-23
정관4년	韋仁約	"年甫弱冠, 擧國子進士, 射策甲科, 補幽州昌平縣尉."[종9상]	보(2)-6
정관5년	畢粹	"貞觀五年, 蒙召預本州進士. 一枝昇第, 七步呈才, 利用雖騁亨衢, 敏學猶精通誥. 其年遂授密州博士."[종8하]	묘=함형074
정관8년	裴晧	"貞觀八年, 以茂才應擧, 射策甲科, 授右屯衛騎曹參軍."[정8하]	속=용삭028
정관18년	冉實	"弱冠太學生, 進士擢第. 遭家不造, 府君捐館, 五日絶漿, 三年泣血. … 服闋, 調幷州大都督府參軍事."[정8하]	장열-795
정관19년	霍松齡	"淵思銳發, 幾識冲悟, 馳問左庠, 光賦上國. 弱冠, 以進士射策高第, 授涇州參軍事."*[종8하]	보(천당)-92
정관20년(?)	蓋暢	"學洞六爻, 文該四始, 起家進士, 貞觀廿二年, 授麟臺正字."[정9하]	묘=신공013
정관21년	李惠	"年十九, 進士擢第, 解褐滄州無棣縣主簿. … 銘曰 … 太常射策, 甲科推美."[정9하]	보(8)-31

◦ 근거 문헌: 보(『全唐文補遺』), 묘(『唐代墓誌彙編』), 속(『唐代墓誌彙編續集』), 장열(『張說集校注』)

* 곽송령(霍松齡)의 다른 묘지(『全唐文補遺(千唐)』, 69쪽)에서는 급제 과목·연도가 불분명하지만 초임관 기록은 동일함

　　위 〈표4〉의 인물들은 모두 비교적 신뢰도 높은 문헌에 나오고, "무재" 배호 이외에는 다 "진사"로 명기되어 있다. 이 점에서 기존의 연구들이 무덕 연간의 진사과 합격자로 추정한 이들과 확실히 다르다. 앞서 지적했듯이 【부록1】의 〈고조 시기 진사과 급제자〉들은 근거한 자료의 신뢰성이 낮거나 관련 기록에서 합격 과목을 "진사"라고 표현하지 않았기 때

문이다. 따라서 이 8명의[108] 존재가 무덕 연간과 달라진 정관 연간의 상황을 잘 보여준다고 생각된다. 아울러 태종 시기의 "진사" 중에는 양함·위인약·염실처럼 중앙관학과의 관계가 명기된 인물도 있어[109] 흥미롭다. 정관 연간에 관학을 개편하여 확대·개방하였음을 전술하였는데, 그 결과 관학의 학생들을 주된 내원으로 삼은 새로운 관인선발제도로서

---

108 정확한 합격 시기는 모르지만 정관 연간의 급제자가 확실하다면, 이들 또한 여기에서 검토해야 마땅하다. 『舊唐書』등 당후기 이후의 문헌에 나오는 인물은 '자료 신뢰성'이 낮아서 차치하더라도, 당시 기록에도 이러한 사례가 있다. 武樹善 편, 『陝西金石誌』(『石刻史料新編(22)』, 臺北, 新文豊出版社, 1977. 원간 1934) 권7, 16458쪽; 宋伯魯 등 편, 『續修陝西通志稿』(『西北希見方誌文獻』, 蘭州, 蘭州古籍書店影印出版, 1990. 원간 1934) 권141, 27뒤~28앞쪽에 채록된 「故庭州參軍上柱國弘農楊公夫人阿史郍氏白珉玉像銘〈并序〉」는 "前鄕貢進士何東關弁繻撰"으로 시작하기 때문이다. 즉 이 造像이 정관15년에 만들어졌다고 하므로 關弁繻는 그 이전의 "進士"로 생각되는 것이다. 그러나 이 造像記가 陳尙君, 『全唐文補編(上)』(北京, 中華書局, 2005), 44쪽과 『全唐文補遺(7)』, 3쪽에도 실려 있는데, "前鄕貢進士何東關弁繻撰" 구절은 본문이 아닌 撰者의 설명으로만 쓰고 "何"가 "河"로 되어 있다(『全唐文補遺(7)』, 3쪽의 "弃"는 "弁"의 오기이고, 이를 근거로 한 『登科記考補正』, 1147쪽 역시 착오). 또 陝西古籍整理辦公室 편, 『陝西石刻文獻目錄集存』(西安, 三秦出版社, 1990), 36쪽은 「阿史郍氏白珉玉像銘」이란 이름으로 기록된 이 글의 찬자를 "何東關"이라고 달리 적었다. 그런데 여기에서 분명히 짚고 넘어가야 할 사실이 있다. "前(鄕貢)進士"처럼 과거 급제 사실만으로써 자신의 지위를 밝힌 용례는 후술하듯이 관인 자격자의 증가로 인해 관직을 받기 힘들어진 시기에야 나타나고, 관견에 의하면 고종 때까지 이와 같은 표현이 없다는 점이 그것이다. 혹 『唐代墓誌彙編續集』, 儀鳳002번 묘주의 아들 馬文質이 "前鄕貢明經"이란 기록을 이유로 필자의 판단에 이견을 제기할지 모르겠다. 하지만 이것은 묘지에 나오는 "上元"을 『隋唐五代墓誌滙編(北京大學1)』, 67쪽에 의거해 고종의 연호로 오해한 잘못이다. 馬文質의 고조까지 唐官이라면, 이 "上元"은 기실 숙종의 연호인 것이다. 실제로 동일한 묘지가 『唐代墓誌彙編』, 〔寶應〕元年001번에도 실려 있고, 『登科記考補正』, 1304쪽도 이를 따른다. 따라서 入仕 경쟁이 치열하지 않던 정관 연간에 이처럼 과목 앞에 "前"을 붙인 표현은 매우 이상하며, 이 사료의 신빙성이 극히 의심스럽다. 실물이나 탁본을 볼 수 없는 현재 "前鄕貢進士"라는 기록이 조상기의 어디에 어떻게 쓰여 있는지 알 수 없어 더욱 그렇다. 그러므로 본서는 이 기록을 일단 의문으로 남기고 관련 논의를 유보한다.

109 霍松齡의 경우도 "馳問左庠"하였다는 기록을 보면 혹 지방의 학교에서 수학했을 가능성이 있다.

〈 그림 2: 이혜(李惠)의 묘지 〉

이혜는 "年十九, 進士擢第"(제7~8행)했다고 하므로, 그의 생몰년(629~677)을 볼 때 정관21년 진사과에 급제한 듯하다. 그런데 이혜의 입사 과정은 뒤에서 "太常射策, 甲科推美"(제25행)라고 달리 표현되어 있어 흥미롭다. 본서의 133·144~147쪽 참조.

과거제도가 생겨났을 수 있는 것이다.

그러나 〈표4〉의 인물들이 실제로 상거 과목 진사과에 합격했다고 단정하기에는 아직 이르다. 이들 중 후대의 진사과 급제자에게 주었다는 종9품상·종9품하의 관직에 해당하는 자는 단지 위인약 1명뿐이기 때문이다. 그렇다면 정관 연간의 "진사"(혹 "무재")란 것도 후대의 진사과와 정말 같은지 여전히 의심을 품지 않을 수 없다. 게다가 이 8명의 초관 품계를 계수화한 품수 평균 4.5가 앞서 본 〈표3 : 기존 연구에서 태종 시기 진사과 급제자로 추정한 인물들의 초관 품계〉의 평균 3.8보다 도리어 더 높다. 그리고 이 초관의 품계는 후술하듯이 제거와 분리된 상거 과목이 분명히 존재했던 고종 현경 연간~현종 시기의 진사과 급제자의 그것과 비교하면 확연한 차이를 드러낸다. 신뢰구간 95%내에서 공통 영역이 없고, 산포도(散布度)의 지표인 표준편차를 볼 때 태종 시기의 1.85는 고종 현경 연간 이후의 1.69에 비하여 큰 것이다.[110]

"믿을 만한 태종 시기 진사과 급제자"들에게 처음 주어진 관직의 품계가 이처럼 분산성이 두드러진다는 사실은[111] 주목하지 않을 수 없다. 이

110

	평균	표준오차	95% 신뢰 구간	표준편차*
〈표4: 믿을 만한 태종 시기 진사과 급제자〉의 초관	4.50	0.65	3.23~5.77	1.85
【부록2】의 고종 현경 연간 이후~현종 시기(Ⅱ~Ⅵ)의 진사과 급제자의 초관	2.83	0.19	2.46~3.20	1.69

* 통계학에서 散布度를 계산할 때 주로 사용하는 '표본표준편차(sample standard deviation)'를 뜻하며, 이하 본서에서 말하는 표준편차는 모두 이와 같다.

111 위에서 1.85와 1.69라는 두 시기의 표준편차 차이는 그렇게 뚜렷하지 않으나, 이는 아래의 표에서 보듯이 Ⅱ기와 Ⅵ기의 그것이 매우 높기 때문이다. 그런데 이 두 시기의 경우 후술하듯이 상거가 갓 만들어진 과도기와 吏部科目選 등으로 초관을 높일 기회가 많던 때라는 특별한 사정이 있다. 실제로 여타 기간 특히 무측천과 중종·예종 시기는 초관의 표준편차가 정관 연간에 비하여 현격히 낮다.

는 곧 그들이 합격한 관인 선발 과목이 후대에 비하여 동질성이 약하였음을 의미하기 때문이다. 단순히 초창기의 제도적 미비만으로 설명되기 힘든 이러한 정관 연간의 상황은 당시 진사과가 단일한 성격의 것이었는지조차 의문스럽게 만든다. 기실 위의 〈표4〉에서 보듯이 "몽소(蒙召)"한 필수(畢粹, 590~672)는 처음에 추천을 통해 선발되었던 듯하고, 염실은 "진사탁제(進士擢第)" 뒤에도 친상(親喪)을 당할 때까지 "관(館)" 곧 태학과 모종의 관계를 유지하고 있었다면 더욱 그러하다. 이와 같은 응거 과정과 급제 후 양상이 후대의 진사과와 다를 뿐더러 동일 시기 진사과 합격자로 추정된 인물들과도 이질적인 것이다. 따라서 기존의 통념에 구애받지 말고 좀 더 시야를 넓혀 정관 연간의 "진사" 문제를 검토해 볼 필요가 있다.

"진사"와 유사한 사례들

태종 시기 "진사"의 성격에 대하여 다양한 가능성을 열어 두고 접근하려 할 때, 당시 이렇게 불린 이들에 관한 신뢰도 높은 사료에 무엇보다 주목하지 않으면 안 된다. 〈표4: 믿을 만한 태종 시기 진사과 급제자〉 기록을 다시 꼼꼼히 살펴보면, 이혜의 묘지에서 서(序)의 "진사탁제"는 명(銘)의 "태상사책(太常射策)"과 동일한 의미로 읽힌다. 곽송령의 경우 역시 마찬가지이다. 위의 〈표4〉에 인용한 무측천 장안(長安)3년(703) 부인과의 합장 때 만든 묘지가 그를 "진사"로 명기했으나, 막상 본인의 천수2년(691) 묘지는 "충부경읍(充賦京邑), 탁제태상(擢第太常)"이라고만 적었기 때

시기	Ⅱ기(현경 연간 이후 고종 시기)	Ⅲ기(무측천 시기)	Ⅳ기(중종·예종 시기)	Ⅴ기(현종의 吏部試 시기)	Ⅵ기(현종의 禮部試 시기)
표준편차	2.04	0.95	0.96	1.34	2.15

문이다.[112] "진사"와 병기된 "태상"이란 말이 흥미로운 것이다.

태상은 크게 보아 두 가지 의미가 있다. '해·달 등을 그린 특별한 의례용 깃발'과 '태상시 혹은 그 장관인 태상경(太常卿)'이 그것이고, 관인 선발과 관련하여 쓰인 용례는 당연히 후자일 것이다. 그런데 한대 이래 태상시나 태상경의 주된 임무가 국가 의례의 관장이었으며『당육전』에 명기된 직임이 통상의 관인 선발과는 기본적으로 무관하다.[113] 따라서 "진사"를 굳이 태상과 직접 연계시킨 표현이 쉽게 납득되지 않는다.

사실 "태상제(太常第)"에 대한 근래의 연구에 의하면, 한 무제(武帝, 재위 기원전141~87) 시기의 "찰거제도"에서 기원한 이것이 당대에 비단 진사과만이 아니라 명경과·효렴·제거 등 다양한 "고시과목(考試科目)"의 합격을 두루 가리킨다.[114] 그렇다면 문제는 전통적인 찰거에서 유래한 이 말을 과거제도의 과목으로까지 확대시켜 사용한 까닭이다. 실제로 개원7년(725)에 편찬된『초학기』가 '천거' 항목에 넣었던 한대의 이 제도가[115] 오대 시기의『당척언』에서 과거 응시자 중 "향공"의 직접적인 연원처럼 설명되기도 하는 것이다.[116]

물론 새로운 제도를 고제(古制)로 소급시켜 그 권위를 높이는 것은 중국사에서 흔한 일이며, 진사과와 같은 과거 과목의 근원을 예전의 찰거에서 찾는다고 해서 별로 이상하지 않다. 게다가 태상이 관인의 선발에

---

112 『全唐文補遺(千唐)』, 69쪽.

113 당대의 太常은 국가 의례에 참여할 齋郎의 선발이나 그들 중 일부를 관인으로 충원하기 위한 "簡試"에 관여하였지만(『唐六典』 권2, 「尙書吏部」, 36·46쪽 등), 이것은 일반적인 관인선발제도와는 다르다. 그리고 태상시 아래 太醫署 등의 일부 관청에서 전문적인 기능을 가르쳐 관직을 주었을지라도(같은 책의 권14, 「太常寺」, 409쪽 등), 이 역시 매우 특수한 관인 선발 방법이었다.

114 金瀅坤, 「唐代太常第考論」(원간 2004),『唐五代科擧的世界』, 上海, 復旦大學出版社, 2014.

115 『初學記』 권20, 「薦擧」, 477쪽.

116 『唐摭言』 권1, 「鄕貢」, 7쪽.

개입한 뒤 한나라에 "문학지사(文學之士)"가 많아졌다는 호평이 일찍부터 존재한다.[117] 따라서 새로운 통일제국의 정착과 함께 이 한제(漢制)를 다시 호출함은 자연스럽게도 여겨진다. 하지만 정관 연간에 뽑힌 관인을 태상과 직결시킨 표현이 의외인 것 또한 사실이다. 전술했듯이 수 문제부터 나타난 중앙관학과 태상시의 분리 경향이 태종 초에 공고해졌으므로, 이 시기에 태상과 일반적인 관인선발제도 사이의 거리는 확실히 멀어지는 추세였기 때문이다.[118]

그러므로 태종 시기에 관인의 선발과 태상을 연칭한 까닭은 구체적 제도가 아니라 태상이 주관하던 의례의 추상적 가치와 관련이 있을 듯하다. 다시 말해, 관인의 선발에 직접 관여하지 않던 태상시나 태상경을 굳이 거론한 목적은 그 입사 과정이 예(禮)에 입각함을 드러내는 데 있었다고 생각된다. 태상과 관인선발제도를 연계시킨 표현이 대개 묘지·시문(詩文) 등 사적인 글에 나온다는 사실도 이와 무관하지 않아 보인다. 공식적인 제도와는 별개로, 태상이란 이름을 이용하여 당사자의 영예를 드높이고자 했던 것이다.

공문(公文)에도 이러한 표현이 없지는 않다. 무측천 시기의 글이지만, 사표문원과(詞標文苑科)라는 제거의 책문(策問)이 "태상지제(太常之第)에 뽑힐 것을 생각하여 짐의 구현지의(求賢之意)에 부응하라."는 말로 끝나기 때문이다.[119] 황제 스스로 관인 선발 시험을 주도하면서 "태상"을 자신의

117　司馬遷, 『史記』(北京, 中華書局, 1959) 권121 「儒林 序」, 3118~3120쪽; 『漢書』 권88, 「儒林 序」, 3593~3596쪽.

118　앞서 지적했듯이 태종은 국가체제 정비 과정에서 국자감을 강화하였다. 즉 고조가 일시 태상시 아래 두었던 중앙관학을 다시 국자감으로 독립시키고, 이를 관인 선발의 주요 기반으로 삼았던 것이다. 이러한 변화의 결과 태상시는 통상의 관인 선발과 무관한 관청으로 바뀌었다.

119　『張說集校注』 권29, 「永昌元年對詞標文苑科制策並問(三道)」, 1387쪽. 이 글이 혹 載初1년의 제거와 관련된 것이라는 견해도 있으나(辛文房, 傅璇琮 주편, 『唐才子傳校

"구현" 의지와 연결시켜 둔 것이다. 물론 효렴이나 명경 역시 당시 이렇게 불리기도 했으므로[120] 이 사례만으로써 태상과 황제의 특별한 관계를 단언하기는 어렵다. 하지만 황제가 관인의 선발과 관련하여 태상을 직접 거론하였다면, 이 말이 응거자에 대한 조정의 각별한 예우를 뜻할 수 있었을 터이다. 그리고 전술한 "진사" 이혜와 곽송령의 묘지에 나오는 "태상사책", "탁제태상"이란 구절 또한 이와 비슷한 맥락에서 이해해도 무방하다.[121]

이러한 시각에서 볼 때, 노암(路巖, 628~697)이 "난대(蘭臺)의 영재들과 문답하여 태상지제(太常之第)에 발탁되고, 곧 〔종9품하 산관인〕 문림랑이 되었다."는[122] 기록이 주목된다. 그의 급제 과목은 알 수 없으나, 이것은 노암의 생몰년으로 보아 정관(627~649) 말 혹은 그 직후의 일로 추정된다. 그리고 여기에서 "난대"가 비서성(秘書省)을 뜻할 가능성이 크다면,[123] 이

<hr>

箋(1)』, 北京, 中華書局, 1987의 권1, 「張說」, 132~134쪽. 『登科記考補正』, 115~116쪽 참조), 그렇더라도 무측천 시기의 제거 책문이었음에는 변함이 없다.

120 고종 함형3년 전후에 楊承福이 "州擧孝廉, 太常對策"(『唐代墓誌彙編』, 景龍042번)했고 비슷한 시기에 崔韶는 "擧□□明經, 射策高第. 賓庭利用, 旣升科於太常"(같은 책, 聖曆012번. 〈그림3〉 참조)하였다.

121 李惠의 묘지에서 "太常射策"이란 표현은 銘辭의 칭송 속에 나온다(『全唐文補遺(8)』, 31~32쪽. 〈그림2〉 참조). 그리고 霍松齡 묘지의 "擢第太常"이란 말 앞뒤에도 "柏梁"·"梧臺"·"輦轂" 등 황제 관련 어휘들이 많다(『全唐文補遺(千唐)』, 69쪽).

122 『唐代墓誌彙編』, 萬歲通天024번. "方從小學, 便已大成, 對問蘭臺之英, 爰擢太常之第. 尋授文林郎."

123 한대의 궁중 도서관에서 유래한 蘭臺는 후대에 秘書省만이 아니라 御史臺를 뜻하기도 한다. 그러나 고종 때 비서성을 난대로 개칭한 적이 있고(『唐六典』 권10, 「秘書省」, 296쪽), 이 글의 문맥에서도 난대가 文士들이 많은 비서성을 가리킨다고 생각된다. 무덕 연간에 李元確이 "登甲科於秘府(비서성:인용자)"(『唐代墓誌彙編』, 開元130번)했다는 기록을 보면 더욱 그러하다. 단 비슷한 시기에 "〔趙睿〕南臺射冊, 卽揚名而拾靑"(같은 책, 萬歲通天019번)이란 말도 있는데, 南臺가 통상 어사대의 미칭으로 사용되므로 난대 역시 어사대일 가능성을 완전히 배제할 수는 없다. 설령 그렇더라도, 어사대 또한 제도적으로 관인의 선발과 무관한 조정의 중추기관이란 점에서 비서성과 동일하기 때문에 본서의 논지와 모순되지 않는다.

것도 태상과 마찬가지로 이 시기 관인의 선발과는 무관한 관청이다. 그
럼에도 불구하고 굳이 "난대"를 언급한 까닭은 비서성이 황제의 측근 조
직, 궁중의 학문 중심이라는 점 이외에 달리 이유를 찾기 어렵다. 노암의
입사 과정을 미화하기 위해 황제와 궁중의 권위를 빌려온 것이다.

　이와 같은 수사적(修辭的)인 서술은 수 양제 때 효제렴결거(孝悌廉潔擧)
에 합격한[124] 왕적(王績, 589~644)의 부(賦)에도 보인다. 수도의 문사(文士)들
이 "운각(芸閣) 위에서 교서(校書)하고, 난대 앞에서 사책한다〔射策蘭臺之
前〕."고 읊었던 것이다.[125] 그리고 관인으로 선발되는 과정을 "사책난대"
혹은 "난대사책"으로 기록한 당초 인물들의 묘지가 적지 않다. 원칙(元則,
601~657)[126] · 음언(陰彦, 620~689)[127] · 왕유(王裕, 620~691)[128] · 왕행엄(王行淹,
625?~686?)[129]이 그 주인공이다. 그런데 이 중 "명경"이라고 밝힌 왕행엄의
묘지 이외에는 모두 급제 과목이나 시험 절차를 구체적으로 적지 않았다.
이 글들은 단지 "난대"라는 말로써 묘주가 황제 · 궁중의 권위 아래 예의
를 갖추어 책시(策試)를 쳤다는 사실에만 초점을 맞추었을 뿐이다.

　이처럼 태상이나 난대가 급제자나 급제 과정의 미화 수단이었다면,
이와 비슷한 사례들은 상당히 많다.[130] 묘지에 자주 보이는 "빈(賓)"이란

124　『舊唐書』 권191, 「隱逸 王績」, 5116쪽. 『唐才子傳校箋(1)』 권1, 「王績」, 8쪽 참조.
125　王績, 康金聲 · 夏連保 교주, 『王績集編年校注』(太原, 山西人民出版社, 1992)의 권上,
　　「三日賦幷序」, 8쪽.
126　『唐代墓誌彙編』, 顯慶034번.
127　『長安新出墓誌』, 126쪽.
128　『唐代墓誌彙編』, 天授016번.
129　王行淹은 무측천 수공2년의 본인 묘지(『唐代墓誌彙編』, 垂拱021번)와 중종 경룡3년
　　부인과의 合葬 때 만든 묘지(『河洛墓刻拾零』, 147번) 두 개가 전하는데, 내용이 조금
　　다르다. 【부록1】은 제작 시기가 빠른 본인 묘지의 "以乾封二年明經高第"에 의거해
　　건봉2년의 명경과 급제자로 보고, 그의 생몰년도 일단 여기에 따랐다. 그러나 王行淹
　　이 685년 62세로 죽었다는 합장 묘지에 의하면, 그가 "年卄一, 蘭臺射策, 明經及第"
　　한 것은 정관18년(644)의 일이 된다.
130　"業峻垂帷, 景應公車之選, 藝均重席, 卽擢金門之科. 以貞觀卄三年, 明經甲第."(『全

표현도 마찬가지이다. 앞에서 수대의 '빈공(賓貢)'을 설명할 때 지적했듯이, 이 글자에는 "예경(禮敬)"·"존사(尊士)"의 의미가 있기 때문이다. 정관4년에 "상윤빈왕(上允賓王), 사책제고(射策第高)"·"보응빈정(甫應賓庭), 사책고제(射策高第)"하였다는 허□와 최지도가[131] 그 전형적인 예이며, 장정(張貞, 622~693)의 "즉응빈왕(卽應賓王) … 심이탁제(尋而擢第)"도[132] 나이로 보아 이즈음의 일로 짐작된다. 여기에서 "빈"은 그들의 입사가 마치 황제의 초빙을 받듯이 명예롭게 이루어졌음을 드러내기 위한 말인 것이다.

그렇다면 지금까지 살펴본 바 정관 연간의 급제자를 드높인 여러 가지 표현들은 기존의 "빈공" 용례와 일맥상통한다. 수대의 관인 선발과 관련하여 가끔 사용된 이 단어 역시 인재에 대한 정중한 예우를 뜻하기 때문이다. 하지만 두 시기의 이 유사한 사례들 간에 존재하는 차이도 간과할 수 없다. 우선 정관 연간에는 태상·난대를 거론하거나 "빈왕(賓王)"·"빈정(賓庭)" 등으로 표현이 다양해지고, 이처럼 우대되며 초빙을 받았다는 이들의 숫자도 늘어났다. 그리고 수대의 빈공 중에는 전술한 이정(李靖)처럼 이미 관직을 가졌던 사람도 있으나, 당대의 문헌에서 이러한 인물이 현재 발견되지 않는다.

이와 같은 상황의 변화는 앞서 상술하였던 태종의 적극적인 관인 선발, 특히 민간 인재의 발굴 노력을 생각하면 결코 이상하지 않다. 통일제국의 정착과 함께 유능한 관인의 확보가 절실해지면서 황제는 중앙관학의 확대·개방을 추진함과 동시에 구현(求賢)의 조칙을 빈번히 내렸던 것이다. 그리고 이때 그 대상자의 평가에 직접 개입했다는 기록도 많은데,[133] 이것은 응거자들에게 황제의 각별한 배려로 예우되었다는 자긍심

   唐文補遺(8)』, 292쪽)했다는 劉善의 묘지처럼 "公車"·"金門" 등 황제·궁정과 관련된 어휘로써 급제 과정을 영예롭게 묘사한 기록은 이 시기 문헌에 흔히 발견된다.
131 『唐代墓誌彙編續集』, 顯慶023번과 『唐代墓誌彙編』, 永淳022번.
132 『唐代墓誌彙編』, 長壽008번.

을 주기에 충분하다. 따라서 그들 관련 문헌들이 자연스레 이처럼 미화될 수 있었고, 지금까지 살펴본 사례들은 바로 이러한 시대적 분위기의 산물이라고 하겠다.

그런데 여기에서 주의해야 할 점은 이들의 급제 과목이나 입사 과정이 결코 단일하지 않다는 사실이다. 앞서 예시한 인물들 묘지에서 이혜나 곽송령을 "진사"라고 명기한 반면 왕행엄은 "명경"으로 적었음이 그 단적인 증거이다. 물론 여타 사례들은 급제 과목을 구체적으로 밝히지 않았고, 이들이 실제로 어떻게 입사했는지 불분명하다. 그럼에도 불구하고 『당등과기보정(唐登科記補正)』은 뚜렷한 근거 없이 대부분 진사과로 추정하고 있다.[134] 하지만 그 기록들 중에는 시험이란 절차마저 불확실한 경우도 존재한다.[135] 이 미상의 과목들이 무관(無官)의 평민에게 관직 혹은 관품을 주었다는 점에서 비록 과거제도와 유사해 보이더라도, 이것이 곧 상거 과목으로서의 진사과라고 단정하기 어려운 것이다. 전술한 제거 '사표문원과'의 책문(策問)에 나오는 "태상지제"라는 말을 생각하면 더욱 그러하다.

사실 수대의 '빈공'과 유사한 표현을 가진 정관 연간 인물들 자료의

---

133 전술하였듯이 『冊府元龜』가 정관18년 鄙州에서 올라온 효렴들을 황제가 親問했다고 하며, 이밖에 『大唐新語』의 "太宗召見〔盧莊道〕, 策試, 擢第."(권8, 「聰敏」, 118쪽) 등 이러한 사례가 전래문헌에 자주 보인다. 석각자료에도 유사한 기록이 있는데, 『全唐文補遺(千唐)』, 74쪽은 "明試擢第"한 李慈를 "太宗嘉之, 特下明旨, 授將仕郎"이라고 하는 것이다.

134 『登科記考補正』은 許□·崔志道를 貞觀4년(15쪽), 路巖·元則·元裕를 연도 미상(1154·1145·1148쪽)의 진사과 급제자로 분류하였다. 그러나 張貞은 명경과에 합격했다고 보았는데(1271쪽), 이렇게 달리 판단한 이유에 대한 설명이 없다. 陰彦의 경우 『登科記考補正』의 간행 이후 확인된 인물이다.

135 路巖과 張貞은 "擢(第)"(『唐代墓誌彙編』의 萬歲通天024번과 長壽008번) 사실만 밝혔을 뿐 시험에 관한 언급이 없다. 기실 지금까지 살펴본 인물들의 모든 자료는 그 입사 방법을 정례화된 제도라고 명기하지 않았다.

명백한 공통점은 단지 특별한 우대·초빙에 대한 강조일 뿐이다. 그리고 이러한 예우가 만약 제도적인 것이었다면, 이들은 황제의 권위로 반포된 조서에 의해 선발되었으리라고 추정하는 편이 더욱 설득력이 있다. 당시 '현사(賢士)의 초치'를 뜻하는 "초궁(招弓)"·"정명(旌命)"으로 관인이 되었다는 자들 또한 이 점에서 마찬가지이다.[136] 당초에 관직을 가지고서도 "정초(旌招)"되어 승진할 수 있었으므로,[137] 이는 오히려 조제(詔制)에 근거한 제거에 가까운 것이다. 따라서 그 입사 과정이 후대의 진사과와 비슷할지라도,[138] 구체적 증거 없이 진사과는 물론 상거 과목의 급제자로 예단해서는 안 된다.

그런데 최근 발견된 두회양(杜懷讓, 612~653)의 묘지는

군(君)은 몸소 〔고향〕 아름다운 곳에 노닐었으나 명성이 궁궐까지 퍼졌다. 황제의 글〔絲綸〕에 부응하여 지방관〔郡官〕이 "천거"하고, 또 덕행이 고향에 빛나서 "향공"으로 뽑혔다. 군의 맏형 〔두〕회고(杜懷古)가 지난해 본주(本州)에서 추거(推擧)되었는데 … 〔명예롭게도 연이어 본주에서 추거된〕 군이 집화성(集華省)〔의 관인 선발〕에 응하여 경(經)·사(史)를 함께 시

---

136 정관7년 姬溫이 "應招弓之禮, 方申觀國之材, 祇問甲科, 先登榮秩, 蒙授承奉郞."(『唐代墓誌彙編續集』, 上元015번)하고, 정관9년 楊全은 "應旌命, 射策高第, 泛授散官. 論例既多, 俯同將仕〔郞〕."(『唐代墓誌彙編』, 貞觀171번)했다. 『登科記考補正』, 17·19쪽은 이들 역시 아무런 설명 없이 진사과 급제자로 분류하였다. 그런데 비슷한 시기 인물인 孫德의 입사 과정도 "肇應弓旌, 俄登甲第"(『唐代墓誌彙編』, 光宅002번)라고 해서 위의 기록들과 흡사함에도 불구하고, 『登科記考補正』, 1369쪽은 "科目未詳"이라고 하였다.

137 『唐代墓誌彙編』, 長壽021번의 묘주 王貞은 "業應匡擧, 策冠孫科, 釋褐陳州項城縣丞 … 君乃當仁抗志, 光應旌招 … 制授均州司法參軍事."하였다. 여기에서의 "旌招"는 『登科記考補正』, 1148·1334쪽도 고종 영휘 연간의 제거로 보았다.

138 앞서 본 姬溫과 楊全은 "招弓"·"旌命"을 통해 처음으로 散官品을 받았다는 점에서 후대의 과거 급제자와 유사하다. 특히 楊全의 경우 "射策高第"하여 받은 將仕郞이 진사과 합격자에게 준 종9품하에 해당하여 더욱 그렇다.

험 쳤고, 유[사](儒士)로서 또 묵[객](墨客)으로서 갑과(甲科)에 발탁되어, 상주도독부참군(相州都督府參軍)이 되었다.[139]

고 한다.

두회양이 첫 관직을 받은 상주도독부는 정관10~16년에 존재하였고,[140] 위의 인용문은 분명히 정관 연간의 상황을 반영하고 있다. 이에 따르면, 주에서 해마다 인재를 "향공"으로 추거하고, 이들이 "집화성"에서의 시험을 거쳐 관인이 되었다. 집화성이란 표현은 매우 낯설지만, 이곳에서 친 시험을 통과해 관인이 된 그의 입사 방법은 흡사 상서성 주관의 상거 과목처럼 읽힌다. 그러므로 "경·사를 함께 시험"친 것은 전술한바 "경서와 사서 한 책을 독(讀)하는 시험을 진사에 추가"한 정관8년 조처의 결과이며, 두회양의 묘지가 당시 진사과의 존재를 증명한다는 주장도 나올 법하다.[141]

그러나 위의 인용문은 "황제의 글"과 지방관의 "천거"에 의거한 선발이라는 사실 또한 명기하였다. 혹 "황제의 글"이 단지 입사 과정을 미화한 수사에 불과할 수 있다. 하지만 앞서 지적했듯이 태종 후기에는 구현의 조칙들이 거의 매년 나온다면, 이것이 후대의 제거와 비슷한 형태였을 가능성도 배제하기 어렵다. 제거가 보통 자발적 응거가 아닌 천거 위주로 이루어졌음을[142] 생각할 때 더욱 그러하다. 물론 전통적인 효렴 역시

---

139 『大唐西市博物館藏墓誌』, 51번. "君身遊梓澤, 名流帝鄉. 爰應絲綸, 郡官薦擧, 又德光閭里, 仍被鄉貢. 君長兄懷古, 前年亦於本州擧 … 君應集華省, 經史並試, 旣儒且墨, 俱擢甲科, 授相州都督府參軍."

140 『舊唐書』 권39, 「地理」, 1491쪽. 相州가 무덕(618~626) 연간에도 일시 總管府였던 적이 있으나, 당시 10대의 나이이던 杜懷讓이 그 參軍이 되었을 리 만무하다.

141 전게 金瀅坤, 『中國科擧制度通史: 隋唐五代卷』, 「常擧的確立與發展」, 88쪽.

142 전게 吳宗國, 『唐代科擧制度研究』, 「唐代科擧制度之二: 制擧」, 72~75쪽; 전게 金瀅坤, 『中國科擧制度通史: 隋唐五代卷』, 「制擧的確立與發展」, 589~596쪽.

"세공(歲貢)"되던 당시[143] 이 또한 추정일 뿐이다. 여하간 두회양의 초임직인 종8품하 이상의 관직이[144] 태종의 조서를 통한 입사자에게 많이 주어졌던[145] 이상, 그의 급제 과목을 진사과라고 확언하는 일은 성급해 보인다.

그러므로 두회양의 묘지에서 이론의 여지없이 분명한 것은 단지 정관 연간에 지방의 인재 발탁이 빈번했다는 사실이다. 이런 당시 현실과 관련하여

> 정관14년, 군현이 함께 추천〔薦〕하여 중앙으로 초빙〔賓〕되었다. 이때 태학의 뭇 학생들은 천하의 인재〔英異〕로서, 중춘(中春)에 석채(釋菜)〔란 입학의 의례〕를 행하고 함께 토론〔하며 학문〕을 익혔다. 공(公)은 〔이 중에서도 특히〕 "영묘(英妙)"하다고 추숭되었는데 … 그 해에 명경으로서 대책고제(對策高第)하고, 좌복야(左僕射) 방현령이 공의 학업을 뛰어나다고 상주하여, 특별히 칙으로써 '시서왕독서(侍徐王讀書)'로 삼았다.[146]

는 왕덕표(王德表, 620~699)의 묘지도 흥미롭다. 이때 지방에서 추천되어 "태학"에 들어간 학생이 존재하고, 이 입학 과정 또한 "빈(賓)" 곧 초빙으

---

143 劉胡는 전술했듯이 "才優歲貢, 以鄕擧擢文林郎"하여 "孝廉"으로 일컬어졌다(『唐代墓誌彙編』, 聖曆042번).

144 相州都督府의 上·中·下 등급을 모르므로 그 參軍의 정확한 관품도 알 수 없다. 그러나 『唐六典』 권30, 「三府都護州縣官吏」, 744쪽에 의하면 下都督府의 參軍도 종8품하로서, 진사과 급제자가 받을 수 있던 종9품상·하(『唐會要』 권81, 「階」, 1768쪽)보다 훨씬 높은 품계이다.

145 정관7년에 "制策高第"한 鄭敞과 "應詔擧"한 强偉의 초관이 각각 越州都督府參軍事와 貞州宗城縣丞인데(『大唐西市博物館藏墓誌』, 102번과 『唐代墓誌彙編』, 麟德026번), 【부록2】와 같은 방식으로 그 품계를 계산하면 모두 종8품상에 해당한다. 또 그 나이로 보아 정관 연간에 "起家應制"한 듯한 仲□의 초관 역시 종8품하의 洛州河南縣尉였다(『全唐文補遺(千唐)』, 81쪽).

146 『唐代墓誌彙編』, 聖曆028번. "貞觀十四年, 郡縣交薦, 來賓上國. 于時太學羣才, 天下英異, 中春釋菜, 咸肄討論. 公以英妙見推 … 即以其年明經對策高第, 左僕射梁國公房玄齡奏公學業該敏, 特勅令侍徐王讀書."

로 표현되었던 것이다.

전술하였듯이 태종은 관인 확보를 위하여 국자감의 규모를 비약적으로 키웠고, 무려 3200명 이상으로 늘어난 학생을 관음(官蔭)을 가진 이들만으로써는 충원할 수 없었다. 그러므로 당시 조서들에서 보듯이 지방 민간의 인재를 학생으로 뽑아야만 했는데, 고종 영휘4년(653)의 문서에서 확인되는 "국자감준사(國子監俊士)"가[147] 이와 무관하지 않아 보인다. 후대에 국자감 사문학의 '준사'가 "서인(庶人)" 신분의 특별한 학생이었기 때문이다.[148] 물론 정관 연간에도 이러한 명칭의 학생이 있었는지 불확실하고, 특히 이들이 사문학 소속이었다고 단언하기는 어렵다.[149] 하지만 위 왕덕표의 사례에서 보듯이 이와 유사한 성격의 학생이 국자감에 있었음은 분명하며,[150] 학교 교육의 주기성(周期性)을 생각할 때 입학생 선발도

---

147 앞서 "俊士"의 최초 용례가 나오는 글로 소개했던 '五經正義卷末編纂列位及鈔錄記'에 "永徽四年二月卄四日 … 國子監俊士潘元珫校"라고 되어 있다. '펠리오(Pelliot) 3311호 문서'(http://idp.bl.uk/database/oo_scroll_h.a4d?uid=25647570019;bst=1;recnum=60603;index=1;img=1, 2016. 10. 16. 확인); 전게 池田溫, 『中國古代寫本識語集錄』, 197쪽 참조.

148 『唐六典』 권21, 「國子監」, 561쪽에서 "四門博士掌教文武官七品已上及侯、伯、子、男子之爲生者, 若庶人子爲俊士生者."라고 한다.

149 『通典』은 고종 용삭2년에 東都國子監의 사문학에 준사를 두었다고 하는데(권53, 「禮 大學」, 1468쪽), 현재 그 이전의 사문학 소속 준사 기록은 확인되지 않는다. 물론 官蔭을 갖지 않은 학생이 속한 학교가 있다면, 정황상 그것은 국자학·태학보다 낮은 지위의 사문학일 개연성이 크다. 그러나 앞의 '五經正義卷末編纂列位及鈔錄記'에서 再校者를 "國子監四門學生"이라 하여 사문학을 명기한 반면 初校者는 그냥 "國子監俊士"로 쓴 것을 보면, 아직 국자감의 체제가 완비되지 못한 정관 연간에는 준사의 소속이 후대처럼 명확하지 않았을는지도 모른다.

150 王德表의 묘지에 의하면, 그의 선조 중 당조의 관인은 安邑縣令이던 부친뿐이다(『唐代墓誌彙編』, 聖曆028번). 정관 연간의 정확한 제도는 알 수 없으나, 당대에 安邑은 '次畿' 등급의 현이고(『新唐書』 권39, 「地理」, 1000쪽) 京兆의 縣令도 겨우 정6품상에 불과하다(『通典』 권40, 「職官 秩品」, 1097쪽). 따라서 王德表는 5품 이상 관인의 "子(弟)孫"에게만 입학을 허용한 태학에 들어갈 관음 조건을 갖추지 못하였을 듯하다(『舊唐書』 권189上, 「儒學 序」, 4940쪽; 『唐六典』 권21, 「國子監」, 560쪽). 하지만 그의 묘지가 "太學"의 학생처럼 쓴 것은 王德表가 "군현"에서 "賔"된 '준사'였기에 가

정례화되었을 가능성이 크다.

이러한 상황은 정관22년의 "국자학생(國子學生)"이 모두 "묘선영재(妙選英材)"였다는 기록에서도[151] 짐작되는데, 국자학의 학생들 역시 "선〔발〕"된 이들이 많았다고 생각되기 때문이다. 노지안(盧志安, 610~664)이 "한책등과(漢冊登科)"하여 태학(太學)에 입학한 것도[152] 그의 나이로 볼 때 정관 연간의 일이었을 가능성이 크다. 이를 좀 더 명확히 보여주는 기록은 "『시(詩)』·『서(書)』의 가르침으로 '상서지과(庠序之科)'에 올라〔昇〕 정관16년에 국자생(國子生)으로 충원되고, 그 해에 탁제하였다."는 장희회(張希會, 620~675)의 묘지이다.[153] 이에 의하면 국자학 혹은 국자감의 학생[154] 선발은 "『시』·『서』"와 같은 경서를 시험했고, 이것을 당시 "상서지과"라고 불렀다. 늦어도 정관 후기에는 중앙관학의 입학시험이 상당히 제도화되어 있었던 것이다.

물론 국자감의 입학시험이 아무리 제도화된들 관인 선발 시험과는 본질적으로 다르다. 그러나 관인이 부족하던 당시, 중앙관학의 입학과 사환

능했다고 생각된다. 전술하였듯이 국자감이 후대와 같이 정비되지 않았다면, 준사에 준하는 신분으로도 태학에 입학할 수 있었던 것이다. 만약 이 시기의 준사 역시 사문학 소속이었다면, 여기에서의 태학은 중앙관학의 범칭으로 여겨진다. 후술할 사례들에 나오는 "國子(學)生"이란 표현도 동일한 맥락에서 이해된다.

151 『全唐文補遺(千唐)』, 58쪽에 "〔楊玄肅〕貞觀廿二年, 國子學生, 于時皆妙選英材, 甲科及第."라고 한다.

152 盧志安은 "漢冊登科, 虞庠覩奧, 入太學, 明經擢第"(『秦晉豫新出墓誌蒐佚續編』, 384번)하였다.

153 『全唐文補遺(8)』, 341쪽. "〔張希會〕以『詩』『書』之敎, 昇庠序之科. 貞觀十六年, 補國子生. 其年擢第."

154 위 楊玄肅과 張希會의 묘지에 나오는 "國子學生" 혹은 "國子生"이란 말은 보통 '국자학의 학생'을 뜻하나 가끔 '국자감의 학생' 전부를 가리키기도 한다. 현종 천보12년 향공을 폐지할 때 "須補國子學生及郡縣學生, 然〔後〕聽擧."(『冊府元龜』 권640, 「貢擧部 條制」, 7674쪽. 『唐會要』 권76, 「貢擧 緣擧雜錄」, 1639쪽 참조)라고 한 것이 그 좋은 예이다.

(仕宦) 사이의 연계성이 후대보다 훨씬 긴밀하였다.[155] 왕덕표나 장희회가 국자감에 들어간 직후 급제했다는 사실이 이를 명증한다. 실제로 태종은 간단한 시험만 통과한 국자감의 학생에게 관직을 주기도 하였다.[156] 왕덕표의 묘지가 지방에서 올라와 국자감의 입학시험에 응시하는 과정 역시 "초빙"으로 표현한 것은 바로 이와 같은 정관 연간의 특수한 현실의 반영이라고 하겠다.[157]

이상에서 '정관 연간의 "진사" 사례 재검토'의 결과 다음과 같은 사실을 알 수 있다. 여러 문헌들에 정관 연간의 진사과 급제자라는 인물들이 적지 않지만, 그 근거 사료를 자세히 분석해 보면 사실 여부가 의심스러운 이들이 많다. 물론 이 시기는 믿을 만한 기록에 "진사"로 명기된 자가 나타나므로 확실히 무덕 연간까지와는 다르다. 그러나 이들 대부분 초임직의 관품이 후대의 진사과에 비하여 훨씬 높다. 또 전체적으로 보아 품계의 표준편차가 너무 커서, 모두 동일한 관인 선발 과목의 급제자인지조차 의심스럽다. 아울러 일부 "진사"의 묘지는 수대의 '빈공'처럼 선발 과정에서의 우대를 특별히 강조하고 있음 역시 주목된다. 이러한 기록들

---

155 皇甫瓈(619~683)의 묘지가 하나의 방증이 될지 모르겠다. 생몰년으로 보아 태종 때 벼슬을 시작했을 듯한 그가 "覃思『詩』『書』之奧, 敷襟俎豆之儀. 起家補國子明經, 射策擢第. 考先王之要道, 登甲乙之明科. 擢秀揚□, 武光時論, <u>解褐虢王府參軍事</u>."(『西安碑林博物館新藏墓誌彙編』, 083번. 밑줄은 인용자)하였다는 것이다. 皇甫瓈가 실제로 "解褐"하기 위해서는 "射策擢第" 등의 후속 과정이 필요했지만, 그의 국자감 입학을 "起家"라고 썼기 때문이다.

156 태종이 국자감의 확대·개방과 함께 그 학생들의 용이한 입사를 허용하였음을 앞서 지적했는데, 만약 "大經" 하나만 통달하면 "署吏"(『貞觀政要集校』 권7, 「崇儒學」, 376쪽) 혹은 "補官"(『資治通鑑』 권195, 唐太宗貞觀13年條, 6153쪽)하였다는 것이다.

157 전래문헌에 보이는 준사과가 바로 이 중앙관학의 학생 선발 시험으로서, 전게 劉海峰, 「唐代俊士科辨析」이 잘 지적하였듯이 과거제도의 상거 과목과는 마땅히 구별해야만 한다. 그런데 이것이 劉海峰의 설명처럼 당말까지 존속했더라도, 관인 자격자가 적체되기 시작한 고종 이후 그 중요성은 크게 약화되었다. 중앙관학의 입학이 곧 입사를 보장하지 못했기 때문이다. 후대의 문헌에 준사과에 대한 기록이 거의 나타나지 않음은 바로 이러한 시대적 조건의 변화에 기인하리라고 생각된다.

은 문맥이나 정황상 황제의 조서에 의거한 경우가 드물지 않은 듯하고,
혹 국자감의 입학시험까지 이렇게 미화한 문헌도 없지 않다. 이와 같은
양상은 태종의 잦은 구현 조서와 국자감의 확대를 통한 관인 충원 정책
을 생각할 때 쉽게 이해된다. 당시 황제의 명의로 선발된 이들 다 특별한
예우로써 초빙되었다고 자부했을 수 있기 때문이다.

　그렇다면 정관 연간의 "진사"와 유사한 사례들이 진사과의 존재에 대
한 직접적인 증거가 못되더라도, 이것이 그 이전과 달라진 태종 시기의
독특한 현실의 소산이란 점은 분명하다. 정관 연간에 이르러 비로소 확
인되는 "진사"로 명기된 인물들의 경우 역시 마찬가지이다. 이러한 새로
운 상황은 과거제도의 출현 문제와 관련하여 결코 간과할 수 없는 문제
이다. 그러므로 이와 같은 사실을 염두에 두고 당시 관인선발제도의 실
상을 좀 더 면밀히 고찰할 필요가 있다.

3. 정관 연간 관인 선발의 실상

과거제도 관련 기록

태종은 지금까지 살펴본 바와 같이 통일제국에서 관인의 중요성을 직시
하고 유능한 사람의 발탁 방법을 적극적으로 모색하였다. 관학의 개편을
통한 확대·개방이나 인재 천거를 요구하는 조서의 빈번한 반포가 좋은
예이다. 그리고 전통적인 찰거 과목을 온존시키면서도 그 선발 과정에
황제가 직접 개입해서 시험을 강화하기도 했다. 믿을 만한 문헌에서 "진
사"로 뽑힌 이들이 처음 확인되는 것 역시 정관 연간이며, 이와 유사한
사례들도 그 이전에 비하여 훨씬 늘어난다. 그러므로 설령 진사과를 비

롯한 상거 과목의 존재를 당시 사료로써 명증하지 못하더라도, 이 시기에 과거와 같은 새로운 관인선발제도의 출현을 예상한다고 해서 결코 무리가 아니다.

실제로 후대의 문헌에는 정관 연간의 과거제도 시행에 관한 기록이 적지 않다. 예를 들어, 고종 때의 재상 설원초(薛元超, 623~684)가 "진사탁제(進士擢第)"하지 않았음을 평생 한스럽게 여겼다고 한다.[158] 그의 생몰년으로 보아 태종 시기부터 진사과가 중요한 입사 방법이 아니었다면, 이런 이야기는 불가능한 것이다. 그런데 이 고사(故事)는 설원초가 국사(國史)의 찬수에 참여하지 않은 것도 후회했다고 하나, 이것은 그의 묘지나 열전 기록과 어긋난다.[159] 따라서 이러한 일화가 설원초 자신의 말이 아니라 이를 전하는 『수당가화(隋唐嘉話)』의 편찬 즈음 곧 현종 천보(742~755) 연간의[160] 전문(傳聞)에 불과하다고 생각된다.

그럼에도 불구하고 설원초의 말은 그 뒤 분명한 사실처럼 인식되었을 뿐더러, 진사과로 대표되는 과거의 제도적 확립 시기를 앞당기는 좋은 논거가 되었다. 당후기 이후 문헌에 되풀이되어 나오는

> 진사과는 수 대업(605~617) 연간에 시작되어 〔당〕 정관(627~649)·영휘(650~656) 연간 사이에 융성하였는데, 〔이때〕 관인〔縉紳〕은 비록 지위가 신하로서 최고일지라도 진사〔과〕를 거치지 못했으면 죽을 때까지 훌륭하게 여겨지지 않았다. … 그러므로 어떤 시(詩)에서 "태종 황제가 정말

---

158 劉餗, 『隋唐嘉話』(北京, 中華書局, 1979) 권中, 28쪽. "薛中書元超謂所親曰: 吾不才, 富貴過分, 然平生有三恨: 始不以進士擢第, 不得娶五姓女, 不得修國史."
159 薛元超의 묘지에서 그가 "中書舍人、弘文館學士兼修國史"(『唐代墓誌彙編續集』, 垂拱003번)였다 하고, 이 사실은 『舊唐書』 권73, 「薛元超」, 2590쪽에서도 확인된다.
160 『隋唐嘉話』의 편찬 시기나 그 저자 劉餗의 생몰년은 정확히 알 수 없다. 하지만 劉餗이 "天寶初"에 集賢院學士로서 "兼知史官"했다면(『新唐書』 권132, 「劉餗」, 4523쪽), 『隋唐嘉話』를 쓴 것도 이때 전후로 추정된다.

장구한 계책을 세웠으니, 다 늙어 백발이 되기까지〔진사과 급제를 위해 매진하도록〕영웅들을 붙잡아두었네!"라고 하였다.[161]

는 이야기가 이를 잘 보여준다. 여기에서 "지위가 신하로서 최고일지라도 진사과를 거치지 못했으면 죽을 때까지 훌륭하게 여겨지지 않았다"는 말은 바로 설원초의 고사를 염두에 둔 듯하고, 이는 진사과가 정관 연간부터 "융성하였"기 때문이라는 것이다. 『당척언』은 나아가 무덕 연간부터 "빛나던〔彰〕" 진사과를 태종이 매우 중시했음을 강조하였다.[162] 그러나 천인커(陳寅恪)의 지적처럼 이것은 사실과 다르다.[163] 앞서 누차 지적했듯이, 큰 시차를 가진 기록에 나오는 당초 관련 서술을 그대로 믿기 어려운 것이다.[164]

---

161 『唐撫言』권1,「散序進士」, 4쪽. "進士科始於隋大業中, 盛於貞觀、永徽之際; 縉紳雖位極人臣, 不由進士者, 終不爲美 … 故有詩云: 太宗皇帝眞長策, 賺得英雄盡白頭!" 李昉 등, 『太平廣記』(北京, 中華書局, 1961), 권180,「貢擧 總敍進士科」, 1321~1322쪽에도 이와 거의 동일한 내용이 보이는데, 여기에서는 그 出典을 『〔唐〕國史補』라고 하였다. 현존하는 李肇의 『唐國史補』에서는 이 기록이 없으나, 『太平廣記』의 말이 옳다면 李肇가 이 책을 쓴 穆宗 長慶(821~824) 연간(『唐國史補』,「唐國史補序」, 3쪽) 혹은 憲宗 元和(806~820) 연간(唐撫言』권1,「述進士下篇」, 3쪽)에 벌써 이러한 이야기가 널리 유포되었던 듯하다.

162 『唐撫言』은 위의 「散序進士」만이 아니라 「述進士上篇」에서도 "〔進士科〕彰於武德而甲於貞觀."하여 태종이 진사과 합격자들의 행렬을 보고 "天下英雄入吾彀中矣!"라며 기뻐했다고 한다(권1, 3쪽). 『唐撫言』권15,「雜記」, 159쪽에도 나오는 태종과 진사과 급제자 사이의 일화는 『太平御覽』권629,「治道部 貢擧」, 2816쪽에 따르면 『唐書』의 기록이고, 이런 이야기는 일찍부터 존재했을 가능성이 있다.

163 陳寅恪, 『唐代政治史述論稿』(臺北, 里仁書局, 1982. 원간 1944)의 「上篇 統治階級之氏族及其升降」, 22쪽에서 정관 연간의 진사과가 아직 『唐撫言』의 서술만큼 중요한 과목이 아니었다고 하였다.

164 龔延明,「新發現唐朝最早"策學"之作考證」, 『浙江大學學報』 2013-1에 의하면, 魏徵(580~643)의 진사과 時務策이 존재한다. 그러나 이 주장의 근거는 9세기 중엽 일본에서 편찬된 『令集解』, 그것도 이 책에 인용된 『古記』에 나오는 策文이다(『新訂增補國史大系 令集解』, 東京, 吉川弘文館, 1985의 권22,「考課令」, 646~647쪽). 게다가 "原『古記』"가 737~738년경에 만들어졌지만 833년 『令義解』가 나올 때까지 하나의 책으로 편찬되지 못했다면(嵐義人,「古記の成立と神祇令集解」(원간 1976), 荊木美行 編, 『令集解私

이와 같은 시각에서 볼 때, 당연히 더욱 주목해야 할 것은 정관 연간에 쓰인 글이다. 그런데 현존하는 태종의 조칙(詔勅)에서 과거의 상거 과목을 직접 명기한 것은 전통적인 찰거의 하나이던 수재를 제외하면,[165] 전술한 정관8년의 "조서로써 경서와 사서 한 책을 독(讀)하는 시험을 진사에 추가하였다."는 기록뿐이다. 하지만 이 "진사"는 앞서 지적하였듯이 그 직전 대사에게 "특별한 예로써 올려라〔進〕."고 한 이들 곧 '올려진 사(士)'를 가리킬 수 있다. 따라서 적어도 태종 시기의 왕언(王言) 중에는 확실한 과거의 상거 과목이 없다고 해도 좋다.

기실 『당회요』가 「공거」란 제목 아래 채록한 사실은 대부분 고종 치세 이후의 일이다. 여기에서 그 이전의 "진사" 관련 내용은 위 정관8년의 조서 이외에 단지 정관22년 장창령의 급제를 둘러싼 논란만 있는데,[166] 이것도 이미 밝혔듯이 상이한 기록이 너무 많아서 믿기 힘든 사실이다. 이밖에 『당회요』, 「공거」에 실린 태종 시기의 일은 정관9·12·18년의 "명경" 첩경(帖經)[167]·오경의소(五經義疏) 편찬[168]·"효렴" 시험과[169] 관련된 사건이지만 이 중 과거제도와 직결된 명경과의 첩경에 대한 서술은 당후기 덕종 때의 제도를 잘못 적은 것이다.[170]

記の研究』, 東京, 汲古書院, 1997), 이 일본 문헌에 실린 魏徵 관련 내용을 얼마나 신뢰할 수 있는지 의문이다. 사실 魏徵은 진사과 급제자가 아니므로 애당초 이런 글을 쓸 이유가 없다. 일본의 『古記』에 실린 策文은 십중팔구 후대에 名士의 이름을 冒稱한 글일 것이다.

165 『冊府元龜』 권67, 「諸王部 求賢」, 757쪽 등에 실린 정관17년의 조서가 "茂才"라는 표현을 사용했는데, 효렴과 함께 나오는 이것 또한 당연히 秀才의 異稱으로서 전통적인 찰거 과목의 하나로 보아야 할 것이다.

166 『唐會要』 권76, 「貢擧 進士」, 1633쪽.

167 『唐會要』 권75, 「貢擧 帖經條例」, 1629쪽.

168 『唐會要』 권77, 「貢擧 論經義」, 1661쪽.

169 『唐會要』 권76, 「貢擧 孝廉擧」, 1651쪽.

170 『唐會要』 권75, 「貢擧 帖經條例」, 1629쪽의 정관9년 명경과 관련 기록은 앞서 지적했듯이 『冊府元龜』 권640, 「貢擧部 條制」, 7769쪽; 『唐大詔令集』 권106, 「條流習禮經人

『통전』의 「선거」 내용도 마찬가지이다. 『당회요』에 없는 정관 연간 때의 사실은 대개 관직의 부여와 관련된 전선 문제이기 때문이다. 이 가운데 태종과 두여회(杜如晦, 585~630)의 대화처럼[171] 관인의 선발 문제와 무관하지 않은 부분이 있더라도, 여기에서 "진사"나 "명경"과 같은 상거 과목이 직접 언급되지 않는다. 『책부원귀』는 「공거부」에 '과목'이란 하위 항목을 따로 두었으나, 여기에 실린 정관 연간까지의 기록은 고작 황제의 구현 조서 몇 개에 그친다.[172] 이 책의 '고시(考試)'란 이름의 항목도 당대의 사례가 고종 현경4년(659)의 일로 시작하고,[173] 과거의 상거 과목에 대한 새로운 사실은 발견되지 않는다.[174]

『정관정요(貞觀政要)』도 이와 관련하여 간과할 수 없는 문헌이다. 이 책이 현종 개원17년(729)경에 편찬되었고 현존 판본도 원대 이후의 것이나,[175] 정관 연간 조정 내부의 실상을 이만큼 명확히 전하는 기록이 드물기 때문이다. 그런데 『정관정요』에 실린 태종과 대신들의 관인 선발 관련 논의 중 과거제도를 구체적으로 거론한 적이 없다.[176] 오히려 이 책의

敕」, 550쪽에 나오는 덕종 정원9년의 조처 내용과 동일하다. 따라서 이것은 貞元을 貞觀으로 오인한 탓에 생긴 착오로 판단된다. 이는 누차 강조한 바 당후기에 편찬된 문헌의 문제점을 거듭 확인시켜 줄 뿐이다.

171 『通典』 권15, 「選擧 歷代制下」, 363쪽.

172 『冊府元龜』 권645, 「貢擧部 科目」, 7727~7728쪽에 나오는 정관11·15·17년의 관인 선발 조서는 『唐會要』에 없는 내용이다. 그러나 이 글들에는 "무재"·"효렴"이나 "천거" 기록만 있고, 과거의 새로운 상거 과목에 대한 이야기는 전무하다.

173 『冊府元龜』 권643, 「貢擧部 考試」, 7709쪽.

174 『冊府元龜』 권650, 「貢擧部 應擧」, 7796쪽의 경우 『唐會要』에 없는 李義琰의 "擧進士" 기록이 있지만, 전술했듯이 이 말은 『唐摭言』 등 오대 시기 이후 문헌에 처음 나오므로 믿기 어려운 내용이다.

175 謝保成, 「貞觀政要集校敍錄」, 『貞觀政要集校』, 1~48쪽.

176 『貞觀政要』는 태종의 교육 중시나 관학의 정비 사실을 강조하며 여기에 많은 지면을 할애하였다. 그러나 그 학생들을 관인으로 선발하는 정례화된 제도에 대한 서술은 발견되지 않는다. 다만 李百藥의 上奏 중 "弘奬名敎, 勸勵學徒, 既擢明經於青紫, 將升碩儒於卿相, 聖人之善誘也."(『貞觀政要集校』 권3, 「論封建」, 178쪽)라 했고, 이

핵심 내용은 추천 위주의 전통적 찰거를 통한 능력 있는 관인 확보의 문제이다. 당시 "자거(自擧)"까지 검토 대상으로 삼았지만 결국 "경박한 경쟁 풍조〔澆競之風〕" 조장을 걱정하며 이를 포기하는 분위기였던 것이다.[177] 따라서 태종 시기에 새로운 관인 선발 방법이 다각적으로 모색되었을지라도, 기존의 제도적 틀을 완전히 탈피하지는 못했다고 생각된다.[178]

그렇다면 정관 연간에 과거라는 새로운 관인선발제도가 실제로 만들어졌는지 의문이며, 당시의 석각자료에 다시 주목할 필요가 있다. 그 제작 시기에 초점을 맞추어 이러한 사료들을 다시 살펴보면, 태종 때의 석물(石物)에 기록된 관인의 선발 과정은 대부분 황제와 관련하여 설명되거나 특정한 과목 이름을 명기하지 않았다.[179] 정관 연간의 비석이나 묘지에 가끔 "수재"와 "효렴"이란 명칭이 보이지만,[180] "명경"이나[181] "진사"

"明經"을 명경과라고 볼 수 있을지도 모르겠다. 그러나 이것 이외에는 상거 과목 명칭이 『貞觀政要』에 달리 나오지 않는다면, 世襲刺史에 대한 비판 가운데 나오는 이 "명경"도 '경서 혹은 경학에 밝은 자'라는 逐字的 해석이 나을 듯하다.

177 『貞觀政要集校』 권3, 「論擇官」, 165쪽.

178 앞서 지적했듯이 현존 『수서』 곧 무덕4·5~정관10년, 정관15~현경1년에 각각 편찬된 『수서』와 『오대사지』를 합친 책에 새로운 관인선발제도와 관련된 내용이 전혀 없다는 사실도 이러한 측면에서 이해 가능할 듯하다. 이것은 전술한 것처럼 수대에 과거제도가 없었기 때문이겠으나, 설령 그렇더라도 만약 정관 연간에 과거가 생겼다면 그 이전 상황에 대한 설명에서 은연중 이 제도와의 비교가 이루어졌을 법한 것이다.

179 예를 들어, 정관2·7·21년에 각각 제작된 묘지에서 "開皇八年, 詔擧賢良, 起家衛州汲縣尉"(『唐代墓誌彙編』, 貞觀009번); "仁壽二年, 應詔擧爲雍州咸陽□□"(『唐代墓誌彙編續集』, 貞觀007번); "去武德年內, 被召赴京. 以君夙達天文, 觀于時變, 權直太史."(『大唐西市博物館藏墓誌』, 38번)라고 하였다. 정관23년에 만든 孟恭과 楊全 묘지의 "貞觀元年, 奉勅授雍州萬年縣尉."(『全唐文補遺(8)』, 260쪽)과 "以貞觀九年, 爰應旌命, 射策高第, 泛授散官, 論例旣多, 俯同將仕."(『唐代墓誌彙編』, 貞觀171번)라는 설명도 과목 명칭을 분명히 밝히지 않았다는 점에서 마찬가지이다.

180 『唐代墓誌彙編』의 貞觀027; 貞觀031번의 묘주 張伯과 胡儼이나 『唐代墓誌彙編續集』, 貞觀016번의 묘주 徐純이 수대의 "효렴" 혹은 "수재"였다는 기록이 그 좋은 예이다.

181 【부록1】의 〈태종 시기 명경과 급제자〉 가운데 비교적 믿을 만한 사례 곧 '자료 신뢰

란[182] 말은 거의 없기 때문이다. 앞의 〈표4: 믿을 만한 태종 시기 진사과 급제자〉로 제시했던 이들도 마찬가지로서, 여기에 나오는 "진사"도 결국 고종 시기 이후의 표현일 뿐 태종의 치세에 진사과라는 상거 과목이 존재했다는 확증이 될 수 없는 것이다. 그러므로 이 시기에 정말 과거제도가 출현하였다면, 이 문제는 관점을 조금 바꾸어 접근해 보는 편이 나을 듯하다.

성' 최고 단계(◎)이면서 과목 확실성' 최저 단계(×)가 아닌 이들을 따로 정리한 것이 【부록2】의 〈Ⅰ기 명경과 급제자〉이다. 무덕 연간, 고종 영휘1~5년 급제자로 추정된 인물까지 포함된 이 표에는 그 근거 자료의 시기까지 밝혀 두었다. 그런데 이들 중 가장 이른 것이 651년 곧 고종 영휘2년의 賈貞인데, 그도 실상 "효렴"으로 적혀 있다. "명경"으로 명기한 최초의 사료는 662년(용삭2)에 만들어진 李譜의 묘지이다. 물론 급제 시기를 정확히 알 수 없는 인물의 경우, 이보다 빠른 기록이 있다. 「昭慶令王璠淸德頌碑」에서 "以國子監太學明經擢第輝揚, 授上黨郡長子縣主簿"(『全唐文』 권133, 1341쪽)라고 하는데, 이 비석의 정확한 제작 시기는 알 수 없더라도 찬자 李大亮이 사망한 정관18년(644)(『舊唐書』 권62, 「李大亮」, 2390쪽) 이전임은 분명하기 때문이다. 하지만 이것이 정관 연간의 석각자료 가운데 관인의 선발과 관련된 유일한 "명경" 사례라면, 이 말은 과목 명칭이 아니라 단지 '경서 혹은 경학에 밝다'는 뜻으로 읽는 편이 타당해 보인다. 당시 관직이 없던 劉相의 묘지에 나오는 "明經悅史"(『唐代墓誌彙編續集』, 貞觀044번) 같은 표현을 보면 더욱 그러하다.(許友根, 「唐人登科名錄再補」, 『科擧學論叢』, 2019-2는 신출 묘지를 통해 새로운 급제자를 다수 확인했으나, 본서의 작성 중에 나온 이 성과는 【부록】에 미처 반영하지 못하였다. 그러나 여기에서도 662년 이전에 만든 묘지에서 "명경" 기록은 없기 때문에 본서의 논지와 상충되지 않는다.)

182 【부록1】의 〈태종 시기 진사과 급제자〉 중 가장 신뢰할 만하다고 검증된 인물들이 바로 〈표4: 믿을 만한 태종 시기 진사과 급제자〉이다. 그리고 이들을 무덕 연간, 고종 영휘1~5년 급제자로 추정된 인물들과 함께 정리한 표가 【부록2】의 〈Ⅰ기 진사과 급제자〉이다. 여기에서 가장 이른 시기의 근거 자료는 663년(龍朔3)에 만들어진 裵晧의 것인데, 그는 "茂才"로 되어 있다. "進士"로 명기된 경우 666년(乾封1)에 제작된 楊緘의 묘지가 처음이다. 따라서 고종 영휘5년까지 믿을 만하다고 여겨지는 진사과 급제자에 관한 증거 또한 빨라도 고종 용삭 연간 이후에 쓰인 기록인 셈이다.(상게 許友根, 「唐人登科名錄再補」에 새로 보고된 자료들 가운데서도 최초의 "진사" 기록도 682년(永淳1년) 제작된 묘지에 나오므로 본서의 결론과 어긋나지 않는다.)

'광의의 진사'와 과거제도의 원형

서장에서 밝혔듯이 과거제도의 역사에서 상거가 핵심이고, 그 기원과 관련하여 진사과의 출현이 중요한 문제이다. 그러므로 "진사"라는 말은 특히 주목하지 않으면 안 되는데, 이 어휘가 『예기(禮記)』, 「왕제(王制)」에도 나온다. 이에 따르면, 향(鄕)에서 '빼어난 사인〔秀士〕'으로 뽑힌 '선사(選士)'와 그 중에서 다시 선발된 '준사(俊士)'가 학교에서 대악정(大樂正)의 교육을 받는 '조사(造士)'가 되었고, "대악정은 조사 가운데 빼어난 자〔秀者〕를 왕에게 보고하고 사마(司馬)에게 올리는데 그를 '진사'라 한다." 그리고 이 진사가 그 뒤 적절한 평가를 거쳐 결국 왕으로부터 관직을 받을 수 있었다.[183] 주대(周代) 관인의 입사 과정에서 진사는 이처럼 중요한 자리를 차지하며, 이것이 보통 진사과의 기원으로 이야기된다.

그런데 이처럼 관인의 선발과 직접 연계된 진사 개념은 오래도록 잊혀졌던 듯하다. 한대 이래 찰거제도 아래에서 진사란 과목 명칭이 보이지 않고, 남북조시대까지 이 단어가 문자 그대로 '사(士)를 올린다'거나 '올려진 사'라는 뜻으로만 쓰이는 데 그쳤기 때문이다.[184] 수·당 시기에

---

183 『禮記正義』(北京, 北京大學出版社, 2000) 권13, 「王制」, 472~479쪽. "命鄕論<u>秀士</u>, 升之司徒, 曰<u>選士</u>. 司徒論<u>選士</u>之秀者而升之學, 曰<u>俊士</u>. 升於司徒者不征於鄕, 升於學者不征於司徒, 曰<u>造士</u>. 樂正崇四術, 立四敎. 順先王『詩』、『書』、『禮』、『樂』以<u>造士</u>. … <u>大樂正論造士之秀者, 以告於王, 而升諸司馬, 曰進士</u>. … 司馬辨論官材, 論<u>進士</u>之賢者, 以告於王, 而定其論. 論定, 然後<u>官之</u>. 任官, 然後<u>爵之</u>. 位定, 然後<u>祿之</u>."(밑줄은 인용자)

184 "〔何〕武爲人仁厚, 好<u>進士</u>, 獎稱人之善."(『漢書』 권86, 「何武」, 3485쪽)과 같은 표현이 그 전형적인 예이다. 단 『續漢書』의 "〔朱儁〕)少好學, 爲郡功曹, 察孝廉, 擧<u>進士</u>." (陳壽, 『三國志』, 北京, 中華書局, 1959의 권46, 「孫破虜討逆傳」, 1094쪽 注文);「劉成主之墓誌」의 "君息〔劉〕僧沼, 州西曹. 息〔劉〕多興, <u>進士</u>都督"(趙超, 『漢魏南北朝墓誌彙編』, 天津, 天津古籍出版社, 2008, 502쪽. 원간 1992)의 경우 관인 선발과 연관된 용례처럼도 보이지만, 이것이 찰거 과목이나 진사과처럼 특정한 관인 선발 방법을 지칭하지 않음은 분명하다. 한대 焦贛, 『易林』(臺北, 臺灣中華書局, 1970) 권14,

도 이것이 구체적인 관인의 선발과 무관하게 사용되기도 했다.[185] 하지
만 전술한 바 정관8년 3월에 경서와 사서 시험이 추가된 "진사"는 이와
조금 다르다. 이 "진사"가 설령 대사의 추천으로 '올려진 사'였을지라도,
이렇게 관인 선발 과정과 직결된 의미로 쓰인 용법이 한동안 사라졌다가
다시 등장한 것이다. 더구나 이 "진사"는 시험과 결부되어 있다는 점에서
특별하므로 통일제국의 재건 이후 나타난 새로운 변화라고 생각된다.

이와 같은 시각에서 볼 때, 정관 연간의 기록에 나오는 진사란 말은
관인선발제도와 관련하여 확실히 주목할 만하다. 그 좋은 예가 저수량(褚
遂良, 596~659)의

> 태학에서 좋은 성적을 얻은 이나 여러 주의 "진사"는 모두 책문(策文)이
> 훌륭하고 경학이 뛰어나며 선성(先聖)의 훌륭한 가르침을 지키고 옛 현
> 인의 염치〔아는 행실〕을 흠모하는데도, 10명 가운데 5명만을 뽑아 능력
> 을 헤아려 관직을 주십니다.[186]

라는 표문(表文)이다. 정관 연간 후기에[187] 모리(謀利)하는 착전령사(捉錢令

8뒤쪽의 '噬嗑'에도 "進士爲官"이란 표현이 있는데, 같은 책에 "進仕爲官"(권11, 21뒤
　쪽의 '因')이라고도 적었으며, 이때의 "進士"는 進仕 곧 '벼슬살이로 나아간다'란 의미
　일 터이다.

185　앞서 지적했던 "擇善任能, 救民之要術; 推賢進士, 奉上之良規."(『唐大詔令集』 권102,
　「京官及總管刺史擧人詔」, 518쪽)라는 무덕5년의 조서가 그 좋은 예이다. 여기에서
　"進士"는 전술했듯이 훌륭한 '사인을 올린다'는 의미로 읽어야 마땅하기 때문이다.

186　『文苑英華』 권607, 「請廢在官諸司捉錢令史表」, 3147쪽. "〔伏惟陛下治致升平, 任賢
　爲政,〕或太學高第, 或諸州進士, 皆策同片玉, 經若懸河, 奉先聖之格言, 慕昔賢之廉
　恥, 拔十取五, 量能授官." 이와 비슷한 내용이 『冊府元龜』 권505, 「邦計部 俸祿」,
　6067쪽과 사고전서본 『唐會要』 권91, 「內外官料錢」, 2앞쪽에 나오는데, 여기에서는
　"太學"이 "文學"으로 적혀 있다. 그러나 『通典』 권35, 「職官 祿秩」, 963쪽; 상해고적
　출판사본 『唐會要』 권93, 「諸司諸色本錢」, 1985쪽; 『新唐書』 권55, 「食貨」, 1395쪽
　에 실린 글에서는 『文苑英華』처럼 "太學"으로 되어 있다.

187　이 褚遂良의 上表 시기는 『冊府元龜』 권505, 「邦計部 俸祿」, 6067쪽; 『唐會要』 권93,
　「諸司諸色本錢」, 1985쪽(이 부분은 사고전서본 『唐會要』 권91, 「內外官料錢」, 2앞쪽

史)의 폐지를 주장한 이 글은 여타 일반 관인을 지나치게 미화한 감도 있다. 하지만 위 인용문은 중앙관학의 학생을 관인의 주요 내원으로 삼던 당시 현실과 부합한다. 그런데 이와 함께 강조된 것이 바로 "여러 주의 진사"이고, 이들은 다양한 능력을 갖추고 엄격히 선발되었다고 한다.

이렇게 지방에서 그 능력의 평가를 거쳐 올라오는 "진사"가 있었다면, 당시 진사과로 대표되는 과거제도의 존재는 논란의 여지가 없을 법하다. 태학에서 선발된 자들과 지방의 "진사"는 과거 응시자의 두 계통 곧 '생도'와 '향공'을[188] 뜻할 터이고, 진사과의 제도적 정착도 자명해지는 듯한 것이다. 그런데 이러한 추론은 태종 때 벌써 후대와 같은 상거 과목들이 있었고, 이 글의 "진사"가 그 중의 한 과목인 진사과임을 전제로 한다. 그러나 이 가정은 위의 인용문을 볼 때 성립하기 어렵다. "진사"의 선발 기준처럼 제시된 책시(策試)·경학적 지식·탁월한 덕성이 수재과를 비롯한 다른 상거 과목에도 해당되기 때문이다. 다시 말해, 저수량은 후대의 진사과보다 더 폭넓은 의미로 "진사"라는 말을 사용하고 있는 것이다.

정관 연간의 "진사"란 말이 후대의 상거 과목으로서의 진사과와 상이할 가능성은 정관8년 3월에 경서와 사서 시험이 추가된 "진사"와 관련하여 이미 지적했던 사실이다. 앞서 상술하였듯이, 이것은 당초의 진사과가 책(策)만을 시험했다는 여타 문헌의 설명과 다를 뿐더러 그 직전에 태종은 지방에 대사를 파견하면서 인재를 발굴해 "특별한 예로써 올[進]"리기를 요구한 적이 있기 때문이다. 정관8년의 "진사"가 일차적으로 대

에 상이한 篇名으로 좀 더 자세히 적혀 있으나, 그 시기와 기본 내용은 동일함)에 정관12년으로 나오지만, 『通典』, 권35, 「職官 祿秩」, 963쪽; 『新唐書』 권55, 「食貨」, 1395쪽에는 정관15년으로 되어 있다. 어떤 기록이 옳든 간에, 이 글은 정관 연간 후기의 것이다.

188 『新唐書』 권44, 「選擧志」, 1159쪽.

사가 추천해 '올린 사'를 가리킨다면, 저수량의 표문에 나오는 "진사" 역시 지방에서 다양한 능력의 평가를 거쳐 '올려진 사'를 뜻한다고 해도 무방하다.

기실 '진(進)'이란 글자의 용례는 매우 다양한데, 일찍부터 현능한 인물을 등용·승진하도록 천거한다는 뜻으로도 익히 사용되어 왔다.[189] 그리고 관인의 추천을 "진거(進擧)"·"진명(進名)"으로 표현한 태종 시기의 사례[190] 역시 분명히 발견된다. 따라서 정관 연간에 진사과라는 상거 과목이 설령 없었더라도, '사를 천거한다' 혹은 '천거된 사'란 뜻으로 "진사"라는 말을 쓸 수가 있다. 그렇다면 위에 인용한 저수량의 글에서 "여러 주의 진사"는 '여러 주에서 천거된 사'로 해석해도 무방하고, 또 그렇게 읽어야만 뒤이은 다양한 능력 평가 기준의 병렬과도 모순이 생기지 않는다. '진' 곧 '천거'의 기준이나 방법이 단일할 경우 도리어 문맥이 순통하지 않기 때문이다.

그런데 "진사"에는 '사(士)'란 글자도 있고, 이 말의 개념도 톺아볼 필요가 있다. 주지하듯이 주대에 지배층의 최하위 신분이던 사는 춘추전국시대를 거치면서 그 제도적 위상이 바뀌었으며, 유가(儒家)를 중심으로 법제와 별개의 내면적 가치도 중시되어 갔다. 이 복잡한 문제를 자세히 설명하기는 힘들지만,[191] 여기에서 분명히 해 둘 것은 사의 사회적 '지위(地位)'

---

189 예를 들어, 『周禮』가 "進賢"을 大宰와 大司馬의 職任으로 규정하였는데, 唐 高宗 永徽 연간에 太學博士였던 賈公彦은(『舊唐書』 권189上, 「儒學 賈公彦」, 4950쪽) 여기에 "有賢在下, 君當招之, 民當擧之, 是君民皆進賢也."(『周禮注疏』 권2, 「大宰」, 37쪽), "諸臣舊在位, 有德行者, 幷草萊有德行未遇爵命者, 進之, 使稱才仕用."(같은 책, 권29, 「大司馬」, 892쪽)이라고 疏를 달았다.
190 정관20년에 褚遂良은 杜淹의 "貞觀初" "檢校選事" 임무 수행을 칭송하면서 "凡所採訪七十餘人, 比並聞其嘉聲. 積久研覆, 一人之身, 或經百問, 知其器能, 以此進擧. 身旣染疾, 伏枕經年, 將臨屬纊, 猶進名不已. 陛下悉擢用之, 並有淸廉幹用, 爲衆所欽望."(『唐會要』 권74, 「選部 論選事」, 1580쪽. 사고전서본에는 마지막 "爲衆所欽望"이 "衆所服願"으로 되어 있음)이라고 하였다.

에 대한 상이한 견해이다. 『공양전(公羊傳)』의 하휴(何休, 129~182) 주(注)가 "덕능거위왈사(德能居位曰士)"라고[192] 하여 사 나름의 고유한 '위(位)'를 인정하였고, "학이거위왈사(學以居位曰士)"[193]라고 한 『한서(漢書)』의 기록도 이와 유사하다. 반면 『곡량전(穀梁傳)』의 범녕(范甯, 339경~401경) 주는 사를 단지 "학습도예자(學習道藝者)"라고만[194] 해서 그 '위(位)'의 독자성을 명시하지 않았다. 이처럼 서로 다른 사에 대한 설명은 진·한 이래 관과 민의 접점에 위치한 애매한 위상 탓일 것이다.[195]

당대 사의 의미도 크게 보아 둘로 나뉜다. 우선 "백관(百官)의 가구(家口)는 모두 사류(士流)에 들어간다."는[196] 고종의 칙서에서 보듯이, 사가 일반민과 구분되는 특별한 지위를 갖는 존재로 여겨졌다.[197] 이것은 위진남북조시대를 지나며 사의 지위가 높아지면서 사회적으로 '서(庶)'와 현격히 다른 신분으로 부상한[198] 결과라고 생각된다. 그러나 「호령(戶令)」에서 사는 농(農)·공(工)·상(商)과 함께 사민(四民)의 하나로 단지 "습학문

---

191 士에 대한 개괄적 설명은 서울대학교 역사연구소 편, 『역사학용어사전』(서울, 서울대학교출판문화원, 2015)의 '士大夫' 항목에 나온다. 이 문제와 관련된 專著로 余英時, 『士與中國文化』(上海, 上海古籍出版社, 2003. 원간 1987)가 유명하다.

192 『春秋公羊傳注疏』(北京, 北京大學出版社, 2000), 권17, 成公元年3月條, 427쪽.

193 『漢書』 권24上, 「食貨志」, 1117~1118쪽.

194 『春秋穀梁傳注疏』(北京, 北京大學出版社, 2000), 권13, 成公元年3月條, 242쪽.

195 이와 관련하여 졸고 「魏晉南北朝 時期의 '士'에 관한 一試論: 日本 學界에서의 '貴族'論에 대한 再檢討를 중심으로」, 『대동문화연구』 80, 2012, 87~90쪽에서 상술하였다.

196 『冊府元龜』 권159, 「帝王部 革弊」, 1921쪽. 『唐會要』 권32, 「輿服 冪䍥」, 684쪽; 『舊唐書』 권45, 輿服志, 1957쪽 참조.

197 고종 현경 연간에 "皇朝得五品官者, 皆升士流."란 格이 있었다면(『冊府元龜』 권337, 「宰輔部 徇私」, 3984쪽), 당시 "士流"가 일반적인 관인이 아니라 5품 이상의 고관과 동일시되었을 수도 있다. 『唐會要』 권36, 「氏族」, 775쪽의 注文은 이와 유사한 내용을 단지 "皇朝得五品者, 書入族譜."(사고전서본은 "皇親得五品者, 盡入譜.")라고 했으나, 『舊唐書』 권82, 李義府傳, 2769쪽의 경우 『冊府元龜』와 같은 표현이 나온다.

198 박한제, 「魏晉南朝 貴族制의 展開와 그 성격」, 서울대학교동양사학연구실 편, 『講座中國史(2)』(서울, 지식산업사, 1989)가 이러한 학계의 통설을 잘 설명하고 있다.

무자(習學文武者)"일 뿐 일반민과 지위나 신분에서 근본적인 차이가 없다.[199] 실제로 당조의 율령에서는 사와 서를 그렇게 엄격히 구분하지 않았던 듯하다.[200] 현실적으로는 서나 민과 차별화된 사의 '(지)위'가 인정되었을지라도,[201] 적어도 법제상 사는 단지 '학식 있는 민'에 불과했던 것이다.

그러므로 정관 연간의 관인 선발과 관련된 "진사"라는 말에서 "사"도 기본적으로 민에 해당한다고 봄이 타당하다. 이 시기에 활동한 양사훈(楊士勛, ?~?)이[202] 『곡량전』의 소(疏)에서 "만약 사가 '거위(居位)'한다면 '민'이 될 수 없다."는 이유로 하휴의 해석을 비판한 것이[203] 이러한 사회 분위기를 잘 드러낸다. 그렇다면 앞서 본 태종의 조서나 저수량의 글에 나오는 "진사"도 '학식 있다고 천거된 민'으로 바꾸어 해석해도 무방하다. 이 "진사"의 대상은 '민'으로 국한되며, 이미 관직을 가진 자는 여기에서 제외되기 때문이다. 다시 말해 태종이 경서와 사서 시험을 치게 한 이들이나 저수량이 말한 바 여러 주에서 천거되어 올라온 인물들 모두 무관(無

---

199 『唐令拾遺』,「戶令」제26조, 244쪽(『唐令拾遺補』,「戶令」, 같은 조, 537쪽 참조). 물론 이 두 책에서 파악 가능한 것은 『武德令』과 『開元7年令』의 내용이나 그 사이에 존재하는 『貞觀令』 또한 크게 다르지 않을 터이다.

200 현존 율령 중에 '士庶'를 병칭한 유일한 예가 移任 때 재물을 받은 관료의 처벌과 관련된 職制律의 "士庶饋與"란 律文인데, 疏議에서 "'士庶', 謂舊所管部人"이라고 설명하였다(長孫無忌 등, 『唐律疏議』, 北京, 中華書局, 1983의 권11,「職制律」제57조 (총 제147조), 228쪽. 『唐律疏議』의 권2,「名例律」제32조(총 제32조), 87쪽; 권16, 「擅興律」제24조(총 제247조), 319쪽의 疏議에 나오는 '士庶'는 모두 이 職制律 조항의 인용임.). 여기에서 "人"을 "士"와 "庶"로 나누어 적었으나 양자 간 법적 효력의 차이가 없음은 확실하다.

201 예를 들어, 당전기 인물인 崔融(653~706)의 「請不稅關市疏」(『文苑英華』, 권697, 3599쪽)에는 『漢書』의 "學以居位曰士"라는 구절을 인용하고 있다.

202 楊士勛의 行績은 잘 알 수 없지만, 『文苑英華』권735, 孔穎達「春秋正義序」, 3828쪽을 보면 그가 四門博士를 역임하고 太宗 때 五經正義의 편찬에 참여한 것은 확실하다.

203 『春秋穀梁傳注疏』권13, 成公元年3月條, 242쪽.

官)의 상태였고, 그들은 "진사" 곧 '학식 있는 민으로 천거'됨으로써 입사의 길에 처음 들어설 수 있었다.

이러한 정관 연간의 "진사"는 분명히 민간의 인재를 관인으로 선발하는 한 방법이다. 추천 위주의 전통적인 찰거 과목은 물론 구현의 조서에 의거한 인재의 천거 또한 이렇게 부를 수 있다.[204] 이 "진사" 개념에 시험의 부과나 정례화 여부는 애당초 문제가 되지 않기 때문이다. 다만 잊어서 안 될 점은 이처럼 "진" 곧 천거된 자들은 "사"란 사실이다. 즉 관인 신분의 인물이 배제되는 것이다. 예를 들어, 정관3년에 도독·자사 등 지방장관에게 "제주관리(諸州官吏)"와 "염려지인(閻閭之人)"을 평가해서 추천하도록 명하였을 때 후자의 경우만 이 "진사"의 개념에 합당하다.[205]

이와 같이 넓은 의미의 "진사"는 통상 거론되는 과거제도의 진사과와는 확실히 다르다. 당연히 상거의 진사과도 여기에 포함될 수 있겠지만, 정관 연간의 "진사" 용례는 특정한 과목의 명칭이 아니기 때문이다. 그렇다면 〈표4: 믿을 만한 태종 시기 진사과 급제자〉에 실린 인물들도 이러

---

204 이와 관련하여 흥미로운 사실이 있다. 『唐律疏議』 권9 「職制律」 제2조(총 제92조), 183쪽의 疏議에서 "貢擧" 대상을 (1)"諸州歲別貢人", (2)"別勅令擧", (3)"國子諸館年常送省者"의 순서로 열거한 기록이 그것이다. 현존 『唐律疏議』가 어느 시기의 판본인지 논란이 많으나, 이 책이 처음 만들어진 때는 분명히 고종 영휘4년이다(『冊府元龜』 권612, 「刑法部 定律令」, 7345쪽; 『唐會要』 권39, 「定格令」, 820쪽). 그렇다면 고종 초기까지 (1)지방에서 올려진 "貢人", (2)황제의 조칙으로 선발된 이, (3)관학의 학생 등이 엄격한 구분 없이 인식되었을 가능성이 크다. 실제로 제거와 상거의 확실한 분리는 뒤에서 상술하듯이 고종 현경 연간 이후이고, 그 이전의 상황을 진사과가 상거의 중요 과목으로 정착한 후대와 동일시할 수 없는 것이다.

205 『唐大詔令集』 권80, 「賜孝義高年束帛詔」, 460쪽에서 "<u>諸州官吏</u>, 或正直廉平, 刑淸訟息; 或貪婪貨賄, 害政損人, 宜令都督·刺史以名封進. 白屋之內, <u>閻閭之人</u>, 但有文武才能, 灼然可取, 或言行忠謹, 堪理時務; 或在昏亂而肆情, 遇太平而克己, 亦錄名狀與官人同申."(밑줄은 인용자)이라고 한다. 실제로 이 조서에서 "或" 뒤의 4개 내용이 上申 기준일 터인데, 같은 보고 대상이더라도 "諸州官吏"와 "閻閭之人"은 각각 "正直廉平, 刑淸訟息"·"貪婪貨賄, 害政損人"과 "言行忠謹, 堪理時務"·"在昏亂而肆情, 遇太平而克己"로 그 평가 기준을 명확히 구분하고 있다.

한 맥락에서 이해 가능하다. 후대와 같은 상거 과목의 분명한 실체를 찾기 힘든 당시, 설령 "진사"라고 불리더라도 그것은 실상 '광의의 진사' 일 가능성이 농후한 것이다. 그리고 전술한 "진사"와 유사한 사례들 또한 마찬가지이다. 이들은 대개 관직이 없는 상태에서 정중한 예우를 받으며 초빙된 듯이 기록되었고 이는 '학식 있는 민으로 천거'되었다는 점에서 상통하기 때문이다.

실제로 과거제도의 상거 과목인 진사과와 상이한 '광의의 진사' 개념 은 후대의 문헌에서도 확인된다. 『문헌통고』에 실린 '당등과기총목'은 매 년 "진사"의 숫자를 밝힌 뒤, 그 말미에 "수재"·"제과(諸科)"·"응제급제(應制及第)"·"상서배관(上書拜官)" 등 다양한 "등과(登科)" 인물들을 모두 합쳐 서 "이상(以上)은 당 289년간 해마다 뽑은 '진사'의 총목이다."라고 하는 것이다.[206] 마지막 문장의 "진사"는 진사과 이외의 상거 과목은 물론 "응제"·"상서"를 통한 입사 방법까지 망라한 넓은 뜻의 진사라고 볼 수밖에 없다. 이러한 서술은 『문헌통고』에 실린 오대와 송대의 등과기총목에는 나오지 않는데,[207] 그 까닭이 오대 시기에 이르면 상거 과목으로서의 진 사과 곧 '협의의 진사'가 제도적으로 이미 확고히 정착되었기 때문이라고 생각된다.

따라서 '광의의 진사'는 과거제도 초창기 특유의 용례로서 각별한 주 의를 요한다. 이러한 측면에서 볼 때 또 흥미로운 사실이 있다. "[고종] 영휘(650~656) 연간 이전에는 준[사](俊士)와 수[재] 두 과목이 아직 진사와

---

206 『文獻通考』 권29, 「選擧考 擧士」, 843~861쪽. "右, 唐二百八十九年逐歲所取進士之 總目."

207 『文獻通考』에 실린 五代와 宋의 登科記總目은 '唐登科記總目'과 기본적으로 동일한 형식과 내용을 가짐에도 불구하고 이 끝 부분만은 상이하다. 五代의 경우 이런 총괄 적 서술이 없고(권30, 「選擧考 擧士」, 874쪽), 宋代는 "右, 宋三百一十五年逐科取士 之總目."(권32, 「選擧考 擧士」, 949쪽)이라고 하여 "進士"라는 표현을 쓰지 않기 때문 이다.

〔동등하게〕 병렬되었다〔並列〕."[208]거나 "진사과는 준〔사과〕(雋士科)·수〔재과〕와 동원이파(同源異派)로서 시험한 것은 모두 책 형식의 답변일 뿐이었다."는[209] 『당척언』의 기록이 그것이다. 그런데 "책 형식의 답변" 시험 곧 책시(策試)는 기실 이 세 과목만의 문제가 아니다. 앞서 언급한 "사책(射策)" 사례만 되짚어 보더라도, 이것은 전통적인 찰거 과목부터 "명경"·"조거(詔擧)"나 명칭 미상의 과목 등에 두루 사용되었기 때문이다.[210] 이러한 "동원(同源)"의 과목들이 고종 초까지 아직 "이파(異派)"로 갈리지 않은 미분화 상태였던 것이다.

물론 당초에도 책시를 통한 민간의 인재 선발은 상황에 따라 달리 일컬어질 수 있다. 전통적 권위를 중시해서 '수재'로, 만약 황제와의 관계를 강조하면 '조거'라고 불렸던 것이다. 그리고 급제자가 경서에 관한 지식을 갖추었음을 확실히 드러내려 할 때 '명경'이라 하였고, 관인의 자격으로 경학적 소양을 중요시하던 당시 이러한 사례가 유난히 많음은 당연하다. 단 이러한 것들이 '광의의 진사' 혹은 후대의 진사과와 확실히 '동일한 근원'의 관인 선발 과목이 되기 위해서는 그 응거자가 무관(無官)의 민이어야만 한다. 중앙관학의 입학시험에 불과한 준사과를 『당척언』이 진사과와 "동원이파"로 명기한 까닭은 이 조건에 부합하기 때문일 터이다. 아울러 이러한 '진사'의 전제 요건은 곧 하급 관인까지 천거할 수 있었던 전통적인 찰거와의 결별을 뜻하는 것이기도 하다.

---

208 『唐摭言』 권1, 「述進士上篇」, 3쪽. "永徽已前, 俊、秀二科猶與進士並列."
209 『唐摭言』 권1, 「試雜文」, 9쪽. "進士科與雋、秀同源異派, 所試皆答策而已."
210 수대 이후에도 "茂才"(『唐代墓誌彙編續集』, 龍朔028번의 裴晧 등)·"孝廉"(『全唐文補遺(千唐)』, 97쪽의 李義瑛 등)·"明經"(『唐代墓誌彙編』, 咸亨068번 墓主 孫處約의 부친 孫子起 등)·"詔擧"(『大唐西市博物館藏墓誌』, 102번의 張弼 등) 그리고 "賓貢"(『昭陵碑石』, 125쪽의 高士廉)·"射策蘭臺"(『長安新出墓誌』, 126쪽의 陰彦)·"賓王"(『唐代墓誌彙編續集』, 顯慶023번의 許□)처럼 불확실한 명칭의 관인 선발 과정에 모두 "射策"이란 표현이 나온다.

누차 강조했듯이, 관인에게 관직을 부여하는 전선과 관인 자격자의 선발을 엄격히 구분하는 '거(擧)·선(選)의 분리'야말로 과거제도의 핵심적인 특징이다. 따라서 일반민만을 그 대상으로 삼은 '광의의 진사'는 비록 상거 과목으로서의 진사과가 아닐지라도 확실히 새로운 관인선발제도로서의 성격을 지닌다. 실제로 과거라는 획기적인 제도가 단번에 후대와 똑같은 모습으로 등장하는 일은 상상하기 어렵다. 예전의 관인 선발 방식에 새로운 속성이 덧보태어지고, 이 과정에서 과목들이 분화되거나 이에 따른 시험 방법의 체계화가 이루어지는 등 점진적인 변화가 필요하였음에 틀림없다. 정관 연간의 "진사"나 이와 유사한 사례들은 바로 이러한 과도기적 상황의 반영이라고 해도 좋을 것이다.

전술한 바 남북조시대의 문헌에 거의 없던 "빈공"이란 말이 수대에 나타나는 현상도 이와 같은 시대적 조건을 감안할 때 쉽게 이해할 수 있다. 물론 이러한 관인의 선발은 '인재에 대한 각별한 예우'를 강조할 뿐 그 과정에서 시험의 특별한 중요성이나 제도화된 정기성(定期性)을 단언하기 어렵다. 그러므로 후대의 상거 과목과 결코 동일하지 않지만, 이정처럼 기왕에 관직을 가졌던 "빈공"이 아니라면 이를 '광의의 진사'라고 불러도 무방하다. 본인의 비석이나 묘지에서 그 입사 방법을 단지 "빈공"이라고 했던 방현령과 손처약을 8세기 중엽 이후 문헌에서 "진사"로 적은 것도[211] 이 때문일 수 있다. 이 "진사"가 만약 '광의의 진사'라면 잘못된 기록이 아니며, 상이한 두 표현의 공존에서 오히려 과거제도의 정착 과정

---

211 전술하였듯이 房玄齡을 진사과 급제자처럼 적은 杜牧의 「上宣州高大夫書」는 무종 會昌5~6년(845~846)년의 글이고(胡可先, 「杜牧詩文編年」, 『杜牧研究叢稿』, 北京, 人民文學出版社, 1993, 104쪽), 孫處約을 그렇게 쓴 아들의 碑는 현종 개원29년(741)에 세운 것이다(『全唐文補遺(3)』, 70쪽). 반면 두 사람을 단지 賓貢이라고 했던 「房玄齡碑」와 孫處約 본인의 묘지는 각각 고종 영휘3년(652)년과 함형3년(672)의 것이며(『昭陵碑石』, 「房玄齡碑」, 23쪽; 『唐代墓誌彙編』, 咸亨068번), 기록이 이처럼 바뀌어 간 그 중간 시기의 상황이 흥미롭다고 하겠다.

이 여실히 드러난다고도 하겠다.

통일제국의 기반을 다지던 태종 시기에는 현능한 관인의 확보가 필수적이었던 만큼 민간의 인재 발굴이 절실하였다. 이를 위해 국자감을 확대·개방함과 동시에 관인선발제도도 점차 바꾸어 갔다. 황제의 적극적인 개입으로 시험이 강화되었으며, 이러한 양상은 효렴과 같은 찰거 과목에서도 드러난다. 정관 후기에 이르면 거의 매년 나올 정도로 증가한 구현의 조칙 역시 이러한 정책의 일환으로서, 이에 의거한 조거는 당연히 엄격한 평가를 동반하였다. 이처럼 다양한 관인의 선발 방식 모두 아직 관직을 갖지 못한 인물을 대상으로 삼으면 그것이 곧 '광의의 진사'이다.

이와 같은 시각에서 볼 때, 전술한 바 태종 때부터 "공거" 담당자가 관인의 고과에도 관여한 고공낭중에서 고공원외랑으로 변했던 사실 또한 더욱 잘 이해된다. 공거에서 일반민을 상대하는 '광의의 진사' 비중이 커진 결과, 그 업무가 이전보다 낮은 직급의 관인에게로 옮겨진 것이다. 정관 연간이 과거제도의 출현과 관련하여 갖는 중요한 의의가 바로 여기에 있다. 아직 상거 과목들이 명확한 기준에 입각한 정례화된 시험을 제대로 갖추지 못했을지라도, 이 시기에 '과거제도의 원형(原形)'은 분명히 생겨났던 것이다.

그러나 거듭 확실히 해 둘 점은 과목 분화가 불확실한 '광의의 진사'와 '협의의 진사', 이 양자의 명백한 차이이다. 기존의 연구들은 이를 구분하지 않음으로써 상거 과목의 진사과로 대표되는 과거제도의 기원을 수대로까지 소급시켰다고 생각되기 때문이다. 사실 이러한 혼동은 당후기까지 거슬러 올라간다. 이를 단적으로 보여주는 것이 아래와 같은 『통전』의 기록이다. 두우는

개원 연간 이후 온 세상이 평안하여 사인들은 능력의 고하를 막론하고 "문장(文章)"으로써 영달하지 못함을 부끄럽게 여겼으니, 조서에 따라

응거한 이가 많으면 2천명 적더라도 천명은 되었는데, 그 합격자는 100명 중 1명에 불과하였다.[212]

는 본문 뒤에

개원·천보 시기에 위로 고조·태종의 큰 공적을 계승하고 아래로 [고종·무측천·중종·예종] 네 성인의 훌륭한 정치를 이어서 … [태평성대의 상황 강조] … 어린 아이까지 "문묵(文墨)"을 말하지 않음을 부끄럽게 여겼다. 이런 까닭에 "진사[과]"는 사인 집단의 선망 대상으로서, 모든 이들이 관심을 갖고 그 멋짐을 희구하여 해마다 합격자는 즉시 천하에 널리 유명해졌다.[213]

라는 심기제(沈旣濟, 750경~797경)의 글을 부주(附注)한 것이다.[214]

현종 이후 조서에 의거한 관인 선발의 흥성을 지적하면서 진사과와 관련된 주문(注文)을 덧붙인 이 서술은 상거 과목과 황제의 명령에 따른 임시적인 제거를 뒤섞어 두었다. 후술하듯이 상거와 제거는 고종 연간 이후 확실히 나뉘어졌으므로, 현종 시기의 상황을 이렇게 설명한 것은 분명한 오해의 소치이다. 그럼에도 불구하고 두우가 이와 같이 적은 까닭은 지금까지 살펴본 바 '과거제도의 원형' 곧 후대의 상거·제거 전부 포함 가능한 '광의의 진사' 개념과 무관하지 않을 수 있다.

---

212 『通典』 권15, 「選擧 歷代制」, 357쪽. "開元以後, 四海晏淸, 士無賢不肖, 恥不以文章達, 其應詔而擧者, 多則二千人, 少猶不減千人, 所收百纔有一."

213 『通典』 권15, 「選擧 歷代制」, 358쪽. "以至於開元、天寶之中, 上承高祖、太宗之遺烈, 下繼四聖治平之化 … 五尺童子, 恥不言文墨焉. 是以進士爲士林華選, 四方觀聽, 希其風采, 每歲得第之人, 不浹辰而周聞天下."

214 『文苑英華』 권759, 沈旣濟 「詞科論」, 3974쪽. 『全唐文』 권476, 沈旣濟 「詞科論」, 4867~4868쪽은 『通典』의 본문과 주문을 각각 沈旣濟 글의 서문과 본문처럼 쓰고 있으나, 그 형식과 내용으로 보아 납득하기 어렵다. 설사 위의 두 인용문 모두 沈旣濟가 썼을지라도, 당후기 인물들조차 조거와 진사과를 혼동했다는 본서의 논지와 어긋나지 않는다.

사실 현종 때 진사과가 "사인집단의 선망 대상"이었다는 심기제의 말은 당시 그 급제자에게 주어진 관품이 수재과나 명경과보다 낮았음을[215] 생각하면 수긍하기 어렵다. 하지만 심기제가 살던 당후기의 경우, 이러한 제도적 위상과 별개로 진사과가 사회적으로 특별히 존중된 것은 엄연한 사실이다.[216] 어쩌면 이러한 제도와 현실 사이의 괴리가 당후기 사인들의 진사과에 대한 개념 혼란을 조장했을 가능성도 있다. 이와 관련하여 조참이 여러 과목을 망라하던 기존의 '등과기(登科記)'를 오로지 진사과만의 것으로 개편(改編)한 『진사등과기(進士登科記)』가[217] 주목된다.

덕종 정원(785~805) 연간에 편찬된 이 책의 서문은 앞서 잠깐 언급했듯이 『예기』의 "진사" 개념을 앞세워 진사과에 경서의 권위를 부여하였다. 그리고 이어지는

> 성당(聖唐)의 고조께서는 "신무(神武)"로써 천하를 안정시키고 "문교(文敎)"로써 백성들을 평안하게 하시어, 무덕5년에 황제께서 담당관에게 조서를 내려 특별히 "진사"로써 사인을 뽑는 과목으로 삼으시니, 〔이는〕 "고도(古道)"를 따른 것이다. 향에서 현으로 올리고, 현에서 주로 올리며, 주에서 부로 올려, 모두 "행예(行藝)"의 시험을 거쳐서 〔올라온 이들은〕 가을에 상서성에서 모아 바치고 함께 궁정으로 가서 나라를 빛내며, 그 뒤 고위 관인들과 같이 선사(先師)를 배알(拜謁)하면서 제물을 갖추고 음악을 연주하니, 〔이는〕 "유교(儒敎)"를 존숭하는 것이다.[218]

---

215 이와 관련하여 뒤에 상술하겠지만, 진사과 합격자의 초관이 낮았던 것은 『唐六典』 권2, 「尙書吏部」, 32쪽의 서계 규정만 보아도 알 수 있다.

216 진사과와 명경과의 제도적 지위와 사회적 위상 차이 문제는 전게 졸고 「唐代 明經科의 性格」에서 지적한 적이 있는데, 당전기의 이러한 양상에 대하여 이후 본서가 더욱 상세하게 논증할 것이다.

217 『唐摭言』 권1, 「述進士上篇」, 3쪽에서 "〔高宗〕咸亨之後, 凡由文學擧於有司者, 競集於進士矣. 繇是, 趙儋等嘗刪去俊〔士〕、秀〔才〕, 故目之曰『進士登科記』."라고 한다.

218 『文苑英華』 권737, 趙儋 「李奕登科記序」, 3841쪽. "〔古者命於鄕而升於學, 俾大樂正

란 말도 비슷한 취지로 이해된다. 진사과에 대한 당시 사회적 존숭의 정당성을 확보하기 위하여, 단계적 시험으로 구성된 진사과와 그 응거자의 융숭한 의례가 당초부터 시행되었다고 주장하는 것이다.

그렇다면 조참은 자신이 합격한[219] 진사과의 위상을 제고할 목적으로 『진사등과기』 안에 자가당착(自家撞着)의 논리를 편 셈이다. 한편으로 진사과를 여타 관인 선발 과목들과 분리시킴으로써 '협의의 진사과'에 특별한 권위를 부여하면서, 동시에 그 기원은 다양한 방식으로 '학식 있는 민을 천거'하게 한 당초의 '광의의 진사'로 소급시켜 설명했기 때문이다. 앞서 살펴보았듯이 이것은 상이한 두 개념의 혼동 혹은 곡해이지만, 당조의 의도와 무관하게 유달리 진사과를 선호하던 당후기 사인들에게는 더할 나위 없이 반가운 논리였다. 그리고 이러한 오류가 진사과 중심으로 과거제도를 운용하던 후대에 자각되지 못한 채 계속 답습되었고, 이것이 현재까지 이어지고 있는 듯하다.

과거제도의 출현을 상거 과목의 진사과보다 더 폭 넓은 진사의 개념과 연계시킨 조참의 주장이나 기존의 연구도 일면 타당성이 없지 않다. 통일제국의 재건과 더불어 민간의 인재를 관인으로 선발하기 위한 방법이 황제의 주도 아래 적극적으로 모색된 것은 사실이고, 특히 당 태종은 국자감의 개편이나 시험의 강화 등 다양한 정책을 더욱 의욕적으로 추진하였다. 그 결과 입사 과정에서 개인적 능력이 예전보다 중요해지면서, 이를 갖추기 위한 학습이 점점 더 중시되어 갔다. 수말·당초에 활동한

論造士之秀者而升諸司馬曰進士. 進士者, 謂可進而授之爵、綠也. 然則前代選士, 其科不一.〕洎聖唐高祖以神武靜天下, 用文敎貞萬姓. 武德五年, 帝詔有司, 特以進士爲選士之目, 仍古道也. 自鄕升縣, 縣升州, 州升府, 皆歷試行藝, 秋會貢於文昌, 咸達帝庭, 以光王國, 然後會群后, 謁先師, 備牲牢奏金石, 尊儒敎也." 이 글의 撰者나 그 성격 등에 대한 논란 문제는 傅璇琮, 『唐代科擧與文學』, 「材料敍說: 唐登科記考索」, 5~7쪽 참조.
219 『登科記考補正』, 510쪽의 설명에 따르면, 趙儋은 정관3년의 진사과 급제자이다.

이습예(李襲譽, ?~?)가 정관 연간 후기에 자손들에게 "〔경서와 사서〕 책을 읽으면 관직을 구할 수 있을 것이다."라고 했다는 일화가[220] 이러한 변화를 잘 보여준다. 태종 시기에는 '과거제도의 원형'이라고 불러도 좋을 새로운 관인선발제도가 가문이나 신분의 고하를 불문하고 중요한 입사 방법으로 이용되며[221] 사회에 큰 영향을 미치기 시작했던 것이다.

이상에서 살펴본 '정관 연간 관인 선발의 실상'을 간략히 정리하면 다음과 같다. 태종 시기는 여러 가지 정황상 과거와 같은 새로운 관인선발제도가 출현하였을 가능성이 높고, 안사의 난 이후의 문헌도 이때 진사과가 크게 융성했다고 한다. 그러나 주의해야 할 사실은 이러한 후대의 기록에 과장·왜곡이 있을 뿐더러 당시 진사과를 비롯한 상거 과목의 존재가 여전히 확인되지 않는다는 점이다.

정관 연간에 관인의 선발과 관련된 "진사"란 표현이 처음 나타나지만, 이 말은 군주에게 현능한 인물을 천거한다는 뜻의 '진'과 학식 있는 민(民)인 '사'가 합쳐진 데 불과하다. 이 시기에 "진사"로 불린 인물이 상거 과목의 진사과와 같은 정기적 시험을 거치지 않은 경우도 분명히 존재하기 때문이다. 따라서 전통적인 찰거나 조서에 의거한 관인 선발까지 포함 가능한 이것은 '광의의 진사'일지 몰라도 훗날의 진사과 곧 '협의의 진사'와는 구분해야 마땅하다. 그럼에도 불구하고 진사과의 현실적 중요성이

---

220 李襲譽는 "及從揚州罷職, 經史遂盈數庫"한 뒤 子孫들에게 "江東所寫之書, 讀之可以求官."이라고 했다(『舊唐書』 권59, 「李襲譽」, 2332쪽). 전게 『唐刺史考全編』 권123, 「揚州」, 1657쪽에 따르면 그는 정관8~13년에 揚州大都督府長史를 역임하였다.

221 예를 들어 정관17년에는 南朝 後梁 황제의 曾孫인 蕭灌이 "明經高第"하였는데(『張說集校注』 권25, 「贈史部尚書蕭公神道碑」, 1205~1206쪽), 무덕 연간까지 前朝의 황족이 이렇게 입사한 자가 현존 문헌에서 발견되지 않는다. 반면 이 해에 "射策蘭臺"한 陰彥의 묘지에는 선조의 구체적인 관직에 대한 언급이 전혀 없다(『長安新出墓誌』, 126쪽). 적어도 정관 연간 후기에는 이와 같이 상이한 신분의 인물들 모두 '광의의 진사'를 통해 관인이 되었던 것이다.

커진 당후기에는 양자의 차이를 무시하는 경향이 있고, 이로 인한 오해가 지금까지 비판 없이 이어졌다. 다만 일반민 대상의 이러한 관인선발제도가 '과거제도의 원형'이라고 할 수는 있다. 민간의 인재 발탁과 관학을 통한 관인 양성에 매우 능동적이고 주체적이었던 태종의 치세가 갖는 특별한 의미는 바로 여기에 있다.

소
결

과거는 일반적으로 수·당 제국의 성립과 더불어 생겨났다고 한다. 그러나 이 새로운 제도가 만들어지는 과정을 보여주는 구체적 사료가 없으므로, 그 출현 시기에 관하여 학계에서 논란이 많다. 기실 과거제도의 다양한 새로운 속성들이 결코 몇 개의 조처로써 단기간에 완성될 수는 없었다고 생각된다. 이러한 관점에서 후대의 문헌들을 비판적으로 검토하고, 수대부터 당 태종 시기까지의 인물들이 쓴 동시기 기록들에 밀착해서 당시 관인선발제도의 실상을 고찰하였다. 그 결과 아래와 같은 사실을 알 수 있었다.

통일제국의 재건은 관인의 수요를 크게 증가시켰으나, 아직 언제 망할지 모르던 왕조의 관직은 그다지 인기가 없었다. 따라서 수의 문제·양제나 당의 고조·태종은 현능한 인물을 흡수하기 위해 적극적으로 노력해야만 하였다. 이러한 상황에서 기존의 찰거를 포기할 이유가 없었으며, 오히려 '빈공'으로 여겨질 만큼 그 대상자를 정중하게 예우하였다. 또 황제는 여러 가지 명목의 구현 조칙을 빈번히 내렸는데, 이는 후대의 제거와 비슷한 형태이다. 그리고 장기적으로는 관인을 배출할 수 있는 중앙관학의 진흥을 위해 노력하여, 그것의 확대·개방을 통한 인재 양성과 선발에도 힘을 쏟았다. 하지만 후대의 상거 과목처럼 정례화된 시험을 통한 관인 선발 방식을 명증할 만한 사료는 아직 보이지 않는다. 이 시기에 진사과로 대표되는 과거제도의 출현은 섣불리 확언하기 어려운 것이다.

물론 태종 시기에 "진사" 명목의 급제자들이 나타나기 시작하고, 이들이 당시 진사과란 상거 과목의 출현을 증명하는 듯도 하다. 그런데 이들이 받은 관직은 대체로 훗날의 진사과 합격자에 비하여 훨씬 높다. 뿐만 아니라, 그 품계의 편차 또한 매우 커서 이것이 정말 단일한 관인 선발 형태였는지 의심스럽다. 실제로 당시 이 말의 용례를 보더라도, '진사'는 특정한 과목의 이름이라기보다 '사를 올린다' 혹은 '학식 있다고 천거된 민'이라는 포괄적 의미였다. 다시 말해 전통적 찰거나 비정기적인 조칙에 의한 관인의 선발도 여기에서 배제되지 않으며, 후대의 진사과와 상이한 '광의의 진사'인 것이다. 다만 이 경우 '사'가 사민(四民)의 하나라는 점은 주목할 만하다. 관인도 참여 가능했던 찰거와 달리 '거사(擧士)'와 '선관(選管)'을 분리하는 과거제도의 특성이 뚜렷해지기 때문이다. 그러므로 늦어도 정관 연간에 이르면 '과거제도의 원형'은 확실히 생겨났다고 해도 좋다.

이와 같은 제1부의 내용이 수대와 당초의 변화를 강조해 온 기존의 연구들을 전면적으로 부정하는 것은 아니다. 분명히 수 문제부터 새로운 역사적 조건에서 관인선발제도의 개혁을 모색하였고, 특히 이 과정에서 두드러진 황제의 주도성·관학 중심성 그리고 일반민만을 겨냥한 "진사"의 등장은 간과해서 안 된다. 그럼에도 불구하고, 이 시기에 벌써 과거제도가 출현했다고 말하기는 주저된다. 찰거 형태의 관인 선발이 여전히 존재하고, 정례화된 시험이 공고하게 제도화되지 못한 것 또한 사실이기 때문이다. 그렇다면 당시의 관인선발제도는 단지 조금씩 새로운 요소를 덧보태며 변모해 가고 있는 중으로서, 일종의 과도기적인 상태였다고 해야 마땅하다.

과거제도 형성의 역사 속에서 수대~당 태종 시기의 상황은 그 초창기로서 중요한 의미를 지닌다. 설령 후대와 동일한 과거가 아닐지라도 그 '원형'은 만들어졌기 때문이다. 정관 연간에 처음 발견되는 "진사"란 표현이 이를 단적으로 보여준다. '진'과 '사'가 결합된 이 단어 자체에서 찰거와의 차이, 특히 무관(無官)의 평민을 그 주된 대상으로 삼는다는 사실이 명확해지는 것이다. 이러한 현상은 수대 이래 관인선발제도에서 점진적으로 축적해 온 변화의 귀결임에 틀림없다. 그리고 이와 동일한 명칭의 상거 과목이 그 뒤에 생겨난다는 점에서 더욱 흥미롭다. 그런데 이러한 과거제도의 진정한 전개 과정은 기존의 여타 관인 선발 방식과 구별되는 상거란 새로운 제도를 전제로 하고, 이 문제는 제2부에서 본격적으로 검토하고자 한다.

제 2 부

상거의 독자적 발전

제1부에서 살펴본 바에 의하면, 수대부터 관인선발제도에 점진적 변화가 있었지만 당 태종 시기까지 분명히 확인되는 것은 단지 과거제도의 '원형'에 불과하다. 정관 연간에 이르러 나타난 "진사"도 여전히 후대의 제도화된 상거와 결코 같지 않기 때문이다. 진사과와 명경과로 대표되는 상거 과목이야말로 사회에 지속적이고 장기적인 영향을 미친 진정한 과거제도라면, 이것이 만들어지는 과정은 좀 더 긴 시간에 걸쳐 폭넓게 검토할 필요가 있다.

태종이 통일제국의 기반을 공고히 한 다음 벼슬을 원하는 사인들이 점차 늘어났다. 그 결과 구관자(求官者)와 관직 사이의 불균형이 증대하면서 고종 용삭(龍朔, 661~663) 혹은 인덕(麟德, 664~665) 연간 이후 사회적 문제를 초래하였다.[1] 이러한 변화가 전선제도의[2] 체계적 정비를 촉진시킴과 함께 관인의 선발 과정에 큰 영향을 미쳤다. 현재 확인 가능한 당대 최초의 과거 비리 사건인 동사공(董思恭, ?~?)의 행위 곧 "지고공공거사(知考功貢擧事)"한 그가 뇌물을 받고 "책문(策問)"을 유출한 것도 용삭3년(663) 즈음의 일이다.[3] 이는 경쟁이 치열해진 당시 "공거"에서 시험의 중요성이

---

1 『封氏聞見記』 권3, 「銓曹」, 21쪽에서 "高宗龍朔之後, 以不堪任職者衆."이라 하고, 『通典』 권15, 「選擧 歷代制」, 361쪽은 "自高宗麟德以後, 承平旣久, 人康俗阜, 求進者衆, 選人漸多."라고 한다.

2 김정희, 「唐代의 吏部 銓選과 官僚 人事」, 『동양사학연구』 121, 2012가 당대의 전선제도를 잘 개관하고, 관련 연구사는 『中國史學』 20, 2010에 실린 毛蕾, 「90年代以來大陸唐吏部銓選研究述評」; 小島浩之, 「日本における唐代官僚制研究: 官制構造と昇進システムを中心として」에 정리되어 있다.

3 이 사건을 가장 상세히 전하는 『冊府元龜』 권152, 「帝王部 明罰」, 1841쪽에 따르면, 이것은 용삭3년의 일이다. '唐登科記總目'은 이해에 "不貢擧"했다고(『文獻通考』 권29, 「選擧考 擧士」, 846쪽) 하여 의문을 낳으나, 『封氏聞見記校注』 또한 "龍朔中"에 董思恭

커진 탓임에 틀림없다.

물론 이 동사공의 부정행위가 상거의 시행 중 발생했던 일이라고 단언할 수는 없다. 그러나 제1부에서 이미 언급한 바 천수3년(692)에 설등이 "진사 등의 과목"을 격렬하게 비판한 상주를 올렸다면,[4] 무측천 때 진사과의 존재는 확실하다. 전술하였듯이 이 글에서 주장된 진사과의 수양제 기원설은 믿기 어렵더라도, 이즈음 진사과와 같은 과목이 없었다면 이러한 상주문이 나올 리 만무한 것이다. 게다가 여기에서 비판의 초점이 "남이 자신을 알아주기를 스스로 구하는 멱거(覓擧)" 풍조의 횡행에 맞추어져 있으므로, 당시 과거에는 자발적인 응거자들이 매우 많았으리라고 추정된다.

따라서 고종 연간 이후 진사과를 비롯한 여러 상거 과목들이 만들어졌다는 사실은 이견의 여지가 없다. 이와 관련하여 '당등과기총목'의 기록[5] 또한 주목된다. 물론 누차 지적했던 것처럼 『문헌통고』에 실린 이 문헌은 당전기 상황에 대한 사료로서는 문제가 적지 않다. 하지만 과거 제도의 실상이 어느 정도나마 여기에 투영되어 있다면, 고조·태종과 고종 시기 진사과 급제자 숫자 사이에 발견되는 뚜렷한 차이를 간과해서 안 된다. 당초 두 황제의 치세 32년간 합격자가 10명 미만의 해가 무려 18년이나 되는데, 고종 재위 34년 동안은 이러한 때가 겨우 10년뿐이기

이 "洩進士問目"했다고 한다(권3, 「貢擧」, 15~16쪽). 그렇다면 설령 그 연도까지 확정 짓지는 못하더라도, 이것이 용삭 연간에 발생한 사건임은 분명해 보인다.

4 『舊唐書』 권101, 「薛登」, 3136~3141쪽. 『冊府元龜』 권474, 「臺省部 奏議」, 5653쪽 참조.

5 『文獻通考』 권29, 「選擧考 擧士」, 843~861쪽.

때문이다. 그리고 전자에서 최다 급제자 수는 24명에 불과하나, 후자의 경우 40명 이상 합격시킨 해만도 7차례나 된다.[6] 두 시기에서 드러나는 이렇게 판이한 양상은 고종 때의 상거가 그 이전과 크게 달라졌음을 시사한다.

그런데 '당등과기총목'에 전하는 고종 연간의 진사과 급제자 숫자는 그 편차가 매우 크다. 예를 들어, 인덕2년(665)에 진사과 응거자를 모두 낙방시킨 반면 함형(咸亨)4년(673)에는 당대 통틀어 가장 많은 79명의 합격자를 배출한 것이다. 이처럼 큰 폭의 등락 현상은 무측천이나 중종·예종 치세에도 자주 발견된다. 현종 이후 시기와 대비되는 이러한 모습은 당시 상거가 얼마나 확고히 제도화되었는지 의문스럽게 만든다. 서장에서 지적하였던 것처럼, 진사과 합격자가 없던 해에 대한 '당등과기총목'의 서술 방식이 상이해서 더욱 그러하다. 이를 "불공거(不貢擧)"라고 적은 중종 경룡3년(709) 이전과 그 표현이 "정(공)거(停貢擧)"로 바뀌는 대종 보응1년(762) 이후를 동일시할 수 없기 때문이다.

기실 고종부터 예종까지의 시기는 정치적 격변의 연속이었다고 해도 과언이 아니다. 새 왕조를 개창한 무주혁명(武周革命)이 단적인 예이고, 그 전후 정국도 안정과는 거리가 멀었다. 태종의 궁녀였던 무조(武曌, 624경~705)가 고종 영휘(永徽)6년(655)에 황후로 변신하는 과정도 그렇지만, 우여곡절 속에 중종이 복위한 뒤에도 태자 이중준(李重俊, ?~707)의 거병(擧兵, 707)·위황후(韋皇后, ?~710)에 의한 권력 찬탈(710)이나 훗날 현종이 된 이융기(李隆基, 685~762)의 쿠데타와 예종의 즉위(710) 등은 궁중을 피로 물들인 정변(政變)이었다. 이와 같이 권력의 정점에서 발생한 극심한 혼란은

---

6 이 시기 '唐登科記總目'의 기록 중에는 "重試"·"續試"처럼 애매한 표현이 많아서 진사과 급제자의 수를 정확하게 밝히기 어렵다. 여기에서는 일단 합격자 숫자를 최소한으로 잡았고, "不貢擧"한 때는 합격자 10명 미만의 해에 포함시키지 않았다.

관인선발제도에 영향을 미칠 수밖에 없었을 터인데, 이 와중에서 진사과를 비롯한 상거 과목들이 정착해 갔던 것이다.

이러한 시각에서 볼 때 과거를 명실상부한 새로운 관인선발제도로 만든 상기의 등장과 발전은 복잡다단한 시대적 배경을 감안해야만 되고, 그만큼 더 세심한 고찰이 필요하다. 따라서 고종, 무측천, 중종·예종 황제별로 나누어 각 시기 상거 관련 제도의 변화와 급제자의 실상을 치밀하게 검토하면서 그 이동(異同)을 비교하고자 한다. 이때 특히 주목할 것은 당연히 진사과와 명경과이다. 이 시기에 점점 중요해진 두 과목이 바로 과거제도의 핵심 과목이기 때문이다. 그리고 이와 같은 작업에서 진사과와 명경과 급제자에 대한 분석이 필수적인데, 【부록1】·【부록2】에서 그 합격 사실이 비교적 분명히 확인된 인물들을 주된 대상으로 삼아 연구의 신뢰도를 높일 것이다.[7] 이를 통해 두 과목과 급제자의 성격이 더욱 명확해진다면, 상거를 중심으로 한 과거제도의 정착 과정에 대한 이해도 깊어지리라고 기대한다.

---

7 물론 근거 문헌의 사료적 가치를 엄밀히 따지면 따질수록 검토 가능한 사례들이 축소되고, 이로 인해 야기되는 문제 역시 존재한다. 예컨대, 믿을 만한 관련 기록을 가진 【부록1】과 【부록2】의 급제자들은 그런 개인 자료를 남길 만큼 財力이나 영향력을 지닌 인물들로 국한되는 것이다. 따라서 이들 위주의 분석이 과거 합격자의 官歷이나 家系를 실제보다 높아 보이게 할 위험성이 있는데, 묘지로 확인되는 자들의 선조가 대부분 관인이란 사실도 그 탓일는지 모르겠다. 하지만 현존 자료에 의거할 때 불가피한 이런 문제점들은 어쩌면 역사학 본연의 한계일 수 있다. 뿐만 아니라 이와 같은 사료 조건이 본서에서 고찰하려는 모든 시기에 공통된다. 그러므로 이후 【부록1】·【부록2】에 의거한 분석은 적어도 분기별 변화 추이 파악에서 그렇게 심각한 歷史像의 왜곡을 초래하지 않을 것이다.

제 1 장

고종 시기
상거의 독립

1

1. 고종 초기 전통적 찰거의 지양

영휘 연간의 관인 선발 양상

태종의 사망 직후 황태자 이치(李治, 628~683)가 그 뒤를 이었고, 이는 당전기에 보기 드문 자연스러운 황위 계승이었다. 정관23년(649) 6월 즉위 당시 내려진 조서의 전모는 확인되지 않으나,[1] 이해 9월 새 황제 고종이 중앙 관청이나 주의 장관에게 "경명행수(經明行修), 담강정숙(談講精熟)"·"유정문조(遊情文藻), 하필성장(下筆成章)" 등 네 항목으로 나누어 인재를 천거하게 하였고,[2] 이듬해 실제로 이를 통해 발탁된 관인이 발견된다.[3] 이러한 조처는 지방장관들에 "고년석학(高年碩學), 직언정관(直言正諫)"한 인물을 천거하게 했던 태종의 즉위 조서와[4] 유사하며, 지금까지 살펴본 바

---

1 『全唐文』 권2, 140쪽에 실린 고종의 「卽位大赦詔」는 『舊唐書』 권4, 「高宗」, 67쪽의 기록을 옮긴 것이다. 그런데 『冊府元龜』를 보면 이와 다른 당시 조서 내용도 전한다(권30, 「帝王部 奉先」, 323쪽; 권80, 「帝王部 慶賜」, 926쪽; 권84, 「帝王部 敕宥」, 991쪽). 따라서 『舊唐書』에 실린 글은 즉위 조서의 발췌 혹은 요약일 뿐이다.

2 『冊府元龜』의 권67, 「帝王部 求賢」, 757쪽; 권645, 「貢擧部 科目」, 7728쪽.

3 『唐代墓誌彙編』, 咸亨068번의 孫處約 墓誌에 따르면, 王府記室이던 그는 영휘1년에 "應詔擧, 遊情文藻下筆成章, 射策甲科, 蒙敕授著作佐郎."하였다.

통일제국 황제의 적극적인 관인 선발 노력과 변함이 없다.

고종의 이러한 태도는 영휘2년(651)을 제외한 모든 영휘(650~656) 연간에 조거 관련 기록이 보인다는 점에서 잘 드러난다.[5] 제1부에서 지적하였듯이 태종은 정관14년(640) 이후 거의 매년 인재 선발을 명하는 조서를 내렸는데, 고종 초기에도 동일한 양상이 지속되고 있는 것이다. 실제로 고종은 현경1년(656)에

> 근래 항상 〔걸출한 인물을〕 "진거(進擧)"하게 했으나 〔진정〕 뛰어난 인재가 없으니, 궁벽한 곳에 살며 재능을 숨기거나 전원 생활을 즐기며 자취를 감추는 이가 있을 듯하다. 마땅히 하남(河南)·하북(河北)·강회(江淮) 이남의 주현에서 … 〔선발할 인물의 유형을 열거〕 … 공정하게 탐문해 찾고 걸출한 인재가 빠지지 않도록 노력하여 〔뽑은 이들을〕 주현은 예로써 보내라.[6]

고 조서를 내렸다.

여기에서 그 이전 영휘 연간에 "항상 걸출한 인물을 진거하게 했"다는 말은 고종의 적극적인 인재 발탁 의지를 드러낼 뿐더러 당시 이미 과거의 상거제도가 있었던 것처럼도 읽힌다. 그러나 앞서 상술했듯이 태종 시기까지 후대의 진사과와 같은 과목의 존재가 불확실하고, 그 사이 6년 남짓한 영휘 연간에 이처럼 큰 제도적 변화가 생겼다는 확증도 없다.

---

4 『唐大詔令集』 권2, 「太宗卽位敕」, 6쪽.

5 전게 졸고, 「唐前期 制擧의 實狀: 官人選拔制度에서 皇帝權의 한계」, 7쪽. 전게 陳飛, 『唐代試策考述』의 「唐代制擧科目年表」, 309~311쪽 참조.

6 『唐大詔令集』 권102, 「河南河北江淮採訪才傑詔」, 519쪽. "比雖年常進擧(『冊府元龜』 권67, 「帝王部 求賢」, 758쪽에는 "比年雖甞進擧"로 되어 있는데, 본서에서 주로 이용한 『冊府元龜』 明本의 경우 '常'을 '甞'으로 적은 사례가 많음:인용자), 遂無英俊, 猶恐棲巖穴而韜奇, 樂邱園而晦影. 宜令河南、河北、江淮以南州縣, 或緯俗之英, 聲馳管〔仲〕·樂〔毅〕; 或濟時之器, 價軼蕭〔何〕·張〔良〕, 學可帝師, 材堪棟輔者, 必當任之不次, 可明加採訪, 務盡才傑, 州縣以禮發遣."

오히려 진사과의 정체성은 "영휘이전(永徽已前)"에 분명하지 않았다고 하며,7 전선 역시 "영휘중(永徽中)"까지 예전의 제도를 답습하였다.8 따라서 이것은 단지 조서에 의한 관인 선발 곧 조거를 빈번하게 시행했다는 뜻이며, 현경1년의 이 조서 역시 그 연장선상에 있다고 생각된다.

사실 "진거(進擧)"란 표현은 이즈음 인재 천거의 범칭이기도 하므로,9 영휘 연간 이렇게 잦은 조거로써 뽑혀 올려진 인물들은 전술한 '광의의 진사'라고 불러도 무방할 것이다. 영휘4년(653)에 "향공진사(鄕貢進士)로 급제하여 한책(漢策)의 갑과(甲科)에 올랐다〔登〕."는 왕경지(王景之, 624~683)가10 그 좋은 실례이다. "진사"라는 표현만 보면 그가 마치 진사과에 급제한 듯하지만, 이해에 "불공거(不貢擧)"했다면 왕경지가 "응제급제〔자〕(應制及第者)"일 가능성도 배제할 수 없기 때문이다.11 그러므로 영휘 연간에는 태종 때와 마찬가지로 아직 상거 과목이 없고, 단지 '광의의 진사'가 늘어나면서 '과거제도의 원형'이 더욱 공고해지는 추세였다고 보는 편이 더욱 타당할 듯하다.

이와 같은 시각에서 볼 때, 고종 초기의 중앙관학 관련 정책 역시 간과해서 안 된다. 태종이 관인의 양성 기관으로서 국자감을 정비·확대하였

---

7 『唐摭言』 권1, 「述進士上篇」, 3쪽에 "永徽已前, 俊〔士〕、秀〔才〕二科, 猶與進士並列." 이라고 한다.

8 『通典』 권15, 「選擧 歷代制」, 363쪽에 의하면, 銓選이 정관 연간 이후 "因循至於永徽中"하였다.

9 정관20년에 褚遂良은 杜淹이 태종에게 뛰어난 인물들을 "採訪"하여 "進擧"했다고 칭송하였다(『唐會要』 권74, 「選部 論選事」, 1580쪽).

10 『唐代墓誌彙編』, 景龍028번.

11 孟二冬은 『登科記考補正』, 47쪽에서 王景之를 진사과 급제자로 분류하면서도 그를 "應制及第"者로 판단한 羅繼祖의 견해도 병기해 두었다. 물론 그 논거인 "〔영휘3·4년〕不貢擧, 應制及第三人."(『文獻通考』 권29, 「選擧考 擧士」, 845쪽)이란 '唐登科記總目' 기록은 전적으로 신뢰하기 어렵더라도, '광의의 진사'가 존재하던 당시 상황을 감안할 때 羅繼祖의 신중한 판단이 설득력을 갖는다. "漢策"이란 표현을 보면 더욱 그러하다.

음을 제1부에서 설명했는데, 이 시기에도 비슷한 양상이 계속되고 있는 것이다. 영휘1년(650) 고종은 국자감의 "삼관(三館)" 곧 국자학·태학·사문학의 학생들을 "간시(簡試)"로써 천거하게 했으며,[12] 실제로 이를 통해 관직을 얻었던 듯한 인물이 발견된다.[13] 정관 연간과의 연속성이란 점에서 주목되는 사실은 또 있다. 태종이 관학의 교재로 삼았던 오경정의가[14] 이때 수정을 거쳐 최종 완성되었기 때문이다.

그런데 영휘4년 3월에 오경정의를 반포하면서 "매년 '명경(明經)'을 이에 의거해서 시험하게 하였다."고[15] 한다. 이 기록은 경서와 관련된 시험이 해마다 실시되었음을 뜻하고, 이것이 곧 상거 과목으로서 명경과를 지칭하는 듯하다. 하지만 원래 오경정의가 관학의 교재였다면, 이 "명경" 역시 일차적으로 국자감의 학생을 대상으로 한 시험이었을 가능성이 크다고 생각된다. 사실 같은 해 10월에 완성된 『율소(律疏)』도 영휘3년(652)에 "율학(律學)에 정해진 소(疏)가 없어 매년 선발하는 '명법(明法)'에 의거할 만한 기준이 없다."는[16] 이유로 편찬한 것이다. 여기에서 "율학"은 국자감 소속 학교의 이름이므로, 이 "명법"도 율학의 학생을 염두에 둔 시험으로

12 『冊府元龜』 권50, 「帝王部 崇儒術」, 558쪽.

13 崔暟는 "歲十有八, 以門冑齒太學. 明年, 精『春秋左氏傳』登科, 冠曰慈明, 首拜雍州參軍事."(『唐代墓誌彙編』, 大曆062번)하였는데, 그의 생몰년(632~705)을 볼 때 급제 시기는 영휘1년이다. 이미 상거가 존재했다고 보는 기존의 연구들은 그를 명경과 합격자로 여기지만, 崔暟의 묘지에는 과목 명칭이 없을 뿐더러 그 선발 기준도 원칙상 2경을 시험한 후대의 명경과에 비하여 낮다. 기실 상거제도가 아직 정착되기 전인 이 시기에 경서의 일반적인 시험 방식을 단정하기 어려우나, 태학생이던 그가 매우 간단한 시험으로 관직을 얻었음은 확실하다. 崔暟가 전술한 영휘1년의 "簡試" 관련 조서의 수혜자일 가능성이 크다고 생각하는 것은 바로 이 때문이다.

14 제1부에서 설명했듯이, 태종은 경학의 통일을 목적으로 오경정의를 편찬해 "付國學施行"(『貞觀政要集校』 권7, 「崇儒學」, 384쪽)·"付國子監施行"(『昭陵碑石』, 「孔穎達碑」, 115쪽; 『舊唐書』 권73, 「孔穎達」, 2602~2603쪽)하였다.

15 『唐會要』 권77, 「貢擧 論經義」, 1662쪽. 『舊唐書』 권4, 「高宗」, 71쪽 참조.

16 『冊府元龜』 권612, 「刑法部 定律令」, 7345쪽. 『唐會要』 권39, 「定格令」, 820쪽(사고전서본의 "明經"은 명백한 오기); 『舊唐書』 권50, 「刑法」, 2141쪽 참조.

보아야 마땅하다. 현경1년에 산학(算學) 주석서(注釋書)를 만들어 "국학(國學)"에서 쓰도록 한 것[17] 또한 동일한 맥락에서 이해된다.

따라서 영휘 연간의 "명경"·"명법"·"명산"은 후대와 같은 상거 과목이라기보다 국자감의 교육과 연계된 관인 선발 방법으로서의 성격이 짙다. 물론 이처럼 국가적으로 공인된 교재들이 널리 유포되면서 훗날 명경과를 비롯한 과거 과목들의 사회적 정착에 일조했을 터이다. 하지만 고종 초기로 국한하여 볼 때, 위의 기록들 모두 일차적으로 국자감이 당시 관인의 선발에서 갖는 중요성을 명언하고 있을 뿐이다. 그리고 이러한 양상은 6학(學)으로 개편되며 규모를 확대한 중앙관학이 관인의 주요 산실로 된 정관 연간의 상황을 계승·발전시킨 결과라고 하겠다.

실제로 영휘 연간에는 국자감을 통해 벼슬의 길로 나간 이들이 적지 않다. 예를 들어, 사문관(四門館)의 학생이던 조의(趙義, 627~680)는 영휘1년 "응시갑과(應試甲科)"하여 문림랑이란 산관을 거쳐 현위(縣尉)가 되었다.[18] 그가 치른 시험이 구체적으로 무엇이었는지는 모르지만, 사문관은 일반민에게도 입학이 허용된 사문학임이 확실하다.[19] 그러므로 조의는 '광의의 진사'로 여겨지고, 이 시기 '과거제도의 원형'에서 국자감이 중요한 제도적 기반이었다고 해도 좋다. 영휘3년(652)에 "국자학생(國子學生)"으로서 "명경탁제(明經擢第)"한 오속(吳續, 630~659)은 그 전에 부학(府學)에서 수학했던 적이 있고,[20] "영휘중(永徽中)"에 "사성생(司成生)"으로서 "탁제"했다는 을속고행엄(乙速孤行儼, 636-707)의 경우 호성(胡姓)의 무인(武人) 가계 출신이

<hr>

17 『冊府元龜』 권869, 「總錄部 明算」, 10310쪽에 의하면, "李淳風爲太史令, 尤明天文曆算陰陽之學, 與筭學博士梁永、太學助敎王眞儒等, 注釋『五曹』、『孫子』等十部筭經, 分二十卷. 顯慶元年左僕射于志寧等奏之, 付國學行用."하였다.

18 『唐代墓誌彙編』, 永淳023번.

19 國子監에서 원칙상 "庶人"도 입학할 수 있던 학교는 보통 "四門(學)"으로 불리지만, 『新唐書』 권48, 「百官」, 1267쪽에서 보듯이 四門館이란 이름도 사용되었다.

20 『唐代墓誌彙編』, 久視004번.

란 점에서[21] 흥미롭다. 고종 초기에 다양한 경력과 배경의 인물들이 국자감을 통해 입사할 수 있었으며, 전술하였듯이 영휘 연간의 문헌에서 처음으로 "준사(俊士)"가 분명히 확인되는 것도 결코 우연이 아닐 듯하다.

이와 관련하여

> 일찍이 국자생(國子生)이 되었다가 "응조자거(應詔自擧)"하였는데, …(판독할 수 없는 글자로 인하여 해석 불가능)… 봉주(封奏)한 이들 천여 명 가운데 군(君)이 훌륭하게도 첫 번째로 뽑혔다. … 그때 나이 19살이었다. … 얼마 안 있어 역주(易州) 영락현(永樂縣)의 주부(主簿)가 되었다.[22]

는 장형(張皇, 636~688)의 묘지도 홀시해서 안 된다. 그의 나이로 보아 위의 사실은 영휘5년(654) 전후의 일인데, 당시 국자감의 학생들은 조거에 자발적으로 응거하였으며 또 이렇게 관인이 되려는 이들이 자그마치 1000명 이상이었기 때문이다. 이토록 많은 응거자의 숫자는 그 이전 시기의 기록에서 발견되지 않는다.

중앙관학의 안팎에서 관직을 원하던 이들의 증가 현상은 물론 앞서 지적했듯이 정관 연간 후기부터 그 단서를 찾을 수 있다. 태종 초에 문무(文武) 내관(內官)의 정원이 643명에 불과하였으나,[23] 고종 현경2년(657)에

---

21 『昭陵碑石』, 「乙速孤行儼碑」, 217쪽. 여기에서 "司成(館)"은 고종 용삭2~함형1년 시기 국자감의 이름으로서(『舊唐書』 권42, 「職官」, 1787~1788쪽) 이후 그 별칭으로 자주 사용된다. 실제로 乙速孤行儼 父의 비석은 그를 "國子明經高第"(「乙速孤神慶碑」, 『金石萃編』 권61, 『隋唐五代石刻文獻全編(3)』, 62쪽)라고 적었다. 이 두 비문에 의하면 그의 本姓은 太原 王氏로서 전통적인 漢族 명문이라고 하나, 선조들이 누대에 걸쳐 武職을 역임해서 그대로 믿기 어렵다.

22 『唐代墓誌彙編』, 垂拱056번. "早預國子生, 應詔自擧, 詔□問焉, 封奏者千有餘人, 君蔚爲擧首. 爰降明詔曰, '少年聰穎, 機神博達, 對□策問, 詞義可稱.' 可待詔弘文館, 准學士例, 供食隨仗, 入內供奉. 時年十九. 雖賈誼英拔, 晁錯智謀, 望我高芬, 失其歸趣矣. 尋授易州永樂縣主簿."

23 『通典』 권19, 「職官 歷代官制總序」, 471쪽에 "貞觀六年, 大省內官, 凡文武定員, 六百四十有三而已."라고 한다. 단 『貞觀政要集校』 권3, 「論擇官」, 155쪽에서는 이러한 官

는 내외(內外) 문무 유내관(流內官)이 무려 1만 3465명으로 늘어날 수 있었던[24] 까닭도 바로 이러한 사회적 분위기와 무관하지 않을 것이다. 그렇다면 고종 초기에 관직을 구하는 자들의 증가와 함께 관직의 정원도 폭증하였고, 관인선발제도 역시 이러한 변화로부터 결코 자유로울 리 없다. 따라서 이 시기의 관인 선발이 대체적으로 제1부에서 설명한 '과거제도의 원형'에 기반했을지라도 그 안에서 새로이 드러나는 현상에 좀 더 주의할 필요가 있다.

영휘2년의 "시정수재(始停秀才)"

고종 초 영휘 연간의 관인선발제도와 관련하여 흥미로운 기록이 있다. '당등과기총목'의 영휘2년(651) 아래 주기(注記)된 "이해에 처음으로 수재에 의한 선발을 정지하였다〔其年始停秀才擧〕."는[25] 말이 그것이다. 『신당서』「선거지」 또한 이때 "처음으로 수재과를 정지하였다〔始停秀才科〕."고 한다.[26] 만약 이것이 사실이라면, 영휘2년은 관인선발제도의 역사에서 중요한 의미를 지닌다. 누차 밝혔듯이 아직 후대와 같은 상거가 출현하지 않은 이 시기의 "수재(과)"는 기본적으로 전통적인 찰거제도의 연장선 위에 있었는데, 한대부터 "세거(歲擧)"했던[27] 이 과목의 시행 중단이 곧

人의 감축이 貞觀1년의 일로 되어 있다.

24 『舊唐書』 권81, 「劉祥道」, 2751쪽. 『通典』 권17, 「選擧 雜議論」, 404쪽 참조.

25 『文獻通考』 권29, 「選擧 學士」, 845쪽.

26 『新唐書』 권44, 「選擧志」, 1163쪽.

27 전게 劉海峰·李兵, 『中國科擧史』, 30~32쪽에서 잘 설명하고 있듯이, 수재과는 보통 전한 무제가 만들었고 후한 光武帝 때 "歲擧"로 정착했다고 한다. 기실 閻步克, 「西漢秀才已爲歲擧考」, 『北京大學學報』 1987-1처럼 전한 때 이미 수재를 매년 선발하기 시작했다는 주장 등 학계에 이론이 없지 않으나, 漢制에 대한 더 깊은 논의는 본서의 주제를 벗어나므로 상론하지 않겠다.

과거라는 새로운 제도로 나아가는 분기점(分岐點)처럼 보이기 때문이다.

그런데 이와 모순되는 사료도 적지 않다. 고종 현경2년에 유상도(劉祥道, 596~666)는 당초부터 "수재지거(秀才之擧)"가 없었다고 하며,[28] 『구당서』의 「직관지(職官志)」에도 비슷한 내용이 보인다.[29] 하지만 『구당서』「직관지」의 다른 곳에서는 수재가 "정관 연간 이후 마침내 끊어졌다."는데,[30] 동일한 이야기가 『당육전』에도 나온다.[31] 반면, 영휘2년 뒤에도 수재가 존재하였다는 문헌 또한 있다. 『통전』의 경우, 태종 때 "폐절(廢絶)"되었던 이것이 현종 개원(開元)24년(736) 부활했다가 천보(742~756) 초에 이르러 "상년거송(常年擧送)"이 중지되었다고 하는 것이다.[32] 더군다나 당대의 상거를 설명하는 많은 책들에서 수재과는 항상 그 첫 자리를 차지하고 있다.[33]

권위 있는 서적들 간의 이같이 상충된 기록은 당대 수재의 존폐(存廢) 문제에 관한 많은 논란을 낳았다.[34] 사실 앞서 보았듯이 사료로서의 가치가 높은 석각자료에도 정관 연간까지 수재의 사례들은 많고, 이것은 당후기라고 해서 크게 다르지 않다. 따라서 이 문제는 "수재"란 명칭의

---

28 『舊唐書』 권81, 「劉祥道」, 2752쪽. 단 여기에서 "秀才"는 후술하듯이 官學에서 受學한 "儒生"과 대비되어 지방에서 뽑아 올린 인재를 뜻하므로 찰거나 과거의 과목 명칭과는 다를 수도 있다.

29 『舊唐書』 권42, 「職官」, 1804쪽.

30 『舊唐書』 권43, 「職官」, 1829쪽.

31 『唐六典』의 권2, 「尙書吏部」, 45쪽; 권4, 「尙書禮部」, 109쪽.

32 『通典』 권15, 「選擧 歷代制」, 354쪽.

33 이러한 기록은 매우 많은데, 『唐六典』의 권2, 「尙書吏部」, 45쪽; 권4, 「尙書禮部」, 109쪽과 『新唐書』 권44, 「選擧志」, 1159쪽이 그 좋은 예이다.

34 대표적인 연구로서 張榮芳, 「隋唐秀才科存廢問題之檢討」, 『食貨(月刊)』 10(復刊)-12, 1981; 李新强, 「唐代秀才科停廢考」, 『中國史研究』 1987-1; 余子俠, 「唐代秀才科考論」, 『歷史研究』 1997-5; 陳飛, 「唐代"秀才科"考辨」, 『文獻』 93, 2002와 劉海峰의 「唐代秀才科存廢與秀才名目的演變」, 『中國史研究』 1990-1; 「再論唐代秀才科的存廢」, 『歷史研究』 1999-1 등이 있다.

과목 유무가 아니라 그 속성의 변화 여부에 달려 있다고 생각된다. 청대 서송의 지적처럼 당 "중엽이환(中葉以還)"의 이것은 사실상 진사과였을 수 있고,[35] 혹 시기에 따라 "수재"의 성격이 변했을는지도 모른다.[36]

당대 수재과에 대한 기존의 연구들 가운데 가장 주목되는 것은 류하이펑의 두 논문이다. 이에 따르면, 영휘2년 이후의 수재 관련 기록들은 기존의 전통적 찰거 과목과는 상이한 것으로서 대개 진사과의 별칭이다. 그리고 이렇게 수재과가 사라지고 진사과로 대체된 이유는 방략책(方略策) 위주의 시험 내용, 응시자의 입장에서 어려운 급제, 그 합격 여부에 책임을 져야만 되는 천거자 측의 부담감 등이었다.[37] 많은 문헌들의 치밀한 검토 끝에 나온 이러한 주장은 대체적으로 수긍할 만하며, 당대 수재과의 속성은 영휘2년을 경계로 크게 바뀌었다고 생각된다.

다만 한 가지 분명히 짚고 넘어가야 할 사실이 있다. 류하이펑은 제1부에서 밝혔듯이 과거제도의 기원을 수 양제 대업1년에서 찾는 대표적인 연구자이고, 그는 이 시기의 수재 역시 당연히 시험 위주의 상거 과목으로 보았다. 그러나 지금까지 상술했듯이 당시 이러한 제도가 아직 확립되지 않았다면,[38] 이 변화는 다른 각도에서 설명해야만 한다. 기실 『통전』은

---

35 「〔淸〕徐松登科記考凡例」, 『登科記考補正』, 18쪽.

36 전게 陳飛, 「唐代"秀才科"考辨」은 수재과를 천보 초기까지 존속한 "舊秀才", 이후 천거의 성격이 강한 제거 형식으로 바뀌어 잠깐 시행된 "新秀才" 그리고 현실과 유리된 "鄕擧里選"의 古制로 구분한다.

37 전게 劉海峰의 「唐代秀才科存廢與秀才名目的演變」과 「再論唐代秀才科的存廢」. 이러한 논지는 전게 劉海峰·李兵, 『中國科擧史』, 74~75쪽 등에서 보듯이 이후 그의 저술들에서 되풀이된다.

38 고종 영휘 연간의 수재가 '광의의 진사'일 가능성은 司馬愼微(633~680)의 사례에서 잘 드러난다. 그가 "年未弱冠(20세라면 高宗 永徽3년·인용자), 應茂才擧, 高第童子, 知名臧洪, 始遊於太學; 弱齡對策, 阮种擢於甲科, 解褐授襄州襄陽縣尉."(『秦晉豫新出墓誌蒐佚』, 374번)했으므로, 당시 "茂才" 곧 수재의 합격 후 입사한 것이 아니라 태학에 입학했기 때문이다. 따라서 당시 모든 수재를 결코 후대와 같은 상거 과목으로서의 수재과와 동일시할 수 없다.

수재의 "폐절"이 "(지방에서 수재로) 선발하였으나 (중앙에서 수재로) 급제하지
못한 이가 있을 경우(有擧而不第者) 그 주의 장관을 처벌"한 탓이었다고
한다.[39] 조정에서 수재에 대하여 이와 같이 엄격하게 책임을 물은 까닭은
그 선발 과정에서 추천의 성격이 유난히 강했기 때문이며, 이는 전통적인
찰거 과목의 일반적 특징과 무관하지 않아 보인다.

그렇다면 영휘2년에 "처음으로 수재과를 정지했다"는 기록의 역사적
의미는 비단 한 과목의 존폐 문제로 그치지 않는다. 통일제국의 정착과
더불어 관직을 구하는 이들이 증가하면, 관인 선발의 주도권은 점점 중
앙 조정으로 넘어갈 수밖에 없다. 그리고 황제의 입장에서는 천거를 매
개로 한 지방관과 그 지역 사인 간의 사적인 유대를 경계함이 당연하고,
이러한 분위기 속에서 인재를 추천해야 할 관인도 상호 결탁 혐의를 피
하기 위해 객관적 방법을 선호하였을 것이다. 자발적인 응거의 허용과
이들에 대한 시험이 바로 그 대안이며, 자연스레 기존의 찰거보다 더 많
은 사인들에게 개방되고 보다 공정한 관인선발제도의 토대 구축이 가능
해졌다. 이와 같은 변화가 고종 초기에 전통적인 찰거 과목이던 수재의
정지로 귀결되었고, 유사한 성격의 효렴 역시 마찬가지 운명이었을 터
이다.

물론 이처럼 큰 변화가 단기간에 완벽하게 이루어졌을 리는 없다. 실
제로 영휘2년 이후의 수재나 효렴 관련 기록 중에는 전통적인 찰거와
흡사해 보이는 사례들도 적지 않다. 건봉(乾封)3년(668)에 "효렴탁천(孝廉擢
薦)"했음에도 불구하고 "겸퇴(謙退)"하여 벼슬을 갖지 않은 이천(李泉, 649~
729)이나[40] 함형3년(672) 즈음 "향당(鄕黨)에서 인(仁)을 추앙하고, 종족(宗
族)이 효(孝)를 칭송하"여 "주거효렴(州擧孝廉)"했다는 양승복(楊承福, 653~

---

709)의[41] 묘지가 그 좋은 예이다. 이러한 기록은 효렴이 여전히 당사자의 자발성과 무관한 추천 위주였으며, 그 기준은 인품의 문제였던 듯하기 때문이다.

그러나 무측천 시기에 재상을 역임한 장석(張錫, ?~?)이 "나이 19살에 군에서 수재로 선발되고〔擧秀才〕, 이듬해 또 효렴으로 등과하였다〔孝廉登科〕."는[42] 기록은 결코 간과할 수 없다. 75세에 죽은 그의 사망 시기는 중종 경룡4년(710)~현종 개원14년(726) 중이 확실하므로,[43] 위의 사실은 영휘5년(654)~함형2년(671) 사이에 발생한 일이다. 그렇다면 이때 지방에서 수재로 선발된 자가 중앙에서는 효렴으로 간주될 수도 있었던 셈이고, 이는 당시 두 과목의 독립적 정체성을 의문스럽게 한다. 고래로 명확히 구분되어 왔던 수재와 효렴의 이러한 혼란 현상은 고종 시기에 전통적인 찰거 과목들의 고유한 개성이 벌써 상당히 약화되어 버렸음을 뜻하는 것이다.

이와 같은 시각에서 보면,

> 〔15~17세 때의 남다른 학문 활동 설명〕주향(州鄕)에서 일찍이 수재나 효렴으로 〔뽑아 그의 자존심을〕 굽히려 하였으나, 부군(府君)께서 당당하게 "대장부는 예물(禮物)을 내리〔어 초빙하〕지 않으면 서울로 갈 수 없거늘, 어찌 보잘것없는 사람들처럼 이 시류에 영합하는 무리를〔時輩〕 따르겠는가?"[44]

---

41 『唐代墓誌彙編』, 景龍042번.
42 『全唐文補遺(千唐)』, 152쪽.
43 王洪軍, 『登科記考再補正』, 41~42쪽은 張錫이 개원14년에 죽었다고 했으나, 실제 그의 묘지를 보면 이해에 사망한 자는 張錫이 아니라 그의 아내이다. 따라서 張錫의 생몰년을 확정할 수 없고 단지 대략적인 추정만 가능하다. 아내보다 먼저 죽은 그가 중종 사후 韋后의 臨朝 때(710년)까지 확실히 살아 있었기(『舊唐書』의 권7, 「中宗」, 150쪽; 권85 「張文琮」, 2817쪽) 때문이다. 즉 張錫은 태종 정관10년(636)과 고종 영휘3년(652) 사이에 태어난 것이다.

라며 벼슬을 구하지 않았다는 대영언(戴令言, 659~714)의 묘지도 주목된다. 그가 15~17세이던 고종 함형4년(673)~상원(上元)2년(675) 경의 이 일화에 따르면, 당시 지방의 수재나 효렴의 현실은 벌써 천거를 받아 명예롭게 관인이 되는 방법이 결코 아니었기 때문이다. 예전과 달라진 이러한 "시류"를 대영언은 개탄하고 있지만, 실상 그 변화에 순응하는 "무리"들이 많았던 것이다. 따라서 "예물"도 받지 않고 자발적으로 응거한 자들 사이에 치열한 경쟁이 불가피해졌고, 여기에서 새로운 관인선발제도의 한 특성을 엿볼 수 있다.

따라서 현경6년(661) 수재가 된 장정(張貞, 642~725)이 "지명태학(知名太學)"했다고[45] 하여도 별로 이상하지 않다. 수재로 선발된 그는 국자감 학생들이 인정할 만한 능력이나 자질을 갖추고 있었던 것이다. 물론 장정 등 전술한 여러 수재·효렴들의 묘지에는 이들이 지방에서 어떤 구체적인 시험을 통과했다는 기록은 없다. 그러나 용삭3년(663)에 "주군찰효렴(州郡察孝廉), 이명경거(以明經擧)."하였다는 악감허(樂鑒虛, 641~707)의[46] 예를 볼 때, 이 시기의 효렴은 설령 "찰[거](察擧)"의 형식으로 지방에서 뽑혔을지라도 "명경" 즉 경학의 지식 혹은 명경과라는 상거 과목을 전제로 한 것이었다고 생각된다. 고종 시기에 기존의 찰거 과목들이 이렇게 변모해

---

44 『唐代墓誌彙編』, 開元010번. "十五, 首讀兩『漢〔書〕』, 遂慨慷慕古, 手不釋卷, 未盈五旬, 咸誦於口. 十七, 便歷覽羣籍, 尤好異書, 至於算曆、卜筮, 無所不曉. 味老、莊道流, 蓄長往之願, 不屑塵物. 州鄕初以秀孝相屈, 府君傲然便曰, '大丈夫非降玄纁不能詣京師, 豈復碌碌從時輩也.'〔旣家近湘渚…不肯降志.〕"

45 「貞和尙塔銘」, 『金石萃編』 권83, 『隋唐五代石刻文獻全編(3)』, 408쪽.

46 『全唐文補遺(8)』, 340쪽. 여기에서 "州郡察孝廉, 以明經擧"를 용삭3년의 일로 본 이유는 당시 樂鑒虛가 "年卅三"이었다는 기록에 따른 것이다. 그런데 이 묘지는 그 뒤에 "以唐顯慶元年, 對策高第."라고 해서 의문을 남긴다. 현경은 용삭보다 앞선 시기의 연호이기 때문이다. 따라서 필자는 뒷 구절의 "顯慶"은 용삭3년의 이듬해 改元한 "麟德"의 오기일 가능성이 크다고 생각한다. 혹 필자의 추론이 틀릴지라도, 이것이 고종 연간의 상황을 반영하고 있음은 확실하다.

가는 과정에서 그 중요한 계기가 바로 수재·효렴과 같은 찰거 과목에
의한 선발을 중단시킨 영휘2년의 "시정수재"였던 것이다.

일찍이 북주의 선제(宣帝)도 선정(宣政)1년(578)에 매년 주·군에서 각각
"고재박학자(高才博學者)"와 "경명행수자(經明行脩者)"를 수재와 효렴으로 뽑
아 올리게 하였다.[47] 그렇다면 경학 지식을 기준으로 효렴을 평가한 선례
가 예전에도 있었을 법하다. 따라서 그 선발 과정에서 추천의 비중이
축소될 때, 효렴은 자연스럽게 과거제도의 명경과로 전환될 수 있었을
터이다. 그러나 수재의 경우는 이와 조금 다르다. 혹 북위(北魏) 이래 수재
가 문학적 소양을 중시했다는[48] 이유로 진사과와 유사하다고 할는지도
모르겠다. 하지만 진사과의 '잡문(雜文)' 시험 추가는 후술하듯이 영륭(永
隆)2년(681)의 일이고, 이러한 논리는 고종 말 이후의 상황에서나 타당할
뿐이다. 만약 고종 초기부터 두 과목의 공통점을 찾는다면, 그것은 "고재
박학"이라고 막연히 표현된 수재와 다양한 인재 선발 기준을 가진 '광의
의 진사' 사이에 존재하는 매우 느슨한 연관성에 불과하다.

기실 "처음으로 수재과를 정지"한 영휘2년은 고종이 처음으로 독자적
인 율령을 만든 해이다. 게다가 이 『영휘령(永徽令)』은 편목(篇目)의 구성
부터 직전의 『정관령(貞觀令)』과 다르고 그 내용도 상당히 수정되었다
면,[49] 찰거 과목의 변모가 이때 법제화되었을 개연성도 있다. 하지만 『영
휘령』의 「선거령(選擧令)」 조항을 거의 확인할 수 없는 현재[50] 이 문제에

---

47 『周書』 권7, 「宣帝」, 116쪽.
48 北魏 때 "朝廷貢秀才, 止求其文."(『魏書』 권66, 「崔光伯」, 1479쪽)했다고 하며, 『北齊
　　書』 권44, 「儒林 馬敬德」, 590쪽에도 "擧秀才例取文士."라는 기록이 있다.
49 高明士, 『律令法與天下法』(臺北, 五南, 2012), 170~173쪽.
50 『唐令拾遺』와 『唐令拾遺補』의 「選擧令」은 고종 시기 『永徽令』의 세 令文을 복원해
　　두었으나(제3조, 제14조, 제16조의 '○' 이하 내용), 모두 관인의 선발과 직접 관련된
　　조항이 아니다. 물론 이것은 『唐律疏議』의 내용을 모두 『開元25年令』으로 간주한 일
　　본 학계의 입장에 따른 것인데, 이러한 시기 추정은 오랜 논란거기이다(張國剛 주편,

대한 확실한 결론을 내리기 어렵다. 『인덕령(麟德令)』·『의봉령(儀鳳令)』 등 고종 시기에 편찬된 여타 영 역시 마찬가지이다.

단지 어느 정도 추측은 가능하다. 전술하였듯이 『율소』 곧 『당률소의(唐律疏議)』가 영휘4년에 편찬되었는데, 이 책에는 수재라는 과목 명칭이 나올 뿐더러[51] 공거 관련 범죄의 초점이 "덕행괴벽(德行乖僻)"에 맞추어져 있기 때문이다.[52] 당시 관인의 선발에서 시험으로 평가하기 힘든 덕성·행실이 이처럼 중시된 만큼, 대상자의 이런 측면까지 아울러 고려한 천거 역시 관인선발제도에서 여전히 온존하였으리라고 짐작되는 것이다. 그리고 현존하는 『당률소의』에 영휘4년 이후의 상황을 반영한 부분도 뒤섞여 있다면,[53] 그 뒤에도 지속적으로 수정·보완된 이 책에 담긴 내용이 상당 기간 실질적인 의미를 가졌으리라고 보아도 무방할 듯하다.

따라서 고종 영휘2년에 "처음으로 수재과를 정지"했다고 하더라도, 이

『隋唐五代史硏究槪要』, 天津, 天津敎育出版社, 1996, 121~122쪽의 '『唐律疏議』制作年代; 전게 高明士, 『律令法與天下法』, 135~136쪽). 그리고 현존 『唐律疏議』가 중종 신룡 연간 이후부터 개원25년 이전까지의 通行本이라는 근래의 연구에(劉俊文, 『唐律疏議箋解』, 北京, 中華書局, 1996의 「序論」, 69~70쪽) 의하면, 이 책의 내용은 일률적으로 『開元25年令』이라고 단정하기 어려우며 그 이전 시기의 법제도 혼재할 수 있다. 실제로 후술할 것처럼 제19조 '○' 이하의 "諸州歲別貢人" 관련 기록은 상거와 제거가 확실히 나뉘지 않은 영휘 연간의 상황을 반영하는 듯하다.

51 『唐律疏議』 권3, 「名例律」 제21조(총 제21조), 59쪽의 疏議에서 "出身, 謂藉蔭及秀才、明經之類."라고 하였다.

52 『唐律疏議』에서 "貢擧"와 직접 관련된 유일한 조항이 「職制律」의 제2조(총 제92조)인데, "諸貢擧非其人及應貢擧而不貢擧者, 一人徒一年, 二人加一等, 罪止徒三年."이란 그 律文의 注가 "非其人, 謂德行乖僻, 不如擧狀者."이다(권9, 183쪽). 여기에는 "若試不及第"할 경우에 대한 注文도 있으나, 이것은 어디까지나 부가된 설명에 불과하다.

53 전술한 바 현존 『唐律疏議』의 版本 시기에 대한 논란은 차치하더라도, 후대의 사실도 분명히 포함된 이 책이 처음 편찬된 모습 그대로가 아니라는 것은 확실하다. 전게 高明士, 『律令法與天下法』, 135~136쪽과 전게 劉俊文, 『唐律疏議箋解』의 「序論」, 69~70쪽 참조.

것이 즉각 율령에 그대로 반영되어 수재·효렴과 같은 찰거 과목의 폐지 혹은 근본적 변화를 가져왔다고 생각되지 않는다. 사실 과거제도가 확고히 정착한 후대에도 시험 위주의 관인 선발 방식은 인간의 품성을 중시하는 유교적 이념으로부터 끊임없이 비판 받았다.[54] 그리고 인품의 총체적 평가에 의거한 추천이나 천거가 현능한 인재의 발탁에 일면 유용함도 현실적으로 부정할 수 없다. 게다가 이러한 제도가 오랜 전통적 권위를 가지고 있다면 더욱 바꾸기 쉽지 않았을 것이다.

하지만 고종 시기의 수재나 효렴에는 앞서 보았듯이 기존의 그것과 상이한 성격이 드러나며, 이후 유사한 사례는 계속 증가한다.[55] 급기야 개원25년(737)에 현종이 "오늘날의 명경[과]와 진사[과]는 바로 예전의 효렴과 수재이다."라 단언하고,[56] 당후기에 효렴과 수재는 명경과와 진사과의 별칭으로 탈바꿈하는 것이다.[57] 그렇다면 이러한 변화가 비록 상당 기간 과도기를 필요로 했을지라도, 영휘2년에 처음으로 전통적인 찰거

---

54 이러한 사실은 D. Nivision, "Protest Against Conventions and Conventions of Protest", A. Wright 편, *The Confucian Persuasion*, Stanford, Stanford University Press, 1978(1960 원간)이 잘 설명하고 있다.

55 이와 관련하여, 張柬之의 급제를 달리 표현한 두 문헌이 흥미롭다. 손자 張軫 부부의 합장 묘지에서 "秀才擢第"者라고 한(『唐代墓誌彙編』, 天寶111번. 〈그림8〉의 ③ 참조) 그를 『舊唐書』는 태학생으로서 국자좨주 令狐德棻의 높은 평가로 "進士擢第"했다고 (『舊唐書』 권91, 「張柬之」, 2936쪽) 전하는 것이다. 그런데 令狐德棻이 국자좨주였던 시기는 영휘4~용삭2년이고(『舊唐書』 권73, 「令狐德棻」, 2599쪽), 이 고종 시기의 일에서 드러나는 두 가지 가능성 모두 주의할 만하다. 묘지의 내용이 옳다면 장간지는 중앙관학에서 수학한 수재란 점에서 특이하고, 『舊唐書』 기록이 틀리지 않다면 진사와 수재가 동일시되는 당시 현실 역시 흥미롭기 때문이다. 다시 말해, 전통적인 찰거 과목과 중앙관학 사이의 이질성을 생각할 때 두 상이한 기록에 드러나는 바 수재의 속성 변화 혹은 진사과로의 전환 현상을 간과해서 안 되는 것이다. 실제로 무측천 시기에는 이와 유사한 사례들이 늘어나는데, 이 문제는 후술하겠다.

56 『冊府元龜』 권639, 「貢舉部 條制」, 7671쪽의 개원25년 1월 詔書. 단 동일한 글이 『唐會要』 권75, 「貢舉 帖經條例」, 1631쪽에는 개원25년 2월의 勅으로 적혀 있다.

57 「〔淸〕徐松登科記考凡例」, 『登科記考補正』, 18쪽.

과목에 대한 왕조의 경계심 혹은 거부감이 분명히 공표되었다는 사실이 중요하다. 이것은 그 뒤 관인선발제도의 핵심이 천거에서 시험으로 옮겨지기 시작한 결정적인 계기였던 것이다. 【부록1】에서 이해를 경계로 수재·효렴의 '과목 확실성'이 그 이전 시기보다 진사과·명경과에 더 가까워진다고 판단한 까닭은 이 때문이다.

이상에서 살펴본 '고종 초기 전통적 찰거의 지양' 실상을 간략히 정리하면 다음과 같다. 이 시기에는 황제가 인재 발탁을 명하는 조서를 빈번히 내리고, 오경정의·『당률소의』 등 국자감의 교재를 완성하여 그 교육을 체계화하였다. 이는 조거와 중앙관학을 중시했던 예전의 정책을 계승·발전시킨 것이며, 후대와 같은 상거 과목을 당시 새롭게 만들었다는 증거가 아니다.

하지만 입사를 바라는 사인들이 증가하면서 관인 선발의 주도권을 쥔 왕조의 태도 변화는 주목된다. 영휘2년의 "시정수재"가 바로 그것이다. 전통적인 찰거 과목을 부정한 이 조처가 설령 율령에 당장 반영되지 못했을지라도, 그 이후 수재나 효렴 사례들에서 드러나듯이 관인의 선발에서 천거의 중요성은 확실히 약화되어 갔기 때문이다. 따라서 태종 정관 연간에 뚜렷해진 '과거제도의 원형'은 이 시기에 보다 공고해졌다고 해도 좋을 것이다. 이러한 제도의 변화 추세는 이후 가속화되었다고 생각되는데, 이 문제는 절을 바꾸어 좀 더 상세히 검토하려 한다.

2. '광의의 진사' 분화: 제거와 상거의 제도화

현경 연간의 관인선발제도

고종은 영휘6년 10월에 왕황후(王皇后, ?~655)를 내쫓고 무측천을 황후로 삼았다. 또 이듬해 1월에 그녀가 낳은 이홍(李弘, 652~675)으로 황태자를 바꾸고, 그 이튿날 현경(顯慶, 656~661)으로 개원(改元)하였다.[58] 그리고 이 현경 연간부터 병약한 고종을 대신해 무측천이 직접 정치에 관여했다고 한다.[59] 무측천이 역사의 전면에 등장한 것이다. 이 일련의 사건들이 단순한 황후 교체 이상의 중요한 역사적 의미를 지닌다는 사실은 익히 알려져 있으므로[60] 자세한 설명은 불필요할 터이다.

물론 무측천의 권력 장악과 연관된 정치사회적 변동은 그녀가 황제로 군림한 8세기 초까지에 걸친 오랜 기간의 문제이다. 하지만 그 출발점이라고 할 현경 연간부터 변화의 기미가 보인다. 현경4년(659)에 편찬한 『현경성씨록(顯慶姓氏錄)』이 기존의 『정관씨족지(貞觀氏族志)』와 달리 통일제국의 관계(官階)를 중시하였기 때문이다.[61] 관인선발제도 또한 변화가 드러

---

58 『舊唐書』 권4, 「高宗」, 74~75쪽.

59 『舊唐書』 권6, 「則天皇后」, 116쪽에 의하면, "帝自顯慶已後, 多苦風疾, 百司表奏, 皆委天后詳決."했다. 이와 유사한 내용은 당후기 沈旣濟의 "初國家自顯慶以來, 高宗聖躬多不康, 而武太后任事, 參決大政, 與天子並."(『通典』 권15, 「選擧 歷代制」, 357쪽)이란 말에도 보인다.

60 陳寅恪은 「記唐代李武韋楊婚姻集團」(『金明館叢稿初編』, 臺北, 里仁書局, 1981. 원간 1954) 등 일련의 연구를 통해 무측천이 '關隴集團'의 지지를 받던 王皇后를 대신하면서 山東系 문벌의 영향력이 강화되었다고 하였다. 그 뒤 이러한 주장을 둘러싸고 학계에서 논란이 분분했지만(유원적, 「唐初 支配層의 性格에 대한 學說史的 檢討」, 『이화사학연구』 11·12合, 1982; 任大熙, 「唐代前半期政治史研究の現狀と課題」, 『中國: 社會と文化』 4, 1989와 전게 張國剛 주편, 『隋唐五代史研究概要』의 '武則天評價·社會結構與等級身份' 항목, 30~35·265~291쪽), 대부분 무측천이 황후가 된 이후 생긴 정치사회적 변화 자체를 부정하지는 않는다.

난다. 예컨대, 현경1년 3월 황태자 이홍의 요청으로 동궁(東宮) 소속 숭현관(崇賢館) 곧 후대의 숭문관(崇文館)에 "생도(生徒)"를 두었다. 숭문관이 일종의 학교로 바뀌면서 관인 배출 기관이 된 것이다.[62] 그리고 현경6년(661)까지 황제는 한 해도 빠짐없이 인재의 발탁을 명하고, 이로 인해 등용된 인물들이 적지 않았다.[63] 따라서 이 기간 동안 '과거제도의 원형'을 더욱 내실화하려 한 조정의 정책은 분명하다고 하겠다.

그런데 이 시기 관인선발제도의 실상과 관련하여 중요한 기록이 존재한다. 현경2년에 유상도가 올린 상주가 그것인데, 그는 영휘6년부터 현경4년까지 이부시랑(吏部侍郎) 혹은 지이부선사(知吏部選事)로서 오래도록 관인 인사 업무를 주관하여[64] 당시 현실을 숙지하는 인물이었다. 유상도의 이 글은 『통전』에 가장 길고 자세히 나오지만, 그 내용이 『구당서』·『책부원귀』·『신당서』와 상당히 다르다.[65] 따라서 이 상주문은 매우 치밀한 분석을 요한다.[66]

---

61 『貞觀氏族志』와 『顯慶姓氏錄』의 성격 차이는 전게 정순모, 「唐代 譜牒의 編纂과 그 變遷」에 잘 설명되어 있다. 전게 池田溫, 「唐朝氏族志の一考察: いわゆる敦煌名族志 殘券をめぐって」, 95~106쪽 참조.

62 崇文館의 변화 과정은 전게 高明士, 『中國中古的教育與學禮』, 46~47쪽이 상술하였고, 이를 거쳐 입사한 인물이 고종 함형3년에 "明經擢第"한 賈伯卿(『河洛墓刻拾零』, 184번) 등 더러 확인된다.

63 관인을 선발하기 위한 조서와 이를 통해 선발된 인물들은 전게 陳飛, 『唐代試策考述』의 「唐代制擧科目年表」, 311~314쪽과 『登科記考補正』, 50~58쪽에 자세히 정리되어 있다.

64 전게 嚴耕望, 『唐僕尙丞郎表』, 90~91쪽.

65 劉祥道의 上奏文 전체가 『通典』 권17, 「選擧 雜議論」, 403~406쪽과 『舊唐書』 권81, 「劉祥道」, 2750~2753쪽; 『冊府元龜』 권473, 「臺省部 奏議」, 5649~5650쪽에 있고, 『新唐書』 권106, 「劉祥道」, 4049~4050쪽의 경우 많은 문장을 변형시켰지만 기본 내용은 『舊唐書』·『冊府元龜』와 비슷하다. 이밖에 『通典』 권15, 「選擧 歷代制」, 361쪽; 『冊府元龜』 권629, 「銓選部 條制」, 7546쪽; 『唐會要』 권74, 「選部 論選事」, 1580~1581쪽 등에도 그 일부를 발췌 혹은 정리해 두었다.

66 전게 졸고 「唐 高宗 초기 官人選拔制度 관련 두 史料의 釋義: 永徽令 중의 簡試와 顯慶 연간 劉祥道의 上奏」, 209~220·228~231쪽에서 이 문제를 專論하였고, 아래의

유상도의 글은 아래와 같이 "선사(選司)" 곧 이부에서 너무 많은 이들을 선발한 탓에 유내관(流內官)으로 "입류(入流)" 가능한 자들이 과다하다는 사실의 지적으로 시작한다.

> 첫째, 현재 선사에서 사인을 선발하는 것이 너무 많고 또 함부로 합니다. 매년 입류할 수 있는 자의 수가 1400명 이상이므로 너무 많다는 것이며, "잡색(雜色)"이 입류할 때 엄격히 가려 뽑지 않으니 너무 함부로 한다는 것입니다. ─ 인용자:『통전』에는 여기에 "경학(經學)과 시무(時務) 등〔의 시험을 통해 입류하는 자〕가 잡색에 비하여 1/3도 되지 않습니다."는 말이 덧보태어져 있음 ─ "경학에 밝고 행실을 닦은 사인〔經明行修之士〕"도 오히려 올바른 사람이 드문데, 대부분 "서도(胥徒)"의 무리를 많이 뽑아 〔입류시키니〕 어찌 이들 모두 "덕행"이 있을 수 있겠습니까?[67]

위의 인용문은 현경2년 당시 유내(流內) 종9품 이상의 관인 자격을 갖춘 사람이 매우 많았음을 분명히 알려주고, 이는 앞서 지적했듯이 정관 연간 후기 이래 구관자(求官者)가 늘어난 결과일 것이다. 그런데 유상도는 이러한 인물들을 "경학에 밝고 행실을 닦은 사인"으로 검증된 이들과 이처럼 엄격한 평가를 거치지 않은 "잡색"·"서도"로 나누었다.[68] 후자의

서술 또한 이에 근거한 것이다.

67 『舊唐書』 권81, 「劉祥道」, 2751쪽. "其一曰: <u>今之選司取士</u>(吏部比來取人), 傷多且濫: 每年入流數過千四百, 傷多也; <u>雜色入流, 不加銓簡</u>(不簡雜色人卽注官), 是傷濫也. (經學、 時務等比雜色, 三分不居其一.) 經明行修之士, 猶或罕有正人, 多取胥徒之流, <u>豈能皆有德行</u>(豈可皆求德行)?" 이 인용문의 밑줄 친 부분은『通典』 권17, 「選擧 雜議論」, 403쪽에 괄호 안과 같이 적혀 있어서 다르며(의미상 큰 차이가 없는 표현은 밝히지 않음), 그 앞에 밑줄이 없는 괄호 안의 문장은『通典』에만 나오는 내용이다. 『冊府元龜』 권473, 「臺省部 奏議」, 5649의 경우『舊唐書』와 거의 같다.

68 이 상주문은 뒤에서 양자를 "服膺先王之道者, 奏第然始付選."과 "趨走几案之間者, 不簡便加祿秩."(『舊唐書』 권81, 「劉祥道」, 2751쪽)이라고 구분하기도 했다(『冊府元龜』 권473, 「臺省部 奏議」, 5649쪽;『通典』 권17, 「選擧 雜議論」, 403쪽 참조).

경우 이른바 유외관(流外官)·잡임(雜任) 등을 가리킨다고 보이므로 과거제도와 연관된 관인 선발 방식과는 거리가 멀다. 따라서 지금 더욱 주의할 문제는 "경서"와 "행실"을 기준으로 뽑혀 올라왔다는 인물들의 존재이다.

더군다나 『통전』의 경우 이들에 대한 서술 앞에 『구당서』에 없는 "경학"과 "시무"를 명기하였다.[69] 이 단어들은 명경과와 진사과를 특징짓는 시험 곧 첩경(帖經)과 시무책(時務策)을 연상시키며 "경학에 밝고 행실을 닦은 사인"은 바로 이러한 과목의 급제자를 가리키는 것처럼 읽힌다. 뿐만 아니라 『통전』에는

> 셋째, 잡색의 사람은 청컨대 명경·진사와 함께 입류〔가능한〕자의 수에 포함시키시되, 〔이들 가운데 실제로 유내관이 될 자를〕3분하여 따져본다면 그 2/3는 명경·진사에서 뽑고 그 1/3을 잡색의 사람에서 뽑아야 합니다.[70]

라는 유상도의 주장도 보인다. 위의 인용문에 따르면 현경2년에는 확실히 "시무〔책〕"을 시험한 진사과와 같은 상거가 생겼으며, 이것은 관인선발제도에서 획기적 의미를 지닌다고 생각된다.

그러나 『통전』의 "셋째" 주장은 "경학"·"시무"란 구절과 마찬가지로 『구당서』를 비롯한 여타 문헌에 나오지 않는다. 기실 모든 기록에 공통되게 나오는 "경학에 밝고 행실을 닦"았다는, 곧 "경명행수(經明行修(脩))"란 표현은 진사과·명경과와 같은 과거제도의 전유물이 아니다. 한대부터 인물의 능력을 칭송할 때 자주 쓰이던[71] 이 말은 후한 때 "벽사사과(辟

---

69 『通典』에 전하는 劉祥道의 상주문에는 위 인용문 이외에도 "經學、時務之流"란 표현이 한 번 더 나온다(권17, 「選擧 雜議論」, 406쪽). 그런데 이 구절 역시 『舊唐書』 권81, 「劉祥道」, 2751쪽은 "士類"로 적었고, 『冊府元龜』 권473, 「臺省部 奏議」, 5650쪽; 『新唐書』 권106, 「劉祥道」, 4050쪽도 『舊唐書』와 같다.

70 『通典』 권17, 「選擧 雜議論」, 404쪽. "其三曰: 雜色人, 請與明經、進士通充入流之數, 以三分論, 每二分取明經、進士, 一分取雜色人."

士四科)"의 한 항목이었다는 기록이 있을 뿐더러[72] 남북조 시기에 효렴의 찰거 기준으로 적시(摘示)되기도 하였다.[73] 그리고 당대에 이것은 황제의 조서에 의거한 관인 선발 과목이었을 가능성이 큰데,[74] 고종도 앞서 보았듯이 즉위하자마자 "경명행수"한 자를 발탁하라는 조서를 내렸다. 당시 "경학에 밝고 행실을 닦은 사인"은 '광의의 진사'라고 할 수 있을지언정 과거의 상거 과목 급제자로 단정할 수 없는 것이다.[75]

따라서 "경명행수"를 "경학"·"시무" 나아가 명경과·진사과와 동일시한 『통전』의 기록은 이러한 상거 과목 중심으로 과거제도가 공고해진 후대의 인식에[76] 의하여 추가된 내용이라고 생각된다. 『통전』이 "잡색"

71　예를 들어, 『漢書』 권72, 「王吉」, 3066쪽과 『後漢書』 권16, 「寇恂」, 626쪽에 이러한 표현이 있다.

72　『後漢書』 권4, 「和帝」, 176쪽의 "故先帝明勅在所, 令試之以職, 乃得充選."에 대한 唐代 李賢의 注에서 "『漢官儀』曰: 〔章帝〕建初八年十二月己未, 詔書辟士四科 … 二曰經明行脩, 能任博士"라고 한다. 단 淸代 孫星衍이 校集한 『漢官儀』는 이 구절을 "二曰學通行修, 經中博士"로 달리 輯佚하였다(孫星衍 등, 『漢官六種』, 北京, 中華書局, 1990, 125쪽).

73　『周書』 권7, 「宣帝」, 116쪽.

74　徐松은 『登科記考』에서 "經明行修"를 "制科" 곧 제거로 보아서 "經明行修(登第)"한 李濤와 李並을 상거 급제자와 달리 취급했고, 孟二冬 역시 이에 동의하였다(『登科記考補正』, 1350쪽). 실제로 北魏 때 崔景儁이 "以經明行修, 徵拜中書博士"(『魏書』 권56, 「崔辯」, 1251쪽)했다는 기록 등 이 말이 황제의 "徵"과 이어지는 표현이 일찍부터 적지 않고, 北宋 哲宗 元祐 연간에 상거 과목과 별개로 "經明行修科"를 만든 적이 있음을(脫脫 등, 『宋史』, 北京, 中華書局, 1985의 권155, 「選擧 科目」, 3621쪽) 생각하면, 이러한 판단은 타당해 보인다.

75　"自有『春秋』之癖, 經明行修, 坐延鄉曲之譽, 永徽六年, 歲貢明經高第."(『唐代墓誌彙編』, 垂拱046번)한 李敏은 일견 명경과 급제자처럼 보이기도 한다. 그러나 누차 지적하였듯이 영휘 연간에는 상거 과목의 존재가 의문스럽고, 그의 선발에 "鄉曲之譽"가 중요했던 것 또한 분명하다. 따라서 李敏과 같은 경우 '광의의 진사' 사례라고 해도 좋을 것이다. "十有四補崇文生, 擧經明行修科甲"(「李思訓碑」, 『金石萃編』 권72, 『隋唐五代石刻文獻全編(3)』, 248쪽)한 李思訓도 이와 유사한데, 『登科記考補正』, 62쪽도 그를 상거가 아닌 '經明行脩科' 급제자로 간주하였다.

76　후술하듯이 劉祥道의 상주는 명경과·진사과를 명기한 개원17년 국자좨주 楊瑒의 주장과 대비되는데, 이 楊瑒의 글에서 "經明行脩"는 분명히 상거와 관련된 것이다(『冊府

에 주기(注記)한 설명 역시 고종 시기나 무측천 수공(垂拱, 685~688) 연간의 상황과 어긋난다는 점을 생각하면 더욱 그러하다.[77] 유상도의 상주문 분석이 기본적으로『구당서』나『책부원귀』를 중심으로 이루어져야만 하는 까닭은 바로 이 때문이다. 다시 말해,『통전』이외의 문헌에 근거할 때 현경2년의 시점에서 상거 과목은 아직 존재하지 않으며, 이 시기의 관인 선발이 여전히 '과거제도의 원형'에 불과할 뿐이다.

단 입류 가능한 자들이 지나치게 많은 현실을 시정하기 위해 유상도가 제시한 대안은 홀시할 수 없다. 그는 잡색을 줄이는 반면 관학에서 공부한 "유생(儒生)"과 지방에서 선발된 "수재(秀才)"를 늘려야 한다고 주장하는 것이다.[78] 유상도가 중시한 이들은 과거의 상거 과목 응시자의 두 내원 곧 생도·향공과 일견 비슷해 보이기 때문이다.『통전』이 그의 상

元龜』권604,「學校部 奏議」, 7251쪽의 "經明行脩, 卽與擢第, 不限其數."). 그리고 "今之明經、進士, 則古之孝廉、秀才. … 〔현실 비판〕 … 安得爲敦本復古, 經明行修?"(같은 책의 권639,「貢擧部 條制」, 7671쪽)란 개원25년의 조칙 역시 마찬가지이다. 그러나 이러한 표현은 제3부에서 상술할 것처럼 과거가 제도적으로 확고히 정착한 뒤의 용례임을 간과해서 안 된다.

77 『通典』은 劉祥道의 上奏文 중 "雜色"에 "三衛、內外行署、內外番官、親事、帳內、品子任雜掌、伎術、直司、書手、兵部品子、兵部散官、勳官、記室及功曹、參軍、檢校官、屯副、驛長、校尉、牧長"을 가리킨다는 注를 붙여 두었다(권17,「選擧 雜議論」, 403쪽). 그런데『永徽令』에는 府主의 "保〔證〕"을 받은 記室·功曹가 "簡試"를 통해 入流할 수 있게 한 규정이 존재하므로(전게 李錦繡,「唐代視品官制初探」참조), 劉祥道가 "입류할 때 엄격히 가려 뽑지 않"는다고 한 雜色과 차이가 있다. 또 三衛와 直事가 여기에 포함된 것도 이상하다. 張文成이 수공 연간 이후 選人의 폭증 현상을 설명하면서 "祗如明經、進士、十周、三衛、勳散、雜色、國官、直司, 妙簡實材, 堪入流者, 十分不過一二."(張鷟,『朝野僉載』권1, 北京, 中華書局, 1979, 6쪽)라고 하여 雜色과 三衛·直事를 명확히 구분해 두었기 때문이다.『通典』의 注記 내용은 후술할 바 무측천 神功1년 "勳官、品子、流外、國官、參佐、視品等出身者"(『通典』권15,「選擧 歷代制」, 364쪽)에게 승진 가능한 관직과 품계를 제한한 뒤 일련의 조처로써 과거 급제자와 차별화시킨 入流者들과 유사하다.

78 『舊唐書』권81,「劉祥道」, 2752쪽.『冊府元龜』권473,「臺省部 奏議」, 5649쪽;『新唐書』권106,「劉祥道」, 4049쪽 참조.

주문에 "경학"·"시무"나 "명경"·"진사" 등의 구절을 넣은 까닭도 이와 무관하지 않을 듯하나, 상거 과목의 존재를 전제로 한 이 삽입 내용은 현경 연간의 현실과 어긋난다.[79] 뿐만 아니라 『구당서』·『통전』을 비롯한 모든 문헌들이 유상도의 의견이 받아들여지지 않았다고 하므로,[80] 그의 상주 관련 사료는 오히려 당시 관인 선발의 실상이 분명히 후대의 과거제도와 달랐음을 증명한다.

물론 유상도의 건의와 그 뒤 관인선발제도의 전개 양상 속에서 고종 현경 연간에 나타난 새로운 변화의 조짐이 감지된다. 그리고 이와 같은 시각에서 볼 때 주목되는 것이 『책부원귀』의

"상공지과(常貢之科)"로서 수재〔과〕가 있고, 명경〔과〕가 있고, 진사〔과〕가 있고, 명법〔과〕가 있고, 명서〔과〕가 있고, 명산〔과〕가 있다. … 〔상공지과의 구체적 방법 및 그밖의 "무예(武藝)"를 익힌 자·"도거(道擧)"·"별두거인(別頭擧人)" 등 여타 선발 방식 설명〕 … 또 "제조거인(制詔擧人)"이 있는데, 모두 〔뽑으려는 인재의〕 항목을 내세워서 〔황제가〕 찾아 천거하게 하려는 바를 알게 한다. 〔예컨대〕 지열추상(志烈秋霜)·사표문률(詞標文律) … 〔과목 명칭의 열거〕 … 명어체용(明於體用)·달어이리(達於吏理)와 같은 것들인데, 현경 연간에 시작되어 〔현종〕개원·〔덕종〕정원 시기에 융성하였다. … 〔제조거인의 시험과 합격자 처리 방법 및 '이부과목선(吏部科目選)' 설명〕[81]

---

79 劉祥道가 말한 "秀才之擧"는 "望六品已下, 爰及山谷, 特降綸言, 更審搜訪, 仍量爲條例, 稍加優獎."(『舊唐書』 권81, 「劉祥道」, 2752쪽)이라고 한다(『冊府元龜』 권473, 「臺省部 奏議」, 5649쪽; 『通典』 권17, 「選擧 雜議論」, 405쪽; 『新唐書』 권106, 「劉祥道」, 4049쪽 참조). 따라서 이것은 6품 이하 관인도 대상으로 삼았다는 점에서 후대 과거제도의 향공과는 확실히 구분된다. 무산된 劉祥道의 이런 개혁안까지 아울러 고려하더라도, 당시 벌써 상거가 존재한 것처럼 적은 『通典』의 서술은 믿을 수 없는 것이다.
80 『舊唐書』 권81, 「劉祥道」, 2753쪽; 『冊府元龜』 권473, 「臺省部 奏議」, 5650쪽; 『通典』 권17, 「選擧 雜議論」, 406쪽; 『新唐書』 권106, 「劉祥道」, 4050쪽
81 『冊府元龜』 권639, 「貢擧部 總序」, 7661~7662쪽. "嘗(전술했듯이 본서가 주로 이용한 明本에서 이 글자가 '常'과 곧잘 통용되며, 실제로 『宋本冊府元龜』, 2093쪽에는 '常'으

는 기록이다.

「공거부 총서(總序)」에 나오는 이 글은 당대 관인선발제도에 대한 『책부원귀』 편찬자의 개관인데, 여기에서 "상공지과"와 "제조거인"을 명확히 구분했다는 점이 중요하다. 이것은 『신당서』 「선거지」가 그 첫머리에 "당제(唐制)"의 "대요(大要)"로 지적한 두 가지 관인 선발 방식과 일치하기 때문이다. "세거지상선(歲擧之常選)" 곧 상거와 황제의 조서에 의거한 "제거"가[82] 바로 "상공지과"와 "제조거인"이라고 생각되는 것이다. 그렇다면 제조거인이 "현경 연간에 시작되"었다는 이야기는 제거가 그 이전까지 없었다는 말이기도 하다. 실제로 『당회요』의 「제과거(制科擧)」도 그 첫 사례로 현경3년(658)의 지열추상과(志烈秋霜科)를 들고 있어[83] 이 기록에 신뢰성을 더해 준다.

하지만 『책부원귀』의 설명은 쉽게 납득되지 않는다. 수대까지의 구현 조서는 차치하더라도, 당조의 성립 직후부터 이러한 제거 사례가 결코 없지 않기 때문이다. 『구당서』와 『신당서』는[84] 물론 묘지와 같은 석각자료에서도 그 증거를 쉽게 찾을 수 있다. 무덕5년에 "조거현량(詔擧賢良), 사책갑과(射策甲科)"한 장필(張弼, 595~654)이나[85] 무덕6년에 "응조거(應詔擧), 사책고제(射策高第)"한 견정언(甄庭言, 604~672)이[86] 그러하다. 기실 앞서 '조

로 되어 있음:인용자)貢之科, 有秀才, 有明經, 有進士, 有明法, 有明書, 有明筭. … 又有制詔擧人, 皆標其目, 而搜揚知之. 志烈秋霜、詞殫文律、抱器懷能、茂才異等、才膺管樂、道侔伊召、賢良方正、軍謀宏遠、明於體用、達於吏理之類, 始於顯慶, 盛於開元、貞元."

82 『新唐書』 권44, 「選擧志」, 1159쪽.

83 『唐會要』 권76, 「貢擧 制科擧」, 1641쪽.

84 『舊唐書』는 崔仁師(권74, 「崔仁師」, 2620쪽)・田仁會(권185上, 「良吏 田仁會」, 4793쪽)가 "武德初, 應制擧"했다고 하며, 『新唐書』의 경우 이들을 "擢制擧"로 표현하였다(권99, 「崔仁師」, 3920쪽; 권127, 「循吏 田仁會」, 5623쪽).

85 『大唐西市博物館藏墓誌』, 102번.

86 『全唐文補遺(8)』, 280쪽.

거' 급제자라고 했던 이들 모두 마찬가지로서, 고종 영휘 연간까지 이와 같은 인물을 허다하게 보아왔다. 따라서 서송은 일찍이 무덕5년의 조서를 근거로 "제거의 개시"라고 했으며,[87] 최근의 연구도 고조 때부터 제거가 존재했음을 부정하지 않는다.[88]

그렇다면 『책부원귀』의 설명을 어떻게 이해해야 할지 의문이다. 위의 인용문을 다시 보면, 이 제거에 "모두 뽑으려는 인재의 항목을 내세워서 황제가 찾아 천거하게 하려는 바를 알게 한다."는 보충 설명이 이어진다. 혹 현경 연간에 시작된 것은 선발하려는 인재의 유형을 명시(明示)한 제거로 국한될 이야기일까? 그런데 이렇게 대상을 좁히더라도 문제가 남는다. 그 이전의 조서 또한 선발 대상을 명확히 밝힌 경우가 적지 않기 때문이다. 예를 들어, 정관3년에 황제가 "정직렴평(正直廉平), 형청송식(刑淸訟息)" 등 몇 가지 항목으로 필요한 인재상을 제시하였다.[89] 따라서 서송은 이것을 "제거 과목(科目)의 개시"로 보았고,[90] 이러한 제거의 "분과(分科)"도 현경 연간에 처음 나타난 것이 아니다.[91] 실제로 당대의 제거를 광의와 협의로 나누어 치밀하게 검토한 근래의 연구에 따르면, "제목(制目)"이나 "시목(試目)"을 가진 제거가 이미 무덕 연간부터 확인된다.[92]

제거와 관련하여 현경 연간이 갖는 특별한 의미를 찾으려는 노력은 이밖에도 여러 가지 측면에서 모색되어 왔다. 그 중 대표적인 것이 필기

---

87 『登科記考補正』, 3~4쪽. 이러한 판단의 근거는 『唐大詔令集』 권102, 「京官及總管刺史擧人詔」, 518쪽의 조서이다.

88 金瀅坤, 『中國科擧制度通史: 隋唐五代卷』, 「制擧的確立與發展」, 434~441쪽.

89 『唐大詔令集』 권80, 「賜孝義高年束帛詔」, 460쪽.

90 『登科記考補正』, 14쪽.

91 현경 연간에 제거의 分科가 시작되지 않았음은 金瀅坤, 『中國科擧制度通史: 隋唐五代卷』, 「制擧的確立與發展」, 442~451쪽 역시 잘 설명하고 있다.

92 전게 陳飛, 『唐代試策考述』, 223~262쪽. 이 책의 「唐代制擧科目年表」에서 보듯이, 제거의 "試目"은 무덕1년의 조서에서 또 그 "制目"은 무덕2년의 조서에 처음 나온다.

시험의 정착이란 논리인데,[93] 이 역시 수긍하기 어렵다. 전술했듯이 고종은 정관23년 9월에 조서로써 네 유형의 인재 발탁을 요구하였고, 이 가운데 하나인 "유정문조(遊情文藻), 하필성장(下筆成章)"으로 이듬해 손처약이 급제했기 때문이다.[94] 선발 명목을 볼 때, 그에게 당연히 필답 형식의 시험을 부과했으리라고 생각되는 것이다. 따라서 현경 연간에 제거가 개시되었다는 『책부원귀』의 기록은 이때 제거가 "완정(完整)"해졌다거나[95] 단순한 황제의 구현 조서와 제거의 "과목(科目)"은 다르다는[96] 등 애매모호하게 설명될 수밖에 없었다.

이와 같이 기존 연구의 한계가 분명하다면, 위에 인용한 『책부원귀』의 서술은 새로운 각도에서 접근해봄 직하다. 즉 제1부에서 정관 연간까지 '과거제도의 원형'으로 상술했던 '광의의 진사' 개념이 그것인데, 여기에는 전통적인 찰거 과목은 물론 황제의 조서에 의거한 인재 선발 또한 포함되기 때문이다. 바꾸어 말하면, "제조거인"이 "현경 연간에 시작되"었다는 기록은 이때부터 조서를 통한 관인의 발탁이 그 정체성을 뚜렷이 해서 여타 방식과 확실히 차별화되었음을 뜻하는 것이다. 이것은 '광의의 진사'가 분화되었다는 의미이기도 한데, 후대에 명확히 구분되어 인식된 '제거'와 '상거'의 성격은 바로 이러한 변화를 전제로 한다.

예컨대 『당회요』는 "제(과)거(制科擧)"의 한 과목으로 악목거(岳牧擧)를 들고 있다.[97] "악목"은 주지하듯이 지방 장관을 가리키고, 이 명칭의 관인 선발은 두 가지 형태 곧 유능한 지방 장관을 뽑기 위한 것 혹은 지방

---

93 王勳成, 『唐代銓選與文學』(北京, 中華書局, 2001), 230~232쪽.
94 『唐代墓誌彙編』, 咸亨068번
95 전게 吳宗國, 『唐代科擧制度研究』, 「唐代科擧制度之二: 制擧」, 61~62쪽.
96 謝思煒, 「考史嚴格依據第一手文獻: 以『登科記考』爲例」, 『淸華大學學報』 2009-1, 26~27쪽.
97 『唐會要』 권76, 「貢擧 制科擧」, 1641쪽.

장관이 인재를 추천하는 것으로 나뉜다.[98] 그런데 후자의 경우 당연히 '광의의 진사'로 볼 수 있을 뿐더러, 상거 과목 응시자의 주요 내원인 향공 또한 그 선발 책임이 지방관에게 있다는 점에서 유사하다. 실제로 고종이 인덕1년(664)에 봉선(封禪)을 앞두고 "천하제주(天下諸州)"의 "악목(嶽牧)"에게 "초야에서 명성을 감추고 있는 자〔銷聲幽藪〕"를 추천하라고 명하였는데,[99] 이것이 지방관에 의한 수재의 천거 절차와 어떻게 다른지 불분명하다. 그리고 후술하듯이 당시 지방에서 시험 없이 '향공'을 뽑을 수도 있었다면, 이 경우 또한 마찬가지이다. 다만 인덕1년의 악목거는 봉선을 염두에 둔 조서에 의거하였고, 바로 여기에서 상거와의 차이가 확실히 드러난다. 다시 말해, 예전 같으면 '광의의 진사' 중 하나일 이것이[100] "제조거인"의 개시 이후 '제거'란 독립적 관인 선발 과목으로 확연히 구별되기 시작한 것이다.

그러므로 『책부원귀』와 『당회요』에서 확인되는 현경 연간의 변화는 관인선발제도에서 매우 중요한 의미를 갖는다. 종래 다양한 관인 선발 방식의 미분화 상태이던 '광의의 진사'에서 제거가 분리됨으로써 여타 방식에 의한 관인 선발도 독자적 발전이 가능해진 것이다. 『책부원귀』가 '제조거인'과 대비시킨 '상공지과'는 그 대표적인 예이다. 황제의 조서처럼 특별한 조처가 아니라 상례적으로 시행된 관인의 선발이 개념상 독립

---

98 陳飛, 「唐代"岳牧擧"及相關問題考辨」(원간 2013), 전게 『文學與制度』.

99 『冊府元龜』 권36, 「帝王部 封禪」, 393쪽.

100 劉禹錫은 王俊의 조부 王上客이 "高宗封嶽, 進士及第."했다고 하였다(瞿蛻園 전증, 『劉禹錫集箋證』, 上海, 上海古籍出版社, 1989의 外集 권9, 「唐故監察御史贈尙書右僕射王公神道碑」, 1514쪽). 여기에서 "封嶽"이란 표현을 볼 때, 王上客은 乾封1년의 封禪을 전후한 특별한 상황에서 시행된 岳牧擧의 급제자일 가능성이 크다. 만약 이것이 사실이라면, "進士及第"라는 이 기록은 기존 '광의의 진사' 개념에 입각한 서술인 셈이다. 제1부에서 설명했듯이 당후기의 많은 문헌들은 후대 상거 과목으로서의 진사과와 당초의 '광의의 진사'를 자주 혼동하고 있기 때문이다.

된 정체성을 가질 수 있었고, 이것이 바로 후대의 상거인 것이다.[101] 앞서 살펴보았던 영휘2년의 "시정수재" 이후 천거의 중요성이 약화되어 갔음을 아울러 생각할 때 그 역사적 의의는 더욱 분명해진다. 이 상거에서 시험의 비중이 커지면 곧 과거제도의 상거 과목이 되기 때문이다. 따라서 고종 영휘·현경 연간에 걸쳐 드러나는 이러한 양상은 '광의의 진사'로 대표되던 '과거제도의 원형'이 진사과와 같은 상거 과목 중심의 과거제도로 바뀌어 가는 과정을 극명히 보여준다고 하겠다.

제거와 상거의 독자적 전개

고종 현경 연간에 "제조거인"이 시작되었다고 한 『책부원귀』, 「공거부 총서」는 앞서 인용한 글 뒤에

> 〔제조거인은〕 모두 궁중〔殿廷〕에서 〔책(策)을〕 시험하고, 황제가 친히 와서 그것을 보았다. 시험이 끝나면, 그 〔답안지의〕 이름을 가리고 조정〔中〕에서 채점하였다. 책 〔시험의 성적〕이 높으면 특별히 좋은 관직을 주고, 그 다음이면 관인이 될 수 있는 자격〔出身〕을 주었다.[102]

라고 하였다. 이에 따르면, '광의의 진사'에서 분리되어 나온 제거가 황제

---

101 『冊府元龜』 권640, 「貢擧部 條制」, 7674쪽과 『通典』 권15, 「選擧 歷代制」, 357쪽에 "其制誥(詔)擧人, 不有嘗(常)科, 皆摽(標)其目, 而搜揚之."(괄호 안은 밑줄 친 글자의 『通典』 기록)라고 하였다. 이 구절은 앞서 인용했던 『冊府元龜』 권639의 "又有制詔擧人, 皆摽其目, 而搜揚知之."(「貢擧部 總序」, 7662쪽)와 흡사한데, 여기에서는 "制誥(詔)擧人"이 "常科" 곧 상거와 다름을 명기하고 있다.

102 『冊府元龜』 권639, 「貢擧部 總序」, 7662쪽. "〔制詔擧人〕皆試於殿廷, 乘輿親臨觀之. 試已, 糊其名於中考之. 策高者特授美官, 其次與出身." 당대의 "出身"은 吏部銓選에 참여하거나 藩鎭의 辟召를 받을 수 있는 자격 등 다양한 용례를 갖는데(鳥谷弘昭, 「唐代の出身について」, 『立正史學』 85, 1999), 크게 보아 "관인이 될 수 있는 자격"이라고 해도 좋을 것이다.

의 특별한 관심 아래 중요한 관인 선발 시험으로 독자적 발전을 해 나갔다. 현경4년에 "주상(主上)께서 친히 거인(擧人)들을 책시(策試)하셨다."는[103] 기록이 그 좋은 예일 수 있다.

그런데 제거의 실제 시행 사례들을 살펴보면, 황제의 친시(親試)가 당 후기에 이르러서야 비로소 일반화되었다.[104] 따라서 위 『책부원귀』의 서술은 후대의 상황에 초점을 맞춘 것으로서, 고종 때 제거의 실상과는 차이가 있어 보인다. 물론 이것이 황제의 조서에 의거해 실시된 이상 당시에도 특별히 중시된 인재 발탁 방법이었겠으나, 『책부원귀』의 설명처럼 그 제도가 정비되는 데는 상당한 시간이 필요하였을 터이다.

위의 인용문과 거의 같은 내용이 『책부원귀』의 「공거부 조제(條制)」에는 현종 천보11년(752)의 기록 뒤에 나오는 것도 이와 무관하지 않을 듯한데, 여기에는 "모두〔皆〕"가 "간혹〔或〕"으로 쓰여 있다.[105] 동일한 내용의 『통전』 역시 이 점에서 마찬가지이다.[106] 기실 제거가 대부분 황제의 "임시소욕(臨時所欲)"에 의거했다면[107] 황제의 권위만이 아니라 그 자의성(恣意性) 역시 강할 수밖에 없다. 그러므로 실제 시행 과정 또한 당시 상황에 따라 가변적이었다고 해서 전혀 이상하지 않으며, 제거에서 어떤 고정된 제도를 상정한다는 것 자체가 무리이다.[108] 따라서 제거가 이후 계속 시행되었을 뿐더러 그 급제자에게 즉각 관직을 주는 등 주요 입사 수단

103　『舊唐書』권4, 「高宗」, 79쪽. 황제가 "諸色目擧人"에게 "下詔策問"한(『冊府元龜』권643, 「貢擧部 考試」, 7709~7710쪽) 이것이 후대의 일반적인 제거와 조금 다를 수도 있으나, 이 제도의 초기 형태임은 분명하다.

104　전게 吳宗國, 『唐代科擧制度研究』, 「唐代科擧制度之二: 制擧」, 76~79쪽; 金瀅坤, 『中國科擧制度通史: 隋唐五代卷』, 「制擧的確立與發展」, 596~601쪽.

105　『冊府元龜』권640, 「貢擧部 條制」, 7674쪽.

106　『通典』권15, 「選擧 歷代制」, 357쪽.

107　『新唐書』권44, 「選擧志」, 1169쪽.

108　전게 졸고, 「唐前期 制擧의 實狀: 官人選拔制度에서 皇帝權의 한계」에서 제거를 "제도 밖의 제도"라고 표현한 까닭이 바로 여기에 있다.

이었을지라도, 이것이 일정한 규정 아래 정기적으로 시행된 관인 선발 과목만큼 사회에 지속적으로 큰 영향을 미치기 어렵다.

더군다나 이러한 형태의 제도는 한대 이래 계속 존속했으므로 그 참신성도 떨어진다.[109] 사실 현능한 인재의 발탁을 목적으로 한 황제의 조서는 관직을 가진 자라고 해서 굳이 배제할 이유가 없다.[110] 따라서 이것은 엄밀한 의미에서의 관인선발제도와 약간 다르고, 고종 시기의 상황 역시 마찬가지였다.[111] 실제로 일부 합격자에게 바로 "좋은 관직을 주"었다면, 관인 자격자의 선발과 관직을 부여하는 전선이 명확히 구분되지 않는다. 제거는 누차 지적했던 바 과거라는 새로운 제도의 핵심 특징인 '거(擧)·선(選)의 분리'와 거리가 먼 것이다.

이와 같은 시각에서 보면, 과거제도와 관련하여 더욱 주의할 것은 '광의의 진사'에서 제거가 분리되어 나간 뒤 남은 여타 관인 선발 방식이다. 그리고 이때 『당률소의』의 "공거" 관련 규정에 보이는 아래와 같은 서술이 눈길을 끈다.

> 영(令)에 따르면 "여러 주에서 매년 바친 사람〔歲別貢人〕 혹은 별도의 칙(勅)으로 선발하게 하거나 국자〔감의 여러 학교에서 해마다 늘〔年常〕〔상서〕성으로 보낸 자가 거인(擧人)이다. 모두 올곧고 깨끗하며 명성과 행실이 서로 부합하는 자를 뽑는다."고 한다.[112]

---

109 『新唐書』, 「選擧志」는 "所謂制擧者, 其來遠矣. 自漢以來, 天子常稱制詔道其所欲問 而親策之."(권44, 1169쪽)라고 한다.

110 金瀅坤, 『中國科擧制度通史: 隋唐五代卷』, 「制擧的確立與發展」, 580~589쪽이 잘 지적했듯이, "子大夫"라고도 불린 당대 제거의 대상은 주로 중·하급 관인이었다.

111 예를 들어 고종 상원1년에 "州貢進士"하여 "釋褐"한 陳該는 이듬해 "詞殫文律"이란 제거를 통해 茂州石泉縣主簿가 되고, 또 무측천 수공4년에 "學綜古今(科)"에 다시 합격하여 懷州河內縣尉로 승진하였다(陳子昂, 『新校陳子昂集』, 臺北, 世界書局, 1980 2판의 권6, 「周故內供奉學士懷州河內縣尉陳君碩人墓誌銘」, 135~136쪽).

112 『唐律疏議』 권9, 「職制律」 제2조(총제92조), 183쪽. "依令'諸州歲別貢人, 若別勅令擧

이 글에서 말하는 영이 정확히 어느 시기의 것인지 단언하기는 어렵지만, 전술하였듯이 영휘4년에 처음 편찬된 『당률소의』에 당초의 관인선발제도가 투영되어 있을 가능성이 크기 때문이다.[113]

위의 영문(令文)은 당시 공거 대상자들을 세 가지 범주로 나누어 열거하였는데, "별도의 칙으로 선발"한 제거가 그 중간에 끼어 있다. 이는 아직 제거의 독자적 정체성이 확립되지 못했음을 뜻하며, 이 규정을 통해 다양한 과목의 미분화 상태인 '광의의 진사' 실상을 유추해 볼 수 있다. 즉 '광의의 진사'는 후대의 제거와 같은 방식으로 뽑힌 이들 이외에도 "여러 주"와 "국자감의 여러 학교"에서 "매년" 혹은 "해마다 늘" 선발된 이들을 포함하는 것이다. 다시 말해, 황제의 조칙과 무관한 나머지 관인선발 방법은 모두 상례화된 형태였다. 게다가 이것은 각각 지방과 중앙 관학을 기반으로 삼고 있다는 점에서 '향공'과 '생도'라는 두 응시자 계통을 가진 과거제도와 흡사하다.

그렇다면 현경 연간에 제거가 빠져버린 '광의의 진사'는 기존의 그것과 현격히 달라졌다고 생각된다. 매년 지방의 사인과 관학의 학생으로부

及國子諸館年常送省者爲擧人, 皆取方正淸循, 名行相副.'" 본서가 『唐律疏議』의 저본으로 사용한 책(北京, 中華書局, 1983)에서 "諸州歲別貢人"에만 인용부호를 붙여 그 뒷 내용과 분리시켰다. 하지만 仁井田陞의 경우 이 疏議 문장의 "諸州歲別貢人 … 名行相副."를 모두 이어서 당령으로 복원하였고(『唐令拾遺』, 「選擧令」 제19조, 295쪽), 律令硏究會 편, 『譯註日本律令 唐律疏議譯註篇二』(東京, 東京堂, 1984), 114쪽도 마찬가지이다. 그리고 劉俊文 역시 이후 간행한 『唐律疏議箋解』, 697쪽에서 이 인용부호를 삭제하였다. 따라서 저본과 달리 표점하였고 번역 또한 이에 따랐다.

113 『唐令拾遺』, 「選擧令」 제19조, 295쪽은 이 令을 『開元25年令』으로 보았는데, 이는 현존 『唐律疏議』를 개원25년에 重刊된 책으로 판단한 탓이다(같은 책, 「序說」, 74~76쪽). 그러나 앞서 지적했듯이 이 문제는 논란이 많으며, 『唐律疏議』의 편찬 시기를 확정짓기 어렵다. 기실 이 책이 후대에 만들어졌을지라도, 그 안에 영휘 연간 初刊時의 내용이 전혀 없을 리 없다. 위에 인용한 令文이 언제의 것인지 단언하기 힘든 이유이다. 다만 후술할 것처럼 제거와 상거의 유사 항목들이 뒤섞여 있음을 보면, 여기에서 '광의의 진사' 분화 이전 상황이 드러난다고 생각된다.

터 관인을 선발한 이 제도는 과거의 상거와 크게 다를 바 없고, 진정 새로운 관인선발제도의 출현이라고 해도 무방할 듯한 것이다. 앞서 상술했듯이 그 이전 영휘 연간부터 전통적인 찰거의 성격이 약화되어 가는 추세였다면 더욱 그러하다. "상공지과"와 대비된 "제조거인"이 "현경 연간에 시작되"었다는 전술한 『책부원귀』의 기록이 주목되는 까닭은 바로 이 때문이며, 이것은 진사과를 비롯한 상거 과목으로 대표되는 과거제도의 역사에서 획기적 변화인 것이다.[114]

다만 현경 연간 직후의 상거가 후대의 그것과 똑같았는지는 여전히 의문이다. 기실 고종 말기까지 진사과·명경과와 같은 상거 과목에 대한 구체적인 기록은 그렇게 많지 않다.[115] 그리고 앞서 지적했듯이 '당등과기총목'은 중종 경룡3년까지 상거로써 관인을 뽑지 않은 해를 "정공거(停貢擧)"가 아니라 "불공거(不貢擧)"라고 적었다. 만약 이 표현이 당시 상황을 반영한다면, 황제의 조서와 관계없이 상례적으로 실시되었다는 관인 선발 과목도 오랫동안 매년 반드시 시행하도록 강제한 법규가 없었던 듯한 것이다. 이는 전술한 바 영휘2년 "처음으로 수재과를 정지"한 이후 천거의 중요성이 약화되었으나 그 확실한 제도화는 긴 시간을 요하였음과

---

114 이와 관련하여 과거를 주관했다는 고공원외랑 중 "寒族"의 비율이 고종 현경 연간 이후 매우 높아진다는 宋德熹, 「唐代前期考功員外郎的身份背景」, 『唐史識小』(臺北, 稻鄕出版社, 2009)의 지적을 간과할 수 없다. 여기에서 "寒族"의 개념이 의문스럽기는 하나, 이 시기에 상거 책임자의 성격이 바뀌었다면 그 제도의 속성 역시 변화했을 개연성이 크기 때문이다.

115 『唐會要』의 내용이 이를 잘 보여준다. 이 책이 명경과·진사과·명법과를 독립된 표제로 삼고 있으나, 여기에서 고종 시기의 사실은 매우 적을 뿐더러 그나마도 후술할 고종 말 劉思立의 상주와 그 후의 시험 개혁 기록이 대부분이기 때문이다. 예컨대, 「貢擧 明經」의 경우 그 사례가 『道德經』과 관련된 상원1·2년과 의봉3년의 두 항목에 불과하다(권75, 1626~1627쪽). 게다가 상원2년의 기록에는 당시 상거에서 시험하지 않던 "〔進士〕試帖"이란 표현이 나오며, 의봉3년의 경우 "貢擧皆須兼通"이라고만 해서 과목 이름을 명기하지 않았다. 따라서 이 두 기록마저 정말 당시 상거 과목에 관한 것인지 의문을 남긴다.

마찬가지이다.

그러나 고종 말년에 이르면 상거 과목의 존재 자체는 의문의 여지가 없다. 영륭2년(681)의 「조류명경진사조(條流明經進士詔)」가 진사과와 명경과의 시험 내용을 바꾸면서, "명법[과]와 [명]서[과], [명]산[과]로 사람을 뽑아 바칠[貢擧] 경우 또한 이 예(例)를 기준으로 삼아라."는[116] 말도 덧보태었기 때문이다. '6과(科)'로 불리는 과거의 상거 과목들 중 수재과 이외에는 모두 여기에서 언급되고 있는 것이다. 이는 고종 초기의 수재과 정지 사실은 물론 '광의의 진사' 분화 결과 생겨난 상거의 등장을 거듭 확인시켜 준다. 【부록1】에서 현경 연간 이후 고종 시기의 진사과와 명경과 급제자 사례, 특히 믿을 만한 사료에서의 기록이 그 이전 곧 고조부터 영휘 연간까지에 비해 월등히 많아진 것도[117] 이러한 현상과 무관하지 않을 터이다.

고종 시기에 독자적으로 발전해 간 상거는 제거와 확연히 구분된다. 황제의 조서처럼 특별한 조처 없이 시행된 상례성(常例性) 등 여러 가지 차이를 들 수 있지만, 응거자의 입장에서 볼 때 선발 과정의 중층성(重層性)을 간과해서 안 된다. 그들이 먼저 지방이나 관학에서 뽑힌 다음 중앙에서 또 이부의 평가를 받아야만 했기 때문이다. 제거도 추천을 받기 위한 선행 절차가 필요한 경우도 있겠으나, 만약 자발적 응거를 허용한다면[118] 황제에 의한 선발이 처음이자 마지막 시험이다. 이와 달리 상거는

---

116 『唐大詔令集』 권106, 549쪽.

117 【부록1】에서 고조 무덕1년부터 고종 영휘6년까지 38년간 '사료 가치'가 가장 높은 단계(●)의 진사과·명경과 급제자가 총 23명으로서 연 평균 0.6명에 지나지 않지만, 현경1년 이후 고종 시기 28년간 동일한 사례가 총 28명 곧 연 평균 1명으로 배가된다.

118 제거의 응거자는 보통 추천을 받아야만 했으나, 고종 영휘5년에 "[張　]早預國子生, 應詔自擧"(『唐代墓誌彙編』, 垂拱056번)라는 기록에서 보듯이 일찍부터 "自擧"를 허용한 제거가 존재하였다. 이러한 사례는 전게 吳宗國, 『唐代科擧制度研究』, 「唐代科擧制度之二: 制擧」, 72~75쪽; 金瀅坤, 『中國科擧制度通史: 隋唐五代卷』, 「制擧的確

반드시 두 차례 이상의 단계를 거쳐 뽑혔으며, 이것이 중간 과정의 시험 합격자에게도 상당한 자부심이나 특권을 줄 수 있는 과거제도의 중요한 특징을 낳았던 것이다.[119]

그러므로 관인선발제도로서 상거의 정착은 각 단계별 상황을 아울러 고려해야 마땅하고, 우선 그 첫 관문으로서 지방과 관학에서의 선발 문제를 홀시할 수 없다. 이러한 관점에서 볼 때 흥미로운 것이 함형(670~674) 연간에 "명경(明經), 사책고제(射策高第)"한 최소(崔韶, 650~674)의 묘지 즉 아래의 〈그림3〉이다. 그는 총장(總章)1년(668)에 "국자감대학생(國子監大學生)"이 되었으나, "염재(炎災)"로 인해 고향으로 돌아가서 "주리추명(州里推名)"해서 급제하였다. 그런데 합격 직후 사망하여 관직을 갖지 못한 최소의 묘지는 "전국자감대학생(前國子監大學生)"을 표제에 내세웠다.[120] 이는 당시 상거 과목의 급제자에게 국자감에서의 수학이 지방에서의 선발보다 중요했음을 시사한다.

고종 시기에 새롭게 등장한 상거제도와 관련하여 중앙관학에 우선 주목하는 것은 바로 이 때문이다. 전술했듯이 고종은 영휘4년 오경정의를 완성하여 국자감의 교재로 삼는 등 그 교육을 체계화했고, 실제로 영휘

立與發展」, 589~596쪽의 설명처럼 현종 개원 연간 이후 더욱 많아진다.

119 과거의 중간 단계 합격자에게 주어진 특권은 이 제도의 후기로 갈수록 확고해진다. 오금성의 연구가 잘 보여주듯이, 明 중엽 이후 최종 급제자가 아닌 生員·擧人 등도 여러 특권을 누리며 사회적 변화를 이끌어 갔던 것이다(「明代 紳士層의 形成過程에 대하여」, 『진단학보』 48, 1979; 『中國近世社會經濟史研究』, 서울, 일조각, 1986). 물론 당대의 경우 이처럼 '學位身分層'이라고 부를 만한 존재는 보이지 않는다. 그러나 제3부에서 상술할 것처럼, 점점 엄격해진 첫 단계의 시험만 통과한 자도 상당한 사회적 威勢를 누렸던 듯하다. 당말에 任濤가 비록 진사과에 급제하지 못했으나 "詩名早著"란 이유로 "鄕里之役"을 면제 받았다는 이야기가 그 단적인 예이다(『唐摭言』 권 10, 「海敍不遇」, 112쪽).

120 『唐代墓誌彙編』, 聖曆012번(〈그림3〉 참조). 여기에서 "大學"은 당연히 국자감의 太學을 가리킬 것이다.

〈 그림 3: 최소(崔韶)의 묘지 〉

최소는 "總章元垂(年의 則天文字:인용자), 補國子監大學生"(제15행)했으나, "咸亨"(제16행) 연간
"炎冗成災…散歸鄕第…州里推名"(제17행)해서 "尋擧□□明經, 射策高第"(제18행)하였다. 그런데
그의 묘지 표제는 "唐故前國子監大學生"(제1행)으로 시작한다(본서 222쪽 참조). 아울러 최소의
명경과 급제 기록 뒤 이어지는 "賓庭利用, 旣升科於太常"(제18행)이란 구절은 전술했던 바 급제를
미화하는 "賓"·"太常" 표현의 사례로서 주목된다. 본서의 144~150쪽 참조.

연간에 다양한 배경을 가진 인물들이 중앙관학을 거쳐 입사하였다. 이는 국자감을 6학(學)으로 개편하고 그 규모를 대폭 확대한 태종의 관학 중시 정책을 계승·발전시킨 것이다. 그런데 '광의의 진사'가 제거와 상거로 분화된 현경 연간의 상황은 이와 조금 달라진 듯도 하다. 현경3년에 율학·서학·산학을 폐지하여 국자감의 조직을 축소한 것이 그 단적인 예이다. 이 세 학교는 용삭2년(662)에 잠깐 복구되었으나, 이듬해 각각 대리시(大理寺)·비서성(秘書省)·태사국(太史局)으로 소속 기관을 바꾸면서 국자감은 이후 상당 기간 국자학·태학·사문학으로만 운용되었다.[121]

하지만 이러한 국자감의 변화가 중앙관학의 역할을 위축시키지는 않았다. 현경3년에 율학 등 3학(學)을 폐지한 까닭이 "소도(小道)"를 가르친다는 명분이었다면,[122] 이 시기에 국자감은 다만 '대도(大道)'를 지향하는 교육기관으로 재편되었을 뿐이다. 기실 용삭2년에 처음으로 동도(東都)에도 국자감을 두었고,[123] 여기에 사문학 학생 300명과 준사 200명이 있었다고도 한다.[124] 현존 문헌에서 국자감의 '대성(大成)'이 된 인물도 이때 처음 등장한다.[125] 따라서 고종 현경 연간 이후 중앙관학이 명법과·명서과·명산과와 틈이 생겼을지언정, 경학적 소양을 중시하는 명경과 등 여

---

121 국자감의 이러한 변화는 전게 高明士, 『中國中古的敎育與學禮』, 35~36쪽에 잘 설명되어 있다. 그런데 이 책은 율학 등 특수 지식을 가르친 3學이 함형1년에 다시 국자감으로 들어왔으리라고 추측하지만, 그 논거가 불충분하다. 단지 중종의 복위 직후 "衛番下日, 願入學者, 聽附國子學、太學及律館習業"(『新唐書』 권44, 「選擧志」, 1164쪽)이란 기록을 보면, 율학의 경우 그 전에 다시 국자감으로 편입된 것은 사실이다.
122 『唐會要』 권66, 「廣文館」, 1375쪽. 여기에는 서학·산학만이 언급되어 있으나, 『舊唐書』 권4, 「高宗」, 78쪽을 보면 율학도 이때 함께 폐지되었다.
123 『通典』 권53, 「禮 大學」, 1468쪽과 『舊唐書』의 권4, 「高宗」, 82쪽; 권24, 「禮儀」, 918쪽.
124 『通典』 권53, 「禮 大學」, 1468쪽.
125 李元軌가 "以龍朔二年二月十二日射策高第, 拜國子監大成"(『唐代墓誌彙編』, 永淳009번)했다고 한다. 大成의 성격에 대하여서는 전게 高明士, 『中國中古的敎育與學禮』, 179~181쪽과 李錦繡, 「大成」, 전게 『唐代制度史略論稿』 참조.

타 상거 과목과의 관계는 도리어 더 긴밀해졌을 가능성이 크다.

실제로 "지금 태학에 유학(遊學)하는 자가 많은데, 모두 속히〔출사(出仕)〕하려고 온갖 짓을 다 한다."는 왕발(王勃, 650경~676경)의 글에서[126] 잘 드러나듯이, 당시 다수의 사인들이 관직을 얻기 위해 국자감에 입학하였다.[127] 이는 상거 과목에 합격하여 관인이 되는 데 중앙관학만큼 유리한 곳이 없었기 때문일 터이다. 그리고 『당척언』은 "영휘 연간 이후 '문(文)'·'유(儒)'로 형달(亨達)한 인물 중에〔경조(京兆)와 동도의[128]〕두 국자감에서 나오지 않은 이가 드물었다."거나 "개원 연간 이전에 두 국자감 출신이 아닌 진사는 매우 부끄럽게 여겼다."고도 한다.[129] 만약 이 말이 사실이라면, 진사과·명경과와 같은 상거 과목의 정착 과정에 국자감이 크게 기여했다고 생각된다.

물론【부록1】에서 '사료 가치'가 높은 고종 시기의 진사과와 명경과 급제자의 사례를 볼 때, 현경 연간 이후 합격자들 가운데 중앙관학을 거친 자만큼 지방에서 올라온 이 또한 많다.[130] 그러므로 상거 과목의 발전을 오로지 중앙관학과만 연계시켜 설명할 수 없으며, 이와 관련해 지방의

---

126 『王子安集註』 권8, 「送劼赴太學序」, 251쪽.

127 당시 중앙관학의 입학은 원칙상 관인의 자손에게만 허용되었지만, 전술했듯이 태종 시기에는 국자감이 확대되면서 학생의 선발 시험이 있었던 듯하고 고종 영휘 연간에 벌써 "國子監俊士"란 명칭도 발견된다. 따라서 "唐龍朔三年, 以才地蠲採, 高步國庠."(『全唐文補遺(8)』, 326쪽)한 宋攄처럼 이 시기에는 "才(地)"로써 중앙관학에 입학하는 이들 역시 적지 않았을 것이다.

128 당대에 '兩京'으로 일컬어진 현재의 西安과 洛陽 지역은 주지하듯이 당시 여러 가지 명칭으로 불렸다. 京城·西京·中京·上都와 東都·神都·東京이 그것인데, 본서는 두 곳을 각각 '京兆'와 '東都'로 통칭한다.

129 『唐摭言』 권1의 "論曰", 11쪽과 「兩監」 5쪽.

130【부록1】에서 현경1년부터 고종 말년까지 '사료 가치'가 가장 높은 단계(●)의 진사과와 명경과 급제자 가운데 관학과의 관련성과 지방에서 올라온 것이 확실한 자는 각각 9명과 12명으로서 후자가 도리어 많다. 그런데 여기에 '사료 가치'가 그 다음 단계(◑)인 인물까지 포함하면 각각 22명과 21명으로서 전자가 더 많아진다.

교육 보급 문제가 주의를 끈다. 일찍이 고조와 태종은 지방관학의 진흥에 적극적인 관심을 표명하였는데,[131] 이 시기에도 유사한 정책이 되풀이된다. 고종 함형1년(670)에 모든 주·현에 "공자묘(孔子廟)"를 설치하게 한 조처가[132] 그 단적인 예로서, 이것은 실제로 지방에 큰 영향을 미쳤다.[133] 통일제국 황제의 지속적 관심 아래 주학과 현학이 점점 더 전국적으로 확산되어 갔던 것이다.

이러한 사실을 명증하는 기록이 있다. 현경 연간에 "명경탁제(明經擢第)"한 양정(楊政, ?~?)이 "상조(常調)"에 응하지 않았는데, 지역에서 명망이 높아 인덕2년(665)에 주의 자사가 도림현(桃林縣)의 박사로 "추소(追召)"했다는 기록이 그것이다.[134] 그가 명경과에 급제하고도 입사를 포기한 까닭은 모르겠지만, 당시 현학이 존재하고 또 지방관이 여기에 관심을 기울였음은 분명하기 때문이다. 고종 상원3년(676) 즈음 편찬되기 시작한 『사주도경(沙州圖經)』에 나오는 현학[135] 역시 마찬가지 맥락에서 이해된다. 그러므로 고종 때 상당히 광범위하게 현학이 설치되었고, 이처럼 지방에까지 보급되어 간 교육은 상거의 실질적 정착에 중요한 기반이었다고 하겠다.

---

131 전술하였듯이 고조는 무덕7년에 "州縣及鄕里, 並令置學."(『唐大詔令集』 권105, 「置學官備釋奠禮詔」, 537쪽)했고, 태종도 정관4년에 "詔州、縣學皆作孔子廟"(『新唐書』 권15, 「禮樂」, 373쪽)하였다.

132 『舊唐書』 권5, 「高宗」, 95쪽; 『冊府元龜』 권50, 「帝王部 崇儒術」, 558쪽.

133 楊炯의 「大唐益州大都督府臣道縣學先聖廟堂碑文」와 「遂州長江縣先聖孔子廟堂碑」에 의하면(祝尙書 전주, 『楊炯集箋注』, 北京, 中華書局, 2016의 권4, 419·497쪽), 함형1년의 조서에 따라 縣學이 정비되었다고 한다.

134 『唐代墓誌彙編續集』, 萬歲通天011번. 刺史가 그를 직접 임용할 수 있었던 이유는 縣學의 博士가 流外官이었기 때문으로 짐작된다. 고종 때의 품계는 알 수 없으나, 개원 연간에 京縣의 박사조차 流內官이 아니었던 것이다(『唐六典』 권30, 「三府都護州縣官吏」, 751쪽).

135 『沙州圖經』의 내용과 그 편찬 시기는 전게 高明士, 『中國中古的敎育與學禮』, 319~320쪽에 잘 설명되어 있다. 단 현존 『沙州圖經』은 개원4년까지 계속 수정된 듯하므로, 이 縣學 관련 기록이 실제로 어느 시기의 것인지는 불확실하다.

현경 연간 '광의의 진사'에서 분화된 제거와 상거는 이와 같이 각각 독자적으로 발전해 갔는데, 마지막으로 한 가지 짚고 넘어갈 사실이 있다. 고종 시기의 이 두 관인 선발 방법에는 공통점 역시 존재한다는 점이 그것이다. 제거의 경우 일률적으로 말하기는 어렵더라도, 시험을 부과한다면 그것은 책(策)의 형태였다.[136] 고종 말까지의 진사과나 명경과와 같은 상거도 이와 동일하다. 당시 두 과목 모두 최종 단계의 시험은 기본적으로 책의 방식이었기 때문이다.[137] 따라서 새로운 관인선발제도의 정체성이 더욱 확실해지기 위해서는 시험 내용의 분명한 차별화가 필요하였고,[138] 이는 좀 더 시간을 기다려야만 했다.

이상에서 '"광의의 진사" 분화' 양상을 검토한 결과 아래와 같은 사실을 알 수 있었다. 무측천이 황후로서 직접 정치에 개입하기 시작한 고종

---

136 당대 제거의 종류는 매우 다양해서 그 중에는 덕성이나 품행을 중시하는 것도 적지 않다. 金瀅坤이 "孝悌力田類"·"碩德高行類"로 분류한 과목들이 그러한데(전게 『中國科擧制度通史: 隋唐五代卷』, 「制擧的確立與發展」, 472~482쪽), 이것들은 명칭상 필기시험으로써 당락을 결정하지 않았을 가능성도 배제할 수 없다. 그러나 같은 책, 603~604쪽; 전게 吳宗國, 『唐代科擧制度研究』, 「唐代科擧制度之二: 制擧」, 80쪽의 설명처럼 현재 확인되는 제거의 주된 시험은 분명히 策試이다. 『冊府元龜』와 『唐會要』가 詩賦를 시험한 최초의 제거라고 한 천보13년의 사례 역시 "問策"이 중심이었다(『冊府元龜』 권643, 「貢擧部 考試」, 7712쪽; 『唐會要』 권76, 「貢擧 制科擧」, 1649쪽).

137 송대에 王應麟은 고종 현경4년의 진사과에서 「關內父老迎駕表」와 「貢士箴」을 시험했다고 하였는데(『玉海』의 권203, 「辭學指南 表」, 3703쪽; 권204, 「辭學指南 箴」, 3720쪽), 이는 제거와 상거가 분리된 현경 연간의 새로운 변화처럼도 보인다. 하지만 그 주장의 근거가 없어 의문을 남기며, 혹 이것이 사실이더라도 고종 말기까지 表나 箴의 시험은 결코 일반적이지 않았다. 뒤에 상술하겠지만, 많은 문헌들이 고종 調露2년 劉思立의 상주로 진사과와 명경과에 각각 雜文과 帖經 시험을 추가하기 이전에는 두 과목 모두 策만 시험했다고 하기 때문이다.

138 『封氏聞見記校注』 권3, 「貢擧」, 15쪽은 "國初"에 상거 과목에서 시험한 策을 墨策(明經), 方略策(秀才), 時務策(進士)으로 구분하였다. 그러나 고종 시기까지의 급제자 묘지 등 당시 기록에는 그 시험을 모두 "策"(더러 "冊"으로 적기도 함)이라고 불렀다. 따라서 策의 성격이 설령 조금 달랐을지라도, 당시인들의 시각에서 이러한 차이는 그렇게 중요한 문제가 아니었다고 생각된다.

현경 연간은 관인선발제도에도 중요한 변화가 발견된다. 기왕의 연구들은 이와 관련하여 『통전』에 인용된 현경2년 유상도의 상주를 중시하고, 여기에 "명경"·"진사"와 같은 상거 과목의 이름이 나옴을 강조한다. 그러나 이러한 표현은 『구당서』를 비롯한 여타 문헌에 전하는 그의 상주문에 없으므로 이 기록을 그대로 믿기 어렵다. 오히려 더욱 주목해야 할 것은 이 시기에 "제조거인"이 새로 생겼다고 한 『책부원귀』와 그 방증(傍證)이 되는 『당회요』 「제과거(制科擧)」의 내용이다. 이는 기존 '광의의 진사' 중 황제의 조서에 의거한 관인의 선발이 제거로 명확히 독립했음을 뜻하기 때문이다.

그 결과 종래 지방에서 또 중앙관학에서 관인 자격자로 뽑아 올려왔던 상례화된 과목들은 이와 분리되어 상거라는 독자적 형태로 발전해 나갔다. 이러한 상거의 제도적 정착 과정에서 당초부터 중시된 중앙과 지방의 관학이 크게 기여하였다. 그러나 상거 과목들도 결국 중앙에서 그 응시자를 책시로써 선발하였으며, 이 점에서 당시 제거와 별반 차이가 없었다. 따라서 상거만의 고유한 정체성 나아가 진사과나 명경과와 같은 과목들 간의 개별적 특성을 확실히 갖추기 위해서는 좀 더 시간이 필요했는데, 그 전후 구체적 상황은 이어서 검토해 보도록 하자.

3. 상거 과목으로서의 진사과와 명경과

현경 연간 이후 고종 시기의 획기성

고종은 영휘2년에 "처음으로 수재과를 정지"함으로써 찰거 위주의 전통적인 관인 선발 방식을 지양하였고, 현경 연간에는 제거와 상거의 독자적 발전 기반까지 마련되었다. 이는 기존 '광의의 진사'로부터 분화된 과목들 곧 과거제도를 대표하는 진사과·명경과의 정체성이 확실해질 수 있게 되었음을 뜻한다. 그러므로 진정 새로운 관인선발제도에 대한 본격적인 고찰은 고종 현경 연간 이후 비로소 가능하다고 하겠다.

【부록1】에서도 이러한 양상이 짐작된다. '자료 신뢰성' 최고 단계(◎)에 근거한 인물들의 기록은 가장 믿을 만한 당시 사료인데, 여기에서 "사책(射策)"·"갑과(甲科)"처럼 급제 과목을 불분명하게 적은 경우가 점차 줄어드는 추세이기 때문이다.[139] '과목 확실성' 최저 단계(×)의 '미상 과목' 합격자의 비율을 계산한 아래의 〈표5〉를 보면, '고조~고종 영휘 연간'이 그 이후 시기에 비하여 현격히 높은 것이다.[140] 이는 종래 고종 영휘 연간까지의 진사과나 명경과 급제자로 여겨져 온 사람들 가운데 실제로 그랬다고 신뢰하기 힘든 이들이 많음을 뜻하고, 그 까닭은 당시 상거 과목의 실체가 후대처럼 확실하지 않았던 탓으로 생각된다.

---

139 이와 같은 현상의 파악을 위해서라면 【부록1】은 부적절한 면이 있다. 王洪軍, 『登科記考再補正』이나 許友根, 『『登科記考補正』考補』는 급제 과목이 애매한 인물을 애당초 진사과나 명경과 급제자로 간주하지 않아 여기에 없기 때문이다. 예를 들어 "應賓擧"라고만 표현된 衡守直(『全唐文補遺(千唐)』, 135쪽) 혹은 "宿衛文簡, 及第"한 李釋子(『全唐文補遺(9)』, 357쪽) 등이 그러한데, 徐松이나 孟二冬이 만약 이들의 존재를 알았다면 국자감에서의 수학 경력 등을 이유로 상거 과목의 합격자로 분류했을 것이다. 이처럼 【부록1】의 주요 근거 서적들은 자료의 선별 기준을 달리 하므로, 이에 근거한 분석이 그렇게 정밀할 수 없다. 그러나 대체적인 시기별 변화 추이의 파악은 아래 〈표5〉를 통해서 어느 정도 가능하리라고 생각된다.

140 〈표5〉는 '자료 신뢰성'이 '◎'인 사례만을 대상으로 하였다. 그렇지 않을 경우 믿기 힘든 사료까지 포함되어 당시 상황을 왜곡시킬 수도 있기 때문이다. 하지만 전체 사례를 母數로 삼더라도 그 양상은 아래의 표에서 보듯이 기본적으로 동일하다.

시기	고조~고종 영휘 연간	현경 연간 이후 고종	무측천~예종	현종
백분율 ('미상 과목' 수/총수)	19.2(15/78)	7.2(7/97)	7.9(10/127)	1.1(3/262)

〈 표 5: 【부록1】의 '자료 신뢰성'이 높은 인물들 중 '미상 과목' 급제자의 비율 〉

시기	고조~고종 영휘 연간	현경 연간 이후 고종	무측천~예종	현종
백분율 ('미상 과목' 수/총수)	23.8(15/63)	8.7(6/69)	10.1(8/79)	1.5(2/133)

　　진사과와 명경과 급제자의 성격을 분석하기 위한[141] 기초 자료로 만든 【부록2】에서 고종 현경 연간을 분기(分期)의 기준으로 삼은 이유도 바로 여기에 있다. 그런데 이 【부록2】에서 관인선발제도의 성격과 관련하여 무엇보다 먼저 주목할 것은 그 급제자에게 주어진 초임 관직의 품계이다.[142] 합격 후 관인으로서의 활동 결과라고 할 종관(終官)과[143] 달리, 이것은 관인을 뽑는 제도 그 자체와 직결된 서계(敍階)의 문제이기 때문이다.

〈 표 6: 【부록2】 Ⅰ·Ⅱ기 급제자의 초관 품계 〉

시기	진사과		명경과	
	평균	표준편차	평균	표준편차
Ⅰ기(618~655)	4.30	1.83	3.97	2.94
Ⅱ기(656~683)	3.00	2.04	4.16	3.10

---

141 필자의 연구에 입각할 때, 고종 영휘 연간까지의 "진사"·"명경"은 과거제도의 상거 과목인 진사과·명경과와는 구분할 필요가 있다. 하지만 【부록2】에서 설명했듯이, 그 이후 시기와의 비교를 위하여 일단 고종 영휘 연간 이전의 사례도 기존의 연구와 같이 진사과와 명경과라고 쓰겠다.

142 제1부에서 이미 밝혔듯이 아래에서 아라비아숫자로 적은 품계는 종9품하를 '1'로 하고 한 階마다 1씩 추가하여 計數化한 品數이다.

143 본서에서 말하는 '終官'은 【부록2】의 설명처럼 "기본 자료"로 사용한 묘지·神道碑 등의 표제에 나오는 관직 혹은 역임한 직위 중 최후의 관직을 가리킨다. 따라서 鄭虔 (『全唐文補遺(千唐)』, 249쪽) 등과 같이 被貶된 적이 있던 인물의 경우, 이것이 관인 으로서 그의 최고 직위와는 다를 수도 있다.

위의 〈표6〉에서 고조~고종 영휘 연간에 해당하는 I기의 상황이 제1부에서 보았던 태종 시기 "진사"들과 마찬가지로 후대와 크게 다르다. I기의 진사과 급제자로 간주해 온 이들의 초관 품계 4.3은 〈표4: 믿을 만한 태종 시기 진사과 급제자〉들의 4.5와 유사한 반면, 전술했듯이 진사과 합격자에게 주었다는 종9품상·종9품하의 평균값 1.5보다 훨씬 높은 것이다. 물론 현경 연간 이후 고종 시기인 II기도 이 점에서 동일하나, 그 차이는 확연히 줄어들었다. 이러한 측면에서 볼 때, I기의 진사과 초관 평균값이 명경과보다 높은[144] 반면 II기에는 그 상황이 역전된다는 사실 또한 간과할 수 없다. 훗날 종9품상~종8품하로 서계된 명경과 급제자들의[145] 평균 품계는 3.5로서 진사과보다 우대 받았는데, II기에 가서야 비로소 두 과목 급제자 초관의 고저(高低)가 이와 같아지는 것이다.

그러므로 초관의 품계 측면에서 I기와 II기를 동일한 차원에서 논하기 어렵다고 여겨진다. 그런데 I기 진사과 급제자의 지위가 이처럼 높은 까닭은 당시 조서에 의거해 관인으로 뽑혀 입사한 이들까지 포함된 탓일 수 있다. 아래의 〈표7〉에서 보듯이 이러한 인물들의 초관 품계 평균이 4.4로서 이 시기 진사과 합격자의 그것과 흡사한 것이다. 따라서 I기가 제1부에서 설명했던 바 '광의의 진사'로 대표되는 '과거제도의 원형'이 마련된 시기와 동궤(同軌)에 있는 반면, II기의 경우 후대의 제도에 근접해 가서 확실히 새로운 변화가 감지된다고 해도 좋을 듯하

---

144 이것은 태종 시기만을 보더라도 마찬가지이다. 【부록2】의 I기 명경과 급제자 중 정관 연간 인물들(효렴 포함)의 초관 평균은 4.0으로서 같은 시기 진사과 합격자(수재 포함)의 초관 평균 4.5보다 낮다.

145 『唐會要』 권81, 「階」, 1768쪽. 전술하였듯이 명경과 급제자의 서계 규정은 문헌에 따라 조금 다르지만, 이 상해고적출판사본 『唐會要』의 기록이 『唐六典』 권2, 「尙書吏部」, 32쪽 기록과 동일하기 때문에 당전기 제도의 기준으로 삼을 만하다.

다. 그 이전보다 이 시기의 상황에 더욱 주목해야만 하는 까닭은 바로 이 때문이다.

〈 표7: 급제년이 분명한 고조~고종 영휘 연간의 조거 급제자: 급제 당시 유관자(有官者) 제외 〉

급제년	성명	조거(詔擧) 관련 기록[초관의 품계]	근거
무덕6	甄庭言 (604~672)	"武德六年, 應詔擧, 射策高第, 授幷(幷은 오기*)州葦澤縣尉, 言試吏也."[종9상]	보(8)-280
정관7	鄭敞 (610~678)	"貞觀七年, 制策高第, 授越州都督府參軍事."[종8상]	문-2799
	强偉 (608~664)	"貞觀七年任國子生, 應詔擧, 除貞州宗城縣丞."[종8상]	묘=인덕026
정관 연간 전후**	仲□ (599~666)	"起家應制, 射策甲科, 授洛州河南縣尉."[종8하]	보(천당)-81
영휘5 (654)	張夐 (636~688)	"早預國子生, 應詔自擧, 詔□問焉. … 時年十九. … 尋授易州永樂縣主簿."[종9상]	묘=수공056

◦ 근거 문헌: 보(『全唐文補遺』), 문(『全唐文』), 묘(『唐代墓誌彙編』)

* 『하락묘각습령(河洛墓刻拾零)』=84의 탁본 참조. 『신당서』 권39, 「지리」, 1015쪽을 보아도, 위택(葦澤)은 무덕 연간 정주(井州)로 불린 진주(鎭州) 행당현(行唐縣)과 관계될 뿐 병주(幷州)와는 무관함

** 묘지에 급제년이 명기되어 있지 않으나, 그 나이로 보아 "응제(應制)" 시기는 정관 연간 전후로 추정됨

물론 이처럼 제한된 자료의 계량화에 입각한 추론은 한계가 존재하고, 더욱 중요한 것은 고종 현경 연간 이후의 실제 현실이다. 이와 관련하여, 앞서 살펴본 현경2년 유상도의 상주 내용을 재차 상기할 만하다. 그의 글이 상거 과목의 출현 증거는 아닐지라도 당시 관인 자격자의 과다(過多) 정황을 잘 드러내고 있기 때문이다. 이러한 조건에서 그들에게 관직을 부여하는 전선의 체계적인 정비가 불가피했는데, 총장(總章)2년(669)의 장명방(長名榜) 제도의 시행 등 주요 개혁 조처들이 이때 이루어졌다.[146]

전선은 관인의 선발과 별개의 문제이다. 특히 과거제도의 경우 거(擧)·선(選)의 분리로 특징지어진다는 점에서 더욱 그러하다. 하지만 관인들 간의 치열한 경쟁으로 초래된 이러한 관계(官界) 상황의 변화가 당시 상거 과목을 둘러싼 현실과 결코 무관할 수 없다. 실제로 이 시기에 진사과나 명경과에 급제한 뒤 오래도록 관직을 받지 못한 인물들이 적지 않고,[147] 죽을 때까지 무관(無官)이었던 듯한 인물마저 나타나기 시작한다.[148] 이는 보다 엄격해진 전선제도의 여파로 보이는 것이다.

전선제도의 개혁은 구관자(求官者)들에게도 영향을 미쳤다. 관인의 능력이 한층 중요해진 사회적 분위기 속에서 그들은 자신의 학식과 역량을 함양하지 않을 수 없었다. 이를 위한 좋은 수단이 일찍부터 통일제국이 관인 양성 기관으로 중시해 온 중앙관학이었을 터인데, 굴돌백기(屈突伯起,

---

146 고종 시기 전선제도의 변화는 劉後濱의 「唐代文官銓選制度的改革與完善」, 劉昕 등 주편, 『中國考試史專題論文集』(北京, 高等敎育出版社, 1999); 「唐前期文官的出身與銓選」, 吳宗國 주편, 『盛唐政治制度研究』(上海, 上海辭書出版社, 2003); 전게 『唐代選官政務研究』의 제2장이 상술하고 있다.

147 예를 들어, 孟立(657~727)은 "弱冠"에 "明經擢第"하여 "四十疆" 때 비로소 縣尉로 "從仕"하였다(『唐代墓誌彙編續集』, 開元083번). 그렇다면 그는 고종 상원3년경부터 20년 동안 전선에 매달려 있었던 셈이다. 또 "顯慶年中"에 "明經擢第"했으나 인덕2년에 자사의 "追召"로 겨우 桃林縣의 博士가 된 楊政의(같은 책, 萬歲通天011번) 경우 엄격해진 전선을 통과하지 못했을 가능성이 크다. 『唐六典』 권30, 「三府都護州縣官吏」, 751쪽에 따르면, 京縣의 博士조차 流內官이 아니기 때문이다. 그의 묘지는 "高蹈"하여 "常調"에 참여하지 않았다고 하지만, 이후 제거를 통해 벼슬을 구하는 楊政의 행태를 보면 이를 그대로 믿기 힘든 것이다.

148 【부록2】에서 散官品 기록조차 없는 최초의 인물은 영휘6년의 명경과 급제자인 慕容知禮이다(『唐代墓誌彙編』, 咸亨076번). 그가 이렇게 된 까닭은 합격 후 4년 뒤 夭折한 탓도 있겠지만, 당시 과거에 합격하더라도 관직이나 관품을 받기 위해서는 모종의 절차가 필요했음은 확실하다. 실제로 이 시기에는 급제 후 "凡經累選, 不登尺木"했다는 李淮처럼(『全唐文補遺(6)』, 30쪽) 전선에서 여러 차례 낙방한 듯한 인물도 보인다. 관직 기록이 없는 진사과나 명경과에 합격자들 가운데 스스로 仕宦을 거부했다는 자도 있으나(『唐代墓誌彙編』, 開元506번의 묘주 李泉), 이러한 사례의 증가는 분명히 전선제도의 정비로 인해 解褐하기 힘들어진 현실의 반영일 터이다.

651~689)가 그 좋은 실례이다. 좌복야(左僕射)와 도독(都督)을 조부와 부친으로 둔 그는 총장3년(670)에 "문음(門蔭)"으로 관직을 받기보다 홍문관(弘文館)의 학생이 되기를 택했으며, 이후 선덕랑(宣德郎, 정7품하)·태자궁문승리행(太子宮門丞裏行)으로 "칙수(敕授)"된 것이다.[149]

전술하였듯이 국자감은 고종 현경3년에 국자학·태학·사문학으로 재편되어 유학 소양을 갖춘 관인 선발과 더욱 밀접한 관계를 지니게 되었다. 따라서 가문의 음(蔭)으로 관학에 들어와 공부한 이들 또한 명경과나 진사과를 중요한 입사 수단으로 삼았다고 해서 전혀 이상하지 않다. 방일(房逸, 641-698)은 "문음(門蔭)으로 숙위(宿衛)가 되고, 이어서 중앙관학〔成均監〕에 들어가 공부하"다가 상원(上元)3년(676)에 명경과에 급제하였다.[150] 그리고 함형3년(672)의 진사과 급제자 최석(崔釋, 655~698)은 재감동간(材堪棟幹)이란 제거에 합격하고, "거만(鉅萬)"의 전선 참여자들 중에서 빼어난 성적을 얻을 만큼 실력을 갖추었다.[151]

이와 같이 고종 현경 연간 이후 경쟁이 격화된 관인 세계는 과거제도의 위상을 제고시키기에 좋은 여건이었고, 바로 이러한 환경에서 '광의의 진사'로부터 분리된 진사과와 명경과가 상거 과목으로서 독자적인 발전도 가능하였던 것이다. 실제로 【부록2】의 인물들 가운데 서장에서 밝혔듯이 본인의 행적이나 가계(家系) 성격을 상호 비교할 수 있는 이들이 많으며, Ⅰ·Ⅱ기 두 과목 급제자들의 가계 상황을 분석해 볼 때 흥미로운 현상이 발견된다.[152]

---

149 『唐代墓誌彙編』, 天授031번. 묘지에서 判讀 불가능한 조부의 이름은 『舊唐書』 권59, 「屈突通」, 2319~2322쪽을 통해 알 수 있다. 단 정사에 나오는 조부·부의 관직은 묘지의 기록과 약간 다르다.

150 『唐代墓誌彙編』, 聖曆020번. 房逸이 수학한 고종 시기의 중앙관학은 국자감인데, 묘지가 만들어진 무측천 성력2년에는 이것을 成均監으로 불렀다(『唐六典』 권21, 「國子監」, 557쪽).

151 『河洛墓刻拾零』, 119번

〈 표 8: 【부록2】의 Ⅰ기와 Ⅱ기 급제자의 가계 〉

진사과	비교가능	Ⅰ기(618~655) 10명(총 10명)		Ⅱ기(656~683) 23명(총 25명)	
		숫자	백분율	숫자	백분율
성씨	가	6	60.0	8	34.8
	나	0	0	3	13.0
	다	4	40.0	12	52.2
선조	3	9	90.0	17	73.9
	2	1	10.0	2	8.7
	1	0	0	2	8.7
	0	0	0	2	8.7
지역	동	6	60.0	10	43.5
	서	4	40.0	11	47.8
	남	0	0	0	0
	기	0	0	2	8.7

명경과	비교가능	Ⅰ기(618~655) 34명(총 38명)		Ⅱ기(656~683) 38명(총 38명)	
		숫자	백분율	숫자	백분율
성씨	가	16	47.1	19	50.0
	나	5	14.7	4	10.5
	다	13	38.2	15	39.5
선조	3	25	73.5	30	78.9
	2	6	17.6	7	18.4
	1	2	5.9	0	0
	0	1	2.9	1	2.6
지역	동	22	64.7	27	71.1
	서	10	29.4	6	15.8
	남	2	5.9	4	10.5
	기	0	0	1	2.6

◦ 【부록2】의 사례들을 대상으로 하고, 그 분석 기준도 이에 따름

---

152 본서에서 家系의 분류 기준은 다음과 같이 간략하게 도표화할 수 있고, 이후 본서의
표들도 모두 여기에 따른다. 이에 관한 더 자세한 설명은 【부록2】 참조.

성씨	가	後漢~晉代부터 번성한 가문
	나	北朝 시기부터 번성한 가문
	다	위에 속하지 않는 신흥 가문
선조	3	증조 이래 직계 3대에 관직을 가진 집안
	2	증조 이래 직계 2대에 관직을 가진 집안
	1	증조 이래 직계 1대에 관직을 가진 집안
	0	증조 이래 직계에서 관직이 없는 집안
지역	동	당대의 河東道 · 河南道 · 河北道 출신자
	서	당대의 關內道 · 隴右道 출신자
	남	당대의 淮南道 · 江南道 출신자
	기(타)	당대의 山南道 · 劍南道 · 嶺南道 출신자

위의 〈표8〉에서 '성씨(姓氏)' 항목을 보면,[153] 두 과목의 공통점은 '다' 범주 비율의 증가이다. 그리고 이렇게 '다'로 분류된 이들은 【부록2】에서 상술한 바 마오한광(毛漢光)이 "중고(中古)"의 "사족(士族)"으로 간주하지 않은 인물들이다. 다시 말해, 고종 현경 연간 이후 진사과와 명경과 급제자의 혈통상 예전에 비하여 신흥세력이 늘어난 것이다. 물론 이들도 증조 이래 직계(直系)의 관직 유무를 표시한 '선조(先祖)' 항목에서 보듯이 대부분 관인 집안에 속한다. 단 진사과의 경우 상대적으로 무관(無官)의 가계 비율이 Ⅱ기에 높아지는데, 이는 당시 진사과 급제자 중 '가' 범주의 성씨 곧 후한(後漢)~진(晉)부터 번성해서 전통적 권위를 가졌던 뿌리 깊은 가문의 현격한 축소 양상과 더불어 주목된다.

'지역' 항목을 보더라도 마찬가지이다. '모지역인(某地域人)'이란 말의 구체적 의미를 일률적으로 말하기는 어렵지만,[154] 그 지역과 당사자 사이에 존재하는 실제적 혹은 심리적 연고(緣故)를 부정할 수 없다. 그렇다면 Ⅰ기에 없던 산남도(山南道)·검남도(劍南道)·영남도(嶺南道)를 뜻하는 '기(타)' 범주의 인물이 Ⅱ기에 처음 등장한다는 사실이 눈길을 끈다. 주지하듯이 위의 세 도(道)는 이 시기에 비교적 낙후된 지역이었는데, 이러한

---

153 劉知幾(661~721)는 자신이 살던 시기에 벌써 世居地로부터 장기간 떠나 있거나 本貫을 改變·冒稱한 사람이 적지 않다고 하였다(浦起龍 釋, 『史通通釋』, 臺北, 藝文印書館, 1978의 권5, 「邑里」, 131~135쪽; 이윤화 역, 『사통통석(1)』, 서울, 소명, 2012, 428~440쪽 참조). 따라서 기본 사료에 적힌 성씨가 실제 가계의 성격과 다를 수도 있다. 하지만 그 가문이나 지역을 중시하였기 때문에 이렇게 썼을 것이므로, 적어도 당사자와 해당 가문·지역의 심정적 상관성은 의문의 여지가 없다.

154 【부록2】에서의 '지역' 구분은 기본 사료의 '某地域人'이란 표현에 따랐다. 이것은 한국의 本貫 개념과 유사한 郡望을(전게 안광호, 『중국의 군망제도와 한국의 본관제도 연구』, 45~160쪽) 가리키는 경우가 많으나, 전술한 것처럼 그 冒稱이 없지 않을 뿐더러 기실 戶籍이 있는 곳이나 현재 거주지를 뜻하는 용례 역시 더러 발견된다. 따라서 이 지역과의 관계를 획일적으로 단정하기는 어렵다. 하지만 당사자가 이것으로써 그 歸屬感을 분명히 드러냈다면, 이러한 지역 구분이 그 인물의 성격을 이해하는 데 결코 무의미하지 않으리라고 생각된다.

곳에 귀속감을 가진 인물들 역시 진사과와 명경과에 응거하고 또 합격하였던 것이다. 이것은 그 전까지 주로 '동'·'서' 지역에 국한되었던 듯한 두 과목의 영향력이 고종 현경 연간 이후 폭넓게 확산되어 감을 뜻하며, 이러한 양상은 진사과에서 더욱 두드러진다.[155]

이와 같이 Ⅰ기와 달라진 Ⅱ기 급제자의 가계 성격은 다양한 사회 계층과 지역의 인재를 발탁하려던 당조의 의도에 부합할 뿐더러 과거제도의 역사적 의의와도 일맥상통한다. 이와 관련하여 유력 성씨라고 할 '가' 범주 인물들의 증감이 특히 주목할 만한데, 진사과와 명경과는 상이한 변화 경향을 보인다. 그 비율이 진사과는 Ⅰ기가 높은 반면 명경과의 경우 Ⅱ기가 오히려 더 높기 때문이다. 그 결과 Ⅱ기 이후 '가' 범주의 비율상 명경과가 진사과보다 높아지고, 이와 동일한 양상이 Ⅲ기부터 당 전기 내내 지속된다.[156] 즉 전통적 권위를 가진 가문이 진사과에 비해

---

155 Ⅱ기의 '가' 지역 비율에서 진사과가 명경과보다 높다는 사실이 그 증거이다. 그런데 이와 관련하여 명경과에서 발견되는 '남' 범주의 인물도 홀시할 수 없다. 여기에는 Ⅰ기 정관17년의 蕭灌(『張說集校注』 권25, 「贈吏部尙書蕭公神道碑」, 1205쪽)과 Ⅱ기 건봉1년의 蕭謙(『唐代墓誌彙編』, 開元420번)처럼 南齊와 梁의 황족이던 蘭陵의 蕭氏도 존재하기 때문이다. Ⅰ·Ⅱ기의 진사과 급제자에 보이지 않는 이러한 지역·성씨 인물은 그 문화적 배경이란 면에서 '동'·'서' 지역 출신자들과 비슷할 것이다.
156 【부록2】의 급제자들 중 '가' 범주에 속하는 이들의 분기별 상황을 도표화하면 아래와 같고, 그 비율상 진사과가 명경과보다 높은 시기는 오로지 Ⅰ기뿐이다. 그러므로 기존에 두 과목 합격자로 여겨져 온 인물들은 기실 Ⅰ기와 Ⅱ~Ⅵ기 사이에 확연한 차이가 있다. 현경 연간 이후 고종 시기에 큰 변화가 없었다면 이러한 양상을 설명하기 어려우며, 후술할 Ⅱ기의 상황 곧 상거로 독립된 두 과목이 점차 각각의 정체성을 확보해 가는 과정을 예상하게 한다.

		Ⅰ기		Ⅱ기		Ⅲ기		Ⅳ기		Ⅴ기		Ⅵ기	
진사과	비교 가능자	총 10명 중 10명		총 25명 중 23명		총 15명 중 13명		총7명 중 4명		총 44명 중 23명		총 26명 중 15명	
	'가' 범주	숫자	백분율	숫자	백분율	숫자	백분율	숫자	백분율	숫자	백분율	숫자	백분율
		6	60.0	8	34.8	4	30.8	1	25.0	11	47.8	6	40.0

명경과와 더 밀접한 관계를 지닌 현상은 Ⅱ기 이후에서야 비로소 뚜렷해지는 것이다. 이는 과거제도의 역사에서 현경 연간 이후 고종 시기의 획기적 의의를 거듭 확인시켜 준다고 하겠다.

상거 과목 초창기의 과도기적 현실

고종 현경 연간 이후의 진사과와 명경과는 지금까지 살펴보았듯이 과거제도의 상거 과목이 지닌 다양한 속성을 예전보다 훨씬 명확하게 드러낸다. 그런데 현경 연간 이후라 하더라도, 고종 시기의 두 과목은 후대의 그것과 상이한 모습 또한 없지 않다. 앞서 잠깐 언급했던 급제자의 높은 초관 품계가 그 한 예로서, 특히 진사과의 경우 그 평균이 3.0 곧 정9품하에 해당하여 전래문헌에 나오는 종9품상·종9품하란 규정과 분명히 어긋난다. 이처럼 현격한 차이를 가진 두 시기의 진사과가 동일한 관인 선발 과목인지 여전히 의심스러운 것이다.

기실 이러한 현상은 아래의 〈표9〉에서 보듯이 당전기의 모든 시기에서 발견되며, 이에 대한 설명이 불가능하지 않다. 우선 급제자의 초관 기록은 대부분 직사관(職事官)이므로 서계 규정의 산관품(散官品)과 다를 수 있다.[157] 또 급제 전후에 맡은 직임(職任)으로 인해 초관이 높아졌을

명경과		Ⅰ기		Ⅱ기		Ⅲ기		Ⅳ기		Ⅴ기		Ⅵ기	
	비교 가능자	총 38명 중 34명		총 38명 중 38명		총 33명 중 30명		총 16명 중 16명		총 37명 중 36명		총 24명 중 21명	
	'가' 범주	숫자	백분율	숫자	백분율	숫자	백분율	숫자	백분율	숫자	백분율	숫자	백분율
		16	47.1	19	50.0	18	60.0	10	62.5	25	69.4	13	61.9

157 이러한 사실을 잘 보여주는 예가 개원5년의 진사과 급제자 王泠然이다. 그는 첫 관직에 있을 때 쓴 편지에서 "將仕郞守太子校書郞"(『唐摭言』 권6, 「公薦」, 64쪽)이라고 했기 때문이다. 王泠然의 實職이 정9품하의 太子校書 곧 司經局校書였지만, 그

가능성도 배제하기 어렵다.[158] 뿐만 아니라 서판발췌과(書判拔萃科)·박학굉사과(博學宏詞科)[159] 등 초관의 품계를 높일 수 있는 여러 가지 부가 시험이 존재하였다. 후술하듯이 현종 개원18년(730) 순자격(循資格) 제도의 시행 뒤 이러한 시험의 현실적 중요성이 커졌는데, Ⅵ기의 높은 초관 품계는 분명히 이와 관련이 있어 보인다. 고종 시기에도 진사과 급제 후 제거에 다시 합격하여 임관한 이가 발견된다.[160] 물론 이러한 사실이 명기된 인물은 극소수이나, 이것은 현존 문헌이 그 자세한 입사 과정을 생략한 탓일 수 있다.[161]

의 散官은 종9품하인 將仕郎이었던 것이다. 고종 시기에도 당연히 이러한 경우가 있었을 터인데, 王及德의 "竊譽鄕曲, 擢材甲乙, 起家通直郎行楚州司戶參軍事."(『唐代墓誌彙編』, 神龍006번)란 기록이 그 증거이다. 起家 때의 산관 通直郎(종6품하)과 직사관 楚州司戶參軍事(종7품하)의 품계에서 큰 차이를 보이는 것이다. 王及德의 급제 과목은 불분명하나, 생몰년(647~705)으로 보아 그의 입사는 고종 시기의 일로 추정된다.

158 고종 시기의 사례를 들면, "[永徽6년]以宿衛高第"한 裴撝는 급제 전에 宿衛로 복무했고(『唐代墓誌彙編』, 開元129번), 李元軌는 "[龍朔2년]射策高第, 拜國子監大成"한 다음 직사관을 받았다(같은 책, 永淳009번). 물론 이들은 합격 과목을 정확히 알 수 없지만, 그 初任職 舒州司戶[參軍](종7품하)와 秘書省校書郎(정9품상)의 관품이 비교적 높은 까닭은 바로 이러한 급제 전후의 경력과 무관하지 않을 듯하다.

159 이 두 과목에 관해서는 金瀅坤의 「唐代書判拔萃科的設置、沿革及其影響」, 『廈門大學學報』 2016-5; 「士林華選: 唐代博學宏詞科研究」, 『歷史研究』 2018-1이 상세히 설명하고 있다.

160 嚴識玄은 "永淳[2:인용자]年, 以鄕貢進士擢第, 又應文藻流譽科擧擢第, 授襄州安養縣尉."(『唐代墓誌彙編續集』, 開元020번)했다고 하므로, 관직을 받기 전에 다시 제거에 합격하였다. 【부록1】의 Ⅱ시기에 이러한 진사과 급제자가 달리 발견되지 않으나, 상원2년의 명경과 합격자 李璋도 급제 후 八科擧를 거쳐 입사했다는 점에서 이와 유사하다(『全唐文補遺(8)』, 323쪽).

161 예를 들어 邵炅의 묘지는 단지 "以鄕賦進士擢第. 居無何, 制授蒲州汾陰縣尉."(『全唐文補遺(千唐)』, 146쪽)라고만 하지만, "[孫嘉之]久視初預拔萃, 與邵炅、齊澣同昇甲科, 解褐蜀州新津縣主簿."(『全唐文』 권313, 孫逖 「宋州司馬先府君墓誌銘」, 3182쪽)란 기록이 존재한다. 그렇다면 邵炅 역시 拔萃科를 거쳐 관직을 얻었을 가능성이 큰데, 그의 묘지는 이 사실을 적지 않았던 것이다.

시기	Ⅰ기 (618~655)	Ⅱ기 (656~683)	Ⅲ기 (684~704)	Ⅳ기 (705~712)	Ⅴ기 (713~736)	Ⅵ기 (737~756)
평균	4.30	3.00	2.92	2.75	2.35	3.27

그렇다면 오히려 더욱 주목해야 할 것은 Ⅴ기까지 계속 낮아지는 초관의 품계이다. 즉 상거 과목으로서 진사과의 특징은 후대로 갈수록 점점 더 분명해지며, 과거의 제도적 정착은 의외로 긴 시간을 요하였던 것이다. 기실 【부록2】의 진사과 급제자의 초관을 도표화하면 이러한 양상이 보다 명백하게 드러난다. Ⅱ기 이후 초관의 품계가 Ⅴ기 말까지 균질적으로 수렴되어 가는 경향이고, 이는 Ⅰ기의 높은 산포도(散布度)와 뚜렷이 대비되기 때문이다.

〈 그림 4: 【부록2】 진사과 급제자의 초관 분포도 〉

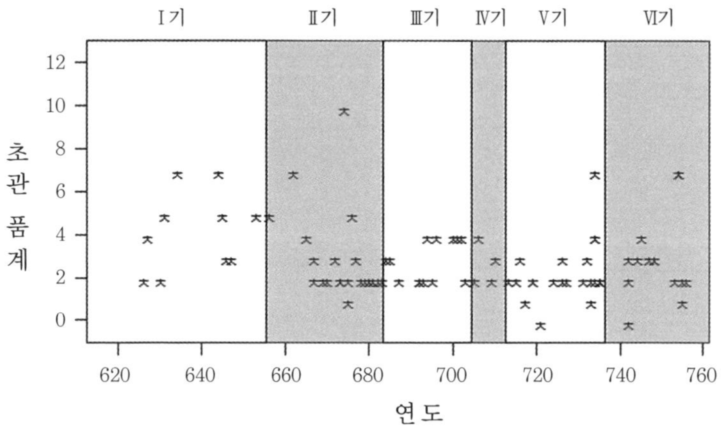

그런데 위의 〈그림4〉에서 Ⅱ기 진사과 급제자의 초관 품계도 꽤 넓게 흩어져 있어 그 이후 시기와 다르다. 실제로 그 표준편차를 계산해 보면 2.04로서 Ⅰ기의 1.83보다 더 크다. 제1부에서 〈표4: 믿을 만한 태종 시

기 진사과 급제자〉 인물들의 초관 표준편차가 1.85라는 이유로 당시 "진
사"가 후대의 진사과와 동종(同種)의 관인 선발 과목인지 의문을 제기했는
데, Ⅱ기 역시 마찬가지 상황인 것이다. 하지만 Ⅱ기의 이처럼 큰 표준편
차는 매우 예외적인 몇 인물에 기인한다. 이 도표의 가장 특이한 사례
곧 674년(함형5)의 '10' 하나만 제외해도 표준편차가 1.39로 떨어져서 Ⅰ
기에 비하여 훨씬 작은 것이다.

위 674년의 특이점은 "수재로 '고제(高第)'하여 건주(建州)의 녹사참군
(錄事參軍)이 되었다."는 이숙(李璹, 660~736)이고,[162] 그의 묘지는 급제 과목
을 "수재"로 적었다. 전술하였듯이 고종 영휘2년 이후의 수재과가 대개
진사과의 별칭이라는 통설에 의거하여 이숙을 진사과 합격자에 포함시
켰으나, 그가 실제로 수재과에 급제하여 종7품상에 해당하는 높은 관직
을[163] 받았을 수도 있는 것이다. 물론 이 시기에 수재과를 시행했고 또
이숙이 여기에 합격했다는 명증이 없는 한 이것은 단지 가정일 뿐이다.
하지만 상거 과목이 갓 만들어진 Ⅱ기의 경우, 제도가 안정적으로 정착할
때까지의 다양한 이질성 변수(變數) 곧 과도기적인 현실을 예상한다고 해
서 결코 터무니없는 일은 아닐 듯하다.

이와 같은 입장에서 현경 연간 이후 고종 시기 과거제도의 구체적
실상을 살펴보려 할 때, 급제 과목을 알 수 없는 이들이 여전히 적지
않음을 홀시할 수 없다. "향공탁제(鄕貢擢第)"한 왕양(王養, 632~670)이나[164]

---

162 『全唐文補遺(9)』, 446쪽.
163 『唐會要』 권81, 「階」, 1768쪽에 의하면 수재과 급제자를 종8품하~정8품상으로 서계
　　하였고, 李璹이 받은 초관의 품계인 종7품상보다는 낮다. 그러나 Ⅱ기의 여타 과목
　　합격자도 대개 『당회요』 규정보다 높은 관직을 받았음을 생각할 때, 6科 중 가장
　　높은 위상을 가진 수재과 급제자에게 이 정도의 품계 차이가 불가능한 일은 아니었
　　으리라고 생각된다.
164 『唐代墓誌彙編』, 長安028번. 급제 시기는 정확히 알 수 없으나 그의 나이로 보아
　　고종 초기라고 생각된다.

"국자생(國子生)"으로서 용삭2년에 "사책고제(射策高第)"한 이원궤(李元軌, 638~682)가[165] 그 좋은 예이다. 이들은 종래 진사과 급제자로 간주되었지만,[166] 막상 그 묘지들에는 과목에 관한 언급이 없다. 따라서 확실한 사실은 이들이 책시(策試)와 같은 시험을 거쳤다는 것뿐인데, 이 점에서 "대책탁제(對策擢第)"·"대책고제(對策高第)"했던 서홍(徐洪, ?~714)도 동일하다.[167]

서홍의 열전에 따르면, 그가 책시를 칠 수 있었던 까닭은 "하북도안무대사(河北道安撫大使)" 설원초의 "추천〔表薦/表其賢〕" 덕분이다.[168] 그러므로 이 책시를 통과해 받은 관직이 진사과 급제자에게 흔히 주어진 현위(縣尉)였더라도, 서홍은 상거 과목의 급제자가 아니다. 서송이 그를 급제년 미상의 제거 급제자로 간주한 것도[169] 이 때문일 터이다. 제1부에서 보았듯이 고조와 태종 역시 누차 대사에게 인재 발탁의 조서를 내려서 관인을 선발했고, 서홍의 입사 형태도 그 연장선상에 있다고 하겠다.

따라서 이원궤나 서홍 모두 '광의의 진사'라고 불러도 좋다. 그런데 제거와 상거가 확실히 분리된 고종 현경 연간 이후 급제했다면 이 중 어디에 속하는지 의문이며, 이들의 선발 과정을 좀 더 세밀히 분석해봄직하다. 물론 이원궤처럼 달리 검토할 사료가 없다면 방법이 없다. 하지만 서홍의 경우 이와 다르다. 우선 응거의 정황이 비교적 분명하니, 의봉(儀鳳)1년(676) 12월에 재상이던 설원초를 "하북도(안무)대사"로 파견하였고[170] 이때 내린 「방효제덕행조(訪孝悌德行詔)」가 인재의 천거를 명하였기

<hr>

165 『唐代墓誌彙編』, 永淳009번.
166 『登科記考補正』의 1151쪽과 59쪽.
167 『舊唐書』 권94, 「徐彦伯」, 3004쪽;『新唐書』 권114, 「徐彦伯」, 4201쪽. 彦伯은 徐洪의 字이다.
168 『舊唐書』는 徐洪의 입사 과정을 "河北道安撫大使薛元超表薦之, 對策擢第, 累轉蒲州司兵參軍."(권94, 「徐彦伯」, 3004쪽)이라 하고,『新唐書』는 "薛元超安撫河北, 表其賢, 對策高第, 調永壽〔縣〕尉、蒲州司兵參軍."(권114, 「徐彦伯」, 4201쪽)이라고 적었다.
169 『登科記考補正』, 1336쪽.

때문이다.[171] 따라서 그가 친 책시는 의봉2년의 일이었다고 생각된다.

 하지만 이렇게 대사의 추천으로 올라온 서홍에게 부과한 책시가 앞서 상술했던 바 현경 연간에 시작된 "제조거인(制詔擧人)" 곧 "지열추상(志烈秋霜)" 등과 같이 "뽑으려는 인재의 항목을 내세워서 황제가 천거하게" 한 제거라고 단정하기 어렵다. 「방효제덕행조」에서 제시한 선발 항목은 매우 광범위하고 추상적이어서 단지 포괄적인 인재의 추천처럼 읽히기 때문이다. 게다가 현경 연간 이후 시행된 제거들을 시기별로 열거한 『당회요』나 『운록만초(雲麓漫鈔)』에 의봉2년 관련 기록이 발견되지 않는다.[172]

 물론 대사의 파견이나 추천이 특별한 조처의 결과였던 이상 서홍이 친 책시를 상거라고 할 수도 없다. 다만 그가 상거의 응거자들과 함께 책시를 쳤을 가능성도 완전히 배제하기 어렵다면,[173] 당시 제거와 상거 사이에 존재하는 애매한 경계를 지적하고 싶을 따름이다. 이러한 모호성은 바로 이 의봉2년 12월에 문무직사(文武職事) 3품 이상의 경관(京官)들에게 "매년각거소지(每年各擧所知)"한 경우[174] 더욱 심각하다. 이 조서로써 해

---

170 『舊唐書』 권5, 「高宗」, 102쪽에 "〔儀鳳1년 12월〕戊午, 遣使分道巡撫: 宰相來恆河南道, 薛元超河北道, 左丞崔知悌等江南道"했다고 한다. 來常(恆)과 薛元超를 大使로 파견한 기록이 『冊府元龜』 권329, 「宰輔部 兼領」, 3891쪽과 『新唐書』 권61, 「宰相表」, 1646쪽에도 나온다. 『冊府元龜』 권161, 「帝王部 命使」, 1948~1949쪽은 이와 동일한 사실을 의봉2년 12월의 일이라고 하였지만, 여타 기록과 달라 취하지 않는다.

171 『唐大詔令集』 권102, 「訪孝悌德行詔」, 520쪽. 이 조서에서 "山東、江左"라고 한 곳은 당시 "巡撫大使"를 보낸 河南·河北道와 江南道를 가리킬 것이다.

172 『唐會要』 권76, 「貢擧 制科擧」, 1641쪽; 趙彦衛, 『雲麓漫鈔』(北京, 中華書局, 1996) 권6, 99~100쪽.

173 뒤에서 자세히 설명하겠지만, 이 시기의 진사과나 명경과는 기본적으로 策만을 시험하였다. 특히 중종 경룡 연간에 河南黜陟使 盧懷愼의 추천으로 올라온 趙冬曦가 "進士試, 對策甲科"했다는 『唐代墓誌彙編續集』, 天寶068번 묘지의 기록을 보면 더욱 그러하다.

174 『唐大詔令集』 권120, 「京文武三品每年各擧所知詔」, 520쪽. 『冊府元龜』 권67, 「帝王部 求賢」, 759쪽은 이를 의봉3년 12월의 조서라고 했지만, 같은 책의 권645, 「貢擧部 科目」, 7728쪽의 기록은 『唐大詔令集』과 동일하다.

마다 추천된 이들이 어떤 방법을 통해 관인으로 선발되었으며, 또 이것이 어떻게 상거와 다른지 의문스럽기 때문이다.

전술하였듯이 고조 이래 특히 태종이 자주 구현의 조서를 내렸고, 고종 역시 마찬가지였다. 현경 연간 이후에도 계속된 이러한 조처들[175] 속에서, 위 의봉2년의 조서는 단지 "매년" 천거하게 했다는 점이 특이하다. 아울러 이 시기에는 "제주(諸州)"의 자사에게 추천권을 준 사례가 더러 보이는데,[176] 영륭1년(680)의 경우 현령(縣令)까지 "거소지(擧所知)"하도록 해서[177] 주목된다. 만약 이처럼 주·현에서 빈번하게 천거된 자가 관인이 아니라면, 그는 지방에서 올려 보낸 상거 과목 응거자와 도대체 어떤 차이를 갖는가 묻지 않을 수 없다.

위에서 거론한 사례들은 지금까지 제거로 당연시되어 왔다. 이러한 판단은 그 선발 과정이 조서와 관련될 뿐더러 상거에 응거하려면 반드시 시험을 거쳐야만 한다는 통념에 기인한다. 『신당서』「선거지」가

> 매해 11월에 주·현·관(館)·감(監)은 〔수험 자격이〕 된 자를 뽑아〔擧〕 상서성으로 보낸다. 그 선발이 관·학(學)을 거치지 않은 경우 이 〔사람들〕을 "향공"이라 부르는데, 〔향공은〕 모두 첩을 가지고 스스로 주·현에

---

175 전게 졸고, 「唐前期 制擧의 實狀: 官人選拔制度에서 皇帝權의 한계」, 29~30쪽. 전게 陳飛, 『唐代試策考述』, 「唐代制擧科目年表」, 311~323쪽 참조.

176 이 가운데 "孝行" 등 선발 항목을 제한하거나(『舊唐書』 권4, 「高宗」, 82쪽의 용삭1년 8월 "令") 특정 지역만을 대상으로 삼는(『冊府元龜』 권67, 「帝王部 求賢」, 759쪽의 조로1년 7월 "詔") 등 확실히 상거와 다른 것이 많다. 그러나 건봉2년에 황제가 "進賢良"의 필요성을 강조한 후 나온 "天下諸州, 擧鴻儒碩學, 博聞彊記之士"(같은 책의 권67, 「帝王部 求賢」, 758~759쪽; 권645, 「貢擧部 科目」, 7728쪽)처럼 그 천거 대상이 광범위하고 일반적인 사례도 없지 않다.

177 "永隆元年十二月詔: 縣令, 刺史, 御史, 員外郎, 太子舍人、司儀(議의 오기:인용자)郎, 左、右史, 文武五品以上淸要、近侍及宿衛之官, 並令擧所知一人."(『冊府元龜』 권67, 「帝王部 求賢」, 759쪽)는 보통 5품 이상 관인에게만 허용하던 천거권을 그 아래로 확대시켰는데, 맨 처음에 縣令이 나옴을 간과할 수 없다. 『唐令拾遺』, 「官品令」 제1조丙, 105~110쪽에서 보듯이, 7개의 京縣 이외의 縣令은 모두 6품 이하의 관직이다.

늘어선다. 〔지방에서의〕 시험이 끝나면, 장리(長吏)가 향음주례(鄕飮酒禮)
로써 …(의례 방법에 관한 설명)… 〔그 지방의〕 어르신들과 더불어 위아래를
분명히 한다.[178]

면서, 향공도 "시험"이 필수적인 것처럼 적었기 때문이다. 최근의 연구들
도 기본적으로 이러한 인식에 의거하고 있다.[179]

그러나 이러한 전제는 논란의 여지가 크다. 이 문제와 관련하여 우선
향공의 개념부터 명백히 해 둘 필요가 있다. 『신당서』「선거지」의 첫머
리에 "학(學)·관(館)에서 배출된 자를 생도라 하고, 주·현에서 올라온 자
를 향공이라고 한다."고 하여,[180] 위의 인용문과 상이한 설명이 존재하기
때문이다. 만약 "주·현에서 올라온 자"가 지방관학을 거쳤다면, 그가 생
도인지 향공인지 애매한 것이다. 그런데 현종이 천보12년(753)에 향공을
폐지하면서 "국자〔감〕의 학생이나 군·현 〔관학〕의 학생 자격을 갖추어야
만 응거를 허락한다."고 했으므로,[181] 주학·현학의 학생도 생도로 간주

---

178 『新唐書』권44, 「選擧志」, 1161쪽. "每歲仲冬, 州、縣、館、監擧其成者送之尙書省;
　　而擧選不繇館、學者, 謂之鄕貢, 皆懷牒自列于州、縣. 試已, 長吏以鄕飮酒禮, 會屬
　　僚, 設賓主, 陳俎豆, 備管絃, 牲用少牢, 歌「鹿鳴」之詩, 因與耆艾敍長少焉."

179 金瀅坤, 『中國科擧制度通史: 隋唐五代卷』의 제2장 「常擧鄕貢」은 상거의 향공에 대
　　한 기존 연구를 가장 상세하게 종합·정리하였다. 그런데 『新唐書』, 「選擧志」로부터
　　시작하는 이 책의 설명은 당대에 시기를 불문하고 모든 향공이 시험으로 뽑혔음을
　　기정사실화한다.

180 『新唐書』권44, 「選擧志」, 1159쪽.

181 제3부에서 상술하겠지만, 이 천보12년의 향공 폐지 기록은 문헌마다 조금씩 다르다.
　　번역문은 그 중 『冊府元龜』권640, 「貢擧部 條制」, 7674쪽의 "天下擧人不得充鄕試(宋
　　本, 2101쪽은 '試'를 '賦'로 씀: 인용자), 皆須補國子學生及郡縣學生, 然聽擧."에 의거한
　　것이다. 『舊唐書』권9, 「玄宗」, 227쪽에는 이 내용에서 "郡縣學生" 부분이 빠져 있으
　　나 당시 "州·縣之學, 絶無擧人" 탓에 향공을 폐지했다는 『封氏聞見記校注』권1, 「儒
　　敎」, 3쪽의 기록을 보면 지방관학 학생의 응거를 막았을 리 없다. 이후 재차 향공을
　　폐지했던 무종 회창5년에도(『文苑英華』권429, 編制「會昌五年正月三日南郊赦文」,
　　2173쪽) 각 지방에 응시자 숫자를 할당하였는데(『唐摭言』권1, 「會昌五年擧格節文」,
　　2쪽), 이들이 바로 지방관학에서 수학한 자들일 것이다.

되었다고 여겨진다. 다시 말해, 향공은 "주·현에서 올라온" 모든 사람이 아니라 그 중 관학에서 수학하지 않은 자만을 가리킨다.[182]

앞서 지적하였듯이 상거는 제거와 달리 몇 차례의 평가를 거쳐야만 했는데, 생도와 향공은 바로 그 첫 단계 곧 상서성에서 주관한 최종 시험의 응시 자격을 얻는 방법에 의거한 구분이다. 중앙이나 지방의 관학은 교육 기관이고, 이를 통한 생도가 학교에서 배운 내용과 연관된 시험을 거쳤으리라는 것은 쉽게 짐작된다. 그러나 이와 같은 공식적 교육과정이 없는 향공도 반드시 시험을 통해 뽑았다고 단정할 수 있을까 의문이다. 실제로 위에서 인용한 『신당서』「선거지」와 유사한 내용이 『통전』과 『책부원귀』에도 나오지만, 여기에서 "시험〔試〕" 기록은 오로지 관학과 관련된 서술에만 나올 뿐이다.[183]

당연히 향공을 뽑는 데도 어떤 기준과 절차가 있었을 터이고, 과거제도의 정착 과정에서 시험의 중요성이 커져 갔음도 이론의 여지가 없다. 실제로 당후기에는 지방에서의 시험을 뜻하는 '해시(解試)'나 이와 관련된 표현이 분명히 발견된다.[184] 하지만 '광의의 진사'에서 제거와 상거가 분

---

182 예를 들어 【부록2】에서 崔韶를 생도로 분류하였는데, 이는 "州里推名"하기 전에 "補國子監大學生 … 散歸鄕第. 膠庠肄業"했다는 그의 이력 때문이다(『唐代墓誌彙編』, 聖曆012번. 〈그림3〉 참조). 본서는 중앙과 지방을 불문하고 관학과의 관계가 전혀 확인되지 않는 인물만 향공으로 일컫고, 이것이 당시 제도화된 원칙과 부합한다고 생각한다.

183 『通典』권15, 「選擧 歷代制」, 353쪽에 "自京師郡縣皆有學焉.〈並具「學篇」.〉每歲仲冬, 郡、縣、館、監課試其成者, 長吏會屬僚, 設賓主, 陳俎豆, 備管絃, 牲用少牢, 行鄕飮酒禮, 歌「鹿鳴」之詩, 徵耆艾、敍少長而觀焉. 旣餞, 而與計偕. 其不在館學而擧者, 謂之鄕貢. 舊令諸郡雖一、二、三人之限, 而實無常數."라고 하였다. 『冊府元龜』권639의 「貢擧部 總序」, 7661쪽과 「貢擧部 條制」, 7668쪽에도 이와 거의 동일한 내용이 있다. 여기에서 "郡、縣、館、監課試其成者"는 문맥상 지방과 중앙의 관학에 국한된 듯한데, 이는 『通典』권53, 「禮 大學」, 1468쪽의 "凡諸學皆有博士、助敎授其經藝. 每歲仲冬, 郡、縣、館監課試其成者, 長吏會屬僚, 設鄕飮之禮."라는 서술로써도 확인된다. 반면 향공 관련 설명에는 "課試"를 명기하지 않았다.

184 관견에 의하면, 解試란 말은 당말의 『幽閑鼓吹』(文淵閣四庫全書電子版), 3앞쪽의

리된 직후인 고종 시기의 향공 또한 그러했는지는 좀 더 면밀히 검토하지 않으면 안 된다.[185] 당초부터 이러한 시험이 있었다는 후대의 전문은 전술했듯이 그대로 믿기 어렵고, 당시의 사료로써 이를 직접 확인할 필요가 있는 것이다.

현경 연간 이후 고종 때의 구체적인 향공 선발 과정에 대한 상밀한 기록은 발견되지 않는다.[186] 그러나 당시 급제자에 대한 '자료 신뢰성'이 높은 문헌에서 이를 유추해 볼 수는 있다. 예컨대 고종 함형4년(673)에 장사(長史)가 마회소(馬懷素, 659~718)의 "뛰어난 기량을 특별하게 여겨 '거효렴(擧孝廉)'하고, 〔그를〕 데리고 함께 낙(洛) 〔지역〕으로 들어갔다〔入洛〕"[187]

"喬舜京兆府解試時, 有二試官."에 처음 보인다. 물론 李肇가 목종 장경 연간에 쓴 『唐國史補』의 "外府不試而貢者, 謂之拔解"(권下, 55쪽)란 기록을 볼 때, 지방에서의 시험은 그 이전 벌써 꽤 일반화되어 있었다. 韓愈의 "始自縣考試定其可擧者, 然後升於州若府 ― 其不能中科者, 不與是數焉; 州若府總其屬之所升, 又考試之如縣, 加察詳焉, 定其可擧者, 然後貢於天子而升之有司 ― 其不能中科者, 不如是數焉: 謂之鄕貢." (馬其昶 교주, 『韓昌黎文集校注』, 上海, 上海古籍出版社, 1986의 권4, 「贈張童子序」, 249~250쪽. 이하 韓愈의 글은 이주해 역, 『한유문집(1~2)』, 서울, 문학과지성사, 2009; 이종한 역, 『한유산문역주(1~5)』, 서울, 소명, 2012 참조)이라는 말 역시 그 좋은 증거이다. 그러나 이러한 향공 설명은 모두 당후기의 문헌에 나온다.

185　전술했듯이 시험에 의한 향공 선발을 당연시한 金瀅坤, 『中國科擧制度通史: 隋唐五代卷』은 『新唐書』, 「選擧志」처럼 이 과정에서 鄕飮酒禮의 시행을 강조한다. 그러나 이 책 또한 향음주례와 과거의 관계가 무측천 장안2년까지는 불분명함을 인정하였고 (「常擧鄕貢」, 235쪽), 고종 때 향공을 뽑는 구체적 절차는 앞으로 많은 연구가 필요해 보인다.

186　『唐六典』 권30, 「三府都護州縣官吏」, 748쪽의 "凡貢擧人有博職高才, 强學待問, 無失俊選者, 爲秀才; 通二經已上者, 爲明經; 明閑時務, 精熟一經者, 爲進士; 通達律令者, 爲明法."이란 기록은 향공의 선발 기준을 구체적으로 밝혀 주목된다. 그러나 명경과와 진사과를 각각 "通(二)經"과 "時務"로 연계시켜 둔 이 내용은 후술하듯이 상서성에서의 두 과목 시험 내용이 명확하게 나뉜 고종 말 이후의 변화를 전제로 한다. 따라서 이 『唐六典』의 기록은 모든 고종 시기 향공의 모습으로 일반화시켜서는 안 된다.

187　『唐代墓誌彙編』, 開元074번. "十五, 徧誦『詩』·『禮』·『騷』·『雅』, 能屬文, 有史力. 長史魚承曙特見器異, 擧孝廉, 引同載入洛. □尙書倉部郎河東裴炎之博學深識, 見名知人, 音旨儀形, 海內籍甚." "入洛"한 까닭은 의문이나, 尙書郎과의 親交 이야기로 연이어진 이 旅程이 상서성에서의 시험과 무관하지 않을 듯하다.

면, 향공의 선발과 응거에 장사와 같은 지방관의 역할이 컸다. 그리고
왕경(王慶, 630~714)은 고종 영휘3·4년경에 노주(潞州)에서 "거진사책고제
(擧進士策高第)"했으므로,[188] 지방의 "진사" 선발에 책시(策試)가 이용되었을
가능성도 있다.

그러나 이 시기에 시험을 통해 향공으로 선발되었다고 명기된 인물은
달리 보이지 않는다. 개인의 입사 과정을 자세히 전하는 묘지나 비문도
대부분 이를 "공(貢)"이나 "거(擧)"라고만 적었을 뿐이다.[189] 물론 이러한
말 자체가 곧 시험 절차의 부정은 아니지만, 적어도 그 표현은 대사 혹은
자사·현령 등에게 "거소지(擧所知)"하도록 한 예전의 천거와 큰 차이가
없다. 실제로 총장3년에 "주벽효렴(州辟孝廉)"한 왕사제(王思齊, 647~708)
나[190] 함형 연간에 "주리추명(州里推名)"하여 명경과에 급제했다는 최소(崔
韶, 650~674)의[191] 경우 시험을 쳤는지 매우 의심스럽다. 그리고 정확한
시점을 알 수는 없으나, 장경지(張慶之, 632~673)가 "주벽효렴불부(州辟孝廉不
赴)"하거나[192] 왕낙객(王洛客, 649~712)이 "불응주군빈명(不應州郡賓命)"한[193]

<hr>

188 『登科記考補正』, 1151쪽에서 "永徽前後"의 진사과 급제자라고 한 王慶의 묘지는 "旁
　　涉子史, 兼工草隸, 名聲日休, 盈耳郡國, 擧進士策高第. 牧守希其才, 將貢皇闕, 會徐
　　王到, 遂不復以聞, 留之幕府, 悉子弟從其受業."(『唐代墓誌彙編』, 開元105번)이라고
　　한다. 그런데 徐王 李元禮가 영휘4년에 潞州의 자사로 부임했으므로(郁賢皓, 『唐刺
　　史考全編』 권86, 「潞州」, 1536쪽), 王慶이 "擧進士策高第"한 것은 그 직전의 일로
　　생각된다. 따라서 이 "進士"는 '광의의 進士'일 듯하고, 실제로 王慶은 중앙으로 올라
　　가 상서성의 시험을 치지도 않았다. 그러나 이러한 기록으로 보아 현경 연간 이후
　　진사과의 향공 역시 지방에서 策試를 칠 수도 있었을 것이다.
189 진사과 급제자의 예로 건봉2년의 李尙貞("本州貢", 『唐代墓誌彙編』, 開元156번)과
　　영륭2년의 李乂("郡擧茂才", 『全唐文』 권258, 蘇頲 「唐紫微侍郎贈黃門監李乂神道
　　碑」, 2609쪽) 등이 있고, 명경과의 경우 용삭3년의 鄭崇道("鄕以明經貢", 『全唐文補
　　遺(千唐)』, 116쪽)와 함형2년의 許堅("本州明經擧", 『唐代墓誌彙編』, 垂拱034번) 등
　　이 그러하다.
190 『唐代墓誌彙編』, 開元266번.
191 『唐代墓誌彙編』, 聖曆012번(〈그림3〉 참조).
192 『唐代墓誌彙編』, 天授041번.

것도 이즈음의 일일 가능성이 크다. 그렇다면 지방에서의 인재 선발이 여전히 본인의 의지와 무관한 추천에 의거했을 수도 있다.

　이러한 향공 기록은 인덕1년경 "빈공어왕정(賓貢於王庭)"하여 종9품상의 "문림[랑](文林郎)"이 된 지경륜(支敬倫, 632~665)이나[194] 함형2년에 "응빈거(應賓擧)"하여 현위(縣尉)가 되었다는 형수직(衡守直, 654~718)[195] 등 급제 과목 미상의 인물들과 흡사하다. 이 시기 진사과·명경과의 첫 평가 단계는 수대 이래 '빈공(賓貢)' 등으로 불리던 '광의의 진사'와 별로 다르지 않고, 아직 자발적 응거나 시험의 부과라는 과거제도의 특성이 불분명한 것이다. 그렇다면 지방에 파견된 대사나 지방관의 천거로 상서성에서의 시험에 응시할 경우 양자의 구별 근거 또한 애매해진다. 즉 진사과나 명경과의 중층적인 선발 과정 모두 자발적으로 응시한 시험으로 확고히 제도화될 때까지 상거와 제거를 명확히 구분하기 힘든 과도기가 존속했을 수 있는 것이다. 더군다나 후술하듯이 고종 사후에 이어진 정변들 속에서 제거가 빈번해지고, 이것이 현실적으로 상거와 혼용되는 경향마저 없지 않았다면 더욱 그러하다.[196]

193　北京大學圖書館金石組 편, 『北京大學圖書館新藏 金石拓本菁華, 1996~2012』(北京, 北京大學出版社, 2012), 116번.

194　『唐代墓誌彙編』, 麟德058번. 급제년은 『登科記考補正』, 61쪽의 추정에 따랐다.

195　『全唐文補遺(千唐)』, 135쪽.

196　『文獻通考』 권29, 「選擧 擧士」, 843~861쪽의 '唐登科記總目'에 전하는 매년 진사과 급제자 수도 이러한 현실과 관련하여 생각해 봄직하다. 물론 이 문헌은 전술했듯이 "重試"·"續試" 따위의 애매한 표현이 많고 동일 연도가 중복되기도 해서 그 정확한 숫자를 밝히기 어렵다. 그러나 과거제도가 공고해진 당후기에는 "進士" 수가 대개 30명 이하이고, 宣宗 大中5년의 "進士二十七人, 又三十人."은 극히 예외적인 기록이다(徐松은 추가 합격자를 "又三人"으로 바꿈. 『登科記考補正』, 910쪽 참조). 안사의 난 와중에 과거를 네 곳에서 시행한 숙종 지덕2년에도 총 51명에 불과한 것이다. 그런데 당전기의 경우 아래 표에서 보듯이 "進士"를 50명 이상 배출했다고 명기한 해가 고종 시기에만 무려 5차례나 되고, 현종 때까지 이러한 사례가 계속 발견된다. 따라서 '唐登科記總目'에 기록된 이처럼 많은 "進士" 중에는 후대의 상거 과목 진사과 급제자와는 상이한 성격의 인물들도 포함되었을 가능성을 배제할 수 없다. 후술할

물론 상서성에서 치른 상거의 마지막 단계는 틀림없이 시험이었다. 『신당서』「선거지」만이 아니라『통전』·『책부원귀』의 과거제도 설명도 이를 명기하였기 때문이다.[197] 그리고 전술한 용삭3년 최초의 과거 비리 사건이 "책문(策問)"의 유출 때문이었으며, 믿을 만한 문헌에서 확인되는 이 시기 급제자의 시험 관련 기록도 대개 "대책(對策)" 혹은 "사책(射策)"이므로,[198] 그 방법은 주로 책(策)이었음을 알 수 있다.[199] 그런데 문제는

중종 "景龍中"(『登科記考補正』, 166쪽의 考證에 따르면 神龍2년)에 河南黜陟使의 表薦으로 "進士試"했다는 趙冬曦가 그 단적인 예이며(『唐代墓誌彙編續集』, 天寶068번), 이와 같은 양상은 상거 과목으로서의 진사과가 정착해 가는 과도기적 상황의 반영이라고 해도 좋을 듯하다.

시기	高宗					武則天			中宗	睿宗	玄宗		
	咸亨1 (總章3)	咸亨4	上元1 (咸亨5)	開耀2	永淳2	嗣聖2	光宅2	垂拱1	神龍1	景雲1	開元1	開元8	天寶12
"進士"	54명	79명	57명	55명	55명	13명	59명	22명	61명	52명	71명	57명	56명
비고			"重試及第"11명	"重試及第"18명		"重試"36명		"再取"5명	"重試及第"12명				
						동일 해를 3번 기록							

197 『新唐書』의 "旣至〔尙書〕省, 皆疏名列到, 結款通保及所居, 始由戶部集閱, 而關于考功員外郎試之."(권44, 「選擧志」, 1161쪽) 혹은 『通典』의 "到尙書省, 始由戶部集閱, 而關于考功課試, 可者爲第."(권15, 「選擧 歷代制」, 353쪽. 『冊府元龜』의 권639의 「貢擧部 總序」, 7661쪽; 「貢擧部 條制」, 7668쪽 略同.)라는 기록에 전부 "(課)試"란 표현이 나온다.

198 가장 빈출하는 표현이 "對策高第"인데, 용삭2년의 진사과 급제자 韋承慶이나(『唐代墓誌彙編續集』, 神龍019번) 함형2년의 명경과 급제자 許堅이(『唐代墓誌彙編』, 垂拱034번) 좋은 예이다. 물론 "射策甲第"한 上元3년의 명경과 급제자 房逸처럼(같은 책, 聖曆020번) 이와 다른 서술도 없지 않으나, 대부분 "策"으로 그 시험 방식을 표현한 것은 공통된다.

199 이와 관련하여 張鷟, 蔣宗許 등 전주, 『龍筋鳳髓判箋注』(北京, 法律出版社, 2013) 권2, 「國子監」, 89쪽의 "太學生劉仁範等省試落第, 搞鼓申訴. 準式卯時付問頭, 酉時收策試. 日晚付頭, 不盡經業. 更請重試. 臺付法, 不伏."이란 기록 역시 주의할 만하다. 만약 이 劉仁範이 고종 영순1년에 京師에서 監國하며 황태자를 도운(『冊府元龜』 권113, 「帝王部 巡幸」, 1351쪽) 그 사람이라면, 이것은 고종 시기 태학생이 응시한

앞서 상술했듯이 '광의의 진사' 나아가 전통적인 찰거 과목마저 책시를 부과한 사례가 많다는 점이다. 따라서 상거가 갓 만들어진 당시 최종 평가 방식이 비록 시험이었을지라도 그 이전과의 실질적인 차이는 여전히 의문을 남긴다.

상거가 다양한 과목으로 나뉘었다면, 과목별 차이는 당연히 없지 않았을 터이다. 예를 들어 명경과의 경우 경서·경학에 밝을 것을 요구했을 것이고, 유선(劉璿, 630~701)은 "전유술(專儒術)"해서 명경과에 합격하였다. 그런데 그의 묘지는 "사학칭우(詞學稱優)"·"취귀문장(取貴文場)" 등 마치 후대의 진사과 급제자처럼 문학적 소양 또한 강조한다.[200] 두 과목의 상이한 특징들이 유선의 묘지에 뒤섞여 있는 것이다. 고종 상원3년(676)경의 명경과 급제자 맹립(孟立, 657~727)이 "문학지가(文學之家)"였음을 명기한 기록도[201] 비슷한 맥락에서 이해 가능하다. 더욱이 고종 후기에 만들어진 양거영(楊去盈, 651~676)의 묘지는 "국자진사(國子進士)"와 "명경대학(明經大(太?)學)"이란 말을 함께 써서 실제로 어떤 과목의 급제자인지조차 알 수가 없다.[202] 그렇다면 고종 시기에 진사과와 명경과의 고유한 속성이 얼마나 명확히 준별(峻別)되고 있었는지 무척 의문스럽다.

혹 현경1년경 "명경으로 『춘추(春秋)』·『주역(周易)』을 시험 쳐서 갑제(甲第)"한 곽품(郭品, 637~709)을 근거로 대(大)·소(小) 두 경서를 시험한 후대

"省試" 곧 초창기 상거의 모습을 보여주는 희귀한 예이기 때문이다. 그런데 여기에서 거론된 시험은 단지 "策試"뿐이다.

200 『全唐文補遺(5)』, 263~264쪽. 劉璿의 명경과 급제 연도는 불확실하다. 그러나 그가 초임직에서 親喪을 마친 뒤 "應封泰山擧"한 것이 『登科記考補正』, 1341쪽의 추측처럼 건봉1년(666)의 封岳擧라면, 이것은 상거가 독립한 고종 현경 연간 이후의 일로 생각된다.

201 『唐代墓誌彙編續集』, 開元083번.

202 『楊炯集箋注』 권9, 「從弟去盈墓誌銘」, 1293·1310쪽. 이 묘지는 의봉4년 곧 조로1년에 만든 것이다(1300쪽).

의 명경과와 유사한 규정이 일찍부터 존재했다고도 한다.[203] 그러나 인 덕2년(665)에 "3경(經)에 응거하여 사책탁제(射策擢第)"한 유수(劉壽, 633~ 690) 의[204] 예를 보면, 시험 대상 경서의 숫자가 다를 뿐더러 그 방법은 책시의 형태였다.[205] 기실 명경과와 진사과 모두 이처럼 책(策)이란 시험 방식을 취한 이상, 구체적인 방법이 설령 좀 달랐을지라도 두 과목의 차별성은 그렇게 뚜렷해지기 어렵다.[206] 이것은 시품관(視品官)의 입류(入流)와 관련 된 『영휘령(永徽令)』의 "간시(簡試)" 규정이 평가 대상 혹은 선발 목적에

---

203 金瀅坤, 『中國科擧制度通史: 隋唐五代卷』, 「常擧的確立與發展」, 138쪽. 郭品 관련 기록은 『全唐文補遺(千唐)』, 115쪽, 후대 명경과의 시험 방법은 『唐六典』 권2, 「尙書 吏部」, 45쪽 참조.

204 『唐代墓誌彙編續集』, 載初003번. 이 책의 일부 부정확한 내용은 中國文物研究所・ 河北省文物研究所 편, 『新中國出土墓誌・河北(1)』, 北京, 文物出版社, 2004의 68번 묘지의 탁본과 판독문으로 바로잡을 수 있다.

205 무측천 시기에도 이와 유사한 사례가 발견된다. 張貽玘가 "弱冠(20세라면 長壽2년: 인용자)太學, 擧經明『左氏傳』, 射策高第."(『全唐文補遺(千唐)』, 251쪽)하여 역시 1 經에 대한 策試를 쳤기 때문이다. 물론 여기에서 "擧經明"이 명경과가 아닐는지 모르 나, 후술할 영륭2년의 개혁에서도 명경과에서 시험한 경서의 숫자를 명기하지 않았 다. 따라서 고종 시기에 벌써 『唐六典』의 규정처럼 2경을 시험하는 명경과가 존재했 다고 확언하기 힘들 듯하다.

206 전술했듯이 상거 과목의 책시가 "國初"부터 墨策(明經)・方略策(秀才)・時務策(進士) 으로 나뉘었다는 기록은 당후기에 편찬된 『封氏聞見記校注』에 나올 뿐이다. 만약 고종 때 이미 명경과와 진사과의 시험 내용에 현격한 차이가 있었다면, 그 급제자의 주된 응거 방법도 각기 생도와 향공으로 달랐을 법하다. 이 시기 향공의 성격이 비록 불확실하지라도, 관학에서의 교육은 줄곧 경학 중심으로 이루어졌기 때문이다. 그러 나 실제로 【부록2】에서 Ⅱ기의 두 과목 급제자들의 응거 방범을 살펴보면, 아래의 표처럼 진사과와 명경과의 생도와 향공 숫자・비율이 같고 후대처럼 양자의 차이가 뚜렷하지 않다. 상거 과목과 응거 방법의 상관성 문제는 뒤에서 상술하겠다.

진사과				명경과			
총수	생도	향공	미상	총수	생도	향공	미상
25	8	8	9	38	11	11	16
백분율	32.0	32.0	36.0	백분율	28.9	28.9	42.1
생도/향공 비율	100.0			생도/향공 비율	100.0		

따라 상이한 형식의 시험을 부과했던 것과 확실히 대비된다.[207] 그러므로 초창기의 상거가 과목을 불문하고 책만 시험한 점 역시 과도기적인 양상이라고 해도 좋다. 그런데 고종 말년에 이르러 진사과와 명경과의 시험 형식과 내용이 근본적으로 바뀌었다. 두 과목의 정체성을 명확하게 해준 이 변화는 좀 더 치밀한 고찰이 필요하다.

영륭2년의 개혁과 진사과·명경과의 정체성

무측천이 정치에 직접 개입하기 시작한 고종 현경 연간 이후 관인선발제도에는 뚜렷한 변화가 생겼다. '광의의 진사'에서 제거가 분리된 뒤 독자적으로 발전해 간 상거, 특히 진사과와 명경과의 변모가 그것이다. 물론 이 초창기의 상거 과목들은 후대의 과거와 비교할 때 차이가 존재한다. 첫 단계의 평가가 여전히 기존의 천거 방식에 의존하거나 과목별 특성이 그렇게 분명하지 않았을 수 있기 때문이다. 하지만 이와 같은 과도기적인 상황에서도 진사과로 대표되는 과거제도로 점점 근접해 가고 있었음은 확실하다.

---

207 『永徽令』의 「東宮諸府職員令」에서 "其通〔經因〕義者, 試一中經、〔一小〕經以上及 『孝經』、『論語』, 十條得六以上. 其〔白讀〕者, 試一大經、〔日〕小經, 或一〔中經、日 小〕經, 皆兼『孝經』、『論語』, 〔每試經帖〕, 〔各圍十條得〕六以上. 如有史學者, 試『史記』、『前漢書』、〔『後漢書』〕、『三國志』內, 任帖一部, 試及通數准經. 其解屬文者, 試時務三條得二, 或〔□□〕〔雜〕文〔一首〕, 皆文詞順序, 不失意〔義〕, 〔爲通〕." ('스타인(Stein)3375호 문서'에 나오는 이 令文의 판독은 전게 졸고 「唐 高宗 초기 官人選拔制度 관련 두 史料의 釋義: 永徽令 중의 簡試와 顯慶 연간 劉祥道의 上奏」, 224~225쪽에 따름)이라고 하여, 천거된 인물의 유형에 따라 시험 방법을 달리했다. 여기에 나오는 "帖"과 "雜文" 시험은 후술하듯이 영륭2년에 처음으로 명경과와 진사과에 채용되었고, 이처럼 확실한 과목별 시험의 분화는 고종 말기의 일이다. 이 『永徽令』의 전반적인 성격과 시행 시기에 관하여서는 전게 李錦繡, 『唐代制度史略論稿』의 「永徽東宮諸府職員令殘卷考釋兼論唐前期東宮王府官設置變化」; 「唐代的視品官制: 以嗣王以下府佐國官爲中心」 참조.

이러한 변화를 극명하게 보여주는 것이

> 조로2년(680)에 고공원외랑 유사립(劉思立, ?~?)이 처음으로 〔명경과와 진사과〕 두 과목에 모두 첩경(帖經) 〔시험〕을 추가하자고 상주하였다. 그 후 『노자(老子)』와 『효경』도 〔시험 대상에〕 추가하여 함께 통(通)하게 했다. 영륭2년에 조서를 내려, 명경〔과 응시자〕는 〔경서에서〕 10개를 첩하여 6개 〔이상〕을 맞추고 진사〔과 응시자〕는 2편의 문(文)을 시험해 문율(文律)을 알면, 연후에 〔다시 이전과 동일하게〕 책(策)을 시험하도록 하였다.[208]

는 『통전』의 기록이다. 그 전까지 단지 책시만 치던 명경과와 진사과에 "첩경"과 "문"이란 새로운 시험이 덧보태어짐으로써 후대의 과거제도와 흡사해지기 때문이다.

그런데 위의 『통전』 내용은 의문스러운 부분이 있다. 우선 『노자』를 상거에서 시험하기 시작한 것은 고종 상원2년(675)의 일이므로,[209] "그 후"라는 말은 사실과 어긋난다. 이는 상거 과목의 변화를 간략히 정리하는 과정에서 생긴 오류인 듯하다. 기실 유사립의 건의와 그 후속 조처는 여러 문헌들에 조금씩 다른 내용으로 전해진다.[210] 따라서 이 기록들을

---

208 『通典』 권15, 「選擧 歷代制」, 354쪽. "至調露二年, 考功員外郎劉思立始奏二科並加帖經. 其後, 又加 『老子』·『孝經』, 使兼通之. 永隆二年, 詔明經帖十得六, 進士試〔雜〕文兩篇, 識文律者, 然後試策."

209 『唐會要』 권75, 「貢擧 明經」, 1626~1627쪽에 따르면, 이것은 고종 상원1년 말에 무측천이 『道德經』의 중요성을 강조한 결과이다. 『冊府元龜』 권639, 「貢擧部 條制」, 7669쪽 참조.

210 『通典』의 내용을 보완할 수 있는 政書의 기록으로 『冊府元龜』 권639, 「貢擧部 條制」, 7669쪽; 『唐會要』 권76, 「貢擧 進士」, 1633쪽이 있고, 영륭2년의 실제 조서인 「條流明經進士詔」도 『唐大詔令集』 권106, 547쪽에 나온다. 이밖에 여러 필기자료에도 동일한 사실이 실려 있는데, 『封氏聞見記校注』 권3, 「貢擧」, 16쪽; 『唐摭言』 권1, 「試雜文」, 9쪽의 내용이 비교적 자세하다. 이들 문헌에서 간혹 연호 표현이 상이한 것은 조로2년 8월에 영륭으로 개원하고 또 영륭2년 9월에 재차 開耀로 개원했기 때문이다.

비교·검토할 필요가 있으나, 적어도 다음과 같은 사실은 분명하다. 조로 2년에 유사립이 진사과와 명경과에서 "첩경"과 "잡문(雜文)"을 시험하도록 건의하였고, 이듬해 영륭2년에 고종이 상거 과목을 대대적으로 개혁했다는 점이 그것이다.

다만 논란이 될 수 있는 문제는 실제 진사과에서의 첩경 시험 여부이다. 위의 『통전』은 진사과에 새로 추가된 것이 "〔잡〕문"이라고 하였으나, 이와 달리 첩경까지 덧보태어졌다는 기록도 있기 때문이다.[211] 따라서 이때 첩경·잡문·책을 시험하는 진사과의 삼장제(三場制)가 생겼다는 연구들이 많다.[212] 그러나 유관 문헌들을 치밀하게 분석한 천페이(陳飛)의 결론은 이와 상이하다. 유사립이 진사과에서 첩경을 시험하자고 주장하였지만, 고종은 단지 잡문 시험만을 덧보탠 데 그쳤다는 것이다.[213] 아래에 인용한 영륭2년 8월의 조서가 무엇보다 확실한 증거로서 설득력이 있다. (3)'개혁책'을 보면 명경과와 진사과에는 각각 첩경과 잡문 시험이 추가되어 이장제(二場制)로 바뀌었기 때문이다.

---

211 『冊府元龜』 권639, 「貢擧部 條制」, 7669쪽은 "調露二(저본은 "三"으로 되어 있으나, 『宋本冊府元龜』, 2098쪽에 따름:인용자)年四月, 劉思立除考功員外郎. 先時, 進士但試策而已, 〔劉〕思立以其膚淺, 奏請帖經及試雜文, 自後因以爲常(저본의 '嘗'을 위 『宋本冊府元龜』에 따라 수정함:인용자)."이라고 하여, 첩경이 잡문과 함께 추가된 것처럼 적었다. 『唐會要』 권76, 「貢擧 進士」, 1633쪽의 기록도 이와 유사하다.

212 吳宗國은 劉思立의 건의로 진사과에 첩경과 잡문 시험이 추가되었고, 이후 무측천 시기에 우여곡절을 거쳐 중종 신룡1년에는 "三場試"가 제도적으로 확립되었다고 한다(전게 『唐代科擧制度硏究』, 「進士科考試科目和錄取標準的變化」, 133~135쪽). 이러한 주장이 학계의 통설로서, 최근 金瀅坤, 『中國科擧制度通史: 隋唐五代卷』, 「常擧的確立與發展」, 79~107쪽의 설명도 기본적으로 이에 따른다.

213 전게 陳飛, 「唐代進士科"止試策"考論: 兼及"三場試"之成立」. 이 글의 참신한 논지는 종래 많은 연구자들이 중시해 온 『唐摭言』 권1, 「試雜文」, 9쪽 등 후대의 기록에 대한 비판적인 인식에 근거한다. 필자 역시 이러한 시각에 전적으로 동의하는데, 앞서 과거제도의 기원 문제와 관련하여 상술했듯이, 진사과의 권위가 확고해진 당후기 이후에 나온 문헌들 특히 필기자료에는 그대로 믿기 힘든 내용이 많기 때문이다.

(1) 학(學)은 자신을 세우는 근본이고, 문(文)은 나라를 다스리는 데 도움이 된다. … (2) 듣건대, 명경〔과 응시자〕는 사책(射策)〔의 대비를 위해〕서 정경(正經)을 읽지 않고 그 뜻만 발췌하여 겨우 몇 권〔으로 정리된 글〕만 〔공부하고〕 있다. 진사〔과의 응시자도 사책의 대비를 위해서〕는 사서〔史傳〕를 찾지 않고 예전〔에 출제된〕 책(策)만 암송하여 함께 모방한다. 〔그러므로 두 과목 응시자는〕 근본적으로 실재(實才)가 없다. 담당관이 시험을 치는 날, 〔합격자를 제대로〕 가려서 뽑지 않고 구례(舊例)만 답습한다. …(시험관과 응시자의 비리 예시 및 이로 인한 현실의 문제점 개탄)… (3) 이제부터 고공〔원외랑〕이 사람을 시험할 때, 명경〔과 응시자〕는 경서마다 첩〔경〕을 시험하여 10첩 중 6개 이상을 맞추면 뽑고 진사〔과 응시자〕는 잡문 2수를 시험하여 문율을 알면 〔뽑은 다음〕, 연후에 모두 〔이전과 같이〕 책을 시험하게 하라. 아울러 〔부정행위자를〕 엄격히 단속하고, 반드시 재능이 뛰어나 "고제(高第)"시켜야 할 자는 모두 영(令)에 의거하여 〔규정대로〕 처리하라. 명법〔과〕와 〔명〕서〔과〕, 〔명〕산〔과〕로 사람을 뽑아 바칠〔貢擧〕 경우 또한 이 예(例)를 기준으로 삼아라. 〔이상과 같은 조처들을 이후〕 고정된 법〔恆式〕으로 한다.(번호는 인용자)[214]

위의 조서는 실제로 당시 현실을 보여주는 매우 중요한 사료인데, (1) '관인 선발의 이념'에 이어지는 (2)'현재 상황'의 설명 역시 주목할 필요가

---

214 『唐大詔令集』 권106, 「條流明經進士詔」, 549쪽(『冊府元龜』 권639, 「貢擧部 條制」, 7669쪽; 『唐會要』 권75, 「貢擧 帖經條例」, 1629쪽 참조). "(1)學者立身之本, 文者經國之資, 豈可假以虛名, 必須徵其實效. (2)如聞: 明經射策不讀正經, 抄撮義條, 纔有數卷; 進士不尋史傳, 唯誦舊策, 共相模擬; 本無實才. 所司考試之日, 曾不揀練, 因循舊例. 以分數爲限; 至於不辨章句, 未涉文詞者, 以人數未充, 皆聽及第. 其中亦有明經, 學業該深者, 唯許通六經; 進士文理華瞻者, 竟無甲科. 銓綜藝能, 遂無優劣. 試官又加顏面, 或容假手, 更相屬請, 莫憚糾繩. 由是僥倖路開, 文儒漸廢. 興廉擧孝, 因此失人. 簡賢任能, 無方可致. (3)自今已後, 考功試人, 明經每經試帖, 錄十帖得六已上者; 進士試雜文兩首, 識文律者, 然後並令試策. 仍嚴加捉搦; 必材藝灼然, 合昇高第者, 竝卽依令. 其明法幷書、筭貢擧人, 亦量準此例. 卽爲恆式." (번호는 인용자)

있다. 우선 명경과와 진사과 모두 "(사)책"을 시험했으나, 응시자들의 대비 방법이 상이하다. 이는 명경과가 "정경"과 연관된 반면 진사과는 "사서"와 관련된 과목이었기 때문이다. 그러므로 앞서 의문시했던 상거의 과목별 정체성이 이 시기에 이르러 어느 정도 분명하여진 듯하다. 아울러 여기에 예시된 여러 가지 시험 관련 비리를 볼 때, 당시 그 응시자들 간의 경쟁도 치열해졌다고 생각된다. 고종 연간에 '광의의 진사'로부터 분화된 명경과와 진사과가 점차 고유한 특성을 강화해 가면서 관인선발제도로서의 위상도 높아지고 있었던 것이다.

(3)'개혁책'의 말미에 나오는 명법과·명서과·명산과의 존재도 마찬가지 맥락에서 이해 가능하다. 부차적으로 언급된 이 세 과목이 명경과나 진사과만큼 중시되지 않았을지라도 당시 독립된 상거 과목이었음은 분명하기 때문이다. 다시 말해, 『당육전』에서 매년 선발한다고 명시한 6과(科)[215] 중 수재과를 제외한 모든 과목들이 이즈음 확고히 제도화된 것이다. 그리고 이 글에 유독 수재과만 빠진 까닭은 전술했던 고종 영휘2년의 "시정수재" 곧 관인선발제도에서 천거의 중요성 약화 추세와 무관하지 않을 터이다. 고종 초기에 제거와 분리된 상거 과목들이 전통적인 찰거를 대체해 가는 양상도 이 조서에 잘 드러난다고 하겠다.

그렇다면 영륭2년 조서의 결론이라고 할 개혁 방안은 일면 당연해 보인다. 상거 과목들 중 가장 중요하던 명경과와 진사과에 각각 추가된 첩경과 잡문은 관인의 선발에서 시험의 비중을 높임과 동시에 과목별 특징도 한층 내실을 기할 수 있었기 때문이다. 이 개혁 조처는 8월에 반포되었으므로, 개요(開耀)2년(682)의 상거부터 바뀐 제도가 시행되었음에 틀림없다. 따라서 늦어도 고종 말기에 이르면 과거라는 새로운 관인선발제도가 어느 정도 자리를 잡았다고 해도 무방하다.

----

215 『唐六典』의 권2, 「尙書吏部」, 44~45쪽; 권4, 「尙書禮部」, 109쪽.

뿐만 아니라 이듬해 영순(永淳)2년(683)에 고종이 "조서에 응하여 올려진 사람〔擧人〕은 모두 3개의 책(策)을 시험하게 하고, 〔이를〕 곧 '영례(永例)'로 삼"도록 하여[216] 또 다른 개혁이 이어진다. 이제 제거도 반드시 책시를 치게 되었고, 이러한 원칙이 없던 때보다 새로운 관인선발제도로서의 속성을 심화시킨 것이다. 그리고 상거의 경우 그 전해부터 과목별로 책 이외의 시험도 추가되었음을 감안하면, 이로 인해 제거의 특징도 분명해진 점 또한 사실이다. 고종 말년의 이와 같은 일련의 개혁들이 시험의 중요성을 증대시킴은 물론 제거와 상거의 차이도 명확하게 함으로써 '과거제도의 원형'을 '진정한 과거제도'로 탈바꿈시켰다고 해도 좋을 듯하다.

그러나 여기에서 분명히 해 둘 사실이 있다. 영륭2년의 조서가 오로지 "고공원외랑" 주관의 시험으로만 명시(明示)했다는 점이 그것이다. 따라서 이때의 개혁은 관학이나 지방에서 처음 진사과와 명경과 응시자를 선발하는 방법과 직접 관계가 없다.[217] 물론 상서성에서의 최종 시험 내

---

216 『冊府元龜』권630, 「貢擧部 條制」, 7669쪽; 『唐會要』권75, 「貢擧 帖經條例」, 1630쪽(사고전서본에는 "永淳一年"으로 되어 있으나 여타 기록과 달라 오기인 듯함).

217 이와 관련하여 劉知幾의 「京兆試愼所好賦」(『全唐文』권274, 2782쪽)에 대하여 짚고 넘어갈 필요가 있다. 만약 이것이 사실이라면, 劉知幾가 진사과에 급제한 고종 조로2년(『登科記考補正』, 87쪽이 그의 급제년을 開耀2년이라고 한 것은 착오임. 許凌云, 『劉知幾評傳』, 南京, 南京大學出版社, 1994, 22~23쪽 참조) 이전에 벌써 府試 그것도 賦의 시험이 있었다. 그러나 일찍이 洪業, 「「韋弦」·「愼所好」二賦非劉知幾所作辨」(원간 1954), 『洪業論學集』(北京, 中華書局, 1981)이 지적했듯이, 개원2년의 省試부터 시작된 "八字韻脚"(吳曾, 『能改齋漫錄』, 上海, 上海古籍出版社, 1979 신1판의 권2, 「試賦八字韻脚」, 27쪽)을 적용한 이 賦는 결코 劉知幾의 작품일 리 없다. 詹杭倫, 『唐代科擧與試賦』(武漢, 武漢大學出版社, 2014), 48~54쪽에 따르면, 이것이 헌종 원화 연간의 작품으로 추정되고 현존하는 최초의 지방 賦 시험 기록은 천보10년 邵說의 「河南府試筌蹄賦」이다. 그리고 湯燕君, 『唐代試詩制度研究』(北京, 中國社會科學出版社, 2014), 143~151쪽에 열거된 지방에서의 詩 시험 실례도 현종 이전의 것은 없다. 따라서 고종 시기는 물론 예종 때까지 진사과의 첫 단계 선발에서 얼마나 시험이 일반화되었는지 의문스럽다.

용이 변하면 응시자들의 수험 준비 방법도 바뀌었을 터이고, 첫 단계 평가 역시 그 영향을 받았을 것이다. 하지만 중층적으로 구성된 상거의 관인 선발 과정에서, 영륭2년의 조처가 그 총체적 변화를 의미하지 않음 역시 분명하다. 따라서 상거 과목으로 대표되는 과거제도의 완결은 아직 더 시간을 요하는 문제일는지도 모른다.

이러한 장기적 관점에서의 조망은 진사과에서 더욱 절실해 보인다. 주지하듯이 후대의 진사과는 문학적 소양을 주로 시험한 상거 과목이지만, 이러한 성격이 위에서 인용한 조서에서 아직 분명히 드러나지 않기 때문이다. 물론 (3)'개혁책'에서 "잡문 2수를 시험하여 문율을 알"도록 한 것을 보면, 진사과와 문학적 역량의 관계가 긴밀한 듯하다. 그러나 당시 진사과 응시자들의 (2)'현재 상황'에 대한 비판은 단지 "사서를 찾지 않"는 데 있다. 기실 진사과에서 원래 기대했던 바는 역사에 대한 지식이었고,[218] 고종의 비판과 개혁책 사이에 도대체 어떤 상관성이 있는지 궁금해지는 것이다.

앞서 잠깐 언급하였던 『영휘령(永徽令)』의 "간시(簡試)" 규정과 비교하면, 이와 같은 의문이 더욱 커진다. 여기에서 "역사에 대한 학식이 있다〔有史學〕"고 천거된 경우 『사기(史記)』 등 4사(史)에 대한 "첩(帖)"으로 시험한 반면, "잡문"은 "문장을 잘 짓는다〔解屬文〕"고 추천된 자를 가리기 위한 방법이었다.[219] 진사과가 만약 예전처럼 "사서"와 관련된 과목이라면 첩

---

218 代宗 寶應2년에 楊綰은 劉思立의 "進士加雜文, 明經塡帖" 주장 탓에 "六經則未嘗開卷, 三史則皆同挂壁"하는 폐단이 생겼다고 한다(『冊府元龜』 권640, 「貢擧部 條制」, 7675쪽; 『舊唐書』 권119, 「楊綰」, 3430쪽). 이는 영륭2년의 조처 이전은 물론 그 이후에도 진사과에서 역사 지식이 중요하다는 인식이 있었음을 잘 보여준다.

219 『永徽令』의 「東宮諸府職員令」에 "如有史學者, 試『史記』、『前漢書』、〔『後漢書』〕、『三國志』內, 任帖一部, 試及通數准經. 其解屬文者, 試時務三條得二, 或〔□□〕〔雜〕文〔一首〕, 皆文詞順序, 不失意〔義〕, 〔爲通〕."(밑줄은 인용자)이라는 규정이 있다. 졸고「唐 高宗 초기 官人選拔制度 관련 두 史料의 釋義: 永徽令 중의

경이 추가되었겠으나, 새로운 제도는 그 응시자들에게 "잡문"을 시험하게 해서 문학적 소양 위주의 과목처럼 되어 버린 것이다. 그렇다면 이때 처음으로 후대와 비슷한 성격의 진사과가 만들어진 셈이고, 고종 말년은 이러한 변화의 초창기에 불과하다.

기실 진사과는 그 명칭부터 모호한 점이 있다. 영륭2년의 조서에 언급된 진사과 이외의 상거 과목들은 모두 '명(明)'과 특정한 지식·소양과 관계된 글자 곧 '경(經)'·'법(法)'·'서(書)'·'산(算)'을 연칭한 단어로서, 이를 통해 선발하려는 관인의 특징이 명명백백하다. 그러나 '진사'의 경우 이와 달리 요구되는 능력이 그 이름에서 구체적으로 드러나지 않는 것이다. 앞서 살펴보았듯이 당초에 다양한 항목의 관인 선발 방법이 '광의의 진사'로 포괄될 수 있었던 까닭도 바로 이 때문이다. 그리고 고종 현경 연간 이후 제거와 분리된 상거가 여러 과목으로 나뉘어 발전해 갔더라도, 진사과의 성격은 여전히 애매하고 유연성이 컸다. 이 과목의 응시자들에게 "사서를 찾"아서 풍부한 역사적 지식을 갖추기를 바랐던 당조가 그들에게 새로 "잡문"을 시험치도록 요구했다고 해서 별로 이상하지 않은 것이다.

따라서 진사과가 "아름다운 문장으로써 뽑는〔取以辭章〕" 과목이라고 일컬어질[220] 만큼 문학적 기량을 중시하는 상거 과목으로 확정된 것은 "잡문" 시험의 부과 결과이며, 바로 여기에 영륭2년의 개혁이 갖는 특별한 역사적 의의가 있다. 그래도 문제가 남는다. 잡문이 구체적으로 어떤 형태의 '문(文)'이었는지에 따라서, 그 잡문을 시험한 진사과에 기대된 문학적 소양의 실질적 성격도 상이할 터이기 때문이다. 예컨대, 남조(南朝) 때 나온 『문심조룡(文心雕龍)』은 '잡문'을 시(詩)나 부(賦)와 별개의 항목으

簡試와 顯慶 연간 劉祥道의 上奏」, 224~225쪽 참조.
220 『新唐書』 권44, 「選擧志」, 1166쪽.

로 설정하였다.[221] 그렇다면 이 조처가 지향했던 관인 선발 과목의 속성
이 시·부를 위주로 한 후대의 진사과와는 다를 수도 있다. 실제로 초기
의 진사과에서 주로 시험한 잡문은 잠(箴)·명(銘)·논(論)·표(表) 등 보다
실용적인 문장이었다.[222]

그러므로 고종 말기에 상거 과목들의 고유한 정체성이 형성되기 시작
했을지라도, 적어도 진사과의 경우 아직 훗날의 그것과는 거리가 있었던
듯하다. 사실 시나 부는 정제된 운율(韻律)과 수사적(修辭的) 기교를 추구
하는 경향이 강하고,[223] 이러한 문학 작품의 창작 능력을 평가하려는 상
거 과목은 아직 만들어지지 않았다. 물론 고종 말 혹은 무측천 초에 시·
부 시험을 "잡문(襍文)"이라고 불렀다는 기록이 있으며,[224] 후술하듯이 이

---

221 『文心雕龍』은 '明詩'·'詮賦'와 따로 '雜文' 篇을 설정하였고, 여기에서 설명한 것은
　　對問·七·連珠 등의 문체이다(劉勰, 詹鍈 의증, 『文心雕龍義證』, 上海, 上海古籍出
　　版社, 1989의 권3, 「雜文」, 488~523쪽. 최동호 역, 『문심조룡』, 서울, 민음사, 1994,
　　179~188쪽 참조).

222 『登科記考補正』, 84~85쪽에서 보듯이, 徐松은 영륭2년의 조서에 나오는 "雜文"을
　　"箴·銘·論·表之類"라고 注記하였다. 이는 개원 연간 이전까지 잡문으로 시험한 것
　　이 주로 이러한 형식의 문장들이었기 때문이다.

223 시와 부는 전통적 권위를 가짐은 물론 唯美的 속성이 강하였다. 曹丕의 "詩賦欲麗"
　　(蕭統, 『文選』, 上海, 上海古籍出版社, 1986의 권52, 「典論 論文」, 2271쪽)라는 말이
　　그 명증이다. 『文心雕龍』도 시의 "일정한 체제[恆裁]"(『文心雕龍義證』 권2, 「明詩」,
　　214쪽)를 강조하거나, 부의 묘사를 "조각이나 회화처럼 풍성하다[蔚似雕畫]"(같은
　　책, 권2, 「詮賦」, 309쪽)고 하였다. 그리고 전게 傅璇琮, 『唐代科擧與文學』, 「進士考
　　試與及第」, 173~178쪽에 따르면, 당대의 진사과에서 시험한 시와 부도 점차 5言6韻
　　의 60字 律詩와 350字 이상의 8字韻脚을 갖춘 律賦 위주로 변해 갔다.

224 『唐代墓誌彙編』, 開元363번에서 묘주 梁璵가 태학에서 "制試襍文:「朝野多歡娛詩」、
　　「君臣同德賦」, 及第"했다고 한다. 여기에서 "制試"의 성격과 그 시기는 논란거리이지
　　만(陳尙君, 「『登科記考』正補」, 『唐代文學研究』 4, 1993, 303~304쪽과 『登科記考補
　　正』, 82~83쪽은 이를 고종 의봉4년의 "應制及第"로 본다. 그러나 陳鐵民, 「梁璵墓誌
　　與唐進士科試雜文」, 『北京大學學報』 2006-6, 34~35쪽은 이것이 무측천 수공2년의
　　진사과라고 하였다.), 시와 부를 통칭한 "襍文"이란 말이 주목되는 것이다. 그러나
　　이러한 용례가 고종~무측천 시기의 문헌에 달리 보이지 않는다. 따라서 혹 이와 같은
　　표현은 이 묘지가 제작된 개원21년의 용법일 가능성도 배제할 수 없다. 뒤에서 상술

시기에 변려문(駢儷文)처럼 문장의 조탁(彫琢)을 중시하는 분위기도 두드러진다. 따라서 진사과가 이와 같은 방향으로 변해 가고 있었던 것 또한 분명하므로 무측천의 집권 이후 나타나는 상거 과목들의 전개 양상을 이어서 고찰해 보도록 하자.

이상에서 살펴본 '상거 과목으로서의 진사과와 명경과' 문제는 아래와 같이 요약할 수 있다. 【부록】의 진사과와 명경과 급제자를 분석해 보면, 고조~고종 영휘 연간 시기와 그 뒤의 양상은 여러 모로 다르다. 고종 현경 연간 이후에 가서야 비로소 두 과목 합격자의 초관 품계나 성씨·출신지 등에서 후대의 과거와 유사한 속성들이 더욱 뚜렷해지는 것이다. 물론 이 시기에도 새로운 관인선발제도의 초창기로서 갖는 한계가 존재한다. 특히 지방의 향공이 자발적으로 응시한 시험으로 뽑혔는지는 여전히 의심스럽다. 또 중앙에서 친 진사과와 명경과 시험도 오로지 책뿐이었으므로, 두 과목 간의 차이도 분명해지기 어려웠다.

그런데 영륭2년에 진사과와 명경과에 각각 잡문과 첩경 시험이 추가되었다. 그 결과 상거에서 시험이 강화됨과 동시에 두 과목의 성격도 문학과 경학 중심으로 확연히 구별될 수 있었다. 한편 제거는 책시만 치도록 함으로써, 이와 다른 상거의 특성도 한층 명확해지게 된다. 그러므로 늦어도 고종 말기에 이르면 진정한 과거제도가 생겼다고 해도 좋다. 진사과에서 친 잡문 시험의 구체적 내용은 아직 유동적이었을지라도, 문학적 소양 위주의 상거 과목으로서 그 정체성이 명확해진 것은 사실이기 때문이다.

할 것처럼 개원 연간의 진사과에서는 시·부를 잡문으로 시험한 사례들이 잦아지기 때문이다.

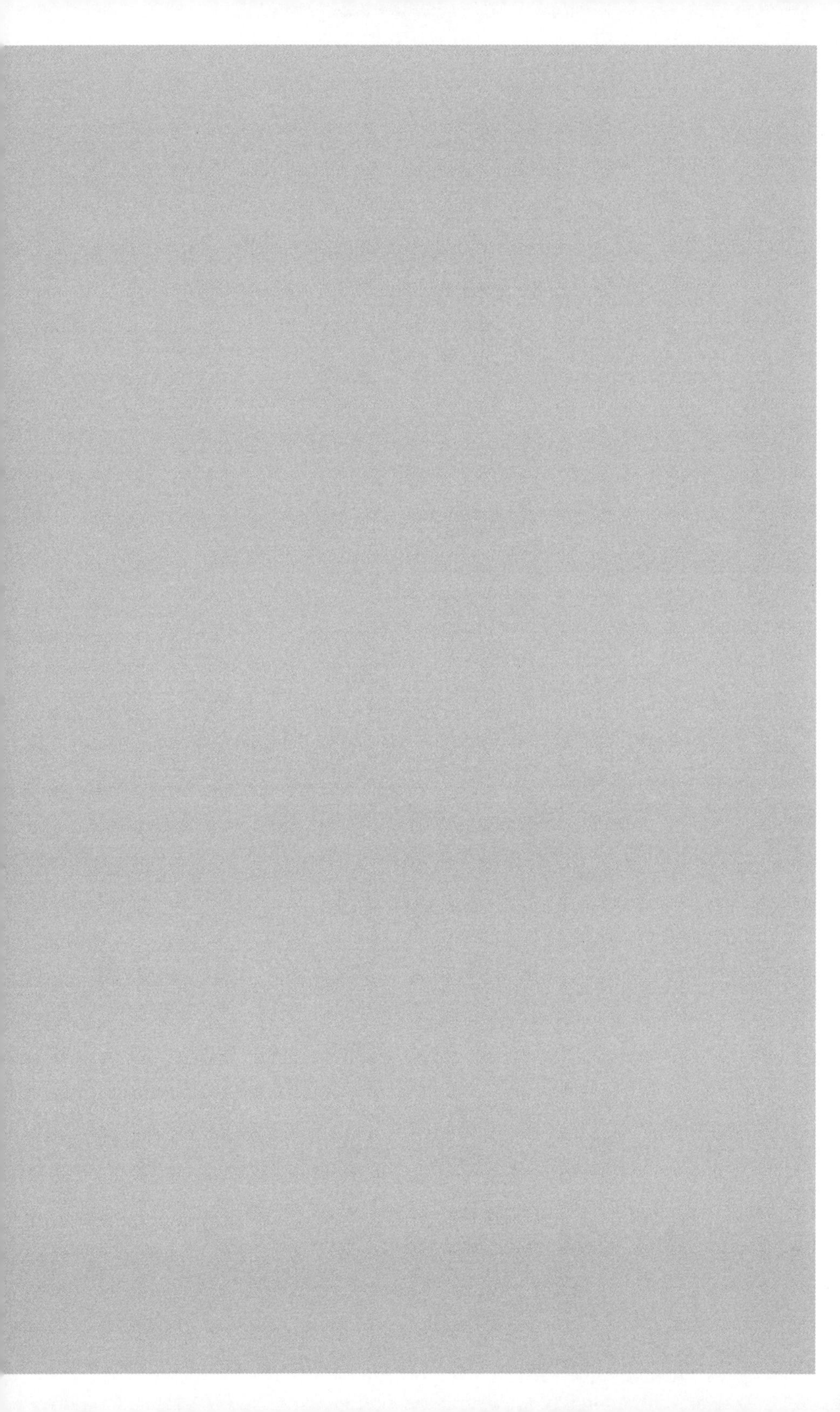

제 2 장

무측천과 중종·예종 시기 상거의 제도와 현실

**2

1. 무측천 시기의 변화

정치적 혼란 속에서의 관인 선발

고종이 홍도(弘道)1년(683) 12월에 죽자 정국은 혼란에 빠졌다. 황태후로서 임조칭제(臨朝稱制)한 무측천이 새 황제를 두 달만에 폐위시켰고, 그 뒤를 이은 자신의 또 다른 아들마저 꼭두각시로 만들어 버렸기 때문이다. 이처럼 비정상적인 상황은 재초(載初)1년(690) 9월에 그녀 스스로 황제의 자리에 올라 주(周)란 새 왕조를 세움으로써 끝났는데, 이것이 소위 '무주혁명(武周革命)'이다. 무측천은 이후 명실상부한 최고 권력자였으며, 이러한 상황은 신룡1년(705) 중종이 당조를 복구할 때까지 계속되었다.[1]

　이 무측천의 집권기는 왕조의 교체까지 동반한 격심한 정변의 시간이었고, 이 과정에서 과거를 비롯한 관인선발제도 또한 그 영향을 받지 않았을 리 없다. 이러한 시각에서 볼 때, 당시 진사과와 명경과 급제자의

---

1 『舊唐書』 권6, 「則天皇后」, 115~133쪽.

초관에 먼저 주목할 필요가 있다. 두 과목에 합격하자마자 받은 관직은 상거제도와 직결된 문제이기 때문이다. 그러므로 【부록2】의 인물들을 대상으로 삼아서 무측천이 실질적인 권력을 장악한 Ⅲ기와 그 전후 시기의 상황을 비교하면 아래 〈표10〉과 같다.

〈 표 10: 【부록2】의 Ⅱ~Ⅳ기 급제자의 초관 품계 〉

시기	진사과		명경과	
	평균	표준편차	평균	표준편차
Ⅱ기(656~683)	3.00	2.04	4.16	3.10
Ⅲ기(684~704)	2.92	0.95	4.33	2.17
Ⅳ기(705~712)	2.75	0.96	3.69	2.41

앞서 〈표6: 【부록2】 Ⅰ·Ⅱ기 급제자의 초관 품계〉에서 Ⅰ기와 상이한 Ⅱ기의 특징으로서 진사과의 초관이 명경과에 비하여 낮아진다는 사실을 강조하였다. 후대의 서계 규정에 의하면 진사과와 명경과 급제자의 초임 평균 품계는 각각 1.5와 3.5로서 명경과가 우위였고, Ⅱ기에 비로소 이와 유사해지기 때문이다. 그런데 위의 〈표10〉을 보면, Ⅱ기와 동일한 양상이 Ⅲ·Ⅳ기에도 지속된다. 그리고 Ⅲ기에 일시 명경과 초관의 품계가 높아지나, Ⅱ~Ⅳ기 전체를 볼 때 두 과목의 품계가 낮아지는 추세로서 서계 규정에 근접해 간다는 점도 홀시할 수 없다.

따라서 Ⅲ기 곧 무측천 집권기는 상거가 독립한 현경 연간 이후 고종 시기의 변화 연장선상에 있다고 생각되는데, 특히 두 과목 초관의 표준편차가 현격히 낮아져서 더욱 그러하다. 이는 진사과와 명경과 모두 하나의 과목으로서 갖는 동질성이 커졌음을 뜻하기 때문이다. 그렇다면 이때 상거 과목들이 독자적 정체성을 한층 강화하며 분화해 갔고, 진사과와 명경과를 중심으로 한 과거제도는 고종 이래 지속적인 정착 과정에 있었

다고 생각된다.[2]

　실제로 무측천 시기에는 수재나 효렴이 관학과의 관계가 긴밀해지면서[3] 지역사회에서의 명망을 중시하던 찰거 과목의 고유한 속성이 희박해진다. 그 결과 효렴이 명경과와 동일시되거나[4] 효렴과 경학의 상관성을 강조하는[5] 기록도 늘어난다. 반면 진사과 급제자의 경우 문학적 소양을 특기하는 경우가 많은데, "문장웅발(文章雄拔)"·"문학지고묘(文學之高妙)"·"사장지맹주(詞場之盟主)" 같은 표현이 이어지는 소경(邵炅, 670~716)의 묘지가 그 좋은 예이다.[6] 고종 말에 잡문(雜文) 시험이 추가된 진

2　아래 표에서 보듯이, 명경과 급제자의 초관이 진사과보다 높은 것은 Ⅱ기 이후 당전기 내내 일관된 현상이다. 그리고 초관의 품계가 낮아지는 양상도 진사과의 Ⅱ~Ⅴ기와 명경과의 Ⅲ~Ⅴ기에서 확인되며, 단지 Ⅵ기의 경우만 두 과목의 초관이 다시 높아져 특이할 뿐이다. 그러나 이것이 앞서 진사과 초관의 표준편차와 관련하여 잠깐 언급했듯이 개원18년 博學宏詞科 등 좀 더 높은 관직으로 입사할 수 있는 방법이 생겨난 결과로 추정된다면, 이러한 Ⅲ기 이후의 대체적인 변화 경향은 상거의 제도적 정착 결과라고 해도 무방할 것이다.

시기	Ⅰ기	Ⅱ기	Ⅲ기	Ⅳ기	Ⅴ기	Ⅵ기
진사과 급제자의 초관 품계 평균	4.30	3.00	2.92	2.75	2.35	3.27
명경과 급제자의 초관 품계 평균	3.97	4.16	4.33	3.69	3.36	3.76

3　任瑗(684?~754?)의 묘지에는 "太學秀才"란 특이한 표현이 나오는데(『全唐文補遺(8)』, 403쪽), 許友根, 『『登科記考補正』考補』, 151쪽의 추론에 의하면 그가 국자감의 태학에서 "秀才"로 선발된 것은 長安2년의 일이다. 그리고 "弘文生" 晉休景(趙君平 편, 『邙洛碑誌三百種』, 北京, 中華書局, 2004의 121번; 嗣聖1년 급제)과 "國學生" 周誠(『唐代墓誌彙編』, 開元483번; 長安2년 급제)처럼 중앙관학의 학생으로서 "孝廉擢第"했다고 명기된 기록도 이 시기에 처음 나타난다.

4　柳彦初(669~714)의 묘지에서 "弱冠, 補國子監大學生. 無何, 明經策拜上第. 虞庠就訓, 共推游夏之名; 漢殿登科, 獨受孝廉之賜."(『全唐文補遺(千唐)』, 118쪽)했다고 한다.

5　예를 들어 元復業(681~740)은 "少志於學, 覽『春秋』涵江海之浸, 讀『周易』達陰陽之奧. 擧孝廉, 射策第一."하였는데(『唐代墓誌彙編』, 廣德001번), 『登科記考補正』, 1287쪽은 그의 급제 시기를 무측천 때로 추정한다.

6　"鄉賦進士擢第"한 邵炅은 "文章雄拔, 傑出當世. 維昔有〔曹〕子建詩、〔司馬〕相如賦, 文學之高妙, 公幹之宏逸, 我則兼之, 彼多慙色, 其餘則自鄶焉. 夫如是, 可謂翰林之上卿,

사과는 확실히 명경과와 상이한 성격의 관인 선발 과목으로 바뀌어 간 것이다.

따라서 이 시기의 진사과와 명경과는 예전 ‘광의의 진사’와 확연히 구분되는 듯한데, 이와 관련하여 “천하의 여러 주에 무예(武藝)를 연습한 자가 있으면, 매년 명경·진사의 예(例)에 준하여 올려 보내라.”는[7] 장안2년(702) 1월의 조칙이 주목된다. 당시 명경과와 진사과는 벌써 해마다 지방에서 그 응거자를 보내는 제도로 자리 잡았으므로 이렇게 “무거(武擧)”란 새로운 상거의[8] 시행 기준이 되었을 터이기 때문이다. 그렇다면 늦어도 무측천 말기에 이르러서는 독자적인 상거 과목으로서 진사과와 명경과의 존재를 부정할 수 없다.

하지만 아울러 간과해서 안 될 사실이 있다. 종래 진사과나 명경과 합격자로 간주된 인물들 중 실상 급제 과목을 확정할 수 없는 이들이 적지 않다는 점이 그것이다. 앞서 제시했던 〈표5: 【부록1】의 ‘자료 신뢰성’이 높은 인물들 중 ‘미상 과목’ 급제자의 비율〉에서, 무측천~예종 시기가 당초보다는 낮더라도 현경 연간 이후 고종 때보다 오히려 그 비율이 더 높은 것이다. 과거제도의 정착과 함께 명칭이나 성격이 불분명한 과목이 줄어들어야 마땅하다면, 이러한 현상은 쉽게 이해되지 않는다. 게다가 이를 좀 더 세밀히 분석한 아래의 〈표11〉에서 드러나듯이 그 이유는

詞場之盟主.”(『全唐文補遺(千唐)』, 146쪽)라고 칭송된다. 그의 확실한 진사과 급제 시기는 알 수 없다. 그러나 “居無何” 후 성력3년의 제거에 합격했다면(『登科記考補正』, 154쪽), 이것이 무측천 시기의 일임은 분명하다.

7 『冊府元龜』 권639, 「貢擧部 條制」, 7669쪽에 “長安二年正月初, 令天下諸州, 有練習武藝者, 每年準明經、進士例擧送.”이라고 한다. 이 조처가 『唐會要』 권59, 「尙書省諸司兵部侍郎」, 1210쪽; 『舊唐書』 권24, 「禮儀」, 935쪽(장안3년으로 된 것은 착오)에 조금 달리 표현되어 있지만 그 기본 내용은 동일하다.

8 『新唐書』 권44, 「選擧志」, 1170쪽. 전게 高明士, 『隋唐貢擧制度』, 「唐代的武擧與武廟」; 許友根, 『武擧制度史略』(蘇州, 蘇州大學出版社, 1997); 劉琴麗, 『唐代武官選任制度初探』(北京, 社會科學文獻出版社, 2006) 참조.

바로 무측천 시기 특히 진사과 급제자로 여겨진 인물들 가운데 이러한
사례가 유난히 많기 때문이다.[9]

〈표11: 【부록1】의 '자료 신뢰성'이 높은 Ⅱ~Ⅳ기 인물들 중
　　　　'미상 과목' 급제자의 백분율〉

시기	전체('미상 과목' 수/총수)	진사과 (좌와 같음)	명경과 (좌와 같음)
Ⅱ기(현경 연간 이후 고종)	8.7(6/69)	10.7(3/28)	7.3(3/41)
Ⅲ기(무측천)	11.1(6/54)	25.0(5/20)	2.9(1/34)
Ⅳ기(중종·예종)	8.0(2/25)	12.5(1/8)	5.9(1/17)

　　어쩌면 이처럼 불확실한 성격의 시험을 통해 관인이 된 이들은 더욱
많았을는지도 모른다. 최근 출토된 묘지들에서 과목 명칭이 불확실한 인
물들은 애당초 【부록1】에 포함시키지 않았는데, 이러한 사례를 정리한
것이 아래의 〈표12〉이다.[10]

9　〈표11〉은 '자료 신뢰성'이 가장 높은(◎) 사례만을 대상으로 한 것인데, 【부록1】의
　　인물들 전체를 母數로 삼더라도 그 양상은 아래의 표에서 보듯이 대체로 동일하다.
　　무측천 때의 이러한 진사과 사례 비율이 그 전후 시기에 비해 월등히 높기 때문이다.

시기	전체('미상 과목' 수/총수)	진사과 (좌와 같음)	명경과 (좌와 같음)
Ⅱ기(현경 연간 이후 고종)	7.2(7/97)	7.4(4/54)	7.0(3/43)
Ⅲ기(무측천)	9.5(8/84)	14.9(7/47)	2.7(1/37)
Ⅳ기(중종·예종)	4.7(2/43)	4.0(1/25)	5.6(1/18)

10　이 표는 【부록1】의 작성 원칙에 맞추어 급제년의 추정이 가능한 인물로 제한하였다.
　　따라서 "幼而□成, 立(15세를 뜻한다면 光宅2년:인용자)而有聲. 經術得儒者之道, 孝
　　友當克家之譽, 由是擢第, 由是入官."한 王道濟(671~734)처럼 정확한 연도는 몰라도
　　무측천 집권기에 "擢第"한 것이 분명한 사례까지 여기에 추가한다면, 유사한 사례가
　　더욱 늘어날 것이다.

〈표 12: 【부록1】에 없는 무측천 시기의 ‘미상 과목’ 급제자〉

급제년	성명	급제 관련 기록	근거
수공3년 (687)	李帝臣 (669~693)	"爰從卯角, 州牧名聞, 對策甲科, 天下唯一. 卽垂拱三年之利用觀光也."	보(천당)-76
천수3년 (692)	郭瑜 (672~738)	"弱冠, 入太學. 明年, 射策登科, 便授國子大成."	보(천당)-177
증성1년 (695)	鄭翰 (?~?)	"唐證聖年, 以公侯之胤嗣, 警衛天禁, 補右衛翊一府. 附學, 射策高第, 解褐拜許州參軍."	보(천당)-141
만세통천 2년(697)	李魏相 (678~714)	"才登弱冠, 擢秀高第, 年二十四, 調授蘇州參軍事"	하락=164
성력1년 (698)	俞仁玩 (676~744)	"聖曆之初, 鄕賦上省, 貴爲造士, 登以甲科, 銓衡以說釋, 發明道義通洽, 解巾拜國子宣講, 從時選也."	하락=269

◦ 근거 문헌: 보(『全唐文補遺』), 하락(『河洛墓刻拾零』)

〈표12〉의 인물들은 모종의 시험으로써 비로소 관인이 되거나 그럴 수 있는 자격을 얻었다. 하지만 그 시험은 상거나 제거 여부를 판별하기조차 힘들 만큼 불분명하다. 이는 물론 소략한 서술 탓일 가능성도 있으나, 적어도 급제 과목을 명기할 필요를 느끼지 못한 결과임은 확실하다. 그렇다면 이와 같은 기록의 빈출은 곧 과목을 애매하게 밝혀도 무방한 혹은 본디 모호한 방식의 관인 선발 시험이 잦았기 때문이라고 생각된다. 다시 말해, 무측천이 집권하였던 때는 그 전후 시기에 비하여 불확실한 성격의 관인 선발 과목이 유달리 많았던 것이다.

그러므로 무측천 집권기에는 과거제도가 정착해 간 한편 다수의 ‘미상 과목’들도 병존한다는 사실에 주의하지 않으면 안 된다. 이는 일견 모순된 현상처럼 보이는데, 여기에서 떠올리게 되는 것이 당시 정국의 특수성이다. 실제로 고종이 사망한 이듬해 무측천은 동도(東都)와 3성(省)의 명칭을 바꾸는 등 본격적으로 자신의 정책을 펴기 시작하였고, 이때, "9품(品) 이상의 경관(京官)과 여러 주의 장관"에게 유능한 "관인이나 백성" 1명씩 천거하게 했다.[11] 보통 5품 이상의 관인이나 주요 관직을 가진 자에게만 허용되던 추천권을 크게 확대한 것이다. 또 다음해 수공1년(685)에 다시 "내외·문무 9품[관] 이상과 백성들 모두 자거(自擧)하게 하라."고도 했다.[12] 관인 선발의 문호를 대폭 개방한 이 일련의 조처들은 무측천의 비정상적인 권력 장악 과정과 결코 무관하지 않을 터이다.

이와 비슷한 현상은 무측천이 '무주혁명'으로 황제가 된 직후에도 발견된다. 천수2년(691)에 모든 관인에게 자거(自擧)를 허락해서[13] 승진의 기회를 넓혀 주었기 때문이다. 그리고 이즈음 전국 10도(道)에 사자(使者)를 파견하고, 그들이 천거한 사람들 전부에게 "시관(試官)"을 주었다고까지 한다.[14] 이러한 관직의 남발은 극히 이례적인 일로서 새 왕조에 대한 지지를 얻기 위한 방법이었음에 틀림없다.[15] 따라서 무측천은 훗날 "자도지계(自圖之計)"로서 관작(官爵)을 이용했다고 비난받기도 하는데,[16] 관인선발

---

11 『唐大詔令集』 권3, 「改元光宅詔」, 15~16쪽. "又濟時之道, 求賢是務. 其官人及百姓等, 或器標瑚璉、材堪棟幹, 或在職淸愼, 或抱德幽棲, 或武藝馳聲, 或文藻流譽, 宜令京官九品已上、諸州長官, 各擧一人. 咸以名薦, 務取得賢之實, 無貽濫吹之譏."

12 『舊唐書』 권6, 「則天皇后」, 117쪽. "詔內外文武九品已上及百姓, 咸令自擧."

13 『舊唐書』 권6, 「則天皇后」, 122쪽에서 "制官人者咸令自擧"라고 하였다.

14 『資治通鑑』에 따르면 국호를 周로 바꾸고 天授로 개원한 직후 史務滋 등 10명을 "巡撫諸道"하게 하고(권204, 唐則天后天授1年條, 6468쪽. 『舊唐書』 권6, 「則天皇后」, 121쪽 참조), 천수3년 1월에 "存撫使所擧人" 모두에게 拾遺 등 중요 관직의 "試官"을 남발했다고 한다(권205, 唐則天后天授3年條, 6477쪽). 그런데 『唐會要』의 경우 "十道存撫使"의 파견(권77, 「諸使 巡察按察巡撫等使」, 1672쪽)과 "十道使擧人"들에 대한 授官(권67, 「試及斜濫官」, 1396쪽. 『資治通鑑』 권205, 唐高宗長壽1(天授3)年條, 6477쪽에 注記된 『考異』에 의하면 『統紀』란 책에도 이와 유사한 내용이 있음.) 둘 다 천수2년의 일로 적고 있어 이와 상이하다. 따라서 이 存撫使 관련 사실의 정확한 시점을 단언하기는 힘들지만, 이 일련의 조처가 武周革命과 연관된 것임은 분명하다.

15 전국으로 파견되었던 使者들이 천거한 사람들을 천수2년 혹은 3년에 "悉加擢用"(『資治通鑑』 권205, 唐則天后天授3年條, 6477쪽)·"咸加擢拜"(『通典』 권19, 「職官 歷代官制總序」, 471~472쪽)한 것은 무측천의 "務收物情"(위와 같음)·"收人望"(『唐會要』 권67, 「試及斜濫官」, 1396쪽) 의도에서 비롯된 것이었다.

16 『舊唐書』 권176, 「楊嗣復」, 4558쪽.

제도가 격심한 정변의 소용돌이 속에서 권력의 쟁취·유지 수단으로 쓰였다고 해서 전혀 이상하지 않다.

이러한 시각에서 볼 때, 무엇보다 주목할 것은 황제의 임의성(任意性)이 큰 제거이다. 실제로 무측천의 집권기에 제거의 실시가 빈번해졌을 뿐더러 그 분과(分科)가 많아지고 명목도 다양해졌다.[17] 기실 위에서 살펴본 추천 범위 확대나 자발적 응거 허용 등의 조처도 대개 조서에 의거하므로, 이에 따른 인재의 발탁도 기본적으로 제거 형식이었다. 이와 같은 제거는 비단 전술한 사례들로 그치지 않는다. 당시 이부의 관인 선발과 관련하여 "제서(制書)를 보면 매번 3품·5품〔관〕에게 천사(薦士)하게 하고, 아래 9품〔관〕까지도 거인(擧人)하게 합니다."라고[18] 할 정도로, 천거 가능

---

17 金瀅坤, 『中國科擧制度通史: 隋唐五代卷』, 「制擧的確立與發展」, 452~460쪽.
18 이 魏玄同의 상소는 여러 문헌에 전하나, 『舊唐書』 권87, 「魏玄同」, 2849~2853쪽; 『冊府元龜』 권473, 「臺省部 奏議」, 5650~5652쪽; 『文苑英華』 권696, 「請吏部各擇寮屬疏」, 3590~3591쪽의 기록이 가장 자세하다. 그런데 문제는 아래 표에서 보듯이 그 시기에 대한 기록이 제각각이란 점이다. 하지만 이 글의 내용으로 보아 魏玄同이 吏部侍郎일 때 쓴 것일 듯하므로, 『文苑英華』·『冊府元龜』 권473의 설명은 믿기 어렵다. 전게 嚴耕望, 『唐僕尙丞郎表』, 96~98쪽에 따르면, 그가 (1)고종 영륭2년(681) 혹은 그 이듬해부터 홍도1년(683) 12월까지, (2)무측천 수공1년(685) 7월부터 수공2년 3월까지 두 차례 이부시랑을 역임했기 때문이다. 따라서 魏玄同의 상소는 무측천 초기의 상황을 반영하고 있을 가능성이 크고, 혹 그렇지 않더라도 고종 말년 어수선한 정국의 산물이다.

문헌	시기
『文苑英華』 권696, 「請吏部各擇寮屬疏」, 3590쪽	"上元(674~676)初"(注記)
『冊府元龜』 권473, 「臺省部 奏議」, 5650쪽	"上元中爲吏部侍郎" 시기
『資治通鑑』 권205, 唐高宗永淳1年條, 6410쪽	"先是(영순1년(682) 4월)" 吏部侍郎 시기
『新唐書』 권117, 「魏玄同」, 4252쪽	"再遷吏部侍郎" 뒤 "永淳元年" 中書門下同承受進止平章事 시기
『舊唐書』 권87, 「魏玄同」, 2849쪽	"累遷至吏部侍郎" 시기
『唐會要』 권74, 「選部 論選事」, 1582쪽	"垂拱元年(685)七月" 蘭臺侍郎兼天官侍郎

한 관인의 범위를 넓힌 조서들이 잦았던 것이다. 따라서 이 시기에는 제거의 응거자들 역시 급증할 수밖에 없었다.

"현량(賢良)"으로 일컬어지는 인물들이 그 좋은 예인데, 그 숫자가 정말 많았다. 예컨대, 영창(永昌)1년(689)에 장간지(張柬之, 625~706)와 함께 "현량으로 징시(徵試)"한 이들은 무려 "천여인(千餘人)"이나 되었다.[19] 나아가 최면(崔沔, 673~739)이 "현량방정(賢良方正)"에 응거한 천책만세(天冊萬歲)2년(696)에는 "대책(對策)이 수만 개"였다고까지[20] 한다. 여기에서 "현량"과 "현량방정"이 동일한 것인지 의문이 있으나, 한대 이래 찰거의 한 과목이던 현량방정과(賢良方正科)에서 유래한 '현량'이란 말이 당시 제거의 응거자들을 가리킴은 분명하다.[21] 따라서 이처럼 많은 현량의 수는 곧 무측천 시기 제거의 성행을 극명하게 보여주는 증거이다.

제거 응거자로서의 현량은 다양한 신분의 사람들이다. 위의 장간지와 최면은 응거할 때 이미 각각 현승(縣丞)과 향공진사(鄕貢進士)였다. 하지만 이 시기 현량들 중에는 당연히 관인의 자격을 갖추지 못한 사인들 또한 많았을 것이다. 실제로 정제구(鄭齊丘, 680~724)는 성력2년(699)경 태학생(太學生)으로서 "제거현량방정(制擧賢良方正)"했고,[22] 장열(張說, 667~730)도 "천후칭제(天后稱制)"한 뒤 "거군국현량(擧郡國賢良)"해서 "기가(起家)"하

문헌	시기
『冊府元龜』 권532, 「諫諍部 規諫」, 6356쪽	"垂拱(685~688)初" 蘭臺侍郎兼天官侍郎 시기
『通典』 권17, 「選擧 雜議論」, 406쪽	"垂拱中" 納言 시기

19 『舊唐書』 권91, 「張柬之」, 2936쪽.
20 顔眞卿, 『顔魯公文集』(上海, 上海書店, 1926) 권14, 「通議大夫守太子賓客東都副留守雲騎尉贈尙書左僕射博陵崔孝公宅陋室銘記」, 77쪽. 崔沔이 賢良方正科에 응거한 시기에 관하여서는 『登科記考補正』, 142쪽의 고증 참조.
21 전게 金瀅坤, 『中國科擧制度通史: 隋唐五代卷』, 「制擧的確立與發展」, 523~527쪽.
22 『全唐文補遺(8)』, 20쪽.

였다.[23] 또 번문(樊文, 632~701)은 "대주수명(大周受命)" 이후 하북도존무사(河北道存撫使)로서 "현량 192명"을 천거하였는데,[24] 이처럼 지방에 파견된 사자가 뽑아 올린 현량들 가운데도 무관(無官)의 평민들이 적지 않았을 터이다.

이들은 예전 '광의의 진사'와 비슷한 존재로서, 그 숫자의 폭증이 당시 관인선발제도에 영향을 미치지 않았을 리 없다. 관인이 되려는 사인들에게 입사 기회를 늘려주었고,[25] 그들을 뽑는 입장에서도 선발 임무의 부담이 커졌을 것이기 때문이다.[26] 좋은 실례가 증성(證聖)1년(695) 1월의 "직사관 5품 이하의 경관(京官)과 자사·상좌(上佐)·현령 등에게 각각 상황에 따라 천거하게 하라."는 조서이다.[27] 천거권을 크게 확대시킨 이 조처 앞에서, 사인들은 어떤 방법으로 응거할까 또 조정의 경우 엄청

───

23　『張九齡集校注』권18,「故開府儀同三司行尙書左丞相燕國公贈太師張公墓誌銘」, 952쪽.

24　『唐代墓誌彙編續集』, 長安002번(〈그림5〉 참조).

25　『唐代墓誌彙編』, 聖曆018번에 나오는 王望之의 행적이 이런 상황을 잘 보여준다. "從師受學, 觀覽藝文"하며 出仕를 준비하던 그는 "爰降明制 … 被朝散大夫司農寺主簿李昭先擧忠孝景行, 對策"하여 縣尉가 될 수 있었던 것이다.

26　무측천 시기에만 보이는 理選使란 특이한 존재가 이러한 당시 상황 탓일는지도 모르겠다. 大足1년에 拔萃科와 疾惡科를 "試"한(『冊府元龜』권645,「貢擧部 科目」, 7729쪽; 『唐會要』권76,「貢擧中 制科擧」, 1642쪽) 이 관직에 관한 기록은 극히 영성하고 소략해서 구체적인 성격을 알 수 없으나, 그 직무가 관인의 선발과 관련됨은 확실하기 때문이다.

27　『唐大詔令集』권73,「明堂災告廟制」, 410쪽. "其長才廣度, 沈跡下僚, 據德依仁, 韜聲幽閉, 懷王佐之器, 乏知己之容, 宜令京官職事五品已下, 及刺史、上佐、縣令等, 各準狀薦擧.〔仍遣內外文武百官九品已上, 各上封事, 極言正議, 無有所隱.〕" 단 여기에 덧붙여진 "嗣聖元年正月"이란 注記는 착오이다. 이 조서는 證聖1년의 明堂 화재 사건 수습책의 일환이었기 때문이다. 실제로 이 조처에 이어지는 내용 곧 9품 이상 관인에게 "封事"를 올리도록 한 것은 『舊唐書』권6,「則天皇后」, 124쪽; 『資治通鑑』권205, 唐則天后天冊萬歲1(證聖1)年條, 6500쪽과 『唐會要』권11,「明堂制度」, 320쪽(사고전서본에서 "九品以下"는 "九品以上"의 명백한 오기) 모두 證聖1년 1월의 일로 적고 있다.

〈 그림 5: 번문(樊文)의 묘지 〉

번문은 "制使訪召賢良, 徵公詣(공백은 闕字한 것:인용자)闕"(제9행)하여 관직으로 나갔을 뿐더러 "大周受命"(제17행)한 뒤 "河北道存撫使"(제18행)로 발탁되었다. 그리고 이때 그는 "擧賢良千百九十二垕(人의 則天文字:인용자), 獨光千壼(載의 則天文字:인용자)"(제18~19행)하였다. 번문의 이러한 경력은 당시 현량(賢良)이 관인 선발 방식으로 상당히 일반화되었음을 잘 보여준다. 본서의 273~274쪽 참조.

난 숫자의 피천인(被薦人)들을 어떻게 처리할까라는 문제에 당연히 봉착하게 된다.

상거와 관련해 생각한다면, 특히 위 인용문의 "자사·상좌·현령"과 같은 지방관 혹은 지방에 파견된 사직(使職)에 의하여 추천된 사인들의 존재에[28] 주의하지 않을 수 없다. 지방에서 진사과나 명경과의 응시자로 올려 보낸 향공과 이들 사이의 차이가 궁금해지기 때문이다. 물론 상거와 제거는 원칙상 시행 시기나 평가 방식이 다르다. 그러나 무측천 시기도 고종 때처럼 향공을 선발할 때 자발적 응거나 시험의 부과가 필수적이지 않았다면[29] 양자의 경계가 애매해진다. 더군다나 제거를 통해 천거된 이들이 향공과 비슷한 시기에 중앙으로 올라왔을 경우, 실제적으로 이들을 어떻게 나누어 시험했을는지 더욱 의문스럽다.

이때 간과해선 안 될 문제가 있다. 최초로 "전전시인(殿前試人)"했다는 재초1년 2월 시험의[30] 성격을 둘러싼 논란이 그것이다. 『당회요』는 이를 '제과거(制科擧)' 항목에 적었고,[31] 보통 이 시험을 제거의 일종으로 본다.[32] 그러나 당시 수험자들을 "공거인(貢擧人)" 혹은 "공인(貢人)"이라고

---

28 "聖后詔郡國擧賢良, 公對策天朝"했다는 鄭績의 墓誌(毛漢光 편, 『唐代墓誌銘彙編附考(第18冊)』(臺北, 中央硏究院歷史語言硏究所, 1994), 1799번)에서 보듯이, 당시 지방에서 "賢良"을 선발해 보내라는 조서가 적지 않았던 듯하다.

29 이 문제는 뒤에 상술하겠지만, 여기에서는 일단 "早辟孝廉, 明經高第"한 王同人(672~728)의 사례만(『唐代墓誌彙編』, 開元292번) 들어 둔다. 그의 나이로 보아 "辟孝廉"은 무측천 시기의 일로 짐작되고, "辟"이란 표현으로 보아 찰거처럼 추천 위주였을 가능성이 크기 때문이다.

30 『冊府元龜』 권639, 「貢擧部 條制」, 7669쪽에 "載初元年二月十四日, 試貢擧人于雒城殿前, 數日畢.〈殿前試人, 自玆始也.〉"라 하고, 『通典』은 이를 "載初元年二月, 策問貢人於洛城殿, 數日方了. 殿前試人自此始."(권15, 「選擧 歷代制」, 354쪽)라고 표현하였다.

31 『唐會要』 권76, 「貢擧 制科擧」, 1646쪽(여기에서 "洛成殿"은 사고전서본에 "洛城殿"으로 되어 있고, 후자가 옳음)에 위 『冊府元龜』와 거의 동일한 기록이 있다.

32 전게 吳宗國, 『唐代科擧制度硏究』, 「唐代科擧制度之二: 制擧」, 77쪽; 전게 金瀅坤, 『中國科擧制度通史: 隋唐五代卷』, 「制擧的確立與發展」, 596쪽.

표현하였다면, 여기에 상거의 응거자들도 포함될 수 없었을까? 실제로 2월이라는 시험 시기 역시 통상적인 상거의 그것과 어긋나지 않는다.[33] 따라서 이를 당시 중앙에서의 최종 시험인 "성시(省試)"와 동일시한 마단림(馬端臨, 1254~1323)의 주장이[34] 무리가 아니며, 이러한 입장을 취하는 근대의 연구자도 있다.[35]

기실 이 논란은 당시 제거와 상거의 시험이 엄격히 구분되었다는 전제에서 비롯한다. 만약 위의 재초1년 시험에 제거로 천거된 현량과 상거로 뽑힌 향공 모두 참가할 수 있었다면, 굳이 양자택일을 강요할 필요가 없다. 사실 장수(長壽)2년(692) 좌습유(左拾遺) 유승경(劉承慶, ?~?)은 매년 지방에서 공물(貢物)과 함께 보낸 "공(거)인(貢擧人)"을 "현량"으로도 표현하였다.[36] 당시 조정의 입장에서는 향공과 제거를 통해 올라온 자의 구분이 그렇게 중요하지 않았던 것이다. 그러므로 이 재초1년의 시험 대상도 상거나 제거를 막론하고 모두 포함되었을 가능성이 농후하다. 당시 여

---

33 당대에 상거의 최종 시험 곧 省試를 친 때는 일정하지 않다. 하지만 그 시기는 일반적으로 1~2월이었고(전게 傅璇琮, 『唐代科擧與文學』, 「擧子到京後活動槪說」, 84쪽; 전게 高明士, 『隋唐貢擧制度』, 「唐代的貢擧制度」, 101쪽), 中村裕一, 『中國古代の年中行事: 第一冊 春』(東京, 汲古書院, 2009), 408~414쪽에 따르면 2월에 시행하는 것이 "標準"이었다.

34 『文獻通考』 권29, 「選擧 擧士」, 830쪽.

35 전게 陳飛, 『唐代試策考述』, 280~284쪽.

36 『冊府元龜』 권639, 「貢擧部 詔制」, 7669쪽에 실린 左拾遺 劉承慶의 상소는 "伏見比年已來, 天下諸州所貢物, 至元日, 皆陳在御前, 惟貢人獨於朝堂拜列. … 賢良、文學, 棄彼金門之外? … 伏請貢擧人至元日引見, 列在方物之前, 以播充庭之禮."(밑줄은 인용자)라고 한다. 단 『唐會要』의 거의 동일한 내용에서 "貢擧人"이 "貢人"으로 되어 있고(권76, 「貢擧 緣擧雜錄」, 1638쪽. 사고전서본에는 약간 축약되어 있으나, 이 부분은 역시 "貢人"임), 이에 대한 『通典』의 요약된 설명에서는 "擧人"이란 말도 보인다(권15, 「選擧 歷代制」, 354쪽). 이러한 표현 차이에도 불구하고, 중요한 점은 여기에서 문제시된 사람들이 해마다 지방에서 올려 보내졌다는 사실이다. 즉 이들이 "賢良"으로 일컬어져서 마치 제거의 대상인 듯하지만, 또 다른 한편 매년 정기적으로 시행한 상거의 향공이라고도 생각되는 것이다.

러 날이 걸릴 만큼 응거자가 많았다는 사실이[37] 이러한 추론에 힘을 보탠다.

그렇다면 앞서 지적했던 무측천 시기의 유난히 높은 '미상 과목' 비율도 쉽게 이해된다. 어지러운 정국 속에서 빈번해진 제거는 간혹 상거와 혼용되며 실질적인 차이가 모호해졌고, 그 결과 불확실한 성격의 관인 선발 과목이 늘어난 것이다. 실제로 이때의 제거 합격자를 정사에서 진사과 급제자처럼 적은 인물들이 있는데,[38] 이러한 혼란도 지금까지 살펴본 바와 같은 당시 상황과 무관하지 않을 수 있다. 무측천 집권기에는 비록 제거와 상거의 제도적 구분이 존재했더라도 정변이라는 매우 특수한 역사적 조건 아래에서 '광의의 진사'와 유사한 존재가 현실적으로 많아졌을 법한 것이다.

하지만 고종 현경 연간 이래 상거의 과목별 정체성이 강화되는 등 과거가 제도적으로 정착해 갔고, 무측천 시기가 그 연장선상에 있었음

---

37 앞서 본 『冊府元龜』, 『唐會要』, 『通典』의 재초1년 시험 관련 기록 모두 "數日"만에 비로소 끝났다고 한다. 『大唐新語』 권8, 「文章」, 127쪽의 경우 당시 응거자 수를 "向萬人"이라고 그 숫자까지 밝혔다.

38 대표적인 예가 許杲(字:景先, 677~730)이다. 본인의 묘지에 "弱冠, 應賢良方正擧擢第, 授陝州夏縣尉."(『全唐文補遺(千唐)』, 160쪽)로 되어 있으나, 『舊唐書』 권190中, 「文苑 許景先」, 5031쪽과 『新唐書』 권128, 「許景先」, 4464쪽은 그가 진사과에 급제했다고 하는 것이다. 그런데 許杲의 묘지도 "文宗" 李逈秀와 "詞宗" 張說에게 받은 칭찬을 강조한다. 따라서 문학적 소양이 뛰어났던 그와 상거의 진사과 급제자 사이에 실질적인 차이가 없었을 수도 있다. 다시 말해, 당시 현량방정거와 진사과 사이의 상관성 혹은 친근성이 예상되는 것이다. 倪泉(字:若水, 661~719) 역시 마찬가지이다. 묘지에서 "應八道使擧"하여 秘書正字로 입사했다는(『全唐文補遺(6)』, 391쪽) 그를 『新唐書』는 진사과 급제자라고 적었기(권128, 「倪若水」, 4466쪽) 때문이다. 그런데 『登科記考補正』, 108쪽은 이때 倪泉의 급제 과목을 「求訪賢良詔」에 의거한 영창1년의 賢良方正科였다고 한다. 만약 이것이 사실이라면, 그 조서에 "蓄文藻之思, 可以方駕詞人"(『文苑英華』 권462, 2354쪽)처럼 문필 능력을 중시한 항목도 있음을 홀시해서는 안 된다. 이 경우 황제의 조서에 의거한 점만 다를 뿐 사실상 상거 과목 진사과를 통해 기대했던 것과 거의 동일해 보이기 때문이다.

또한 분명한 사실이다. 당후기의 명상(名相) 육지(陸贄, 754~805)의

> 옛날 측천태후께서 황위를 이어 조정에 임하셔서 인심을 거두고자 〔인재〕 발탁에 힘쓰시니 … 다른 사람들이 "천사(薦士)"할 수 있었을 뿐더러 본인의 재능을 "자거(自擧)"할 수도 있었습니다. 천거된 자는 반드시 〔그 추천대로〕 실행해 보도록 하고 자거한 자는 곧 〔그 능력을 평가하는〕 시험을 쳤으니, 그 "선사(選士)의 방법"이 〔이처럼〕 쉬워져서 생긴 폐단이 어찌 없었겠습니까![39]

라는 평가도 이와 상충되지 않는다. 무측천의 정책으로 인하여 관인선발 제도가 일면 문란해졌지만, 오히려 그 속에서 자발적 응거와 시험에 의한 평가라는 과거제도의 특성이 보다 활성화된 측면도 있기 때문이다.[40] 그러므로 이 시기에 진사과를 비롯한 상거 역시 약간의 혼란에도 불구하고 지속적으로 발전할 수 있었던 듯한데, 그 구체적 실상은 좀 더 치밀한 고찰을 필요로 한다.

---

39 『陸贄集』(北京, 中華書局, 2006) 권17, 「請許臺省長官擧薦屬吏狀」, 546쪽, "往者則天太后踐阼臨朝, 欲收人心, 尤務拔擢, 弘委任之意, 開汲引之門, 進用不疑, 求訪無倦, 非但人得薦士, 亦得自擧其才. 所薦必行, 所擧輒試, 其於選士之道, 豈不傷於容易哉!"

40 이와 관련하여 무측천 시기에 천거 위주로 운영되었다는 제거도(전게 吳宗國, 『唐代科擧制度研究』, 「唐代科擧制度之二: 制擧」, 72~75쪽) 꽤 엄격한 선발 과정이 있었다는 사실을 지적하고 싶다. 『新唐書』 권125, 「張說」, 4404쪽의 "永昌中, 武后策賢良方正, 詔史部尙書李景諶糊名較覆, 〔張〕說所對第一, 后署乙等, 授太子校書郞."(『唐才子傳校箋(1)』, 권1, 「張說」, 132~134쪽에 의하면 張說의 급제 시기와 과목에 대한 『新唐書』 기록은 착오이며, 『登科記考補正』, 115~116쪽도 이 고증에 따른다. 그렇더라도 그가 무측천 시기의 제거 급제자란 사실은 변함이 없다.)이란 기록을 볼 때, 제거의 당락을 결정짓기 전에 "糊名較覆"과 같은 복잡한 절차가 수반되었던 듯하기 때문이다.

현실 속의 상거와 상거 급제자

무측천 시기 상거의 실태를 살펴보려 할 때, 앞서 언급했던 설등의 상소를 다시 떠올리게 된다. 전술했듯이 그의 수 양제 진사과 창치 주장은 당시 관인선발제도에 대한 자신의 비판을 정당화하기 위한 것이었지만, 그 입론의 바탕에 이 글을 올린 천수3년의[41] 상황이 있음은 분명한 사실이기 때문이다. 그러므로 "오늘날 응거자〔今之擧人〕"에 관한 아래와 같은 설등의 말이 주목된다.

(1) 〔지방에서 응거자에 대한〕 향의(鄕議)가 소인의 글로 결정되고, 〔그〕 품행에 대한 훌륭한 어른의 판단이 없습니다. 책시(策試) 성적을 지방〔관청〕에서 시끄럽게 다투고, 〔자신의 현능함을 알아본 선발자의 진정한〕 은혜를 바람이 절하고 엎드림〔과 같은 형식적 의례〕보다 〔당락에 영향을 주지〕 못합니다. (2) 혹 밝은 조서가 내려져서 임시로 〔사자(使者)를〕 파견해 〔인재를〕 찾게 하면, 〔응거자들은〕 관청의 문으로 달려가고 높은 사람들의 집에 드나듭니다. 〔유력자들에게〕 글을 바치고 시를 올려 〔이에 대한〕 짤막한 평가로써 〔피선(被選)의〕 혜택을 받으려 하고, 전심전력으로 노력해서 〔자신을〕 이끌어주는 도움 받기를 기대합니다. (3) 그러므로 세상에서 응거자들을 일컬어 모두 '멱거(覓擧)'라고 합니다. '멱'은 스스로 구하는 것을 가리키니, 다른 사람들이 〔먼저〕 알아준다는 말이 아닙니다. (4) 그 행실을 살피고 그 재능을 헤아리면, 거기에서 사람의 품등(品等)이 잘 드러납니다. 〔그런데 현실은 이와 달리〕 자신의 〔이기〕심(利己心)을 좇기에 급급하여 지공(至公)의 이치가 어그러져 버렸고, 벼슬을 탐하는 성격이 두드러져서 청렴하고 결백한 풍조가 쇠퇴했습니다.(번호는 인용자)[42]

---

41 薛登의 상소 시기는 『冊府元龜』에 천수3년 1월로 명기되어 있다(권474, 「臺省部 奏議」, 5653쪽).

위의 인용문에 의하면, 관인의 선발은 크게 둘로 나뉜다. 조서의 하달과 사자의 파견에 따른 (2)와 이러한 전제 없이 상례적으로 시행된 (1)이 그것이다. 그런데 설등은 (3)에서 이 두 가지 과정 모두 "멱거" 곧 자발적인 응거로 인한 폐해가 심각하다고 비판한다. 이는 (4)에서 알 수 있듯이 그가 바람직하게 여긴 방법이 "행실"과 "재능"을 아울러 평가하는 고래(古來)의 찰거 방식이었기 때문이다. 설등의 이러한 판단은 "명(名)"을 존중한 "고(古)"가 "이(利)"를 중시한 "금(今)"보다 우월하다는 인식에 근거하고 있다.[43]

그러나 설등의 글은 전혀 다른 시각에서 읽을 수도 있다. 우선 자발적으로 응거하는 "멱거"가 당시 관인 선발의 개방성을 뜻하며, 이는 과거란 새로운 제도의 핵심적 특징이다. 그렇다면 (1)과 (2)는 각각 상거와 제거를 가리킨다고 보아도 무방하다. (1)에서 "책시 성적"이 거론되지만, (2)의 경우 이러한 시험 관련 기록이 없음을 생각하더라도 마찬가지이다. 당시 제거는 상거에 비하여 추천을 중시했기 때문이다.[44] 따라서 무측천 시기 과거제도의 실상이 위의 인용문에 잘 반영되어 있다고 해도 좋을 것이다.

물론 (1)·(2) 모두 선발자나 유력자와의 사적 관계를 중요한 것처럼 적어, 상거나 제거가 마치 천거 위주의 찰거와 비슷한 듯도 하다. 그런데

---

42 『舊唐書』권101, 「薛登」, 3138쪽. "(1)鄕議決小人之筆, 行修無長者之論. 策第喧競於州府, 祈恩不勝於拜伏. (2)或明制纔出, 試遣搜敭, 驅馳府寺之門, 出入王公之第. 上啓陳詩, 唯希欻咡之澤; 摩頂至足, 冀荷提攜之恩. (3)故俗號擧人, 皆稱覓擧. 覓爲自求之稱, 未是人知之辭. (4)察其行而度其材, 則人品於茲見矣. 徇己之心切, 則至公之理乖; 貪仕之性彰, 則廉潔之風薄."(번호는 인용자)

43 薛登은 위의 글 앞에 "臣竊窺古之取士, 實異於今. 先觀名行之源, 考其鄕邑之譽, 崇禮讓以勵己, 明節義以標信, 以敦朴爲先最, 以雕蟲爲後科. … 故名勝於利, 則小人之道消; 利勝於名, 則貪暴之風扇."(『舊唐書』권101, 「薛登」, 3137쪽)이라고 했다.

44 전게 吳宗國, 『唐代科擧制度硏究』, 「唐代科擧制度之二: 制擧」, 72~75쪽.

이는 관인 선발 과정에서의 비리를 강조하기 위해 과장된 감이 없지 않다. 설등의 상주문은 "지금 지역에서의 평판을 알아볼 때 오로지 이정(里正)에게만 묻는다."고도 하여,[45] 당시 지방에서 제도적으로 가장 중요했던 것은 이정을 통한 본인의 신원 확인 정도에 그쳤다고 생각되기 때문이다. 사실 이 글에는 "만약 그 문장이 참신하면 합격시키고, 글 짓는 재주가 모자라면 돌려보낸다."는 등 문필 능력 위주의 평가에 대한 비판도 여러 차례 되풀이된다.[46] 이 시기의 관인 선발에서 필기시험이 핵심적인 요소가 아니었다면 이러한 말이 나올 리 없다. 그러므로 무측천 집권기에 자발적으로 응거한 시험으로써 관인을 선발하는 과거가 상당히 제도화되었다는 사실을 부정할 수 없다.

그런데 이 설등의 상소에서 의외인 것은 중앙관학에 관하여 전혀 거론하지 않았다는 점이다. 위의 인용문에서도 상거 관련 서술은 오로지 "향의"나 "지방 관청" 이야기뿐이다. 만약 그의 말이 사실이라면, 상거의 응거자들이 대부분 향공이던 당시 상황은 매우 특이하다. 국자감의 학생을 그 주된 대상으로 삼았던 과거제도의 일반적인 모습과 다른 듯하기 때문이다. 진자앙(陳子昂, 661~702)이 무측천의 실권 장악 직후에 올린 글도 이러한 추측을 뒷받침한다. "태학이 황폐화된〔廢〕 지 오래되어" 건물이나 학생 모두 제대로 존재하지 않는다고 단언했던 것이다.[47]

---

45 『舊唐書』 권101, 「薛登」, 3139쪽에 "今訪鄕閭之談, 唯祇歸於里正. 縱使名虧禮則, 罪挂刑章, 或冒籍以偸資, 或邀勳而竊級, 假其不義之賂. 則是無犯鄕閭."라고 한다.

46 위의 글 뒤에 "祇如才應經邦之流, 唯令試策; 武能制敵之例, 只驗彎弧. 若其文擅淸奇, 便充甲第, 藻思微减, 便卽告歸, 以此收人, 恐乖事實. … 謀將不長於弓馬, 良相寧資於射策. 豈與夫元長自表, 妄飾詞鋒, 曹植題章, 虛飛麗藻, 校量其可否也! … 伏願陛下降明制, 頒峻科. 千里一賢, 尙不爲少, 僥倖冒進, 須立隄防. 斷浮虛之飾詞, 收實用之良策, 不取無稽之說, 必求忠告之言."(『舊唐書』 권101, 「薛登」, 3139~3140쪽. 밑줄은 인용자)라는 薛登의 말이 나온다.

47 『新校陳子昂集』 권9, 「諫政理書」, 213쪽. 陳子昂은 생몰년부터 논란거리이고, 이 글을 무측천에게 바친 시기 역시 상이한 기록이 많다. 본서는 일단 그의 생애를 羅庸,

하지만 진자앙 본인이 고종 개요1년(681) 재주(梓州, 현재 四川省 綿陽市)에서 올라와 태학에서 수학한 뒤 진사과에 급제하였다.[48] 그렇다면 왜 그가 이처럼 부실한 태학에 스스로 입학했는지 의문스럽고, 그의 말을 곧이곧대로 믿기 어렵다. 기실 무측천 시기에 진자앙처럼 중앙관학을 거쳐 진사과나 명경과에 합격한 인물 곧 생도가 예전보다 적지 않았던 듯하다.[49] 특히 손가지(孫嘉之, 657~739)의 경우 "태학에 입학하고 〔그〕 이름에 의탁해 상조하여〔託名常調〕, 천책〔만세〕(695~696) 연간에 진사과에 급제하였다."고 하므로,[50] 국자감이 상거의 급제에 유용하였음이 분명하다. 게

「陳子昂年譜」(원간 1935. 韓理洲, 『陳子昂研究』, 上海, 上海古籍出版社, 1988 所收)와 『唐才子傳校箋(1)』 권1, 「陳子昂」, 101~113쪽의 고증에 따른다. 그렇다면 「諫政理書」를 올린 때가 고종 사망 이듬해인 文明1년이다. 혹 이것이 광택1년(『冊府元龜』 권604, 「學校部 奏議」, 7246쪽)이나 광택2년(『唐會要』 권35, 「學校」, 739~740쪽. 『唐會要校證』, 545쪽의 注 참조)의 일이었을지라도, 그 시차는 한두 해에 불과하다.

48 상게 羅庸, 「陳子昂年譜」, 302~305쪽.

49 아래 표는 【부록2】의 현경 연간 이후 고종 때(Ⅱ기)와 무측천 집권기(Ⅲ기) 급제자들의 응거 방법을 정리한 것이다. 물론 이 향공과 생도는 현재 확인되는 이들일 뿐이며 미상 인물도 많아 그 숫자 자체에 절대적 의미를 부여하기 어렵다. 그러나 양자의 비율은 당시 상황의 추론, 나아가 동종 사료에 입각한 전후 시기와의 상대적인 비교 근거로 삼기에 족하다. 그렇다면 두 과목 모두 Ⅲ기의 향공 대비 생도의 비율이 Ⅱ기보다 높으므로, 무측천 집권기에 관학과 상거의 상관성이 예전보다 약해졌다고 생각되지 않는다.

시기	진사과·명경과 급제자 수/ 시기별 백분율/ 백분율 비교				진사과 급제자 수/ 시기별 백분율/ 백분율 비교				명경과 급제자 수/ 시기별 백분율/ 백분율 비교			
	총수	생도	향공	미상	총수	생도	향공	미상	총수	생도	향공	미상
Ⅱ기	63	19	19	25	25	8	8	9	38	11	11	16
	비율	30.2	30.2	39.7	비율	32.0	32.0	36.0	비율	28.9	28.9	42.1
	생도/향공 비율	100			생도/향공 비율	100			생도/향공 비율	100		
Ⅲ기	48	18	7	23	15	6	4	5	33	12	3	18
	비율	37.5	14.6	47.9	비율	40.0	26.7	33.3	비율	36.4	9.1	47.4
	생도/향공 비율	256.8			생도/향공 비율	149.8			생도/향공 비율	400		

다가 명경과에 급제한 후 중앙관학의 대성(大成)이 된 이들도 존재한다
면,[51] 이 시기 국자감과 상거의 밀접한 관계는 엄연한 사실이다.

이와 같은 측면에서 볼 때, 간과해선 안 될 것이 성력2년(699)의

(1) 나라에서 영순(682~683) 연간 이래 20여 년 동안 국학이 황폐하고
그 학생들도 적어져서, 지금 "유학(儒學)"〔을 습득한〕 관인을 경시하며
〔경서의〕 "장구(章句)"에 의한 선발을 중시하지 않습니다. 귀한 집안의
자제들이 다투어 "요행(僥倖)"으로 〔관〕반(官班)을 높이려 하고, 한미한
집안의 평범한 이들도 〔이처럼〕 쇠락한 분위기로 인해 학업을 게을리
합니다. 〔이러한 무리들을 대상으로〕 시험을 칠 때 뛰어난 자를 뽑기 힘드
니, 그들로 하여금 백성을 다스리게 해서 어떻게 정치가 올바로 되겠습
니까? (2) 또 수공(685~688) 연간 이후에는 밝은 통치가 이루어져 성대
한 은전도 크게 베푸시니, 날마다 쓰고 달마다 내리시는 〔인재 발탁의
조서를〕 기회로 삼아 입사의 방법이 더욱 많아졌습니다. … 관인을 선발
하는 관청은 점점 더 문란해져서, 관반을 가진 이들 가운데 "경술(經
術)"〔을 배운〕 사인은 적고 관직을 수행하는 이들 중 하찮은 재주를 가진
자가 많습니다. … (3) 〔폐하께서 학교를 일으키시어〕 왕공 이하 〔관작을 가진
이들의〕 자제들이 다른 벼슬길을 구하지 말고 모두 국학에 입학하여 올
바른 가르침〔訓典〕을 가슴에 새길 수 있도록 하십시오. (번호는 인용자)[52]

50 『文苑英華』 권955, 孫逖 「宋州司馬先府君墓誌銘」, 5024쪽에서 "投跡太學, 託名常調.
天冊中以進士擢第"라고 한다.

51 수공4년의 尹守貞(『張說集校注』 권22, 「四門助敎尹先生墓誌銘」, 1081쪽)과 성력2년
의 開休元(『唐代墓誌彙編』, 開元390번), 徐憚(『全唐文補遺(8)』, 392쪽). 이밖에 "弱
冠, 入太學. 明年, 射策登科, 便授國子大成."한 郭瑜(『全唐文補遺(千唐)』, 177쪽)도
급제 과목이나 시기를 확정짓기는 어렵더라도 무측천 집권기에 태학생으로서 "登科"
후 "大成"이 되어 국자감에 머물렀음은 분명하다.

52 『舊唐書』 권88, 「韋嗣立」, 2866~2867쪽(『冊府元龜』 권604, 「學校部 奏議」, 7246쪽;
『唐會要』 권35, 「學校」, 740쪽 참조). "(1)國家自永淳以來, 二十載餘, 國學廢散, 胄子
衰缺, 時輕儒學之官, 莫存章句之選. 貴門後進, 競以僥倖昇班, 寒族常流, 復因陵替弛
業. 考試之際, 秀茂罕登, 驅之臨人, 何以從政? (2)又垂拱之後, 文明在辰, 盛典鴻休, 日

라는 위사립(韋嗣立, 654~719)의 상주이다.

여기에서 고종 말 영순 연간부터 "국학이 황폐"해졌다는 (1)의 기록이 무엇보다 먼저 주목된다. 그 직전 영륭2년(681)이 바로 진사과와 명경과의 시험 내용 개혁으로 상거의 과목별 정체성이 확보된 시기이기 때문이다. 그렇다면 상거의 제도적 정착과 더불어 관학이 쇠퇴한 셈인데, (3)을 보면 위사립의 이러한 판단 이유가 드러난다. 그는 반드시 관학에서 "올바른 가르침"을 배운 뒤에만 관인이 되어야 한다고 여겼던 것이다. 따라서 여타 방법은 모두 "요행"이었다. "유학"·"경술"과 별개의 '잡문(雜文)' 시험이 추가된 진사과도 그럴 수 있겠지만, 특히 상거 응거자의 또 다른 내원인 향공의 경우 확실히 이에 해당한다. 위사립이 보기에, 벼슬을 구하더라도 굳이 관학에 입학할 필요가 적어지는 현상이 곧 국학의 "황폐"였던 셈이다.

이러한 입장에서 생각할 때, 전술하였듯이 제거가 빈번해지고 중시된 무측천 시기는 더욱 개탄스러울 수밖에 없다. 위사립도 실제로 (2)에서 그녀가 집권한 "수공 연간 이후" 인재 발탁의 조서가 잦아져 "입사의 방법"이 늘어난 탓에 "경술을 배운" 관인이 줄어들었음을 강조하였다. 그러므로 위사립이 비판한 현실은 기실 관학 그 자체보다 관인 선발의 문제였는지도 모른다. 다시 말해, 설령 국자감이 건재하고 그곳에 아무리 많은 학생이 있을지라도, 만약 제거를 비롯한 다른 방법으로 관인이 되었다면[53] 결국 "국학이 황폐"한 것이다.

書月至, 因籍際會, 入仕尤多. … 選擧之曹, 彌長淪濫. 隨班少經術之士, 攝職多庸鎖之才 … (3)陛下誠能下明制, 發德音, 廣開庠序, 大敦學校, 三館生徒, 卽令追集. 王公已下子弟, 不容別求仕進, 皆入國學, 服膺訓典."(번호는 인용자)

53 실제로 무측천 시기에는 상거 이외의 방법으로 관직을 얻은 국자감의 학생이 자주 발견된다. 예를 들어, 鄭齊丘가 제거에 합격했고(『全唐文補遺(8)』, 20쪽), 楊處濟는 從軍해 군공으로 勳官을 받았으며(『河洛墓刻拾零』, 152번), 張時譽의 경우 南郊에서의 의례에 참여한 뒤 "歷試從調"해 관인이 되었다(『唐代墓誌彙編』, 開元365번). 이러

　　무측천 시기의 관학 쇠락에 대한 논거로 자주 이용되는 『구당서』 「유학(儒學)」의 기록을 보더라도 마찬가지이다. 여기에는 학관(學官)의 자질 저하도 그 이유로 들고 있으나 별로 설득력이 없다.[54] 사실 이 글의 핵심 논지는 무측천이 시류(時流)에 영합하여 중앙관학의 학생들을 재랑(齋郞) 등으로 동원한 후 관직을 준 탓에 그들이 "경학에 뜻을 두지 않고 구차히 요행을 바라서, 20년간 학교가 갑자기 황폐해져 버렸다[隳廢]."는 데 있는 것이다.[55] "유학"의 측면에서 본 관학의 문제 역시 이처럼 그 학생들에게 여러 가지 입사 가능성을 열어 두었기 때문이었다.

　　그렇다면 위의 글들에서 관학의 "황폐"란 말은 중앙관학의 외형보다 내부 분위기, 즉 그 학생들이 유학에 전념하지 않고 벼슬만 구하는 풍조 에 초점을 맞추고 있다. 이러한 현상은 다양한 상거 과목의 제도화와 무관하지 않으며, 특히 무측천의 남관(濫官) 정책으로 인해 더욱 촉진되었

한 인물이 적지 않았음은 앞서 제시한 〈표12: 【부록1】에 없는 무측천 시기의 '미상 과목' 급제자〉 표의 5명 중 최소한 2명이 관학의 학생이란 점에서도 잘 드러난다. 郭瑜와 鄭翰은 확실히 관학에서 공부했고, "造士"가 만약 『禮記』의 용례처럼 관학과 관련이 있다면 兪仁玩 역시 그러하기 때문이다.

54　"〔무측천 시기〕其國子祭酒, 多授諸王及駙馬都尉. … 至於博士、助教, 唯有學官之名, 多非儒雅之實."(『舊唐書』 권189上, 「儒學 序」, 4942쪽)이라고 했으나, 현존 문헌으로 확인되는 學官의 사례들을 보면 이 말에 동의하기 어렵다. 무측천 시기의 국자좨주 중 황족은 李重福 1명뿐인데, 『舊唐書』에서 그 상황이 개선된 것처럼 적은 현종 시기 에 도리어 李祗 등 4명의 "王子"를 국자좨주로 임용했기 때문이다(전게 任育才, 『唐型 官學體系之硏究』, 18~39쪽의 표). 그리고 무측천 때 여타 學官들의 자질도 다른 시기 에 비하여 특별히 떨어지지 않는다(같은 책, 147~173쪽의 표 참조). 『舊唐書』의 이러 한 서술은 기본적으로 "至是(무측천 집권기:인용자), 諸王與駙馬赴上, 唯判祥瑞按三 道而已."(권189上, 「儒學 序」, 4942쪽. 『唐會要』 권60, 「東都國子監」, 1368쪽의 祭酒 관련 기록 참조) 같은 특수한 상황을 비판하기 위한 것으로 생각된다.

55　『舊唐書』의 위 인용문 앞뒤에서 "高宗嗣位, 政敎漸衰, 薄於儒術, 尤重文史. 於是醇醲 日去, 華競日彰, 猶火銷膏而莫之覺也. 及則天稱制, 以權道臨下, 不吝官爵, 取悅當時. … 是時復將親祠明堂及南郊, 又拜洛, 封嵩嶽, 將取弘文、國子生, 充齋郞行事, 皆令出 身放選, 前後不可勝數. 因是生徒不復以經學爲意, 唯苟希僥倖. 二十年間, 學校頓時隳 廢矣."(권189上, 「儒學 序」, 4942쪽. 밑줄은 인용자)라고 하였다.

다. 그 결과 관인의 선발에서 관학을 중시했던 당초의 상황과 달라졌다. 이와 관련하여 흥미로운 일화가 있다. 천수2년에 어떤 태학생이 황제에게 귀향 휴가를 신청하자 특정 학생의 이런 사안 결정은 관인의 업무라면서 "칙(勅)"으로 답하지 않았다는 이야기가 그것이다.[56] 그 이전까지 황제에게 직접 휴가를 청할 수 있을 만큼 존중되던 국자감 학생의 지위가 이 시기에 이르러 낮아진 듯한 것이다. 이는 관학의 위상 저하와도 연관될 터이며, 이즈음 설등이 올린 상소에 중앙관학 관련 서술이 없는 까닭도 마찬가지이다.

따라서 무측천 시기 관학의 "황폐"를 과거제도의 쇠퇴와 동일시하기 어렵다. 당시 상거가 전술했듯이 지속적으로 발전하고 있었다면 더욱 그러하다. 사실 상거에는 관학과 무관한 응거자 곧 향공이 존재하였고, 관학의 위상 저하도 일면 향공의 상대적 중요성 증대를 뜻할 수도 있다. 앞서 상거와 제거의 혼용 가능성을 설명하며 유승경의 상주를 잠깐 언급했는데, 연초의 조회(朝會)에서 "공물"을 "공(거)인(貢擧人)"의 앞에 두던 관행을 비판하며 그 위치를 바꾸자고 한 그의 주장은 이 문제와 관련하여서도 홀시해서 안 된다. 무측천이 이 제안을 받아들임으로써 예전에 비하여 그들을 더 예우하도록 했기 때문이다.[57] 이러한 향공의 지위 제고는 관학 학생의 경우와 상반되며, 이는 당초 이래 관학에 초점을 맞추어 왔던 관인 선발 정책과 기조를 달리 하는 것이다.

그런데 무측천 시기 향공의 구체적인 선발 방법은 고종 때와 마찬가지로 정확히 알지 못한다. 관련 문헌들이 대부분 "공(貢)"·"거(擧)"로만 표현하고,[58] 간혹 "벽(辟)"·"찰(察)"이라고도 적어 전통적인 찰거 방식을 답

<hr>

56 『唐會要』 권51, 「識量」, 1042쪽. 『資治通鑑』 권204, 唐則天后天授2年條, 6476쪽 참조.

57 『冊府元龜』 권639, 「貢擧部 詔制」, 7669쪽; 『唐會要』 권76, 「貢擧 緣擧雜錄」, 1638쪽. 『通典』 권15, 「選擧 歷代制」, 354쪽 참조.

58 진사과 급제자의 예로 천책만세2년의 崔沔("鄕貢進士", 『唐代墓誌彙編』, 大曆060번)

습한 것처럼 보이는 경우마저 있다.[59] 하지만 이런 기록들은 단지 예전의 관례에 따른 것일 수 있고, 이때 처음으로 "시(試)"를 명기한 사례가 나타난다는 사실이 주목된다. 장구령(張九齡, 678~740)의 "약관(弱冠), 향시 진사(鄕試進士)"[60] 기록이 그것으로서, 당시 지방에서의 향공 선발이 예전보다 더욱 체계화되었을 가능성이 크다. 전술한 바 장안2년(702)에 매년 지방에서 무거(武擧) 응거자를 뽑아 보낼 때 "명경·진사의 예(例)에 준"하도록 한 조칙 또한 이러한 추측을 뒷받침한다. 진사과나 명경과의 향공 선발 절차가 명확히 법제화되지 않았다면, 새로운 상거 응거자를 뽑는 기준으로 제시될 리 없기 때문이다.

물론 이 시기에 향공을 비롯한 상거의 응거자들을 중앙에서 최종 선발할 때 시험의 형식을 취한 것은 확실하다. 실제로 서송의 『등과기고』는 아래와 같이 이 시기 진사과의 책시(策試) 실례를 찾아두었고, 『등과기고보정』 역시 여기에 이견이 없다.[61]

〈 표 13: 『등과기고』의 무측천 시기 진사과 책시 사례 〉

시기	관련 사항	서송의 판단 근거(추정)	근거 자료 의문
광택2년 (685)	5문항의 책문 (策問)/ 1인의 대책(對策)	진사과는 5개 문항의 책문 시험/ 진사과 급제자 오사도(吳師道)의 답안	『문원영화』-2461에 「현량방정책」으로 나올 뿐 진사과 시험이란 확증 없음, "짐(朕)"의 질문 형식으로서 상거와 다름

과 성력1년의 馮復("郡擧季(秀의 오기:교감기)才", 『全唐文補遺(千唐)』, 207쪽) 등이 있고, 명경과의 경우 聖曆2년의 開休元("鄕貢明經", 『唐代墓誌彙編』, 開元390번)과 垂拱年間의 楊承福("州擧孝廉", 같은 책, 景龍042번) 등이 그러하다.

59 王同人(672~728)이 "早辟孝廉, 明經高第"(『唐代墓誌彙編』, 開元292번)했다거나, 明俊(685~743)이 "弱冠察孝廉"(같은 책, 天寶032번)하였다는 기록이 그 좋은 예이다.

60 『全唐文』권440, 徐浩 「唐尙書右丞相中書令張公神道碑」, 4489쪽.

61 孟二冬의 遺著인 「唐代進士試年表」, 『孟二冬文存(下)』(北京, 高等敎育出版社, 2007), 3~4쪽도 『登科記考補正』과 동일하다.

시기	관련 사항	서송의 판단 근거(추정)	근거 자료 의문
증성1년 (695)	1문항의 책문/ 3인의 대책	진사과 급제자 손가지 (孫嘉之) 등의 답안	『문원영화』-2578에 「서사백가 (書史百家)」로 나올 뿐 진사과 시험이란 확증 없음
성력1년 (698)	1문항의 책문/ 1인의 대책	진사과 급제자 풍만석 (馮萬石)의 답안	『문원영화』-2561에 「역수(曆 數)」로 나올 뿐 진사과 시험이 란 확증 없음
대족1년 (701)	4문항의 책문	당시 "지공거(知貢擧)" 장열(張說)의 "시로주 진사(試潞(洛의 오기:인 용자)州進士)"란 명칭 의 글	장열의 글(『장열집교주』-1458, 「시낙주진사책문사수(試洛州 進士策問四首)」) 성격과 "겸지 고공공거사(兼知考功貢擧事)" 시기에 대하여 논란 있음

    그런데 〈표13〉에서 앞의 세 책시와 진사과의 관계는 의심스러운 점이 많다.[62] 하지만 마지막 대족1년의 사례는 다르다. 장열의 이력으로 볼 때, 이것이 당시 '신도(神都)'로서 수도 역할을 한 낙양(洛陽)에서의 시험이라고 생각되기 때문이다.[63] 그렇다면 무측천 시기는 그 이전과 달리 진

---

62 위의 〈표13〉에서 밝혔듯이 『文苑英華』에 실린 광택2·증성1·성력1년의 策試가 진사과에서 시험한 것이란 확증이 존재하지 않는다. 그럼에도 불구하고 徐松이 이렇게 판단한 주된 근거는 그 답안 작성자를 진사과 합격자로 보았기 때문이다. 하지만【부록1】을 보면 해당 인물들이 모두 '사료 가치'가 낮은 단계(○)에 속한다. 그리고 이들이 설령 급제자라고 하더라도 『文苑英華』에 실린 문장이 곧 진사과에 응거했을 때 쓴 글이란 확증이 없다. 기실 『文苑英華』에 나오는 策問·對策의 이름만이 아니라 그 내용도 진사과에서 시험한 時務策과 거리가 먼 것이다. 따라서 〈표13〉 중 앞 3개는 진사과 급제자를 찾는 데 급급했던 기존 학계 분위기의 산물이라고 생각되며, 이를 그대로 믿기 어렵다. 만약 『등과기고』의 설명처럼 이 책시들이 정말 진사과와 관계된 것이었다면, 그것은 전술한 바 당시 중앙에서 상거를 제거와 함께 시험했을 개연성을 높여 줄 뿐이다.

63 전게 金瀅坤, 『中國科擧制度通史: 隋唐五代卷』, 「常擧鄕貢」, 279~280쪽이 「試洛州進士策問四首」(『張說集校注』 권30, 1458~1460쪽)라는 글의 명칭을 근거로 이 策問을 지방에서 시험한 "府試"로 보았다. 그러나 대부분의 연구자들은 이즈음 "兼知考功貢擧事"한 張說의 경력을 근거로 이 글을 상서성에서 관할한 최종 시험 문제라고 하였다. 단 그 시점에 관해서는 논란이 있다. 徐松은 大足1년이라고 편년했으나(『登科記考補正』, 155~157쪽), 陳祖言, 『張說年譜』(香港, 中文大學出版社, 1984), 17쪽; 전게

사과의 구체적인 책시 내용까지 확인 가능하고,[64] 이때 상거의 최종 평가가 상서성에서의 시험 곧 성시(省試)였음이 분명하다. 사실 무측천 시기의 성시에 관해서는 더욱 자세한 기록도 있다. "수공초(垂拱初)"의 진사과 합격자인[65] 안원손(顔元孫, ?-732)의 신도비는

> 진사로 뽑혀 … 〔상서〕성에서 「구하명(九河銘)」과 「고송부(高松賦)」를 시험하였다. 고사(故事)에 따라 응거자들이 시험을 칠 때 조정의 관인들이 다 모였는데, 고공〔원외〕랑 유기(劉奇)가 먼저 군(君)을 "명과 부 2수가 아름답고 참신하며, 시무〔책〕5조(條)도 표현과 내용이 훌륭하나, 애석하게도 첩경은 6개만 통(通)한 까닭에 (궐문(闕文)으로 인해 내용 미상)할 수 없다."며 칭찬하였다. … 이로 말미암아 이름이 천하에 떨쳐 고성〔현〕(鼓城縣)의 주부로 해갈(解褐)하였다.[66]

고 하는 것이다.

당후기에 쓰인 이 글에 얼마간 과장이 있을지 몰라도,[67] 여기에서 당

陳尚君, 「『登科記考』正補」, 310쪽은 그 이듬해인 長安2년으로 수정한 것이다. 그리고 熊飛는 「張說年譜簡編」, 『張說集校注』, 1681~1682쪽(같은 책의 권30, 1460~1461쪽 참조)에서 張說의 과거 주관 시기를 다시 1년 더 늦추었다. 여기에서 이 주장들의 시비를 가리기는 힘들지만, 어느 경우나 무측천 때의 일인 것은 동일하다.

64 『登科記考』에 전하는 고종 때까지의 진사과 策問은 정관1년과 정관20년의 것뿐이고 (『登科記考補正』, 9·28~29쪽), 이는 각각 上官儀와 張昌齡이 진사과 합격자라는 사실을 전제로 한다. 그러나 제1부에서 상술했듯이 이 두 사람의 급제 기록에 의문이 많고, 당시 상거로서 진사과의 존재 자체가 의심스럽다. 따라서 필자가 보기에 張說의 글이 현존 문헌에서 최초의 확실한 진사과 策試 문제이다.

65 『舊唐書』 권187下, 「忠義 顔杲卿」, 4896쪽.

66 『全唐文』 권341, 顔眞卿 「朝議大夫守華州刺史上柱國贈秘書監顔君神道碑銘」, 3457쪽. "擧進士, 素未習『尚書』, 六日而兼注必究. 省試「九河銘」·「高松賦」. 故事, 擧人就試, 朝官畢集, 考功郎劉奇(『唐摭言』 권1, 「鄕貢」, 8쪽 등에는 '劉廷奇'로도 나옴:인용자)乃先標榜君曰, '銘、賦二首, 旣麗且新; 時務五條, 詞高理贍; 惜其帖經通六, 所以不〈原本闕〉.' 屈從常第, 徒深悚怍, 由是名動天下, 解褐鼓城主簿."

67 무측천 시기 관인선발제도에서 상거 과목의 위상을 생각할 때, 진사과 시험 때 "조정의 관인들이 다 모였"다는 "故事"가 쉽게 이해되지 않는다. 이러한 서술은 진사과를

시 진사과 급제자의 최종 선발이 시험으로써 결정되었음은 물론 그 구체적인 내용도 드러난다. 그런데 이를 전술한 영륭2년의 상거 과목 개혁과 비교하면 흥미롭다. 우선 진사과에 추가된 "잡문 2수"를 명(銘)과 부(賦)로 시험하여 문학적 소양을 중시한 진사과의 정체성을 명백히 보여준다. 하지만 위의 인용문에 의하면 진사과 응거자는 잡문·책만이 아니라 첩경까지 시험한 듯하다. 만약 진사과가 이처럼 삼장제(三場制)로 운용되었다면, 무측천 시기에 상거의 시험 방식은 더욱 엄격해진 셈이다.

물론 안원손이 쳤다는 책시와 장열이 출제한 책문의 문항 숫자가 상이하며, 그의 사례를 무측천의 집권기 전체의 상황으로 섣불리 일반화할 수 없다. 사실 과거제도가 확고히 정착된 당후기에도 구체적인 시험 방법을 '격(格)'으로써 조정 가능하였는데,[68] 상거가 갓 만들어졌을 뿐더러 정치적으로 혼란스러웠던 이 시기에는 제도의 가변성이 더 컸을 터이다. 여하간 당시 진사과를 비롯한 상거 과목의 정체성이 시험과 연계되어 강화되는 추세였고, 응거자가 이 시험의 관문을 거쳐야만 했음에 틀림없다.

무측천 시기 상거의 현실과 관련하여 마지막으로 짚고 넘어가야 할 사실이 있다. 시험이 아무리 체계화되고 다양해졌을지라도, 합격자에게 곧바로 직사관(職事官)이 보장되지 않았음이 그것이다. 이는 누차 지적했던 '거(擧)·선(選)의 분리'라는 과거의 속성상 당연한 일이고, 고종 때 입류

특별히 중시했던 안사의 난 이후 상황을 소급해서 쓴 것일는지도 모르겠다. 顔元孫의 神道碑는 대종 광덕2년(764) 이후 제작되었기 때문이다(『全唐文』 권341, 顔眞卿 「朝議大夫守華州刺史上柱國贈秘書監顔君神道碑銘」, 3458쪽).

68　무종 회창4년 10월에 과거와 관련된 매우 세세한 규정을 禮部에서 "編入擧格"했는데 (『冊府元龜』 권641, 「貢擧部 條制」, 7686쪽. 『唐會要』 권76, 「貢擧 進士」, 1636쪽은 이를 文宗 開成 연간 기록 다음에 적었으나, 『冊府元龜』와 같이 회창4년 10월의 일로 기록한 사고전서본에 따라 수정되어야 함), 『唐摭言』에 그 실례가 전한다(권1, 「會昌 五年擧格節文」, 2쪽).

자(入流者)의 증가와 더불어 정비된 전선제도를 생각하면 더욱 그러하다. 하지만 무측천 시기의 경우 그 특수성 또한 간과해서는 안 된다. 정변의 와중에서 남발된 관작(官爵) 탓에 관인의 자격을 갖춘 이들이 너무 많아졌기 때문이다. 장작(張鷟, 660경~740경)이 "건봉(666~668) 연간 이전에 선인(選人)은 매년 수천 명을 넘지 않았으나, 수공(685~666) 연간 이후에는 〔선인이〕 해마다 항상 5만 명이나 되었다."고[69] 할 만큼, 이부에서의 전선 대상자가 고종 때에 비하여 훨씬 증가한 것이다.

그러므로 무측천 시기에는 전선까지 통과해 관직을 받기가 굉장히 어려워졌으며, 전선에 참여 가능한 '선인(選人)' 자격만으로도 충분히 명예로울 수 있었다. 이 시기에 만들어진 묘지에 "천관상선(天官常選)" 곧 이부상선(吏部常選)이란[70] 말이 처음 나타남은 물론 그 표제로도 내세워지기 시작한다는 것이[71] 그 단적인 증거이다. 후술하듯이 전선에서 비교적 유리했던 상거의 급제자 역시 이와 같은 상황에서 예외는 아니었다. 무측천 시기에 제작된 묘지에서 "명경탁제(明經擢第), 천관상선(天官常選)"[72], "명경천관상선(明經天官常選)"과[73] 같은 표현이 발견되기 때문이다. 다시 말해, 명경과에 급제하고도 직사관이 되기 전에 일정 기간 "천관(이부)상선"

---

69 『朝野僉載』권1, 6쪽에 의하면, "乾封以前, 選人每年不越數千, 垂拱以後, 每歲常至五萬."이라고 한다.

70 『唐六典』권2, 「尚書吏部」, 26쪽에서 알 수 있듯이, 吏部는 무측천 광택1년에 天官으로 바뀌었다가 중종 신룡1년에 예전의 이름으로 되돌아갔다.

71 "天官(吏部)常選"이란 표현은 증성1년에 만든 李難 묘지의 "釋褐左勳衛, 奉勑傔靈州都督陳令英天官常選"(『唐代墓誌彙編』, 證聖013번) 등에 보이는데, 특히 "大周故左衛翊衛天官常選梁君墓誌銘"(같은 책, 萬歲通天003번)·"大周故右翊衛淸廟臺齋郎天官常選王豫墓誌銘"(같은 책, 神功007번)·"唐故上柱國吏部常選王君墓誌銘"(같은 책, 長安046번)처럼 이를 묘지 첫머리의 표제로 쓴 사례도 있어 주목된다.

72 『唐代墓誌彙編續集』, 萬歲通天011번 묘지에서 "第二〔子〕明經擢第, 天官常選"이라고 하였다.

73 『唐代墓誌彙編續集』, 長安003번의 묘지는 "明經天官常選姪孫〔李〕皇書"한 것이다.

의 지위에 머무를 수밖에 없었다.

그런데 이처럼 관직을 갖지 못한 애매한 상태의 상거 합격자가 자신이 급제한 과목을 명기하고 있음은 흥미롭다. 성력(聖曆)3년(700)에 만들어진 묘지의 "대주전명경급제천관산관이군묘지명(大周前明經及第天官散官李君墓誌銘)"이란[74] 표제도 마찬가지이다. 여기에서 "천관산관"은 이부에서 산관을 받았다는 의미로 짐작되는데, 그 앞에 "전명경"이란 말을 덧붙여 둔 것이다. 이는 명경과 합격자라는 사실을 강조한 표현일 터이고,[75] 당시 상거의 급제 자체에 대한 사회적 중시 분위기를 시사한다. 이러한 양상은 무측천 시기에 상거의 제도적 정착을 보여주는 하나의 방증이라고 해도 무방할 것이다.[76]

더욱이 이 시기에는 스스로 "전성균진사(前成均進士)"라고만 부른 인물도 등장한다.[77] 이와 같이 관직은 물론 전선의 참여 자격마저 불확실한 이들의 존재는 분명히 선인의 증가로 인해 입사가 어려워진 현실의 결과이다. 그러나 한편으로 이러한 자칭은 진사과에 급제하였다는 긍지 또한 드러낸다. 당시 남관 탓에 관인선발제도가 일면 문란해졌을지라도, 여러

---

74 『大唐西市博物館藏墓誌』, 143번.

75 『唐國史補』권下, 55쪽; 『唐摭言』권1, 「述進士下篇」, 4쪽은 진사과와 연관된 용어를 설명하면서 "得第謂之'前進士'"라고 하므로, "前明經" 역시 명경과 합격자를 뜻할 것이다. 사실 이 前進士·前明經은 무척 복잡한 문제를 내포하고 있는데, 이에 대한 검토는 관련 사례가 현저히 늘어나는 현종 시기의 고찰 곧 제3부로 미룬다.

76 전술하였듯이 정관15년에 만들어진 造像記의 찬자로 나오는 "前鄕貢進士" 기록은 매우 의심스럽고, "前鄕貢明經"이란 표현이 담긴 『唐代墓誌彙編續集』, 儀鳳002번 묘지도 숙종 때의 것을 잘못 편년한 것이다. 필자는 무측천 집권기 이전에 제작된 석각자료에서 이처럼 과거 급제 사실만으로써 자신의 지위를 밝힌 사례를 아직 찾지 못하였다.

77 『唐代墓誌彙編』, 長安018번 묘지의 끝에 "惟大周長安三年二月十一日前成均進士太原王元瓛撰"이라고 적혀 있다. 그리고 장안4년에 세운 「衛州共成縣百門陂碑銘」에도 "前成均進士隴西辛怡諫文"이란 말이 보인다(「百門陂碑」, 『金石萃編』권65, 『隋唐五代石刻文獻全編(3)』, 130쪽). 이 기록들은 무측천 말기에 成均監 곧 중앙관학을 거쳐 진사과에 합격한 이들이 "前成均進士"로 자칭했다는 명증이다.

단계의 시험을 거쳐야만 했던 상거는 여타 입사 방법과 차별화하며 독자적 위상을 확보해 갔고 또 그 급제자들 역시 나름의 자부심을 지닐 수 있었던 것이다.[78] 나아가 급제 여부조차 불확실한 "성균진사(成均進士)"란 용례까지 보인다면[79] 더욱 그러하다. 이것이 바로 무측천 시기가 과거제도의 역사에서 갖는 특별한 의미라고 생각된다.

이상에서 살펴본 '무측천 시기의 변화' 실상을 간략히 정리하면 다음과 같다. 무측천 집권기의 진사과와 명경과는 고종 연간에 비하여 상거 과목으로서의 독자적 정체성을 강화하였고, 무거란 새로운 상거 시행의 기준이 되기도 했다. 물론 불확실한 성격의 관인 선발 과목 역시 증가한 당시 관인선발제도가 일면 문란해진 것처럼 보이기도 한다. 이는 비정상적으로 권력을 장악한 무측천의 남관 정책과 무관하지 않은데, 실제로 유난히 자주 또 광범위하게 시행된 제거가 현실적으로 상거와 혼용되었던 듯하다. 그러나 당시 상거에서 자발적 응거와 시험에 의한 평가가 더욱 중요해지면서 과거의 속성이 뚜렷해졌음 또한 분명한 사실이다. 설

---

78 이와 관련하여 당시 전체 관인들 중 상거 급제자의 비율이 그렇게 높지 않았음을 지적해 두고 싶다. 【부록2】에서 보듯이 상거에 합격한 뒤 받은 초임 관직은 縣尉·主簿가 많으나, 실제로 이 시기 지방관들 가운데 상거에 급제한 이들은 극소수에 불과하였다. 楊炯이 수공 연간 梓州 司法參軍으로서 자신의 동료 28명에 대하여 적은 「梓州官僚贊」을 보면, 상거 급제 사실이 명기된 자는 "明經擢第"한 飛烏縣 主簿 蕭文裕 1명뿐이기 때문이다(『楊炯集箋注』 권10, 1493~1527쪽).

79 앞서 본 「百門陂碑」의 碑陰에는 "成均進士李大寶"의 "賀晴詩"가 실려 있다(『金石萃編』 권65, 『隋唐五代石刻文獻全編(3)』, 132쪽). 李大寶라는 인물의 행적은 전혀 알 수 없으나, 위의 기록에 의거할 때 당시 중앙관학의 학생으로서 진사과에 응시 가능한 '生徒進士' 자격만을 가진 이였다고 생각된다. 그리고 당시 "孝廉"이 명경과와 상통한다면, 천수3년에 "州辟孝廉不赴"한 張慶之의 묘지를 만들면서 "唐孝廉張君墓誌"란 표제를 붙인 것도(『唐代墓誌彙編』, 天授041번) 비슷한 용례일 수 있다. 張慶之가 중앙에서의 선발 시험에 응하지 않았으므로, 표제의 "孝廉"은 기껏해야 '鄕貢明經'의 신분에 불과하기 때문이다. 그러나 이처럼 省試의 응시 자격 자체를 명기하여 강조한 기록은 제3부에서 상술할 것처럼 현종 연간 이후에 많아지며 그 전까지는 매우 희소한 사례일 뿐이다.

령 입사 방법의 다양화로 인해 관학의 위상이 저하되었을지라도, 상거 안에서 볼 때 이는 곧 향공의 상대적 중요성 증대를 뜻하는 것이기도 하다.

그런데 무측천 시기의 상거 합격자가 관직을 받으려면 급격히 늘어난 선인들과 치열한 경쟁이 불가피했고, 일정 기간 "천관(이부)상선"이란 애매한 지위에 머무를 수밖에 없었다. 하지만 이미 몇 단계의 평가·시험을 통과한 이들은 스스로 "전진사"·"전명경"으로 부르며 자긍심을 드러내기도 하였다. 이와 같은 무측천 시기의 새로운 현상들은 상거의 제도적 정착과 동시에 그 급제자들의 특별한 심태(心態)를 보여준다는 점에서 주목할 만하다.

2. 중종·예종 시기 관인선발제도의 정비

당조의 복구와 관학의 중시

무측천의 건강이 악화되면서 궁중 내부에 권력을 둘러싼 암투가 치열하였으나, 결국 황위는 신룡1년(705) 1월에 황태자이던 그녀의 아들 이현(李顯, 656~710)에게 넘겨졌다.[80] 새 황제 중종은 즉위 후 즉각 국호를 주(周)에서 당(唐)으로 되돌림과 동시에 예악과 관명 등을 모두 "영순(682~683) 연간 이전의 고사(故事)에 의거"하도록 했다.[81] 고종 말년의 제도를 기준으로

---

80 무측천에서 중종으로 황위가 넘어갈 당시의 복잡한 상황은 『資治通鑑』 권207의 唐則天后長安4年條, 6575쪽~唐中宗神龍1年條, 6582쪽에 자세히 설명되어 있다.

81 『唐大詔令集』 권2, 「中宗卽位敕」, 6~7쪽. 중종은 1월 丙午日(25)에 즉위했는데(『資治

삼아 당조가 복구된 것이다.

이와 같은 개혁은 당연히 관인의 선발에도 영향을 미쳤을 터인데, 앞 절에서 제시했던 두 표의 수치가 이를 증명한다. 우선 〈표11: 【부록1】의 '자료 신뢰성'이 높은 Ⅱ~Ⅳ기 인물들 중 '미상 과목' 급제자의 백분율〉을 보면, 무측천 집권기에 유난히 높던 '미상 과목'의 비율이 중종·예종 때 낮아져서 고종 시기와 유사하다. 그리고 〈표10: 【부록2】의 Ⅱ~Ⅳ기 급제자의 초관 품계〉에서 무측천 시기 초관의 표준편차가 유난히 작아졌으나, 이 역시 다시 조금 커진다. 이러한 통계 수치는 중종의 즉위 이후 무측천 집권기의 상거에서 나타났던 독특한 현상들이 약화되었음을 뜻한다.

물론 그렇다고 해서 중종·예종 시기의 '미상 과목' 비율이나 초관의 표준편차가 고종 때와 동일하지는 않다. 위의 두 사실을 간략히 정리한 아래의 〈표14〉에서 알 수 있듯이, 불확실한 성격의 시험으로 여겨지는 '미상 과목'의 비율은 8.7%(진사과 10.7%, 명경과 7.3%)에서 8.0%(진사과 12.5%, 명경과 5.9%)로 떨어졌다. 그리고 한 과목의 제도적 동질성을 반영하는 지표인 표준편차 역시 진사과는 2.04에서 0.96으로, 명경과는 3.10에서 2.41로 감소하였기 때문이다. 중종·예종 시기의 상거 과목들은 기본적으로 고종 때에 비해서 독자적 정체성을 강화하며 발전해 가는 추세였던 것이다.

通鑑』 권207, 唐中宗神龍1年條, 6581쪽; 『舊唐書』 권7, 「中宗」, 136쪽), 이 글은 『唐大詔令集』과 『文苑英華』(권463, 制集 「神龍開創制〈一作「中宗卽位制」〉」, 2363~2365쪽)에 모두 "2월 5일"에 나온 것으로 되어 있다. 그리고 『舊唐書』 권7, 「中宗」, 137쪽 역시 "復國號"와 "依永淳已前故事"한 것을 2월 甲寅日(4)의 일로 적고 있으며, 『資治通鑑』 권208, 唐中宗神龍1年條, 6583쪽의 기록 역시 이와 같다. 따라서 이러한 개혁의 정확한 시점은 논란의 여지가 있지만, 이것이 중종의 복위에 잇따른 조처였음은 분명하다.

<표 14: 【부록1】·【부록2】의 Ⅱ~Ⅳ기 '미상 과목' 급제자의 비율과
초관 품계의 표준편차 >

시기	'자료 신뢰성'이 높은 사례 중 '미상 과목 비율(진사과, 명경과 중의 비율)	진사과의 표준편차	명경과의 표준편차
Ⅱ기(656~683)	8.7%(10.7%, 7.3%)	2.04	3.10
Ⅲ기(684~704)	11.1%(25.0%, 2.9%)	0.95	2.17
Ⅳ기(705~712)	8.0%(12.5%, 5.9%)	0.96	2.41

이러한 현상은 실제 사례들에서도 확인된다. 중종·예종 때 수재·효렴으로 "징(徵)"·"벽(辟)"되었다는 인물들이 발견되지만, 이들의 이력을 보면 관학을 거치거나 "문(文)"·"학(學)"에 뛰어났다고 하므로 그 선발 과정은 전통적인 찰거 방식과는 달랐다고 생각된다.[82] "거수재(擧秀才), 진사고제(進士高第)"하거나[83] "거효렴(擧孝廉)"한 뒤 "명경입사(明經入仕)"했다는[84] 기록에서 잘 드러나듯이, 당시의 수재와 효렴은 진사과와 명경과의 미칭(美稱)이었던 것이다. 그러므로 상거를 통한 출사(出仕)가 이때 "능력으로써 올라간 것[以能進]"으로 인식되었다고[85] 해도 별로 이상하지 않다.

---

82 중종 경룡3년에 "徵秀才"한 劉惟正은 그 전에 "始從小學, 中遊上庠"하여 국자감에서 수학했던 듯하고(『唐代墓誌彙編續集』, 開元062번), "神龍年, 郡辟秀才"한 張思鼎의 묘지도 "入夫子堂"하여 학문에 힘썼음을 강조하고 있다(『唐代墓誌彙編』, 天寶043번). "孝廉"의 경우도 마찬가지이다. 盧友度의 "弱冠(20세라면 神龍2년:인용자)知名, 善屬文, 擧孝廉擢第"(같은 책, 天寶045번)란 기록은 당시 효렴과 "屬文"의 상관성을 잘 드러내며, 盧嗣冶가 "强學待問, 一擧孝廉上第"(『唐代墓誌彙編續集』, 聖武005번)한 것 역시 그의 생몰년(688~756)으로 볼 때 이즈음의 일로 짐작되기 때문이다.

83 『全唐文補遺(千唐)』, 249쪽의 鄭虔.

84 張讀, 『宣室志』(文淵閣四庫全書電子版) 권8, 4앞~6뒤쪽(『太平廣記』 권444, 「畜獸 陳巖」, 3632~3633쪽 참조). 물론 사람으로 변한 원숭이 이야기 속에 나오는 이 陳巖의 이력을 그대로 믿을 수 없지만, 당시 효렴과 명경과를 동일시했으므로 이러한 고사가 생겼을 것이다.

85 『唐代墓誌彙編』, 天寶092번의 趙仙童 묘지는 "德行偕顏〔淵〕、閔〔子騫〕之奧, 文學升

그렇다면 중종의 즉위 뒤에 일어난 관인선발제도의 구체적인 변화가 궁금한데, 『신당서』「선거지」는

중종이 반정(反正)하고 조서를 내려, (1) 종실(宗室) 3~5등〔에 해당하는 친속〕으로서[86] 아직 관인 자격을 갖지 못한 자가 숙위나 국자〔감의 학〕생이 되기를 원하면 그것을 허락하였다. 집에 머물면서 〔학업을〕 이루어 공〔거〕(貢擧)에 감당할 수 있을 경우, 종정시(宗正寺)에서 시험하여 〔국자〕감으로 보내고 〔응〕거하는 것은 "상법(常法)"과 같았다. (2) 삼위(三衛)가 당번을 마친 날[87] 〔국자감〕 입학을 원할 경우, 국자학·태학과 율관(律館)에 덧붙어〔附〕 학업을 닦는 것을 허락하였다. 번왕(蕃王)이나 가한(可汗)의 아들·손자가 〔국자감〕 입학을 원할 경우, 국자학에 덧붙어 공부하게 했다.(번호는 인용자)[88]

고 특기(特記)하였다.

신룡1년 9월에 내려진 듯한[89] 이 조처의 내용은 크게 보아 (1) 종실

〔子〕遊、〔子〕夏之堂, 明經擢第, 解褐宣城郡宣城縣尉, 以能進也."라고 하여, 명경과를 孔門四科의 "德行"·"文學"과 연계시키면서 그 합격을 "能進"으로 표현하였다. 그의 정확한 급제년은 알 수 없지만, 趙仙童의 생몰년(688~744)으로 미루어 보아 중종·예종 시기로 짐작된다. 물론 이 묘지는 천보5년에 제작된 것이므로 현종 때의 사회적 인식이 여기에 투영되었을 가능성도 배제할 수는 없다.

86 『唐六典』 권16,「宗正寺」, 466쪽에 의하면, "皇小功親、皇緦麻尊屬、太皇太后·皇太后·皇后大功親爲第三等, 準五品; 皇緦麻親爲第四等; 皇祖免親、太皇太后小功卑屬、皇太后·皇后緦麻親及舅母、姨夫爲第五等, 並準六品."이라고 한다. 『唐會要』 권65,「宗正寺」, 1348쪽에는 이를 "舊例"라고 하였다.

87 三衛의 개념과 관련 제도는 『唐六典』 권5,「尙書兵部」, 154~155쪽 참조.

88 『新唐書』 권44,「選擧志」, 1164쪽. "(1)中宗反正, 詔: 宗室三等以下、五等以上未出身, 願宿衛及任國子生, 聽之. 其家居業成而堪貢者, 宗正寺試, 送監, 擧如常法. (2)三衛番下日, 願入學者, 聽附國子學、太學及律館習業. 蕃王及可汗子孫願入學者, 附國子學讀書."(번호는 인용자)

89 위의 인용문은 『新唐書』에만 발견된다. 그러나 『唐會要』의 "神龍元年九月二十一日勅: 吐蕃王及可汗子、孫, 欲習學經業, 宜附國子學讀書."(권36,「附學讀書」, 778쪽)라는 유사한 기록을 볼 때, 이 조처 역시 신룡1년 9월의 일로 여겨진다.

구성원에 대한 특전과 (2) 삼위 등 특수 경력·신분 인물의 교육으로 나뉜다. 하지만 그 궁극적 목적이 모두 관인의 배양에 있었으므로 「선거지」에 실렸을 터이다. 그런데 여기에서 주목할 사실은 두 사안 다 국자감의 기능 강화로 귀결된다는 점이다. 국자감 소속 학교에서 이들을 가르치게 했을 뿐만 아니라, 스스로 공부한 종실의 일원도 "공거"를 통해 입사할 때 그 신분에 따른 혜택을 받으려면 최종적으로 국자감을 거치지 않을 수 없었기 때문이다.

이것은 전술한 중종의 복당(復唐) 정책과 상통한다. 종실에 대한 각별한 배려도 그렇지만, 광택1년(684)에 무측천이 성균감(成均監)으로 바꾸었던 국자감 역시 "영순 연간 이전의 고사"에 따라 원래 이름을 되찾은 것이다.[90] 그리고 『통전』에 의하면 이때 복구된 국자감은 아래의 〈표15〉처럼 체계적 조직을 갖춘 방대한 규모였다.[91] 이러한 중앙관학의 모습은 앞서 살펴본 바 무측천 시기에 "황폐"해졌다며 개탄되던 그것과 뚜렷이 대비되며, 국자감의 위상을 다시 높이려면 이와 같은 쇄신이 불가피하였다.

〈 표 15: 신룡1년의 국자감 〉

학교	국자학	태학	사문학	율학	서학	산학
학생 수	300명	500명	학생 500명; 준사(俊士) 800명	50명	30명	30명

---

90 『唐六典』 권21, 「國子監」, 557쪽.

91 『通典』 권27, 「職官 國子監」, 764~765쪽. 그런데 杜佑는 고종 용삭2년 "東都國子監"의 설치를 설명할 때 이와 동일한 조직과 규모를 가진 "西京國子監"을 언급하기도 해서(같은 책의 권53, 「禮13 大學」, 1468쪽), 혹 이러한 제도의 기원이 더 앞당겨질 가능성도 있다. 하지만 용삭3년에 율학·서학·산학이 詳刑寺 곧 大理寺 등 여타 관청 소속으로 바뀌었다면(『唐會要』 권66, 「廣文館」, 1375~1376쪽), 고종 초기의 국자감 제도는 아직 공고하지 못했다고 생각된다.

이 일련의 개혁들을 볼 때, 중종은 국자감을 관인 선발의 중요한 제도적 기반으로 삼으려 했던 듯하다. 사실 관학의 중시는 지금까지 누차 설명하였던 것처럼 당초 이래 일관된 정책이었다. 중종·예종 시기의 관인 선발 과목 관련 통계 수치가 무측천 집권기보다 오히려 고종 연간의 상황과 더 유사해 보임도 이와 무관하지 않을 수 있다. 그런데 신룡1년 국자감의 조직·규모가 『당육전』의 내용과 동일한 데서 잘 드러나듯이, 중종의 시책이 현종 시기로까지 이어진다는 사실 또한 간과해서 안 된다. 후대에 종정시(宗正寺)를 경유한 종실의 과거 응거 사례가 계속 발견되는 것을[92] 보아도 마찬가지이다. 따라서 과거제도의 역사에서 중종 시기의 변화는 주목할 필요가 있다.

실제로 중종은 신룡2년(706) 9월에[93] 다시 다음과 같은 조칙을 내렸다.

(1) 학생은 학교에서 각각 나이로써 차례를 매긴다. (2) 처음 입학할 때 모두 속수지례(束脩之禮)를 해서 교사에게 예를 표(表)한다. 〔예물은〕 국자〔학〕과 태학〔의 학생〕이 각각 견(絹) 3필, 사문학〔의 학생〕이 견 2필, 〔사문학의〕 준사와 율·서·산학과 주·현〔학의 학생〕이 각각 견 1필이고,

---

92　현종 천보1년과 14년에 각각 제작된 묘지에 나오는 "族姪前宗正進士〔李〕挺撰"(『大唐西市博物館藏墓誌』, 260번)과 "族姪宗正進士〔李〕隼書"(같은 책, 272번)와 같은 인물이 그 좋은 예이다. 이 '宗正進士'에 관해서는 郭桂坤, 「唐代宗正進士考」, 『北京大學學報』 2013-4가 잘 설명하고 있으나, 그 기원을 무측천 집권 이전부터 찾는 주장(30쪽)은 논거가 취약하다. 기실 현존하는 최초의 유사한 사례가 "弱勢(20세라면, 開元17년:인용자)爲學, 篤志經術, 專戴氏禮 … 以輔儒行, 遂以經明行修宗正寺擧第一, 初仕許州臨穎縣主簿."한 李濤이고(『唐代墓誌彙編』, 大曆035번), 중종 이전에는 이러한 인물이 발견되지 않는다.

93　『唐會要』 권35, 「學校」, 740쪽. 『唐摭言』 권1, 「兩監」, 6쪽은 거의 동일한 내용을 고종 용삭2년의 敕이라 했고, 徐松도 이 글의 일부 내용을 이렇게 編年하였다(『登科記考補正』, 59쪽). 그러나 『全唐文』은 徐松이 採錄한 敕文을 중종의 글로 보았으며(권17, 「令入學行束脩禮敕」, 204쪽), 그 내용을 볼 때 전술한 신룡1년의 국자감 쇄신 후보완 조처로 판단된다. 東都에 처음 국자감을 둔 것이 바로 용삭2년인데, 이때 벌써 주·현의 관학이 이 글처럼 체계적으로 정비된 형태였을 리 없기 때문이다.

모두 〔견 이외에 약간의〕 술과 안주도 있다. 그런데 속수〔로 바친 예물〕은 〔5분의〕 3은 박사에게 주고, 〔5분의〕 2는 조교에게 준다. (3) 매년 국자감이 관할하는 학생은 국자감에서 시험하고 주·현학의 학생은 관할 주에서 시험한다. 전부 학업이 뛰어난 이를 뽑아 시관(試官)으로 삼고, 장관이 시험을 총괄한다. 그 시험하는 것은 1년 동안 배운 바를 통틀어 헤아려 구두로 대의 10조를 물어 8개 이상 맞으면 상(上)이고, 6개 이상 맞으면 중(中)이며, 5개 이하 맞으면 하(下)이다. (4) 연이어 3차례 〔5개 이하를 맞추어〕 기준에 미치지 못하거나, 재학한 지 9년〈율학은 6년〉 동안 공거(貢擧)하지 않을 경우 전부 퇴학시킨다. 현〔학〕에서 주〔학〕으로 올라간 경우 〔재학〕 연수와 하제(下第) 〔숫자〕는 모두 통틀어 계산해야 하지만, 상(喪)을 마치고 다시 공부할 경우는 계산 범위에 넣지 않는다. (5) 여러 박사와 조교는 모두 경서를 나누어 가르치는데, 한 경은 반드시 끝까지 강의하게 하고 〔강의가〕 끝나지 않았으면 그 일을 바꿀 수 없다.(번호는 인용자)[94]

---

94 『唐會要』 권35, 「學校」, 740~741쪽. 사고전서본의 경우 밑줄 친 글자가 없는 등 일부 표현만 다를 뿐 내용상 전혀 차이가 없고, 『唐摭言』 권1, 「兩監」, 6쪽을 통하여 문맥이 순통하지 않은 곳을 바로잡을 수 있다. 이러한 사실은 괄호 안에 밝혔으며 번역도 이 수정에 따랐다. "神龍二年九月, 勅: (1)學生在學, 各以長幼爲序. (2)初入學, 皆行束脩之禮, 禮於師. 國子、太(사고전서본에 "本"으로 되어 있으나 명백한 오기:인용자)學各絹三疋, 四門學絹二疋, 俊士及律·書·算學、州·縣各絹一疋, 皆有酒、酺. 其束脩三分入博士, 二分助教. (3)以每年國子監所管學生, 國子監試, 州縣學生, 當州試. 並選藝業優長者爲試官, 仍長官監試. 其試者, 通計一年所受之業, 口問大義十條, 得八已上爲上, 得六已上爲中, 得五已下(저본은 "上"이나 『당척언』에 따라 "下"로 수정함)爲下. (4)類三不及, 在學九年(저본의 "類" 이하 구절은 "及其學九年"이지만 『당척언』에 의거해서 고치고, "類"는 『唐六典』 권21, 「國子監」, 558쪽의 "其頻三年下第, 九年在學及律生六年無成者, 亦如之."에 따라 "頻"의 뜻으로 번역함), 〈律生則六年〉, 不貢擧者, 並解退. 其從縣向州者, 年數、下第並須通計, 服関重仕者, 不在計限. (5)諸博士、助教皆分經教授, 每一經必令終講, 未終("諸" 이하 여기까지 구절은 저본에 없으나 『당척언』에 따라 보충함)不得改業."(번호와 밑줄은 인용자)

이 칙문(敕文)은 (1) 학교에서 학생들 간의 질서, (2) 학생의 입학 및 교사와의 예적(禮的) 관계, (3) 시험을 통한 학생의 평가, (3) 학생의 재학 조건과 기간, (5) 교사의 강의 방법을 순차적으로 규정하고 있다. 중종은 국자감의 6학은 물론 주·현의 지방관학까지 통일된 원칙 아래 매우 체계적으로 운영하기를 요구했던 것이다. 여기에서 관학을 관인 배양의 모태로 삼으려 했던 조정의 입장이 거듭 확인되는데, 이와 관련하여 (4)에서 9년 혹은 6년 내에 "공거"에 응거하도록 강제했음이 특히 중요하다. "재학 연수"가 거론된 주학·현학에도 적용되었던 듯한 이 규정은 곧 정기적인 상거 형식의 관인 선발과 관학 간의 불가분성(不可分性)에 대한 천명(闡明)처럼 생각되기 때문이다.

중종이 갑작스럽게 죽자 또 한 차례 정변이 발생하였으나,[95] 새 황제 역시 이러한 정책 기조를 바꾸지 않았다. 예종은 즉위 직후 당륭(唐隆)1년(710) 7월에 학교가 없는 지방이 많아 현준(賢俊)한 이들이 올라오지 않음을 걱정하면서

> 학교〔庠序〕야말로 교화의 근본이자 인륜의 길잡이다. 주·현에서는 〔학교를 통해〕 권도(勸導)하여 예절을 알게 해야 한다. 매년 명경과 진사〔과목의 응거자〕를 바칠 때 그 숫자를 제한하지 말아야 하니, 중요한 일은 사람을 얻는 데 있다. 선성(先聖)의 사당과 주·현의 학교는 곧바로 수리하고, 봄·가을의 의례〔釋菜〕에서 강송(講誦)의 분위기를 돈독하게 하라.[96]

고 명했기 때문이다. 기실 이 칙문은 관학과 지방의 명경과·진사과 응

---

95 『舊唐書』 권7, 「睿宗」, 152~154쪽;『資治通鑑』 권209, 唐睿宗景雲1年條, 6641~6651쪽.
96 『唐大詔令集』 권110, 「誡勵風俗敕」, 570쪽. "猶恐學校多闕, 賢俊罕登 … 庠序者, 風化之本, 人倫之先. 仰州、縣勸導, 令知禮節. 每年貢明經、進士, 不須限數, 貴在得人. 先聖廟及州、縣學, 卽令修理, 春秋釋菜, 使敦講誦之風."

거자를 함께 거론함으로써 중종의 관학 진흥 정책을 전국적으로 확대, 강화시켰다고 해도 무방하다.

이러한 시각에서 볼 때, 『당척언』의 "향공"에 대한 설명이 눈길을 끈다. 매년 2, 3천명이나 되던 예종 경운(景雲, 710~712) 연간 이전까지 "고지향공(古之鄕貢)"이었는데, 그 이후 "향공〔으로서 급제한 자들〕이 점점 늘어났으나 대개 〔관학에〕 의탁하여 응거한〔寄應〕 자가 많았으므로, 합격자를 발표할 때 〔관학을 통한 응거자인 생도와 향공을〕 구분하지 않게 되었다."고[97] 하기 때문이다. 여기에서 말하는 "향공"의 개념에 의문이 없지 않으나,[98] 예종 시기를 전후하여 지방에서 올라온 상거 응거자들의 성격이 변했다는 이야기가 흥미로운 것이다. 만약 이 설명처럼 관학을 거친 이들이 예전에 비하여 증가했다면, 이는 중종 이래 관학 중시 정책의 성과라고 하겠다.

여하간 중종·예종 시기의 관인선발제도는 그 이전 무측천 집권기와 상당히 달라졌다. "황폐"해졌다던 국자감이 후대의 전범이 될 만한 조직

---

97 『唐摭言』 권1, 「鄕貢」, 7~8쪽. "景雲之前, 鄕貢歲二三千人, 蓋用古之鄕貢也. 咸亨五年, 七世伯祖鸞臺鳳閣龍(襲의 오기:인용자)石泉(白水)公, 時任考功員外郎, 下覆試十一人, 內張守貞一人鄕貢. 開耀二年, 劉思立(元)下五十一人, 內雍思泰一人. 永淳二年, 劉廷奇下五十五人, 內元求仁一人. 光宅元年閏七月二十四日, 劉廷奇重試下十六人, 內康庭芝一人. 長安四年, 崔湜下四十一人, 李溫玉稱蘇州鄕貢. 景龍元年, 李欽讓稱定州鄕貢附學. 爾來鄕貢漸廣, 率多寄應者, 故不甄別, 置於榜中."(밑줄 친 부분은 저본에 괄호 안과 같이 되어 있으나, 姜漢椿의 新譯本에 따라 수정함) 여기에서 "寄應"은 그 앞의 "鄕貢附學"이란 표현을 볼 때 문맥상 '관학에 의탁한 응거'를 뜻한다고 생각된다. 위 인용문 앞의 "有唐貞元已前, 兩監之外, 亦頗重郡府學生, 然其時亦由鄕里所升, 直補監生而已. 爾後膏粱之族, 率以學校爲鄙事. 若鄕貢, 蓋假名就貢而已."라는 말을 보면 더욱 그러하다.

98 향공은 전술했듯이 지방에서 올라온 응거자들 가운데 관학에서 수학하지 않은 이들을 가리킨다. 그렇다면 『당척언』에서 말하는 바 "관학에 의탁하여 응거한" 이들은 엄밀한 의미에서 향공이 아니다. 하지만 "古之鄕貢"과의 관계를 강조하고자 한 王定保는 지방에서 올라온 응거자 전부를 향공으로 간주한 듯하다.

과 규모를 갖추었고, 이러한 관학은 관인 선발 시험과 직접 연계하여 운영되었던 것이다. 이는 비단 중앙관학만의 문제가 아니었다. 새로 복구된 당조는 관학을 지방에 널리 보급하여 명경과나 진사과 응거자의 주된 내원으로 삼으려 했다. 그리고 이 덕분에 지방 응거자들의 성격까지 바꾸었을 수도 있다. 실제로 관학의 중요성이 커지면서 급제자에 대한 인식 역시 변화하는 듯하다. 을속고행엄(乙速孤行儼, 636~707)은 고종 용삭3년(663)에 세운 아버지의 비문(碑文)에 "국자명경고제(國子明經高第)"했다고[99] 하나, 중종 경룡(景龍)2년(708)에 만든 본인 비석의 경우 "사성생탁제(司成生擢第)"로만[100] 적혀 있기 때문이다. 이러한 표현의 차이는 당시 급제 과목 이상으로 중앙관학의 학생이란 신분이 사회적으로 존중되었음을 시사한다.

이와 같은 측면에서 볼 때, 당시 생도와 향공 곧 과거의 응거 방법도 간과할 수 없다. 【부록2】의 사례들을 통하여 양자를 비교한 것이 아래의 〈표16〉이다. 그런데 여기에서 Ⅳ기 진사과·명경과 전체의 향공 대비 생도 비율이 Ⅲ기보다 오히려 낮아지고, 당시 응거자들 가운데 생도의 비중이 예상만큼 크지 않은 듯해서 약간 의아스럽다. 이는 후술할 것처럼 이 시기의 현실과 정책 사이에 얼마간 간극이 존재했던 탓일는지 모르겠다. 설령 그럴지라도 Ⅳ기의 응거 방법에서 발견되는 두 과목의 확연한 차이는 분명 주목된다. 진사과는 향공의 비율이 훨씬 높지만 명경과의 경우 그 반대이기 때문이다.

99　「乙速孤神慶碑」, 『金石萃編』 권61, 『隋唐五代石刻文獻全編(3)』, 62쪽.

100　「乙速孤行儼碑」, 『昭陵碑石』, 217쪽. 여기에서 "司成(館)"은 고종 용삭2~함형1년 동안 국자감의 이름이지만(『舊唐書』 권42, 「職官」, 1787~1788쪽), 그 뒤에도 중앙관학의 별칭으로 자주 사용된다.

시기	진사과·명경과 급제자 수/ 시기별 백분율/ 백분율 비교				진사과 급제자 수/ 시기별 백분율/ 백분율 비교				명경과 급제자 수/ 시기별 백분율/ 백분율 비교			
	총수	생도	향공	미상	총수	생도	향공	미상	총수	생도	향공	미상
Ⅲ기	48	18	7	23	15	6	4	5	33	12	3	18
	비율	37.5	14.6	47.9	비율	40.0	26.7	33.3	비율	36.4	9.1	47.4
	생도/향공 비율 256.8				생도/향공 비율 149.8				생도/향공 비율 400.0			
Ⅳ기	23	4	5	14	7	1	4	2	16	3	1	12
	비율	17.4	21.7	60.9	비율	14.3	57.1	28.6	비율	18.8	6.3	75.0
	·생도/향공 비율 80.2				생도/향공 비율 25.0				생도/향공 비율 298.4			

진사과와 명경과가 각각 향공, 생도와 더 밀접한 관계를 갖는 현상은 기실 Ⅲ기부터 나타나기 시작하는데,[101] 이것이 Ⅳ기에 이르러 훨씬 명확해진 것이다. 여기에는 앞서 인용한 바 신룡2년 9월의 칙문이 명언했던

---

101 【부록2】의 Ⅰ기와 Ⅱ기 급제자의 응거 방법을 〈표16〉과 동일한 형식으로 만들어 보면 아래와 같다. 이에 따르면, Ⅰ기에 진사과 합격자의 향공 대비 생도 비율이 명경과보다 도리어 높고 Ⅱ기도 그 비율에 차이가 없다. 이러한 현상은 앞서 상술한 상거제도의 정착 과정과 부합한다. 즉 고종 영휘 연간까지인 Ⅰ기에는 후대와 동일한 상거 과목이 不在하였고, 현경 연간 이후 고종 시기에 해당하는 Ⅱ기의 경우 과도기적 양상을 보여주고 있는 것이다.

시기	진사과·명경과 급제자 수/ 시기별 백분율/ 백분율 비교				진사과 급제자 수/ 시기별 백분율/ 백분율 비교				명경과 급제자 수/ 시기별 백분율/ 백분율 비교			
	총수	생도	향공	미상	총수	생도	향공	미상	총수	생도	향공	미상
Ⅰ기	48	16	10	22	10	4	2	4	38	12	8	18
	비율	33.3	20.8	45.8	비율	40.0	20.0	40.0	비율	31.6	21.1	47.4
	생도/향공 비율 160.1				생도/향공 비율 200.0				생도/향공 비율 149.8			
Ⅱ기	63	19	19	25	25	8	8	9	38	11	11	16
	비율	30.2	30.2	39.7	비율	32.0	32.0	36.0	비율	28.9	28.9	42.1
	생도/향공 비율 100.0				생도/향공 비율 100.0				생도/향공 비율 100.0			

관학에서의 체계적인 경서 교육이 일조하였음에 틀림없다. 다시 말해 Ⅲ기에 비하여 Ⅳ기에는 명경과와 관학의 학생인 생도 사이의 상관성이 커졌으며, 이는 관학의 정비 결과로 보이는 것이다. 아울러 Ⅳ기에 관학을 거친 명경과 급제자들의 초관 품계가 Ⅲ기보다 월등히 높아졌다.[102]

---

102 아래의 표는 Ⅲ기와 Ⅳ기에 관학을 거친 명경과 급제자 중 관련 사실의 비교·분석이 가능한 인물들을 정리한 것이다. 그런데 이들의 초관 품계 평균을 계산하면, 무측천 시기에는 4.6이나 중종·예종 때는 7.3으로서 큰 차이를 보인다.

시기		이름	관련 기록	초관(품계)	근거
Ⅲ기	사성 1	晉休景	弱冠補弘文生, 以成誦在心, 孝廉擢第, 釋褐授潤州參軍.	潤州參軍(5)	망=121
	광택 2	蕭瑟	弱冠入弘文, 明經對策高第. …調補岐州參軍事.	岐州參軍事(5)	장안-142
	수공 4	崔孝昌	年甫十三, 以門子補修文生. 明經上第, 解褐洛州參軍.	洛州參軍(7)	묘=태극003
		司馬詮	垂拱四年, 以成均生明經擢第, 解褐授湖州安吉縣尉.	湖州安吉縣尉(2)	묘=개원335
	영창 1	高嶸	弱冠崇文生明經擢第, 授荊州參軍.	授荊州參軍(5)	묘=개원295
	장수 2	張貽珝	弱冠太學, 擧經明左氏傳, 射策高第… 釋褐調補洛州淸漳尉.	洛州淸漳尉(2)	보(천당)-251
	증성 1	盧悅	年十八, 太學明經擢第. 令問令望, 爲龍爲光, 解褐拜密州司戶.	密州司戶(9)	하=229
	장안 2	周誠	弱冠國學生, 孝廉擢第, 解褐補潤州金壇尉.	潤州金壇尉(2)	묘-개원483
		楊居實	年廿, 任弘文館學生, 明經及第, 解褐選授梁州都督府參軍.	梁州都督府參軍(7)	장안-151
	장안 3	蕭謐	年廿, 崇文生明經及第. 可謂門子之賢, 稽古之力也. 調補武德縣尉.	武德縣尉(2)	보(천당)-190
Ⅳ기	신룡 1	裴光庭	幼以孝聞, 尋補宏文館學士. 神龍初明經擢第, 授家令寺丞.	家令寺丞(10)	장구령-1001
		田誠	弱冠, 游太學, 明經射策甲科, 解褐郢王府參軍.	郢王府參軍(7)	보8-35
	신룡 2	李夷吾	年在弱冠, 以門胄補弘文舘生, 應明經高第, 解褐參亳州〔參?〕軍事.	亳州參軍事(5)	서=260

○ 근거 문헌: 망(『邙洛碑誌三百種』), 장안(『長安新出墓誌』), 묘(『唐代墓誌彙編』), 보(『全唐文補遺』), 하(『河洛墓刻拾零』), 장구령(『張九齡集校注』), 서(『大唐西市博物館藏墓誌』)

그렇다면 이 시기 조정의 관학 진흥책은 생도와 명경과를 긴밀히 연계시
킴과 동시에 그 위상을 제고시켰으리라고 짐작된다.

관학을 중시할 때 나타날 수 있는 관인 선발의 양상은 이밖에도 여러
가지 각도에서 살펴볼 수 있다. 우선 이 시기 중앙관학의 입학이 원칙상
선조의 관음(官蔭)을 요구했으므로,[103] 기득권층에게 유리한 제도가 될
가능성이 크다. 하지만 제1부에서 보았듯이 당조는 일찍부터 유능한 백
성의 자제도 국자감에 받아들였고, 준사가 그 전형적인 사례이다. 그런
데 중종 때 사문학에는 이러한 준사를 800명이나 두었으며,[104] 실제로
당시 국자감의 학생 중에는 무관(無官) 가계의 인물이 확인된다.[105] 그리
고 "이통경위수문생(以通經爲修文生)"했다는[106] 기록도 있어서, 특별히 높
은 신분이어야만 했던 수문관(修文館) 곧 홍문관(弘文館)의 학생마저[107]
"통경"이 입학 조건처럼 여겨졌던 듯하다. 따라서 중종·예종 시기의 관

---

103 중종·예종 시기의 관학 입학 조건은 정확히 알 수 없다. 그러나 당대에 官蔭을 입학
   조건으로 삼았다는 많은 문헌들의 공통된 기록을 보면(전게 高明士,『中國中古的教
   育與學禮』, 230~231쪽의 〈中央官學入學資格一覽表〉), 이때라고 해서 예외가 아닐
   것이다.
104 앞서 제시한 〈표15: 신룡1년의 국자감〉. 구체적으로 이 시기의 俊士를 어떻게 뽑았
   는지는 불분명하다. 그러나 전술했듯이 "庶人"이 여기에 포함되고(전게 高明士,『中
   國中古的教育與學禮』의 〈中央官學入學資格一覽表〉, 230쪽 참조), 신룡2년 이들에
   게 요구한 束脩之禮가 사문학의 일반 학생보다 적었음을(『唐會要』 권35, 「學校」,
   740쪽) 볼 때, 俊士의 신분이 상대적으로 낮았음은 확실하다.
105 예를 들어,『唐代墓誌彙編』, 開元521번의 묘주 張守珍은 증조에 대한 기록이 없고
   조·부 또한 "養高不仕"하였다. 그러나 그는 "弁髦歲補國子生"할 수 있었다. "弁髦歲"
   가 언제였는지 확언하기 어렵지만, 그것이 冠禮 이후의 나이는 아닐 듯하다. 그렇다
   면 張守珍의 생몰년(693~739)을 생각할 때 그가 예종 시기에 국자감의 학생이 되었
   을 가능성이 크다.
106 席豫, 「唐故朝請大夫吏部郎中上柱國高都公楊府君碑銘」,『唐文粹』 권58, 7뒤쪽. 碑
   主 楊仲宣(『登科記考補正』, 189쪽에 의하면 '宣'은 '昌'의 오기)의 생몰년(693~741)을
   생각하면, 그가 修文生이 된 "未弱冠" 시기는 712년 곧 현종 즉위 이전이다.
107 당대 弘文館의 명칭 변화와 그 입학 조건은 전게 高明士,『中國中古的教育與學禮』,
   43~46쪽에 상세히 설명되어 있다.

학은 학문적 소양에 대한 요구가 동반되면서 그 내실을 갖추어 갔다고 생각된다.

한편 이와 같은 변화와 중앙 조정의 영향력 강화 사이의 연관성 문제도 간과해선 안 된다. 사실 국가권력의 직접적인 통제가 가능한 관학을 통해 입사 희망자들을 교육하고 또 그 가운데서 엄격한 평가를 거쳐 관인을 뽑는 것보다 확실한 중앙집권화 방법은 없다. 통일제국의 수립 이후 황제의 조서에 의거한 인재 발탁과 함께 관학의 정비·확대 방안이 끊임없이 강구된 까닭도 바로 이 때문이었다. 그렇다면 중종과 예종은 복당 이후 이러한 정책을 적극 계승함으로써 강력한 당조의 부흥을 기도하였던 셈이다. 따라서 이때의 조치들이 현종 이후까지 이어진 것도[108] 일면 당연하며, 중종·예종 시기는 과거제도의 정착 과정에서 중요한 의미를 지닌다.

진사과와 명경과의 현실

조정의 정책이 늘 그대로 사회에 구현되지만은 않는다. 중종과 예종이 아무리 관학을 중시했을지라도, 당시 관학의 실제 현실은 이와 달랐을 수 있는 것이다. 경룡3년(709)에 경기(京畿) 지역의 흉년으로 국자감의 교육마저 중단되고 그 학생들이 흩어져 버렸다는 사실이[109] 그 좋은 예이

---

108 중종 때의 국자감 조직과 규모가 『唐六典』과 동일함을 앞서 지적하였는데, 관학 학생들의 수학 기간 제한 조처 역시 마찬가지이다(『唐六典』 권21, 「國子監」, 558~559쪽). 그리고 "准格, 九年不及第者, 卽出監."(『冊府元龜』 권604, 「學校部 奏議」, 7253쪽)이라는 헌종 원화1년 국자좨주의 상주를 보면, 적어도 국자감의 경우 이것이 '格'으로 법제화되어 당후기까지 이어졌던 듯하다. 물론 『韓昌黎文集校注』 권2, 「太學生何蕃傳」, 105쪽에는 태학에 20년 이상 재학했다는 인물도 보이므로, 이러한 제도의 엄격한 준수 여부는 별개의 문제이다.

109 『唐大詔令集』 권105, 「集學生制」, 537~538쪽.

다. 당조의 강력한 시책도 자연재해 앞에서 무력하였고, 이러한 문제의 개선을 요구한 황제의 조서 역시 마찬가지였을 터이다. 따라서 이 시기 관학과 관인선발제도의 실상을 알려면 중종·예종의 의지와는 별개로 그 구체적 현실에 대한 검토가 필수적이다.

이러한 측면에서 볼 때, "예전에는 〔지방에서〕 학생·좌사(佐史)·이정(里正)에 궐원이 하나 생길 때마다 희망자가 10명이나 되었는데, 지금 이것으로 뽑히면 도망가서 피하려고 한다."는 "경운초(景雲初)"의 상언(上言)이[110] 주목된다. 여기에서 태종 정관·고종 영휘 연간을 뜻하는 "예전"의 상황은 지나치게 미화되었지만,[111] 이 글을 올린 예종 시기에 관한 서술은 당시 현실과 크게 어긋나지 않을 것이다. 그렇다면 지방에서 학생의 충원조차 어려웠던 셈이고, 중종 이래 일관된 관학 진흥책이 얼마나 실질적인 효과를 거두었는지 의문스럽다.

사실 이 시기에는 중앙의 관학조차 조정의 기대와 거리가 멀었다. 태극(太極)1년(712) 2월에 예종은

> 근래 이〔와 같이 의혹을 해소하고 견문을 넓히는 학교 교육의〕 도(道)가 점차 쇠미해졌다. 〔국자감에서〕 예(禮)를 묻고 시(詩)를 말할 때 오로지 서책의 일부만 주로 〔인용〕하고, 화려한 글과 장황한 이야기는 대부분 조롱이나 유희를 능사로 여겨, 강의하는 곳을 배우의 공연장처럼 만들고 배우는 곳이 기예를 겨루는 장소처럼 되어 버렸다. 말솜씨 좋은 속물들이 고개를 쳐들고 앞서가는 반면 심오한 도리를 깨달은 인재들은 머리를

---

110 『新唐書』 권112, 「韓琬」, 4164·4166쪽. "景雲初, 〔韓琬〕上言 … 往者學生、佐史、里正每一員闕, 擬者十人, 今當選者亡匿以免."

111 위 韓琬의 上言 첫머리에서 "貞觀、永徽之間, 農不勸而耕者衆, 法施而犯者寡; 俗不偸薄, 器不行窳; 吏貪者士恥同列, 忠正清白者比肩而立; 罰雖輕而不犯, 賞雖薄而勸; 位尊不倨, 家富不奢; 學校不勵而勤, 道佛不懲而戒; 土木質厚, 裨販弗蚩."라고 하여 무측천 등장 이전을 마치 이상적인 사회처럼 설명하였다.

숙이고 움츠러든다. 이 확실한 것을 버리고 저 부화(浮華)한 것을 다투니, 〔이러한 국자감의 분위기는〕 무지한 이들에게 환영받을지언정 식견 있는 이들에겐 비웃음거리이다.[112]

면서 당시 국자감의 현실을 개탄하였기 때문이다.

그런데 예종의 이 비판 대상은 국자감의 조직이나 규모가 아니라 그 구성원들의 행태이다. 기실 "서책의 일부만을 인용"하는 것은 명경과의 첩경 시험에 유용하고, "화려한 글" 또한 진사과의 잡문 시험과 무관하지 않다. 책시(策試) 또한 이러한 지식이나 능력을 필요로 한다. 당시 국자감이 비록 예종의 마음에 들지 않았을지라도, 그 학생들은 이곳에서 분명히 과거 시험을 준비하고 있었던 것이다. 그렇다면 관학과 관인의 선발을 직접 연계시키려 했던 당조의 정책은 일면 달성된 셈이며, 오히려 학생들이 이러한 시책에 지나치리만큼 잘 순응하였다고 해도 좋을는지 모르겠다.

이와 같은 국자감의 분위기는 앞서 보았던 무측천 시기 중앙관학의 그것과 크게 다르지 않다. 체계적 조직과 방대한 규모를 갖춘 덕분에 "황폐"라고까지 표현되지 않았을 뿐, 위의 인용문은 기실 전술한 성력2년(699) 위사립의 상주문에서 개탄한 바 "올바른 가르침"에 전념하지 않고 "벼슬길"에 급급한 학생들의 모습과 유사하기 때문이다. 사실 이처럼 이상적인 교육과 괴리된 관학의 모습은 어느 시기에나 나타나는 현상이고, 황제의 의지나 조정의 정책으로 쉽사리 해결할 수 있는 문제가 아니다. 중종과 예종의 치세가 통틀어 8년에 불과한 짧은 기간이었음을 생각하면

---

112 『冊府元龜』 권260, 「儲宮部 齒冑」, 3092쪽. "〔夫談講之務, 貴於名理. 所以解疑辯惑; 鑿瞀開聾, 使聽者聞所未聞, 視者見所未見.〕 爰自近代, 此道漸微. 問禮言詩, 惟以篇章爲主; 浮詞廣說, 多以嘲謔爲能. 遂使講座作俳優之場; 學堂成調弄之室. 嗇夫利口, 可以驤首先鳴; 太玄僑才, 自當俛首垂翅. 捨茲確實, 競彼浮華, 取悅無知, 見嗤有識."

더욱 그러하다.

뿐만 아니라 중종과 예종 모두 무측천과 마찬가지로 궁중 정변을 통해 황제가 되었고, 재위 기간 동안 황족들 간의 갈등이 격심하였다.[113] 따라서 두 황제 역시 민심의 수렴이 요긴하였으며, 이를 위하여 관인선발 제도를 적극적으로 이용했다는 사실 역시 동일하다. 중종이 즉위하자마자 "9품 이상〔관인〕"에게 지방에 파견한 조집사(朝集使)와 같이 "현량방정직언극간지사(賢良方正直言之士)"를 천거하도록 하고,[114] 얼마 안 있어 또 지방의 "현령"과 "경사청관(京師淸官) 9품 이상〔관인〕"에게 "효제렴양(孝悌廉讓)"한 사람을 1명씩 추천하게 한[115] 일이 그 명증이다. 무측천처럼 천거권을 폭넓게 확대함으로써 해당 관인들은 물론 입사를 바라던 많은 사인들의 환심을 사려 했던 것이다.

이러한 정국에서 무측천 집권기에 두드러졌던 남관(濫官) 양상도 변할 리 없다. 신룡 2년에 '원외관(員外官)' 2천명을 증설하는 등 다양한 "비정명(非正命)"의 관직이 생겨나서, 경룡 연간에 정식으로 임용되지 않은 사봉관(斜封官)들이 너무 많아 앉을 자리조차 없을 정도였다고 하기 때문이다.[116] 예종은 일시 이 사봉관을 박탈하려 했으나 결국 성공하지 못하였다.[117] 중종·예종 시기의 관계(官界) 상황은 기본적으로 무측천 때와 비슷

---

113 예컨대 신룡3년 7월에 황태자 李重俊이 거병하였고(『舊唐書』 권7, 「中宗」, 144쪽), 그 뒤 경운1년 譙王 李重福의 역모와 선천2년 太平公主의 모반도 이어졌다(같은 책, 권7, 「睿宗」, 155·161쪽).

114 『冊府元龜』 권67, 「帝王部 求賢」, 759쪽에 의하면, 신룡1년 2월에 "詔九品以上及朝集使, 擧賢良方正直言之士."하였다. 『舊唐書』 권7, 「中宗」, 137쪽에도 이와 비슷한 기록이 있다.

115 중종은 신룡1년 9월에 다시 "制內外文武〔五品〕(『冊府元龜』에 의하여 보충:인용자) 以上官, 幷縣令、京師淸官九品以上, 各擧孝弟廉讓一人"(『唐大詔令集』 권73, 「親祀明堂赦」, 411쪽)했다. 『冊府元龜』 권67, 「帝王部 求賢」, 759~760쪽 참조.

116 『通典』 권19, 「職官 歷代官制總序」, 472~473쪽.

117 예종이 즉위 직후 宋璟 등의 건의로 기존 斜封官을 "罷"했으나(『資治通鑑』 권210,

하였고, 학생들이 관학에서의 공부보다 이처럼 늘어난 입사 기회 포착에 급급했다고 해서 전혀 이상하지 않다.

그러므로 이 시기의 관인선발제도 또한 실질적인 큰 변화를 기대하기는 어렵다. 예를 들어 무측천 이래 상거의 "취사파람(取士頗濫)" 현상이 지속되었으며,[118] 황제 주도의 제거도 여전히 빈번하게 시행되었다.[119] 그리고 무측천이 지방에 사자(使者)를 보내어 인재를 발탁하게 했듯이, 중종과 예종 역시 이와 동일한 방법으로 자주 관인을 선발하였다. 신룡2년 2월 전국 10도(道)에 "견십사순찰풍속(遣十使巡察風俗)"한 중종의 목적 가운데 하나가 현능한 인물의 천거였고,[120] 이러한 "십(도)사(十道使)"의 파견 기록이 예종 말까지 무려 7차례나 연이어지기[121] 때문이다.

지방에 보낸 사자가 실제로 관인의 선발에 간여했던 사실은 석각자료에서도 분명히 확인된다. 유돈행(劉敦行, 657~720)의 신도기(神道記)에 의하면, 그가 예종 "경운초"에 회남도선로사(淮南道宣勞使)로서 "〔천〕거(薦擧)"한

唐睿宗慶元1年條, 6655쪽), 이듬해에는 다시 이들 중 일부를 "量材敍用"하였다(같은 책의 권210, 唐睿宗慶元2年條, 6663쪽).

118 『舊唐書』 권100, 「王丘」, 3132쪽의 "〔王丘〕開元初(『登科記考補正』, 206쪽에 따르면, 개원2년:인용자)累遷考功員外郎. 先是, 考功擧人, 請託大行, 取士頗濫, 每年至數百人. 丘一切覈其實材, 登科者, 僅滿百人. 議者以爲, 自則天已後, 凡數十年, 無如丘者."란 기록을 보면, 무측천 집권기부터 예종 때까지 상거의 급제자 수가 특별히 많았다.

119 전게 졸고, 「唐前期 制擧의 實狀: 官人選拔制度에서 皇帝權의 한계」, 32쪽의 표(전게 陳飛, 『唐代試策考述』의 「唐代制擧科目年表」, 332~338쪽 참조)에서 보듯이, 중종과 예종이 재위한 8년 동안 제거를 시행하지 않은 해가 경룡2년뿐이다.

120 신룡2년 2월의 조서에서 "若能抗詞直筆, 不憚權豪, 仁恕爲懷, 黜陟咸當, 別加獎擢, 優以名器."라 하였고(『冊府元龜』 권162, 「帝王部 命使」, 1950쪽. 『唐大詔令集』 권103, 「遣十使巡察風俗制」, 525쪽 참조), 『資治通鑑』 권208, 中宗神龍2年條, 6598쪽은 이러한 使者의 임무를 "察吏撫人, 薦賢直獄"으로 명기하였다.

121 『冊府元龜』 권162, 「帝王部 命使」, 1950쪽에 의하면, 경룡3년 8월·당륭1년 6월·경운1년 8월·경운2년의 2월·7월·11월·태극1년 2월에 "十使" 혹은 "十道(使)"를 파견하였다.

〈 그림 6: 유돈행(劉敦行)의 신도기(神道記) 〉

필자가 볼 수 있는 탁본 사진의 상태가 매우 좋지 않다. 그러나 제14~16행의 "景雲初以尙書郞爲淮南道宣勞使/擧□□言張嵩段?同□□四十餘人皆天下英秀時所推重/射策登科□過十道之半." 기록은 확실하다. 그리고 여기에서 "張嵩" 다음의 글자가 "政"이 아니라 "段"처럼 읽히므로, 『唐代墓誌彙編續集』, 開元033번의 녹문보다 『全唐文補遺(6)』, 35쪽의 판독에 더 신뢰가 간다. 본서의 312쪽 참조.

장숭(張嵩, ?~?) 등 40여 명 중 다수가 "사책등과(射策登科)"했던 것이다.[122] 그리고 예종 말 태극1년에 "문가이경방국(文可以經邦國)"한 이를 "조거(詔擧)"하였을 때 선로사 원건요(源乾曜, ?~731)가 해당자를 "충부(充賦)"했다는 기록이 독고통리(獨孤通理, 687~743)의 영표(靈表)에 나온다.[123] 이 선로사와 전술한 십도사의 관계는 확언하기 어려우나, 당시 사자가 지방의 인재를 뽑아 천거하고 또 이렇게 추천된 이들이 시험을 거쳐 입사할 수 있었음은 틀림없다.

그런데 원건요가 관여한 과목은 "조거" 곧 제거라고 명기되어 있지만 유돈행의 경우 선발 명목이 분명하지 않다. 게다가 그가 "천거"한 장숭은 정사에서 진사과 급제자라고 하였다.[124] 이는 물론 후대 기록의 착오일 수 있다. 하지만 아래와 같은 조동희(趙冬曦, 677~750)의 묘지를 보면, 당시 사자의 추천을 받아 진사과에 응거했을 가능성도 배제하기 어렵다.

경룡 연간에 하남출척사(河南黜陟使) 노회신(盧懷愼)이 〔조동희를〕 보고 탄복하여 황제에게 표를 올려 보고하자, 황제도 가상히 여겨 마음을 비우고 상문(詳問)하셨다. 집정자(執政者)가 □□ 다른 것을 시기(猜忌)해서 □ 문사(文辭)만을 칭찬하며(판독이 어려운 글자로 인해 정확한 의미 미상:

----

122 『全唐文補遺(6)』, 35쪽에서 "〔劉敦行〕景雲初, 以尙書郞爲淮南道宣勞使, 擧□□言·張嵩·段同□等四十餘人, 皆天下英秀, 時所推重. 射策登科者過十道之半."이라고 하였다. 그런데 『唐代墓誌彙編續集』, 開元033번은 이 부분을 "景雲初, 以尙書郞爲淮南道宣勞使, 擧□入言, 張嵩政同, 奏□四十餘人, 皆天下英秀, 時所推重. 射策登科者過十道之半."으로 달리 판독하였다. 현재 필자가 입수 가능한 탁본 사진은 『隋唐五代墓誌滙編(洛陽9)』, 54쪽뿐이고, 이를 통해 양자의 시비를 가리기 어렵다. 하지만 여기에서 劉敦行이 "景雲初"에 "淮南道宣勞使"로서 "張崇" 등 "四十餘人"을 뽑아서 "射策登科"했다는 기록은 분명히 확인된다. 〈그림6〉 참조.

123 『毗陵集』 권10, 「强固朝散大夫潁川郡長史贈秘書監河南獨孤公靈表」, 62쪽.

124 『舊唐書』 권103, 「張嵩」, 3189쪽. 『新唐書』는 그를 張孝嵩이란 이름으로 타인의 열전에 附傳해 두었다(권133, 「郭虔瓘」, 4544쪽).

인용자) "진사"로 시험하도록 상주했는데, 〔그가〕 대책갑과(對策甲科)하였다. 이해에 조집(調集)하였는데, 담당 관청에서 곧바로 교서랑 관직을 주어 그 뛰어남을 드러내 주었다.[125]

위의 인용문에 의하면 조동희가 출척사의 표천(表薦)으로 말미암아 진사과에 응거할 수 있었던 듯하고, 그를 실제로 진사과 합격자라고 적은 문헌도 많기 때문이다.[126] 그리고 정확한 급제 연도를 단정하기는 힘들지라도, 그것이 중종 때의 일인 것은 이견의 여지가 없다.[127]

그렇다면 의문이 생긴다. 출척사의 파견은 황제의 명령에 따른 임시 조처일 터인데, 이 사자의 추천에 의한 관인 선발과 진사과라는 상거 과목의 상관성이 언뜻 납득되지 않기 때문이다. 따라서 노회신의 천거를 받은 조동희가 진사과에 응거하기까지의 과정이 주목되고, 그의 "시험" 과목을 결정한 이가 "집정자"였음을 간과해서 안 된다. 그리고 판독 불가능한 글자가 있으나, 묘지의 문맥상 집정자의 "시기"로 인하여 조동희

---

125 『唐代墓誌彙編續集』, 天寶068번. "景龍中, 河南黜陟使盧懷愼覽而欽歎, 持表上聞, 天子嘉焉, 盧已詳問. 執政者□□妒異, □賞文辭而已, 奏以進士試, 對策甲科. 是歲調集, 有司卽授校書郞, 旌異等也." 이 묘지는 中國文物研究所·河南文物研究所 편, 『新中國出土墓誌·河南(1)』(北京, 文物出版社, 1994), 410번으로도 실려 있는데, 그 녹문은 미상의 세 글자를 "黨同"과 "薳"으로 판독하였다. 그러나 이 책에 실린 탁본만으로 그 시비를 가리기 어려우므로 일단 번역에 반영하지 않았다.

126 林寶, 郁賢皓 등 정리, 『元和姓纂(附四校記)』(北京, 中華書局, 1994. 이하 이 책은 『元和姓纂』으로 약칭) 권7, 44번; 樂史, 『廣卓異記』(『全宋筆記』 제1편 제3책, 鄭州, 大象出版社, 2003 所收) 권19, 「擧選 一家八人進士及第」, 133쪽; 『新唐書』 권200, 「儒學 趙冬曦」, 5702쪽.

127 『登科記考補正』, 166쪽은 趙冬曦를 추천한 盧懷愼이 신룡2년(706)에 使者(十道巡察使)로 임명되었다는 『資治通鑑』의 기록에 따라 이해를 그의 급제년으로 보았다. 그러나 盧懷愼을 十道巡察使로 파견할 때 "二周年一替"하도록 했으므로(『唐大詔令集』 권103, 「遣十使巡察風俗制」, 525쪽), 그 이후에도 계속 사자로서 활동했을 수도 있다. 따라서 "景龍(707~710)中"이란 묘지의 기록을 섣불리 부정하기 어렵다. 더군다나 趙冬曦의 합격이 "執政者"의 평가와 같은 후속 절차를 거친 뒤라면 더욱 그러하다. 하지만 어느 경우이거나 그는 중종 때 진사과에 급제하였다.

가 부득이 상대적으로 열등한 방법으로 입사할 수밖에 없었던 것처럼 보인다.

만약 이와 같이 조동희의 묘지를 읽을 수 있다면, 그가 선발되는 과정의 성격이 매우 모호하다. 사실 황제의 특별한 명령으로 파견된 사자의 추천은 제거의 한 절차로 보아야 마땅하다. 묘지의 찬자가 조동희에게 더 나은 입사의 길이 있었음을 시사한 것도 동일한 맥락에서 이해된다. 우수한 제거 합격자는 "조집" 곧 이부의 전선을 거치지 않고 "미관(美官)"을 받을 수도 있었기[128] 때문이다. 그런데 조동희는 결국 진사과에 응거해 합격하였고, 후대의 관련 문헌들은 이를 상거의 한 과목으로 보았다. 그렇다면 집정자의 판단 이전까지 제거와 상거로 나누기 힘든 애매한 상황이 존재했던 셈이다.

조동희의 사례에서 드러나는 이처럼 특이한 관인 선발 과정은 제거와 상거의 미분화 상태이던 당초의 '광의의 진사'를 상기시킨다. 그러나 집정자가 그의 "문사" 능력을 인정해서 "진사로 시험하도록 상주"했음을 볼 때, 당시 문학적 소양 위주의 과목으로서 진사과의 정체성은 이미 확고하였다. 따라서 중종 시기의 관인선발제도는 결코 당초 '과거제도의 원형'과 동일시할 수 없다. 다만 앞서 상술했던 바 무측천 시기에 증가한 '미상과목' 문제와의 유사성은 부정하기 어렵다. 중종과 예종 또한 어지러운 정국 속에서 자주 제거를 시행하였으며, 제거가 늘어나면서 상거와의 혼용도 불가피했을 듯하기 때문이다. 다시 말해, 이 시기에 관학을 통한 교육과 시험의 중요성이 커지는 등 과거제도의 속성이 강화되었을지라도 여전히 현실적인 한계가 존재하였다. 제거와 상거 사이에 모호한 영역이 남아있고, 지방에서 올라오는 응시자의 선발도 그 지역 관인들에 의해서만 이루어지지 않았던 것이다.

---

128 『冊府元龜』 권639, 「貢擧部 總序」, 7662쪽.

그러므로 중종·예종 시기의 상거는 일면 무측천 때의 연장선상에 있다고도 생각되며, 그 급제자의 상황 역시 비슷하다. 남관 정책이 지속되고 있던 당시 상거에 합격하더라도 실직(實職)을 받기 힘들었던 것이다. 예컨대 유유정(劉惟正, 685~724)은 관학을 거쳐 경룡3년 진사과에 급제했지만 5년이 지나서야 현위(縣尉)가 되었고,[129] 같은 해의 명경과 급제자 장구고(張九皐, 690~755)도 오래도록 관직을 갖지 못했던 듯하다.[130] 그러므로 이들은 직사관이 될 때까지 '전진사(前進士)'나 '전명경(前明經)'이라 부르며 한동안 상거 합격의 자부심만 드러낼 수밖에 없었을 터인데,[131] 이 점에서 무측천 때와 다르지 않다.

그런데 중종·예종 시기의 상거 급제자와 관련하여 또 하나 주목되는 기록이 있다. 『봉씨문견기(封氏聞見記)』의

"호사자"들이 〔진사과 급제자의〕 성명을 기록하여 신룡 연간부터 지금까지 『진사등과기(進士登科記)』라고 부르니, 〔이 책은〕 앞서 간 훌륭한 이들을 드러내 보이고 뒤따르는 이들을 고무하는 것이었다.[132]

---

129 劉惟正은 "始從小學, 中遊上庠, 果射高墉之隼, 克奮垂天之翼, 故卅五徵秀才, 逮乎卅服官政, 乃尉徐之豐."(『唐代墓誌彙編續集』, 開元062번)했다.

130 『文苑英華』 권899, 蕭昕 「殿中監張公神道碑」, 4732쪽(『全唐文』 권355, 3598쪽 참조)의 "〔張九皐〕弱冠孝廉登科, 始鴻漸也. 嶺南按察〔使〕尙書裴伷先幕府求賢, 輅車問俗, 以公後進之秀, 籍以從軍, 表授海豐郡司戶."란 기록을 보면, 張九皐는 안찰사의 表薦으로 비로소 實職을 받을 수 있었다. 게다가 裴伷先이 海豐郡 곧 循州 지역을 관할하는 廣州都督이 된 때가 현종 개원7년이라면(『唐刺史考全編』 권257, 「廣州」, 3159쪽), 그는 10년 이상 관직이 없었다고 생각된다.

131 그 좋은 예가 경룡 연간에 세운 '唐匡城令鄭府君碑'를 쓴 "前國子進士李惟恕"이다(陳思, 『寶刻叢編』, 文淵閣四庫全書電子版, 권5, 「滑州」, 17뒤쪽). 그리고 王傑 묘지가 "前國子明經河東裴翰撰"(『唐代墓誌彙編』, 先天002번)이라고 하므로, 당시 명경과 급제자도 이렇게 자칭했던 듯하다. 이 묘지가 제작된 선천1년은 곧 예종이 양위한 해로서, 이러한 용례가 예종 시기에도 있었으리라고 추정되기 때문이다.

132 『封氏聞見記校注』 권3, 「貢擧」, 17쪽. "好事者紀其姓名, 自神龍以來, 迄於茲日, 名曰 『進士登科記』, 亦所以昭示前良, 發起後進也."

는 말이 그것이다. 이에 따르면 중종 때부터 진사과 급제자의 명부가 편찬되기 시작하였고, 그 뒤 이러한 '등과기'가 세간의 중요한 관심거리가 되었다고 생각된다.

『봉씨문견기』는 현종 천보(742~756) 말년의 진사과 합격자인 봉연(封演, ?~?)이 덕종 정원16년(800) 이후에 쓴 책이다.[133] 따라서 위의 인용문에 진사과를 중시한 후대의 인식이 반영되었을 가능성도 배제하기 어렵고, 실제로 개원 연간까지 등과기류 문헌이 널리 유포되지는 않았던 듯하다.[134] 그러나 봉연의 말을 부정할 근거 역시 없는 이상, 중종 때 진사과 급제자들의 명단이 등과기란 이름으로 처음 만들어졌다는 이 기록을 무시하면 안 된다.[135] 고종 현경 연간 이래 상거의 한 과목으로서 독자적 정체성을 강화해 온 진사과는 이 시기에 이르러 그 급제자 명부가 민간에서 책으로 나올 만큼 공고히 자리를 잡은 것이다.

물론 이 신룡 연간에 편찬된 『진사등과기』가 일부 준사나 수재를 포함했을 수 있지만,[136] 서명으로 보아 진사과가 그 중심에 있었음이 분명

---

133 『新唐書』 권58, 「藝文」, 1461쪽; 『封氏聞見記校注』에 실린 趙貞信의 序文, 6쪽.

134 개원 연간의 도서 목록에 의거한 『舊唐書』의 經籍志에는(程千帆·徐有富, 『校讎廣義 目錄編』, 濟南, 齊魯書社, 1998, 169~170쪽) 등과기가 보이지 않으며, 『新唐書』 권 58, 「藝文」, 1485쪽에 실린 『唐顯慶登科記』나 『唐登科記』는 모두 당후기에 편찬된 책이다.

135 당대의 등과기를 상론한 전계 傅璇琮, 『唐代科擧與文學』, 「材料敍說: 唐登科記考索」, 3쪽 등 기존의 연구들도 모두 『封氏聞見記』의 기록을 사실로 받아들인다.

136 『唐摭言』 권1, 「述進士上篇」, 3쪽의 "永徽已前, 俊〔士〕、秀〔才〕二科, 猶與進士並列. 咸亨之後, 凡由文學擧於有司者, 競集於進士矣. 繇是, 趙儋等嘗刪去俊〔士〕、秀〔才〕, 故目之曰『進士登科記』."라는 기록을 보면, 덕종 정원 연간에 趙儋이 『進士登科記』를 만들 때까지 "俊士"와 "秀才" 과목 급제자도 넣은 "登科記"가 일반적이었던 듯하다. 이는 전술한 것처럼 당초의 "進士"가 이러한 과목들을 포함한 '광의의 진사'였기 때문일 터이며, 신룡 연간에 편찬된 『進士登科記』 역시 상거 과목으로서의 '협의의 진사'만을 대상으로 하지 않았을 가능성이 크다. 하지만 『唐摭言』도 분명히 밝혔듯이 이러한 문제는 "永徽已前"에 두드러지고, 현경 연간 이후 기록은 상거의 한 과목인 진사과 위주였을 것이다.

하다. 그런데 명경과의 경우 여기에 포함되지 않았을 뿐더러 당시 이와 같은 등과기가 만들어졌다는 기록도 전무하다. 등과기의 편찬으로 증명되는 상거의 정착은 오로지 진사과에만 국한된 양상처럼 보이는 것이다. 하지만 전술했듯이 중종과 예종이 명경과와 더욱 밀접히 연계된 관학을 중시했으므로, 이 시기의 명경과가 진사과보다 제도적으로 불안정한 상태에 있었을 리 없다. 그렇다면 이처럼 대비되는 두 과목의 상이한 상황이 흥미롭다.

기실 위의 인용문에서 『진사등과기』를 만든 주체가 "호사자들"이었다. 즉 이 책은 조정이 의도한 산물은 아니었던 것이다. 따라서 신룡 연간 등과기 출현의 의미는 진사과의 제도적 정착보다 오히려 이 과목에 대한 사인들의 기호에서 찾아야 옳다. 그리고 당연히 이어지는 의문이 진사과가 이렇게 명경과보다 더 사회적 관심을 끈 까닭이다. 이러한 시각에서 볼 때 간과할 수 없는 현상은 당시 진사과 급제자들의 집단행동이다. 『당척언』은 당후기에 성행한 자은사(慈恩寺)에서의 제명(題名)이나 곡강연(曲江宴)·행원연(杏園宴)의 기원도 바로 신룡 연간에서 찾고 있기 때문이다.[137] 이 시기 진사과 합격자들의 등과기는 여러 가지 의례나 연회를 통해 함양된 동류의식(同類意識)의 산물이고, 이러한 집단성이 그들의 사회적 영향력 강화에 일조했을 법한 것이다.

그렇다면 왜 진사과 급제자들이 신룡 연간부터 이처럼 집단적으로 행동하였을까? 먼저 생각해 볼 수 있는 것은 우월감에 의한 배타성이다. 그러나 이 시기의 진사과는 조동희의 사례에서 명백히 드러나듯이 입사를 바라던 이들에게 결코 선망의 대상이 아니었다. 명경과와 비교하더라

---

137 『唐摭言』 권3, 「慈恩寺題名遊賞賦詠雜紀」은 "進士題名, 自神龍之後, 過關宴後, 率皆期集於慈恩塔下題名."(28쪽), "曲江遊賞, 雖云自神龍以來, 然盛於開元之末."(29쪽); "神龍已來, 杏園宴後, 皆於慈恩寺塔下題名."(42쪽)이라고 한다.

도, 앞서 상술했던 것처럼 합격자의 초관 품계가 고종 현경 연간 이래 계속 낮았다. 더군다나 복당 이후 황제들이 중시한 관학에서 경서를 주로 가르쳤다면, 중종 때 갑자기 진사과의 사회적 위상이 특별히 높아졌을 리도 만무하다.

따라서 중종 연간 두드러지기 시작하는 진사과 급제자들의 집단화 경향은 도리어 이와 상반된 측면에서 고려해 볼 필요가 있다. 관학 위주의 정책으로 명경과가 중요해진 결과 상대적으로 경시된 진사과 합격자들의 박탈감과 이에 대한 자구책이 그것이다. 제도적 열세에 처한 이들끼리 상호 유대감을 증진시켰을 수도 있기 때문이다. 아울러 전술한 바 당시 진사과에서 향공의 비율이 이전에 비하여 커짐도 이를 부추겼을 수 있다. 관학에서 함께 공부했던 생도와 달리 향공들은 지방에서 개별적으로 수험 준비를 한[138] 탓에 중앙에 올라온 뒤 훨씬 적극적으로 사인들과 교류해야만 했던 것이다. 만약 상서성에서의 시험 전에 신원 확인을 위한 "통보(通保)"가 응거자들 간의 "합보(合保)"·"상보(相保)" 형태로 이루어졌다면[139] 더욱 그러하다. 향공진사의 뚜렷한 동류의식은 후술할 현

---

138 嚴耕望의 「唐人習業山林寺院之風尙」, 『唐史硏究叢稿』(九龍, 新亞硏究所, 1969), 415~416쪽에 의하면, 과거 응시자들이 山林寺院에서 무리를 지어 공부하는 경향이 있었더라도 그 숫자가 대개 십여 명 미만이었다. 따라서 이렇게 시험을 대비해 온 향공은 수백 명 이상 재학한 중앙관학의 생도와 분명히 다르다. 게다가 이러한 집단적인 수험 생활 사례들은 대개 개원 연간 이후의 것인데, 이 문제는 제3부에서 현종 시기의 현실과 관련하여 상술하겠다.

139 『新唐書』 권44, 「選擧志」, 1161쪽은 과거의 응시자들이 "旣至省, 皆疏名列到, 結款通保及所居, 始由戶部集閱, 而關于考功員外郞試之."했다고 한다. 여기에서 "通保"의 구체적인 방법은 불분명하다. 그러나 『唐國史補』 권下, 55~56쪽에 전하는 진사과 관련 습속 중 "將試, 各相保任(『唐摭言』 권1, 「述進士下篇」, 4쪽의 『唐國史補』 인용문에는 "任"이 없고, 『太平廣記』 권178, 「貢擧 總敍進士科」, 1322쪽도 『唐摭言』과 같음:인용자), 謂之合保."(권下, 55~56쪽)나 무종 회창4년 10월의 상주문에 나오는 "今日以後, 擧人於禮部納家狀後, 望依前五人自相保."(『冊府元龜』 권641, 「貢擧部 條制」, 7686쪽. 앞서 지적했듯이 이와 거의 동일한 내용을 開成 연간의 글처럼 적은 상해고적출판사본 『唐會要』 권76, 「貢擧 進士」, 1636쪽의 기록은 착오이고, 사고전

종 시기의 현실에서 명확히 드러나는데, 이들을 주축으로 한 당후기 진사과에서 그 합격자들의 의례가 유난히 활성화되었다는[140] 사실도 이를 방증한다.

이와 같은 입장에서 보면, 무측천 때와 기본적으로 유사한 듯한 중종·예종 시기 상거의 현실 속에서도 과목별 차별성이 두드러져 가는 추세를 홀시해선 안 된다. 조정의 관학 중시로 인하여 명경과의 제도적 중요성이 커지는 반면 진사과의 경우 상대적으로 위축되었던 것이다. 하지만 그 반작용으로서 진사과를 통해 입사하려던 사인들 간의 동류의식이 촉진되면서, 현실 속에서는 오히려 이들의 사회적 영향력이 증대해 갔을 수도 있다. 그러므로 이처럼 상이한 전개 양상을 보이는 진사과와 명경과 두 상거 과목의 제도와 현실은 좀 더 치밀한 고찰을 필요로 한다.

이상에서 살펴본 '중종·예종 시기 관인선발제도의 정비' 관련 사실을 요약하면 다음과 같다. 중종과 예종은 중앙과 지방의 관학 진흥을 위해 노력하였다. 당초 이래 일관되게 관학을 관인 선발에서 중시했지만, 특히 이 시기에는 그 학생들에게 기한 내 응거를 강제하는 등 상거와의 관계를 한층 긴밀하게 만들었다. 그 결과 국자감이 더욱 공고히 제도화되었으며, 지방에서도 관학을 거친 과거 응시자가 늘어났던 듯하다. 이는 관

서본의 경우 『冊府元龜』 기록과 같음)란 말을 보면, 이것이 응시자들끼리 상호 보증하는 형태였을 가능성이 크다. 물론 이러한 제도가 중종 연간에도 있었는지 알 수 없지만, 시험에 앞서 어떤 방식으로든 응시자의 신원을 확인·보증하는 절차는 존재했을 것이다.

140 당후기에 번성한 진사과 급제자들의 합격 후 의례와 연회는 전게 傳璇琮, 『唐代科擧與文學』, 「進士放榜與宴集」, 305~321쪽과 전게 O. Moore, *Rituals of Recruitment in Tang China*의 제7장, 230~280쪽이 상세히 설명하였다. 그런데 妹尾達彦, 「唐代の科擧制度と長安の合格儀禮」(唐代史硏究會 편, 『律令制』, 東京, 汲古書院, 1986)의 경우 이를 특히 향공진사의 증가 현상과 연관시키고 있다.

학에서 가르친 경학과 직접 연계된 명경과의 중요성을 제고하고, 관인의 선발에서 중앙집권성을 강화시켰다.

그러나 8년에 불과한 두 황제의 짧은 치세 안에 이러한 정책이 얼마나 제대로 실현되었는지는 의문이다. 기실 정변을 통해 즉위한 중종과 예종 모두 무측천처럼 관직을 남발하고 제거를 자주 시행하였다. 이로 인해 제거와 상거의 경계가 현실적으로 애매해지는 등 관인선발제도의 전반적 양상은 이전과 별반 달라지지 않았다. 하지만 등과기의 존재 여부에서 명확히 드러나는 바 진사과와 명경과의 상이한 현상은 간과할 수 없다. 명경과가 제도적으로 중시되면서 오히려 진사과를 둘러싼 사인들의 동류의식이 커졌기 때문이다. 중종·예종 치세에 당조의 제도와 사회 현실 사이에서 미묘한 긴장 관계가 뚜렷해지고 있었던 것이다.

3. 무측천 집권 이후 진사과와 명경과의 부상

진사과·명경과의 정착과 그 급제자

고종이 죽은 뒤 계속된 정변들 속에서, 권력을 장악한 이는 자신의 입지 강화에 몰두하여야만 했다. 남관 정책이나 제거의 빈번한 시행은 그 좋은 수단이었는데, 이로 인하여 고종 때 출현한 상거가 후대와 같은 형태로 변모해 가는 과정이 순탄치 않았다. 그러나 앞서 상술했듯이 예종 치세까지 과거제도가 꾸준히 정착해 갔음은 부정할 수 없는 사실이다. 상거 응시자의 주된 내원이 확실히 마련된 것은 그 단적인 예이다. 무측천 집권기에 "향시(鄕試)"를 거친 향공 기록이 처음 나타나고, 중종의 관학 개혁 덕분에 많은 생도의 주기적인 배출도 가능해졌기 때문이다.

　이러한 변화의 추세는 아래의 〈표17〉에서도 확인된다. 현경 연간부터 상거가 제거와 제도적으로 분리되었을지라도, 고종 시기 진사과와 명경과의 경우 급제자 초관의 표준편차가 매우 크다. 따라서 두 과목이 아직 특정한 관인 선발 방법으로서의 동질성이 약했던 듯하다.[141] 그런데 진사과와 명경과의 표준 편차가 무측천~예종 때에는 현격히 작아지며, 상거를 대표하는 두 과목의 정체성은 예전보다 훨씬 뚜렷해지는 것이다.

〈표17: 【부록2】의 Ⅱ기와 Ⅲ·Ⅳ기 급제자의 초관 품계와 그 표준편차〉

시기	진사과		명경과	
	초관 평균	표준편차	초관 평균	표준편차
Ⅱ기(656~683)	3.00	2.04	4.16	3.10
Ⅲ·Ⅳ기(684~712)	2.88	0.93	4.11	2.25

　기실 고종의 사망 후 잇따른 정변들이 궁중 내부의 권력 다툼에 불과하였다면, 이와 같은 제도의 착근이 결코 이상하지 않다. 왕조의 교체에도 불구하고 통일제국은 지속적으로 발전해 갔고, 새로운 관인 선발 방법으로서의 과거 역시 마찬가지였던 것이다. 실제로 당시 황제들의 남관 정책도 통일제국의 안정과 더불어 증가한 구관자(求官者)들이 없다면 불가능한 일이다. 따라서 상거와 제거의 시행 과정이 더러 엄밀히 구분되지 못했을지라도, 그것은 단지 혼란스러운 정국에서 야기된 부차적 현상일 뿐이다.

---

141 전술하였듯이 현경 연간 이후 고종 시기 곧 Ⅱ기에 진사과 초관의 표준편차가 큰 것은 "秀才高第, 授建州錄事參軍(종7품상, 10:인용자)"한 李瑋과(『全唐文補遺(9)』, 446쪽) 같은 특이한 사례 탓일 수 있다. 하지만 그를 제외하더라도 Ⅱ기의 진사과 표준편차는 1.39로서 Ⅲ·Ⅳ기의 0.93과 분명한 차이를 보인다.

오히려 더 중요한 문제는 관인 자격자들이 늘어나면서 초래된 관계(官界)의 상황이다. 무측천 시기에 선인(選人)들 간의 과도한 경쟁이 국가적 현안으로 여겨질 만큼 격화되었고,[142] 과거에 합격하더라도 전선을 통해 직사관을 받거나 승진하기가 점점 더 어려워졌기 때문이다. 진사과와 명경과 급제자의 실상에 주목하는 까닭은 바로 여기에 있다. 만약 그들이 이러한 현실 속에서 관인으로서의 출로가 불확실하다면, 상거의 제도적 정착 또한 사실상 별 의미가 없어지는 것이다. 이와 같은 시각에서 볼 때, 무측천의 아래 조칙들이 주목된다.

우선 신공(神功)1년(697) 10월에 "재능과 관직의 상응〔量才受職〕"을 강조하면서 "여러 기술직〔諸色伎術〕"은 해당 직능(職能)과 관련된 직임으로만 승진시키고, "훈관·품자·유외·국관·참좌·시품 등의 출신자〔勳官、品子、流外、國官、參佐、親品等出身者〕"는 원칙상 "중앙의 청요·저망 등의 관직〔京淸要著望等官〕"을 가질 수 없게 하였다.[143] 그리고 윤10월에는 한 발 더 나아가, "유외관과 시품관 출신자〔流外及視品官出身者〕"의 임용 제한 관직을 8시(寺)와 3감(監)의 승(丞)·대리평사(大理評事)나 적현(赤縣)의 승(丞)·주부(主簿)·위(尉) 등 더욱 많은 직임으로 확대하였다. 또 중서성(中書省)의 주서(主書)처럼 몇몇 핵심 직무를 오래 담임했던 자들이라도 "필기시험에서 청간·경행·이용·문리 능력이 검증된 경우만〔考詞有淸幹、景行、吏用、文理者〕" 그 제한된 관직들 중 일부를 받을 수 있도록 만들었던

---

142 渡邊信一郎,「『臣軌』小論: 唐代前半期の國家とイデオロギー」(원간 1993),『中國古代國家の思想構造: 專制國家とイデオロギー』(東京, 校倉書房, 1994)가 잘 설명하듯이, 무측천 때 폭발적으로 증가한 選人은 "관료제의 위기"를 초래하였다.

143 神功1년 10월 3일의 이 칙문은『唐會要』권67,「伎術官」, 1399쪽(사고전서본에는 "勅"이 "謂"로 적혀 있고,『唐會要校證』, 1009쪽에 따르면 그 날짜도 의문이 있음) 등 여러 문헌에 나오는데, 그 내용이 상당히 다르다. 여기에서는 이러한 기록들을 비교·보완한 小島浩之,「唐代エリート官人の昇進經路の形成とその展開」,『東洋文化研究』10, 2008, 208·224쪽에 의거한다.

것이다.[144]

뿐만 아니라 성력3년(700) 1월에는 전선에 참여한 선인들 가운데

> 감찰어사(監察御史), 좌·우 습유(拾遺), 적현의 위·주부, 대리평사, 양기
> (兩畿) 현의 승·주부·위로 3번 이상 임용되거나〔三任以上〕 내외(內外)
> 관직으로 3번 임용되어 10차례 이상 고과(考課)를〔三任十考以上〕 거친
> 자가 구품(舊品)을 고치지 않았을 경우에만, 선서(選敍)할 때〔통상의 규정
> 보다 높은〕 품계를 주는 것〔隔品處分〕을 허용한다. 여타 관인은 반드시
> 차례대로 직임을 주고〔통상의 선서 규정을〕 뛰어넘을 수 없다.[145]

고도 하였다. 그 결과 특별히 빠른 승진이 가능해진 관인은 신공1년에
"여러 기술직"이나 훈관·유외관·시품관 등을 배제시킨 "청요·저망"한
관직의 보유자로 제한된 듯하고, 이 점에서 위의 세 조처는 긴밀히 연계
되어 있다.

무측천의 이러한 조칙들에서 진사과나 명경과에 대한 직접적인 언급
은 보이지 않는다. 그러나 앞서 살펴보았던 고종 현경2년(657) 유상도의
상주를 여기에서 다시 상기할 필요가 있다. "경학에 밝고 행실을 닦은
사인〔經明行修之士〕"을 "잡색(雜色)"·"서도(胥徒)" 따위보다 우대해야 한다는
그의 주장이 이때 비로소 실행된 셈이기 때문이다.[146] 그리고 이 시기에

---

144 신공1년 윤10월 25일의 칙문 역시 『冊府元龜』 권629, 「銓選部 條制」, 7548쪽과 『唐
　　會要』 권75, 「選部 雜處置」, 1610쪽의 내용이 조금 상이하지만, 전게 小島浩之, 「唐代
　　エリート官人の昇進經路の形成とその展開」, 209~210·225쪽의 고증에 근거해서 『
　　冊府元龜』의 기록에 따른다.
145 『冊府元龜』 권629, 「銓選部 條制」, 7548쪽. "〔聖曆〕三年正月三十日勅: 監察御史、左
　　右拾遺、赤縣尉·主簿、大理評事、兩畿縣丞·主簿·尉經三任以上, 及內外官經三任
　　十考以上, 不改舊品者, 選敍日, 各聽量隔品處分. 餘官必須以次授任, 不得超越." 『唐
　　會要』 권75, 「選部 雜處置」, 1610쪽 참조.
146 전술하였듯이 劉祥道의 상주문은 문헌에 따라 차이가 큰데, 『舊唐書』 권81, 「劉祥道」,
　　2751~2753쪽의 기록이 가장 믿을 만하다. 그리고 이에 따르면 당시 그의 주장은

는 분명히 상거 과목이 정착되어 있었으므로, "경학에 밝고 행실을 닦은 사인"의 전형이 곧 진사과나 명경과 급제자라고 보아도 무방하다.[147] 그러므로 무측천 시기 이 일련의 조처들은 당대의 관계 내부에 엘리트 관인 집단을 새롭게 창출했고, 그 중심에 존재하는 것이 바로 두 상거 과목의 급제자들이었음에 틀림없다.[148]

실제로 과거 특히 진사과 합격자들이 유난히 빨리 승진했다는 사실은 익히 지적되어왔다. 물론 기존의 연구들이 그 논거로 삼았던 인물들 가운데 급제 과목을 분명히 확정짓기 어려운 경우가 많다.[149] 그러나 아래의 〈표18〉에서 보듯이 무측천 말년부터는[150] 【부록1】에서 '사료 가치'를 높게 평가한(●, ◐) 사례들 중에서도 재상(宰相)이 된 자가 등장한다. 이들

"時公卿已下憚於改作, 事竟不行."하였다.

147 이와 같은 측면에서 보면, 『通典』 권17, 「選擧 雜議論」, 403~406쪽에 전하는 劉祥道의 상주에 "明經"과 "進士"란 표현이 나오는 연유도 짐작 가능하다. 앞서 상술했듯이 이것은 확실히 착오이지만, 상거가 정착된 후대 사람들의 입장에서는 "經明行修之士"와 진사과·명경과 급제자를 동일시할 만한 까닭이 없지 않았던 것이다.

148 전게 小島浩之, 「唐代エリート官人の昇進經路の形成とその展開」가 이러한 官界 상황을 잘 설명하고 있다.

149 과거 급제자의 官界內 우위와 관련하여 자주 거론된 것이 재상들 중 진사과 급제자의 높은 비율이다. 그 대표적인 연구가 卓遵宏, 『唐代進士與政治』(臺北, 國立編譯館, 1987), 3쪽의 〈唐代進士出身宰相統計表〉와 이에 대한 설명이다. 그런데 여기에서 당전기의 진사과 출신 재상으로 간주한 房玄齡, 來濟, 上官儀 등 대다수가 정사 등 후대의 문헌에만 급제 관련 기록이 나올 뿐이므로 제1부에서 밝혔듯이 그대로 믿기 어렵다. 실제로 『唐會要』 권1, 「帝號」, 2~4쪽에 실린 고조·태종·고종 시기의 재상들 가운데 종래 상거 급제자로 여겨온 인물들 모두 【부록1】의 '사료 가치' 분류 기준으로 볼 때 과목 명칭이 불확실하거나(⊗) 신뢰도가 매우 낮은 (○) 사례에 속한다 (사고전서본의 재상 관련 기록이 상해고적출판사본과 약간 다르나, 이 점에서는 동일함). 그러므로 본서처럼 과거 급제자를 엄밀하게 분석하고자 할 경우 이러한 기존 연구들의 결론을 무비판적으로 차용해서는 안 된다.

150 아래의 표에서 무측천 시기의 유일한 재상이 韋承慶인데, 그는 장안4년(704) 11월에 재상으로 선임되었다. 『新唐書』의 권4, 「則天皇后」, 105쪽; 권61, 「宰相表」, 1669쪽 참조.

은 모두 고종 현경 연간 이후 과거의 상거 급제자인데, 최식(崔湜, 671~713)
과[151] 최일용(崔日用, 673~722)처럼[152] 합격 후 20년도 채 되지 않아 재상으
로까지 승진한 인물도 있음은 분명히 특기할 만하다.

〈표 18: 진사과나 명경과 급제 사실이 분명한 당전기의 재상〉

시기	재상 : 초출(初出) 때 급제 과목과 시기를 괄호 안에 부기함
무측천	韋承慶(진사과, 용삭2년)
중종	韋承慶, 蘇瓌(진사과, 현경1년), 崔湜(진사과, 재초1년)
예종	蘇瓌, 崔湜, 崔日用(진사과, 천수3년), 宋璟(진사과, 조로2년), 郭元振(진사과, 함형4년)
현종	崔湜, 郭元振, 宋璟, 蘇頲(진사과, 조로2년), 張九齡(진사과, 장안2년), 裴光庭(명경과, 신룡1년)

◦ 검토 대상: 『唐會要』의 권1, 「帝號」와 권3, 「皇后」의 해당 시기에 열거된 재상(사고전서본
  의 경우 일부 내용이 상이하지만, 이 표의 대상자는 두 판본에서 공통됨), 使相 제외
◦ 급제 관련 사실: 【부록1】 참조

재상이란 관직이 황제의 특별한 총애로 받을 수도 있다면, 위의 사
례들로써 일반적인 관인의 상황을 판단하기 어려울는지 모르겠다. 이즈
음 빈번했던 궁중 정변들을 생각하면 더욱 그렇다. 하지만 【부록2】의
진사과와 명경과 합격자의 최종 관직인 종관(終官)이나 급제 후 승급(昇
級) 평균을 보더라도 아래의 〈표19〉와 같이 상당히 높다. 특히 '17'로

---

151 崔湜은 무측천 재초1년(690)의 진사과에 급제하고, 중종 경룡3년(709) 3월에 재상이
    되었다. 『新唐書』의 권4, 「中宗」, 111쪽; 권61, 「宰相表」, 1675쪽 참조.
152 崔日用은 무측천 천수3년(692)의 진사과에 급제하고, 예종 경운1년(710) 7월에 재상
    이 되었다. 『新唐書』의 권5, 「睿宗」, 117쪽; 권61, 「宰相表」, 1677쪽 참조. 최근 보고
    된 崔日用의 묘지(毛陽光 주편, 『洛陽流散唐代墓誌彙編續集』, 北京, 國家圖書館出
    版社, 2018의 95번)는 그를 "初擧孝廉甲科"라고 해서 명경과 급제자처럼 적고 있으
    나, 설령 그렇더라도 崔日用은 상거 급제자라는 점에서 본서의 논지와 어긋나지 않
    는다.

계수화(計數化)한 종5품하 이상의 고위 관직까지 올라간 자의 비율이 50% 전후나 되어서, 두 과목의 합격자가 무측천 시기 이후의 관계에서 매우 우월한 지위에 있었음을 명증한다. 주지하듯이 관인의 절대다수가 6품 이하였던 당시 극소수만이 5품 이상의 관직을 가질 수 있었기 때문이다.[153]

〈 표19: 【부록2】의 Ⅱ기와 Ⅲ · Ⅳ기 급제자의 종관과 승급 품계 〉

시기	진사과		명경과	
	종관 평균(종관 5품 이상 인물의 비율)	승급 평균	종관 평균(종관 5품 이상 인물의 비율)	승급 평균
Ⅱ기(656~683)	19.5(73.9%)	16.5	13.6(42.1%)	9.5
Ⅲ · Ⅳ기(684~712)	17.0(64.7%)	14.1	14.2(34.8%)	10.1

그런데 〈표19〉를 톺아볼 때, 현경 연간 이후 고종 연간(Ⅱ) 대비 무측천~예종 시기(Ⅲ · Ⅳ) 수치는 과목에 따라 상이하다. 진사과가 종관 · 승급 평균이 낮아진 반면 명경과의 경우 조금 높아졌기 때문이다. 하지만 5품 이상 고관으로 승진한 인물의 비율은 명경과 역시 감소하였다. 따라서 언뜻 보면 무측천~예종 시기 상거 급제자의 위상이 상대적으로 낮아지는 추세였던 듯하다. 그러나 Ⅱ기의 진사과나 명경과 합격자가 관인으로서 활동한 때가 바로 무측천~예종 시기이므로, 이러한 양상은 도리어

---

153 『唐六典』에서 6省 · 御史臺 · 五監 · 九寺의 관인 정원을 보면, 5품 이상이 179명인 반면 6품 이하는 1492명이나 되어 10배 가까이 된다(池田溫, 「律令官制의 형성」, 『세미나 수당오대사』, 서울, 서경문화사, 2005(원간 『岩波講座 世界歷史(5)』, 1970), 84~87쪽의 〈盛唐諸官府官人定員略表〉. 6품 이하 관인의 "+α" 등의 숫자 제외). 이 표에는 6품 이하 관인이 대다수인 衛府 · 東宮 · 親王 · 公主邑司 · 地方官과 특별한 성격의 內官이 빠져 있는데, 만약 이러한 관청 소속 관인까지 포함한다면 양자의 차이는 더욱 커질 것이다.

무측천의 집권 이후 상거 과목 합격자들의 승진 가능성 증대를 뜻한다고도 생각된다.[154] 관료 조직 안에서 전술한 무측천의 조처들이 이들에게 확실히 유리한 환경을 조성하였고, 그 덕분에 진사과와 명경과의 실질적인 중요성 역시 더욱 커졌던 것이다. 그렇다면 무측천 시기 이후 상거는 제도와 현실 양면에서 관인 선발의 주요 방법으로 정착했다고 보아도 좋다.

이와 같은 상황에서 진사과와 명경과가 매력적인 입사 방법이 되었으며, 관직을 바라는 사인들이 여기에 몰려들었으리라는 것 또한 쉽게 예상된다. 당시 두 과목의 응시자에 대한 구체적 기록은 현재 거의 남아 있지 않으나, 그 합격자들을 통해 관련 사실을 유추해 볼 수 있다. 【부록2】의 진사과와 명경과 급제자의 가계를 비교해 보면, 아래의 〈표 20〉처럼 직계의 '선조' 3대 내리 관인이었던('3' 항목) 이들의 비율이 Ⅱ기보다 Ⅲ·Ⅳ기에 높아지는 것이다. 이는 무측천~중종 시기에 비교적 유력한 가문의 인물들이 상거 과목에 좀 더 관심을 갖게 되었음을 시사한다.

---

154 이와 관련하여 【부록2】의 Ⅰ기 급제자들의 상황을 살펴볼 필요가 있다. 물론 고조~고종 영휘 연간의 진사과나 명경과는 앞서 상술했듯이 후대의 상거 과목과 다르지만, '광의의 진사'로서 유사한 성격을 가졌다면 그 비교가 무의미하지는 않을 것이다. 아래의 표가 그 결과인데, Ⅰ기가 Ⅱ~Ⅳ기보다 종관·승급의 평균과 5품 이상 관인의 비율이 낮다. 그렇다면 Ⅰ기의 인물들이 관인으로서 주로 활동한 고종 때의 승진 여건은 그 이후 시기보다 열악했을 가능성이 크다.

진사과		명경과	
종관 평균 (종관 5품 이상 인물의 비율)	승급 평균	종관 평균 (종관 5품 이상 인물의 비율)	승급 편균
13.9(40.0%)	9.6	11.2(29.4%)	7.2

〈 표 20: 【부록2】의 Ⅱ기와 Ⅲ · Ⅳ기 급제자의 선조 〉

시기	진사과와 명경과		선조				진사과		선조				명경과		선조			
	비교 가능		3	2	1	0	비교 가능		3	2	1	0	비교 가능		3	2	1	0
Ⅱ기	61명 (총 63명)	숫자	47	9	2	3	23명 (총 25명)	숫자	17	2	2	2	38명 (총 38명)	숫자	30	7	0	1
		백분율	77.0	14.8	3.3	4.9		백분율	73.9	8.7	8.7	8.7		백분율	78.9	18.4	0	2.6
Ⅲ · Ⅳ기	63명 (총 71명)	숫자	51	3	6	3	17명 (총 22명)	숫자	14	0	3	0	46명 (총 49명)	숫자	37	3	3	3
		백분율	81.0	4.8	9.5	4.8		백분율	82.4	0	17.6	0		백분율	80.4	6.5	6.5	6.5

이러한 변화와 관련하여 흥미로운 현상이 있다. 『광탁이기(廣卓異記)』
는 부자(父子) · 형제 등 가까운 친족들 중 다수가 진사과에 합격한 사례를
모아 두었는데,[155] 제1부에서 설명했듯이 믿기 힘든 고조 무덕 연간의
이의침 이외에는 거의 전부 무측천의 집권 뒤에 급제하였기 때문이다.[156]
진사과에 대한 거족적(擧族的) 선망이 없었다면 불가능할 이와 같은 양상
은 이 시기에 이르러서야 비로소 확연해지는 것이다. 명경과의 경우도

----

155 『廣卓異記』 권19, 「擧選」, 133~136쪽에 나오는 이 기록은 (1) 韋述의 형제 6명, (2)
　　趙不器와 그의 아들 총 8명, (3) 蔣挺과 그의 아들 · 아우 · 조카 · 손자 총 6명, (4)
　　張琪의 형제 7명, (5) 常無欲의 형제 4명, (6) 趙祝(濟南의 齊魯書社에서 1996년에
　　간행한 '四庫全書存目叢書'의 史87책, 581쪽은 趙祝으로 씀)의 형제 5명, (7) 李義琛
　　의 형제 3명, (8) 歸仁紹 父子, (9) 孔緯의 형제 3명, (10) 楊憑 · 于珪 · 楊贊禹의 형제
　　2명씩이다.

156 위 『廣卓異記』의 인물들 가운데 확실한 당전기 급제자 사례는 (1) 경룡3년의 韋述
　　(『登科記考補正』, 176쪽), (2) 趙不器의 아들인 장수2년의 趙夏日(같은 책, 127쪽)
　　과 신룡2년경의 趙冬曦(같은 책, 166쪽. 『唐代墓誌彙編續集』, 天寶068번 참조), (3)
　　蔣挺의 아들로서 급제년은 미상이나 大曆8~10년에 知貢擧를 역임한 蔣渙(같은 책,
　　442 · 447 · 452쪽), (4) 張琪의 아우로서 "開元中"의 張瓌(위의 四庫全書存目叢書本,
　　581쪽은 張環으로 씀; 『登科記考補正』, 1179쪽), (5) 常無欲의 아우인 선천2년의 常
　　無名(같은 책, 196쪽. 『大唐西市博物館藏墓誌』, 290번 참조)이다. 그렇다면 이들과
　　형제라는 인물들 역시 대부분 비슷한 시기의 진사과 합격자로 여겨지며, 급제년이
　　모두 무측천 집권 이후라고 생각된다.

마찬가지이다. 배관(裴寬, 679-754)의 "형제 8명 모두 명경과에 급제하였다"고[157] 하며, 이들은 무측천~예종 때의 합격자일 가능성이 크다.[158]

석각자료들에서도 이와 유사한 사실이 확인된다. 예를 들어 노정용(盧正容, 654~704)의 묘지가 아들 7명 가운데 6명이 명경과에 급제하고 막내아들 역시 학업을 닦는 중이라고 자랑하는데,[159] 실제로 그의 맏아들 노균방(盧均芳, ?~?)은 중종 경룡2년(708)경에 명경과에 급제하였다.[160] 이른바 범양(范陽) 노씨라는 문벌의 일원인 노정용은 "군연(郡掾)"으로 관직을 시작했지만,[161] 그 다음 세대의 경우 모두 과거를 통해 입사하려 했던 것이다. 그렇다면 기존의 연구들에서 익히 밝혀진 바 전통적인 사족(士族)이 통일제국의 수립 후 점차 "중앙화"·"관료화"되어 가는 과정에서 상거 과목이 그 중요한 유인 동기였으리라는 추론도 가능할 듯하다.[162]

---

157 『舊唐書』 권100, 「裴漼」, 3131쪽.

158 『登科記考補正』, 156쪽에 의하면 裴寬은 무측천 대족1년의 拔萃科 급제자이므로, 그 이전 명경과에 합격했을 것이다. 기실 裴寬의 발췌과 급제년에 대한 기록은 불확실한데, 전게 王勳成, 『唐代銓選與文學』, 274쪽과 전게 金瀅坤, 『中國科擧制度通史: 隋唐五代卷』, 「吏部科目選的設置與變革」, 640쪽은 이를 예종 경운 연간으로 더 늦추어 잡기도 한다. 따라서 裴寬 형제들의 명경과 합격 시기가 무측천 집권 이전일 가능성은 극히 희박하다.

159 『全唐文補遺(8)』, 26쪽에서 "〔盧正容〕有子七人, 六子以明經擢第. 雁行之季者, 亦業就而丁艱焉. 五子則從班列也."라고 한다.

160 『全唐文補遺(千唐)』, 208~209쪽의 盧均芳 묘지. 전게 王洪軍, 『登科記考再補正』, 77~78쪽은 埋誌한 천보6년을 卒年으로 보아 경룡2년의 명경과 급제자로 추정하였다. 盧均芳은 公館에서 죽은 뒤 歸葬되었으므로 혹 사망 시기가 이보다 조금 빠를 가능성도 배제할 수 없으나, 혹 그렇더라도 그 시차가 얼마 되지 않을 것이다.

161 盧正容의 묘지가 "范陽涿人…榮冠百氏"한 名門으로서 "居家以理聞, 形國以用道. 起家調補曹州參軍事."라고 하나(『全唐文補遺(8)』, 25쪽), 盧均芳의 묘지는 부친이 "首出郡掾, 增以名家體道, 粉澤禮樂."했다고 하였다(『全唐文補遺(千唐)』, 208쪽).

162 士族의 중앙화·관료화 추세에 대한 대표적인 실증적 연구가 毛漢光의 「從士族籍貫遷移看唐代士族之中央化」(원간 1983), 『中國中古社會史論』(上海, 上海書店, 2002)과 「隋唐政權中南朝舊族之仕進憑藉與途徑」, 『第一屆國際唐代學術會議論文集』(臺北, 臺灣學生書局, 1989)이다. 그런데 毛漢光에 의하면 兩京으로 이주하는 사족들의 움직임이 고종 시기 이후 더욱 두드러지고, 바로 이즈음 상거 제도가 정착되기 시작했

　　이처럼 무측천 시기 이후 진사과와 명경과의 부상(浮上) 과정에서 아울러 간과해서 안 될 점은 두 과목 급제자의 관력(官歷)에서 발견되는 차이이다. 앞의 〈표17: 【부록2】의 Ⅱ기와 Ⅲ·Ⅳ기 급제자의 초관 품계와 그 표준편차〉·〈표19: 【부록2】의 Ⅱ기와 Ⅲ·Ⅳ기 급제자의 종관과 승급 품계〉에서 Ⅲ·Ⅳ기의 진사과와 명경과를 비교하면, 진사과 급제자의 초관 평균이 낮지만 그 종관 평균은 오히려 더 높기 때문이다. 기실 경학 교육을 위주로 한 관학의 중시, 특히 "명경위정지선(明經爲政之先)"이라며 명경과 급제자를 우대하라는 예종의 조서를 생각할 때,[163] 이 시기 진사과 합격자의 초관이 상대적으로 낮았음은 당연해 보인다. 하지만 이들이 낮은 관직으로 시작했음에도 불구하고 종국에는 명경과 급제자보다 통상 더욱 높이 승진하였고, 이는 분명히 의외의 사실인 것이다.

　　그런데 아래의 〈그림7〉에서 알 수 있듯이 Ⅰ기를 제외한 모든 시기에 이와 동일한 양상이 나타난다. 다시 말해, 쉽게 이해하기 힘든 이 사실은 진사과와 명경과가 상거 과목으로 독립한 뒤 일관된 현상인 것이다. 그렇다면 초관에서 드러나는 두 과목의 제도적 지위와 종관으로 표현된 그 급제자의 관계 내 현실적 위상 사이의 괴리는 비단 무측천~예종 시기만의 일도 아니다. 이처럼 대조적인 진사과와 명경과의 성격은 장기간에 걸친 종합적 고찰이 필요하며, 과거제도를 대표하는 진사과에 초점을 맞추어 이 문제를 더욱 면밀히 검토해 보고자 한다.

다는 사실이 주목된다. 唐長孺, 『魏晉南北朝隋唐史三論』(武漢, 武漢大學出版社, 1992)의 「論唐代的變化」, 370~378쪽 참조.

163　唐隆1년 7월의 「誡勵風俗敕」에서 "縣令字人之本, 明經爲政之先, 不稍優異, 無以勸獎. 縣令考滿考詞, 使狀有淸, 字無負犯, 明經及第, 每至選時, 量加優賞, 若屬停選, 並聽赴集."(『唐大詔令集』 권110, 570~571쪽. 『文苑英華』 권465, 2374쪽 참조)이라고 한다.

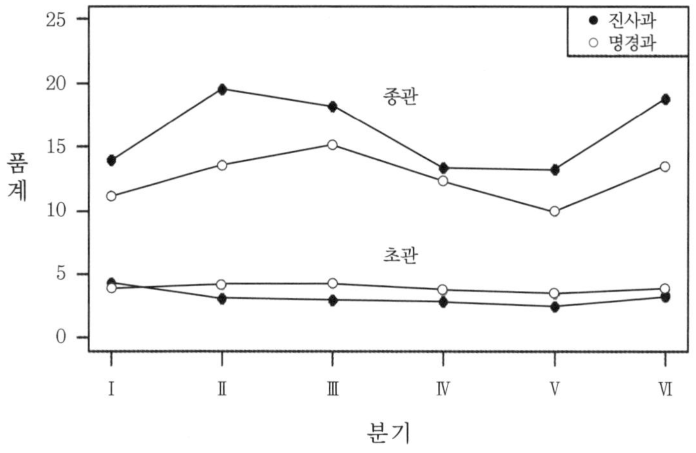

진사과와 명경과의 차이: 천인커(陳寅恪)의 연구를 단서로

천인커(陳寅恪)의 『당대정치사술론고(唐代政治史述論稿)』는 거시적 시각으로 당대의 역사 전개 과정을 조망한 명저이다. 이에 따르면, 무측천의 권력 장악은 북주 이래 "관중본위정책(關中本位政策)" 아래 결집했던 세력을 "신흥계급"으로 교체시킨 "사회혁명"이었다. "문장지선(文章之選)"을 존숭한 무측천은 진사과로써 문학적 소양을 갖춘 "산동(山東)과 강좌(江左)"의 사인들을 대거 등용했는데, 이들이 현종 성세(盛世)의 인적 기반이었을 뿐더러 안사의 난 이후에도 "외정사대부(外廷士大夫)"의 한 주축이었다는 것이다. 이는 당시 진사과가 "특별히 중시되어 전국 인민의 출사(出仕)에서 유일한 정도(正途)"가 되었기 때문이라고 한다.[164]

이러한 천인커의 견해는 학계에 심대한 영향을 미쳤다. 그의 연구에 대한 반론도 없지 않으나,[165] 당대사를 서술할 때 어김없이 등장하는 '관

---

164 전게 陳寅恪, 『唐代政治史述論稿』, 「上篇 統治階級之氏族及其升降」, 18~22쪽.

롱집단(關隴集團)’ 등 『당대정치사술론고』에서 유래하는 학술 용어들이 많은 것이다. 관인선발제도사의 경우도 마찬가지인데, 무측천 시기에 진사과가 특별히 중요해졌다는 그의 주장이 널리 통용된다. 당초부터 진사과가 융성했다는 『당척언』의 기록을 반박할 때 이용한 본서 제1부의 논거들 중 하나도 바로 『당대정치사술론고』였다. 물론 천인커는 수대부터 후대와 같은 진사과가 생겼다고 본 점에서 필자의 입장과 다르다. 그러나 이 과목이 “당 고종 연간 곧 무측천의 전정(專政) 시기”에 이르러서야 비로소 “유일한 정도”로 정착해 갔다고 하였는데,[166] 이는 고종 현경 연간에 이르러 비로소 상거 과목으로서의 진사과가 명확해졌다는 본서의 내용과 상통하는 일면이 있는 것이다.

실제로 현경 연간 이후 고종 시기(Ⅱ)와 무측천~예종 때(Ⅲ·Ⅳ)의 진사과 급제자의 ‘성씨’와 ‘지역’을 분석한 아래의 〈표21〉을 보면, 『당대정치사술론고』의 견해는 매우 설득력을 갖는다. 우선 관롱 지역 곧 당시 관내도(關內道)·농우도(隴右道)와 연고를 가지거나 북조에서 번성하기 시작한 성씨의 인물이 줄어드는 추세이다. 이에 해당하는, 즉 성씨 ‘나’와 지역 ‘서’ 범주의 비율에서 Ⅲ·Ⅳ기가 Ⅱ기보다 현저히 낮기 때문이다. 이는 무측천의 집권 이후 관롱집단을 비롯한 북조 시기에 득세한 세력의 약화를 시사한다.[167] 그리고 진사과 급제자들 가운데 전통적 권위를 갖

---

165 무측천 지지 세력의 성격에 대한 異見을 예로 들면, 松井秀一은 山東의 문벌귀족보다 열등한 인물들이었음을 강조한(「則天武后の擁立をめぐって」, 『北大史學』 11, 1966) 반면 熊德基의 경우 그들이 “士族” 곧 舊勢力이었다고 한다(「武則天的眞面目」, 『社會科學戰線』 1978-1). 그리고 胡如雷, 「論武周的社會基礎」, 『歷史研究』 1955-1처럼 陳寅恪과 전혀 다른 측면에서 무측천 시기의 상황을 설명한 연구도 있다. 하지만 岑仲勉과 같이 陳寅恪의 주장을 전면적으로 부정한(1957년 원간 『隋唐史』, 北京, 中華書局, 1982의 「進士科擡頭之原因及其流弊」, 187~196쪽) 연구자는 거의 없다.

166 전게 陳寅恪, 『唐代政治史述論稿』, 「上篇 統治階級之氏族及其升降」의 22쪽에서 “進士之科雖設於隋代, 而其特見尊重, 以爲全國人民出仕之唯一正途, 實始於唐高宗之代, 卽武曌專政之時. 及至玄綜, 其局勢遂成凝定, 迄於後代, 因而不改.”라고 한다.

지 못한 가문인 '다' 범주의 인물이 가장 많고 또 그 비율이 증가하는 반면, 늦어도 진(晉) 이전부터의 명문 성씨인 '가' 범주의 숫자가 적을 뿐더러 감소하고 있다. 따라서 천인커가 강조한 바 이 시기 진사과와 "신흥계급"의 상관성 또한 분명한 듯하다.

〈표21: 【부록2】의 Ⅱ기와 Ⅲ·Ⅳ기 진사과 급제자의 성씨와 지역〉

시기	비교 가능	성씨: 숫자(백분율)			지역: 숫자(백분율)			
		가	나	다	동	서	남	기
Ⅱ기 (656~683)	23명 (총 25명)	8 (34.8)	3 (13.0)	12 (52.2)	10 (43.5)	11 (47.8)	0 (0)	2 (8.7)
Ⅲ·Ⅳ기 (684~712)	17명 (총 22명)	5 (29.4)	1 (5.9)	11 (64.7)	12 (70.6)	3 (17.6)	1 (5.9)	1 (5.9)

그런데 동일한 시기 명경과 급제자의 성씨와 지역에서는 이와 전혀 다른 양상이 나타난다. 아래의 〈표22〉에서 보듯이 이들 가운데 관내도·농우도와 연고를 갖거나(지역의 '서') 북조부터 번성한 집안(성씨의 '나')의 인물 비율이 무측천 시기 이후 도리어 높아지며, 그 중에는 확실히 관롱집단의 일원인 인물이 발견된다.[168] 성씨의 경우도 마찬가지이다. 명경과

---

167 물론 關內道·隴右道 지역의 本貫을 갖거나 북조 이래 번성한 성씨라고 해서 모두 陳寅恪이 말한 바 '關中本位政策'으로 득세했던 세력과 동일시해서는 안 된다. 성씨와 지역 항목에서 그 하나에만 속하는 顔元孫(『全唐文』 권341, 「朝議大夫守華州刺史上柱國贈秘書監顔君神道碑銘」, 3457쪽) 같은 인물이나 설령 이 둘 모두 해당될지라도 趙夏日(『唐代墓誌彙編』, 開元344번)처럼 關隴集團과는 무관해 보이는 이도 존재하기 때문이다. 그러므로 이러한 분석은 단지 대체적인 경향을 드러낼 뿐이다.

168 무측천~예종 때의 명경과 급제자 중에는 관롱집단의 구성원이 확실히 존재한다. 西涼의 건국자 李暠의 11세손으로서 당조의 황실과 유관할 수도 있는 李庭芝(『全唐文補遺(千唐)』, 200쪽)나 北魏 황족의 후예라는 元琰(『秦晉豫新出墓誌蒐佚』, 537번)이 그 좋은 예이다. 수의 황족과 동일한 본관의 楊居實(『長安新出墓誌』, 150쪽)·楊承福(『唐代墓誌彙編』, 景龍042번)도 마찬가지일는지 모르겠다. 게다가 慕容瑾처럼 일찍이 河南 지역으로 이주해서 위의 범위에 들지 않으나(같은 책, 開元346번) 성씨로

는 '가' 범주의 비율이 높고 또 증가하는 반면 '다' 범주의 비율은 비교적 낮은데다가 감소해 가는 경향을 보인다. 그렇다면 『당대정치사술론고』 의 설명은 진사과에서만 부합할 뿐인데, 단지 상거의 이 한 과목 관련 사실만으로써 무측천 시기 이후 과거제도 전반의 상황을 설명할 수 있는 지 의문이다.

〈 표 22: 【부록2】의 Ⅱ기와 Ⅲ·Ⅳ기 명경과 급제자의 성씨와 지역 〉

시기	비교 가능	성씨: 숫자(백분율)			지역: 숫자(백분율)			
		가	나	다	동	서	남	기
Ⅱ기 (656~683)	총 38명 중 38명	19 (50.0)	4 (10.5)	15 (39.5)	27 (71.1)	6 (15.8)	4 (10.5)	1 (2.6)
Ⅲ·Ⅳ기 (684~712)	총 49명 중 46명	28 (60.9)	5 (10.9)	13 (28.3)	31 (67.4)	8 (17.4)	6 (13.0)	1 (2.2)

고종 현경 연간에 상거가 제거로부터 독립한 뒤 명경과 합격자의 초관 이 당전기 내내 진사과보다 높았음을 전술하였는데, 이는 앞서 누차 보았 던 당대의 서계 규정과도 부합한다. 게다가 현종 때 편찬된 『당육전』의 경우, 급제자 본인의 음(蔭)이 높을 때 "가계(加階)"해 준 대상을 단지 수재 과·명경과로만 국한시켜 진사과를 배제하고 있다.[169] 따라서 무측천 집 권 이후 "특별히 중시되"기 시작한 진사과가 당시 관인의 선발에서 "유일 한 정도"였다는 천인커의 주장에 동의하기 힘들며, 당후기에 가서야 이러

보아 관롱집단과의 親緣性이 뚜렷한 명경과 합격자 역시 발견된다. 그러나 이 시기 진사과 급제자의 경우 이러한 사례가 보이지 않으며, 이 점에서 두 과목은 분명히 상이하다.

169 『唐六典』권2, 「尙書吏部」, 32쪽. 여기에는 "通二經"한 명경과 급제자에게 종8품하~ 종9품상으로 敍階하지만, 혹 더 많은 숫자의 경에 "通"하면 그만큼 관품을 높여준다 는 추가 규정도 있다. 그러나 진사과 급제자의 경우 그 서계 관품을 종9품상·종9품 하로 고정시켜 명법과와 같고 명경과·수재과와는 확실히 구분된다.

한 현상이 나타난다는 연구가 더욱 타당해 보인다.[170] 관인선발제도의 변화나 이로 인한 "사회혁명"을 이야기하려면, 진사과와 명경과를 함께 비교·고찰할 필요가 있는 것이다.

『당대정치사술론고』도 당후기 '우이당쟁(牛李黨爭)'의 배경에 관한 설명에서는 이 점을 간과하지 않았다. 고종·무측천이 진사과를 "전상(專尙)"한 뒤 "문사(文詞)"를 중시하는 "부화(浮華)·방랑(放浪)"한 "신사대부(新士大夫)"가 성장했지만, 이들과 달리 "통경의(通經義)·여명행(勵名行)"의 전통에 기반하여 "경학(經學)을 정종(正宗)"으로 삼는 "산동(山東)"의 "구사대부(舊士大夫)" 계급이 존재했다고 하기 때문이다.[171] 여기에서 훗날 진사과에 의거한 "신사대부"와 대립했다는 "구사대부"도 '관롱집단'과 엄연히 상이하며,[172] 이들의 주된 입사 방법은 문학적 소양을 주로 시험한 진사과가 아니라 유학의 경전과 연계된 명경과였음에 틀림없다.

그러므로 무측천이 권력을 장악한 뒤 관계나 사회의 실상은 오로지 진사과에만 초점을 맞춘 천인커의 설명으로는 불충분하고, 이 문제의 해명에 좀 더 폭 넓은 시야가 요구된다. 예컨대 『당대정치사술론고』는 당시 진사과의 중요성을 보여주는 핵심 논거로서 『통전』에 인용된 심기제의 「사과론(詞科論)」을 제시하였다. 하지만 정작 이 글의 무측천 시기에 관한 서술은 "문장선사(文章選士)"라고만 할 뿐 특정 과목을 명기하지 않았다.[173] 그녀의 집권기에는 전술했듯이 다양한 명목의 제거가 빈번

---

170 전게 吳宗國, 『唐代科擧制度硏究』, 「科擧在選擧中地位的變化」, 150~167쪽. 특히 155쪽의 주2)에서 현종 시기에 진사과가 "唯一한 正途"가 되었다는 陳寅恪의 주장을 명확히 부정하였다.
171 전게 陳寅恪, 『唐代政治史述論稿』, 「中篇 政治革命及黨派分野」, 72~73쪽.
172 『唐代政治史述論稿』는 "山東士族之舊家"·"山東舊族"(「中篇 政治革命及黨派分野」, 73쪽)과 무측천 시기에 "工於爲文"해서 진사과를 거쳐 성장했다는 "山東"의 "新興階級"(「上篇 統治階級之氏族及其升降」, 19쪽) 간의 異同을 명확하게 밝히지 않았다. 그러나 이들 모두 關隴集團과 다름은 의문의 여지가 없다.

했고, 심기제가 강조한 "문장" 위주의 관인 선발도 반드시 진사과란 상거 과목이라고 단정할 수 없는 것이다. 두우가 "응조이거자(應詔而擧者)" 곧 제거를 설명하면서 이 「사과론」을 주기(注記)했음을 생각하면 더욱 그러하다.

사실 무측천 시기의 제거들 가운데 문학적 소양을 시험한 과목이 적지 않았다. 고종이 사망한 이듬해 곧 사성1년에 유학 관련 과목과 더불어 '문조류예(文藻流譽)'·'사표문원(詞標文苑)'과 같은 문필 능력 중심의 제거를 시행하였으며, 그 뒤에도 유사한 사례가 계속 이어지기 때문이다.[174] 명목과 별개로 문학적 재능이 뛰어난 자를 뽑은 제거까지 여기에 포함시킨다면,[175] 그 숫자는 더욱 늘어날 듯하다. 이러한 제거의 양상은 "조충지예(雕虫之藝)"를 좋아하고[176], 널리 "문사지사(文詞之士)"를 모아서 총 1300권에 달하는 거질의 『삼교주영(三敎珠英)』을 편찬했던[177] 무측천의 성격을

---

173 전게 陳寅恪, 『唐代政治史述論稿』, 「上篇 統治階級之氏族及其升降」, 21~22쪽에서 길게 인용한 沈旣濟의 글은 『通典』 권15, 「選擧 歷代制」, 357~358쪽에 나온다(『文苑英華』 권759, 沈旣濟 「詞科論」, 3974~3975쪽 참조). 여기에서 진사과는 현종 시기에 관한 설명에만 나오고, 무측천 시기의 경우 단지 "初, 國家自顯慶以來, 高宗聖躬多不康, 而武太后任事, 參決大政, 與天子並. 太后頗涉文史, 好彫蟲之藝, 永隆中始以文章選士. 及永淳之後, 太后君臨天下二十餘年, 當時公卿百辟無不以文章達, 因循邐久, 寖以成風."이라고 하였다.

174 전게 졸고, 「唐前期 制擧의 實狀: 官人選拔制度에서 皇帝權의 한계」, 30~31쪽의 표(전게 陳飛, 『唐代試策考述』의 「唐代制擧科目年表」, 323~332쪽 참조)에서 보듯이, 사성1년 이외에도 문학적 소양 관련 제거로 '詞標文苑'(수공4년)·'蓄文藻之思(可以方駕詞人)'(영창1년과 천수1년)·'文藝優長'(천책만세2년)·'文擅詞場'(대족1년) 등이 있다.

175 예를 들어, 許杲의 묘지는 天冊萬歲2년경 "賢良方正擧"한 그의 "邇文"을 강조함과 동시에 당시 "文宗"·"詞宗"과의 관계를 특기하고 있다(『全唐文補遺(千唐)』, 160쪽).

176 『文苑英華』 권759, 沈旣濟 「詞科論」, 3974쪽. 『通典』 권15, 「選擧 歷代制」, 357쪽 참조.

177 『舊唐書』 권102, 「徐堅」, 3175쪽; 『唐會要』 권36, 「修撰」, 766~767쪽(사고전서본은 예시한 撰者가 조금 다를 뿐 기본 내용이 동일함). 문학적 소양이 뛰어났던 『三敎珠英』 편찬자들의 성격과 활동에 관하여서는 聶永華, 「"珠英學士"詩歌活動考論」, 『鄭

생각할 때 전혀 이상하지 않다.

그리고 아래의 〈표23〉에서 보듯이 Ⅲ기 곧 무측천 집권기에 진사과 급제자 수도 늘어난다. 물론 당시 명경과 합격자의 숫자를 모르는 상태에서, 단지 이를 근거로 상거 내 문필 역량 시험 과목의 비중을 논하기는 어렵다. 하지만 무측천의 권력 장악 이후 진사과 합격자의 증가 추세가 분명하다면,[178] 이때에 어떤 변화의 계기를 상정해봄 직하다. 실제로 상거를 주관할 관인의 선임(選任)에서 "문학(文學)"적 자질의 중요성이 무측천 시기부터 커진다는 연구도 있다.[179] 따라서 당시 여러 가지 관인 선발 방식에서 문장력의 중시 경향은 확실하고, 이러한 능력이 유학적 교양에 비해 상대적으로 개인의 재능과 노력으로 습득하기 용이했으리라고 여겨진다.[180] 그렇다면 천인커가 지적한 바 무측천의 등장과 문학적 소양을 갖춘 "신흥계급"의 득세에 기인한 사회적 변화를 굳이 진사과만으로써 설명할 이유가 없다.

州大學學報』 2004-3 참조.

178 【부록2】에서 확인된 진사과 합격자 숫자의 연평균을 계산해 보면 아래와 같다. 이 경우 Ⅲ기에 Ⅱ기보다 줄어들지만, Ⅲ기 곧 무측천 집권 이후 그 수치가 계속 증가하는 추세란 점이 주목된다.

시기	Ⅱ기	Ⅲ기	Ⅳ기	Ⅴ·Ⅵ기
【부록2】의 연평균 진사과 급제자	0.9명	0.7명	0.9명	1.6명

179 전게 金瀅坤, 『中國科擧制度通史: 隋唐五代卷』, 「常擧省試」, 347~353쪽.

180 물론 이 시기의 문학도 후술하듯이 언어의 조탁을 중시하고 결코 쉽게 배울 수 있는 것이 아니다. 그러나 유학의 경우 일상 속에서 의례를 체득해야 할 뿐더러 많은 경서와 그 주석서를 통한 학습이 필요하였으므로 전통적인 문화에 익숙하고 재력이 풍부한 이들에게 훨씬 더 유리했음에 틀림없다. 전술한 바 陳寅恪이 牛李黨爭의 배경을 설명하면서 "通經義·勵名行"한 "舊士大夫"와 "浮華·放浪"한 "新士大夫"를 구분한 것도 바로 이 때문이라고 생각된다.

〈 표 23: '당등과기총목'의 시기별 연평균 진사과 급제자 수[181] 〉

시기	Ⅱ기	Ⅲ기	Ⅳ기	Ⅴ·Ⅵ기
'당등과기총목'	19.8명	25.5명	35.0명	27.5명

기실 과거제도의 정착은 천거에 비해 시험 특히 필기시험의 강화를
의미하며, 과목을 막론하고 답안 작성 능력이 당락의 결정에 큰 영향을
미치게 되었다. 남북조시대 후기에 찰거의 일종이던 수재과마저 시험이
중요해지면서 문학적 역량의 평가처럼 바뀌어 갔다면,[182] 통일제국의
재건과 더불어 새롭게 정비된 관인선발제도는 두말할 나위가 없다. "근
래 이부의 인재 선발을 보면 오로지 그 말솜씨와 글재주〔言詞刀筆〕만 중
시한다."는[183] 태종 초기 조정 내부에서의 비판이 그 명증이다. 비록 이
말이 관인 자격자를 뽑는 과거에 한정된 문제가 아닐지라도,[184] 당시 이
부의 기능을 생각할 때 문학적 소양이 관인에게 매우 중요했음은 분명
하다.

이러한 현상은 전술하였듯이 고종 연간 이후 선인(選人)의 급증으로

---

181 『文獻通考』의 '唐登科記總目'에 적힌 급제자 숫자의 판단은 앞서 지적했듯이 "重
試"·"續試" 등 애매한 표현 탓에 쉽지 않다. 여기에서는 일단 전게 卓遵宏, 『唐代進
士與政治』, 2쪽의 〈唐代進士科取士人數統計表〉를 기준으로 삼았다.

182 『魏書』의 "朝廷貢秀才, 止求其文"(권66, 「崔光伯」, 1479쪽)이나 『北齊書』의 "擧秀
才例取文士"(권44, 「儒林 馬敬德」, 590쪽)와 같은 말에서 이러한 변화가 잘 드러난
다. 전게 金瀅坤, 『中國科擧制度通史: 隋唐五代卷』, 「常擧的確立與發展」, 45~46쪽
참조.

183 『貞觀政要集校』 권3, 「擇官」, 160쪽. 여기에서는 인용문을 정관3년 태종의 말이라고
했으나, 『冊府元龜』 권629, 「銓選部 條制」, 7546쪽과 『唐會要』 권74, 「選部 論選事」,
1580쪽(『唐會要校證』, 1145쪽 참조)의 경우 이를 정관1년 杜如晦의 이야기처럼 적
고 있다. 그 시비를 가리기는 어렵지만, 무엇이 사실이든 간에 당시 이러한 현실이
문제시되었음은 확실하다.

184 위 정관 초기의 고사는 『冊府元龜』와 『唐會要』의 전선 관련 항목에 나온다. 그러나
전술했듯이 求官者가 적었던 이때 관인 자격자의 선발과 관직 부여의 전선 절차를
후대처럼 엄밀히 구별하기 힘들다.

경쟁이 치열해진 전선에서 잘 드러난다. '판(判)'의 시험이 점점 어려워지면서 전선의 성패를 결정짓게 되고,[185] 무측천 때 응시자의 이름을 가리는 호명법(糊名法)까지 채용하기에 이르는 것이다.[186] 이처럼 관인의 선발이나 임용에서 필기시험이 중시되면 될수록 그만큼 문필 능력의 중요성도 커졌음에 틀림없다. 중종 혹은 예종 시기에 "사심미려(詞甚美麗)"한 부(賦)를 바쳐 좌습유로 승진하거나[187] "사학섬흡(詞學瞻洽), 정핵문장(精覈文章)"해서 고공원외랑이 되었다는[188] 기록이 이를 명증한다.

관인에게 공문서의 작성이 필수불가결한 업무인 이상, 이들의 평가에서 문장력을 중시했던 것은 일면 당연하다. 그러나 위의 사례들처럼 황제의 측근 관료나 관인 선발의 책임자로 발탁한 이유가 "미려(美麗)"한 문학작품이나 "사학(詞學)"이란 사실을 간과해서는 안 된다. 이들에게 단순한 문서 작성 이상의 능력이 기대되었다고 보이기 때문이다. 실제로 고종 때 이미 관인의 평가에서 "시·부를 우선시했다"고도 한다.[189] 일찍

185　전게 劉後濱, 『唐代選官政務研究』, 42~47쪽. 이와 관련하여 중요한 平判入等이나 吏部科目選 제도의 성격과 출현 시기에 대해서는 논란이 존재하지만(전게 金瀅坤, 『中國科擧制度通史: 隋唐五代卷』, 「吏部科目選的設置與變革」, 635~651쪽 참조), 이러한 제도의 선례가 고종 때부터 나타나기 시작한다는 점에는 이견이 없다.

186　무측천 때 이부의 書判 시험에서 처음 시행된 糊名法은 그 뒤 치폐를 거듭하면서도 여러 종류의 시험으로 확대되어 갔다. 劉海峰의 「考試糊名之始」, 『中華文史叢刊』 1986-1과 「唐代考試糊名起始時間再析」, 『中國科擧文化』, 瀋陽, 遼寧敎育出版社, 2010 참조.

187　『舊唐書』 권190中, 「文苑 許景先」, 5031쪽. 여기에서는 이를 중종 "神龍初"의 일이라고 했으나(『新唐書』 권128, 「許景先」, 4464쪽도 동일), 그의 묘지는 이것이 兵部尙書 李迥秀의 "表薦" 덕분이었다고 하므로(『全唐文補遺(千唐)』, 160쪽) 그 시기가 예종 말년일 가능성도 있다(전게 嚴耕望, 『唐僕尙丞郎表』, 248쪽 참조).

188　『唐代墓誌彙編』, 開元074번. 馬懷素가 이렇게 고공원외랑이 된 것은 『登科記考補正』, 176쪽에 의하면 중종 경룡2년의 일이다.

189　王勃은 "伏見銓擢之次, 每以詩賦爲先, 誠恐君侯器人於翰墨之間, 求材於簡牘之際, 果未足以採取英秀, 斟酌高賢者也."(『王子安集註』 권4, 「上吏部裴侍郎書」, 131쪽)라고 하였다. 전게 湯燕君, 『唐代試詩制度研究』, 42~43쪽에 의하면, 이 글은 고종 함형 3년에 쓴 것이다.

부터 시와 부는 "아름다움을 추구(欲麗)"하는 대표적인 문학 장르로 여겨
져 왔는데,[190] 이러한 문학작품의 창작 능력까지 관인들에게 요구되었던
것이다.

그렇다면 당대의 관계에서 중시된 문학적 소양의 구체적 특성이 흥미
롭고, 변려문(駢儷文)으로 주요 공문서를 쓰던 당시의 시대 상황에[191] 주목
하게 된다. 즉 남북조시대에 유행한 이 문체는 대구(對句) 형태로 이루어
져 수사적(修辭的) 미감을 중시하므로 성율(聲律)이나 압운(押韻) 같은 형식
에 민감할 수밖에 없으며, 이러한 문학적 기교가 관인의 실무 능력과 직
결되었던 것이다. 고종 말 진사과에 부가된 '잡문(雜文)' 시험이 점차 시·
부로 바뀌어진 까닭을 여기에서 찾는 연구도 있다.[192] 따라서 과거제도
로 강화된 필기시험이 결국 문학적인 수사와 기교 위주로 점차 변화해
간다고 해서 전혀 이상하지 않다.

물론 이러한 문풍(文風)에 대한 비판적 인식 또한 존재한다. 앞서 보았
듯이 "말솜씨와 글재주만 중시"하는 "이부의 인재 선발"을 우려했던 당초
의 조정 분위기가 단적인 예이다. 실제로 태종은 "문체가 부화(浮華)하면
권계(勸誡)에 무익하다."고[193] 단언하였다. 이러한 상황은 국가의 주도 아
래 편찬된 소위 '정관오사(貞觀五史)'에서[194] 여실히 드러난다. 『주서(周書)』
는 변려문의 대가 유신(庾信, 513~581)의 글을 "음방(淫放)"·"경험(輕險)"의
전형으로 폄하했으며,[195] 『북제서(北齊書)』와 『수서(隋書)』의 경우 "경험(輕

---

190 曹丕의 「典論 論文」에 "詩賦欲麗"(『文選』, 권52, 2271쪽)라는 말이 있다.

191 劉麟生, 『中國駢文史』(上海, 上海書店, 1984. 원간 1936), 73~87쪽.

192 전게 岑仲勉, 『隋唐史』, 「進士科擡頭之原因及其流弊」, 191~192쪽을 비롯하여, 전게
   D. McMullen, *State and Scholars in T'ang China*, 229~230쪽; 전게 唐長孺, 『魏晉南
   北朝隋唐史三論』, 「論唐代的變化」, 397쪽 등이 그 대표적인 예이다.

193 『貞觀政要集校』 권7, 「論文史」, 387쪽. "文體浮華, 無益勸誡, 何假書之史策."

194 『史通通釋』 권12, 「古今正史」, 1322~323·334~337쪽. 이윤화 역, 『사통통석(3)』, 120~
   124·143~152쪽 참조.

險)"을 숭상한 남조의 문풍을 "망국지음(亡國之音)"이라고 개탄하였다.[196] 『양서(梁書)』나 『진서(陳書)』도 문학을 애호했던 황제들을 "숭상부화(崇尙浮華)"·"문염용과(文豔用寡)"[197] 혹은 "상음려지문(尙淫麗之文)"·"무구란망지화(無救亂亡之禍)"[198] 등으로 비난한 위징(魏徵, 580~643)의 글을 부기(附記)함으로써 유사한 태도를 보인다.

새로운 통일제국의 정착을 위해 이전 왕조들의 역사를 정리한 이 사서들의 내용은 당조의 공식적 입장을 대변한다고 해도 좋을 터인데, 남북조시대 특히 남조에서 성행한 문학이 매우 부정적으로 인식되고 있다. 기실 조정의 이러한 태도는 결코 의외의 일이 아니다. 유학을 통치 이념의 근간으로 삼았던 중국의 전통 왕조에서 이와 무관한 문필 능력은 확실히 경계의 대상이었던 것이다.[199] 후대에 "유술(儒術)을 가볍게 여기고, 문리(文史)를 중시했다."고 평가된[200] 고종조차 전술했듯이 오경정의를 완성해 "명경"의 기준으로 만들고자 하였다. 설령 황제가 개인적으로 "문리"를 좋아할지언정 국가체제 안에서는 문학이 경학만큼 존숭될 수가 없었다. 누차 지적했듯이 당조가 건국 이래 일관되게 중시한 관학에서 주로 경학을 가르쳤다는 사실은 그 단적인 증거이다.

---

195 『周書』 권41, 「庾信」, 744쪽.
196 『北齊書』 권45, 「文苑 序」, 602쪽과 『隋書』 권76, 「文學 序」, 1730쪽.
197 姚思廉, 『梁書』(北京, 中華書局, 1973) 권6, 「敬帝」, 150~152쪽.
198 姚思廉, 『陳書』(北京, 中華書局, 1972) 권6, 「後主」, 117~120쪽.
199 毛漢光, 「中國中古賢能觀念之研究」, 『歷史語言研究所集刊』 48, 1977, 356~357쪽에 의하면, 남북조시대의 관인 선발에서도 "文才" 자체는 단지 부차적인 요소에 불과했다. 그리고 劉勰, 『文心雕龍』의 "近代辭人, 務華棄實, 故魏文以爲, '古今文人, 類不護細行.' 韋誕所評, 又歷詆羣才. 後人雷同, 混之一貫. 吁, 可悲矣! … (非行이 文士들만의 문제가 아니며, 훌륭한 文士도 많음을 지적)… 文士以職卑多誚."(『文心雕龍義證』 권10, 「程器」, 1869~1885쪽; 최동호 역, 『문심조룡』 제49장 「程器」, 568~570쪽 참조)에서 보듯이, 당시 "文士"의 지위 또한 그렇게 높지 않았다.
200 『舊唐書』 권189上, 「儒學 序」, 4942쪽. "高宗嗣位, 政教漸衰, 薄於儒術, 尤重文吏."

그런데 『통전』 「선거(選擧)」의

> 조위(曹魏)의 세 군주가 글짓기를 좋아하여 …(수대까지 계속 심해진 화려한
> 문풍 비판)… 애석하게도 〔당조가〕 창업 초기에 〔기존〕 문폐(文弊)의 극심
> 함을 이은 것은 그 시대의 〔불가피한〕 조건이었다고 하겠다. 군공(群公)
> 들은 "질박함〔質〕"으로써 그 폐단을 없애려 하지 않고 계속 "문(文)"을
> 숭상하였으니, 풍속과 교화가 제대로 이루어지지 못한 것은 아마 이〔러
> 한 시대적 조건〕에 기인하였을 터이다.[201]

는 총평을 보면, 이러한 조정의 의도가 제대로 구현되지 못했던 듯하다.
삼국시대 이후 수사와 기교에 치중한 문풍이 계속 유행하였고, 당대에도
그 전통이 여전하였기 때문이다.

실제로 태종 때 관인의 선발에서 "문아(文雅)"를 억누르자 이를 비판하
는 "물의(物議)"와 "시론(時論)"이 비등했고,[202] 고종 연간의 "문장(文場)"에
서는 "섬미(纖微)"·"조각(雕刻)"한 형식적 수사미(修辭美)의 추구가 더욱 두
드러졌다.[203] 당초 사인들의 『문선(文選)』에 대한 큰 관심도[204] 마찬가지

---

201 『通典』 권18, 「雜議論」, 454쪽. "評曰 … 自魏三主俱好屬文, 晉、宋、齊、梁風流彌
　　扇, 體非典雅, 詞尙綺麗, 澆訛之弊, 極於有隋. 且三代以來, 憲章可擧, 唯稱漢室; 繼漢
　　之盛, 莫若我唐. 惜乎當創業之初, 承文弊之極, 可謂遇其時矣, 群公不議救弊以質, 而
　　乃因習尙文, 風教未淳, 慮由於此."

202 『唐會要』 권74, 「掌選善惡」, 1592쪽에 따르면, 貞觀4·5년에 이부의 관인 선발에서
　　"抑文雅"한 뒤 "物議以爲刻"(사고전서본은 "物議咸以爲太刻")하거나 "頗爲時論所
　　譏"(사고전서본은 "亦爲時論所譏")하였다.

203 『楊炯集箋注』 권3, 「王勃集序」, 273쪽.

204 趙翼, 『廿二史箚記』(臺北, 世界書局, 1980) 권20, 「唐初三『禮』『漢書』『文選』之學」,
　　275쪽. 박한제 역, 『이십이사차기(4)』(서울, 소명, 2009), 387~388쪽 참조. 이 시기
　　"文選學"에 관해서는 王翦波, 『隋唐文選學硏究』(上海, 上海古籍出版社, 2005)와 같
　　은 專著도 있는데, 여기에서 특히 주목할 것은 당초 문선학의 대가인 李善을 "師事"
　　하여 문장에 뛰어났던 馬懷素(『舊唐書』 권102, 「馬懷素」, 3163쪽) 같은 인물의 이력
　　이다. 그의 급제 과목은 전술하였듯이 논란의 여지가 있으나, 고종 상원3년 文學優瞻
　　科란 제거에 급제하고 또 중종 경룡2년에 고공원외랑으로서 상거를 주관했음은 분명

맥락에서 이해된다. 이 시기의 사인이나 관인들은 통일제국의 의도와 달리 아름다운 시문(詩文)과 그 창작을 중시하였으며, 이러한 사회적 분위기에는 분열의 시대로부터 이어져 온 긴 역사가 뿌리내리고 있는 것이다.

따라서 황제마저 이 세태로부터 자유롭지 못하였다. 『문선』을 초서로 베껴 쓰게 하고 기뻐했던 고종을[205] 비롯한 당전기의 군주들 대부분 신하들과 함께 시문을 지으며 즐겼기 때문이다.[206] 문학 특히 화려한 문풍이 비록 조정의 공식적 입장과 배치(背馳)되었을지라도, 궁정의 실상은 아름다운 글을 애호하던 당시 사회의 현실과 별로 다르지 않았던 것이다. 이러한 양상은 통일제국의 안정과 함께 화려한 문풍으로 인한 "망국"의 위기감이 약화되면서 더욱 뚜렷해진다. 무측천~중종 시기에 군신(君臣)이 경치 좋은 곳을 찾아다니며 "백운기이제가(白雲起而帝歌), 취화비이신부(翠華飛而臣賦)."했다는 이야기가[207] 이를 잘 보여준다.

이와 같은 궁정 상황은 기실 조칙의 성격과 무관하지 않을 수 있다. 황제는 많은 전고(典故)와 화려한 수사로써 자신의 글을 분식하려 했고, 그러려면 시문에 빼어난 관인의 도움이 필수적이었다. 군주가 풍부한 문학적 소양을 갖춘 관인을 가까이 둔 까닭은 바로 이 때문이며, 그 결과 문사(文士)들이 쉽게 황제의 측근이 될 수 있었다. 그런데 중요한 사실은 잦은 궁중 정변의 와중에서 이러한 인물들의 역할이 실질적으로 확대·강화되기 쉽다는 점이다. 무측천 집권기에 재상의 권한을 나누어 갖기도

하다(『登科記考補正』, 76·176쪽). 馬懷素처럼 전통적인 문학 소양을 닦은 사인들과 당시 관인선발제도는 밀접한 관계를 가지고 있는 것이다.

205 『舊唐書』 권84, 「裴行儉」, 2802쪽.
206 예컨대 수사 위주의 문학을 비난했던 태종도 실상 "甚歡賦五言詩"했고(『冊府元龜』 권40, 「帝王部 文學」, 450쪽), 고종은 태자일 때 "文章詞賦, 平生所愛"(같은 책, 452쪽)라고 고백하였다. 실제로 고조 이외의 모든 당전기 황제들의 시가 현재까지 전한다(『全唐詩』(北京, 中華書局, 1960)의 권1~3과 권5).
207 『張說集校注』 권28, 「中宗上官昭容集序」, 1318쪽.

했던 북문학사(北門學士)가[208] 전형적인 예로서, 이들 모두 "문사(文詞)" 덕분에 황제의 근신(近臣)이 되었다.[209] 무측천, 중종, 예종 시기에 각각 활약이 두드러졌던 주영학사(珠英學士), 수문관학사(修文館學士), 소문관학사(昭文館學士) 같은 궁정의 문사들도[210] 유사한 사례일는지 모르겠다.

그렇다면 앞서 상거의 정착 과정에서 의문스러웠던 사실 곧 문학적 소양을 주로 시험한 진사과 급제자들의 초관이 명경과보다 낮음에도 불구하고 그 종관은 도리어 더 높은 현상도 이해하지 못할 바가 아니다. 경학을 존숭한 당조의 공식적 입장으로 인해 명경과 합격자가 제도적으로 우대되었다. 그러나 관계의 현실 상황은 이와 상이하였다. 즉 관인의 평가에서 커진 필기시험의 비중, 문학적 수사에 치중한 변려문의 전통, 혼란스러운 정국에서 중요해진 황제 측근 문사의 역할 등은 실제로 문장력이 뛰어난 진사과 급제자들에게 훨씬 많은 승진의 기회를 주었던 것이다. 이처럼 진사과와 명경과 사이에 드러나는 제도와 현실의 괴리는 매우 복잡한 문제들을 내포하는데, 특히 제도적 요소로써만 설명하기 힘든 진사과의 실상에 더욱 주목하게 만든다.

응거 방법을 통해 본 진사과 급제자의 특성

상거의 응거자는 앞서 설명했듯이 관학에서 수학한 생도 그리고 지방에

---

208 『冊府元龜』 권782, 「總錄部 榮遇」, 9296쪽과 『舊唐書』의 권87, 「劉禕之」, 2846쪽; 권190中, 「文苑 元萬頃」, 5011쪽.

209 『舊唐書』 권43, 「職官」, 1853쪽.

210 당대의 文館과 文士들에 관한 연구는 매우 많은데, 특히 그 정치적 역할과 관련해서는 李德輝, 『唐代文館制度及其與政治和文學之關係』(上海, 上海古籍出版社, 2006)가 잘 개관하고 있다. 이 시기 文館의 文士들을 全數 검토한 吳夏平, 『唐代中央文館制度與文學研究』(濟南, 齊魯書社, 2007), 82~109쪽의 통계적 분석도 흥미로우나, 급제 과목의 판단이 본서처럼 정치하지 않음을 지적해 둔다.

서 관학과 무관하게 올라온 향공으로 크게 나뉜다. 지방에서 관학이나 시험 관련 규정이 그렇게 정비되지 못했던 과거제도 초창기에는 혹 양자의 차이가 모호했을 수 있다. 하지만 전술한 것처럼 무측천 시기에 "향시(鄕試)" 기록이 분명히 발견되고, 중종 때는 지방관학과 국자감·상거의 연계성 강화 조처도 나왔다. 따라서 무측천~예종 치세에는 이러한 응거 방법에 의한 진사과와 명경과 합격자의 구분이 예전보다 더 실질적 의미를 갖는다.[211] 물론 관련 사실을 알 수 있는 인물의 수가 적은 탓에 그 분석의 한계는 명확하다. 그러나 응거 방법이 확인되는 이들 중 생도와 향공의 비율 차이를 비교해 보면, 시기에 따른 대체적인 변화 추이의 파악은 가능할 것이다.[212] 이를 위하여 만든 것이 아래의 〈표 24〉이다.

---

211 고종 연간까지는 지방에서의 시험 여부나 생도·향공의 구분을 단언하기 힘든 경우가 적지 않다. "總章元年, 補國子監大學生 … 屬咸亨之歲, 炎冗成災, 凡在學□, 散歸鄕第. 膠庠肄業, 日新之藝已優, 州里推名, 歲□之才斯顯. 尋擧□□明經, 射策高第." (『唐代墓誌彙編』, 聖曆012번. 〈그림3〉 참조)했다는 崔詔가 그 좋은 예이다. "州里推名"이란 기록만으로 鄕試를 치렀는지 불분명할 뿐더러 이것과 "膠庠" 곧 지방관학에서의 수학 사이의 관계도 애매하기 때문이다. 그런데 【부록1】에서 보듯이, 무측천 시기 이후 '자료 신뢰성'이 높은 사례(◎)들 중에는 이러한 인물이 없다. 따라서 【부록2】 Ⅲ~Ⅵ기의 생도와 향공은 그 성격 차이가 비교적 확실하다고 하겠다.
212 【부록2】의 생도와 향공은 현재 믿을 만한 문헌에서 급제 시기까지 분명히 확인되는 인물들에 국한되므로, 이것이 당시 현실의 전모를 반영하지 못할 터이다. 더군다나 아래의 표에서 보듯이 Ⅳ기 이후의 경우 응거 방법을 알 수 있는 자가 전체 급제자의 40%도 안 된다면 더욱 그러하다. 생도와 향공의 숫자 자체가 아니라 양자의 비율에 주목하는 까닭이 바로 여기에 있다. 즉 同種의 사료에 나오는 생도와 향공의 多寡를 통해 특정 시기의 상황은 짐작 가능하고, 또 이를 그 전후와 비교함으로써 장기적인 변화 추세를 유추해 봄직한 것이다.

시기	Ⅰ기	Ⅱ기	Ⅲ기	Ⅳ기	Ⅴ기	Ⅵ기
응거 방법 확인 가능한 인물의 수/급제자의 총수	26/48	38/63	25/48	9/23	21/81	20/50
응거 방법 확인 가능한 인물의 비율	54.2%	60.3%	52.1%	39.1%	25.9%	40.0%

〈 표 24: 【부록2】의 Ⅱ기와 Ⅲ·Ⅳ기 급제자의 응거 방법 〉

시기	진사과·명경과 급제자 수/ 시기별 백분율/ 백분율 비교				진사과 급제자 수/ 시기별 백분율/ 백분율 비교				명경과 급제자 수/ 시기별 백분율/ 백분율 비교			
	총수	생도	향공	미상	총수	생도	향공	미상	총수	생도	향공	미상
Ⅱ기 (656~ 683)	63	19	19	25	25	8	8	9	38	11	11	16
	비율	30.2	30.2	39.7	비율	32.0	32.0	36.0	비율	28.9	28.9	42.1
	생도/향공 비율	100			생도/향공 비율	100			생도/향공 비율	100		
Ⅲ·Ⅳ 기 (684~ 712)	71	22	12	37	22	7	8	7	49	15	4	30
	비율	31.0	16.9	52.1	비율	31.8	36.4	31.8	비율	30.6	8.2	61.2
	생도/향공 비율	183.4			생도/향공 비율	87.4			생도/향공 비율	373.2		

〈표24〉에서 두 과목의 생도 : 향공의 숫자가 Ⅱ기에 19:19인데 Ⅲ·Ⅳ기에는 22:12로 바뀐다. 상거가 제거로부터 분리된 현경 연간 이후 고종 시기에 동일했던 생도와 향공의 비율이 무측천~예종 때 현격히 달라져 버리는 것이다. 하지만 이러한 향공 대비 생도 비율의 증가는 명경과 Ⅱ기(11:11)와 Ⅲ·Ⅳ기(15:4)의 차이에 기인하며, 진사과의 경우 Ⅲ·Ⅳ기 (7:8)가 Ⅱ기(8:8)보다 생도의 비중이 도리어 작아졌다.

다시 말해 무측천 집권 이후 상거 응거자들 중에서 생도의 비율이 높아진 듯하지만, 이는 진사과와는 무관한 현상이다. 기실 두 과목의 응거 방법에서 드러나는 이러한 양상은 쉽게 예상되는 일이다. 고종 말에 진사과와 명경과가 상거 과목으로서 갖는 정체성이 명확해진 결과 경학을 주로 가르친 관학은 명경과와의 관계가 더욱 긴밀해질 수밖에 없었던 것이다.

이처럼 두 상거 과목의 정착 과정이 그 응거 방법에서도 잘 드러난다면, 앞서 보았던 진사과와 명경과 급제자의 초관과 종관·승급 문제도 이를 기준으로 다시 점검해 봄직하다. 아래의 〈표25〉가 그것인데, 여기에서 무엇보다 먼저 Ⅱ기와 Ⅲ·Ⅳ기 초관의 고저 차이가 흥미롭다. 두 과목 전체를 볼 때, Ⅱ기에는 향공의 초관 평균(3.6)이 생도(3.2)보다 높은 반면 Ⅲ·Ⅳ기의 경우 거꾸로 뒤바뀌기 때문이다(향공2.9〈생도4.3). 전술했듯이 초관이 관인선발제도 자체와 직결됨을 생각하면, 이러한 변화는 Ⅲ·Ⅳ기에 관학을 거친 상거 급제자의 제도적 위상이 상대적으로 높아졌음을 시사한다. 그렇다면 건국 이래 줄곧 관학을 중시하고 또 이것을 관인 선발의 주요 기반으로 삼고자 했던 당조의 의도가 무측천~예종 치세에 확실히 구현되었다고 하겠다.

〈표25: 【부록2】의 Ⅱ기와 Ⅲ·Ⅳ기 급제자의 응거 방법에 따른 초관·종관·승급 품계〉

시기	생도									향공								
	진사과·명경과 전체			진사과			명경과			진사과·명경과 전체			진사과			명경과		
	초관	종관	승급	초관	종관	승급	초관	종관	승급	초관	종관	승급	초관	종관	승급	초관	종관	승급
Ⅱ기	3.2	13.9	10.7	3.0	19.6	16.6	3.4	10.3	6.9	3.6	15.7	12.1	2.1	18.0	15.9	4.7	14.1	9.4
Ⅲ·Ⅳ기	4.3	17.2	12.9	2.4	14.3	11.9	5.2	18.7	13.5	2.9	16.0	13.1	3.2	23.4	20.2	2.5	6.8	4.3

그러나 현실은 이렇게 간단히 설명되지 않는다. 위의 〈표25〉에서 Ⅲ·Ⅳ기의 생도 초관이 높은 원인은 오로지 명경과 덕분이고(생도5.2〉향공2.5), 당시 진사과의 경우 생도의 초관이 향공보다 낮다(생도2.4〈향공3.2). 따라서 무측천~예종 때 조정의 관학 우선 방침이 설령 관철되었을지라도, 이는 다만 명경과에 국한된 현상일 뿐이다. 실제로 〈표25〉에서 Ⅲ·Ⅳ기의 초관 평균은 생도명경(5.2)이 가장 높지만, 생도진사는 2.4에 불과하여 향공진사(3.2)나 향공명경(2.5)에 못 미친다. 게다가 Ⅱ기의 생도진사 초관 평균 3.0이 향공진사 2.1에 비해 높다면, Ⅲ·Ⅳ기에 관학을 거

친 진사과 급제자들은 그 이전에 비해 상대적으로 홀대된 것처럼도 보인다. 생도의 위상 또한 과목에 따라 확연하게 갈리며, 이 시기의 상거제도를 좀 더 입체적으로 이해하기 위해서 과목은 물론 응거 방법까지 아울러 고려할 필요가 있다.

이와 같은 시각에서 【부록2】의 진사과와 명경과 합격자를 생도와 향공으로 재분류하고, 그 초관과 종관·승급을 분석해 보았다. 즉 이 네 가지 유형의 평균 품계를 계산한 뒤, 그 고저 차례대로 배열한 것이 아래의 〈표26〉이다. 이것에 의하면 Ⅲ·Ⅳ기에 생도명경(초관: 2위→1위, 종관·승급: 4위→2위)과 향공진사(초관: 4위→2위, 종관·승급: 2위→1위)의 순위가 초관과 종관·승급 모두 Ⅱ기보다 높아진다. 그러나 생도진사(초관: 3위→4위, 종관·승급: 1위→3위)와 향공명경(초관: 1위→3위, 종관·승급: 3위→4위)의 경우 전반적으로 그 순위가 낮아진다.

그러므로 Ⅱ기의 초관과 종관·승급 모두 명경과는 향공의 순위가 높고 진사과는 생도의 순위가 높았으나, Ⅲ·Ⅳ기의 경우 거꾸로 명경과는 생도가 또 진사과는 향공의 순위가 오히려 높아지게 된다. 다시 말해 무측천~예종 시기에 명경과는 생도 위주로 바뀌는 반면 진사과는 향공 우위로 변화하는 것이다. 이러한 현상은 관학에서 주로 경학을 가르쳤음을 생각할 때 일면 당연해 보이며 실제로 이후 관학 중심의 명경과, 향공 중심의 진사과란 차이는 당전기 내내 변함이 없다.[213] 따라서 Ⅱ기와 확연히 달라진 Ⅲ·Ⅳ기의 상황은 곧 상거제도의 정착 결과라고 해도 무방

---

213 아래의 표는 〈표26〉과 같은 형식으로 당전기의 상황 전체를 살펴본 것이다. 제1부에서 상술했듯이 상거가 아직 독립하지 못했던 Ⅰ기를 논외로 하면, Ⅲ기에 처음 이와 같은 변화가 나타난 뒤 Ⅵ기까지 동일한 양상이 대체로 지속된다. Ⅵ기의 종관·승급에서 명경과도 향공이 생도보다 우위에 있다는 것만 유일한 예외이기 때문이다. 그런데 Ⅵ기의 이러한 현상은 그 급제자들이 관인으로서 활동한 당후기의 상황과 관련이 있을 터이며, 이 문제는 제3부에서 상술하겠다.

할 듯하다.[214]

순위	초관(품계 평균)				종관·승급(종관 품계 평균/ 승급 품계 평균)			
	1	2	3	4	1	2	3	4
Ⅰ기	*생명* *(5.0)*	*향진* *(5.0)*	생진 (4.5)	향명 (2.4)	생진 (18.8/14.3)	생명 (12.3/7.3)	향명 (8.4/6.0)	향진 (6.5/1.5)
Ⅱ기	향명 (4.7)	생명 (3.4)	생진 (3.0)	향진 (2.1)	생진 (19.6/16.6)	향진 (18.0/15.9)	향명 (14.1/9.4)	생명 (10.3/6.9)
Ⅲ기	생명 (4.6)	향진 (3.3)	향명 (2.7)	생진 (2.5)	향진 (25.0/21.7)	생명 (18.1/13.5)	생진 (16.3/13.8)	향명 (6.3/3.7)
Ⅳ기	생명 (7.3)	향진 (3.0)	*향명* *(2.0)*	*생진* *(2.0)*	향진 (21.0/18.0)	생명 (20.7/13.3)	향명 (8.0/6.0)	생진 (2.0/0)
Ⅴ기	향진 (2.4)	생명 (2.3)	생진 (1.8)	향명 (1.5)	생명 (14.3/12.0)	향진 (12.0/9.6)	생진 (7.4/5.6)	향명 (7.0/5.5)
Ⅵ기	생명 (4.9)	향진 (3.0)	향명 (2.0)	생진 (1.5)	향진 (25.0/22.0)	향명 (12.0/10.0)	생명 (11.9/7.0)	생진 (4.0/2.5)

* 이탤릭체로 쓴 항목은 평균이 동일하나 표의 형식상 부득이 순서를 매긴 것임

214 명경과와 진사과가 이처럼 정착해 가는 과정은 【부록2】 급제자의 초관·종관·승급 품계와 응거 방법을 아래와 같이 과목 위주로 도표화할 때 더욱 뚜렷해 보인다. 품계 상 생도의 명경과 우위와 향공의 진사과 우위가 Ⅰ·Ⅱ기보다 Ⅲ기에 더 뚜렷하고, Ⅳ기 이후에는 세 항목 모두 그렇게 되는 것이다.

	생도									향공								
	진사과			명경과			우위 과목			진사과			명경과			우위 과목		
	초관	종관	승급	초관	종관	승급	초관	종관	승급	초관	종관	승급	초관	종관	승급	초관	종관	승급
Ⅰ기	4.5	18.8	14.3	5.0	12.3	7.3	명	진	진	5.0	6.3	1.3	2.9	9.0	6.1	진	명	명
Ⅱ기	3.0	19.6	16.6	3.4	10.3	6.9	명	진	진	2.1	18.0	15.9	4.7	14.1	9.4	명	진	진
Ⅲ기	2.5	16.3	13.8	4.6	18.1	13.5	명	명	진	3.3	25.0	21.7	2.7	6.3	3.7	진	진	진
Ⅳ기	2.0	2.0	0	7.3	20.7	13.3	명	명	명	3.0	21.0	18.0	2.0	8.0	6.0	진	진	진
Ⅴ기	1.8	7.4	5.6	2.3	14.3	12.0	명	명	명	2.4	12.0	9.6	1.5	7.0	5.5	진	진	진
Ⅵ기	1.5	4.0	2.5	4.9	11.9	7.0	명	명	명	3.0	25.0	22.0	2.0	12.0	10.0	진	진	진

〈 표 26: 【부록2】의 Ⅱ기와 Ⅲ·Ⅳ기 급제자의 초관과 종관·승급 품계에
　　　　따른 순서 〉

순위	초관(품계 평균)				종관·승급(종관 품계 평균/ 승급 품계 평균)			
	1	2	3	4	1	2	3	4
Ⅱ기	향명 (4.7)	생명 (3.4)	생진 (3.0)	향진 (2.1)	생진 (19.6/16.6)	향진 (18.0/15.9)	향명 (14.1/9.4)	생명 (10.3/6.9)
Ⅲ·Ⅳ기	생명 (5.2)	향진 (3.2)	향명 (2.5)	생진 (2.4)	향진 (23.4/20.2)	생명 (18.7/13.5)	생진 (14.3/11.9)	향명 (6.8/4.3)

◦ 급제자 유형의 약칭(아래의 표들 모두 이와 같음): 생진(생도진사), 생명(생도명경), 향진
　(향공진사), 향명(향공명경)

　　무측천~예종 시기에 생도명경의 위상이 제고된 것은 기실 당연한 일
이다. 통일제국이 유학을 체제 이념으로 삼았을 뿐더러, 앞서 밝혔듯이
중종의 복위 이후 관학 진흥책도 더욱 강화되었기 때문이다. 하지만 향
공진사가 종관·승급은 물론 초관까지 상승하는 현상은 이해하기 어렵
다. 종관에서 드러나는 진사과 급제자의 현실적 지위가 고종 현경 연간
이후 의외로 높음은 전술하였는데, 그렇더라도 당조가 존숭한 관학을 거
친 이들의 초관이나 종관이 지방에서 올라온 자들보다는 높아야 마땅하
지 않을까 싶다. 그러나 〈표26〉에 드러난 현실은 이와 다르다. Ⅱ기는
이러한 추측에 부합하지만, Ⅲ·Ⅳ기의 경우 향공진사가 생도진사에 비
하여 초관과 종관·승급 모두 높아진다. 관학을 통하지 않은 진사과 급제
자들에게 특별히 주목하게 되는 까닭이 바로 여기에 있다.

향공진사		생도진사		
성명 (급제년)	선조의 관직 (증조/조/부)	성명 (급제년)	관학 관련 기록	선조의 관직 (증조/조/부)
崔日用 (천수3)	少卿/祁陽令/河間丞	陳子昂 (사성1)	"遊大(太?)學"	無官/무관/文林郎
崔沔 (천책만세2)	王府長史/益州洛陽令/汝州長史	王易從 (수공3)	"遊太學"	州都/同州河西縣丞(令?)/冀州棗强(二縣?)主簿
張九齡 (장안2)	韶州別駕/越州剡縣令/新州索盧縣丞	趙夏日 (장수2)	"入太學"	未記載/미기재/監察御史
張思鼎 (신룡1)	蓬州長史/蔚州司馬/幷州石艾縣令	孫嘉之 (중성1)	"投迹大(太?)學"	縣令/鄆州壽張縣丞/韓王府典籤
趙冬曦 (신룡2)	미기재/미기재/監察御史	崔尙 (성력3)	"國子進士高第"	許州司馬/坊州宜郡縣丞/陝州河北縣尉
		任瑗 (장안3)	"太學秀才"	宗正卿/金華縣令/戶部員外郎
		劉惟正 (경룡3)	"始從小學,中遊上庠"	屯衛郎將/游擊將軍/梓州銅山尉

위의 〈표27〉은 무측천~예종 시기에 응거 방법을 알 수 있는 진사과 급제자와 그 선조의 관직을 정리한 것이다. 주지하듯이 당시 국자감의 입학은 원칙상 관음(官蔭)을 요구했기 때문이다. 그런데 이 표를 보면 당시 향공진사의 선조들이 생도진사보다 결코 낮은 관인이라고 말하기 어렵다. 그렇다면 이들 역시 관학에서 수학할 수 있었음에도 불구하고 자발적으로 향공을 원했던 듯하다. 그 구체적인 이유야 개인마다 다르겠지만, 대체적으로 향공과 생도란 응거 방법은 당사자 본인의 선택 결과였을 개연성이 큰 것이다.

이것이 사실이라면 향공이나 생도를 택한 응거자의 성격 차이가 궁금해지고, 이들의 가계에 관심을 갖지 않을 수 없다. 관련 사료의 부족으로 인해 응거자를 직접 검토하지 못하더라도, 현재 확인되는 급제자를 통해 이 문제에 대한 추론은 가능하다. 이를 위해 만든 것이 아래의 〈표28〉이다. 여기에서 특히 주목하는 것은 성씨의 '가', 선조의 '3', 지역의 '동' 범주 곧 진(晉) 이전부터 번성했던 가문, 증조 이래 계속 관직을 가져온 집안, 전통의 뿌리가 깊은 하동도(河東道)·하남도(河南道)·하북도(河北道) 연고자이다. 이처럼 오랜 역사적 명망·현실적 권력·문화적 배경을 가진 자들은 당시 유력한 가계의 일원으로서 비교적 자유롭게 응거 방식을 결정하였을 터이며, 이들의 선택이 바로 이 시기 상거에서의 선호도를 반영하리라고 짐작된다.

〈표28: 【부록2】의 Ⅲ·Ⅳ기 급제자의 응거 방법에 따른 가계〉

응거 방법	진사과(총 22명 중 17명 비교 가능)														명경과(총 49명 중 46명 비교 가능)													
	총수	대상	성씨(姓氏)			선조(先祖)				지역(地域)				총수	대상	성씨(姓氏)			선조(先祖)				지역(地域)			
			가	나	다	3	2	1	0	동	서	남	기			가	나	다	3	2	1	0	동	서	남	기
생도	7	7	1	1	5	5	0	2	0	4	2	0	1	15	13	9	2	2	13	0	0	0	10	1	2	0
향공	8	5	2	0	3	4	0	1	0	4	0	1	0	4	4	2	1	1	1	2	1	0	1	2	1	0
미상	7	5	2	0	3	5	0	0	0	4	1	0	0	30	29	17	2	10	23	1	2	3	20	5	3	1
합계	22	17	5	1	11	14	0	3	0	12	3	1	1	49	46	28	5	13	37	3	3	3	31	8	6	1

이러한 관점에 입각하여 〈표28〉을 '가'·'3'·'동' 범주를 중심으로 다시 정리하면 아래 〈표29〉와 같다.[215] 여기에서 생도명경은 이 세 범주 전부 50% 이상이나 되어 여타 유형에 비하여 월등히 높은 비율이다. 이는 당시 유력한 가계 출신자들에게 가장 인기가 있었던 것은 관학을 거쳐 명경과에 응시하는 방식이었음을 뜻한다. 그런데 주의할 사실이 있다. 그렇다고 해서 명경과가 진사과보다 사회적으로 확실히 선망되었다

---

215 〈표29〉의 작성 방법은 다음과 같다. 즉 "'가' 범주 인물" 행을 예로 들면, 〈표28〉 중 '가'에 속한 생도와 향공 총 수 14명(생도진사1+향공진사2+생도명경9+향공명경2)을 모수로 해서 각각의 비율을 계산하는 것이다.

고 말할 수는 없다는 점이 그것이다. 향공명경의 숫자와 비율은 생도명
경과 현격히 달라 '가' 범주 이외에는 모두 가장 낮은 수치를 보이기 때
문이다.

〈표 29: 【부록2】의 Ⅲ·Ⅳ기 급제자 중 응거 방법이 확인되는 유력 가계 출신〉

성명	응거 방법 확인자	생진(비율)	생명(비율)	향진(비율)	향명(비율)
'가' 범주 인물	14명	1명(7.1%)	9명(64.3%)	2명(14.3%)	2명(14.3%)
'3' 범주 인물	23명	5명(21.7%)	13명(56.5%)	4명(17.4%)	1명(4.3%)
'동' 범주 인물	19명	4명(21.1%)	10명(52.6%)	4명(21.1%)	1명(5.3%)

　　따라서 무측천~예종 시기 상거의 응거 과정에서 드러나는 사회적 선호
도는 과목만이 아니라 응거 방법도 아울러 고려해야 마땅하다. 아래 〈표
30〉을[216] 보더라도 마찬가지이다. 과목과 응거 방법에 따라 나눈 네 유형
안에서 유력 가계 인물들의 비율 순위는 범주마다 상이하여 어떤 일관된
원칙을 도출하기 어렵다. 생도와 향공을 막론하고 명경과가 진사과보다
앞서는 '가'를 제외하면, 그 순위와 과목 간에 특별한 상관성을 찾기 힘든
것이다. 하지만 명경과와 진사과에서 각각 생도와 향공이 우위를 차지함
은 세 범주 모두 동일하다는 점을 간과해서 안 된다. 이것은 명경과 응거
자들이 대개 관학에서 수학하려 했던 반면 진사과의 경우 지방에서 개별
적으로 상거에 대비하는 경향이 있었음을 뜻하기 때문이다.

---

216 〈표30〉의 작성 방법을 "'가'(백분율)" 행으로써 예시해 둔다. 〈표28〉에서 생도진사
　　7명·향공진사 5명·생도명경 13명·향공명경 4명을 각각 모수로 해서 그 중 '가'에
　　해당하는 인물의 숫자(생도진사 1명·향공진사 2명·생도명경 9명·향공명경 2명) 비
　　율을 계산한다.

〈 표 30: 【부록2】의 Ⅲ · Ⅳ기 급제자 유형 중 유력 가계 출신자의 비율에
　　　　따른 순서 〉

순위	1	2	3	4
'가'(백분율)	생명(69.2)	향명(50.0)	향진(40.0)	생진(14.3)
'3'(백분율)	생명(100)	향진(80.0)	생진(71.4)	향명(25.0)
'동'(백분율)	향진(80.0)	생명(76.9)	생진(57.1)	향명(25.0)

　이러한 현상은 전술한 바 무측천의 집권 뒤 생도명경과 향공진사의
초관과 종관 · 승급이 높아지던 추세와 상응하며, 이는 앞선 의문 곧 향공
진사의 초관이 생도진사보다 도리어 높은 까닭을 설명해 주는 듯도 하다.
정치 · 문화적으로 유력한 가계의 인물이 향공으로서 더 많이 진사과에
응거했다면, 그 초관도 현실적으로 높아졌을 가능성이 크기 때문이다.
그렇다면 다시 묻게 된다. 왜 진사과 응거자들이 명경과와 달리 향공을
유달리 좋아하였을까?

　이때 당연히 생각할 수 있는 대답은 경학을 주로 가르친 관학의 교육
과정이다. 문장력 위주의 시험인 진사과에 응거할 경우 그 필요성이 상
대적으로 적었기 때문이다. 다만 향공으로서 수험 준비를 하려면 경제
적 · 문화적 기반이 필요했을 것이다. 위의 〈표29〉 · 〈표30〉에서 드러나
듯이, 당시 진사과 합격자 가운데 향공이 생도보다 유력 가계 출신자가
많았던 사실은 이와 무관하지 않을 듯하다. 물론 현재 확인되는 급제자
들만을 대상으로 한 분석이 일반적인 응시자들의 상황과는 다를 수도
있다. 관학의 입학 자격을 갖추지 못해 부득이 향공으로 응시해야만 했
던 이들 역시 많았을 터이기 때문이다. 여하간 생도로서의 특권을[217] 포

217　예컨대, 전게 閻步克, 『中國古代官階制度引論』, 455 · 458쪽; 전게 高明士, 『中國中古
　　的敎育與學禮』, 161~165쪽에 의하면 당대 중앙과 지방의 관학 학생은 본인의 課 · 役
　　을 면제 받았고 服飾에서도 일반 평민과 달랐다. 지방관학의 경우 관련 사료가 충분

기하더라도 국가권력과 연계된 관학의 통제로부터 벗어나기를 바랐던 향공진사의 존재는 분명한 사실이다.

그렇다면 진사과는 기본적으로 조정이 중시한 만큼 그 제약도 컸을 관학과 거리가 멀었고, 특히 이를 기피한 향공진사는 독자적 주체성이 비교적 강했다고 생각된다. 이처럼 명경과와 상이한 진사과의 급제자, 그 중에서도 자발적으로 향공을 선택한 자들의 성격은 남북조시대 사인들의 특징을 떠올리게 한다. 그들은 왕조권력으로부터의 자율성이 큰 '귀족(貴族)'으로 곧잘 개념화되는데,[218] 이러한 사인들의 모습과 향공 사이에 유사한 일면이 있기 때문이다. 실제로 『당척언』은 예종 때까지의 향공진사를 그 이후와 구분하여 "고지향공(古之鄕貢)"이라고도 했다.[219] 물론 이 책의 기록을 전적으로 믿기는 힘들겠으나, 이 시기의 향공이 후술할 바 과거제도가 확립된 현종 시기보다 상대적으로 전통의 영향 곧 찰거와의 연속성이 컸음은 사실일 것이다.

이처럼 향공진사의 특징을 남북조시대 이래의 역사적 현상과 관련지어 볼 수 있다면, 진사과에서 시험한 문학적 소양의 전통적 성격 또한 간과해서 안 된다. 조조(曹操, 155~220)가 유교적 가치 기준에 저항하기 위해 "선양"한 문학의 정치·사회적 위상은 우여곡절을 거쳤으나, "가치 기

하지 않으나, 국자감 학생들의 특권은 唐令으로 추정되는 『天聖令』의 舊令에서 분명히 확인된다(宋庠 등, 김택민·하원수 주편, 『천성령 역주』, 서울, 혜안, 2013의 「賦役令」〈舊15〉, 155~162쪽; 「雜令」〈舊8〉·〈舊9〉, 704~711쪽).

218 內藤湖南의 시대구분론과 연계된 이러한 '貴族' 개념은 전게 박한제, 「魏晉南朝 貴族制의 展開와 그 성격」; 中村奎爾, 「六朝貴族論」, 谷川道雄 편, 정태섭 등 역, 『일본의 중국사논쟁: 1945년 이후』(서울, 신서원, 1996. 원간 1993)가 잘 설명하고 있다. 일본 학계에서 특히 두드러진 이러한 연구 경향에 재고의 여지가 없지 않으나(전게 졸고, 「魏晉南北朝時期의 '士'에 관한 一試論: 日本學界에서의 '貴族'論에 대한 再檢討를 중심으로」 참조), 남북조시대의 사인이 그 전후 통일제국 시기와 비교하면 독자적 주체성이 강하였음은 확실하다.

219 『唐摭言』 권1, 「鄕貢」, 7쪽.

준이 주관적"인 문학의 속성 덕분에 결국 "귀족이 바라는 문화 가치"로 될 수 있었다고도 하기 때문이다.[220] 여기에서 말하는 "귀족"의 역사적 의의에 대해서는 논란의 여지가 있을지라도, 남북조시대의 문학이 근본 적으로 국가체제의 이념이던 유학에 비해 자율성이 강하였을 듯하다. 자신의 감정에 충실한 "문장지체(文章之體)"가 "행동의 과단성〔果於進取〕"으로 이어지기 쉽다는 안지추(顏之推, 531~597경)의 지적도[221] 이와 무관하지 않을 것이다. 그러므로 진사과 응거자들은 남북조시대에 발전한 문학적 수사와 기교를 익히며 이러한 문학의 전통적 속성도 자연스레 습득했을 법하고, 그들의 향공 선호 경향이나 향공진사의 독자적 정체성 또한 그렇게 이상한 일이 아니다.

물론 전술하였듯이 무측천~예종 치세의 진사과 급제자들은 명경과에 비하여 신흥세력이 많고, 이 시기 유력 가계 출신자들이 가장 선망한 상거의 응거 방법도 생도명경이었다. 따라서 진사과와 전통의 관계는 '혈통'으로 이어졌다기보다 '문화'로 계승된 것이며, 기실 문학적 소양은 개인적 재능과 노력으로 획득 가능하다. 실제로 수대에 이악(李諤, ?~?)은 "문화(文華)"를 다투는 풍조를 개탄하면서 "사부(詞賦)로써 군자가 된다."고 했다.[222] 한편 당초에 편찬된 『진서(陳書)』에는 "대저 문학이란 것은 인륜이 근거하는 바로서, 이것에 의하여 군자가 중서(衆庶)와 구분된다."는 사신

---

220 渡邉義浩의 「文學の宣揚」(원간 1995)과 「所有と文化」(원간 2003), 『三國時代の構造 と'名士'』(東京, 汲古書院, 2004). 그의 근저 『古典中國における文學と儒敎』(東京, 汲古書院, 2015)는 이러한 자신의 논리를 六朝時代를 중심으로 더욱 구체화시켜 설명하고 있다.

221 顏之推는 예전 文士들의 "輕薄"함과 관련하여 "每嘗思之, 原其所積, 文章之體, 標擧興 會, 發引性靈, 使人矜伐, 故忽於持操, 果於進取."(王利器 집해, 『顏氏家訓集解』, 北京, 中華書局, 1993의 권4, 「文章」, 238쪽. 임동석 역, 『안씨가훈』, 서울, 고즈윈, 2004, 219쪽 참조)라고 하였다.

222 『隋書』 권66, 「李諤」, 1544~1545쪽. "用詞賦爲君子."

(史臣)의 논평도 있다.[223] 이러한 현상에 대한 호오(好惡) 평가와 무관하게, 당시 문학적 소양이 "군자"의 한 기준처럼 인식되기에 이른 것이다.

이와 같은 시대적 분위기 속에서 상거 과목으로서의 진사과는 문장력 위주의 시험으로 정착해 갔고, 과거를 통해 관인이 되려는 사인들에게 문필 능력이 점점 더 요긴해졌다. 특히 재력을 갖춘 명문 가계의 인물이 아니라면 이를 위해 더욱 적극적으로 애쓰지 않으면 안 되었다. 앞서 지적했듯이 일상 속에서 체득된 의례나 많은 전적(典籍)을 통한 학습이 필요한 유교적 교양에 비해, 문학적 기량의 습득이 용이하였기 때문이다. 무측천~예종 시기 진사과 응거자 특히 향공진사의 독자적 주체성은 바로 이러한 역사적 상황의 귀결일 수도 있다.

그리고 상거의 두 과목에서 드러나는 제도와 현실의 괴리 곧 진사과 급제자들이 낮은 초관에도 불구하고 종관이나 승급에서 명경과보다 우위를 차지한 것 역시 비슷한 맥락에서 이해하여도 무방하다. 이들이 관인으로서 이룬 성취는 일면 유리하지 않은 조건에서 더욱 촉진된 주체적이고 적극적인 노력의 산물일 가능성 또한 있기 때문이다. 전술한 바 중종 연간의 단체 의례나 『진사등과기』 편찬 등에서 드러나는 진사과 응거자나 급제자들의 집단행동이 그 단적인 예이다. 그렇다면 상거의 정착 과정에서 제도 그 자체만이 아니라 이와 관련된 사인들의 동태(動態)도 아울러 주목하지 않으면 안 된다.

이상에서 '무측천 집권 이후 진사과와 명경과의 부상' 현상을 살펴본 결과 다음과 같은 사실을 알 수 있었다. 이 시기에 상거가 제도적으로 정착했음은 그 급제자들의 지위 제고에서 분명히 확인된다. 무측천이 그들에게 엘리트 관인으로 될 수 있는 현실적 기반을 갖추어 주었고, 실제로 명경과와 진사과 급제자들의 종관은 매우 높은 편이다. 그런데 두

---

223 『陳書』 권34, 「文學」, 473쪽. "夫文學者, 蓋人倫之所基歟? 是以君子異乎衆庶."

과목 합격자들의 관력을 비교하면, 진사과 급제자가 명경과보다 초관이 낮았지만 그 종관은 오히려 더 높아서 특이하다. 이처럼 상이한 두 과목의 양상은 진사과 위주로 무측천 집권기의 "사회혁명"을 설명한 천인커의 견해와 일면 부합한다. 다만 간과해서 안 될 점은 당시 진사과가 명경과보다 특별히 중요한 관인 선발 과목이 아니었다는 사실이다. 과거제도로 인해 커진 필기시험의 비중, 공문서의 변려문 사용 그리고 남조 문풍에 대한 경계심 약화, 황제 측근 문사들의 역할 증대 등으로 인하여 문학적 소양이 중요해졌을 뿐이다. 유학을 근간으로 한 국가체제 아래에서 경학은 여전히 문학보다 존숭되었으며, 이 시기 과거제도의 실상은 명경과와 진사과를 함께 검토해야만 하는 것이다. 그리고 두 과목 합격자의 초관과 종관을 비교할 때 확연히 드러나는 제도와 현실 사이의 괴리 현상은 무엇보다 주목할 만하다.

이와 관련하여, 두 과목의 응거 방법 차이 문제 역시 흥미롭다. 무측천~예종 치세에 생도명경과 향공진사의 위상이 전반적으로 높아지는 추세인 데다가, 당시 명경과와 진사과 응거자들 중 유력 가계의 인물들도 각각 생도와 향공을 선호하는 상이한 경향을 보이기 때문이다. 진사과 응시자들의 향공 선택은 곧 당조가 중시한 관학의 기피인 셈인데, 향공진사에서 두드러진 이러한 독자적 주체성이 남북조시대 사인들의 행태 혹은 문학의 자율적 속성과 상통한다. 그리고 문장력은 이 시기에 군자의 기준처럼 여겨지기도 해서 자신의 사회적 지위를 비교적 쉽게 높일 수 있는 방법이기도 했다. 따라서 문학적 소양을 중시한 진사과는 사인들의 전통적인 문화와 내밀히 연계됨과 동시에 신흥세력들에게 무척 매력적일 수도 있었다. 그렇다면 이렇게 정착해 간 과거제도의 실상은 비단 법제만이 아니라 관련 당사자들의 의식과 활동 또한 아울러 고려하지 않으면 안 될 것이다.

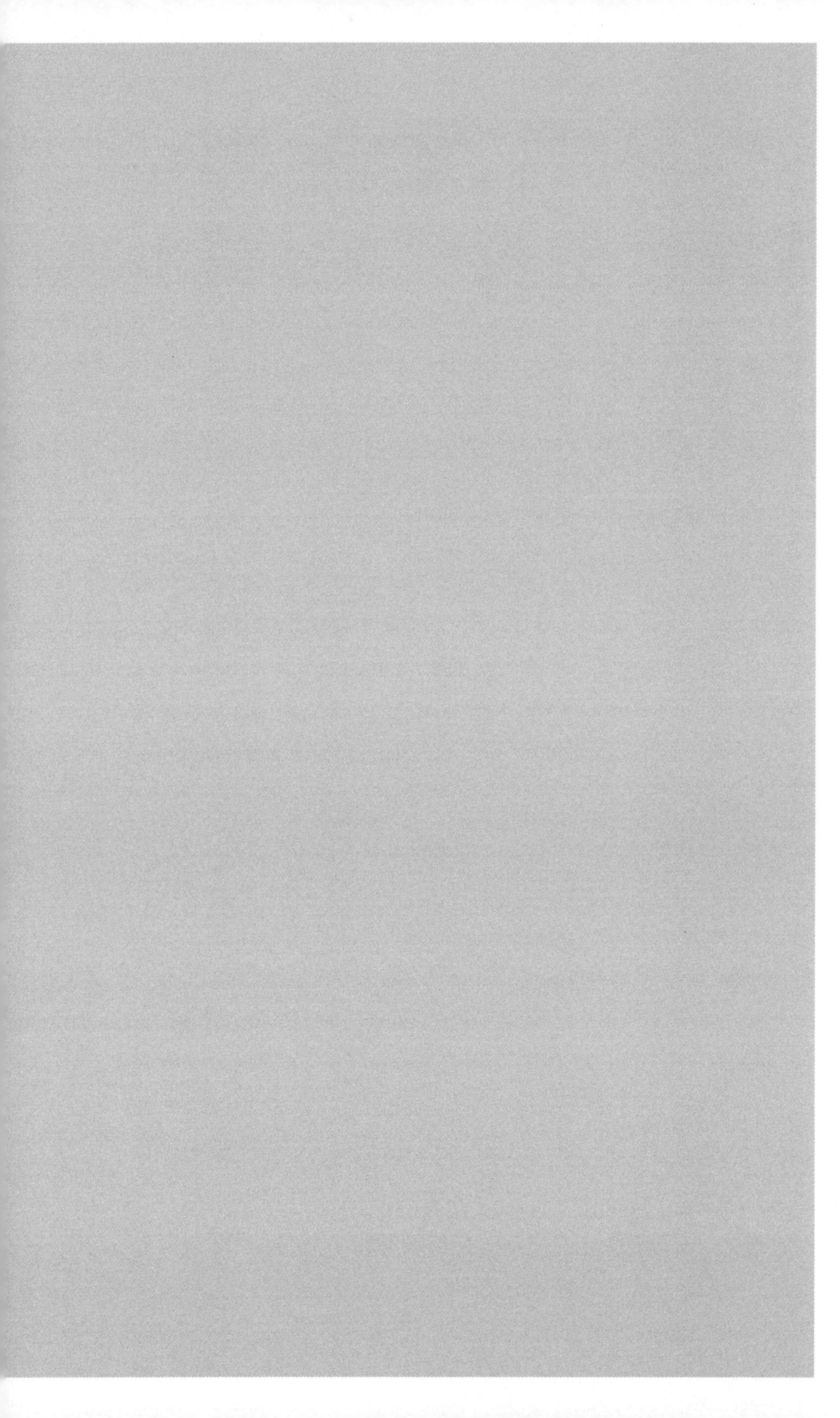

소
결

수·당 제국의 수립과 더불어 관인선발제도에 새로운 요소가 가미되었다. 그러나 당초까지 상거와 제거의 구분이 아직 불분명하고, 특히 지방에서의 명확한 자발적 응시 기록은 발견되지 않는다. 물론 통일제국의 기초가 다져진 당 태종 때 응거자가 점차 늘어나며, 믿을 만한 문헌에 '진사'란 표현도 등장한다. 그런데 이것은 후대와 같은 특정한 상거 과목의 명칭이라기보다 '광의의 진사'일 뿐이다. 따라서 당시 과거제도가 출현했다면, 이는 단지 그 '원형'에 지나지 않는다. 하지만 고종 즉위 이후 나타나는 관인 선발의 양상은 확실히 예전과 다른데, 지금까지 살펴본 바 예종 시기까지의 변화상을 정리하면 아래와 같다.

고종 초 영휘2년의 "처음으로 수재에 의한 선발을 정지〔始停秀才〕"한 조처는 천거 위주의 전통적인 관인 선발 방식의 약화를 초래하였다. 그리고 이 영휘 연간에는 "제조거인(制詔擧人)"이 처음 생겼다는 기록에서 보듯이, 기존 '광의의 진사' 가운데 황제의 조서에 의거한 제거가 따로 독립하였다. 그 결과 지방과 중앙관학에서 상례적으로 인재를 뽑아 올려 온 과목들 역시 독자적인 제도로 발전할 수 있었다. 이것이 바로 상거로서 예전 '광의의 진사'와 분명히 다르다. 뿐만 아니라 고종 말 영륭2년에는 진사과와 명경과에 각각 잡문과 첩경 시험을 추가하였다. 상거는 이로 인해 책(策)만을 시험하는 제거와 확실하게 차별화됨과 동시에 과목별 고유한 특징도 뚜렷해졌다. 그러므로 늦어도 고종 말기에 이르면 상거로서 진사과와 명경과의 정체성이 명확해지면서 과거제도의 공고한 토대를 마련하였다.

무측천~예종 치세는 계속된 궁중 정변의 와중에서 과거의 제도적 정착이 순조롭지 못했다. 황제는 자신의 권력을 강화하기 위해 제거를 빈번히 시행하고 관직을 남발해 제거와 상거의 경계를 애매하게 만드는 등 관인선발제도에 혼란을 야기했던 것이다. 하지만 무측천 집권기에 진사과와 명경과의 자발적 응거와 시험의 강화 추세 또 그 급제자의 승진 기회 증대는 부정할 수 없는 사실이다. 그리고 당조를 부활시킨 중종은 당초의 정책을 계승하여 관학의 진흥을 강구하였고, 예종 역시 마찬가지였다. 따라서 이 시기는 관학에서 가르친 경학과 직결된 명경과가 더욱 중요해지고, 관인의 선발에서 중앙집권성도 커졌다. 그렇다면 정치적 격변에도 불구하고 과거의 제도적 정착은 꾸준히 진행되어 갔다고 해도 좋다. 그런데 이 과정에서 흥미로운 현상은 중종 연간부터 『진사등과기』의 편찬 등 진사과 급제자들의 동류의식에 입각한 집단행동이 나타나기 시작한다는 점이다. 이것은 명경과의 제도적 위상이 높아지면서 상대적으로 위축된 진사과 지망자들의 자구책일 가능성이 크며, 국가의 정책과 사인들의 현실 사이에 드러나는 길항 관계가 주목된다.

현경 연간 이후 고종 시기부터 예종 때까지의 이러한 변화 양상은 실제로 【부록1】·【부록2】의 진사과와 명경과 합격자들의 계량적 분석으로써 확인된다. 우선 고종 영휘 연간까지의 당초(Ⅰ기) 상황과 그 이후 고종 치세(Ⅱ기)를 비교해 보면, 급제 과목을 정확히 알 수 없는 '미상 과목' 급제자의 비율이 축소되어 관인 선발 방식의 엄밀한 제도적 분화를 시사한다. 그리고 Ⅱ기의 인물들이 Ⅰ기에 비하여 전통적인 명문 성씨

출신자들이 줄어든 반면 그 연고지는 넓어져서 과거를 통한 신흥세력의 부상을 잘 보여준다. 이와 함께 간과할 수 없는 것이 Ⅱ기부터 발견되는 진사과와 명경과의 상이한 모습이다. 진사과 합격자의 초관은 명경과보다 낮지만 승급·종관의 경우 도리어 명경과보다 높은 것이다. 상거의 독립 뒤 일관되게 나타나는 이러한 현상은 두 과목의 제도와 현실의 괴리를 보여준다는 점에서 중요하다.

　무측천 집권기(Ⅲ기), 중종·예종 시기(Ⅳ기)와 상거가 갓 생겨난 Ⅱ기의 차이도 홀시할 수 없다. 진사과와 명경과 합격자 초관의 표준편차가 현격히 작아져서 두 과목의 개별적 정체성이 더욱 확연해지기 때문이다. 또 진사과 급제자들은 명문 성씨가 줄어들고 신흥 성씨가 늘어나는 추세이나, 명경과의 경우 그 반대이다. 이처럼 상이한 두 과목의 양상은 응거 방법에서 두드러진다. Ⅱ기와 달리 Ⅲ·Ⅳ기의 진사과와 명경과는 각각 향공과 생도의 관계가 한층 긴밀해지는 것이다. 이는 경서를 주로 가르친 관학의 교육과정과 무관하지 않겠지만, Ⅲ·Ⅳ기에는 초관·종관이나 유력 가계 인물들의 선호도에서 생도명경만이 아니라 향공진사의 위상도 전반적으로 높아지고 있다는 사실은 확실히 주의할 필요가 있다.

　이와 같은 제2부의 내용은 과거제도의 정착 과정을 진사과 위주로 검토해 온 기존 연구를 재고하게 한다. 명경과는 일면 진사과와 상반된 경향을 보이고, 양자의 차이를 통해 당시 과거의 전면적 실상에 보다 근접해 갈 수 있기 때문이다. 기실 관학을 매개로 중앙집권적 관인선발제도를 구축하려 한 당조의 입장에서 경학 과목인 명경과를 우대한 것은 당연하다. 그러나 진사과가 중시한 문학적 소양은 훨씬 복잡한 사회적·역사적 배경을 갖는다. 특히 이 시기 변려문을 쓴 공문서나 궁중의 분위기가 남북조시대의 문풍을 잇고 있다는 점에 주목해야 마땅하다. 생도가 아닌 향공을 택한 진사과 응거자들의 성격이 황제로부터의 자율성이 강했던 남북조 사인들의 속성과 유사함을 생각하면 더욱 그러하다. 물론 전통과의 연속성은 명경과 역시 다를 바 없다. 하지만 문학적 기량이 비교적 습득하기 용이하면서도 당시 군자의 기준처럼 여겨지고 있음을 간과해서 안 된다. 신흥세력이 상대적으로 진사과에 더 큰 관심을 지녔던 까닭은 이와 무관하지 않을 것이다.

과거제도 형성의 역사 속에서 현경 연간 이후 고종 시기부터 예종 때까지는 상거의 제도적 독립과 독자적 발전이란 점에서 중요한 의미를 갖는다. 정치적 혼란 속에서도 상거 과목들 중 진사과와 명경과의 중요성이 커져 갔고, 두 과목으로 대표되는 과거의 기본 틀 또한 이 기간에 만들어졌던 것이다. 그런데 이때 명경과와 진사과의 차이 혹은 국가의 제도와 사인들의 분위기 사이의 괴리가 분명히 나타난다. 사실 어떤 제도든 결국 그것을 둘러싼 인간들의 주체적인 의식·행동의 산물이라면, 제3부에서 살펴볼 현종 시기 과거제도의 확립 문제도 이러한 제도와 현실의 관계에 유념하며 고찰할 필요가 있다.

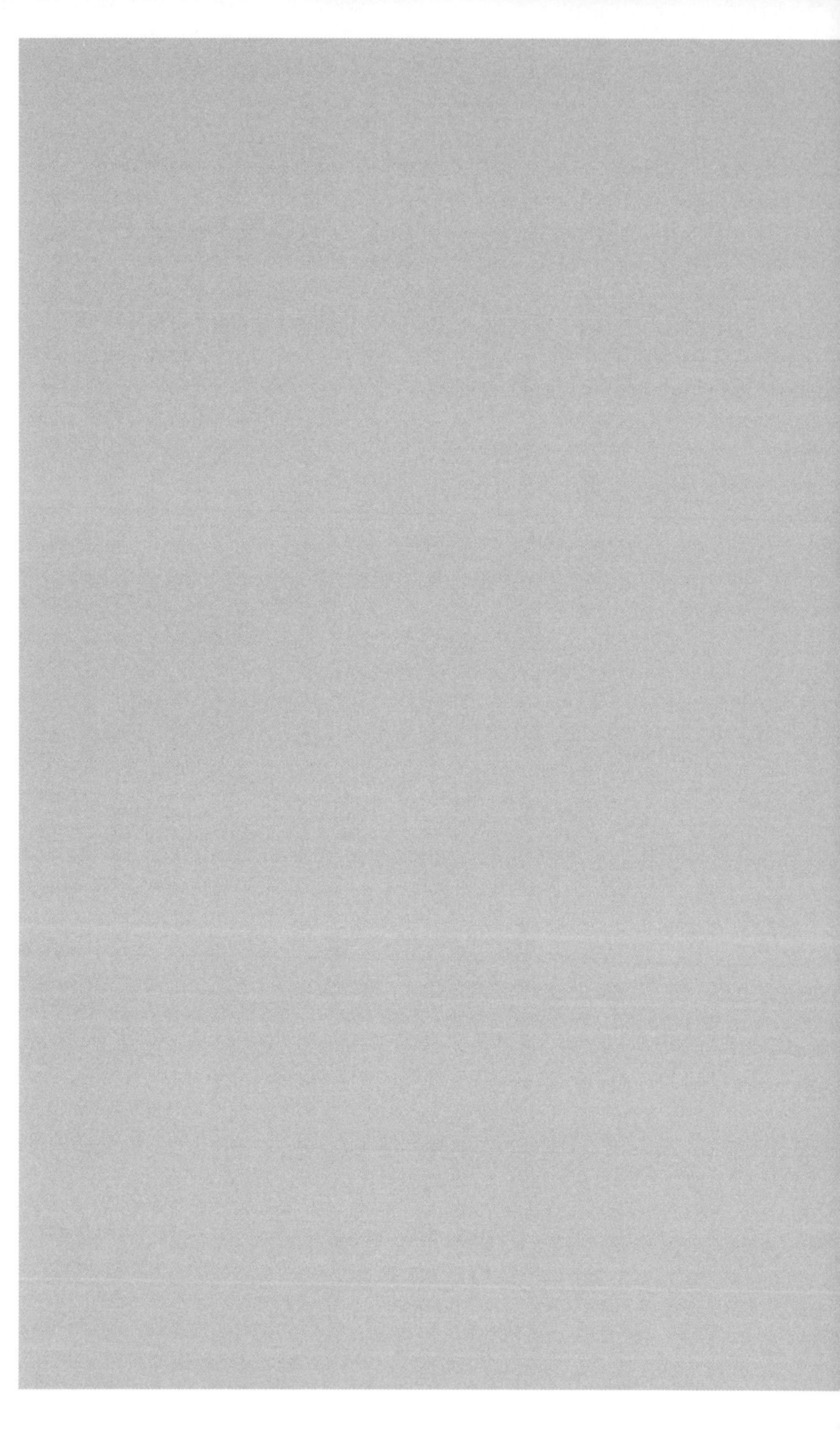

제3부

과거제도의 확립

과거는 고종 현경 연간 이후 제거와 분리된 상거를 중심으로 새로운 관인선발제도로서 안착해 갔다. 고종 말 진사과와 명경과가 각각 문학과 경학 위주의 시험이란 정체성을 확보했으며, 이 두 과목이 무측천~예종 치세에 사인들의 중요한 입사 방법으로 부상하였던 것이다. 그런데 이러한 과거제도의 정착 시기는 잦은 궁중 정변으로도 특징지어지고, 제2부에서 보았듯이 진사과와 명경과의 제도와 현실 사이에 뚜렷한 괴리 현상이 나타나고 있다.

현종의 권력 장악 과정 역시 순탄하지 않았다. 당륭1년(710) 백모 위황후를 죽이고 아버지 예종을 세웠던 그는 연화(延和)1년(712)에 양위를 받았지만 이듬해 고모 태평공주(太平公主, 665?~713)마저 제거한 뒤에야 비로소 실권을 장악할 수 있었기 때문이다. 그러나 이후 천보15년(756) 현종이 퇴위할 때까지 일찍이 없던 안정기를 구가하였다. 이 기간은 후대에 '성세(盛世)'로 일컬어질 만큼 번영을 누렸고 마침내 당대의 최다 호구(戶口)를 확보하기에 이르렀던 것이다.[1]

그러므로 무려 45년에 걸친 현종의 재위 기간은 통일제국의 전성기였으며 과거제도 역시 확립되었다. '당등과기총목'에서 진사과 급제자가 없던 해의 표현이 전술한 것처럼 이 시기를 전후해 "불공거(不貢擧)"에서 "정(공)거(停貢擧)"로 변하였는데, 이는 매년 상거를 시행해야 한다는 원칙도 그 사이에 철저히 제도화되었음을 뜻한다. 실제로 현종 말년에 발발한 안사의 난(755~763) 와중에도 한 해를 빼고 모두 과거를 실시하였다.[2] 여

---

1 현종과 그의 치세에 대하여서는 閻守誠·吳宗國, 임대희 등 역, 『당현종』(서울, 서경문화사, 2012. 원간 1989)이 잘 개관하고 있다.

전히 "수재"나 "효렴"이란 전통적 찰거 과목의 명칭이 보이나, 당시 이것은 황제조차 공언한 진사과와 명경과의 다른 이름일 뿐이다.[3]

이 시기의 과거제도는 『당육전(唐六典)』에 명기된 상거 6과(科)와 그 유관 규정들에서 알 수 있듯이 매우 체계적으로 운용되었다. 개원 10(722)~개원27년 사이에 만들어진[4] 이 책의 내용을 섣불리 당초까지 소급시켜서는 안 될지라도, 이러한 법제가 현종 시기에 존재했음은 분명하기 때문이다. 『통전』은 당대에 수재과의 "폐절(廢絶)" 뒤 특별히 높아진 진사과와 명경과의 사회적 위상을 강조하는데,[5] 이는 개원(713~741)·천보(742~756) 연간부터 나타난 새로운 현상이었다.[6] 따라서 현종 때 진사과와 명경과로 대표되는 상거가 그 이전에 비해 제도적으로 더욱 정비되면서 사회적 영향력도 한층 커졌다는 데 의문의 여지가 없다.

---

2 주지하듯이 당조를 극심한 혼란에 빠뜨린 안사의 난 기간 동안 진사과 급제자가 없던 때는 대종 보응1년뿐이며, 숙종 至德2년의 경우 황제의 피난지에서만이 아니라 江淮·成都·江東에서도 과거를 시행하였다. 『文獻通考』 권29, 「選擧考 擧士」, 852쪽; 『등과기고보정(登科記考補正)』, 394~396쪽 참조.

3 민간에서 일찍부터 진사과와 명경과를 수재와 효렴으로 부르며 전통적인 권위를 강조하려 했던 듯하지만, 개원25년에 이르면 황제 스스로 "今之明經、進士, 則古之孝廉、秀才."(『冊府元龜』 권639, 「貢擧部 條制」, 7671쪽)라고 하였다.

4 『唐六典』이 개원10년 현종의 명령으로 편찬되기 시작한 것은 분명하지만, 최종 완성 시기는 기록에 따라 상이해서 오랜 논란거리였다. 그런데 中村裕一의 최근 연구에 의하면, 이 책은 개원26년 10~11월에 완성하여 이듬해 2월 황제에게 바쳤다고 한다(『『大唐六典』の唐令研究』, 東京, 汲古書院, 2014, 3~13쪽).

5 『通典』 권15, 「選擧 歷代制」, 354쪽. "自是(수재과의 廢絶:인용자)士族所趨嚮, 唯明經、進士二科而已."

6 『東觀奏記』 권中, 108쪽에 "當開元、天寶之間, 始專重明經、進士."라는 선종 대중7년 韋澳의 글이 전한다. 『唐摭言』 권2, 「廢等第」, 14쪽 참조.

그런데 현종 시기의 과거제도와 관련하여 아울러 간과할 수 없는 사실이 있다. 태종 정관 연간 이래 이부의 고공원외랑이 주관해 왔던 성시(省試)를 개원25년(737)부터 예부시랑에게 맡긴 일이 그것이다. 그리고 이처럼 진사과를 비롯한 상거 관련 업무를 예부로 이관시킨 제도가 청말(淸末) 과거의 폐지 때까지 기본적으로 유지되었다. 따라서 이러한 변화는 과거제도사에서 중요한 의미를 지니며, '예부시(禮部試)'의 개시라는 점에서도 현종 연간은 주목할 만하다. 게다가 관인의 임용을 책임진 이부가 그 선발까지 일원적으로 관리하는 편이 더 효율적일 듯하다면, 쉽게 이해되지 않는 이 개제(改制)의 역사적 배경 또한 무척 흥미로운 문제이다.

기실 제도적으로 완비된 과거가 통일제국의 그 정책 의도를 관철시킨 결과였는지도 의문이다. 예컨대, 향공의 존폐 문제가 그러하다. 후술할 것처럼 관학을 중시한 현종은 천보12년(753) 향공을 폐지했지만, 이 조처가 얼마 지나지 않아 철회되고 말았기 때문이다. 당시 조정도 지방에서의 시험을 거쳐 진사과나 명경과에 응거하려는 사인들의 바람을 묵살하기 힘들었던 것이다. 그렇다면 현종 시기 과거의 제도적 확립도 이러한 사회적 현실과의 길항 속에서 이루어졌음에 틀림없다. 실제로 이와 연관된 진사과나 명경과 급제자의 동향을 파악할 수 있는 당시 기록들도 비교적 많이 현존한다.

이와 같은 시각에서 필자는 현종 치세 과거의 실상을 제도의 변천만이 아니라 그 응시자들의 행태도 함께 고려하면서 입체적으로 살펴보려 한다. 이때 상거의 주무 관청이 이부에서 예부로 바뀐 시기를 기준으로 한 분기별(分期別) 검토가 요긴하다. 그리고 【부록1】·【부록2】의 진사과와 명경과 급제자들을 과목과 응거 방법에 따라 나누어 개인과 가계의 성격을 분석하고, 이들의 구체적인 동향을 고찰할 필요 역시 존재한다. 이를 통해 현종 시기에 확립된 과거제도의 다양한 특징이 밝혀진다면,

이것이 당후기는 물론 그 이후 지속된 중국의 과거제도 역사를 새롭게 이해하는 데에도 일조할 수 있으리라고 기대된다.

제 1 장

현종 시기
과거의 제도적 완비

1

1. 개원 연간의 상황: 이부시(吏部試) 시행기를 중심으로

관인선발제도 개황

현종은 궁중 정변을 통해 황제가 되었다는 점에서 무측천이나 중종·예종과 다르지 않고, 즉위 직후에도 권력 기반이 취약하였다.[1] 따라서 그는 조정에서 자신을 지켜 줄 관인들이 절실히 필요하였다. 현종이 황태자였을 때 "뛰어난 사인들"을 대거 발탁한 것도[2] 이러한 목적이었을 듯한데, 황제가 된 다음에는 관인의 선발과 임용에 직접 개입 가능한 제거라는 수단이 생겼다. 앞서 무측천 집권기에서 보았듯이, 이를 통해 자파(自派) 세력을 확대할 수 있었기 때문이다.

실제로 현종은 즉위 직후 선천(先天)으로 개원하고 다양한 명목의 제거를 시행하였다.[3] 그리고 선천2년(713)과 개원2년(714)에도 여러 사직(使職)

---

1 현종은 즉위한 뒤에도 太平公主와 피비린내 나는 권력 다툼을 벌였다. 『資治通鑑』 권 210, 唐玄宗先天1年~開元1年條, 6670~6686쪽 참조.
2 『唐代墓誌彙編』, 天寶099번의 李祚 묘지에 "上(玄宗:인용자)在靑宮, 大搜髦士. 公(李 祚:인용자)以賢良應召, 對策甲科. 乃試以理才, 因授之□. 起家拜葉縣尉."했다는 기록 이 있다.

까지 동원한 비슷한 조처들이 되풀이된다.[4] 특히 개원2년 6월 제거의 경우, 자거(自擧)를 허용하여 인재 선발의 폭을 넓혔을 뿐더러 "친문(親問)"도 약속해서 황제의 적극적 의지를 명확히 드러내었다.[5] 이러한 방식의 제거는 그 뒤 유난히 빈출해 현종 시기의 한 특징적 양상이라고 여겨지며,[6] 일찍이 『책부원귀』가 개원 연간을 제거의 흥성기로 지목한 것도[7] 결코 우연이 아니라고 하겠다.

이처럼 황제가 중시한 제거의 성행은 통상적인 관인의 선발에도 영향

3　洪邁, 『容齋續筆』(『容齋隨筆』, 上海, 上海古籍出版社, 1978 所收) 권12, 「唐制擧科目」, 359쪽에 따르면, "先天元年九月, 明皇初卽位, 宣勞使所擧諸科九人. 經邦治國、材可經國、才堪刺史、賢良方正與此科(道俟伊呂科:인용자)各一人, 藻思淸華、興化變俗科各二人."이라고 한다. 陳飛는 이 기록의 신뢰성에 의문을 제기하지만(전게 『唐代試策考述』의 「唐代制擧科目年表」, 338쪽), 그 역시 선천1년에 많은 제거가 시행되었다는 사실 자체를 부정하지는 않는다. 『唐大詔令集』 권102, 「文武官及朝集使擧堪將帥詔」, 102쪽; 『冊府元龜』 권645, 「貢擧部 科目」, 7729쪽 등 참조.

4　『唐大詔令集』에 실린 이 시기 조칙들 가운데 관인의 선발과 관련된 것들은 아래와 같고, 여기에는 다양한 명칭의 使職이 등장한다.

시기	관련 기록	유관 사직
선천2년 6월	「諸州擧實才詔」(권102, 521쪽)	
선천2년 7월	「遣畢構等慰撫諸道詔」(권115, 601쪽)	宣撫使(『冊府元龜』 권162, 「帝王部 命使」, 1951쪽 참조)
선천2년 11월	「搜揚懷才隱逸等敕(권102, 521쪽)	檢察使
개원2년 4월	「遣楊虛受江東道安撫敕」(권115, 601쪽)	安撫使
개원2년 6월	「大明宮成放免囚徒等制」(권108, 560쪽)	宣撫使

5　『唐大詔令集』 권108, 「大明宮成放免囚徒等制」, 560쪽. "其有茂才異等, 拔衆超羣, 緣無紹介, 久不聞達者, 咸令自擧, 朕當親問." 이 글은 『文苑英華』 권440, 2225쪽에 「居大明宮德音」이란 제목으로 전하고(『全唐文』도 동일), 『冊府元龜』 권645, 「貢擧部 科目」, 7729쪽에는 당시 시행된 제거의 명칭과 그 급제자 이름도 나온다.

6　전게 吳宗國, 『唐代科擧制度研究』, 「唐代科擧制度之二: 制擧」, 73~75・77~78쪽은 현종 치세에 제거의 自擧와 親試가 상례화되어 갔음을 강조하였다.

7　『冊府元龜』 권639, 「貢擧部 總序」, 7662쪽에서 "〔制詔擧人〕盛於開元、貞元"이라고 한다.

을 미칠 수밖에 없다. 무측천 때 늘어난 "현량(賢良)"이 "진사(進士)"와의 차이가 불분명해졌음을 제2부에서 지적하였는데, 현종 시기에도 유사한 사례가 발견된다.[8] 더욱이 제거의 응거자를 지방장관에게 천거하도록 했다면,[9] 그 선발의 첫 단계가 상거의 향공과 실질적으로 얼마나 달랐을까 의문스럽다. 개원 연간의 과거 급제자들 묘지에서 여전히 애매하게 서술된 응거 관련 기록도[10] 그 탓일는지 모르며, 당시 관인선발제도의 혼란 또한 쉽게 예상되는 일이다.

하지만 여기에서 간과해서 안 될 사실이 있다. 현종이 설령 제거로써 자신의 권력 기반을 강화하려 했을지라도, 급제자의 선발 자체는 상당히 엄격히 이루어졌다는 점이 그것이다. 개원8(720)~9년 즈음 제거의 책시(策試) 문항을 줄여[11] 그 합격 기준을 낮춘 듯하지만, 바로 이 시기는 책문(策

---

8 李誠은 "十六〔歲〕(景雲2년:인용자), 戶部尚書姚珽以賢良薦, 比之終〔軍〕、賈〔誼〕, 開元三年擧進士."(『毘陵集』 권11, 「唐故朝散大夫中書舍人秘書少監頓丘李公墓誌」, 70쪽)하였다고 해서, "賢良"으로의 천거와 4년 뒤 진사과 급제 사이에 모종의 관계가 있는 듯하다.

9 선천2년에 현종은 "文學者" 등을 "〔諸州〕長官, 訪名奏聞"(『唐大詔令集』 권103, 「諸州擧實才詔」, 521쪽)하게 했고, 개원 연간에도 이와 비슷한 조처들이 적지 않다. "〔5년〕州牧各以名薦"(『冊府元龜』 권645, 「貢擧部 科目」, 7729~7730쪽)·"〔11년〕委府縣搜揚"(같은 책, 권68, 「帝王部 求賢」, 762쪽)·"〔14년〕本州長官 … 錄狀送聞"(『唐大詔令集』 권105, 「求儒學詔」, 538쪽) 등이 그 좋은 예이다.

10 후술하듯이 【부록1】의 인물들 가운데 이러한 사례가 있지만, 급제년이 불확실하여 여기에 수록하지 않은 □闐의 경우도 마찬가지이다. 그의 생몰년(697~749)을 볼 때 "朝門貢擧擢第, 高尙粲然可觀, 德應賢良, 榮以授祿"(『大唐西市博物館藏墓誌』, 263번)한 것이 이 시기의 일로 생각되기 때문이다.

11 현종이 제거의 策試 숫자를 3개에서 1개로 축소시켰는데, 그 정확한 시점은 논란의 여지가 있다. 『唐會要』 권76, 「貢擧 制科擧」, 1649쪽은 이를 개원8년의 일로 적은 반면 『冊府元龜』 권643, 「貢擧部 考試」, 7710쪽의 경우 개원9년이라고 하기 때문이다. 단 유사한 사실을 중복 서술한 위의 『冊府元龜』에는 상단의 4월 甲戌日과 하단의 5월 乙亥日이란 기록이 상충된다. 그리고 전자와 같은 내용이 『舊唐書』 권8, 「玄宗」, 182쪽에도 나오지만 기실 개원9년 4월에는 甲戌日이 없다(『登科記考補正』, 255쪽). 물론 이러한 기록의 혼란에도 불구하고 개원8년 혹은 9년의 策試 문항 감축 조처는 사실일 것이다.

文)의 문체가 성숙하고 정형화된 때이기도 하다.[12] 따라서 당시 제거는 상당히 체계화된 시험을 동반했으리라고 짐작되는데, 실제로 "정선(精選)"에 주력한 현종과 "인재를 널리 구"하는 데만 치중했던 무측천을 명확히 대비시킨 기록도 존재한다.[13]

무측천 시기와의 이러한 차이는 현종 특유의 관인 선발·임용 정책의 소산인 듯하다. 그는 즉위 이듬해의 제거에서[14] 또 그 다음 해 "공거(貢擧)"에서[15] 모두 "실재(實才)"의 발탁을 강조하였기 때문이다. 물론 이러한 조칙의 내용은 상투적 표현이라고 할는지 모르겠다. 그러나 개원2년 5월에 내린 조칙은 무측천 이래 남발된 원외관(員外官)·시관(試官)·검교관(檢校官)을 취소함과 동시에 앞으로 이러한 관직을 없애겠다는 원칙까지 공포하였다.[16] 현종은 혼란스러운 정국 속에서 문란해졌던 관인 관련 제도를 정비하려 했고, 그 입장이 정책으로 구현되었던 것이다.[17]

이와 같은 관계(官界) 상황의 변화는 일면 당연해 보인다. 잇따른 궁중

12　羅積勇·張鵬飛, 『唐代試律試策校注』(武漢, 武漢大學出版社, 2009)의 「前言」, 18쪽.

13　당후기에 封演은 제거를 개관하면서 "則天廣收才彦, 起家或拜中書舍人、員外郎, 次拾遺、補闕. 玄宗御極, 特加精選, 下無滯才."(『封氏聞見記』 권3, 「制科」, 18쪽)라며 두 시기의 상이한 특징을 지적하였다.

14　『唐大詔令集』 권102, 「諸州擧實才詔」, 521쪽. 『全唐文』은 이 조서를 「命諸州擧賢才詔」라고 달리 명명했지만, "得人之要, 在於徵實"이나 "務求實用, 以副予懷"란 그 내용을 볼 때 "實"質的 능력 중시 의도는 분명하다.

15　『唐大詔令集』 권106, 「令貢擧人勉學詔」, 549쪽에서 "自今以後, 貢擧人等, 宜加勗勉, 須獲實才."라고 한다.

16　『冊府元龜』 권630, 「銓選部 條制」, 7550쪽. 『唐會要』 권67, 「員外官」, 1394쪽(사고전서본에서 이를 개원1년 5월의 일로 적은 것은 여타 기록을 볼 때 명백한 착오) 참조.

17　이와 관련하여 王仁裕, 『開元天寶遺事』(上海, 上海古籍出版社, 1985) 권下, 「天寶 任人如市瓜」, 105쪽의 "明皇召諸學士宴于便殿, 因酒酣顧謂李白曰: '我朝與天后之朝何如?'〔李〕白曰: '天后朝政出多門, 國由姦幸, 任人之道, 如小兒市瓜, 不擇香味, 惟揀肥大者; 我朝任人如淘沙取金, 剖石採玉, 皆得其精粹者.' 明皇笑曰: '學士過有所飾.'"이란 일화가 흥미롭다. 당말의 이 기록에 혹 과장이 있을지라도, 현종과 무측천의 관인 정책은 분명히 달랐다고 생각된다.

정변에도 불구하고 통일제국으로서 당조의 지위가 공고해지면서, 관인이 되고자 하는 사인들의 숫자는 점점 더 증가하였기 때문이다. 실제로 개원 연간에 이르면 자격을 갖추고도 관직을 받으려고 20년 이상 기다리는 이들이 있을 지경이었다.[18] 그 결과 사인들은 관인의 선발과 임용 과정에서 치열한 경쟁이 불가피하였다. 따라서 현종은 관인선발제도를 엄정하게 운용하더라도 자신을 지지해 줄 세력의 확보에 별 어려움이 없었을 터이다.

이러한 측면에서 볼 때 주목되는 것이 황제에게 자신의 저작물을 바쳐 입사했다는 인물들이다. 이와 같은 사례들이 현종 치세에 유난히 많아[19] 당시 늘어난 구관자(求官者)들의 격화된 경쟁과 여기에 직접 개입한 황제의 역할을 잘 보여주는 것이다. 그런데 이 과정을 비교적 상세히 전하는 문헌에서 관직을 주기 전에 별도의 시험을 요구했다는 기록이 발견된다.[20] 상거를 통하지 않고 문장이나 저술로써 벼슬을 받은 무리들

---

18 『通典』 권15, 「選擧 歷代制」, 361쪽. 관인 자격자와 관직 사이의 이러한 수적 불균형이 전선 대상자들에게 일정 기간 대기하도록 만든 守選制度를 낳았는데, 이 제도의 출현 시기에 대해서는 논란이 있다(陳鐵民·李亮偉, 「關於守選制與唐詩人登第後的釋褐時間」, 『文學遺産』 2005-3; 楊向奎, 「唐代守選起始時間考」, 『北方論叢』 2010-5; 譚庄, 「初盛唐及第進士守選制說指疵」, 『寧波大學學報』 2011-3 참조). 그러나 개원3년 6월의 "其明經、進士擢第者, 每年委州長官, 訪察行業, 修謹書判, 可觀者, 三選聽集." (『冊府元龜』 권635, 「銓選部 考課」, 7622쪽)이란 조서에서 보듯이, 현종 초에 확실히 이와 유사한 조처가 존재한다. 당시 選人의 증가는 매우 심각한 문제였던 것이다.
19 『登科記考補正』은 이러한 사례들을 망라해 두었는데, 보통 한 해에 한둘에 불과했던 (諸科 급제자와 함께 적은 證聖1년, 94쪽의 9명 기록 제외) 그 숫자가 개원17·20년만 5명(297쪽)과 4명(308쪽)으로 특이하게 많다.
20 위 『登科記考補正』 개원17·20년의 사례 모두 『新唐書』의 藝文志에 나오는데, 여기에는 著作을 바쳤다는 기록만 있을 뿐 시험에 관한 언급이 없다. 하지만 『新唐書』 권60, 「藝文」, 1602쪽에서 苑咸이 "開元末上書, 拜司經校書"했다고 하며, 그의 묘지에는 "開元中 … 公當此時, 年始弱冠, 爲曲江張九齡表薦, 玄宗親臨前殿策試, 除太子校書."(『全唐文補遺(9)』, 390쪽)라고 하였다. 그렇다면 苑咸이 "上書"하여 太子 隷下 司經局의 校書가 되는 과정에 張九齡의 추천과 현종의 策試를 거쳤다고 생각된다. 실제로 송대 孫逢吉의 『職官分紀』(北京, 中華書局, 1988) 권15, 「集賢校理」, 382쪽에는

도 시험을 거쳐야 했으므로 실상 "제거와 같다"는 당인(唐人)도 있었다.[21] 그렇다면 현종은 변칙적인 관인의 임용 때조차 그 평가의 내실을 기하려 노력했던 듯하다.[22]

그러므로 현종이 비록 정상적인 방법으로 집권하지 않았을지언정 결코 무측천처럼 관인이나 관직을 남발했다고 하기는 힘들다. 선인(選人)의 과다 문제가 노정된 고종 시기 이후 정비되기 시작한 전선제도가 개원 연간에 "완선(完善)"해졌다고 할 정도로 체계화되었음이 이를 명증한다.[23] 즉 개원18년(730) 순자격(循資格)으로 자력(資歷)에 따른 전선 참여 기준을 확정해서 선인들 간의 경쟁을 완화시키는 한편 제거의 변형인 이부과목 선(吏部科目選) 등이 활성화되어 특별히 유능한 인재의 발탁도 용이해진 것이다. 이로 인해 관인의 임용과 승진은 예전보다 한층 합리적인 제도 를 갖추었으며, 이것이 개원·천보 연간을 당조의 전성기로 만든 중요한 기반이었다고 하겠다.

물론 이때 주된 평가 방법이 필기시험이었으므로 문필 능력의 중요성 도 그만큼 커질 수밖에 없었다. 따라서 문학적 수사와 기교에 대한 지나 친 중시가 오히려 예전보다 더욱 문제시되었다. 예를 들어, 개원3년(715) 장구령(張九齡)은 "일시일판(一詩一判)"으로 전선의 당락이 결정됨을 비판하

천보9년에 先朝와 薛須가 "以白衣上書, 試經及第"해서 관직을 받았다는 기록도 있다.

21 封演은 "常擧外復有通五經、一史及進獻文章, 並上著述之輩, 或付本司, 或付中書考 試, 亦同制擧."라고 한 뒤 『啓典』을 바쳐 "授官"한 唐頻 등 "開元中"의 여러 사례들을 열거하고 있다(『封氏聞見記』 권3, 「制科」, 12쪽).

22 물론 글이나 책을 통해 입사한 인물 모두 시험을 거쳤다고 단언할 수는 없다. 하지만 개원4년까지 이러한 사례들을 밝혀 둔 '唐登科記總目'은 개원 연간만 "上書及第"로 적고 그 이전의 경우 "上書拜官"이라고 하였다. 그렇다면 이러한 표현 차이가 혹 현종 시기에 시험 형식의 평가가 강화된 결과일는지도 모른다.

23 이에 관한 연구는 매우 많은데, 전술한 劉後濱의 글들 곧 「唐代文官銓選制度的改革與 完善」, 519~525쪽; 「唐前期文官的出身與銓選」, 352~356쪽; 『唐代選官政務研究』, 40~47쪽에 잘 정리되어 있다. 아래의 전선에 대한 서술도 대부분 이에 의거하였다.

였다.[24] 전선에서 혹 "잡문(雜文)"을 시험하여 인재를 뽑기도 했다는 『당육전』의 기록도[25] 동일한 맥락에서 이해할 수 있다. 그리고 개원 연간의 대표적인 이부과목선인 박학굉사과(博學宏詞科) 역시 실제로 진사과의 문학적 소양 평가와 크게 다르지 않았다.[26]

이와 유사한 현상은 일반적인 관인의 선발에서도 확인된다. 현종의 즉위 이후 평화와 번영을 구가하면서 "문장(文章)"·"문학(文學)"이 관직을 얻는 가장 좋은 수단처럼 여겨졌다고 하기 때문이다.[27] 전술했듯이 당대의 관인들에게 미문(美文)의 공문서 작성 능력이 긴요하였다면, 이는 극히 자연스러운 일이다. 뿐만 아니라 현종 스스로 많은 시를 남겼고,[28] 신하들과의 연회에서 시를 지으며 즐겼다고도 한다.[29] 당시 황제를 중심으로 한 궁정 상황도 아름다운 시문을 애호하던 기존의 분위기와 같았던 것이다. 이것은 곧 현종 치세 역시 언어의 조탁을 존숭해 온 삼국시대 이래의 전통이 계속되고 있었음을 뜻한다.

---

24 『通典』 권17, 「選擧 雜議論」, 414쪽. 『唐會要』 권74, 「選部 論選事」, 1585~1586쪽 참조.

25 『唐六典』은 전선을 설명하면서 "或有試雜文, 以收其俊乂."(권2, 「尙書吏部」, 27쪽)라고 附注하였다.

26 전게 金瀅坤, 「士林華選: 唐代博學宏詞科研究」. 물론 開元禮·三禮·三傳·三史·一史처럼 경학이나 사학과 관련된 이부과목선 시험도 있었지만, 이것들은 당후기에 만들어진 것이다. 전게 吳宗國, 『唐代科擧制度研究』, 「科目選」, 96~99쪽과 전게 金瀅坤, 『中國科擧制度通史: 隋唐五代卷』의 「常擧的確立與發展」, 120~124쪽; 「吏部科目選的設置與沿革」, 646~648쪽 참조.

27 예컨대, 獨孤及이 "于是(개원18년:인용자)天下無兵百二十餘載, 搢紳之徒, 用文章爲耕耘, 登高不能賦者, 童子大笑."(『毘陵集』 권8, 「唐故朝議大夫高平郡別駕權公神道碑銘」, 53쪽)라 하고, 梁肅도 "時(개원연간:인용자)海內和平, 士有不由文學而進, 談者所恥."(『文苑英華』 권944, 「侍御史攝御史中丞贈尙書戶部侍郎李公墓誌」, 4965쪽)라고 하였다.

28 『全唐詩』 권3, 26~42쪽은 60여 편에 달하는 "明皇帝" 곧 현종의 시로 채워져 있다.

29 "時(개원연간:인용자)海內少事, 帝賜羣臣十日一燕. 宰相蕭嵩會百官賦〔詩〕"(『新唐書』 권202, 「文藝 孫逖」, 5760쪽); "玄宗幸溫泉宮, 登朝元閣賦詩, 羣臣屬和."(『舊唐書』 권190中, 「文苑 席豫」, 5036쪽) 등의 기록이 당시 이러한 궁정 상황을 잘 보여준다.

현종 시기의 관인선발제도가 이렇게 화려한 문풍을 일면 조장했을지라도, 이것이 근본적으로 시험 형태였다는 사실 또한 분명하다. 당시 효제역전과(孝悌力田科)의 성격은 이와 관련해 간과할 수 없다. 개원26년(738) 1월에 현종이

> 효제·역전은 교화의 근본으로서, 진정 그 내실이 있다면 〔그 사람은 급제의〕 명성을 구하지 않을 터이다. 그런데 근래 이것을 〔여타 과목의〕 응거자와 같이 "사책(詞策)"을 시험해 급제시켜 상과(常科)가 되었다.[30]

고 비판하면서 이 과목을 천거 위주로 바꾸었다면, 그 이전의 효제역전과 또한 필기시험이 중요하였기 때문이다. 다시 말해, 당시 "효제"·"역전"처럼 객관적 평가가 힘든 요소까지 시험으로 평가하고자 했던 것이다.

효제역전과의 경우 위의 인용문에서 보듯이 추천 형태로 되돌아갔지만,[31] 당시 관인 선발의 엄정한 제도화 추세는 부정하기 어렵다.[32] 그렇다면 매년 정기적인 시험을 통해 관인 자격자를 뽑은 상거 역시 예외일

---

30 『唐大詔令集』 권106, 「孝悌力田擧人不令考試詞策敕」, 542쪽(시기는 『冊府元龜』 권639, 「貢擧部 條制」, 7672쪽에 따름). "敕: 孝悌力田, 風化之本, 苟有其實, 未必求名. 比來將此同擧人考試詞策, 便與及第, 以爲常科. 〔是開僥倖之門, 殊乖敦勸之意. 自今已後, 不得更然. 其有孝悌聞於郡邑, 力田推於鄰里, 兩事兼著, 狀跡殊尤者, 委所由長官, 特以名薦.〕"

31 이 조처가 현종 시기의 시험 중시 분위기와 일면 어긋나는 듯한데, 개원25년 예부에서 상거를 주관한 뒤에 생긴 이러한 변화의 의미는 후술하겠다. 하지만 여기에서 분명히 지적해 둘 것은 추천 형태로 바뀐 효제역전과가 "常科"에서 제외되어 관인선발제도로서의 중요성도 약화되었다는 사실이다.

32 이와 관련하여 『文苑英華』 권514, 2635쪽의 「擧賢任選判」이 주목된다. "得上封事人云: '吏部計選, 不得其才, 請命公卿, 擧賢而任.' 所司云: '知人之難, 恐不絶私, 非選士之策.'"이란 試判에서 보듯이 당시 이부 중심의 관인 선발·임용보다 공경의 "擧賢" 곧 천거가 더 낫다는 주장이 없지 않았지만, 鄭察의 "況爰設天官, 俾司衡鏡, 審輪轅之目 … 愚謂上封, 未愜中道"나 盧貽의 "天官嘉選, 是曰司存, 月卿薦賢, 恐成離局"이라는 두 對判 모두 이를 부정하였기 때문이다. 鄭察과 盧貽은 『全唐文』의 편찬자에 따르면 현종 때 활동한 인물이다(권408, 4174쪽과 권362, 3678쪽).

수 없으니, 개원2년의 상거 책임자가 무측천 이래 "취사파람(取士頗濫)"하던 풍조를 쇄신했다는 이야기가[33] 이를 잘 보여준다. 실제로 이러한 현상은 이후 더욱 강화된 듯하다. 개원17년 양창(楊瑒, ?~?)의 상주에 따르면, "수년 이래" 명경과·진사과 급제자 총수를 예전과 달리 100명 이하로 줄였다고 하기 때문이다.[34]

그런데 위 양창의 글은 전선에서 "유외입사(流外入仕)·제색출신(諸色出身)"이 너무 많음을 지적하면서 그 개선을 주장하여, 그 주된 논지가 고종 현경2년(657) 유상도(劉祥道)의 상주문과 흡사하다. 그런데 두 문장을 좀 더 치밀하게 비교하면 뚜렷한 차이가 발견된다. 앞서 상술했듯이 유상도의 상주 원문에는 "잡색입류(雜色入流)"를 "경학에 밝고 행실을 닦은 사인〔經明行修之士〕"과 대비할 뿐인 반면, 양창은 명경과와 진사과라는 상거 과목을 명기하여 확연히 다른 것이다.[35] 이와 같이 상이한 서술은 현실 상황의 변화 곧 '광의의 진사'가 제거와 상거로 분화되기 시작하던 고종 현경 연간과 상거제도가 공고해진 현종 시기의 차이를 극명하게 보여준다.

이와 같은 현종 치세의 상황은 숱한 정변의 외중에서도 관인선발제도

---

33 『舊唐書』 권100, 「王丘」, 3132쪽.
34 『冊府元龜』 권604, 「學校部 奏議」, 7250~7251쪽에서 "楊瑒爲國子祭酒, 開元十七年三月上言曰 … 伏聞承前之例, 〔國子〕監司每年應擧者嘗有千數, 簡試取其尤精上者, 不過二三百人. 省司重試, 但經明行脩卽與擢第, 不限其數. 自數年以來, 省司定限天下明經、進士及第, 每年不過百人, 兩監惟得一二十人. 若嘗以此數而取, 臣恐三千學徒虛廢官廩, 兩監博士, 濫糜天祿. 〔臣竊見, 流外入仕、諸色出身每歲尙二千餘人, 方於明經、進士, 多十餘倍. 自然服勤道業之士, 不及胥吏浮虛之徒, 以其効官, 豈識於先王之禮義.〕"라고 한다.
35 楊瑒의 상주문을 가장 상세히 전하는 위 『冊府元龜』 권604에서는 물론 그 節文인 듯한 『通典』 권17, 「選擧 雜議論中」, 415쪽; 『冊府元龜』 권639, 「貢擧部 條制」, 7670~7671쪽; 『唐會要』 권75, 「貢擧 帖經條例」, 1630쪽; 『新唐書』 권130, 「楊瑒」, 4496쪽의 기록에도 "明經、進士"가 명기되어 있다.

가 체계적으로 정비되어 갔음을 의미한다. 그리고 이때 진사과·명경과로 대표되는 상거가 그 근간에 존재한다는 것 또한 의문의 여지가 없다. 예컨대, 무측천 집권 이후 중요한 입사 방법으로 부상한 이 두 과목의 급제자들은 전선에 참여하기 위해 기다려야 할 대선(待選) 기간에서 특혜를 받기도 하였다.[36] 그렇다면 이렇게 진사과와 명경과 위주로 안착된 현종 시기 상거의 제도적 실상을 좀 더 면밀하게 검토할 필요가 있다.

『당육전』의 상거제도

『당육전』은 『주례(周禮)』의 형식을 빌어 당시 관직 관련 사실을 종합·정리한 문헌으로서 당전기 정치제도의 "총결(總結)"이라고 평가된다.[37] 법으로서의 강제력을 지닌 율령과는 다를지라도,[38] 이 책이 당령(唐令) 복원의 중요한 근거가 될 만큼 높은 사료적 가치를 갖는 것이다. 물론 『당육전』을 통해 알 수 있는 영문(令文)이 『개원7년령』인가 혹은 『개원25년령』인가 논란거리일 뿐더러[39], 해당 법령 내용이 그 영(令)의 반포 때 처음 생

---

36 앞서 현종 때 選人의 증가에 따른 전선 대기 시한의 설정 증거로 제시했던 개원3년 6월의 조서는 "其明經、進士擢第者, 每年委州長官, 訪察行業, 修謹書判, 可觀者, 三選聽集."이라 한 뒤 "并諸色選人者, 若有鄕閭無景行, 及書、判全弱, 選數縱深, 亦不在送限."(『冊府元龜』 권635, 「銓選部 考課」, 7622쪽)이라고 하여 명경과·진사과 급제자와 여타 방법에 의한 선인을 엄격히 구분하였다.

37 『唐六典』의 사료적 특징은 吳宗國, 「緒論」, 전게 吳宗國 주편, 『盛唐政治制度研究』, 7~13쪽에 잘 정리되어 있다.

38 『唐六典』의 頒用 여부는 일찍부터 논란거리였고(永瑢 등, 『四庫全書總目』, 北京, 中華書局, 1965의 권79, 「史部 唐六典」, 682쪽), 陳寅恪, 『隋唐制度淵源略論稿』(臺北, 里仁書局, 1982. 원간 1943), 「職官」, 96~99쪽이 잘 설명했듯이 이 책에는 자신의 치세를 태평성대로 粉飾하려 한 현종의 의도 역시 깔려 있다.

39 『唐六典』을 『開元7年令』의 복원 근거로 삼았던 仁井田陞 등 많은 연구자들이 대개 이 책을 개원7년 제도의 반영이라고 보았다. 그러나 전게 中村裕一의 『『大唐六典』의 唐令研究』는 『唐六典』의 내용을 치밀하게 검토한 뒤 그 본문이 기본적으로 『開元25年令』에 의거한다고 반박하였다. 기실 榎本淳一, 「『唐六典』編纂の一斷面」, 小此木輝

겼는지도 의문이다.[40] 하지만 전술했듯이 이 책이 개원10~27년 사이에 편찬되었다면, 『당육전』은 기본적으로 개원 연간의 상황을 반영하고 있다고 하겠다.

그러므로 이 시기 상거의 실상을 전면적으로 고찰하는 데 『당육전』만큼 좋은 자료가 없다. 관찬 서적인 여기에는 명경과의 속칭인 '효렴' 같은 표현들이 전혀 나오지 않는 등 당조의 공식적 규정에 입각하고 있다는 점에서 더욱 그러하다. 실제로 『당육전』에는 현종 때 시험 위주로 정비된 다양한 관인 선발·임용 제도가 전하는데,[41] 이 중 가장 큰 비중을 차지하는 것이 바로 상거에 관한 내용이다. 이부에서 이를 주관하던 시기로 일단 그 범위를 제한하더라도,[42] 상거의 시행 과정과 그 선발자들의 임용 방법이 자세히 기록되어 것이다.

之先生古稀記念論文集刊行委員會, 『歷史と文化: 小此木輝之先生古稀記念論文集』 (東京, 靑史出版, 2016)의 지적처럼, 이 문제는 양자택일적인 결론을 내리기 힘들다고 생각된다. 여러 사람들이 장기간에 걸쳐 官撰한 이 책의 각 부분별 서술 상황이나 조건이 다를 수 있기 때문이다.

40 당대의 令은 格·勅에 의해 보완하거나 일부만 수정될 수 있고, 전면적으로 개편하여 새로 반포한 경우도 실상 舊令에 기반한 내용이 많다. 戴建國, 「唐宋法典修訂方式和修纂體例的傳承演變」, 『唐宋變革時期的法律與社會』(上海, 上海古籍出版社, 2010), 98~135쪽 참조.

41 『唐六典』은 齋郎(권2, 「尙書吏部」, 46쪽; 권4, 「尙書禮部」, 110쪽), 親事·帳內(권5, 「尙書兵部」, 155~156쪽), 三衛·千牛備身(권5, 「尙書兵部」, 154쪽) 등의 임관에 "(簡)試"가 필요하다고 명기했다. 이러한 제도가 언제부터 생겼는지는 단언할 수 없지만, 이들에게 요구된 다양한 형태의 시험이 전술한 바 현종 시기 관인 선발의 엄정한 제도화 경향과 부합함은 확실하다.

42 관인선발제도에서 그 실제 주관자의 중요성은 두말할 필요가 없으므로, 본서 역시 과거제도의 주무 관청에 따라 分節해서 설명하고자 한다. 따라서 『唐六典』의 禮部尙書·侍郎 항목의 내용처럼 예부에서 省試를 관장한 개원24년 3월 이후의 상황은 다음 절에서 따로 고찰할 것이다. 물론 『唐六典』의 내용 모두 이처럼 명확한 시기 구분이 가능하지는 않다. 하지만 이 책이 개원10~27년에 편찬되었음을 생각할 때, 권30, 「三府都護州縣官吏」, 748쪽의 州別 향공 숫자처럼 禮部試 시행기의 일로 분명히 확인되지(『唐會要』 권26, 「鄕飮酒」, 581쪽) 않는 한 吏部試 기간의 사실로 간주해도 무방하리라고 여겨진다.

상거의 응거자는 주지하듯이 관학의 학생인 생도와 지방에서 올라온 향공으로 크게 나뉜다. 실제로 『당육전』의 「국자감」편에

무릇 6학(學)의 학생들 가운데 매년 학업을 마쳐 국자감으로 올려 보내진 자가 있으면, 〔국자승은〕 그 학습한 것을 〔국자〕사업·〔국자〕좨주와 함께 시험한다. 명경〔과에 응거하려는 자〕는 첩경(帖經)·구두시험·경의 책〔策經義〕, 진사〔과에 응거하려는 자〕는 중경(中經) 하나의 첩경·잡문 시험·시무와 징사책〔策時務、徵事〕, 명법·명서·명산〔과에 응거하려는 자〕 또한 각각 학습한 것을 시험한다. 합격한 자는 좨주에게 보고하고 〔이 상거 응거 자격자의 명단을〕 상서성 예부로 올려 보낸다.〈시험 방법은 모두 〔이부〕 고공〔원외랑이 주관하는 상거〕에 의거하되, 구두시험도 덧보탠다. 명경〔과 응거 자격자〕는 첩경 시험에서 8개 이상을 통(通)한 자로 제한하고, 명법·명서〔과 응거 자격자〕는 모두 〔첩경 시험에서〕 9개 이상을 통한 자〔로 제한〕한다.[43]

고 해서, 중앙관학의 학생들 중 상거 과목 응거자를 뽑는 과정을 상세히 설명해 두었다. 이 기록은 "시험 방법은 모두 이부 고공원외랑이 주관하는 상거에 의거하되 구두시험도 덧보탠다."는 주문(注文)을 볼 때 이부시 시행기의 사실로 생각된다.[44]

---

43 『唐六典』 권21, 「國子監」, 558쪽. "凡六學生每歲有業成上于監者, 以其業與司業、祭酒試之. 明經帖經, 口試, 策經義; 進士帖一中經, 試雜文, 策時務、徵(저본은 여기에 '故'가 있으나, 이 글자는 교감 때 삽입된 것이다. 그러나 진사과의 "策問"이 본래 "時務"·"方略"·"徵事"로 나뉘었다는 『封氏聞見記校注』 권3, 「貢舉」, 17쪽의 기록을 보면 굳이 원문을 수정할 까닭이 없으므로 삭제했다. : 인용자)事; 其明法、明書·筭亦各試所習業. 登第者, 白祭酒, 上于尚書禮部.〈其試法皆依考功, 又加以口試. 明經帖限通八已上, 明法、明書皆通九已上.〉"

44 위 인용문의 "登第者, 白祭酒, 上于尚書禮部."는 이 기록을 예부시 시행기의 일처럼 읽히게도 한다. 그러나 "其試法皆依考功, 又加以口試."란 注文을 볼 때, 이것은 이부 고공원외랑이 주관하던 상거를 염두에 두고 있음이 명백하다. 특히 예부에서의 명경과 시험은 이부시의 그것과 달리 "口試"가 원래 존재하여(『唐六典』 권4, 「尚書禮部」,

위의 인용문에는 수재과에 대한 언급이 없다. 그러나

> 매년 〔국자학(國子學)〕 학생들이 2경 이상에 통하여 〔명경과로써〕 출사를 원하는 자가 있으면 〔국자〕감으로 올려 보내는데, 수재〔과〕나 진사〔과〕에 감당할 만한 이도 또한 이와 같다.[45]

는 국자박사(國子博士)의 직임 서술에서 보듯이, 국자감을 거쳐 수재과 응거도 분명히 가능하였다. "국자감으로 올려 보"낸다는 이 기록이 곧 앞선 인용문 중 "무릇 6학의 학생들 가운데 매년 학업을 마쳐 국자감으로 올려 보내진 자"와 관련된 내용일 터이기 때문이다. 국자학만이 아니라 여타 5학 또한 모두 이와 동일한 "시거(試擧)" 역할을 수행하고 있었던 것이다.[46]

이러한 『당육전』의 기록에 의하면, 중앙관학의 학생들이 상거에 응거하기 위해 두 차례의 평가를 거쳐야만 했다. 먼저 소속 6학 안에서 요구된 조건을 갖추어 추천을 받은 뒤, 다시 국자감의 시험으로써 그 자격이 검증되었던 것이다. 그리고 이 일련의 과정이 "시험 방법은 모두 이부

109쪽) "加以"란 말이 불필요하다면 더욱 그러하다. 따라서 이 글에 예부가 거론된 까닭은 다른 데서 찾아야만 한다. 즉 국자감은 禮의 범주에 속하는 교육과 제사 기능을 수행하였으므로 본디 예부와의 관계가 각별났던 것이다. 기실 당대 국자감의 학생 충원은 줄곧 예부의 직무였다. 개원21년의 조칙은 "國子監所管學生, 尚書省補."(『唐會要』 권35, 「學校」, 741쪽)라 하고, 후대의 기록을 보아도 상서성 중 예부가 그 책임 관청이었던 것이다(『冊府元龜』 권604, 「學校部 奏議」, 7253~7254쪽의 馮伉과 韋乾度 등의 상주문). 그렇다면 국자감 학생의 졸업과 비견될 만한 상거의 응거 또한 예부에 보고했음에 틀림없다. "上于尚書禮部"를 응거 자격자의 명단 문제로 번역한 것은 바로 이 때문이다.

45 『唐六典』 권21, 「國子監」, 559~560쪽. "每歲, 其生有能通兩經已上求出仕者, 則上于監; 堪秀才、進士者亦如之."

46 太學·四門學이 "其束脩之禮, 督課、試擧, 同國子博士之法"(『唐六典』 권21, 「國子監」, 560~561쪽)하고, 律學·書學·筭學도 "其束脩之禮, 督課、試擧, 如三舘博士之法"(같은 책, 561~563쪽)이라고 한다. 여기에서 "試擧"는 곧 상거의 응거 자격자를 뽑아 국자감으로 보내는 일을 가리킨다.

고공원외랑이 주관하는 상거에 의거"한다는 말에서 단적으로 드러나듯이, 궁극적으로 이부에서의 최종 시험을 목적으로 진행되었다. 이는 현종 시기의 상거제도가 국자감 단계에서부터 엄격하면서도 체계적으로 운용되고 있었음을 의미한다.

이와 같은 사실은 국자감의 교육 자체에서도 잘 알 수 있다. 9년 혹은 6년으로 한정한 재학 기간도 상거의 응시와 관련된 규정으로 보일 뿐더러[47] 여기에서 사용된 교재 역시 이부에서 시험한 바로 그것이기 때문이다.[48] 게다가 이부에서 9경을 대·중·소로 나누어 시험했는데, 이 구분 방법 또한 국자감의 교재에 그대로 적용된다.[49] 물론 이는 관인의 선발에서 관학을 중시해 온 당조의 일관된 방침의 귀결이겠지만, 개원 연간의 상거가 관학 교육과 철저히 맞물려 이루어졌던 것이다.[50]

---

47 『唐六典』은 "九年在學及律生六年無成者"를 퇴학시킨다고 했다(권21, 「國子監」, 558~ 559쪽). 여기에서 "無成"은 전술한 바 중종 신룡2년의 "在學九年〈律生則六年〉, 不貢 擧者, 並解追."(『唐會要』 권35, 「學校」, 740쪽. 일부 구절은 『唐摭言』 권1, 「兩監」, 6쪽에 따라 수정함.)라는 유사한 내용의 조칙을 보면 "不貢擧" 곧 상거에 응거하지 않음을 뜻한다고 판단된다.

48 國子監에서 『周易』·『尙書』·『周禮』·『儀禮』·『禮記』·『毛詩』·『左傳』·『公羊傳』·『穀 梁傳』을 "敎授"하고 『孝經』·『論語』·『老子』를 "兼習"하도록 했는데(『唐六典』 권21, 「國子監」, 558쪽), 이 책들은 모두 이부에서의 명경과나 진사과 시험 대상이다(같은 책, 권2, 「尙書吏部」, 45쪽). 그리고 律學·書學·算學의 교재와(같은 책, 권21, 「國子監」, 562~563쪽) 명법과·명서과·명산과의 시험 내용을(같은 책, 권2, 「尙書吏部」, 45쪽) 비교해도 마찬가지이다. 서학에서 배웠다고 하나 이부시 기록에 없는 "石經"은 하나의 독립된 책이 아닌 듯하며(『舊唐書』의 經籍志나 『新唐書』의 藝文志에 나오는 石經 관련 서적은 모두 특정 경서와 관계됨), 산학의 『五經筭(術)』(『新唐書』 권59, 「藝文」, 1547쪽) 이 곧 명산과에서 시험한 『五經』일 터이기 때문이다.

49 아래와 같은 9경의 대·중·소 분류는 『唐六典』의 권2, 「尙書吏部」, 45쪽과 권21, 「國 子監」, 558쪽에서 동일하다.

大經	中經	小經
『禮記』·『左傳』	『毛詩』·『周禮』·『儀禮』	『周易』·『尙書』·『公羊傳』·『穀梁傳』

50 이와 관련하여 李著의 "後升太學, 到靑襟, … 年十四(개원23년:인용자), 通『左傳』、

그런데 생도의 또 다른 내원인 지방관학의 상황은 이와 조금 다르다. 『당육전』에는 경조부(京兆府)부터 하현(下縣)까지 학관(學官)과 학생 숫자가 나오므로,[51] 당시 지방의 소규모 현에도 관학이 존재하였다. 그러나 관품을 가진 "경학박사(經學博士)"를 둔 주(州) 이상과 그 아래 단위는 구별되니, 경현(京縣) 이하 학관의 경우 관품이 없음은 물론 그 명칭 또한 그냥 "박사(博士)"라고 한다.[52] 그러므로 중앙에서 임명한 정식 관인이 없던 현의 관학[53] 기능은 상대적으로 미미했다고 생각된다. 더욱이 경학박사와 박사의 직임도 각각 "오경(五經)"이나 "경술(經術)"을 가르쳤다고만 할[54] 뿐 관인의 선발과 관련된 역할을 전혀 언급하지 않았다. 그렇다면 개원 연간의 지방관학이 상거와 구체적으로 어떤 관계를 가졌는지 불분명하며, 지방관학에서 수학한 생도 응거자의 실체도 밝히기 어렵다.

기실 지방에서 상거와 관련된 기록은 다른 곳에 나온다. 부목(府牧)·자사·도독 등 주 이상 행정단위의 장관을 설명할 때 "독학이능(篤學異

『尙書』、『論語』、『孝經』, 以其年擧孝廉擢第."(『全唐文補遺(8)』, 381쪽)라는 이력이 주목된다. 국자학의 "試擧" 조건인 "通兩經"(『唐六典』 권2, 「尙書吏部」, 109쪽에 따르면, 당시 2경은 대경과 소경 하나씩 혹은 중경 둘을 가리킴)이 태학에도 적용되었으므로(같은 책, 권21, 「國子監」, 560쪽), 태학생이던 그가 대경(『左傳』)·소경(『尙書』)과 "兼習" 經書(『論語』·『孝經』)에 通하여 명경과 응거 자격을 받았다고 생각되기 때문이다. 따라서 『唐六典』의 내용은 결코 虛文이 아니며, 『新唐書』의 「選擧志」 앞부분이 국자감을 비롯한 관학 관련 설명에 할애된(권44, 1159~1161쪽) 까닭도 쉽게 이해된다.

51 전게 高明士, 『中國中古的敎育與學禮』, 227~229쪽의 〈地方官學之規模表〉는 『唐六典』 권30에 실린 관련 사실을 『舊唐書』·『新唐書』 기록과 함께 도표화해 두었다(『唐六典』의 中下縣 학생 수 20명은 25명의 착오).

52 『唐六典』 권30, 「三府都護州縣官吏」, 740~753쪽. 여기에서 縣 중에는 유독 畿縣만 "經學博士"로 적었는데, 그보다 상급인 京縣도 "博士"라고 불렸다면 이 기록은 착오일 듯하다.

53 "縣博士、助敎 … 並州選, 各四周而代.〈… 博士、助敎部內無者, 得於旁州通取.〉"(『唐六典』 권30, 「三府都護州縣官吏」, 748쪽)이라 하므로, 縣의 학관은 州에서 자율적으로 선임했다.

54 『唐六典』 권30, 「三府都護州縣官吏」, 750·753쪽.

能)” · “효제역전(孝悌力田)”과 같은 인재의 추천 책임을 명기하고 있는 것이다.[55] 그리고 “공조(功曹) · 사공참군〔사〕(司功參軍事)”의 직무로서 “선거(選擧)”를 적시한 뒤,

> 무릇 “공거(貢擧)”하는 사람들은 박식하고 재주가 뛰어나며, 학문에 힘쓰고 질문에 잘 응대하며, 〔품행에〕 과오가 없고 훌륭한 자가 있으면 수재〔과 응거자〕로 한다. 2경 이상에 통한 자는 명경〔과 응거자〕로 한다. 시무에 밝고 익숙하며 1경에 정통한 자는 진사〔과 응거자〕로 한다. 율령에 통달한 자는 명법〔과 응거자〕으로 한다. 그 사람됨이 올곧게 맑고 효성과 의로움으로 이름나서 〔본인의〕 집안과 마을이 영예롭게 되고 시무를 처리할 능력이 있으면, 역시 “빈공(賓貢)”에 따르게 하여 효제역전〔과의 응거자〕로 한다.[56]

고 하였다.

위의 인용문은 『당육전』 가운데 상거 응거자의 또 다른 주요 내원 곧 향공과 관련된 가장 상세한 기록이며, 개원 연간 향공의 선발을 이처럼 자세히 설명한 문헌이 달리 없다. 물론 이것은 개원25년에 시작된 예부시를 배경으로 할 수도 있지만,[57] 상거처럼 적힌 효제역전과를 보면

---

55 『唐六典』 권30, 「三府都護州縣官吏」, 747쪽. 그런데 京兆 · 河南 · 太原府 ‘尹’ 항목의 “開元初, 改長史爲尹, 從三品. 然親王爲牧, 皆不知事, 職務總歸於尹, 亦漢氏京尹之任也.”(같은 책, 741쪽)란 注를 보면, 개원 연간 이 府들의 실질적인 장관은 府尹이었다.

56 『唐六典』 권30, 「三府都護州縣官吏」, 748쪽. “〔功曹、司功參軍掌官吏考課、假使、選擧、祭祀、禎祥、道佛、學校、表疏、書啓、醫藥、陳設之事.〕 … 凡貢擧人有博職高才, 強學待問, 無失俊選者, 爲秀才; 通二經已上者, 爲明經; 明閑時務, 精熟一經者, 爲進士; 通達律令者, 爲明法. 其人正直淸修, 名行孝義, 旌表門閭, 堪理時務, 亦隨賓貢爲孝弟力田.”

57 위의 인용문 다음에 州別 향공의 숫자와 鄕飮酒禮에 대한 기록이 나오는데, 그 내용이 『唐會要』 권26, 「鄕飮酒」, 581쪽의 개원25년 3월 조칙과 거의 같다. 따라서 그 앞의 서술도 이 조처 이후, 다시 말해 예부시 시기의 일처럼 보인다. 하지만 후술하듯이 향공으로 선발된 자들의 향음주례 참여는 예전에 이미 상례화되어 있었다. 개원19년

개원26년 1월 이전의 상황인 것 역시 확실하다.[58] 따라서 개원24년(736)까지의 이부시 시기에도 이와 유사한 방식으로 향공을 뽑았을 듯하다.[59] 지방에서의 첫 단계 상거는 부(府)의 공조참군사나 주의 사공참군사가 주관하였고,[60] 이때 뽑힌 이들은 해당 지역 장관의 책임 아래 중앙으로 올려 보내졌던 것이다.

여기에서 의문스러운 점도 없지 않다. 우선, 위의 인용문에 명서과와 명산과 응거자에 대한 서술이 없다. 그러나 "무릇 여러 주에서 사람을 올려 보내는데〔貢人〕, 그 종류는 여섯 가지이다."라면서 열거한 이부시 과목들 중에는 이 둘 역시 포함된다.[61] 따라서 당시 명서과와 명산과 역시 지방에서 올라오는 향공을 허용했을 것이다. 그리고 위 인용문의 또 다른 문제가 시험을 직접 언급하지 않았다는 사실이다. 시험을 통한 향공의 선발이 개원 연간에도 여전히 제도화되지 못했을 가능성을 배제할 수 없기 때문이다. 하지만 지방의 "무거(武擧)"마저 시험이 요구되었다면[62]

의 "諸州賓貢武擧人, 准明經 · 進士行鄕飮酒禮."(『冊府元龜』 권33, 「帝王部 崇祭祀」, 360쪽)라는 기록이 그 명증이다. 그러므로 향공의 선발과 관련된 이 인용문 역시 전적으로 예부시 시행기에만 국한된 설명이라고 단정할 수 없으며, 이러한 제도의 바탕은 이부시 시기부터 존재했으리라고 생각된다.

58 앞서 잠깐 언급했듯이, 개원26년 1월에 현종은 "考試詞策"하는 "常科"로서의 "孝悌力田"을 폐지하였다. 『唐大詔令集』 권106, 542쪽; 『冊府元龜』 권639, 「貢擧部 條制」, 7672쪽 참조.

59 『通典』의 "大唐並無此官(中正:인용자). 每歲貢士符書所關及鄕飮酒之禮, 則司功參軍主其事."(권33, 「職官 總論郡佐」, 915쪽)라는 기록도 이러한 추측을 뒷받침해 준다. 唐代 지방에서의 "每歲貢士"가 제도화된 뒤, 이 鄕貢의 선발은 통상 司功(혹은 功曹)參軍事의 업무였던 것이다.

60 『唐六典』에 따르면, 京兆 · 河南 · 太原府와 都督府에 功曹參軍事를 두고, 上州와 中州에는 司功參軍事를 두었다. 下州의 경우 이 책은 물론 정사 또한 사공참군사 기록이 없는데(『舊唐書』 권44, 「職官」, 1918~1919쪽과 『新唐書』 권49下, 「百官」, 1318쪽), 이것이 사실이라면 그곳에서의 향공 선발을 누가 주관했는지 의문이다.

61 『唐六典』 권2, 「尙書吏部」, 44쪽.

62 『唐六典』 권30, 「三府都護州縣官吏」, 749쪽의 '兵曹 · 司兵參軍〔事〕' 항목에서 "每歲貢武擧人有智勇謀略强力悍材者, 擧而送之. 試長垛 · 馬槍 · 翹關 · 擎重, 以爲等第之

수재과 등의 응거자들도 당연히 그러하였을 터이다. 실제로 당시 시험 부과를 명기한 판문(判文)도 남아 있다.[63] 기실 『당육전』의 지방 관련 내용은 매우 소략하고, 이러한 의문들은 기록의 축약이나 생략 탓으로 여겨진다.

지금까지 살펴본 『당육전』에 따르면, 상거의 여러 과목에 응거할 생도와 향공은 당시 매우 체계적인 절차를 거쳐 선발되었다. 지방관학 학생의 경우 어떻게 뽑았는지 확언하기 어렵더라도,[64] 국자감과 주 이상 지방 행정 단위에서는 확실히 매년 과목별 상이한 시험을 통해 두 번째 단계 곧 이부시의 응거자를 선별해 보내었기 때문이다. 아래의 〈표31〉에서 보듯이 『당육전』에 기록된 상거의 첫 단계 시험의 평가 기준이 생도와 향공 간에 약간 다르나, 어느 것이든 후술할 이부시와 밀접한 관련이 있음 또한 분명하다. 그렇다면 개원 연간 상거는 이와 같이 유기적으로 연계된 두 단계의 시험으로 진행되었으며, 이러한 관인의 선발 방식이 통상 과거라고 일컬어지는 제도 바로 그것이다.

上下, 爲之升黜, 從文擧行鄕飮酒之禮, 然後申送."이라고 하여 "試"를 명기했다.

63 『龍筋鳳髓判箋注』 권1, 「考功」, 39쪽에 "諸州貢擧, 悉有保明. 及其簡試, 蕪濫極多. 若不量殿擧主, 或恐奸源漸盛,"이란 기록이 있다. 이것은 "考功"이라는 편명을 볼 때 이부시 시행기의 상황이다.

64 이 문제는 앞으로 좀 더 치밀한 연구를 요하지만, 잠정적으로 『唐六典』에 규정된 功曹·司功參軍事의 직임 중에 "選擧"만이 아니라 "學校"도 있음을(권30, 「三府都護州縣官吏」, 748쪽) 지적해 두고 싶다. 지방에서 선거와 학교 업무를 동일한 관인이 맡았다면, 당시 지방관학의 학생들 가운데 상거 응거자를 뽑는 과정도 전술한 향공의 그것과 같이 이루어졌으리라고 추정되기 때문이다. 전술했듯이 『新唐書』「選擧志」에는 "由州縣者"(권44, 「選擧志」, 1159쪽)와 "擧選不緣館、學者"(같은 책, 1161쪽)라는 상이한 향공 설명이 병존하는데, 이처럼 지방관학 학생의 생도 여부를 애매하게 처리해버린 서술도 이러한 당대의 현실과 무관하지 않을 수 있다. 실제로 大曆年間 福州의 지방장관이 博士의 도움으로 인재를 뽑아 "貢之于宗伯"했을 때 생도와 향공의 구별이 명확하지 않다(『毘陵集』 권9, 「福州都督府新學碑銘」, 57쪽).

<표 31: 『당육전』의 상거 과목별 첫 단계 시험의 평가·기준 >

과목	국자감의 생도*	향공
수재과	기록 없음	"博職高才, 强學待問, 無失俊選者"
명경과	"帖經, 口試, 策經義"	"通二經已上者"
진사과	"帖一中經, 試雜文, 策時務、徵事"	"明閑時務, 精熟一經者"
명법과	"試所習業"	"通達律、令者"
명서과	"試所習業"	기록 없음
명산과	"試所習業"	기록 없음
근거	권21, 「國子監」, 558쪽	권30, 「三府都護州縣官吏」, 748쪽

* 아래와 같은 국자감에서의 시험을 치르려면, 생도는 소속 6학 안에서 "시기소습업(試其所習業)"하는 순시(旬試)와 이 시험의 응시 조건 충족 여부를 평가하는 세시(歲試)를 통과해서 "시거(試擧)"되어야 함(권21, 「國子監」, 560~561쪽).

『당육전』의 '고공원외랑' 항목은 당시 이부시의 상거 6개 과목들이 무엇을 어떻게 시험했는지 또 평가 등급이 어떠했는지 명확히 기록해 두었다.[65] 이를 일목요연하게 정리하면 아래의 〈표32〉와 같다.

< 표 32: 『당육전』의 상거 이부시 관련 규정 >

과목	시험 방법	평가 등급
수재과	"試方略策五條"	"文、理俱高者爲上上, 文高理平、理高文平者爲上中, 文、理俱平者爲上下, 文、理粗通爲中上, 文劣理滯爲不第.〈此條取人稍峻, 自貞觀後遂絕.〉"

---

65 『唐六典』 권2, 「尙書吏部」, 44~45쪽.

과목	시험 방법	평가 등급
명경과	"〔여러 종류의 명경과〕各試所習業, 文、注精熟, 辨明義理, 然後爲通. …(9경의 대·중·소 구분)… 通二經者, 一大一小, 若兩中經; 通三經者, 大、小、中各一; 通五經者, 大經並通. 其『孝經』、『論語』並須兼習.〈諸明經試兩經, …(진사과 관련 기록)… 每經十帖, 『孝經』二帖, 『論語』八帖. 每帖三言. 通六已上, 然後試策: 『周禮』、『左氏』、『禮記』各四條, 餘經各三條, 『孝經』、『論語』共三條, 皆錄經文及注意爲問. 其答者須辨明義理, 然後爲通.〉"	"〈〔通二經〕通十爲上上, 通八爲上中, 通七爲上下, 通六爲中上. 其通三經者, 全通爲上上, 通十爲上中, 通九爲上下, 通八爲中上, 通七及二經通五爲不第.〉"
진사과	"進士〔試帖〕一經 …(帖試 방법은 명경과와 동일)… 帖一小經及『老子』〈皆經、注兼帖.〉, 試雜文兩首, 策時務五條, 文須洞識文律, 策須義理愜當者爲通.〈若事義有滯、詞句不倫者爲不.〉"	"〈其經、策全通爲甲, 策通四、帖通六已上爲乙, 已下爲不第.〉"
명법과	"試律、令各一部, 識達義理、問無疑滯者爲通.〈粗知綱例、未究指歸者爲不. 所試律、令, 每部試十帖. 策試十條: 律七條, 令三條.〉"	"〈全通者爲甲, 通八已上爲乙, 已下爲不第.〉"
명서과	"『說文』六帖, 『字林』四帖.〈諸試書學生帖試通訖, 先口試, 不限條數, 疑則問之, 並通, 然後試策.〉"	기록 없음
명산과	"『九章』三帖, 『海島』、『孫子』、『五曹』、『張丘建』、『夏侯陽』、『周髀』、『五經〔算術〕』等七部各一帖. 其綴術六帖, 緝古四帖.〈錄大義本條爲問. 答者明數造術, 辨明術理, 然後爲通. 『記遺』、『三等數』, 讀令精熟, 試十得九爲第. 其試『綴術』、『輯古』者, 『綴術』七條, 『緝古』三條.〉"	기록 없음

〈표32〉에서 "정관 연간 이후 마침내 끊어졌다"고 부주(附注)된 수재과를 제외하면,[66] 이부에서의 시험은 그 과목의 생도·향공 응거자의 선발

---

66 당대 수재과에서 시험한 方略策의 실물이 남아 있지 않아 단정하기 힘드나, 이것이 만약 그 이름대로 '治國의 方略'과 관련된 것이라면 "博職高才, 强學待問, 無失俊選者"라는 향공 선발 기준과는 약간 거리가 있어 보인다. 따라서 이러한 시험 방식은 "開皇末, 擧秀才, 尙書試方略"(『隋書』 권76, 「文學 杜正玄」, 1747쪽)한 구래의 전통에서 유래했을 듯하다. 그런데 대종 광덕1년 楊綰의 과거제도 개혁 주장에서 "秀才擧人, 准舊格惟試方畧策五條, 望令精通五經"(『冊府元龜』 권640, 「貢擧部 條制」, 7677쪽. 『唐

방법과 흡사하다. 앞서 지적했듯이 국자감의 교재와 시험 대상 서적이 같을 뿐더러, 각각 "2경 이상"과 "1경"에 "(정)통"하기를 요구한 향공명경과 향공진사의 조건 역시 이부시의 시험 규정과 상통하기 때문이다. 그리고 수재과 이외의 과목에 공통된 첩(帖) 형태의 시험도 국자감의 6학에서 일상화된 방식이었다.[67] 개원 연간 상거의 두 단계 평가 사이에 제도적 연계성이 거듭 확인되며, 중앙관학 생도의 경우 그 관계가 더욱 긴밀했던 것이다.[68]

이러한 현종 시기 이부시의 모습은 전술한 바 고종 영륭2년의 개혁으로 제거와 다른 상거의 과목별 정체성이 처음으로 명확해진 때와 비교해 볼 필요가 있다. 고종 말의 상황은 간략한 조서로써 파악할 수밖에 없지만,[69] 이를 정리한 아래의 〈표33〉과 위의 〈표32〉를 대조해 보면 두 시기

會要』권76, 「貢擧 孝廉擧」, 1652쪽에 실린 이 글에는 "准舊格惟試方畧策五條" 없음.) 이란 말은 주의를 끈다. 훗날의 일이기는 하지만, 당시 학문의 기초로 여겨진 경학이 수재과의 방략책과도 연계되어야 마땅하다는 인식이 존재하였던 것이다. 기실 전술했 듯이 경서를 주로 가르친 관학에 수재과 응시자 또한 있었으며, 이부에서의 방략책 시험도 경학과 무관했다고 할 수는 없다.

67 『唐六典』의 '國子博士' 항목에 따르면 旬試에서 "試讀者, 每千言內試一帖"(권21, 「國 子監」, 559쪽)했다고 하는데, 이러한 "督課" 방법은 여타 5學 역시 동일하였다(같은 책, 560~563쪽).

68 이와 관련하여 『文苑英華』권514, 2633~2634쪽의 「鄕貢〈一作擧〉進士判」이 주목된 다. 5명의 답안자 중 그 이름이 알려진 趙昷(『全唐文』에서는 趙昴)와 權寅獻 모두 『全唐文』편찬자에 따르면 현종 때 활동한 인물이므로(권398, 4065쪽과 권296, 2999 쪽), "鄕擧〈一作貢〉進士至省, 求考秀才, 考功不聽, 求訴不已."란 試判 내용이 바로 개 원 연간 이부시 시기의 상황이라고 생각되기 때문이다. 그렇다면 당시 지방에서 응거 했던 것과 다른 과목을 중앙에서 치르던 향공진사가 있었으며, 상거의 두 단계 시험 간 연관성이 의문스럽기도 하다. 그러나 이러한 응거자의 요구를 고공원외랑이 받아 들이지 않았으며, 위 두 사람의 對判 취지 역시 대체로 이와 같다. 따라서 이 사례는 후술하듯이 지방 사인들이 간혹 전통적 권위를 가진 수재과와 상거 과목으로서의 진 사과를 혼동하는 경우가 없지 않았음을 뜻할 뿐 이 시기의 법제와는 구분해야 마땅하 다고 생각된다.

69 『唐大詔令集』권106, 「條流明經進士詔」, 549쪽. 『冊府元龜』권639, 「貢擧部 條制」, 7669쪽; 『唐會要』권75, 「貢擧 帖經條例」, 1629쪽 참조.

의 이부시 사이에 이동(異同)이 발견되는 것이다. 명경과는 책시와 함께 친 첩경 시험의 존재는 물론 1경마다 10첩을 시험하여 그 중 6첩 이상을 맞추도록 한 급제 조건도 동일하다. 그런데 원래 책(策)과 잡문만 시험했던 진사과는 첩경까지 덧보태어져 삼장제(三場制)로 개편되었다. 그리고 잡문 자체도 "문율(文律)"에다가 "의리협당(義理愜當)"이란 평가 기준을 추가해 더욱 엄격해졌다. 따라서 개원 연간의 이부시는 초창기의 상거를 계승하면서도 더욱 치밀하게 정비·실행되었다고 하겠다.[70]

〈 표 33: 고종 영륭2년의 개혁으로 바뀐 상거의 이부시 〉

과목	시험 방법	평가 등급
명경과	"每經試帖, 錄十帖得六已上者 … 然後並令試策"	기록 없음
진사과	"試雜文兩首, 識文律者, 然後並令試策"	기록 없음
명법·명서·명산과	"量準此(명경·진사과:인용자)例"	기록 없음

『당육전』에는 상거 급제자의 임용에 대한 내용도 있다. '이부낭중(吏部郎中)' 항목의 "서계지법(敍階之法)" 중 "수(秀)·효(孝)"에 포함된 수재과~명법과, '고공원외랑' 항목의 이부시에 관한 설명 가운데 보이는 명서과·명산과 관련 기록이 그것이다.[71] 이 내용을 정리하면 아래의 〈표34〉와 같다.[72]

---

70 『唐六典』에 전하는 이러한 제도의 기원은 상당히 빠를 수 있다. 앞서 보았듯이, "垂拱初" 진사과에 급제했다는 顏元孫의 신도비에 이미 三場制와 유사한 기록이 나오기 때문이다(『全唐文』 권341, 顏眞卿 「朝議大夫守華州刺史上柱國贈秘書監顏君神道碑銘」, 3457쪽). 물론 이 顏元孫의 사례가 당시 얼마나 일반화된 방식이었는지 의문의 여지가 있더라도, 무측천 이래 지속적인 상거 제도의 정비 결과 개원 연간의 이부시가 만들어졌음은 분명하다.

71 『唐六典』 권2, 「尙書吏部」의 32쪽과 45쪽. "敍階之法" 부분은 『唐令拾遺』, 「選擧令」 제21조, 297~298쪽에서 『開元7年令』과 『開元25年令』으로 복원하였는데, 『唐令拾遺補』, 같은 조, 575~576쪽은 『開元25年令』을 『開元3年令』으로 바꾸었다. 물론 이 시기 비정은 근거 자료에 따른 명백한 사실만 밝힌 것이고, 그 이전에 이러한 규정이 없었음을 뜻하지는 않는다.

〈표 34: 『당육전』의 상거 급제자 관품 관련 규정〉

과목	수재과	명경과	진사과·명법과	명서과·명산과
품계/등급	정8품상~종8품하/ 상상(上上)~중상(中上)의 4등급	종8품하~종9품상/ 상상(上上)~중상(中上)의 4등급	종9품상·종9품하/ 갑(甲)·을(乙)의 2등급	종9품하/ 등급 기록 없음
부가 규정	<td colspan="4">◦ 본인의 음(蔭)이 높은 자가 수재과와 명경과에 "〔상〕상(上上)" 등급으로 급제하면 본인의 음에 4계(階)를 더하고, 그 아래는 순차적으로 1단계〔等〕씩 낮춘다. ◦ 명경과에서 "통이경(通二經)" 이상이면 1경마다 1계씩 더한다.</td>

명서과·명산과 급제자에 대한 규정은 그 출처로 보아 이부시 시기의 것임이 분명하나, 수재과~명법과의 경우 언제의 제도인지 확언하기 어렵다. 하지만 이 4개 과목 급제자의 평가 등급에 따른 서계 설명이 『당회요』에서 "구제(舊制)"로 적혀 있고,[73] 이것과 '고공원외랑' 항목에 나오는 명서과·명산과의 서계 관품 순차(順次)가 그 과목들의 위상에 상응하며 전체적으로 일관성을 갖는다. 따라서 상거의 이부시 합격자가 기본적으로 〈표34〉처럼 임관되었으리라고 추정해도 무방할 것이다.

그렇다면 상거에 최종 급제한 뒤 받을 수 있는 관품은 대개 종9품하부

---

[72] 『舊唐書』와 『新唐書』의 기록은 아래의 표에서 보듯이 본문의 표와 상이하다. 특히 수재과와 명경과 합격자의 서계가 그러한데, 두 정사 사이에 큰 차이를 보일 뿐더러 동일 문헌 안에서도 등급별 관품 차이가 들쭉날쭉하다. 따라서 『舊唐書』와 『新唐書』의 내용은 부정확하다고 여겨지며 『唐六典』에 비해 신뢰성이 떨어진다.

	수재과	명경과	진사과·명법과	명서과·명산과	부가 규정
『舊唐書』 -1806	上上 정8품상; 上中 정8품하; 上下 종9품상	上上 종8품하; 上中 종9품상	甲 종9품상; 乙 종9품하	기록 없음	"通二經" 이외에는 1經마다 1等씩 더한다.
『新唐書』 -1173	上上 정8품상; 上中 정8품하; 上下 종8품상; 中上 종8품하	上上 종8품하; 上中 정9품상; 上下 정9품하; 中上 종9품하	甲 종9품상; 乙 종9품하	종9품하	기록 없음

[73] 『唐會要』 권81, 「階」, 1767~1768쪽.

터 정8품상까지이다. 물론 부가 규정에 따라 이보다 높은 품계의 관직 획득도 불가능하지는 않겠지만, 그것은 어디까지나 예외적인 경우이다. 게다가 앞서 보았듯이 당시 수재과 급제자가 "끊어졌다"면, 대부분의 상거 급제자에게 준 관품은 높아도 종8품하에 불과했던 셈이다. 이것은 대개 아래 〈표35〉에서 알 수 있는 바 여타 범주의 서계 방식으로써 얻을 수 있던 초임 품계보다 낮다.

〈표35: 『당육전』의 초임 서계 규정〉

	대상	초임 관품 범위
봉작(封爵)	사왕(嗣王)~현남(縣男) 등 봉작 보유자	종4품하~종7품상
친척(親戚)	황친시마이상친(皇親總麻已上親)과 황태후주친(皇太后周親) 등 황제나 황후의 친속(親屬)	정6품상~종8품상 (외척 강등 가능)
훈용(勳庸)	상주국(上柱國)~무기위(武騎尉)의 훈(勳) 보유자	정6품상~종9품상
자음(資蔭)	1품관(品官)의 아들~훈관(勳官)2품의 아들 등 관작(官爵) 보유자의 자손과 이왕후(二王後)의 자손	정7품상~종9품상 (손·증손 강등 가능)

* 근거: 『당육전』 권2, 「상서이부」, 31~32쪽. 『당회요』 권81, 「계(階)」 등 여타 문헌도 이와 대동소이하다.

그러므로 당시 관인선발제도에서 상거를 통한 입사가 그렇게 높은 위상을 갖지 않았던 것처럼도 보인다. 하지만 위 〈표35〉의 서계 대상은 훈(勳)을 가진 본인이나 특별한 가문의 일족에만 국한되므로 일반민과는 무관하다. 이처럼 특수 신분이 아닌 사람도 유외관(流外官)이나 시품관(視品官)으로 관계(官界)에 들어갈 수 있겠지만, 이 경우 "청류(淸流)"가 아니어서 원칙상 "청관(淸官)"을 받지 못하는 불이익이 뒤따랐다.[74] 반면 상거

<hr>

74 『唐六典』 권2, 「尙書吏部」, 27~28쪽에서 "凡出身非清流者, 不注清資之官.〈謂從流外及視品出身者. 其中書主書、門下錄事、尙書都事, 歷任考詞、使狀有清幹及德行、言語、兼書、判、吏用, 經十六考已上者, 聽擬寺·監丞、左·右衛及金吾長史.〉"라고 한다. 이 규정은 전술한 무측천 시기의 엘리트 관인 집단 형성과 관련이 있을 것이다.

급제자는 비록 최하위 유내관(流內官)인 종9품하의 관품으로 서계되더라도, 그 승진 관직에 제한이 없다. 즉 개원 연간 일반 평민에게 허용된 가장 좋은 입사 방법이 바로 상거의 급제였던 것이다.

상거로 대표되는 과거제도가 당대는 물론 중국사 전반에 걸쳐 특별히 중요한 까닭은 이 때문이다. 그런데 『당육전』에 규정된 상거 6과(科)는 그 초임 관품의 차이에서 잘 드러나듯이 결코 동일한 위상을 갖지 않는다. 사실 "서계지법"을 설명할 때 빠진 명서과와 명산과는 확실히 여타 과목에 비해 열등했음에 틀림없다.[75] 그리고 급제자의 "본음"에 대한 부가 규정을 둔 수재과와 명경과가 진사과나 명법과보다 우월한 과목이란 것 역시 마찬가지이다. 이것은 명경과가 제도적으로 진사과보다 확실히 중시되었다는 사실을 명증한다.[76]

지금까지 살펴본 『당육전』의 상거 관련 내용은 다음과 같이 정리할 수 있다. 첫째, 생도와 향공이라는 응거자의 두 가지 내원이 존재하였다. 둘째, 이들은 그 첫 단계에서부터 과목별 특징을 지닌 시험을 통해 선발되었다. 셋째, 이렇게 뽑힌 자들은 이부에서 다시 두 번째 단계의 시험을 거쳐야만 했다. 넷째, 이 두 단계의 시험 내용은 상호 긴밀하게 연계되어

전게 小島浩之, 「唐代エリート官人の昇進經路の形成とその展開」 참조.

75 이와 관련하여 주목되는 것이 「安養百姓及諸改革制」의 "宜令選人內, 取中外淸資, 是明經、進士、應制、明法幷資蔭出身, 有幹局書判者, 各於當色內, 量減一兩選、注選擬, 赴任之日, 仍令引見, 朕當察審去就."(『文苑英華』 권433, 2191쪽)라는 글이다. 여기에 명기된 "淸資" 중 수재과와 명서과・명산과가 없기 때문이다. 이 조서는 천보5년 1월에 나왔는데(전게 唐代史研究委員會 편, 『唐代詔勅目錄』, 234쪽 참조), 당시 유명무실해진 수재과만이 아니라 명서과・명산과까지 누락된 이유가 궁금한 것이다. 이에 대한 확답은 어렵지만, 적어도 이 두 과목이 명경과나 진사과・명법과와 달리 인식되고 있었음은 부정할 수 없을 듯하다.

76 徐浩가 "年十五(개원5년:인용자)究經術, 首科昇第"(「徐浩碑」, 『金石萃編』 권104, 『隋唐五代石刻文獻全編(3)』, 748쪽. □의 글자는 『全唐文』 권445, 4542쪽에 의거함.)했는데, 정사에 전하는 그의 급제 과목은 명경과였다(『舊唐書』 권137, 3757쪽; 『新唐書』 권160, 4965쪽). 다시 말해, 당시 명경과가 상거 가운데 "首科"로 일컬어졌던 것이다.

있었다. 다섯째, 이부에서의 시험으로 최종 선발된 이들은 과목과 시험 성적에 따라 차등적으로 초임의 관품이 결정되었다. 이러한 점들은 추천 위주의 찰거와는 확연히 다르다. 물론 이『당육전』의 기록은 개원 연간 의 상거일 뿐이고, 그 이전의 제도까지 모두 이렇다고 예단해서는 안 된 다.[77] 그러나 통일제국의 수립과 더불어 모색된 새로운 관인선발제도가 늦어도 개원 연간에 이르면 이와 같은 형태의 과거제도로 안착했음은 의문의 여지가 없다.

진사과와 명경과의 운용 실상

『당육전』에 규정된 상거는 유기적으로 연계된 두 단계의 시험으로 체계 화되었을 뿐더러 그 전후 교육·전선제도와도 뚜렷한 정합성(整合性)을 갖추고 있다. 그러나 제도가 이처럼 잘 정비되었다고 해서, 이것이 그대 로 실행되었다고 단언할 수 없다. 만약 그 사이에 간극이 발견된다면,[78] 과거라는 제도의 실질적인 확립 과정에서 이 문제 역시 주의해야 마땅 하다. 다시 말해, 당시 상거의 전모(全貌)를 제대로 밝히기 위하여『당육 전』이외에도 제도의 실제 운용 상황을 보여줄 다양한 문헌의 검토가 필요한 것이다.

---

77 『唐六典』에 기록된 상거 방식을 앞선 시기까지 소급할 수 없음을 보여주는 명확한 증거는 진사과의 시험 내용이다. 이부시에서 친 雜文은 고종 영륭2년에 추가되었고, 항공진사에게 요구된 "精熟一經"의 경우 이보다 더욱 뒤에 생긴 帖經 시험과 관련이 있을 터이기 때문이다. 그러므로『唐六典』의 내용에 의거하여 결코 당대의 과거제도 전체를 설명할 수 없다.

78 이를 단적으로 보여주는 사실이 누차 지적한 바 II기 이래 명경과와 진사과 급제자에 게서 일관되게 나타나는 초관·종관의 고저 차이 곧 제도와 현실의 괴리이다.『唐六 典』의 서계 규정은 명경과를 우대하고 있지만, 종관의 경우 현종 시기에도 진사과가 오히려 더 높아서 그 실질적 중요성이 커보이는 것이다.

　　현존하는 상거에 대한 기록이 대부분 진사과나 명경과 관련 내용이므로,[79] 이러한 작업은 이 두 과목 위주로 진행될 수밖에 없다. 그런데 이 시기 "사족(土族)"들이 상거의 여러 과목들 가운데 오로지 명경과와 진사과에만 몰려들었음 또한 사실이다.[80] 그렇다면 이와 같이 제한된 사료 상황 자체가 일면 개원 연간 상거의 실상과 무관하지 않을는지도 모르겠다. 당시 상거제도의 근간은 바로 무측천 이래 중요한 관인 선발 방법으로 부상해 온 진사과와 명경과였던 것이다.

　　이와 같은 시각에서 먼저 【부록1】의 두 과목 급제자들을 살펴볼 때 흥미로운 현상이 발견된다. 앞서 지적했듯이 합격 과목을 정확히 알 수 없는 인물들의 사례 곧 '미상 과목'의 비율은 상거의 제도화와 더불어 점차 낮아지는 추세였는데, 아래의 〈표36〉처럼 현종 시기 그 비율이 이전에 비하여 현격히 저하하기 때문이다.[81] 이것은 당시 두 과목으로 대표

79　현재 개원 연간의 수재과나 명서과·명산과는 그 급제자가 전혀 확인되지 않고, 명법과의 경우도 분명한 합격자는 없다. 혹 楊炎을 "開元初"의 명법과 급제자라고 하지만(전게 金瀅坤, 『中國科擧制度通史: 隋唐五代卷』, 「常擧的確立與發展」, 190쪽), 기실 "究法家之學, 以作登科之首"(『唐代墓誌彙編』, 天寶100번)라는 모호한 기록과 생몰년(680~746)에 의거한 추정일 뿐이다. 물론 『新唐書』에 "明法"으로 명기된 裴潤·裴淨과(권71上, 「宰相世系」, 2195쪽)과 裴濟(같은 책, 2201쪽)도 裴耀卿(681~743)의 조카이므로 개원 연간에 급제했을 수 있다. 그러나 이들의 기록 어디에도 명법과 자체에 대한 설명이 없어서 당시 이 과목의 구체적 실상에 대한 접근이 불가능하다.

80　전술하였듯이 수재과는 개원 연간에 이미 유명무실해졌고, 이러한 상황에서 "自是(秀才科의 廢絶:인용자)士族所趣嚮, 唯明經、進士二科而已."(『通典』 권15, 「選擧 歷代制」, 354쪽)하였다.

81　〈표36〉은 믿기 힘든 사료에 의한 당시 상황의 왜곡을 우려해서 '자료 신뢰성'이 가장 높은(◎) 사례만을 대상으로 삼았다. 전체 사례를 모수로 하면, 아래의 표에서 보듯이 현종 시기 '미상 과목'의 비율은 더욱 낮아진다.

시기	전체('미상 과목' 수/총수)	진사과 (좌와 같음)	명경과 (좌와 같음)
II~IV기 (현경 연간 이후 고종~예종)	7.6(17/224)	9.5(12/126)	5.1(5/98)

되는 상거의 제도적 공고화 내지 이에 대한 더욱 명확해진 사회적 인식
의 결과라고 하겠다.

〈 표 36: '자료 신뢰성'이 높은 【부록1】의 Ⅱ~Ⅳ기와 Ⅴ·Ⅵ기 인물들 중
'미상 과목' 급제자의 백분율 〉

	시기	전체('미상 과목' 수/총수)	진사과 (좌와 같음)	명경과 (좌와 같음)
	Ⅱ~Ⅳ기 (현경 연간 이후 고종~예종)	9.5(14/148)	16.1(9/56)	5.4(5/92)
Ⅴ·Ⅵ기 (현종)	전체 시기(Ⅴ·Ⅵ)	1.5(2/133)	1.4(1/71)	1.6(1/62)
	이부시 시기(Ⅴ)	1.2(1/81)	0(0/43)	2.6(1/38)
	예부시 시기(Ⅵ)	1.9(1/52)	3.6(1/28)	0(0/24)

개원 연간 상거의 세밀한 운용 실상을 알려면, 이 제도의 시행과 직접
연관된 당시 조칙들에 주의해야 한다. 개원2년 5월의 「영공거인면학조(令
貢擧人勉學詔)」가 그 좋은 예이다. 이 글의 내용을 요약하면, (1) 학교 교육
의 중요성이란 원칙을 천명한 뒤, (2) 이와 어긋나게 "근래 지방에서 〔학교
를 거치지 않고〕 천거된 이들[州里所薦]"이 많은 현실을 개탄하면서, (3) 관학
의 교사 자격을 지닌 인재의 추천을 명함과 동시에 (4) 앞으로 "실재(實才)"
를 뽑을 수 있는 "공거"를 요구한다.[82] 여기에서 "지방에서 학교를 거치지

	시기	전체('미상 과목' 수/총수)	진사과 (좌와 같음)	명경과 (좌와 같음)
Ⅴ·Ⅵ기 (현종)	전체 시기(Ⅴ·Ⅵ)	1.1(3/262)	0.5(1/194)	2.9(2/68)
	이부시 시기(Ⅴ)	1.4(2/143)	0(0/104)	5.1(2/39)
	예부시 시기(Ⅵ)	0.8(1/119)	1.1(1/90)	0(0/29)

82 『唐大詔令集』 권106, 「令貢擧人勉學詔」, 549쪽. "(1)古之學者, 始入小學見小節, 大學
見大節, 知父子長幼之序, 君臣上下之位, 然後師逸功倍. 化人成俗, 莫不由之. 子不云
乎, '遠而有光者, 飾也; 近而愈明者, 學也.' 故道行於上, 祿在其中, 所期於有成, 不唯於

않고 천거된 이들"은 향공이고, 관학 교육의 강조가 상거에 응시할 생도의 양성 필요에 기인한다.

그렇다면 「영공거인면학조」는 개원 초기 상거의 중요성을 분명히 확인시켜 준다. 현종은 전술하였듯이 기존에 문란해진 관인 관련 제도를 정비하고 "실재"를 얻으려 했는데, 이러한 정책을 구현하기 위한 근본 수단이 바로 상거였던 것이다. 이 조서가 기존에 남발되었던 비정상적인 관직들을 없애라는 명령과 거의 동시에 나왔음을[83] 생각하면 더욱 그러하다. 아울러 이 글에서 홀시할 수 없는 내용이 생도와 향공에 대한 황제의 상이한 태도이다. 생도의 내원인 관학에 적극적 관심을 표명한 반면 향공의 증가에 대해서는 비판적이기 때문이다.

물론 관학과 생도의 중시가 결코 이 시기에만 국한된 일은 아니다. 누차 지적하였듯이 이것은 당조의 일관된 정책이었으며, 특히 중종의 복위 이후 관학 진흥책이 두드러졌다. 하지만 개원7년(719)에 처음으로 국자감 학생들의 조참(朝參)을 허락했다면,[84] 현종 시기에 중앙관학 학생의 위상이 예전보다 더욱 높아졌음은 분명하다. 그리고 이들이 상거 응거자

遲達. (2)自頃州里所薦, 公卿之緒, 門人衆矣, 孰嗣子音? 國胄顯然, 未臻吾道, 至使鑽仰之地, 寂寥厥化. 貴於責實, 務於求仕. 將去聖滋遠, 尙沿澆薄, 爲敦儒未弘, 不行勸沮. (3)朕承百王之末, 居四海之尊, 惟懷永圖, 思革前弊. 何以發後生之智慮, 垂先王之法則? 朕甚懼之, 敢忘於是. 天下有業擅專門, 學優重席), □堪師授者, 所在具以名聞. (4)自今以後, 貢擧人等, 宜加勗勉, 須獲實才. 如有義疏未詳, 習讀未遍, 輒充擧選, 以希僥倖, 所由官亦寘彝憲, 有司申明條例, 稱朕意焉.〈開元二年五月〉"(번호는 인용자)

83 정치적 혼란 속에서 양산된 員外官 등의 관직을 폐지하는 조처 또한 개원2년 5월의 일이다(『冊府元龜』 권630, 「銓選部 條制」, 7550쪽;『唐會要』 권67, 「員外官」, 1394쪽). 단 『冊府元龜』 권50, 「帝王部 崇儒術」, 559쪽은 위의 「令貢擧人勉學詔」와 흡사한 내용의 조서가 『唐大詔令集』과 달리 개원2년 4월에 나왔다고 하는데, 혹 이것이 사실일지라도 두 조칙 사이의 시차는 한 달에 불과하다.

84 『新唐書』 권44, 「選擧志」, 1164쪽에 "〔開元〕七年, 又令弘文、崇文、國子生季一朝參."이라 하고, 그 뒤 이것은 법제화되었다. 『唐令拾遺』, 「儀制令」 제5조, 473~477쪽;『唐令拾遺補』, 같은 조, 653~654 참조.

의 주된 내원이었으므로, 이러한 조처가 국자감을 거쳐 입사하려던 생도들을 크게 고무했으리라고 여겨진다. 실제로 개원 연간에 상거를 통한 관인 선발 과정에서 중앙관학의 위상은 확실히 제고되고 있었다.

이를 단적으로 보여주는 것이 개원5년(717)부터 시작된 국자감에서의 '알선사(謁先師)' 의례이다.[85] 이해 9월에

> 여러 주의 향공명경·향공진사들이 〔이부시를 치려고 서울로 올라와서 황제를〕 뵙고 나면, 마땅히 국자감에 가서 선사〔의 사당〕을 배알(拜謁)하게 한 뒤, 학관이 그들을 위해 강론하고 질문을 받도록 하며, 이어서 담당 관청에서 후하게 음식을 차려 대접하게 하라. 숭문관·홍문관과 국자감 안에서 〔이부시 응시자로〕 선발된 자도 또한 이에 준한다. 그리고 5품 이상의 청자관(淸資官)과 조집사(朝集使)가 다 〔국자감으로〕 가서 이 의례를 보아라. 〔이를〕 즉시 상식(常式)으로 삼는다.[86]

는 조칙이 내려진 것이다.

위의 인용문에서 우선 간과해서 안 될 사실은 이부시 실시 직전에 행해진 이 의례에 지방에서 향공을 데리고 온 조집사만이[87] 아니라 "5품 이상의 청자관"들도 임석하게 만들었다는 점이다. 이것은 당시 상거를

---

85 『唐會要』 권76, 「貢擧 緣擧雜錄」, 1638쪽은 아래에 인용한 조칙 다음에 "謁先師, 自此 始也."라고 注記해 두었다.

86 『唐大詔令集』 권105, 「令明經進士就國子監謁先師敕」, 538쪽. "其諸州鄕貢明經、進 士見(『唐摭言』 권1, 「朝見」, 9~10쪽을 보면 이것은 황제의 알현을 뜻함: 인용자)訖, 宜令引就國子監謁先師, 學官爲之開講, 質問其義, 仍令所司優厚設食. 兩館(저본은 '官' 이나 『冊府元龜』 권50, 「帝王部 崇儒術」, 559쪽에 의거하여 수정함: 인용자)及監內得 擧人, 亦準此. 其淸資官五品已上及朝集使, 並往觀禮. 卽爲常式."

87 『唐六典』에서 "凡擧試之制, 每歲仲冬, 率與計偕."(권4, 「尙書禮部」, 109쪽)라고 하므 로, 향공은 지방 상황을 보고하고 貢物을 바치는 朝集使(같은 책, 권3, 「尙書戶部」, 79쪽)와 함께 올라왔다. 무측천 시기에도 지방에서 "貢(擧)人"과 공물을 같이 보내었 다면(『冊府元龜』 권639, 「貢擧部 詔制」, 7669쪽), 이러한 제도는 이부시 시기에도 마 찬가지였을 것이다.

매우 중시했음을 뜻한다. 게다가 개원7년에 현종은 알선사 때 황자(皇子)들의 치주례(齒冑禮) 곧 입학 의식도 병행함으로써 그 권위를 더욱 높여주었다.[88] 그런데 이러한 의례의 거행 장소가 국자감이었을 뿐더러 이때 국자감 학관들이 상거의 응시자들에게 짧으나마 일종의 교육도 진행하였다.

따라서 국자감은 알선사 의례의 도입 이후 상거제도 안에서 중요한 역할을 부여받았다.[89] 그리고 관학에서 경학을 주로 가르쳤던 데다가 배알의 대상인 '선사'도 유학의 개창자 공자(孔子, 기원전551~479)였으므로,[90] 이러한 의례가 관인의 선발에서 경학의 위상을 한층 격상시켰으리라고 짐작된다. 그렇다면 상거 과목들 가운데 명경과의 지위는 그만큼 높아졌을 가능성이 크고, 앞서 『당육전』에서 본 바 원래 문학적 소양의 평가에 치중했던 진사과에 첩경 시험까지 덧보태게 된 것 역시 이와 같은 시대적 분위기의 소산일는지도 모르겠다.

그런데 현종이 새로 만든 알선사 의례는 상거의 응거 방법에 큰 영향을 미칠 수 있다. 이로 인해 생도는 물론 향공까지 결국 국자감이나 국자감의 학관과 직접 관계를 맺게 되고, 양자의 차이가 애매해지기 때문이다. 다시 말해, 당조는 국자감에서의 알선사를 이용해서 생도와 향공이란

---

88 『冊府元龜』 권260, 「儲宮部 齒冑」, 3092쪽. 『唐大詔令集』 권29, 「皇太子詣太學詔」, 108쪽 참조.

89 『唐會要』의 "元和九年十一月, 禮部貢院奏: '貢擧人見訖, 謁先師, 准格, 學官爲開講, 質定疑義; 常參及致仕官觀禮. 舊例, 至時擧奏.' 詔: '宜謁先師, 餘著停.' 後雖每年擧奏, 並不復行."(권35, 「釋奠」, 751쪽. 사고전서본에는 "餘著停.' 後雖"가 "餘並停.' 自後雖"로 되어 있음)이란 기록을 보면, 알선사 의례는 세부 절차상 위의 인용문과 조금 다르더라도 당후기까지 법제화되어 있었다.

90 당조는 일찍부터 국자감에 先聖 혹은 先師의 사당을 두어 제사지냄으로써 제사와 교육 기능이 긴밀히 결합된 廟學制를 완성시켰고, 개원 연간 그 제사의 중심은 孔子였다. 전게 高明士, 『中國中古的敎育與學禮』, 535~564쪽; 高明士, 「廟學與東亞傳統敎育」, 『東亞傳統敎育與法文化』(臺北, 臺灣大學出版中心, 2007), 43~69쪽 참조.

두 상거 응거자 집단의 동질성을 강화할 수 있었던 것이다. 이러한 변화
와 관련하여 주목되는 것이 아래 개원21년 5월의 조칙이다.

(1) 무릇 25세 이하의 지방관학의 학생〔혹은〕21세 이하의 8품·9품
〔관인의〕아들이나 서인으로서 1경에 통하거나 아직 통경(通經)하지는
못했더라도 정신이 총명하고 문사(文詞)·사학(史學)이 있을 경우, 매년
평가해 선발하고 담당 관청에서 간시(簡試)하여〔그 합격자가〕사문학에
들어가 준사(俊士)가 되는 것을 허락한다. (2) 만약 여러 주(州)에서 뽑
아 올린 사람이 성시에 낙방하여〔국자감에〕입학하기를 원할 경우 허락
한다. (3) 국자감의 관할 학생은 상서성에서 충원하고, 지방관학의 학
생은〔해당 지역의〕장관이 충원한다. (4) 무릇 지방관학의 학생은 정규
학업을 익히는 이외에 길·흉의 예(禮)도 아울러 익히게 하여 공(公)·사
(私)의〔의〕례가 있을 때〔그〕의식을〔직접〕수행해 보이도록 하지만,
〔의례와 무관한〕여타 일에 모두 함부로 부릴 수 없다. (5) 백성이 임의로
사학(私學)을 세울 수 있게 하는데,〔그 학생을〕지방관학에 의탁해서 배
우고자 할 경우 또한 허락한다.(번호는 인용자)[91]

여기에서 이부시에 불합격한 향공에게 국자감의 입학을 허용한 (2)의
조처가 무엇보다 흥미롭다. 향공도 생도처럼 국자감에서의 수학이 가능
해지면서, 양자의 경계는 알선사와 같은 한 차례의 의례가 아니라 그 제

---

91 『唐會要』권35,「學校」, 741쪽. "〔開元二十一年五月勅:〕(1)諸州縣學生, 年二十五已
下, 八品、九品子若庶人生, 年二十一已下, 通一經已上, 及未通經, 精神通悟, 有文詞、
史學者, 每年銓量擧選, 所司簡試, 聽入四門學, 充俊士. (2)卽諸州(貢)人省試不第, 情
願入學者, 聽. (3)國子監所管學生, 尙書省補. 州縣學生, 長官補. (4)諸州縣學生, 專習
正業之外, 仍令兼習吉、凶禮. 公私禮有事處, 令示儀式, 餘皆不得輒使. (5)許百姓任立
私學, 欲其寄州縣(學)受業者, 亦聽."(번호는 인용자) 여기에서 괄호 안의 글자는『唐摭
言』권1,「兩監」, 6쪽의 注文에 인용된 이 조칙에 의거해 보충한 것이다.『唐摭言』의
인용문은 이밖에도 위 상해고적출판사본의『唐會要』와 다른 표현이 더러 있지만 그
기본적인 의미는 동일하다. 사고전서본『唐會要』의 경우도 마찬가지이다.

도의 본질적 속성 자체에서 뒤섞여 버리는 것이다. 이처럼 중앙관학을 통한 상거의 응거 과정 일원화는 당사자의 동의를 전제로 하지만, 일찍부터 관학과 생도를 중시해 온 당조가 원했던 바로 그것이었다. 이러한 조정의 의도는 국자감 사문학의 준사 자격을 규정한 (1)에서도 잘 드러난다. 지방관학의 학생들이 중앙관학에 입학할 수 있는 길이 생겼고, 그 결과 유기적으로 연계된 중앙과 지방 관학의 기능이 강화되었을 터이기 때문이다. 관학의 학생 선발과 관련된 (3)이나 지방관학 학생에 대한 (4)의 내용 또한 관학의 체계적 정비에 의한 위상 제고라는 점에서 동일한 취지의 조처로 이해된다.

이뿐만이 아니다. (1)에서 하급 관인의 자제나 "서인"에게도 준사가 되는 길을 확실히 열어 두었다. 만약 이러한 규정이 없다면 향공으로서 상거에 응거했을 이들까지 중앙관학의 학생으로 흡수하려 한 것이다. 그리고 (5)는 사학(私學)의 학생들을 새롭게 정비된 지방관학에서 배울 수 있도록 했는데, 이 역시 그 목적은 지방의 사인들을 관학으로 포섭하는 데 있었다고 생각된다. 그렇다면 위 개원21년의 조칙은 단순한 관학 진흥책에 그치지 않는다. 향공을 생도로 유인하려는 현종의 입장이 여기에 공통적으로 나타나고, 이 글은 상거를 생도 위주로 운용하겠다는 당조의 천명(闡明)이라고 해도 무방하기 때문이다.

이는 앞서 살펴보았던 개원2년 「영공거인면학조」의 내용과도 상통한다. 이 조칙에서도 황제의 관학 중시와 향공의 증가 현상에 대한 비판이 어우러져 있는 것이다. 그러므로 개원 연간 이부시 시행기의 일관된 정책 기조는 생도 중심의 상거제도 안착이었다고 해도 무방하다. 기실 조정의 시각에서 볼 때, 생도가 향공보다 훨씬 매력적이다. 관학의 학생 선발과 교육 내용에 직접 개입할 수 있기 때문이다. 그러므로 생도를 주된 응거자로 삼은 상거야말로 중앙집권을 강화하는 확실한 수단이었고, 통일제국의 전성기였던 당시 이러한 관인 선발 방식을 더욱 적극으

로 추진한 것은 일면 당연해 보인다.[92]

물론 개원 연간의 상거제도가 결코 향공을 배제하지는 않았다. '향거(鄕擧)'의 전통적 이념을 계승한[93] 이것은 쉽게 부정할 수 없으며, 현종 또한 향공을 오히려 존중한 것처럼도 여겨진다. 이 시기에 지방의 교화를 위해 '향음주례(鄕飮酒禮)'를 확산시켰고,[94] 이것이 향공 중심의 의례로 보급되어 갔음이[95] 그 좋은 예이다. 실제로 개원20년(732)에 편찬된 『대당개원례(大唐開元禮)』는 향음주례를 자사와 "공인(貢人)" 간의 관계 위주로 설명하고 있다.[96] 사실 향공의 선발과 향음주례를 결합시킴

---

92 제2부에서 중종 복위 이후의 관학 진흥책과 예종 시기를 경계로 한 향공의 지방관학 의탁에 따른 성격 변화(『唐摭言』 권1, 「鄕貢」, 7~8쪽) 사이의 상관성을 설명하였다. 그렇다면 현종은 정치적 안정 속에서 중종 이래의 정책을 계승·발전시켰다고 해도 좋다.

93 『唐摭言』은 향공에 대한 설명을 "鄕貢里選, 盛於中古乎!"(권1, 「鄕貢」, 7쪽)라고 시작한다. 이것은 그 사실 여부를 떠나 古制로서 理想視된 '鄕擧'와 향공의 상관성을 중시한 당시의 사회적 통념을 잘 보여준다.

94 『唐會要』 권26, 「鄕飮酒」, 580~581쪽에 따르면, 예종이 즉위 직후 "鄕飮酒禮之廢, 爲日已久"한 상황을 시정하기 위해 노력했지만(『唐大詔令集』 권110, 「誡勵風俗救」, 570쪽 참조), 개원6년 7월(『資治通鑑』 권212, 唐玄宗開元6年條, 6733쪽은 8월) 현종은 다시 "初頒鄕飮酒禮(사고전서본에는 "禮" 없음:인용자)於天下, 令牧宰每年至十二月行之."하도록 하였다.

95 개원18년 宣州刺史 裴耀卿은 "竊見, 以鄕飮酒禮(사고전서본에는 "禮" 없음:인용자)頒於天下, 比來唯貢擧之日, 略用其儀, 閭里之間, 未通其事."(『唐會要』 권26, 「鄕飮酒」, 581쪽; 『通典』 권73, 「禮 鄕飮酒」, 2007쪽)라고 했다. 그리고 개원19년 4월의 "諸州賓貢武擧人, 准明經、進士行鄕飮酒禮."(『冊府元龜』 권33, 「帝王部 崇祭祀」, 360쪽; 『唐會要』 권23, 「武成王廟」, 507쪽)란 조칙을 보면, 이 시기에 지방에서 향공명경·향공진사를 위한 향음주례가 상당히 일반화되어 있었을 뿐더러 이러한 의례를 당조가 확대시키고자 했음을 알 수 있다.

96 蕭嵩 등, 『大唐開元禮(附『大唐郊祀錄』)』(東京, 汲古書院, 1981 2판) 권129, 「嘉禮 鄕飮酒」, 603쪽에는 "鄕飮酒之禮, 刺史爲主人."이란 본문 아래 "此爲貢人之中, 有明經、進士(저본에는 여기에 "出"이 있으나, 『通典』 권130, 「禮 鄕飮酒」, 3341쪽과 『新唐書』 권19, 「禮樂」, 435쪽의 유사한 기록에 이 글자가 없으므로 삭제함:인용자)身兼德行孝弟, 灼然顯著, 旌表門閭及秀才者, 皆刺史爲主人. 若無此色, 皆判司攝行事."라고 注記하였다.

으로써 지방 인재의 존숭이란 명분 아래 지역사회 내부로 조정의 영향력을 침투시킬 수 있다면, 당조가 굳이 향공이란 응거 방법을 폐지할 이유도 없다.

하지만 상거의 첫 단계 시험을 통과한 생도와 향공 모두 이부시의 응거 자격을 가졌을지라도, 양자의 제도적 지위가 분명히 달랐다. 이를 단적으로 보여주는 것이 원칙상 생도에게만 세역(稅役)을 면제해 주었다는 사실이다.[97] 이것은 관학에 학적을 둔 생도가 국가의 직접 관할 아래 있었기 때문일 터이며, 제2부에서 상술했듯이 자율성이 강한 향공진사의 경우 이러한 관리 대상이 되느니 차라리 그 수혜를 포기하였을 수 있다. 그런데 중앙집권적인 관인선발제도를 지향하던 당조의 입장에서 생각한다면, 향공과 조정 사이에 존재하는 이 간극 자체가 결코 탐탁하지 않았다.

이와 같은 측면에서 볼 때 간과할 수 없는 것이 향공의 응거 지역이다. '향거(鄕擧)'의 이념상 이것은 본인이 살고 또 호적이 있는 곳이어야 마땅하다.[98] 그런데 전술했듯이 통일제국의 수립 뒤 많은 사족(士族)들이 관인으로 되어 이주하였고, 현종 시기에 이러한 경향은 더욱 뚜렷해져

---

97 당대 중앙과 지방의 관학 학생 모두 본인의 課·役을 면제 받았다(전게 閻步克, 『中國古代官階制度引論』, 455쪽; 전게 高明士, 『中國中古的教育與學禮』, 161~165쪽). 그러나 "每秋鄕送, 皆爲賓首"하면서도 稅役에 시달리던 자에 대한 李觀의 글(『全唐文』 권533, 「代李圖南上蘇州韋使君論戴察書」, 5412~5413쪽)에서 잘 드러나듯이, 향공에게는 中唐 시기에도 이러한 특권이 없었다. 金瀅坤, 『中晚唐五代科擧與社會變遷』(北京, 人民出版社, 2009), 259~265쪽 참조.

98 당대 향공의 應擧地에 대한 명확한 법규는 발견되지 않는다. 그러나 "諸州貢擧, 皆於本貫, 籍分信(사고전서본에는 "信" 없음·인용자)明者. 然(사고전서본에는 "後" 있음·인용자)依例, 不得於所附貫, 便求申送."(『唐會要』 권76, 「貢擧 緣擧雜錄」, 1638쪽)이란 개원 19년의 조칙을 보면, 당시 자신의 戶籍이 있는 곳에서 응시하는 것이 원칙이었던 듯하다. 그리고 무측천 때 薛登이 상거를 설명할 때 "今訪鄕閭之談, 唯祇歸於里正."(『舊唐書』 권101, 「薛登」, 3139쪽)이라고 하므로, 이러한 원칙은 일찍부터 존재했다고 생각된다.

갔다.[99] 따라서 당시 향공의 응거 장소가 상당히 가변적이었으리라고 짐작되는데, 급제자의 실제 응거지(應擧地)까지 밝힌 기록이 많지 않은 현재 이를 확언하기는 어렵다. 하지만 드물게나마 응거 지역을 명기한 문헌들 중에 언뜻 이해되지 않는 인물들이 발견된다.

예컨대, 개원5년의 진사과 급제자 왕영연(王泠然, 692~724)이[100] 그러하다. 묘지에서 "태원인(太原人)"인 그의 집이 동도(東都) 공안리(恭安里)에 있었고 망산(邙山)에 묻혔다고 한다.[101] 하지만 왕영연 본인의 글을 보면, 그가 송주(宋州)의 향공이 되려고 했던 적이 있다.[102] 그렇다면 어떤 연유로 왕영연이 본관(本貫)은 물론 실제 거주지도 아닌 곳에서 상거에 응거할 수 있었는지 의문인 것이다. 이와 비슷한 사례로 최장지(崔藏之, 694~750)도 있다. 개원 연간 진사과에 급제한 듯한 그가 예종 경운1년(710)경에 형양(滎陽)에 "유(遊)"하면서 그 자사의 천거로 처음 "수재"가 되었는데, 최장지의 본관 "박릉(博陵)"이나 귀장지(歸葬地)인 "하남(河南) 만안산(萬安

99　이와 같은 현상을 실증한 전게 毛漢光, 「從士族籍貫遷移看唐代士族之中央化」에 따르면, "中央化"한 78개 房支 가운데 22개가 현종 연간에 실제 거주지를 京兆·河中·河南 지역으로 옮겼다고 한다.

100　王泠然은 전래문헌이나 河南省文物研究所·河南省洛陽地區文管處 편, 『千唐誌齋藏誌』(北京, 文物出版社, 1984), 796번; 『唐代墓誌彙編』, 天寶002번 같은 석각자료의 판독문에서 王冷然으로 쓰기도 한다. 그러나 본서는 『唐才子傳校箋(1)』권1, 「王泠然」, 180쪽과 『登科記考補正』, 218~219쪽의 고증에 따르며, 기실 『千唐誌齋藏誌』에 실린 탁본 곧 〈그림11〉을 보더라도 '泠'으로 적힌 듯하다.

101　『唐代墓誌彙編』, 天寶002번(〈그림11〉 참조).

102　王泠然은 高昌宇에게 쓴 편지에서 "不憶往日任宋城縣尉乎? 僕稍善文章, 每蒙提獎, 勤勤見過 … 先天年中, 僕雖幼小, 未閑聲律, 輒參擧選. 公旣明試, 量擬點額, 僕之枉落, 豈肯緘口!"(『唐摭言』권2, 「恚恨」, 22쪽)라고 하였다. 이 글은 일견 王泠然이 高昌宇가 縣尉로 있던 宋城縣에서 응시했던 것처럼 읽힌다. 하지만 앞서 『唐六典』에서 보았듯이 당시 功曹·司功參軍事가 이를 주관하였다면, 상거의 첫 단계 시험은 현 단위에서 시행되지 않았다. 따라서 당시 高昌宇가 宋城縣尉로서 宋州의 司功參軍事 역할을 대신했을 가능성이 클 듯하다. 宋城縣이 宋州의 "郭下"에 있던 그 治所였고(『舊唐書』권38, 「地理」, 1439~1440쪽), 당시 지방의 속관은 闕位인 경우가 잦았기 때문이다. 후술하듯이 그곳이 부친의 임지였다면 더욱 그러하다.

山)"[103]은 형양과 무관하기 때문이다.[104]

위의 사례들은 그 나름의 연유를 짐작해 볼 수 있다. 송주가 왕영연 부친의 임지였고,[105] 형양이 최장지의 선영(先塋)과 비교적 가까웠기 때문에 그곳으로 "유[학](遊學)"했는지도 모르는 것이다. 물론 이것은 단지 추측일 뿐이지만, 분명한 사실은 당시 상거의 향공 스스로 그 첫 단계 평가를 어디에서 받을지 결정하는 일이 가능하였다는 점이다. 실제로 개원 연간에 월주(越州)의 "객거진사(客居進士)"들에 관한 일화도 전한다.[106] 따라서 당시 어떤 명분으로든 급제에 유리한 곳으로 응거지를 옮기는 향공이 적지 않았을 듯하고, 당후기 "모적(冒籍)" 풍조의 만연은 바로 그 연장선상에 있다고 생각된다.[107]

이와 같은 현상은 향공 특유의 개방성과 자율성을 명확히 보여주는데, 이것이 곧 당조가 생도 위주의 상거제도를 선호한 까닭 중 하나일 수 있다. 응시자 스스로 선택한 지역에서 그 선발자와의 사이에 긴밀한 사

103　萬安山은 흔한 명칭이나, 『新唐書』 地理志에서 확인되는 河南道 소재의 것은 河南府 壽安縣에 있다(권38, 983쪽).

104　崔藏之 관련 사실은 『全唐文補遺(千唐)』, 224~225쪽에 실린 본인의 묘지에 따른다. 여기에서 "年十有七(710년:인용자), 遊於滎陽. 刺史于季子解榻致禮, 嘉其文彩, 薦以秀才. … 開元初 … 〔玄宗〕召入麗正殿, 詳注莊老. 公以進而無位, 退不得隱, 遂應進士, 一擧登科."라는 입사 과정이 여느 진사과 급제자와 상이하나, 그가 "遊"했던 滎陽의 향공이었음은 확실하다.

105　王泠然의 父가 宋州의 碭山縣令을 역임하였고(『唐代墓誌彙編』, 天寶002번. 〈그림 11〉 참조), 이때 그가 宋州의 향공에 응시했을 가능성을 생각하는 까닭은 중종 경룡3년의 진사과 급제자 韋述의 선례가 있기 때문이다. 『舊唐書』 권102, 「韋述」, 3183쪽에 의하면, 그는 河北道 洺州의 肥鄕縣令이 된 부친을 따라 가서 洺州刺史의 칭송으로 "擧進士, 西入關"했다는 것이다. 같은 책, 권39, 「地理」, 1498쪽 참조.

106　『太平廣記』 권204, 「笛 李謩」, 1553쪽(출전 『逸史』)에는 개원 연간 "〔越〕州客擧進士者十人"이 베푼 연회 이야기가 나온다.

107　"冒籍"이란 말은 누차 거론되었던 무측천 시기 薛登의 "覓擧" 비판 상주문에도 나오는데(『舊唐書』 권101, 「薛登」, 3139쪽), 이러한 풍조는 전게 金瀅坤, 『中國科擧制度通史: 隋唐五代卷』, 「常擧鄕貢」, 205~231쪽이 잘 설명하듯이 후대로 갈수록 점점 더 확산된다.

적(私的) 유대감이 생길 위험성이 크다면[108] 더욱 그렇다. 조정이 주도하는 중앙집권적인 관인선발제도에서 이를 용납하기 어렵기 때문이다. 이러한 상황에서 현종은 개원19년(731) 6월에

> 여러 주에서 공거〔의 응거자〕는 모두 "본관(本貫)" 지역에서 관련 문서〔籍分〕가 분명한 이여야만 한다. 그런데 〔응거자가〕 "예(例)"에 따라 〔본〕관이 있는 곳에서 〔응거〕할 수 없어 편의상 〔다른 지역에서 시험을 쳐서〕 올려 보내지기를 원한다면, 이러한 유형〔의 응거자〕에 대하여 해당 주현에서는 곧바로 관련 법규를 확실하게 해서〔催科〕 〔본관이 있는 곳과 응시 지역이 위법 사항에 대한 적발 책임을〕 서로 미루어서는 안 된다.[109]

고 하였다.

"본관" 지역에서의 응거 원칙을 강조한 이 조칙의 목적은 자명하다. 향공이 자신의 편의에 따라 응거지를 결정함으로써 야기될 수 있는 상거제도의 혼란을 우려한 것이다. 하지만 조정도 다른 곳에서 응시하는 "예"를 부정하지는 못했는데, 이 "예"가 법례(法例)인지 혹은 관례(貫例)인지 단언하기는 어렵다. 그리고 이에 대한 규제 역시 "관련 문서"와 "관련 법규"의 정확한 확인 요구에 그치며, 그것이 만약 세역(稅役) 징수와 관련

---

108 이와 관련하여 앞서 본 王泠然의 글이 주목된다. "近者, 〔高昌宇〕伏承「皇皇者華」, 出使江外, 路次於宋, 依然舊遊, 門生故人, 動有十輩, 蒙問及者衆矣."(『唐摭言』 권2, 「恚恨」, 22쪽)라고 해서, 향공 선발 과정에서 맺어진 私的 관계가 오래도록 이어진 듯하기 때문이다. 사실 王泠然이 예전의 시험관이던 高昌宇에게 편지를 보낼 수 있었던 것도 그 덕분일 터인데, 특히 이러한 유대감을 "門生故人"으로 표현했음이 중요하다. 이 말은 川勝義雄, 「門生故吏關係」(원간 1958), 『六朝貴族制社會の硏究』(東京, 岩波書店, 1982)가 지적한 바 後漢 이래 求官 과정 등에서 형성된 "私的 結合體"의 형성을 시사하기 때문이다.
109 『唐會要』 권76, 「貢擧 緣擧雜錄」, 1638~1639쪽. "〔開元〕十九年六月勅: 諸州貢擧, 皆於本貫, 籍分信(사고전서본에는 "信" 없음:인용자)明者. 然(사고전서본에는 "後" 있음:인용자)依例, 不得於所附貫, 便求申送. 如有此色, 所由州縣, 卽便(사고전서본에는 "便"이 "使"로 되어 있음:인용자)催科, 不得遞相容許."

된 문서나 법규라면[110] 매우 소극적인 대응이다. 사실 당율(唐律)에 의하면, "부역(賦役)"을 진 "학환자(學宦者)"가 설령 거주지를 이탈하더라도 "부랑(浮浪)"의 죄로 처벌하지 않았다.[111] 향공의 지역적 유동성 통제는 결코 용이한 일이 아니었던 것이다.

그러므로 개원 연간 실제 상거의 운용 양상은 중앙집권의 강화란 면에서 분명한 한계를 드러낸다. 이와 관련하여 또 하나 홀시할 수 없는 사실이 있다. 당시 이부시는 명경과만이 아니라 진사과에도 첩경 시험을 부과하는 등 경학을 중시하였고, 이는 당조가 확정한 '관본(官本)' 경서에 근거함이 당연해 보인다. 그런데

> 일찍이 태종은 경적〔의 판본·내용 간〕에 어긋남이 많았으므로 안사고(顏師古, 581~645)에게 조서를 내려 간정(刊定)하도록 해서 그것을 천하에 반포하였다. 〔그러나〕 시간이 오래 지나면서 〔사람들의〕 베껴 적은 것이 달라졌다. 〔따라서 부득이〕 개원 연간 이후 상서성의 관청에서 응거자들을 시험할 때 먼저 〔자신들이〕 공부해 온 책을 내게 하여, 글자가 서로 다르면 곧 〔응거자가 공부해 왔던〕 "습본(習本)"에 따라 〔시비를〕 정하였다. 그 뜻이 혹 통할 만하다면, 비록 "관본"과 다르더라도 시험관이 〔인재를〕 거두어들이는 데 힘써서 합격시켜 주었다.[112]

고 하듯이, 응거자가 개인적으로 공부해 온 '습본'에 따라 시비를 가릴

---

110 위의 인용문에서 "籍分"과 "催科"의 정확한 의미는 솔직히 의문이다. 다만 "催科"가 통상 "賦稅 징수를 위한 帳簿의 작성"을 뜻한다면(斯波義信 편, 『中國社會經濟史用語解』, 東京, 東洋文庫, 2012, 43쪽), 이것은 稅役과 관계된 문서나 법규를 가리킨다고 해도 좋지 않을까 싶다.

111 『唐律疏議』 권28, 「捕亡律」 제12조(총제462조), 536쪽.

112 『封氏聞見記校注』 권2, 「石經」, 12쪽. "初, 太宗以經籍多有舛謬, 詔顏師古刊定, 頒之天下. 年代既久, 傳寫不同. 開元已來, 省司將試擧人, 皆先納所習之本; 文字差互, 輒以習本爲定. 義或可通, 雖與官本不合, 上司務於收獎, 卽放過."

수밖에 없었기 때문이다.

이는 제1·2부에서 오경정의와 관련해 지적하였던 바 통일제국의 권위로써 경학을 통일하고 또 이를 기반으로 관인을 배양하려 한 조정의 의도와 배치(背馳)된 개원 연간의 현실을 극명하게 보여준다. 다시 말해 상거에 의한 관인 선발 과정에서 응시자들의 정황을 무시할 수 없었고, 이 제도의 운용은 그 사회적 조건으로부터 결코 자유롭지 못했던 것이다. 그러므로 이 시기 상거제도의 실상을 정확히 파악하려면, 당조의 정책만이 아니라 응거자들의 동태를 비롯한 현실 상황에 대한 고려가 필수적이다.

이와 같은 입장에서 생각하면, 현종 시기 관인의 선발과 임용에서 문학적 소양이 더욱 중요해지는 전술한 현상 역시 쉽게 이해된다. 당시 관인에게 미문(美文)의 공문서 작성 능력이 필요했을 뿐더러 상거제도의 안착으로 인해 필기시험의 비중도 커질 수밖에 없었던 이상, 문장력 중시 추세가 불가피하였기 때문이다. 당조가 아무리 국자감을 진흥시키고 명경과 급제자를 우대하고 싶어도 이와 상반된 현실 앞에서 역부족이었으며, 결국 이를 어느 정도 받아들여야만 하였다. 개원5년 상거 책임자의 자격으로 "문사전려(文詞典麗)"를 강조한다거나,[113] "문학과 정사(政事)〔에 능한 이를 뽑는 일〕은 반드시 '고언(考言)'에 있다."는 개원23년(735)의 조칙이[114] 그 명증이다. 황제마저 상거에서 "문사(文詞)"의 중요성을 인정하고, 문학은 물론 정사 능력까지 "언(言)"으로써 검증 가능하다고 공언했던 것이다.

개원 연간 이부시 시기의 이러한 상황은 진사과의 잡문 시험이 문학적 기교와 수사를 중시하는 시(詩)·부(賦) 위주로 바뀌어 간다는 점에서

---

113 『文苑英華』 권391, 蘇頲 「授裴耀卿檢校考功員外郎制」, 1990쪽.
114 『冊府元龜』 권639, 「貢擧部 條制」, 7671쪽. "文學、政事, 必在考言."

단적으로 드러난다. 그 이전에도 성시(省試)에서 시나 부를 시험한 적이 있었을지라도, 이러한 사례가 현종 때만큼 많지 않았기 때문이다.[115] 개원2년부터 부 시험에 요구된 '8자운(字韻)'과[116] 개원5년 이후 상거의 시·부에서 나타나는 정제된 용운(用韻)[117] 또한 이와 일맥상통하는 현상이다. 그리고 선천2년 곧 개원1년(713)년 이후 진사과의 이부시는 5차례나 잡문으로 시와 부를 함께 시험해서 당후기의 그것과 동일한 형태를 취하기도 했다.[118]

그렇다면 고종 말 잡문 시험의 추가로 문학적 소양 위주의 상거 과목이 된 진사과가 이 시기에 이르러 그 정체성을 더욱 공고히 하였다. 이는 앞서 밝혔던 바 삼국시대 이래의 전통을 잇던 당시 현실 곧 사인들은 물론 궁정에서도 아름다운 시문을 애호하고 언어의 조탁을 존숭하던 사

---

115 전게 陳鐵民, 「梁琡墓誌與唐進士科試雜文」, 34~35쪽은 梁琡 묘지의 "制試裸文: 「朝野多歡娛詩」、「君臣同德賦」"(『唐代墓誌彙編』, 開元363번)란 기록을 근거로 무측천 수공2년의 진사과에서 시·부를 함께 시험했다고 하고, 이 주장에 따르는 연구자들이 적지 않다. 그러나 이 "制試"를 상거의 省試와 동일시하기 어려우며, 전게 陳尙君, 「『登科記考』正補」, 303~304쪽; 『登科記考補正』, 82~83쪽의 설명처럼 이것은 제거와 유사한 시험이었을 가능성이 크다고 생각된다. 그렇다면 예종 때까지의 省試에서 분명히 이러한 사례는 무측천 광택2년의 「高松賦」와 장안2년의 「東堂壁畫賦」 뿐이다(『登科記考補正』, 99·158쪽). 하지만 현종 시기에 이르면 진사과에서 시·부 시험 기록이 적지 않게 발견된다. 鄭曉霞, 『唐代科擧詩研究』(上海, 復旦大學出版社, 2006)와 전게 湯燕君, 『唐代試詩制度研究』; 詹杭倫, 『唐代科擧與試賦』 참조.

116 『永樂大典』의 賦字韻注에 "開元二年, 王邱(丘의 피휘:인용자)員外知貢擧, 始有八字韻脚."(『登科記考補正』, 203쪽에서 재인용)이라고 한다.

117 王兆鵬, 『唐代科擧考試詩賦用韻研究』(濟南, 齊魯書社, 2004), 199쪽에 따르면, 개원2년 이전까지 매우 느슨했던 시·부의 用韻이 개원5년 이후에는 『廣韻』의 "獨用"·"同用" 규정과 거의 완전히 일치한다.

118 당후기 진사과의 잡문 시험이 대개 시·부로 구성되었음은 주지의 사실인데, 전게 湯燕君, 『唐代試詩制度研究』, 32쪽의 표에 의하면 그 선례가 개원1·5·13·18·22년에도 있었다. 물론 이부시 시기의 경우 아직 이러한 방식의 잡문 시험이 일반화되지 않았다. 徐松은 진사과에서 잡문으로 시·부를 "專用"한 것은 "天寶之季"부터라 하였고(『登科記考補正』, 85쪽), 孟二冬 역시 이에 동의한다(전게 「唐代進士試年表」, 4쪽).

회적 분위기와 무관하지 않을 것이다. 따라서 경학을 중시한 당조가 이 과목에 첩경 시험을 덧보태었음에도 불구하고, 개원 연간의 진사과가 여전히 문장력 위주의 관인 선발 과목으로 여겨졌다고 해서[119] 전혀 이상할 게 없다. 상거제도가 확고하게 정착한 이 시기 역시 그 실제 운용은 조정의 의도대로 관철되지는 못했던 것이다.

이상에서 살펴본 과거제도의 '개원 연간의 상황'을 간략히 정리하면 다음과 같다. 현종도 궁중 정변을 거쳐 즉위했지만, 남관 정책을 폐기하는 등 그 이전 황제들과는 달랐다. 시험의 강화·전선제도의 정비를 통해 관인의 선발·임용 관련 제도를 체계화하였고, 그 결과 당조 최고의 번성기를 구가할 수 있었다. 이 시기의 상거제도는 『당육전』에 자세히 기록되어 있다. 이부시 시행기를 중심으로 그 내용을 살펴보면, 국자감의 생도와 지방에서 올라온 향공들이 각각 유기적으로 연계된 두 단계의 시험을 거쳐야만 했고, 그 최종 급제자는 과목과 시험 성적에 따라 초임 품계가 결정되었다. 교육·전선제도와도 긴밀히 연계된 이 상거는 기존의 찰거와는 확연히 다르며, 이 시기 새로운 관인선발제도의 안착은 엄연한 사실이다.

그런데 이것이 조정의 뜻대로만 운용되지 못했다. 황제는 상거의 중심에 관학을 둠으로써 중앙집권을 강화하려 했지만, 응거자들에 대한 통제가 그렇게 쉽지 않았던 것이다. 향공의 응거지 선택 가능성, 개인적으로 학습해 온 습본의 허용 등이 좋은 예이다. 이러한 현상은 진사과에서 더욱 뚜렷한데, 잡문 시험이 당시 사회적으로 애호된 시·부 위주로 점차 변해 갔기 때문이다. 그러므로 과거제도의 실상과 그 역사적 전개

---

119 전술했듯이 『文苑英華』 권514에 실린 「鄕貢〈一作擧〉進士判」의 두 答案者 趙昚와 權寅獻은 현종 때의 인물인데, 이들의 對判에 나오는 "文藝小善, 進士之能"(趙昚의 「對」, 2633쪽) 혹은 "進士以鋪翰振藻, 見擧於鄕閭"(權寅獻의 「對」, 2634쪽)란 인식이 그 대표적인 예이다.

과정에서 국가의 정책만이 아니라 당시 사인들의 동태를 비롯한 사회 현실도 주의할 필요가 있다. 시험관과 응시자의 분란으로 촉발된 상거 주무 관청의 변화 또한 마찬가지로서, 이 문제를 좀 더 면밀하게 검토해 보자.

2. 예부 주관의 과거제도

예부시(禮部試)의 출현

예부시는 개원24년(736)의 과거 시험 중 발생한 사건으로 인하여 생겨났다. 이 일의 전말이 당대의 문헌에 상세히 전하는데, 그 내용은 아래와 같이 요약 가능하다. 청탁을 엄금하려 했던 고공원외랑 이앙(李昂, ?~?)은 이러한 행위를 했다고 의심된 진사과 응시자 이권(李權, ?~?)을 공개적으로 비난하였다. 그러자 이권은 "맑은 위수(渭水)에 가서 귀를 씻는다"는 이앙의 시구(詩句)가 허유(許由, ?~?)의 고사를 빌려 황제의 양위를 기다린다는 참람한 뜻이 아니냐며 반발했다. 자신을 역적으로 만들 수도 있는 이 물음에 당황한 이앙은 이권의 "불손(不遜)"함을 고발하였다. 이처럼 불미스러운 사태가 고공원외랑의 "낮은 지위〔位輕〕" 탓이라고 여긴 조정은 상거의 책임자를 예부시랑으로 바꾸어 그 위상을 높였다.[120]

---

120 이 사건의 시말은 9세기 초에 쓰인 『大唐新語』 권10, 「釐革」, 153~154쪽과 오대 시기의 『唐摭言』 권1, 「進士歸禮部」, 11쪽에 상세한데, 여기에서는 일단 선행 문헌인 전자에 따른다. 물론 "使吏部侍郞掌〔常擧〕焉"으로 귀결되었다는 『大唐新語』의 기록은 착오이며, "詔禮部侍郞專之"라고 한 『唐摭言』의 서술이 사실과 부합한다.

이 문제의 직접적인 원인이 어디에 있든,[121] 과거의 수험생이 그 주관자를 마치 대역죄인(大逆罪人)처럼 몰아붙인 당돌함은 결코 예사롭지 않다. 이와 같은 시각에서 보면, 그 분란의 배경을

> 현종 시기에 응시자들이 매우 많아서, 매년〔첫 단계 시험을 통과해〕진사로〔상서〕성에 오는 이들이 늘 천 명보다 적지 않았다. 학관(學館)의 학생들은 계속 왕래하며 상호 "붕당"을 만들어 서로〔급제하려고〕싸웠는데, 이를 '붕(棚)'이라 하였다. 명망이 높은 자를 붕의 우두머리〔棚頭〕로 추대하여 세력 있고 지위 높은 사람들도 모두〔그를〕따라서, 이로 인해〔과거〕주관자의 판단을 현혹했다.〔그 결과〕합격하지 못할 경우〔공정성을 의심하는〕시끄러운 시비가 많아졌고, 고공〔원외랑〕도〔이를〕제어할 수 없었다.[122]

고 설명한 『봉씨문견기』의 기록이 주목된다.

그렇다면 이권의 주제넘은 행동을 단지 한 개인의 우발적 일탈로만 보기 힘들다. 당시 진사과 응시자들 간의 치열한 경쟁 속에서 생겨난 "붕당"이 이러한 저돌적인 행위에 일조했을 듯한 것이다. 따라서 이 사건은 특정 인물에 대한 처벌로 끝낼 수 없었고, 과거의 시행 방법 자체에 대한 개혁이 필요하였다. 실제로 개원24년의 상거 직후[123] 현종은 아래

---

121 개원24년의 사건을 설명하기에 앞서 『大唐新語』는 李昂의 "性剛急, 不容物"(권10, 「釐革」, 153쪽)한 성격만 지적했으나, 『唐摭言』은 "以擧人皆飾名求稱, 搖蕩主司, 談毀失實, 竊病之而將革焉."(권1, 「進士歸禮部」, 11쪽)이란 말을 덧보태어 당시 科場의 폐단을 바로잡으려 했던 그의 개혁 의지를 강조하고 있다.

122 『封氏聞見記校注』 권3, 「貢擧」, 16쪽은 "玄宗時, 士子殷盛, 每歲進士到省者常不減千餘人. 在館諸生更相造詣, 互結朋黨以相漁奪, 號之爲'棚'. 推聲望者爲棚頭, 權門貴盛, 無不走也, 以此熒惑主司視聽. 其不第者, 率多喧訟, 考功不能禦."했기 때문에 "開元二十四年冬, 遂移貢擧屬于禮部, 〔禮部〕侍郎姚奕(혹 弈으로도 적음:인용자)頗振綱紀焉."하였다고 한다.

123 예부시 개시 명령을 마치 개원3년 4월 1일(『唐大詔令集』 권106, 「令禮部掌貢擧敕」, 549쪽) 혹은 개원24년 겨울(『封氏聞見記校注』 권3, 「貢擧」, 16쪽)의 일처럼 적은 기

와 같은 칙서를 내렸다.

(1) 매년 〔상거에 의한〕 인재의 선발은 〔진정한〕 사인을 얻는 근본이니, 그 일의 전담자〔專典〕를 어찌 중시하지 않을 수 있겠는가! 근래에 〔이것은〕 오롯이 고공〔원외〕랑이 관장한 바였지만, 지위가 낮은데 일은 엄중해서 명목과 실질이 어긋났다. (2) 〔그러므로 이 일을〕 모두 〔이부의〕 장관에게 맡기고자 하였으나, 이미 〔그 직임에는〕 전선 업무가 많이 쌓여 있다. (3) 또 6관(官)을 나누어 두었더라도 나라의 주요 업무 수행이란 점에서 〔기실〕 동일하고, 더욱이 〔6관 중〕 종백은 예를 관장하므로 〔진정한 사인의〕 발탁〔賓薦〕을 주관함이 마땅하다. (4) 지금부터는 매년 〔상거 과목들의〕 다양한 인재 선발과 재랑(齋郎) 등의 간시(簡試) 〔응거자〕는 모두 예부에 모으되, 기왕에 〔예부에서 수행하던〕 여러 일들이 번잡하니 〔그 시험을 예부〕사랑에게 맡겨 전담하게〔專知〕 하라.(번호는 인용자)[124]

이에 따라, 개원25년(737)부터 과거제도의 중추라고 할 성시(省試)를 이부 고공사(考功司)의 원외랑(員外郎, 종6품상)이 아니라 예부의 시랑(侍郎, 정4품

록도 있지만, 이는 잘못이다. 『冊府元龜』 권639, 「貢擧部 條制」, 7671쪽; 『唐會要』 권59, 「尚書省諸司 禮部侍郎」, 1203쪽(사고전서본에서 이를 개원 개원12년의 일이라고 적은 것은 명백한 오기); 『資治通鑑』 권214, 唐玄宗開元24年條, 6814쪽 등이 모두 개원24년 3월에 아래의 칙서를 내렸다고 하기 때문이다. 이 달에 과거 관련 업무를 이관시켰다는 『舊唐書』 권8, 「玄宗」, 203쪽의 기록을 보더라도 마찬가지이다. 그렇다면 상거의 최종 시험이 보통 1~2월에 시행되던(전게 傅璇琮, 『唐代科擧與文學』, 「擧子到京後活動槪說」, 84쪽; 전게 高明士, 『隋唐貢擧制度』, 「唐代的貢擧制度」, 101쪽) 당시, 이 조처는 개원24년의 과거가 끝나자마자 나왔다고 생각된다.

124 『張九齡集校注』 권7, 「敕令禮部掌貢人」, 484쪽. "〔敕:〕 (1)每歲擧人, 求士之本, 專典其事, 寧不重歟! 頃年以來, 惟考功郎所職掌, 位輕事重, 名實不倫. (2)欲盡委長官, 又詮(『唐大詔令集』·『冊府元龜』·『唐會要』는 '詮'을 '銓'으로 적음·인용자)猥積. (3)且六官之列, 體國是同, 況宗伯掌禮, 宜主賓薦. (4)自今已後, 每(歲)諸色擧人及齋郎等簡試, 幷於禮部集, 旣衆務煩雜, 仍委侍郎專知."(번호는 인용자) 『唐大詔令集』 권106, 「令禮部掌貢擧敕」, 549쪽; 『冊府元龜』 권639, 「貢擧部 條制」, 7671쪽; 『唐會要』 권59, 「尚書省諸司 禮部侍郎」, 1203쪽에 실린 이 칙서는 일부 표현이 상이한데, 『張九齡集校注』는 이러한 글들을 모두 참조해 교감하였다.

하)이 주관하였다. 칙서는 그 이유를 (1)에서 상거의 중요성 때문이라고 완곡하게 표현했다. 그러나 이권이 야기한 분란과 그 배경을 생각할 때, 과거 책임자의 품계를 높인 것은 집단적으로 세력화하는 응시자들에 대한 통제 목적도 존재하였을 법하다. 더불어 간과해서 안 될 사실은 그 결과 (4)처럼 과거 담당 관청도 이부에서 예부로 바뀌었다는 점인데, 개원24년 9월에 예부는 "공거(貢擧)" 전용 관인(官印)까지 따로 갖게 되었다.[125] 이후 과거는 주지하듯이 청말까지 예부의 관할이었으므로, 후대로 계승된 과거 제도가 이때 비로소 명실상부하게 확립되었다고 하겠다.[126]

물론 위 인용문의 (3)을 보면, 상거 업무를 예부로 이관시킨 까닭은 단순히 이부의 업무량 과다 탓인 듯하다.[127] 하지만 그 결과 과거가 전선

----

125 『唐會要』 권76, 「貢擧 緣擧雜錄」, 1639쪽. 『冊府元龜』 권639, 「貢擧部 總序」, 7661
   쪽 참조.
126 예부시의 실시가 비단 과거제도사만의 문제가 아닐 수 있다. 예컨대 七野敏光은 이
   를 비슷한 시기에 편찬된 『大唐開元禮』·『唐六典』과 함께 고려해야 마땅하다면서
   "官制의 이론화·체계화의 완성"에서 그 역사적 의미를 찾았다(「唐開元二十四年禮部
   貢擧について」, 『法學論集』(關西大) 36-2, 1986). 실제로 예부시가 만들어진 개원25
   년 전후에는 李林甫의 入相·專政(谷川道雄, 「關於所謂李林甫專政」, 中國唐代學會
   編輯委員會 편, 『第二屆國際唐代學術會議論文集(史學)』, 臺北, 文津出版社, 1993),
   국가 재정 운용 방식의 개혁(渡邊信一郎, 「唐代前期律令制下の財政的物流と帝國編
   成」(원간 2009), 『中國古代の財政と國家』, 東京, 汲古書院, 2010) 등 주의할 만한
   변화들이 많았다. 하지만 본서는 당시의 복잡한 여러 가지 상황으로 논의를 넓히기
   보다 일단 관인선발제도 자체에만 초점을 맞추고자 한다.
127 과거의 주무 관청이 예부로 변한 사실에 큰 의미를 부여하지 않는 연구도 존재한다.
   예부의 역할은 단지 사무 처리와 관련된 제도상 문제라거나(전게 高明士, 『隋唐貢擧
   制度』, 「唐代的貢擧制度」, 99~100쪽), 혹은 省試 책임자가 소속 부서와 무관하게 使
   職化되는 경향을 강조하기도(전게 金瀅坤, 『中國科擧制度通史: 隋唐五代卷』, 「常擧
   省試」, 338~347쪽) 하는 것이다. 그러나 후술하듯이 이후 과거의 책임자를 '知貢擧'
   라고 불러 그 소임을 명확히 했을 뿐더러, 적어도 개원25년부터 천보 말년까지는
   기본적으로 예부시랑이 성시를 관장하였다. 『登科記考補正』에서 이와 다른 때는 두
   해뿐이며, 이 경우 아래의 표처럼 특수한 사정이 존재했기 때문이다. 따라서 적어도
   현종 시기의 예부시는 예부시랑이 주관한다는 원칙이 확고했으며, 성시와 예부의
   긴밀한 상관성을 부정해서 안 된다. 게다가 이부와 예부의 핵심적 속성이 각각 "현

을 책임진 이부의 관할을 온전히 벗어나게 되었다면, 이는 획기적 사실이다. 앞서 누차 강조했듯이. '거(擧)·선(選)의 분리' 곧 관인 자격자의 선발과 이들에 대한 관직 부여의 구분이 찰거와 다른 과거의 중요한 특징이기 때문이다. 물론 이러한 차이는 전술했던 것처럼 당 태종 때 관인 선발의 책임자를 고공낭중에서 고공원외랑으로 바꾼 데서부터 찾을 수 있다. 그런데 이것은 어디까지나 동일 관청 안에서의 변화였다. 하지만 이제 예부의 '거사(擧士)'와 이부의 '선관(選官)'이 확실히 나뉘었고,[128] 성시는 '사인의 선발' 과정인 '거사'로서의 분명한 독자성을 갖게 되었다. 따라서 예부시의 시행이야말로 과거제도 확립의 명명백백한 증거라고 해도 좋다.

여기에서 분명히 짚고 넘어가야 할 사실이 있다. 위 칙서의 (4)에서 재랑 등의 간시도 예부가 주관하도록 했으나, 이 시험은 이듬해에 이부로

실적인 政務"와 "문화적인 색채"로 구분 가능하다면(唐雯, 「由吏部到禮部: 試探開元二十四年貢擧考試改革的深層原因」, 『人文雜誌』 2006-2), 이러한 改制의 의미를 결코 홀시할 수 없다.

시기	성시 책임자	상황
천보2년	中書舍人 達奚珣	당시 예부시랑이던 韋陟이 1월 하순에 權知吏部侍郎이 되어 예부시랑의 임무를 수행할 사람이 없었음(전게 嚴耕望, 『唐僕尙丞郎表』, 856쪽의 고증)
천보10년	兵部侍郎 李麟	당시 李麟과 함께 兵部侍郎이던 權臣 楊國忠이 그를 기피하여, 재상이 李麟을 "以本官權知禮部貢擧"하게 함(『舊唐書』 권112, 「李麟」, 3339쪽)

128 서장에서 이미 밝혔듯이 과거제도에 관한 최초의 근대적 단행본 연구서인 전게 鄧定人, 『中國考試制度研究』는 "試士屬之禮部"와 "試吏屬之吏部"를 분리시킨 당대를 "擧士"·"擧官"이 뒤섞여 있던 한대와 대비시켰다. 당대의 이러한 특징은 『通典』의 관인선발제도 설명이 그 이전과 달리 "貢士之法"과 "選授之法"으로 나뉜(권15, 「選擧歷代制」, 353·359쪽) 데서도 잘 드러나며, 예부시가 공고해진 시기에 쓰인 『文獻通考』 「選擧」의 경우 과거와 전선 관련 내용을 '擧士'와 '擧官'이란 별개 항목으로 구분하였다. 여기에서 擧官은 곧 銓選 등 選官을 지칭한다.

이관되었다.[129] 그리고 개원26년(738) 11월에 무거(武擧)도 그 책임자의 직급을 높였지만, 이 조처는 예부와 무관하였다. 단지 병부원외랑(兵部員外郞, 종6품상)에서 병부낭중(兵部郞中, 정4품하)으로 바꾸었을 뿐이기 때문이다.[130] 그러므로 새로 생긴 예부시는 오로지 문관(文官)을 뽑는 과목 곧 수재과부터 명산과에 이르는 상거 6과만의 문제였고, 또 재랑을 위한 간시와는 확연히 구분되는 시험이었다. 이 역시 과거제도의 역사에서 이러한 변화에 특히 주목해야 할 이유이기도 하다.

그런데 예부시의 출현은 당시 응시자의 관점에서도 톺아볼 필요가 있다. 그들이 과거를 통해 궁극적으로 관인이 되려 했다면, 예부에서 주관한 상거가 별로 달갑지 않았을 터이다. 관직을 얻기 위해 예부와 이부 두 관청을 거치는 과정에서 그 수속이 더 복잡해질 수밖에 없었기 때문이다. 예컨대, 관시(關試) 즉 이부의 전선에 참여하기 전 성시 급제자에게 요구된 시험이 예부시의 시행 이후에서야 비로소 확인된다.[131] '관(關)'이란 형식의 관문서(官文書)는 "장관을 같이 하면서도 직무 부서〔職局〕가 다른 경우에" 사용되었고,[132] 이것은 '거사'와 '선관'의 담당 관청 분리로 인

---

129 『唐六典』은 吏部員外郞이 주관한 簡試를 설명하면서 "舊, 齋郞隸太常, 則禮部簡試. 開元二十五年, 隸宗正, 其太廟齋郞則十月下旬宗正申吏部, 應試則帖『論語』及一大經."(권2, 「尙書吏部」, 36쪽)이라고 주기했다.

130 『唐會要』 권59, 「尙書省諸司 兵部侍郞」, 1210쪽. "開元二十六年十一月十四日勅: 所設武擧, 以求材實, 仕進之漸, 期爲根本, 取舍之間, 尤宜審愼. 比來所試, 但委郞官, 品位旣卑, 焉稱其事. 自今以後, 應(사고전서본은 "應"을 "試"로 씀·인용자)武擧人等, 宜令侍郞專知."

131 전게 王勳成, 『唐代銓選與文學』, 1~9쪽이 關試를 자세히 설명하고 있는데, 여기에 실린 사례들은 모두 예부시 시행기의 것이다. 필자 또한 이부시를 시행할 때 관시를 쳤다는 기록을 찾지 못하였다.

132 '펠리오(Pelliot)2819호 문서'(http://idp.bl.uk/database/oo_scroll_h.a4d?uid=17801 58357;bst=1;recnum=59979;index=1;img=1, 2016. 10. 16. 확인)에 나오는 '關의 양식'은 이부가 병부에 보낸 문서로 예시되며, 그 아래 補則에서 "其內外諸司, 同長官而別職局者, 皆准此."라고 하였다. 『唐令拾遺』, 「公式令」 제8조, 555쪽; 『唐令拾遺補』, 같은 조, 713쪽 참조.

해 생긴 제도라고 추정되는 것이다. 따라서 '선관'과 분리된 예부시가 출사(出仕)를 바라던 사인들에게 그 매력을 반감시켰을 법도 하다.

그러나 한편으로 예부시가 관인 선발 과정에서 갖게 된 독립적인 지위 또한 홀시해서 안 된다. 현종 연간의 과거에서 성시 참여자들은 이미 관학이나 지방에서의 시험을 통과했고, 이 일련의 '거사' 절차 가운데 마지막 단계인 예부시 합격은 사인들에게 더할 나위 없는 명예와 자부심을 주었을 것이다. 게다가 시험의 주체가 예부로 이관됨으로써, 이 '거사' 과정이 '예(禮)'의 문제란 점이 명백해졌다면 더욱 그러하다. 물론 제1부에서 상술했듯이 "빈공(賓貢)"·"빈왕(賓王)" 등 응거자에 대한 예우를 강조한 표현은 일찍부터 있었다. 하지만 앞서 본 예부시의 개시를 명한 칙서는 (3)에서 "예를 관장한" "종백(宗伯)"이란 상고(上古)의 제도까지 거론하며 이를 공식적으로 제도화했다.[133] 따라서 새로운 형태의 상거는 번잡해진 입사 절차로 인해 설령 관직과의 거리가 멀어졌을지라도, 그 합격의 권위는 한층 높아질 수도 있었다.[134]

이와 같이 예부시의 시행으로 두 가지 상반된 가능성이 예견된다면, 실제로 이 신제(新制)가 상거 6과와 그 응시자들에게 어떤 결과를 낳았을까? 이 의문에 답하기 위해 먼저 이부시와 달라진 예부시의 구체적 모습을 알아야 하고, 이때 무엇보다 요긴한 문헌이 『당육전』이다. 권2 「상서이부(尙書吏部)」와 권4 「상서예부(尙書禮部)」의 상거 관련 내용에서 양자의

---

133 劉海峰이 예부시를 "上古 選士制度로의 복귀"처럼 보인다고 한 것도 이 때문인데(「唐玄宗朝科擧管理改革剖析」, 『晉陽學刊』 1989-5, 60쪽), 이부시의 경우 불가능했던 이러한 이념적 粉飾이 상거의 권위를 제고시켰음에 틀림없다.

134 이러한 상거의 상황은 王志東, 「略論唐玄宗開元二十四年的科擧變革」上·中·下, 『廣西社會科學』, 2005-3·4·5가 비교적 잘 설명하고 있는데, 특히 예부시가 과거를 "단순한 學問名譽制度"로 바꾸었다는 주장은 특기할 만하다(위의 下 논문, 87쪽). 그리고 이 시기에 뚜렷해지는 省試 응시자와 급제자의 호칭 분화 현상이 그 구체적 증거가 될 수 있는데, 이 문제는 현종 시기의 현실과 관련하여 후술하겠다.

차이가 명확히 드러나기 때문이다. 예를 들어, 권4의 상거 과목들 설명에서 권2에 나오는 평가 등급 관련 서술이 모두 사라진다.[135] 전술했듯이 상거 급제자의 합격 등급은 이부에서의 서계와 직결되므로, 이러한 변화가 예부 관할의 성시와 관직 사이에 생긴 간극을 뜻할는지 모른다. 그리고 권4에서는 6과가 "인재를 구하는 근본〔求人之本〕"이라고[136] 명기하여 그 중요성을 강조하는데, 권2에 없는 이 말이 이부시보다 높아진 예부시의 위상과 무관하지 않을 수도 있다.

뿐만 아니라 『당육전』의 「상서이부」와 「상서예부」에 기록된 상거 과목들의 실제 시험 방법도 아래 〈표37〉처럼 상이한 부분이 적지 않다.[137]

---

135 앞서 설명했듯이 『唐六典』 권2, 「尙書吏部」, 44~45쪽은 上上~中上의 4단계(수재과·명경과) 혹은 甲·乙 2단계(진사과·명법과)로 급제 등급을 나누었고, 이것이 이부의 급제자 敍階에서 기준이 되었다. 그러나 같은 책, 권4, 「尙書禮部」, 109쪽에는 이런 기록이 없다. 이는 물론 『唐六典』의 찬자가 이미 전술한 내용이라고 보아 생략해버린 탓일 수도 있지만, 예부시 시기에는 이러한 등급 구별이 예전만큼 중요하지 않았기 때문일 가능성도 배제하기 어렵다. 『通典』은 "自武德以來, 明經唯有丁第, 進士唯乙科而已."(권15, 「選擧 歷代制」, 357쪽)라고 해서 애당초 명경과·진사과 급제자는 최하등급뿐이었다고 하는데, 이처럼 제도와 상이한 현실이 개원25년 상거와 이부의 분리 이후 더욱 확연해졌을 수 있는 것이다.

136 『唐六典』 권4, 「尙書禮部」, 109쪽.

137 여기에서 이부시와 예부시의 비교는 일단 『唐六典』의 권2, 「尙書吏部」, 44~45쪽과 권4, 「尙書禮部」, 109쪽에 내용에 의거한다. 「尙書禮部」에 注記된 명경과의 "舊制"나 진사과의 "舊例"가 아래 표에서 보듯이 「尙書吏部」 기록과 조금 다를지라도 근본적 차이는 없기 때문이다.

과목	「상서이부」와 상이한 「상서예부」의 주기 내용
명경과	1) 帖試 대상으로 『孝經』·『論語』 외에 『老子』를 명기함 2) 策試 통과 기준이 "通六"에서 "通七"로 바뀜
진사과	"『老子』兼注" 帖試는 여타 小經·注와 달리 통과 기준을 "通三已上"으로 따로 규정함

〈 표 37: 『당육전』 권2와 권4의 상거 시험 방법 관련 내용 〉

과목	이부시	예부시
수재과	"試方略策五條 …(평가 등급)…〈此條取人稍峻, 自貞觀後遂絕.〉"	"秀才,〈試方略策五條. 此科取人稍峻, 貞觀已後遂絕.〉"
명경과	"〔여러 종류의 명경과〕各試所習業, 文, 注精熟, 辨明義理, 然後爲通. …(9경의 대·중·소 구분)… 通二經者, 一大一小, 若兩中經; 通三經者, 大、小、中各一; 通五經者, 大經並通. 其『孝經』、『論語』並須兼習.〈諸明經試兩經, …(진사과 관련 기록)… 每經十帖. 『孝經』二帖, 『論語』八帖. 每帖三言. 通六已上, 然後試策: 『周禮』、『左氏』、『禮記』各四條, 餘經各三條, 『孝經』、『論語』共三條, 皆錄經文及注意爲問. 其答者須辨明義理, 然後爲通.〉"	"凡明經先帖經, 然後口試並答策, 取粗有文理者爲通.〈(기존 "舊制" 설명) … 開元二十五年勅, 諸明經先帖經, 通五已上, 然後口試, 每經通問大義十條, 通六已上, 並答時務策三道.〉"(밑줄 친 글자는 『大唐六典』(千葉, 廣池學園出版部, 1989 재판), 83쪽에 따라 삽입함)
진사과	"進士〔試帖〕一經 …(帖試 방법은 명경과와 동일)… 帖一小經及『老子』〈皆經、注兼帖.〉, 試雜文兩首, 策時務五條, 文須洞識文律, 策須義理愜當者爲通.〈若事義有滯、詞句不倫者爲不. 其經、策全通爲甲, 策通四、帖通六已上爲乙, 已下爲不第.〉"	"凡進士先帖經, 然後試雜文及策, 文取華實兼擧, 策須義理愜當者爲通.〈(기존 "舊例" 설명) … 開元二十五年, 依明經帖一大經, 通四已上, 餘如舊.〉"
명법과	"試律、令各一部, 識達義理、問無疑滯者爲通.〈粗知綱例、未究指歸者爲不. 所試律、令, 每部試十帖. 策試十條: 律七條, 令三條.〉"	"凡明法試律、令, 取識達義理, 問無疑滯者爲通.〈所試律、令, 凡每部試十帖. 策試十條, 律七條, 令三條.〉"
명서과	"『說文』六帖, 『字林』四帖.〈諸試書學生帖試通訖, 先口試, 不限條數, 疑則問之, 並通, 然後試策.〉"	"凡明書試『說文』、『字林』, 取通訓詁, 兼會雜體者爲通.〈『說文』六帖, 『字林』四帖, 兼口試, 不限條數.〉"
명산과	"『九章』三帖, 『海島』、『孫子』、『五曹』、『張丘建』、『夏侯陽』、『周髀』、『五經〔算術〕』等七部各一帖. 其綴術六帖, 緝古四帖.〈錄大義本條爲問. 答者明數造術, 辨明術理, 然後爲通. 『記遺』、『三等數』, 讀令精熟, 試十得九爲第. 其試『綴術』、『輯古』者, 『綴術』七條, 『緝古』三條.〉"	"凡明筭試『九章』、『海島』、『孫子』、『五曹』、『張丘建』、『夏侯陽』、『周髀』、『五經〔算術〕』、『綴術』、『緝古』, 取明數造術, 辨明術理者爲通.〈『九章』三帖, 『五經〔算術〕』等七部各一帖, 『綴術』六帖, 『緝古』四帖, 錄大義本條爲問.〉"

<표37>에서 수재과의 시험 방법은 본문에서 주문(注文)으로 바뀐 데 그치고, 당시 이미 "끊어졌다[絶]"고 할 만큼 유명무실해진 이 과목에서 애당초 큰 변화를 기대하기 어렵다.[138] 명산과의 시험 방법 설명도 본문과 주문의 내용이 뒤바뀌는 등 약간 다르지만, 이로 인해 이부시와 예부시 간에 중요한 차이가 생겼다고 보이지 않는다. 그런데 명서과의 경우 예부시에서 "시책(試策)" 기록이 사라져서 특이하다. 이와 관련된 문헌이 달리 없어 이러한 개제(改制)의 의미를 단언하기는 어려우나, 시험 내용이 축소된 명서과가 예부시 시기에 더욱 중시되었을 가능성은 희박하다.

그러나 명경과의 상황은 분명히 이와 다르다. 이부시가 첩시와 경서 관련 책시만을 쳤으나, 예부시는 경서에 대한 "구시(口試)"를 추가하여 삼장제(三場制)로 변했기 때문이다. 게다가 이때 시험한 책도 시무책으로 바꾸어, 새로운 명경과는 단순한 경학 시험에 머무르지 않았다. 첩시의 합격 기준을 "통육(通六)"에서 "통오(通五)"로 낮춘 것 역시 동일한 취지의 산물로 여겨진다. 그렇다면 명경과의 시험 방법이 체계화되었을 뿐더러 평가 대상도 넓혀졌고, 그 결과 관인 선발 과목으로서의 지위가 제고되었다고 해서 별로 이상하지 않다.

진사과 또한 명경과와 유사하다. 이부시부터 이미 첩시-잡문(雜文)-시무책의 삼장제였던 이 과목은 시험 형태에 변화가 없다. 하지만 예부시가 되면서 첩시 대상을 "소경"에서 "대경"으로 격상시켰다. 비록 그 기준을 "통육"에서 "통사(通四)"로 낮추었을지라도, 이는 원래 문학적 소양 위주의 과목이던 진사과에 보다 깊은 경학 지식을 요구한 조처라고 여겨진다. 물론 그렇다고 해서 각각 문학적 소양과 경학 지식을 위주로 하던

---

138 『通典』권15, 「選擧 歷代制」, 354쪽의 수재과 설명에는 "開元二十四年以後, 復有此擧."라고 附注해서 이 시기에 모종의 변화가 있었던 듯하다. 그러나 이것은 "三十年來無及第者"란 그 뒤의 注文을 보면 실질적 의미가 없었다고 생각된다.

진사과와 명경과의 정체성이 달라진 것은 아니다.[139] 그러나 예부에서 친 진사과의 시험 내용이 더욱 포괄적으로 바뀌었음은 분명하다. 따라서 상거 6과의 위상이 만약 예부시 시행기에 실제로 높아졌다면, 그것은 무측천 시기 이래 그 중요성이 커져 온 명경과와 진사과의 성격 변화와 관련이 깊은 것이다.

이러한 측면에서 볼 때, 개원25년 초에 나온 현종의 조칙이 주목된다.[140] 이것은 『당육전』이 새로운 제도의 근거로 제시한 개원25년의 "칙"

---

139 帖經을 보면, 2경을 시험한 명경과가 1경을 시험한 진사과보다 그 비중이 컸다. 반면 시무책에서는 명경과의 "粗有文理"에 비해 진사과의 "義理愜當"이란 평가 기준이 더 높다. 그러므로 예부시 시기의 명경과와 진사과가 예전에 비하여 상대적으로 비슷해졌을지라도, 각기 경학과 문학을 중심으로 한 두 과목의 독자적 정체성에는 변함이 없었다.

140 이 조칙은 아래의 표에서 보듯이 문헌마다 형식이나 시기를 달리 적고 있지만, 그 핵심 내용은 동일하다. 이러한 기록들 중 가장 상세한 것이 『冊府元龜』의 "〔開元〕二十五年正月詔曰: 致理興化, 必在得賢, 強識博聞, 可以從政. 且今之明經、進士, 則古之孝廉、秀才. 近日以來, 殊乖本意. 進士以聲律爲學, 多昧古今; 明經以帖誦爲功, 罕窮旨趣. 安得爲敦本復古, 經明行修? 以此登科, 非選士取賢之道也. <u>其明經, 自今以後, 每經宜帖十, 取通五已上, 免舊試一帖; 仍案問大義十條, 取通六已上, 免試經策十條; 令答時務策三道, 取粗有文性者, 與及第. 其進士, 宜停小經, 准明經例帖大經十帖, 取通四已上; 然後准例試雜文及策, 考通與及第.</u> (1)其明經中, 有明五經以上, 試無不通者; 進士中, 兼有精通一史, 能試策十條, 得六已上者; 委所司奏聽進止. (2)其應試進士等, 唱第訖, 具所試雜文及策, 送中書門下詳覆. (3)其所問明經大義日, 仍須對同擧人考試, 庶能否共知, 取舍無媿, 有功者達, 可不勉與!〈此詔因侍郞姚奕奏奏也〉"(밑줄과 번호는 인용자)이며, 『全唐文』 권31, 344~345쪽의 「條制考試明經進士詔」도 이 글을 채록하였다. 그러므로 본고에서 이 조칙의 인용문과 관련된 서술 역시 기본적으로 『冊府元龜』에 의거한다.

문헌	형식	시기
『冊府元龜』 권639, 「貢擧部 條制」, 7671~7672쪽	詔	1월
『唐會要』 권75, 「貢擧 帖經條例」, 1631쪽	勅	2월
『通典』 권15, 「選擧 歷代制」, 356쪽	制	2월
『舊唐書』 권24, 「禮儀」, 919쪽	敕	3월
『資治通鑑』 권214, 唐玄宗開元25年條, 6826쪽	敕	2월

으로 추정되는데,[141] 그 서두에서 인재 발탁의 중요성을 강조한 뒤

> 무릇 현재의 명경[과]와 진사[과]는 곧 예전의 효렴과 수재[로서 현능한
> 사인을 얻는 방법]이다. [그런데] 근래 본의와 어긋나게 진사[과 응시자들]
> 은 [문장을 꾸미는] 성운(聲韻)·격률(格律)[만]을 배워 고금(古今)의 일에
> 어둡고, 명경[과 응시자들]은 첩시에 대비한 암송에 치중하여 [진정한 경
> 서의] 뜻을 궁구하는 이가 드물다. [이렇게 해서야] 어찌 근본을 두텁게
> 하고 예전으로 되돌아가서 경학에 밝고 행실을 닦겠는가? 이[와 같은
> 시험으]로써 등과시키는 것은 사인을 선발하고 현능한 자를 뽑는 방법
> 이 아니다.[142]

라고 한다.

명경과와 진사과를 논의의 중심에 둔 위의 글은 예부시 채용 당시[143]
당조의 관심이 이 두 과목에 있었다는 확실한 증거이다. 게다가 이것들
을 전통적 권위를 지닌 효렴, 수재와 동일시해서 그 위상을 높여주기도
하였다. 그러나 여기에서 아울러 간과해서 안 될 점은 두 과목 응시자들
의 행태에 대한 비판 또한 분명히 존재한다는 사실이다. 명경과와 진사
과에 대한 조정의 이러한 인식이 아래와 같은 이 조칙의 말미에서도 잘
나타난다.

---

141 위 『冊府元龜』 권639, 「貢擧部 條制」, 7671~7672쪽의 인용문 가운데 밑줄 친 부분은
  전술한 『唐六典』 권4, 「尙書禮部」, 109쪽에 나오는 "開元二十五年(敕)"의 명경과·진
  사과 新制 내용과 거의 같다.
142 『冊府元龜』 권639, 「貢擧部 條制」, 7671쪽. 『唐會要』 권75, 「貢擧 帖經條例」, 1631
  쪽 참조.
143 앞서 언급한 新制 관련 문헌들 중 『舊唐書』 禮儀志 이외에는 모두 조칙의 발포 시기
  를 개원25년 2월 이전이라 한다. 그렇다면 보통 1·2월에 省試를 실시하던 당시 이
  조처가 첫 예부시부터 적용되었을 가능성이 크다. 『舊唐書』 권9, 「玄宗」, 209쪽은
  이듬해 1월 東郊에서의 제사 뒤 내린 "制"로 "明經加口試"했던 것처럼 적었으나, 『唐
  大詔令集』 권73, 「親祀東郊德音」, 407~408쪽 등에 전하는 이 개원26년의 制書에는
  이러한 내용이 없어 착오일 듯하다.

(1) 명경〔과 응시자〕 중 5경 이상에 밝아 〔그 첩(帖)과 구두〕 시험에 다 통과한 이나 진사〔과 응시자〕 중 〔경서 이외에〕 한 사서(史書)까지 아울러 정통하고 책시 10조 가운데 6개 이상을 맞춘 이는 〔특별히 우대해야 하는데〕, 담당 관청에서 〔이들에 관해〕 상주하여 허락받도록 한다. (2) 그리고 진사〔과〕 등에 응시한 자들의 합격 발표가 끝나면, 〔그들이 시험 본〕 잡문과 책을 갖추어 중서문하(中書門下)에 보내어 재검토〔詳覆〕하게 한다. (3) 그리고 명경〔과〕의 대의(大義) 구시 날에는 반드시 같이 응시한 이들 앞에서 시험하여, 바라건대 〔수험자들끼리〕 능력 여부를 모두 알아 〔시험관의〕 당락 결정에 의혹이 없어야 하니, 〔이렇게 해서〕 제대로 공부한 자가 급제하도록 힘쓰지 않을 수 있겠는가!(번호는 인용자)[144]

명경과와 진사과를 탁월한 인재 선발의 방법처럼 간주한 (1)에서 단적으로 드러나듯이, 이 글 역시 두 과목의 중요성을 전제로 한다. 그런데 명경과와 진사과를 중시하는 만큼 이에 대한 관리 역시 엄격하게 바꾸었다. (2)가 "중서문하" 곧 재상에게 재검토하도록 한 것은 잡문과 책의 답안지로서 그 주된 대상이 진사과였고, (3)이 명경과의 구두시험을 공개시킨 것이다. 공정성을 강화하기 위한 이 조처들은 과거의 제도적 정비라고 해도 좋으나, 그 바탕에 두 과목의 기존 성시 방법에 대한 불신이 있음을 간과해서 안 된다. 특히 진사과에서만 시험한 잡문 내용은 반드시 재상에게 보내도록 함으로써 이 과목에 대한 의구심(疑懼心)을 더욱 분명히 나타낸 듯하다.

진사과에서 중시한 문학적 소양의 객관적 평가가 현실적으로 어려움을 생각할 때, 이러한 당조의 입장은 쉽게 이해된다. 잡문이 중서문하에서의 재검토 대상으로 특기(特記)된 것도 이와 무관하지 않을 터이다. 전

---

144 『冊府元龜』 권639, 「貢擧部 條制」, 7671쪽. 이와 유사한 내용은 『唐六典』 권4, 「尚書禮部」, 109~110쪽의 상거 6科에 대한 설명의 注文으로 나온다.

술했듯이 예부시 출현의 계기가 진사과 응시자와 과거 책임자 간의 분란이었을 뿐더러 진사과 응시자들의 집단적 세력화가 그 배경에 존재한다면 더욱 그렇다. 기실 위 개원25년 초의 조칙도 진사과의 개혁안에서 비롯하였다.[145]

그런데 간과해서 안 될 사실은 진사과에 대한 이와 같은 불신이 오히려 그 급제자의 현실적 지위 상승으로 귀결될 수 있었다는 점이다. "재검토"의 명목으로 개입한 재상이 진사과 합격의 실질적인 가치를 높였을 터이기 때문이다. 그러므로 앞서 예상했던 예부시로 인한 상거의 두 가지 상반된 가능성, 곧 복잡해진 수속에 따른 관인 선발 과목으로서의 효용 축소와 독립된 거사 단계의 최종 급제자라는 권위 제고가 진사과에서 확연히 드러난다고 해도 좋을 듯하다.

그리고 이러한 양상은 비단 진사과만의 문제로 국한되지 않았을는지 모른다. 첫 예부시를 시행한 직후인 개원25년 3월에 현종은 향공의 지역별 정원을 정하면서 향음주례의 시행을 거듭 명하였기 때문이다.[146] 과거 응시자의 숫자를 제한함과 동시에 이들의 위상을 높여 준 이 조처 역시 결과적으로 통제와 존중이라는 양면적 효과를 낳았을 수 있는 것이다. 그렇다면 과거의 주무 관청이 이부에서 예부로 바뀔 즈음 과거제도

145 개원25년의 조칙은 姚奕의 奏請에 기인하였는데(『冊府元龜』 권639, 「貢擧部 條制」, 7672쪽; 『唐會要』 권75, 「貢擧 帖經條例」, 1631쪽(사고전서본에는 관련 기록 없음); 『通典』 권15, 「選擧 歷代制」, 356쪽), 그가 개원24년 10월에 예부시랑으로서 처음 제기한 문제는 진사과의 帖試 대상과 그 통과 기준이었다(『唐會要』 권76, 「貢擧 進士」, 1633쪽. 『舊唐書』 권24, 「禮儀」, 919쪽 참조).

146 『唐會要』 권26, 「鄕飮酒」, 581쪽에 의하면, 개원25년 3월(『唐撫言』 권1, 「貢擧釐革并行鄕飮酒」, 1쪽은 2월)에 "應諸州貢人, 上州歲貢三人, 中州二人, 下州一人, 必有才行, 不限其數. 其所貢之人, 將申送一日, 行鄕飮酒禮, 牲用少牢, 以現物充."이란 조칙이 나왔다. 전술하였듯이 과거 응시자들의 鄕飮酒禮는 일찍부터 보이지만, 州의 등급에 따른 향공 숫자의 확정과 더불어 이들에 대한 鄕飮酒禮 제도가 더욱 공고해졌다고 생각된다. 『唐六典』 권30, 「三府都護州縣官吏」, 748쪽 참조.

는 지방 단계의 선발 절차부터 변화가 생겼고, 그 영향이 특정 과목에만 그쳤을 리 없다. 따라서 이부시에서 예부시로 바뀐 과거제도의 상이한 두 가능성이 실제로 어떻게 현실화되었을까 의문인데,[147] 현종 시기 예부시 형태의 상거가 갖는 특징을 궁구해 보도록 하자.

예부시의 양면성

현종은 개원26년(738) 1월 8일에 내린 덕음(德音)에서 관인의 선발 문제에 상당한 지면을 할애하였다.[148] 이 부분은 개원25년 처음으로 예부시를 시행한 뒤, 그 경험에 입각한 조정의 조처란 점에서 주목된다. 그런데 지방관학의 중요성을 강조하며 시작되는 그 내용은 세 가지 구체적 사실 을 담고 있다. (1) 향(鄕)이나 이(里)의 학교 설치,[149] (2) 국자감에서 향공

---

147 이와 관련하여 개원25년 6월에 전면적으로 수정된 새로운 律·令·格·式이 만들어졌 다는 사실이 주목된다(전게 高明士, 『律令法與天下法』, 180~189쪽 참조). 첫 예부시 가 시행된 직후 당대 법제의 총제적인 개편이 이루어졌고, 이것이 이후 과거제도의 전개 과정에 큰 영향을 미쳤으리라고 짐작되는 것이다.

148 『唐大詔令集』 권73, 「親祀東郊德音」, 407~408쪽. 이 글 중 『冊府元龜』가 관인선발 제도와 관련된 내용으로 옮겨둔 부분은 아래와 같다. "(1)古者鄕有序, 黨有塾, 將以 弘長儒敎, 誘進學徒, 化人成俗, 率由(繇)於是. 斯道久廢, 朕用憫焉. 宜令天下州縣, 每一鄕之內, 〔里〕別各置學, 仍擇師資, 令其敎授. (2)其諸州鄕貢〔明經、〕進士, 每年 引見訖, 幷(更)令就(없음)國子監謁見(先)師, 所司設食, 學官等爲之開講, 質問疑義. 且公侯之胤(緖), 皆稟(稟)義方, 學禮聞詩, 不應失墜, 容其徼幸(倖), 是長慢遊(游). 如 聞, (3)近(比)來弘文館學士(、崇文學生), 緣是貴冑子孫, 多有不專經業, 便與及第, 深 謂不然. 自今以(已)後. 宜一依式令考(令式)試."(번호는 인용자. 『冊府元龜』 권639, 「貢擧部 條制」, 7672쪽에는 밑줄 친 글자가 소괄호 안과 같고, 대괄호 속 내용이 추가되어 있음.)

149 위의 인용문에서 보듯이 『唐大詔令集』은 鄕마다 학교를 두었다고 했지만, 『冊府元 龜』의 경우 里別로 학교를 세운 것처럼 적었다. 이와 유사한 내용을 전하는 문헌들 중에도 전자와 같은 기록(『舊唐書』 권9, 「玄宗」, 209쪽)이 있는 반면 후자와 동일한 것도 존재한다(『全唐文』 권24, 「春郊禮成推恩制」, 276쪽; 『唐會要』 권35, 「學校」, 741쪽(단, 사고전서본은 "各里置一學"을 "各增置一學"이라고 써서 전자와 같음); 『通

의 알선사 의례 시행, (3) 홍문관(·숭문관) 학생들에 대한 우대 축소가 그 것이다. 예부가 과거를 주관한 뒤에도 여전히 (1) 지방관학의 확대와 (2) 관학과 향공의 연계를 중시하고[150] 또 (3) 관인 선발의 공정성을 강화시키려 해서,[151] 그 이전과 별 차이가 드러나지 않는다.

당조의 시각에서 생각하면, 국가권력이 직접 통제 가능한 관학에서 교육한 사인들을 엄격히 평가하여 관인을 뽑는 것보다 좋은 제도가 없다. 전술한 바 개원 연간의 과거제도가 관학을 중심에 둔 상거 형태로 체계화되어 간 까닭도 바로 이 때문이다. 그렇다면 상거의 책임 관청을 바꿀지라도 이러한 정책 기조는 계속 유지할 필요가 있었고, 위 개원26년의

典』권53, 「禮 大學」, 1469쪽; 『資治通鑑』권214, 唐玄宗開元26年條, 6832쪽). 따라서 무엇이 사실인지 단언하기 어렵다. 그러나 천보3년의 「親祭九宮壇大赦天下敕」(『唐大詔令集』권74, 417쪽)과 천보7년의 「天寶七載冊尊號赦」(같은 책, 권9, 52쪽)에 "鄕學"이란 표현이 보이므로, 현종이 향에까지 학교를 설치하려 했음은 확실하다.

150 전술하였듯이 당조는 일관되게 관학을 중시했고, 특히 중종의 복위 뒤 더욱 뚜렷해진 이러한 정책이 개원5년 謁先師 의례로 이어진다. 고조가 "鄕里"(『唐大詔令集』권105, 「置學官備釋奠禮詔」, 537쪽) 혹은 "鄕"(『冊府元龜』권50, 「帝王部 崇儒術」, 557쪽)에 학교를 두었다는 기록이 있지만, 전게 高明士, 『中國中古的敎育與學禮』, 51쪽의 지적처럼 실제로 이처럼 기층사회에까지 관학이 확산된 것은 현종 시기 이후의 일로 생각되는 것이다. 그리고 천보6년에는 武擧의 응시자들까지 상서성에서의 시험 전에 武廟에 배알하도록 했다(王涇, 『大唐郊祀錄』권10, 「饗禮 釋奠武成王」, 『大唐開元禮(附『大唐郊祀錄』)』의 801쪽). 따라서 관학의 중시나 이를 위주로 한 상거 운용 방침은 예부시 시행 뒤에 더욱 확고해졌다고 하여도 좋을 것이다.

151 陳飛, 「唐代宏崇生考試制度辨識」, 『歷史研究』2016-1은 특별히 높은 신분이던 弘文館·崇文館 학생들이 명경과와 진사과에 주로 응시하였으며, 이들이 상당한 특혜를 받으면서도 결국 과거제도의 틀 안으로 들어오고 있음을 잘 설명하고 있다. 두 學館 학생의 "便與及第"를 부정한 위 개원26년의 德音은 그 좋은 증거로서 예부시 시행 이후 이러한 경향이 더욱 뚜렷해진다. 단 천보14년의 "弘文館學生, 自今以後, 宜依國子監學生例帖試. 明經、進士帖經並減半, 雜文及策, 皆須粗通. 仍永爲常式."(『冊府元龜』권640, 「貢擧部 條制」, 7674쪽) 조처는 이와 조금 다른 듯하다. 그러나 이 글 또한 弘文館(·崇文館) 학생들에게까지 여타 응시자들처럼 진사과와 명경과의 三場制 적용을 전제한다는 점에서(위의 陳飛 논문, 176쪽 참조) 시험의 강화 추세와 모순되지는 않는다.

덕음이 그 명확한 증거이다. 그리고 보름 뒤 23일에는 지방에서 올라오던 효제역전과(孝悌力田科)를 상거에서 제외시켰다.[152] 자의성이 클 수 있는 과목을 배제한 이 조처 역시 중앙에서 직접 관인을 객관적으로 검증해 선발하려 했던 조정의 입장과 상통하는 듯하다.

물론 『당육전』의 기록에서 보았듯이 이부와 예부가 주관한 성시 내용은 상이하다. 그러나 당시 '격(格)'으로 규정된 구체적인 시험 방법이 수시로 바뀐다면,[153] 이러한 차이가 얼마나 특별한 의미를 갖는지 의문이다. 사실 명경과와 진사과의 변화가 비록 컸다고 하지만, 두 과목은 여전히 경학 지식과 문학 소양 위주의 과목이란 정체성에 변함이 없었다. 생도와 향공이란 응거 방법의 측면에서 생각하더라도 마찬가지이다. 예부시 시기 또한 생도와 명경과의 관계가 깊은 반면, 진사과의 경우 향공과 더 밀접히 연계되었던 것이다.[154] 게다가 이때 지방의 부(賦) 시험 기록이

---

152 『唐大詔令集』 권106, 「孝悌力田擧人不令考試詞策敕」, 542쪽; 『冊府元龜』 권639, 「貢擧部 條制」, 7672쪽.

153 "擧進士者, 有司高張科格, 每歲聚者試之."(皇甫湜, 『皇甫持正文集』, 上海, 上海書店, 1926의 권4, 「答李生第一書」, 16쪽)이나 『唐摭言』 권1, 「會昌五年擧格節文」, 2쪽에서 알 수 있듯이, 과거제도가 확립된 이후에도 매년 '格'으로써 그 실제 시행 방식을 조금씩 바꿀 수 있었다.

154 이러한 사실은 뒤에 상술하겠지만, 그 대략적인 상황이 【부록2】의 진사과와 명경과 급제자들의 응거 방법을 비교한 아래 표에서도 잘 드러난다. 현종 시기의 향공 대비 생도 비율을 보면, 이부시나 예부시 시기를 막론하고 명경과가 진사과보다 관학과의 관계가 더욱 긴밀했던 것이다.

시기	현종 이부시 시행기 (Ⅴ기: 713~736)			현종 예부시 시행기 (Ⅵ기: 737~756)		
	전체	진사과	명경과	전체	진사과	명경과
응거 방법 확인되는 인물	21명	15명	6명	20명	10명	10명
생도	13명	9명	4명	15명	7명	8명
향공	8명	6명	2명	5명	3명	2명
생도 수/향공 수의 백분율	163%	150%	200%	300%	233%	400%

처음 발견되며,[155] 향공이 기대에 못 미칠 경우 그 선발자의 문책도 가능하였다.[156] 그러므로 과목의 분화, 몇 단계의 시험 요구와 같은 과거제도의 기본적인 특성은 예부시의 시행으로 인해 달라지지 않았다.

기실 당대의 전성기였던 현종 치세의 이러한 현상은 전혀 이상한 일이 아니다. 안정된 통일제국에서 입사하고픈 사인들이 허다했던 당시,[157] 엄격한 시험을 통해 여러 유형의 인재를 폭넓게 관인으로 뽑으려 한 것은 당연하기 때문이다. 이 시기에 완비된 과거제도야말로 이를 위해 최적화된 수단이었으며, 당조는 이와 유사한 관인 선발 방법을 확대시켜 나갔다. 개원29년(741) 도교(道敎) 경전을 가르치는 숭현학(崇玄學)을 세운 뒤 이를 기반으로 만든 도거(道擧)가 그 좋은 예이다.[158] 도교를 존숭하던 황제는 이 새로운 과목으로써 자신의 의지를 관철시킨 것이다.[159] 그리

---

155 천보 연간의 진사과 급제자 邵說의(『登科記考補正』, 1185쪽) 글 중에 「河南府試荃蹄賦」가 있다(『文苑英華』 권110, 500~501쪽). 따라서 이 시기 河南府의 향공 선발에서 賦를 시험하기도 했고, 이것이 현존하는 최초의 지방 賦試 사례이다.

156 『文苑英華』 권514, 2634쪽의 「貢人帖經判」을 보면, "漳浦郡貢人景, 帖策不通, 所由將坐郡守, 云'未成分', 仰處分."이란 試判에 張憑은 "恐非公薦, 景當冒貢, 請用遠郊之禮, 守擧非才, 宜從削地之罰."이라고 對判하여 부적절한 貢人을 뽑아 올린 지방관의 처벌에 동의하였다. 이것은 물론 한 사람의 의견이지만, 당시 향공의 선발 과정이 무척 엄격했음을 시사한다. 그런데 천보1년에 漳州를 漳浦郡으로 개칭하였으므로(『舊唐書』 권40, 「地理」, 1601쪽), 이 判文은 예부시 시기의 것이다.

157 현종 때 "太平君子, 唯門調戶選, 徵文射策, 以取祿位, 此行己立身之美者也. 父教其子, 兄教其弟, 無所易業."(『文苑英華』 권759, 「詞科論」, 3974쪽)했다는 沈旣濟의 말이 이를 극명히 보여준다. 예부시 시행 초기의 재상이던 李林甫가 "非常調無仕進之門."(『舊唐書』 106권, 「李林甫」, 3241쪽)이라고 할 만큼 입사를 통제할 수 있었던 것도 이러한 상황에서 가능하였을 터이다.

158 『唐會要』 권77, 「貢擧 崇玄生〈道擧附〉」, 1660~1661쪽. 사고전서본에는 개원29년이 개원25년으로 되어 있으나, 전게 高明士, 『中國中古的敎育與學禮』, 47~50쪽의 설명에 의하면 착오라고 생각된다.

159 道擧에 관하여서는 藤善眞澄, 「官吏登用における道擧とその意義」, 『史林』 51-6, 1968과 王永平, 「論唐代道擧」, 『人文雜誌』 2000-2; 林西郞, 「唐代道擧制度述略」, 『宗教學研究』 2004-3 참조.

고 앞서 지적했듯이 이부시에서 응시자들이 개인적으로 공부해 온 경서의 '습본(習本)'을 인정했는데, 천보10년(751) 『오경자양(五經字樣)』을 관찬한 후에는 이를 허용하지 않았음도[160] 동일한 맥락에서 이해된다.

그렇다면 예부시 시기에 당조가 관인 선발 과정에 더 적극적으로 개입하였던 듯하며, 전술한 관시(關試)의 예에서 보듯이 복잡해진 입사 절차도 여기에 일조했을 터이다. 조정은 '선관(選官)'과 '거사(擧士)'의 분리로 인해 생긴 틈을 이용하여 사인들에 대한 통제를 강화할 수 있게 된 것이다. 실제로 과거 시험장을 삼엄하게 지키고 수험생들의 의복까지 수색한 것은 예부시 시행기의 조처일 가능성이 크다.[161] 따라서 당시 응시자들은 철저한 감독의 대상으로 바뀌었다고 해도 좋을는지 모르며, 이 시기의 성시가 예전에 비하여 더욱 치밀하게 관리되었음은 부정하기 힘들다고 하겠다.

이와 관련하여, 성시 직전 그 책임자를 일정 기간 공원(貢院)에 격리시킨 '쇄원(鎖院)' 문제도 홀시할 수 없다. 이 제도가 이부시 시기에는 확인되지 않으므로,[162] 예부시의 실시와 함께 응시자는 물론 시험관까지 감시

---

160 『封氏聞見記』 권2, 「石經」, 12쪽에서 “〔天寶〕十年, 有司上言經典不正, 取捨無準, 詔儒官校定經本, 送尙書省並國子司業張參共相驗考. 〔張〕參遂撰定『五經字樣』, 書於太學講堂之壁, 學者咸就取正焉. 又頒『〔五經〕字樣』於天下, 俾爲永制. 由是省司停納習本.”이라고 한다.

161 『冊府元龜』 권640, 「貢擧部 詔制」, 7674쪽은 “禮部閱試之日, 皆嚴設兵衛, 薦棘圍之, 搜索衣服, 譏訶出入, 以防假濫焉.”이라고 하여, 이와 같은 제도가 예부시와 관련됨을 명기하고 있다. 물론 이부시 시행기에 이러한 규정이 없었다고 단언하기는 어렵다. 그러나 위 『冊府元龜』의 기록이 천보11년의 조칙 다음에 나온다면, 이것을 그 이전까지 소급하기는 힘들 듯하다. 이와 동일한 내용이 『通典』 권15, 「選擧 歷代制」, 357쪽에도 나오는데, 이 또한 천보11년과 대종 보응2년의 사실 중간에 들어가 있다.

162 鎖院制度의 정확한 개시 시점은 알 수 없다. 하지만 전게 金瀅坤, 『中國科擧制度通史: 隋唐五代卷』, 「省試制度的完善與防弊措施」, 402~404쪽의 설명처럼 이것이 예부시의 등장 특히 천보 연간 이후 비로소 생겼으리라고 짐작된다. 鎖院과 관련된 기록은 천보10년의 진사과 급제자인 錢起의(『登科記考補正』, 368~369쪽) 詩에 처음 나타나기 때문이다.

의 대상으로 삼았다고 여겨지는 것이다. 사실 예부가 주관한 첫 성시 즈음에 나온 개원25년 초의 조칙은 앞서 지적했듯이 진사과와 명경과 응시자의 행태와 그 시험의 공정성에 대한 불신을 담고 있다. 그렇다면 예부시에서의 이러한 규제 강화는 이미 예견된 일이며, 이후 당조가 제도적으로 과거를 더욱 강력하게 통제해 갔다고 해서 전혀 이상하지 않다.

그러나 위 개원25년 초의 조칙에는 또 다른 내용도 있다. 전술한 바, 명경과와 진사과를 효렴·수재와 동일시하는 등 한편으로 그 위상을 높여 주었음 역시 분명한 것이다. 따라서 적어도 이 두 과목의 경우, 통제와 함께 이와 일면 상반된 측면 곧 존숭의 가능성도 병존한다. 다시 말해 '선관과 분리된 예부시의 독자적 가치가 커지고, '거사' 단계의 최종 급제자를 뽑는 시험으로서의 그 권위 제고 현상도 아울러 고려하지 않으면 안 되는 것이다. 예부시의 양면성 문제에 주목하는 까닭은 바로 여기에 있다.

이와 같은 시각에서 보면, 천보 연간에 태학생이던 봉연이 "박사·학생들과 같이 경적의 착오를 논하고, 〔그 잘못을 바로잡은〕 대당석경(大唐石經)을 세울 것을 건의하려 했다."는[163] 기록이 주목된다. 당시 국자감 학생들이 경서의 통일 작업에 적극 개입하였고, 이는 조정이 주도했던 당초의 오경정의 편찬 사업과 대비되기 때문이다. 그 목적은 물론 효율적인 과거의 첩경 시험 준비였을 터인데, 이와 같은 생도들의 태도에서 당시 예부시 응시자들의 자율적 능동성이 돋보인다.

그런데 천보 연간에는 "유장경(劉長卿)과 원성용(袁成(咸?)用)이 나뉘어 붕당(朋黨)의 우두머리〔朋頭〕가 되었다. 이때에 늘 〔두 사람이 재학한〕 동도(東都)와 경조(京兆)의 국자감을 중시하였다."거나[164], "진사〔과 응시자들〕은 동

163 『封氏聞見記校注』 권2, 「石經」, 12쪽. "天寶中, 予在太學, 與博士、諸生共論經籍失正, 爲欲建議請立大唐石經."
164 『唐國史補』 권下, 56쪽에 "天寶中則有(없음)劉長卿、袁成(咸)用, 分爲朋頭, 是時常重東府西監(兩監)."이라고 하는데, 이 책을 인용했다는 『唐摭言』 권1, 「兩監」, 5쪽에

붕(東棚)과 서붕(西棚)이 있어 각각 명성과 위세를 가졌다."고[165] 한다. 예부시 시행기의 중앙관학 안에서, 특히 진사과 응시자들의 집단화 현상이 두드러졌던 것이다. 이는 전술한 바 개원24년 고공원외랑이 주관한 과거 시험장에서의 분란 배경에 대한 『봉씨문견기』의 설명과 흡사하다. 다시 말해, 상거 책임자가 예부시랑으로 바뀌어 그 직급이 높아졌음에도 불구하고 과거 응시자들의 붕당은 여전하였다. 기실 이처럼 세력화한 집단의 근저에 그 구성원들의 주체적 독립성이 존재한다면, '거사'의 마지막 단계가 된 예부시의 높아진 위상은 이를 더욱 부추겼을 수도 있다.

이러한 현상은 상거의 주무 관인에게서 더욱 뚜렷이 나타난다. '지공거(知貢擧)'란 표현의 등장이 단적인 예이다. 관견에 의하면, "개원24년에 칙으로써 〔고공원외랑의〕 권위가 낮으므로 오로지 예부시랑 1인에게 '지공거'하도록 했다."는[166] 『당육전』의 주문(注文)이 그 첫 용례이기 때문이다. 당초부터 이러한 말이 쓰인 것처럼 적은 기록도 있지만, 이들은 모두 당 후기 이후 편찬된 문헌에 나온다.[167] 따라서 이부시의 주관자를 '지공거'

는 밑줄 친 부분이 괄호 안의 글자로 바뀌어져 있으므로 두 내용을 아울러 고려해 번역하였다. 劉長卿의 행적에 관해 상충된 기록이 많으나 천보6년 이후 진사과 급제자임은 분명하고(『唐才子傳校箋(1)』 권2, 「劉長卿」, 313~314쪽), 袁成(咸)用의 경우 그 이력을 전혀 알 수 없다.

165 9세기 중엽에 편찬된 段成式, 『酉陽雜俎』(上海, 上海書店, 1926) 續集 권4, 「貶誤」, 133쪽의 '樓羅'라는 말의 기원 설명 중 "天寶中, 進士有東、西棚, 各有聲勢."라는 말이 나온다. 정환국, 『역주 유양잡조(1)』(서울, 소명, 2011)의 「해제」, 10쪽 참조.

166 『唐六典』 권2, 「尚書吏部」, 44쪽의 "開元二十四年, 敕以爲權輕, 專令禮部侍郎一人知貢擧." 단 앞서 보았듯이 개원24년 敕의 관련 부분은 "頃年以來, 惟考功郎所職掌, 位輕事重 … 自今已後 … 仍委侍郎專知."(『張九齡集校注』 권7, 「敕令禮部掌貢人」, 484쪽)로서 "知貢擧"란 단어가 없다.

167 예컨대, 『唐會要』의 "舊〔考功〕郎中知貢擧"・"〔考功員外郎〕貞觀已後知貢擧"(권58, 「尚書省諸司」의 1183쪽・1184쪽)란 서술을 보면 당초부터 知貢擧란 표현이 있었던 듯하다. 그러나 송초에 완성된 현존 『唐會要』의 이 기록은 당시에 실제로 이렇게 쓰였다는 확증이 못 된다. 실제로 『通典』의 경우, 동일한 사실을 "武德舊制, 以考功郎中監試貢擧. 貞觀以後, 則考功員外郎專掌之."(권15, 「選擧 歷代制」, 353쪽)라고

라고 불렀는지 의심스러우며, '권지공거(權知貢擧)'도 예부에서 '공거인(貢擧印)'을 가진 뒤에야 생긴 표현인 듯하다.[168] 예부시의 시행으로 성시의 독립된 지위가 확고해지자 이 직임 혹은 그 책임자를 지공거로 일컫기 시작했다고 생각되는 것이다.[169]

실제로 예부시랑은 고공원외랑보다 상거의 실시 과정에서 재량권(裁量權)이 컸던 듯하다.[170] 이와 관련하여 주목되는 인물이 천보1년(742) 예부시랑으로 과거를 주관했던 위척(韋陟, 697~761)이다. 성시 직전인 개원29년 11월에 그는 시험관의 "친족(親族)"을 이부에서 따로 시험하도록 건의하

달리 적고 있다. 따라서 "〔證聖1년 혹은 天冊萬歲2년?〕李逈秀任考功員外, 知貢擧."(『大唐新語』 권7, 「知微」, 115쪽) 등 당후기 문헌들에서 발견되는 지공거는 예부시 시행 뒤의 용법에 의거한 것일 가능성이 크다.

168 『冊府元龜』 권639, 「貢擧部 總序」, 7661쪽. "是年(개원24년 9월:인용자)始置禮部貢擧印. 其後禮部侍郎闕人, 亦以佗官主之, 謂之權知貢擧."

169 知貢擧란 말의 용례는 두 가지 형태 곧 '공거를 책임진다'는 用言과 공거를 책임진 관직·관인이란 體言으로 나눌 수 있다. 당후기에 더 자주 보이는 것은 전자와 같은 용법이고, 후자의 경우 상대적으로 적다. 그러나 당말에는 『唐昭宗實錄』의 "〔乾寧2년 2월 "丁未勅"〕聞刑部尙書, 知貢擧崔凝, 百行有常, 中立無黨, 學窺典奧, 文瞻菁英."(黃滔, 『唐黃御史集』, 上海, 上海書店, 1926의 附錄, 107쪽)이나 "〔崔凝〕復轉刑部尙書兼知貢擧"(『唐代墓誌彙編續集』, 乾寧003번)처럼 특정 관직·관인을 가리키는 사례가 늘어나며, 오대 시기에 이르러 분명히 "知貢擧官"(王溥, 『五代會要』, 上海, 上海古籍出版社, 1978, 권23의 「緣擧雜錄」, 369쪽과 「科目雜錄」, 374쪽의 後唐 明宗 長興4년의 禮部貢院奏와 이에 대한 勅)이란 표현도 나타난다. 따라서 체언으로 쓰인 지공거의 용례는 비교적 늦게 일반화되었을 수도 있는데, 徐松 역시 "唐主司自改制後, 以禮部侍郎任者曰知貢擧, 他官任者曰權知貢擧."(「〔淸〕徐松登科記考凡例」, 『登科記考補正』, 19쪽)라고 해서 그 기원을 禮部試에서 찾았던 듯하다. 『登科記考』에서 武德5년부터 관인 선발 책임자를 "知貢擧"로 쓴 것은 단지 서술상의 편의 때문이었으리라고 짐작된다.

170 제2부에서 상술했던 고종 영륭2년의 개혁 곧 진사과와 명경과에 각각 帖經과 雜文 시험을 추가한 조처가 고공원외랑 劉思立의 주장에서 비롯되었다면, 이부시 시행기에도 과거 주관자의 역할을 경시할 수는 없다. 하지만 전술했듯이 진사과에 잡문만이 아니라 첩경까지 시험하자던 그의 제안은 결국 받아들여지지 않았으므로, 고공원외랑의 실제 영향력은 제한적이었다고 하겠다. 그리고 이부시 시행기에는 劉思立만큼 과거제도에 주도적 역할을 한 인물도 달리 보이지 않는다.

였고,[171] 당시 유명무실하던 수재과를 "관장특천(官長特薦)" 과목으로 바꾸어 상거에서 제외시켰기 때문이다.[172] 뿐만 아니라 성시의 한 차례 시험만으로써 수험생을 제대로 평가하기 어렵다고 여긴 위척이 미리 "구문(舊文)"·"시필(詩筆)"을 제출하게 만들어 여론의 지지를 받았다고도 한다.[173]

위척이 지공거로서 수행한 이러한 역할은 당시 사회적 분위기에 부응하는 것이었다. 사실 성시에 앞서 공식적으로 시험관에게 바치도록 한 '성권(省卷)'은 기존의 사적인 관행 곧 자신의 시문(詩文)을 유력자들에게 돌려 그 도움으로 급제하려 했던 '행권(行卷)'의 제도화였다.[174] 따라서 과거 응시자들이 이를 반겼음은 당연하다. 그리고 공정성 논란을 야기할 수 있는 자들을 시험 대상에서 배제하고, 유명무실해진 상거 과목을 분명히 없애 수험생의 혼란을[175] 미연에 방지할 수 있다면, 이러한 조처들 또한 과거를 준비하던 사인들이 마다했을 리 없다.

실제로 위척이 시험관 친족의 시험을 이부로 이관시키려 한 까닭은 예부상서가 궐석인 상황에서 자신에게 돌아올 "혐의(嫌疑)"를 막고자 함이 었고,[176] 그는 세평(世評)에 매우 민감한 인물이었다. 그의 이러한 성격은

---

171 『唐會要』 권58, 「尙書省諸司 考功員外郎」, 1185쪽. 韋陟의 이 건의는 別頭試 제도로 이어졌다. 전게 金瀅坤, 『中國科擧制度通史: 隋唐五代卷』, 「省試制度的完善與防弊措施」, 413~417쪽 참조.

172 『通典』 권15, 「選擧 歷代制」, 354쪽.

173 『冊府元龜』 권651, 「貢擧部 淸正」, 7799쪽; 『舊唐書』 권92, 「韋陟」, 2958~2959쪽.

174 당대의 行卷과 省卷은 전게 金瀅坤의 『中國科擧制度通史: 隋唐五代卷』, 「常擧鄕貢」, 287~327쪽이 잘 개관하고 있다. 이 문제는 뒤에서 진사과 응시자들의 행태와 관련하여 좀 더 자세히 설명하겠다.

175 『文苑英華』 권514, 2633~2634쪽의 「鄕貢〈一作擧〉進士判」은 "鄕擧〈一作貢〉進士至省, 求考秀才, 考功不聽, 求訴不已."하는 상황을 문제로 삼는다. 이 試判은 당시 향공 진사들이 성시에서 수재과에 응시하려 해서 생긴 분란이 많았음을 시사하며, 명목상 존재하던 수재과에 기인한 혼란이 여기에서 잘 드러난다.

176 別頭試의 기원이 된 韋陟의 개원29년 상주는 "准舊例, 掌擧官親族, 皆於本司差郎中(사고전서본은 "中"을 "官"으로 씀:인용자)一人考試, 有及第者, 尙書覆定, 然後附奏. 臣本司今闕尙書, 縱差郎官, 是臣麾下, 事在嫌疑, 所望(사고전서본은 "望"을 "宜"로

예부시랑이 되어 "후배(後輩)"들을 잘 접대하였다. 특히 "문(文)"에 대한 감식력이 있어, "사인(詞人)" 후배들〔의 글에 대해서〕도 익숙하지 않음이 없었다.[177]

는 기록에서도 잘 드러난다. 젊은 문사(文士)들과 친밀하게 교류한 위척이 자연스레 문학적 소양을 선호하던 당시 사인들의 여론을 존중했던 것이다.

위척을 이어 내리 4년간 상거를 주관했던 달해순(達奚珣, 690~757)도 유사한 모습을 보인다. 그가 문필 능력이 뛰어난 성시 응시자에게 첩경 시험을 면제해 주었고, 이후 과거에서 '속첩(贖帖)'이란 새로운 관행이 생겼다고도 하기 때문이다.[178] 그리고 진사과 급제자인[179] 달해순은 위척과 함께 "사웅(詞雄)"으로 일컬어지기도 했다.[180] 따라서 그 역시 문학적 소양을 중시하며 문사들과의 관계가 돈독했으리라고 짐작된다. 현존하는 문헌에서 '좌주(座主)'라고 불린 최초의 지공거가 바로 달해순이란 사실을[181] 생각하면 더욱 그러하다. 주지하듯이 '좌주-문생(門生) 관계'는 과

씀:인용자)釐革."(『唐會要』 권58, 「尙書省諸司 考功員外郞」, 1185쪽)이라면서 제도를 바꾸자고 했다. 전게 嚴耕望, 『唐僕尙丞郞表』, 124쪽에 따르면, 개원28년 12월에 禮部尙書 杜暹이 죽은 뒤 이듬해 내내 그 후임이 없었다.

177 『冊府元龜』 권651, 「貢擧部 淸正」, 7799쪽. "韋陟爲禮部侍郞, 好接後輩. 尤鑒於文, 雖詞人後生, 靡不諳練." 『舊唐書』 권92, 「韋陟」, 2958쪽 참조.

178 『封氏聞見記校注』 권3, 「貢擧」, 16쪽에서 "天寶初, 達奚珣、李巖相次知貢擧, 進士文名高而帖落者, 時或試時放過, 謂之贖帖."이라고 한다. 『登科記考補正』, 348~366쪽에서 의하면, 達奚珣과 李巖은 각각 천보2~5년, 천보6~8년의 지공거였다.

179 達奚珣의 급제 시기는 알 수 없으나, 그의 姪孫 達奚革의 묘지에 "叔祖珣, 進士高第, 禮部侍郞."(『唐代墓誌彙編』, 咸通063번)이란 기록이 나온다.

180 『文苑英華』 권696, 孫逖 「授韋陟達奚珣等吏部侍郞禮部侍郞制」, 1975쪽.

181 張楚는 "考進士文策"할 때 達奚珣이 자신의 아들을 현능함에도 불구하고 떨어뜨리려 하자 "驟請座主"해서 바로잡았다고 한다(『唐摭言』 권11, 「怨怒」, 127쪽). 물론 이것은 과거 급제자가 자신을 뽑아준 지공거를 座主라고 일컬으며 특별히 돈독한 관계를 맺은 후대의 일반적 용례와는 조금 다른데, 이 문제는 뒤에서 상술하겠다.

거에서 선발자와 합격자 사이의 특별한 유대감에 기반하는데, 그가 이러한 현상의 출현 과정에서 전형적인 인물이었을 수 있는 것이다.

그렇다면 예부시의 시행 이후 응시자들의 집단적 세력화 추세가 뚜렷해졌음과 동시에 성시 주관자의 역할 역시 더욱 커졌다고 생각된다. 지공거로서 과거를 책임진 이들은 이 제도의 실시 과정에 보다 적극적으로 관여하며 자신의 독자적 지위를 확보할 수 있었던 것이다. 이부시 시기와 달라진 이러한 현상이 '거사'의 마지막 관문(關門)이 된 예부시의 속성과 무관하지 않을 터인데, 이것은 과거제도를 정비해 왔던 당조의 의도와 전혀 다른 결과이다. 이처럼 국가권력의 예부시에 대한 관리 강화와 별개로 그 응시자·시험관의 위상이 제고되었다면, 상거를 둘러싼 통제와 존숭이라는 상이한 두 양상의 병존은 매우 흥미로운 사실이다.

상거제도의 운용 추이

예부시의 양면성 곧 통제와 존숭은 어쩌면 관인선발제도의 불가피한 속성이다. 현능한 인재를 관인으로 뽑기 위하여, 그 관련자들에 대한 철저한 관리와 특별한 우대 모두 필요하기 때문이다. 그런데 문제는 이 두 요소의 상충 가능성이며, 실제로 과거의 주무 관청이 바뀐 뒤 이러한 현상이 더욱 뚜렷해진다는 점이다. 이 양자의 길항 속에서 운용될 수밖에 없던 예부시 시행기의 상거제도 실상에 주목하는 것은 바로 이 때문이다.

이와 같은 시각에서 볼 때, 문학적 소양을 중시하는 사회적 분위기를 간과해서 안 된다. 화려한 문풍에 비판적인 당조의 공식 입장에도 불구하고 당시 사인이나 관인에게 문장력이 현실적으로 중요했음을 누차 지적했는데, 예부시 시행기에도 이러한 현상이 마찬가지였을[182] 뿐만 아니

---

182 아래와 같이, 과거의 책임 관청 변화와 무관하게 개원 연간과 천보 시기의 상황을

라 더 확연해진다. '성권'이나 '속첩'의 허용이 그 좋은 예로서, 이러한 관행은 이후 상당히 일반화되었던 듯하다.[183] 기실 이는 상거만의 문제도 아니었다. "천보 연간에 벼슬을 하려는 이들이 문사(文詞)에 힘썼다."고 하며,[184] 천보10년(751)의 전선에서 주공(周公, ?~?)과 공자마저 변려문의 대가인 서릉(徐陵, 507~583)·유신(庾信, 513~581)에게 뒤질 것이라는 한 탄마저[185] 나오는 것이다.

천보1년에 시문을 짓는 데 유용한 『이아(爾雅)』를 상거의 시험 대상으로 삼거나,[186] 천보13년의 제거에서 처음으로 시(詩)·부(賦)를 함께 시험한[187] 것 등도 동일한 맥락에서 이해된다. 따라서 문학적 소양을 주로

동일시하는 글들이 적지 않다. "自開元、天寶間, 萬戶砥平, 仕進者, 以文講業, 無他 蹊隆."(『權載之文集』 권17, 「唐故尙書工部員外郎贈禮部尙書王公神道碑銘」, 105쪽); "以至於開元、天寶之中, 上承高祖、太宗之遺烈, 下繼四聖理平之化 … 五尺童子, 恥 不言文墨焉. 是以進士爲士林華選."(『文苑英華』 권759, 沈旣濟 「詞科論」, 3974쪽).

183 전술한 省卷과 續帖이 그 뒤 제도로 확립되었다고 단언하기는 어렵다. 그러나 천보 12년에 "有司考校舊文"(元結, 『新校元次山文集』, 臺北, 世界書局, 1964의 권10, 「文 編序」, 154쪽)했고, 당후기에는 성권 관련 기록이 적지 않다(전게 金瀅坤, 『中國科 擧制度通史: 隋唐五代卷』, 「常擧鄕貢」, 293~295쪽). 그리고 속첩으로 인해 帖經 시 험이 없어진 것은 아니지만, 당후기의 경우 지방의 시험에서까지 속첩을 허용하기 도 했다(呂溫, 『呂和叔文集』, 上海, 上海書店, 1926의 권2, 「河南府試續帖賦得鄕飮 酒詩」, 13쪽).

184 『舊唐書』 권111, 「高適」, 3328쪽. "天寶中, 海內事干進者注意文詞."

185 『唐會要』 권74, 「選部 論選事」, 1587쪽.

186 『唐會要』 권75, 「貢擧 明經」, 1627쪽. 이 조처는 『道德經』처럼 중요한 경전을 "小經" 視해서는 안 된다는 현종의 뜻에 따라(『冊府元龜』 권640, 「貢擧部 詔制」, 7673쪽) 상거에서 이를 대체할 소경을 새로 정한 결과이다. 그런데 위 『唐會要』의 1627~1628 쪽에 의하면, 『爾雅』를 덕종 정원1년에 "比來所習『爾雅』, 多是鳥獸草木(사고전서본 에서는 "鳥獸"와 "草木"의 순서가 바뀜:인용자)之名, 無益理道."라며 시험하지 않았다 가 정원12년에 다시 "爲文字之楷範, 作詩人之興咏" 등의 이유로 부활시켰다(위 『冊 府元龜』의 7679~7680쪽 참조).

187 『冊府元龜』 권640, 「貢擧部 條制」, 7674쪽은 천보13년의 制擧를 설명하면서 "問策外, 更試詩、賦各一首. 制擧試詩、賦, 自此始也."라고 한다. 『冊府元龜』 권643, 「貢擧部 考試」, 7712쪽과 『唐會要』 권76, 「貢擧 制科擧」, 1649쪽; 『舊唐書』 권9, 「玄宗」, 229 쪽에도 이와 흡사한 내용이 나온다. 단 앞서 襍文 곧 雜文의 용례와 관련하여 언급했

시험한 진사과의 위상 또한 높아졌음이 당연하다. 천보 연간의 태학생들이 『진사등과기』를 "천불명경(千佛名經)"같이 받들었다는 이야기와[188] 진사과 급제자에게 "사인부복(詞人俯伏)"했다는 당시 묘지의 기록이[189] 그 명증이다. 문학 애호의 사회적 풍조 속에서, 상거 과목들 가운데 진사과가 특별히 선호되었던 것이다.

그렇다면 경학에 치중한 명경과의 인기는 상대적으로 떨어졌을 법한데, 단수실(段秀實, 719~783)이 "거명경(擧明經)"하자 친구들이 "대수롭잖게 여겼다〔易之〕"는 일화가[190] 이를 잘 보여준다. 실제로 덕종 정원7년(791) 즈음 명경과에 떨어진 장유(張瑜, 772~812)가 "온 세상이 명경〔과〕를 천시한 지 40년이나 되었다."며 무직(武職)으로 출사했다면,[191] 751년 전후 곧 천보 연간에 명경과를 경시하는 풍조가 확실히 만연했다고 생각되는 것이다. 〈그림8〉의 장현필(張玄弼, 607~661)에 관한 기록 변화에서 잘 드러나듯이,[192] 명경과 급제 사실을 무시해 버린 당시 묘지들은 이와 같은 세태의

던 梁璵 묘지의 "制試襗文:「朝野多歡娛詩」、「君臣同德賦」"(『唐代墓誌彙編』, 開元 363번)이란 기록이 제거와 관련된 것이라면, 그 이전에 벌써 이러한 선례가 있었을 수도 있다.

188 "天寶末進士第"(『新唐書』 권58, 「藝文」, 1461쪽)한 封演은 "余初擢第, 太學諸人共書 余姓名於舊紀末. 進士張繟, 漢陽王柬之曾孫也, 時初落第, 兩手捧『〔進士〕登科記』頂 戴之, 曰: '此千佛名經也.' 其企羨如此."(『封氏聞見記校注』 권3, 「貢擧」, 17쪽)라고 하였다.

189 『唐代墓誌彙編』, 天寶207번에서 "〔張謙〕秀才登科, 詞人俯伏."이라고 하는데, 이 묘 지는 천보11년에 제작된 것이다.

190 段秀實은 "慨然有濟世意, 擧明經, 其友易之, 〔段〕秀實曰: '搜章摘句, 不足以立功.' 乃 棄去."(『新唐書』 권153, 「段秀實」, 4847쪽)했다고 한다. 여기에서 "擧明經"이 명경과 의 급제인지 응시인지 불확실하나, 천보4년의 기록으로 이어지는 이것은 분명히 예 부시 시행기의 일로 생각된다.

191 『大唐西市博物館藏墓誌』의 355번. "君早從鄕擧明經, 過冠不得第, 乃曰: '國家每歲第 明經百餘人, 其間非兒則氓, 擧世賤明經四十年矣. …'. 性善射, 乃從兵部擧射及第, 授 右金吾衛長上." 일반민의 冠禮는 보통 20세에 하므로, 772년에 태어난 張瑜가 이런 말을 한 시기는 791년경일 것이다.

192 張玄弼은 무측천 시기의 대신이자 중종 복위에도 큰 역할을 한 張柬之의 父이다.

한 반영일 수 있다.[193] 예부시 시기의 사인들에게 명경과의 합격이 예전만큼 자랑스럽지 않게 된 것이다.

이러한 사회적 분위기는 당조의 입장에서 용납하기 힘들다. 물론 전술한 바 진사과와 명경과 급제자의 초관과 종관 차이에서 드러나듯이 두 과목 간에 존재하는 제도와 현실의 괴리는 일찍부터 발견된다. 그러나 예부시의 등장 이후 진사과와 명경과에 대한 선호도가 더욱 뚜렷이 갈린다면, 관학 중심의 상거제도로써 중앙집권적인 관인선발제도를 지향하던 통일제국은 이 문제를 그대로 방치할 수 없다. 당시 관학의 교육이 경학 위주로 이루어졌을 뿐더러[194] 부화(浮華)한 문풍에 대한 황제의 경계심이 여전한[195] 상황에서 명경과가 진사과보다 중요해야 마땅한 것이다.

그의 묘지는 무측천 "永昌三年(天授2년의 오기:인용자)"에 제작되었는데, 여기에서 張玄弼은 "以明經擢第"(『唐代墓誌彙編』, 天授039번. 〈그림8〉의 ①)했다고 한다. 그러나 개원21년에 만든 그의 손자 張漪(같은 책, 開元381번)와 증손 張軫(같은 책, 開元382번. 〈그림8〉의 ②)의 묘지에서 과거 관련 서술이 없어지고, 급기야 천보6년에 張軫 부부를 합장할 때 쓴 묘지의 경우 "曾祖[張]玄弼, 皇秀才擢第"(같은 책, 天寶111번. 〈그림8〉의 ③)라고 해서 그를 마치 진사과 급제자였던 것처럼 적었다.

193 이와 유사한 사례로 慕容知廉이 있다. 무측천 성력2년의 본인 묘지는 "以明經擢第"(『唐代墓誌彙編』, 聖曆032번)했다고 하지만, 천보1년의 그 아들 慕容相 묘지는 "父〔慕容〕知廉, 皇朝對策高第"(『唐代墓誌彙編續集』, 天寶002번)라고만 할 뿐 급제 과목을 밝히지 않았기 때문이다.

194 전술했듯이 당대에는 儒學 성현의 제사를 교육만큼 중시한 '廟學制'가 완성되었고, 관학에서 경학의 중요성은 두말할 필요가 없다. 현종의 예부시 시행기도 예외가 아니다. 관학에서의 釋菜 때 산만한 분위기를 비판하면서 "自今以後, 除問難經典之外, 不得輒請. 宜令本司長官, 嚴加禁止, 仍委御史糾察."(『冊府元龜』 권50, 「帝王部 崇儒術」, 561~562쪽)하도록 한 천보1년의 조칙이 그 단적인 증거이다.

195 예부시를 채용한 개원25년 초의 前記 조칙에서 "進士以聲律爲學, 多昧古今"(『冊府元龜』 권639, 「貢擧部 條制」, 7671쪽)이란 비판도 그렇지만, 개원26년 현종이 "文詞雅麗擧人"을 親試할 때 "宜指事而對, 勿措游辭"하기를 요구한 것도(같은 책, 권643, 「考試」, 7710~7711쪽) 당시 조정의 입장을 잘 보여준다. 관인 선발 시험에서 문장력의 평가가 불가피할지라도, 형식적인 修辭나 기교는 唾棄의 대상이었던 것이다.

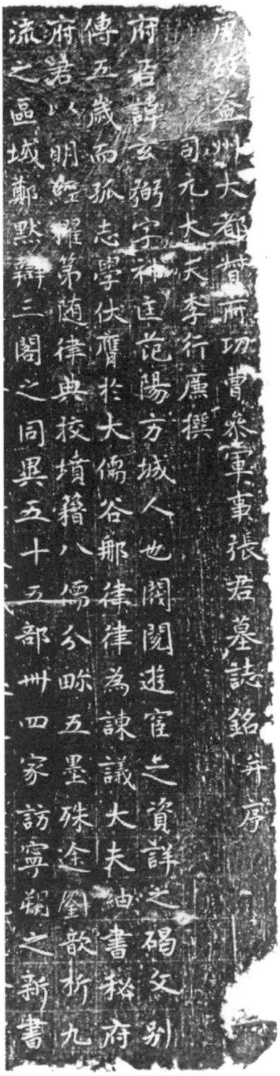

① 장현필(張玄弼) 묘지 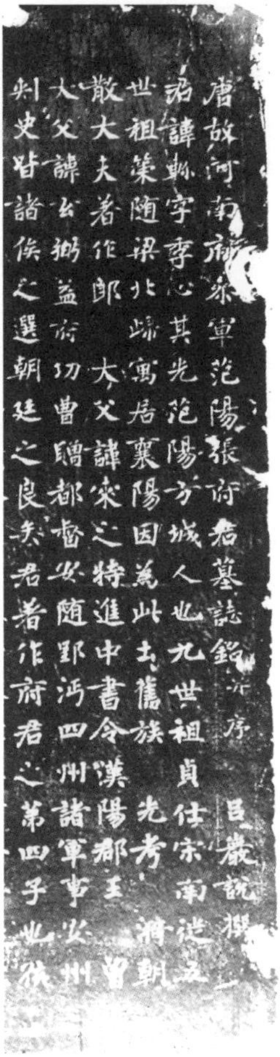　　　　② 장진(張軫) 묘지 　　　　③ 장진(張軫) 부부 묘지

〈 그림 8 : 장현필(張玄弼) 일족의 묘지 〉

장현필은 무측천 천수2년에 만들어진 본인의 묘지에서 "以明經擢第, 隨律典校墳籍."(①의 제5행) 했다고 한다. 그런데 개원21년의 장진 묘지는 "曾大父諱(張)玄弼, 益府功曹, 贈都督安、隨、郢、沔 四州諸軍事安州刺史, 皆諸侯之選, 朝廷之良矣."(②의 제4~6행)라고만 할 뿐 과거 관련 기록이 없는 반면, 천보6년의 장진 부부 합장 묘지에서는 "曾祖〔張〕玄弼, 皇秀才擢第, 拜長安尉, 益府功曹, 贈都督安、隨、郢、沔四州諸軍事安州刺史"(③의 제2~3행)라고 해서 그를 "秀才" 곧 진사과 급제 자처럼 적고 있다. 본서의 441쪽 참조.

기실 성시가 이부와 분리된 이 시기에는 복잡해진 관인의 선발·임용 과정에 국가권력의 개입 여지가 커졌다. 다시 말해, 당조는 예부시로 인해 강화된 통제력으로써 제도와 상이한 현실을 시정할 수 있었던 것이다. 이와 관련하여 흥미로운 글이 천보9년(750) 3월의

> "문학"과 "정사(政事)"는 본래 상이한 종류[科]이므로, 한 사람에게 [이 둘을 모두] 갖추기를 요구하면 100명 중에 1명도 없을 것이다. 고래의 훌륭한 재상들마저 반드시 "문인"이지 않았다![196]

란 칙문(勅文)이다. "정사"를 "문학"과 엄격히 구분하며 "문인"과 차별시한 이것은 앞서 본 바 "문학과 정사[에 능한 이를 뽑는 일]이 반드시 '고언(考言)'에 있다"면서[197] 언어 소양에 기초한 양자의 유사성을 강조한 개원23년(735)의 칙서와 상이한 논조이기 때문이다.

위 두 칙서의 차이는 이부시와 예부시 시행기의 달라진 현종의 인식을 잘 보여준다. 그가 문장력에 치중된 관인 선발의 문제점을 절실히 자각해 갔으며, 이는 예부시의 채용 뒤 진사과를 명경과보다 중시하는 사회 풍조와 무관하지 않을 듯한 것이다. 실제로 당시 "정사"의 이념과 직결된 경학 교육을 강화하려는 정책들이 이어진다. 개원27년(739)에 공자를 공(公)에서 왕(王)으로 작위를 높인다거나,[198] 천보3년(744) 모든 집

---

196 "文學、政事, 本自異科, 求備一人, 百中無一. 況古來良宰, 豈必文人."이란 이 말은 『冊府元龜』 권630, 「銓選部 條制」, 7554쪽에 천보9년 3월 13일의 勅으로 나온다. 그런데 동일한 구절이 『唐會要』에는 13일만(권75, 「選部 雜處置」, 1612쪽) 아니라 그 하루 전 12일의 칙에도 보인다(권69, 「縣令」, 1440쪽). 『당회요』의 기록은 착오일 수도 있지만(『唐會要校證』 권69, 「縣令」, 1040쪽), 두 勅文의 내용이 꽤 다르므로 별개의 것일 가능성도 부정하기 어렵다(『唐代詔勅目錄』, 240~241쪽). 만약 후자가 사실이라면, "文學"과 "政事"를 분별하겠다는 당시 현종의 의지가 거듭 강조될 만큼 확고했다고 생각된다.

197 『冊府元龜』 권639, 「貢擧部 條制」, 7671쪽. "文學、政事, 必在考言."

198 『冊府元龜』 권50, 「帝王部 崇儒術」, 560쪽.

에 『효경』을 두고 "향학(鄕學)"의 내실을 기하며[199] 이듬해 『어주효경(御注孝經)』 비석을 국자감에 세운 조처[200] 등은 바로 이러한 의도의 산물이라 하겠다.

그런데 예부시 시기의 국자감에서 무엇보다 큰 변화가 광문관(廣文館)의 창설이다. 오래도록 6학(學)으로 구성되어 왔던 중앙관학 체제를 변경한 이것이 천보9년의 일이기 때문이다.[201] 그리고 진사과와 연계된 이 특별 학교가 "생도의 이산(離散)"을 막기 위한 기관이었다고도 한다.[202] 문학 존숭, 진사과 선호라는 사회적 분위기 속에서 경학을 주로 가르치는 국자감이 사인들에게 매력적일 리 없고, 이들을 관학으로 유인하려면 광문관처럼 진사과를 겨냥한 새로운 교육 기구를 만들어야만 했던 것이다.

여기에서 확실히 해 둘 사실이 있다. 진사과 응시자들의 관학 기피 경향은 제2부에서 밝혔듯이 예전부터 보이고, 비단 이 시기만의 문제가 아니다. 게다가 중앙정부의 영향력이 컸던 현종 시기에는 무측천~예종 때에 비하여 생도로서 진사과에 응시하는 이들이 도리어 증가한 듯하다.[203] 그럼에도 불구하고 황제가 광문관이라는 진사과 수험생을 위한

---

199 『唐大詔令集』 권74, 「親祭九宮壇大赦天下敕」, 417쪽.

200 「石臺孝經」, 『金石萃編』 권87, 『隋唐五代石刻文獻全編(3)』, 480~481쪽.

201 『貞觀政要集校』 권7, 「崇儒學」, 376쪽에도 "廣文〔館〕"이란 말이 나오고, 『唐國史補』 권中, 35쪽은 이것이 천보5년에 생겼다고 한다. 그러나 많은 믿을 만한 문헌들은 한결같이 그 설립 시기를 천보9년이라고 한다. 『冊府元龜』 권597, 「學校部 總序」, 7159쪽의 "天寶九年置廣文舘, 領國子監進士業者, 博士、助敎各一人."(『唐會要』 권66, 「廣文館」, 1375쪽 略同); 『通典』 권27, 「職官 國子監」, 765쪽의 "天寶九載, 置廣文館學生進士."; 『舊唐書』 권44, 「職官」, 1892쪽의 "廣文館博士二人〈… 天寶九載置, 試附監修進士業者, 置助敎一人〉"이 그것이다. 광문관과 관련된 기존 연구들은 전게 高明士, 『中國中古的敎育與學禮』, 26~27쪽; 전게 金瀅坤, 『中國科擧制度通史: 隋唐五代卷』, 「常擧鄉貢」, 262~264쪽에 잘 정리해 두었다.

202 위 『冊府元龜』 등의 기록 모두 표현은 비록 다를지라도 공통되게 광문관과 진사과의 상관성을 강조하고 있다. 특히 『唐摭言』은 광문관의 설치 목적을 "以擧常修進士業者, 斯亦救生徒之離散也."(권1, 「廣文」, 8쪽)라고 명기하였다.

203 【부록2】의 무측천~예종(Ⅲ·Ⅳ기)과 현종(Ⅴ·Ⅵ기) 시기 명경과와 진사과 급제자의

학교를 새로 만들었다. 이는 향공진사로 대표되는 바 문학적 소양을 중시하는 사인들의 존재를 인정하는 한편 이들을 관학으로 흡수하려는 적극적 의지의 발로이다. 다시 말해, 중앙집권을 강화할 수 있는 관학 중심의 상거를 지향한 당조는 기존의 경학 위주 교육과정을 바꾸어서라도 조정의 의도와 상이한 현실 상황을 타개하려 했던 셈이다.

이처럼 국자감의 구조 개편까지 불사한 강력한 정책은 그다지 놀랍지 않다. 안사의 난 직전까지 번영을 구가한 당조가 사회적 현상의 통제에 자신감이 있었던 것이다. 예컨대 천보11년(752) 진사과에서 첩경보다 잡문을 먼저 시험해서 문장력 평가에 초점을 맞추자는 주장이 많았지만, 현종은 이러한 여론을 수용하지 않았다.[204] 이듬해 상거 시행 방법의 전면적인 재조정 역시 마찬가지 맥락에서 이해된다. 이때 생겨난 여러

생도와 향공 수를 비교하면 아래 표와 같다. 명경과와 달리 진사과의 경우 향공 대비 생도 숫자의 비율이 현종 치세에 증가하였고, 두 과목 전체를 보더라도 마찬가지이다. 후술하듯이 진사과의 향공 대비 생도 비율의 증가가 혹 광문관의 설치 효과일는지도 모르나, 현종 이부시 시기도 그 비율이 150%(생도 9명, 향공 6명)로서 Ⅲ·Ⅳ기의 86%(생도 7명, 향공 8명)보다 높다. 진사과와 명경과 급제자의 응거 방법에 대한 계량적 분석은 뒤에 좀 더 세밀하게 이루어질 것이다.

시기	무측천~예종 (Ⅲ·Ⅳ기: 684~712)			현종 (Ⅴ·Ⅵ기: 713~756)		
	전체	진사과	명경과	전체	진사과	명경과
응거 방법 확인되는 인물	34명	15명	19명	41명	25명	16명
생도	22명	7명	15명	28명	16명	12명
향공	12명	8명	4명	13명	9명	4명
생도 수/향공 수의 백분율	183%	86%	375%	215%	178%	300%

204 『封氏聞見記校注』 권3, 「貢擧」, 16~17쪽에서 "〔天寶〕十一年楊國忠初知選事, 進士孫季卿曾謁〔楊〕國忠, 言: '禮部帖經之弊大, 擧人有實才者, 帖經旣落, 不得試文. 若先試雜文, 然後帖經, 則無餘才矣.' 〔楊〕國忠然之. 無何, 有勅, 進士先試帖經."이라고 한다. 즉 진사과 응시자 혹은 합격자와 당시 재상 모두 잡문을 初場에 시험함으로써 문필 역량을 갖춘 자의 낙방을 막자고 했으나, 현종은 이러한 제안을 받아들이지 않았다.

변화들 가운데 핵심은 그 합격 기준이 "통육(通六)"으로 높아진 첩시였고,[205] 당시 예부시에서 경학 지식의 평가만큼 중요한 문제가 없었기 때문이다.

그러나 현실은 그렇게 녹록하지 않았다. 당조가 의욕적으로 만든 광문관의 학관(學官)은 제도적 위상이 태학과 같았지만[206] 사회적으로 "냉〔시〕(冷視)"되었다.[207] 그리고 천보13년(754)에 광문관 건물이 훼손된 뒤 방치되었다면,[208] 당시 이곳의 재학생 숫자도 그렇게 많지 않았던 듯하다. 광문관 설치의 실질적 효과가 조정의 기대에 못 미쳤던 것이다.[209]

---

205 이에 관한 기록은 여러 문헌에 나오지만, 『冊府元龜』 권640, 「貢舉部 條制」, 7673~7674쪽이 가장 상세하다. 여기에 따르면, 문제의 발단은 앞·뒤 행을 가려 놓고 유사한 의미의 虛字를 묻기도 하는 帖試가 과거의 본래 취지와 어긋난다는 천보11년 12월 현종의 조칙이다. 그래서 예부시랑이 상거 6과의 시행 방법을 바꾸었는데, 그 내용은 전술한 『당육전』 권4의 예부시 규정과 크게 다르지 않다(『通典』 권15, 「選舉 歷代制」, 356~357쪽 참조). 다만 『唐會要』의 "〔天寶〕十二載六月八日禮部奏: 以貢舉人帖經既前後出一行, 加至帖通六與過."(권75, 「貢舉 帖經條例」, 1631쪽. 사고전서본에는 이 내용이 없음)라는 기록에서 보듯이, 천보12년의 상거에서 첩경 시험의 통과 기준이 "通六"으로 바뀌었음이 특기할 만하다. 즉 앞·뒤 행을 알려주는 대신, 기존 예부시에서 각각 "通五"와 "通四"이던 명경과와 진사과의 첩시 합격 점수를 올렸던 것이다. 이는 두 과목 응시자의 경학 지식을 중시하여 그 평가의 내실을 기하려 했던 결과라고 하겠다.

206 『唐會要』 권66, 「廣文館」, 1375쪽에서 창설 당시 광문관의 박사와 조교는 "品秩同太學"했다고 한다. 실제로 『舊唐書』 권44, 「職官」, 1891~1892쪽을 보면, 광문관과 태학의 박사는 모두 정6품상으로서 정7품상이던 사문박사보다 높다.

207 杜甫는 최초의 廣文博士였던 鄭虔에게 준 시에서 "廣文先生官獨冷 … 廣文先生飯不足"이라며 홀대받는 그의 현실을 안타까워했다(仇兆鰲 주, 『杜詩詳注』, 北京, 中華書局, 1979의 권3, 「醉時歌〈贈廣文館博士鄭虔〉」, 174쪽).

208 王讜, 周勛初 교증, 『唐語林校證』(北京, 中華書局, 1987), 권5, 「補遺」, 459쪽에 의하면, 광문관이 "會〔天寶〕十三年, 秋霖一百餘日, 多有倒塌, 主司稍稍毀撤, 將充他用, 而廣文寄在國子館中, 尋屬邊戈內擾, 館宇至今不立."했다고 한다.

209 후술하듯이 【부록2】의 현종 이부시(Ⅴ기)와 예부시(Ⅵ기) 시기 진사과 급제자를 비교하면, 후자의 생도 숫자/향공 숫자의 백분율 233%(7/3)가 그 이전 150%(9/6)보다 높다. 광문관의 설치가 여기에 일조했을 수도 있지만, 설령 그렇더라도 이러한 상황은 오래 가지 못했다. 안사의 난 이후 그 역할은 현저히 위축되었기 때문이다. 당말까지 광문관의 존재가 분명함에도(전게 任育才, 『唐型官學體系之研究』, 285~287쪽)

그러므로 더욱 강력한 관학 진흥책이 요구되었는데, 이를 위해 상거와 관학의 일체화보다 좋은 방법이 없었다.

실제로 현종은 천보12년(753) 7월의 조칙에서

> 천하의 〔성시〕 응거자는 향공으로 충당할 수 없고, 모두 반드시 국자 〔감〕의 학생이나 군·현 〔관학〕의 학생 자격을 갖추어야만 응거를 허락 한다. 사문학(四門學)의 준사(俊士) 〔제도〕는 정지한다.[210]

고 하여, 상거의 두 가지 응거 형태 중 향공 곧 지방에서 관학과 무관하게 올라오던 응시자들을 없앴다. 즉 상거를 통해 관인이 되려는 자는 "모두 반드시" 관학을 거치도록 강제한 것이다.[211] 그리고 앞서 인용했던 개원

불구하고, 『舊唐書』는 숙종 지덕 연간 이후 이것이 없어졌다고 할(권44, 「職官」, 1892쪽) 정도로 광문관의 존재감이 미미했던 것이다. 당전기의 상황에 주로 의거한 『舊唐書』에서 정6품상이라고 한 광문박사의 관품이(권44, 「職官」, 1892쪽) 당후기의 변화까지 감안한 『新唐書』에서 사라져버림도(권48, 「百官」, 1267쪽) 이와 같은 변화 를 반영하는 듯하다.

210 이 조칙은 아래의 표에서 보듯이 문헌에 따라 표현은 조금씩 다르지만, 그 대체적인 내용이 동일하다. 번역문은 『冊府元龜』에 의한 것이다.

『冊府元龜』 권640, 「貢擧部 條制」, 7674쪽	"〔天寶〕十二載七月詔: 天下擧人不得充鄕試(宋本, 2101쪽은 "試"를 "賦"로 씀·인용자), 皆須補國子學生及郡縣學生, 然聽擧. 四門俊士停."
『唐會要』 권76, 「貢擧 緣擧雜錄」, 1639쪽	"天寶十二載七月十三日詔(사고전서본에는 "詔" 없음·인용자): 天下擧人, 不得充鄕賦(사고전서본은 "賦"를 "試"로 씀·인용자), 皆須補國子學士及郡縣學生, 然後聽擧."
『通典』 권53, 「禮 大學」, 1469쪽	"〔天寶〕十二載七月詔: 擧人不得充鄕貢, 皆補學生. 四門俊士停之."
『舊唐書』 권9, 「玄宗」, 227쪽	"〔天寶十二載〕七月壬子(13일·인용자), 天下齊人不得鄕貢, 須補國子學生, 然後貢擧."
『舊唐書』 권24, 「禮儀」, 921쪽	"〔天寶〕十二載七月詔: 天下擧人, 不得充鄕貢, 皆補學生. 四門俊士停."

211 위 천보12년 7월의 조칙에 의하면, 이듬해부터 향공이 없어야만 한다. 그런데 『唐代 墓誌彙編』, 貞元105번의 "〔薛迅〕天寶十三載, 州擧孝廉, 弱冠擢第."란 기록은 이와 어긋난다. 통상 "州擧"가 향공을 뜻하기 때문이다. 기실 薛迅의 생몰년(723~801)을

21년 5월의 조칙에서 지방관학의 학생이 "간시(簡試)"를 거쳐 국자감의 준사가 되도록 했음을[212] 생각하면, 사문학의 준사 폐지도 이를 보완한 정책처럼 보인다. 지방 사인들은 향공으로서의 성시 응시 기회 박탈에 당혹스러웠겠지만, 이들이 현지 관학에 입학할 경우 국자감이란 중간 단계 없이 성시 응거가 가능해져서 그 불만을 무마할 수 있었을 법하기 때문이다.

따라서 천보12년의 이 개혁은 중앙과 지방을 불문하고 관학과 상거를 하나로 통합하려는 획기적인 조처였다. 그리고 관학 위주의 상거제도가 순조롭게 운용되었다면 이처럼 강압적인 정책이 불필요했을 터이므로, 이는 또한 조정의 바람만큼 현실이 쉽게 제어되지 않았다는 반증이기도 하다. 예를 들어, 당시 경기(京畿) 지역의 향공 중 성적이 뛰어난 자를 성시 합격자처럼 여겨 "등제(等第)"로 부르며 존중했다고 할 만큼[213] 향공의 인기가 높았던 것이다. 따라서 상거의 응시를 생도에게만 허용한 이 제도도 결국 안사의 난 발발 직후 폐기되고 말았다.[214] 향공 특히 향

생각할 때 위 서술의 "弱冠"은 일반적 의미(20세라면, 천보1년)와 크게 달라 의문을 남기지만, 일단 【부록2】에서는 그를 천보13년 향공을 통한 명경과 급제자로 간주하였다.

212 『唐會要』 권35, 「學校」, 741쪽. "諸州縣學生, 年二十五已下, 八品、九品子若庶人生, 年二十一已下(사고전서본은 "已下" 없음:인용자), 通一經已上, 及未通經, 精神通(사고전서본에는 "通"이 "超"로 나옴:인용자)悟, 有文詞、史(사고전서본은 "史"를 "吏"로 씀:인용자)學者, 每年銓量擧選, 所司簡試, 聽入四門學, 充俊士."

213 『唐摭言』 권2의 「京兆府解送」, 13쪽에서 "神州解送, 自開元天寶之際, 率以在上十人, 謂之等第."라고 한 뒤 「爲等第後久方及第」, 16쪽까지 이와 관련된 서술이 이어진다. 위의 『唐摭言』 기록이 사실이라면, 향공 중시 경향을 단적으로 보여주는 "等第"란 표현이 현종 시기 내내 통용되었던 듯하다. 혹 이 말을 "京兆府考而升者, 謂之'等第'."(『唐國史補』 권下, 55쪽; 『唐摭言』 권1, 「述進士下篇」, 4쪽)처럼 조금 달리 설명한 문헌도 있으나, 等第가 사인들의 향공 선망 현상을 보여준다는 것은 틀림없다.

214 향공의 부활 시기에 대해서는 상이한 기록이 병존한다. 『冊府元龜』 권640, 「貢擧部 條制」, 7674쪽; 『唐會要』 권76, 「貢擧 緣擧雜錄」, 1639쪽은 "至德元年已後, 依前鄕貢."이라고 하지만, 『新唐書』 권44, 「選擧志」, 1164쪽의 경우 "〔天寶〕十四載, 復鄕

공진사의 선호 추세에 대한 정치적 통제는 오래 버티지 못하였고, 당후기에 중앙정부의 영향력이 약화되자 이러한 사인들의 움직임은 더욱 뚜렷해졌다.[215]

지금까지 살펴본 상거제도의 운용 양상에서 관학을 그 중심에 두겠다는 국가권력의 입장은 명확하다. 이는 당초부터 계속된 중앙집권책의 일환이었지만, 왕조의 전성기를 맞아 '향거'의 전통적 이상을 계승한 향공을 폐지할 만큼 극단적 조처까지 감행했던 것이다. 그런데 당조도 문학적 소양을 중시하던 사회 풍조를 도외시하기는 어려웠다. 진사과 응시 희망자를 위한 광문관의 설치가 좋은 예이다. 하지만 관학이 여전히 경학을 주로 가르치고 명경과와 보다 밀접한 관계를 가졌던 이상, 그 현실적인 한계가 분명하였다. 당시 진사과의 경쟁률이 명경과에 비해 10배나 높았다면,[216] 진사과나 그 응시자들의 바람과 거리가 먼 조정의 정책은 결국 실패할 수밖에 없었던 것이다.

그러므로 예부시에 대한 당조의 강력한 통제가 일시 가능했을지라도, 당시 사인들의 동향까지 온전히 제어하기에는 역부족이었다고 해도 좋

貢."으로 적어 다르기 때문이다. 그런데 숙종이 즉위한 지덕1년(756)이 곧 천보15년이므로, 천보14년 安祿山의 반란 직후 나온 이 조처가 이듬해부터 실행되었다고 보아도 좋을 듯하다. 『封氏聞見記校注』의 "中原有事, 乃復爲鄕貢."(권1, 「儒敎」, 3쪽)이란 설명을 보면 더욱 그렇다.

215 당후기 진사과와 향공의 성행은 주지의 사실인데, 앞서 예시한 等第의 경우가 이를 명증한다. 『唐摭言』은 이런 현상이 개원 연간부터 나타났다고 하지만, 여기에 나오는 실례들은 모두 안사의 난 이후의 일들인 것이다. 실제로 선종 대중7년에 京兆尹 韋澳은 이와 같은 상황이 "開元、天寶之間"에 비해 "〔德宗〕貞元、〔憲宗〕元和之際"에 훨씬 심해졌다고 분명히 말하고 있다(『唐摭言』 권2, 「廢等第」, 14쪽; 『東觀奏記』 권中, 108쪽).

216 『冊府元龜』 권640, 「貢擧部 條制」, 7674쪽에서 "其進士大抵千人, 得第者〔百〕一二; 明經倍之, 得第者十一二."(宋本, 2101쪽 참조)라고 한다. 물론 응시자의 수와 경쟁률은 시기에 따라 다르겠지만, 천보11년과 12년의 "條制" 사이에 나오는 위의 기록을 천보 연간의 상황으로 보아도 좋을 것이다.

다. 그리고 이러한 현상이 '거사'의 최종 단계가 된 예부시의 사회적 존숭 곧 성시 응시자와 급제자의 제고된 권위와 무관하지 않을 듯하다. 예부 시랑이 과거를 주관한 뒤에 "업문지학(業文志學)하는 사인"들이 고무되고 그 합격자들의 명성도 높아졌다고 회고되기 때문이다.[217] 진사과 급제자 들의 곡강연(曲江宴)이 "개원지말(開元之末)"부터 더욱 성행했던 것도[218] 예 부시의 실시와 함께 변화된 현실의 반영일 가능성이 크다.

　이와 관련하여 주목되는 고사가 있다. 현종은 천보9년에 왕여체(王如 泚, ?~?)를 상거에 급제시켜 주고 싶어 했는데, 당시 재상이 예부시랑에게

> 명경〔과〕·진사〔과〕는 국가가 인재를 뽑는 기반이다. 만약 〔황제께서〕 성
> 은을 베풀어 우대하시려면, 특별히 "관〔직〕(官職)"을 주시면 된다. 지금
> 〔예부에서 이렇게〕 "급제"를 준다면, 장차 어찌 〔합당하게 인재의〕 자질을
> 살피겠는가?[219]

라며 이견을 제기하였고, 마침내 현종도 그 뜻을 접었다는 것이다. 이 일화는 예부시의 급제가 관직과 달리 황제 마음대로 할 수 없는 독자적 가치를 지니고 있었음을 의미한다.[220]

217　『文苑英華』 권737, 趙儆 「李奕登科記序」, 3841~3842쪽. "玄宗開元二十五年, 重難其
　　事, 更命春官小宗伯主之, 而業文志學之士知勸矣. 於是獻藝輸能, 擅場中的者, 牓第
　　揭出, 萬人觀之, 未浹旬而名達四方矣."
218　『唐摭言』 권3, 「慈恩寺題名遊賞賦詠雜紀」, 29쪽에서 "曲江遊賞, 雖云自神龍以來, 然
　　盛於開元之末."이라고 한다.
219　『封氏聞見記校注』 권3, 「貢擧」, 17~18쪽. "李右相在廟堂, 進士王如泚者, 妻翁以伎術
　　供奉玄宗, 欲與改官, 拜謝而請曰: '臣女壻王如泚, 見應進士擧, 伏望聖恩回換, 與一及
　　第.' 上許之, 付禮部宜與及第. 侍郎李暐以詔詣執政. 右相曰: '〔王〕如泚文章, 堪及第
　　否?' 〔李〕暐曰: '與亦得, 不與亦得.' 右相曰: '若爾, 未可與之. <u>明經、進士, 國家取才之
　　地. 若聖恩優異, 差可與官. 今以及第與之, 將何以觀材?</u>' 〔李〕林甫卽自聞奏取旨.
　　〔王〕如泚賓朋讌賀, 車馬盈門; 忽中書下牒禮部, '王如泚可依例考試', 聞者愕然失錯
　　矣."(밑줄은 인용자) 李暐는 『登科記考補正』, 366~367쪽에 따르면 천보9년의 지공거
　　이다.

제1부에서 거론되었던 바 고종 때 재상까지 역임했던 설원초가 진사과에 합격하지 않았던 것을 후회했다는 전문(傳聞)도 동일한 측면에서 생각해 볼 수 있다. 관인으로서의 출세와 별개로 진사과 급제를 중시하는 논리에 입각하고 있기 때문이다. 이 말은 전술했듯이 당초 과거제도의 실상과 부합하지 않아 그대로 믿을 수 없지만, 간과해서 안 될 사실은 이런 이야기를 전하는 『수당가화(隋唐嘉話)』가 바로 "천보초(天寶初)" 인물의 저작이란 점이다.[221] 예부시 시행기 사인들의 인식이 설원초의 입을 빌어 이렇게 표현되었다고 해도 무방한 것이다.

그런데 『수당가화』에 나오는 설원초의 또 다른 후회는 "오성녀(五姓女)" 곧 명문가의 딸과 결혼하지 않았다는 것이고,[222] 당시 문벌에 대한 존중 의식도 공존하고 있었다. 따라서 과거 급제를 황제의 자의적인 관직 수여와 구분하려는 태도 역시 스스로 왕조권력으로부터 자율적인 존재로 여겼던 이른바 '귀족'들의 사고방식과[223] 흡사한 듯하다. 유송(劉宋)의 문제(文帝, 재위424~452)가 "사인이 되는〔作士人〕" 일은 자신이 결정하지 못함을 고백했고,[224] 남제(南齊) 때 기승진(紀僧眞, ?~?)도 "사대부는 본래 천자가 규정하는 것이 아닙디다〔士大夫故非天子所命〕."라고 토로했기[225] 때문이다.

물론 위의 현종 천보9년 고사는 황제권과 무관한 독자적 가치를 성씨

---

220 후대에 일반화된 황제의 "賜進士"란 표현은 송대에 생긴 殿試 등 과거의 제도적 변화 결과로서 별도의 논의를 요한다. 이 문제는 종장에서 상술하겠다.

221 『隋唐嘉話』의 찬자 劉餗의 생몰년과 행적은 불분명하다. 그러나 『新唐書』 권132, 「劉餗」, 4523쪽에 의하면, 그가 "天寶初"에 集賢院學士로서 "兼知史官"했다고 한다.

222 『隋唐嘉話』 권中, 28쪽. "薛中書元超謂所親曰: 吾不才, 富貴過分, 然平生有三恨: 始不以進士擢第, 不得娶五姓女, 不得修國史."

223 이에 관하여서는 전게 박한제, 「魏晉南朝 貴族制의 展開와 그 성격」이 잘 설명하고 있다.

224 沈約, 『宋書』(北京, 中華書局, 1974) 권57, 「蔡興宗」, 1584쪽.

225 李延壽, 『南史』(北京, 中華書局, 1975) 권36, 「江斆」, 943쪽.

가 아닌 예부시 급제에 두었으며, 이러한 차이로부터 남북조시대와 다른 이 시기의 특징도 찾을 수 있다. 예부시의 시행으로 상거는 '선관'과 제도적으로 분리되어 관직과의 거리가 멀어졌지만, 한편으로 '거사'의 최종 평가 절차인 성시가 마치 "사인"·"사대부"의 새로운 기준처럼 간주된 셈이기 때문이다. 사실 문필 역량을 중시하는 풍조 속에서 "문학(文學)"이나[226] "사부(詞賦)"가[227] 통일제국 초기에 벌써 "군자"의 조건으로 언급된 적도 있다. 진정한 사인의 판별 기준이 점점 '타고난 혈통'에서 '성취된 능력'으로 바뀌어 가는 사회적 분위기였던 것이다.

과거에서의 시험은 바로 이러한 능력의 주된 평가 방법으로 간주될 만하다. 그런데 이것을 관인의 선발·임용 관청인 이부가 책임지면, 남북조시대의 유풍 즉 사인은 관직과 달리 황제권에 예속된 존재가 아니라는 인식과 어긋난다. 하지만 이와 같은 기존 통념의 저항도 예부로 이관된 과거에서는 자연스레 약화된다. 게다가 황제마저 앞서 상술했듯이 개원 24년 칙서에서 예(禮)를 관장하는 "종백(宗伯)"에게 시험을 맡김으로써 "진정한 사인"을 얻으려 한다고 공언하였다. 이처럼 예를 그 중심에 두면서, 과거는 단순히 관인을 뽑는 일이라기보다 참된 사인의 공인(公認) 절차로 여겨질 수 있게 되는 것이다. 청대에 왕부지가 과거의 역할을 "보국녕민(保國寧民)"할 자의 선발과 "군자"·"소인"의 구별로 양분하여 후자를 그 "본(本)"이라고 주장하고, 또 이를 "단지 관인만 선발하던〔但爲官擇人〕" 이부시와 구분한 것도 이러한 관념과 일맥상통한다고 하겠다.[228]

226 『陳書』 권34, 「文學」, 473쪽.
227 『隋書』 권66, 「李諤」, 1544~1545쪽.
228 王夫之는 『讀通鑑論』에서 예부시의 채용에 관하여 다음과 같이 논평한다. "夫貢擧者, 一事而兩道兼焉. 選天下之才, 任天下之事, 以修政而保國寧民, 此一道也. 別君子于小人, 榮之以爵, 養之以祿, 俾天下相勸於善, 而善者不抑, 不善者以悛, 此又一道也. 兩俱道, 而勸民以善之意, 尤聖人之所汲汲焉. 人勸於善, 國以保, 民以寧, 此本末之序也. … 唐之舊制, 貢擧掌於考功, 是但爲官擇人, 而非求賢於衆矣. 開元二十四年,

이처럼 예부시의 출현 덕분에 과거 합격자와 응시자는 단지 황제가 주는 관직을 받을 사람 혹은 그 예비자에 그치지 않을 수 있게 되었다. 다시 말해, 사인들이 이를 통해 국가권력으로부터의 독자적 주체성을 주장할 수 있는 새로운 명분을 확보한 것이다. 과거가 여느 관인선발제도와 달리 중국 전통사회에서 장기간 특별한 권위를 누렸던 까닭도 결코 이와 무관하지 않을 듯하다. 따라서 예부시의 등장은 과거제도의 역사에서 획기적인 사건이며, 그 최종 귀착점이라고 해도 좋다. 그렇다면 과거라는 제도가 이렇게 확립되기까지의 과정은 당시 사인들의 상황과 입장까지 아울러 고려한 다각적인 검토가 필요하리라고 생각된다.

이상에서 살펴본 현종 시기 '예부 주관의 과거제도'의 핵심 내용을 정리하면 다음과 같다. 개원25년에 상거의 책임자가 고공원외랑에서 예부시랑으로 바뀌어, 후대와 같은 예부 주관의 과거제도가 확립되었다. 그 결과 이부의 '선관'과 예부의 '거사'가 확연히 나뉘었으며, 양자의 경계가 애매하던 찰거제도와의 차이도 더욱 분명해졌다. 물론 이부시와 예부시의 내용을 비교해 보면, 통일제국이 지향했던 새로운 관인 선발 방식인 과거의 기본 특성은 크게 변하지 않았다. 기실 '선관'과 분리된 상거를 통한 입사 과정이 한층 복잡해졌고, 왕조의 전성기였던 당시 조정은 그 틈을 이용해 사인들에 대한 통제를 강화한 듯도 하다. 그러나 '거사'의 최종 단계가 된 성시의 권위와 그 시험관·응시자에 대한 사회적 존숭 역시 커진 것이 사실이다. 따라서 문학적 소양을 중시하고 진사과를 선호하던 사인들의 주체적 능동성도 제고되었으며, 황제 또한 이러한 현실

改以授禮部侍郞, 是以貢擧爲緣飾文治之事, 而浮華升進, 民行不興矣."(권22, 「玄宗15」, 665~666쪽) 위의 글에서 예부시의 한계도 지적하지만, 이것을 고공원외랑이 관장했던 시험보다 긍정적으로 평가한 것 또한 사실이다. 王夫之의 이와 유사한 인식은 楊綰의 孝廉 부활 주장에 대한 반론에서도 발견된다(같은 책, 권23, 「代宗 2」, 694~696쪽).

을 도외시하기 어려웠다.

과거제도에 의한 이와 같은 통제와 존숭의 양면성은 예부시 시기에 더욱 뚜렷해지는데, 그 좋은 사례가 광문관의 창설이다. 당조가 관학을 통해 적극적으로 응시자를 관리하고자 했지만, 이를 위해서는 국자감 안에 그들이 선호하는 진사과 전용 학교를 따로 만들어야만 했기 때문이다. 그럼에도 불구하고 황제의 기대만큼 상거가 생도 위주로 운용되지 못하자, 급기야 향공의 폐지라는 극단적 방법까지 동원하였다. 그런데 안사의 난으로 조정의 영향력이 약해진 탓에 이 제도 또한 얼마 가지 않았다. 과거를 매개로 삼아 중앙집권을 강화하려 했던 당조의 정책들은 사인들을 중심으로 한 사회적 분위기 제어에 실패했던 것이다. 실제로 이 시기에 황제가 관직을 줄지언정 상거의 급제에 관여할 수 없다는 주장마저 나온다. 이것은 사인의 판별이 황제권과 무관하다는 남북조시대 '귀족'의 인식과 유사하나, 그 기준은 혈통이 아닌 능력으로 바뀌었다는 점에서 명백히 다르다. 과거제도의 중요한 역사적 의의인 이러한 변화는 '선관'과 분리된 '거사'의 마지막 시험 곧 예부시의 출현 그리고 이에 따른 사인들의 동태와 결코 무관하지 않아 보인다. 그렇다면 현종 시기 과거제도를 둘러싼 현실을 좀 더 면밀하게 살펴보아야만 한다.

제 2 장

현종 시기
과거를 둘러싼 현실

2

1. 진사과와 명경과 급제자의 성격: 계량적 분석

무측천~예종 시기와의 비교

국운이 흥성했던 현종 치세에는 그 이전에 비하여 문헌이 매우 늘어나고, 당시 과거 관련 기록 역시 마찬가지이다. 【부록1】을 보더라도, '자료 신뢰성'이 높은(◎) 사료에서 확인되는 연평균 진사과와 명경과 급제자 수가 현종 때 3.0명(133명/44년)으로서 고조~예종 시기 2.2명(211명/95년)보다 많은 것이다.[1] 게다가 이들 중 실제 합격 과목이 불분명한 '미상 과목'('과목

1 　【부록1】의 급제자 관련 주요 사항을 간략히 도표화하면 아래와 같다.

시기	고조 (618~626)			태종 (627~649)			고종 (650~683)			무측천 (684~704)			중종·예종 (705~712)			현종1 (713~736)			현종2 (737~756)		
과목	진사	명경	합계	진사	명경	합계	진사	명경	합계	진사	명경	합계	진사	명경	합계	진사	명경	합계	진사	명경	합계
총수 ('삭제'자 제외)	7	2	9	24	27	51	58	57	115	47	37	84	25	18	43	104	39	143	90	29	119
'자료 신뢰성◎' 숫자	3	2	5	15	25	40	32	55	87	20	34	54	8	17	25	44	38	82	27	24	51
'자료 신뢰성◎' 중 '과목 확실성×' 숫자	2	0	2	7	3	10	6	3	9	5	1	6	1	1	2	0	1	1	1	0	1

확실성' ×) 인물을 빼면, 그 숫자는 3.0(131명/44년)과 1.9명(180명/95년)이므로 그 차이가 더욱 커진다. 이는 현종 연간 과거 합격자들의 경우 예전과 달리 대부분 급제 과목을 명기하고 있기 때문이다.[2] 진사과·명경과로 대표되는 과거제도가 이 시기에 공고해졌다는 사실은 여기에서도 거듭 확인된다고 하겠다.

그런데 현종 시기 급제자에 대한 사료들 중에는 동시기의 글이라 '자료 신뢰성'이 높지만 당사자의 구체적 신상을 적지 않은 단편적 기록도 많다. 【부록2】에서 "비교 불가능"으로 표시한 사례들이 그것이다. 하지만 이러한 사례를 제외하더라도, 현종 연간 진사과와 명경과 합격자 연평균 2.2명(95명/44년)은 그 이전 1.8명(168명/95년)에 비하여 다수이다.[3] 따라서 이 시기의 상황을 살펴볼 수 있는 사료가 상대적으로 풍부한 편이며, 본인과 가계의 파악까지 가능한 두 과목의 급제자를 중심으로 과거제도 확립 문제에 접근해 보고자 한다.

물론 【부록2】에 정리한 이러한 인물들이 과거 급제자 전부가 아니므로, 이들을 통한 현종 연간의 실상 이해는 한계가 분명하다. 그러나 현재

---

2 '미상 과목' 곧 기존 연구에서 "射策高第"·"擢第太常" 등 불확실한 기록을 근거로 진사과·명경과의 급제자라고 보았던 사례가 줄어드는 경향을 전술하였는데(〈표5:【부록1】의 '자료 신뢰성'이 높은 인물들 중 '미상 과목' 급제자의 비율〉 참조), 현종 연간 그 비율은 현격히 낮아진다. 〈표5〉에서 보듯이, 고조~예종 시기에 13.7%(29명/211명)임에 반하여 현종 때는 1.5%(2명/133명)에 불과하기 때문이다.
3 이 수치는 아래의 표와 같은 【부록2】에 정리된 급제자들의 숫자에 의거하였다.

시기	I기 (618~655)			II기 (656~683)			III기 (684~704)			IV기 (705~712)			V기 (713~736)			VI기 (737~756)		
과목	진사	명경	합계	진사	명경	합계	진사	명경	합계	진사	명경	합계	진사	명경	합계	진사	명경	합계
총수	10	38	48	25	38	63	15	33	48	7	16	23	44	37	81	26	24	50
'비교 불가능' 숫자	0	4	4	2	0	2	2	3	5	3	0	3	21	1	22	11	3	14

로서 당시 과거제도의 정황을 이만큼 핍진하게 보여주는 자료가 달리 없음도 사실이다. 그렇다면 이 시기(Ⅴ·Ⅵ기)의 진사과·명경과 급제자들의 개인적 이력이나 가문 배경을 파악하고, 두 과목이 상거의 중심으로 부상한 무측천~예종 때(Ⅲ·Ⅳ기)의 그것과 계량적으로 분석하여 비교해 봄직하다. 이러한 작업은 과거의 제도적 확립 과정에서 나타나는 변화 경향을 추론할 수 있는 객관적 근거를 마련해 줄 터이기 때문이다.[4]

이와 같은 입장에서 먼저 급제자 본인의 개인적 성격을 검토해 보자. 이를 위해 Ⅲ·Ⅳ기와 Ⅴ·Ⅵ기 진사과와 명경과 합격자들의 관직 관련 사실을 정리한 것이 아래의 〈표38〉이다. 이들의 첫 관직인 초관은 누차 강조했듯이 관인선발제도와 직결된 문제인데, 관품의 평균치가 다 낮아져서 각각 2.71과 3.51이다. 전술한 바 『당육전』의 두 과목 급제자에 대한 서계 원칙, 곧 진사과 종9품상·종9품하(품계 평균 1.5)와 명경과 종8품하~종9품상(품계 평균 3.5)과 가까워지는 것이다. 이는 과거가 현종 시기에 제도적 규정에 따라 정착해 감을 시사한다.

〈표38〉에서 명경과 초관의 표준편차가 진사과보다 큰 것도 동일한 맥락으로 이해 가능하다. 『당육전』은 명경과 급제자에게만 음(蔭)에 의한 가계(加階)를 허용한다고 하기 때문이다. 물론 두 과목의 이러한 양상이 비단 현종 시기만의 일이 아니고, Ⅴ·Ⅵ기의 두 과목 표준편차 자체는 Ⅲ·Ⅳ기에 비하여 더 커져서 그 제도적 안정성이 오히려 약화된 듯도 하다. 그러나 앞서 지적했듯이 개원18년 순자격(循資格) 제도가 생긴 뒤

---

4 현재 진사과와 명경과의 급제 여부는 물론 급제자 관련 사실을 분명히 알 수 있는 【부록2】의 인물들이 그렇게 많지 않다. 하지만 비록 그 수가 적더라도, 동종의 사료에 입각한 이들을 시기 혹은 항목으로 나누어 그 비율을 상호 비교해 볼 필요가 있다. 이를 통해 대체적으로나마 개별 시기·항목의 상대적인 특성과 그 변동 추세에 대한 파악이 가능하리라고 생각되는 것이다. 아래의 계량적 분석에서 비교 대상의 숫자만이 아니라 비율의 異同에 각별히 주목하는 까닭이 바로 여기에 있다.

특별히 유능한 인재를 우대하는 다양한 대책이 강구되었다면, 이를 납득하지 못할 바 아니다. 진사과 급제자들의 초관 평균과 『당육전』 기록 간의 큰 차이도 위와 같은 사실로써 설명할 수 있다.[5]

〈표 38: 【부록2】의 Ⅲ·Ⅳ기와 Ⅴ·Ⅵ기 진사과와 명경과 급제자의 초관과 종관 품계〉

	진사과				명경과			
	초관 평균	초관 표준 편차	종관 평균 (종관 5품 이상 인물의 비율)	승급 평균	초관 평균	초관 표준 편차	종관 평균 (종관 5품 이상 인물의 비율)	승급 평균
Ⅲ·Ⅳ기(684~712)	2.88	0.93	17.0(64.7%)	14.1	4.11	2.25	14.2(34.8%)	10.1
Ⅴ·Ⅵ기(713~756)	2.71	1.74	15.4(51.4%)	12.7	3.51	2.85	11.2(24.6%)	7.7
Ⅴ·Ⅵ기-Ⅲ·Ⅳ기	-0.17	+0.81	-1.6	-1.4	-0.6	+0.6	-3.0	-2.4

〈표38〉에서 진사과와 명경과의 종관·승급 역시 초관처럼 둘 다 품계의 평균이 낮아진다. 이것은 급제 후 관인으로서의 활동과도 긴밀한 관련이 있으므로, Ⅲ·Ⅳ기와 Ⅴ·Ⅵ기의 수치가 오로지 해당 시기만의 문제는 아닐 터이다. 그러나 두 과목이 관품 변화 추이가 비슷한 만큼 상거 과목으로서의 동질성을 갖는다고 생각된다. 다만 초관과 종관·승급의 품계 저하 폭 모두 진사과보다 명경과가 크다는 사실은 주목할 만하다. 무측천~예종 시기와 현종 연간을 비교할 때, 명경과 대비 진사과의 위상은 제고되었을 가능성이 높은 것이다.

---

5 〈표38〉에서 진사과 급제자들의 초관은 『당육전』의 기록보다 유난히 높고, 표준편차 역시 명경과에 비해 더 커졌다. 기실 초임 관직을 받는 과정을 구체적으로 적은 기록이 별로 없는 지금 그 이유를 확언하기는 어렵다. 그럼에도 불구하고 이렇게 추론할 수 있는 까닭은 【부록2】의 Ⅴ·Ⅵ기에서 서계 규정보다 높은 정9품하(品數 3) 이상의 초관을 받은 인물의 비율이 개원18년을 전후해 18.2%(2명/11명)에서 48.1%(13명/27명)로 현격히 높아지기 때문이다.

그렇더라도 진사과 급제자의 초관은 여전히 명경과에 비하여 낮다. 물론 종관·승급의 경우 진사과가 명경과보다 높지만, 이것은 앞서 밝혔듯이 Ⅱ기 이래 일관된 현상이다. 바꾸어 말해 고종 현경 연간 이래 줄곧 명경과는 진사과에 비해 초관이 높았으나 그 종관은 낮았고, 과거제도의 정착 과정에서 나타나는 이러한 제도와 현실의 괴리는 현종 시기에도 마찬가지였던 것이다. 따라서 급제자의 관품이란 면에서 본다면, 상거를 대표하는 진사과와 명경과 간의 상대적 위상에 약간 변화가 있었을지언정 그 기본적인 특성은 이때까지 계속 이어졌다고 하겠다.

응거 방법의 경우는 어떠할까? 그런데 아래의 〈표39〉에서 보듯이 이와 관련된 기록을 확인할 수 없는 '미상' 급제자가 많고, 특히 Ⅴ·Ⅵ기의 경우 2/3 이상의 인물이 이러하여 그 문제가 더욱 심각해 보인다. 하지만 제2부에서처럼 '생도'나 '향공' 항목의 숫자 자체가 아니라 양자의 비교 곧 '향공 대비 생도' 비율은 검토해 볼 만하다. 여기에서 두 시기 진사과와 명경과 합격자들의 응거 방법 이동(異同)이 드러난다면, 이를 통해 변화의 추이에 대한 짐작도 어느 정도 가능할 것이기 때문이다.

〈 표39: 【부록2】의 Ⅲ·Ⅳ기와 Ⅴ·Ⅵ기 진사과와 명경과 급제자의 응거 방법 〉

시기	진사과·명경과 급제자 수/시기별 백분율/백분율 비교				진사과 급제자 수/시기별 백분율/백분율 비교				명경과 급제자 수/시기별 백분율/백분율 비교			
	총수	생도	향공	미상	총수	생도	향공	미상	총수	생도	향공	미상
Ⅲ·Ⅳ기	71	22	12	37	22	7	8	7	49	15	4	30
	비율	31.0	16.9	52.1	비율	31.8	36.4	31.8	비율	30.6	8.2	61.2
	생도/향공 비율	183.4			생도/향공 비율	87.4			생도/향공 비율	373.2		
Ⅴ·Ⅵ기	131	28	13	90	70	16	9	45	61	12	4	45
	비율	21.4	9.9	68.7	비율	22.9	12.9	64.3	비율	19.7	6.6	73.8
	생도/향공 비율	216.2			생도/향공 비율	177.5			생도/향공 비율	298.5		

예컨대, 〈표39〉를 보면 두 과목 전체의 향공 대비 생도의 비율이 Ⅴ·Ⅵ기의 216.2%가 Ⅲ·Ⅳ기의 183.4%에 비하여 높다. 이는 현종이 관학을 위주로 상거제도를 운용한 정책의 성과일 수 있다. 특히 Ⅲ·Ⅳ기에 생도보다 향공이 많았던 진사과조차 Ⅴ·Ⅵ기에 그 상황이 역전된다면 더욱 그러하며, 전술했듯이 광문관의 설치가 여기에 일조했을는지 모른다. 여하튼 이 시기에는 진사과 응시자까지 예전보다 관학을 거치는 경향이 커졌고, 그만큼 더 과거제도의 중앙집권성이 강화되었다고 해도 무방하다.

물론 현종 때에도 두 과목 합격자의 향공 대비 생도 비율을 비교하면, 명경과가 298.5%인 반면 진사과는 177.5%에 불과하다. 진사과에서 생도의 비중이 예전보다 커졌을지라도, 명경과에 비하면 여전히 향공의 비율이 높았던 것이다. 이는 당시 관학에서 경학을 주로 가르쳤음을 생각할 때 당연한 일이라고 하겠다. 그러므로 Ⅴ·Ⅵ기에도 Ⅲ·Ⅳ기처럼 명경과는 생도 중심이었고, 진사과의 경우 향공이 상대적으로 중요하였다. 다시 말해, 두 과목의 응거 방법 역시 Ⅲ기 이래의 연속성이 확인되는 것이다.

현종 시기의 진사과와 명경과 합격자의 성격을 더욱 심도 있게 논의하려면, 과목별 관품 내역과 응거 방법을 연계해 검토할 필요가 있다. 이를 위하여 만든 것이 아래의 〈표40〉이다. 여기에서도 Ⅲ·Ⅳ기와 Ⅴ·Ⅵ기의 유사성이 발견된다. 우선 제도와 직결된 초관을 보면, '전체'와 명경과에서 생도가 향공보다 높으나 진사과는 생도가 향공에 비하여 낮다는 점이 동일하다. 두 시기의 종관과 승급 또한 공통점이 있다. 명경과의 경우 생도가 향공보다 높지만 진사과는 향공이 높은 것이다. 따라서 응거 방법과 관품을 아울러 고려하더라도, 관인선발제도 안에서 진사과·명경과가 각기 향공·생도와 갖던 밀접한 관계는 Ⅲ기부터 Ⅵ기까지 변함이 없었다고 해도 좋다.[6]

<표 40: 【부록2】의 Ⅲ·Ⅳ기와 Ⅴ·Ⅵ기 급제자의 응거 방법에 따른
초관·종관·승급 품계 〉

	생도									향공								
	진사과·명경과 전체			진사과			명경과			진사과·명경과 전체			진사과			명경과		
	초관	종관	승급	초관	종관	승급	초관	종관	승급	초관	종관	승급	초관	종관	승급	초관	종관	승급
Ⅲ·Ⅳ기	4.3	17.2	12.9	2.4	14.3	11.9	5.2	18.7	13.5	2.9	16.0	13.1	3.2	23.4	20.2	2.5	6.8	4.3
Ⅴ·Ⅵ기	3.1	10.3	7.2	1.7	6.4	4.7	3.9	12.7	8.8	2.3	13.5	11.2	2.6	15.7	13.1	1.8	9.5	7.8
Ⅴ·Ⅵ기-Ⅲ·Ⅳ기	-1.2	-6.9	-5.7	-0.7	-7.9	-7.2	-1.3	-6.0	-.47	-0.6	-2.5	-1.9	-0.6	-7.7	-7.1	-0.7	+2.7	+3.5

그런데 〈표40〉의 '전체'에서 종관만은 두 시기 간에 차이가 존재한다. Ⅲ·Ⅳ기는 생도가 높은 반면 Ⅴ·Ⅵ기의 경우 향공이 높기 때문이다. 이것은 현종 연간의 종관 품계가 생도명경의 경우 크게 떨어졌지만 향공명경은 도리어 올라간 데서 기인한다. 두 시기를 비교할 때 나타나는 전반적인 품계 하향 추세 속에서도 유독 향공명경의 종관·승급만 상승한 것이다. 사실 품계가 낮아지는 여타 항목에서도 그 저하 폭은 모두 생도가 향공보다 크다. 따라서 현종 시기는 그 이전에 비하면 상대적으로 향공의

---

6 이러한 양상은 두 과목의 급제자를 응거 방법에 따라 다시 나누어 네 가지 유형으로 구분해 그 품계 평균을 비교한 아래 표에서 더욱 확연히 드러난다. 초관은 두 시기가 완전히 같고, 종관·승급의 경우 3·4위가 뒤바뀌지만 그 특성은 유지되고 있기 때문이다. 즉 과목을 기준으로 볼 때 진사과는 향공이 높고 명경과는 생도가 낮으며, 응거 방법을 기준으로 삼더라도 생도는 명경과가 높고 향공은 진사과가 높은 것이다.

순위 시기	초관(품계 평균)				종관·승급(종관 품계 평균/ 승급 품계 평균)			
	1	2	3	4	1	2	3	4
Ⅲ·Ⅳ기	생명 (5.2)	향진 (3.2)	향명 (2.5)	생진 (2.4)	향진 (23.4/20.2)	생명 (18.7/13.5)	생진 (14.3/11.9)	향명 (6.8/4.3)
Ⅴ·Ⅵ기	생명 (3.9)	향진 (2.6)	향명 (1.8)	생진 (1.7)	향진 (15.7/13.1)	생명 (12.7/8.8)	향명 (9.5/7.8)	생진 (6.4/4.7)

지위가 높아지는 듯하며, 향공 대비 생도 숫자의 비율 증가와는 상이한 모습을 드러낸다. 이러한 현상은 앞서 상술했던 바 조정의 관학 위주 정책이 그 뜻대로 관철되지 못한 당시의 실상과 일맥상통하는 듯하다.

　무측천~예종 때와 대비되는 현종 연간 진사과·명경과 급제자의 성격과 관련하여, 이 시기에 중요했던 집안의 문제 역시 간과할 수 없다. 따라서 지금까지 살펴본 이들의 가계를 앞서처럼 【부록2】의 기준에 따라 '성씨', '선조', '지역'을 나누어 보면 아래 〈표41〉과 같다. 여기에서 Ⅲ·Ⅳ기와 Ⅴ·Ⅵ기의 시기별 성씨와 지역의 숫자·비율 순위는 각각 '가'〉'다'〉'나', '동'〉'서'〉'남'〉'기' 차례로서 동일하다. 선조는 Ⅲ·Ⅳ기의 '3'〉'1'〉'2'〉'0'에서 Ⅴ·Ⅵ기의 '3'〉'2'〉'1'〉'0'으로 바뀌지만 2위와 3위의 순위 변동일 뿐이다. 게다가 두 시기에서 1위를 차지하는 '3'이 모두 75% 이상 절대다수를 차지하므로, 그 실질적 차이가 거의 없다고 해도 무방하다. 현종 시기 진사과와 명경과 합격자의 가문 배경이 기본적으로 그 이전과 비슷했던 것이다.

〈표 41: 【부록2】의 Ⅲ·Ⅳ기와 Ⅴ·Ⅵ기 진사과·명경과 급제자 전체의 가계〉

시기	비교 가능		성씨			선조				지역			
			가	나	다	3	2	1	0	동	서	남	기
Ⅲ·Ⅳ기	63명 (총 71명)	숫자	33	6	24	51	3	6	3	43	11	7	2
		백분율	52.4	9.5	38.1	81.0	4.8	9.5	4.8	68.3	17.5	11.1	3.2
		순위	1	3	2	1	3	2	4	1	2	3	4
Ⅴ·Ⅵ기	95명 (총 131명)	숫자	55	9	31	72	12	8	3	65	21	8	1
		백분율	57.9	9.5	32.6	75.8	12.6	8.4	3.2	68.4	22.1	8.4	1.1
		순위	1	3	2	1	2	3	4	1	2	3	4

　〈표41〉의 성씨·선조·지역 항목에서 두 시기 모두 1위인 '가'·'3'·'동'은 각 영역에서 당시 가장 유력했던 가계이다. 즉 후한(後漢)~진(晉)부터

명망을 누리던 성씨, 증조(曾祖)부터 계속 관직을 가진 집안, 문화적 전통이 강한 당대의 하동도·하남도·하북도 지역의 인물들이 진사과와 명경과 합격자의 주류였던 것이다. 이는 과거의 준비·급제에 필요한 조건을 생각할 때 일면 당연하며, 실제로 이러한 현상은 Ⅱ기 이래 일관된다. 그런데 이 3개 범주의 비율이 대체로 증가 추세란 사실을 홀시해서 안 되니, Ⅱ기와 아울러 고려하면 더욱 그러하다.[7] 비록 선조 '3'은 Ⅲ·Ⅳ기가 전후 시기보다 커서 특이하나, '0' 곧 무관(無官)의 가계는 계속 감소하기 때문이다. 영역들 간에 정도의 차이가 있을지라도, 현종 연간의 진사과·명경과 급제자들은 예전처럼 세력 있는 가문 출신자들이 많았을 뿐더러 이와 같은 양상은 더 뚜렷해졌던 것이다. 이 시기에 두 과목이 특별히 중시되고 "사족(士族)"이 여기로 몰려들었다는 전래문헌들의 기록이 결코 허언(虛言)이 아니라고 하겠다.[8]

그렇다면 진사과와 명경과 급제자를 과목별로 따로 살펴보면 어떠할지 궁금한데, 이를 위해 작성한 것이 아래의 〈표42〉와 〈표43〉이다. 우

---

7 Ⅱ기의 상황을 〈표41〉과 같은 형태로 제시하면 아래와 같다. 그리고 이 두 표를 비교할 때, 성씨 '가'와 지역 '동'의 비율은 Ⅱ기부터 Ⅴ·Ⅵ기까지 지속적으로 증가하고 '다'와 '기'는 그 반대 양상이다. 그리고 선조 '3'의 경우 시기별로 들쭉날쭉하지만, '0'은 분명히 감소 경향을 보인다.

시기	비교 가능		성씨			선조				지역			
			가	나	다	3	2	1	0	동	서	남	기
Ⅱ기	61명 (총 63명)	숫자	27	7	27	47	9	2	3	37	17	4	3
		백분율	44.3	11.5	44.3	77.0	14.8	3.3	4.9	60.7	27.9	6.6	4.9
		순위	1	3	1	1	2	4	3	1	2	3	4

8 『通典』은 전술했듯이 수재과의 "廢絶" 뒤 "士族所趣嚮, 唯明經、進士二科而已."라고 한다(권15, 「選擧 歷代制」, 354쪽). 그런데 "當開元、天寶之間, 始專重明經、進士."라는 선종 대중7년 韋澳의 말을 보면(『東觀奏記』 권中, 108쪽), 이러한 "士族"의 동향은 현종 시기부터 특히 두드러졌다고 생각된다.

선, 두 시기 각 과목의 항목별 가계 구분 범주의 순위가 거의 동일하다. 그 차이는 단지 동률(同率)로 인해 생긴 것일 뿐이기 때문이다.[9] 그러므로 진사과와 명경과 모두 그 합격자 가계의 성격이 무측천~예종과 현종 연간 사이에 그렇게 바뀌지 않았다고 여겨진다.

〈 표 42: 【부록2】의 Ⅲ·Ⅳ기와 Ⅴ·Ⅵ기 진사과 급제자의 가계 〉

시기	비교 가능		성씨			선조				지역			
			가	나	다	3	2	1	0	동	서	남	기
Ⅲ·Ⅳ기	17명 (총 22명)	숫자	5	1	11	14	0	3	0	12	3	1	1
		백분율	29.4	5.9	64.7	82.4	0	17.6	0	70.6	17.6	5.9	5.9
		순위	2	3	1	1	3	2	3	1	2	3	3
Ⅴ·Ⅵ기	38명 (총 70명)	숫자	17	4	17	29	3	5	1	22	11	4	1
		백분율	44.7	10.5	44.7	76.3	7.9	13.2	2.6	57.9	28.9	10.5	2.6
		순위	1	3	1	1	3	2	4	1	2	3	4

〈 표 43: 【부록2】의 Ⅲ·Ⅳ기와 Ⅴ·Ⅵ기 명경과 급제자의 가계 〉

시기	비교 가능		성씨			선조				지역			
			가	나	다	3	2	1	0	동	서	남	기
Ⅲ·Ⅳ기	46명 (총 49명)	숫자	28	5	13	37	3	3	3	31	8	6	1
		백분율	60.9	10.9	28.3	80.4	6.5	6.5	6.5	67.4	17.4	13.0	2.2
		순위	1	3	2	1	2	2	2	1	2	3	4
Ⅴ·Ⅵ기	57명 (총 61명)	숫자	38	5	14	43	9	3	2	43	10	4	0
		백분율	66.7	8.8	24.6	75.4	15.8	5.3	3.5	75.4	17.5	7.0	0
		순위	1	3	2	1	2	3	4	1	2	3	4

---

9 진사과의 성씨를 보면, Ⅲ·Ⅳ기에 '다'〉'가'〉'나'이고 Ⅴ·Ⅵ기에 '다'='가'〉'나'로서 그 순위가 달라지지만 기실 이것은 동일한 비율 탓이다. 진사과의 선조·지역과 명경과의 선조 또한 이와 같다.

그런데 두 시기 각 항목의 비율 증감을 따져보면, 진사과와 명경과 사이에 뚜렷한 차이가 발견된다. 성씨 '나', 선조 '0', 지역 '남'에서 진사과는 증가하지만 명경과가 감소하고, 지역 '동'은 그 반대 양상을 드러내는 것이다. 특히 '동'의 경우 유력 가계의 범주란 점에서 주목할 만한데, 진사과가 12.8%나 떨어진 반면 명경과는 8.0% 올라간다. 그 결과 Ⅲ · Ⅳ기에 이 항목의 진사과 비율이 명경과보다 높았으나 Ⅴ · Ⅵ기에는 그 고저가 역전됨으로써 두 과목의 상황이 뒤바뀌어 버린다. 다시 말해서, 문화적 전통이 강하던 지역의 인물들이 명경과에 더 많이 응시하는 경향을 드러내는 것이다.

실제로 성씨를 보더라도, Ⅴ · Ⅵ기 진사과에서 '가'의 비율이 꽤 제고되었음에도 불구하고 명경과의 그것에는 미치지 못한다. 그리고 진사과 급제자 중 신흥 가문이라고 할 '다'의 비율이 저하했지만 명경과에 비하면 여전히 훨씬 높다. 물론 Ⅴ · Ⅵ기 '3'의 비율에서는 진사과가 명경과보다 높은데, 이것은 Ⅲ · Ⅳ기에도 마찬가지였다. 따라서 세력 있는 집안의 과거 급제자들이 증가해 가는 추세 속에서도, 그들이 선호한 과목은 계속 명경과였으며 진사과가 상대적으로 신흥세력의 출로였던 듯하다. 전술하였던 무측천~예종 시기 두 과목의 상이한 속성이 현종 연간에도 변함이 없는 것이다.

앞서 밝혔듯이 현재 응거 방법까지 확인할 수 있는 급제자가 적으므로, 두 시기 생도와 향공의 상황 검토에 난점이 존재한다. 하지만 제한된 조건에서나마 이 문제의 고찰이 불가능하지는 않다. 아래의 〈표44〉와 〈표45〉를 보면, Ⅲ · Ⅳ기와 Ⅴ · Ⅵ기에서 응거 방법별 가계 구분 범주의 순위 역시 동률에 의한 차이만 있을 뿐 거의 동일한 것이다. 그러므로 생도와 향공 또한 무측천~예종 시기 이래 그 합격자 가계의 성격이란 면에서 크게 다르지 않았던 듯하다.

<표 44: 【부록2】의 Ⅲ·Ⅳ기와 Ⅴ·Ⅵ기 생도 급제자의 가계 >

시기	비교 가능		성씨			선조				지역			
			가	나	다	3	2	1	0	동	서	남	기
Ⅲ·Ⅳ기	20명 (총 22명)	숫자	10	3	7	18	0	2	0	14	3	2	1
		백분율	50.0	15.0	35.0	90.0	0	10.0	0	70.0	15.0	10.0	5.0
		순위	1	3	2	1	3	2	3	1	2	3	4
Ⅴ·Ⅵ기	18명 (총 28명)	숫자	9	3	6	16	1	1	0	10	5	3	0
		백분율	50.0	16.7	33.3	88.9	5.6	5.6	0	55.6	27.8	16.7	0
		순위	1	3	2	1	2	2	4	1	2	3	4

<표 45: 【부록2】의 Ⅲ·Ⅳ기와 Ⅴ·Ⅵ기 향공 급제자의 가계 >

시기	비교 가능		성씨			선조				지역			
			가	나	다	3	2	1	0	동	서	남	기
Ⅲ·Ⅳ기	9명 (총 12명)	숫자	4	1	4	5	2	2	0	5	2	2	0
		백분율	44.4	11.1	44.4	55.6	22.2	22.2	0	55.6	22.2	22.2	0
		순위	1	3	1	1	2	2	4	1	2	2	4
Ⅴ·Ⅵ기	11명 (총 13명)	숫자	5	2	4	6	1	4	0	9	2	0	0
		백분율	45.5	18.2	36.4	54.5	9.1	36.4	0	81.8	18.2	0	0
		순위	1	3	2	1	3	2	4	1	2	3	3

　　단 두 시기의 유력 가계 곧 성씨 '가'·선조 '3'·지역 '동'의 비율 증감을 살펴보면, 응거 방법에 따른 차이가 발견된다. 생도는 '가' 비율이 같으나 '3'·'동'에서 감소하는데, 향공의 경우 이와 다르기 때문이다. '3'은 소폭 감소해서 비슷하지만, '가'와 '동'이 증가하는 것이다. 이러한 양상은 특히 지역 영역에서 두드러져, '동' 비율이 생도는 14.4% 떨어진 반면 향공은 오히려 26.2%나 올라간다. 그 결과 출신지의 분포에도 변화를 낳았다. Ⅴ·Ⅵ기의 향공은 '동'·'서' 지역 인물들로만 국한되는데, 동시

기 생도의 경우 '기(其)' 범주가 없어졌을지라도 여타 지역 출신자의 비율은 뚜렷이 늘어나는 것이다. 이는 Ⅲ·Ⅳ기에 비하여 다양한 지역의 인물들이 관학에 들어왔음을 뜻하며, 현종의 생도 중시 정책이 거둔 성과일 수 있다.

향공 대비 생도의 숫자 또한 두 시기에 분명한 차이가 존재한다. 세력 있는 성씨('가')·선조('3')는 계속 생도가 향공보다 다수이지만, 지역('동')에서는 향공이 더 많아지는 역전 현상이 발생하기 때문이다. 그리고 이러한 가계의 향공 대비 생도 비율을 비교할 때, Ⅴ·Ⅵ기는 Ⅲ·Ⅳ기보다 낮은 편이다. 지역 항목에서 '동'이 125.9%(70.0%/55.6%)에서 68.0%(55.6%/81.8%)로 현격히 저하할 뿐더러, 성씨의 '가' 비율도 112.6%(50.0%/44.4%)에서 109.9%(50.0%/45.5%)로 떨어지는 것이다. 선조의 경우 '3'의 비율이 161.9%(90.0%/55.6%)에서 163.1%(88.9%/54.5%)로 조금 높아지나, 그 차이는 그렇게 크지 않다. 따라서 유력한 가문이 차지하는 비율을 통해 볼 때, Ⅴ·Ⅵ기는 Ⅲ·Ⅳ기에 비하여 향공 대비 생도의 위상이 상대적으로 낮아졌다고 해도 좋을 것이다.

이와 같은 유력 가계의 비율이 당시 응거 방법의 선호도와 무관하지 않을 터이므로, 여기에서 향공을 점점 더 중시해 가는 사회적 경향을 추론해 봄직하다. 이는 전술한 바 진사과·명경과 급제자의 초관과 종관·승급 관품이 전반적으로 떨어지는 추세 속에서 그 낙폭은 생도보다 향공이 적다는 사실과도 부합한다. 관학 위주로 상거제도를 운용하려 했던 당조의 지속적 노력에도 불구하고, 그 실질적인 효과가 거듭 의문스러워지는 것이다. 왕조의 전성기였던 현종 연간마저 이처럼 향공이 예전보다 더욱 중요해졌다면, 조정의 의도와 상이한 현실의 강고한 힘과 저항을 부정할 수 없다고 하겠다.

생도와 향공의 가계에서 드러나는 이러한 변화 경향이 진사과와 명경과 간에 차이는 없었을까? 이에 답하려면, 두 시기의 급제자들을 응거 방법은 물론 과목까지 고려해 4개의 유형으로 나누어 그 가계 성격을 비교할 필요가 있다. 이렇게 세분할 경우 비교 가능한 항목별 인물 숫자가 너무 적어진다는 문제가 생길지라도,[10] 유력 가계에 속하는 급제자의 비율은 당시 사회적 분위기를 보여줄 수 있다는 점에서 간과해서 안 되는 것이다. 이러한 시각에서 네 유형의 비율을 비교해 그 순위를 매기면 아래의 〈표46〉과 같은데, 여기에서 흥미로운 사실이 드러난다. 우선 Ⅲ·Ⅳ기와 Ⅴ·Ⅵ기에서 동일한 순위는 단지 '가' 범주의 2위 향공명경과 '동' 범주의 1·3위 향공진사·생도진사 뿐으로서 그 변동이 크다. 그리고 위의 세 사례를 제외하면, 생도진사·향공명경의 순위가 모두 오르지만 생도명경·향공진사의 순위는 다 떨어져서 상이한 양상을 보인다. 다시 말해, 세력 있는 집안에서는 진사과에 응시할 때 생도를 선호해 간 반면 명경과의 경우 향공을 택하는 경향이 있었던 것이다. 그러므로 앞서 지적한 Ⅴ·Ⅵ기의 향공 위상 제고 추세는 주로 명경과와 연관된 현상이라고 해야 할 듯하다.

---

10 【부록2】의 급제자들 가운데 이러한 분석이 가능한 인물들의 숫자와 그 결과는 아래 두 표와 같다.

비교 가능	생도진사(총 수)	생도명경(총 수)	향공진사(총 수)	향공명경(총 수)
Ⅲ · Ⅳ기	7명(7명)	13명(15명)	5명(8명)	4명(4명)
Ⅴ · Ⅵ기	7명(16명)	11명(12명)	7명(9명)	4명(4명)

시기	과목	생도											향공											
		성씨			선조				지역				성씨			선조				지역			
		가	나	다	3	2	1	0	동	서	남	기	가	나	다	3	2	1	0	동	서	남	기
Ⅲ·Ⅳ기	진사과	1	1	5	5	0	2	0	4	2	0	1	2	0	3	4	0	1	0	4	0	1	0
Ⅴ·Ⅵ기	진사과	4	0	3	7	0	0	0	4	1	2	0	3	1	3	3	1	3	0	6	1	0	0
Ⅲ·Ⅳ기	명경과	9	2	2	13	0	0	0	10	1	2	0	2	1	1	1	2	1	0	1	2	1	0
Ⅴ·Ⅵ기	명경과	5	3	3	9	1	1	0	6	4	1	0	2	1	1	3	0	1	0	3	1	0	0

순위	1		2		3		4		1위와 4위 비율 차이	
시기	Ⅲ·Ⅳ기	Ⅴ·Ⅵ기	Ⅲ·Ⅳ기	Ⅴ·Ⅵ기	Ⅲ·Ⅳ기	Ⅴ·Ⅵ기	Ⅲ·Ⅳ기	Ⅴ·Ⅵ기	Ⅲ·Ⅳ기	Ⅴ·Ⅵ기
'가' (백분율)	생명 (69.2)	생진 (57.1)	향명 (50.0)	향명 (50.0)	향진 (40.0)	생명 (45.5)	생진 (14.3)	향진 (42.9)	54.9%	14.2%
'3' (백분율)	생명 (100)	생진 (100)	향진 (80.0)	생명 (81.8)	생진 (71.4)	향명 (75.0)	향명 (25.0)	향진 (42.9)	75.0%	57.1%
'동' (백분율)	향진 (80.0)	향진 (85.7)	생명 (76.9)	향명 (75.0)	생진 (57.1)	생진 (57.1)	향명 (25.0)	생명 (54.5)	55.0%	31.2%

〈표46〉에서 또 하나 간과해서 안 될 사실이 있다. 오른 편에 덧붙여 둔 '1위와 4위 비율 차이'가 그것인데, 어느 항목에서나 Ⅲ·Ⅳ기에 비해 Ⅴ·Ⅵ기에 그 수치가 작아진다. 과목과 응거 방법을 기준으로 나눈 4개 유형의 급제자들 가운데 유력 가계 인물들의 다과(多寡) 차이가 줄어들고 있는 것이다. 이러한 양상은 곧 진사과와 명경과 그리고 생도와 향공의 차별성 약화를 의미한다. 기실 전술한 4개 유형 급제자의 초관과 종관·승급 역시 동일한 모습이다. 이를 정리한 아래 〈표47〉에서 보듯이, 초관과 종관·승급의 격차가 모두 감소하기 때문이다.[11] 이러한 유형별 차이

---

11 뒤의 〈표47〉과 동일한 형식으로 Ⅱ기의 상황을 살펴보면, 아래 표처럼 Ⅲ·Ⅳ기보다 1위와 4위의 차이가 작다. 이는 과목과 응거 방법의 제도화가 미숙했던 과도기적 양상 일 수 있는데, 주목할 점은 이 시기 역시 Ⅴ·Ⅵ기에 비하여 그 차이가 큰 편이란 사실이다. 즉 예전과 비교할 때 현종 연간의 상거는 과목·응거 방법과 무관하게 상대 적 동질성이 커졌던 것이다.

초관(품계 평균)		1위와 4위 차이	종관(품계 평균)		1위와 4위 차이	승급(품계 평균)		1위와 4위 차이
1위	4위		1위	4위		1위	4위	
4.7 (향명)	2.1 (향진)	2.6	19.6 (생진)	10.3 (생명)	9.3	16.6 (생진)	6.9 (생명)	9.7

의 축소는 조정에서 중시한 상거 과목이나 제도화된 응거 방법 사이의 이질성 약화를 시사하며, 그 결과 각 과목과 응거 방법에 대한 사회적 선호도 차이 또한 예전보다 덜 하였으리라고 짐작된다.[12] 이와 같이 현종 시기 과거 급제자·응시자의 성격이 비교적 등질화되어 가는 현상은 당시 이 제도의 확고한 정착과 무관하지 않을 수 있다.

〈표 47: 【부록2】의 Ⅲ·Ⅳ기와 Ⅴ·Ⅵ기 급제자 유형 간 초관·종관·승급 품계 차이〉

순위 / 시기	초관(품계 평균)		1위와 4위 차이	종관(품계 평균)		1위와 4위 차이	승급(품계 평균)		1위와 4위 차이
	1위	4위		1위	4위		1위	4위	
Ⅲ·Ⅳ기	생명 (5.2)	생진 (2.4)	2.8	향진 (23.4)	향명 (6.8)	16.6	향진 (20.2)	향명 (4.3)	15.9
Ⅴ·Ⅵ기	생명 (3.9)	생진 (1.7)	2.2	향진 (15.7)	생진 (6.4)	9.3	향진 (13.1)	생진 (4.7)	8.4

이부시와 예부시 시기의 이동

지금까지 살펴본 현종 연간의 과거제도는 기본적으로 무측천~예종 시기와 이어진다. 상거를 대표하는 진사과와 명경과 합격자의 성격을 계량화해서 비교할 때, Ⅲ기 이래 초관과 종관·승급의 고저나 응거 방법 등에서 큰 차이가 없는 것이다. 물론 현종 때 주목되는 점도 있다. 두 과목 모두 급제자의 관품이 대체로 낮아지고 초관은 『당육전』의 서계 원칙에

<hr>

12 이와 관련하여 현종 시기의 石物에 기록된 형제들의 상이한 응거 과목이나 방법 선택이 주목된다. 예컨대, 개원15년에 제작된 玄堂刻石과 묘지에 나오는 형제들의 이력이 "鄕貢進士"·"鄕貢明經"(『唐代墓誌彙編』, 開元264번) 혹은 "鄕貢明經"·"國子監明經"(같은 책, 開元244번)으로 다른 것이다. 이는 물론 개인의 성향이나 능력과 관련될 수 있겠지만, 한 집안 안에서 이처럼 상이한 유형의 급제자들이 공존한 데에는 당시 과목이나 응거 방법의 차별성 약화도 분명히 일조했으리라고 짐작된다.

가까워진다. 그리고 향공 대비 생도 비율이 상승하여 관학을 중시한 조정의 의도가 관철된 듯하다. 단 종관의 품계와 유력 가계의 비율에서 향공이 상대적으로 생도보다 우위를 차지해 가서, 이러한 정책의 실효성은 일면 의문스럽다. 여전히 제도와 현실 사이에 괴리가 존재했던 것이다. 하지만 과목과 응거 방법으로 구분한 4개 유형 합격자 간의 관품과 가계 이질성이 축소되었다면, 당조의 전성기였던 당시 과거의 안정적인 제도화는 분명한 사실이라고 하겠다.

그런데 현종 시기의 상황을 이렇게 일률적으로 설명해도 좋을지 의문이다. 바로 이때 상거의 주무 관청이 이부에서 예부로 바뀌는 획기적인 변화가 있었기 때문이다. 특히 전술하였듯이 예부시의 출현 이후 두드러진 양면성 곧 당조의 통제 강화와 거사(擧士)의 마지막 단계가 된 성시의 권위 제고라는 두 가지 가능성이 병존했다면 더욱 그러하다. 이부시와 예부시 시행기로 나누어 상거제도의 실상을 검토할 필요가 있고, 이를 통해 예부시 시행의 의미 또한 좀 더 구체적으로 드러날 수도 있는 것이다. 기실 【부록2】에서 Ⅴ기와 Ⅵ기로 구분한 이 두 시기는 모두 20년 이상이며 비교 가능한 급제자 수도 많은 편이다. 이들 가운데 응거 방법까지 파악되는 인물이 비록 적더라도, 앞서와 같은 방식으로 두 시기의 대체적인 특징을 고찰해 봄직하다. 그리고 이러한 작업은 과거제도의 역사를 이해하는 데 매우 긴요하다고 생각된다.

급제자 본인의 개인적 성격을 알아보기 위하여, 우선 Ⅴ기와 Ⅵ기의 진사과와 명경과 합격자의 관직 관련 사실을 정리한 것이 아래의 〈표48〉이다. 여기에서 두 시기 다 초관은 명경과가 높은 반면 종관·승급은 진사과가 높다. 이와 같은 양상이 Ⅱ기 이래 일관됨을 누차 지적했는데, 예부시 시기에도 명경과의 제도적 우위와 진사과의 현실적 중요성은 기본적으로 변함이 없는 것이다. 그러나 예전과 뚜렷한 차이 역시 발견된다. Ⅵ기의 초관과 종관·승급 모두 Ⅴ기보다 높다는 점이 그것이다. 진사과와 명경과 급제자의 이 관품들은 고종 현경 연간에 상거 과목이 독립한 뒤 계속 하향 추세였기 때문이다.[13]

〈표 48: 【부록2】의 Ⅴ기와 Ⅵ기 진사과와 명경과 급제자의 초관과 종관 품계〉

시기	진사과				명경과			
	초관 평균	초관 표준 편차	종관 평균 (종관 5품 이상 인물의 비율)	승급 평균	초관 평균	초관 표준 편차	종관 평균 (종관 5품 이상 인물의 비율)	승급 평균
Ⅴ기(713~736)	2.35	1.34	13.2(30.4%)	10.9	3.36	3.03	9.9(16.7%)	6.6
Ⅵ기(737~756)	3.27	2.15	18.8(73.3%)	15.5	3.76	2.55	13.5(38.1%)	9.6
Ⅵ기-Ⅴ기	+0.92	+0.81	+5.6	+4.6	+0.40	-0.48	+3.6	+3.0

품계의 전반적 상승은 Ⅵ기의 합격자 초관을 『당육전』의 서계 원칙과 더 어긋나게 하여 일면 상거의 제도적 안착마저 의문스러워진다. 하지만 음(蔭)으로 가계(加階)가 가능했던 명경과의 초관 표준편차는 이 시기에도 진사과보다 커서 『당육전』의 규정과 부합한다. 그리고 다양한 인재 발탁 조처들이 있던 당시 상황에서 이처럼 높아지는 관품 또한 이해하지 못할 바 아니다.[14] 예부시의 시행과 함께 진사과와 명경과의 위상이 제고되면

---

13 Ⅱ기부터 Ⅴ기까지 진사과와 명경과 급제자의 초관과 종관·승급을 소수점 첫 자리까지만 살펴보면 아래와 같다. 여기에서 그 품계가 높아진 것은 Ⅳ→Ⅴ기의 승급과 Ⅱ→Ⅲ기의 초관·승급뿐이고, 그 상승 폭도 미미하다.

과목	Ⅱ기			Ⅲ기			Ⅳ기			Ⅴ기		
	초관	종관	승급	초관	종관	승급	초관	종관	승급	초관	종관	승급
진사과	3.0	19.5	16.5	2.9	18.2	15.3	2.8	13.3	10.5	2.4	13.2	10.8
명경과	4.2	13.6	9.4	4.3	15.2	10.9	3.7	12.4	8.7	3.4	9.9	6.5

14 이러한 현상은 전술한 이부과목선 같은 개인적 능력에 대한 시험만이 아니라 유력자의 추천·천거의 결과일 수도 있다. 후술하듯이 현종 예부시 시기에는 과거, 특히 진사

서 더욱 우수한 인물들이 여기에 응시했다면, 그 급제자들도 좋은 관직을 받을 기회가 많았을 터이기 때문이다.

이러한 시각에서 보면, 이 초관의 상승 폭이 명경과보다 진사과가 크다는 사실을 홀시할 수 없다. 물론 진사과 초관의 표준편차가 비교적 커서 개인차를 감안해야겠으나, Ⅵ기의 진사과 응시자들 가운데 유능한 인재들의 상대적 증가 가능성을 배제할 수 없는 것이다. 실제로 위의 〈표48〉에서 진사과의 종관·승급도 명경과에 비하여 훨씬 가파르게 올라간다. 물론 Ⅴ·Ⅵ기에 Ⅲ·Ⅳ기보다 낮아진 품계 역시 진사과가 작아서 이와 유사한 양상이었으므로(〈표38: 【부록2】의 Ⅲ·Ⅳ기와 Ⅴ·Ⅵ기 진사과와 명경과 급제자의 초관과 종관 품계〉 참조), 이것이 예부시로 인한 갑작스런 변화는 아니다. 뿐더러 종관·승급의 경우 그 급제자들이 관인으로 활동한 후대 상황의 반영일 가능성이 크다. 하지만 Ⅴ기보다 Ⅵ기에 명경과 대비 진사과의 중요성이 한층 명백해졌음은 확실하고, 당후기까지 고려한 장기적 관점에서 보면 더욱 그러하다. 따라서 과거제도의 확립 과정에서 그 위상이 높아지는 상거 과목의 중심에 진사과가 있음은 논란의 여지가 없다.

그렇다면 Ⅴ기와 Ⅵ기의 진사과와 명경과 급제자의 응거 방법은 어떠하였을까? 아래의 〈표49〉를 보면 시기와 과목을 막론하고 향공 대비 생도 비율이 높다. 이는 Ⅲ·Ⅳ기의 진사과 급제자들 가운데 생도가 향공보다 적었던 것과(〈표39: 【부록2】의 Ⅲ·Ⅳ기와 Ⅴ·Ⅵ기 진사과와 명경과 급제자

과 응시자들의 적극적인 청탁 활동이 증가하기 때문이다. 예컨대 천보13년의 진사과 급제자 劉太眞과 呂渭의 초임관은 정8품하로서 상당히 높은데, 이 과정에 각각 宣慰 使 李季卿의 "薦"(『全唐文』 권538, 裴度 「劉府君神道碑銘」, 5467쪽)과 節度使 杜鴻漸 의 "表"(『唐代墓誌彙編續集』, 貞元060번)가 介在한다. 李季卿은 급제년 미상의 명경 과 합격자이고(『登科記考補正』, 1293쪽) 杜鴻漸은 개원22년의 진사과 급제자이다(같 은 책, 314쪽).

의 응거 방법〉 참조) 다르고, 전반적으로 생도의 비중이 커지는 것이다. 뿐만 아니라 두 과목 전체의 향공 대비 생도 비율이 V기의 161.6%에서 VI기에 300.0%로 배가하여, 예부시 시행 뒤 이러한 추세가 훨씬 뚜렷해진다.

〈 표49: 【부록2】의 V기와 VI기 진사과와 명경과 급제자의 응거 방법 〉

시기	진사과·명경과 급제자 수/ 시기별 백분율/ 백분율 비교				진사과 급제자 수/ 시기별 백분율/ 백분율 비교				명경과 급제자 수/ 시기별 백분율/ 백분율 비교			
	총수	생도	향공	미상	총수	생도	향공	미상	총수	생도	향공	미상
V기	81	13	8	60	44	9	6	29	37	4	2	31
	비율	16.0	9.9	74.1	비율	20.5	13.6	65.9	비율	10.8	5.4	83.8
	생도/향공 비율	161.6			생도/향공 비율	150.7			생도/향공 비율	200.0		
VI기	50	15	5	30	26	7	3	16	24	8	2	14
	비율	30.0	10.0	60.0	비율	26.9	11.5	61.5	비율	33.3	8.3	58.3
	생도/향공 비율	300.0			생도/향공 비율	233.9			생도/향공 비율	401.2		

단, 〈표49〉에서 그 비율의 증가는 150.7%에서 233.9%로 바뀐 진사과보다 200.0%에서 401.2%로 늘어난 명경과에서 더욱 두드러진다. 진사과와 명경과가 각기 향공과 생도를 중심으로 한다는 점은 변함이 없고, 그 차별성도 확연해지는 것이다. 사실 이와 같은 양상은 당시 경학을 주로 가르친 관학의 성격과 두 과목의 시험 내용을 생각할 때 극히 자연스러운 일이다. 그러므로 과거를 누가 주관했든 간에 생도 위주의 상거 제도는 변하지 않았으며 그 효과도 점점 더 커져갔다고 해도 좋을 듯하다. 천보12년 당조의 향공 폐지 시도 또한 이러한 시대적 배경에 힘입었을 수 있다.

그런데 앞서 V·VI기와 Ⅲ·Ⅳ기를 묶어서 보았을 때, 향공 대비 생도 비율이 높아졌지만 급제 과목별 관품 내역과 응거 방법을 연계해 검토하면 생도의 실질적 중요성은 도리어 약화되었다〈표40: 【부록2】의 Ⅲ·Ⅳ기와 Ⅴ·Ⅵ기 급제자의 응거 방법에 따른 초관·종관·승급 품계〉 참조). 그렇다면 동일한 방식으로 Ⅴ기와 Ⅵ기를 나누어 비교해 볼 필요가 있고, 이를 위해 만든 것이 아래의 〈표50〉이다.

〈 표50: 【부록2】의 Ⅴ기와 Ⅵ기 급제자의 응거 방법에 따른 초관·종관·승급 품계 〉

| | 생도 | | | | | | | | | 향공 | | | | | | | | |
| | 진사과·명경과 전체 | | | 진사과 | | | 명경과 | | | 진사과·명경과 전체 | | | 진사과 | | | 명경과 | | |
	초관	종관	승급	초관	종관	승급	초관	종관	승급	초관	종관	승급	초관	종관	승급	초관	종관	승급
Ⅴ기	2.0	10.4	8.4	1.8	7.4	5.6	2.3	14.3	12.0	2.1	10.6	8.4	2.4	12.0	9.6	1.5	7.0	5.5
Ⅵ기	4.1	10.1	6.0	1.5	4.0	2.5	4.9	11.9	7.0	2.5	18.5	16.0	3.0	25.0	22.0	2.0	12.0	10.0
Ⅵ기-Ⅴ기	+2.1	-0.3	-2.4	-0.3	-3.4	-3.1	+2.6	-2.4	-5.0	+0.4	+7.9	+7.6	+0.6	+13.0	+12.4	+0.5	+5.0	+4.5

〈표50〉에서 Ⅵ기의 향공 지위 상승 추세는 의문의 여지가 없다. 향공은 모든 항목에서 관품이 높아진 반면 생도의 경우 '전체'·명경과의 초관 이외에는 다 품계가 낮아지기 때문이다. 사실 생도 '전체' 초관의 상승은 명경과에 기인하며, Ⅵ기에 관학을 거친 명경과 합격자들은 생도 중시 정책의 수혜를 받았는지도 모르겠다. 그러나 이들 역시 그 종관·승급은 Ⅴ기보다 떨어져서, 향공명경의 관품이 생도명경보다 높은 특이한 현상이 나타난다.[15] 상거의 주무 관청이 바뀌면서 설령 그것이 명경과와 관학

<hr>

15 아래의 표는 Ⅴ기와 Ⅵ기의 급제자를 과목과 응거 방법에 따라 네 가지 유형으로 구분해서 그 품계 평균의 순위를 매긴 것이다. 여기에서 초관의 품계는 응거 방법을 불문하고 명경과의 상승과 진사과의 저하가 대비되며, 종관·승급의 경우 과목과 무관하게 생도는 저하하고 향공이 상승하는 양상이 명확히 드러난다. 그 결과 Ⅵ기에 향공명경의 종관·승급 관품이 생도명경보다 더 높아지는데, 이는 여러 차례 강조했던 바 Ⅲ기 이후 지속된 명경과의 생도 우위, 진사과의 향공 우위 현상과 상이하다는 점에서 주목된다. 그리고 초관이 관인선발제도와 직결되고 종관·승급은 현실과 관계가 깊음

위주로 보강되었을지라도, 급제자의 관계(官界) 속 현실은 도리어 이와 어긋나갈 뿐이었던 것이다. 이와 같은 사회적 분위기 안에서 조정의 향공 폐지 시도가 쉽지 않았음에 틀림없다.

현종 연간 이부시와 예부시 시행기의 실상 이동(異同)과 관련하여 진사과와 명경과 급제자의 가계 성격 역시 중요한 문제이다. 특히 전술하였듯이 비교적 자유롭게 응거 과목이나 방법을 택했을 유력한 집안 인물들의 동향을 통해 당시 사회적 선호도를 짐작할 수 있다면 더욱 그러하다. 이와 같은 문제의식으로 작성한 것이 아래의 〈표51〉이다. 여기에서 우선 주목되는 점은 Ⅴ기와 Ⅵ기에서 성씨·지역 항목의 범주별 순위가 일치하고, 선조 항목 역시 동률에 따른 순위 차이를 무시하면 마찬가지라는 사실이다. 즉 두 과목의 급제자 가문의 성격은 과거 책임자와 상관없이 비슷한 것이다. 이 순서가 Ⅲ·Ⅳ기의 그것과 선조의 2·3위만 바뀔 뿐 동일하므로(〈표41: 【부록2】의 Ⅲ·Ⅳ기와 Ⅴ·Ⅵ기 진사과·명경과 급제자 전체의 가계〉 참조), 이러한 유사성은 무측천 시기 이래 일관된 현상이다.

을 생각하면, 이는 곧 예부시의 시행 이후 명경과의 제도적 지위가 높아지는 한편 현실적으로는 향공의 위상이 제고되는 경향이 있었음을 명증한다. 다시 말해, 경학을 중시한 당조가 아무리 명경과나 관학에서의 교육을 중시했을지라도 실제 그 급제자의 상황은 계속 이와 달라져 갔던 것이다.

순위 시기	초관(품계 평균)				종관·승급(종관 품계 평균/ 승급 품계 평균)			
	1	2	3	4	1	2	3	4
Ⅴ기	향진 (2.4)	생명 (2.3)	생진 (1.8)	향명 (1.5)	생명 (14.3/12.0)	향진 (12.0/9.6)	생진 (7.4/5.6)	향명 (7.0/5.5)
Ⅵ기	생명 (4.9)	향진 (3.0)	향명 (2.0)	생진 (1.5)	향진 (25.0/22.0)	향명 (12.0/10.0)	생명 (11.9/7.0)	생진 (4.0/2.5)

〈 표 51: 【부록2】의 Ⅴ기와 Ⅵ기 진사과와 명경과 급제자 전체의 가계 〉

시기	비교 가능		성씨			선조				지역			
			가	나	다	3	2	1	0	동	서	남	기
Ⅴ기	59명 (총 81명)	숫자	36	5	18	41	9	7	2	45	10	4	0
		백분율	61.0	8.5	30.5	69.5	15.3	11.9	3.4	76.3	16.9	6.8	0
		순위	1	3	2	1	2	3	4	1	2	3	4
Ⅵ기	36명 (총 50명)	숫자	19	4	13	31	3	1	1	20	11	4	1
		백분율	52.8	11.1	36.1	86.1	8.3	2.8	2.8	55.6	30.6	11.1	2.8
		순위	1	3	2	1	2	3	3	1	2	3	4

〈표51〉에서 유력 가계라고 할 '가'·'3'·'동' 범주의 인물이 두 시기 모두 해당 영역에서 가장 다수를 차지하며, 이는 시험을 요구한 과거제도의 속성상 일면 당연한 듯하다. 그런데 흥미로운 점은 Ⅴ기와 Ⅵ기의 그 비율 증감 양상이다. '가'·'동'의 비율은 낮아진 반면 '3'의 비율이 높아지며, 이와 같은 변화 추세가 Ⅲ·Ⅳ기와 Ⅴ·Ⅵ기의 그것과 상반되기 때문이다. 그렇다면 Ⅲ·Ⅳ기와 비교할 때 드러나는 Ⅴ·Ⅵ기의 '가'·'동' 비율 상승이나 '3' 비율 저하는 Ⅴ기에 유난히 두드러진 현상이며, Ⅵ기의 경우 이와 전혀 다르다.[16] 바꾸어 말하면, 예부시의 출현 이후 상대적으

---

16 이러한 사실은 【부록2】의 Ⅱ기~Ⅵ기 인물들 중 '가', '3', '동'의 비율을 아래와 같이 도표화 할 때 극명히 드러난다. 고종 현경 연간 상거가 독립된 이후, Ⅴ기에 '가'와 '동' 비율이 매우 높은 편이지만 '3'의 경우 가장 낮기 때문이다. 이것은 '3'이 최고이고 '동'은 최저인 Ⅵ기의 상황과 무척 대조적이다.

		Ⅱ기	Ⅲ기	Ⅳ기	Ⅴ기	Ⅵ기
'가'	동일 시기 중 비율	44.3%	51.2%	55.0%	61.0%	52.8%
	Ⅱ~Ⅵ기 중 순위	5	4	2	1	3
'3'	동일 시기 중 비율	77.0%	81.4%	80.0%	69.5%	86.1%
	Ⅱ~Ⅵ기 중 순위	4	2	3	5	1

로 관인 가문의 인물들이 늘어나지만 오랜 명망을 누린 성씨나 문화적 전통이 강한 지역 출신자들은 오히려 줄어드는 것이다.

그런데 위의 인물들을 급제 과목으로 구분해 그 가계를 정리하면 아래의 〈표52〉, 〈표53〉과 같다. 이를 보면, Ⅴ기의 진사과와 명경과가 갖는 뚜렷한 유사성을 간과할 수 없다. 진사과의 선조 2·3위를 제외한 모든 항목이 위 전체 급제자들 대상의 〈표51〉과 동일한 순서이고, 선조 항목의 경우도 '3'이 2/3 이상을 점해 여타 범주의 순위 변동이 큰 의미를 갖지 않기 때문이다. 그리고 두 시기의 유력 가계 증감 곧 '가'·'동'의 저하와 '3'의 상승 추세도 두 과목이 일치한다. 따라서 Ⅵ기도 Ⅴ기처럼 진사과에 비하여 명경과의 '가'·'동' 비율이 높고 '3'의 비율은 낮으며, 명경과와 진사과를 선택한 가문의 기본적인 특성 또한 두 시기에 별로 바뀌지 않았다.

〈 표 52: 【부록2】의 Ⅴ기와 Ⅵ기 진사과 급제자의 가계 〉

시기	비교 가능		성씨			선조				지역			
			가	나	다	3	2	1	0	동	서	남	기
Ⅴ기	23명 (총 44명)	숫자	11	3	9	16	2	4	1	15	6	2	0
		백분율	47.8	13.0	39.1	69.6	8.7	17.4	4.3	65.2	26.1	8.7	0
		순위	1	3	2	1	3	2	4	1	2	3	4
Ⅵ기	15명 (총 26명)	숫자	6	1	8	13	1	1	0	7	5	2	1
		백분율	40.0	6.7	53.3	86.7	6.7	6.7	0	46.7	33.3	13.3	6.7
		순위	2	3	1	1	2	2	4	1	2	3	4

		Ⅱ기	Ⅲ기	Ⅳ기	Ⅴ기	Ⅵ기
'동'	동일 시기 중 비율	60.7%	62.8%	80.0%	76.3%	55.6%
	Ⅱ~Ⅵ기 중 순위	4	3	1	2	5

〈표 53: 【부록2】의 Ⅴ기와 Ⅵ기 명경과 급제자의 가계〉

시기	비교 가능		성씨			선조				지역			
			가	나	다	3	2	1	0	동	서	남	기
Ⅴ기	36명 (총 37명)	숫자	25	2	9	25	7	3	1	30	4	2	0
		백분율	69.4	5.5	25.0	69.4	19.4	8.3	2.8	83.3	11.1	5.6	0
		순위	1	3	2	1	2	3	4	1	2	3	4
Ⅵ기	21명 (총 24명)	숫자	13	3	5	18	2	0	1	13	6	2	0
		백분율	61.9	14.3	23.8	85.7	9.5	0	4.8	75.4	17.5	7.0	0
		순위	1	3	2	1	2	4	3	1	2	3	4

기실 선조의 관직은 당조와의 친연성(親緣性)을 뜻할 따름이지만, 성씨와 지역은 이보다 훨씬 긴 역사적 배경과 연계된다. 즉 뿌리 깊은 전통적 권위를 가진 집안은 성시 주관자의 변화와 무관하게 계속 진사과보다 명경과를 선호했던 것이다. 두 과목의 이러한 차이는 여타 범주까지 아울러 고려할 때 더욱 확연해지는 듯하다. 신흥세력의 전형이라고 할 '다'의 Ⅴ기와 Ⅵ기 비율을 비교해 보면, 명경과는 감소하나 진사과의 경우 급증해 성씨 중 1위를 차지하기 때문이다. 게다가 '동' 지역 비율에서 명경과와 진사과의 격차 역시 Ⅴ기의 18.1%(83.3%-65.2%)에 비하여 Ⅵ기의 28.7%(75.4%-46.7%)가 훨씬 크다. 물론 진사과는 명경과보다 일찍부터 새로운 세력의 출로 역할을 해왔지만, 현종 시기의 경우 예부시의 실시가 이러한 현상을 촉진시켜 두 과목의 차별성을 두드러지게 만들었음이 분명하다.[17]

---

17 명경과와 진사과의 이처럼 상이한 성격은 이미 상술했듯이 상거의 독립 이후 일관된 현상이다. 대표저 신흥세력인 성씨 '다'의 비율 차이가 단적인 증거로서, 아래의 표처럼 예종 때까지 계속 그 격차가 커지는 것이다. 그런데 현종 연간만을 볼 때, 이 비율 차이가 이부시 시기에 현격히 줄어들었다가 예부시 실시 이후 다시 증가하며, 이렇게

이 시기 상거 급제자들의 가계 성격은 그들의 응거 방법에 따라 나누어 검토할 필요도 있다. 이를 위해 만든 것이 아래의 〈표54〉와 〈표55〉인데, 여기에서 먼저 주의를 끄는 점은 V기와 VI기의 가계 범주별 순위 변동이다. 생도의 경우 동률에 따른 차이만 있을 뿐 기본적으로 동일하지만, 향공은 두 시기의 순서가 크게 달라지기 때문이다. 이는 예부시의 출현이 생도보다 향공에 더 많은 영향을 미쳤을 가능성을 시사하고, 과거 주무 관청의 변화에 따른 두 응거 방법의 상이한 양상에 주목하게 된다.

〈 표 54: 【부록2】의 V기와 VI기 생도 급제자의 가계 〉

	비교 가능		성씨			선조				지역			
			가	나	다	3	2	1	0	동	서	남	기
V기	9명 (총 13명)	숫자	4	1	4	7	1	1	0	4	3	2	0
		백분율	44.4	11.1	44.4	77.8	11.1	11.1	0	44.4	33.3	22.2	0
		순위	1	3	1	1	2	2	4	1	2	3	4
VI기	9명 (총 15명)	숫자	5	2	2	9	0	0	0	6	2	1	0
		백분율	55.6	22.2	22.2	100	0	0	0	66.7	22.2	11.1	0
		순위	1	2	2	1	2	2	2	1	2	3	4

현격히 상반된 V기와 VI기의 양상은 주목하지 않을 수 없다.

	II기	III기	IV기	V기	VI기
동일 시기 진사과 성씨 중 '다' 비율	52.3%	61.5%	75.0%	39.1%	53.3%
동일 시기 명경과 성씨 중 '다' 비율	39.5%	26.4%	31.3%	25.0%	23.8%
두 과목의 차이	12.8%	35.1%	43.7%	14.1%	29.5%

〈 표 55: 【부록2】의 Ⅴ기와 Ⅵ기 향공 급제자의 가계 〉

비교 가능		성씨			선조				지역			
		가	나	다	3	2	1	0	동	서	남	기
Ⅴ기 7명 (총 8명)	숫자	2	1	4	2	1	4	0	6	1	0	0
	백분율	28.6	14.3	57.1	28.6	14.3	57.1	0	85.7	14.3	0	0
	순위	2	3	1	2	3	1	4	1	2	3	3
Ⅵ기 4명 (총 5명)	숫자	3	1	0	4	0	0	0	3	1	0	0
	백분율	75.0	25.0	0	100	0	0	0	75.0	25.0	0	0
	순위	1	2	3	1	2	2	2	1	2	3	3

　　실제로 위의 두 표에서 '가'·'3'·'동' 범주의 비율을 보면, 두 응거 방법 간 뚜렷한 차이가 존재한다. Ⅴ기에는 생도가 향공보다 '가'·'3'이 높고 '동'만 낮지만, Ⅵ기의 경우 향공이 세 영역 모두에서 생도와 같거나('3') 높은 것이다('가'·'동'). 이는 예부에서 성시를 주관한 뒤 관학을 거친 과거 응시자들 가운데 유력 가계의 비율이 상대적으로 축소됨을 뜻한다. 향공 대비 생도 비율을 보더라도 마찬가지이다. '가'는 155.2%(44.4%/28.6%)에서 74.1%(55.6%/75.0%)로, '3'은 272.0% (77.8%/28.6%)에서 100%(100%/100%)로 떨어져서 향공에 대한 생도의 우위가 사라져 버리는 것이다. 원래 생도보다 향공이 많았던 '동'의 경우 이 비율이 Ⅴ기의 51.8%(44.4%/85.7%)보다 Ⅵ기의 88.9%(66.7%/75.0%)가 높아져 특이하나, 같은 응거 방법 안에서 '동'의 비율은 두 시기 모두 생도가 향공에 비해 낮다.

　　그러므로 유력 가계의 비율이란 면에서 볼 때 Ⅵ기에는 향공의 위상이 생도보다 분명히 높아졌고, 이는 곧 향공에 대한 사회적 선호도가 커졌음을 의미한다고 해도 좋다. 그리고 앞서 급제자의 관품과 관련하여 지적했던 향공의 지위 상승 경향과도 부합하는 이러한 변화는 당조의 관학 중시 정책이 가진 한계를 여실히 드러내고 있다. 다시 말해, 예부시의 시행 이후 향공의 중요성이 생도에 비하여 더욱 제고되어 가는 현상을 통해 상거를 둘러싼 제도와 현실의 괴리를 거듭 확인 가능한 것이다.

물론 생도와 향공의 가계에서 드러나는 이러한 양상이 과목에 따라 다를 수 있고, 이를 밝히려면 급제 과목과 응거 방법을 아울러 고려한 네 가지 유형의 상호 비교가 필요하다. 그런데 이렇게 세분할 경우 현재 확인되는 급제자 숫자가 그 분석의 유효성마저 의심스러울 만큼 줄어든다.[18] 아래의 〈표56〉에서 보듯이 전체 사례가 너무 적은 탓에 동률 항목이 많으며, 이 경우 표의 형식상 불가피하게 매겨진 순위는 무의미하다. 특히 생도명경 이외에는 다 2명뿐인 Ⅵ기에 이러한 문제점은 더욱 심각하다.

---

18 【부록2】에서 이러한 분석 작업이 가능한 인물들의 숫자와 그 결과는 다음 두 표와 같다.

비교 가능	생도진사(총 수)	생도명경(총 수)	향공진사(총 수)	향공명경(총 수)
Ⅴ기	5명(9명)	4명(4명)	5명(6명)	2명(2명)
Ⅳ기	2명(7명)	7명(8명)	2명(3명)	2명(2명)

시기	과목	생도											향공											
		성씨			선조				지역				성씨			선조				지역			
		가	나	다	3	2	1	0	동	서	남	기	가	나	다	3	2	1	0	동	서	남	기
Ⅴ기	진사과	3	0	2	5	0	0	0	3	0	2	0	1	1	3	1	1	3	0	4	1	0	0
Ⅵ기		1	0	1	2	0	0	0	1	1	0	0	2	0	0	2	0	0	0	2	0	0	0
Ⅴ기	명경과	1	1	2	2	1	1	0	1	3	0	0	1	0	1	1	0	1	0	2	0	0	0
Ⅵ기		4	2	1	7	0	0	0	5	1	1	0	1	1	0	2	0	0	0	1	1	0	0

〈표56: 【부록2】의 Ⅴ기와 Ⅵ기 급제자 유형 중 유력 가계 출신자의 비율에 따른 순서〉

순위	1		2		3		4		1위와 4위 비율 차이	
시기	Ⅴ기	Ⅵ기	Ⅴ기	Ⅵ기	Ⅴ기	Ⅵ기	Ⅴ기	Ⅵ기	Ⅴ기	Ⅵ기
'가' (백분율)	생진 (60.0)	향진 (100)	향명 (50.0)	생명 (57.1)	생명 (25.0)	*향명 (50.0)*	향진 (20.0)	*생진 (50.0)*	40.0%	50.0%
'3' (백분율)	생진 (100)	*향진 (100)*	*생명 (50)*	생명 (100)	*향명 (50.0)*	*생진 (100)*	향진 (20.0)	*향명 (100)*	80.0%	0%
'동' (백분율)	향명 (100)	향진 (100)	향진 (80.0)	생명 (71.4)	생진 (60.0)	*향명 (50.0)*	생명 (25.0)	*생진 (50.0)*	75.0%	50.0%

* 이탤릭체로 쓴 항목은 동률이지만 표의 형식상 부득이 순서를 매긴 것임

그럼에도 불구하고, 〈표56〉에서 홀시해서 안 될 사실이 발견된다. 우선 Ⅵ기에는 네 유형의 급제자 모두 '3' 범주의 인물이 100%이다. 여기에서 관인 집안 출신자들이 상거 합격자의 대다수를 차지해 가는 경향을 짐작해 볼 수 있는 것이다. 그리고 Ⅵ기의 향공진사 전부가 '가'·'3'·'동' 범주에 속하는 인물로서 각 항목의 1위이다. 이 지표는 '가'·'3' 비율이 20%에 불과했던 Ⅴ기의 향공진사 유형과 뚜렷이 대비된다. 생도명경 역시 비슷한 상황이다. Ⅵ기에는 이것이 네 유형 모두 100%인 '3' 범주 이외에 모두 2위인데, Ⅴ기의 그 순위는 이렇게 높지 않았기 때문이다.

실제로 앞서 Ⅲ·Ⅳ기와 Ⅴ·Ⅵ기의 네 유형 가운데 유력 가계의 비율을 살펴보았을 때, 향공진사와 생도명경은 낮아진 반면 생도진사와 향공명경이 도리어 높아졌다(〈표46: 【부록2】의 Ⅲ·Ⅳ기와 Ⅴ·Ⅵ기 급제자 유형 중 유력 가계 출신자의 비율에 따른 순서〉 참조). 그런데 Ⅵ기에 이처럼 그 비율 변화 추세가 완전히 역전된다면, 이는 예부시의 실시와 결코 무관하지 않을 듯하다. Ⅲ·Ⅳ기와 Ⅴ·Ⅵ기를 묶어서 비교할 때와 Ⅴ기와 Ⅵ기를 따로 나누어 볼 때의 이러한 큰 차이는 곧 Ⅴ기와 Ⅵ기의 상황이 그만큼 달랐기

때문인 것이다. 게다가 위의 〈표56〉에서 보듯이 Ⅵ기의 경우 진사과는 모두 향공이 생도보다 순위가 앞서거나 같고, 명경과는 그 반대로 바뀐다. 따라서 급제자 본인의 관품에서 드러났던 바 상거의 주무 관청이 변한 뒤 진사과와 향공 또 명경과와 생도의 관계가 더욱 밀접해지는 경향이 여기에서 거듭 확인된다고 해도 좋다.

이와 같은 시각에서 보면, 〈표56〉에서 1위와 4위의 비율 격차가 '가'는 증가하고 '3'·'동'이 감소하는 현상도 주의할 필요가 있다. Ⅴ·Ⅵ기 전체로 볼 때는 세 항목 모두 Ⅲ·Ⅳ기에 비하여 그 비율 차이가 줄어들었기 때문이다. 물론 전술했듯이 급제자 숫자가 워낙 적은 이 기간의 비율 증감은 무시해도 좋을는지 모른다. 그러나 아래의 〈표57〉에 드러나듯이 네 유형 급제자의 초관과 종관·승급 격차가 Ⅴ기보다 Ⅵ기에 유난히 커진다는 사실까지 아울러 고려하면, 이러한 변화도 그 의미를 간과해서 안 된다. 기실 당전기 전체에서 이 차이가 Ⅴ기에 가장 작은 반면 Ⅵ기의 경우 가장 크다고 해도 과언이 아닐[19] 만큼 두 시기가 확연히 대조된다는 점에서 더욱 그러하다. 상거제도가 확고해진 현종의 이부시

---

19 아래의 표는 Ⅰ기부터 Ⅳ기까지 급제자 유형 간 초관·종관·승급 품계 차이를 정리한 것이다. 여기에서 그 차이가 Ⅴ기보다 작은 경우가 전혀 없고, Ⅵ기보다 큰 것도 관련 사례가 극히 적은 Ⅳ기의 초관뿐이다.

순위	초관(품계 평균)		1위와 4위 차이	종관(품계 평균)		1위와 4위 차이	승급(품계 평균)		1위와 4위 차이
	1위	4위		1위	4위		1위	4위	
Ⅰ기	5.0 (생명·향진)	2.4	2.6	18.8 (생진)	6.5 (향진)	12.3	14.3 (생진)	1.5 (향진)	12.8
Ⅱ기	4.7 (향명)	2.1 (향진)	2.6	19.6 (생진)	10.3 (생명)	9.3	16.6 (생진)	6.9 (생명)	9.7
Ⅲ기	4.6 (생명)	2.5 (생진)	2.1	25.0 (향진)	6.3 (향명)	18.7	21.7 (향진)	3.7 (향명)	18.0
Ⅳ기	7.3 (생명)	2.0 (향명·생진)	5.3	21.0 (향진)	2.0 (생진)	19.0	18.0 (향진)	0 (생진)	18.0

시기에는 당조가 공인한 과목이나 응거 방법 간의 동질성이 강화되었지만, 예부시의 실시와 함께 진사과·명경과와 향공·생도의 차이가 커져 갔을 가능성을 배제하기 힘든 것이다. 예부에서 과거를 주관한 뒤 나타난 이러한 현상은 전술한 진사과·향공의 실질적 중요성 증대의 결과로 생각되는데, 이처럼 제도와 상이한 현실의 현저한 부각은 확실히 과거제도사에서 특기할 만한 사실이라고 하겠다.

〈표 57: 【부록2】의 Ⅴ기와 Ⅵ기 급제자 유형 간 초관·종관·승급
　　　　품계 차이〉

순위	초관(품계 평균)		1위와 4위 차이	종관(품계 평균)		1위와 4위 차이	승급(품계 평균)		1위와 4위 차이
	1위	4위		1위	4위		1위	4위	
Ⅴ기	향진 (2.4)	향명 (1.5)	0.9	생명 (14.3)	향명 (7.0)	7.3	생명 (12.0)	향명 (5.5)	6.5
Ⅵ기	생명 (4.9)	생진 (1.5)	3.4	향진 (25.0)	생진 (4.0)	21.0	향진 (22.0)	생진 (2.5)	19.5

　　이상에서 살펴본 현종 연간 '진사과와 명경과 급제자의 성격'은 【부록2】의 이 시기 인물들을 몇 가지 지표로써 계량화한 분석이었는데, 그 주된 내용은 다음과 같다. 당시 두 과목 합격자들은 초관과 종관·승급의 고저, 응거 방법 등 기본적인 특성에서 무측천~예종 때와 큰 차이가 없다. 진사과 급제자가 명경과에 비하여 초관은 낮아도 종관·승급이 높고, 그 응시자와 향공의 관계는 더욱 긴밀했던 것이다. 그리고 두 과목 합격자 초관과 『당육전』 서계 원칙의 근접성, 향공 대비 생도 비율의 상승, 과목과 응거 방법으로 구분한 네 가지 유형 급제자 간의 관품과 가계 등질화 경향 등은 당조의 의도대로 상거제도가 확고해져 가고 있었음을 잘 보여준다. 하지만 현종 연간에도 여전히 존재하는 제도와 현실의 괴리 또한 주목해야 마땅하다. 우선 과목과 관련해 보면, 제도와 직결된 초관이 진사과보다 높은 명경과가 현실을 반영하는 종관·승급에서는 계속 더 낮기

때문이다. 응거 방법 측면을 보더라도 비슷한 현상이 발견된다. 이 시기 향공 대비 생도의 관품이나 유력 가계 비율은 점점 낮아져서 관학 위주로 상거를 운용하려 했던 조정의 정책과 어긋나는 것이다.

그런데 이러한 양상은 상거의 주무 관청이 이부에서 예부로 바뀐 뒤 더욱 뚜렷해진다. 진사과와 명경과 모두 예부시 시기에도 각각의 특성을 유지하며 발전해 갔으나, 진사과 급제자의 관품 상승 폭이 상대적으로 커서 그 위상이 한층 올라갔기 때문이다. 뿐만 아니라 유력 가계의 비율에서 드러나는 사인들의 선호도 역시 향공이 생도보다 확연하게 높아지는 추세였다. 이는 생도 위주의 명경과를 존중한 조정의 정책과 분명히 상충되며, 예부시의 시행 이후 사회적 현실은 점점 더 제도와의 거리가 멀어졌던 것이다. 이와 같은 현상은 진사과와 향공이 유난히 중요했던 당후기의 과거제도에서 보다 명확히 나타나는데, 이렇게 변화해 가는 당시 사회의 구체적인 실상에 관심을 갖지 않을 수 없다.

2. 과거제도의 확립과 진사과의 실상

과거를 둘러싼 사인들의 동향

현종 연간 과거제도의 확립 과정을 지금까지 당시 급제자들에 대한 통계적 분석으로써 살펴보았다. 물론 과거의 합격자, 그것도 극히 일부에 불과한 【부록2】의 인물들을 통한 고찰은 한계를 지닐 수밖에 없다. 그러나 사료적 가치가 높은 동시기 문헌에 주로 의거한 이와 같은 작업은 기존의 오해를 확실히 깨닫게 만든다. 진사과가 명경과보다 우위의 관인 선발 과목이었다는 잘못된 인식이 단적인 예이다. 『당척언』처럼 진사과의 중요성이 커진 당후기에 쓰인 전래문헌들은 당초부터 진사과 위주로 과거제도를 운용했다고 하지만, 이는 앞선 분석에서 분명히 드러나듯이 사실과 다른 것이다.

실제로 현종 시기에도 여전히 명경과의 위상이 진사과에 비하여 높았음은 많은 문헌들로부터 확인된다. 예컨대, 개원5년의 명경과 합격자 서호(徐浩, 703~782)의 묘지는 그를 "수과(首科)"에 급제했다고 적었다.[20] 뿐만 아니라 안사의 난 발발 직후 위기에 빠진 당조는 "진사출신(進士出身)"이 아닌 "명경출신"을 팔아 재원(財源)을 확보하려 했다는 기록도 있다.[21] 이러한 정책은 진사과보다 명경과 급제가 사회적으로 더욱 선망되었기 때문이었을 터이다. 당시 권력을 농단했던 양국충(楊國忠, ?~756)의 아들이 명경과에 응시했다는 것도[22] 이를 방증한다.

누차 지적했듯이 상거와 제거가 분리된 II기 곧 고종 현경 연간 이래 명경과 합격자의 종관·승급은 초관과 달리 계속 진사과보다 낮았고, V·VI기 또한 변함이 없었다. 즉 진사과의 중요성은 제도와 별개의 현실적 상황이었을 뿐이고, 이러한 현상이 현종 시기 과거제도의 확고한 정착 뒤에도 전혀 바뀌지 않았던 것이다. 그런데 아울러 간과해서 안 될 사실이 있다. 두 과목의 종관·승급 평균 차이가 예부에서 과거를 주관한 VI기(종관 5.3, 승급 5.9)에 오히려 V기(종관 3.3, 승급 4.3)보다 커진다는 점이 그것이다(〈표48: 【부록2】의 V기와 IV기 진사과와 명경과 급제자의 초관과 종관 품계〉 참조).

---

20 徐浩는 명경과 급제자인데(『舊唐書』 권137, 「徐浩」, 3759쪽; 『新唐書』 권160, 「徐浩」, 4965쪽), 그의 비석에서 "年十五究經術, 首科昇第"했다고 한다(『金石萃編』 권104, 『隋唐五代石刻文獻全編(3)』, 746쪽). 『全唐文』 권445, 張式 「大唐故銀青光祿大夫彭王傅上柱國會稽郡開國公贈太子少師東海徐公神道碑銘」, 4542쪽 참조.

21 『通典』 권11, 「食貨 鬻爵」, 244쪽. 潘鏞, 「唐肅宗時率貸及賣官爵考釋」, 中國唐史研究會 編, 『唐史研究會論文集』(西安, 陝西人民出版社, 1983)은 당시 상황을 잘 설명하고 있다.

22 鄭處誨, 『明皇雜錄』(北京, 中華書局, 1994) 권上, 13~14쪽.

이와 같이 예부시의 시행 뒤 제도와 다른 현실이 점차 두드러져 갔다면, 이야말로 무엇보다 주목되는 문제라고 하겠다.

응거 방법별 급제자의 관품 고저 역시 흥미로운 현상을 드러낸다. 제도와 직결된 초관 평균의 경우, 관학을 중시한 조정의 의도와 부합한다. Ⅴ기에는 향공(2.1)과 생도(2.0)가 비슷하나, Ⅵ기에는 각각 2.5와 4.1로 바뀌어 관학을 거친 생도의 품계가 월등히 높아지기 때문이다. 그러나 두 시기의 종관·승급은 상반된 양상을 보인다. 향공이 10.6·8.4에서 18.5·16.0으로 올라가지만, 생도는 10.4·8.4에서 10.1·6.0으로 도리어 낮아지는 것이다(〈표50: 【부록2】의 Ⅴ기와 Ⅵ기 급제자의 응거 방법에 따른 초관·종관·승급 품계〉 참조). 다시 말해, 예부시를 실시한 후 향공의 현실적 위상이 높아진 반면 생도는 거꾸로인 셈이다. 늦어도 진(晉) 이전부터 번성했던 성씨('가'), 증조 이래 계속 관직을 가진 집안('3'), 문화적 전통이 강한 지역 출신('동')인 유력 가계의 비율에서도 동일한 경향이 발견된다. Ⅱ~Ⅳ기의 경우 생도 중 이러한 범주의 인물들 비율이 향공에 비하여 높은 편이다.[23] 하지만 Ⅴ기에 '동'이, 또 Ⅵ기에는 '가'·'3'까지, 그 비율상 향공이 생도에 전혀 뒤지지 않는다(〈표54: 【부록2】의 Ⅴ기와 Ⅵ기 생도 급제자의 가계〉; 〈표55: 【부록2】의 Ⅴ기와 Ⅵ기 향공 급제자의 가계〉 참조). 제도적으로 아무리 생도를 중시해도, 현실은 이와 괴리된 길로 전개되어 갔던 것이다.

---

23 【부록2】에 수록된 Ⅱ~Ⅳ기의 진사과와 명경과 급제자를 응거 방법에 따라 나누고, 그들 중 '가'·'3'·'동' 범주에 속하는 인물의 비율을 분기별로 도표화하면 아래와 같다. 여기에서 생도의 비율이 향공보다 낮은 것은 단지 Ⅱ기의 '동'과 Ⅲ기의 '가' 뿐이다.

시기	생도			향공		
	'가'	'3'	'동'	'가'	'3'	'동'
Ⅱ기	55.6%	83.3%	44.4%	31.6%	63.2%	57.9%
Ⅲ기	50.0%	87.5%	62.5%	66.6%	50.0%	50.0%
Ⅳ기	50.0%	100%	100%	0%	66.7%	66.7%

언뜻 이해되지 않는 이러한 양상의 이유는 정서류(政書類) 문헌의 제도 관련 기록에 잘 드러나지 않는다. 이와 같은 현상이 생기는 구체적 과정, 특히 법제의 틀 속에 존재하면서도 그것을 변화시켜 나간 사람들의 동향에 주의할 필요가 있는 것이다. 기실 예부시의 출현도 과거의 시험관에게 반발한 수험생으로부터 기인하였다. 당시 숭문관의 입학이 가능했으나 굳이 향공진사가 되었다는 최우보(崔祐甫, 721~780)의 사례[24] 또한 마찬가지이다. 이처럼 조정의 관학 위주 정책과 상반된 행태를 보이는 응시자가 많다면, 과거제도의 운용 방식도 결국 조정될 수밖에 없기 때문이다. 『당국사보(唐國史補)』는 진사과의 "풍속이 먼저 급제한 이들에게 달려 있고, 입제(立制)가 관청의 몫이다."고 하는데,[25] 여기에서의 "풍속"이 바로 이 시기의 현실에 다름 아니다. 그러므로 과거에 응시하거나 합격한 사인들의 동태를 중심으로 현종 시기 상거의 실상을 검토해 보고자 한다.

현종 연간 과거제도의 확고한 정착은 곧 관학과 지방에서 매년 시험을 통해 뽑아 올린 이들을 다시 성시를 거쳐 선발하는 일련의 과정이 공고해졌음을 뜻한다. 따라서 이 시기 진사과와 명경과는 몇 차례의 체계적 시험을 요구하였고, 이를 모두 통과하려면 장기간의 학습이 불가피했다. 예를 들어, 개원18년(730) 생도로서 명경과에 급제한 장핑(張翃, 709~778)은 국자감의 입학에 앞서 산사(山寺)에서 먼저 "독서(讀書)"해야만 하였다.[26] 천보7년(748)의 진사과 합격자 이서균(李栖筠, 719~776)이 10여 년 동안 입산(入山)했던 목적도 기실 과거 준비였을 터이다.[27] 물론 이와

---

24 『唐代墓誌彙編』, 建中004번에 의하면, 崔祐甫는 어렸을 때 "有司將補崇文生"했지만 이를 거절하고 천보4년에 "鄕貢進士高第"하였다.

25 『唐國史補』 권下, 56쪽. "其風俗繫于先達, 其制置存于有司."

26 張翃은 "童年以門蔭補齋郎, 立志不就, 讀書於侯山玉泉寺, 道業大成. 廿二, 國子明經上第, 解褐補郊城尉."(『唐代墓誌彙編』, 建中001번)하였다.

27 李栖筠의 문집 서문은 "初未弱冠, 隱于汲郡共城山下, 營道抗志, 不苟合於時. … 擧秀才第一."(『權載之文集』 권33, 「唐故銀靑光祿大夫御史大夫贈司徒贊皇文獻公李公文集

유사한 이야기가 당초부터 보이지만, 그 대부분은 개원 연간 이후의 일이다.[28] 과거의 첫 단계부터 엄격한 시험을 쳐야만 했던 당시 사인들의 수험 생활이 길어지면서 자연스레 관련 기록도 늘어나는 것이다.

그렇다면 이미 어려운 시험을 통과해 최종 단계의 성시에까지 이른 자들은 그만큼 자부심도 컸음에 틀림없다. 개원24년 고공원외랑과 분란을 일으킨 진사과 응시자의 당돌한 태도 역시 이러한 측면에서 쉽게 납득된다. 그런데 이와 관련하여 흥미로운 문제가 과거의 급제자와 응시자에 대한 호칭이다. 천보9년(750)에 제작된 묘지의 "하남부진사 남양〔사람〕 장항이 짓고〔河南府進士南陽張恒撰〕, 전진사 농서〔사람〕 이봉이 쓰다〔前進士隴西李封書〕"[29]란 글처럼, '진사'와 '전진사'를 명확히 구분하려는 시도가 뚜렷해지기 때문이다. '진사'라는 말 자체가 성시의 합격자를 가리킬 수도 있지만,[30] 벌써 "득제(得第)"한 '전진사'와[31] 대비된 이 경우 성시의 응

序」, 195쪽)이라고 해서, 그가 "弱冠" 전에 산 속에서 은거했다고 한다. 그런데 손자 李德裕의 "臣祖天寶末以仕進無他伎, 勉强隨計, 一擧登第. 自後不於私家置『文選』, 蓋惡其祖尙浮華, 不根藝實."(『舊唐書』 권18上, 「武宗」, 603쪽)이란 회고를 보면, 李栖筠은 일찍부터 『文選』을 읽으며 진사과를 대비해 공부하였다. 주지하듯이 당대에 名山은 많은 과거 응시자들의 학습 공간이었고, 그의 入山 동기 또한 이와 무관하지 않을 것이다.

28　당대 사인들의 수험 생활에 대한 고전적 연구인 전게 嚴耕望의 「唐人習業山林寺院之風尙」은 200여 명의 유관 인물들을 찾아두었는데, "극소수의 몇 사례 이외에는 모두 開元 이후의 것"(414쪽)이라고 하였다. 劉琴麗, 『唐代擧子科考生活硏究』(北京, 社會科學文獻出版社, 2010)가 "玄宗 以來"의 상황에 논의를 집중한 것도(1쪽) 이러한 사료 상황의 所致일 터이다.

29　『唐代墓誌彙編』, 天寶160번(〈그림9〉 참조).

30　「〔淸〕徐松「登科記考凡例」」, 『登科記考補正』, 19~20쪽에서 지적했듯이, 전래문헌에 나오는 '進士'란 말이 응시자와 급제자를 다 의미할 수 있으므로 그 합격 여부의 판단이 매우 어렵다.

31　『唐國史補』는 진사과 관련 용어를 설명하면서 "得第謂之前進士"(권下, 55쪽)라고 했다. 그런데 『唐撫言』의 경우 이를 인용하면서 "近年及第, 未過關試, 皆稱新及第進士', 所以韓中丞儀嘗有「知聞近過關試」. 〔韓〕儀以一篇紀之曰: 短行納了付三銓, 休把新銜惱必先, 今日便稱前進士, 如留春色與明年."(권1, 「述進士下篇」, 4쪽. 『全唐詩』 권667,

〈 그림 9: 장군처최씨(張君妻崔氏)의 묘지 〉

이 묘지는 "天寶九載"(제12행) "其載七月"(제15행)에 매지(埋地)한 것으로서 현종 시기의 상황을 잘 보여준다. 그런데 여기에서 마지막 행에 나오는 찬자(撰者)와 서자(書者)가 각기 "進士"와 "前進士"라는 상이한 호칭을 쓰고 있다. 본서의 492쪽 참조.

시자를 뜻하는 것이다.

상거 과목의 이름 앞에 '전(前)'을 붙여 그 합격 사실을 명시한 기록은 전술했듯이 무측천 집권기부터 등장하는데,[32] 이러한 용례가 현종 연간에 부쩍 늘어난다.[33] 그 이유는 이후 좀 더 자세히 살펴보겠으나, 지금 분명히 지적해 둘 사실이 있다. 어떤 관직의 역임자를 '전모관(前某官)'으로 일컫던 관행을 생각하면, 이와 같은 표현은 성시에 급제하기 전에 이미 '진사'나 '명경'이 되었다는 인식을 전제한다는 점이 그것이다. 그리고 『당

韓儀 「記知聞近過關試」, 7643쪽 참조)이라고 附注하였다. 그렇다면 '前進士'는 關試가 생긴 뒤 원칙상 이를 통과해야만 받는 호칭이었던 듯하다. 그러나 관시의 절차가 점점 유명무실해지면서 실질적으로 성시에 합격하면 곧바로 '전진사'라 불렸으므로 『唐國史補』의 기록도 틀렸다고 할 수 없다. 전게 王勳成, 『唐代銓選與文學』, 1~9쪽·34~38쪽 참조.

32 제2부에서 무측천 성력3년과 장안3년에 각각 만들어진 묘지의 "大周前明經及第天官散官李君墓誌銘"(『大唐西市博物館藏墓誌』, 143번)·"前成均進士太原王元瓖撰"(『唐代墓誌彙編』, 長安018번)이라는 기록 등 이러한 사례들을 밝혔는데, 현재 확인되는 예종 때까지의 것은 10개 미만인 듯하다.

33 현종 연간에 제작된 묘지에서 "前進士隴西李封"과 같이 과목 이름만 적은 경우도 없지 않으나(『唐代墓誌彙編』, 天寶160번. 〈그림9〉 참조), 대체로 그 응거 방법까지 병기한다. 아래의 표는 그 전형적인 예들을 모아둔 것이다. 여기에서 진사과와 향공이 상대적으로 많고, 埋誌 시기로 볼 때 예부시 시행기가 다수라는 점이 주목된다.

관련 내용	성명(埋誌 시기/근거)
前國子(여타 官學 관련 포함)進士	寇塄(개원14/묘=개원226); 安雅(천보2/ 보(7)-49); 柳成(천보9/보(6)-78. 단 묘=천보168은 '柳'를 '桴'로 판독); 李華(천보9/묘=천보171); 李收(천보10/속=천보075)
前鄕貢(지역 명칭 기록 포함)進士	田休光(개원4/묘=개원037); 高蓋(개원15/묘=개원264); 李昂(개원19/보(8)-23); 鄭日成(개원27/묘=개원500); 陸據(천보8/속=개원177); 楊縮(천보8/묘=천보141); 竇公衡(천보9/묘=천보171); 柳森(천보9/ 보(4)-48)
前國子監明經	段良伯(개원15/묘=개원244)
前鄕貢明經	寇釗(개원11/묘=개원182); 段良秀(개원15/묘=개원244); 高宇(개원15/묘=개원264); □□□(개원25/속=개원155); 王察(천보3/묘=천보046); 沈脩祐(천보4/묘=천보074)

◦ 근거 문헌: 묘(『唐代墓誌彙編』), 속(『唐代墓誌彙編續集』), 보(『全唐文補遺』)

대묘지휘편(唐代墓誌彙編)』과 『당대묘지휘편속집(唐代墓誌彙編續集)』만 살펴보더라도,[34] 예전에 그리 많지 않던[35] 이러한 인물들이 다수 발견된다.

〈표 58: 현종 시기 "진사"·"명경"으로만 적힌 인물 사례〉

관련 내용	매지(埋誌) 시기	성명	근거
"國子進士"	개원8년	孫浩然	묘=개원107
"國子監進士"	개원15년	李系	묘=개원249
"國子進士"	천보3년	周珍	묘=천보055
"國子進士"	천보4년	鄔載	속=개원183*
"東京國子監進士"	천보4년	王寶	묘=천보063
"國子進士"	천보4년	崔偡	속=천보021
"國子進士"	천보14년	張清	속=천보109
"鄕貢進士"	개원10년	孫沈尤	묘=개원153
"鄕貢進士"	개원17년	趙子明	속=개원089**
"河南府鄕貢進士"	개원27년	束漸	묘=개원502
"河南府鄕貢進士"	개원29년	陳衆甫	묘=개원521
"鄕貢進士"	천보1년	郭兆	묘=천보011
"河南府鄕貢進士"	천보4년	石鎭	묘=천보068
"鄕貢進士"	천보6년	丁鳳	묘=천보111
"鄕貢進士"	천보7년	薛咸	묘=천보119
"鄕貢進士"	천보7년	王稷	묘=천보138
"河南府進士"	천보9년	張恒	묘=천보161

---

34 물론 『唐代墓誌彙編』이나 『唐代墓誌彙編續集』 이외의 책에서도 이러한 표현이 보인다. 천보14년에 만든 李抗 묘지의 "族姪宗正進士〔李〕隼書"(『大唐西市博物館藏墓誌』, 272번)가 그 좋은 예이다. 하지만 아직 여타 서적을 면밀히 조사하지 못했으므로, 이러한 경우는 아래의 〈표58〉에서 제외하였다.

35 "洛州進士王允元"(『唐代墓誌彙編』의 永淳023번), "成均進士雲騎尉吳興姚略"(같은 책, 聖曆025번)처럼 고종과 무측천 시기의 사례도 없지는 않으나, 이와 같은 기록이 극소수에 불과하다.

관련 내용	매지(埋誌) 시기	성명	근거
"河內府進士"	천보10년	鄭涉	묘=천보178
"河南府進士"	천보11년	張肅	묘=천보207
"國子明經"	개원8년	李元確	묘=개원103
"國子明經"	개원8년	賈庭芝	묘=개원107
"國子明經"	개원17년	郭願	속=개원172
"鄕貢明經"	개원29년	張有隣	묘=개원521

∘ 근거 문헌: 묘(『唐代墓誌彙編』), 속(『唐代墓誌彙編續集』)

* 『당대묘지휘편속집』의 편찬자는 묘주 건안(騫晏)의 사망과 매지(埋誌) 시기를 착각해서 잘못 편년하였고, 이 묘지는 천보4년 2월에 부부를 합장할 때 제작된 것임

** 『전당문보유(6)』-50은 이 묘지의 찬자를 『당대묘지휘편속집』과 달리 "전향공진사(前鄕貢進士)" "조자우(趙子羽)"로 판독하였고, 『수당오대묘지회편(낙양9)』-195의 탁본에서도 양자의 시비를 가리기 어려우므로, 조자명(우?)은 기실 '전진사'일 수도 있음

〈표58〉은 이들을 간략히 정리한 것인데, 그 대부분 묘지를 만드는 데 관여한 사람의 자칭(自稱)이므로 구체적인 행적이 불분명하다. 그러나 오재(鄔載, ?~?)의 경우 이 기록 후 천보12년 즈음에서야 과거에 급제했다.[36] 따라서 여타 인물들 역시 관직은커녕 '전진사'·'전명경'이라고도 적지 못하고 단지 그 과목의 성시 응시 자격만 가졌을 가능성이 크다.[37] 그럼에도 불구하고 이처럼 "진사"·"명경"이라 부르고 또 불릴 수 있었던 까닭은 그 과목의 첫 단계 과거 시험에 합격한 생도나 향공이었기 때문

---

36 鄔載의 진사과 급제 시기를 천보13년으로 적은 문헌도 있으나, 여기에는 일단 『登科記考補正』, 377쪽의 추론에 따른다.

37 위 〈표58〉의 인물들 중 薛咸과 李元確은 이러한 호칭 뒤에 "吏部常選"이란 말도 덧붙여져 있어 특이하다. 李元確은 생몰년(602~665)에 의거해 혹 "武德後期"의 명경과 급제자로 간주되기도 하는데(『登科記考補正』, 1267쪽), 제1부에서 상술했듯이 그의 실제 묘지 내용이 상거와 무관하므로 李元確의 이력은 과거제도가 확고해진 개원 연간의 인식으로 윤색된 듯하다. 묘지의 찬자인 薛咸의 경우 관련 기록이 달리 없어 의문으로 남긴다.

일 터이다. 그렇다면 이 자체만으로써도 충분히 자랑스럽게 여겨지는 사회적 분위기, 즉 과거제도의 권위가 공고해진 이 시기 사인들의 사고방식이 여기에서 명확히 드러난다고 하겠다.

그러나 현종 시기의 성시 응시자가 실제 당면한 현실은 험난했다. '거사(擧士)'의 마지막 단계인 성시에 합격하여야만 했고, 그 뒤에도 실직(實職)을 가지려면 복잡한 '선관(選官)' 절차가 잇따랐다. 전술한 관시(關試)나 이부전선이 그러한데, 특히 관인 자격자와 관직의 수적 불균형이 심했던 당시 '수선(守選)' 곧 전선에 참여하기 위한 대기 기간도 필요하였다.[38] 물론 아주 유능하다면 이부과목선 등 빠른 입사 방법이 있겠지만, 이것은 어디까지나 예외적인 상황이었다. 실제로 이때 만들어진 묘지들에서 급제와 임관 사이의 긴 시차(時差)가 자주 확인되며,[39] 혹 이를 명기하지 않았더라도 그 중간 행적을 생략한 경우도 적지 않았을 터이다.[40]

따라서 현종 연간에 '전진사'·'전명경'으로 일컬어진 인물들이 증가한 까닭 역시 많은 과거 급제자들이 장기간 이처럼 애매한 신분으로 존재할 수밖에 없었던 탓일 수 있다. 기실 관직을 가진 인물은 이를 밝히는 것이 당연하다.[41] 그런데 천보1년(742)의 진사과 합격자 이화(李華, 707~750)처럼

38　'守選' 제도의 출현 시기나 구체적 방법은 논란이 많으나, 그 대체적인 내용은 전게 王勳成, 『唐代銓選與文學』, 46~80쪽에 잘 설명되어 있다.

39　예컨대 崔泌는 개원10년 명경과에 급제한 후 9년이 지나서야 임용되었고(『唐代墓誌彙編』, 天寶053번), 개원9년의 진사과 합격자 寇埒은 5년 뒤 죽을 때까지 "前國子進士"라고만 일컬어졌다(『唐代墓誌彙編』, 開元226번).

40　陸據(701~754)의 묘지가 좋은 예로서, "廿七, 進士擢第, 解褐陳留尉."(『全唐文補遺(千唐)』, 236쪽)란 기록은 그가 마치 27세(개원15년)에 급제하자마자 縣尉로 된 것처럼 읽힌다. 그러나 개원28년에 만들어진 源衍의 묘지에서 "前鄕貢進士陸據撰"(『唐代墓誌彙編續集』, 開元177번)이라고 하므로 陸據는 13년간 실직을 갖지 못했던 듯하다. 위의 본인 묘지 기록이 "天寶初, 除陳留太守, 兼採訪使."(『舊唐書』 권100, 「裴漼〈從祖弟寬〉」, 3130쪽)한 "採訪使裴寬"과의 관계로 이어짐을 생각하면 더욱 그러하다. 그가 개원 말년에 가서야 비로소 陳留尉로 解褐했던 까닭에 源衍의 묘지에서는 "前鄕貢進士"로 쓸 수밖에 없었던 것이다.

"미입사진지문(未入仕進之門)"한 채 죽으면, 묘지의 표제를 "□□고전동경국자감태학진사(故前東京國子監大學進士)…"라고 썼던 것이다.[42] 개원6년(718) 명경과에 급제한 구조(寇釗, 701-723)도 마찬가지로서, 5년 후에 만든 그의 묘지는 "대당고전향공명경(大唐故前鄕貢明經)"으로 시작한다.[43]

그런데 여기에서 아울러 간과할 수 없는 사실은 이들의 묘지가 '전진사'·'전명경'이란 지위를 표제로 내세운 점이다. 그 이전에도 과거에 합격하고서도 실직을 받지 못한 사람이 존재하지만, 그들의 묘지는 주로 산관(散官)을 강조했을 뿐이기 때문이다. 무측천 만세통천(萬歲通天)1년(696)의 「대주장사랑송씨묘지병서(大周將仕郞宋氏墓誌幷序)」가 좋은 예이다. 묘주 송지량(宋智亮, 637~692)이 고종 의봉3년(678)에 "명경탁제(明經擢第), 배장사랑(拜將仕郞)"한 뒤 관직을 받지 못했는데, 표제에는 단지 "장사랑"이라고만 적은 것이다.[44] 이와 유사한 사례가 예종 때까지 만들어진 묘지들에서 더러 발견되며[45] 과거 급제 사실을 앞세우는 현종 연간의 상황과

---

41 개원13년의 진사과 합격자 高蓋의(『登科記考補正』, 274쪽) 自稱 변화가 이를 단적으로 보여준다. 개원15년 아버지의 玄堂刻石을 "述"할 때 "前鄕貢進士"(『唐代墓誌彙編』, 開元264번)라고 했던 그는 천보9년의 韋小孩 묘지에서 자신을 "河南縣尉"(『唐代墓誌彙編』, 天寶166번)로 적었기 때문이다.

42 『唐代墓誌彙編』, 天寶171번(〈그림10〉의 ① 참조).

43 『唐代墓誌彙編』, 開元182번.

44 『唐代墓誌彙編』, 萬歲通天007번(〈그림10〉의 ② 참조).

45 아래의 표는 『登科記考補正』에서 과거 합격자로 보았으나 그 묘지의 표제에 급제 관련 기록 없이 散官만 적은 사례를 정리한 것이다. 물론 누차 설명했듯이 고종 영휘 연간까지는 후대와 같은 상거가 없었고, 특히 이 시기에 진사과로 추정되어 온 과목의 경우 기껏해야 '광의의 진사'일 뿐이다. 따라서 이 표 속의 인물은 대부분 이러한 범주에 속하므로 현종 치세의 상거 급제자와 동일한 차원에서 비교하기 어렵다. 그러나 이것은 묘지의 제작 시기를 예종 연간까지로 제한함으로써 생긴 불가피한 한계이고, 현종 이전의 경우 과거나 이에 준하는 입사 방법이 후대만큼 중시되지 않았음은 부정할 수 없을 것이다. 이러한 시각에서 볼 때, "〔永徽6년〕明經拾紫, 業用斯優"한 慕容知禮의 사례 또한 주목된다. 함형4년에 제작된 그의 묘지 표제가 "唐故三品孫…"이라며 선조를 밝히면서도 "明經"에 대해서는 전혀 거론하지 않았기 때문이다(『唐代

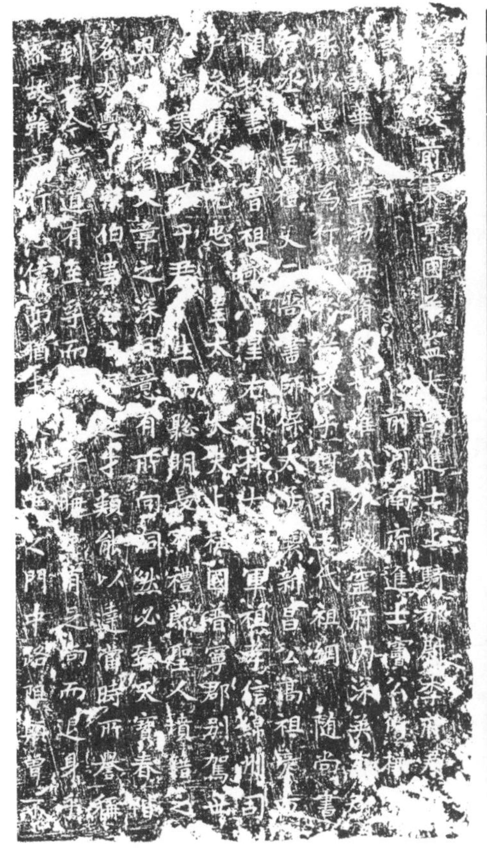

① 이화(李華)의 묘지   ② 송지량(宋智亮)의 묘지

〈그림 10: 이화(李華)와 송지량(宋智亮)의 묘지〉

"雖文行忠信, 而猶未入仕進之門"(①의 제12행)한 이화의 묘지는 천보9년에 제작되었는데, 그 표제에서 "□□故前東京國子監大學進士上騎都尉李府君"(①의 제1행)이라며 "進士" 신분을 강조한다. 이는 만세통천1년에 만든 송지량의 묘지 표제가 단지 "大周將仕郎宋氏"(②의 제1행)라고만 한 것과 대비된다. 그 역시 "垂(年의 則天文字:인용자)參拾玖, 明經擢第"(②의 제10행)하고도 "殲此明德, 實于脩夜"(②의 제11행)해서 입사하지 못했다는 점에서 비슷한 경력의 소지자이기 때문이다. 이러한 표제 기록의 차이는 무측천 시기와 달라진 현종 연간의 사회적 분위기를 대변한다고 생각된다. 본서의 497~498쪽 참소.

확연히 다르다.

태종 정관 연간부터 "입사자"의 "산위(散位)"를 "본품(本品)"으로 삼았다면,[46] 관인이 되려는 사인들에게 산관(散官)만큼 중요한 것이 없었을 듯하다. 그러므로 무측천 증성1년(695)에 제작된 남곽생(南郭生, 638~694)의 묘지처럼 직사관(職事官) 대신 "조의대부(朝議大夫)"란 산관만을 표제에 쓴다고[47] 해도 그렇게 이상하지 않다. 하지만 현종 시기의 현실 곧 실직을 갖지 못한 과거 합격자들의 묘지가 '전진사(명경)'를 표제로 삼은 것은 분명히 특기할 만하다. 그들도 『당육전』에 명기된 서계 규정에 따라 산관을 가졌을 터이기 때문이다. 당시 산관보다 과거 급제 사실 자체가 더 중시되지 않았다면 이해하기 힘든 일인 것이다. 이러한 사회적 인식의 변화 결과 앞서 지적했듯이 '전진사' 혹은 '전명경'이라는 표현이 예전보다 훨씬 늘어났고,[48] 이는 〈표58〉에서 알 수 있는 바 성시 응시 자격에

墓誌彙編』, 咸亨076번). 현종 때 과거를 통한 관인 자격 취득 사실을 강조하는 현상은 분명 새로운 변화인 것이다.

科目	성명(埋誌 시기/근거: 『唐代墓誌彙編』의 일련 번호)
명경과	董本(천수3년/천수045번); 劉胡(성력3년/성력042번); 吳績(구시1년/구시004번); 崔沈(신룡2년/신룡035번)
진사과	楊全(정관23년/정관171번); 支敬倫(인덕2년/인덕058번); 王令(총장2년/총장028번); 張貴寬(영순1년/영순019번)

46 『舊唐書』 권42, 「職官」, 1805쪽. "貞觀年 … 入仕者皆帶散位, 謂之本品"
47 『唐代墓誌彙編』, 證聖006번의 묘주 南郭生은 용삭2년 이후에 "擢第於兩經"해서 安東都護府錄事參軍事로 "解褐"한 官人이었지만, 묘지의 표제가 실직이 아닌 산관만 밝혀 두었다.
48 이와 관련하여 '전진사'·'전명경' 이외의 과거 관련 표제를 가진 현종 시기의 묘지 또한 주목된다. 이러한 사례는 일찍부터 존재하나(이 중에는 더러 상거제도와 무관한 경우도 있다. 예컨대, 『唐代墓誌彙編』, 天授041번의 張慶之 묘지는 "州辟孝廉, 不赴"했으나 "唐故孝廉張君墓誌之銘"이라고 썼다.), 이 시기에 그 숫자가 더욱 늘어나기 때문이다. "明經擧"와 "孝廉"을 표제로 삼은 개원3년의 王師 묘지(『唐代墓誌彙編』, 開元033번)와 개원8년의 寇釣(같은 책, 開元250번)·천보8년의 盧憕(같은 책, 天寶194) 묘지가 그 대표적인 실례이다. 앞에서 잠깐 언급했듯이, "〔唐初〕推於國庠…登甲科於

불과한 '진사'·'명경' 용례의 증가와도 일맥상통한다고 하겠다.

그러므로 과거제도가 공고해진 현종 시기에는 성시의 응시자와 합격자 역시 사회적으로 더욱 존숭되었음에 틀림없다. 하지만 이들의 제도적인 지위는 이것과 별개의 문제이다. 앞서 보았듯이 과거에 급제한 뒤에도 오래도록 실직을 얻지 못한 사인들이 많았을 뿐더러, 이들에게 허용된 관품도 그렇게 높지 않았기 때문이다. 이러한 관점에서 생각할 때 정긍(鄭兢, 696~724)의 묘지가 흥미롭다. 선천2년(713) 명경과에 급제한 그는 6년 뒤 송주(宋州) 하읍현(下邑縣)의 위(尉)로 임관했는데, 이를 "〔드높은〕 청운(靑雲)의 자질을 굽혀〔낮은〕 황수(黃綬)의 직위를 따랐다."고 표현하였다.[49] 『신당서』에서 상현(上縣)이라고 한 하읍현의 위는 종9품상으로 추정되고,[50] 정긍의 초임직은 전술한 『당육전』의 서계 규정과 부합한다. 그럼에도 불구하고 그의 묘지 찬자는 "황수"[51] 정도의 관직에 만족하지 못했던 것이다.

이와 같은 불만은 몇 차례의 시험과 긴 수선(守選) 기간을 거치며 "청운"을 키워 온 과거 급제자의 입장을 감안하면 쉽게 이해되는 일이다. 과거제도의 확실한 정착과 더불어 성시의 응시자까지 중시하는 사회적 분위기도 이를 부추겼을 것이다. 그러나 제도로 규정된 그들의 실제 위

秘府"한 李元確의 묘지에 보이는 "國子明經"이란 표제도(같은 책, 開元103번) 비슷한 측면에서 이해 가능하다. 이 묘지가 만들어진 개원8년은 이처럼 과거의 급제 여부를 매우 중시하는 사회적 분위기였던 것이다.

49　『河洛墓刻拾零』, 302번. "屈靑雲之資, 從黃綬之職."

50　縣의 등급과 그 관인의 품계가 시기에 따라 다를 수 있으나, 여기에서는 일단【부록2】의 작성 방법과 같이『新唐書』권38,「地理」, 990쪽과『唐令拾遺』,「官品令」제1조丙, 113쪽에 의거하였다.

51　당대에 "黃綬"는 법제 용어가 아니지만 낮은 관직의 대명사처럼 곧잘 사용되었다. 劉長卿의 "名嗟黃綬繫, 身是白眉郎"(『劉隨州集』(文淵閣四庫全書電子版) 권5,「送從弟貶袁州」, 4뒤쪽)과 같은 詩句가 그 명증인데, 이러한 표현은 한대에 秩 200~600石의 관인이 "銅印黃綬"(『漢書』권19上,「百官公卿表」, 743쪽)했던 데서 유래한다.

상은 이와 분명히 어긋났으며, 그 결과 당사자들의 내면적 갈등은 불가피하였다. 당시 진사과 합격자가 이부전선에서 유외(流外) 출신 관인들과 특정 관직을 놓고 다툴 지경이었다면[52] 더욱 그러하다. 그리고 이러한 현상은 전술했던 예부시의 양면성 곧 통제와 존숭이란 현실과 맞물리면 한층 증폭될 수밖에 없을 것인데, 앞서 밝혔듯이 이때 특히 문제가 되는 과목이 진사과였다. 현종 시기 과거제도를 둘러싼 이처럼 복잡한 상황을 진사과 중심으로 보다 구체적으로 검토해 보려는 까닭은 바로 이 때문이다.

진사과 응시자와 급제자의 실상

진사과가 당후기 이후 사회적으로 가장 중시된 과거 과목이었음은 주지의 사실이다. 당시 명경과의 권위 저하와 뚜렷이 대비되는 이러한 양상은 고종 영륭2년(681)의 개혁으로 명확해진 두 과목의 상이한 성격의 소치이다. '잡문'을 시험한 진사과의 급제자가 전술한 바 공문서 작성 능력의 중요성, 문학 애호 풍조 등으로 인하여 그 역할이 커지고 지위도 높아졌던 것이다. 그런데 현종 시기까지 계속된 이와 같은 현실은 누차 지적했듯이 당조의 공식적 입장이나 정책과는 거리가 멀었다. 그렇다면 후대의 과거제도가 진사과 중심으로 귀착된 데에는 조정의 의도보다 사회적 분위기가 더 큰 영향을 미쳤는지도 모른다. 진사과 응시자들이 많아지면서 결국 경학을 가르치던 국자감 안에 새로 광문관을 만들어야만 했던 것이 단적인 예이다. 따라서 현종 연간에 누가 또 어떻게 진사과에 응시

---

52 『封氏聞見記校注』 권3, 「銓曹」, 23쪽. 이 사건의 주인공인 薛據의 급제년은 논란거리이나, 그가 개원 연간 진사과에 합격한 것은 확실하다. 『登科記考補正』, 258쪽과 『唐才子傳校箋(1)』 권2, 「薛據」, 306쪽 참조.

하고 급제했는지는 매우 중요한 문제이며, 이것이 과거제도의 전개 과정 이해에서 하나의 관건이 될 터이다.

　이러한 시각에서 볼 때 먼저 짚고 넘어가야만 할 기록이 있다. 『책부원귀』의

> 〔예부의 시험에서〕 진사과는 대체로 천명〔의 응시자〕 가운데 합격자가 100명 중에 한둘이고, 명경과의 경우 〔응시자가〕 그 배인데 합격자는 10명 중에 한둘이다.[53]

라는 이야기가 그것이다. 천보11년(752)과 천보12년의 "조제(條制)" 중간에 나오는 이 말이 『통전』에도 비슷한 시기의 일로 적혀 있어,[54] 이는 현종 말기에 대한 설명인 듯하기 때문이다. 다시 말해 당시 예부시에서 진사과의 경쟁률이 명경과에 비하여 무려 10배나 높고 그 급제자 수가 1/10 이하였다면, 이처럼 판이한 두 과목 응시자·급제자의 현실을 결코 간과할 수 없는 것이다.

　물론 성시의 응시자나 합격자 숫자가 유동적이었던[55] 이상 『책부원귀』나 『통전』의 기록만으로써 현종 치세의 상황을 일률적으로 재단(裁

53　『冊府元龜』 권640, 「貢擧部 條制」, 7674쪽은 禮部의 "閱試"에서 "其進士大抵千人, 得第者百一二; 明經倍之, 得第者十一二."였다고 한다. 저본에는 "閱"이 "關"으로 되어 있고 "百"이 없으나, 宋本, 2101쪽에 의거해 바로잡았다.

54　『通典』 권15, 「選擧 歷代制」, 357쪽에 실린 이와 거의 동일한 내용은 천보11년과 代宗 寶應2년(763)의 기록 사이에 위치한다.

55　州의 등급별 "貢人" 수를 규정한 개원25년의 조칙은 "必有才行, 不限其數."라고 해서 (『唐會要』 권26, 「鄕飮酒」, 581쪽. 『唐六典』 권30, 「三府都護州縣官吏」, 748쪽 참조), 향공의 숫자에 융통성을 두었다. 과거의 급제자 역시 마찬가지이다. '唐登科記總目'에서 현종 때의 진사과 합격자 수는 13명(개원29년)부터 71명(개원1년)까지 그 편차가 크기 때문이다(『文獻通考』 권29, 「擧士」, 849~852쪽. "重奏"·"諸科" 등 부가 기록 제외). 물론 누차 지적했듯이 이 문헌을 전적으로 신뢰할 수는 없다. 그러나 연호의 오인과 같은 근본적 착오가 예종 연화1년과 현종 선천1년의 중복 서술로 끝나므로, 그 이후 시기의 경우 당초에 관한 기록보다는 훨씬 믿을 만하다.

斷)해서는 안 된다. 실제로 개원17년(729)에 양창(楊瑒)이 "수년 이래" 명경과와 진사과 급제자를 다 합쳐도 "100명이 못 된다"고 개탄한 적도 있다.[56] 하지만 이렇게 합격자 수가 줄었던 때에 진사과 급제자가 20명 전후라면,[57] 명경과의 경우 80명가량 합격시켜 그 숫자가 4배쯤 되었으리라고 짐작된다. 비록 정도의 차이는 있을지라도, 진사과의 합격자 숫자가 분명히 명경과에 비해 현저하게 적었던 것이다. 기실 경학을 중시했던 당조의 관점에서 보면 이와 같은 급제자 수의 다과(多寡)는 일면 당연한 일이라고 하겠다.

이 시기의 진사과와 명경과 응시자 수를 직접 비교할 수 있는 자료는 달리 없다. 다만 『봉씨문견기』도 현종 때 천 명 이상이 늘 진사과에 응시하였다고 해서 위의 기록과 부합한다.[58] 그리고 아래의 〈표59〉와 같이 당시 진사과는 명경과보다 평균 급제 연령이 높으므로 그만큼 합격하기 어려웠던 듯하다. 이는 진사과의 경쟁률이 상대적으로 높았음을 시사할 뿐더러, 두 과목의 이러한 차이가 V기에 비하여 VI기에 더 커지는 추세를 보인다. 따라서 『책부원귀』와 『통전』의 내용은 현종 연간 상거의 실

---

56 『冊府元龜』 권604, 「學校部 奏議」, 7250~7251쪽에서 "楊瑒爲國子祭酒, 開元十七年三月上言曰 … 自數年以來, 省司定限天下明經、進士及第, 每年不過百人."이라고 한다.

57 '唐登科記總目'에서 楊瑒의 上奏를 전후한 시기 진사과 급제자 수는 아래의 표와 같고(『文獻通考』 권29, 「擧士」, 850쪽), 그가 비판한 것은 개원15·16년의 상황인 듯하다. 이 두 해에 현종 시기의 진사과 합격자 평균 27.5명보다(전게 卓遵宏, 『唐代進士與政治』, 2쪽의 〈唐代進士科取士人數統計表〉 참조) 확실히 적기 때문이다.

시기(개원)	14년	15년	16년	17년	18년	19년	20년
급제자 수	31명	19명	20명	26명	26명	23명	24명

58 『封氏聞見記校注』 권3, 「貢擧」, 16쪽에서 "玄宗時, 士子殷盛, 每歲進士到省者常不減千餘人."이라고 한다. 후술할 바 개원11년경 王泠然이 張說에게 보낸 서한의 "今聞天下向有四百人應擧"(『唐摭言』 권6, 「公薦」, 67쪽)는 이와 다르지만, 여기에서 말한 "應擧"가 상거와 관련된 것인지 불확실하므로 일단 논외로 한다.

상과 그렇게 어긋나지 않는다고 생각된다.

⟨ 표 59: 【부록2】의 V기와 Ⅵ기 인물들의 급제 연령 ⟩

과목 (비교 가능 인물 수)	V기		Ⅵ기	
	진사과	명경과	진사과	명경과
	전체(22)	전체(36)	전체(15)	전체(24)
평균 연령	25.5세	19.3세	30.0세	20.5세
연령 범위	14~39세	14~30세	20~43세	8~33세

그렇다면 진사과가 현종 시기에 명경과보다 훨씬 경쟁이 치열했던 이유가 궁금하다. 앞서 『당육전』의 서계 규정이나 급제자의 초관 품계에서 보았듯이, 진사과 합격 후 주어진 관직이 명경과에 비해 낮았다면 더욱 그러하다. 이 의문과 관련하여 우선 유념할 사실은 두 과목의 상이한 성격이다. 제2부에서 상술한 바 천인커의 지적처럼, "문사(文詞)"를 중시한 진사과와 달리 명경과의 경우 "통경의(通經義)·여명행(勵名行)"한 "문풍(門風)"이 중요했기 때문이다.[59] 당대의 사인들이 비교적 자유롭게 과거에 응시할 수 있었을지라도, 두 과목의 응시자에게 요구된 전통적인 문화 기반의 깊이가 달랐을 가능성이 존재하는 것이다.

실제로 【부록2】의 진사과와 명경과 급제자의 성씨가 이를 확연하게 드러낸다. 아래의 ⟨표60⟩에서 보듯이, 상거가 제거와 분리된 Ⅱ기 이래 줄곧 진(晉) 이전부터 번성했던 '가' 집안의 비율은 명경과가 높은 반면 전통적인 명망을 갖지 못한 '다'의 경우 진사과가 높기 때문이다. 동일 분기 안에서 비교하더라도 마찬가지이다. 명경과는 어느 시기나 '가'의 비율이 '다'보다 높지만, 진사과의 경우 V기를 제외하면 모두 그 반대인

---

59 전게 陳寅恪, 『唐代政治史述論稿』, 「中篇 政治革命及黨派分野」, 72~73쪽.

것이다. 그러므로 구래의 명족(名族)과 밀접한 관계를 지닌 명경과보다 진사과가 일반적인 사인들에게 보다 용이하게 접근할 수 있는 과목이었으며,[60] 여기에 다양한 성격의 많은 응시자들이 몰려들었다고 해서 전혀 이상하지 않다.

〈 표 60: 【부록2】의 Ⅱ〜Ⅵ기 인물들의 성씨 백분율 〉

	Ⅱ기		Ⅲ기		Ⅳ기		Ⅴ기		Ⅵ기	
	'가'	'다'	'가'	'다'	'가'	'다'	'가'	'다'	'가'	'다'
진사과	34.8	52.2	30.8	61.5	25.0	75.0	47.8	39.1	40.0	53.3
명경과	50.0	39.5	60.0	26.7	62.5	31.3	69.4	25.0	61.9	23.8

위와 같은 설명에서 유일한 예외가 Ⅴ기라면, 현종 시기에는 혹 이와 다른 상황을 예상해 봄직도 하다. 그러나 Ⅵ기에 재차 진사과의 '다' 비율이 '가'보다 높아지므로, 이는 단지 Ⅴ기의 독특한 현상일 뿐이다. 그리고 유독 이때에만 '가' 범주의 인물들이 진사과에 많이 응시했을 리 없다면,

---

60 출신 지역과 선조의 관직을 기준으로 【부록2】의 인물들을 정리한 아래 표를 보더라도, 진사과 응시자의 내원이 더욱 폭넓으리라고 짐작된다. 우선, 전통의 뿌리가 깊은 '동' 지역 이외의 출신자 비율이 Ⅳ기만 빼고 다 진사과가 명경과보다 높다. 선조의 관직은 두 과목이 비슷해 보이나, 증조 이래 전혀 관직이 없거나('0') 오직 1대만 관인이던('1') 이들의 경우 진사과의 비율이 역시 높다. 즉 진사과가 명경과에 비해서 신흥 지역, 가문과의 친연성이 컸던 것이다.

		Ⅱ기	Ⅲ기	Ⅳ기	Ⅴ기	Ⅵ기
'동' 백분율/ '서'·'남'·'기' 백분율	진사과	43.5/56.5	61.5/38.5	100/0	65.2/34.8	46.7/53.3
	명경과	71.1/28.9	63.3/36.7	75.0/25.0	83.3/16.7	61.9/38.1
'3' 백분율/ '1'·'0' 백분율	진사과	73.9/17.4	84.6/15.4	75.0/25.0	69.6/21.7	86.7/6.7
	명경과	78.9/2.6	80.0/10.0	81.3/18.8	69.4/11.1	85.7/4.8

V기의 특별한 시대적 조건을 다각도로 고려해야 마땅하다. 예컨대, 과거 제도가 공고해진 이 시기에 진사과의 위상도 제고되면서 명문 출신자들까지 진사과에 다수 응시했으리라는 추정이 가능하다. 아울러 문화적 기반이 공고한 그들은 일반적인 사인들에 비하여 경쟁력이 높았기 때문에 【부록2】의 진사과 급제자들 가운데 '가'의 비율 역시 높아졌을 수 있는 것이다.

이러한 측면에서 생각하면, 현종 연간 진사과의 치열한 경쟁률도 더욱 쉽게 이해된다. 종래 신흥세력과의 친연성이 컸던 진사과에 전통적인 사족(士族)들의 관심까지 덧보태어졌을 때, 그 응시자의 숫자가 늘어날 수밖에 없기 때문이다. 그렇다면 Ⅵ기에 '다'의 비율이 다시 높아지는 현상도 설명되어야만 하는데, 이는 '다' 범주의 일반적 사인들이 새로워진 환경에 대응한 결과 그들 나름의 경쟁력을 갖출 수 있었던 덕분이 아닐까 싶다. 이러한 추론은 당시 진사과를 둘러싼 현실에 대한 흥미로운 문제들을 제기하며, 특히 그 응시자들의 변화 양상에 더욱 주목하게 만든다.

이와 같은 시각에서 세밀하게 현종 시기 진사과 응시자들의 성격을 검토하려면, 여태 주로 이용해 온 【부록2】의 자료만으로써는 불충분하다. 급제자에 국한된 분석 결과를 곧 평범한 응시자들의 일반적 상황으로 간주해서는 안 되기 때문이다. 게다가 몇 차례 언급했듯이 명확한 문헌적 근거를 갖는 【부록2】의 인물들은 상당한 재력과 영향력을 가진 자들로 국한된다는 한계 역시 존재한다. 다시 말해, 【부록2】의 Ⅴ·Ⅵ기 진사과 합격자 가운데 무관(無官) 가계의 인물이 개원19년(731)의 곽옹(郭邕, ?~?)뿐이란 이유로 거의 모든 진사과 응시자들이 관인 집안이었다고 단정하기 힘든 것이다.

실제로 사료의 신뢰성 탓에 분석하지 않았던 【부록1】의 인물들 중 선조의 관력(官歷)이 불분명한 이들이 흔히 발견된다. 예를 들어, 개원15년(727)의 왕창령(王昌齡, 698~756)이나[61] 천보2년의 구위(丘爲, 702경~797경)

처럼[62] 가까운 직계 가족 관련 기록을 전혀 찾을 수 없는 합격자들이 적지 않은 것이다. 그리고 개원18년(730)과 천보2년(743)의 진사과 급제자 최훈(崔損, ?~803)과[63] 교림(喬琳, ?-784)은[64] 훗날 재상까지 역임했으나 증조부 이래 관직을 갖지 못하였다. 사실 비(非)관인 가문 출신자들의 성시 경쟁력이 취약했으리라는 것은 충분히 짐작되는 일이고,[65] 현재 그 이름조차 모르는 수많은 진사과 낙제자들[66] 가운데 이러한 경우가 더욱 많았음에 틀림없다.

그렇다면 이들은 과연 어떤 방법으로 진사과에 응시하였을까?【부록2】의 현종 연간 진사과 급제자들 중 생도의 비율이 높아짐을 전술했으나, 이 또한 당시 응시자들의 상황으로 일반화시킬 수 없다. 물론【부록2】 인물들의 분석은 그 전후 시기와의 비교에서는 유용하고, 이 시기에 관학

---

61 스스로 "久於貧賤"(『唐文粹』 권88, 「上李侍郎書」, 5뒤쪽)이라고 했던 王昌齡의 직계 선조는 『唐才子傳校箋(1)』 권2, 「王昌齡」, 250~253쪽의 치밀한 고증으로도 밝혀지지 않는다.

62 『唐才子傳校箋(1)』 권2, 「丘爲」, 375쪽은 단지 그의 출신지만을 확인할 수 있었고, 『元和姓纂』 권5, 418번에 나오는 그의 기록 역시 본인과 아우에 관한 내용뿐이다.

63 『舊唐書』 권136, 「崔損」, 3755쪽에서 그는 博陵 崔氏 명문이나 증조부 때부터 "名位卑替"했다고 하며, 실제로 『新唐書』 권72下, 「宰相世系」, 2783쪽의 기록도 이와 같다. 崔損의 급제 시기는 논란의 여지가 있지만 『登科記考補正』, 299쪽의 설명에 따른다.

64 喬琳의 열전은 "少孤"라고 하면서 선조를 전혀 거론하지 않았고(『舊唐書』 권129, 3576쪽; 『新唐書』 권224下, 6390쪽), 『新唐書』 권75下, 「宰相世系」, 3379쪽에도 그의 동생과 아들 기록만 나온다.

65 일찍 아버지를 여읜 薛播와 그 사촌들이 "博涉五經, 善屬文"한 伯母의 "訓導" 아래 7명이나 진사과에 급제했다는 사실은 이를 반증한다. 이러한 일은 薛播처럼 증조·조·부가 中書舍人·刺史·縣令을 역임했던 관인 집안에서나 가능하며, 無官의 한미한 가문에서는 불가능할 터이기 때문이다. 『舊唐書』 권146, 「薛播」, 3955~3956쪽과 『新唐書』 권73下, 「宰相世系」, 3004쪽 참조.

66 전술했듯이 현종 시기 진사과 응시자가 천 명 가량이고 '唐登科記總目'의 당시 합격자 평균 숫자가 27.5명이라면, 매년 900명 이상이 낙제하였던 셈이다. 사실 정확한 사료와 논거를 찾기는 어렵지만, 黃雲鶴은 당대 전 시기의 과거 낙제자 수를 33만1488명~43만3164명으로서 평균 38만 968명으로 추정하고 있다(『唐宋時期落第士人群體研究』, 北京, 中華書局, 2020, 23쪽).

을 거쳐 진사과에 응시하는 이들이 예전보다 늘어난 것은 부정하기 어렵다. 앞서 상술했던 개원21년의 지방관학 학생과 성시 낙방자에 대한 국자감의 입학 허용에서 단적으로 드러나듯이, 과거제도의 완비 과정에서 관학 중심의 운용 방침이 더욱 확고해졌기 때문이다. 하지만 전술한 향공 폐지 시도의 실패가 명증하는 바 현종 치세 진사과 응시자들의 대다수를 생도로 바꾸지 못했음 역시 분명하다.

위에서 예시한 직계 선조의 관직을 확인할 수 없는 진사과 급제자들은 "자태원부거(自太原赴擧)"한 교림[67] 이외에는 모두 응거 방법 관련 기록도 없다. 그런데 과거에 응시하려는 자들이 주로 수학한 국자감의 국자학·태학·사문학의 입학 자격에 대한 『당육전』의 규정을 보면, 이들과 같은 "서인자(庶人子)"에게 허용된 것은 오로지 사문학의 '준사(俊士)'뿐이었다.[68] 설령 관학과 과거의 연계성을 강화하려 한 조정의 정책들이 국자감의 문호를 좀 더 넓혔을지라도,[69] 한미한 가문의 사인들에게 중앙관학 입학 기회는 여전히 난망했으리라고 판단된다.

개원20년의 진사과 급제자 선우향(鮮于向, 694~755)이 좋은 실례이다.[70]

---

67 『太平廣記』 권150, 「定數 喬琳」, 1077쪽(출전 『前定錄』).

68 『唐六典』 권21, 「國子監」, 559~561쪽.

69 개원14년에 "國子進士擢第"한 左光胤의 증조·조·부의 관직은 隋州司馬·齊州臨邑縣令·申州鍾山尉이고(『唐代墓誌彙編』, 天寶037번), 【부록2】의 작성 원칙에 따르면 이들의 관품이 각각 종5품하·종8품상·종9품상에 해당한다. 그런데 『唐六典』에 의하면 7품관 이상 관인의 아들까지만 국자감 3學의 정식 학생이 될 수 있으므로, 그는 기껏해야 사문학의 俊士일 수밖에 없다. 젊은 날 "遊太學"한(『唐文粹』 권15下, 李華, 「寄趙七侍御…寄懷於篇」, 6뒤쪽의 注) 개원23년의 급제자 蕭穎士 또한 마찬가지이다. 『文苑英華』 권701, 李華 「楊(揚의 오기:인용자)州功曹蕭穎士文集序」, 3615쪽은 그의 증조·조를 단지 "某官"이라 하고(같은 책, 권678, 蕭穎士 「贈韋司業書」, 678쪽의 "貞觀之後, 羣從凋零, 垂拱以來, 無復大位."란 말을 볼 때, 증손이나 손자를 국자감에 입학시킬 만한 고관은 아니었을 것이다.), 부친의 관직만 종8품상으로 추정되는 "〔密州〕莒縣丞"이라고 하기 때문이다. 현종 시기에 국자감에서 수학했다는 진사과 합격자들 가운데 이처럼 그 입학 자격이 의문스러운 경우가 더러 보이는데, 이들은 俊士를 비롯한 당시 특례 조처의 수혜자였으리라고 짐작된다.

과거를 준비하려면 어느 정도 경제력이 필요할 터인데, 그의 집안은 〔할아버지 형제가〕 파촉 지역의 손꼽히는 부자로서 빈객들을 불러 모았고〔以財雄巴蜀, 招徠賓客〕 … 〔아버지도〕 많은 재산을 들여 천하 사대부들을 두루 보살폈다〔傾萬金之産, 周濟天下士大夫〕."고 할 정도로 매우 부유했다. 그러나 조부와 부친 모두 관직이 없었던 그는 결국 향공으로 진사과에 응시하였다. 선우향처럼 지방에서 새롭게 성장해 오던 사인들에게 명경과보다 진사과, 또 생도보다는 향공이 더 접근하기 쉬웠던 것이다. 기실 진사과에 응시할 경우 경학을 주로 가르친 관학의 효용도 당연히 명경과보다 적었다.

그러므로 당시 신흥세력이 과거를 통해 입사하고자 할 때 진사과, 특히 향공진사는 무엇보다 매력적인 방법이었다. 물론 현종 연간에는 예전에 비하여 명문가 자제들도 진사과에 많이 응시했으므로, 그들과 경쟁해서 과거에 합격하기란 매우 힘든 일이었다. 따라서 한미한 가문의 사인들은 더욱 분투해야만 했으며, 급제에 대한 그들의 갈망도 그만큼 절실하였다. 이 시기에 본인에게 유리한 곳으로 향공 지역을 옮기는 경우가 적지 않음을 전술했는데, 이 역시 이러한 사회적 분위기에서 확산되었을 것이다. 당시 경기(京畿) 지역 향공은 대부분 급제한 까닭에 "등제(等第)"로 불리며 성시 합격이 당연시되었다면[71] 여유 있는 사인들이 경조(京兆)·동도(東都) 주변으로 몰려들었다고 해서 전혀 이상하지 않다.[72]

---

70 이하 鮮于向 관련 서술은 『顔魯公文集』 권6, 「中散大夫京兆尹漢陽郡太守贈太子少保鮮于公神道碑銘」, 39~41쪽에 의거한다.

71 『唐摭言』 권2, 「京兆府解送」, 13쪽에서 "神州解送, 自開元天寶之際, 率以在上十人, 謂之等第 … 小宗伯倚而選之, 或至渾化, 不然, 十得其七八. 苟異於是, 則往往牒貢院請落由."라고 한다.

72 "少孤貧, 不能自振"하던 呂諲이 부유한 妻家의 경제적 도움으로 "遂遊京師"해서 진사과에 합격했다는 『舊唐書』 권185下, 「良吏 呂諲」, 4823쪽의 기록이 이러한 현실을 잘 보여준다. 그의 급제 시기는 『登科記考補正』, 335쪽의 고증에 의하면 개원27년이다.

이와 같은 현상은 향공으로 진사과에 응시한 인물들의 묘지에서 분명히 확인된다. 예컨대 "낙양인(洛陽人)" 육거(陸據, 701~754)가 "경국(京國)"을 오가며 그곳에서의 높은 평가로 개원15년에 급제했고,[73] "장업(漳鄴)"에 살던 이거(李琚, 721경~748)도 "낙경(洛京)"을 자주 드나들면서 명성을 쌓아 개원22년에 "향공진사탁제(鄉貢進士擢第)"하였다.[74] 이하(李霞, 692~738)가 개원4년 향공이 된 후 "여해(汝海)" 지역의 사인들과 교류하고 "낙양(洛陽)"에서 노닌 것도 마찬가지 목적이었을 텐데, 그가 술에 취해 불렀던 '영척가(甯戚歌)' 곧 등용(登用)을 간구하는 빈한한 사인의 애소(哀訴)는[75] 과거 급제를 열망하던 향공진사의 모습을 상징하는 듯하다.

그런데 당시 향공진사의 실상과 관련하여 주목되는 또 다른 기록이 있다. "향공진사가 〔상서〕성에 와서 수재〔과〕를 치겠다고 하자, 고공〔원외랑〕이 허락하지 않아 〔이에 반발하는〕 호소가 끊이지 않는" 현실을 문제로 삼은 시판(試判)과 이에 대한 5개의 대판(對判)이 바로 그것이다.[76] 『문원영화(文苑英華)』에 「향공진사판(鄉貢進士判)」이란 이름으로 실린 이 글들은 고공원외랑이 과거를 주관하던 이부시 시기의 것임이 분명하고, 그 답안자를 밝혀 둔 2명 모두 개원 연간에 활동한 인물이다.[77] 따라서 이 판문

73 『全唐文補遺(千唐)』, 235~236쪽. 『唐代墓誌彙編續集』, 開元177번을 보면, 陸據는 향공으로 진사과에 응시하였다.

74 『唐代墓誌彙編』, 天寶124번.

75 『唐代墓誌彙編』, 開元466번. 春秋時代 甯戚의 고사는 陳奇猷 교석, 『呂氏春秋校釋』(上海, 學林出版社, 1984) 권19, 「離俗覽 擧難」, 1311쪽; 정하현 역, 『여씨춘추』(서울, 소명, 2011), 「離俗覽 擧難」, 622~623쪽 참조.

76 『文苑英華』 권514, 「鄉貢〈一作擧〉進士判」, 2633~2634쪽. "鄉擧〈一作貢〉進士至省, 求考秀才, 考功不聽, 求訴不已." 아래에서 이 試判에 대한 對判은 아라비아 숫자로써 그 순서만 밝힌다.

77 『文苑英華』는 (1)·(4) 對判의 作者만 趙昂·權寅獻으로 명기했는데, 『全唐文』의 편찬자는 이 두 사람의 경력을 각각 "開元時擢書判拔萃科"(권398, 4065쪽. 단 이름을 趙昻로 적음)와 "元(玄의 피휘:인용자)宗時冠氏尉"(권296, 2999쪽)라고 하였다.

(判文)들은 현종 연간 이부시 시행기의 향공진사에 대한 매우 중요한 자료
인 것이다.

여기에서 무엇보다 흥미로운 사실은 성시에서 수재과에 응시하려는
향공진사들이 판의 문제로 될 만큼 많았다는 점이다. 이는 수재과가 유
명무실해지면서 진사를 수재로 일컫기도 하던 당시 관습과 무관하지 않
겠지만,[78] 앞서 『당육전』을 통해 살펴본 개원 연간의 제도는 분명히 이와
다르다. 한대의 찰거제로부터 유래한 수재과는 진사과보다 훨씬 우대된
별개의 과목이며, 두 과목의 지방 시험과 성시 역시 엄연히 나뉘어져 있
었던 것이다. 고공원외랑이 향공진사의 요구를 들어주지 않은 까닭도 바
로 이 때문이다. 그럼에도 불구하고, 수재과에 응시하겠다고 계속 고집을
부린 이들은 제도적 현실에 무지했다고밖에 볼 수 없다.

그러나 이 시판에 대한 대판을 보면, 이러한 향공진사들의 태도 또한
나름의 이유가 있는 듯하다. 그 논리나 결론은 제각각이지만, 2개의 답안
이 수재과 응시 요구를 용인하기 때문이다. 물론 이것들도 시험을 전제
로 해서 과거제도의 기본 틀을 벗어나지 않으나, 지방에서 뽑혀온 사인들
의 입장을 존중하려 했던 것이다.[79] 사실 당시 법제나 두 과목의 차이를
지적하며 수재과에 응시하도록 하면 안 된다는 여타 답안들 또한 많은
경서와 고사들을 인용하며 "향려(鄕閭)"·"향곡(鄕曲)"에서 선발해 올린 인

---

78 당대에 진사과와 명경과를 곧잘 수재와 효렴으로 불렀음은 주지의 사실인데, 현종
    연간의 문헌도 마찬가지이다. 張鷟의 급제 과목에 대한 상이한 표현이 그 명증이다.
    개원21년에 제작된 본인의 묘지가 "進士甲科"(『唐代墓誌彙編』, 開元382번)라고 했으
    나, 천보6년 부인과 합장할 때 만든 묘지는 "擢秀才"(같은 책, 天寶111번)로 적고 있기
    때문이다. 단 이러한 과목 명칭의 혼용은 사적인 기록에만 발견되고, 조칙과 같은
    공문서의 경우 두 과목을 확실히 구분한다.
79 (1)답안이 인재를 뽑아야 할 고공원외랑의 "聞言不聽"은 "蔽"라 하고(『文苑英華』 권
    514, 「鄕貢進士判」, 2634쪽. 이하 모두 같음), (3)답안도 "改業惟人, 何求物議?"라며
    논란을 야기한 관인을 비판한다. 단 (1)의 "試可乃已"나 (3)의 "詳歷試之規"와 같은
    표현을 보면, 이 對判들도 시험이란 방식 자체를 부정한 것은 아니다.

재의 중요성을 강조한다는 점에서는 비슷하다.[80] 이 시기 사인들에게 향 공을 향거(鄕擧)의 전통적 이상과 연계시켜 생각하는 경향이 있었고, 바로 이러한 사회적 통념 속에서 향공진사는 자대(自大)하며 수재과에 응시하고자 했던 것이다.

지금까지 살펴본 현종 치세의 진사과 응시자, 특히 그 중에서 다수를 차지하던 향공진사의 성격은 뚜렷한 양면성을 지닌다. 한편으로, 관인 가문의 자제들과 달리 관학에 입학하기 힘들었던 이들은 상대적으로 한미한 가문의 인물이 많았을 듯하고, 혈통상 유력 가계와 거리가 멀 뿐더러 문화적 기반도 취약해서 합격률이 저조할 수밖에 없었다. 그러나 또 다른 한편, 향공이 지방에서 뽑혀 올라오는 과정은 향거의 이상과 유사한 측면이 있어, 이들의 자존감과 사회적 평가가 생도보다 오히려 높아질 가능성도 있었던 것이다. 따라서 치열한 경쟁을 뚫고 성시에서까지 합격한다면, 그 자부심과 권위는 더할 나위 없이 커졌음에 틀림없다. 천보4년의 진사과 급제자 최우보가 숭문관을 마다하고 굳이 향공으로 응시하려 했음을 전술하였는데, 그가 내심 기대한 것이 바로 이러한 향공진사로서의 성취감이었는지도 모르겠다.

【부록2】에서 확인하였던 바 이 시기 향공진사 급제자들 가운데 유력 가계의 비율이 상승하는 추세는 실제로 최우보와 같은 인물들이 증가하

---

80 (2)답안은 "國章攸著, 甲令斯存"(『文苑英華』 권514, 「鄕貢進士判」, 2634쪽. 이하 모두 같음)을 이유로 고공원외랑의 조처를 긍정하면서도, 그 첫머리에 "漢闢賢良, 堯徵側陋, 庶見拔茅之彙, 方資刈楚之才, 故選彼鄕閭, 貢之天府."라는 古來의 향거 이념을 앞세워 두었다. "請依鄕擧, 謂充公途."라며 진사로 "鄕擧"된 것을 중시한 (4)답안도 "拔茅稱吉, 大『易』至言; 刈楚飛音, 詩人起詠. 進士以鋪翰振藻, 見擧於鄕閭; 文麗筆精, 尤光於省闈."로 시작해서 유사한 논조이다. 그리고 "以進〔士〕 · 秀〔才〕異名, 考試殊例" 하므로 향공진사들의 요구를 "乖疎"하다고 비난한 (5)답안의 서두 역시 "髦俊之侶, 鄕曲有聲, 閱五車之墳籍, 光三道之詞翰, 是得咸充歲賦, 各騁翹材."로서 지방에서 올라온 인재의 중요성을 특기하고 있다.

고 있었음을 뜻한다. 그렇다면 생도를 중시한 당조의 정책과 달리 향공의 실질적 위상도 제고되고, 이러한 응거 방법과의 친연성이 컸던 진사과 역시 마찬가지였을 수 있다. 물론 제도와 상반된 이와 같은 현상의 실현은 결코 쉽게 이루어질 리 없다. 제반 여건상 명경과 응시자나 급제자에 비하여 불리한 상황에서, 이를 극복하려는 당사자의 적극적인 노력이 없다면 불가능한 일인 것이다. 그러므로 진사과에 응시하고 또 급제한 사인들의 주체적 활동, 그 구체적인 양상에 더욱 주목하게 된다.

진사과와 문학작품을 매개로 한 교제·청탁

진사과 응시자나 급제자의 동태를 살펴보려 할 때, 이미 여러 번 인용했던 설등(薛登)의 상주문을 거듭 떠올리게 된다. 앞서는 이 글에서 수 양제가 "진사 등의 과목〔進士等科〕"을 만들었다는 주장과 "멱거(覓擧)" 곧 남이 자신을 알아주기를 스스로 구하는 사인들의 엽관(獵官) 풍조에 대한 비난에 주목하였다. 그리고 설등이 무측천 천수(690~692) 연간 당시 자발적 응거 허용으로 조장된 개인적인 교제·청탁 행위를 비판하려고 망국의 군주를 그 원흉으로 끌어들였을 뿐, 이 기록을 수대부터 진사과가 생겼다는 근거로 삼기 어려움을 강조했다. 그런데 이러한 사인들의 모습과 관련하여 특기된 상거 과목이 바로 진사과라면, 설등의 언설에서 이 점 역시 간과해서 안 된다.

사인들의 청탁 활동은 유력자를 사사롭게 찾아뵙는 데서 출발한다. 이러한 행위가 당전기의 문헌에서 주로 '간알(干謁)'이라고 표현되며, 거시아오인(葛曉音)은 이 문제를 잘 설명하고 있다. 즉 당초에 별로 흔치 않던 사인들의 간알이 고종 영휘(650~656) 말부터 증가하고, 예종 특히 현종 시기에는 이를 비굴한 것이 아니라 "공심(公心)"에 의한 "합리적 행위"로 당연시하는 사회적 분위기가 뚜렷해진다는 것이다. 또 이와 같은 변화의 계기를 무측천의 집권 뒤 "천사(薦士)"의 증가 그리고 개원 연간 관인선발 제도의 정비 이후 "천현(薦賢)"을 "지공(至公)"이라 여기는 인식의 확대에서 찾는다.[81]

그렇다면 이러한 사인들의 개인적 교류의 활성화는 과거제도의 전개 과정과 밀접한 관계를 지닌 듯하다. 전술했듯이 무측천이 황후로서 실질적인 권력을 행사한 현경(656~661) 연간에 제거와 분리된 상거가 독자성을 갖기 시작하였으며, 이 제도가 최종적으로 완비된 시기가 다름 아닌 현종 치세이기 때문이다. 실제로 설등의 글은 이와 같은 현상을 명확히 보여주는 증거이며, 거시아오인이 예시한 당전기 간알들의 주체도 대부분 과거의 응시자나 급제자이다. 따라서 이 제도의 정착과 더불어 점점 더 사적인 청탁이 늘어나고 또 당당해지는 경향이 감지된다.[82]

과거제도와 간알 풍조의 이처럼 긴밀한 상관성은 일견 의아스러울는지도 모르겠다. 하지만 "현능한 사람을 뽑아 쓰는 것"을 이상시한 전통적인 관인 선발 관념에 따르면,[83] 양자가 그렇게 모순되지 않는다. 오히려 시험에 의거한 평가와 직접 만남을 통한 사람됨의 파악은 상호 보완적일 수도 있다. 사실 추천을 중시한 기존의 찰거는 이와 같은 이념에 기반하고, 과거가 시험을 위주로 할지라도 이러한 전통과 완전히 절연(絶緣)되기 어렵다. 특히 새로운 관인선발제도가 갓 만들어진 이 시기라면 더욱 그

---

81 葛曉音, 「論初盛唐文人的干謁方式」, 『唐研究』 1, 1995
82 이를 단적으로 보여주는 것이 袁參이 재상 姚崇에게 보낸 서한이다. "今君坐青雲之中, 平衡天下, 天下之士, 皆欲附矣; 此亦君賣冰之秋, 而士買冰之際."라면서 마땅히 자신의 "成名" 곧 급제를 도와주어야 한다고 말하기 때문이다(『唐摭言』 권12, 「自負」, 137~139쪽). 姚崇이 梁國公이 된 시기를 생각할 때(『舊唐書』 권96, 「姚崇」, 3023쪽), 그를 梁公이라고 부른 이 글은 개원 초년에 쓴 것이다.
83 『通典』 권13, 「選擧 序」, 308쪽은 堯·舜 때부터 관인선발제도의 핵심을 "選賢任能"이라고 표현했다. 이것은 "大同"의 이상 구현에 "選賢與能"이 필요하다는 『禮記』의 주장과(『禮記正義』 권21, 「禮運」, 769쪽) 상통한다.

러하다.[84]

　아울러 이때 주의할 것은 당시 사인들의 교제·청탁 방법이다. 항안세(項安世, 1129~1208)에 따르면,

> 〔왕공(王公)·대인(大人) 집의〕 대문 100보(步) 앞에 이르기도 전에, 말에서 내려 예물과 명함을 받들고 두 번 절하여 〔왕공·대인 집의〕 접객(接客) 담당자 뵙기를 청해서 〔자신이〕 지은 글〔文〕을 바치니〔投〕, 이름하여 "지기를 구한다〔求知己〕"라고 한다. 이렇게 했으나 〔왕공·대인이 그를 불러 자신의 용건을〕 묻지 아니하면 다시 전과 같이 하는데, 〔재차 바친 글을〕 "온권(溫卷)"이라 일컫는다. 또 이렇게 해서도 묻지 아니하면, 예물을 들고 〔왕공·대인이 타고 가는〕 말 앞에서 "아무개가 높으신 분을 뵙고자 합니다"라며 스스로 소리쳐 알리는 자도 있었다.[85]

는 것이다.

　이 남송 시기의 기록은 이러한 풍조가 만연했던 당후기에 더욱 합당하고, 이를 곧 당전기의 상황으로 간주해도 좋을지 의문일 수도 있다. 하지만 천보7년(748)의 진사과 급제자 이서균(李栖筠)의 "십처투인구처위(十處投人九處違), 가향만리우공귀(家鄕萬里又空歸)"란[86] 시구를 보면, 그는 수험 과정에서 여러 사람들을 찾아다니며 "투〔문〕(投文)"했던 듯하다. 당시 과거를 앞둔 사인들의 간알은 보통 자신의 글을 바치는 행위가 수반되었던 것이다.[87] 그렇다면 이것이 설령 급제를 위한 사적인 청탁일지라도

84　당대에는 실제로 과거와 천거가 혼용되는 경우도 적지 않고, 그 속에서 干謁이 더욱 성행하였다. 王佺, 『唐代干謁與文學』(北京, 中華書局, 2011), 11~47쪽 참조.

85　『文獻通考』 권29, 「選擧考 擧士」, 836쪽. "〔江陵項氏曰: 風俗之弊, 至唐極矣. 王公大人巍然於上, 以先達自居, 不復求士. 天下之士, 什什伍伍, 戴破帽, 騎蹇驢,〕 未到門百步, 輒下馬奉幣刺, 再拜以謁於典客者, 投其所爲之文, 名之曰'求知己'. 如是而不問, 則再如前所爲者, 名之曰'溫卷'. 如是而又不問, 則有執贄於馬前自贊曰'某人上謁'者."

86　『全唐詩』 권215, 「投宋大夫」, 2246쪽.

87　개원13년 진사과에 급제한 祖詠의 "滄江一身客, 獻賦空十年 … 無媒旣不達, 予亦思歸

어디까지나 본인의 글로써 표현된 자신의 능력을 그 전제로 삼는다. 따라서 이러한 형태의 간알은 과거제도로 인해 증진된 필기시험의 중시 분위기와도 결코 무관하지 않다.

이와 같이 유력자에게 자작(自作) 시문(詩文)을 바쳐서 그들의 호평을 기대하는 행위는 '행권(行卷)'이라고 불리며, 기왕에 많은 연구자들이 다양한 관점에서 이 문제에 주목해 왔다.[88] 현종 연간의 진사과 응시자나 급제자의 동태를 살펴보려는 지금, 기존 연구를 바탕으로 두 가지 사실을 명확히 밝혀 둘 필요가 있다. 첫째, 행권과 진사과 사이의 특별히 밀접한 관계이다. 진사과에 응시하거나 급제한 자들이 행권을 적극적으로 이용한 반면 명경과의 경우 이와 거리가 멀었던 것이다. 이러한 양상은 문학작품을 매개로 하는 행권의 성격상 당연한 일이라고 하겠다.

둘째, 행권의 유행과 관련하여 현종 시기의 중요성이다. 사인들의 행권 풍조가 언제부터 성행했는지는 논란이 있고, 당후기에 이것이 더욱 일반화된 것은 사실이다. 그러나 앞서 천보1년 지공거 위척의 재량권을 설명할 때 잠깐 언급했던 바 성시 응시자들에게 "구문(舊文)"·"시필(詩筆)"

田."(『全唐詩』 권131, 「送丘爲下第」, 1337쪽)과 같은 詩句도 당시 과거 응시자들의 문학작품 증여 풍조를 잘 보여준다. 혹 이와 대동소이한 시의 작자를 嚴維라고도 하는데(같은 책, 권263, 「送丘爲下第歸蘇州」, 2923쪽), 그 역시 숙종 지덕2년의 진사과 급제자로 추정된다(『登科記考補正』, 394쪽).

88 行卷을 전론한 초창기 연구로서 V. Mair, "Scroll Presentation in the T'ang Dynasty", *Harvard Journal of Asiatic Studies* 38-1, 1978; 전게 程千帆의 『唐代進士行卷與文學』; 羅聯添, 「論唐人上書與行卷」(원간 1985), 『唐代文學論集』(臺北, 學生書局, 1989)이 있다. 그리고 당대 과거제도사의 대표적 연구서인 전게 傅璇琮, 『唐代科擧與文學』과 吳宗國, 『唐代科擧制度研究』도 각각 「進士行卷與納券」, 「請託行卷的盛行」이란 별도의 장을 마련해 이 문제를 상론하였다. 비교적 최근의 연구로는 문학사적 관점의 전게 王佺, 『唐代干謁與文學』과 金瀅坤, 『中國科擧制度通史: 隋唐五代卷』, 「常擧鄕貢」, 287~327쪽; 任占鵬·金瀅坤, 「唐代行卷過程研究: 行卷的創作和制作」, 『科擧學論叢』 2014-2; 金瀅坤·任占鵬, 「唐代行卷的儀禮與過程研究」, 『首都師範大學學報』 2017-6 이 주목된다. 行卷에 대한 아래의 개괄적 설명은 이러한 기존 연구들의 공통된 지적이므로 낱낱이 주기하지 않는다.

을 '성권(省卷)'이란 명목으로 미리 제출하게 한 조처는[89] 주목해야 마땅
하기 때문이다. 이것은 민간에서 벌써 이와 유사한 행권이 널리 행해지
고 있었음을 시사함과 동시에 결과적으로 사인들의 기존 관행도 더욱
확대시켰으리라고 짐작되는 것이다.

그러므로 현종 연간 진사과 응시자와 급제자들의 주체적인 활동 모습
을 고찰하는 데 행권을 이용한 교제나 청탁 행위만큼 좋은 소재가 없다.
그리고 이와 같은 시각에서 볼 때 주의를 끄는 것이 개원5년(717)의 진사
과 급제자인 왕영연(王冷然, 692~724)의 사례이다. 천보3년(744)에 편찬된
『국수집(國秀集)』에도 시(詩)가 채록될 만큼[90] 꽤 유명한 문사(文士)였던 그
는 어사(御史) 고창우(高昌宇, ?~?)와 재상 장열(張說, 667~730)에게 장문의 편
지를 썼는데,[91] 이 글들은 당시 진사과를 통해 관인이 되려던 사인들의
심태(心態)를 적나라하게 표현했기 때문이다.

이 편지들의 내용을 구체적으로 검토하기 전에, 먼저 왕영연이란 인
물 자체에 대하여 좀 더 살펴보자. 그의 글은 현재 10여 편밖에 전하지
않고,[92] 정사에도 독립된 열전이 없다. 하지만 당후기의 문헌들이 그의
문학적 재능을 높이 평가했을 뿐더러[93] 송·원 시기에 만든 『당시기사(唐

---

89 『冊府元龜』 권651, 「貢擧部 清正」, 7799쪽; 『舊唐書』 권92, 「韋陟」, 2958~2959쪽.
90 芮挺章, 『國秀集』(文淵閣四庫全書電子版) 권中, 13앞~뒤쪽.
91 『唐摭言』의 권2, 「恚恨」, 21~23쪽과 권6, 「公薦」, 64~68쪽에 실린 이 글들은 『文苑英
    華』에 없으나, 『全唐文』의 경우 각각 「與御史高昌宇書」(권294, 2983~2984쪽)와 「論
    薦書」(같은 권, 2980~2983쪽)라는 이름을 붙여 수록해 두었다. 아래에서 이 두 편지
    는 그 작성 시기에 따라 각각 '(1)서한'과 '(2)서한'으로 약칭하고 『唐摭言』의 쪽수만
    밝힌다.
92 『全唐詩』 권115, 1172~1174쪽에 4수의 시와 몇 개의 斷句가 있고, 『全唐文』 권294,
    2977~2984쪽에는 전술한 두 서한 이외에 6편의 賦와 3편의 判文이 나온다.
93 예컨대 문종·무종 시기 인물인 胡璩가 쓴 『譚賓錄』의(『新唐書』 권59, 「藝文」, 1542
    쪽) 권2, 9쪽에서 王丘가 선발한 뛰어난 인재들 중 하나로 王冷然을 꼽았고, 『唐會要』
    권75, 「選部 藻鑑」, 1607쪽에도 유사한 내용이 보인다. 단 그가 황제의 조칙인 "綸誥"
    를 관장했다는 이 책들의 기록은 사실과 어긋나며, 이는 당후기에 王冷然의 문학적

詩紀事)』(권20)·『당재자전(唐才子傳)』(권1)에도 입전(立傳)되었다. 이러한 기록들을 현존하는 그의 묘지와[94] 함께 대조해서 검증한다면 왕영연의 이력을 비교적 소상하게 알 수 있고, 두 편지의 작성 배경도 분명해지는 것이다.

왕영연은 태원(太原)을 본관으로 하는 명문 성씨의 일원으로서, 그의 조부와 부친도 현령(縣令)과 현주부(縣主簿)를 역임했다.[95] 따라서 그렇게 한미한 가문 출신자는 아닌 듯하지만, 고창우에게 보낸 (1)서한에서 형제들 모두 관직이 없어 "음료를 팔며〔賣漿〕" 가난하게 산다고 하였다.[96] 물론 이러한 그의 말에 약간의 과장도 있을 터이나 경제적으로 넉넉지 못했음은 사실일 것이다. 그럼에도 불구하고 어느 정도 문화적 기반을 가진 왕영연은 늦어도 선천2년·개원1년(713) 22세 즈음부터 지방 시험에 응시해서[97] 개원5년에는 진사과에 급제하였다.[98] 전술했듯이 이 시기의

명성이 매우 높았던 까닭에 생긴 과장으로 생각된다.

94 『唐代墓誌彙編』, 天寶002번. 이 묘지는 『千唐誌齋藏誌』, 796번에 그 拓本이 실려 있는데, 〈그림11〉이 그것이다.

95 『唐代墓誌彙編』, 天寶002번(〈그림11〉 참조).

96 『唐摭言』, 22쪽. "且僕家貧親老, 常少供養, 兄弟未有官資, 嗷嗷環堵, 菜色相看, 貧而賣漿."

97 王泠然이 과거에 응시하기 시작한 때는 논란의 여지가 있다. "卄則賓於王庭"이란 묘지의 기록에 따르면 20살이던 예종 경운2년(711)의 일인 듯하다. 그러나 (1)서한은 현종 "先天年中(712~713)"에 "擧選"(『唐摭言』, 22쪽)에 처음 참여했고, 여기에서 떨어진 후 3년가량의 시간이 걸려 개원4년에 비로소 省試 응시 자격을 얻었다고 한다(『唐摭言』, 22쪽. "某年來掌試, 仰取一名, 於是逡巡受命, 匍匐而歸, 一年在長安, 一年在洛下, 一年坐家園. 去年(개원4년:인용자)冬十月得送, 今年春三月及第"). 그렇다면 王泠然은 개원1년 곧 선천2년경 지방 시험에 응시했다고 생각된다. (2)서한의 "公(張說:인용자)再爲相, 僕方志學; 及僕預鄕學, 公在官於巴邱"(『唐摭言』, 64쪽)라는 그의 말도 이러한 판단을 뒷받침한다. 전게 陳祖言, 『張說年譜』, 33~40쪽에 의하면, 張說이 선천2년 7월에 두 번째로 入相했다가 그해 12월 相州刺史로 좌천되어 지방관으로 나갔던 것이다.

98 (2)서한에서 王泠然은 "長安令裴耀卿, 於開元五年掌天下擧, 擢僕高第. 以才相知"(『唐摭言』, 65쪽)했다고 명기하였다.

과거 합격자가 실직을 받으려면 이부과목선에 합격하거나 일정 기간을 기다려 전선에 참여해야만 하였고, 왕영연은 바로 이러한 상황에 있던 급제년 겨울에 (1)서한을 썼다.[99]

왕영연의 묘지는 마치 급제와 동시에 "동궁교서랑(東宮校書郞)"이 된 것처럼 적었으나, 기실 그는 4년 뒤에서야 "태자교서(太子校書)" 곧 사경국교서(司經局校書)로 입사하였다.[100] 그런데 진사과 합격자의 서계 규정에 따라 종9품하의 산관(散官) 곧 장사랑(將仕郞)이던[101] 그가 맡은 직사관(職事官)인 사경국교서는 정9품하에 해당해서 비교적 높은 편이므로, 입사할 때 어떤 이유로든 우대되었던 듯하다.[102] 따라서 왕연연은 계속 관계(官界)에서 승승장구하기를 기대했음 직하나, 이부의 정책이 자신의 꿈을 좌

---

99 (1)서한의 "今年春三月及第 … 今冬又屬停選"(『唐摭言』, 22쪽)이란 표현이 그 증거이다.

100 王泠然의 묘지에서 "以秀才擢第, 授東宮校書郞"이라고 한다. 그러나 "將仕郞守太子校書郞王泠然謹再拜上書"로 시작하는 (2)서한에서 "今尙書右丞王丘, 於開元九年掌天下選, 授僕清資, 以智見許."라고 하여(『唐摭言』, 64·65쪽), 급제년과 입사년은 확실히 다르다. 아울러 분명히 해둘 것은 그의 정확한 초임직이다. 『唐六典』에 따르면 당시 太子府에는 종9품하의 崇文館校書와 정9품하의 司經局校書란 두 개의 "校書"가 존재하는데(권26, 「太子三師三少詹事府左右春坊內官」, 665·666쪽), 王泠然의 관직은 후자로 판단된다. 行守法에 의거한 (2)서한 첫머리의 "將仕郞守太子校書(郞)"이라는 표현을 보면, 그의 직사관이 종9품하의 文散官인 將仕郞보다 품계가 높아야 하기 때문이다. 『唐令拾遺』의 「官品令」 제1조丙, 112·113쪽과 「選擧令」 제4조丙, 286쪽 참조.

101 앞서 누차 지적하였듯이, 진사과 급제자는 甲·乙로 나뉘는 합격 등급에 따라 從9品上(文林郞)과 從9品下(將仕郞)로 敍階되었다(『唐六典』 권2, 「尙書吏部」, 32쪽). 그런데 『冊府元龜』 권640, 「貢擧 條制」, 7674쪽; 『通典』 권15, 「選擧」, 357쪽에 의하면, 당시 진사과는 사실상 乙第만 있었다고 한다.

102 王泠然이 『唐六典』의 서계 원칙보다 높은 관직을 받은 까닭을 확언하기는 어렵다. 그가 이부과목선의 일종인 "〔書判〕拔萃科"의 합격자일 수 있지만(『登科記考補正』, 259쪽), 단지 이부전선에서의 "考判入等" 곧 일반적인 전선에서의 높은 성적 덕분일 가능성도 존재하기 때문이다(전게 王勳成, 『唐代銓選與文學』, 281쪽). 사실 이 시기 사료에서 양자의 명확한 구분이 어려운 경우가 많은데, 어느 시험에서든 王泠然이 좋은 평가를 받았음은 사실일 것이다.

〈 그림 11: 왕영연(王泠然)의 묘지 〉

부인과의 합장 때 만들어진 이 묘지는 "淸平(아버지 王義諟이 淸平縣의 主簿 역임:인용자)之仲子"
(제6행)로 태어난 왕영연의 삶을 간략히 기록하고 있다. 그런데 개원12년에 "享年卅有三"(제11행)으
로 죽을 때까지 그의 이력에서 "卄則賓於王庭, 以秀才擢第"(제7행) 사실이 강조된다. 하지만 왕영연
의 실제 행적은 『당척언』에 실린 본인의 편지 등으로 수정, 보완될 필요가 있다. 본서의 518~525쪽
과 408~410쪽 참조.

절시킬 듯하자 격분하였다.[103] 개원11년(723)경[104] 장열에게 보낸 (2)서한은 이로 인한 전도(前途)에 대한 불안감 속에서 쓴 글이다. 실제로 습유(拾遺)나 보궐(補闕)을 바랐던 왕영연에게 주어진 두 번째 관직은 우위위병조참군(右威衛兵曹參軍)이었고, 결국 이 자리에서 그는 33살의 젊은 나이로 죽고 말았다.[105]

왕영연의 이러한 행적은 현종 연간 진사과를 통해 관인이 되려던 사인들의 일반적 모습이라고 해도 좋다. 상당히 긴 수험 생활과 대선(待選) 기간이 그러하고, 별로 높지 않은 초임직에서도 자신의 문학적 소양에 힘입어 문한관(文翰官)으로서의 출세를 기대한 것 역시 마찬가지이다. 하지만 진사과 급제자들이 당면한 실제 현실은 녹록치 않았으며, 대부분 왕영연처럼 그 꿈을 이루지 못했다. 사실 당사자들은 이와 같은 어려운 상황을 누구보다 잘 알고 있었을 터이다. 왕영연이 급제 직후 전선을 기다리며 또 임관 뒤 승진을 걱정하며, 장문의 편지로써 도움을 요청한 까닭도 바로 이 때문이었다고 하겠다.

고창우에게 관직과 중매를 부탁한 (1)서한은 시(詩) 몇 수도 함께 보낸

103 (2)서한의 "今吏部侍郎楊滔, 眼不識字, 心不好賢, 蕪穢我淸司, 改張我舊貫, 去年冬請奏, '自今已後, 官無內外, 一例不得入畿.' 卽知正字、校書不如一鄕縣尉; 明經、進士不如三衛出身."(『唐摭言』, 68쪽)라는 말에서 보듯이, 王泠然은 자신과 같은 과거 급제자 특히 校書처럼 주요 文翰官에 대한 우대 관행을 없애려 한 吏部侍郎에 대하여 통렬히 비난하였다.
104 張說에게 편지를 쓴 시기는 (2)서한에 명기되어 있지 않으나, 岑仲勉, 『唐集質疑』, 『唐人行第錄(外三種)』(北京, 中華書局, 1962), 361쪽의 고증에 따른다. 楊滔의 吏部侍郎 재임 시기와 관련된 전게 嚴耕望, 『唐僕尙丞郎表』, 570~572쪽의 설명도 이와 같다.
105 『唐代墓誌彙編』, 天寶002번(〈그림11〉 참조). (2)서한의 "拾遺、補闕, 寧有種乎?"(『唐摭言』, 68쪽)란 말을 보면, 王泠然이 원한 관직은 자신의 문필 역량을 발휘할 수 있는 요직이었다. 정8품상인 右威衛兵曹參軍이 품계상 拾遺(종8품상)·補闕(종7품상)과 큰 차이가 없지만(『唐令拾遺』, 「官品令」 제1조丙, 111·109쪽), 그는 이 새 관직에 불만을 가졌을 법하다.

전형적인 행권이다. 그런데 부탁을 들어주지 않으면 "제 마음도 따로 작정한 바가 있습니다."는 왕영연의 말은 거의 협박 투라 특이하다. 이는 고창우가 그를 지방 시험에서 떨어뜨렸던 일과 무관하지 않을 듯하나, 여기에서 진사과 합격 직후 한껏 고양된 왕영연의 자신감도 느껴진다. "현재 저의 곤궁함은 당신의 예전과 같"고, 언젠가 "중앙 관청에서 어깨를 나란히 하"리라 믿으며, 자기와 고창우를 동격시했던 것이다. 그리고 "당신은 어사이신데 저는 사인(詞人)이라, 그대와 귀천의 차이가 크지만 문장(文章)의 도는 역시 같다고〔同聲〕 하겠습니다."는 구절을 보면, 이러한 생각의 근저에는 "문장의 도"를 서로 공유한다는 의식이 존재한다.[106] 왕영연은 진사과의 급제, 특히 문학적 소양에 대한 자부심에 바탕하여 이처럼 무례한 글을 쓸 수 있었던 것이다.

장열에게 보낸 (2)서한도 "구용(求用)"을 바라는 내용이나 "구문장(舊文章)"을 가지고 찾아뵙고자 한다는 말미의 서술은 행권의 특성을 잘 보여준다. 또 재상의 역할을 제대로 수행하지 않음을 비판하면서, 그 중요한 직분인 "진현(進賢)"을 강력히 요구한다는 점에서 왕영연의 적극적 태도가 분명히 드러난다. "습유나 보궐이 어찌 씨가 있겠습니까?"라며 자신이 바라는 관직을 대놓고 말하거나, 미리 장열의 아들에게 시를 주어 사전 작업까지 한 것도 마찬가지이다. 그런데 이와 같은 그의 적극성 또한 장열과 본인을 동질시(同質視)한 덕분이었다. "옛날 공께서 문장〔의 명

106 (1)서한의 내용에서 직접 인용한 부분을 중심으로 『唐摭言』의 원문을 밝히면 다음과 같다. "僕之怪君, 甚久矣. 不憶往日任宋城縣尉乎?(21쪽) … (고창우와의 관계, 省試 급제 후의 자부심)… 君須稍垂後恩, 雪僕前恥; 若不然, 僕之方寸別有所施. … 僕之 困窮, 如君之往昔; 君之未遇, 似僕之今朝. 因斯而言, 相去何遠? 君是御史, 僕是詞人, 雖貴賤之間, 與君隔闊, 而文章之道, 亦謂同聲.(22쪽) … (자신의 곤궁한 상황과 구체적 요구)… 使僕一朝出其不意., 與君並肩臺閣, 側眼相視, 公始悔而謝僕, 僕安能有色於君乎? … 幷詩若干首, 別來三日, 莫作舊眼相看. 山東布衣, 不識忌諱, 泠然頓首.(23쪽)"

성]이 있을 때 어찌 문장[을 알아주는] 사람이 보기를 바라지 않으셨겠습니까? … 뒤따르는 사인들 가운데 [당신과 같은] 사람이 없다고 말씀하지 마십시오."라고 한 다음, 바로 자신을 그러한 인물이라고 주장하기 때문이다.[107]

그러므로 왕영연의 두 편지는 문학적 소양에 대한 자긍심의 발로라 해도 좋고, 당시 진사과 응시자나 급제자들의 간알 행위 또한 기본적으로 이와 다르지 않았을 터이다. 현종 연간 관직을 둘러싼 경쟁 격화와 문학을 존숭하는 사회 풍조 속에서, 이것이 진사과를 지향하던 문사(文士)들에게 무엇보다 적합한 방법이었기 때문이다. 단, 왕영연의

> 제가 감히 생각하건대 오늘날 발탁되는 자들은 혈연[親]에 의지하지 않으면 권세[勢]에 의지하고, 뇌물[賄]에 의지하지 않으면 교분[交]에 의지합니다. … [따라서 의지할 데가 없어] 발탁되지 못한 자들은 소개해 주는 사람[媒]이나 도와주는 무리[黨]가 없어서 행실과 재능을 갖추고도 낮은 지위, 비루한 자리에 머무르며 숨죽이고 있으니, [이런 이들을] 어찌 다 헤아일 수 있겠습니까!"[108]

---

107 (2)서한의 내용에서 직접 인용한 부분을 중심으로 『唐摭言』의 원문을 밝히면 다음과 같다. "將仕郎守太子校書郎王泠然謹再拜上書相國燕公閣下: …(오래도록 멀리서 흠모할 수밖에 없던 상황)… 昔者, 公之有文章時, 豈不欲文章者見之乎? 公未富貴時, 豈不欲富貴者用之乎?(64쪽) 今公貴稱當朝, 文稱命代, 見天下未富貴有文章之士, 不知公何以用之? … 後進之士, 公勿謂無其人. 何者? …(진사과에 급제하고 전선에서 발탁된 자신에 대한 소개)… 是僕亦有文章, 思公見也; 亦未富貴, 思公用也. 此非自媒自衒, 恐不道不知.(65쪽) …(재상으로서 제 역할을 못하는 장열과 최근 이부시랑의 조처에 대한 비판, "報國之重, 莫若進賢"(67쪽) 강조)… 去冬有詩贈公愛子協律, 其詩有句云: '官微思倚玉, 文淺怯投珠.' 『呂氏春秋』云: '嘗一臠之肉, 知一鼎之味.' 請公且看此十字, 則知僕曾吟五言, 則亦更有舊文, 願呈作者. 如公之用人, 蓋已多矣; 僕之思用, 其來久矣. 拾遺、補闕, 寧有種乎? 僕雖不佞, 亦相公一株桃李也. 此書上論不雨, 陰陽乖度; 中願相公進賢爲務; 下論僕身求用之路. 事繁而言不典, 理切而語多忤. 其善也, 必爲執事所哂; 其惡也, 必爲執事所怒. 儻哂旣罷, 怒方解, 則僕當持舊文章而再拜來也.(68쪽)"

는 한탄에서 보듯이, 스스로 의탁할 곳 없이 불우하다고 여긴 사인들이라
면 더욱 다급한 심정이었을 것이다. 자신의 바람을 명료하게 밝힌 그의
글은 이러한 마음의 표현이라고 하겠다.

물론 그의 두 편지가 얼마나 왕영연의 경력에 실질적 도움을 주었는
지 불분명하고, 그의 편지처럼 노골적인 청탁은 누가 보아도 곱지 않다.
기실 이 글들을 후세에 전한 『당척언』마저 "자신의 의기(意氣)를 지나치게
믿는다.〔負氣〕"거나 "홍유(鴻儒)는〔이렇게〕 하지 않는다"면서 왕영연을 비
판하였다.[109] 이러한 행태는 염치를 중시한 전통적인 도덕규범으로는 용
납하기 힘든 것이다. 따라서 왕영연과 같은 사인들이 "시재부탄(恃才浮誕)"
하다고 평가되었고,[110] 진사과 응시자·급제자들의 가볍고 허황된 행동
이 자주 비난 받았던[111] 까닭도 바로 이 때문이라고 생각된다.

---

108 王泠然은 (2)서한에서 "僕竊謂今之得擧者, 不以親, 則以勢; 不以賄, 則以交. … 其不
　　 得擧者, 無媒無黨, 有行有才, 處卑位之間, 仄陋之下, 呑聲飮氣, 何足算哉!"(『唐摭言』,
　　 67쪽)라고 당시 현실을 개탄한다.

109 『唐摭言』은 (1)·(2)서한에 대하여 "王泠然之負氣, 推命何疎"(권2, 「恚恨」, 23쪽),
　　 "〔王〕泠然所尙, 鴻儒不爲"(권6, 「公薦」, 72쪽)란 論贊을 달아 두었다.

110 宋代 曾慥의 『類說』(文淵閣四庫全書電子版)은 鄭處誨가 선종 대중9년(855)에 쓴 『明
　　 皇雜錄』(陳振孫, 『直齋書錄解題』, 上海, 上海古籍出版社, 1987의 권5, 「雜史類」, 144
　　 쪽)을 인용하여 "天寶中, 劉希夷、王昌齡、祖詠、張若虛、孟浩然、常建、李白、杜
　　 甫, 雖有文名, 俱流落不偶, 恃才浮誕而然也."(권16, 13뒤쪽)라고 한다. 현존 『明皇雜
　　 錄』에는 이 문장이 보이지 않으나, 본서가 사용한 中華書局本의 경우 64쪽에 이를
　　 輯佚해 두었다. 그런데 이와 흡사한 『明皇雜錄』의 인용문이 송대에 計有功이 편찬한
　　 『唐詩紀事』에도 실려 있는데, 여기에는 劉希夷와 王昌齡 사이에 王泠然이 들어가
　　 있다(王仲鏞 교전, 『唐詩紀事校箋』, 北京, 中華書局, 2007의 권25, 「劉眘虛」, 827쪽).
　　 다만 이 글은 "皆流落不偶"로 끝나고 그 아래 구절이 빠졌다. 따라서 9세기 중엽
　　 『明皇雜錄』의 실제 내용은 의문을 남기지만, 『類說』과 『唐詩紀事』에 열거된 이들
　　 모두 진사과 급제자거나 유명한 文士로서 王泠然과 비슷한 유형의 인물임은 부정할
　　 수 없다. 이러한 성격의 사인들이 당시 "자신의 재주를 믿고, 가볍고 허황하게 군다〔恃
　　 才浮誕〕"고 폄훼되기 쉬웠던 것이다.

111 이러한 현상은 목종 장경1년(821) 4월의 "國家設文學之科, 本求實才, 苟容僥倖, 則異
　　 至公. 訪聞近日浮薄之徒, 扇爲朋黨, 謂之關節, 干擾主司, 每歲策名, 無不先定. 永言
　　 敗俗, 深用興懷."(『冊府元龜』 권640, 「貢擧部 條制」, 7680~7681쪽)란 조칙에서 보듯

　　그러나 자신의 문장력밖에 믿을 것이 없는 사인의 입장에서는 설령 경박해 보일지라도 이러한 행동이 불가피하였다. 고적(高適, 704~765)이 개원11년 전후 경조(京兆)에서 쓴 "유재불긍학간알(有才不肯學干謁), 하용년년공독서(何用年年空讀書)"란 시구에서 드러나듯이,[112] "독서"를 통해 관인이 되려던 사인들에게 문학작품을 이용한 행권 형태의 "간알"이 무척 요긴했던 것이다. 따라서 행권은 전술하였던 바 사인들의 개인적 교류에 관대하던 현종 시기의 사회적 분위기와 서로 상승 작용을 일으키며 널리 확산되어 갔다. 그런데 여기에서 아울러 간과할 수 없는 것은 당시 사인들의 "구지기(求知己)" 행위가 주로 "열 명씩 다섯 명씩" 함께 행하여졌다는 기록이다.[113] 기실 이러한 집단적 활동은 청탁의 효율성을 높일 수 있을 뿐더러, 이것이 산거(山居) 생활이나 학습 편의를 위해 몇몇이 모여 공부하는 경향이 있던 진사과 응시자들에게[114] 별로 어려운 일도 아니었다. 진사과 응시자와 급제자의 동태와 관련하여 그 집단화 양상에 특히 주목하는 까닭은 여기에 있다.

이 당후기에 더욱 극심하였다. 그러나 전술한 것처럼 현종 시기에도 벌써 "朋黨"이 성행했을 뿐더러 浮薄한 행태가 문제시된 진사과 급제자들이 적지 않았다. 예를 들어, "不護細行"(『舊唐書』 권190下, 「文苑 王昌齡」, 5050쪽)한 王昌齡과 "不遵名教"(范攄, 『雲谿友議』, 臺北, 世界書局, 1959의 권中, 「李右座」, 34쪽)한 蕭穎士는 각각 개원15년과 23년에 진사과에 합격하였다.

112　高適, 孫欽善 교주, 『高適集校注』(上海, 上海古籍出版社, 1984), 「行路難二首」, 2쪽. 이 시의 창작 시기와 장소는 劉開揚, 『高適詩集編年箋註』(北京, 中華書局, 1981), 1~2쪽의 설명 참조.

113　앞서 인용했던 項安世의 글 앞에 "天下之士, 什什伍伍, 戴破帽, 騎蹇驢,"(『文獻通考』 권29, 「選擧考 擧士」, 836쪽)라는 말이 나온다.

114　전게 嚴耕望, 「唐人習業山林寺院之風尙」, 415~417쪽. 이에 따르면 당시 수험생 집단의 구성원은 보통 5명 미만이고, 10여 명 이상인 경우는 드물었다.

진사과를 매개로 한 사인들의 집단성 강화

진사과 급제자들의 집단행동은 일찍부터 확인된다. 제2부에서 상술했듯이, 중종 신룡(705~707) 연간에 『진사등과기』가 만들어졌고 자은사(慈恩寺)에서의 제명(題名)이나 곡강연(曲江宴)·행원연(杏園宴)의 기원도 이때부터 찾아지기 때문이다. 그리고 명경과에서 보이지 않는 이러한 현상은 이들의 동류의식이 유달리 강했음을 뜻하며, 이것이 당시 진사과 합격자들의 상대적으로 낮은 위상에 따른 박탈감과 무관하지 않을 가능성도 지적하였다. 현종 시기 진사과 응시자들의 문학작품을 이용한 청탁 행위의 증가 양상 또한 이와 비슷한 맥락에서 이해할 수 있을 듯한데, 그 결과 진사과 응시자와 급제자들 간의 사적인 유대감도 더욱 커졌으리라고 짐작된다.

실제로 곡강연이 개원 말에 가서야 성행했고,[115] 진사과 급제자들의 성시 주관자에 대한 집단적인 '사은(謝恩)' 의례 또한 개원25년 예부시의 실시 이후에 비로소 생겨났다고 여겨진다.[116] 아울러 여기에서 분명히 해 둘 사실이 있다. 당후기에 극성한 이와 같은 연회나 의례들 모두 조정이 주관하지 않았다는 점이 그것이다.[117] 등과기의 편찬 역시 마찬가지로서, 당조가 공식적으로 만든 이러한 유형의 책은 선종 대중10년(856)

---

115 『唐摭言』 권3, 「慈恩寺題名遊賞賦詠雜紀」의 29쪽에서 "曲江遊賞, 雖云自神龍以來, 然盛於開元之末."이라고 한다.

116 전게 金滢坤, 『中國科擧制度通史: 隋唐五代卷』, 「常擧省試」, 372~373쪽.

117 당대 진사과 급제자들의 연회에서 중요한 역할을 했던 '進士團'이 "長安遊手之民, 自相鳩集."(『唐摭言』 권3, 「散序」, 24쪽)한 영리조직이었음이 이를 명증한다. 荒木敏一, 「北宋時代に於ける瓊林宴」(1)·(2), 『京都敎育大學紀要』 45·47, 1974·1975가 잘 지적했듯이, 이러한 연회들을 조정이 주도하던 송대와 확실히 달랐던 것이다. 당대 진사과 급제자들의 의례와 연회에 대한 보다 자세한 설명은 전게 金滢坤, 『中國科擧制度通史: 隋唐五代卷』, 「常擧省試」, 371~401쪽과 전게 O. Moore, *Rituals of Recruitment in Tang China*, 181~280쪽 참조.

에 이르러 처음 나타난다.[118] 그러므로 진사과를 중심으로 한 사인들의 주체적인 집단화가 현종 시기에 한층 뚜렷해졌고, 그 근저에 자신들의 문학적 소양을 자부하던 이들의 동류의식과 유대감이 존재하였을 듯한 것이다.

전술한 왕영연의 두 편지는 좋은 실례이다. 그가 고창우나 장열에게 적극적으로 도움을 요청할 수 있었던 까닭은 바로 "문장(文章)"을 매개로 한 동질감 덕분이었기 때문이다.[119] 문학적 소양을 중시하던 당시 사회적 분위기에서 문필 역량의 강조는 일면 당연해 보이지만, 진사과를 지향하던 사인들의 경우 이 문제에 자신감이 있었고 또 그것을 내세우는 경향이 두드러진 것이다. 기실 이와 같은 사례는 현종 시기에 흔히 발견되는데, 개원22년 진사과에 합격한 치순(郗純, ?~?)이

이옹(李邕)과 장구령(張九齡)〔과 같은 문장의 대가들〕에게 인정받았는데 특히 사학(詞學)으로써 추천되었다. 안진경(顏眞卿), 소영사(蕭穎士), 이화(李華)와 함께 모두 서로 친하여 진사과에 응시하고, 이어서 서판(書判)과 제책(制策)까지 세 차례 좋은 성적으로 합격하였다. … 〔아들 치사미(郗士美)도〕 일찍이 아버지의 친구 안진경·소영사 무리들과 경전(經傳)을 토론했을 때 잘 응대하였다.[120]

---

118 선종 대중10년에 『諸家科目記』를 官撰하였는데(『唐會要』 권76, 「緣擧雜錄」, 1640~1641쪽), 『東觀奏記』 권上, 94~95쪽에서 보듯이 그 이전의 유사한 책은 모두 "私家記錄"이었다.

119 王泠然은 (1)서한에서 "僕是詞人, 雖貴賤之間, 與君隔闊, 而文章之道, 亦謂同聲."(『唐摭言』, 22쪽), (2)서한에서 "公一登甲科, 三至宰相, 是因文章之得 … 僕亦有文章, 思公見也."(같은 책, 65쪽)라고 하여, 현격한 지위 차이에도 불구하고 "文章"에서의 공통점을 강조하였다.

120 『舊唐書』 권157, 「郗士美」, 4145~4146쪽. "〔郗純〕爲李邕、張九齡等知遇, 尤以詞學見推. 與顏眞卿、蕭穎士、李華皆相友善, 擧進士, 繼以書判、制策, 三中高第. … 〔郗士美少好學, 善記覽,〕父友顏眞卿、蕭穎士輩嘗與之討論經傳, 應對如流."

는 『구당서』의 기록이 단적인 예이다. "사학(詞學)"에 뛰어났던 치순은 저명한 문필가들과 교류함과 동시에 비슷한 성격의 진사과 응시자들과[121] 개인적으로 친밀한 관계를 맺었던 것이다.

이러한 양상은 후대 문헌만이 아니라 현종 당시의 석물(石物)에서도 확인된다. 예컨대, 천보7년에 제작된 이거(李琚) 묘지는 그 서(序)와 명사(銘辭)를 "동년(同年)"이던 장계(張階, ?~?)와 한액(韓液, ?~?)이 적었다.[122] 다시 말해, 이거가 죽을 때까지 같은 해의 진사과 급제자들끼리 긴밀하게 교유하고 있었던 것이다.[123] 게다가 이 묘지의 서(序)에서 개원22년 자신들을 뽑아준 손적(孫逖, 696~761)을 "천하사백(天下詞伯)"이라고 부르며 칭송했는데, 그 역시 진사과 합격자였다.[124] 이 시기에 진사과가 사인들의 인적 교류에서 중요한 연결 고리였고, 특히 같은 해에 급제하거나 시험관

---

121 위의 인용문에 나오는 張九齡, 郗純·顔眞卿·蕭穎士·李華는 각각 長安2년, 개원22년, 개원23년의 진사과 급제자이다.

122 『唐代墓誌彙編』, 天寶124번.

123 『唐國史補』 권下, 55쪽; 『唐摭言』 권1, 「述進士下篇」, 4쪽에서도 "俱捷謂之'同年'"이라 하고, 이 말의 기원과 그 의미에 대해서는 『日知錄集釋』 권17, 「同年」, 409~410쪽; 趙翼, 『陔餘叢考』(上海, 上海世紀出版股份有限公司·上海古籍出版社, 2011) 권29, 「同年」, 553~554쪽에 잘 설명되어 있다. 그런데 『陔餘叢考』는 『新唐書』의 "進士、明經歲大抵百人, 吏部得官歲至千人, 私謂同年, 本非親與舊也."(권162, 許季同傳, 5001쪽)란 李絳의 이야기를 이유로 진사과만이 아니라 명경과, 이부전선에도 이러한 말이 사용되었으리라고 보았다. 하지만 이 『新唐書』 기록의 근거가 된 듯한 『李相國論事集』(文淵閣四庫全書電子版) 권5, 「論元義方事」, 9뒤쪽의 "明經、進士及第一百餘人同年, 每年春吏部得官一千五百人亦是同年. 言是事(자신과 진사과 同年 許季同의 私親 사실:인용자)者, 知陛下不親小事, 敢以諷上."이란 글을 보면, 이것은 李絳이 황제에게 자신이 진사과 同年과 맺고 있던 유대 관계를 변명하고 있다는 인상을 준다. 이 『李相國論事集』을 편찬한 蔣偕가 同年 관계를 중시한 牛黨의 구성원임을(전게 陳寅恪, 『唐代政治史述論稿』, 81쪽) 생각할 때 더욱 그러하다. 따라서 여타 과목도 동시에 합격한 이들끼리 설령 이렇게 서로 불렀을지라도, 이 同年을 진사과의 경우와 동일시하기는 어려울 듯하다. 즉 같은 해의 진사과 급제자들 사이에는 이들 특유의 집단성에 기반하여 유난히 긴밀한 유대감을 가졌다고 생각되는 것이다.

124 『登科記考補正』, 203쪽은 孫逖을 개원2년의 진사과 합격자로 본다.

과 응시자로서 만난 경우 그 관계가 더욱 밀접하였음에 틀림없다.

사실 과거의 주무 관인과 급제자 곧 좌주(座主)와 문생(門生) 사이의 각별히 돈독한 유대는 과거제도의 시행 과정에서 생긴 흥미로운 현상으로[125] 관련 연구들이 많다. 이에 따르면 양자의 특별한 관계가 확고해진 것은 덕종(재위 779~805) 연간의 일이지만, 그 기원은 현종 시기부터 확인된다.[126] 예전에 거의 보이지 않던 '좌주'란 표현의 등장도 주요한 증거이다. 물론 이 말은 글자 그대로 볼 때 어떤 목적을 위해 만든 '자리의 주관자'처럼 여겨지며, 개원7년(719)의 황태자 치주례(齒冑禮) 참여자들에게 내린 반사(頒賜) 조서가 분명히 "등좌설경(登座說經)"한 저무량(褚无量, 646~720)을 이렇게 불렀다.[127]

그러나 간과할 수 없는 점은 위의 조서가 "거현(擧賢)"·"공사(貢士)"의 중요성을 강조하면서 반사 대상에 생도와 향공을 포함시켰고, 이 치주례 직전에 성시 응시자들의 '알선사(謁先師)' 의례가 국자감에서 열렸다.[128] 따라서 이 좌주란 말이 과거를 염두에 둔 교육과 무관하지 않으며, 필기 자료에는 개원4~5년경 전선에 참여한 이들이 그 주관자를 이렇게 일컬

---

125 『日知錄集釋』 권17, 「座主門生」, 407~409쪽.

126 당대의 座主·門生 문제는 전게 吳宗國, 『唐代科擧制度研究』, 「座主門生關係的形成」, 190~200쪽과 전게 金瀅坤, 『中晚唐五代科擧與社會變遷』, 110~125쪽에 잘 정리되어 있고, 아래의 관련 서술도 이 글들에 많이 의지하였다.

127 『唐大詔令集』 권29, 「皇太子詣太學詔」, 108쪽은 "儒道爲百王之政, 元良乃萬國之貞. 屬大學擧賢, 賓庭貢士, 當其謁講, 故行齒奠. … 座主加二等, 〔國子監〕學生賜物三疋, 得擧者及諸方貢人各賜五疋."이라고 한다. 그런데 이 일에 관한 "〔開元〕七年, 詔太子就國子監行齒冑之禮, 〔褚〕无量登座說經, 百僚集觀, 禮畢, 賞賜甚厚."(『舊唐書』 권102, 「褚无量」, 3167쪽. 『冊府元龜』 권601, 「學校部 恩獎」, 7222쪽 참조)란 기록을 보면, 이 조서의 "座主"는 곧 "登座說經"한 褚无量이다.

128 『冊府元龜』 권260, 「儲宮部 齒冑」, 3092쪽과 『唐會要』 권35, 「釋奠」, 749~750쪽에 의하면, 개원7년 "貢擧人"의 "謁先師" 후 곧바로 齒冑禮가 거행되었다. 혹 『舊唐書』 권8, 「玄宗」, 180쪽의 기록처럼 이 두 의례의 선후를 바꾸어 적은 기록도 있지만, 설령 그렇더라도 양자의 상관성 나아가 과거제도와의 연계는 명백한 사실이다.

었다고도 한다.[129] 그렇다면 이 단어가 현종 시기에 교육이나 평가의 임시 책임자를 가리켰고, 이후 성시의 주무 관인을 뜻하는 말로 자연스레 바뀌어 갔던 듯하다. 앞서 천보2~5년의 지공거였던 달해순(達奚珣)과 관련해서 잠깐 언급했듯이, 그를 "좌주"라고 지칭한 글이 존재하는 것이다.[130] 그리고 대종(재위 762~779) 때까지는 후대와 달리 성시에서 낙방한 이들조차 그 책임자를 이렇게 불렀다.[131] 여기에서 당시 좌주라는 말의 범용성(汎用性), 혹은 급제 여부를 떠나 시험관과의 관계를 중시하던 성시 응시자들의 적극적 태도를 엿볼 수 있다.

한편 '문생'이란 어휘는 한대 이래 다양하게 쓰여 왔다. 본래 누군가의 문하(門下)에서 배웠거나 배우는 학생을 가리켰던 이 말은 더러 권세가의 잡일을 하는 사람을 뜻하기도 했던 것이다.[132] 이러한 의미의 확대는 문생과 그 연관자 사이의 특수한 관계에 기인할 터이며, 특히 남북조 시기 찰거제의 발전과 함께 관인으로 천거된 이가 그 추천자의 '문생고리(門生故吏)'로서 상호 강고한 "사적(私的) 결합체"를 형성해 갔음이 중요하다.[133]

---

129 『朝野僉載』 권4, 90쪽에 姜晦가 吏部侍郞일 때 "選人"들이 그를 "座主"로 불렀다는 기록이 있다. 전게 嚴耕望, 『唐僕尙丞郞表』, 114쪽에 따르면, 姜晦는 개원4년부터 개원5년 7월까지 이부시랑이었다.

130 『唐摭言』 권11, 「怨怒」, 127쪽에 실린 張楚의 편지에서 "考進士文策"한 達奚珣을 "座主"라고 했음을 전술하였다. 물론 張楚는 達奚珣이 뽑은 급제자가 아니라 그를 도운 시험관들 중 한 명이었으므로, 이 글의 좌주는 후대의 일반적인 용법과 다르다. 하지만 이것은 지공거를 좌주로 일컬은 첫 사례로서 주목된다. 達奚珣이 中書舍人이나 禮部侍郞으로서 과거를 주관한 것은 천보2~5년이고(『登科記考補正』, 350~356쪽), "與達奚侍郞"이란 張楚의 편지 서두를 볼 때 이 글은 늦어도 達奚珣이 吏部侍郞이던 천보 5~7년경(전게 嚴耕望, 『唐僕尙丞郞表』, 126~127쪽) 이전에 쓰였다.

131 閻濟美는 大曆9년의 진사과 급제자로 추정되고(『登科記考補正』, 446~447쪽), 그에게 「下第獻座主張謂」라는 시가 있다(『全唐詩』 권281, 3197쪽). 『太平廣記』 권179, 「貢擧 閻濟美」, 1335~1336쪽에 채록된 『乾𦠀子』와 『唐詩紀事校箋』 권36, 「閻濟美」, 1243~1244쪽에 전하는 이 시의 작성 배경은 상이하나, 이것이 낙방한 뒤의 작품임은 의문의 여지가 없다.

132 『日知錄集釋』, 권24, 「門生」, 572~573쪽.

그런데 현종 시기에는 이와 전혀 다른 용례가 출현한다. 전술한 왕영연의 개원5년 편지를 보면, 지방시험의 응시자를 그 시험관의 "문생고인(門生故人)"으로 표현했기 때문이다.[134] 사적인 관계로부터 발원한 '문생' 개념이 과거제도 안으로 들어오기 시작하는 것이다.

통일제국의 성립 이후 관학의 학생을 지칭하는 '문생'이란 말의 등장도[135] 유사한 현상일 수 있다. 이 또한 국가에 의하여 제도화된 학관(學官)과 학생의 관계를 마치 사적인 것처럼 인식한 결과로 여겨지기 때문이다. 개원6년에 국자박사였던 윤지장(尹知章, 669경~718)이 죽자 "문인(門人) 손계량(孫季良) 등"은 국자감 곁에 그의 송덕비를 세웠는데, 이것이 양자의 돈독해진 관계를 드러내는 듯하다.[136] 기실 당조가 관학을 관인 선발의 주요 내원으로 삼으면 삼을수록, 이 안에서 과거 공부를 하던 학생들 개개인에게 학관의 역할과 의미도 커져 갔을 터이다. 이처럼 현종 시기에는 과거제도의 확고한 정착과 더불어 교육과 시험의 장(場)에서 변용되거나 새롭게 생겨난 인간관계가 중요해지고 있었다.

---

133 이와 같은 현상은 전게 川勝義雄, 「門生故吏關係」가 잘 설명하고 있다.

134 (1)서한에서 "近者, 〔高昌宇〕伏承「皇皇者華」, 出使江外, 路次於宋, 依然舊遊, 門生故人, 動有十輩, 蒙問及者衆矣."(『唐摭言』, 22쪽)라고 한다. 高昌宇가 옛날 宋城縣尉로서 그 지방시험을 주관했던 곳에 들러 舊緣을 되새겼고, 여기에서 "門生故人"은 곧 당시 응시자들이었다고 생각된다. 그렇다면 당시 과거의 첫 단계 시험의 주관자와 수험생들 간에 특별한 관계가 있다고 여겨졌으며, 王泠然이 高昌宇를 청탁 대상으로 삼은 까닭도 바로 이러한 사회적 통념 때문이었을 것이다.

135 예컨대, 『隋書』 권77, 「隱逸 張文詡」, 1760쪽에서 "高祖引致天下名儒碩學之士, 其房暉遠、張仲讓、孔籠之徒, 並延之於博士之位. 〔張〕文詡時遊太學, 〔房〕暉遠等莫不推伏之, 學內翕然, 咸共宗仰. 其門生多詣〔張〕文詡, 請質凝滯, 〔張〕文詡輒博引證據, 辨說無窮, 唯其所擇."이라고 한다. 여기에서 "門生"은 분명히 중앙관학의 학생이고, 적어도 『隋書』가 편찬된 당초에 이러한 "門生" 용법이 존재하였다.

136 『舊唐書』 권189下, 「儒學 尹知章」, 4974~4975쪽. 尹知章은 재직 중에도 따로 "講授"했다고 하므로, "門人"들이 혹 사적으로 배운 학생들일는지도 모른다. 그러나 "東都國子監之門外"라는 송덕비의 위치를 볼 때, 그들 사이의 관계가 국자감을 통해 맺어졌을 가능성이 훨씬 클 듯하다.

그 전형적인 예가 바로 좌주와 문생 간의 각별한 유대인데, 이러한 관계의 원형을 보여주는 현종 연간의 실례로 곧잘 인용되는 것이 안진경 (709~784)의 글이다. 개원22년의 진사과 급제자인 그는 자신을 뽑아준 손 적의 문집 서문에서

> 〔손〕공(孫公)께서는 평소 뛰어난 감식력을 가지셔서 〔개원22년〕 고공〔원 외랑으로서 성시의 책임〕을 맡았을 때 진사〔과 급제자〕를 정확히 가려내셨 습니다. 요직에서 세력을 떨치던 자들도 〔당신을〕 핍박하지 못해 〔손공 이〕 칭찬하시며 뽑은 27명은 … (박학굉사과에 합격하거나 중요한 관직에 오른 유능하고 저명한 인물이 많음을 지적) … 이듬해 과거를 책임지셨을 때도 역 시 이와 같았습니다. 그러므로 과거를 이야기하는 자들은 반드시 손공 을 칭송합니다. 진실로 "인문(人文)의 종사(宗師)"이고 "국풍(國風)의 철 장(哲匠)"이시라고 하겠습니다.[137]

라며 극찬했기 때문이다. 앞서 이거 묘지의 서(序)에서 본 바 장계의 손적 에 대한 높은 평가도 문생과 좌주의 각별한 관계를 암시해서 이와 비슷 하나, 안진경의 글은 같이 급제한 문생들을 통틀어 거론함으로써 집단적 인 유대감을 더욱 분명히 드러내는 것이다.

그런데 주의해야 할 사실은 여기에서 언급된 과거 과목이 진사과뿐이 고, 개원22년의 급제자 수 "27명"도 문맥상 진사과에 국한된다는 점이 다.[138] 다시 말해 안진경은 고공원외랑 관할 하의 다른 상거 과목들을

---

137 『顔魯公文集』 권12, 「尙書刑部侍郞贈尙書右僕射孫逖文公集序」, 66쪽. "公文雅有淸 鑒, 典考功時, 精覈進士, 雖權要不能逼. 所獎擢者, 二十七人, 數年間宏詞、判等入甲 者一十六人, 授校書者九人, 其餘咸著名當世, 已而多至顯官. 明年典擧, 亦如之. 故言 第者, 必稱孫公而已. 夫然, 信可謂'人文之宗師'、'國風之哲匠'者矣."
138 顔眞卿 글의 "27명"이란 숫자는 이해에 "進士二十九人, 諸科九人"(『文獻通考』 권29, 「選擧考 擧士」, 851쪽)이란 '唐登科記總目'의 기록과 다르다. 그러나 『登科記考補正』, 313쪽은 '唐登科記總目'의 오기라고 보았으며, 적어도 이 "27명" 가운데 명경과를 비롯 한 여타 과목 급제자가 포함되지 않음은 확실하다.

배제한 반면 진사과 합격자는 전체적으로 동일시한 것이다. 그렇다면 이 시기의 좌주-문생 관계는 오로지 진사과만의 문제이며, 그 바탕에 명경과를 비롯한 여타 과목에 대한 배타적 인식이 존재한다고 판단된다. 개원23년 진사과에 합격한 이화(715~766)가 함께 급제한 양증(楊拯, ?~?)의 문집 서문을 쓸 때도 마찬가지이다. 그가 호명한 개원22·23년의 과거 합격자 16명(양증, 이화 포함) 모두 진사과 급제자이고, 명경과 합격자는 무시되었기 때문이다.[139]

혹 이것은 문집의 서문이라는 특수한 조건 탓이라고 할는지 모르겠다. 하지만 당후기의 좌주-문생 기록도 기본적으로 진사과와 관련될 뿐이고, 다른 상거 과목의 급제자는 지공거와 이처럼 특별한 관계를 갖지 않았다.[140] 시험관과 급제자 사이의 돈독한 유대감으로 대표되는, 과거 제도에 기인한 새로운 관계는 진사과 특유의 문제였던 것이다. 사실 이러한 양상은 전술한 바 그 응시자들이 자신들의 문장력을 자부하며 적극적으로 교제·청탁하던 행태와 일맥상통하고, 공통의 시대적 배경이 있다고 생각된다. 문학적 소양을 중시하는 사인들의 분위기에도 불구하고 진사과의 제도적 지위가 명경과보다 낮은 일면 모순된 상황이 그것이다. 이와 같은 현실은 진사과 응시자와 급제자들에게 배타적인 동류의식을 조장했음에 틀림없고, 그 결과 빚어진 교제·청탁 활동 나아가

---

139 『文苑英華』 권701 李華, 「楊騎曹集序」, 3615쪽.
140 당후기의 돈독한 좌주-문생 관계의 증거로 자주 제시되는 崔羣의 이야기가 전형적인 예이다. 그가 부인에게 "三十所美庄良田"이 있으니 훗날을 걱정 말라고 했다는데, 여기에서 "30"이란 숫자는 곧 원화10년 자신이 지공거로서 뽑은 진사과 합격자 수인 것이다(李亢, 『獨異志』(2000년 上海古籍出版社에서 간행한 『唐五代筆記小說大觀』 所收) 권下, 939~940쪽). 실제로 22명의 진사과 급제자를 배출한 무종 회창3年의 과거와 관계하여 "王起門生一榜二十二人."(『唐摭言』 권3, 「慈恩寺題名遊賞賦詠雜紀」, 34쪽)이라고 하듯이, 지공거의 "門生" 숫자를 진사과 급제자로 국한시킨 당시 기록은 흔히 발견된다.

좌주-문생 관계가 종국에는 이들 집단의 사회적 영향력을 강화시켰을 법하다.[141]

　이와 같은 시각에서 볼 때 매우 흥미로운 인물이 '고문운동(古文運動)'의 선구자로 유명한 소영사(717~760)이다.[142] 개원23년 진사과에 합격한 그는 당시 탁월한 문장력을 갖춘 전형적인 문사였을 뿐더러, "소문(蕭門)"으로 불리며 그를 따르던 사인들도 존재하였다.[143] 소영사는 스승의 중요성을 강조하며 스스로 이를 자임했고, 그의 제자들 역시 여기에 적극적으로 호응해서 공고한 결속력(結束力)을 가진 집단을 형성했던 것이다.[144]

141　천보14년의 진사과 급제자인 常衮이 재상으로서 "尤排擯非文辭登科第者"(『舊唐書』 권119, 「常衮」, 3446쪽)했고, 이는 진사과 급제자들의 집단적 정치세력화를 보여주는 좋은 예라고 하겠다. 물론 이 常衮의 정책을 저지한 崔祐甫 역시 천보4년의 진사과 합격자이지만, 그의 경우 수험생일 때부터 "時輩多朋黨請謁, 以務聲華, 公獨不然, 端居以得之."(『唐代墓誌彙編』, 建中004번)라고 해서 여느 진사과 응시자들과 달랐다. 그러므로 崔祐甫의 사례로써 일반적인 진사과 응시자와 급제자들의 집단화 경향을 부정할 수 없으며, 당후기의 官界에서 진사과가 명경과보다 훨씬 중요해진 까닭들 중 하나로 그 급제자들의 공고한 유대 관계를 지적해도 무방할 것이다.

142　蕭穎士는 문학사에서 주된 관심 대상이었고, 潘呂棋昌, 『蕭穎士硏究』(臺北, 文史哲出版社, 1983)를 비롯한 많은 연구들이 축적되어 있다. 필자가 주목하는 그의 행적과 집단성 문제에 대해서도 兪紀東, 「蕭穎士事迹考」, 『中華文史論叢』 1983-2; 陳鐵民, 「蕭穎士繫年考證」, 『文史』 37, 1993과 林田愼之助, 「唐代古文運動の形成過程」(원간 1977), 『中國中世文學批評史』(東京, 創文社, 1979); 何寄澎, 「簡論唐代古文運動中的文學集團」, 『古典文學』 6, 1984 등 흥미로운 글들이 적지 않다. 이러한 연구 성과를 기반으로 필자는 「蕭穎士와 士人들의 交遊: 唐代 古文運動의 性格과 관련하여」, 『위진수당사연구』 9, 2002를 발표했고, 본서의 서술 역시 기본적으로 이 논문에 의거한다.

143　蕭穎士는 현종 시기 진사과 응시자·급제자의 성격 설명에서 몇 차례 예시된 인물인데, 그들의 집단화 양상을 살펴보려는 지금 "〔戴叔倫〕初摳衣於蘭陵蕭茂挺, 以文學、政事, 見稱蕭門"(『權載之文集』 권24, 「唐故朝散大夫…戴公墓誌銘幷序」, 141쪽)이란 기록에 특히 주목한다. 이는 당시 戴叔倫을 비롯한 일군의 사인들이 蕭穎士를 중심으로 만들어진 하나의 집단처럼 인식되었음을 뜻하기 때문이다. 『新唐書』 권143, 「戴叔倫」, 4690쪽의 "師事蕭穎士, 爲門人冠"이란 말도 이러한 판단에 힘을 보탠다.

144　예컨대, 蕭穎士는 "師"가 "君"·"親"만큼 중요함을 강조하고 자신과 "門弟子"의 관계를 孔子學團에 비기기까지 했다(『唐文粹』 권96, 「送劉太眞詩序〈詩坿〉」, 8뒤~9앞

그러므로 소영사를 둘러싼 사인들의 교유 관계를 중심으로 이 시기 사인들의 집단적인 동태를 구체적으로 살펴보고자 한다.

일찍이 필자는 (1) 소영사 혹은 당사자의 시문(詩文)에 '직접' 언급되거나 (2) 당대(唐代)의 문헌·정사에서 그 관계가 '간접'적으로 확인되는 소영사 주변 사인 87명을 파악하고, 관련 사실들을 표로 정리하였다.[145] 그런데 이들 가운데 27명이 소영사에게 배우거나 그의 "추인(推引)"을 받

쪽). 또 제자들 역시 "志有之, 事三如一者, 惟君、父、師乎! 所以生之, 敎之, 祿之." 라면서 蕭穎士의 가르침을 칭송하거나(『唐文粹』 권96, 息夫牧 「冬夜讌蕭十丈因餞殷郭二子西上詩序」, 5앞쪽), "先師微言旣絶者, 千有餘載. 至夫子而後洵美無度."라고 하며 그에게 "執弟子之禮"하였다(『全唐文』 권395, 劉太眞 「送蕭穎士赴東府序」, 4017쪽).

145 전게 졸고, 「蕭穎士와 士人들의 交遊: 唐代 古文運動의 性格과 관련하여」, 37~49쪽에서 蕭穎士와 교유한 사인들을 〈표2〉(직접·간접 모두 확인)·〈표3〉(직접 확인)·〈표4〉(간접 확인)으로 나누어 두었다. 그런데 당시 徐松의 『登科記考』에만 의지했고 일부 오기도 있으므로, 아래의 표와 같이 수정한다.

	성명	수정 내용(수정 전→수정 후)
〈표2〉	韋述	〔진사과〕경룡2년 → 경룡3년
	元德秀	〔진사과〕개원22년 → 개원21년
	盧冀	〔진사과〕천보9년 → 급제년 미상
〈표3〉	房琯	급제 관련 미상 → 制擧(급제년 미상)
	苗晉卿	〔진사과〕급제년 미상 → 개원7년
〈표4〉	殷寅	〔급제 과목 변경〕진사과(천보4년) → 박학굉사과(천보4년)
	陸據	〔진사과〕급제년 미상 → 개원15년
	顔眞卿	〔진사과〕개원23년 → 개원22년
	孫益	〔급제 과목 변경〕科擧(천보 연간) → 불확실
	李峇	급제 관련 미상 → 진사과(개원27년)
	宋遙	급제 관련 미상 → 진사과(장안2년*), 제거(경운3년)
	郗純	〔진사과〕급제년 미상 → 개원22년

* 宋遙(683~747)는 『登科記考補正』, 1167쪽에 급제년 미상으로 되어 있으나, 최근 보고된 妻의 묘지에 따르면 "弱冠進士擢第"(『秦晉豫新出墓誌蒐佚』=460)함

은 "소문" 곧 '소영사 문하생'의 일원으로 여겨진다.[146] 이러한 사제관계
의 형성 시기와 과정은 일률적으로 단언할 수 없지만, 대개 천보 초년
소영사가 비서정자(秘書正字)에서 파면되어 관직이 없거나 이후 지방관으
로 다시 임용되었을 때의 일로 짐작된다.[147]

그런데 소영사와 제자들 사이의 관계에서 간과해서 안 되는 것이 진
사과라는 매개이다. 소영사의

> 후진(後進)으로서 나를 스승으로 섬겼던 자들이 가옹(賈邕)·노기(盧冀)
> 이후 해마다 진사과에 응시해서 급제하였다. 〔그들은〕 명(名)과 실(實)이
> 다 서로 부합하여, 〔명성·지위가〕 뛰어오른 이가 무릇 십여 명이었다.[148]

는 자부, 그리고 제자 식부목(息夫牧, ?~?)의

> 근래 선생님께서 당(堂)에 오르신 뒤 노〔기〕·가〔옹〕·유〔태진〕(劉(太
> 眞)·윤〔징〕(尹徵) 같은 무리들이 짧은 기간에 연이어 〔진사과에 급제하
> 여〕 매우 기뻐했던 것은 실로 선생님께서 가르치고 이끌어 주신 덕분
> 입니다.[149]

---

146 蕭穎士와 사제관계에 있던 27명은 아래와 같다(전게 潘呂棋昌, 『蕭穎士研究』, 91쪽
   은 韓愈의 從父·형인 韓雲卿·韓會도 제자로 간주했으나 그 논거가 불충분하다.).
   이러한 판단의 근거와 개별 인물 관련 사항은 전게 졸고, 「蕭穎士와 士人들의 交遊:
   唐代 古文運動의 性格과 관련하여」의 〈표2〉~〈표4〉와 해당 부분 내용 참조.

〈표2〉	劉太眞, 尹徵, 柳幷, 賈邕, 盧冀
〈표3〉	鄭愕, 劉太沖, 陸淹, 息夫牧, 劉舟, 長孫鑄, 房白(由), 元晟, 姚發, 殷少野, 鄔載
〈표4〉	柳淡, 相里造, 戴叔倫, 闞士和, 王恆, 盧士式, 趙匡, 李陽冰, 李幼卿, 皇甫冉, 陸渭

147 이에 관해서는 전게 졸고, 「蕭穎士와 士人들의 交遊: 唐代 古文運動의 性格과 관련하
   여」, 50쪽에서 상술하였다.
148 『唐文粹』 권96, 「送劉太眞詩序〈詩坿〉」, 8뒤쪽. "且後進而余師者, 自賈邕、盧冀之
   後, 比歲擧進士登科. 名與實, 皆相望騰遷, 凡十數子."
149 『唐文粹』 권96, 息夫牧 「冬夜讌蕭十丈因餞殷郭二子西上詩序」, 5앞쪽. "頃夫子升堂

라는 칭송이 그 명증이다. 그러므로 소영사는 진사과 수험 준비를 적극 도움으로써 자타 공인의 자기 문하생들을 만들었던 듯하다.

실제로 소영사의 제자 27명의 과거 관련 사항을 살펴보면, 아래의 〈표 61〉처럼 50%가 넘는 14명이 진사과에 급제하였다. "하남부진사(河南府進士)"라는 원성(元晟, ?~?)도[150] 혹 여기에 포함시킬 수 있다면 그 비율은 더 높아지는 반면, 명경과 등 여타 과목 합격자는 전혀 없는 것이다. 따라서 소영사와 밀접한 관계를 가진 이들은 확실히 진사과를 지향하던 사인들이었다고 해도 무방하다.

〈 표 61: 소영사(蕭穎士)의 제자들 중 과거 급제자 〉

과목	급제 시기*	인물
진사과	천보9년	賈邕
진사과	천보12년	鄭愕, 劉太沖, 劉舟, 長孫鑄, 房白(由), 姚發, 殷少野, 鄔載
진사과	천보13년	劉太眞, 尹徵
진사과	천보15년	皇甫冉
진사과	미상	盧冀, 戴叔倫

* 급제 시기는 【부록1】에 따르고, 급제년 미상 인물의 경우 『등과기고보정』에 의거함. 대숙륜은 숙종 지덕2년~대종 광덕2년 사이의 급제자로 고증되기도 함(『당재자전교전(唐才子傳校箋)2』 권5, 「대숙륜」, 520쪽)

아울러 〈표61〉에서 천보12~15년의 진사과 급제자가 대부분이라는 점을 홀시해서 안 된다. 이 기간의 지공거였던 양준(陽浚, ?~?)이 "예부시랑으로 과거를 관장하였을 때, 소〔영사〕에게 물어 구인(求人)하여 천하에서

之後, 若盧〔冀〕、賈〔邕〕、劉〔太眞〕、尹〔徵〕之徒, 半紀間接武鳴躍, 實夫子訓之、導之, 斯至也."
150 『唐詩紀事校箋』 권27, 「元晟」, 940쪽.

훌륭한 선발로 여겼다.”고[151] 하기 때문이다. 그렇다면 소영사가 제자들의 진사과 급제에 큰 도움을 주었던 듯하고, 전술한 이들 간의 사제관계에는 기실 이러한 실질적 역할이 중요했다고 생각된다.[152] 천보9년의 지공거 이위(李暐, ?~?) 역시 소영사와 친밀한 인물이므로,[153] 가옹(賈邕, ?~?)도 이와 비슷한 도움을 받았을는지도 모른다. 뿐더러 그의 제자 노기(盧冀, ?~?)가 이해에 급제했을 가능성이 있고,[154] 소영사와 교유하던 심중창(沈仲昌, ?~?)도 마찬가지라면[155] 더욱 그러하다. 이는 소영사를 둘러싼 사인 집단에서 진사과의 중요성을 극명히 보여줌과 동시에 과거 응시자들이 진사과 급제를 위해 집단화되어 가는 현상의 확실한 증거라고 해도 좋을 것이다.

물론 소영사와 제자들의 관계를 이렇게만 설명할 수는 없다. 그가 문하의 사인들에게 자기 나름의 “학(學)”과 “문(文)”에 대한 견해를 피력한 뒤, “뭇사람들이 문·학을 말하는 것은 혹 〔나의 생각처럼〕 그렇지 않다. 아아! 그들은 나를 편벽되다고 여기지만, 너희들은 나를 바르다고 여겨 한 목소리로 〔나의 문·학을〕 구하는구나.”며[156] “학”과 “문”에 대한 인식의

---

151 『文苑英華』 권744, 李華 「三賢論」, 3887쪽. “禮部侍郎楊(陽의 오기, 『登科記考補正』, 378쪽의 고증 참조:인용자)浚掌貢擧, 問蕭〔穎士〕求人, 海內以爲德選.”

152 전게 傅璇琮, 『唐代科擧與文學』, 「知貢擧」, 224~229쪽에서 잘 설명한 것처럼, 당대의 과거에서는 지공거의 “交朋之厚者”가 급제자의 결정에 사적으로 영향을 미친 ‘通榜’ 사례가 더러 발견된다. 이는 『唐摭言』 권8, 「通榜」, 82쪽에서 보듯이 당후기에 주로 나타나지만, 蕭穎士의 이러한 역할이 그 선구적 형태라고 하겠다.

153 「陪李採訪泛舟蓬池宴李文部序」(『文苑英華』 권710, 3664~3667쪽)를 보면, 蕭穎士가 천보13년 李文部 곧 李暐와 함께 연회를 즐겼고, 두 사람의 밀접한 교류는 이후에도 계속 확인된다. 전게 潘呂棋昌, 『蕭穎士研究』, 59~60쪽 참조.

154 기존 연구들은 주의하지 않았으나, 전술한 蕭穎士의 “自賈邕、盧冀之後, 比歲擧進士登科”(『唐文粹』 권96, 「送劉太眞詩序〈詩坿〉」, 8뒤쪽)란 말을 보면 두 사람은 같은 해에 급제하지 않았을까 싶다.

155 『唐詩紀事校箋』 권47, 「沈仲昌」, 1604쪽에 의하면, 그는 천보9년에 진사과에 합격했고, 蕭穎士가 「送劉方平沈仲昌秀才同觀所試雜文」를 보내어 급제를 축하하고 있다.

156 『唐文粹』 권96, 「送劉太眞詩序〈詩坿〉」, 8뒤~9앞쪽. “〔猗爾之所以求, 我之所以誨,

공유를 강조했기 때문이다. 게다가 유태진(劉太眞, 725~792)이 소영사를 만나서 "이야기가 문·학에 미쳐 사제관계를 맺게 되었다."고 회고하여[157] 그의 말이 단순한 과장이 아님을 잘 보여주기도 한다.

소영사는 젊은 날 "글을 짓는 유사〔爲文儒士〕"가 되었으면 마땅히 "명교를 자신의 임무로 삼아야 한다〔以名敎爲己任〕"면서

> 저는 평생 글을 지을 때 풍격이 시속(時俗)과 비슷하지 않아, 무릇 고려하는 바 반드시 "고인(古人)"〔의 글〕을 희구하였으니, 위(魏)·진(晉) 이후〔의 글〕에 대해서는 관심을 둔 적이 없었습니다. … 저는 철든 이래 특별히 즐기는 것이 적었고, "경술(經術)" 이외에는 대체로 마음을 쓰지 않았습니다.[158]

라고 하였다. 그의 "문"은 "시속"과 달리 유학의 이념에 충실하며 복고적 경향을 띄었던 것이다. 물론 소영사의 실제 문학작품이나 행동이 정말 이와 같았는지는 별개의 문제이다.[159] 그러나 당시 그 주변 사인들이나 독고급(獨孤及, 725~777)·이주(李舟, ?~?)·양숙(梁肅, 753~793)·이한(李翰, ?~?)

學乎、文乎! 學也者, 非云徵辯說, 摭文字, 以扇夫談端, 輊厭詞意. 其於識也, 必鄙而近矣. 所務乎憲章典法, 膏腴德義而已. 文也者, 非云尙形似, 牽比類, 以局夫儷偶, 放於奇靡. 其於言也, 必淺而乖矣. 所務乎, 激揚雅訓, 彰宣事實而已.〕 衆之言文、學者, 或不然. 於戱! 彼以我爲僻, 爾以我爲正, 同聲相求."

157 『唐文粹』권85, 「上楊相公啓」, 3앞쪽. "天寶中, 常遇故揚州功曹蘭陵蕭君, 語及文、學, 許相師授."

158 『文苑英華』권678, 「贈韋司業書」, 3492~3493쪽. "丈夫生遇昇平時, 自爲文儒士, 縱不能公卿坐取, 助人主視聽, 致俗雍熙, 遺名竹帛, 尙應優遊道術, 以名敎爲己任, 著一家之言, 垂沮勸之益. … 平生屬文, 格不近俗, 凡所擬議, 必希古人. 魏晉以來, 未嘗留意. … 僕有識以來, 寡於嗜好, 經術之外, 略不嬰心." 이 글은 개원29년경 곧 蕭穎士가 25세 즈음에 쓴 것이다(전게 졸고, 「蕭穎士와 士人들의 交遊: 唐代 古文運動의 性格과 관련하여」, 29쪽).

159 예컨대, 蕭穎士는 당시 "不遵名敎"(『雲谿友議』권中, 「李右座」, 34쪽)한다는 비난을 받았다고도 한다.

등 당후기 일군의 인물들이 그의 주장에 공명(共鳴)하였다. 소영사가 고문
운동의 선구자로 여겨지는 것은 바로 이 때문일 터이다.[160]

　문학사와 연관된 복잡한 문제는 차치하더라도, 여기에서 분명히 짚고
넘어가야 할 사실이 있다. 소영사가 '문'을 '학', 특히 전통적인 "고(古)"의
이상과 결합시킴으로써 그 가치를 한껏 고양시켰다는 점이 그것이다. 이
러한 주장은 문학적 소양을 자부하던 진사과 응시자·급제자들이 스스
로를 정당화할 수 있는 논리였고, 제도적으로 명경과에 비하여 낮은 지위
에 있던 그들의 이념적인 위상 제고에도 매우 요긴하였다. 따라서 이와
같은 현실적 필요성이 소영사를 둘러싼 사인 집단의 관계를 유달리 공고
하게 만들었음에 틀림없다. 그렇다면 소영사에게 바친 "문인(門人)"들의
사시(私諡)가 "문원선생(文元先生)"인[161] 까닭도 쉽게 이해된다.

　이와 관련하여 소영사와 동년(同年)이자 친우(親友)인 이화도[162] 간과할
수 없는 인물이다. 그 역시 "당대문종(當代文宗)"으로[163] 일컬어질 만큼 빼
어난 문사(文士)였고, 소영사와 더불어 고문운동의 선구자로 일컬어진
다.[164] 그런데 사인들의 집단화 문제라는 측면에서 볼 때, "붕우(朋友)"의

160　이와 관련된 사실은 전게 졸고, 「蕭穎士와 士人들의 交遊: 唐代 古文運動의 性格과
　　관련하여」, 53~62쪽에서 자세히 설명해 두었다.
161　『因話錄』 권3, 「商部」, 89쪽.
162　개원23년 진사과에 같이 합격한 蕭穎士와 李華는 국자감에서 함께 "苦貧共樂"하며
　　수학하였고(『唐摭言』 권1, 「兩監」, 5쪽. 『全唐詩』 권153, 李華 「寄趙七侍御〈幷序〉」,
　　1588~1589쪽 참조), 두 사람의 관계는 급제 후에도 이어졌다. 蕭穎士가 李華의 아버
　　지 李虛己의 묘지를 적고(『秦晉豫新出墓誌蒐佚續編』, 527번), 李華는 蕭穎士 문집
　　서문의 撰者란(『文苑英華』 권701, 「楊州功曹蕭穎士文集序」, 3614~3615쪽) 사실이
　　둘의 깊은 우의를 잘 보여준다. 특히 李華의 서문에서 "君以文章、制度爲己任, 時人
　　咸以此許之."(위의 글, 3615쪽)라고 해서 전술한 蕭穎士의 주장을 전적으로 수긍함
　　이 주목된다.
163　陸心源, 『唐文拾遺』(본서에서 인용한 『全唐文』 所收) 권19, 李良 「薦蒙求表」, 10574
　　쪽. 천보5년에 썼다는 이 글은 勞格·趙鉞, 『唐尙書省郎官石柱題名考』(北京, 中華書
　　局, 1992) 권6, 「司封員外郎」, 342쪽에도 실려 있다.
164　李華의 이러한 성격은 王運熙·楊明, 『隋唐五代文學批評史』(上海, 上海古籍出版社,

"사귐〔交〕"에 대하여 논한 「정교론(正交論)」이란 글이 특히 흥미롭다. 우선 주목되는 것이

> 상고(上古)에는 "문(文)"이 없었으나, 화기(和氣)로 충만한 속에서 자연스레 교화되어 〔나쁜 것을〕 피했으므로, 어찌 〔특별한〕 사귐이 필요하였겠는가? 선악이 나뉘고 이해(利害)를 다투게 된 뒤에서야 사귐이 있게 되었다.[165]

는 첫머리이다. "문(文)" 없이도 교화가 가능했던 "상고"의 이상시대와 달리 "선악"·"이해"가 상충하게 되자 비로소 "사귐"이 필요해졌다고 하기 때문이다. 여기에서 '문'과 '사귐'의 존재의의가 동일시되면서 양자의 상관성이 부각되는 것이다. 이화의 이러한 논리는 추상화된 '문'의 가치와 사인들의 올바른 관계를 직접 연결시킬 수 있고, 이 또한 문학적 소양에서 자신의 정체성을 찾으며 집단화하던 사인들이 반길 만하다.

「정교론」은 이어서 역사적 실례들을 통해 사귐의 현실을 설명한다. 그런데 "붕우는 '강습(講習)'에서 시작하고, 〔그 과정에서 생긴〕 정(情)으로 인하여 친밀해져서, 나에게 중요한 것이다. 근심스럽고 위급한 상황에서 바로 도와주고, 벼슬살이할 때〔仕進〕 서로 밀어준다."고 한다. 따라서 이화가 중시한 사귐은 사인으로서의 학습이나 관인으로서의 삶과 불가분한 것이며, 실제로 이 글에는 관인선발제도와 관련된 서술이 많다. 그에 의하면, 올바른 붕우의 사귐에 좋은 "향리지선(鄕里之選)"의 방식이 사라진 결과 "지교지도(至交之道)"도 거의 없어져 버렸다. 이와 같은 제도적 한계 속에서 이화는 "자신을 살피는 데 힘써야 한다."며 글을 끝맺는다.[166] 이

1994), 443~448쪽이 잘 개관해 두었다.

165 『文苑英華』 권748, 李華 「正交論」, 3911쪽. "上古無文, 飽於和氣, 從化而避, 何交之哉? 至於善惡分、利害競, 而後有交."

166 이상 직접 인용한 내용을 중심으로 위 「正交論」, 3911~3912쪽의 원문을 밝히면 다음

러한 「정교론」의 내용은 일면 과거제도를 기반으로 만들어진 사인들의 집단화를 비판하는 듯하지만, "지교"의 도를 아는 본인과 주변 "붕우"들의[167] 경우 당시 풍속과 다름을 분명히 전제하고 있다. 이는 소영사의 입장·행태와 흡사하고, 두 사람의 친밀한 교류도 이와 같은 인식의 공유에 기인할 듯하다.

이처럼 현종 연간에 소영사나 이화가 사인 집단의 정당성을 강조하고, 또 진사과 응시자·급제자들이 그들 주변으로 모인 것은 관계(官界) 상황과 무관하지 않다고 생각된다. 앞서 개원18년의 순자격(循資格) 제도 채용 등에서 본 바 당시 관직을 둘러싼 관인들의 치열한 경쟁이 바로 그것이다. 이 시기의 관인들에게 자신을 도와줄 수 있는 인맥이 중요하였고,[168] 명경과에 비해 제도적으로 열등한 지위에 있던 진사과 관련자들의 경우 그 필요성은 더욱 절실했던 것이다. 전술했던 문사들의 교제·청탁 행위 증가가 이를 명증한다. 그런데 이러한 활동의 효과를 높이려면 상호 인원(引援) 가능한 집단의 존재만큼 유용한 것이 없으며, 관건은 집단의 강고한 결속을 합리화시킬 수 있는 논리였다. 이 시대적 요구에 소영사나 이화의 글은 확실히 부응하였고, 그들 주변에 많은 사인들이 모인 것은

과 같다. "朋友漸於講習, 緣情而親, 於我爲重. 憂危相急, 仕進相推. … 三代之敎, 自家行國, 樹之以師經, 啓其心而〔身〕修, 則家事理. 次定朋友, 端其姓〈疑作性〉術, 攝稱從之, 聲與實諧. 次諸侯無〔敢不〕貢士及於政, 是以富有賢哲, 動符六經. … 及魏、晉, 亦未甚媿. 近代無鄕里之選, 多寄隷京師, 隨時聚散, 懷牒自命, 積以爲常. 吠形一發, 群響雷應, 銓擢多誤, 知之固難, 使名實兩虧, 朋友道薄, 蓋由此也. … 至交之道殆絶乎 … 古者言之不出, 恥躬之不逮也. 行之羅, 言之得無訒乎! 務省諸身而已矣."(문맥이 순통하도록 『全唐文』 권317, 3216쪽의 내용을 〔 〕 안에 보충함)

167 실제로 李華 역시 蕭穎士처럼 다양한 사인들과 폭넓게 교유하고 있었다. 陳志堅·梁太濟, 「開天之際的文化學術群體: 李華「三賢論」試箋」, 『文史』 2009-2 참조.

168 현종 시기의 이러한 현상을 잘 보여주는 기록이 있다. 당시 재상이자 진사과 급제자인 張九齡이 관인들끼리 喪禮를 챙기는 것을 칭송한 탓에 "受擧爲參佐者, 報恩之分, 往往過當."(『文苑英華』 권767, 「廣喪朋友議」, 4039쪽)해졌다는 崔祐甫의 비판이 그 것이다.

당연한 일이라고 하겠다.

이와 같은 시각에서 당시 관계의 현실을 볼 때, 율령의 이완과 함께 생기는 다양한 사직(使職) 특히 예종 경운(710~712) 연간 이후 나타난 지방 사부(使府)가[169] 주목된다. 절도사(節度使)를 비롯한 그 장관은 예하의 일부 관인을 이부전선과 무관하게 벽서(辟署)할 수 있었고,[170] 이로 인해 인간관계의 중요성이 커졌을 터이기 때문이다. 실제로 현종 시기 과거 급제자들 가운데 이렇게 관직을 얻거나[171] 승진한[172] 인물이 더러 발견되는데, 앞서 향공진사의 사례로 살펴보았던 육거가 그 전형적인 예이다. 개원15년(727) 진사과에 급제한 뒤 천보13년(754) 사망할 때까지 "육사관이십교벽(六徙官而十交辟)"했다는 그의 관력(官歷)이 사직에 의한 벽서로 점철

169　이에 대한 연구는 매우 많으나, 본서와 관련된 개괄적인 이해는 愛宕元, 「唐代後期の政治」, 『世界歷史大系 中國史2』(東京, 山川出版社, 1996), 444~451쪽과 張國剛, 『唐代藩鎭硏究(增訂版)』(北京, 中國人民大學出版社, 2010), 2쪽만으로도 충분하다.

170　藩鎭의 辟署 혹은 辟召에 관하여서는 礪波護, 「中世貴族制の崩壞と辟召制」(원간 1962), 『唐代政治社會史硏究』(京都, 同朋舍, 1986); 嚴耕望, 「唐代方鎭使府僚佐考」(初稿 1964), 전게 『唐史硏究叢稿』 이래 숱한 연구들이 나왔다. 국내에서도 정병준의 「唐代 藩鎭의 州縣官 任用」, 『동양사학연구』 54, 1996; 「唐代 主要 州縣官 選任方式의 變化」, 『위진수당사연구』 4, 1998이 있고, 전게 寧欣, 『唐代選官硏究』, 101~127쪽; 전게 張國剛, 『唐代藩鎭硏究(增訂版)』, 132~144쪽; 전게 劉後濱, 『唐代選官政務硏究』, 72~95쪽은 독립된 장으로써 이 문제를 상론하였다.

171　李(本姓은 鮮于)叔明 열전의 "擢明經, 爲楊國忠劍南判官, 乾元中, 除司勳員外郎"(『新唐書』 권147, 4757쪽)·"初爲劍南節度使楊國忠判官, 乾元後爲司勳員外郎"(『舊唐書』 권122, 3506쪽)이란 기록이 좋은 실례이다. 그는 명경과 급제 후 천보10~14년 사이에(吳廷燮, 『唐方鎭年表』, 北京, 中華書局, 1980의 권6, 「劍南西川」, 962~963쪽) 劍南西川節度使 楊國忠의 "判官"으로 관직을 시작했던 것이다. 戴偉華, 『唐方鎭文職僚佐稿(修訂本)』(桂林, 廣西師範大學出版社, 2007), 366쪽 참조.

172　예를 들어 權皐는 "進士及第, 試臨淸尉. 時節將〈三字節浙本『文粹』作持節〉兼本道使, 籍君高名, 表爲薊縣尉, 充判官."(『文苑英華』 권967, 李華 「著作郎贈秘書少監權君墓表」, 5101쪽), "少以進士, 補貝州臨淸尉. 安祿山以幽州長史充河北按察使, 假其才名, 表爲薊縣尉, 署從事."(『舊唐書』 권148, 「權德興」, 4001쪽)했다고 한다. 즉 천보7년의 진사과 급제자인 그는 縣尉를 거쳐 安祿山의 表薦으로 그 使府에서 중용되었던 것이다. 상게 戴偉華, 『唐方鎭文職僚佐稿(修訂本)』, 184쪽 참조.

되기 때문이다.[173] 물론 벽서를 통한 입사나 승진은 주지하듯이 안사의 난 이후 폭증하므로, 이러한 현상에 대한 본격적인 검토는 본서의 범위 밖이다. 하지만 진사과 응시자와 급제자들이 당후기에 점점 그 현실적 위상을 높여가는 데 그들의 집단성이 일조할 수 있었음이 여기에서 분명히 드러나며,[174] 마지막으로 이와 같은 사실을 강조하고 싶다.

　이상에서 고찰한 '과거제도의 확립과 진사과의 실상'은 현종 연간에 오히려 확대되는 제도와 현실의 괴리 곧 명경과·생도 위주의 정책에도 불구하고 진사과·향공이 더욱 중요해져 가는 현상에 대한 의문에서 출발하였다. 이 문제의 해명을 위해 당시 사인들의 구체적인 행태에 주목했는데, 그 결과를 요약하면 다음과 같다. 과거가 여러 단계의 엄격한

---

173 『全唐文補遺(千唐)』, 236쪽에 실린 陸據의 묘지. 이 판독문의 표점에 오류가 많으나, 그의 "十交辟" 사례는 아래의 표와 같이 정리 가능하다.

辟署한 인물(使職)	벽서의 과정 혹은 방법	벽서된 관직
裴寬(採訪使)	藉其能	差攝支使
裴寬(范陽節度使)	奏〔充〕	掌書記
胡曼倩(租庸使)	奏充	判官("將命未畢")
王忠嗣(河西隴右節度使)	奏充	判官
薛江童(山南採訪使)	奏充	判官
薛江童(河南採訪使)	미상	判官
宋渾(東京和市使)	奏充	判官
季廣琛(劍南支度使)	〔奏〕充	判官("大理主簿" 직함?)
韋陟(河東採訪使)	奏充	判官
安祿山(范陽節度使)	奏充	節度判官("輶軒未行")

174 천보13년의 진사과 합격자 呂渭가 단적인 예이다. 훗날 禮部侍郎·湖南都團練觀察使 등 高官을 역임한 그의 첫 관직은 숙종 상원1·2년의 浙東節度使(전게 『唐方鎭年表』권5, 「浙東」, 771쪽. 전게 戴偉華, 『唐方鎭文職僚佐稿(修訂本)』, 292~293쪽 참조.) 杜鴻漸이 掌書記로 "表授"한 덕분이었는데(『唐代墓誌彙編續集』, 貞元060번), 杜鴻漸 역시 개원22년의 진사과 급제자인 것이다.

시험으로 체계화된 이 시기에 성시의 급제자는 물론 그 응시 자격만 가진 사인들조차 자부심이 커졌다. '전진사'·'전명경'이나 '진사'·'명경'이란 호칭의 증가와 중시가 이를 잘 보여준다. 하지만 그들이 실직을 가진 관인으로 되려면 오랜 시간과 복잡한 절차가 필요했으며, 실제로 받은 관직도 기대에 못 미쳤다. 이에 따른 불만은 제도적으로 낮은 지위의 진사과에서 특히 클 수밖에 없었다. 현종 연간 그 경쟁률이 명경과보다 훨씬 높았기에 더욱 그러한데, 과거제도의 확고한 정착과 더불어 진사과에 다양한 신분의 사인들이 몰려들면서 이러한 양상은 한층 강화되는 추세였다. 그럼에도 불구하고 지방의 신흥 사인들은 대개 향공으로서 진사과에 응시해야만 하였고, 이들에게 과거 급제의 길이 험난하였다. 반면 향공의 경우 뽑혀 올라오는 과정이 전통적인 찰거와 유사하여 자존감 또한 높아서, 스스로 수재과 응시자처럼 여긴 향공진사들까지 생겨났다. 그러므로 이들이 유난히 적극적이고 주체적인 움직임을 보인다고 해서 전혀 이상하지 않다.

이와 관련하여 간과할 수 없는 것이 청탁을 위해 유력자를 찾아뵙는 간알, 특히 이때 자신의 문학작품을 바치는 행권이다. 현종 시기에 간알 풍조가 사회적으로 용인·확산되어 갔을 뿐더러 시문을 이용한 행권은 문학적 소양을 자부하던 진사과와 불가분의 관계를 지니기 때문이다. 실제로 왕영연의 두 편지에서 잘 드러나는 바 행권에는 문학적 소양의 자부와 불우한 처지에 대한 한탄이 혼재한다. 이러한 이중적 감정은 당시 간알·행권과 같은 진사과 응시자와 급제자들의 교제·청탁 활동을 더욱 능동적으로 또 절실하게 만들었다. 이와 함께 주의할 사실은 곡강연 등 진사과 급제자들간의 사적 의례 확산에서 드러나는 집단화 경향이다. 이처럼 진사과로써 검증된 문학적 소양에 기반한 동류의식의 표현은 이 시기에 그 원형이 나타나는 좌주－문생 관계에서 분명히 확인된다. 과거 시험관과 급제자 간의 특별한 유대감이 진사과에만 국한되고 여타 과목을 배제시키고 있기 때문이다. 이러한 진사과 응시자와 급제자의 행태에서 흥미로운 예가 소영사를 중심으로 한 사인집단이다. 이들은 진사과의 응시·급제 과정에서 그 결속력을 돈독히 했을 뿐만 아니라 유학의 이념에 충실한 복고적 '학'·'문'관을 공통으로 표방하였다. 이들의 주장은 문학적 소양이 갖는 이념적 가치를 고양함으로써 이를 매개로 집단화하던 진사과 응시자·합격자들에게 정당성을 부여할 수 있다는 점에서 주목되는 것이다. 이와 같이 진사과 관련자들에게서 유난히 뚜렷한 집단화 양상은 당시 관계 상황 곧 벽서를 통한 입사·승진 가능성이 커지던 조건에서 더욱 유용할 수 있었다. 이러한 현종 연간 사인들의 실상은 당후기 진사과의 현실적 중요성 제고 그리고 이른바 '고문운동'의 출현으로 이어진다고 생각된다.

소
결

고종 때 제거로부터 독립한 상거는 이후 계속된 정변의 와중에서도 과거라는 새로운 관인선발제도로 발전해 갔다. 이를 대표하는 것이 문학 소양과 경학 지식의 시험으로 각각 특징지어진 진사과와 명경과인데, 두 과목은 상거의 정착 과정에서 상이한 속성을 드러낸다. 명경과는 경학을 주로 가르친 관학의 학생 곧 생도 중심인 반면 진사과는 지방에서 올라온 향공이 상대적으로 많아지는 것이다. 그리고 제도와 직결된 초관은 명경과 급제자가 높았으나, 현실 상황을 반영하는 종관의 경우 진사과가 오히려 우위였다. 이러한 진사과와 명경과의 차이에 주목하며 현종 시기의 실상을 검토한 결과는 아래와 같다.

현종 연간의 과거제도는 『당육전』의 관련 규정을 통해 잘 알 수 있다. 이에 따르면 상거 과목의 응시자들은 관학이나 지방의 시험을 거쳐야만 했고, 그 합격자의 초임 품계는 중앙에서의 성시 성적으로 결정되었다. 당시 관인선발제도의 중심에 있던 상거가 시험을 위주로 했을 뿐더러 교육·전선제도와도 긴밀히 연계됨으로써 전성기 통일제국의 조직화된 면모를 여실히 보여주는 것이다. 그리고 개원24년 진사과 응시자와 이부 고공원외랑의 분란 결과 최종 시험의 책임자가 예부시랑으로 바뀐 것 역시 이 시기의 일이다. 이러한 변화는 '선관(選官)'과 '거사(擧士)'를 이부와 예부의 업무로 명확히 구분해서 찰거와 다른 과거의 특징을 더할 나위 없이 확고히 만들었다. 또 그 산물인 예부 주관 시험이 청말까지 과거 제도의 중추였다면, 후대로 이어진 이 제도는 현종 때 완비·확립되었음에 의문의 여지가 없다.

그런데 예부시의 출현은 양면성을 갖는다. '선관'과 분리된 상거를 통한 입사 과정이 훨씬 복잡해지면서 국가권력의 개입·통제 가능성이 커졌지만, 한편으로 '거사'의 최종 단계가 된 성시의 권위와 그 시험관·응시자의 위상 또한 높아졌기 때문이다. 따라서 명경과를 우대한 당조의 정책과 별개로 문학적 역량을 중시하며 진사과를 선호하던 사인들의 주체적 능동성도 제고될 수 있었다. 이와 같은 사회적 분위기에 대응하여, 조정은 천보9년 국자감 안에 진사과 전용 학교인 광문관을 설립했으나 기대만큼 효과가 없었다. 급기야 3년 뒤 향공의 폐지까지 불사하며 생도 중심의 철저한 중앙집권화를 시도했지만 이마저 실패하고 말았다. 황제가 관직을 줄지언정 상거의 급제에 관여할 수 없다는 주장조차 나오던 이 시기에, 통일제국이 의도한 제도와 사인들이 주도한 현실 간의 거리가 여전히 좁혀지지 못했던 것이다.

【부록1】·【부록2】의 당시 과거 급제자들에 대한 계량적 분석도 이러한 현종 연간의 상황을 확인해 준다. 『당육전』 규정과 유사해지는 진사과·명경과 합격자의 초관이나 향공 대비 생도 비율의 상승 등에서 상거는 일면 국가권력의 바람대로 정착되는 듯하다. 그러나 진사과 급제자가 명경과에 비하여 초관은 낮아도 종관·승급이 높고, 그 응시자가 생도보다 향공과의 관계가 더욱 긴밀한 현상은 전혀 바뀌지 않았다. 응거 방법 면에서도 이와 비슷한 모습이 보인다. 이 시기 향공 대비 생도의 관품이나 유력 가계 비율은 무측천~예종 때보다 낮고, 이 역시 관학 위주로 상거를 운용하려던 조정의 정책과 어긋나는 것이다. 게다가 이러한 제도

와 현실의 괴리가 예부시 시행 이후 더욱 확연해진다. 진사과 급제자의 관품 상승 폭이 명경과에 비해 커서 그 위상이 한층 올라가고, 유력 가계의 비율에서 드러나는 사인들의 선호도 또한 향공이 생도보다 높아지는 추세였기 때문이다.

이처럼 당조의 뜻과 상이한 사회적 현실은 현종 시기 과거 응시자와 합격자들, 특히 실질적 중요성이 커져 가던 진사과와 향공 관련자들의 실상에 주의하게 한다. 이와 관련하여 우선 간과해서 안 될 것은 여러 단계의 시험으로 체계화된 과거가 성시 급제자는 물론 그 응시 자격만 갖춘 사인들까지 자부심을 고양시켰다는 점이다. 하지만 이들이 실직을 가진 관인이 되려면 오랜 기간 복잡한 절차를 거쳐야만 했고, 그 뒤에 받은 관품도 그렇게 높지 않았음도 사실이다. 이 모순적 상황은 대개 향공으로서 진사과에 응시하던 지방의 신흥 사인들에게 더욱 심각하였다. 진사과는 당시 명경과보다 경쟁이 치열했으며, 향공의 경우 전통적인 찰거와 유사한 과정을 거친 까닭에 자존감이 매우 높았기 때문이다. 그러므로 이러한 응시자들은 합격을 위해 보다 적극적일 수밖에 없었고, 그 상대적 독자성 역시 두드러졌다.

이러한 측면에서 볼 때 흥미로운 현상이 현종 연간 사인들의 문학작품을 이용한 교제·청탁의 만연이다. 이와 같은 행위의 주체는 대부분 진사과 응시자나 급제자였는데, 이들의 행권에는 왕영연의 사례에서 보듯이 문학적 역량의 자부와 불우한 처지에 대한 한탄이 혼재한다. 이와 같은 이중적 심태(心態)가 진사과 응시자·급제자의 활동을 조장했고, 아울러 동류의식에 입각한 이들의 집단화 경향도 강화시켰다. 이 시기에 곡강연 등 진사과 급제자들끼리의 사적 의례가 확산되며, 좌주-문생 관계의 원형도 나타나기 시작하는 것이다. 소영사를 중심으로 한 사인집단 또한 마찬가지 맥락에서 이해되는데, 그 근저에 진사과만이 아니라 유학의 이상에 충실한 복고적 '학(學)'·'문(文)' 인식이 존재한다는 점이 중요하

다. 이들의 논리는 문학의 이념적 가치를 현양함으로써 그 소양을 시험
하는 진사과, 나아가 이를 매개로 한 사인들의 결속력까지 정당화할 수
있기 때문이다. 이렇게 집단성이 강화된 진사과 응시자와 급제자들은 당
연히 입사나 승진 때 서로 도움을 주고받았다. 이것은 번진이 생겨나면
서 벽서의 역할이 커지던 현종 시기의 관계(官界)에서 진사과의 실질적
중요성 증대에 일조했을 법하다.

이러한 제3부의 내용은 현종 연간 과거가 새로운 관인선발제도로서
확립되었음을 분명히 보여준다. 이는 기존 연구들로써도 이미 재론의 여
지가 없지만, 여기에서 특기할 점은 예부시의 도입으로 인해 찰거와의
차이 곧 '선관'과 구분되는 '거사'의 속성이 명확해졌다는 것이다. 아울러
이와 같이 정비된 제도가 통일제국의 의도대로 운용되지만은 않았다는
사실 역시 주목해야 한다. 예부시의 시행 이후 현실은 진사과와 향공의
위상이 높아지면서 조정의 정책과 더욱 상반된 양상을 드러내기 때문이
다. 이러한 제도와 현실의 괴리 현상에는 과거를 둘러싼 사인들의 동태,
특히 제도적으로 열등한 지위에 있으면서도 자신의 능력에 대한 자부심
이 컸던 진사과 응시자·급제자의 주체적인 활동이 주요한 역할을 했다
고 생각된다. 행권과 좌주·문생 관계로 대표되는 교제·청탁 행위와 강
고한 집단적 동류의식이 바로 그것이다.

과거제도 형성의 역사는 현종 치세에 이르러 일단락되었다고 해도
좋다. 안사의 난 이후 정치적 혼란과 중앙 조정의 영향력 약화에도 불구
하고, 자발적으로 응시한 일반민 대상의 정기적 시험 곧 상거가 관인선
발제도의 중심으로서 확고부동한 자리를 유지하였기 때문이다. 그리고
당시의 상거 과목과 응거 방법 가운데 진사과와 향공이 특별히 중요했
는데, 이는 현종 연간의 과거를 특징짓는 한 양상이었다. 기실 과거제도
의 폐지 때까지 존속한 예부시는 물론이고, 진사과가 훗날 상거의 유일
한 과목으로 된 것도 그 뿌리를 이 시기에서 찾을 수 있다. 그렇다면

후대로 이어진 새로운 관인선발제도의 확립 과정에서 현종 연간은 매우 중요하고, 당시 그 실상이 이러한 모습의 과거로 귀착되는 데 큰 역할을 했던 진사과 응시자·급제자의 동태 또한 홀시해서 안 됨을 거듭 강조하고 싶다.

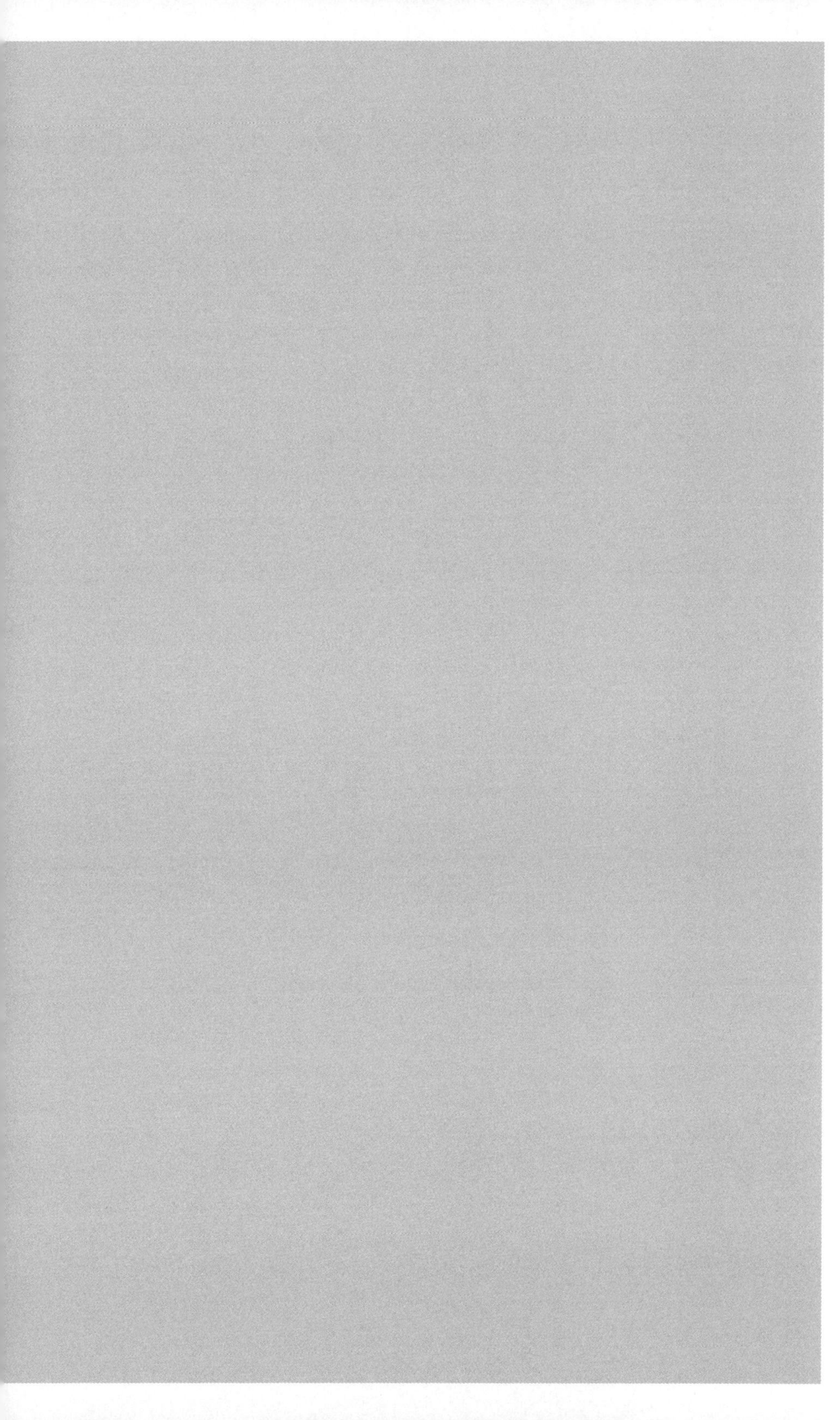

—

종장

1. 당대의 과거제도

과거제도는 언제 또 어떻게 만들어졌는가? 이것이 본서의 주제이다. 많은 연구자들이 일찍부터 관심을 가져왔던 이 문제는 학계에서 어느 정도 합의가 이루어져 있다. 수대 혹은 늦어도 당초에 자발적인 일반민 응시자를 정기적으로 시험해서 관인을 뽑는 새로운 제도가 생겼으며, 분열의 시대를 마감한 통일제국이 이러한 변화를 주도했다는 것에 대한 이견은 별로 없기 때문이다. 그러나 필자는 이와 같은 통설이 후대의 기록에 지나치게 의지하거나 혹은 과거의 한 측면, 특히 선발 주체인 국가권력의 관점에 편향된 결론은 아닌지 의구심을 가졌다. 그리고 과거를 개방적이고 객관적인 시험제도로 특징짓고 여기에서 '근대'적 선진성을 찾아 왔던 '현재' 위주의 관점이 지닌 위험성도 우려하였다.

그러므로 필자는 과거라는 새로운 관인선발제도가 출현했다고 여겨지는 시기 곧 수 문제부터 당 현종까지의 문헌에 밀착하여 당시의 실상을 면밀히 재검토해 보고자 하였다. 아울러 이것이 처음 만들어지는 과정이었기에 그 다양한 전개 가능성에 유념하였다. 훗날 과거로 불리는 형태로의 귀결을 전제하지 않고, 이 제도의 확립 뒤 쓰인 기록들에 혼입되었을지 모르는 고정관념을 경계했던 것이다. 따라서 이 책은 비교적 단순한 주제임에도 불구하고 매우 번잡한 논의와 고증이 불가피하였다. 하지만 그 덕분에 과거가 긴 시간에 걸친 제도와 현실, 선발자와 피선발자 사이의 복잡다단한 역학 관계의 산물임을 알 수 있었다. 본서가 제도의 '형성'이란 다소 생소한 제목을 갖게 된 까닭은 바로 이 때문이다.

필자의 연구 결과를 이 책의 목차에 따라 간략히 요약하면 아래와 같다. 제1부 '과거제도의 원형'은 통일제국의 초창기인 수 문제~당 태종 치세에 시행된 관인선발제도의 특징을 밝혔다. 아직 미래가 불확실했던 왕조의 관직은 인기가 없었고, 이 시기의 황제들은 관인으로서의 자격을 갖춘 사람들을 적극적으로 포섭·양성하지 않으면 안 되었다. 당시 관인 선발 과정을 일컫는 '빈공'이란 말에서 잘 드러나는 바 그 대상자에 대한 높은 예우가 좋은 예이다. 여러 가지 명목으로 빈번히 내려진 구현(求賢) 조칙, 관학의 중시와 그 진흥책 등도 동일한 맥락에서 이해된다. 그러나 후대의 상거 과목처럼 정례화된 시험을 통해 관인을 선발했다는 확실한 증거는 이 시기에 발견되지 않는다.

태종 연간 "진사"라는 명칭의 급제자들이 나타나지만, 이들이 받은 관직은 훗날의 진사과 합격자에 비하여 훨씬 높을 뿐더러 그 품계의 편차 또한 단일한 관인 선발 과목이기에는 너무 크다. 그렇다면 전통적인 찰거나 임시 조칙으로 선발된 관인까지 여기에 포함되고, 이것은 상거로서의 진사과와 다른 '광의의 진사'로 판단된다. 다만 분열의 시대에 거의 쓰이지 않던 이 단어의 재등장은 기존 제도와의 차이를 시사한다. 그리고 '진'과 사민(四民)의 하나인 '사'가 결합된 그 형태를 보면, 이것이 무관(無官)의 평민을 주된 대상으로 삼는다는 점이 주목된다. 그러므로 기존의 연구들 같이 이때 벌써 과거제도가 만들어졌다고 단정하기는 어렵더라도 그 '원형'이 생겨났던 사실은 분명하다.

제2부 '상거의 독자적 발전'은 과거가 새로운 관인선발제도로 정착해 가는 고종~예종 치세의 상황을 검토하였다. 고종 초에 '광의의 진사'가

제거와 상거로 분화되고, 정기적으로 실시된 상거는 고종 말 다양한 평가 방식도 채용해서 과거의 특징을 구비해 갔다. 이때 첩경과 잡문 시험이 각각 추가된 명경과와 진사과가 그 대표적인 예인데, 이 두 과목은 계속된 궁중 정변의 와중에서도 중요한 입사 방법으로 자리를 잡았다. 무측천 집권기에 진사과와 명경과의 자발적 응거·시험의 강화, 급제자의 승진 기회 증대 양상이 뚜렷해지는 것이다. 그리고 중종과 예종은 당초의 정책을 계승해 관학을 중시함으로써 관학 교육과 직결된 명경과의 위상을 높임과 동시에 관인 선발의 중앙집권성도 증대시켰다.

그런데 간과할 수 없는 사실이 있다. 당시 진사과와 명경과 급제자의 계량적 분석에서 드러나는 두 과목의 상이한 모습이 그것이다. 진사과 합격자의 초관은 명경과보다 낮지만, 승급·종관의 경우 이와 반대이기 때문이다. 상거의 독립 뒤 일관되게 나타나는 이러한 현상은 두 과거 과목을 일률적으로 이해하기 힘듦을 뜻하며, 이 제도의 형성 과정에 대한 세심한 주의를 요구한다. 고종 때와 무측천~예종 시기 사이에도 흥미로운 차이가 존재한다면 더욱 그러하다. 진사과 급제자들은 명문 성씨가 줄어들고 신흥 성씨가 늘어나는 추세이나, 명경과의 경우 이와 거꾸로인 것이다. 응거 방법에서도 진사과와 명경과는 각기 향공과 생도의 관계가 한층 긴밀해지는 상반된 경향이 발견된다.

이처럼 상거의 정착 실상에서 확인되는 두 과목의 차이는 곧 과거를 둘러싼 제도와 현실의 괴리를 의미한다고 해도 좋다. 당조가 명경과·생도를 중시하여 그 제도적 지위가 높았음에도 불구하고, 실제 현실 속에서 진사과·향공의 중요성이 커져가는 듯하기 때문이다. 진사과 급제자들 가운데 신흥 세력이 비교적 많았던 것은 이 과목의 낮은 위상 덕분에 접근하기 용이했던 결과일 수 있다. 그런데 이들이 중종 연간부터 『진사등과기』를 스스로 편찬하는 등 동류의식에 입각한 집단행동을 보인다. 이는 상대적으로 열등한 지위에 있던 진사과 응시자·급제자의 자구

책이었겠지만 현실적으로 이들의 사회적 영향력 확대에 기여했다고 생각된다.

제3부 '과거제도의 확립'은 청말까지 이어진 예부 주관 시험이 출현한 현종 시기의 과거제도를 고찰하였는데, 특히 제도와 상이한 현실을 낳은 진사과 응시자·급제자의 움직임에 주목하였다. 『당육전』을 보면, 상거가 현종 연간 관인선발제도의 중심을 차지하고 또 이것이 교육·전선제도와 긴밀하게 결합해서 매우 체계화되었음을 알 수 있다. 그리고 이때 '선관(選官)'과 '거사(擧士)'를 이부와 예부의 업무로 구분시킨 예부시도 생겨남으로써 찰거와의 차이도 더 확연해졌다. 따라서 이 시기에 새로운 관인선발제도가 확립된 것은 이론의 여지가 없다.

그런데 예부시의 등장은 양면성을 갖는다. '선관'과 분리된 상거를 통한 입사 절차가 복잡해지면서 국가권력의 통제력이 커졌지만, '거사'의 최종 단계가 된 성시의 권위와 그 응시자·급제자의 위상 역시 높아졌기 때문이다. 따라서 조정의 정책과 어긋나는 사인들의 주체적 움직임도 예전보다 활발해질 수 있었다. 이러한 사회적 분위기는 진사과 응시자들을 관학으로 흡수할 목적으로 만든 광문관의 역할 부전(不全)이나 향공의 폐지 시도와 그 좌절 등에서 잘 드러난다. 당시 진사과와 명경과 급제자들의 계량적 분석도 이를 확인해 준다. 명경과의 초관이 진사과보다 높고 향공 대비 생도 비율도 증가하여 당조의 의도에 부합한다. 그러나 사인들은 여전히 진사과와 향공을 중시했을뿐더러, 이런 양상이 예부시 시행 이후 더욱 두드러져 가는 것이다.

이와 같은 현상은 과거 응시자의 입장에서도 생각해 볼 필요가 있다. 제도의 정착과 더불어 이들의 긍지가 커졌음에도 불구하고, 급제 후 까다로운 과정까지 거쳐 실제로 받은 관직은 기대에 못 미쳤기 때문이다. 이러한 모순적 상황은 명경과보다 경쟁이 치열했던 진사과, 전통적인 찰거와 유사하여 자존감이 높았던 향공의 경우 더욱 심각하였다. 그러므로 이들은 과거 합격이나 좋은 관직을 위해 남달리 분투해야만 했으며, 이를 명증하는 것이 바로 문학작품을 이용한 사적인 교제와 청탁의 만연이다. 진사과 응시자·급제자의 이처럼 적극적인 행태는 그들 특유의 동류 의식을 촉진시켰는데, 왕영연의 행권이나 소영사 중심의 사인집단이 좋은 실례이다. 그리고 이렇게 집단화되어 간 이들의 사회적 영향력이 증대될 수 있었으니, 문학의 이념적 가치를 강조한 소영사 집단의 논리나 당시 관계(官界)에서 그 비중이 커지던 벽소도 여기에 일조했을 터이다. 상거 가운데 진사과의 현실적 위상이 점점 높아져서 마침내 이 과목을 과거제도와 동일시되게 만든 변화 또한 이러한 역사적 배경의 소산이라고 하겠다.

이 책의 본론은 위와 같이 당전기로 끝난다. 그런데 그 귀결 양상이 기왕의 연구로써 밝혀진 당후기 과거제도의 실상과 순조롭게 이어진다. 통일제국의 수립 뒤 오랜 기간에 걸쳐 형성된 과거가 현종 시기에 이르러 새로운 관인 선발 방식으로 공고해졌고, 그 이후에는 예전의 제도로 결코 되돌아 갈 수 없었던 것이다. 물론 안사의 난 진압 직후 대종 보응2년(763)에 예부시랑 양관(楊綰, 718~777)이 과거의 자발적 응시 형태를 비판하며 "고제(古制)"에 따른 천거 위주의 효렴으로 이를 대체하려 한 적이 있다.[1] 하지만 그 역시 시험제도 자체는 부정하지 못했으며,[2] 여타 관인들의 반대로 진사과·명경과도 존속되었다.[3] 그리고 이 사건은 덕종 건중

---

1 이 사건과 관련된 기록이 문헌들마다 조금씩 다르나, 아래의 서술은 이 중 가장 자세하고 믿을 만한 『冊府元龜』에 따른다. 졸고 「『新唐書』「選擧志」의 進士科에 대한 認識: 進士科 專論部의 箋注를 통하여」, 『중국학보』 41, 2000, 319~329쪽 참조.
2 楊綰은 6월에 훌륭한 품행을 갖추고 "以經業, 才堪策試"한 자를 縣에서 뽑아 올리면 중앙에서 "經義"와 策을 시험하자고 상주했다(『冊府元龜』 640, 「貢擧部 條制」, 7675쪽). 그가 7월에 "貢擧條目"을 건의할 때도 "每經問義二十條"·"試策三道"라는 구체적인 시험 방법을 제시하였다(같은 책, 7677쪽).
3 楊綰의 6월 상주 뒤 賈至가 "人多僑處"한 당시 상황을 고려해 학교의 확충을 통한 "鄕

1년(780) 10여년 만에 상거가 아닌 효렴을 없앰으로써 끝났다.[4]

이처럼 과거가 당후기에 폐지 불가능한 제도였던 사실은 동란(動亂) 중에도 거의 매년 과거를 시행했다는 점에서 극명하게 드러난다. 전술하였듯이 안사의 난 8년 동안 과거를 치지 않은 때가 보응1년(762) 한 해뿐이고, '당등과기총목'은 이후 과거를 실시하지 않을 경우 "정(공)거(停貢擧)"라고 적어 그 임시성을 분명히 하였다. 실제로 황소(黃巢, 820~884)의 봉기로 파천했던 희종(僖宗) 광명(廣明)1년(880) 12월부터 중화(中和)5년(885) 3월까지에도 중화4년 이외에는 과거를 거르지 않았으며,[5] 이무정(李茂貞, 856~924)의 경조(京兆) 점령 기간에도 소종(昭宗)은 건녕(乾寧)4년(897) 초 화주(華州)에서 과거로써 관인을 뽑았다.[6] 그리고 주체(朱泚, 742~784)의 반란 탓에 봉천(奉天)으로 달아난 덕종이 흥원(興元)1년(784) 그곳에서 과거를 쳤는데,[7] 주체 또한 경조에서 따로 평소처럼 "거선(擧選)"하려고 했다.[8] 이제 반란군마저 정례화된 관인 선발을 당연시할 만큼 과거제도가 확고부동해진 것이다.

그런데 필자의 연구와 관련해서 특별히 강조하고 싶은 것은 당후기 예부시를 둘러싼 현상이다. 이 시기에 예부시랑이 아닌 자가 성시를 주관하는 사례가 늘어나지만, 이럴 때 '지공거(知貢擧)'가 아니라 '권지공거(權知貢擧)'라고 불렀다.[9] 즉 과거의 예부 관할 원칙에 변함이 없고, 예부시

擧里選" 보완을 주장했고, "宰臣"들은 "擧人舊業已成, 難於速改"라면서 효렴의 전면적 시행을 이듬해로 미루도록 하였다. 그리고 7월 楊綰의 구체적인 시행안이 나온 후에 다시 翰林學士가 "進士、明經行來頗久, 不可頓令改業."이라고 하여, 황제는 효렴과 "舊法" 곧 상거를 "兼行"하도록 했다. 『冊府元龜』 권640, 「貢擧部 條制」, 7677쪽 참조.

4 『冊府元龜』 권640, 「貢擧部 條制」, 7678쪽.

5 『文獻通考』 권29, 「選擧考 擧士」, 859~860쪽. 『登科記考補正』, 975~992쪽 참조.

6 『文獻通考』 권29, 「選擧考 擧士」, 861쪽. 『登科記考補正』, 1030~1032쪽 참조.

7 『文獻通考』 권29, 「選擧考 擧士」, 854쪽. 『登科記考補正』, 490쪽 참조.

8 京兆로 들어온 朱泚는 건중4년 말에 "令依常年擧選"(『舊唐書』 권200下, 「朱泚」, 5389쪽)하였다.

는 개원25년 이래 한결같이 과거제도의 중추였던 것이다. 그렇다면 본서에서 지적한 예부시의 양면성이 당후기에 어떻게 나타나고 있을까? 지금이 문제를 정치하게 고찰하기 어렵지만, 다음과 같은 사실만은 확실히 밝혀 두고자 한다.

앞서 보았듯이 '선관'과 구분되는 예부시의 출현으로 과거 합격자는 따로 이부에서의 입사 절차를 거쳐야만 했고, 이로 인해 국가권력의 개입 여지가 넓어졌다. 하지만 그 실제 가능성이 당후기에는 줄어들었다. 절도사 등 속관(屬官)을 벽서할 수 있는 사직(使職)이 늘어난 결과 이부전선의 실질적 중요성이 약화되었기 때문이다. 막부(幕府)가 관인들에게 "요진(要津)"으로 여겨지고,[10] 그곳의 관직이 그들의 이력에 전혀 불리하지 않았던 것이다.[11] 혹 헌종(憲宗) 원화(元和, 806~820) 연간 전후의 과거 급제자들부터 벽서가 도리어 출세에 유리했다고도 한다.[12] 따라서 예부시 합격 뒤 전선의 전제조건이던 관시(關試)는 점차 유명무실해져서 아예 여기에 불참하는 이들조차 많았을 지경이었다.[13]

---

9 「〔淸〕徐松登科記考凡例」는 "唐主司自改制後, 以禮部侍郎任者曰知貢擧, 他官任者曰權知貢擧."(『登科記考補正』, 19쪽)라고 한다. 『冊府元龜』에도 "是年(개원24년 9월:인용자)始置禮部貢擧印. 其後禮部侍郎闕人, 亦以佗官主之, 謂之權知貢擧."(권639, 「貢擧部 總序」, 7661쪽)라는 기록이 있다.

10 『封氏聞見記校證』 권3, 「風憲」, 25쪽에서 (張守珪의 '幽州節度, 加御史大夫' 이후) 遊宦之士, 至以朝廷爲閒地, 謂幕府爲要津, 遷騰倏忽, 坐致郎省, 彈劾之職, 遂不復擧." 라고 한다. 張守珪가 유주절도사로서 어사대부의 관직을 겸한 것은 개원21~27년 사이의 일이다(『唐方鎭年表』 권4, 「幽州」, 546~547쪽).

11 목종 장경1~2년경의 制書는 "今之俊乂, 先辟于征鎭, 次升于朝庭, 故幕府之選, 下臺閣一等, 異日入爲大夫公卿十八九焉."(白居易, 朱金城 전교, 『白居易集箋校』, 上海, 上海古籍出版社, 1988의 권49, 「溫堯卿等授官賜緋充滄景江陵判官制」, 2924~2925쪽)이라고 한다.

12 吳宗國, 『唐代科擧制度研究』, 「門蔭的衰落和進士家族」, 233~238쪽.

13 闕名, 『玉泉子』(上海, 上海古籍出版社, 1988 신1판), 7쪽에 대중7년 진사과 급제자 于璙의 "近歲關試內多以假爲名, 求適他處, 甚無謂也."라는 말이 나온다. 이 책은 당말에 편찬된 필기자료이고, 그 내용의 신뢰도가 의문일 수 있다. 그러나 당후기 사실의

반면 '거사'의 최종 단계인 예부시 응시자와 급제자의 위상은 당후기에 계속 높아지고 있다. 물론 이것이 이부전선과 달리 실직을 당장 보장하지 않았으므로, 예부시의 장원(狀元)은 동년들과 함께 재상을 만날 때 단지 "저희들이 운 좋게 '성명(成名)'했습니다"며 감사했을 뿐이다.[14] 기실 '성명'은 당시 과거 급제의 동의어로 자주 사용되는데[15], 의례적 표현인 듯한 이 말에 특별한 자긍심이 실려 있다. '성명'은 오래도록 다양한 의미로 쓰여 왔지만, 당후기에 이것이 "학(學)"이나 "문(文)"의 성과처럼 인식되어[16] 무엇보다 명예롭게 여겨질 수 있었기 때문이다.

이와 같은 측면에서 볼 때, 예부시 합격자에 불과한 '전진사(前進士)'의 높은 권위 역시 주목된다. 예를 들어, 당말의 진사과에 급제한 이기(李琪, ?~?)는 후당(後唐) 명종(明宗, 재위 925~933) 시기에 상서우복야(尙書右僕射)까지 역임했으나 "문장지명(文章知名)"을 자부하며 스스로 "전향공진사(前鄕貢進士)"라고 칭하였다.[17] 당 애제(哀帝) 천우(天祐)4년(907)의 진사과 합격자 양진(梁震, 863~?)도 형남(荊南)에서 할거한 고계흥(高季興, 858~929) 휘하

경우 적어도 당전기의 그것에 비하여 훨씬 믿을 만함은 틀림없다. 따라서 안사의 난 이후 상황과 관련해서는 이러한 문헌의 기록을 보다 적극적으로 이용해도 무방할 것이다.

14　『唐摭言』 권3, 「過堂」, 27쪽에 의하면, "新及第進士"들이 재상을 찾아뵙는 '過堂' 의례에서 狀元은 "今月日, 禮部放榜, 某等幸忝成名, 獲在相公陶鑄之下, 不任感懼."라며 "致詞"하였다.

15　『韓昌黎文集校注』 권7, 「唐故國子司業竇公墓誌銘」, 525쪽의 "一擧成名"은 분명히 진사과 급제를 가리키고, 이러한 용례는 당후기의 詩文에서 매거하기 힘들 만큼 많다.

16　梁肅은 獨孤及의 "惟吾子可與共學, 當視斯文, 庶乎成名."(『唐文粹』 권93, 「毘陵集後序」, 13뒤쪽. 『文苑英華』 권703, 「常州刺史獨孤及集後序」, 3626쪽에서 일부 글자가 상이하나, 그 注文에 따르면 〔文〕集"은 『唐文粹』와 비슷하다.)이란 말을 特記하였다. 이처럼 學"이나 "文"을 "成名"과 연계시킨 글들은 "餘力當勤學, 成名貴少年"(『權載之文集』 권5, 「送從弟謁員外叔父逈歸義興」, 39쪽)이라는 權德興의 詩句와 "負文業"·"有辭藻"한 인물의 "成名"을 강조한 蕭倣의 「與浙東鄭商綽大夫雪門生薛扶狀」(『唐摭言』 권14, 「主司失意」, 157쪽) 등 적지 않다.

17　歐陽修, 『新五代史』(北京, 中華書局, 1974) 권54, 「李琪」, 619쪽.

에서 자신을 단지 "전진사"로만 불리고자 했다.[18] 이 사례들은 극심한 혼란기였던 오대 때의 특수한 사정을 감안해야겠으나, 예부시를 핵심에 둔 과거 급제가 왕조를 초월한 가치까지 지니게 되었음을 간과해선 안 될 것이다.

그리고 이렇게 존숭된 과거 과목이 오로지 진사과란 점 또한 중요하다. 본서에서 상술했듯이 이것은 당전기 사인들이 제도와 무관하게 선호했던 상거인데, 당후기에 이러한 사회적 현실이 더욱 고착되어 갔던 것이다. 이 시기에 명경과보다 진사과가 훨씬 중요했음은 익히 알려진 사실이므로 재론의 필요가 없을 듯하다. 그러나 이런 현상이 당조의 정책에 기인하지 않았음은 분명히 해 두자. 당시 진사과와 명경과의 차별적 인식은 "몽매한 사람들"이 "국가의 사인 선발 의도"를 모르는 탓이며, 실제로 그 합격자들의 승진은 그렇게 다르지 않다고도[19] 하기 때문이다. 물론 명경과에 급제한 친구에게 보낸 이 글에는 위로의 뜻도 담겼을 터이나, 덕종 때의 지공거 역시 사인을 뽑는 과목들 가운데 "명경위수(明經爲首)"라고 명언하였다.[20]

그렇다면 당후기에도 명경과의 제도적 지위에 큰 변화가 없어 보임에도 불구하고,[21] 명경과에 대한 사인들의 인식은 진사과와 현격한 차이를 드러낸다. 당말의 재상 최언소(崔彦昭, ?~?)가 진사과에 급제한 친척의 명

---

18 陶岳, 『五代史補』(文淵閣四庫全書電子版) 권4, 「梁震神贊」, 8뒤쪽.

19 歐陽詹은 「與鄭伯義書」에서 "蚩蚩之人, 貴此(진사과:인용자)賤彼(명경과:인용자), 是不深達國家選士之意, 見近而迷遠者. 居方(수산자인 명경과 합격자 鄭伯義:인용자)寧斯人之徒歟? 況目覩進士出身, 十年二十年而終於一命者有之; 明經諸色入仕, 須臾而踐卿相者有之!"(『歐陽行周文集』, 上海, 上海書店, 1926의 권8, 39쪽)라고 하였다.

20 덕종 정원13년 12월 지공거가 된 顧少連의 상주문에 "取士之科, 以明經爲首"(『冊府元龜』 권640, 「貢擧部 條制」, 7680쪽)란 말이 나온다.

21 위 顧少連의 글은 전술한 바 개원5년의 명경과 급제자 徐浩를 "首科昇圍"했다고 쓴 「徐浩碑」(『金石萃編』 권104, 『隋唐五代石刻文獻全編(3)』, 748쪽) 기록과 흡사하다. 현종 때의 제도가 최소한 덕종 시기까지 이어지고 있었던 것이다.

경과 응시 권고에 "분노(忿怒)"했다는 일화나[22] "서른 살이면 늙은 명경과 합격자, 쉰 살이면 젊은 진사과 합격자〔三十老明經, 五十少進士〕"란[23] 당시 세평이 단적인 증거이다. 오대 시기의 문헌에 실린 이러한 전문(傳聞)은 상거 과목들 간 제도와 현실의 괴리가 당후기에 점점 커져 갔음을 의미한다. 생도와 향공이라는 응시 방법 문제도 마찬가지이다. 전술했듯이 일관되게 관학을 중시한 당조가 생도를 우대했지만 사인들은 향공을 선호하는 경향이 있었다. 그리고 이와 같은 현상이 더욱 심화되어 급기야 "향공진사"를 자칭하는 황제까지 생기는 것이다.[24]

기실 안사의 난 이후 조정의 통제력이 약화되면서, 관학의 규모 자체가 현저히 축소되었다. 중흥기로 일컬어지는 원화 연간조차 양경(兩京)의 국자감 학생 수가 650명밖에 안 되어,[25] 『당육전』에 규정된 정원 2210명의 1/3에도 못 미치는 것이다. 게다가 이 생도들마저 평판이 나빠서 그들과 함께 공부하기를 꺼리는 이도 생겼다.[26] 그러나 향공의 경우 이와 판이하게 다르다. 문종 대화4년(830)의 "향리지거(鄕里之擧)"에 200명이 응시했다는 당시 기록도 존재하기 때문이다.[27] 그리고 이처럼 치열한 경쟁

---

22 尉遲偓, 『中朝故事』(文淵閣四庫全書電子版) 권上, 6앞쪽.

23 『唐摭言』 권1, 「散序進士」, 4쪽.

24 宣宗이 자신을 "鄕貢進士"로 불렀다는 이야기가 여러 문헌에 나오는데, 『太平廣記』는 『盧氏雜說』을 근거로 "常於內自題鄕貢進士李道龍"(권182, 「貢擧 宣宗」, 1356쪽)했다고 한다. 『盧氏雜說』은 盧言의 『盧氏雜記』이며(『直齋書錄解題』 권11, 「小說家類」, 321쪽), 이즈음 상서성의 郎官이던 盧言이 바로 그 저자로 추정된다. 『唐尙書省郎官石柱題名考』의 권9, 「考功郎中」, 461쪽과 권11, 「戶部郎中」, 569쪽 참조.

25 『冊府元龜』 권604, 「學校部 奏議」, 7254쪽. 『新唐書』 권44, 「選擧志」, 1165쪽 참조.

26 『唐國史補』 권中, 35쪽에서 "國子監諸館生, 洿雜無良."이라 하고, 이러한 국자감 학생들에 관한 악평을 들은 柳宗元은 입학을 포기하였다(『柳宗元集』, 北京, 中華書局, 1979의 권34, 「與太學諸生喜詣闕留陽城司業書」, 868~869쪽. 오수형 등 역, 『유종원집(3)』, 서울, 소명, 2009, 125쪽 참조).

27 『全唐文補遺(千唐)』, 406쪽에 의하면, 皇甫鉽가 "大和四年秋, 就鄕里之擧, 考試官考第等級在二百人之上, 名居其三."했다. 그의 응시 과목은 묘지에 명기되어 있지 않으나, 위 인용문 앞의 "能調理詞句, 作爲文章"·"〔父〕教以詩賦箴論"·"落筆遒健, 親友推

을 뚫고 올라온 "향공진사"는 상주(上州)의 자사마저 대수롭잖게 여길 정
도로 오만했으나, 황제는 이런 향공들의 태도를 어쩔 수 없는 일로 여겼
다는 이야기조차 전한다.[28]

그런데 이와 같은 사인들의 분위기는 당조의 정책 기조와는 거리가
멀다. 황제의 개인적 성향에 따라 얼마간 차이가 있을지언정, 국가권력의
입장에서 볼 때 관학 위주의 상거가 분명히 중앙집권 강화에 효율적이다.
즉 명경과와 생도가 진사과나 향공보다 중요했던 것이다. 실제로 문종
대화7년(833) 명경과나 진사과에 응시하려는 "공경사족자제(公卿士族子弟)"
들의 "국학(國學)" 입학을 강제하거나,[29] 무종 회창(會昌)5년(845)에 두 과목
수험생 전부에게 관학의 학적을 요구한 조처는[30] 앞서 보았던 현종의
향공 폐지 시도와 대동소이하다. 그러나 이러한 정책들이 "예부"나 "중서
문하(中書門下)"의 주장으로 곧 철회되었으니,[31] 이 또한 당전기처럼 조정
의 시책에 반발한 사인들 때문이었음에 틀림없다.

당후기 진사과 응시자와 급제자의 주체적 능동성은 당시 행권 풍조의
성행·강고한 붕당의 형성 등 다양한 측면에서 잘 드러나며, 이에 관한

許之" 등의 내용을 볼 때 진사과로 추정된다. 皇甫鈺의 묘지는 懿宗 咸通3년에 제작된
　것이다.

28　『太平廣記』권181, 「貢擧 蘇景張元夫」, 1353쪽은 "文宗嘗言進士之盛, 時宰相對曰:
　'擧場中自云, 鄕貢進士不博上州刺史.' 上笑之曰: '亦無奈何.'"란 『盧氏雜說』의 글을 채
　록해 두었다.

29　『唐大詔令集』권29, 「太(大의 오기:인용자)和七年冊皇太子德音」, 106쪽. 『文苑英華』
　권432, 編制 「大和七年八月七日冊皇大(太의 오기:인용자)子德音」, 2188쪽과 『冊府元
　龜』권641, 「貢擧部 條制」, 7684쪽; 『唐會要』권35, 「學校」, 741쪽 참조.

30　『文苑英華』권429, 「會昌五年正月三日南郊敕文」, 2173쪽. 『唐會要』의 권35, 「學校」,
　741쪽; 『唐摭言』권1, 「會昌五年擧格節文」, 2쪽 참조.

31　『冊府元龜』권641, 「貢擧部 條制」, 7684쪽에 의하면, 문종 대화7년 8월의 조처는 이
　듬해 10월에 예부의 상주로 취소되었다. 그리고 무종 회창5년 1월의 改制도 中書門下
　가 奏請해서 그해 3월 "兩府(京兆와 東都:인용자)取解"만 국자감에서 시험하는 것으로
　완화되었다가, 선종 대중1년 6월에 이마저 폐지하여 "舊條"로 되돌아갔다(같은 책,
　7686쪽).

연구는 벌써 충분히 이루어졌다.[32] 그리고 이와 같은 현상의 근저에 그들끼리의 배타적인 결속력이 존재했던 것도 분명하다.[33] 다시 말해, 상거의 독립 이후 진사과를 매개로 해서 나타났던 사인들의 동류의식과 유대감이 이 시기에 더욱 확대·강화되었던 것이다. 따라서 당후기의 과거가 그 제도는 물론 이를 둘러싼 사회 현실까지 예부시 시행 뒤 더욱 뚜렷해진 사인들의 적극적 활동과 집단화의 연장선상에 있다고 해도 무방하다.

지금까지 간략하게나마 살펴본 당후기 과거제도의 양상은 본론에서 검토했던 이 새로운 제도의 수~당전기 형성 과정과 명백히 연속성을 갖는다. 필자의 본격적인 연구가 비록 현종 시기까지의 고찰로 끝났으나, 그 결론은 좀 더 장기적 시야에서 보더라도 타당할 수 있는 것이다. 따라서 본서의 내용을 근거로 삼아 당대 전반에 걸친 과거제도의 특징을 유추해 봄직하다. 그렇다면 무엇보다 먼저 지적하고 싶은 사실은 이런 과거를 통일제국에 의한 중앙집권책의 일환으로만 단순화시킬 수 없다는 점이다. 진사과로 대표되는 상거가 중앙 정부의 정국 장악력이 약화된 안사의 난 후에 더욱 공고하게 발전해 갔음이 그 확실한 증거이다.

기존의 연구들이 이러한 측면을 소홀히 한 까닭은 관인 선발 문제를 국가의 관점으로 이해하고, 당조와 그 이전 분열시대의 차이에 너무 집착한 탓 아닌가 한다. 그러나 관인을 뽑을 때 선발 가능한 대상자들과의 상호작용도 결코 무시할 수 없으며, 특히 과거처럼 시험 위주의 제도일 경우 분명히 수험생들의 의지와 역량이 중요한 문제일 것이다. 과거제도

---

32 行卷에 대한 연구사는 전술했는데, 특히 진사과와의 관계는 전게 程千帆의 『唐代進士行卷與文學』이 중요하다. 또 牛李黨爭의 역사적 의미는 학계의 논란거리일지라도(전게 張國剛 주편, 『隋唐五代史硏究槪要』의 '牛李黨爭' 항목, 46~50쪽; 渡邊孝, 임대희 등 역, 「牛李의 당쟁 연구에 대한 현상과 전망」, 『중국사연구』 5, 1999), 陳寅恪이 밝힌 牛黨과 진사과의 밀접한 관련성에 대하여서는 대부분 이견이 없다.
33 이 문제에 관하여 졸고 「唐後半期 進士科와 士人들간의 私的 紐帶」, 『동양사학연구』 56, 1996에서 상술하였다.

가 진사과 중심으로 정착해 간 과정 역시 이와 같은 현실적 조건의 산물이라면, 필자가 본론에서 밝혔던 사실 또한 거듭 강조할 필요가 있다. 진사과에 응시하거나 급제한 사인들의 주동적 역할 그리고 이를 활성화시킨 예부시의 중요성이 바로 그것이다. 예부에서 과거를 주관한다는 원칙이 이 제도가 사라질 때까지 유지되었음을 생각하면 더욱 그러하다.

2. 과거제도에 대한 새로운 이해의 가능성

당대는 과거란 새로운 관인선발제도가 생겨난 초창기이다. 그러므로 이것이 본서에서 살펴보았듯이 긴 '형성' 기간을 거쳐 만들어졌을지라도, 늦어도 한초(漢初) 이래 존속하던 찰거의 영향을 쉽게 벗어나기 어려웠다. 예컨대 당후기에도 '통방(通榜)' 곧 지공거와 친밀한 관계를 가진 자의 추천이 과거의 당락을 좌우하는 경우가 적지 않았고,[34] 진사과 급제의 기준

---

34 通榜의 성격은 전게 傅璇琮, 『唐代科擧與文學』, 「知貢擧」, 224~229쪽에서 잘 설명하고 있다. 그런데 간과해서 안 될 점은 이러한 행위가 급제 청탁 행위로 보임에도 불구하고 당시 전혀 비난되지 않았다는 사실이다. 『唐撫言』 권8, 「通榜」, 82쪽은 그 사례로 4명의 지공거를 特記했는데, 이들 모두 아래의 표에서 보듯이 세간에서 좋은 평가를 받았던 것이다.

지공거	시기	평가
權德興	덕종 정원18·19·21년	"三歲掌貢士, 至今號爲得人."(책-7800)
陸贄	덕종 정원8년	"薦進良士、明白是非爲己任, 方今天下一人"(한-200)
裴贄	소종 大順1·2, 乾寧5년	"至公", "無私"(황-98)
鄭顥	선종 대중10·13년	"淸名喧於時"한 崔雍과 함께 "流品所重"(금-40)

° 근거 문헌: 책(『冊府元龜』), 한(『韓昌黎文集校注』), 황(『唐黃御史集』), 금(劉崇遠, 『金華子』, 上海, 上海古籍出版社, 1988 신1판)

을 문필 능력과 더불어 "인물(人物)"의 뛰어남에서 찾은 시험관도 발견되는 것이다.[35] 이는 추천과 사람됨을 중요하게 여긴 찰거의 유풍이라고 하겠다.

그러므로 당대에 확립된 과거제도가 그대로 후대에 계속 답습되기 어려웠다. 매년 시행한 상거는 이 신제(新制)의 주요 징표로 여겨지나, 송 영종(寧宗) 치평(治平)3년(1066) 이후 과거를 3년마다 치도록 바꾸었음이[36] 좋은 예이다. 하지만 정기적인 시험을 통해 관인을 뽑는 원칙이 견지된 이상, 이러한 세부 규정의 차이는 큰 문제가 아닐 것이다. 물론 송대에 과거 응시자를 익명화한 호명법·등록법의 실시 혹은 황제 주관의 전시 도입은 이와 다르다. 서장에서 언급했듯이, 그 결과 과거는 객관성을 현저히 증대시키거나 군주독재체제를 낳았을 수도 있기 때문이다.

이와 같은 변화의 역사적 의미를 중시하는 연구들은 당대의 과거제도가 지닌 한계를 강조한다. 기존의 과거가 송대 이후처럼 공정하지 않았으며, 군주 중심의 중앙집권체제 형성에도 그다지 기여하지 못했다는 것이다. 그런데 이를 '한계'로 인식하는 까닭은 전술한 '현재'의 관점, 즉 서구 역사의 발전 과정에서 도출된 '근대성'을 기준으로 삼고 있음 역시 분명하다. 그러나 이러한 견해를 선도했던 연구자도 "당대의 〔과거 관련〕 고사(故事)가 의외로 오래도록 후세에까지 영향"을 미치고 있다는 점은 인정한다.[37] 그렇다면 그 고사가 계속 기억·인용된 당대의 과거제도를 후대의 그것과 이질시(異質視)해서는 안 된다. 중국사 고유의 전개 과정

---

35 문종 개성2년의 지공거 高鍇는 李肱의 급제를 의아스럽게 여긴 황제에게 "舊文亦好, 人物絶奇, 每事且(이 뒤에 闕文이 있고, "事且"를 "視其"로 적은 판본도 있음:인용자) 他日必爲卿相."(『唐詩紀事校箋』 권52, 「李肱」, 1756쪽)이라며 자신의 판단을 정당화 하였다.

36 張希清, 『中國科擧制度通史: 宋代卷』(上海, 上海人民出版社, 2015), 85~94쪽.

37 전게 宮崎市定, 『과거: 중국의 시험지옥』(전혜선 역, 신판), 176쪽.

특히 그 두드러진 지속성을 생각할 때, 당대와 송대 이후 과거제도의 동질적 연속성에도 주목할 필요가 있는 것이다.

이와 관련하여 간과할 수 없는 사실이 있다. 본서는 당대 과거제도의 형성 과정에서 당조의 정책과 달리 생도보다 향공이 현실적으로 점점 더 존숭되는 추세를 밝혔다. 그런데 송대에는 관학이 발전하면서 그 학생 곧 생도의 중요성이 커지고, 일시나마 삼사법(三舍法)으로 향공을 대체하려 한 적도 있다.[38] 나아가 명대 이후의 과거는 학교제도와 긴밀히 결합해 갔으며, 그 응시 자격으로 지방관학의 입학을 요구함으로써 마침내 향공이 폐지된 것처럼 보인다.[39] 그렇다면 과거제도의 최종 형태는 당대의 현실과 판이해서 양자의 성격을 결코 동일시할 수 없을 듯하다.

그러나 삼사법의 전면적인 시행은 여론의 저항 등으로 오래 가지 못했고,[40] 송대 중앙관학의 정원도 12세기 초에 정점을 찍은 뒤 감소하였다.[41] 명·청 시기의 과거 또한 관학의 학적을 단지 형식적 요건으로 삼

---

38 전게 李弘祺, 『송대 관학교육과 과거』가 송대의 관학에 대하여 잘 개관하였고, 三舍法의 置廢 문제는 전게 張希淸, 『中國科擧制度通史: 宋代卷』, 759~776쪽에 상술되어 있다.

39 郭培貴, 『中國科擧制度通史: 明代卷』(上海, 上海人民出版社, 2015)는 명대 과거제도의 특징을 관학과의 유기적 결합에서 찾으면서도(5쪽), 鄕試에 "儒士" 등 지방관학의 학생이 아닌 자도 응시 가능했음을 이유로 입학시험인 童試와 과거를 구분한다(70쪽). 그러나 李世愉·胡平, 『中國科擧制度通史: 淸代卷』(上海, 上海人民出版社, 2015)은 童試를 과거 시험의 출발점으로 삼고 있다(12~60쪽). 이는 명대 이후의 과거제도가 점점 더 관학 중심으로 운용되어 갔음을 뜻하며, 당시 과거에 응시하려면 통상 지방관학의 학생 곧 生員이어야만 했다. 儒士처럼 그렇지 않은 향시 응시자는 극소수였기 때문이다.

40 북송 때 解試와 省試를 모두 폐지하고 삼사법만으로써 관인을 뽑은 시기는 徽宗 大觀 1년(1107)~宣和3년(1121)의 10여년에 그친다. 그 원인은 당쟁·재정 부담 등 여러 가지 있겠지만(전게 張希淸, 『中國科擧制度通史: 宋代卷』, 764~770·773~776쪽), 필자는 이 가운데 "時人議其〔三舍〕法曰: 利貴不利賤, 利少不利老, 利富不利貧."(『文獻通考』 권31, 「選擧考 擧士」, 916쪽)이란 기록에서 보듯이 당시 사인들의 비판이 가장 중요하다고 생각한다.

41 전게 李弘祺, 『송대 관학교육과 과거』, 67~68쪽과 92~93쪽의 〈표3〉.

앉을 뿐, 학교에서의 교육 자체는 그렇게 중시하지 않았다. 재학 중 학력 평가 시험인 '세시(歲試)'를 거의 "무시"했던 청대의 사회적 분위기가[42] 이를 단적으로 보여준다. 당시 관학의 입학 목적이 애당초 과거 응시였기 때문이다. 따라서 과거와 학교의 제도적 유착은 기실 관학이 과거제도에 포섭되는 결과를 낳은 셈이며, 이것은 제도와 별개로 생도보다 향공을 중시했던 당대의 현실과 일맥상통한다고 해도 좋다.

당대 과거제도의 실상이 이처럼 후대로 이어지는 모습은 진사과 단일 체제로의 귀착에서 무엇보다 뚜렷이 드러난다. 송 신종(神宗) 희녕(熙寧)4 년(1071) 왕안석(王安石, 1021~1086)이 명경과와 제과(諸科)를 폐지한 뒤 상거 의 여타 과목들은 점차 사라져 갔기 때문이다.[43] 이는 당대의 사인들이 선호했던 진사과가 결국 과거제도의 최종 승자가 되었음을 의미한다. 물 론 송대 이후 진사과는 문학적 소양만을 시험하지 않아 예전과 다르고, 이러한 변화는 특정한 능력과 결부되지 않는 진사과란 명칭의 애매함 혹은 유연성 덕분일 터이다. 하지만 경의(經義) 위주의 과목까지 이렇게 불리게 된 데에는 명경과보다 진사과를 유난히 중시했던 당대 사인들의 풍조와 무관하지 않음에 틀림없다.

이와 같은 관점에서 보면, 구양첨(歐陽詹, 755~800)의

> 진사는 벼슬길로 나아가 정치에 의한 교화를 도울 수 있으니, 처음 아
> 래에서 위로 올라가 끝내 위에서 아래를 이롭게 하는 자라고 어찌 말할
> 수 없겠는가? 근래에 〔진사를〕 거인(擧人)이라고도 하는데, 〔이것은〕 실로
> 고금의 '거현진능(擧賢進能)'하는 과목이다.[44]

---

42 전게 宮崎市定, 『과거: 중국의 시험지옥』(전혜선 역, 신판), 60~69쪽. 전게 李世愉·
    胡平, 『中國科擧制度通史: 淸代卷』이 歲試를 독립된 과거 시험 단계로 설정하지 않은
    까닭도 이 때문일 것이다.
43 전게 張希淸, 『中國科擧制度通史: 宋代卷』, 41~84쪽. 특히 82쪽의 〈宋朝貢擧科目沿
    革示意圖〉 참조.

는 글이 흥미롭다. 당후기에 "진사"는 "정치"에 참여할 만한 인재의 대명사처럼 변하고, 이러한 관념이 일반화되면서 진사과는 유일무이한 과거 과목으로 탈바꿈할 수 있었던 것이다.

실제로 위 인용문의 내용은 전술했던 왕부지의 예부시 출현에 대한 논평 곧 과거의 역할을 관인의 선발임과 동시에 "군자"·"소인"의 구별이라면서 특히 후자의 측면을 강조하는 논리와[45] 비슷하다. 과거는 "아래에서 위로 올라"온 평민을 "현"·"능"한 "군자"로 승인하는 제도이고, 이 중요한 변신(變身) 과정에서 독존적 지위를 차지한 것이 바로 진사과였다. 기실 당시 진사는 '거사'의 마지막 단계인 예부시를 이미 통과하였다. 따라서 진사과에 대한 이런 훗날의 의미가 앞서 상술한 바 '사를 올린다' 혹은 '학식 있다고 천거된 민'이란 뜻으로부터 유래하는 '진사'의 원의(原義)에 일면 가까울는지도 모르겠다.

그런데 여기에서 하나 짚고 넘어갈 문제가 있다. 제거만 아니라 상거에까지 직접 개입하는 황제권이 그것이다. 전술했듯이 천보9년에는 현종이 재상과 예부시랑의 반대로 상거 급제자의 결정에 관여하지 못했다.[46] 그러나 당말의 의종(懿宗, 재위 859~873)은 대중14년(860) 임의로 "급제를 하사〔賜及第〕"하기 시작하며[47] 오대 이후에는 이러한 현상이 더욱 확산된

44　『歐陽行周文集』 권8, 「與王式書」, 40쪽. "進士者, 豈不言其可以仕進而能裨助政化, 始自下而升上, 終自上而利下者也? 近代亦曰'擧人', 實古今擧賢進能之科也."

45　『讀通鑑論』 권22, 「玄宗 15」, 665쪽.

46　『封氏聞見記校注』 권3, 「貢擧」, 17~18쪽. 『登科記考補正』, 366~367쪽 참조.

47　이보다 앞서 목종이 장경1년 과거의 공정성을 의심해 再試한 뒤 "特賜及第"했다는 기록이 있지만(『舊唐書』 권168, 「錢徽」, 4384쪽), 이것은 황제의 자의적인 급제 자격 부여가 아니다. 그러나 대중14년에 劉鄴을 翰林學士로 발탁하면서 시험도 없이 "賜臣進士及第"(趙和平, 『敦煌本『甘棠集』研究』, 臺北, 新文豊出版公司, 2000, 154쪽의 「謝進士及第讓狀」)·"特賜進士"(같은 책, 156쪽의 「謝不許讓兼賜告身〔狀〕」)·"恩賜進士出身"(같은 책, 163쪽의 「上白相公狀」)한 의종의 행위는 분명히 새로운 양상이다. 그리고 『唐摭言』 권9, 「勅賜及第」·「表薦及第」, 97~99쪽에서 보듯이 그 뒤 이와 유사한

다.[48] 뿐만 아니라 송대의 경우 황제가 예부시 합격자를 다시 전시란 명목으로 시험하였고,[49] 그 뒤 이것이 과거제도의 중요한 절차로 자리 잡았다. 그렇다면 후대에는 황제가 당락을 최종적으로 확정한 셈이고, 과거를 주관한 예부의 역할은 단지 형식에 그쳐서 당대와 현격한 차이가 있는 듯하다.

하지만 주의해야 할 점은 이와 같은 일이 생겨난 정황(情況)이다. 기실 처음으로 "급제를 하사"한 대중(847~860) 연간에 진사과의 합격 여부는 "세상의 평가[世]"에 달렸다고도 여겨졌으며,[50] 당조가 쇠퇴해 가던 당시 황제의 권력 역시 현종에 비할 수 없었다. 그렇다면 의종의 조처는 황제권이 강해서라기보다 진사과의 높은 평판에 연유했을 가능성이 크다. 그 당사자 유업(劉鄴, ?~881)도 자기의 급제가 "대체(大體)"와 어긋남을 부끄러워했으니,[51] 이것은 행신(幸臣)을 중용하기 위한 황제의 무리수(無理手)였다고 하겠다. 실제로 소종 광화3년(900)에는 진사과에 합격하지 못하고 죽은 유능한 자들의 명예를 위해 급제를 추증하자는 상소까지 나온다.[52] 이러한 진사과 존숭의 사회 분위기 속에서, 황제는 과거의 명성을 빌어

<hr>

사례들이 계속 나타난다.

48 黃承炳, 「文柄自決: 唐宋間"賜進士"考論」, 『中國史研究』 2021-1.

49 송대 殿試의 출현은 익히 알려진 사실인데, 전게 張希淸, 『中國科擧制度通史: 宋代卷』, 260~320쪽이 이를 잘 설명하고 있다. 아래 송대의 전시 관련 서술은 기본적으로 이 책에 의거한다.

50 진사과 낙제자 趙珏(806~847)의 묘지는 "世以進士相貴重"한 당시 "世不與其位"했음을 안타까워한다(『唐代墓誌彙編』, 大中011번). 이는 진사과의 권위나 그 급제를 황제가 아닌 "世" 곧 世評이나 世論의 문제처럼 서술하고 있는 것이다.

51 劉鄴은 「謝進士及第讓狀」에서 "蒙別賜出身, 實慙有虧大體"(전게 趙和平, 『敦煌本『甘棠集』研究』, 154쪽)라고 한다.

52 韋莊, 李誼 교주, 『韋莊集校注』(成都, 四川省社會科學院出版社, 1986), 「乞追賜李賀皇甫松藤進士及第奏」, 572~575쪽. 『唐摭言』 권10, 「韋莊奏請追贈不及第人近代者」, 116~119쪽과 『容齋三筆』(전게 上海古籍出版社本 『容齋隨筆』 所收) 권7, 「唐昭宗恤錄儒士」, 501~502쪽 참조.

총신(寵臣)을 발탁하고 또 자신의 권위를 높이고자 했던 것이다.

물론 오대의 분열기를 마감한 송조의 상황은 이와 다를 수 있다. 특히 인종(仁宗) 경력(慶曆)2년(1042) 과거의 주요 제도로 확립된 전시는 분명히 황제권의 강화와 관련이 깊다. 황제가 과거 급제와 합격 순위 결정권을 가짐으로써 예부시의 기능이 위축된 것이다. 그러나 간과해서 안 될 사실이 있다. 전시의 응시자 곧 예부시의 합격자를 떨어뜨리지 않는 관행이 곧바로 생겨났다는 점이 그것이다. 이와 같은 방식의 전시 운용은 인종 가우(嘉祐)2년(1057)에 벌써 나타나고, 철종(哲宗) 원우(元祐)8년 뒤에는 시험 규정을 어긴 "잡범(雜犯)"조차 전혀 문제 삼지 않았기 때문이다.[53] 그렇다면 과거의 당락 자체가 결국 예부시로써 확정되었으며, '거사'의 최종 단계인 예부시의 중요성은 실질적으로 변함이 없었다.

이러한 시각에서 볼 때, 서장에서 언급했던 바 전시를 "천자독존(天子獨尊)이라는 근대지나(近代支那)의 풍격"과 직결시켜 시대구분론으로까지 발전시킨 교토학파의 논리는[54] 그대로 받아들이기 어렵다. 기실 전시의 문제 또한 본서에서 살펴본 예부시와 마찬가지로 선발자만이 아니라 그 응시자의 입장에서도 고찰할 필요가 있다. 과거를 통해 입사하려던 이들은 이 제도로 인해 국가권력에 의한 통제가 커진 반면 합격 뒤 얻은 권위는 높아질 수 있기 때문이다. 전시 역시 예부시와 같은 양면성이 존재하는 것이다.

전시에서 낙방자가 사라진 까닭도 당시 과거에 응시하던 사인들의 적극적인 행태와 무관하지 않다. 황제의 입장에서 급제 직전 그들의 열

---

53 전게 張希淸, 『中國科擧制度通史: 宋代卷』, 305~309쪽.

54 宮崎市定의 이러한 역사 해석은(전게 秋田屋本 『科擧』, 8~32쪽 참조) 그의 제자 荒木敏一의 『宋代科擧制度研究』(京都, 東洋史研究會, 1969)에서 더욱 체계화되었다. 이와 같은 京都學派의 논리가 학계에 큰 영향을 미쳐서 대개 군주에 초점을 맞추어 전시를 설명해 왔다.

망을 좌절시켜 굳이 반감을 살 필요가 없기 때문이다.[55] 따라서 전시, 특히 모든 응시자를 합격시킨 전시는 일면 예부시의 위상을 제고시켰다고 해도 좋을 듯하다. 예부시의 급제자는 자연스레 전시까지 통과하고, 그 결과 황제의 위세까지 덧보탤 수 있는 것이다. 아무도 떨어뜨리지 않는 전시가 "천하의 후세 과거 응시자〔士子〕들에게 무궁한 이익이 되었다."는[56] 『연익이모록(燕翼詒謀錄)』의 말이 결코 과언이 아니라고 하겠다.

과거가 이미 제도적으로 공고해진 이상 이를 통한 사인들의 역량도 증대되었고, 황제마저도 그들이 주도하는 사회 풍조를 거스르기 어려웠다. 예를 들어, 송대 이후 호명법·등록법의 시행으로[57] 좌주·문생 관계가 약화되었을 법하지만 실상은 그렇지 않았다. 과거의 시험관과 합격자들 간의 결속력이 여전하여, 청대에도 "부모에게 죄짓는 이는 있을지언정 좌주에게 죄를 짓는 자는 없다."고 일컬어질 정도였기 때문이다.[58]

---

55 王栐, 『燕翼詒謀錄』(北京, 中華書局, 1981) 권5, 52쪽에 의하면, 전시의 낙제를 없앤 이유가 이로 인해 야기되는 사인들의 불만을 지적한 群臣들의 건의 때문이었다. 여기에서 그 근거로 제시된 張元의 西夏 투항은 인종 가우2년보다 20년 전의 일이란 이유로 혹 이 기록의 신뢰성을 의심하기도 한다(전게 張希淸, 『中國科擧制度通史: 宋代卷』, 312쪽). 하지만 인종 치세에 발생한 張元 사건이 당시 황제나 관인들에게 주었을 충격이 컸을 터이므로, 이 기억을 소환한 신하들의 건의가 전혀 이상하지 않다. 그러므로 『燕翼詒謀錄』의 설명은 예부시에 급제하고도 전시에서 떨어져 버린 이들의 좌절감과 이에 따른 반발의 위험성을 생각할 때 충분한 설득력을 갖는다. 당말에 여러 차례 진사과에 낙방한 李振이 중앙 조정에 대하여 드러낸 적개심을(薛居正 등, 『舊五代史』, 北京, 中華書局, 1976의 권18, 「李振」, 253쪽) 보면 더욱 그러하다.

56 『燕翼詒謀錄』 권5, 52쪽.

57 전게 張希淸, 『中國科擧制度通史: 宋代卷』, 481~505쪽.

58 송대에 좌주·문생 관계에 대한 통제를 강화한 뒤 혹 그 호칭이 바뀌어도 시험관과 합격자 사이의 돈독한 관계는 변하지 않았다. 『日知錄集釋』 권17, 「座主門生」, 407~410쪽에서 顧炎武는 명대에 이들의 "朋黨之禍"가 당대 못잖았다고 하며, 黃汝成은 "明之士夫積習, 師弟重於父子. 得罪于父母者有之, 得罪於座主者未之有也."(『潛邱箚記』, 文淵閣四庫全書電子版, 권1, 20뒤쪽 참조)라는 淸人 閻若璩의 글을 附注해 두었다.

그리고 이러한 사적인 유대감이 명·청대 과거와 연계된 지방관학의 입학시험부터 나타나고, 좌주-문생이나 동년(同年)은 물론 그들의 혈족으로까지도 확대되어 갔다고 한다.[59] 이런 현상은 당대 과거의 형성 과정에서 드러났던 바 조정의 정책과 어긋난 사인들의 동태가 보다 뚜렷해진 듯이 보인다.

그러므로 과거제도의 확고한 정착은 황제 중심의 중앙집권화와 함께 그 응시자·급제자의 사회적 권위 제고도 가져왔다. 다시 말해, 이 새로운 관인선발제도를 군주권의 강화에만 초점을 맞추어 설명할 수 없는 것이다. 과거에 응시한 사인들이 궁극적으로 관인을 지향했다면, 이들의 높아진 위상 또한 황제를 정점에 둔 국가권력으로의 종속처럼 여겨질는지 모르겠다. 그러나 주지하듯이 중국의 전통사회에서 관인은 단순한 공직의 수행자가 아니라 일종의 신분으로서 특별히 존중되었다. 과거를 거쳐 입사한 관인들이 그 전형적인 예인데, 이 제도의 경우 중간 단계 시험의 합격자까지 이와 비슷한 특권을 누리기조차 했다.[60] 따라서 과거제도로 초래된 양면적 현상은 마땅히 두 가지 상이한 요소를 종합적으로 살

---

59 이와 같은 현상을 극명하게 보여주는 것이 "生員之在天下, 近或數百千里, 遠或萬里, 語言不同, 姓名不通, 而一登科第, 則有所謂主考官者, 謂之座師, 有所謂同考官者, 謂之房師, 同榜之士, 謂之同年, 同年之子, 謂之年姪, 座師、房師之子, 謂之世兄, 座師、房師之謂我, 謂之門生, 而門生之所取中者, 謂之門孫, 門孫之謂其師之師, 謂之太老師, 朋比膠固, 牢不可解, 書牘交於道路, 請託徧於官曹, 其小者足以蠹政害民, 而其大者, 至於立黨傾軋, 取人主太阿之柄而顚倒之, 皆此之繇也."(『顧亭林詩文集』, 香港, 中華書局, 1976의 『亭林文集』 권1, 「生員論中」, 24쪽)라는 顧炎武의 비판이다.

60 과거와 학교 제도가 결합된 명대 이후는 과거의 중간 단계 합격자들 대부분 관학의 학생이었으므로 당연히 일반민과 다른 "學子"의 특혜를 누렸다(전게 閻步克, 『中國古代官階制度引論』, 453~461쪽). 그런데 제3부에서 상술했듯이 당대의 향공진사나 향공명경도 상당한 자부심을 가질 만큼 사회적으로 우대되었고, 이러한 현상은 송대에 더욱 일반화된다. 高橋芳郎, 「宋代の士人身分」(원간 1986), 『宋-淸身分法の硏究』(札幌, 北海道大學圖書刊行會, 2001)의 경우, 지방시험에 합격해서 省試로 올라온 "擧人"들이 북송 말부터 평생토록 役法·刑法의 優免 대상이었다고도 하는 것이다.

펴보아야만 한다.

사실 과거라는 중국 특유의 관인선발제도를 정확히 이해하려면, 중국사의 긴 흐름 속에서 거시적인 고찰이 필수적이다. 지금 이 문제를 본격적으로 검토할 겨를은 없으나, 아래와 같은 학계의 통념을 일단 확인해 두고 싶다. 춘추전국시대의 변혁기를 거치며 '제민(齊民)'에 바탕한 관료제가 발전하였다. 이러한 변화를 가장 효율적으로 달성한 진(秦)이 통일제국을 수립하였고, 그 중심에 자리 잡은 황제는 후대의 어떤 군주보다도 전제적(專制的)이었다. 그런데 한(漢)이 유교를 체제이념으로 삼자, 제민의 상층부는 유학을 습득해 관인으로 편입됨과 동시에 독자적인 사회세력으로 성장해 갔다. 이른바 '청류(淸流)' 사인이 그 대표적 예로서, 국가권력에 의하여 '당고(黨錮)'로 탄압된 이들은 집단성이 두드러졌다.

이러한 사인들의 집단적 존재 형태는 통일제국의 쇠퇴와 더불어 확산되는 추세였다. 후한말 이후 현존 문헌에 분명히 보이는 '사림(士林)'이란 말이 그 명증이다.[61] 또 진대(晉代)부터 빈출하는 이와 유사한 어휘가 있는데, 갈홍(葛洪, 283~363)의 『신선전(神仙傳)』부터 발견되는 '사족(士族)'이 그것이다.[62] 이는 분열의 시대에 더욱 촉진된 사인들의 집단적 세력화

---

61 文淵閣四庫全書電子版과 中國基本古籍庫(劉俊文 總纂, 北京, 愛如生數字化技術研究中心)를 검색하면, '士林'을 '사인 집단'의 뜻으로 쓴 책은 陳壽의 『三國志』가 최초이다. 그리고 『三國志』의 "交游士林"(권54, 「魯肅」, 1270쪽) · "士林之藪"(권64, 「諸葛恪」, 1436쪽)의 두 사례 가운데 시기적으로 이른 것은 전자 곧 후한말 魯肅(172~217)의 말이다. 그런데 후대에 편찬된 문헌에는 이보다 앞선 선례도 전한다. 袁宏(328?~376?), 周天游 교주, 『後漢紀校注』(天津, 天津古籍出版社, 1987) 권14, 「後漢孝和皇帝紀」, 永元9年條, 396쪽에 "〔梁〕竦少長京師, 逮父兄時遊士林, 故不樂歸鄕里."라는 班固(32~92)의 이야기가 나오는 것이다. 단 이와 비슷한 내용을 전하는 『後漢書』에는 "〔梁〕竦生長京師, 不樂本土"(권34, 「梁統」, 1171쪽)라고만 할 뿐 士林이란 구절이 없다. 하지만 陳琳(?~217), 「爲袁紹檄豫州」의 "自是士林憤痛, 民怨彌重."(『文選』 권44, 1969쪽)이라는 글에서 보듯이 후한말에 이 어휘가 상용되었음은 분명하고, 이러한 용례가 이후 점점 증가한다.

62 '士族'이란 표현은 文淵閣四庫全書電子版과 中國基本古籍庫를 검색할 때 『神仙傳』

현상의 중추에 '족(族)' 곧 폐쇄적인 혈연관계가 있었음을 의미한다. 기실 문벌 등 다양한 명칭으로 불린 특정 가문이 사인으로서의 문화적 소양과 굳건한 지역 기반 위에서 막강한 위세를 누렸던 이 시기의 상황은 췌언이 불필요한 상식이라고 하겠다.

과거제도는 바로 이와 같은 시대적 배경 아래 만들어졌다. 통일제국의 재건 뒤 관인의 수요가 늘어나고, 지식과 능력을 갖춘 사인들이 그 주된 공급원이었다. 따라서 황제는 기존 사족의 일원들을 예우하며 적극 받아들여야만 했으나 중앙집권체제의 강화를 위하여 그들의 혈연적 폐쇄성 극복도 시급한 과제였다. 그러므로 새로운 관인선발제도를 개방적이고 객관적인 시험 위주로 재편하였으며, 과거의 이런 성격은 종래 익히 지적되어 온 사실이다. 이러한 측면에서 볼 때, 국가가 직접 통제할 수 있는 관학을 진흥하고 또 여기에서 유학을 가르쳐 관인을 배양하려 한 정책 역시 당연한 일이다. 제도적으로 명경과와 생도의 지위가 높았던 것은 이 때문이다.

그런데 당대 과거를 둘러싼 사인들의 실제 현실은 이와 달랐다. 오히려 진사과와 향공을 더 선호하는 사회적 분위기였던 것이다. 앞서 지적했듯이 향공진사의 특징과 소위 '귀족'의 자율성 사이에 유사성이 존재하는데, 이처럼 조정의 정책과 상반된 양상은 삼국시대 이후 역사를 이끌어 온 사인들의 문화적 소양이나 행동양식과 무관하지 않다. 진사과에서 중시한 문장력은 그들이 발전시킨 문학적 기교와 직결되고, 향공 또한 예전

(文淵閣四庫全書電子版)의 "士族子弟"(권9, 「尹軌」, 6앞쪽)보다 빠른 시기의 기록이 없다. 그러나 이 말은 그 뒤 많은 문헌들에서 자주 보이는데, 남북조시대에 완성된 『宋書』·『南齊書』·『魏書』나 『十六國春秋』 같은 史書도 마찬가지이다. 東晉 시기에 방대한 분량으로 편찬된 "18州 士族譜"(蕭子顯, 『南齊書』, 北京, 中華書局, 1974의 권 52, 「文學 賈淵」, 907쪽)는 당시 在地 세력으로서 士族의 광범위한 존재를 보여주는 확실한 증거이다.

의 향거·찰거 방식을 일면 계승한 형태인 것이다.

후대의 과거제도가 전술했듯이 당대의 현실과 비슷하게 전개되었다면, 그 안에 복류(伏流)하는 바 분열기 이래 사인들의 오랜 전통을 생각해 봄직하다. 그들의 구체적인 문화나 행태가 비록 시대에 따라 변할지라도, 이를 함양하고 체득해 온 주체는 사인들 자신인 것이다. 예컨대, 원대에 부활한 과거부터 그 시험의 주요 기준이 된 성리학(性理學)이 남송말 이래 사인들의 학문 풍조에서 비롯함은 두말할 필요가 없다. 과거제도를 매개로 한 사인들의 독특한 집단성도 마찬가지이다. 물론 그들이 가진 동류의식의 근거는 시기마다 다를 수 있다. 하지만 청말 '청류당(淸流黨)'의 사례처럼, 독자적 세력을 모색하고 자부하는 사인들의 동향이 연면히 이어지기 때문이다. 송대 이후에도 계속된 이러한 양상은 결코 전제군주나 왕조 권력의 주도로 만들어진 것이 아니며, 기본적으로 자율성을 지닌 사인들의 능동적 활동의 산물이다.

그렇다면 과거제도의 역사적 의의도 새로운 관점에서의 접근이 가능하다. 이것은 황제로 대표되는 선발자와 당시 사회·문화에 지배적 영향력을 행사하던 피선발자 집단 사이의 미묘한 길항 관계 속에서 생겨나고 또 운용되어 간 양자의 합작품이라 해도 좋다. 이러한 시각에서 볼 때, 과거에 의한 인재 선발의 책임이 이부에서 예부로 이관된 사실에 특히 주의할 필요가 있다. 그 결과 과거는 '선관'과 확실히 분리되어 '거사'의 최종 단계 시험이 되었고, 이렇게 확립된 제도는 단지 관인의 선발 방식 변화라기보다 사인의 공식적인 검증 절차를 새롭게 마련한 것이었다. 그러므로 과거에 응시하고 급제한 사인은 전통적 권위와 국가 권력의 위세를 겸유(兼有)함으로써 그 위상을 예전에 비해 한층 높일 수 있었다.

본서가 현종 연간 예부시의 출현을 과거제도 확립의 핵심 지표로 삼은 까닭도 바로 여기에 있는데, 실제로 이를 통해 공인된 새로운 사인의 모습은 늦어도 당후기부터 분명히 확인된다. 우선 과거에 급제해서 '성명 (成名)'한 그들은 특별히 명예롭게 여겨졌을 뿐더러 자연스레 관직을 갖게 되었다.[63] 당시 무엇보다 중요한 입사 방법이던 이 제도가 과거에 합격한 사인과 관인의 관계를 훨씬 긴밀하게 엮어 준 것이다. 하지만 과거의 급제가 오로지 관직의 획득만을 의미하지 않았음 역시 사실이다. 여러 차례 거론된 설원초의 고사, 즉 재상까지 역임했으나 진사과에 합격하지 못한 것을 평생 후회했다는 믿기 힘든 이야기가 널리 유포되던 때가 이 시기이기 때문이다.[64] 기실 당말에 급제를 하사 받은 인물들 중에는 이미 습유 같은 요직을 가졌던 자도 있으며,[65] 당시 과거를 매개로 한 사인의 성격을 단순히 관인의 문제로 환원시켜 버려서는 안 된다.

물론 과거를 통해 검증된 사인이 분열 시대의 사인과 다르다는 점 또한 의문의 여지가 없다. 기존에 명망을 누리던 사족이 혈연을 근간으로 했지만, 당후기에는 가까운 혈족마저 급제 여부에 따라 차별되기도 한 것이다. 형제들끼리도 진사과에 합격하지 못한 자의 동석(同席)을 거부했다는 일화가[66] 설령 그것이 장난이었을지라도 이 시기 현실의 단면일 터이다. 진사과 급제자들의 곡강연이 열리는 날이면 "공경가(公卿家)"들이

---

63 『唐摭言』은 韋莊의 진사과 급제 追贈 주장을 소개한 뒤에 "論曰 … 善不爲名, 而名隨 之; 名不爲祿, 而祿從之."(권10, 119쪽)라고 한다. 이는 당후기의 "名"과 "祿" 곧 과거 급제와 입사 사이의 不可分한 관계를 잘 드러내는 듯하다.

64 『隋唐嘉話』 권中, 28쪽에 실린 薛元超의 술회는 누차 지적했듯이 그가 살았던 고종 때가 아니라 이 책이 편찬된 현종 천보 연간의 현실을 반영한다. 그리고 "縉紳雖位極人 臣, 不由進士者, 終不爲美."라는 이와 흡사한 취지의 기록이 현종 연간에 쓰인 『〔唐〕國 史補』에서 유래하고(『太平廣記』 권180, 「貢擧 總敍進士科」, 1321~1322쪽), 동일한 내용이 『唐摭言』 권1, 「散序進士」, 4쪽으로 이어지는 것이다.

65 전게 趙和平, 『敦煌本『甘棠集』研究』, 22~25쪽에 의하면, 최초로 "賜及第"된 劉鄴은 당시 左拾遺였다. 『唐摭言』 권9, 「勅賜及第」, 98쪽에 나오는 杜昇도 희종 광명2년 "小諫" 곧 拾遺職을 받은 뒤 진사과에 응시하였다(『登科記考補正』, 985쪽 참조).

66 『封氏聞見記校注』 권3, 19쪽에서 "御史張瑝兄弟八人, 其七人皆進士出身, 一人制科擢 第; 親故集會, 兄弟連榻, 令制科者別坐, 謂之'雜色', 以爲笑樂."이라고 한다.

사윗감 고르기에 바빴다는 전문도[67] 동일한 맥락에서 이해 가능하다. 새로운 사인의 정체성은 통상 과거로부터 말미암았고, 가문은 이제 부차적인 문제로 전락했다고 하겠다.

이와 관련하여 흥미로운 사실이 있다. 당말에 편찬된『동관주기(東觀奏記)』에 의하면, 선종이 처음 영복공주(永福公主, ?~?)를 "전진사(前進士)" 우종(于琮, ?~881)에게 시집보내려 했지만, 훗날 그녀가 "사대부(士大夫)"의 아내 자격이 없다고 여겨져 다른 공주를 그에게 주었기 때문이다.[68] 과거 급제가 마치 "사대부"의 조건처럼 여겨진 것이다. 이는 황제의 이런 뜻을 미리 안 정호(鄭顥)가 지공거에게 우종의 급제를 청탁했다는 정사의 기록에서 거듭 확인된다.[69] 그런데『구당서』와『신당서』는 선종이 바란 사위를 각각 "사족(士族)"과 "사인(士人)"으로 달리 표현했음도 간과할 수 없다. 이러한 어휘들이 뒤섞여 사용되는 긴 과도기가 존재하였던 것이다.

지금까지 당전기 과거제도 형성의 역사가 기본적으로 청말까지 비슷한 모습으로 이어지는 양상을 밝히고, 이와 같은 전제 아래 중국사에서 과거가 갖는 역사적 의미의 재고 가능성을 주장하였다. 예부시 중심으로 귀착된 이 제도가 단순한 관인 선발이 아니라 관인의 자격을 갖춘 진정한 사인의 새로운 공인 방법이었다는 점이 그것이다.[70] 그리고 이러한

---

67 『唐摭言』권3의「散序」, 25쪽과「慈恩寺題名遊賞賦詠雜紀」, 32쪽. 이는 士族의 內婚 풍속과 명백히 대비되는데, 전게 金瀅坤,『中晩唐五代科擧與社會變遷』, 229~243쪽의 '中晩唐五代科擧與婚姻觀念的變遷'이 과거로 인해 달라지는 이러한 변화상을 상술하고 있다.

68 『東觀奏記』권下, 129쪽.

69 『舊唐書』권149,「于琮」, 4010쪽과『新唐書』권104,「于琮」, 4009쪽.

70 妹尾達彦,「詩のことば、テクストの權力」,『中國: 社會と文化』16, 2002는 이와 같은 관점에서 볼 때 풍부한 시사성을 갖는다. 특히 과거의 합격이라는 "業績"이 일종의 "爵位"처럼 되어 일생동안 유지되는 "屬性"으로 轉化한 결과 근대의 學歷主義와 같은 "업적주의적 속성"이 되었다는 지적은(29쪽) 무척 흥미롭다. 단 본서에서 상술한 바 오랜 역사적 연원을 지닌 士人의 "位"나 과거제도의 확립 과정에서 禮部의 중

변화의 과정에서 무엇보다 중요한 역할을 한 것이 '집단화된 사람들'의 힘이었음을 강조하고 싶었다. 하지만 이 문제는 이렇게 간략한 서술로써 충분히 해명되었다고 생각하지 않는다. 장기간에 걸친 과거제도 전반에 대한 필자의 지식이 아직 부족하며, 당시 사회의 다양한 요소와 복잡하게 결부된 이것을 제도사적 측면만으로써 설명하는 것도 무리이기 때문이다. 따라서 앞으로 많은 연구자들의 더욱 넓고 깊은 후속 연구를 기대할 뿐이다.

기실 본서의 원래 목적은 과거제도가 언제 또 어떻게 만들어졌는지 밝히는 일이었다. 그리고 본론에서 논증한 그 결론은 다음과 같이 요약할 수 있다. 첫째, 과거가 확립되기까지 오랜 시간이 필요하였다. 둘째, 이 기간 동안 왕조권력이 추구한 제도와 사인들이 주도한 현실 사이에 상당한 괴리가 존재한다. 셋째, 양자 사이의 미묘한 긴장 관계 속에서 진사과에 응시하거나 급제한 사인들의 주체적 능동성이 두드러지고, 실질적으로 이들이 원하는 방향으로 과거제도가 전개되었다. 필자의 이러한 연구가 과거제도를 '현재' 중심의 시각에서 또 황제를 정점에 둔 채 전제적(專制的)인 국가 위주로 이해하여 온 기왕의 연구사를, 새롭게 점검해 볼 계기가 될 수 있으면 좋겠다.

요한 역할을 생각하면, 근대 서구 학계의 '업적(performance/achievement)' · '속성 (ascription)' 개념만으로써 이를 온전하게 설명할 수 있을지 의문이다. 중국사의 고유한 역사 전개 양상에 좀 더 밀착된 논리를 모색할 필요가 있다.

부
록
1

합격 시기가 분명한 당전기의
진사과와 명경과 급제자

1.

과거(科擧)의 역사적 의의를 정확히 이해하려면 제도 그 자체만이 아니라 이와 관련된 인간들에게도 주의를 기울여야만 한다. 이러한 시각에서 볼 때 무엇보다 중요한 것이 과거 급제자이다. 과거에 합격함으로써 정치사회적 기반을 마련한 이들의 활동이 바로 이 제도의 실질적인 의미라고 해도 과언이 아니기 때문이다. 더욱이 관련 자료가 부족한 과거제도 초창기에는 급제자에 대한 기록을 통하여 당시 실상에 좀 더 구체적으로 접근할 수도 있다. 과거라는 제도의 성립과 정착 과정에서, 합격 시기와 과목이 분명한 인물만큼 확실한 사료가 없는 것이다.

그러므로 당전기 과거제도 형성의 역사를 연구하려 할 때 정확한 과거 급제자의 명단은 매우 긴요하다. 청대(淸代)에 서송(徐松,1781~1848)도 『등과기고(登科記考)』(北京, 中華書局, 1983)를 편찬하면서 매년 과목별 합격자의 확인에 많은 지면을 할애하였다. 이와 유사한 작업은 최근까지 계속되어 왔다. 명얼동(孟二冬)의 『등과기고보정(登科記考補正)』(北京, 北京燕山出版社, 2003)과 왕홍쥔(王洪軍)의 『등과기고재보정(登科記考再補正)』(桂林, 廣西

師範大學出版社, 2010), 쉬유건(許友根)의 『『등과기고보정(登科記考補正)』고보(考補)』(南京, 南京大學出版社, 2011)가 그 대표적인 예이다.

급제 과목		『등과기고』 수록 인물 숫자[1]	『등과기고보정』의 증보(增補) 인물 숫자[2]		『등과기고 재보정』의 증보 인물 숫자[3]	『『등과기고 보정』고보』의 증보 인물 숫자[4]
			(가)	(나)		
진사과	편년(編年)	1404명	215명	214명	136명	63명
	미상년(未詳年)	683명	446명	434명	168명	114명
명경과	편년	45명	128명	106명	122명	55명
	미상년	258명	306명	261명	134명	110명
제과(諸科)	편년	24명	13명	36명	15명	7명
	미상년	24명	52명	92명	25명	10명
제거(制擧) 등 여타 과목	편년	486명	109명	108명	84명	42명
	미상년	76명	225명	220명	117명	74명
총계		3,000명	1,494(1527?)명	1,471명	801명	475명

---

1 孟二冬, 『登科記考補正』, 12쪽.

2 孟二冬은 증보한 인물의 숫자를 자신의 저서, 12쪽에 (가)와 같이 적었으나, 「『登科記考』と『登科記考補正』について」, 『中國: 社會と文化』 18, 2003, 144쪽; 「『登科記考補正』贅語」(원간 2003), 『孟二冬文存(上)』(北京, 高等敎育出版社, 2007), 366쪽에서는 (나)처럼 밝히고 있다. 또 (가)의 경우 스스로 그 총수를 1527명이라고 하였으나 실제 항목별로 열거된 숫자를 합하면 1494명에 불과하다.

3 王洪軍, 『登科記考再補正』, 5쪽. 이 책에는 이들 이외에 知貢擧 1명과 "附考"者 336명에 관한 기록도 있다.

4 許友根, 『『登科記考補正』考補』, 195 · 241~242 · 344쪽. 이 숫자는 이 책에 나오는 知貢擧와 탈락자 11명을 제외한 것이다. 許友根은 이후 「唐人登科名錄再補」, 『科擧學論叢』, 2019-2 등 추가 작업을 수행하였는데, 본서의 작성 중에 발표된 이러한 성과들은 미처 분석하지 못했다.

이와 같은 연구의 결과, 위의 표에서 보듯이 당·오대(五代) 시기 과거 특히 당시 중시된 진사과와 명경과 급제자들을 현재 상당수 파악할 수 있다.[5] 그리고 이 과정에서 기존의 오류도 적지 않게 수정되었다. 특정인의 합격 여부나 급제 시기 착오 등 개별적 문제는 말할 것도 없고, 과거제도 일반에 대한 오해도 불식된 것이다. "사책(射策)"으로 급제했다면 곧 진사과 합격자처럼 간주하던 잘못된 통념이 그 단적인 예이다.[6] 따라서 종래 진사과 급제자로 여겨지던 이들 중 그 합격 과목 판단을 유보해야만 될 인물들이 다수 생겨났다. 이는 진사과를 비롯한 과거제도의 연구에서 한층 더 조심스러운 태도를 요구한다.

신중한 연구의 출발점은 관련 사료에 대한 치밀한 분석이다. 사실 과거 합격자 관련 문헌들의 내용이 상이할 때 우선 개별 기록의 신뢰도를 엄밀하게 따져볼 필요가 있다. 예컨대 장홍아(張弘雅, ?~?)는 청대의 지방지(地方志)에 진사과 급제자로 되어 있지만, 그를 명경과 합격자라고 적은 『신당서(新唐書)』 기록에 따라야 마땅하다.[7] 물론 정사(正史)에도 오류가 적지 않다. 『구당서(舊唐書)』와 『신당서』가 진사과에 급제했다고 한 허고(許杲, 677~730)가 정작 본인의 묘지(墓誌)에는 "응현량방정거탁제(應賢良方正擧擢第)"라고 되어 있으므로, 그는 제거(制擧) 합격자라고 판단된다.[8] 일반

---

5 『登科記考』를 이은 세 책은 간혹 기존 저작에 나오는 사람을 중복 수록하였으므로, "增補"된 인물이 다 새로 발견된 급제자인 것은 아니다.

6 徐松은 물론 孟二冬도 "射策甲科" 등으로 표현된 이들을 기본적으로 진사과 급제자라고 보았다(『登科記考補正』, 7쪽의 李玄齊 사례 등). 그러나 王洪軍은 "射策高第"한 이의 합격 과목을 진사과로 단정하지 않았으며(『登科記考再補正』, 62쪽의 鄭翰 사례 등), 許友根의 경우 "射策"이 진사과만의 문제가 아님을 많은 증거로써 상세히 설명하였다(『『登科記考補正』考補』, 106~107·249~261쪽).

7 孟二冬, 『登科記考補正』, 55쪽.

8 王洪軍, 『登科記考再補正』, 63~64쪽과 許友根, 『『登科記考補正』考補』, 148~149쪽. 여기에서는 모두 『全唐文補遺(千唐)』, 160쪽에 따라 그를 "許杲"라고 적었지만, 張內躉 편, 『龍門區系石刻文萃』(北京, 國家圖書館出版社, 2011), 492쪽의 「大唐故吏部侍郎高

적인 조건 아래에서는 당연히 당사자와 근접한 시기의 기록을 믿을 수밖에 없는 것이다.

그렇다면 지금까지 당전기의 과거 급제자로 간주되어 온 이들도 그 근거 문헌부터 새롭게 고찰해 봄직하다. 기실 본인과 직접 연관된 동시기 기록과 상당한 시간이 지난 뒤 편찬된 자료의 신뢰성을 동일시할 수 없다. 그리고 비슷한 시기의 글이더라도, 서술 내용에 대한 구체적 평가는 달라질 수 있다. 즉 "명경급제(明經及第)"라고 명기된 자와 과거와의 관계를 "통경(通經)"처럼 애매하게 표현한 인물의 경우 급제 과목의 확실성이 상이하다. 합격한 나이나 연도를 명확히 적은 것과 "약관(弱冠)" 9 등 불분명한 기록 역시 그 정확성에 차이가 존재한다. 특히 과거 합격자를 매개로 당시 제도의 실상에 접근하려면 이러한 사실의 검증이 매우 중요하고, 급제 판단의 근거로 이용된 사료의 가치에 각별히 주의할 필요가 있다. 후술하듯이 진사과·명경과 합격자와 관련하여 자료의 신뢰성, 과목의 확실성, 시기의 정확성을 몇 단계로 나누어 사료적 가치를 차등화한 것은 바로 이 때문이다.

2.

아래의 표들은 기존의 연구들이 급제년(及第年)까지 확실하다고 본 당전기의 진사과와 명경과 합격자들을 총망라하여 시기별로 정리한 것이다. 여

陽許公(杲)墓誌銘並序」를 볼 때 판독의 착오인 듯하다. 許杲는 正史에 字로 불려서 許景先으로 나온다.

9 '弱冠'이 통상 20세를 뜻한다고 보지만, 실제 사례는 이와 다른 경우가 많다. 예를 들어 『唐代墓誌彙編』, 貞元105번의 墓主 薛迅의 경우 "天寶十三載, 州學孝廉, 弱冠擢第."하였다는데, 그의 생몰년(723~801)에 따르면 천보13년 당시 나이는 무려 32세이다.

기에서 주로 참고한 서적은 전술한『등과기고보정』,『등과기고재보정』,
『『등과기고보정』고보』이다. 하지만 필자 나름으로 간혹 새로운 인물을
추가하거나 판단의 주된 근거를 바꾸기도 하였다. 복수의 관련 문헌이
존재할 때 당사자와의 시기 근접성과 서술 내용의 명료성을 중시한다는
원칙을 견지하고자 했기 때문이다. 그리고 연구자들 사이에 논란이 있을
경우, 가급적 사료를 재확인하여 필자 스스로 시비를 가렸다.[10] 아울러
과거제도의 형성 과정을 주제로 한 본서에서 그 합격자들의 응거 방법
변화는 특히 주목할 만한 가치가 있다고 생각된다. 따라서 이 표의 끝에
이와 관련된 내용을 별도의 항목으로 부기(附記)해 두었다. 이 표의 각
항목별 구체적인 작성 원칙은 아래와 같다.

○ 급제년 : 서송이『등과기고』에서 취한 연호(年號)로써 연도를 적음

○ 급제자
  ◦ 원칙상 성명(姓名)을 쓰고, 이름을 알 수 없거나 이름처럼 널리 사용
    된 자(字)가 있을 경우 괄호 안에 병기함
  ◦ 출처 문헌의 성명이 오기로 판단되면 바로잡은 성명을 쓰고, 괄호
    안에 출처의 기록도 병기함

○ 근거 출처
  ◦ 근거한 기본 사료가 나오는 연구서를 그 원문의 확인 후 밝힘
  ◦ 『등과기고보정』,『등과기고재보정』,『『등과기고보정』고보』는 '저자
    의 성(맹, 왕, 허)─해당 내용 첫 쪽수'로 표기함: 동일한 내용이 중복되

---

10 일부 입수하지 못한 地方志나 族譜類 서적은 기존 연구의 인용문에 따를 수밖에 없었
   는데, 이 경우 "미확인"이라고 밝혔다. 그리고 拓本 가운데 圖版만으로는 식별 불가능
   한 글자도 있었으며, 이때 부득이 기존 연구자의 판독에 의지하였다.

어 나오면 가장 먼저 출판된 책만 쓰고(①맹, ②왕, ③허의 순서), 시기나 과목 명칭을 달리 적은 경우 모두 밝히되 필자가 타당하다고 판단한 곳에서 관련 내용을 서술함

◦ 여타 인용 서적도 한두 글자로 약칭하고 '–' 뒤에 해당 내용의 첫 쪽수를 쓰며, 자료에 일련번호를 매긴 책의 경우 그것을 '=' 뒤에 밝힘: 묘(周紹良 주편, 『唐代墓誌彙編』, 上海, 上海古籍出版社, 1992); 북대(北京大學圖書館金石組 편, 『北京大學圖書館新藏 金石拓本菁華, 1996~2012』, 北京, 北京大學出版社, 2012); 비림(趙力光 주편, 『西安碑林博物館新藏墓誌彙編』, 北京, 線裝書局, 2007); 서시(胡戟 · 榮新江 주편, 『大唐西市博物館藏墓誌』, 北京, 北京大學出版社, 2012); 속(周紹良 · 趙超 주편, 『唐代墓誌彙編續集』, 上海, 上海古籍出版社, 2001); 장안(西安市長安博物館 편, 『長安新出墓誌』, 北京, 文物出版社, 2011); 진진(趙君平 · 趙文成 편, 『秦晉豫新出墓誌蒐佚』, 北京, 國家圖書館出版社, 2012); 당기(計有功, 王仲鏞 교전, 『唐詩紀事校箋』, 北京, 中華書局, 2007)

○ 자료 신뢰성

◦ 진사과, 명경과 급제 사실과 연관된 기록 중 가장 이른 시기의 자료를 대상으로 하여 그 신뢰성을 3개의 등급으로 구분함

(1) ◎ : 당사자와 직접 관련되거나 동일한 시기의 문헌 곧 본인의 묘지나 같은 세대 인물의 시문(詩文) 등

(2) △ : 당사자 전후 2세대까지의 문헌 곧 부자(父子)·조손(祖孫) 관계의 묘지나 당사자 사후(死後) 60년 미만의 전래문헌 등, 혹은 위의 '자료 신뢰성◎' 기록들 사이에 상충될 경우

(3) × : 당사자 전후 3세대 이상의 문헌 곧 증조(曾祖)·증손(曾孫) 이상 관계의 묘지나 당사자 사후 60년 이상 지난 뒤의 전래문헌 등, 혹은 위의 '자료 신뢰성△' 기록들 사이에 상충될 경우

◦ 문헌의 시기를 확정짓기 어렵더라도 기본적으로 아래와 같은 원칙에 따라 일관성을 유지함

(1) 현존하는 글이나 책의 집필·간행 시기를 정확히 알 수 없더라도, 필자의 활동기로써 그 대체적인 시점(時點)을 추정함[11]

(2) 『극현집(極玄集)』과 『전당시(全唐詩)』·『전당문(全唐文)』에 실린 소전(小傳) 내용은 후대에 쓰인 것이므로 '자료 신뢰성×' 기록으로 간주함

(3) 송대 이후 문헌 중 『오백가주창려문집(五百家注昌黎文集)』 등에는 당대의 등과기류(登科記類) 서적에 의거한 듯한 기록도 있으나, 대부분 당후기(唐後期)에 만들어진 이 책들에서 당전기 관련 내용은 전문(傳聞)에 의거했을 가능성이 크므로 '자료 신뢰성×' 기록으로 간주함

○ 과목 확실성

 ◦ 급제 과목에 대한 서술의 확실성을 3개의 등급으로 구분함

 (1) ◎ : 합격 과목을 "진사", "명경"으로 명기한 경우

 (2) △ : 과거 합격 방법을 "통경(通經)"·"경술(經術)" 등과 같이 불분명하게 적었지만 문맥상 급제 과목의 추정이 가능하거나 위의 '과목 확실성◎' 기록들 사이에 상충될 경우

 (3) × : 과거 합격 방법이 "사책(射策)", "갑과(甲科)"처럼 애매한 표현으로 되어 있는 탓에 급제 과목을 확정할 수 없거나 위의 '과목 확실성△' 기록들 사이에 상충될 경우

 ◦ 수재과(秀才科)가 정지되었다는 고종 영휘2년 이후의 "수재(秀才)"와

---

11 이러한 시기 구분에서 가장 큰 애로가 저자·편찬 시기를 알 수 없거나 流傳·採錄 과정이 불분명한 문헌의 처리인데, 일단 이 표는 아래와 같은 원칙에 따랐다. 『太平廣記』 등 宋代 이후 문헌에 인용된 책도 마찬가지이다.

(1) 文宗 大和(827~835) 연간에 활약한 鍾輅의 『前定錄』처럼 9세기 전반의 작품이 명백한 경우: 睿宗(재위 710~712) 시기까지의 급제자 기록은 '자료 신뢰성×' 문헌으로 보되 玄宗(재위 712~756) 시기의 급제자는 '자료 신뢰성△' 문헌으로 간주함

(2) 唐末에 활동한 袁郊의 『甘澤謠』, 宋代 樂史의 『廣卓異記』처럼 9세기 후반 이후의 작품이 명백한 경우: 현종 시기의 급제자까지 모두 '자료 신뢰성×' 문헌으로 판단함

"효렴(孝廉)"이란 표현은 각각 진사과와 명경과를 뜻하는 것으로 보고, 그 전 시기의 경우 확실성이 한 단계 낮은 '△'로 판단함[12]

○ 시기 정확성

  ◦ 급제 시기에 대한 서술의 정확성을 3개의 등급으로 구분함

  (1) ◎ : 합격한 때의 연호 혹은 나이 등이 명기되어 있어 시기를 확정할 수 있는 경우

  (2) △ : "약관(弱冠)" 등 통상적인 연령 표현 또는 '연호+초(初)·말(末)' 등으로 적어 합격 시기의 대체적인 추정이 가능하거나 위의 '시기 정확성◎' 기록들 사이에 상충될 경우

  (3) × : "미약관(未弱冠)", '연호+시(時)·중(中)' 등과 같은 애매한 시기 표현이나 모순된 기록으로 인하여 급제 시기의 추정이 힘들거나 위의 '시기 정확성△' 기록들 사이에 상충될 경우

  ◦ 당대(唐代)의 문헌으로 확실히 증명되지 않는 한, 어떤 시제(試題)의 작품만을 근거로 한 그 작자(作者)의 급제 과목과 시기에 대한 판단은 불확실한 것으로 간주함[13]

  ◦ 판본에 따른 급제 연도 기록의 차이는 그 문헌의 시기 정확성 여부와는 별개의 문제로 판단함

---

[12] 전통적인 察擧 과목이던 秀才와 孝廉이 과거제도의 정착과 함께 변화하는 과정은 본문에서 설명했듯이 논란의 여지가 있다. 그러므로 이러한 판단은 표를 명료하게 하기 위한 잠정적, 편의적 방법임을 밝혀 둔다.

[13] 현존『文苑英華』는 간혹 작자의 급제 과목이나 시기와 연관된 小字夾注가 있다. 그러나 이 注文은 南宋 시기 周必大 등에 의한 校訂本에서 덧붙여진 내용이고,『登科記考』가 가끔 근거로 삼은『文苑英華辨證』도 南宋 때의 책이다. 따라서 이러한 기록에 의거한 급제 과목과 시기의 比定은 곧이곧대로 믿기 어렵다. 사실 어떤 詩文의 제목이 실제로 당시 試題였을지라도, 그것이 훗날 시험을 준비하던 이의 연습 작품이었을 가능성도 배제할 수 없다.『文苑英華』등에 실린 한두 글만을 근거로 삼은 진사과 급제자 판단은 신뢰도가 매우 낮다고 하겠다.

○ 비고

　◦ 기존 연구들 간에 판단이 상이하거나 기존 사료와 다른 기록을 주된
　　근거로 삼은 경우, 유관 사실을 설명함

　◦ 위 세 항목에서의 가장 낮은 단계(×) 여부가 '사료 가치'의 평가에서
　　관건(關鍵)이 되므로, 이 판단의 근거를 위주로 서술함

　◦ 급제 과목·응거 방법 등 과거제도와 관련하여 주목해야 할 '중요 기
　　록'은 괄호 안에 사료 내용을 직접 인용하고, '과목 미상'의 경우도
　　마찬가지 방식으로 근거 사료를 밝힘

○ 사료 가치

　◦ 중복 수록되거나 기존 연구의 명백한 착오 탓에 그 인물 관련 사료의
　　가치를 평가할 필요조차 없다고 판단되는 경우 "삭제"로 표시함

　◦ 사료로서의 가치는 구체적인 연구 목적에 따라 달라질 수 있으나,
　　여기에서는 원칙상 '자료 신뢰성', '과목 확실성', '시기 정확성' 판단을
　　종합하여 사료 가치를 4개의 등급으로 크게 구분함

　(1) ● : 3개 항목 모두 최고 단계(◎)로 높게 판정된 경우

　(2) ◐ : 3개 항목 중 중간 단계(△)로 판정된 것이 있는 경우

　(3) ○ : '자료 신뢰성'이나 '시기 정확성'이 최저 단계(×)로 판정되어
　　　　과거제도 관련 사실의 고찰에서 주의해야 할 경우

　(4) ⊗ : '과목 확실성'이 최저 단계(×)로 판정되어 일반적인 상거(常擧)
　　　　과목으로서의 진사과나 명경과 급제자와 구분해야 마땅할 경우

○ 응거 방법

　◦ 상서성(尙書省)에서 주관한 시험에 응거할 수 있었던 자격 곧 관학에
　　서의 수학이나 지방에서의 선발과 관련된 사실을 사료에 적힌 표현
　　대로 밝히고,[14] 분명한 유관 기록이 없을 경우 "미상"으로 표시함

- 복수의 관련 기록이 존재하고 그 선후 관계가 확실할 경우 '→'로 표시함
- '사료 가치⊗'로 판단되기 때문에 진사과나 명경과 급제자로 단정하기 힘든 경우 '〈 〉'를 덧붙임

〈 고조 시기(618~626) 진사과 급제자 〉

급제년	급제자	근거 출처	자료 신뢰성	과목 확실성	시기 정확성	비고	사료 가치	응거 방법
무덕 5	孫伏伽	맹-4, 허-103				『옥지당담회(玉芝堂談薈)』의 기록/ 허-103은 상이한 기록들을 이유로 진사과 급제 사실 부정	삭제	
무덕 6	李義琛	맹-5	×	◎	△	『당척언(唐摭言)』 등 후대의 기록	○	미상
	李義琰	맹-5	×	◎	△	『당척언』 등 후대의 기록	○	미상
	李上德	맹-5	×	◎	△	『당척언』 등 후대의 기록	○	미상
무덕 7	李玄濟 (李玄齊)	맹-7				묘지의 탁본(비림=24)을 보면 이름이 다르고, 나이 계산 역시 잘못되었으므로 무덕9년으로 옮김	삭제	
	雲洪嗣	맹-7	×	◎	◎	후대 성씨서(姓氏書) 문헌의 기록	○	미상
	李義琳	맹-7	◎	×	△	과목 미상(射策及第)	⊗	〈미상〉
무덕 9	李玄濟 (李玄齊)	맹-7의 수정	◎	×	◎	과목 미상(射策甲科), 졸년과 나이에 의거하여 급제년을 판단	⊗	〈미상〉
	李嗣本	왕-14의 수정	◎	◎	×	왕-14의 "弱冠"은 묘지 탁본을 보면 "初"의 오기/ 맹-1155은 급제년 미상으로 처리	○	미상

---

14 『通典』 권53, 「禮 大學」, 1469쪽 등 많은 문헌에서 天寶12년 7월의 "不得充鄕貢" 조처가 天寶14년 혹은 至德1년까지 유지되었다고 한다. 그렇다면 이 기간 동안에는 향공이 없어야 마땅하나, 실제 급제자 관련 문헌에서 이와 상충되는 서술이 보인다. 이런 경우 과거 합격자 본인의 기록에 따른다.

〈 고조 시기(618~626) 명경과 급제자 〉

급제년	급제자	근거 출처	자료 신뢰성	과목 확실성	시기 정확성	비고	사료 가치	응거 방법
무덕 4	李詔	맹-3	◎	◎	◎	중요 기록(年廿, 明經擧, 射策高第)	●	미상
무덕 8	李義琰	왕-13	◎	△	△	중요 기록(貞觀初載, 時年十九, 擧孝廉射策甲科), 급제년은 더 확실히 명기된 나이에 따름	◑	미상

〈 태종 시기(627~649) 진사과 급제자 〉

급제년	급제자	근거 출처	자료 신뢰성	과목 확실성	시기 정확성	비고	사료 가치	응거 방법
정관 1	敬播	맹-11	×	◎	△	『구당서(舊唐書)』의 기록	○	미상
	上官儀	맹-11	×	◎	△	『구당서』의 기록	○	미상
	楊緘	허-130	◎	◎	◎	중요 기록(自太學生進士擧, 試策高第)	●	太學生
정관 4	許□ (叔靜)	맹-15	◎	×	△	과목 미상(貞觀四年, 年廿, 俯從推薦, 上允賓王, 射策第高)	⊗	〈미상〉
	韋仁約	맹-15	◎	◎	△	중요 기록(年甫弱冠, 擧國子進士, 射策甲科)	◑	國子進士
	崔志道	맹-15	◎	×	△	과목 미상(弱冠, 聲猷籍甚, 甫應賓庭, 射策高第)	⊗	〈미상〉
정관 5	賈統	맹-15	◎	×	◎	과목 미상(爲大使李靖所擧, 待詔金馬, 擢第雲臺)	⊗	〈大使…所擧〉
	畢粹	맹-16	◎	◎	◎	중요 기록(貞觀五年, 蒙召預本州進士)	●	本州
정관 7	姫溫	맹-17	◎	×	◎	과목 미상(貞觀七年, 明揚仄陋, 爰應招弓之禮, 方申觀國之材, 祗問甲科, 先登榮秩)	⊗	〈미상〉
	李堯臣	맹-17	×	◎	◎	후대 방지류(方志類) 문헌의 기록	○	미상
	劉從仕	맹-17	×	◎	◎	후대 방지류 문헌의 기록	○	미상

급제년	급제자	근거출처	자료신뢰성	과목확실성	시기정확성	비고	사료가치	응거방법
정관 8	李義府	맹-19	×	△	◎	중요 기록(『책부원귀(冊府元龜)』: 擧進士), 그러나 『구당서』의 경우 과목 미상(劍南道巡察大使李大亮 以義府善屬文, 表薦之, 對策擢第)	○	大使… 表薦
	裴晧(裴皓)	맹-19	◎	△	◎	중요 기록(貞觀八年, 以茂才應擧, 射策甲科)	◐	미상
정관 9	楊全	맹-19	◎	×	◎	과목 미상(以貞觀九年, 爰應旌命, 射策高第, 泛授散官)	⊗	〈미상〉
정관 18	冉實	맹-27	◎	◎	△	중요 기록(弱冠太學生, 進士擢第)	◐	太學生
	張仁禕	맹-27	◎	×	◎	과목 미상(以對策甲科…貞觀十八年也)/ 왕-23은 진사과로 판단 않음	⊗	〈미상〉
정관 19	霍松齡	왕-25	◎	△	△	중요 기록(703년 묘지: 馳問左庠, 光(充?)賦上國. 弱冠, 以進士射策高第), 그러나 691년 묘지의 경우 과목 미상(充賦京邑, 擢第太常)	◐	左庠, 光(充?)賦
정관 20	張昌齡	맹-30	×	△	△	『구당서』 등 후대의 기록, 급제 여부에 대한 상이한 기록 등 문헌들 사이의 내용 차이가 커서 의문스러운 사실	○	冀州(進士)
	田備	맹-30	×	△	△	『문원영화(文苑英華)』의 글에 의거, 과목과 급제년 모두 장창령(張昌齡)과 연동	○	미상
	郝連梵	맹-30	×	△	△	『문원영화』의 글에 의거, 과목과 급제년 모두 장창령과 연동	○	미상
정관 21	蓋暢	왕-26	◎	◎	×	중요 기록(起家進士, 貞觀卄二年, 授麟臺正字), 급제년은 추정일 뿐	○	미상
	李惠	왕-27	◎	◎	◎	중요 기록(年十九, 進士擢第…太常射策, 甲科推美)	●	미상
정관 22	楊玄肅	왕-28	◎	×	◎	과목 미상(國子學生, 于時皆妙選英材, 甲科及第)	⊗	〈國子學生〉
정관 23	婁師德	맹-37	×	◎	△	『구당서』의 기록	○	미상

〈 태종 시기(627~649) 명경과 급제자 〉

급제년	합격자	근거출처	자료신뢰성	과목확실성	시기정확성	비고	사료가치	응거방법
정관 1	張文瓘	맹-11	×	◎	△	『구당서』의 기록	○	미상
	李義琰	허-130				나이에 의거해 급제년을 판단한 왕-13에 따라 무덕8년으로 옮김	삭제	
정관 5	錢元脩	맹-16	×	△	◎	당말 나은(羅隱)의 글에 의거	○	미상
	李誻	맹-16	◎	◎	◎	중요 기록(貞觀五年, 以國子監明經擧, 策問高第)	●	國子監
	賈貞	맹-16	◎	△	◎	중요 기록(貞觀五年, 以孝廉擧)	◑	미상
정관 6	杜奇	왕-17	◎	◎	△	중요 기록(弱冠, 明經擢第)	◑	미상
정관 8	李慈	왕-19	◎	×	◎	과목 미상(十一, 誦『孝經』、『論語』、『周易』、『毛詩』、『尙書』, 便抗表自陳, 明試擢第)/ 허-132는 동자과(童子科)로 판단	⊗	〈抗表自陳〉
정관 13	董本	맹-21	◎	◎	◎	중요 기록(年卄一, 明經及第)	●	미상
	趙保隆	맹-22	◎	◎	◎	중요 기록(年卄, 以明經入貢昇第)	●	入貢
정관 14	王德表	맹-22	◎	◎	◎	중요 기록(郡縣交薦, 來賓上國. 于時太學羣才, 天下英異, 中春釋菜, 咸肄討論. 公以英妙見推…卽以其年, 明經對策高第)	●	郡縣交薦…太學
정관 16	張希會	왕-22	◎	×	◎	과목 미상(以詩書之教, 昇庠序之科. 貞觀十六年, 補國子生. 其年擢第)	⊗	〈國子生〉
정관 17	蕭灌	맹-24	◎	◎	◎	중요 기록(年十八, 明經高第)	●	미상
	崔沈	맹-25	◎	◎	◎	중요 기록(□貢明經高第)	●	□貢
정관 18	顔仁楚	맹-27	◎	△	△	중요 기록(志學樞(摳?)衣, 敝(敔?)霧氛於超序; 登庠鼓篋, 橫帶卉於鄭鄕. 弱冠州擧孝廉)	◑	超序, 登庠
	史行簡	맹-27	◎	△	△	중요 기록(弱冠, 擧孝廉)	◑	미상
	王行淹	왕-24				두 개의 묘지 중 제작 시기가 빠른 것에 의거한 맹-66에 따라 건봉2년으로 옮김	삭제	

급제년	합격자	근거출처	자료신뢰성	과목확실성	시기정확성	비고	사료가치	응거방법
정관 19	皇甫玄志	맹-28	◎	◎	◎	중요 기록(貞早登璧沼…貞觀十九年, 明經及第)	●	登璧沼
정관 19	元罕	맹-28	◎	△	◎	중요 기록(以唐貞觀十九年, 州辟孝廉, 射策上第)	◐	州辟
정관 20	程思義	맹-31	◎	◎	◎	중요 기록(郡縣接之以國士, 年十八, 幽州貢明經及第)	●	幽州貢
정관 20	薛矩	왕-26	◎	◎	△	중요 기록(弱冠, 鄕貢明經高第)	◐	鄕貢
정관 21	薄仁	맹-35	◎	×	△	과목 미상(弱冠任國子監學生…洞曉三經. 射策甲科)	⊗	〈國子監學生〉
정관 21	陳元敬	맹-35	◎	◎	◎	중요 기록(二十二, 鄕貢明經擢第)	●	鄕貢
정관 21	賈玄贊	맹-35	◎	◎	◎	중요 기록((貞觀)十有八載, 齒胄庠門. 廿一年, 以明經擢第)	●	庠門
정관 21	任乂	왕-27	◎	◎	◎	중요 기록(年十八, 國子監明經對策高第)	●	國子監
정관 21	徐齊聃	서시=8 9	◎	△	△	중요 기록(爲弘文館學生, 齒迹環林…弱冠策試, 五經及第. 貞觀廿一年, 授曹王府參軍)/ 맹-1270은 전래문헌에만 의거한 판단	◐	弘文館學生
정관 22	杜榮觀	왕-28	◎	◎	△	중요 기록(弱冠, 以任爲國子生, 明經高第)	◐	國子生
정관 22	李志	왕-29	◎	◎	◎	중요 기록(十五, 擧明經, 逐博覽載籍, 無所不究)	●	미상
정관 23	逯貞	맹-37	◎	◎	△	중요 기록(弱冠, 歲賦明經)	◐	미상
정관 23	劉善	왕-30	◎	◎	◎	중요 기록(以貞觀廿三年, 明經甲第. 俯因常調, 屢踐文昌)	●	미상

〈 고종 시기(650~683) 진사과 급제자 〉

급제년	합격자	근거출처	자료신뢰성	과목확실성	시기정확성	비고	사료가치	응거방법
영휘 1	趙義	맹-40	◎	×	◎	과목 미상(弱冠, 補四門館學生…永徽元載, 應試甲科, 選部隨玼, 爰從散秩, 授文林郞)	⊗	〈四門館學生〉

급제년	합격자	근거 출처	자료 신뢰성	과목 확실성	시기 정확성	비고	사료 가치	응거 방법
영휘 4	王景之	맹-47	◎	◎	◎	중요 기록(永徽四年, 鄉貢進士及第)	●	鄉貢
영휘 5	王慶祚	맹-48	◎	×	△	과목 미상(帝學盛樞(摳?)衣之儀, 王庭有觀光之美. 射策高第…藝成弱冠, 翻飛上庠)	⊗	〈帝學, 上庠〉
영휘 6	裴撝	맹-49	◎	×	△	과목 미상(弱冠以宿衛高第)	⊗	〈미상(宿衛?)〉
현경 1	蘇瓌	맹-50	◎	◎	◎	중요 기록(年十八, 進士高第)	●	미상
현경 3	崔禹錫	맹-53	×	◎	◎	『당시기사(唐詩紀事)』의 기록	○	미상
현경 6	張貞	맹-58	◎	◎	△	중요 기록(年弱冠, 秀才登科, 知名太學, 以爲儒家非正諦, 文字增妄想)	◐	太學(秀才 뒤?)
용삭 2	韋承慶	맹-59	◎	◎	◎	중요 기록(年甫廿有三, 太學進士, 對策高第)	●	太學
용삭 2	李元軌	맹-59	◎	×	◎	과목 미상(年廿四, 補國子生…以龍朔二年二月十二日, 射策高第, 拜國子監大成)	⊗	〈國子生〉
인덕 1	李嶠	맹-60	×	◎	◎	『구당서』의 기록	○	미상
인덕 1	支敬倫	맹-61	◎	×	×	과목 미상(蒙賓貢於王庭, 授文林於上第), 급제년은 추정일 뿐	⊗	〈미상〉
인덕 1	張珷(張弘道)	맹-61	×	◎	×	후대 방지류 문헌의 기록	○	미상
인덕 2	李無虧	왕-36	◎	◎	◎	중요 기록(初爲國子生, 麟德二年以進士擢第)	●	國子生
건봉 1	王上客	맹-64	△	◎	△	중요 기록(高宗封嶽, 進士及第)	◐	미상
건봉 1	魏知古	맹-64	×	◎	△	『구당서』의 기록	○	미상
건봉 2	蘇味道	맹-66	×	◎	△	『구당서』의 기록	○	本州舉
건봉 2	程芝	맹-66	◎	◎	◎	중요 기록(十八秀才舉, 入東京)	◑	미상
건봉 2	輔簡	왕-39	◎	◎	△	중요 기록(弱冠, 鄉舉秀才擢弟(第?), 調補…)	◐	鄉舉
건봉 2	李尙貞(李尙眞)	왕-39	◎	◎	△	중요 기록(弱冠, 本州貢進士, 策第), 성명은 오기(誤記)	◐	本州貢

급제년	합격자	근거출처	자료신뢰성	과목확실성	시기정확성	비고	사료가치	응거방법
총장 2	劉憲	북대=115(맹-1165 참조)	◎	◎	◎	중요 기록(年十五進士獲第, 上元二年待制, 公主徵拜)	●	미상
총장 3	宋守節	맹-68	×	◎	◎	『당재자전(唐才子傳)』의 기록	○	미상
	杜審言	맹-68	×	◎	◎	『구당서』 등 후대의 기록	○	미상
	高瑾	맹-68	×	◎	◎	『당시기사』 기록	○	미상
	李問政	왕-40	◎	◎	◎	중요 기록(年十有九, 鄕貢進士, 對策上第)	●	鄕貢
함형 2	弓嗣初	맹-69	×	◎	◎	『당시기사』의 기록	○	미상
함형 3	崔釋	왕-42	◎	◎	◎	중요 기록(君十八, 擧進士, 補…)	●	미상
함형 4	郭震	맹-70	◎	◎	◎	중요 기록(十六入太學…十八擢進士第)	●	太學
	李逈秀	맹-70	×	◎	×	『신당서(新唐書)』의 기록, 급제년은 추정일 뿐	○	미상
	韋瓊之	왕-43	◎	◎	◎	중요 기록(年十九若干, 從國子生擧進士, 對策高第)	●	國子生
함형 5	周彦暉(周彦輝)	맹-71	×	◎	◎	『당시기사』의 기록	○	미상
	張守貞	맹-71	×	◎	◎	『당척언』의 기록	○	鄕貢
	李撝	맹-71	◎	×	◎	과목 미상(大唐故國子監□□李府君墓誌銘…答策高第)	⊗	〈國子監?〉
	李璿	허-140	◎	◎	△	중요 기록(志學初年, 秀才高第, 授…)	◖	미상
상원 2	鄭愔	맹-73	×	◎	◎	『당재자전』의 기록	○	미상
	沈佺期	맹-73	×	◎	◎	『당재자전』의 기록	○	미상
	宋之問	맹-73	×	◎	◎	『당재자전』의 기록	○	미상
	劉希夷	맹-73	×	◎	◎	『당재자전』의 기록	○	미상
	梁載言	맹-73	×	◎	◎	『직재서록해제(直齋書錄解題)』의 기록	○	미상
	張鷟	맹-73	×	◎	△	『용재속필(容齋續筆)』의 기록	○	미상

급제년	합격자	근거출처	자료신뢰성	과목확실성	시기정확성	비고	사료가치	응거방법
	陳該	맹-73	◎	◎	△	중요 기록(上元元年, 州貢進士)	◐	州貢
	附不疑	맹-73	×	×	×	과목 미상(上元登科)	⊗	〈미상〉
	魏戭	맹-73	◎	◎	◎	중요 기록(十五志學, 三十而立, 以秀才甲科, 調補…)	●	미상
	錢令緒	맹-74				『당척언』의 "別頭及第, 始於上元二年" 기록에 의거하였으나, 이 "上元"은 숙종(肅宗) 때 연호로 판단됨	삭제	
	鄭人政	맹-74				『당척언』의 "別頭及第, 始於上元二年" 기록에 의거하였으나, 이 "上元"은 숙종(肅宗) 때 연호로 판단됨	삭제	
	王愷(王悌)	맹-74				『당척언』의 "別頭及第, 始於上元二年" 기록에 의거하였으나, 이 "上元"은 숙종(肅宗) 때 연호로 판단됨	삭제	
	崔志恂	맹-74				『당척언』의 "別頭及第, 始於上元二年" 기록에 의거하였으나, 이 "上元"은 숙종(肅宗) 때 연호로 판단됨	삭제	
상원 3	楊令一	맹-75	◎	◎	◎	중요 기록(年十九, 擧進士高第)	●	미상
의봉 2	李尙貞	맹-77				연도 계산 착오, 왕-39와 같이 건봉2년으로 옮김	삭제	
	陳憲	맹-77	◎	◎	◎	중요 기록(年卅, 鄕貢進士, 對策上第)	●	鄕貢
의봉 3	元希古	맹-80	◎	◎	◎	중요 기록(儀鳳三年, 秀才擢第, 授…)	●	미상
의봉 4	李晏	왕-49	◎	◎	△	중요 기록(年卅三, 補國子學生, 尋以進士擢第, 釋褐…)	◐	國子學生
조로 2	蘇頲	맹-83	◎	△	◎	『군재독서지(郡齋讀書志)』의 "調露二年進士"라는 기록에 의거한 것이나(正史의 열전도 진사과 급제 명기), 그의 문집 서문에는 "十七遊太學, 對策甲科, 振麟濱者"라고만 하여 이와 상이함	◐	太學
	李福業	맹-83	×	◎	◎	『당시기사』의 기록	○	미상
	宋璟	맹-83	◎	◎	△	중요 기록(年十六七時…明年進士高第)	◐	미상

급제년	합격자	근거 출처	자료 신뢰성	과목 확실성	시기 정확성	비고	사료 가치	응거 방법
영륭 2	馬懷素	맹-83				『구당서』 등에 따른 것이나, 그의 묘지에 근거하여 맹-70처럼 함형4년의 효렴(孝廉) 곧 명경과 급제자로 옮김	삭제	
	劉知幾	맹-87의 수정	×	◎	△	661년생인 그가 "弱冠擧進士"하였다는 『구당서』의 기록에 따름	○	미상
	姜晞	맹-85	×	◎	◎	『당시기사』의 기록	○	미상
	李乂	맹-85	◎	◎	△	중요 기록(十九郡擧茂才策第, 考功郎劉思立一見又如之), 급제년 판단에 의문 존재	◑	郡擧
	梁璵[15]	맹-85	◎	△	△	중요 기록(明『穀梁傳』, 入太學. 逮乎冠稔, 博通經史, 諸所著述, 衆挹淸奇, 制試雜文…閒歲擧進士至省, 鸎遷于喬, 鴻漸于陸. 屬皇家有事拜洛明堂, 簡充齋郎, 逡奔執豆. 其年放選), 특이한 이력 주목 요	◑	太學
개요 2	雍思泰	맹-87	×	◎	◎	『당척언』의 기록	○	鄕貢
	劉知幾	맹-87				연령 계산의 착오로 급제년 오인, 조로2년으로 옮김	삭제	
	韋湊	맹-87	×	◎	◎	후대 방지류 문헌의 기록	○	미상
	劉穆	맹-87	◎	◎	◎	중요 기록(開曜(耀?)二年, 以鄕貢進仕(士?)擢第)	●	鄕貢
영순 2	元求仁	맹-88	×	◎	◎	『당척언』의 기록	○	鄕貢
	嚴識玄	맹-88	◎	◎	×	중요 기록(永淳年, 以鄕貢進士擢第)	○	鄕貢

15 陳鐵民, 「梁璵墓誌與唐進士科試雜文」, 『北京大學學報』 2006-6, 34~35쪽은 "拜洛明堂" 기록을 근거로 급제 시기를 수공4년으로 늦추기도 하나, 일단 "冠稔"을 20세로 본 『登科記考補正』에 따른다. 陳尙君, 「『登科記考』正補」, 『唐代文學硏究』 4, 1993, 303~304쪽 참조.

급제년	합격자	근거출처	자료신뢰성	과목확실성	시기정확성	비고	사료가치	응거방법
영휘 1	王師協	맹-40	◎	◎	△	중요 기록(弱冠, 明經射策高第)	◐	미상
	崔曒(崔曒)	맹-40	◎	△	◎	중요 기록(歲十有八, 以門冑齒太學. 明年, 精『春秋左氏傳』登科)	◐	太學
영휘 3	吳續	맹-42	◎	◎	◎	중요 기록(始以才令充府學生…尋爲府廢, 轉國子學生…永徽三年明經擢第)	●	府學生→國子學生
	王大義	맹-42	◎	◎	◎	중요 기록(以永徽三年, 明經擢第)	●	미상
	高隆基	맹-42	◎	◎	△	중요 기록(弱冠以國子監明經, 射策高第)	◐	國子監
	劉仁景	맹-42	◎	◎	△	중요 기록(弱冠修文, 明經高第)	◐	미상
	劉寂	맹-43	◎	◎	×	중요 기록(年未弱冠, 明經甲科)	○	미상
영휘 4	楊□(再思)	맹-48	◎	◎	△	중요 기록(弱冠明經擢第, 解褐)	◐	미상
	李瓘	맹-48	◎	◎	△	중요 기록(弱冠明經擢第, 調補)	◐	미상
	張遠助	왕-31	◎	◎	◎	중요 기록(永徽四年, 鄕貢明經, 解褐)	●	鄕貢
	黃□	왕-31	◎	◎	△	중요 기록(弱冠國子明經擢第)	◐	國子
영휘 6	慕容知禮	맹-49	◎	◎	◎	중요 기록(年甫十五…服膺儒素. 明經拾紫)	●	미상
	李敏	맹-49	◎	◎	◎	중요 기록(鄕曲之譽…永徽六年, 歲貢明經高第)	●	鄕曲…歲貢
	趙思廉	맹-49	◎	◎	△	중요 기록(弱冠明經登甲科)	◐	미상
현경 1	孟玄一	맹-51	◎	◎	△	중요 기록(弱冠以孝廉對策高第)	◐	미상
	郭品	왕-32	◎	◎	△	중요 기록(弱冠, 明經試『春秋』·『周易』甲第)	◐	미상
현경 2	姚處賢	맹-51	◎	◎	△	중요 기록(弱冠以明經擢第, 解褐)	◐	미상
	田嵩	맹-52	◎	◎	△	중요 기록(弱冠鄕貢, 明經擢第)	◐	鄕貢
현경 3	康希銑	맹-53	◎	◎	◎	중요 기록(年十四, 明經登第)	●	미상
	崔暈(玄暐)	맹-53	◎	◎	△	중요 기록(弱冠明經擢第), 『구당서』 본전은 "龍朔中, 擧明經"	◐	미상

급제년	합격자	근거출처	자료신뢰성	과목확실성	시기정확성	비고	사료가치	응거방법
현경 4	尹思貞	맹-54	×	◎	△	『구당서』의 기록	○	미상
	張弘雅	맹-55	×	◎	△	『신당서』 등 후대의 기록	○	미상
	束良	맹-55	◎	◎	△	중요 기록(弱冠鄕貢, 明經及第)	◑	鄕貢
현경 6	袁義全	맹-58	◎	◎	◎	중요 기록(年卄有五鄕貢, 明經擢第), 나이 숫자 판독에 따라 급제년이 달라짐	●	鄕貢
용삭 3	喬崇隱	맹-60	◎	△	◎	중요 기록(志學之歲, 齒冑國庠, 明年, 以精『書』·『傳』高第)	◑	國庠
	樂彥虛	왕-34 (허-137)				지방에서의 응거 연도를 급제 연도로 오인했다고 판단되므로 인덕 1년으로 옮김	삭제	
	鄭崇道	왕-34	◎	◎	△	중요 기록(弱冠, 鄕以明經貢, 對策高第)	◑	鄕…貢
	宋璟	왕-35	◎	×	◎	과목 미상(唐龍朔三年, 以才地蠲採, 高步國庠. 下惟精心, 絶編不倦; 鬱爲秀造, 翻然鴻騫, 卽以其年射策甲第)	⊗	〈國庠〉
인덕 1	樂彥虛	왕-34 (허-137) 의 수정	◎	◎	◎	중요 기록(年卄三, 州郡察孝廉, 以明經擧. 撞鍾應問, 重席登科, 得擇士之義, 會賓王之家. 以唐顯慶元年, 對策高第), 생몰년(641~707)으로 보아 그의 23세 때 龍朔3년이고 그 이듬해가 麟德1년이므로 "顯慶"을 麟德의 오기로 판단함	●	州郡察
인덕 2	劉壽	맹-63[16]	◎	△	◎	중요 기록(麟德二年, 三經應學, 射策擢第)/ 왕-37의 "李壽"는 오기	◑	미상
건봉 1	沈齊文	맹-64	◎	◎	◎	중요 기록(乾封元年, 以國子明經擢第)	●	國子
	蕭謙	맹-64	◎	◎	◎	중요 기록(年十六, 國子明經擢第)	●	國子
건봉 2	王行淹	맹-66	◎	◎	△	중요 기록(以乾封二年明經高第), 두 개의 묘지 중 제작 시기가 빠른 묘지에 의거함	◑	미상

---

16 기존 錄文에 비하여 中國文物硏究所·河北省文物硏究所 편, 『新中國出土墓誌(河北 1)』(北京, 文物出版社, 2004)의 68번 묘지의 탁본과 녹문이 훨씬 정확하다.

급제년	합격자	근거 출처	자료 신뢰성	과목 확실성	시기 정확성	비고	사료 가치	응거 방법
건봉 3	騫思哲	맹-67	◎	◎	△	중요 기록(弱冠明經出身)	◐	미상
	李泉	왕-39	◎	◎	△	중요 기록(弱年郡邑以孝廉擢薦)	◐	郡邑
총장 2	王行淳	왕-40	◎	◎	△	중요 기록(弱冠, 國子明經擢第)	◐	國子
총장 3	鄭諶	맹-68	◎	◎	△	중요 기록(弱冠, 國子明經高第)	◐	國子
	王思齊	맹-68	◎	◎	◎	중요 기록(咸亨元年, 州辟孝廉擢第)	●	州辟
	屈突伯起	맹-1278의 수정	◎	×	△	과목 미상(年甫弱冠, 以門蔭補弘文館學生. 左雄專業, 大成增甲乙之科…以咸亨元年敕授), 20세와 敕授 시기 모두 총장3년(함형1)임	⊗	〈弘文館〉
함형 2	許堅	맹-69	◎	◎	◎	중요 기록(年廿五, 本州明經擧, 對策高第)	●	本州 …擧
	張錫	왕-41	◎	△	△	중요 기록(年十九, 郡擧秀才. 明年, 又以孝廉登科), 부인의 졸년(卒年)을 본인의 졸년으로 오독한 것으로서 실상 급제년 불확실	◐	郡擧(秀才)
함형 3	賈伯卿	왕-43	◎	◎	△	중요 기록(弱冠, 崇文館明經擢第, 解巾)	◐	崇文館
함형 4	崔韶	맹-70	◎	◎	×	중요 기록(總章元年, 補國子監大(太?)學生…屬咸亨之歲, 炎冗成災, 凡在學□, 散歸鄕第. 膠庠肄業, 日新之藝已優, 州里推名, 歲□之才斯顯. 尋擧□□明經, 射策高第, 賓庭利用, 旣升科於太常), 급제년은 추정일 뿐	○	國子監太學生→州里推名
	馬懷素	맹-70	◎	◎	◎	중요 기록(十五, 徧誦『詩』、『禮』、『騷』、『雅』, 能屬文, 有史力, 長史魚承曄特見器異, 擧孝廉引, 同載入洛), 『구당서』 등의 기록과 차이	●	長史…擧
	楊承福	맹-70				"弱冠" 때 급제했다는 기록에 의거한 추론으로서, 더 명확한 "垂拱中"이란 연호 표기에 의거하여 수공 연간 급제자로 옮김	삭제	
함형 5	王基	맹-72	◎	◎	△	중요 기록(弱冠, 明經擢第)	◐	미상

급제년	합격자	근거출처	자료신뢰성	과목확실성	시기정확성	비고	사료가치	응거방법
상원2	李璋	허-140	◎	◎	◎	중요 기록(唐上元二年, 弱冠宿衛, 舉明經高第), 연호에 따름/ 맹-1279은 급제년 미상으로 처리	●	미상(宿衛?)
	李弌	왕-44	◎	◎	◎	중요 기록(孝廉鄕閭, 薦之臺省, 策問無滯, 對楊(揚?)神□…弱冠, 鄕貢及第)	●	鄕貢
상원3	房逸	맹-75	◎	◎	◎	중요 기록(以門蔭宿衛, 仍附成均監讀書…上元三年, 以明經舉, 射策甲第)	●	(宿衛?→) 成均監
	韋希損	맹-75	◎	×	◎	과목 미상(卄而冠, 同先儒之經, 起家國子生擢第, 補)	⊗	〈國子生〉
	孟立	맹-76	◎	◎	△	중요 기록(弱冠, 以太學明經擢第)/ 허-141의 "孟慈"는 오기(왕-45 참조)	◐	太學
	崔安儼	왕-46	◎	◎	△	중요 기록(弱冠, 明經擢第, 解褐)	◐	미상
의봉3	宋智亮	맹-80	◎	◎	◎	중요 기록(年參拾玖, 明經擢第)	●	미상
	李淮	왕-48	◎	◎	◎	중요 기록(年十九, 自成均生明經射策甲科), 나이 계산에 따라 급제년 차이가 생김(허-143 참조)	●	成均生
의봉4	李淮	맹-82				나이 계산을 잘못해 급제년을 오인하였으므로, 왕-48과 같이 의봉 3년으로 옮김	삭제	
영륭2	崔日新	맹-86	◎	◎	△	중요 기록(弱冠, 明經高第)	◐	미상
	袁義全	왕-50				나이 숫자를 오독하였으므로, 맹-58과 같이 현경6년으로 옮김	삭제	
개요2	高憲	맹-87	◎	◎	△	중요 기록(弱冠, 明經高第)	◐	미상
	崔諤之	맹-87				나이 숫자를 오독한 듯하므로, 허-143에 따라 영순2년으로 옮김	삭제	
영순2	高懲	맹-89	◎	◎	△	중요 기록(弱冠, 以太學明經擢第)	◐	太學
	崔諤之	허-143	◎	◎	◎	중요 기록(十三, 以孝廉筮仕), 나이 숫자 판독에 따라 급제년이 달라짐	●	미상
	李述	왕-51	◎	◎	×	중요 기록(未弱冠, 以明經擢第, 常調入官)	○	미상

〈 무측천 시기(684~704) 진사과 급제자 〉

급제년	합격자	근거출처	자료신뢰성	과목확실성	시기정확성	비고	사료가치	응거방법
사성 1	許旦(許且)	맹-92	×	◎	△	『당재자전』의 기록	○	미상
	陳子昂	맹-92	◎	◎	△	중요 기록(年二十一, 始東入咸京, 遊大(太?)學, 歷抵羣公, 都邑靡然 屬目矣. 由是爲遠近所籍甚, 以進士對策高第/ 年二十四, 文明元年 進士), 급제년 등 관련 기록이 다른 문헌도 존재	◐	太學
	康庭芝	맹-93	×	◎	◎	『당척언』의 기록	○	鄕貢
	鄭繇	맹-93	×	◎	◎	『당시기사』의 기록	○	미상
	郜貞鉉	맹-93	×	×	◎	후대 성씨서 문헌의 기록(光宅登科)	⊗	〈미상〉
	梁知微	맹-94	×	◎	△	『당시기사』의 기록	○	미상
광택 2	吳師道(吳道師, 吳道古)	맹-99	×	◎	◎	『옥지당담회』 등 후대의 기록	○	미상
	顔元孫	맹-99	◎	◎	△	중요 기록(〔垂拱初〕擧進士…省試「九河銘」·「高松賦」)	◐	미상
수공 3	陳伯玉	맹-103	×	◎	◎	『옥지당담회』의 기록	○	미상
	王易從	왕-54, 맹-1164	◎	◎	△	중요 기록(十九初遊太學, 二十升甲科), 『구당서』의 진사과 기록/ 맹-1164는 급제년 미상으로 처리	◐	太學
수공 4	劉處仁	맹-103	×	◎	◎	후대 방지류 문헌의 기록	○	미상
영창 1	甯原悌(甯愷, 甯悌原)	맹-106	×	◎	◎	후대 방지류 문헌의 기록	○	미상
	元澹(行沖)	맹-107	×	◎	△	『구당서』 등 후대의 기록, "永昌二年"이란 급제년 기록은 당시 "二年"이 없으므로 "元年"의 오기로 판단	○	미상
	王珣	맹-114	×	◎	△	『신당서』의 기록	○	미상

급제년	합격자	근거출처	자료신뢰성	과목확실성	시기정확성	비고	사료가치	응거방법
재초1	崔湜	맹-114	△	◎	△	『태평광기(太平廣記)』에 인용된 『한림성사(翰林盛事)』 등의 기록	◖	미상
	元儋(行沖)	왕-58				후대 방지류 문헌의 "永昌二年" 기록을 재초1년으로 보았으나, 맹-107에 따라 영창1년으로 옮김	삭제	
천수2	鄧森	맹-119	◎	×	◎	과목 미상(總章二年, 任國子監學生, 天授二年, 應擧□第. 觀光入辟, 先飛隱士之星; 射策登科, 遽擢太常之第)	⊗	〈國子監學生〉
	薛稷	맹-120	×	◎	×	후대 방지류 문헌의 기록 (天授中)	○	미상
	盧朏	허-145				증손의 묘지에 의거한 판단이므로, 본인의 묘지에 따른 왕-62와 같이 장수3년으로 옮김	삭제	
천수3	敬守德	맹-125	◎	◎	△	중요 기록(弱冠以進士出身, 應撫字擧及第)	◖	미상
	崔日用	맹-135의 수정[17]	◎	◎	△	중요 기록(弱冠鄉貢進士擢第), 손가지(孫嘉之)와 동년이라는 기록도 있으나 본인 문집의 서문에 따름	◖	鄉貢
장수2	王元	맹-126	◎	×	◎	과목 미상(仄陋明敭, 便應妙選. 長壽二年擢第, 授右監門衛右司戈)	⊗	〈미상〉
	趙夏日	맹-127	◎	◎	△	중요 기록(十八入大學, 才名冠諸生, 弱冠以進士擢第)	◖	太學
장수3	盧朏	왕-62	◎	◎	△	본인 묘지의 중요 기록(弱冠, 進士擢第), 증손의 묘지는 17세에 급제하였다고 함	◖	미상

17 최근 보고된 그의 묘지명에는 "弱冠有成, 卓然見公輔之望. 初擧孝廉甲科, 發迹二尉也."(毛陽光 주편, 『洛陽流散唐代墓誌彙編續集』, 北京, 國家圖書館出版社, 2018의 95번)라고 하므로 혹 명경과에 합격했을 가능성도 배제할 수 없다. 그러나 맹-135에서 보듯이 그의 문집을 비롯한 많은 문헌들에서 일관되게 진사과 급제자로 기록하고 있기 때문에 일단 이에 따른다.

급제년	합격자	근거출처	자료신뢰성	과목확실성	시기정확성	비고	사료가치	응거방법
증성 1	賀知章	맹-134	×	◎	△	『신당서』 등 후대의 기록	○	미상
	許南容	맹-135	×	△	×	『문원영화』의 글에 의거, 손가지와 연동	○	미상
	李令琛	맹-135	×	△	×	『문원영화』의 글에 의거, 손가지와 연동	○	미상
	孫嘉之	맹-135	◎	◎	×	중요 기록(遂投迹大學, 託名常調, 天冊中以進士擢第)	○	太學
	崔日用	맹-135				손가지의 묘지에 의거해 급제년을 추정했으나, 본인 문집의 "弱冠…擢第" 기록에 따라 천수3년으로 옮김	삭제	
	蘇晉	맹-135	◎	◎	△	중요 기록(〔孫嘉之〕天冊中以進士擢第, 與崔日用·蘇晉俱爲考功郞中李迴秀特所標賞)	◖	미상
천책만세 2	鄭遂初	맹-142	×	◎	◎	『당시기사』 기록	○	미상
	韋虛心	맹-142	◎	×	△	과목 미상(越在童冠, 升於膠序, 介然獨立, 異於諸生. 國子博士范頤嘗與均禮. 考功員外郞李迴秀擢以高第), 정사에는 "孝廉"으로 기록	⊗	〈膠序〉
	崔沔	맹-142	◎	◎	◎	중요 기록(公廿四, 鄕貢進士擢第)	●	鄕貢
만세통천 2	璩抱朴	맹-148	×	×	◎	『통지(通志)』의 기록(唐神功登科有璩抱朴)	⊗	〈미상〉
	房承先	맹-148	◎	×	△	과목 미상(年弱冠以崇文生昇第, 解褐)/ 왕-66은 진사과로 보지 않음	⊗	〈崇文生〉
성력 1	馮萬石	맹-150	×	◎	◎	『광탁이기(廣卓異記)』의 기록/ 허-149는 풍복(馮復)과 동일인으로 추정하나 근거 불확실함	○	미상
	齊澣	맹-150	×	◎	△	『신당서』의 기록	○	미상
	馮復	허-149	◎	◎	×	중요 기록(居頃, 郡擧季(秀?)才及第), 풍만석(馮萬石)과 동일인이 아니면 급제년 미상	○	郡擧
성력 2	吉頊	맹-152	×	◎	◎	『구당서』 등의 기록	○	미상

급제년	합격자	근거출처	자료신뢰성	과목확실성	시기정확성	비고	사료가치	응거방법
성력 3	張浤 (張紘)	맹-153	△	◎	◎	중요 기록(烈考浤, 以碩學麗藻, 名動京師, 亦擧進士)	◗	미상
	崔尙	허-150	◎	◎	◎	중요 기록(國子進士高第)/ 맹-153은 전래문헌에만 의거한 판단	●	國子
	任瑗	왕-70				졸년을 천보10년으로 본 해석 의문, 허-151에 따라 장안3년으로 옮김	삭제	
대족 1	章仇嘉勉	맹-156	×	◎	◎	『통지』의 기록	○	미상
	席豫	맹-156	×	◎	×	『구당서』의 기록, 급제년은 추정일 뿐	○	미상
	邢巨	왕-71	◎	◎	△	중요 기록(弱歲, 進士擢第	◗	미상
	吳少微	왕-72	×	◎	◎	후대 방지류 문헌에 급제년 기록/ 맹-1164는 급제년 미상으로 처리	○	미상
장안 2	張九齡	맹-158	◎	◎	△	중요 기록(弱冠, 鄕試進士), 급제년은 『군재독서지』에 따름	◗	鄕試
	徐秀(徐琇)	맹-158	◎	×	△	과목 미상(年十五(?), 爲崇文生應擧. …遂考功員外郎沈佺期再試 ‘東堂壁畫賦’. 公援翰立成, 擢高第), 급제년에 논란 가능성 존재	⊗	〈崇文生〉
장안 3	王擇從	맹-160	×	◎	◎	『구당서』의 기록	○	미상
	任瑗	허-151	◎	◎	△	중요 기록(弱冠, 太學秀才), 졸년을 천보13년으로 본 해석에 따름	◗	太學
장안 4	李溫玉	맹-161	×	◎	◎	『당척언』의 기록	○	鄕貢

〈 무측천 시기(684~704) 명경과 급제자 〉

급제년	합격자	근거출처	자료신뢰성	과목확실성	시기정확성	비고	사료가치	응거방법
사성 1	晉休景	왕-51	◎	◎	△	중요 기록(弱冠補弘文生, 以成誦在心, 孝廉擢第, 釋褐)	◗	弘文生

급제년	합격자	근거출처	자료신뢰성	과목확실성	시기정확성	비고	사료가치	응거방법
광택 2	張嘉貞	맹-99	×	△	△	『구당서』의 기록	○	미상
	李商隱	맹-99	×	◎	△	『구당서』의 기록	○	미상
	蕭璥	장안 -142	◎	◎	△	중요 기록(弱冠, 入弘文, 明經對策高第)	◐	弘文
수공 2	袁惛	왕-53	◎	◎	△	중요 기록(弱歲孝廉擢弟(第?), 補)	◐	미상
수공 3	王豫	맹-103	◎	◎	◎	중요 기록(洎廿一, 門調宿衛, 州擧孝廉, 補)	●	州擧 (宿衛?)
수공 4	尹守貞	맹-103	◎	◎	◎	중요 기록(垂拱四年, 以明經高第遂授大成)	●	미상
	崔孝昌	맹-103	◎	◎	△	중요 기록(年甫十三, 以門子補修文生. 明經上第, 解褐…弱冠登朝)	◐	修文生
	司馬詮	맹-104	◎	◎	◎	중요 기록(垂拱四年, 以成均生明經擢第)	●	成均生
	何寂	맹-104	◎	△	△	중요 기록(年弱冠宿衛, 通經高第)/ 왕-56의 "何最"는 오기	◐	미상 (宿衛?)
수공 연간	楊承福	맹-70의 수정	◎	◎	×	중요 기록(垂拱中, 年弱冠, 州擧孝廉, 太常對策), 급제년에 대한 표현이 상이하나 더 명확한 연호 표기로 판단	○	州擧
영창 1	高嶸	맹-107	◎	◎	△	중요 기록(弱冠崇文生明經擢第)	◐	崇文生
천수 3	崔晙	맹-125	◎	◎	◎	중요 기록(동생 崔景晊과 "同擧明經")	●	미상
	崔景晊	맹-125	◎	◎	◎	중요 기록(年十七, 與親兄〔崔〕晙, 同擧明經)	●	미상
	趙懷璡	맹-125	◎	◎	△	중요 기록(始冠, 明經)	◐	미상
	敬昭道	맹-125	◎	◎	△	중요 기록(及乎弱冠, 擢以孝廉)	◐	미상
	崔茂宗	왕-60	◎	◎	◎	중요 기록(比年廿, 文學足用, 以明經上第)	●	미상
장수 2	張貽玘	왕-60	◎	△	△	중요 기록(弱冠太學, 擧經明『左氏傳』, 射策高第)	◐	太學

급제년	합격자	근거출처	자료신뢰성	과목확실성	시기정확성	비고	사료가치	응거방법
장수 3	王廉	왕-62	◎	×	△	과목 미상(弱冠登科)/ 허-147은 과목 명칭 미상으로 처리	⊗	〈미상〉
증성 1	盧悅	왕-63	◎	◎	◎	중요 기록(年十八, 太學明經擢第)	●	太學
천책만세 2	崔翹	왕-64	◎	◎	◎	중요 기록(十四, 明經高第)	●	미상
	趙陵陽	왕-64				졸년 개원25년을 개원10년으로 오독한 듯하므로, 맹-168과 같이 신룡2년으로 옮김	삭제	
성력 1	樊庭觀	맹-150	◎	◎	△	중요 기록(曾遊太學, 頗列諸生, 爰居弱冠之辰, 遂以明經擢第)	◐	太學
	盧含	맹-150	◎	◎	△	중요 기록(弱冠, 孝廉擢秀)	◐	미상
	開休元	맹-153	◎	◎	◎	중요 기록(廿一, 鄕貢明經擢第, 其年預大成)	●	鄕貢
성력 2	李庭芝	왕-67	◎	◎	△	중요 기록(始冠, 以孝廉甲科)	◐	미상
	徐憚	왕-68	◎	◎	△	중요 기록(弱冠明經, 拜國子大成)	◐	미상
대족 1	王忿	맹-156	◎	◎	◎	중요 기록(年十八, 擧孝廉)/ 왕-70의 "王忿"는 오독인 듯함	●	미상
	龐履溫	맹-158	◎	◎	◎	중요 기록(起家補昭文生, 從勳閥也. 長安二年, 明經擢第, 拜)	●	昭文生
	周誠	맹-158	◎	◎	△	중요 기록(弱冠國學生, 孝廉擢第, 解褐)	◐	國學生
장안 2	李迪	맹-159	◎	◎	◎	중요 기록(廿, 孝廉擢第)	●	미상
	楊居實	장안-151	◎	◎	◎	중요 기록(年廿, 任弘文館學生, 明經及第, 解褐)	●	弘文館學生
	元琰	진진=537	◎	△	△	중요 기록(弱歲經明, 解巾)	◐	미상
	慕容瑾	맹-160	◎	◎	◎	중요 기록(年廿, 明經擢第, 解褐)	●	미상
	李庭訓	맹-160	◎	◎	△	중요 기록(弱冠, 孝廉擢第, 解褐)	◐	미상
장안 3	蕭諝	왕-72	◎	◎	◎	중요 기록(年廿, 崇文生明經及第)	●	崇文生
	褚无量	왕-72	×	◎	◎	후대 방지류 문헌에 급제년 기록(미확인)/ 맹-1287은 급제년 미상으로 처리	○	미상

급제년	합격자	근거출처	자료신뢰성	과목확실성	시기정확성	비고	사료가치	응거방법
장안 4	明俊[18]	왕-73	◎	◎	△	중요 기록(弱冠, 察孝廉)	◑	미상

〈 중종·예종 시기(705~712) 진사과 급제자 〉

급제년	합격자	근거출처	자료신뢰성	과목확실성	시기정확성	비고	사료가치	응거방법
신룡 1	姚仲豫	맹-162	×	◎	△	후대 방지류 문헌의 기록	○	미상
	褚璆	맹-162	×	◎	△	후대 방지류 문헌의 기록(미확인)	○	미상
	張思鼎	맹-163	◎	◎	×	중요 기록(神龍年, 郡辟秀才, 擢第, 調補)	○	郡辟
	楊相如	맹-163	×	◎	◎	후대 방지류 문헌의 기록	○	미상
신룡 2	薛令之	맹-165	×	◎	△	『당척언』 등 후대의 기록, 급제년을 달리 적은 문헌 존재	○	미상
	趙冬曦	맹-166	◎	◎	△	중요 기록(景龍中, 河南黜陟使盧懷愼覽而欽歎, 持表上聞. 天子嘉焉. 虛己詳問, 執政者□□妒異, □賞文辭而已, 奏以進士試, 對策甲科)	◑	黜陟使 … 持表上聞
	趙安貞	맹-166	×	◎	◎	『광탁이기』의 기록	○	미상
	徐安貞 (徐楚璧)	맹-166	×	◎	◎	후대 방지류 문헌의 기록	○	미상

18 氣賀澤保規 주편, 『新編 唐代墓誌所在總合目錄』(東京, 明治大學東アジア石刻文物研究所·汲古書院, 2017)은 侯明俊이라고 적었다. 이 차이는 "唐故太府寺平准署侯明府公墓誌銘幷序"라는 표제를 읽는 방법이 다르기 때문이다. "平准署侯"가 太府寺의 平准(署)승을 가리키는 듯하므로, 여기에서 "侯"를 성으로 일단 간주하지 않았으나 의문은 남겨 둔다. 陳長安 주편, 『隋唐五代墓誌滙編(洛陽11)』(天津, 天津古籍出版社, 1991), 28쪽 참조(『唐代墓誌彙編』, 天寶032번의 녹문에 "侯"가 빠진 것은 착오).

급제년	합격자	근거출처	자료신뢰성	과목확실성	시기정확성	비고	사료가치	응거방법
신룡 3	李欽讓	맹-170	×	◎	◎	『당척언』의 기록	○	鄕貢 附學
	權澈	맹-170	◎	×	◎	과목 미상(其鄕擧也, 考功郎中蘇頲拔諸羣萃之中)	⊗	〈鄕擧〉
경룡 2	韋詔	왕-77	×	◎	△	후대 방지류 문헌의 기록	○	미상
	張諤	맹-175	×	◎	×	『당시기사』의 기록	○	미상
	韋見素	왕-78	×	△	×	후대 방지류 문헌의 기록, 『구당서』에는 "學科登第"라고만 함	○	미상
	陳希烈	속=永泰003	◎	◎	△	중요 기록(公發跡進士擢第, 歷官卄正, 從仕五十年)/ 등-1159는 급제년 미상으로 처리하였으나, 그 경력으로 추정 가능	◐	미상
경룡 3	韋述	맹-176	×	◎	△	『구당서』의 기록	○	西入關
	劉惟正	맹-176	◎	◎	◎	중요 기록(始從小學, 中遊上庠, 果射高墉之隼, 克奮垂天之翼, 故卄五徵秀才)	●	小學→ 上庠
경룡 4	王翰 (王瀚)	맹-181	×	◎	△	『당재자전』의 기록(『당재자전교전(校箋)』의 고증에 의거)	○	미상
	鄭虔	왕-79	◎	◎	△	중요 기록(弱冠, 擧秀才, 進士高第)	◐	미상
	陳元光	왕-80	×	◎	△	후대 방지류 문헌의 기록	○	미상
	方竦	왕-80	×	◎	△	후대 방지류 문헌의 기록	○	미상
경운 2	張秀明	맹-183	×	◎	◎	『광탁이기』의 기록	○	미상
	王明從	맹-183	×	◎	×	『구당서』의 기록	○	미상
	王言從	맹-183	×	◎	×	『구당서』의 기록	○	미상
	張嵩[19]	맹-184	◎	△	△	과목 미상(景雲初, 〔劉敦行〕以尙書郎爲淮南道宣勞使, 擧□□言·張嵩·段同□等四十餘人, 皆天下英秀, 時所推重, 射策登科者), 『구당서』에서 "進士擧"	◐	宣勞 使擧

급제년	합격자	근거출처	자료신뢰성	과목확실성	시기정확성	비고	사료가치	응거방법
	段同泰	맹-183	◎	△	△	과목 미상(景雲初, 〔劉敦行〕以尙書郞爲淮南道宣勞使, 擧□□言·張嵩·段同□等四十餘人, 皆天下英秀, 時所推重. 射策登科者), 張嵩과 급제 과목 연동 가능	◗	宣勞使擧

〈 중종·예종 시기(705~712) 명경과 급제자 〉

급제년	합격자	근거출처	자료신뢰성	과목확실성	시기정확성	비고	사료가치	응거방법
신룡 1	崔嘉祉	맹-163	◎	◎	△	중요 기록(弱冠以明經選, 調補)	◗	미상
	裴光庭	맹-163	◎	◎	△	중요 기록(尋補宏文館學士. 神龍初明經擢第, 授)	◗	宏文館學士
	田誠	왕-74	◎	◎	△	중요 기록(弱冠, 游太學, 明經射策甲科, 解褐)	◗	太學
신룡 2	裴處璀	맹-166	◎	◎	×	중요 기록(神龍載中, 明經擢第)	○	미상
	盧友度	맹-166	◎	◎	△	중요 기록(弱冠知名, 善屬文, 擧孝廉擢第, 拜)	◗	미상
	李夷吾	왕-76	◎	◎	△	중요 기록(年在弱冠, 以門胄補弘文舘生, 應明經高第)	◗	弘文舘生
	趙陵陽	왕-64의 수정(맹-168 참조)	◎	◎	◎	중요 기록(年十有九, 孝廉充□(賦?), 一擧登科), 졸년을 개원25년으로 판단/ 맹-168은 제거(制擧, 孝悌廉讓科)로 보았으나 근거 취약	●	充(賦?)
신룡 3	陳禕	맹-171	◎	×	△	과목 미상(弱冠, 以齋郞擢第, 解褐)	⊗	〈미상(齋郞?)〉
	盧有鄰	왕-76	◎	◎	◎	중요 기록(年十九, 孝廉擢第, 解褐)	●	미상
	裴宥	왕-77	◎	◎	×	중요 기록(年未弱冠, 明經高第, 選授)	○	미상

19 『新唐書』 권133, 「郭虔瓘」, 4544쪽 등에는 張孝嵩으로 나오나, 기본 자료와 『舊唐書』 권103, 「郭虔瓘」, 3189쪽의 기록에 따른다.

급제년	합격자	근거출처	자료신뢰성	과목확실성	시기정확성	비고	사료가치	응거방법
경룡2	丁韶	맹-176	◎	◎	△	중요 기록(弱冠, 明經擢第, 釋褐)	◐	미상
	盧均芳	왕-77	◎	◎	△	중요 기록(君纔弱冠, 孝廉擢第, 解褐), 귀장(歸葬)한 해를 졸년으로 추정함	◐	미상
	李逈	허-153				제작 시기가 빠른 본인 묘지의 탁본을 볼 때 졸년을 오독한 듯 하므로, 왕-84와 같이 개원5년으로 옮김	삭제	
경룡3	嚴仁	맹-177	◎	◎	△	중요 기록(弱冠窮精奧, 以明經甲科爲郎, 調補)	◐	미상
	張九皐	맹-177	◎	◎	△	중요 기록(弱冠, 孝廉登科)	◐	미상
경룡4	徐浚	왕-79	◎	◎	◎	중요 기록(十七, 明經高第)	●	미상
경운3	李橙	맹-187	×	△	◎	후대 방지류 문헌의 기록	○	미상
	孔齊參	맹-187	◎	◎	△	중요 기록(弱冠, 孝廉擢第, 解褐)	◐	미상
	盧竦	왕-80	◎	◎	△	중요 기록(弱冠, 徵孝廉, 拜)	◐	미상

〈 현종1, 이부시(吏部試) 시기(713~736) 진사과 급제자 〉

급제년	합격자	근거출처	자료신뢰성	과목확실성	시기정확성	비고	사료가치	응거방법
선천2	常無名(常无明)	서시=290, 맹-196	◎	◎	△	중요 기록(既冠, 進士擢第), 급제년을 달리 적은 문헌 존재	◐	미상
	張子容	맹-196	×	◎	△	『당시기사』의 기록, 상무명(常無名)과 연동	○	미상
	王灣	맹-197	×	◎	△	『당시기사』의 기록, 상무명과 연동	○	미상
	程南銳	맹-197	×	◎	◎	후대 성씨서 문헌의 기록(미확인)	○	미상
	趙子卿	맹-197	×	△	△	『문원영화』의 글에 의거, 정남예(程南銳)와 연동	○	미상

급제년	합격자	근거 출처	자료 신뢰성	과목 확실성	시기 정확성	비고	사료 가치	응거 방법
	趙自勵	맹-197	×	△	△	『문원영화』의 글에 의거, 정남예와 연동	○	미상
	梁獻	맹-197	×	△	△	『문원영화』의 글에 의거, 정남예와 연동	○	미상
	李日用	맹-197	×	◎	△	후대 성씨서 문헌의 기록(미확인)	○	미상
	昔安仁	맹-197	×	◎	×	후대 성씨서 문헌의 기록	○	미상
개원 2	李昂	맹-203	×	◎	◎	『당재자전』의 기록/ 허-155는 개원19년 제작 묘지 찬자와 동일인으로 보나 의문	○	미상
	孫逖	맹-203	×	△	◎	『옥지당담회』의 기록, 『구당서』에는 제거(哲人奇士〔隱淪屠釣〕) 합격 기록	○	미상
	于休烈	맹-203	×	◎	△	『신당서』의 기록	○	미상
	崔藏之	허-155	◎	◎	△	중요 기록(開元初…召入麗正殿, 詳注『莊』·『老』. 公以進而無位, 退不得隱, 遂應進士, 一擧登科. 其年, 上所注『老經』, 制補集賢院直學士)	◐	미상(麗正殿에서 활동?)
개원 3	李諴	맹-214	◎	◎	◎	중요 기록(年十六, 戶部尙書姚珽以賢良薦, 比之終·賈. 開元三年擧進士)	●	미상(賢良?)
개원 4	范崇凱	맹-216	×	◎	◎	『옥지당담회』의 기록	○	미상
	薛邕	맹-216	×	△	△	『문원영화』의 글에 의거	○	미상
	史翽	맹-216	×	△	△	『문원영화』의 글에 의거	○	미상
	李昢 (李朏)	맹-216, 왕-82	◎	◎	△	중요 기록(弱冠進士擢第, 吏曹考判, 又登甲科)	◐	미상
	張均	맹-216	×	◎	◎	『당재자전』의 기록	○	미상
개원 5	劉淸	맹-218	×	△	△	『문원영화』의 글에 의거, 왕영연(王泠然)과 연동	○	미상
	劉廷玉	맹-218	×	◎	△	『문원영화』의 기록	○	미상
	劉巖	맹-218	×	◎	△	『문원영화』의 기록	○	미상
	王泠然	맹-218	◎	◎	△	중요 기록(七歲見稱於鄕黨, 廿則賓於王庭, 以秀才擢第, 授東宮校書郞), 급제년은『당척언』에 실린 장열(張說)에게 쓴 편지에 따름	◐	鄕黨, 賓

급제년	합격자	근거출처	자료신뢰성	과목확실성	시기정확성	비고	사료가치	응거방법
	李蒙	맹-219	×	◎	◎	『독이지(獨異志)』의 기록/ 왕-93의 이몽(李蒙)과는 동명이인으로 판단	○	미상
개원 7	崔鎭	맹-233	×	◎	△	『문원영화』의 기록	○	미상
	苗晉卿	맹-233	◎	◎	◎	중요 기록(年若干, 秀才擢第)	●	미상
	杜鈒	맹-233	◎	◎	◎	중요 기록(開元七年, 進士擢第)	●	미상
개원 8	苗含液	맹-254, 묘=殘誌063	◎	◎	◎	중요 기록(大(太?)學進士受楊府□軍/ 大父諱含液, 進士策名), 본인의 묘지에 근거, 급제년은 후대의 기록	●	太學
개원 9	王維	맹-256	△	◎	△	『집이기(集異記)』 등 여러 문헌에 상이한 기록들이 다수 존재	◑	京兆府試
	薛據	맹-258	×	◎	△	『당재자전』의 기록, 왕유(王維)와 연동	○	미상
	寇垍	맹-258	◎	◎	◎	중요 기록(前國子進士…卅五擢第)	●	國子
개원 10	苗含澤	맹-267	×	◎	◎	『오백가주창려문집(五百家注昌黎文集)』의 기록	○	미상
개원 11	源少良	맹-269	×	◎	△	『옥지당담회』의 기록, 급제 관련 상이한 기록 존재(고증 필요)	○	미상
	崔顥	맹-270	×	◎	△	『당재자전』의 기록, 원소량(源少良)과 연동	○	미상
개원 12	賈季陽	맹-271	×	◎	◎	『옥지당담회』의 기록	○	미상
	蔡希周	맹-271	×	◎	◎	후대 방지류 문헌의 기록	○	미상
	郭湜	왕-88	◎	◎	◎	중요 기록(開元十二年, 擢進士第)	●	미상
개원 13	杜綰	맹-273	×	◎	△	『당재자전』의 기록(고증 필요), 조영(祖詠)과 연동	○	미상
	祖詠	맹-273	×	◎	△	『극현집(極玄集)』 소전(小傳)의 기록 등에 의거	○	미상
	丁仙芝(丁仙之)	맹-273	◎	◎	△	중요기록(丁侯前擧, 子(儲光義)次年擧/ 前國子進士), 저광희(儲光義)와 연동	◑	國子
	高蓋	맹-274	×	△	△	『문원영화』의 글에 의거	○	미상
	王諲	맹-274	×	△	△	『문원영화』의 글에 의거	○	미상

급제년	합격자	근거출처	자료신뢰성	과목확실성	시기정확성	비고	사료가치	응거방법
개원 14	張甫	맹-274	×	△	△	『문원영화』의 글에 의거	○	미상
	陶擧	맹-274	×	△	△	『문원영화』의 글에 의거	○	미상
	敬括	맹-274	×	△	△	『문원영화』의 글에 의거, 『구당서』의 기록(鄕擧進士)	○	鄕擧
	嚴廸	맹-283	×	◎	◎	『당재자전』의 기록	○	미상
	儲光羲	맹-283	◎	◎	◎	중요 기록(開元十四年, 嚴黃門知考功, 以魯國儲公進士高第, 與崔國輔員外、綦母潛著作同時), 고황(顧況이 쓴 본인 문집의 서문에 의거, 본인의 시("同〔丁仙芝〕爲太學諸生")	●	太學
	崔國輔	맹-283	◎	◎	◎	중요 기록(開元十四年, 嚴黃門知考功, 以魯國儲公進士高第, 與崔國輔員外、綦母潛著作同時), 고황이 쓴 저광희 문집의 서문에 의거	●	미상
	綦母潛	맹-283	◎	◎	◎	중요 기록(開元十四年, 嚴黃門知考功, 以魯國儲公進士高第, 與崔國輔員外、綦母潛著作同時), 고황이 쓴 저광희 문집의 서문에 의거	●	미상
	左光胤	맹-284	◎	◎	△	중요 기록(初以國子進士擢第, 是歲復以岳牧擧), 급제년은 불분명하나 악목거(岳牧擧) 실시 시기로 추정	◐	國子
개원 15	李嶷	맹-291	×	◎	◎	『당재자전』의 기록	○	미상
	王昌齡	맹-291	◎	◎	◎	중요 기록(其明年(개원15년)擢第常建少府、王龍標昌齡. 此數人皆當時之秀), 고황이 쓴 저광희 문집의 서문에 의거	●	미상
	常建	맹-291	◎	◎	◎	중요 기록(其明年(개원15년)擢第常建少府、王龍標昌齡. 此數人皆當時之秀), 고황이 쓴 저광희 문집의 서문에 의거	●	미상
	杜頠	맹-291	×	◎	◎	『전당시』, 『전당문』 소전의 기록	○	미상
	陸據	왕-90	◎	◎	◎	중요 기록(薦似〔司馬〕相如, 而名動天下. 廿七, 進士擢第)	●	鄕貢[20]

급제년	합격자	근거출처	자료신뢰성	과목확실성	시기정확성	비고	사료가치	응거방법
개원 16	虞咸	맹-294	×	◎	◎	『당재자전』의 기록	○	미상
	賀蘭進明	맹-294	×	◎	◎	『당시기사』 등 후대의 기록	○	미상
개원 17	王正卿	맹-297	△	◎	△	『태평광기』에 인용된 『정명록(定命錄)』의 기록, 급제년은 추정일 뿐	◑	미상
	樊系	맹-297	△	◎	△	『태평광기』에 인용된 『정명록』의 기록, 왕정경(王正卿)과 연동	◑	미상
개원 18	崔明允	맹-299	×	◎	◎	『당재자전』의 기록(고증 필요)	○	미상
	陶翰	맹-299	◎	◎	◎	중요 기록(開元十八年, 進士上第)	●	미상
	崔損	맹-299	×	△	△	『문원영화』의 글에 의거, 도한(陶翰)과 연동	○	미상
	薛摠(薛總)	맹-299	×	◎	◎	『오백가주창려문집』의 기록	○	미상
	劉昱	왕-91	×	◎	◎	후대 방지류 문헌의 기록	○	미상
	沈郡	왕-91	×	◎	◎	후대 방지류 문헌의 기록	○	미상
개원 19	蕭昕	맹-301	×	◎	△	『구당서』의 기록(少補崇文進士)과 『문원영화』의 글에 의거, 급제년은 추정일 뿐	○	崇文
	郭邕	맹-301	◎	△	△	중요 기록(四登列位, 三拜甲科), 과목 명칭과 급제년은 『문원영화』의 글에 의한 추정, 소흔(蕭昕) 등과 연동	◑	미상
	張欽敬	맹-301	×	△	△	『문원영화』의 글에 의거, 소흔 등과 연동	○	미상
	叔孫玄觀	맹-301	×	△	△	『문원영화』의 글에 의거, 소흔 등과 연동	○	미상
개원 20	鮮于向	맹-307	◎	◎	◎	중요 기록(開元二十年, 年近四十, 擧鄕貢進士高第, 二十六年調補)	●	鄕貢
	談戭(譚戭)	맹-307	×	◎	◎	후대 방지류 문헌의 기록	○	미상

20　陸據는 개원28년 源衍의 묘지를(『唐代墓誌彙編續集』, 開元177번) 적을 때 "前鄕貢進士"라고 하였다.

급제년	합격자	근거출처	자료신뢰성	과목확실성	시기정확성	비고	사료가치	응거방법
개원 21	徐徵	맹-311	×	◎	△	『당재자전』의 기록, 급제년 관련 상이한 기록 존재	○	미상
	劉眘虛	맹-311	×	◎	△	『당재자전』의 기록, 서징(徐徵)과 연동	○	미상
	房安禹	맹-311	△	◎	◎	『전정록(前定錄)』의 기록	◑	미상
	元德秀	맹-311	◎	△	◎	중요 기록(及應府貢, 如京師…以才行第一, 進士登科), 과목에 대한 상이한 내용의 문헌도 존재	◑	府貢
	王端	맹-311	◎	◎	◎	중요 기록(擧進士、宏詞, 連中甲科…公(王端)與河南元德秀、天水閻仲璵同歲中正鵠)	●	미상
	閻伯璵(閻仲璵)	맹-312	◎	◎	◎	중요 기록(公(王端)與河南元德秀、天水閻仲璵同歲中正鵠)	●	미상
개원 22	李琚	맹-313	◎	◎	◎	중요 기록(洎開元廿二載, 尙書考功郎孫公, 天下詞伯…遂以鄕貢進士擢第)	●	鄕貢
	張階	맹-314	◎	◎	◎	중요 기록(予(張階)與公(李琚)泉(?)今洛陽尉韓液, 皆同年擢桂之客)	●	미상
	韓液	맹-314	◎	◎	◎	중요 기록(予(張階)與公(李琚)泉(?)今洛陽尉韓液, 皆同年擢桂之客)	●	미상
	閻防	맹-314	◎	◎	◎	중요 기록(君(楊拯)以南陽張茂之, 京兆杜鴻漸…常山閻防, 范陽張南容, 高平郗昂(純?)等連年高第, 〔李〕華亦與焉), 급제년은 『당재자전』에 따름	●	미상
	張茂之	맹-314	◎	◎	△	중요 기록(君(楊拯)以南陽張茂之, 京兆杜鴻漸…范陽張南容, 高平郗昂(純?)等連年高第, 〔李〕華亦與焉), 급제년 확정 근거 없음	◑	미상
	顏眞卿	맹-314	◎	◎	◎	중요 기록(開元二十二年, 進士及第, 登甲科)	●	미상

급제년	합격자	근거출처	자료신뢰성	과목확실성	시기정확성	비고	사료가치	응거방법
	杜鴻漸	맹-314	◎	◎	△	중요 기록(君(楊拯)以南陽張茂之, 京兆杜鴻漸…范陽張南容, 高平郗昂(純?)等連年高第, 〔李〕華亦與焉), 급제년 확정 근거 없음	◑	미상
	郗純(郗昂)	맹-314	◎	◎	△	중요 기록(君(楊拯)以南陽張茂之, 京兆杜鴻漸…范陽張南容, 高平郗昂(純?)等連年高第, 〔李〕華亦與焉), 급제년은 『문원영화』에 실린 글의 추정 시기에 의거(왕-95는 개원23년으로 추정)	◑	미상
	魏繡	맹-314	×	△	△	『문원영화』의 글에 의거, 치순(郗純)과 연동	○	미상
	梁洽	맹-314	×	△	△	『문원영화』의 글에 의거, 치순과 연동	○	미상
	王澄	맹-314	×	△	△	『문원영화』의 글에 의거, 치순과 연동	○	미상
	申堂構	맹-315	×	◎	◎	후대 방지류 문헌의 기록	○	미상
	李濛(李蒙)	왕-93	◎	△	△	중요 기록(弱冠□名□□□□□□登科會□□之□; 始登秀士甲科), 왕-93의 추론과 달리 개원5년의 이몽(李蒙)과 다른 인물로 판단(허-160 참조)	◑	미상
개원 23	賈季鄰	맹-322	×	◎	◎	『당재자전』의 기록(고증 필요)	○	미상
	李頎	맹-322	◎	◎	◎	중요 기록(君(楊拯)以南陽張茂之…趙郡李崿·李欣(頎?), 南陽張階, 常山閻防, 范陽張南容, 高平郗昂(純?)等連年高第, 〔李〕華亦與焉), 급제년은 『당재자전』에 따름	●	미상
	蕭穎士	맹-323	◎	◎	◎	중요 기록(十歲以文章知名, 十五譽高天下, 十九進士擢第/〔李華 등〕未冠游太學)	●	太學
	李華	맹-323	◎	◎	◎	중요 기록(開元二十三年, 擧進士/〔李華 등〕未冠游太學)	●	太學
	趙驊(趙曄)	맹-323	◎	◎	◎	중요 기록(〔李〕華與趙七侍御驊·故蕭十功曹穎士·故邵十六幹未冠游太學, 皆苦貧共樂, 同年三人登科)	●	太學

급제년	합격자	근거출처	자료신뢰성	과목확실성	시기정확성	비고	사료가치	응거방법
	李崿	맹-324	◎	◎	△	중요 기록(君(楊拯)以南陽張茂之…趙郡李崿·李欣(頎?), 南陽張階, 常山閻防, 范陽張南容, 高平郗昂(純?)等連年高第, 〔李〕華亦與焉), 급제년 확정 근거 없음	◐	미상
	張南容	맹-324	◎	◎	△	중요 기록(君(楊拯)以南陽張茂之…范陽張南容, 高平郗昂(純?)等連年高第, 〔李〕華亦與焉), 급제년 확정 근거 없음	◐	미상
	楊拯(楊極)	맹-324	◎	◎	△	중요 기록((君(楊拯)以南陽張茂之…范陽張南容, 高平郗昂(純?)等連年高第, 〔李〕華亦與焉), 급제년 확정 근거 없음	◐	미상
	柳芳	허-161	◎	◎	△	중요 기록(君(楊拯)以南陽張茂之…河東柳芳, 天水趙驊…高平郗昂(純?)等連年高第, 〔李〕華亦與焉), 급제년에 의문이 있으나, 늦어도 이때는 진사과 급제자	◐	鄕貢[21]
	張鼏	맹-324	◎	◎	◎	중요 기록("〔蕭穎士〕俱飛仍失路, 綵服邐淸波.")	●	미상
	鄒象先	맹-324	◎	◎	◎	중요 기록("〔蕭穎士〕桂枝常共擢, 茅茨冀同薦")	●	미상
	朱□	맹-324	◎	◎	◎	중요 기록(年卅, 國子進士擢第, 以才擧也)	●	國子
	郗昂(郗純)	왕-95				『전당문』 소전의 기록이므로, 『문원영화』에 실린 글에 의거한 맹314의 고증에 따라 개원22년으로 옮김	삭제	
	左光胤	왕-96				임관(任官) 기간을 통한 급제년의 추정이므로, 악목거 실시 시기에 근거한 맹-284의 고증에 따라 개원14년으로 옮김	삭제	
개원 24	崔亘	맹-327	×	◎	◎	『당시기사』의 기록	○	미상
	張巡	맹-327	△	◎	◎	두목(杜牧)의 글 등에 의거	◐	미상

---

21 柳芳은 개원23년 王景先의 묘지를(기존 자료보다 中國文物硏究所·千唐誌齋博物館 편, 『新中國出土墓誌(河南3)』, 北京, 文物出版社, 2008의 130번 묘지의 탁본과 녹문이 정확함) 적을 때 "前鄕貢進士"라고 하였다.

〈 현종1, 이부시 시기(713~736) 명경과 급제자 〉

급제년	합격자	근거출처	자료신뢰성	과목확실성	시기정확성	비고	사료가치	응거방법
선천 2	崔衆甫	맹-197	◎	◎	◎	중요 기록(年十有五, 嗣祖爵安平男. 踰年, 明經擢第)	●	미상
	鄭竸	왕-81	◎	◎	◎	중요 기록(年十八, 擧孝廉射策甲科)	●	미상
	溫任	허-154	◎	◎	△	중요 기록(弱冠, 以孝廉補郟王府參軍)	◑	미상
개원 2	權自挹	맹-203	◎	◎	◎	중요 기록(年十四, 太學明經上第)	●	太學
	鄭欽說	맹-203	×	×	△	『신당서』의 기록, 현승(縣丞)으로서 응거하여(開元初, 絲新津丞請試五經) 일반적 명경과와 차이	⊗	〈미상(縣丞)〉
	裴積	맹-204	◎	◎	△	중요 기록(開元初, 擧孝廉高第, 弱冠敕授左千牛備身)	◑	미상
	柳眞召	맹-204	◎	◎	△	중요 기록(弱冠, 孝廉擢第)	◑	미상
개원 3	崔傑	맹-215	◎	△	◎	중요 기록(十四, 以五經擢第), 개원7년의 왕-86과 같은 인물일 가능성도 있으나, 기존 연구에 따라 동명이인으로 판단함	◑	미상
개원 4	蕭安親	왕-83	◎	◎	△	중요 기록(弱冠, 擧明經上第)	◑	미상
개원 5	徐浩	맹-219	◎	◎	◎	중요 기록(年十五, 究經術, 首科昇第),『구당서』에서 과목 명칭 명기	●	미상
	裴炬	왕-83	◎	◎	△	중요 기록(弱冠, 擢孝廉, 靑紫可拾, 曾爲衛軍尉, 文武在焉, 而非其予求, 梛(拂?)衣高榭(謝?), 志矣哉, 轉金州同倉參軍)	◑	미상(衛軍尉?)
	李逈	왕-84	◎	◎	△	중요 기록(及冠, 應孝廉擧擢第/弱冠明經出身), 두 개의 묘지 중 제작 시기가 빠른 것의 졸년과 나이(탁본 상태가 좋지 않으나 "卅有三"으로 판독)에 의거	◑	미상
개원 6	寇釗	맹-223	◎	◎	◎	중요 기록(年十八, 郡擧孝廉, 射策甲科)	●	郡擧
	盧同	맹-223	◎	◎	△	중요 기록(弱冠, 擧孝廉)	◑	미상

급제년	합격자	근거출처	자료신뢰성	과목확실성	시기정확성	비고	사료가치	응거방법
개원 7	盧濤	맹-233	◎	◎	◎	중요 기록(年十九, 明經擢第)	●	미상
	崔鍠	허-157	◎	×	◎	과목 미상(開元七年, 以經明行修, 登太常第)/ 왕-85는 "經明行修登太常第"라고만 함	⊗	〈미상〉
	崔傑	왕-86	◎	◎	△	중요 기록(弱冠, 以明經甲科), 개원3년에 급제한 최걸(崔傑)과 유사한 내용의 묘지로서 동일인일 가능성도 있으나, 기존 연구에 따라 동명이인으로 판단함/ 맹-1294는 급제년 미상으로 처리	◑	미상
개원 8	寇鈞	맹-254	◎	◎	△	중요 기록(年登弱冠, 以明經擢第)	◑	미상
	丘昇	왕-87	◎	◎	△	중요 기록(弱冠, 鄕貢明經擢第, 補國子監大成)	◑	鄕貢
	盧自省	맹-177의 수정	◎	◎	△	중요 기록(弱歲, 以明經及第. 時吏部宋公(之問)…以其子妻之, 調補左淸道率府兵曹), 맹-177은 송지문(宋之問)이 지공거(知貢擧)이던 경룡3년(709) 급제자로서 당시 나이를 고려하여 동자과(童子科)로 보았으나, "弱歲"를 기준으로 판단하여 수정함	◑	미상
개원 9	寇鐈	맹-259	◎	◎	△	중요 기록(弱冠, 以孝廉及第)	◑	미상
개원 10	白鍠	맹-268	◎	◎	◎	중요 기록(年十七, 明經及第)	●	미상
	崔泌	맹-268	◎	◎	◎	중요 기록(載廿七, 辟孝廉擢第)	●	미상(辟)
	宋裕	왕-87	◎	◎	△	중요 기록(年甫十六, 孝廉擢第)	●	미상
개원 11	張偁	맹-270	◎	◎	◎	중요 기록(其年十四, 以明經擢第, 自孝廉郎解褐)	●	미상
개원 12	司馬望	맹-271	◎	◎	△	중요 기록(弱冠專經, 以孝廉擢第/ 遊于國庠)	◑	國庠
개원 14	王季昌	왕-89	◎	◎	◎	중요 기록(十九, 孝廉擢第)	●	미상
개원 15	皇甫□	맹-291	◎	◎	△	중요 기록(弱冠, 以明經登科)	◑	미상
	崔皇	맹-291	◎	◎	◎	중요 기록(年貳拾柒, 明經擢第)	●	미상

급제년	합격자	근거출처	자료신뢰성	과목확실성	시기정확성	비고	사료가치	응거방법
개원 18	張翃	맹-299	◎	◎	◎	중요 기록(童年以蔭補齋郎…讀書於侯山玉泉寺, 道業大成. 廿二, 國子明經上第)	●	國子(齋郎?)
개원 19	張誠	맹-302	◎	△	◎	중요 기록(年十八, 以通經中第)	◐	미상
	盧沇	맹-302	◎	◎	△	중요 기록(弱冠, 孝廉登科), 탁본에 의거하여 졸년을 63세로 판단	◐	미상
개원 20	盧沇	왕-92				졸년 63세를 62세로 오독한 듯하므로, 맹-302와 같이 개원19년으로 옮김	삭제	
개원 21	鄭洵	맹-312				두 개의 묘지 중 제작 시기가 빠른 것에 의거한 왕-96에 따라 개원24년으로 옮김	삭제	
	盧昷	왕-92	◎	◎	△	중요 기록(弱冠, 明經擢第/ 弱冠, 明經高第), 두 개의 묘지에서 졸년이 달라 급제년에 논란의 여지가 있으나 제작 시기가 빠른 것의 기록에 의거(허-159 참조)	◐	미상
개원 22	鄭泌	왕-94	◎	◎	△	중요 기록(弱冠, 察孝廉, 累遷)	◐	미상(察)
	李抗	왕-94	◎	◎	◎	중요 기록(年卅, 明經高第)	●	미상
개원 23	李著	왕-95	◎	◎	◎	중요 기록(後升太學, 到靑襟…年十四, 通『左傳』·『尙書』·『論語』·『孝經』, 以其年擧孝廉擢第)	●	太學
	宋琇	서시=259	◎	◎	◎	중요 기록(年廿三, 孝廉擢第)	●	미상
개원 24	鄭寵	맹-327	◎	◎	◎	중요 기록(二十, 擧明經高第)	●	미상
	鄭洵	왕-96	◎	◎	△	중요 기록(弱冠, 孝廉登科/ 弱冠精三禮, 經明擢第), 두 개 묘지의 졸년 기록이 다르나, 제작 시기가 빠른 본인 묘지에 따름	◐	미상

급제년	합격자	근거출처	자료신뢰성	과목확실성	시기정확성	비고	사료가치	응거방법
개원25	邵軫	맹-329	◎	◎	◎	중요 기록([李華 등]未冠遊太學, 皆苦貧共弊, 五(四?)人登科(進士科), 相次典校, 邵[軫]後二年擢第)	●	太學
개원26	崔曙	맹-331	×	◎	◎	『직재서록해제』의 기록	○	미상
	鄭相如	맹-332	△	△	◎	『광이기(廣異記)』와 『신당서』의 기록, 『전정록』은 명경과 급제자라고 하여 차이 존재	◐	미상
	李挺	왕-97				졸년 기록을 오인했고 판단되므로, 허-162과 같이 천보1년으로 옮김	삭제	
개원27	李岑	맹-335	×	◎	△	후대 성씨서 문헌의 기록(미확인), 급제년에 대한 상이한 기록 존재	○	미상
	程諫(程元諫)	맹-335	×	◎	◎	후대 성씨서 문헌의 기록(미확인)	○	미상
	呂諲	맹-335	×	△	△	『문원영화』의 글에 의거, 상이한 급제년 기록 존재	○	미상
	南巨川	맹-335	×	△	△	『문원영화』의 글에 의거	○	미상
개원29	武殷	맹-340	△	◎	◎	『전정록』의 기록	◐	미상
	周萬	맹-341	×	◎	△	『당시기사』의 기록	○	미상
	李揆	맹-341	×	◎	△	『구당서』의 기록	○	미상
	柳芳	맹-341				『신당서』의 기록에 의거하였으나, 허-161의 고증에 따라 개원23년으로 옮김	삭제	
천보1	王閱	맹-345	×	◎	◎	『광탁이기』의 기록	○	미상
	柳載(柳渾)	맹-345	◎	◎	◎	중요 기록(開元中, 擧汝州進士, 計偕百數, 公爲之冠, 計偕百數, 公爲之冠, 禮部侍郞韋陟異而目之)	●	擧汝州
	趙涓	맹-345	×	◎	△	『구당서』의 기록	○	미상
	于盆	맹-345	×	◎	△	『신당서』의 기록	○	미상
	崔珪璋	맹-345	△	◎	△	중요 기록(天寶初, 進士及第)	◐	미상
	李□	맹-345	△	◎	△	중요 기록(及公(李符彩)旣沒, 二生明而蒙以秀才上第)	◐	미상

급제년	합격자	근거출처	자료신뢰성	과목확실성	시기정확성	비고	사료가치	응거방법
	李華	맹-345	◎	◎	△	중요 기록(□□故前東京國子監大(太?)學進士…天寶春, 階名太學, 小宗伯韋公曰, "君之才, 類能以達" 當時疏譽, 稱到于今), 급제년은 추정 가능(개원23년의 이화와는 동명이인)	◐	東京國子監太學
	許登	맹-345	◎	△	◎	중요 기록(十年自勤學, 一鼓遊上京, 青春登甲科, 動地聞香名)	◐	미상
	李挺	허-162, 서시=260	◎	◎	△	중요 기록(冠進士擧, 再賦登科/前宗正進士), 정확한 급제년은 알 수 없으나 추정 가능	◐	宗正〔寺〕
천보 2	劉單	맹-349	×	◎	◎	『당재자전』의 기록	○	미상
	邱爲(丘爲)	맹-349	×	◎	△	『당재자전』의 기록	○	미상
	孟彦深	맹-350	×	◎	◎	『감택요(甘澤謠)』 등 후대의 기록	○	미상
	張謂	맹-350	×	◎	◎	『당시기사』의 기록	○	미상
	喬琳	맹-350	△	◎	△	『전정록』(以天寶元年冬, 自太原赴擧, 至大梁) 등 후대의 기록	◐	自太原赴擧
	衛庭訓	맹-350	△	△	△	『집이기』(至京, 明年果成名)의 기록	◐	"至京"이듬해급제
천보 3	趙岳	맹-351	×	◎	◎	『당재자전』 등 후대의 기록	○	미상
	岑參	맹-351	◎	◎	◎	중요 기록(天寶三載, 進士高第)	●	미상
	楊賁	맹-352	×	◎	◎	『당시기사』의 기록	○	미상
	喬潭	맹-352	◎	◎	△	중요 기록(〔喬〕潭忝預少宗伯達奚公特達之遇, 擢秀才甲科; 乙酉歲抄志於南軒之東壁), 다수의 본인 글에 의거한 고증 결과이나 논란의 여지는 존재	◐	미상
	王伯倫	왕-99	△	◎	◎	중요 기록(天寶三載, 擧進士)	◐	미상
	崔祐甫	맹-354	◎	◎	◎	중요 기록(年卄五, 鄕貢進士高第)	●	鄕貢
천보 4	喬潭	왕-101				임관(任官) 해를 급제년으로 오인했으므로, 맹-352과 같이 천보3년으로 옮김	삭제	

급제년	합격자	근거출처	자료신뢰성	과목확실성	시기정확성	비고	사료가치	응거방법
천보5	羊襲吉	맹-359	×	◎	×	『옥지당담회』의 기록, 급제년은 추론일 뿐	○	미상
천보6	楊護	맹-359	×	◎	◎	『당재자전』 등 후대의 기록	○	미상
	李澥	맹-359	◎	◎	△	중요 기록(天寶中擢進士), 급제년은『문원영화』의 글에 의거	◐	미상
	石鎮	맹-360	◎	△	△	중요 기록(河南府鄕貢進士), 급제년은『문원영화』의 글에 의거	◐	鄕貢
	蔣至	맹-360	×	△	△	『문원영화』의 글에 의거	○	미상
	包佶	맹-360	△	◎	◎	중요 기록(天寶中, 以弱冠之年, 升進士甲科), 급제년은『당재자전』 등의 글에 의거	◐	미상
	孫鏊	맹-360	◎	△	△	중요 기록(禮闈稱獨步, 太學許能文), 급제년은『문원영화』의 글에 근거	◐	太學
	劉蕃	허-163, 맹-360	△	◎	◎	중요 기록(皇考諱蕃, 進士昇第), 급제년은『당시기사』의 기록	◐	미상
	楊譽	맹-364	×	◎	◎	『당재자전』의 기록	○	미상
	包何	맹-364	×	◎	◎	『당재자전』의 기록	○	미상
	李嘉祐	맹-364	×	◎	◎	『극현집』 소전과『당재자전』의 기록	○	미상
천보7	權皐	맹-365	△	◎	◎	중요 기록([郭]昈父珍岑, 天寶七年及第, 以擧進士, 與權皐著作同上第)	◐	미상
	郭珍岑	맹-365	△	◎	◎	중요 기록([郭]昈父珍岑, 天寶七年及第, 以擧進士, 與權皐著作同上第)	◐	미상
	李栖筠	맹-365	◎	◎	◎	중요 기록([權]德興先公, 與公天寶中修詞射策, 爲同門生, 並時筮仕於魏貝之地), 권고(權皐)와 연동	●	미상
	竇承家	왕-103	◎	◎	△	중요 기록(天寶中, 進士擢第), 급제년은 묘지 내용에 의한 추정	◐	미상
천보9	沈仲昌	맹-366	×	◎	◎	『당시기사』의 기록	○	미상
	賈邕	맹-366	×	◎	◎	『당시기사』의 기록	○	미상

급제년	합격자	근거출처	자료신뢰성	과목확실성	시기정확성	비고	사료가치	응거방법
천보 10	李巨卿	맹-368	×	◎	◎	『당재자전』의 기록	○	미상
	錢起	맹-368	×	◎	△	『구당서』 등 후대의 기록, 급제년에 대한 의문 존재	○	미상
	謝良輔	맹-369	×	△	△	『문원영화』의 글에 의거하여 전기(錢起)와 연동, 『당시기사』는 급제년을 달리 기록	○	미상
	魏璀	맹-369	×	△	△	『문원영화』의 글에 의거, 전기와 연동	○	미상
	陳季	맹-369	×	△	△	『문원영화』의 글에 의거, 전기와 연동	○	미상
	莊若訥	맹-369	×	△	△	『문원영화』의 글에 의거, 전기와 연동	○	미상
	王邕	맹-369	×	△	△	『문원영화』의 글에 의거, 전기와 연동	○	미상
	孫翊仁	맹-369	×	◎	◎	『전당문』 소전의 기록	○	미상
	房寬	맹-369	×	◎	◎	『전당문』 소전의 기록	○	미상
	李徵	맹-369	△	◎	△	『선실지(宣室志)』의 기록(徵少博學, 善屬文, 弱冠, 從州府貢焉. 時號名士. 天寶十載春, 於尙書右丞楊沒(陽浚?)榜下登進士第, 後數年調補江南尉), 급제년에 대한 기록 의문 존재	◑	從州府貢
	袁傪	맹-370	△	◎	△	『선실지』의 기록(陳郡袁傪, 以監察御史奉詔使嶺南…〔袁〕傪昔與〔李〕徵同發進士第), 이징(李徵)과 연동	◑	미상
천보 11	薛播	맹-375	×	◎	◎	『구당서』의 기록, 급제년은 『오백가주창려문집』에 의거	○	미상
	謝良輔	왕-104				『당시기사』의 기록에 의거한 것이나, 『문원영화』의 글을 근거로 한 맹-369의 고증에 따라 천보10년으로 옮김	삭제	
천보 12	楊儇	맹-376	×	◎	◎	『당재자전』 등 후대의 기록	○	미상
	鮑防	맹-376	◎	◎	△	중요 기록(擧進士高第), 급제년은 『당재자전』에 따르나 상이한 기록도 존재(허-164 참조)	◑	미상

급제년	합격자	근거 출처	자료 신뢰성	과목 확실성	시기 정확성	비고	사료 가치	응거 방법
	皇甫曾	맹-376	×	◎	◎	『신당서』의 기록, 급제년은 『당재자전』에 의거	○	미상
	張繼	맹-376	×	◎	◎	『당재자전』의 기록	○	미상
	李淸	맹-377	×	◎	◎	『당시기사』의 기록	○	미상
	長孫鑄	맹-377	×	◎	◎	『당시기사』의 기록	○	미상
	姚發	당기-941	×	◎	◎	『당시기사』의 기록, 기존 연구에서 누락됨	○	미상
	劉太沖	맹-377 (맹-381 참조)	◎	◎	△	중요 기록(吾(蕭穎士)嘗謂門弟子, 有尹徵之學, 劉太眞之文…太眞元昆, 前已甲科〈太眞兄太沖, 以去歲登科〉, 未始間歲, 翩其連擧), 급제 과목과 연도(劉太眞과 연동)는 『당시기사』에 따름	◐	미상
	鄭愕	맹-377	×	◎	◎	『당시기사』의 기록	○	미상
	劉舟	맹-377	×	◎	◎	『당시기사』의 기록	○	미상
	殷少野	맹-377	×	◎	◎	『당시기사』의 기록	○	미상
	鄔載	맹-377, 속=開元183[22]	◎	◎	◎	타인의 묘지 중 기록(國子進士), 『당시기사』의 급제년은 판본에 따라 상이하기도 함	●	國子
	房由(房白)	맹-377	◎	◎	◎	『당시기사』의 기록, 급제년 기록에 논란 가능성 존재, 타인의 묘지 중 기록(前國子進士)	●	前國子
	王崇俊	맹-377	◎	×	◎	과목 미상(年卅, 鄕賦薦用, 歷官任職…太常注書)	⊗	〈鄕賦〉
천보 13	楊紘	맹-380	×	◎	◎	『당재자전』 등 후대의 기록	○	미상
	韓翃	맹-380	△	◎	◎	『태평광기』에 인용된 『유씨전(柳氏傳)』의 기록(天寶中, 昌黎韓翊(翃?)有詩名…明年, 禮部侍郎楊度(陽浚?)擢〔韓〕翊(翃?)上第), 급제년은 『당재자전』에 의거	◐	미상

---

22 鄔載가 "國子進士"로서 적은 이 鶱晏의 묘지는 天寶4년에 제작된 것으로서 『唐代墓誌彙編續集』의 編年은 착오이다.

급제년	합격자	근거출처	자료신뢰성	과목확실성	시기정확성	비고	사료가치	응거방법
천보13	元結	맹-380	◎	◎	◎	중요 기록(天寶十二年, 漫叟以進士獲薦, 名在禮部…明年, 有司於都堂策問群士, 叟竟在在, 集作辱於上第)	●	미상
	尹徵	맹-381	◎	△	△	중요 기록(吾(蕭穎士)嘗謂門弟子, 有尹徵之學, 劉太眞之文, 首其選焉. 今茲春, 連茹甲一(乙?), 淑問休闡, 爲時之冠), 과목 명칭 불분명	◐	미상
	劉太眞	맹-381	◎	◎	△	중요 기록(吾(蕭穎士)嘗謂門弟子, 有尹徵之學, 劉太眞之文…太眞元昆, 前已甲科〈太眞兄太沖, 以去歲登科〉, 未始間歲, 翩其連擧), 급제년에 대한 상이한 기록 존재	◐	미상
	呂渭	맹-381	◎	◎	△	중요 기록(弱冠, 擧進士高第)	◐	미상
	許遠	왕-105	×	◎	△	후대 방지류 문헌의 기록(미확인)	○	미상
천보14	常袞	맹-387	◎	◎	△	중요 기록(袞然居天下第一〔進士〕), 급제년은『구당서』기록에 의거한 추론	◐	미상
	于邵	맹-387	◎	◎	△	중요 기록(〔常袞〕當時, 袞然居天下第一, 愚(于邵)實不佞忝從斯列), 상곤(常袞)과 연동	◐	미상
	李□	맹-388	◎	△	△	중요 기록(況總括六藝, 又擢一枝), 우소(于邵)와 연동	◐	미상
천보15	盧庚(盧庚)	맹-389	×	◎	◎	『당재자전』등 후대의 기록	○	미상
	郎士元	맹-389	×	◎	◎	『당재자전』등 후대의 기록	○	미상
	皇甫冉	맹-389	◎	◎	◎	중요 기록(擧進士第), 급제년은『당재자전』등 후대의 기록	●	미상
	令狐峘	맹-389	×	◎	△	『신당서』의 기록	○	미상
	關播	맹-389	×	◎	△	『구당서』의 기록	○	미상
	封演	맹-390	◎	◎	△	중요 기록(余初擢第, 太學諸人共書余姓名于舊紀), 과목과 급제년은『신당서』의 기록	◐	太學
	劉太眞	왕-107				후대의 방지류 문헌에 의거한 것이므로, 당시 문헌을 고증한 맹-381에 따라 천보13년으로 옮김	삭제	

급제년	합격자	근거출처	자료신뢰성	과목확실성	시기정확성	비고	사료가치	응거방법
개원 25	蔡直方	맹-330	◎	◎	△	중요 기록(弱冠, 明經擢第)	◑	미상
개원 28	蕭直	맹-337	◎	◎	◎	중요 기록(十三遊上庠, 十七擧明經上第, 名冠太學)	●	上庠, 太學
	獨孤季膺	맹-337	◎	◎	△	중요 기록(弱冠, 鄕貢明經擢第), 이후 부인과의 합장 묘지도 급제 사실 동일	◑	鄕貢
개원 29	朱巨川	맹-341				건중4년(783) 59세에 사망한 그가 20세에 급제했다면 천보3년(744)의 합격자, 나이 계산의 실수	삭제	
	韋甫	왕-98	◎	◎	△	중요 기록(開元末, 以明經擢第, 年纔弱冠)	◑	미상
천보 1	郭揆	맹-346	◎	◎	◎	중요 기록(年十七, 崇文生明經及第)	●	崇文生
	歸崇敬	맹-346	×	△	△	『구당서』, 『책부원귀』의 기록	○	미상
	賈至	맹-346	×	◎	△	『신당서』, 『당재자전』 등의 기록(『당재자전교전』의 고증에 의거)	○	미상
	盧調	왕-99				근거 자료 확인 불가능, 『수당오대묘지회편(隋唐五代墓誌滙編)』(北京大學卷2-70)의 노척(盧偶) 오기?(그렇다면 졸년 64세를 68세로 오독?)/ 맹-1301 참조	삭제	
천보 2	楊暄	맹-350	△	◎	△	『명황잡록(明皇雜錄)』의 기록(楊國忠之子暄, 擧明經…因致〔楊〕暄於上第), 급제년은 논란 가능성 존재	◑	미상
천보 3	孫成	왕-100	◎	◎	△	중요 기록(髫歲, 崇文館明經及第, 參調選部, 年甫志學, 考判登第), 초세(髫歲)의 정확한 나이 논란 가능성 존재	◑	崇文館
	朱巨川	맹-341의 수정	◎	◎	◎	중요 기록(年二十, 明經擢第), 맹-341은 연령 계산에 실수를 한 듯함	●	미상
천보 4	陳諸	맹-355	◎	◎	◎	중요 기록(年八歲, 弘文館明經擢第, 起家補)	●	弘文館

급제년	합격자	근거출처	자료신뢰성	과목확실성	시기정확성	비고	사료가치	응거방법
천보 5	楊若	왕-103	◎	◎	△	중요 기록(弱冠, 以門蔭補崇玄館學生, 擢明經上第)	◐	崇玄館
	盧偁	왕-99(맹-1301 참조)	◎	◎	△	중요 기록(弱冠爲太學生, 明經甲科), 왕-99에서 노조(盧調)로 적은 것은 오기로 여겨짐	◐	太學生
천보 8	盧憕	맹-365	◎	◎	◎	중요 기록(年卅一, 以明經擢第, 時議榮之)	●	미상
	李佐	맹-365	◎	◎	△	중요 기록(弱冠, 擢明經)	◐	미상
	何伯述	왕-104	◎	◎	△	중요 기록(弱冠, 崇玄明經擢第高第)참조	◐	崇玄(館)
천보 9	崔千里	맹-366	◎	◎	◎	중요 기록(年十六, 以國子監明經備身)	●	國子監
천보 10	賈耽	맹-370	◎	◎	◎	중요 기록(天寶十載, 明經高第)	●	미상
천보 12	林披	맹-378	◎	◎	◎	중요 기록(年二十, 以經業擢第, 授臨汀郡曹掾), 과목 명칭은 후대의 성씨서에 따름	●	미상
천보 13	竇寓	맹-381	◎	◎	△	중요 기록(弱冠, 明經擢第)	◐	미상
	薛迅	맹-381	◎	◎	△	중요 기록(天寶十三載, 州擧孝廉, 弱冠擢第)	◐	州擧
천보 14	李彙	맹-388	◎	◎	△	중요 기록(年纔弱冠, 明經甲科)	◐	미상
천보 15	陸康	맹-390	△	◎	△	『전정록』의 기록(陸康自江南來…逆胡陷兩京, 玄宗幸蜀), 급제년은 추론 가능	◐	自江南來
	柳□	맹-390	◎	◎	△	중요 기록(天寶季, 擢明經第)	◐	미상
	柳鎭	맹-390	◎	△	△	중요 기록(天寶末, 經術高第)	◐	미상
	白季庚	맹-390	◎	◎	△	중요 기록(天寶末, 明經出身)	◐	미상
	盧嶽	맹-390	◎	◎	△	중요 기록(天寶末, 擢明經)	◐	미상
	崔衍	맹-390	×	◎	△	『신당서』의 기록	○	미상
	王求古	맹-390	◎	◎	△	중요 기록(天寶末載, 明經擢第)	◐	미상

부록
2
●

당전기의 진사과와
명경과 급제자의 성격

1.

이 글은 급제 시기까지 분명하다고 여겨져 온 진사과와 명경과 합격자들을 대상으로 하여[1] 그 성격을 분석한 것이다. 그러나 【부록1】에서 보았듯이 이들에 관한 기록의 신뢰성은 동일하지 않아 주의를 요하는데, 특히 '사료 가치'가 '⊗'로 판정된 경우 실제 진사과나 명경과 급제 사실 여부조차 불확실하다. 따라서 과거제도 형성의 역사를 이해하기 위한 이 작업은 보다 믿을만한 인물들로 그 대상을 제한할 필요가 있다.

아울러 급제자 본인이나 가문의 구체적인 성격을 검토하려면 관련 내용을 상세히 전하는 기록이 있어야만 한다. 그 대표적인 것이 당사자의 묘지(墓誌)·신도비(神道碑)와 같은 자료이다. 그리고 급제자의 성격을 개

---

[1] 본서에 의하면, 과거제도의 상거 과목으로서 진사과와 명경과의 정체성이 명확해지는 때는 빨라도 고종 현경 연간이다. 그러므로 이러한 과목별 급제자의 성격 분석은 그 이후 시기에야 비로소 진정한 의미를 지니며, 고조부터 고종 영휘 연간까지의 사례는 마땅히 후대와 다른 것으로 이해해야만 한다. 그러나 唐初부터 두 과목이 존재했다고 보는 종래의 통설을 존중하고 또 후대 상황과의 비교를 위하여, 기존의 연구들이 진사과와 명경과 급제자로 간주해 온 인물들 모두 여기에서 표로 정리해 두었다.

인이 아니라 장기적 추세 속에서 비교하려면, 그 근거 자료의 동질성 또한 요구된다. 이러한 측면에서 볼 때 【부록1】에서 '자료 신뢰성'이 높아 '◎'로 판단된 기록이 가장 유용하고, 이를 '기본 자료'로 삼는다. 본인 혹은 동일 세대의 문헌으로 국한시킨 이 범주의 사료들이 대개 정확하고 풍부한 내용을 담고 있을 뿐더러 그 기재 내용도 유사해서 정합적(整合的) 고찰이 가능하기 때문이다.

물론 '자료 신뢰성'이 높더라도 그 급제자의 성격 파악이 어려운 것도 있다. 생전에 쓰여 경력 전부를 알 수 없는 기록, 단편적인 사실에 관한 전문(傳聞), 판독 불가능한 곳이 많은 석각자료 등이 그러하다. 이러한 인물들은 여타 사례와 동등한 차원에서 비교하기 힘들다. 기본 자료의 '시기 정확성'이 현격히 떨어지는 경우도 마찬가지이다.[2] 따라서 '자료 신뢰성'이 높은 자료들 중에도 이처럼 의미 있는 분석이 불가능하다면 검토 대상에서 제외할 수밖에 없다. 이 작업은 제한된 사료에 입각한 탓에 그 한계가 존재하지만, 이를 통하여 당전기 진사과와 명경과의 대체적인 성격 변화 추이는 파악할 수 있을 것이다.

2.

'당전기의 진사과와 명경과 급제자의 성격' 표는 앞서 설명한 이유로 【부록1】의 급제자들 가운데 우선 '자료 신뢰성'이 가장 높은 이들을 대상으

---

2 馮復은 '자료 신뢰성'이 높은 자신의 묘지(『全唐文補遺(千唐)』, 207~208쪽)를 통해 본인과 가계 관련 사실이 확인된다. 하지만 그가 무측천 성력1년의 진사과 급제자라는 것은 【부록1】에서 지적했듯이 馮復과 馮萬石을 동일시한 추정일(許友根, 『『登科記考補正』考補』, 149쪽) 뿐 실상 그 논거가 부족하다. 그러므로 이런 경우 급제년이 보다 명확한 다른 사례들과 함께 비교하지 않는 편이 나을 것이다.

로 하되, 이 중 '사료 가치'가 의심스러운 자는 제외하였다. 이 경우에도 사료의 성격에 따라 내용의 상밀(詳密)에 차이가 있고, 여타 문헌과 상이한 기록이 존재하기도 한다. 여기에서는 【부록1】의 '출처'에 제시된 과거 관련 사실을 전하는 사료를 바탕으로 표를 작성한다. 다만 이 기본 자료에 명기되지 않은 항목도 정사(正史)나 『원화성찬(元和姓纂)』 등 믿을 만한 문헌을 통해 보완할 수 있을 경우 근거와 함께 밝혔으나, 전체적인 비교가 불가능하다고 판단된 경우 설령 다른 문헌을 통해 알 수 있는 사실이 있더라도 '불요(不要)'로 처리하기도 했다.

그리고 기본 자료에 마땅히 보충해야 할 글자는 대괄호 안에 부기하였으며, 불확실한 서술이나 문헌들 간의 차이 등으로 인해 얼마간 의문이 존재할 경우 '?'를 붙여 두었다. 이 표의 각 항목별 구체적인 작성 원칙은 아래와 같다.

○ 급제년, 급제자 : 【부록1】에 의거하고, 해당자의 생몰년을 덧붙임

○ 출신지(出身地)
  ◦ 기본 자료에서 '모지역인(某地域人)'이란 형식으로 표현된 기록을 위주로 정리함: 이것이 대개 당시 군망(郡望) 즉 한국의 본관(本貫)을 가리키지만 호적이 있는 곳이나 현재 거주지 등을 뜻하는 경우도 있기 때문에, 그 지역과의 관계를 일률적으로 단정하기 힘들더라도 실질적 혹은 심리적 특별한 연고(緣故)는 확실함
  ◦ 구체적인 지명(地名)이 문헌과 시기에 따라 다르더라도 『신당서(新唐書)』 지리지(地理志)의 당대 10도(道) 구분을 기준으로 하여 그 지역이 속한 도를 대괄호 안에 밝힘[3]

---

3 이 작업에서 平岡武夫 주편, 『唐代研究指南(2) 唐代的行政地理』(上海, 上海古籍出版

◦ 이주(移住) 지역이 나열되어 있더라도 원칙상 그 최종 지역만 표시함: 단 표제(標題)에 선조의 본적지를 명시(明示)한 경우에는 그것을 표시하고, 성격 판단에 특별히 중요하다고 여겨지는 이주지가 있다면 괄호 안에 부기(附記)함

○ 선조(先祖) 관직

◦ 원칙상 증조(曾祖), 조(祖), 부(父)의 관직을 밝힘: 당대의 관직을 중심으로 기록하고, 그 이전 왕조의 것밖에 없을 때는 관직 명칭을 간략히 적음

◦ 기본 자료가 관직을 명기하지 않은 경우 "미기재"로 적고, 판독의 난점 등 여타 이유로 관련 사실을 알 수 없다면 "미상(未詳)"이라고 써서 구분함

◦ 기본 자료에는 나오지 않으나 믿을 만한 문헌에서 확인될 경우 이를 근거와 함께 밝히고, 혹 의문의 여지가 있다면 '?'를 부기함

◦ 증관(贈官)만을 알 수 있는 경우 이를 적되 괄호 안에 '증(贈)'을 부기함

○ 초관(初官)

◦ 기본 자료에서 급제 후 처음으로 나오는 직사관(職事官)이나 산관(散官)을 기록하고, 대괄호 안에 그 품계를 밝힘: 초관을 받기까지의 기간이나 과정은 다양한데, 그 사이에 재랑(齋郎)·대성(大成)의 이력이나 상조(常調) 이외 별도의 시험 합격 혹은 고위 관인의 "표(表)"·"천(薦)" 등이 명기된 경우 괄호 안에 이를 부기함

◦ 품계(品階)는 임관(任官) 당시의 관품령(官品令)에 따라야 마땅하지만,

社, 1989. 원간 1955)와 史爲樂 주편, 『中國歷史地名大辭典』(北京, 中國社會科學出版社, 2005)의 도움을 많이 받았다.

관련 기록이 현존하지 않을 경우 인접 시기의 규정을 준용함: 고조,
태종~예종, 현종 시기의 입사자(入仕者)는 원칙상 각각 『무덕령』, 『정
관령』, 『개원25년령』에 근거함

(1) 관직의 품계는 『당령습유(唐令拾遺)』의 「관품령(官品令)」에 의거하여
판단함: 복원된 영문(令文)에 없는 경우 『당육전(唐六典)』을 참조함

(2) 지방관의 경우 주현(州縣)의 영역과 등급(等級)이 시기에 따라 변하
므로 정확히 파악할 수 없으나, 잠정적으로 『신당서』의 지리지에
의거해서 추정함: 주와 현의 등급은 복원된 『개원25년령』에 따라
각각 3등급[4]과 6등급[5]으로 구분함

(3) 관직과 관품은 대부분 문관(文官) 계통인데, 혹 무산계(武散階)나 위
관(衛官)밖에 알 수 없다면 관직 앞에 '무(武)'·'위(衛)'를 첨기(添記)하
고 병기된 훈관(勳官)은 고려하지 않음

○ 종관(終官)

◦ 묘지·신도비 등의 기본 자료에 표제가 있을 경우 여기에 나오는 관
직을 기록하고, 그 밖의 경우 역임한 직위 중 최후의 관직을 밝힘:
증관(贈官)은 고려하지 않고, 여러 형태의 관(官)이 병기되어 있을 경
우 관계(官界)에서의 위상(位相)을 드러낼 수 있는 대표적인 관직만
적음

◦ 품계의 판단과 표시 방법은 초관과 같음: 원칙상 산관품(散官品)에 의
거하고, 직사관들만 나열된 경우 그 중 높은 관품에 따름

---

4 州의 등급: (1)上州(『新唐書』 地理志의 京兆府·河南府·太原府 이외 지역의 輔州~緊
州 포함), (2)中州, (3)下州

5 縣의 등급: (1)萬年·長安·河南·洛陽·太原·晉陽·奉先縣, (2)여타 京兆·河南·太原
府 소속 縣, (3)上縣(『新唐書』 地理志의 京兆·河南·太原府 이외 지역 赤縣~緊縣 포
함), (4)中縣, (5)中下縣, (6)下縣

○ 비고

　◦ 매지(埋誌) 시기 등을 통해 기본 자료가 쓰이거나 만들어진 때를 밝힘

　◦ 관련 사료의 특성이나 한계로 인하여 여타 인물과 동일한 차원에서 비교할 수 없을 경우에는 그 이유를 적음: 고종 영휘 연간까지의 수(무)재, 효렴 등 유의할 만한 사항은 괄호 안에 명기함

○ 성격 : 비교 가능한 인물들의 출신지·성씨, 선조의 관직, 본인의 관력(官歷)이 갖는 특징을 일목요연하게 파악할 수 있도록 표시함

　◦ 출신지와 성씨의 분석

　　(1) 출신지의 지명은 문헌이나 시기에 따라 상이하게 표기될 수 있으나, 실제 지역이 같거나 인접한 곳일 경우 동일시함

　　(2) 출신지의 성씨(姓氏)는[6] 마오한꽝(毛漢光), 『중국중고사회사론(中國中古社會史論)』, 「중고가족지변동(中古家族之變動)」(上海, 上海書店出版社, 2002. 원간 1987)의 사족(士族) 분석에 의거하여 아래와 같이 세 가지 범주로 구분함(58쪽과 59쪽 사이에 삽입된 표 참조)

　　　• 가 : 후한(後漢), 삼국(三國)~양진남조(兩晉南朝), 양진남조, 삼국(三國)~수당(隋唐) 시기에 번성한 성씨[7]

[6] 姓氏 기록이 本貫의 改變·冒稱, 世居地로부터의 장기간 離脫 등으로 인해 실제 家系의 특징과 괴리될 수 있지만, 이런 경우도 그 성씨에 대한 귀속감은 분명히 존재한다고 생각된다.

[7] 毛漢光이 이렇게 간주한 "籍貫"의 姓氏는 다음과 같다.

　◦ 後漢 시기 번성: 鄧(南陽新野), 竇(扶風茂陵), 馬(扶風茂陵), 耿(扶風平陵), 梁(安定烏氏), 袁(汝南汝陽), 寇(上谷昌平), 伏(琅邪*東武), 馮(南陽湖陽), 來(南陽新野), 郭(潁川陽翟), 周(汝南汝陽), 陰(南陽新野), 陳(下邳淮浦), 崔(南陽棘陽), 宋(京兆長安), 馮(魏郡繁陽), 張(犍爲武陽), 應(汝南南頓)

　◦ 三國~兩晉南朝 시기 번성: 阮(陳留尉縣), 褚(河南陽翟), 何(廬江灊縣), 孔(會稽山陰), 周(汝南安城), 顧(吳郡吳興), 張(吳郡吳縣), 謝(陳郡陽夏), 羊(泰山平陽), 荀(潁川潁陰), 桓(沛國龍亢) -- 羊·荀·桓씨는 後漢부터 번성함

- 나 : 북조(北朝), 수당(隋唐), 북조(北朝)~수당(隋唐) 시기에 번성한 성씨[8]

- 다 : 이상 마오한광이 "중고(中古)"의 "사족(士族)"으로 열거한 79개 가계(家系) 이외의 성씨

(3) 출신지의 권역(圈域)은 원칙상 당대의 10도를 기준으로 하여 아래와 같이 네 가지 범주로 구분함: 단 ① 낙양(洛陽)의 원(元)·우문(宇文)씨, ② 대군(代郡)의 장손(長孫)·우(于)·원(源)씨, ③ 북수용(北秀容)의 이주(爾朱)씨, ④ 창려(昌黎)의 모용(慕容)씨, ⑤ 난릉(蘭陵)의 소(蕭)씨는 황족(皇族) 혹은 이에 준하는 성씨로서 그 가문의 지역적 특성이 뚜렷하기 때문에 ①·②·③·④와 ⑤를 각각 본관(本貫)의 도(道)와 달리 '서(西)'와 '남(南)'으로 분류하고 '*'를 부기함

- 동 : 하동도(河東道)·하남도(河南道)·하북도(河北道)

- 서 : 관내도(關內道)·농우도(隴右道)

◦ 兩晉南朝 시기 번성: 殷(陳郡長平), 江(濟陽考城)
◦ 三國~唐 시기 번성: 王(太原晉陽), 裴(河東聞喜), 劉(彭城), 柳(河東解縣), 王(琅邪臨沂), 蕭(蘭陵), 沈(吳興武康), 陸(吳興吳縣), 袁(陳郡陽夏), 韋(京兆杜陵), 鄭(河南開封), 楊(弘農華陰), 崔(博陵安平), 崔(趙郡武城), 李(趙郡平棘), 李(隴西狄道), 盧(范陽涿縣), 高(渤海蓨縣), 杜(京兆杜陵), 薛(河東汾陰) -- 韋·鄭·楊·崔(博陵安平)씨는 後漢부터 번성함
8 毛漢光이 이렇게 간주한 "籍貫"의 姓氏는 다음과 같다.
  ◦ 北朝 시기 번성: 羅(代郡), 鄧(安定), 爾朱(北秀容縣), 辛(隴西狄道), 張(上谷沮陽), 房(清河繹幕), 陸(代郡), 穆(代郡), 司馬(河內溫縣)
  ◦ 隋唐 시기 번성: 武(幷州文水), 孫(樂安), 令狐(燉煌), 張(南陽), 獨孤(隴西), 郭(太原), 魏(巨鹿), 趙(隴西天水), 張(清河武城), 陳(潁川), 宇文(洛陽), 元(洛陽)
  ◦ 北朝~隋唐 시기 번성: 竇(河南洛陽), 長孫(代郡), 于(代郡), 源(代郡), 封(渤海蓨縣), 許(高陽新城) -- 毛漢光 책의 표에서는 이 시기에 번성한 竇氏의 籍貫을 扶風이라고 적어 後漢 시기에 번성했다는 竇氏와 중복됨: 林寶, 郁賢皓 등 정리, 『元和姓纂(附四校記)』(北京, 中華書局, 1994. 이하 이 책은 『元和姓纂』으로 약칭)의 권9, 198번과 199번의 설명에서 보듯이 北朝 시기에 번성한 竇氏의 경우 北魏에 투항했던 一族으로서 그 籍貫을 河南洛陽으로 구분할 필요가 있으므로, 여기에서는 이 竇氏의 籍貫을 수정함.

- 남 : 회남도(淮南道) · 강남도(江南道)
- 기(타) : 산남도(山南道) · 검남도(劍南道) · 영남도(嶺南道)

◦ 선조 관직의 분석

(1) 증조·조·부 3대 중 몇 대(代)가 관직 혹은 이에 준하는 공식적 직위를 가졌는지에 주목하여, '몇 대 유관(有官)'의 형식으로 기록함

(2) "미기재"와 "미상"의 경우 관직이 없는 것으로 간주하되, "미상"의 경우 '?'를 부기함

◦ 본인의 관력 분석

(1) 품계 종9품하를 '1'로 하고 한 계(階)가 높아질수록 1씩 추가해서 정1품을 '30'으로 산정(算定)하여 그 지위 등급의 차이를 계수화(計數化)하고, 이를 '품수(品數)'로 부름: 유내관(流內官)이 아닐 경우 '0'으로 기록하고 괄호 안에 관련 사항을 적시(摘示)하며, 산관의 경우 괄호 안에 이 숫자를 씀

(2) '초관의 계수화한 품수 → 종관의 계수화한 품수' 형식으로 기록함: 주목되는 사실이 있을 경우 괄호 안에 이를 밝힘

○ 응거 : 응거의 방법을 3가지로 분류함

◦ 생도(生徒): 중앙이나 지방 관학(官學)과의 관계가 명기된 인물, 숭현관(崇玄館)·종정시(宗正寺)를 거친 경우도 여기에 포함시킴

◦ 향공(鄕貢): 지방에서의 응거 사실만 분명할 뿐 관학 관련 기록이 없는 인물, 향공을 폐지했다는 현종 천보(天寶)13·14년의 경우도 여기에 포함시키되 '?'를 부기함

◦ 미상(未詳): 응거 과정에 대한 기록이 없어 그 방법을 알 수 없는 인물

〈 Ⅰ기 진사과 급제자: 고조~고종 영휘 연간(618~655) 〉

급제년	급제자	출신지 〔도(道)〕	선조 관직 (증조/조/부)	초관〔품계〕	종관〔품계〕	비고 (자료 시기/ 제외 사유)	성격 (출신/선조/ 본인 분석)	응거
무덕 9 (626)	李嗣本 (607~ 675)[9]	隴西 成紀 〔隴右〕	少卿/侍郎/ 殷州司馬	金州西城尉 〔종9상〕	寧州錄事 參軍 〔종7상〕	709	가, 서/ 3대 유관/ 2→10	미상
정관 1 (627)	楊緘 (608~ 665)	弘農 華陰 〔關內〕[10]	刺史/刺史/ 縣令	校書郎 〔정9상〕	涼州都督 府長史 〔정5상〕	666	가, 서/ 3대 유관/ 4→20	생도
정관 4 (630)	韋仁約 (611~ 689)	京兆 杜陵 〔關內〕	司農卿/縣 令/任丘縣 令	幽州昌平縣 尉〔종9상〕	納言(侍中) 〔정3〕	690	가, 서/ 3대 유관/ 2→26	생도
정관 5 (631)	畢粹 (590~ 672)	河南 陸渾 〔河南〕	殿中將軍/ 王開府掾/ 王府行參軍	密州博士 〔종8하〕	德州平原 縣丞 〔종8상〕	673	다, 동/ 3대 유관/ 5→6	향공
정관 8 (634)	裴晧 (608~ 662)	河東 聞喜 〔河東〕	開府儀同三 司/內直監/ 工部侍郎	右屯衛騎曹 參軍 〔정8하〕	宮府大夫(太子家令) 〔종4상〕	663/ (茂才)	가, 동/ 3대 유관/ 7→22	미상
정관 18 (644)	冉實 (625~ 695)	河南 〔河南〕	刺史/潭州 總管/永州 刺史	幷州大都督 府參軍事 〔정8하〕	河州刺史〔 정4하〕	707 이후	다, 동/ 3대 유관/ 7→23	생도
정관 19 (645)	霍松齡 (626~ 688)	平陽 永安 〔河東〕	縣令?/州長 史/雍州渭 南縣丞	涇州參軍事 〔종8하〕	洛州永年 縣丞 〔종8상〕	691(703년 묘지와 비교 요)	다, 동/ 3대 유관?/ 5→6	생도
정관 20 (646)	蓋暢 (622~ 697)	信都 〔河北〕	미기재/郡守 /曹州離狐 縣丞	麟臺正字 〔정9하〕	兗州曲阜 縣令 〔종6상〕	698/(급제 년 논란의 여지 있음)	다, 동/ 2대 유관/ 3→14	미상
정관 21 (647)	李惠 (629~ 677)	隴西 成紀 〔隴右〕	司農丞/州 長史/洛州 司法	滄州無棣縣 主簿 〔정9하〕	雍州明堂 縣尉 〔종8하〕	736	가, 서/ 3대 유관/ 3→5	미상

9 급제 시기가 단지 "初"라고만 적혀 있어 정확한 급제년을 알 수 없다. 그러나 나이로 볼 때 정관 연간에 급제했을 가능성이 크므로 Ⅰ기 급제자의 분석 대상에 포함시켰다.

10 당대에 華陰縣은 關內道 華州 隷下에 있고(현재 陝西省 東端의 華陰市 부근), 河南道 소속 虢州(현재 河南省 西端의 靈寶市 부근)에 해당하는 弘農郡 관할이 아니다. 이 표에서는 縣을 기준으로 삼아 弘農 楊氏의 출신지를 關內道로 분류한다.

급제년	급제자	출신지[도(道)]	선조 관직(증조/조/부)	초관[품계]	종관[품계]	비고(자료 시기/제외 사유)	성격(출신/선조/본인 분석)	응거
영휘 4 (653)	王景之 (624~683)	太原祁縣 〔河東〕	縣令/州別駕/具州司馬	鄭王府典籤 〔종8하〕	雍州美原縣丞 〔정8하〕	709	가, 동/3대 유관/5→7	향공

〈 Ⅰ기 명경과 급제자: 고조~고종 영휘 연간(618~655) 〉

급제년	급제자	출신지[도(道)]	선조 관직(증조/조/부)	초관[품계]	종관[품계]	비고(자료 시기/제외 사유)	성격(출신/선조/본인 분석)	응거
무덕 4 (621)	李詔 (602~679)	上黨襄垣 〔河東〕	郡功曹/州主簿/미기재	豫州新蔡縣丞〔종8하〕	合州新明縣丞 〔종8하〕	682	다, 동/2대 유관/5→5(품계 같음)	미상
무덕 8 (625)	李義瑛 (607~680)	隴西成紀 〔隴右〕	侍郎/郡守/譚州總管府長史	申州鍾山縣尉〔종9상〕	衛州共城縣令 〔종6상〕	706/(孝廉)	가, 서/3대 유관/2→14	미상
정관 5 (631)	李諝 (609~662)	隴西成紀 〔隴右〕	儀同三司/左車騎將軍/鷹擊郎將	常州博士〔종8하〕	蒲州汾陰縣丞〔종8상〕	662	가, 서/3대 유관/5→6	생도
정관 5 (631)	賈貞 (584~649)	□□眞定〔河北〕	미상/미상/縣令	房州參軍事〔종8하〕	판독불가능	651/판독어려움(孝廉)	비교불가능	미상
정관 6 (632)	杜奇 (613~668)	京兆杜陵 〔關內〕	光祿卿/州長史/□州吳縣丞	幷州壽陽〔縣〕主簿〔정9하〕	幷州壽陽縣主簿 〔정9하〕	685	가, 서/3대 유관/3→3(동일 관직)	미상
정관 13 (639)	董本 (619~692)	隴西成紀 〔隴右〕	미기재/州司馬/定州北平縣令	文林郎〔종9상〕	文林郎 〔종9상〕	692	다, 서/2대 유관/(2)→(2)(실직(實職) 없음, 동일 산관)	미상
정관 13 (639)	趙保隆 (620~689)	天水(→岐山)〔隴右〕	開府儀同三司/太守/襄州司馬	瀛州樂壽尉〔종9상〕	冀州武强(彊?)縣主簿 〔정9하〕	715	나, 서/3대 유관/2→3	향공

급제년	급제자	출신지 〔도(道)〕	선조 관직 (증조/조/부)	초관〔품계〕	종관〔품계〕	비고 (자료 시기/ 제외 사유)	성격 (출신/선조/ 본인 분석)	응거
정관 14 (640)	王德表 (620~ 699)	太原 晉陽 〔河東〕	刺史/刺史/ 安邑縣令	("侍徐王讀書"→)蜀王府參軍 〔정8하〕	瀛州文安縣令 〔종6상〕	699	가, 서/ 3대 유관/ (왕의 공부를 도운 뒤) 7→14	생도
정관 17 (643)	蕭灌 (626~ 682)	蘭陵 〔河南〕	(後梁)皇帝/ 梁國公/中書舍人	代王功曹 〔정7상〕	渝州長史 〔정6하〕	729	가, 남*/ 3대 유관 (증조 황제) /12→15	미상
	崔沈 (621~ 644)	博陵 安平 〔河北〕	太守/州司馬/檀州司戶參軍	文林郎 〔종9상〕	文林郎 〔종9상〕	706	가, 동/ 3대 유관/ (2)→(2) (실직 없음, 동일 산관)	향공
정관 18 (644)	顔仁楚 (621~ 665)	琅耶 〔河南〕	미기재/縣令 /郡參軍	文林郎 〔종9상〕	左衛長史 〔종6상〕	666/ (孝廉)	다, 동/2대 유관/(2) →14	생도
	史行簡 (625~ 660)	魏州冠氏縣鳳棲鄉大同里 〔河北〕	미기재/미기재/미기재	文林郎 〔종9상〕	汴州尉氏縣主簿 〔정9하〕	661/ (孝廉)	다, 동/0대 유관/(2) →3	미상
정관 19 (645)	皇甫玄志 (614~ 659)	安定 朝那 〔關內〕	郡守/奉朝請/梓州通泉縣主簿	蜀王府參軍事〔정8하〕	儒林郎行魏州館陶縣主簿 〔정9상〕	691	다, 서/ 3대 유관/ 7→4 (품계 하강)	생도
	元罕 (602~ 650)	河南洛陽〔河南〕	미기재/開府儀同三司/縣長	商州上雒縣尉〔종9상〕	遂州方義縣主簿 〔정9하〕	691/ (孝廉)	나, 서*/ 2대 유관/ 2→3	향공
정관 20 (646)	程思義 (629 ~703)	東平 〔河南〕	미기재/刺史 /미기재	峽州遠安縣丞〔정9상〕	朝議大夫行兗州龔丘縣令 〔정5하〕	703	다, 동/1대 유관/4→ 19	향공
	薛矩 (627~ 679)	河東 汾陰 〔河東〕	刺史/侍郎/邢州司馬	冀州衡水縣尉〔종9상〕	朝散郎行洛州洛陽縣尉 〔종7상〕	679	가, 동/ 3대 유관/ 2→10	향공

급제년	급제자	출신지〔도(道)〕	선조 관직(증조/조/부)	초관〔품계〕	종관〔품계〕	비고(자료 시기/제외 사유)	성격(출신/선조/본인 분석)	응거
정관 21 (647)	陳元敬 (626~699)	陳國〔河南〕	郡主簿/미기재/미기재(郡豪傑)	文林郎〔종9상〕	文林郎〔종9상〕	699	나, 동/1대 유관/(2)→(2)(동일 산관)	향공
	賈玄贊 (620~685)	廣川〔河北〕	縣令/王府文學/弘文館學士	洛州博士〔종8상〕	朝散大夫行大(太?)學博士〔종5하〕	685	다, 동/3대 유관/6→17	생도
	任乂 (630~706)	西河介休〔河東〕	州別駕/州司馬/石州離石縣令	代州繁時縣尉〔종9상〕	朝議郎行定州安平縣令〔정6상〕	708	다, 동/3대 유관/2→16	생도
	徐齊聃 (631~673)	(高平→)吳興之長城〔江南〕	刺史/縣令/果州刺史	曹王府參軍〔정8하〕	西臺舍人〔정5상〕	676	다, 남/3대 유관/7→20	생도
정관 22 (648)	杜榮觀 (629~677)	濮州濮陽〔河南〕	侍御史/秘書郎/簡州司馬	著作局正字〔정9하〕	雍州咸陽縣丞〔정8하〕	703	다, 동/3대 유관/3→7	생도
	李志 (634~700)	趙郡元氏〔河北〕	太守/州司兵/洛州伊闕縣丞	趙王府典籤〔종8하〕	沂州刺史〔종3〕	708	가, 동/3대 유관/5→25	미상
정관 23 (649)	逯貞 (630~696)	河內河陽〔河北〕	縣長/秦王府庫左金吾衛翊衛/荊州江陵縣丞	果州相如縣尉〔종9상〕	夏官郎中〔종5상〕	697	다, 동/3대 유관/2→18	미상
	劉善 (622~667)	彭城〔河南〕	郡守/職閣將軍/縣令	黃州黃崗主簿〔정9하〕	미상("使於司竹監?)	686/ 고증 어려운 항목 존재	비교 불가능	미상
영휘 1 (650)	王師協 (631~697)	琅邪臨沂〔河南〕	侍中/太子洗馬/房州司倉	常州江陰縣尉〔종9상〕	韶州樂昌縣〔令〕〔종7하〕	697	가, 동/3대 유관/2→9	미상
	崔曒 (632~705)	博陵〔河北〕	涼州刺史/銀青光祿大夫/洛縣府君	雍州參軍事〔종8하〕[11]	朝散大夫守汝州長史〔종5하〕	705(778, 내용 추가)	가, 동/3대 유관/5→17	생도

11　雍州는 당시 京兆府를 비롯한 여러 지역의 별칭으로 쓰이는데, 이것이 초관임을 고려할 때 그의 임지를 京兆府가 아닌 여타 上州로 추정하였다.

급제년	급제자	출신지 〔도(道)〕	선조 관직 (증조/조/부)	초관〔품계〕	종관〔품계〕	비고 (자료 시기/제외 사유)	성격 (출신/선조/본인 분석)	응거
영휘 3 (652)	吳續 (630~659)	洛州 合宮縣 〔河南〕	太舟卿/縣令/尙藥御奉	承奉郞 〔종8상〕	承奉郞 〔종8상〕	700	다, 동/3대 유관/(6)→(6)(실직 없음, 동일 산관)	생도
	王大義 (?~681)	琅邪〔河南〕	秘書丞/荊錄參/文林郞	江華主簿 〔종9상〕	雅州名山縣尉 〔종9하〕	721	가, 동/3대 유관/2→1(등급 하강)	미상
	高隆基 (633~680)	渤海脩〔河北〕	東閤祭酒/給事中/吏部侍郎	幷州參軍 〔종8하〕	蒲州猗氏縣令 〔종6상〕	703	가, 동/3대 유관/5→14	생도
	劉仁景 (633~709)	彭城〔河南〕	刺史/刺史/江王友	趙王文學 〔종6상〕	(銀靑光祿大夫→)司農卿〔종3〕	710?	가, 동/3대 유관/14→25	미상
	劉寂 (635~706)	梁國灄陽〔河南〕	刺史/刺史/雍州櫟陽縣令	洺州參軍 〔종8하〕	通議大夫…興州刺史〔정4하〕	706/(급제년 논란의 여지 있음)	가, 동/3대 유관/5→23	미상
영휘 4 (653)	楊□ (634~709)	(恒農華陰→)鄭州源武〔河南〕	판독 불가능	〔玄武〕縣尉 〔종9상〕12	尙書右僕射〔종2〕	미상/판독 어려운 항목 존재13	비교 불가능	미상
	李瑒 (634~705)	趙郡元氏〔河北〕	郡守/司兵/晉陽府君	梓州飛烏尉 〔종9상〕	使持節亳州諸軍事亳州刺史〔종3〕	706	가, 동/3대 유관/2→25	미상
	張遠助 (631~696)	趙郡中山〔河北〕	미기재/太守/定州鼓城令	壁州廣納縣尉〔종9상〕	司衛少卿〔종4상〕	697	나, 동/2대 유관/2→22	향공
	黃□ (634~704)	판독 불가능	州長史/미상/□丞	蘭臺校書郞 〔정9상〕	판독 불가능	704/판독 어려움	비교 불가능	생도

12 비석 상태가 나빠 판독이 어려우나, 그의 열전인 『舊唐書』 권90, 「楊再思」, 2919쪽과 『新唐書』 권109, 「楊再思」, 4098쪽에 의거하였다.

13 正史의 열전을 비롯한 楊□(再思) 관련 기록 어디에도 그의 가계에 관한 언급은 없다.

급제년	급제자	출신지〔도(道)〕	선조 관직(증조/조/부)	초관〔품계〕	종관〔품계〕	비고(자료 시기/제외 사유)	성격(출신/선조/본인 분석)	응거
영휘 6 (655)	慕容知禮 (641~659)	昌黎棘城〔河北〕	左僕射/太守/兗州都督府司馬	무관(無官)	무관("三品孫")	673	다, 서*/3대 유관/0(무관)→0(무관)	미상
	李敏 (624~686)	趙郡〔河北〕	刺史/州司馬/무관	汾州靈石縣主簿〔정9하〕	德州將陵縣丞〔종8상〕	687	가, 동/2대 유관/3→6	향공
	趙思廉 (636~701)	天水〔隴右〕	太守/刺史/舒州司馬	滎陽主簿〔정9하〕	監察御史荊州大都督府法曹參軍〔정7하〕	745	나, 서/3대 유관/3→11	미상

〈 Ⅱ기 진사과 급제자: 현경 연간 이후 고종 시기(656~683) 〉

급제년	급제자	출신지〔도(道)〕	선조 관직(증조/조/부)	초관〔품계〕	종관〔품계〕	비고(자료 시기/제외 사유)	성격(출신/선조/본인 분석)	응거
현경 1 (656)	蘇瓌 (639~710)	京兆武功〔關內〕	右(?)僕射/조:鴻臚卿/台州刺史	寧州參軍〔종8하〕	太子少傅〔종2〕	708	다, 서/3대 유관/5→27	미상
현경 6 (661)	張貞 (642~725)	玆郡京兆〔關內〕	미기재/미기재/미기재	미상	(開元寺故禪師貞和尙)	725/ 불교에 귀의, 塔銘 기록	비교 불가능	생도
용삭 2 (662)	韋承慶 (640~706)	京兆杜陵〔關內〕	郡令/瀛州任丘縣令/御史大夫	雍王府參軍〔정8하〕	銀靑光祿大夫□□□侍郎〔종3〕	706	가, 서/3대 유관/7→25	생도
인덕 2 (665)	李無虧 (637~694)	范陽遒〔河北〕	太守/刺史/梓州治中	秘書省讎校〔정9상〕[14]	太中大夫⋯守沙州刺史〔종4상〕	696	다, 동/3대 유관/4→22	생도

---

14 秘書省에 "讎校"라는 명칭의 관직은 없다. 그런데 『唐六典』에 의하면 비서성의 校書郎과 正字의 職掌이 "讎校典籍"(권10, 「秘書省」, 300쪽)이라 하고, 崇文館의 校書가 원래 "讎校"로 불렸다고 한다(같은 책, 권26, 「太子三師三少詹事府左右春坊內官」, 665쪽). 따라서 그의 관직을 秘書省의 校書郎으로 추정한다.

급제년	급제자	출신지〔도(道)〕	선조 관직(증조/조/부)	초관〔품계〕	종관〔품계〕	비고(자료 시기/제외 사유)	성격(출신/선조/본인 분석)	응거
	程芝(651~713)	廣平〔河北〕	縣令/미상/미상	本州〔?〕司戶	〔?〕司馬	713/일부 녹문(錄文) 누락된 듯	비교 불가능	미상
건봉2(667)	輔簡(648~705)	南陽〔山南〕	別駕/夔州都督府長史/瀛州樂壽令	雅州盧山尉〔종9상〕	魏州武聖尉〔종9상〕	707	다, 기/3대 유관/2→2(품계 같음)	향공
	李尙貞(648~722)	趙郡房子〔河北〕	縣令/穀州司倉/閬州新政令	兗州平陸主簿〔정9하〕	銀靑光祿大夫博州刺史〔종3〕	722	가, 동/3대 유관/3→25	향공
총장2(669)	劉憲(655~711)	高陽〔河北〕	縣令/潞州鄉縣令/考功員外郎	(待制→)冀州阜城縣尉〔종9상〕	正議大夫守太子詹事兼崇文館學士〔정4상〕	711	다, 동/3대 유관/(待制 뒤)2→24	미상
총장3(670)	李問政(652~720)	隴西成紀〔隴右〕	儀同三司/縣令/衛州司馬	扶溝尉〔종9상〕	正議大夫行鄭州別駕〔정4상〕	720	가, 서/3대 유관/2→24	향공
함형3(672)	崔釋(655~698)	清河東武城〔河北〕	長史/許州司馬/宜郡丞	任丘主簿〔정9하〕	承議郎行洛州永昌縣丞〔정6하〕	698	가, 동/3대 유관/3→15	미상
함형4(673)	郭震(656~713)	太原陽曲〔河東〕	미기재/相州湯陰令/미기재	梓州通泉尉〔종9상〕	兵部尚書〔정3〕	713	나, 동/1대 유관/2→26	생도
	韋瓊之(655~707)	杜陵〔關內〕	尚書右丞/刺史/戶部侍郎	絳州夏縣尉〔종9상〕	中大夫行考功郎中〔종4하〕	707	가, 서/3대 유관/2→21	생도
함형5(674)	李璘(660~736)	隴西成紀〔隴右〕	光州刺史/太原郡守/濟北郡守	建州錄事參軍〔종7상〕	潞州屯留縣令〔종6상〕	736	가, 서/3대 유관/10→14	미상
	陳誽(630~692?)	縣州顯武〔劍南〕	무관/무관/무관	將仕郎〔종9하〕	內供奉學士懷州河內縣尉〔종9상〕	699	다, 기/0대 유관/(1)→2	향공
상원2(675)	魏愨(646~718)	鉅鹿曲陽〔河北〕	侍御史/許州扶溝縣丞/무관	宣州當塗縣尉〔종9상〕	鄭州長史〔종5상〕	718	나, 동/2대 유관/2→18	미상

급제년	급제자	출신지〔도(道)〕	선조 관직(증조/조/부)	초관〔품계〕	종관〔품계〕	비고(자료 시기/제외 사유)	성격(출신/선조/본인 분석)	응거
상원 3 (676)	楊令一 (658~698)	太州先掌〔關內〕	미기재/미기재/司衛卿	潞州參軍〔종8하〕	宣威將軍(武종4상)	698	다, 서/1대 유관/5→22(武)	미상
의봉 2 (677)	陳憲 (648~725)	平陽臨汾〔河東〕	미기재/"徵"사양/미기재	滎澤主簿〔정9하〕	銀靑光祿大夫太子賓客〔종3〕	726	다, 동/0대 유관/3→25	향공
의봉 3 (678)	元希古 (?~716)	河南洛陽〔河南〕	刺史/貝州經城縣令/安南都護府南定縣令	定州鼓城縣尉〔종9상〕	朝議大夫…守密州刺史〔정5하〕	717	나, 서*/3대 유관/2→19	미상
의봉 4 (679)	李晏 (657~704)	隴西成紀〔隴右〕	太守/□州刺史/洛州司馬	相州安?陽縣尉〔종9상〕	洛州濟源縣尉〔정9하〕	704	가, 서/3대 유관/2→3	생도
조로 2 (680)	蘇頲 (670~727)	京兆武功〔關內〕	少卿/台州刺史/左僕射	烏程縣尉〔종9상〕	金紫光祿大夫禮部尙書〔정3〕	740 이전	다, 서/3대 유관/2→26	생도
	宋璟 (663~737)	邢州南和〔河北〕	大理丞/櫟陽令/衛州司戶	上黨尉〔종9상〕	開府儀同三司行尙書右丞相〔종1〕	770	다, 동/3대 유관/2→29	미상
영륭 2 (681)	李乂 (657~716)	趙房子〔河北〕	縣令/州司倉書佐/閬州新政令	潞州壺關尉〔종9상〕	紫微侍郎〔정4상〕	716	가, 동/3대 유관/2→24	향공
	梁璵 (660~732)	京兆長安〔關內〕	陝州司馬/費州司倉/무관	(齋郎→)鄭州原武縣尉)〔종9하〕	亳州譙縣令〔종6상〕	733	다, 서/2대 유관/(齋郎 뒤)2→14	생도
개요 2 (682)	劉穆 (651~712)	河間鄭〔河北〕	州司馬/睦州雄山縣令/洛州司倉參軍	曹州冤朐(句?)縣尉〔종9상〕	石州刺史〔정4하〕	713	다, 동/3대 유관/2→23	향공
영순 2 (683)	嚴識玄 (654~717)	馮翊重泉〔關內〕	縣令/坊州錄事參軍/新繁縣尉	(文藻流譽科→)襄州安養縣尉〔종9상〕	朝議大夫行尙書兵部郎中〔정5하〕	718	다, 서/3대 유관/(制擧 뒤)2→19	향공

〈 Ⅱ기 명경과 급제자: 현경 연간 이후 고종 시기(656~683) 〉

급제년	급제자	출신지 [도(道)]	선조 관직 (증조/조/부)	초관 [품계]	종관 [품계]	비고 (자료 시기/제외 사유)	성격 (출신/선조/본인 분석)	응거
현경 1 (656)	孟玄一 (637~692)	瑯琊 平昌 [河南]	미기재/刺史/太子中允	(試)徐王府參軍 [정8하]	渭州刺史 將作少匠 [종3]	715	다, 동/2대 유관/7→25	미상
	郭品 (637~709)	太原 [河東]	縣令/刺史/瀛州河間令	建州司戶參軍事 [종7하]	泉州長史 [종5상]	712	나, 동/3대 유관/9→18	미상
현경 2 (657)	姚處賢 (638~704)	河東 [河東]	미기재/縣令/肅州酒泉令	坊州博士 [종8하]	濮州司法參軍 [종7하]	704	다, 동/2대 유관/5→9	미상
	田嵩 (638~723)	河南 武臨 [河南]	미기재/刺史/定州長史	滕王府記室參軍事 [종6상]	滕王府記室參軍事 [종6상]	723	다, 동/2대 유관/14→14 (동일 관직)	향공
현경 3 (658)	康希銑 (645~715)	會稽 [江南]	縣令/隨郡王行軍倉曹/太學博士	右內率府冑曹[參軍事] [정9하]	銀靑光祿大夫海·濮·饒·房·睦·台六州刺史 [종3]	776	다, 남/3대 유관/3→25	미상
	崔曅 (639~706)	博陵 安平	侍御史/縣令/滄州湖蘇縣令	汾州孝義縣尉 [종9상]	特進中書令 [정2]	715	가, 동/3대 유관/2→28	미상
현경 4 (659)	束良 (640~707)	魏郡元城 [河北]	미기재/許州長社令/泗州錄事參軍	江王府倉曹 [정7상]	永州刺史 [정4상]	709	다, 동/2대 유관/12→24	향공
현경 6 (661)	袁義全 (637~699)	(汝南→)洛陽 [河南]	太子左內副率/州參軍/左衛翊府左郎將	文林郎 [종9상]	文林郎 [종9상]	713	다, 동/3대 유관/(2)→(2) (동일 산관, 실직 없음)	향공
용삭 3 (663)	喬崇隱 (648~695)	京兆 渭南 [關內]	驃騎將軍/左驍衛大將軍/揚州江都縣令	陝州桃林縣尉 [종9상]	大理寺評事 [종8하]	727	다, 서/3대 유관/2→5	생도
	鄭崇道 (644~709)	滎陽 開封 [河南]	吏部中大夫/吏部侍郎/閬州新井縣丞	汾州參軍 [종8하]	歙州歙縣令 [종6상]	714	가, 동/3대 유관/5→14	향공

급제년	급제자	출신지〔도(道)〕	선조 관직(증조/조/부)	초관〔품계〕	종관〔품계〕	비고(자료 시기/제외 사유)	성격(출신/선조/본인 분석)	응거
인덕1(664)	樂鑒虛(641~707)	南陽〔山南〕	縣令/縣令/嘉州龍游縣令	潤州丹徒縣尉〔종9상〕	亳州山桑縣令〔又轉〕王府主薄(薄?)〔종6상〕	709	다, 기/3대 유관/2→14	향공
인덕2(665)	劉壽(633~690)	束城〔河北〕	州參軍/縣令/州總管	常州博士〔종8하〕	蘇州吳縣主簿〔정9하〕	690	다, 동/3대 유관/5→3(품계 하강)	미상
건봉1(666)	沈齊文(634~688)	吳興武康〔江南〕	郡主簿/縣令/嘉州刺史	秘書省校書郎〔정9상〕	金吾衛胄曹參軍〔정8하〕	688	가, 남/3대 유관/4→7	생도
건봉1(666)	蕭謙(651~724)	蘭陵〔河南〕	太尉/秘書監/衢州刺史	許昌丞〔종8상〕	朝散大夫滁州別駕〔종5하〕	735	가, 남*/3대 유관/6→17	생도
건봉2(667)	王行淹(625?~686?)	太原〔河東〕	縣令?/縣丞/襄州錄事參軍事	文林郎?〔종9상〕	관직 기록 없음(“高士”)	686(709년 묘지와 와 비교 요)	가, 동/3대 유관?/(2)?→(2)(실직 없음, 동일 산관?)[15]	미상
건봉3(668)	騫思哲(649~708)	萬年〔關內〕	縣令/縣令/果州刺史	宋城縣尉〔종9상〕	撫州南城縣令〔종6상〕	710	다, 서/3대 유관/2→14	미상
건봉3(668)	李泉(649~729)	隴西〔隴右〕	州總管記室/通州司倉參軍/亳州鄼縣令	무관	무관(표제에 孝廉이란 기록뿐)	739	가, 서/3대 유관/0(무관)→0(무관)	향공
총장2(669)	王行淳(650~709)	太原〔河東〕	州別駕/開府儀同三司/刺史?	合州司倉參軍〔정8하〕	洪州建昌縣令〔종6상〕	709	가, 동/3대 유관/7→14	생도

---

15 686년과 709년의 묘지 표제는 각각 “高士王府君”, “王府君”이라고만 적었으나, 급제 후 받은 文林郎이란 散官品은 가지고 있었을 것으로 추정된다.

급제년	급제자	출신지〔도(道)〕	선조 관직(증조/조/부)	초관〔품계〕	종관〔품계〕	비고(자료 시기/제외 사유)	성격(출신/선조/본인 분석)	응거
총장 3 (670)	鄭諡 (651~734)	榮陽 開封〔河南〕	刺史/通事舍人/洛陽宰	潤州參軍〔종8하〕	大(太?)中大夫…靑州刺史〔종4상〕	735	가, 동/3대 유관/5→22	생도
총장 3 (670)	王思齊 (647~708)	(太原→)冀州棗强〔河北〕	國子博士/陜州司馬/宣州宣城縣令	宣州溧(溧?)陽縣尉〔종9상〕	朝議郎行蓬州宕渠縣令〔정6상〕	727	다, 동/3대 유관/2→16	향공
함형 2 (671)	許堅 (647~679)	高陽新城〔河北〕	미기재/미기재/미기재	儒林郎〔정9상〕	宣州參軍事〔종8하〕	687	나, 동/0대 유관/(4)→5	향공
함형 2 (671)	張錫 (?~?)	淸河東武城〔河北〕	尙書右丞/上大將軍/利州刺史	霍王府參軍〔정8하〕	銀靑光祿大夫工部尙書絳州刺史〔종3〕	727	나, 동/3대 유관/7→25	향공
함형 3 (672)	賈伯卿 (653~718)	武威姑臧〔隴右〕	郡守/縣令/懷州刺史	秘書省著作局校書郎〔정9상〕	朝議大夫陳州長史〔정5하〕	720	다, 서/3대 유관/4→19	생도
함형 4 (673)	崔韶 (650~674)	淸河東武城〔河北〕	尙書右丞/上大將軍/利州刺史	무관	무관("前國子監大(太?)學生武騎尉")	699	가, 동/3대 유관/0(무관)→0(무관)	생도
함형 4 (673)	馬懷素 (659~718)	(扶風→)南徐州丹徒〔淮南〕	橫野將軍/州文學從事/檢校江州尋陽丞으로 "擧"했으나 "棄官"	(文學優瞻科→)鄮縣尉〔종9상〕	銀靑光祿大夫秘書監兼昭文館學士侍讀〔종3〕	718	다, 남/2대 유관[16]/(制擧 뒤)2→25	향공
함형 5 (674)	王基 (655~715)	瑯琊〔河南〕	刺史/穀州刺史/括州松陽縣令	崗(岡?)州司法參軍〔정8하〕[17]	通直郎守武榮州南安縣令〔종6하〕	715	가, 동/3대 유관/7→13	미상

16 祖·父의 경우 정식 관직 취임 여부가 불분명하므로 2대 유관으로 간주하였다.

17 『新唐書』「地理」에는 崗州란 地名이 없는데, 묘지의 "南海遐鄙"란 표현을 볼 때 岡州 곧 廣州를 뜻하는 것으로 추정된다. 廣州의 등급은 정확하지 않으나, 都督府에 준하여 中州로 판단하였다.

급제년	급제자	출신지 〔도(道)〕	선조 관직 (증조/조/부)	초관〔품계〕	종관〔품계〕	비고 (자료 시기/제외 사유)	성격 (출신/선조/본인 분석)	응거
상원 2 (675)	李璋 (648~696)	趙郡 (→淸河)	縣令/工部侍郎/夔州都督	(八科擧→) 幷州都督府參軍 〔정8하〕	朝散大夫鄭州錄事參軍 〔종5하〕	700	가, 동/ 3대 유관/ (制擧 뒤) 7→17	미상
	李弍 (656~719)	隴西 〔隴右〕	左驍衛大將軍/尙舍奉御/미기재?	文林郎 〔종9상〕	朝議郎前行徐州沛縣令 〔정6상〕	719	가, 서/ 2대 유관? /2→16	향공
상원 3 (676)	房逸 (641~698)	魏郡淸河 〔河北〕	縣丞/州司馬/무관	揚州海陵縣尉〔종9상〕	貝州淸河縣尉〔종9상〕	699	나, 동/ 2대 유관/ 2→2 (품계 같음)	생도
	孟立 (657~727)	鄒 〔河南〕	刺史/永州刺史/眉州洪雅縣丞	〔蘄州〕蘄春縣尉 〔종9상〕	蘄州蘄春縣尉 〔종9상〕	727	다, 동/ 3대 유관/ 2→2 (동일 관직)	생도
	崔安儼(657~738)	博陵安平〔河北〕	侍郎/殿中侍御史/郫州洛交縣令	滑州參軍 〔종8하〕	朝散大夫漢州長史 〔종5하〕	738	가, 동/ 3대 유관/ 5→17	미상
의봉 3 (678)	宋智亮 (637~692)	廣平曲周 〔河北〕	縣令/太常卿/安邑令	將仕郎 〔종9하〕	將仕郎 〔종9하〕	696	다, 동/ 3대 유관/ (1)→(1) (동일 산관, 실직 없음)	미상
	李准 (660~692)	隴西城(成?)紀 〔隴右〕	郡守/譚州長史/岐州刺史	무관("凡經累選, 不登尺木")	무관("大周故成均監明經")	694	가, 서/ 3대 유관/ 0 (무관)→ 0(銓選 불합격?)	생도
영륭 2 (681)	崔日新 (662~708)	安平博陵 〔河北〕	侍御史/揚州戶調參軍/河南尉	鄭州中牟尉 〔종9상〕	司農寺主簿〔종7상〕	708	가, 동/ 3대 유관/ 2→10	미상
개요 2 (682)	高憲 (663~727)	渤海蓚 〔河北〕	散騎侍郎/吏部侍郎/猗氏府君	汴州參軍 〔종8하〕	秦〔都督府〕別駕 〔정4하〕	727	가, 동/ 3대 유관/ 5→23	미상
영순 2 (683)	高懲 (664~729)	渤海蓚 〔河北〕	散騎侍郎/吏部侍郎/吏部郎中	豫州參軍 〔종8하〕[18]	銀靑光祿大夫行光祿少卿 〔종3〕	730	가, 동/ 3대 유관/ 5→25	생도

급제년	급제자	출신지[도(道)]	선조 관직(증조/조/부)	초관[품계]	종관[품계]	비고(자료 시기/제외 사유)	성격(출신/선조/본인 분석)	응거
	崔諤之 (671~719)	淸河東 武城 [河北]	司農卿/陝州刺史/中書令	陝州參軍 [종8하]	銀青光祿大夫太府卿少府監 [종3]	719	가, 동/3대 유관/5→25	미상
	李述 (665~722)	趙郡 元氏 [河北]	州參軍/并州晉陽縣令/亳州刺史	漢州金堂縣尉 [종9상]	中散大夫守少府鹽(監?) [정5상]	730/(급제년 논란의 여지 있음)	가, 동/3대 유관/2→20	미상

〈 Ⅲ기 진사과 급제자: 무측천 시기(684~704) 〉

급제년	급제자	출신지[도(道)]	선조 관직(증조/조/부)	초관[품계]	종관[품계]	비고(자료 시기/제외 사유)	성격(출신/선조/본인 분석)	응거
사성 1 (684)	陳子昂 (661~702)	梓州射洪縣 [劍南]	무관/무관/文林郎	(獻書→)麟臺正字 [정9하]	[右]拾遺 [종8상]	771~786[19]	다, 기/1대 유관/3→6	생도
광택 2 (685)	顔元孫 (?~732)	京兆 長安 [關內]	秦王記室/著作郎/曹王屬	鼓城主簿 [정9하]	朝議大夫守華州刺史 [정5하]	764	다, 서/3대 유관/3→19	미상
수공 3 (687)	王易從 (668?~727)	京兆 [關內]	州都/同州河西縣丞(令?)/冀州棗强(二縣?)主簿	亳州城父尉 [종9상]	揚州大都督長史 [종3]	727	다, 서/3대 유관/2→25	생도
천수 3 (692)	敬守德 (673~740)	河東 [河東]	郡丞/冀州棗强縣令/茂州石泉縣令	(撫字學→)寧州羅川縣尉 [종9상]	朝請大夫行晉州洪洞縣令 [종5상]	740	다, 동/3대 유관/(制擧 뒤)2→18	미상

18　豫州는 당시 蔡州 등 여러 지역의 별칭으로 쓰여 그의 정확한 임지를 알 수 없으나, 당대에 이렇게 불리던 곳 모두 上州 이상의 등급에 속한다.

19　『全唐文』에 실린 기본 자료는 鮮于叔明이 梓州刺史(郁賢皓, 『唐刺史考全編』, 合肥, 安徽大學出版社, 2000의 권229, 「梓州」, 3025쪽에 의하면 大曆3년~貞元2년 기간 재임) 부임 후 빨라도 3년 뒤에 쓴 글이다.

급제년	급제자	출신지〔도(道)〕	선조 관직 (증조/조/부)	초관〔품계〕	종관〔품계〕	비고 (자료 시기/제외 사유)	성격 (출신/선조/본인 분석)	응거
천수 3 (692)	崔日用 (673~722)	博陵〔河北〕[20]	少卿/祁陽令/河間丞	芮城尉〔종9상〕[21]	幷州大都督府長史〔종3〕	미상	가, 동/ 3대 유관/ 2→25	향공
장수 2 (693)	趙夏日 (674~732)	天水(→河南府河南縣)〔隴右〕	미기재/미기재/監察御史	宋城縣尉〔종9상〕	邠王文學〔종6상〕	732	나, 서/ 1대 유관/ 2→14	생도
장수 3 (694)	盧胐 (675~733)	范陽〔河北〕	別駕/滎澤令/右監門衛將軍	(拔萃→)(署)奉常太祝〔정9상〕	朝請大夫饒陽郡司馬上柱國〔종5상〕	751	가, 동/ 3대 유관/ (拔萃 뒤) 4→18	미상
증성 1 (695)	孫嘉之 (657~739)	魏郡武水?〔河北〕[22]	縣令/鄆州壽張縣丞/韓王府典籤	(拔萃→)蜀州新津縣主簿〔정9하〕	宋州司馬〔종5하〕	739/(급제년 논란의 여지 있음)	다, 동/ 3대 유관/ (拔萃 뒤) 2→17	생도
	蘇晉 (676~734)	불요	불요	불요	불요	739/ 孫嘉之 관련 기록	비교 불가능	미상
천책만세 2 (696)	崔沔 (673~739)	博陵安平〔河北〕	王府長史/益州洛陽令/汝州長史	(賢良擧→)麟臺校書郎〔정9상〕	通議大夫守太子賓客〔정4하〕	741 (778, 내용 추가)	가, 동/ 3대 유관/ (制擧 뒤) 4→23	향공
성력 1 (698)	馮復 (677~723)	河南潁陽〔河南〕	西平郡丞/天水郡法曹/天水郡率道縣令	(文可以經邦國擧→)陳留郡封丘尉〔종9상〕	朝散大夫起居舍人〔종5하〕	747/급제년 사실상 불명확	비교 무용	향공

20 기본 자료에는 없으나, 『新唐書』 권12下, 「宰相世系」, 2814쪽에 따랐다. 『舊唐書』 권99, 「崔日用」, 3087쪽과 『新唐書』 권121, 「崔日用」, 4329쪽에는 "滑州靈昌人"이라고 하여 이와 다르지만, 그가 동부 지역의 名門 출신임은 확실하다. 선조의 관직 역시 「宰相世系」에 의거한 것이다. 趙超, 『新唐書宰相世系表集校』(北京, 中華書局, 1998), 407~408쪽 참조.

21 기본 자료에는 관력이 나오지 않으나, 위의 열전에 초관과 종관 기록이 나온다.

22 그의 출신지를 『元和姓纂』 권4, 105번은 樂安, 『舊唐書』의 아들 列傳에는 "潞州涉縣人"(권190, 「孫逖」, 5043쪽)이라고 하여 기본 자료와 다르다. 하지만 이 두 곳 역시 河南道에 속하므로, 출신지가 동부 지역인 것은 동일하다.

급제년	급제자	출신지 〔도(道)〕	선조 관직 (증조/조/부)	초관〔품계〕	종관〔품계〕	비고 (자료 시기/ 제외 사유)	성격 (출신/선조/ 본인 분석)	응거
성력 3 (700)	崔尙 (680~ 745)	淸河 〔河北〕	許州司馬/坊州宜郡縣丞/陝州河北縣尉	秘書省著作局校書郎 〔정9상〕	陳王府長史〔종4상〕	745	가, 동/ 3대 유관/ 4→22	생도
대족 1 (701)	邢巨 (682~ 738)	河間 〔河北〕	縣令/太學博士/越州永興縣丞	(拔萃→)秘書省校書郎 〔정9상〕	監察御史 〔정8상〕	738	다, 동/ 3대 유관/ (拔萃 뒤) 4→8	미상
장안 2 (702)	張九齡 (678~ 740)	(范陽→) 始興 〔嶺南〕23	韶州別駕/越州剡縣令/新州索盧縣丞	(謗議로 인한 重試→)秘書省校書郎 〔정9상〕	尙書右丞相中書令 〔종2〕	757 이후	다, 남/ 3대 유관/ (重試 뒤) 4→27	향공
장안 3 (703)	任瑗 (684~ 754)	樂安 〔河南〕24	宗正卿/金華縣令/戶部員外郎	廣平郡臨洺縣尉 〔종9상〕	樂安縣令 〔종6상〕	754	다, 동/ 3대 유관/ 2→14	생도

〈 Ⅲ기 명경과 급제자: 무측천 시기(684~704) 〉

급제년	급제자	출신지 〔도(道)〕	선조 관직 (증조/조/부)	초관〔품계〕	종관〔품계〕	비고 (자료 시기/ 제외 사유)	성격 (출신/선조/ 본인 분석)	응거
사성 1 (684)	晉休景 (665~ 723)	平陽 〔河東〕25	尙書/匞?部尙書/恒州長史?	潤州參軍 〔종8하〕	朝散大夫行揚州大都督府江都縣令 〔종5하〕	726	다, 동/ 3대 유관/ 5→17	생도

---

23 기본 자료에서 "其先范陽方城人"이라고 하면서도, 張九齡의 증조가 韶州에서 관직 생활을 한 뒤 "土著姓"이 되었으며 그 "私第"가 韶州 曲江縣에 있었다고 한다. 실제로 『新唐書』 권72下, 「宰相世系」, 2687쪽(趙超, 『新唐書宰相世系表集校』, 315쪽)은 張九齡의 연고 지역을 曲江 인근의 始興으로 명기하였고, 그가 "始興公"으로 불리기도 한다. 따라서 그의 출신지를 始興으로 보았다.

24 당대 공식적인 地名으로서 江南道에 樂安縣이 있으나, 기본 자료의 출신 지역 설명은 北齊 시기와 관련되므로 이 樂安郡의 경우 河南道의 棣州 부근을 가리킨다.

25 당대에 平陽은 여러 곳을 가리킬 수 있지만, 보통 河東道 소재 晉州의 별칭으로 많이 사용된다. 따라서 출신지를 平陽으로만 적은 경우 모두 이 지역을 뜻한다고 보았다.

급제년	급제자	출신지 [도(道)]	선조 관직 (증조/조/부)	초관[품계]	종관[품계]	비고 (자료 시기/제외 사유)	성격 (출신/선조/본인 분석)	응거
광택 2 (685)	蕭潗 (666~695)	南蘭陵 蘭陵 [河南]	[西]梁 황제/中書令/給事中	岐州參軍事 [종8하]	朝請郎行 岐州參軍事 [정7상]	709	가, 남*/ 3대 유관/ 5→12(실직 동일)	생도
수공 2 (686)	袁愔 (667~723)	汝南 [河南]	兗州都督/周王典軍/貝州司法	相州參軍 [종8하]	濟州盧縣令 [종6상]	724	가, 동/ 3대 유관/ 5→14	미상
수공 3 (687)	王豫 (667~694)	琅邪 臨沂 [河南]	미기재/미기재/荊州戶曹	(齋郎→)무관("勅令優選, 未赴")	무관("右驍衛淸廟臺齋郎天官常選")	697	가, 동/1대 유관/ (齋郎 뒤)0(무관)→0(天官常選)	향공
	尹守貞 (663~702)	天水冀 [隴右]	開府/棣州蒲臺令/通州三岡令	(大成→)四門助教 [종8상]	四門助教 [종8상]	702	다, 서/ 3대 유관/ (大成 뒤)6→6 (동일 관직)	미상
수공 4 (688)	崔孝昌 (669~711)	淸河東武城 [河北]	司農卿/陝州刺史/中書令	洛州參軍 [정8하]	正議大夫行太子右贊善大夫判太子率更令 [정4상]	712	가, 동/ 3대 유관/ 7→24	생도
	司馬詮 (665~731)	河內溫 [河北]	郡丞/禮部侍郎/長安縣尉	湖州安吉縣尉 [종9상]	薛王傅 [종3]	731	나, 동/ 3대 유관/ 2→25	생도
	何寂 (669~738)	蜀郡 [劍南]	州司馬/皇太子洗馬/明經常選	簡州平泉 [主]簿 [종9상]	河南府兵曹 [정7하]	738	다, 기/ 3대 유관/ 2→11	미상
수공 연간 (685~688)	楊承福 (653~709)	弘農華陰 [關內]	미기재/縣令/遂州司馬	文林郎 [종9상]	梓州銅山縣尉 [종9상]	710/(급제년 논란의 여지 있음)	가, 서/ 2대 유관/ (2)→2 (품계 같음)	향공
영창 1 (689)	高嶸 (670~729)	渤海 [河北]	右僕射/尙書右僕射/渝州刺史	荊州參軍 [종8하]	右監門衛中郎將 [정4하]	729	가, 동/ 3대 유관/ 5→23	생도
천수 3 (692)	崔暆 (676 이전~?)	淸河東武城 [河北]	總管府掾/臨洺令/武功主簿	불요	불요	769/崔景晊 관련 기록	비교 불가능	미상

급제년	급제자	출신지 [도(道)]	선조 관직 (증조/조/부)	초관 [품계]	종관 [품계]	비고 (자료시기/제외 사유)	성격 (출신/선조/본인 분석)	응거
	崔景暉 (676~715)	淸河東武城 [河北]	總管府掾/臨洛令/武功主簿	梁州南鄭尉 [종9상]	太子少師 [종2]	769	가, 동/3대 유관/2→27	미상
	趙懷璡 (673~756)	天水 [隴右]	輔國執左□/□金吾/雲麾執左右金吾/囚常寺主簿	易州參軍 [종8하]	□□□□大夫洛交郡長史 [종5상]	757	나, 서/3대 유관/5→18	미상
	敬昭道 (673~725)	河南緱氏 [河南]	縣令/鹽州司兵參軍/太常主簿	汝州武興縣主簿 [정9하]	太子舍人 [정6상]	725	다, 동/3대 유관/3→16	미상
	崔茂宗 (673~741)	安平博陵 [河北]	驃騎大將軍/洛州長史/左驍衛長史	寧州參軍 [종8하]	朝議郎鄭州滎澤縣令 [정6상]	741	가, 동/3대 유관/5→16	미상
장수 2 (693)	張眙珤 (674~748)	淸河東武城 [河北]	州司馬/儀州楡社縣令/邢州長史	洛州淸漳尉 [종9상]	朝請大夫廣平郡武安縣令 [종5상]	769	나, 동/3대 유관/2→18	생도
증성 1 (695)	盧悅 (678~733)	范陽 [河北]	縣令/武德丞/南部尉(?)	密州司戶 [종7하]	司農寺丞 [종6상]	736	가, 동/3대 유관/9→14	생도
천책만세 2 (696)	崔翹 (683?~750)	淸河東武城 [河北]	許州司馬/坊州宜君縣丞/中書舍人	(拔萃→)太子右率府鎧曹參軍 [종8하]	銀靑光祿大夫禮部尙書 [종3]	751	가, 동/3대 유관/(拔萃 뒤)5→25	미상
성력 1 (698)	樊庭觀 (679~724)	南陽 [山南]	縣令/貝州司戶參軍事/邢州沙河縣令	(從軍→)昭武校尉左玉鈐衛長上 [武정6상]	京兆府宣化府折衝攝右衛郎將橫野軍副使 [미상]	724/불분명한 항목과 특이한 경력26	비교 불가능	생도
	盧舍 (679~727)	范陽 [河北]	刺史/監察御史/岐州中兵掾	桑泉尉 [종9상]	東平郡壽張縣令 [종6상]	753	가, 동/3대 유관/2→14	미상

---

26 다양한 직함들 가운데 정확한 품계(정5품상)를 알 수 있는 유일한 관직인 右衛郎將이 "攝"한 것으로 되어 있고, 從軍 후 武官으로 解褐한 그의 履歷도 매우 특이하다. 그러므로 그의 성격이 여타 인물들과 매우 달라 의미 있는 상호 비교가 불가능하다고 여겨진다.

급제년	급제자	출신지 〔도(道)〕	선조 관직 (증조/조/부)	초관〔품계〕	종관〔품계〕	비고 (자료 시기/제외 사유)	성격 (출신/선조/본인 분석)	응거
성력 2 (699)	開休元 (679~733)	廣陵 江都 〔淮南〕	縣令/무관 ("徵君")/宣州溧陽令	(大成→)婺州蘭溪丞 〔종8상〕	朝散大夫 國子司業 〔종5하〕	699	다, 남/2대 유관/(大成 뒤) 6→17	향공
	李庭芝 (680~744)	隴西 狄道 〔隴右〕	郡守/工部侍郎/揚州江陽縣令	懷州參軍事 〔종8하〕	中散大夫 襄陽郡別駕〔정5상〕	745	가, 서/3대 유관/5→20	미상
	徐惲 (680~745)	東海 〔河南〕	國子博士/王屋令/晉陵丞	(大成→)寧陵丞 〔종8상〕	通議大夫 …河南採訪處置使 〔정4하〕	746	다, 동/3대 유관/(大成 뒤) 6→23	미상
대족 1 (701)	王念 (684~752)	琅邪臨沂 〔河南〕	縣主簿/汴州浚儀縣令/勝州都督府戶曹參軍	相州堯城縣丞 〔종8상〕	鉅鹿郡南和縣令 〔종6상〕	752	가, 동/3대 유관/6→14	미상
장안 2 (702)	龐履溫 (?~?)	南安 〔江南〕	左武侯大將軍/饒州刺史/將作少監	宣州參軍 〔종8하〕	미상	731 이후/생전(生前)의 비문(碑文)	비교 불가능	생도
	周誠 (683~737)	汝南 平輿 〔河南〕	宣州刺史/利州圖史/金州西城縣丞	潤州金壇尉 〔종9상〕	朝議郎行 監察御史 〔정6상〕	739	가, 동/3대 유관/2→16	생도
	李迪 (683~747)	趙國 〔河北〕	縣令/度支員外郎/陳州刺史	楊(揚?)州大都督府楊子縣尉 〔종9상〕	(被劾→)淸河郡宗城縣尉 〔종9상〕	747	가, 동/3대 유관/2→(被劾)2(품계 같음)	미상
	楊居實 (683~716)	弘農 華陰 〔關內〕	戶部尙書/文昌左丞/寧州定平縣令	梁州都督府參軍 〔종8하〕27	朝請郎□ 梁州都督府參軍事 〔정7상〕	717	가, 서/3대 유관/7?→12(실직 동일)	생도

27 『新唐書』, 「地理」에 없는 梁州都督府의 등급을 단정할 수 없으나, 이것이 두어졌던 興元府의 규모로 보아(『舊唐書』 권39, 「地理」, 1528쪽) 大都督府로 간주해도 좋을 것이다.

급제년	급제자	출신지 〔도(道)〕	선조 관직 (증조/조/부)	초관〔품계〕	종관〔품계〕	비고 (자료 시기/ 제외 사유)	성격 (출신/선조/ 본인 분석)	응거
장안 2 (702)	元琰 (683~ 748)	河南 〔河南〕	미상/무관/ 太子賓客28	□府參軍 〔정8하〕	朝議大夫… 歷陽郡太守 〔정5하〕	748	나, 서*/ 1대 유관? /7→19	미상
장안 3 (703)	慕容瑾 (684~ 732)	(昌黎 棘城→) 滎陽 〔河南〕	刺史/兗州 都督府司馬/ 汾州刺史	岐州參軍 〔종8하〕	河南府澠 池縣丞 〔정8하〕	732	다, 동/ 3대 유관/ 5→7	미상
	李庭訓 (684~ 733)	隴西 成紀 〔隴右〕	兗州刺史/ 工部員外郎/ 미기재	申王府參卿 〔정8하〕	濟南郡禹 城縣令 〔종6상〕	750	가, 서/ 2대 유관/ 7→14	미상
	蕭諼 (684~ 743)	蘭陵 〔河南〕	太守/湖州 司馬/大詹 事(贈)29	武德縣尉 〔종9상〕	中散大夫 義陽郡太 守〔정5상〕	743	가, 남*/ 3대 유관? /2→20	생도
장안 4 (704)	明俊 (685~ 743)	陝郡芮 城(→河 南縣) 〔河南〕	미기재/미기 재/미기재	殿中省尙輦 局掌輦 〔정9하〕	太府寺平 准署侯 〔종7하〕	743	다, 동/ 0대 유관/ 3→9	미상

〈 Ⅳ기 진사과 급제자: 중종·예종 시기(705~712) 〉

급제년	급제자	출신지 〔도(道)〕	선조 관직 (증조/조/부)	초관〔품계〕	종관〔품계〕	비고 (자료 시기/ 제외 사유)	성격 (출신/선조/ 본인 분석)	응거
신룡 1 (705)	張思鼎 (676~ 742)	河東 桑泉 〔河東〕	蓬州長史/蔚 州司馬/幷州 石艾縣令	潞州銅鞮縣 尉〔종9상〕	朝散大夫… 守唐州刺史 〔종5하〕	747	다, 동/ 3대 유관/ 2→17	향공

---

28 기본 자료에 증조의 "策名東宮, 見危授命." 사실과 祖의 贈官 기록이 있다. 그러나 父 元行沖의 열전과 『元和姓纂』 권4, 21번에는 증조의 관직 기록이 없고, 祖의 경우 "不仕"라고 명기하였다.

29 이처럼 贈官만을 가진 인물은 실제로 관직을 가졌는지 확언하기 어렵다. 하지만 증관 이 대개 고관이고, 그 당사자는 생전에 설령 낮은 지위였을지라도 관인 신분이었을 가능성이 높다고 생각된다. 따라서 無官 사실이 분명히 확인되지 않는 한 증관도 "有 官"에 포함시키며, 이후 유사한 사례들도 모두 이와 같이 처리한다.

급제년	급제자	출신지〔도(道)〕	선조 관직(증조/조/부)	초관〔품계〕	종관〔품계〕	비고(자료 시기/제외 사유)	성격(출신/선조/본인 분석)	응거
신룡 2 (706)	趙冬曦 (677~750)	(天水→) 博陵 鼓城 〔河北〕	미기재/미기재/監察御史[30]	校書郎〔정9상〕	國子祭酒〔종3〕	751	다, 동/1대 유관/4→25	향공
경룡 2 (708)	陳希烈 (678?~757)	潁川〔河南〕	陳州刺史/許州刺史/工部尙書(贈)	미상[31]	左相兼兵部尙書集賢院弘文館學士崇玄館大學士〔종2〕	766/고증 어려운 항목 존재	비교 불가능	미상
경룡 3 (709)	劉惟正 (685~724)	河間 饒陽〔河北〕	屯衛郎將/游擊將軍/梓州銅山尉	徐〔州〕豊尉〔종9상〕	徐州豊縣尉〔종9상〕	724	다, 동/3대 유관/2→2(동일 관직)	생도
경룡 4 (710)	鄭虔 (691~759)	滎陽〔河南〕	州參軍/灃州司馬/秘書少監	率更司(寺?)主簿〔정9하〕	(被貶)台州司戶〔종7하〕	769	가, 동/3대 유관/3→(被貶)9	미상
경운 2 (711)	張嵩 (?~?)	南陽〔山南〕[32]	미상	미상	安西(副)都護, 太原尹 등 고관 역임[33]	720/선발자 관련 기록	비교 불가능	향공
	段同泰 (?~?)	齊郡鄒平縣(→滎陽中牟)〔河南〕[34]	미상	미상	禮部郎中, 蘇州刺史 등 고관 역임	720/선발자 관련 기록	비교 불가능	향공

30 기본 자료에 증조 · 조 · 부가 모두 "以進士擢"이라고만 할 뿐 관직 기록이 없고, 『元和姓纂』 권7, 44번이나 『新唐書』 권200, 「儒學 趙冬曦」, 5702쪽 또한 마찬가지이다. 그러나 그의 형 趙夏日의 묘지(『唐代墓誌彙編』, 開元344번)에 의하면 父 趙不器는 監察御史였다고 하므로 이에 따랐다.

31 기본 자료는 물론 『舊唐書』 권97, 「陳希烈」, 3059쪽; 『新唐書』 권223上, 「姦臣 陳希烈」, 6349쪽에도 그의 초관 기록이 없다.

32 『新唐書』 권60, 「藝文」, 1603쪽.

33 『舊唐書』 권103, 「張嵩」, 3189쪽; 『新唐書』 권133, 「郭虔瓘」, 4544쪽. 吳廷燮, 『唐方鎭年表』(北京, 中華書局, 1980), 407 · 1230쪽 참조.

34 段同泰부터 滎陽中牟人이 되었다는 기록도 있으나(勞格 · 趙鉞, 『唐尙書省郎官石柱題名考』, 北京, 中華書局, 1992의 권12, 「禮部郎中」, 832쪽), 『元和姓纂』 권9, 45번에 따랐다. 아래 그와 관련된 내용 모두 이와 같다.

급제년	급제자	출신지〔도(道)〕	선조 관직(증조/조/부)	초관〔품계〕	종관〔품계〕	비고(자료 시기/제외 사유)	성격(출신/선조/본인 분석)	응거
신룡 1 (705)	崔嘉祉 (686~734)	博陵〔河北〕	미기재/미기재/미기재	濮州鄄城縣尉〔종9상〕	尙輦直長〔정7하〕	734	가, 동/0대 유관/2→11	미상
	裴光庭 (676~733)	河東聞喜〔河東〕	太守/光祿大夫/禮部尙書	家令寺丞〔종7상〕	金紫光祿大夫行侍中兼吏部尙書弘文館學士〔정3〕	733	가, 동/3대 유관/10→26	생도
	田誠 (686~738)	北平〔河北〕	州別駕/洺州曲周丞/兵部侍郎	郢王府參軍〔정8하〕	朝議郎行鄭州司法參軍〔정6상〕	738	다, 동/3대 유관/7→16	생도
신룡 2 (706)	裴處瑾 (?~750)	河東聞喜〔河東〕	미기재/무관/무관?35	무관("絶意宦門")	무관("高士哲人")	751/(급제년 논란의 여지 있음)	가, 동/0대 유관?/0(무관)→0(무관)	미상
	盧友度 (687~744)	范陽〔河北〕	尙書/千牛備身/豪州鍾離縣丞	德州安陵尉〔종9상〕	司農主簿〔종7상〕	744	가, 동/3대 유관/2→10	미상
	李夷吾 (687~749)	安平〔河北〕36	宗正卿同中書門下平章事/黃門侍郎平章事/虢州司兵參軍	亳州〔參〕軍事〔종8하〕	中散大夫慶王府司馬〔정5상〕	749	가, 동/3대 유관/5→20	생도
	趙陵陽 (688~737)	天水上邽〔隴右〕	郡守/許州臨穎縣丞/幽州宜祿縣尉	相州鄴縣尉〔종9상〕	監察御史〔정8상〕	737	나, 서/3대 유관/2→8	향공

35　父가 "報國乃肅淸□里, 授上柱國勳"했다고 하지만, 이 勳官은 실질적 관직으로 보기 어렵다고 생각된다.

36　"安平"으로 불리는 지역이 여러 곳이다. 하지만 『新唐書』 권72上, 「宰相世系」, 2599쪽에 의하면 그는 趙郡 李氏 일족이다.

급제년	급제자	출신지〔도(道)〕	선조 관직(증조/조/부)	초관〔품계〕	종관〔품계〕	비고(자료 시기/제외 사유)	성격(출신/선조/본인 분석)	응거
신룡 3 (707)	盧有鄰 (689~729)	范陽涿〔河北〕	州別駕/鄭州榮澤縣令/潤州司戶參軍	徐州沛縣主簿〔정9하〕	文林郎守徐州沛縣主簿〔종9상〕	731	가, 동/3대 유관/3→2(동일 관직, 등급 하강?)	미상
	裴宥 (689~739)	河東聞喜〔河東〕	太僕少卿/殿中少監/揚府法曹參軍	并州淸原縣尉〔정9하〕	貝州宗城縣丞〔종8상〕	740/(급제년 논란의 여지 있음)	가, 동/3대 유관/3→6	미상
경룡 2 (708)	丁韶 (689~48)	魯郡濟陽〔河南〕	郡司馬/武衛郞將/平陽郡襄陵縣令	隱太子廟丞〔정9하〕	延王府戶曹〔정7상〕	748	다, 동/3대 유관/3→12	미상
	盧均芳 (?~747 이전)	涿郡范陽〔河北〕	州別駕/萬年縣丞/潤州司戶參軍	濮州臨濮主簿〔정9하〕	北海郡千乘縣令〔종6상〕	747/(급제년 논란의 여지 있음)	가, 동/3대 유관/3→14	미상
경룡 3 (709)	嚴仁 (690~742)	杭郡〔江南〕	寧遠將軍/栝州司馬/婺州金華縣令	洪州達(建?)昌尉〔종9상?〕37	絳州龍門縣尉〔종9상〕	742	다, 남/3대 유관/2?→2(품계 같음)	미상
	張九皐 (690~755)	(范陽→)始興〔嶺南〕38	韶州別駕/越州剡縣令/新州索盧縣丞39	(嶺南按察使의 "表"→)海豊郡司戶〔종8하〕	銀靑光祿大夫…攝御史中丞〔종3〕	769	다, 남/3대 유관/(按察使의 表)5→25	미상

37 『新唐書』, 「地理」에 "達昌"이란 地名은 보이지 않는다. 따라서 이것을 洪州 隷下 建昌縣의 오기로 보고 그 品階를 판단하였다.

38 기본 자료에서 "其先范陽人"이라고 하였다. 그러나 그의 형 張九齡의 神道碑에 따르면 증조 이래 韶州의 "土著姓"이었고(『全唐文』 권440, 「唐尙書右丞相中書令張公神道碑」, 4489쪽), 『新唐書』 권72下, 「宰相世系」, 2692쪽(趙超, 『新唐書宰相世系表集校』, 316쪽)에서도 그의 출신지를 韶州의 始興으로 보았다.

39 기본 자료에서 父를 太常卿이라고 했으나, 이것은 위 張九齡의 神道碑를 보면 贈官이다.

급제년	급제자	출신지〔도(道)〕	선조 관직(증조/조/부)	초관〔품계〕	종관〔품계〕	비고(자료 시기/제외 사유)	성격(출신/선조/본인 분석)	웅거
경룡 4 (710)	徐浚 (694~751)	(東海→)河洛〔河南〕	미기재/미기재/洛州刺史	宣州參軍〔종8하〕	朝議郎行馮翊郡司兵參軍〔정6상〕	751	다, 동/1대 유관/5→16	미상
경운 3 (712)	孔齊參 (693~744)	會稽〔江南〕	縣丞/膳部郎中/梁州都督府司馬	(行)宋州參卿事〔종8하〕	河東郡寶鼎縣令〔종6상〕	744	가, 남/3대 유관/5→14	미상
경운 3 (712)	盧竦 (693~748)	范陽〔河北〕	州別駕/綿州長史/鄂州刺史	弘文館校書郎〔종9상〕	太原府交城縣令〔정6상〕	748	가, 동/3대 유관/2→16	미상

〈 Ⅴ기 진사과 급제자: 현종의 이부시(吏部試) 시기(713~736) 〉

급제년	급제자	출신지〔도(道)〕	선조 관직(증조/조/부)	초관〔품계〕	종관〔품계〕	비고(자료 시기/제외 사유)	성격(출신/선조/본인 분석)	웅거
선천 2 (713)	常無名 (689~744)	河內溫〔河北〕	渠州咸安令/杞王司馬/慶(?)王文學	(拔萃→)益州新都尉〔종9상〕	尙書禮部員外郎〔종6상〕	775	다, 동/3대 유관/(拔萃 뒤)2→14	미상
개원 2 (714)	崔藏之 (694~750)	博陵〔河北〕	무관/雍州涇陽縣丞/洛州廣武縣令	(上書→)集賢院直學士〔미상〕	朝議大夫尙書膳部員外郎〔정5하〕	751/고증 불가능한 항목 존재[40]	비교 불가능	미상
개원 3 (715)	李誠 (696~748)	魏郡頓丘〔河北〕	左威衛將軍/汾州長史/濮陽令	太平尉〔종9상〕	朝散大夫中書舍人秘書少監〔종5하〕	766	가, 동/3대 유관/2→17	미상
개원 4 (716)	李咄 (697~754)	隴西成紀〔隴右〕	郡守/秘書丞/河內郡司戶參軍	晉陵郡武進縣主簿〔정9하〕	朝散大夫太子左贊善大夫〔종5하〕	755	가, 서/3대 유관/3→17	미상

40 기본 자료에서 그의 초관으로 나오는 弘文館直學士는 6품 이하 관인이란 사실만 명백
할 뿐이고(『唐六典』 권8, 「門下省」, 254쪽) 당시 정확한 품계를 알 수 없다.

급제년	급제자	출신지〔도(道)〕	선조 관직(증조/조/부)	초관〔품계〕	종관〔품계〕	비고(자료 시기/제외 사유)	성격(출신/선조/본인 분석)	응거
개원 5 (717)	王泠然 (692~724)	太原〔河東〕	미기재/宋州碭山縣令/博州清平縣主簿	〔將仕郎守〕東宮校書郎〔종9하〕[41]	右威衛兵曹參軍〔정8하〕	742	가, 동/2대 유관/1→7	향공
개원 7 (719)	苗晉卿 (689~765)	上黨壺關〔河東〕	미기재/무관/絳州龍門縣丞[42]	懷州修武縣尉〔종9상〕	太保〔정1〕	765	다, 동/1대 유관/2→30	미상
개원 7 (719)	杜鈒 (693~743)	濮〔河南〕	蘇州司馬/梓府刺史/江陽縣令	襄陵縣尉〔종9상〕	右領軍衛倉曹參軍〔정8하〕	769	다, 동/3대 유관/2→7	미상
개원 8 (720)	苗含液 (?~?)	上黨壺關〔河東〕[43]	미상/미상/미상	미상	祠部員外郎	미상/잔지(殘誌)로서 내용 미비	비교 불가능	생도
개원 9 (721)	寇墚 (697~726)	上谷〔河北〕	牧歸州/題興曹州/連率定州[44]	무관	무관("前國子進士")	726	가, 동/3대 유관/0(무관)→0(무관)	생도
개원 12 (724)	郭湜 (700~788)	太原〔河東〕	南陽郡太守/黃門侍郎同中書門下三品/秘書郎	山陰尉〔종9상〕	朝散大夫檢校尙書駕部郎中兼同州長史〔종5하〕	788	나, 동/3대 유관/2→17	미상

41 첫 관직에 있을 때 쓴 편지에서 자신을 "將仕郎守太子校書郎"(『唐摭言』 권6, 「公薦」, 64쪽)이라고 하였다. 따라서 당시 그의 實職은 정9품하의 太子校書 곧 司經局校書였을지라도 散官은 종9품하이었다.

42 기본 자료는 조와 부의 贈官만을 적었고, 『新唐書』 권75上, 「宰相世系」, 3367쪽에도 관직 기록이 없다. 그러나 『舊唐書』 권113, 「苗晉卿」, 3349쪽에 의하면, 조는 "高道不仕"했지만 부의 경우 "官至絳州龍門縣丞"하였다. 여기에서는 『舊唐書』의 기록에 따랐다. 趙超, 『新唐書宰相世系表集校』, 833~835쪽 참조.

43 기본 자료에 없으나 손자 苗弘本의 묘지(『唐代墓誌彙編』, 大中093번)에 의거하였다. 종관 역시 마찬가지이다.

44 기본 자료에 없지만, 부의 이름(泚)이 동일한 寇鑄의 묘지(『唐代墓誌彙編』, 天寶025번)에 의거하였다.

급제년	급제자	출신지〔도(道)〕	선조 관직 (증조/조/부)	초관〔품계〕	종관〔품계〕	비고 (자료 시기/제외 사유)	성격 (출신/선조/본인 분석)	응거
개원 13 (725)	丁仙芝 (?~?)	불요	불요	불요	불요	미상/단편적인 기록	비교 불가능	생도
개원 14 (726)	儲光羲 (706?~762?)	불요	불요	불요	불요	미상/고증 어려움45	비교 불가능	생도
	崔國輔 (?~?)	清河〔河北〕	侍郎/懷州刺史/沂州司馬	山陰尉〔종9상〕	禮部員外郎〔종6상〕	미상/(미비 기록 보완됨)46	가, 동/3대 유관/2→14	미상
	綦毋潛 (?~?)	불요	불요	불요	불요	미상/고증 어려움47	비교 불가능	미상
	左光胤 (697~743)	魯〔河南〕	隋州司馬/齊州臨邑縣令/申州鍾山尉	(岳牧擧→)濮州鄄城主簿〔정9하〕	朝請郎行河南府河清縣主簿〔정7상〕	743	다, 동/3대 유관/(制擧 뒤)3→12	생도
개원 15 (727)	王昌齡 (698~756?)	불요	불요	불요	불요	미상/고증 어려움48	비교 불가능	미상
	常建 (?~?)	불요	불요	불요	불요	미상/고증 어려움49	비교 불가능	미상
	陸據 (701~754)	(陰山→)洛陽〔河南〕	兵部侍郎/司農丞/漢州雒縣尉	陳留尉〔종9상〕	尚書司勳員外郎〔종6상〕	755	다, 동 /3대 유관/2→14	향공

45 기본 자료의 부족한 내용 중 辛文房, 傅璇琮 주편, 『唐才子傳校箋(1)』(北京, 中華書局, 1987)의 권1, 「儲光羲」, 211~223쪽에 고증된 사실은 일부분이다.

46 기본 자료의 미비한 부분은 『新唐書』 권72下, 「宰相世系」, 2772쪽과 『唐才子傳校箋(1)』 권2, 「崔國輔」, 228~236쪽의 고증에 따라 보완하였다.

47 기본 자료의 부족한 내용 중 『唐才子傳校箋(1)』 권2, 「綦毋潛」, 244~249쪽에 고증된 사실은 일부분이다.

48 기본 자료의 부족한 내용 중 『唐才子傳校箋(1)』 권2, 「王昌齡」, 250~263쪽에 고증된 사실은 일부분이다.

49 기본 자료의 부족한 내용 중 『唐才子傳校箋(1)』 권2, 「常建」, 263~269쪽에 고증된 사실은 일부분이다.

급제년	급제자	출신지 〔도(道)〕	선조 관직 (증조/조/부)	초관〔품계〕	종관〔품계〕	비고 (자료 시기/제외 사유)	성격 (출신/선조/본인 분석)	응거
개원 18 (730)	陶翰 (?~?)	불요	불요	불요	불요	미상/고증 어려움[50]	비교 불가능	미상
개원 19 (731)	郭邕 (?~?)	太原 〔河東〕	미기재/미기재/미기재	江寧〔尉〕 〔종9상〕[51]	濮州雷澤縣令 〔종6상〕	751	나, 동/0대 유관/2→14	미상
개원 20 (732)	鮮于向 (694~755)	漁陽 〔河北〕	縣長/무관/무관	益州神都尉 〔정9하〕	中散大夫京兆尹漢陽郡太守 〔정5상〕	766?	다, 동/1대 유관/3→20	향공
	元德秀 (695?~754?)	河南 〔河南〕	미기재/미기재/鄜(?)州刺史	南和尉 〔종9상〕	魯山〔令〕 〔종6상〕	미상	나, 서*/1대 유관/2→14	향공
개원 21 (733)	王端 (?~759)	太原 〔河東〕	澧州刺史/德州司馬/襄陽令	(宏詞→)崇文館校書郎 〔종9하〕	尙書工部員外郎 〔종6상〕	812 이후	가, 동/3대 유관/(宏詞 뒤)1→14	미상
	閻伯璵 (?~?)	天水? 〔隴右〕	불요	불요	불요	812 이후/王端 관련 기록	비교 불가능	미상
개원 22 (734)	李琚 (721?~748)	頓丘 〔河北〕	미기재/尉氏縣令/무관	(博學宏詞→)秘書省校書郎 〔정9상〕	河南府洛陽縣尉 〔종8하〕	748	다, 동/1대 유관/(博學宏詞 뒤)4→5	향공
	張階 (?~?)	南陽 〔山南〕	불요	불요	불요	748·766 이전/李琚·楊拯 관련 기록	비교 불가능	미상

50 기본 자료의 부족한 내용 중 『唐才子傳校箋(1)』 권2, 「陶翰」, 279~284쪽에 고증된 사실은 일부분이다.

51 기본 자료에 "初以超資授江寧"이라고만 하였으나, 초관임을 고려할 때 그 관직을 江寧의 縣尉로 추정하였다.

급제년	급제자	출신지〔도(道)〕	선조 관직(증조/조/부)	초관〔품계〕	종관〔품계〕	비고(자료 시기/제외 사유)	성격(출신/선조/본인 분석)	응거
개원 22 (734)	韓液 (?~?)	불요	불요	불요	불요	748/ 李琚 관련 기록	비교 불가능	미상
	閭防 (?~?)	常山 〔河北〕	불요	불요	불요	766 이전/ 楊拯 관련 기록	비교 불가능	미상
	張茂之 (?~?)	南陽 〔山南〕	불요	불요	불요	766 이전/ 楊拯 관련 기록	비교 불가능	미상
	顔眞卿 (709?~785?)[52]	京兆 長安 〔關內〕	蔣王文學著作郞/曹王侍讀/薛王友	(平判入等→)秘書省著作局校書郞〔정9상〕	光祿大夫太子太師〔종2〕	786?	다, 서/ 3대 유관/ (平判入等 뒤)4→27	미상
	杜鴻漸 (709~769)	京兆 〔關內〕[53]	起居郞/荊州長史/安州都督[54]	〔?〕王府參軍〔정8하〕[55]	〔光祿大夫〕河南淮南山南東道副元帥〔종2〕[56]	766 이전/(미비 기록 보완됨)	가, 서/ 3대 유관/ 7→27	미상
	郗純 (?~?)	高平 〔河東〕	불요	불요	불요	766 이전/ 楊拯 관련 기록	비교 불가능	미상

52 殷亮의 「顔魯公行狀」(『全唐文』 권514, 5223~5232쪽)과 令狐峘의 「光祿大夫太子太師上柱國魯郡開國公顔眞卿墓誌銘」(같은 책, 권394, 4010~4014쪽)의 내용에 차이가 있는데, 종관 이외에는 모두 行狀에 따랐다.

53 진사과 급제 사실을 기록한 『全唐文』 권315, 李華 「楊騎曹集序」, 3198쪽에 따랐으나, 『元和姓纂』 등에는 그의 출신지를 濮陽이라고 하였다.

54 『元和姓纂』 권6의 267번에 의거하였는데, 『新唐書』 권72上, 「宰相世系」, 2439쪽의 기록은 이와 조금 다르다. 趙超, 『新唐書宰相世系表集校』, 205쪽 참조.

55 『舊唐書』 권108, 「杜鴻漸」, 3282쪽에 따랐다.

56 종관의 정확한 품계는 알 수 없으나, 그는 일찍이 光祿大夫의 지위를 받았다(『舊唐書』 권108, 「杜鴻漸」, 3283~3284쪽).

급제년	급제자	출신지〔도(道)〕	선조 관직(증조/조/부)	초관〔품계〕	종관〔품계〕	비고(자료 시기/제외 사유)	성격(출신/선조/본인 분석)	응거
개원 22 (734)	李濛 (715~744)	隴西 成紀 〔隴右〕	袁州府君/合州府君(?)/ 城門郞	(博學宏詞 →)華陰尉 〔종9상〕	華陰郡〔華陰〕尉 〔종9상〕	744/ (미비 기록 보완됨)57	가, 서/ 3대 유관/ (博學宏詞 뒤) 2→2 (동일 관직)	미상
개원 23 (735)	李頎 (?~?)	趙郡? 〔河北?〕	불요	불요	불요	766 이전/ 고증 어려움58	비교 불가능	미상
	蕭穎士 (717~760)	蘭陵 〔河南〕	某官/某官/莒縣丞59	金壇尉〔종9상〕	揚州功曹 〔종7하〕	766 이전/ (상이한 기록 고증됨)60	가, 남*/ 3대 유관/ 2→9	생도
	李華 (715~766)	趙郡 〔河北〕	祠部郞中/同州司戶參軍/安邑令61	南和尉〔종9상〕	檢校尙書吏部員外郎 〔종6상?〕 62	777 이전	가, 동/ 3대 유관/ 2→14?	생도
	趙驊 (?~783)	불요	불요	불요	불요	760~766/ 단편적인 기록	비교 불가능	생도

57 기본 자료의 판독 불가능한 곳은 그 母의 묘지(趙君平 등 편, 『河洛墓刻拾零』, 北京, 北京圖書館出版社, 2007의 265번)로써 보완하였다.

58 기본 자료의 부족한 내용 중 『唐才子傳校箋(1)』 권2, 「李頎」, 351~354쪽에 고증된 사실은 일부분이다.

59 蕭穎士는 자신의 집안이 "貞觀之後, 蕘從彫零."(『全唐文』 권323, 「贈韋司業書」, 3276쪽)이라고 하였으나, 같은 책, 권315, 李華 「揚州功曹蕭穎士文集序」, 3197쪽에 따랐다.

60 졸고 「蕭穎士와 士人들의 交游: 唐代 古文運動의 性格과 관련하여」, 『위진수당사연구』 9, 2002 참조.

61 증조와 조의 관직은 기본 자료에 명기되어 있지 않으나, 그 父의 신출 묘지(趙君平 · 趙文成 편, 『秦晉豫新出墓誌蒐佚續編』, 北京, 國家圖書館出版社, 2015의 527번)에 따랐다.

62 '檢校' 직함의 경우 실질적인 지위를 확인하기 어렵지만 일단 그 관직의 품계에 따르고 물음표를 붙였다. 이후 유사한 사례들도 모두 이와 같이 처리한다.

급제년	급제자	출신지〔도(道)〕	선조 관직(증조/조/부)	초관〔품계〕	종관〔품계〕	비고(자료시기/제외 사유)	성격(출신/선조/본인 분석)	응거
	李崿(?~?)	趙郡	불요	불요	불요	766 이전/楊拯 관련 기록	비교 불가능	미상
	張南容(?~?)	范陽	불요	불요	불요	766 이전/楊拯 관련 기록	비교 불가능	미상
	楊拯(?~?)	宏(弘?)農〔華陰〕〔關內〕63	미기재/魯王府諮議/永平令	太子正字〔종9상〕	右驍衛騎曹〔정8하〕	766 이전	가, 서/2대 유관/2→7	미상
	柳芳(?~?)	河東	불요	불요	불요	766 이전/楊拯 관련 기록	비교 불가능	향공
	張暈(?~?)	불요	불요	불요	불요	735 이전/단편적인 기록	비교 불가능	미상
	鄒象先(?~?)	불요	불요	불요	불요	735 이후/단편적인 기록	비교 불가능	미상
	朱□(706~754)	會稽〔江南〕	合州刺史/胡壁府折衝/簡州安陽縣令	(判選→)署信(?)信都郡武强縣尉〔종9상〕	信都郡武强縣尉〔종9상〕	754	다, 남/3대 유관/(判選 뒤)2→2(동일 관직)	생도

---

63 기본 자료에는 "宏農"으로만 되어 있으나, "隋觀德王之後"라고도 하였다. 그러므로 楊拯의 출신지는 弘農華陰일 것이다(『隋書』 권1, 「高祖」, 1쪽).

〈 Ⅴ기 명경과 급제자: 현종의 이부시 시기(713~736) 〉

급제년	급제자	출신지 〔도(道)〕	선조 관직 (증조/조/부)	초관〔품계〕	종관〔품계〕	비고 (자료 시기/ 제외 사유)	성격 (출신/선조/ 본인 분석)	응거
선천 2 (713)	崔衆甫 (698~ 762)	博陵 安平 〔河北〕	雒縣令/庫 部員外郎/ 監察御史	懷州參軍事 〔종8하〕	朝散大夫 行秘書省 著作佐郎 〔종5하〕	778	가, 동/ 3대 유관/ 5→17	미상
	鄭競 (696~ 724)	榮陽 〔河南〕	縣令/高郵 縣令/襄州 司戶參軍	宋州下邑縣 尉〔종9상〕	宋州下邑 縣尉 〔종9상〕	754	가, 동/3대 유관/ 2→ 2(동일 관직)	미상
	溫任 (694~ 731)	太原 〔河東〕	中書侍郎/ 陝州刺史/ 和州刺史	郯王府參軍 〔정8하〕	宋州寧陵 縣令 〔종6상〕	713	다, 동/ 3대 유관/ 7→14	미상
개원 2 (714)	權自挹 (701~ 770)	天水 〔隴右〕	刺史/미기 재/晉州趙 城縣令	南和縣尉 〔종9상〕	朝議郎行尙 書省倉部員 外郎集賢院 待制〔정6상〕	796	다, 서/ 2대 유관/ 2→16	생도
	裴積 (701~ 740)	河東 聞喜 〔河東〕	道討捕大使/ 禮部尙書/侍 中兼吏部尙書	左千牛備身 〔衛정6하〕	朝議郎行尙 書祠部員外 郎〔정6상〕	741	가, 동/3대 유관/15 (衛)→16	미상
	柳眞召 (695~ 759)	河東 〔河東〕	貝州刺史/ 睦州司馬/ 辰州都督	미상("屬時 寇虐, 特爲 使司委焉")	朝議郎行 忻州司馬 〔정6상〕	759/고증 어려운 항목 존재	비교 불가능	미상
개원 3 (715)	崔傑 (702~ 752)	淸河 〔河北〕	太原祁縣令/ 蘭臺鳳閣侍 郎同平章事/ 仙州刺史	太子校書 〔정9하〕	信王府士 曹〔정7상〕	778	가, 동/ 3대 유관/ 3→12	미상
개원 4 (716)	蕭安親 (697~ 769)	蘭陵 〔河南〕	齊州長史/ 括州刺史/ 唐州別駕	溫江縣尉 〔종9상〕	汝州司馬 〔종5하〕	773	가, 남*/ 3대 유관/ 2→17	미상
개원 5 (717)	徐浩 (703~ 782)	東海 郯〔河 南〕[64]	무관/兗州 九龍縣尉/ 洺州刺史	汝州魯山主 簿〔정9하〕	彭王傅 〔종3〕	782	다, 동/ 2대 유관 /3→25	미상

---

[64] 기본 자료로 삼은 신도비가 표제에 "東海徐公"이라 적었을 뿐더러 본문에서도 "東海 郯人"이라고 명기하였다. 이는 "越州人"이라 한 徐浩의 열전(『舊唐書』 권137, 4975쪽; 『新唐書』 권160, 4965쪽) 기록과 다르지만, 일단 기본 자료에 따랐다.

급제년	급제자	출신지 [도(道)]	선조 관직 (증조/조/부)	초관 [품계]	종관 [품계]	비고 (자료 시기/제외 사유)	성격 (출신/선조/본인 분석)	응거
개원 5 (717)	裴炬 (698~728)	河東聞喜 [河東]	미기재/미기재/미기재	(衛軍尉→) 金州司倉參軍 [종7하]	金州司倉 [종7하]	728	가, 동/ 0대 유관/ (衛軍尉 경력)9→9 (동일 관직)	미상
	李逈 (698?~730?)	趙郡贊皇 [河北]	台州刺史?/給事中/定州刺史	晉州神山主簿 [종9상]	承議郎晉州臨汾縣尉 [정6하]	730(781년 묘지와 비교 요)	가, 동/ 3대 유관?/2→15	미상
개원 6 (718)	寇釗 (701~723)	上谷昌平 [河北]	歸州刺史/曹州長史/大理寺主簿	무관	무관("大唐故前鄕貢明經")	723	가, 동/ 3대 유관/ 0(무관)→0(무관)	향공
	盧同 (699~742)	范陽 [河北]	미기재/上蔡/泌陽令	舒州望江縣丞 [종8하]	舒州望江縣丞 [종8하]	772	가, 동/ 2대 유관/5→5 (동일 관직)	미상
개원 7 (719)	盧濤 (701~753)	范陽 [河北]	미기재/미기재/鹽山縣尉	安德縣尉 [종9상]	太原府司祿 [정7상]	776	가, 동/ 1대 유관/2→12	미상
	崔傑 (700이전~749)	淸河 [河北]	和州刺史/國子司業/仙州刺史	崇文館校書郎 [종9하]	潁王府士曹參軍 [정7상]	751	가, 동/ 3대 유관/1→12	미상
개원 8 (720)	寇鈞 (701~723)	上谷昌平 [河北]	郡守/曹州長史/宋州刺史	무관	무관("孝廉")	727	가, 동/ 3대 유관/ 0(무관)→0(무관)	미상
	丘昇 (701~749)	貝州宗城 [河北]	미기재/미기재/甘州張掖尉	(大成→)陳倉主簿 [정9하]	文安郡淸苑縣令 [종6상]	756	다, 동/ 1대 유관/(大成 뒤)3→14	향공
	盧自省 (701~754)	范陽涿 [河北]	博州刺史/絳州稷山令/滑州衛南令	左淸道率府兵曹 [종8하]	永王府錄事參軍 [종6상]	754	가, 동/ 3대 유관/5→14	미상
개원 9 (721)	寇鐈 (702~743)	上谷 [河北]	牧歸州/題輿曹州/連率定州	崇文館校書郎 [종9하]	河南府告成縣主簿 [정9상]	743	가, 동/ 3대 유관/1→4	미상

급제년	급제자	출신지〔도(道)〕	선조 관직 (증조/조/부)	초관〔품계〕	종관〔품계〕	비고 (자료 시기/제외 사유)	성격 (출신/선조/본인 분석)	응거
	白鑕 (706~773)	太原〔河東〕	利州都督/尚衣奉御/檢校都官郎中	鹿邑縣尉〔종9상〕	鞏縣令〔정6상〕	811	다, 동/3대 유관/2→16	미상
개원 10 (722)	崔泌 (696~743)	清河東武城〔河北〕	미기재/衡州司戶參軍/海州東海縣丞	宣城郡宣城縣主簿〔정9하〕	(被貶)夜郎郡夜郎縣尉〔종9하〕	744	가, 동/2대 유관/3→(被貶)1 (품계 하강)	미상
	宋裕 (707~743)	廣平經成〔河北〕	虢州刺史/幽州固安縣令/絳州刺史	杭州於潛縣尉〔종9상〕	餘杭郡於潛縣尉〔종9상〕	743	다, 동/3대 유관/2→2 (동일 관직)	미상
개원 11 (723)	張偁 (710~751)	清河〔河北〕	寧州司馬/慈州司法參軍/河南府新安縣令	相州成安〔縣〕主簿〔정9하〕	相州成安縣主簿〔정9하〕	771	나, 동/3대 유관/3→3 (동일 관직)	미상
개원 12 (724)	司馬望 (705~761)	河內溫〔河北〕	禮部侍郎/長安縣尉/兵部侍郎	同州參軍〔종8하〕	(燕朝)朝議郎前行大理寺丞〔정6상〕	761/(安史의 亂 중 燕朝에 참여)	나, 동/3대 유관/5→(燕)16	생도
개원 14 (726)	王季昌 (708~749)	太原晉陽〔河東〕	雍州渭南縣尉/海州司馬/秘書省著作郎	太常寺太祝〔정9상〕	京兆府好時縣丞〔정8하〕	749	가, 동/3대 유관/4→7	미상
개원 15 (727)	皇甫□ (708~784)	安定〔關內〕	監察御史/兵部侍郎/唐州長史	長安丞〔종7상〕	鄭州新鄭縣尉〔종9상〕	784?	다, 서/3대 유관/10→3 (품계 하강)	미상
	崔奐 (701~759)	清河東武城〔河北〕	襄州率道縣令/魯王府主簿/淄州高苑縣令	澤州晉城縣尉〔종9상〕	宣義郎行左衛騎曹參軍攝監察御史〔종7하〕	759	가, 동/3대 유관/2→9	미상
개원 18 (730)	張翊 (709~778)	安定〔關內〕	常州從事/滁州刺史/兵部郎中	郊城尉〔종9상〕	郴州刺史〔종3〕	780	다, 서/3대 유관/2→25	생도
개원 19 (731)	張誠 (714~768)	吳郡〔江南〕	미기재/袁州司馬/和州刺史	蘇州長洲尉〔종9상〕	宋州碭山縣令〔종6상〕	822	가, 남/2대 유관/2→14	미상

급제년	급제자	출신지 〔도(道)〕	선조 관직 (증조/조/부)	초관 〔품계〕	종관 〔품계〕	비고 (자료 시기/ 제외 사유)	성격 (출신/선조/ 본인 분석)	응거
	盧沈 (712~774)	范陽 〔河北〕	미기재/懷州長史/大理司直攝監察御史	杭州富陽縣尉〔종9상〕	朝散大夫豪·郢二州刺史〔종5하〕	805	가, 동/ 2대 유관/ 2→17	미상
개원 21 (733)	盧嵒 (714?~774?)	范陽涿(→洛陽) 〔河北〕	미기재/亳州山桑令/徐州豊縣令	鄭州滎陽縣尉〔종9상〕	(被貶)鄧州穰縣丞〔종8상〕[65]	775(794년 묘지와 비교 요)	가, 동/2대 유관/2→(被貶)6	미상
개원 22 (734)	鄭泌 (715~763)	滎陽開封 〔河南〕	洋州刺史/鄭州刺史(贈)/少府監	(累遷→)鄠縣尉? 〔정9하〕	長安縣尉〔종8하〕	785	가, 동/3대 유관?/3?→5	미상
	李抗 (705~752)	趙國贊皇龍門 〔河北〕	瀛州束城宰/洺州永年丞/右衛親府郎將	(大成→)睢陽參軍事〔종8하〕	濛陽郡司戶參軍〔종7하〕	755	가, 동/3대 유관/5→9	미상
개원 23 (735)	李著 (722~738)	隴西成紀 〔隴右〕	미기재/미기재/工部侍郎	무관	무관?(관직 관련 기록 없음)	735	가, 서/1대 유관/0(무관)→0(무관?)	생도
	宋璡 (713~740)	(西河→)河南 〔河南〕	汾州司馬/絳州聞喜縣令/萊州司馬	무관	무관("孝廉")	748	다, 동/3대 유관/0(무관)→0(무관)	미상
개원 24 (736)	鄭寵 (717~765)	滎陽開封 〔河南〕	澧州司馬/襄陽令/臨汾令	鄴尉〔종9상〕	尙書庫部郎中〔종5상〕	765	가, 동/3대 유관/2→18	미상
	鄭洵 (717?~769?)	滎陽 〔河南〕	京兆府金城縣令/貝州刺史/蘇州長史	華州〔參〕軍事〔종8하〕	(被貶)岳州沅江縣尉〔종9상〕	770(778년 묘지와 비교 요)	가, 동/3대 유관/5→(被貶)2(품계 하강)	미상

65 794년의 묘지는 "太子司議郎兼河中府倉曹參軍"이란 더 높은 관직도 표제에 적었으나, 중간에 貶職되었던 盧嵒의 최종 관직은 "鄧州穰縣丞"이다.

급제년	급제자	출신지〔도(道)〕	선조 관직(증조/조/부)	초관〔품계〕	종관〔품계〕	비고(자료 시기/제외 사유)	성격(출신/선조/본인 분석)	응거
개원 25 (737)	邵軫 (?~?)	불요	불요	불요	불요	760~766/ 단편적인 기록	비교 불가능	생도
천보 1 (742)	柳載 (715~789)	河東〔河東〕	荊王侍讀/ 潤州曲阿縣令/渤海郡渤海縣丞	宋州單父尉〔종9하〕	銀青光祿大夫右散騎常侍〔종3〕	797	가, 동/ 3대 유관/ 2→25	향공
	李華 (707~750)	渤海脩〔河北〕	右羽林大將軍/綿州司戶參軍/普寧郡別駕	무관("未入仕進之門")	무관("前東京國子監大(太?)學進士上騎都尉")	750	다, 동/ 3대 유관/ 0(무관)→ 0(上騎都尉)	생도
	許登 (?~?)	불요	불요	불요	불요	742/ 단편적인 기록	비교 불가능	미상
	李挺 (723~771)	隴西成紀〔隴右〕	太子舍人/常州刺史/太子右贊善大夫	(再賦登科→)同州河西縣主簿〔정9하〕	監察御史〔정8상〕	771	가, 서/ 3대 유관 (皇族으로 배려됨)/ (再賦登科 뒤)3→8	생도[66]
천보 3 (744)	岑參 (715~769)	(南陽→江陵→)長安〔關內〕	中書令/麟臺少監/晉州刺史	右內率府兵曹參軍〔정9하〕	嘉州刺史〔정4상〕	799 이전/ (상이한 기록 고증됨)[67]	다, 서/ 3대 유관/ 3→24	미상
	喬潭 (?~?)	불요	불요	불요	불요	미상/ 단편적인 기록	비교 불가능	미상

---

66 天寶8년 李夷吾의 묘지(『大唐西市博物館藏墓誌』, 260번)를 지을 때 "前宗正進士"였다.

67 岑參, 廖立 전주, 『岑嘉州詩箋注』(北京, 中華書局, 2004)의 「岑參年譜」 참조.

급제년	급제자	출신지〔도(道)〕	선조 관직(증조/조/부)	초관〔품계〕	종관〔품계〕	비고(자료 시기/제외 사유)	성격(출신/선조/본인 분석)	응거
천보 4 (745)	崔祐甫 (721~780)	博陵〔河北〕	洛縣令/汝州長史/中書侍郎	秘書省校書郎〔정9상〕	〔銀靑光祿大夫〕中書侍郎同中書門下平章事〔종3〕68	780	가, 동/3대 유관/4→25	향공
천보 6 (747)	李灒 (718~760)	趙郡〔河北〕	曹州離狐縣主簿/幷州晉陽縣尉/虢州湖城縣令	太子校書〔정9하〕	刑部郎中〔종5상〕	787	가, 동/3대 유관/3→(被貶)18	미상
	石鎭 (?~?)	불요	불요	불요	불요	745/단편적인 기록	비교 불가능	향공
	孫鍫 (?~?)	불요	불요	불요	불요	미상/단편적인 기록	비교 불가능	생도
천보 7 (748)	李栖筠 (719~776)	趙〔河北〕	謁者臺郎/미기재/미기재	冠氏主簿〔정9하〕	御史大夫〔종3〕	818 이전/(미비 기록 보완됨)69	가, 동/1대 유관/3→25	미상
	竇承家 (726?~756?)	河南洛陽〔河南〕	吉州刺史/幷州參軍/湖州司馬	丹徒主簿〔정9하〕	丹徒主簿〔정9하〕	756 이후/(미비 기록 보완됨)70	나, 동/3대 유관/3→3(동일 관직)	미상
천보 12 (753)	鮑防 (722~790)	襄州襄陽〔山南〕	隴州汧陽令/雅州飛越尉?/彭州唐昌丞	太子正字〔종9상〕	京兆尹〔종3〕	미상/(상이한 기록 고증됨)71	다, 기/3대 유관?/2→25	미상

---

68 기본 자료인 묘지의 표제에는 散官을 밝히지 않았으나, 본문 중에 그가 "銀靑光祿大夫"였다는 기록이 있다.

69 기본 자료의 미비한 부분은 『新唐書』의 권72上, 「宰相世系」, 2590쪽과 권146, 「李栖筠」, 4735~4737쪽의 내용으로써 보완하였다. 趙超, 『新唐書宰相世系表集校』, 254~257쪽 참조.

70 기본 자료에는 출신 지역을 밝히지 않았으나, 그의 증조가 竇璡이라고 하므로 여타 문헌(『元和姓纂』 권9, 204 · 212번; 『新唐書』 권71下, 「宰相世系」, 2329쪽)을 통해 보완하였다. 趙超, 『新唐書宰相世系表集校』, 95쪽 참조.

71 기본 자료의 불충분한 내용은 『唐才子傳校箋(1)』 권3, 「鮑防」, 493~502쪽의 고증에 따랐다.

급제년	급제자	출신지〔도(道)〕	선조 관직(증조/조/부)	초관〔품계〕	종관〔품계〕	비고(자료시기/제외 사유)	성격(출신/선조/본인 분석)	응거
천보 12 (753)	劉太沖 (?~?)	(彭城→) 金陵〔江南〕[72]	沂州刺史/ 洪州錄事參軍/諫議大夫(贈)	불요	불요	754/단편적인 기록	비교 불가능	미상
	鄔載 (?~?)	불요	불요	불요	불요	745/단편적인 기록	비교 불가능	생도
	房由 (?~?)	불요	불요	불요	불요	754/단편적인 기록	비교 불가능	생도
천보 13 (754)	元結 (719~ 772)	魯(山)縣〔河南〕	襄信令/霍王府參軍/延唐丞	(制擧, 上書→)左(右?)金吾兵曹攝監察御史〔정8하〕	容州都督兼御史中丞本管經略使〔종3〕[73]	767/(미비 기록 보완됨)[74]	가, 서*/ 3대 유관/ (制擧, 上書 뒤) 7→25	미상
	尹徵 (?~?)	불요	불요	불요	불요	754/단편적인 기록	비교 불가능	미상
	劉太眞 (725~ 792)	(彭城→) 金陵〔江南〕	沂州刺史/ 洪州錄事參軍/諫議大夫(贈)	(江淮宣慰使의 "薦"→)左衛兵曹〔정8하〕	(被貶)信州刺史〔종3〕	754/(미비 기록 보완됨)[75]	다, 남/ 3대 유관?/ (宣慰使의 薦)7→(被貶)25	미상
	呂渭 (735~ 800)	東平?〔河南〕	濟州□□參軍/무관/越州刺史	(節度使의 "表"→)左金吾衛兵曹參軍充節度掌書記〔정8하〕	通議大夫…湖南都團練觀察處置等使〔정4하〕	800	다, 동/ 2대 유관/ (節度使의 表)7→23	미상

---

72 천보13년의 진사과 급제자 劉太眞의 형이므로 그에 대한 기록에 따랐다. 선조 관련 사항 역시 마찬가지이다.

73 使職의 정확한 지위를 단언할 수 없지만, 일단 容州都督府의 등급에 따라 '下都督'의 품계로 추정하였다.

74 기본 자료의 불충분한 부분은 「容州都督兼御史中丞本管經略使元君表墓碑銘」(顔眞卿, 『顔魯公文集』, 上海, 上海書店, 1926의 권5, 33~35쪽)과 『唐才子傳校箋(1)』 권3, 「元結」, 513~522쪽의 고증에 따라 보완하였다.

75 기본 자료의 미비한 부분은 『全唐文』 권538, 裴度 「劉府君神道碑」, 5466~5469쪽의 내용으로써 보완하였다.

급제년	급제자	출신지 〔도(道)〕	선조 관직 (증조/조/부)	초관〔품계〕	종관〔품계〕	비고 (자료 시기/제외 사유)	성격 (출신/선조/본인 분석)	응거
천보 14 (755)	常袞 (729~ 783)	京兆 〔關內〕	杞王府司馬/ 雍王府文學/ 三原丞	太子正字? 〔종9상〕	銀青光祿 大夫…福 建觀察使 〔종3〕	미상/ (미비 기 록 보완 됨)76	다, 서/ 3대 유관/ 2→25	미상
	于邵 (713?~ 793?)	(代→) 京兆 萬年 〔關內〕	金吾將軍/ 駕部郎中/ 成州刺史	(書判超絶 →)崇文館 校書郎 〔종9하〕	(被貶)江州 別駕 〔종4하〕	미상/ (미비 기 록 보완 됨)77	다, 서/ 3대 유관/ 1→ (被貶)21	미상
	李□ (?~?)	불요	불요	불요	불요	755 이후/ 단편적인 기록	비교 불가능	미상
천보 15 (756)	皇甫冉 (717~ 770?)	(安定→) 丹陽 〔江南〕	澤州刺史/ 饒州樂平縣 令/潭州刺 史	無錫縣尉 〔종9상〕	左(右?)補 闕〔종7상〕	770~ 777/ (상이한 기록 고 증됨)78	다, 남/ 3대 유관/ 2→10	미상
	封演 (?~?)	불요	불요	불요	불요	미상/ 단편적인 기록	비교 불가능	생도

76 기본 자료의 미비한 부분은 『新唐書』 권75下, 「宰相世系」, 3378쪽과 『舊唐書』 권119, 「常袞」, 3445~3446쪽의 내용으로써 보완하였다. 趙超, 『新唐書宰相世系表集校』, 841~842쪽 참조.

77 기본 자료의 미비한 부분은 『新唐書』 권75下, 「宰相世系」, 2827쪽과 『舊唐書』 권137, 「于邵」, 3765~3766쪽의 내용으로써 보완하였다. 趙超, 『新唐書宰相世系表集校』, 418~420쪽 참조.

78 기본 자료의 불충분한 내용은 『唐才子傳校箋(1)』 권3, 「皇甫冉」, 562~569쪽의 고증 에 따랐다.

〈 VI기 명경과 급제자: 현종의 예부시 시기(737~756) 〉

급제년	급제자	출신지 [도(道)]	선조 관직 (증조/조/부)	초관 [품계]	종관 [품계]	비고 (자료 시기/제외 사유)	성격 (출신/선조/본인 분석)	응거
개원 25 (737)	蔡直方 (718~769)	濟陽 [河南]	簡州陽安縣令/越府都督/越州剡縣令	杭州鹽官縣尉 [종9상]	左金吾衛兵曹參軍 [정8하]	769	다, 동/3대 유관/2→7	미상
개원 28 (740)	蕭直 (724~769)	蘭陵 [河南]	湖州司馬/萍鄉侯/汝州刺史	미상("以書記參朔方軍事")	給事中[정5상]	769/고증 어려운 항목 존재	비교 불가능	생도
개원 28 (740)	獨孤季膺 (721~787)	隴西 (→長安) [隴右]79	右威衛大將軍/懷州別駕/河中府戶曹參軍	濮陽郡臨濮(?)縣尉 [종9상]80	潤州司馬 [종5하]	787(828년 묘지와 비교 요)	나, 서/3대 유관/2→17	향공
개원 29 (741)	韋甫 (722~802)	京兆萬年 [關內]	坊州刺史(贈)/陝州刺史/扶風太守	絳州大(太?)平縣主簿 [정9하]	朝議郎使持節普州諸軍事普州刺史賞紫金魚袋 [정6상]	802	가, 서/3대 유관/3→16	미상
천보 1 (742)	郭揆 (726~749)	太原 [河東]	太子洗馬/朝議大夫/蜀郡大都督府長史	太常寺太祝 [정9상]	河南府參軍 [정8하]	749	나, 동/3대 유관/4→7	생도
천보 3 (744)	孫成 (737~789)	魏郡武水 [河北]	韓王府典籤/宋州司馬/刑部侍郎	(考判→)內率府兵曹參軍 [정9하]	中大夫…桂州本管都防禦經略招討觀察處置等使 [종4하]	790	다, 동/3대 유관/(考判 뒤)3→21	생도

---

79 獨孤季膺의 姓은 여러 차례 변하였다. 德宗 貞元3년의 묘지에 따르면, "本隴西李氏"였으나 隋代에 獨孤氏로 되었고, 당 현종 때 일시 李氏로 되돌아갔지만 代宗 시기에 다시 獨孤氏로 바뀌었다고 하기 때문이다(『唐代墓誌彙編續集』, 貞元007번). 여기에서는 일단 그의 일족을 隴西 지역에 근거하던 獨孤氏로 이해한다. 文宗 大和2년 夫人과의 合葬墓誌에는 위와 유사한 기록 뒤에 "徙居長安"(같은 책, 大和010번) 사실이 덧붙여져 있다.

80 夫人과의 합장 묘지는 초관을 "鄭州中牟縣尉"라고 하여 이와 다르나, 두 縣 모두 上縣의 범주에 속한다.

급제년	급제자	출신지〔도(道)〕	선조 관직 (증조/조/부)	초관〔품계〕	종관〔품계〕	비고 (자료 시기/제외 사유)	성격 (출신/선조/본인 분석)	응거
천보 3 (744)	朱巨川 (725~783)	吳郡 嘉興 〔江南〕	미기재/ 미기재/ 미기재[81]	(御史大夫의 "擧"→) 左衛率府兵曹參軍 〔종8하〕	中書舍人 〔정5상〕	783	다, 남/ 0대 유관/ (御史大夫의 擧) 5→20	미상
천보 4 (745)	陳諸 (738~794)	潁川 〔河南〕	工部尙書 (贈)/左相/ 太僕少卿兼 少府少監	太子通事舍人〔정7하〕	朝散大夫 河南府戶 〔曹參軍?〕 〔종5하?〕	795	나, 동/ 3대 유관? /11?→17	생도
천보 5 (746)	楊若 (727~793)	弘農 〔華陰〕 〔關內〕[82]	霍王府司馬/ 定州刺史/ 衛尉卿	潞州大都督府參軍〔정8하〕	同州夏陽縣令〔종6상〕[83]	799	가, 서/3대 유관/7→14	생도
	盧偁 (727~790)	范陽 〔河北〕	永寧縣尉/ 婺州東陽縣主簿/壽州 安豐縣丞	豫州上蔡縣尉〔종9상〕	大理評事 〔종8하〕	820	가, 동/ 3대 유관/ 2→5	생도
천보 8 (749)	盧憕 (729~751)	范陽 〔河北〕	尙書左丞/ 左屯衛將軍/ 絳郡長史	무관	무관 ("孝廉")	751	가, 동/ 3대 유관/ 0(무관)→ 0(무관)	미상
	李佐 (730~790)	隴西 〔隴右〕	미기재/大理少卿/陳州宛邱縣〔令?〕	婺州武義縣尉〔종9상〕	京兆少尹 〔종4하〕	790	가, 서/ 2대 유관? /2→21	미상
	何伯述 (730~771)	廬江潛 〔淮南〕	恒王府司馬/ 鄧州刺史/ 羅山縣令	(陝西節度使의 "奏"→) 虢州天平縣尉〔종9상〕	太子舍人 兼虢州閿鄕縣令 〔정6상〕	771	가, 남/ 3대 유관/ (節度使의 奏) 2→16	생도

---

81 기본 자료는 祖, 父가 각각 "擧秀才", "擧孝廉"했다고 하면서도 관직을 적지 않았다. 『元和姓纂』 권2, 383번의 그에 관한 기록에서도 가까운 선조에 대한 언급이 전혀 없다.

82 기본 자료에는 "弘農"으로만 되어 있으나, 〔楊〕震之裔"라고도 하므로 그의 출신지는 弘農華陰이다.

83 『新唐書』 권37, 「地理」, 965쪽에는 夏陽縣의 등급 기록이 빠져 있다. 그러나 同州에 속하는 이 지역의 특성을 생각할 때, 上縣의 범주에 해당하리라고 추정된다.

급제년	급제자	출신지〔도(道)〕	선조 관직(증조/조/부)	초관〔품계〕	종관〔품계〕	비고(자료 시기/제외 사유)	성격(출신/선조/본인 분석)	응거
천보 9 (750)	崔千里 (735~796)	淸河東武城〔河北〕	右散騎常侍(贈)/刑部尙書/監察御史	華州參軍〔종8하〕	登仕郞常州司士參軍〔정9하〕	803	가, 동/3대 유관?/5→3(품계 하강)	생도
천보 10 (751)	賈耽 (730~805)	(長樂→)淸池〔河北〕	德州長河尉/沁州沁源主簿/沁水丞[84]	貝州臨淸尉〔종9상〕	左僕射〔종2〕	805	다, 동/3대 유관/2→27	미상
천보 12 (753)	林披 (733~?)	泉州莆田〔江南〕[85]	建安郡常侍參軍/瀛州刺史/饒州郡太守[86]	미상[87]	檢校太子詹事兼蘇州別駕〔정3?〕	819/고증 어려운 항목 존재	비교 불가능	미상
천보 13 (754)	竇寓 (735~779)	扶風平陵〔關內〕	太子洗馬/京兆少尹/給事中	秘書省正字〔정9하〕	河南府洛陽縣尉〔종8하〕	779	가, 서/3대 유관/3→5	미상
천보 13 (754)	薛迅 (723~801)	河東汾陰〔河東〕	侍郞/宮門〔局〕丞/淸河太守	許州許昌尉〔종9상〕	河南府密縣丞〔정8하〕	801	가, 동/3대 유관/2→7	향공?
천보 14 (755)	李彙 (736~805)	隴西〔隴右〕	益州司馬/右衛長史/魏州貴鄕縣尉	恒王府參軍〔정8하〕	(被貶)撫州法曹參軍(員外)〔종7하?〕	808	가, 서/3대 유관/7→(被貶)9?	미상

84　기본 자료는 父의 贈官만 기록하였으나,『新唐書』권75下,「宰相世系」, 3389쪽과『元和姓纂』권7의 124번을 보면 그에게 沁水丞이란 實職이 있었다. 趙超,『新唐書宰相世系表集校』, 853~855쪽 참조.

85　기본 자료에는 없으나, 아들 林蘊의 列傳에 의하면 출신지가 泉州莆田이다(『新唐書』권200, 5719쪽).

86　"大父" 곧 祖가 그를 낳았다고 한 기본 자료의 기록은 확실히 잘못이므로, 林蘊이 편찬했다는『莆田長城金紫林氏族譜: 續慶圖』('尋根罔'(http://www.xungen.so/Html/?4966.html), 2021.7.20 확인)에 따랐다.

87　기본 자료에는 "臨汀郡曹掾"으로 되어 있으나, 위의『莆田長城金紫林氏族譜: 續慶圖』는 "明經及第, 授將樂令"했다가 이후 貶職되어 "臨汀曹掾"이 되었다고 하여 이와 상이하다. 그런데 명경과에 급제한 뒤 바로 縣令이 되었을 리가 없다면, 이 族譜의 기록 역시 믿기 힘들다. 따라서 현재로서는 林披의 정확한 초관 명칭과 품계를 알 수 없다.

급제년	급제자	출신지 〔도(道)〕	선조 관직 (증조/조/부)	초관〔품계〕	종관〔품계〕	비고 (자료 시기/ 제외 사유)	성격 (출신/선조/ 본인 분석)	응거
천보 15 (756)	柳□ (733~801)	相州 湯陰 〔河北〕	미기재/미기재/미기재	濮州臨濮尉 〔종9상〕	(禪大德演公)	802/ 불교에 귀의, 塔銘 기록	비교 불가능	미상
	柳鎭 (739~793)	河東〔河東〕	徐州刺史/滄州淸池令/湖州德淸令	左衛率府兵曹參軍〔종8하〕	殿中侍御史爲鄂岳沔都團練判官〔종7상〕[88]	806	가, 동/ 3대 유관/ 5→10	미상
	白季庚 (729~794)	太原〔河東〕	尙衣奉御/檢校都官郎中/鞏縣令[89]	蕭山縣尉〔종9상〕	檢校大理少卿兼襄州別駕〔종4상?〕	811	다, 동/ 3대 유관/ 2→22?	미상
	盧嶽 (729~788)	范陽〔河北〕	綿州刺史/汝州司馬/絳州聞喜令	宋州襄邑主簿〔정9하〕	〔少府監…〕陝虢觀察使〔종3?〕[90]	788	가, 동/ 3대 유관/ 3→25?	미상
	王求古 (724~789)	太原〔河東〕	미기재/都水使者/汾州司戶參軍	恒王府參軍〔정8하〕	符寶郎〔종6상〕	799	가, 동/ 2대 유관/ 7→14	미상

88 節度使 幕僚의 실질적인 지위를 밝히기는 어렵다. 하지만 이처럼 官品令에 나오는 관직을 병기한 경우 그 품계에 따랐다.

89 증조와 祖의 관직은 白居易, 朱金城 전교, 『白居易集箋校』(上海, 上海古籍出版社, 1988) 권46, 「故鞏縣令白府君事狀」, 2832쪽에 의거하였다.

90 使職의 지위를 확실히 밝히기는 어렵지만, 盧嶽이 觀察使로 나가기 직전 少府監이 되었다는 기록에 따라 품계를 비정하였다.

참
고
문
헌

사 료

수 이전

葛洪, 『神仙傳』, 文淵閣四庫全書本(迪志文化出版有限公司 電子版, 2007)

班固, 『漢書』, 北京, 中華書局, 1962

范曄, 『後漢書』, 北京, 中華書局, 1965

司馬遷, 『史記』, 北京, 中華書局, 1959

蕭子顯, 『南齊書』, 北京, 中華書局, 1974

蕭統, 『文選』, 上海, 上海古籍出版社, 1986

沈約, 『宋書』, 北京, 中華書局, 1974

顏之推, 王利器 집해, 『顏氏家訓集解』, 北京, 中華書局, 1993

顏之推, 임동석 역, 『안씨가훈』, 서울, 고즈윈, 2004

呂不韋, 陳奇猷 교석, 『呂氏春秋校釋』, 上海, 學林出版社, 1984

呂不韋, 정하현 역, 『여씨춘추』, 서울, 소명, 2011

姚思廉, 『梁書』, 北京, 中華書局, 1973

姚思廉, 『陳書』, 北京, 中華書局, 1972

虞世南, 『北堂書鈔』, 天津, 天津古籍出版社, 1988

袁宏, 周天游 교주, 『後漢紀校注』, 天津, 天津古籍出版社, 1987

魏收, 『魏書』, 北京, 中華書局, 1974

劉勰, 詹鍈 의증, 『文心雕龍義證』, 上海, 上海古籍出版社, 1989

劉勰, 최동호 역, 『문심조룡』, 서울, 민음사, 1994

陳壽, 『三國志』, 北京, 中華書局, 1959

焦贛, 『易林』, 臺北, 臺灣中華書局, 1970

미상, 范甯 등 注疏, 『春秋穀梁傳注疏』, 北京, 北京大學出版社, 2000

미상, 鄭玄 등 注疏, 『禮記正義』, 北京, 北京大學出版社, 2000

미상, 鄭玄 등 注疏, 『周禮注疏』, 北京, 北京大學出版社, 2000

미상, 何休 등 注疏, 『春秋公羊傳注疏』, 北京, 北京大學出版社, 2000

당대

高適, 孫欽善 교주, 『高適集校注』, 上海, 上海古籍出版社, 1984

歐陽詢 등, 『藝文類聚』, 上海, 上海古籍出版社, 1982 신1판

歐陽詹, 『歐陽行周文集』, 上海, 上海書店, 1926

權德輿, 『權載之文集』, 上海, 上海書店, 1926

獨孤及, 『毗陵集』, 上海, 上海書店, 1926

杜牧, 『樊川文集』, 上海, 上海古籍出版社, 1979

杜甫, 仇兆鰲 주, 『杜詩詳注』, 北京, 中華書局, 1979

杜佑, 『通典』, 北京, 中華書局, 1988

杜佑, 『通典』, 文淵閣四庫全書本(迪志文化出版有限公司 電子版, 2007)

房玄齡 등, 『晉書』, 北京, 中華書局, 1974

裴庭裕, 『東觀奏記』(『明皇雜錄』과 合本), 北京, 中華書局, 1994

白居易, 朱金城 전교, 『白居易集箋校』, 上海, 上海古籍出版社, 1988

白居易, 『白氏六帖事類集』, 北京, 文物出版社, 1987

范攄, 『雲谿友議』, 臺北, 世界書局, 1959

封演, 趙貞信 교주, 『封氏聞見記校注』, 北京, 中華書局, 2005

徐堅 등, 『初學記』, 北京, 中華書局, 2004 2판

蕭嵩 등, 『大唐開元禮(附『大唐郊祀錄』)』, 東京, 汲古書院, 1981 2판

蘇鶚, 『蘇氏演義』, 文淵閣四庫全書本(迪志文化出版有限公司 電子版, 2007)

顔眞卿, 『顔魯公文集』, 上海, 上海書店, 1926

楊炯, 祝尙書 전주, 『楊炯集箋注』, 北京, 中華書局, 2016

呂溫, 『呂和叔文集』, 上海, 上海書店, 1926

令狐德棻 등, 『周書』, 北京, 中華書局, 1974

芮挺章, 『國秀集』, 文淵閣四庫全書本(迪志文化出版有限公司 電子版, 2007)

吳兢, 謝保成 집교, 『貞觀政要集校』, 北京, 中華書局, 2003

溫大雅, 『大唐創業起居注』, 上海, 上海古籍出版社, 1983

王涇, 『大唐郊祀錄』(『大唐開元禮』와 合本), 東京, 汲古書院, 1981 2판

王勃, 蔣淸翊 주, 『王子安集註』, 上海, 上海古籍出版社, 1995

王仁裕, 『開元天寶遺事』(『次柳氏舊聞』 등과 合本), 上海, 上海古籍出版社, 1985

王績, 康金聲・夏連保 교주, 『王績集編年校注』, 太原, 山西人民出版社, 1992

元結, 『新校元次山文集』, 臺北, 世界書局, 1964

魏徵 등, 『隋書』, 北京, 中華書局, 1973

魏徵 등, 『隋書』(點校本二十四史修訂本), 北京, 中華書局, 2019

劉餗, 『隋唐嘉話』(『朝野僉載』와 합본), 北京, 中華書局, 1979

劉肅, 『大唐新語』, 北京, 中華書局, 1984

劉禹錫, 瞿蛻園 전증, 『劉禹錫集箋證』, 上海, 上海古籍出版社, 1989

劉長卿, 『劉隨州集』, 文淵閣四庫全書本(迪志文化出版有限公司 電子版, 2007)

柳宗元, 『柳宗元集』, 北京, 中華書局, 1979

柳宗元, 오수형 등 역, 『유종원집』, 서울, 소명, 2009

劉知幾, 浦起龍 통석, 『史通通釋』, 臺北, 藝文印書館, 1978

劉知幾, 이윤화 역, 『사통통석』, 서울, 소명, 2012

陸贄, 『陸贄集』, 北京, 中華書局, 2006

李絳, 『李相國論事集』, 文淵閣四庫全書本(迪志文化出版有限公司 電子版, 2007)

李百藥, 『北齊書』, 北京, 中華書局, 1972

李延壽, 『南史』, 北京, 中華書局, 1975

李延壽, 『北史』, 北京, 中華書局, 1974

李林甫, 『唐六典』, 北京, 中華書局, 1992

李林甫, 『大唐六典』, 千葉, 廣池學園出版部, 1989 재판

李肇, 『唐國史補』, 上海, 上海古籍出版社, 1979 신1판

李宂, 『獨異志』, 『唐五代筆記小說大觀』(上海, 上海古籍出版社, 2000) 수록본

林寶, 郁賢皓 등 정리, 『元和姓纂(附四校記)』, 北京, 中華書局, 1994

岑參, 廖立 전주, 『岑嘉州詩箋注』, 北京, 中華書局, 2004

張固, 『幽閑鼓吹』, 文淵閣四庫全書本(迪志文化出版有限公司 電子版, 2007)

張九齡, 熊飛 교주, 『張九齡集校注』, 北京, 中華書局, 2008

張讀, 『宣室志』, 文淵閣四庫全書本(迪志文化出版有限公司 電子版, 2007)

張說, 熊飛 교주, 『張說集校注』, 北京, 中華書局, 2013

長孫無忌 등, 『唐律疏議』, 北京, 中華書局, 1983

長孫無忌 등, 律令研究會 편, 『譯註日本律令 唐律疏議譯註篇』, 東京, 東京堂,
        1979~1996

張鷟, 蔣宗許 등 전주, 『龍筋鳳髓判箋注』, 北京, 法律出版社, 2013

張鷟, 『朝野僉載』(『隋唐嘉話』와 합본), 北京, 中華書局, 1979

鄭處誨, 『明皇雜錄』(『東觀奏記』와 합본), 北京, 中華書局, 1994

陳子昂, 『新校陳子昂集』, 臺北, 世界書局, 1980 2판

韓愈, 馬其昶 교주, 『韓昌黎文集校注』, 上海, 上海古籍出版社, 1986

韓愈, 이주해 역, 『한유문집』, 서울, 문학과지성사, 2009

韓愈, 이종한 역, 『한유산문역주』, 서울, 소명, 2012

許敬宗, 羅國威 정리, 『文館詞林校證』, 北京, 中華書局, 2001

胡璩, 『譚賓錄』, 續修四庫全書本(上海, 上海古籍出版社, 1995~1999)

黃滔, 『唐黃御史集』, 上海, 上海書店, 1926

皇甫湜, 『皇甫持正文集』, 上海, 上海書店, 1926

미상, 『玉泉子』(『金華子』와 합본), 上海, 上海古籍出版社, 1988 신1판

林蘊, 『莆田長城金紫林氏族譜: 續慶圖』(http://www.xungen.so/Html/?4966.html,
        2021.7.20. 확인)

펠리오(Pelliot)2819호 문서(http://idp.bl.uk/database/oo_scroll_h.a4d?uid=17801
        58357;bst=1;recnum=59979;index=1;img=1, 2016. 10. 16. 확인)

펠리오(Pelliot)3311호 문서(http://idp.bl.uk/database/oo_scroll_h.a4d?uid=25647
        570019;bst=1;recnum=60603;index=1;img=1, 2016. 10. 16. 확인)

오대~청

計有功, 王仲鏞 교전, 『唐詩紀事校箋』, 北京, 中華書局, 2007

高承, 『事物紀原』, 文淵閣四庫全書本(迪志文化出版有限公司 電子版, 2007)

顧炎武, 黃汝成 집석, 『日知錄集釋』, 臺北, 世界書局, 1991 8판

顧炎武, 『顧亭林詩文集』, 香港, 中華書局, 1976

歐陽修 등, 『新唐書』, 北京, 中華書局, 1975

歐陽修, 『新五代史』, 北京, 中華書局, 1974

勞格·趙鉞, 『唐尙書省郎官石柱題名考』, 北京, 中華書局, 1992

凌迪知, 『萬姓統譜』, 文淵閣四庫全書本(迪志文化出版有限公司 電子版, 2007)

段成式, 『酉陽雜俎』, 上海, 上海書店, 1926

段成式, 정환국 역, 『역주 유양잡조』, 서울, 소명, 2011

談鑰, 『嘉泰吳興志』, 『宋元方志叢刊』(北京, 中華書局, 1990) 수록본

陶岳, 『五代史補』, 文淵閣四庫全書本(迪志文化出版有限公司 電子版, 2007)

董誥 등, 『全唐文』, 北京, 中華書局, 1982

馬端臨, 『文獻通考』, 北京, 中華書局, 2011

范仲淹, 『范仲淹全集』, 成都, 四川大學出版社, 2002

司馬光, 『資治通鑑』, 北京, 中華書局, 1956

徐松, 『登科記考』, 北京, 中華書局, 1984

薛居正 등, 『舊五代史』, 北京, 中華書局, 1976

孫星衍 등, 『漢官六種』, 北京, 中華書局, 1990

宋庠 등, 김택민·하원수 주편, 『천성령(天一閣藏明鈔本天聖令) 역주』, 서울,
　　　혜안, 2013

宋綬 등, 『唐大詔令集』, 臺北, 鼎文書局, 1978(1959 원간)

辛文房, 傅璇琮 주편, 『唐才子傳校箋』, 北京, 中華書局, 1987~1995

樂史, 『廣卓異記』(『全宋筆記』 제1편 제3책), 鄭州, 大象出版社, 2003

樂史, 『廣卓異記』, 四庫全書存目叢書本(濟南, 齊魯書社, 1994~1997)

楊億, 『武夷新集』, 文淵閣四庫全書本(迪志文化出版有限公司 電子版, 2007)

呂祖謙, 『歷代制度詳說』, 揚州, 江蘇廣陵古籍刻印社, 1990

閻若璩, 『潛邱箚記』, 文淵閣四庫全書本(迪志文化出版有限公司 電子版, 2007)

永瑢 등, 『四庫全書總目』, 北京, 中華書局, 1965

吳曾, 『能改齋漫錄』, 上海, 上海古籍出版社, 1979 신1판

王讜, 周勛初 교증, 『唐語林校證』, 北京, 中華書局, 1987

王溥, 『五代會要』, 上海, 上海古籍出版社, 1978

王溥, 『唐會要』, 上海, 上海古籍出版社, 1991

王溥, 『唐會要』, 文淵閣四庫全書本(迪志文化出版有限公司 電子版, 2007)

王溥, 牛繼淸 교증, 『唐會要校證』, 西安, 三秦出版社, 2010

王夫之, 『讀通鑑論』, 北京, 中華書局, 2002(원간 1975)

王楙, 『燕翼詒謀錄』, 北京, 中華書局, 1981

王應麟, 『玉海』, 上海, 江蘇古籍出版社·上海書店, 1990 2판

王定保, 『唐摭言』(『唐語林』과 합본), 臺北, 世界書局, 1975 3판(1957 원간)

王定保, 姜漢春 교주, 『唐摭言校注』, 上海, 上海社會科學院出版社, 2003

王定保, 姜漢春 역주, 『新譯唐摭言』, 臺北, 三民書局, 2005

王定保, 黃壽成 點校, 『唐摭言』, 西安, 三秦出版社, 2011

王定保, 김장환 역, 『唐摭言』, 서울, 학고방, 2013

王直, 『抑菴文集』, 文淵閣四庫全書本(迪志文化出版有限公司 電子版, 2007)

王欽若 등, 『宋本冊府元龜』, 北京, 中華書局, 1989

王欽若 등, 『冊府元龜』, 北京, 中華書局, 1960

姚鉉, 『唐文粹』, 臺北, 世界書局, 1972 2판

尉遲偓, 『中朝故事』, 文淵閣四庫全書本(迪志文化出版有限公司 電子版, 2007)

韋莊, 李誼 교주, 『韋莊集校注』, 成都, 四川省社會科學院出版社, 1986

劉崇遠, 『金華子』(『玉泉子』와 합본), 上海, 上海古籍出版社, 1988 신1판

劉昫 등, 『舊唐書』, 北京, 中華書局, 1975

陸心源, 『唐文續拾』, 『全唐文』(北京, 中華書局, 1982) 所收

陸心源, 『唐文拾遺』, 『全唐文』(北京, 中華書局, 1982) 所收

李昉 등, 『文苑英華』, 北京, 中華書局, 1966

李昉 등, 『太平廣記』, 北京, 中華書局, 1961

李昉 등, 『太平御覽』, 北京, 中華書局, 1960

章如愚, 『山堂考索』, 北京 中華書局, 1992

趙彦衛, 『雲麓漫鈔』, 北京, 中華書局, 1996

趙翼, 『廿二史箚記』, 臺北, 世界書局, 1980

趙翼, 박한제 역, 『이십이사차기』, 서울, 소명, 2009

朱熹, 『通鑑綱目』(『朱子全書(8~11)』), 上海, 上海古籍出版社, 2000

曾慥, 『類說』, 文淵閣四庫全書本(迪志文化出版有限公司 電子版, 2007)

陳思, 『寶刻叢編』, 文淵閣四庫全書本(迪志文化出版有限公司 電子版, 2007)

陳振孫, 『直齋書錄解題』, 上海, 上海古籍出版社, 1987

脫脫 등, 『宋史』, 北京, 中華書局, 1985

彭定求 등, 『全唐詩』, 北京, 中華書局, 1960

解縉 등, 『永樂大全』, 北京, 中華書局, 1986

洪邁, 『容齋隨筆』, 上海, 上海古籍出版社, 1978

김부식, 『三國史記』, 서울, 을유문화사, 1996 개정판

Cruz, G., 日埜博司 역, 『クルス『中國誌』: ポルトガル人宣教師が見た一六世紀の華南』, 東京: 新人物往來社, 1996

중화민국 이후

國家圖書館善本金石組 편, 『隋唐五代石刻文獻全編』, 北京, 國家圖書館出版社, 2003

毛陽光 주편, 『洛陽流散唐代墓誌彙編續集』, 北京, 國家圖書館出版社, 2018

毛漢光 편, 『唐代墓誌銘彙編附考』, 臺北, 中央研究院歷史語言研究所, 1984~1994

武樹善 편, 『陝西金石誌』, 『石刻史料新編』(臺北, 新文豊出版社, 1977) 수록본 (원간 1934)

北京大學圖書館金石組 편, 『北京大學圖書館新藏 金石拓本菁華, 1996~2012』, 北京, 北京大學出版社, 2012

西安市長安博物館 편, 『長安新出墓誌』, 北京, 文物出版社, 2011

宋伯魯 등 편, 『續修陝西通志稿』, 『西北希見方誌文獻』(蘭州, 蘭州古籍書店影印出版, 1990) 수록본(원간 1934)

吳鋼 주편, 『昭陵碑石』, 西安, 三秦出版社, 1993

吳鋼 주편, 『全唐文補遺』, 西安, 三秦出版社, 1994~2007

吳樹平 등 편, 『隋唐五代墓誌滙編』, 天津, 天津古籍出版社, 1991~1992

張內蘊 편, 『龍門區系石刻文萃』, 北京, 國家圖書館出版社, 2011

張鵬一 편, 『晉令輯存』, 西安, 三秦出版社, 1989

趙君平 편, 『邙洛碑誌三百種』, 北京, 中華書局, 2004

趙君平 등 편, 『河洛墓刻拾零』, 北京, 北京圖書館出版社, 2007

趙君平·趙文成 편, 『秦晉豫新出墓誌蒐佚』, 北京, 國家圖書館出版社, 2012

趙君平·趙文成 편, 『秦晉豫新出墓誌蒐佚續編』, 北京, 國家圖書館出版社, 2015

趙萬里 편, 『漢魏南北朝墓誌集釋』, 臺北, 鼎文書局, 1975

趙力光 주편, 『西安碑林博物館新藏墓誌彙編』, 北京, 線裝書局, 2007

周紹良 주편, 『唐代墓誌彙編』, 上海, 上海古籍出版社, 1992

周紹良·趙超 주편, 『唐代墓誌彙編續集』, 上海, 上海古籍出版社, 2001

中國文物研究所 등 편, 『新中國出土墓誌』, 北京, 文物出版社, 1994~2015

陳尙君 편, 『全唐文補編』, 北京, 中華書局, 2005

河南省文物研究所·河南省洛陽地區文管處 편, 『千唐誌齋藏誌』, 北京, 文物出版社, 1984

胡戟·榮新江 주편, 『大唐西市博物館藏墓誌』, 北京, 北京大學出版社, 2012

仁井田陞 편, 『唐令拾遺』, 東京, 東京大學出版會, 1964(원간 1933)

池田溫 주편, 『唐令拾遺補』, 東京, 東京大學出版會, 1997
김영익, 하영휘 편역, 『사교재 김영익(1886~1962) 문집: 변하는 세상에 맞선 유학자』, 서울, 너머북스, 2019
文淵閣四庫全書電子版, 迪志文化出版有限公司, 2007
劉俊文 總纂, 中國基本古籍庫, 北京, 愛如生數字化技術硏究中心
中央硏究院·歷史語言硏究所, 漢籍電子文獻資料庫

단행본

한국어

宮崎市定, 임대희 등 역, 『구품관인법의 연구』, 서울, 소나무, 2002(원간 1956)
宮崎市定, 중국사연구회 역, 『과거: 중국의 시험지옥』, 서울, 청년사, 1993(원간 1963)
宮崎市定, 전혜선 역, 『과거: 중국의 시험지옥』, 고양, 역사비평사, 2016(원간 1963)
李弘祺, 강길중 역, 『송대 관학교육과 과거』, 진주, 경상대학교출판부, 2010(원간 1985)
배숙희, 『송대 과거제도와 관료사회』, 서울, 삼지원, 2001
서울대학교 역사연구소 편, 『역사학용어사전』, 서울, 서울대학교출판문화원, 2015
안광호, 『중국의 군망제도와 한국의 본관제도 연구』, 파주, 지식산업사, 2019
與那覇潤, 최종길 역, 『중국화하는 일본』, 서울, 페이퍼로드, 2013(원간 2011)
역사학회 편, 『科擧』, 서울, 일조각, 1981
閻守誠·吳宗國, 임대희 등 역, 『당현종』, 서울, 서경문화사, 2012(원간 1989)
오금성, 『中國近世社會經濟史硏究』, 서울, 일조각, 1986
이성무, 『한국의 과거제도(개정증보판)』, 파주, 한국학술정보, 2004
皮錫瑞, 이홍진 역, 『중국경학사』, 서울, 동화출판공사, 1984(원간 1907)
何炳棣, 조영록 등 역, 『중국과거제도의 사회사적 연구』, 서울, 동국대학교출판부, 1987(원간 1962)
한국학중앙연구원 장서각, 『2015년 藏書閣의 특별전: 試券』, 성남, 한국학중앙연구원출판부, 2015

Bell, D., 김기협 역, 『차이나 모델: 중국의 정치 지도자들은 왜 유능한가』, 파주, 서해문집, 2017(원간 2015)

Chaffee, J., 양종국 역, 『송대 중국인의 과거생활』, 서울, 신서원, 2001(원간 1985)

Lewis, M., 김한신 역, 『하버드 중국사 당』, 서울, 너머북스, 2017(원간 2012)

Woodside, A., 민병희 역, 『잃어버린 근대성들』, 서울, 너머북스, 2012(원간 2006)

중국어

高明士, 『隋唐貢擧制度』, 臺北, 文津出版社, 1999

高明士, 『律令法與天下法』, 臺北, 五南, 2012

高明士, 『中國中古的教育與學禮』, 臺北, 臺灣大學出版中心, 2005

郭培貴『中國科擧制度通史: 明代卷』, 上海, 上海人民出版社, 2015

金瀅坤, 『中國科擧制度通史: 隋唐五代卷』, 上海, 上海人民出版社, 2015

羅積勇·張鵬飛, 『唐代試律試策校注』, 武漢, 武漢大學出版社, 2009

羅志田, 『近代中國社會權勢的轉移: 知識分子的緣邊化與緣邊知識分子的興起』, 武漢, 湖北人民出版社, 1999

唐長孺, 『魏晉南北朝隋唐史三論』, 武漢, 武漢大學出版社, 1992

戴建國, 『唐宋變革時期的法律與社會』, 上海, 上海古籍出版社, 2010

戴偉華, 『唐方鎭文職僚佐稿(修訂本)』, 桂林, 廣西師範大學出版社, 2007

陶紹淸, 『『唐摭言』硏究』, 北京, 中國社會科學出版社, 2014

鄧嗣禹, 『中國考試制度史』, 臺北, 學生書局, 1982(원간 1966)

鄧定人, 『中國考試制度硏究』, 上海, 民智書局, 1929

孟二冬, 『登科記考補正』, 北京, 北京燕山出版社, 2003

潘呂棋昌, 『蕭穎士硏究』, 臺北, 文史哲出版社, 1983

傅璇琮, 『唐代科擧與文學』, 西安, 陝西人民出版社, 2007(원간 1986)

傅璇琮 주편, 龔延明 등 편, 『宋登科記考』, 南京, 江蘇敎育出版社, 2009

史爲樂 주편, 『中國歷史地名大辭典』, 北京, 中國社會科學出版社, 2005

商衍鎏, 『淸代科擧考試制度述錄』, 北京, 三聯書店, 1958

徐曉峰, 『唐代科擧與應試詩硏究』, 北京, 北京大學出版社, 2015

陝西古籍整理辦公室 편, 『陝西石刻文獻目錄集存』, 西安, 三秦出版社, 1990

梁庚堯, 『宋代科擧社會』, 臺北, 臺灣大學出版中心, 2015

嚴耕望, 『唐僕尙丞郎表』, 臺北, 中央研究院歷史語言研究所, 1956

余英時, 『士與中國文化』, 上海, 上海古籍出版社, 2003(원간 1987)

閻步克, 『中國古代官階制度引論』, 北京, 北京大學出版社, 2010

閻步克, 『察擧制度變遷史稿』, 北京, 中國人民大學出版社, 2009(원간 1991)

寧欣, 『唐代選官硏究』, 臺北, 文津出版社, 1995

吳廷燮, 『唐方鎭年表』, 北京, 中華書局, 1980

吳宗國, 『唐代科擧制度硏究』, 北京, 北京大學出版社, 2010

吳宗國 주편, 『盛唐政治制度硏究』, 上海, 上海辭書出版社, 2003

吳楓, 『隋唐歷史文獻集釋』, 許昌, 中州古籍出版社, 1987

吳夏平, 『唐代中央文館制度與文學硏究』, 濟南, 齊魯書社, 2007

王運熙·楊明, 『隋唐五代文學批評史』, 上海, 上海古籍出版社, 1994

王佺, 『唐代干謁與文學』, 北京, 中華書局, 2011

王兆鵬, 『唐代科擧考試詩賦用韻硏究』, 濟南, 齊魯書社, 2004

王洪軍, 『登科記考再補正』, 桂林, 廣西師範大學出版社, 2010

王勳成, 『唐代銓選與文學』, 北京, 中華書局, 2001

郁賢皓, 『唐刺史考全編』, 合肥, 安徽大學出版社, 2000

劉開揚, 『高適詩集編年箋註』, 北京, 中華書局, 1981

劉琴麗, 『唐代擧子科考生活硏究』, 北京, 社會科學文獻出版社, 2010

劉琴麗, 『唐代武官選任制度初探』, 北京, 社會科學文獻出版社, 2006

劉麟生, 『中國騈文史』, 上海, 上海書店, 1984(원간 1936)

劉俊文, 『唐代法制硏究』, 臺北, 文津出版社, 1999

劉俊文, 『唐律疏議箋解』, 北京, 中華書局, 1996

劉海峰, 『科擧制與科擧學』, 貴陽, 貴州教育出版社, 2004

劉海峰, 『科擧學導論』, 武漢, 華中師範大學出版社, 2005

劉海峰, 『唐代教育與選擧制度綜論』, 臺北, 文津出版社, 1991

劉海峰 편, 『二十世紀科擧硏究論文選編』(陳文新 주편, 『歷代科擧文獻整理與硏
     究叢刊』 所收), 武昌, 武漢大學出版社, 2009

劉海峰·李兵, 『中國科擧史』, 上海, 東方, 2004

劉後濱, 『唐代選官政務硏究』, 北京, 社會科學文獻出版社, 2016

李錦繡, 『唐代制度史略論稿』, 北京, 政法大學出版社, 1998

李德輝, 『唐代文館制度及其與政治和文學之關係』, 上海, 上海古籍出版社, 2006

李世愉·胡平, 『中國科擧制度通史: 淸代卷』, 上海, 上海人民出版社, 2015

任育才, 『唐型官學體系之硏究』, 臺北, 五南, 2007

岑仲勉, 『唐集質疑』(『唐人行第錄』 등과 합본), 北京, 中華書局, 1962

岑仲勉, 『隋唐史』, 北京, 中華書局, 1982(원간 1957)

岑仲勉, 『通鑑隋唐紀比事質疑』, 香港, 中華書局, 1977(원간 1964)

張國剛, 『唐代藩鎭研究(增訂版)』, 北京, 中國人民大學出版社, 2010

張國剛 주편, 『隋唐五代史硏究槪要』, 天津, 天津敎育出版社, 1996

章群, 『唐代考選制度考』, 臺北, 中央文物供應社, 1954

張希淸, 『中國科擧制度通史: 宋代卷』, 上海, 上海人民出版社, 2015

程千帆, 『唐代進士行卷與文學』, 上海, 上海古籍出版社, 1980

程千帆·徐有富, 『校讎廣義 目錄編』, 濟南, 齊魯書社, 1998

鄭曉霞, 『唐代科擧詩硏究』, 上海, 復旦大學出版社, 2006

趙超, 『新唐書宰相世系表集校』, 北京, 中華書局, 1998

趙和平, 『敦煌本『甘棠集』硏究』, 臺北, 新文豊出版公司, 2000

陳飛, 『唐代試策考述』, 北京, 中華書局, 2002

陳飛, 『文學與制度』, 北京, 商務印書館, 2015

陳寅恪, 『金明館叢稿初編』, 臺北, 里仁書局, 1981(원간 1954)

陳寅恪, 『唐代政治史述論稿』, 臺北, 里仁書局, 1982(원간 1944)

陳寅恪, 『隋唐制度淵源略論稿』, 臺北, 里仁書局, 1982(원간 1943)

陳祖言, 『張說年譜』, 香港, 中文大學出版社, 1984

詹杭倫, 『唐代科擧與試賦』, 武漢, 武漢大學出版社, 2014

卓遵宏, 『唐代進士與政治』, 臺北, 國立編譯館, 1987

湯燕君, 『唐代試詩制度硏究』, 北京, 中國社會科學出版社, 2014

平岡武夫 주편, 『唐代硏究指南(2) 唐代的行政地理』, 上海, 上海古籍出版社, 1989
　　　(원간 1955)

何懷宏, 『選擧社會及其終結: 秦漢至晚淸歷史的一種社會學闡釋』, 北京, 三聯書
　　　店, 1998

何懷宏, 『選擧社會: 秦漢至晚淸社會形態硏究』, 北京, 北京大學出版社, 2011

何懷宏, 『世襲社會及其解體: 中國歷史上的春秋時代』, 北京, 三聯書店, 1996

韓理洲, 『陳子昂硏究』, 上海, 上海古籍出版社, 1988

許凌云, 『劉知幾評傳』, 南京, 南京大學出版社, 1994

許友根, 『『登科記考補正』考補』, 南京, 南京大學出版社, 2011

許友根, 『武擧制度史略』, 蘇州, 蘇州大學出版社, 1997

黃永年 등, 『唐史史料學』, 西安, 陝西師範大學出版社, 1989

黃雲鶴, 『唐宋時期落第士人群體硏究』, 北京, 中華書局, 2020

黃留珠,『秦漢仕進制度』, 西安, 西北大學出版社, 1985

일본어

宮崎市定,『科擧史』, 東京, 平凡社, 1987
宮崎市定,『科擧』, 東京, 秋田屋, 1946
近藤一成,『宋代中國科擧社會の硏究』, 東京, 汲古書院, 2009
氣賀澤保規 주편,『新編 唐代墓誌所在總合目錄』, 東京, 明治大學東アジア石刻
　　　文物硏究所・汲古書院, 2017
唐代史硏究委員會 편,『唐代詔勅目錄』, 東京, 東洋文庫, 1981
渡邉義浩,『'古典中國'における文學と儒敎』, 東京, 汲古書院, 2015
渡邉義浩,『三國時代の構造と'名士'』, 東京, 汲古書院, 2004
福井重雅,『漢代官吏登用制度の硏究』, 東京, 創文社, 1988
斯波義信 편,『中國社會經濟史用語解』, 東京, 東洋文庫, 2012
楯身智志,『前漢國家構造の硏究』, 東京, 早稻田大學出版部, 2016
野間文史,『五經正義の硏究: その成立と展開』, 東京, 硏文出版, 1998
中村裕一,『中國古代の年中行事: 第一冊 春』, 東京, 汲古書院, 2009
中村裕一,『『大唐六典』の唐令硏究』, 東京, 汲古書院, 2014
池田溫,『中國古代寫本識語集錄』, 東京, 東京大學東洋文化硏究所, 1990
荒木敏一,『宋代科擧制度硏究』, 京都, 東洋史硏究會, 1969

영어

Balazs, E., A. Wright 편, H. Wright 역, *Chinese Civilization and Bureaucracy:
　　　Variations on a Theme*, New Haven 등, Yale University Press,
　　　1964
Elman, B., *A Cultural History of Civil Examinations in Late Impereial China*,
　　　Berkeley 등, University of California Press, 2000
Elman, B., *Civil Examinations and Meritocracy in Late Imperial China*,
　　　Cambridge 등, Harvard University Press, 2013
Herbert, P., *Examine the Honest, Appraise the Able; Contemporary
　　　Assessments of Civil Service Selection in Early T'ang China*,
　　　Canberra, Australian University Press, 1988

McMullen, D., *State and Scholars in T'ang China*, Cambridge, Cambridge Univ. Press, 1988

Moore, O., *Rituals of Recruitment in Tang China*, Leiden 등, Brill, 2004

Twitchett, D. 편, *The Cambridge History of China(3) Sui and T'ang China 589-906, Part I*, Cambridge 등, Cambridge University Press, 1979

논문

한국어

宮川尙志(히사유끼 미야가와), 이개석 역, 「內藤·宮崎 時代區分論」(원간 1955), 민두기 편, 『중국사시대구분론』, 서울, 창작과비평사, 1984

김정희, 「唐代의 吏部 銓選과 官僚 人事」, 『동양사학연구』 121, 2012

党銀平, 「최치원과 당대 빈공진사에 대한 고증」, 마중가 역, 『최치원신연구』, 춘천, 한림대학교출판부, 2004

渡邊孝, 임대희 등 역, 「牛李의 당쟁 연구에 대한 현상과 전망」, 『중국사연구』 5, 1999

박한제, 「魏晉南朝 貴族制의 展開와 그 성격」, 서울대학교동양사학연구실 편, 『講座 中國史(2)』, 서울, 지식산업사, 1989

오금성, 「明代 紳士層의 形成過程에 대하여」, 『진단학보』 48, 1979

오금성, 「중국의 과거제」, 『한국사시민강좌』 46, 2010

유원적, 「唐初 支配層의 性格에 대한 學說史的 檢討」, 『이화사학연구』 11·12 合, 1982

이계명, 「中國 科擧制의 成立」(원간 1991), 『西魏·北周·隋唐의 官僚的 門閥士族 研究』, 광주, 전남대학교출판부, 2017

정병준, 「唐代 藩鎭의 州縣官 任用」, 『동양사학연구』 54, 1996

정병준, 「唐代 主要 州縣官 選任方式의 變化」, 『위진수당사연구』 4, 1998

정순모, 「唐代 譜牒의 編纂과 그 變遷」, 『중국사연구』 6, 1999

中村奎爾, 「六朝貴族論」, 谷川道雄 편, 정태섭 등 역, 『일본의 중국사논쟁: 1945년 이후』, 서울, 신서원, 1996(원간 1993)

池田溫, 「律令官制의 형성」, 『세미나 수당오대사』, 서울, 서경문화사, 2005(원간 『岩波講座 世界歷史(5)』, 1970)

하원수, 「科擧制度의 多重性: 傳統의 近代的 解釋과 관련한 一試論」, 『사림』 39, 2011

하원수, 「唐 高宗 초기 官人選拔制度 관련 두 史料의 釋義: 永徽令 중의 簡試와 顯慶 연간 劉祥道의 上奏」, 『중국고중세사연구』 37, 2015

하원수, 「唐代 明經科의 性格」, 『동양사학연구』 42, 1993

하원수, 「唐代 進士科의 登場과 그 變遷: 科擧制度의 歷史的 意義 再考」, 『사림』 36, 2010

하원수, 「唐前期 制擧의 實狀: 官人選拔制度에서 皇帝權의 한계」, 『동양사학연구』 100, 2007

하원수, 「蕭穎士와 士人들의 交遊: 唐代 古文運動의 性格과 관련하여」, 『위진수당사연구』 9, 2002

하원수, 「隋·唐初 進士科에 관한 記錄의 再檢討」, 『중국사연구』 44, 2006

하원수, 「魏晉南北朝 時期의 '士'에 관한 一試論: 日本 學界에서의 '貴族'論에 대한 再檢討를 중심으로」, 『대동문화연구』 80, 2012

하원수, 「『文獻通考』에 실린 '唐登科記總目'의 사료적 가치」, 『중국고중세사연구』 44, 2017

하원수, 「『新唐書』 「選擧志」의 進士科에 대한 認識: 進士科 專論部의 箋注를 통하여」, 『중국학보』 41, 2000

하원수, 「『新唐書』 「選擧志上」의 內容과 宋代 編者의 성격」, 『진단학보』 90, 2000

하원수, 「唐後半期 進士科와 士人들간의 私的 紐帶」, 『동양사학연구』 56, 1996

Wechsler, H. J., 지배선 역, 「당초 조정 안에서의 黨派性」, Wright, A. · Twitchett, D. 편, 『唐代史의 照明』, 서울, 아르케, 1999(원간 1973)

중국어

葛曉音, 「論初盛唐文人的干謁方式」, 『唐研究』 1, 1995

高明士, 「廟學與東亞傳統教育」, 『東亞傳統教育與法文化』, 臺北, 臺灣大學出版中心, 2007

高明士, 「常鴻墓誌與隋代賓貢科」, 呂建中·胡戟 주편, 『大唐西市博物館藏墓誌研究(續1·上)』, 西安, 陝西師範大學出版社, 2013

高明士, 「隋代的教育與貢擧(上·下)」, 『大陸雜誌』 69-4·5, 1984

高明士, 「再論賓貢與賓貢科」, 『文史哲學報』 50, 1999

谷川道雄, 「關於所謂李林甫專政」, 中國唐代學會編輯委員會 편, 『第二屆國際唐
　　代學術會議論文集(史學)』, 臺北, 文津出版社, 1993

龔延明, 「唐孝廉科置廢及其指稱演變」, 『歷史研究』 2012-2

龔延明, 「新發現唐朝最早"策學"之作考證」, 『浙江大學學報』 2013-1

郭桂坤, 「唐代宗正進士考」, 『北京大學學報』 2013-4

郭麗, 「唐代賓貢科新論」, 『中國典籍與文化』 2017-1

金瀅坤, 「唐代明書科與書學教育」, 『遼寧大學學報』 2016-2

金瀅坤, 「唐代書判拔萃科的設置、沿革及其影響」, 『廈門大學學報』 2016-5

金瀅坤, 「唐代太常第考論」(원간 2004), 『唐五代科舉的世界』, 上海, 復旦大學出
　　版社, 2014

金瀅坤, 「唐五代明法科與律學教育」, 『河北學刊』 2016-3

金瀅坤, 「唐五代明算科與算學教育」, 『中國考試』 2016-6

金瀅坤, 「士林華選: 唐代博學宏詞科研究」, 『歷史研究』 2018-1

金瀅坤·任占鵬, 「唐代行卷的儀禮與過程研究」, 『首都師範大學學報』 2017-6

羅聯添, 「論唐人上書與行卷」(원간 1985), 『唐代文學論集』, 臺北, 學生書局,
　　1989

羅庸, 「陳子昂年譜」, 韓理洲, 『陳子昂研究』, 上海, 上海古籍出版社, 1988

羅志田, 「科舉制的廢除與四民社會的解體」, 『清華學報』(新竹) 新25-4, 1995

羅志田, 「清末科舉制改革的社會影響」, 『中國社會科學』 1998-4

段眞子, 「商務印書館『唐大詔令集』排印本之得失」, 『唐研究』 25, 2020

譚庄, 「初盛唐及第進士守選制說指疵」, 『寧波大學學報』 2011-3

唐雯, 「由吏部到禮部: 試探開元二十四年貢舉考試改革的深層原因」, 『人文雜誌』
　　2006-2

党銀平, 「唐代有無"賓貢科"新論」, 『社會科學戰線』 2002-1

唐長孺, 「南北朝後期科舉制度的萌芽」, 『魏晉南北朝史論叢續編』, 北京, 三聯書
　　店, 1959

鄧嗣禹, 「中國科舉制度起源考」(원간 1934), 劉海峰 편, 『二十世紀科舉研究論文
　　選編』, 武昌, 武漢大學出版社, 2009

孟二冬, 「唐代進士試年表」, 『孟二冬文存(下)』, 北京, 高等教育出版社, 2007

孟二冬, 「『登科記考補正』贅語」(원간 2003), 『孟二冬文存(上)』, 北京, 高等教育
　　出版社, 2007

孟憲實, 「關於『唐大詔令集』的幾個問題」, 『唐研究』 25, 2020

毛蕾, 「90年代以來大陸唐吏部銓選研究述評」, 『中國史學』 20, 2010

毛漢光, 「隋唐政權中南朝舊族之仕進憑藉與途徑」, 『第一屆國際唐代學術會議論文集』, 臺北, 臺灣學生書局, 1989

毛漢光, 「從士族籍貫遷移看唐代士族之中央化」(원간 1983), 『中國中古社會史論』, 上海, 上海書店, 2002

毛漢光, 「中古家族之變動」, 『中國中古社會史論』, 上海, 上海書店出版社, 2002 (원간 1987)

毛漢光, 「中國中古賢能觀念之研究」, 『歷史語言研究所集刊』 48, 1977

潘鏞, 「唐肅宗時率貸及賣官爵考釋」, 中國唐史研究會 편, 『唐史研究會論文集』, 西安, 陝西人民出版社, 1983

潘忠偉, 「五經正義與北朝經學傳統」, 『哲學研究』 2008-5

謝思煒, 「考史嚴格依據第一手文獻: 以『登科記考』爲例」, 『清華大學學報』 2009-1

史念海, 「兩『唐書』列傳人物的貫籍地理分布」, 尹達 등 편, 『紀念顧頡剛學術論文集』, 成都, 巴蜀書社, 1990

聶永華, "珠英學士"詩歌活動考論」, 『鄭州大學學報』 2004-3

盛奇秀, 「唐代明算科」, 『齊魯學刊』 1987-2

盛奇秀, 「唐代明書科考述」, 『文史哲』 1987-2

孫文, 「在東京『民報』創刊周年慶祝大會的演說」, 『孫中山全集(1)』, 北京, 中華書局, 1981

宋德熹, 「唐代前期考功員外郎的身份背景」, 『唐史識小』, 臺北, 稻鄉出版社, 2009

楊瑩瑩, 「十年來我國科擧學研究述評」, 『教育與考試』 2014-5

楊學爲, 「中國需要"科擧學"」, 『廈門大學學報』 1999-4

楊向奎, 「唐代守選起始時間考」, 『北方論叢』 2010-5

嚴耕望, 「唐代方鎭使府僚佐考」(初稿 1964), 『唐史研究叢稿』, 九龍, 新亞研究所, 1969

嚴耕望, 「唐人習業山林寺院之風尙」, 『唐史研究叢稿』, 九龍, 新亞研究所, 1969

余英時, 「中國知識分子的邊緣化」, 『二十一世紀』 6, 1991

余子俠, 「唐代秀才科考論」, 『歷史研究』 1997-5

王永平, 「論唐代道擧」, 『人文雜誌』 2000-2

王貞, 「孔穎達與五經正義研究述略」, 『中國史研究動態』 2012-1

王志東, 「略論唐玄宗開元二十四年的科擧變革」上・中・下, 『廣西社會科學』, 2005-3・4・5

熊德基, 「武則天的眞面目」, 『社會科學戰線』 1978-1

俞紀東, 「蕭穎士事迹考」, 『中華文史論叢』 1983-2

劉安志, 「淸人整理『唐會要』存在問題探析」, 『歷史研究』 2018-1

劉安志·李豔靈·王琴, 「『唐會要』整理與研究成果述評」, 『中國史研究動態』 2017-4

劉海峰, 「考試糊名之始」, 『中華文史叢刊』, 1986-1

劉海峰, 「科擧制的起源與進士科的起始」, 『歷史研究』 2000-6

劉海峰, 「科擧學的起承轉合」, 『社會科學戰線』 2013-7

劉海峰, 「"科擧學" 芻議」, 『廈門大學學報』 1992-4

劉海峰, 「唐代考試糊名起始時間再析」, 『中國科擧文化』, 瀋陽, 遼寧教育出版社, 2010

劉海峰, 「唐代秀才科存廢與秀才名目的演變」, 『中國史研究』 1990-1

劉海峰, 「唐代俊士科辨析」, 『中國史研究』 2000-2

劉海峰, 「唐玄宗朝科擧管理改革剖析」, 『晉陽學刊』 1989-5

劉海峰, 「再論唐代秀才科的存廢」, 『歷史研究』 1999-1

劉後濱, 「唐代文官銓選制度的改革與完善」, 劉昕 등 주편, 『中國考試史專題論文集』, 北京, 高等教育出版社, 1999

陸揚, 「從墓誌的史料分析走向墓誌的史學分析: 以『新出魏晉南北朝墓誌疏證』爲中心」, 『中華文史論叢』 2006-4

李錦繡, 「唐代視品官制初探」, 『中國史研究』 1998-3

李錦繡, 「唐代的視品官制: 以嗣王以下府佐國官爲中心」, 『唐代制度史略論稿』, 北京, 政法大學出版社, 1998

李錦繡, 「大成」, 『唐代制度史略論稿』, 北京, 政法大學出版社, 1998

李錦繡, 「永徽東宮諸府職員令殘卷考釋兼論唐前期東宮王府官設置變化」, 『唐代制度史略論稿』, 北京, 政法大學出版社, 1998

李新强, 「唐代秀才科停廢考」, 『中國史研究』 1987-1

林建華·劉成志, 「20世紀40年代"中國式代議制度"論辨的再認識」, 『長白學刊』 2013-6

林西郎, 「唐代道擧制度述略」, 『宗教學研究』 2004-3

任占鵬·金瀅坤, 「唐代行卷過程研究: 行卷的創作和制作」, 『科擧學論叢』 2014-2

張寶三, 「唐'賓貢進士'及其相關問題論考」, 『語文·情性·義理: 中國文學的多層面探討國際學術會議論文集』, 1996

張寶三, 「再論唐'賓貢進士': 敬答高明士先生之質疑」, 『文史哲學報』 48, 1998

張榮芳, 「隋唐秀才科存廢問題之檢討」, 『食貨(月刊)』 10(復刊)-12, 1981

張旭華, 「隋及唐初九品中正制的廢除」, 『史學月刊』 2009-8

錢穆,「中國歷史上之考試制度」(원간 1951), 劉海峰 편,『二十世紀科擧研究論文
　　　選編』, 武昌, 武漢大學出版社, 2009

陳飛,「唐代宏崇生考試制度辨識」,『歷史研究』2016-1

陳飛,「唐代"射策"與"對策"辨略」(원간 2008),『文學與制度』, 北京, 商務印書館,
　　　2015

陳飛,「唐代"秀才科"考辨」,『文獻』93, 2002

陳飛,「唐代"岳牧擧"及相關問題考辨」(원간 2013),『文學與制度』, 北京, 商務印
　　　書館, 2015

陳飛,「唐代進士科"止試策"考論: 兼及"三場試"之成立」(원간 2002),『文學與制度』,
　　　北京, 商務印書館, 2015

陳尙君,「『登科記考』正補」,『唐代文學研究』4, 1993

陳志堅·梁太濟,「開天之際的文化學術群體: 李華「三賢論」試箋」,『文史』2009-2

陳鐵民,「蕭穎士繫年考證」,『文史』37, 1993

陳鐵民,「梁璵墓志與唐進士科試雜文」,『北京大學學報』2006-6

陳鐵民·李亮偉,「關於守選制與唐詩人登第後的釋褐時間」,『文學遺產』2005-3

何寄澎,「簡論唐代古文運動中的文學集團」,『古典文學』6, 1984

何永佶,「論中國式的代議制度」,『觀察』4-11, 1948

何忠禮,「科擧制起源辨析: 兼論進士科首創于唐」,『歷史研究』1983-2

何忠禮,「二十世紀的中國科擧制度史研究」,『歷史研究』2000-6

何忠禮,「再論科擧制度的定義和形成時間」, 劉海峰 주편,『科擧制的終結與科擧
　　　學的興起』, 武漢, 華中師範大學, 2006

韓國磐,「關于科擧制度創置的兩點小考」(1955 미간),『隋唐五代史論集』, 北京,
　　　三聯書店, 1979

許友根,「唐人登科名錄再補」,『科擧學論叢』, 2019-2

胡可先,「杜牧詩文編年」,『杜牧研究叢稿』, 北京, 人民文學出版社, 1993

胡如雷,「論武周的社會基礎」,『歷史研究』1955-1

洪業,「「韋弦」·「愼所好」二賦非劉知幾所作辨」(원간 1954),『洪業論學集』, 北京,
　　　中華書局, 1981

黃承炳,「文柄自決: 唐宋間"賜進士"考論」,『中國史研究』2021-1

侯力,「唐代俊士科考論」,『中國史研究』1999-1

侯美珍,「臺灣的科擧學」,『廈門大學學報』2013-6

일본어

榎本淳一, 「『唐六典』編纂の一斷面」, 小此木輝之先生古稀記念論文集刊行委員會, 『歷史と文化: 小此木輝之先生古稀記念論文集』, 東京, 靑史出版, 2016

高橋芳郎, 「宋代の士人身分」(원간 1986), 『宋-淸身分法の研究』, 札幌, 北海道大學圖書刊行會, 2001

高橋哲哉, 「歷史 理性 暴力」(원간 1990), 『逆光のロゴス』, 東京, 未來社, 1992

嵐義人, 「古記の成立と神祇令集解」(원간 1976), 荊木美行 編, 『令集解私記の研究』, 東京, 汲古書院, 1997

渡邊信一郎, 「唐代前期律令制下の財政的物流と帝國編成」(원간 2009), 『中國古代の財政と國家』, 東京, 汲古書院, 2010

渡邊信一郎, 「『臣軌』小論: 唐代前半期の國家とイデオロギー」(원간 1993), 『中國古代國家の思想構造: 專制國家とイデオロギー』, 東京, 校倉書房, 1994

藤善眞澄, 「官吏登用における道擧とその意義」, 『史林』 51-6, 1968

妹尾達彦, 「唐代の科擧制度と長安の合格儀禮」, 唐代史研究會 편, 『律令制』, 東京, 汲古書院, 1986

妹尾達彦, 「詩のことば、テクストの權力」, 『中國: 社會と文化』 16, 2002

孟二冬, 「『登科記考』と『登科記考補正』について」, 『中國: 社會と文化』 18, 2003

武田時昌, 「中世義疏學と緯學」, 『信州大學敎育學部紀要』 70, 1991

小島浩之, 「唐代エリート官人の昇進經路の形成とその展開」, 『東洋文化研究』 10, 2008

小島浩之, 「日本における唐代官僚制研究: 官制構造と昇進システムを中心として」, 『中國史學』 20, 2010

松井秀一, 「則天武后の擁立をめぐつて」, 『北大史學』 11, 1966

愛宕元, 「唐代後期の政治」, 『世界歷史大系 中國史2』, 東京, 山川出版社, 1996

礪波護, 「中世貴族制の崩壞と辟召制」(원간 1962), 『唐代政治社會史研究』, 京都, 同朋舍, 1986

任大熙, 「唐代前半期政治史研究の現狀と課題」, 『中國: 社會と文化』 4, 1989

林田愼之助, 「唐代古文運動の形成過程」(원간 1977), 『中國中世文學批評史』, 東京, 創文社, 1979

田中利明, 「孔穎達の五經正義における‘人性’の研究」, 『大阪敎育大學紀要(第1部門)』 29-2・3合, 1980)

鳥谷弘昭, 「唐代の出身について」, 『立正史學』 85, 1999

曾我部靜雄, 「中國往古の官吏登用制度」(원간 1970), 『中國社會經濟史研究』, 東京, 吉川弘文館, 1976

池田溫, 「科擧一瞥」, 笠谷和比古 편, 『官僚制と封建制の比較文明史的考察(公家と武家4)』, 東京, 思文閣, 2008

池田溫, 「唐朝氏族志の一考察: いわゆる敦煌名族志殘券をめぐって」(원간 1965), 『唐史論攷』, 東京, 汲古書院, 2014

川勝義雄, 「門生故吏關係」(원간 1958), 『六朝貴族制社會の研究』, 東京, 岩波書店, 1982

七野敏光, 「唐開元二十四年禮部貢擧について」, 『法學論集』(關西大) 36-2, 1986

荒木敏一, 「北宋時代に於ける瓊林宴」(1)·(2), 『京都敎育大學紀要』45·47, 1974·1975

영어

Mair, V., "Scroll Presentation in the T'ang Dynasty", *Harvard Journal of Asiatic Studies* 38-1, 1978

Nivision, D., "Protest Against Conventions and Conventions of Protest", A. Wright 편, *The Confucian Persuasion*, Stanford, Stanford University Press, 1978

Teng, Ssu-yü(鄧嗣禹), "Chinese Influence on Western Examination System", *Harvard Journal of Asiatic Studies* 7-4, 1943

Twitchett, D., "The Birth of the Chinese Meritocracy: Bureaucrats and Examinations in T'ang China"(발표 1974), *The China Society Occasional Papers* 18, 1976

Yu, Ying-shih(余英時), "The Radicalization of China in the Twentieth Century", *Daedalus* 122-2, 1993

찾아보기

색인어는 본문 가운데 주요 '사항'(士(人), 常擧, 進士科, 明經科처럼 본서의 주제어로서 그 출현 빈도가 너무 많은 어휘 제외)과 '인물'(현재 생존 연구자 제외)을 대상으로 삼는데, 괄호 안에 한자나 영어를 병기하고 더러 간단한 설명을 덧붙여 그 의미를 명확히 하였다. '사항'은 단어 위주로 추출하되 일부 중요한 어구도 배제하지 않았으며, 혹 동일한 뜻의 상이한 표현까지 그 사례 안에 포함시켰다. 인명은 황제와 여성 이외에는 모두 성과 이름을 표제로 했으나, 간혹 통용되는 이칭(異稱)을 같이 적고 동명이인의 경우 생몰년으로써 구분하였다.

주요 사항 색인

광의(廣義)의 진사(進士) 77, 164,
    171~175, 177~178, 181, 191,
    197, 205, 209, 214~216, 219,
    221, 224, 227~229, 231, 234,
    242, 246, 249, 251, 253, 257,
    260, 268, 274, 278, 316, 318,
    329, 362, 381, 498, 556
교토학파(京都學派) 23, 573
『구당서(舊唐書)』 90~91, 135~136,
    196, 206, 208, 210, 212, 228,
    286, 529, 580, 584, 592~594,
    596~597, 599, 601~602, 604,
    606~608, 611, 614, 617, 621,
    624, 627, 629~630,
구두시험(口頭試驗) 301, 384, 424,
    427, 500
구지기(求知己) 526
국자감(國子監) 63, 70~71, 78, 102,
    116~119, 123~124, 127, 131,
    146, 154~157, 174, 177, 191~
    194, 200, 204, 211, 218~219,
    222, 224~225, 229, 234, 245,
    267, 282~285, 287, 297~304,
    307~310, 321, 347, 353, 357,
    384~387, 390~391, 393, 402~
    405, 412, 414, 429, 434, 445~
    446, 449, 455, 491, 498, 502,
    509, 530, 532, 541, 549, 564 (광
    문관, 국자학, 사문학, 산학, 서학, 율
    학, 태학과 성균감, 중앙관학 참조)
국자사업(國子司業) 384
국자생(國子生) 71, 118, 123, 155~
    156, 192~194, 242, 282, 285,
    307, 385 (사성생, 성균생 참조)

국자승(國子丞) 384
국자시(國子寺) 70 (중앙관학 참조)
국자좨주(國子祭酒) 114, 203, 209,
    286, 308, 384
국자학(國子學) 70~71, 116, 118,
    154~155, 192, 234, 298, 385,
    387 (국자감 참조)
국학(國學) 116, 193, 284~285, 565
    (관학 참조)
군망(郡望) 41, 236, 634
군주독재체제(君主獨裁體制) 23, 568
군현(郡縣) 153~154 (주현 참조)
권지공거(權知貢擧) 436, 60 (지공거
    참조)
귀족(貴族) 23, 53, 334, 358, 452,
    455, 577
귀족사회(貴族社會) 23
귀족제(貴族制) 23
근대(近代) 21, 23~24, 26, 31, 35,
    37, 419, 555, 580~581
근대성(近代性, modernity) 24~25,
    568
근세(近世) 23~24, 53

나

난대(蘭臺) 75, 147~149
남관(濫官) 58~59, 286, 293~294,
    311~312, 317, 322~323, 363,
    378, 381, 414
『노자(老子)』 254
능력 본위 사회(meritocracy) 24, 121

다

당고(黨錮)　576

『당국사보(唐國史補)』　491

『당대조령집(唐大詔令集)』　96~97

당등과기총목(唐登科記總目)　31, 33, 77~78, 94, 98, 138, 171, 185~186, 195, 340, 368, 560

『당률소의(唐律疏議)』　192, 202, 204, 218~219, 716

당송변혁론(唐宋變革論)　23, 76

『당육전(唐六典)』　61, 145, 196, 257, 300, 336, 369, 382~388, 390~391, 394~398, 403, 414, 421~423, 447, 459~460, 472, 474, 487, 500~501, 505, 509, 512, 548~549, 558, 564, 636, 716

『당재자전(唐才子傳)』　519, 597, 611, 614~619, 625~630

『당척언(唐摭言)』　33, 38, 63~64, 77, 79~81, 83, 86, 88, 94, 101, 145, 159, 172, 225, 301, 303, 319, 334, 357, 488, 521, 525, 591, 597~599, 604, 607, 610~611, 614

『당회요(唐會要)』　79, 160~161, 212, 214~215, 228, 241, 276, 395~396, 444

대경(大經)　386~387, 424

『대당개원례(大唐開元禮)』　406

대리시(大理寺)　224

대선(待選)　382, 522 (수선 참조)

대성(大成: 國子監의 직임)　224, 284, 635

대책(對策: 策試의 방법)　242, 250,

273, 288~289, 315 (책시 참조)

도거(道擧)　211, 432

도독(都督)　127, 170, 234, 387

동년(同年)　529, 541, 575, 605

동도(東都/洛陽)　224~225, 270, 289, 408, 434, 510~511, 638

동류의식(同類意識: 진사과 응시자·급제자들의 인식)　319~322, 363, 410, 439, 527~529, 533~534, 546, 550~551, 557, 559, 566, 575, 578

등과기(登科記)　81, 176~177, 317~319, 322, 359, 363, 441, 527, 557,

『등과기고(登科記考)』　39, 77, 86, 136, 288, 582~583, 586

등제(等第)　449, 510

마

막부(幕府/藩鎭)　551, 561 (절도사 참조)

멱거(覓擧)　58, 62, 185, 280~281, 514 (자거 참조)

명법과(明法科: 찰거 포함)　99, 103, 106~107, 123~124, 192~193, 211, 220~221, 224, 256~257, 336, 384, 386, 388, 391~392, 395, 397, 399, 422~423

명산과(明算科/明筭科)　100, 122~124, 193, 211, 221~222, 224, 257, 384, 386~387, 389, 391~392, 394~395, 397, 399, 420, 423~424

명서과(明書科)　100, 123~124, 211,

생도(生徒)　37, 61, 72, 166, 206, 210,
　　　219, 245~246, 252, 283, 303~
　　　307, 320, 322, 346~356, 360,
　　　364, 384, 387, 390~393, 397,
　　　401~405, 407, 409, 431, 434,
　　　445~446, 449, 455, 461~464,
　　　467~471, 473, 475~477, 482~
　　　488, 490~491, 496, 508~510,
　　　513~514, 530, 545, 548~550,
　　　557~558, 564~565, 569~570,
　　　577, 639~660, 663~664, 667~
　　　680 (관학 참조)
생도명경(生徒明經)　95, 304, 349~
　　　352, 354~356, 360, 364, 463,
　　　470, 471~472, 477~478, 485~
　　　487
생도진사(生徒進士)　349~356, 470,
　　　463, 471~472, 478, 484~487, 498
서계(敍階)　107, 137, 176, 230~231,
　　　238, 241, 266, 336, 394~398,
　　　422, 459~460, 472, 474, 487,
　　　500~501, 505, 520
서판발췌과(書判拔萃科)　239
서학(書學)　70, 116, 123~124, 224,
　　　299~300, 386 (국자감 참조)
석전(釋奠)　97, 104
석채(釋菜)　153
「선거지(選擧志)」　27, 36, 76, 80, 195,
　　　212, 244~246, 250, 298~299
선관(選官)　28, 181, 419~421, 433~
　　　434, 453~455, 497, 549, 551,
　　　558, 561, 578
선사(先師)　81, 176, 402~404, 430,
　　　530

선서(選敍)　325
선성(先聖)　165, 302
선인(選人)　292~293, 295, 324~325,
　　　340, 378, 382
'선조(先祖)'　41~42, 118, 121, 154,
　　　178, 187, 194, 235~236, 307,
　　　329~330, 353~354, 464~470,
　　　478~484, 498, 506~509, 635,
　　　637, 639~680
성권(省卷)　437, 440, 518
성균감(成均監)　299 (국자감 참조)
성균생(成均生)　306, 603, 608 (국자생
　　　참조)
성리학(性理學)　578
성명(成名)　317, 562, 579, 586
성시(省試)　277, 290, 370, 404, 413,
　　　417~418, 420~422, 427, 431,
　　　433~434, 436~439, 444, 448~
　　　449, 451, 453~454, 473, 481,
　　　483, 491~492, 494, 496~497,
　　　500~503, 508~510, 512~513,
　　　517, 527, 530~531, 533, 546,
　　　548~550, 558, 560 (예부시, 이부시
　　　참조)
'성씨(姓氏)'　235~237, 262, 334~336,
　　　354, 363~364, 452, 464~470,
　　　478~484, 490, 505~506, 519,
　　　557, 591, 604, 613~614, 624,
　　　631, 637~638
성씨록(姓氏錄)　114, 205~206 (씨족지
　　　참조)
세공(歲貢)　51~52, 124~125, 127,
　　　150, 153, 195, 212
세시(歲試)　391, 570

아

『인덕령(麟德令)』 202
입류(入流) 130, 207~208, 210, 252, 291, 381

자

자거(自舉) 34, 58, 67, 84, 106, 128, 162, 271, 279, 374 (멱거, 자진 참조)
'자료(資料) 신뢰성(信賴性)' 39~40, 86, 134~135, 137, 139, 141, 229~230, 247, 269, 296~297, 347, 399~400, 457~458, 587~588, 590, 633
자사(刺史) 66, 72, 83, 127, 170, 226, 233, 244, 248, 274, 276, 387, 406, 408, 565
자진(自進) 84, 106 (자거 참조)
잡문(雜文/襍文: 과거 시험 방법) 201, 255~258, 259~262, 267, 285, 291, 310, 342, 363, 379, 384, 394, 412~413, 424, 427, 436, 446, 502, 557
장사(長史) 247~248
장원(狀元) 64, 562
재랑(齋郎) 286, 417, 419~420, 635
재상(宰相) 91, 135, 158, 199, 242, 326~327, 345, 419, 427~428, 432, 444, 446, 451~452, 508, 515, 518, 523, 562~563, 571, 579 (중서문하 참조)
전명경(前明經) 293, 295, 317, 496~498, 500, 546

전선(銓選) 27, 47, 101, 119, 161, 173, 184, 191, 218, 232~234, 292~293, 316, 324~325, 341, 378~379, 381~382, 398, 414, 417~420, 440, 497, 502, 520, 522, 524, 529~530, 544, 548, 558, 561~562
전시(殿試) 23, 568, 572~574
전진사(前進士) 293, 295, 317, 492, 494, 496~497, 500, 546, 562~563, 580
절도사(節度使) 544 (막부 참조)
『정관령(貞觀令)』 201
『정관정요(貞觀政要)』 161
정사(正史) 27, 52, 69, 90~91, 278, 314, 584, 634
정서(政書) 135, 491
제거(制舉) 6, 30~32, 37, 43, 69, 73, 84, 93~94, 105, 126, 143, 145~147, 150~152, 170, 175, 180, 197, 205, 212~219, 221, 224, 227~228, 233~234, 239, 242~243, 246, 249, 253, 257~258, 260, 262, 268, 270, 272~273, 274~281, 285, 287, 294, 312, 314, 316, 322~323, 336~338, 348, 362~363, 368, 373~376, 378, 381, 393, 413, 440, 489, 505, 515, 536, 548, 557, 571, 583~584, 612, 614 (제과(制科), 조거 참조)
제과(制科) 31, 212, 228, 276 (제거 참조)
제과(諸科) 82, 171, 570, 583

주요 인명 색인

가

최석(崔釋)　234

최소(崔韶)　248

최식(崔湜)　327

최언소(崔彦昭)　563

최우보(崔祐甫)　491, 513

최일용(崔日用)　327

최장지(崔藏之)　408~409

최지도(崔志道)　137, 139, 149

최추(崔樞)　98

최훈(崔損)　508

치순(郗純)　528~529, 619

타

태종(太宗: 唐)　40, 43, 46, 52, 58, 79, 86, 88, 99~100, 104, 110, 113~146, 149, 152~154, 156~163, 166~170, 174~175, 177~182, 184~186, 189~192, 194, 196, 204, 224~226, 231, 240, 242, 244, 309, 326, 340, 362, 370, 411, 419, 457, 500, 556, 592, 594, 636

트위체트(Twitchett)　23

파

필수(畢粹)　117, 133, 140, 144

하

학연범(郝連梵)　137

한액(韓液)　529

항안세(項安世)　516

허□(許□)　137, 149

허고(許杲/許景先)　584

헌종(憲宗: 唐)　59, 258, 308, 561, 579

현종(玄宗: 唐)　6, 31, 34, 36, 38, 43, 62, 81~82, 95, 102, 107, 117, 129, 143~144, 155, 158, 161, 175~176, 186, 196, 199, 203, 211, 217, 222, 229~230, 239, 245, 249, 258, 286, 293~294, 298, 300, 307~308, 317~318, 327, 333, 336, 357, 365, 368~370, 373~383, 386, 393, 399~410, 412~414, 416, 421, 425, 428~432, 444~474, 478, 481, 486~491, 494~518, 522, 524, 526~533, 543~552, 555, 558~559, 565~566, 571~572, 578~579, 613, 621, 624, 630, 636, 639, 662, 669, 673, 677

형수직(衡守直)　249

황소(黃巢)　560

후군소(侯君素/侯白)　63

희단(姬旦/周公)　102~103, 440

희온(姬溫)　137

희종(僖宗: 唐)　560, 579

科擧制度形成史

序章

第一部: 科擧制度的雛形

第一章: 科擧制度的起源

第二章: 唐太宗時期的官人選拔制度

小結

第二部: 常舉制度的獨立發展

第一章: 高宗時期常舉的獨立

1. 高宗早期對察舉傳統的遏制
   永徽年間的官人選拔情況 / 永徽二年"始停秀才"

2. "廣義的進士"分化: 制舉和常舉的制度化
   顯慶年間的官人選拔制度 / 制舉和常舉分別獨立發展

3. 常舉科目之進士科和明經科
   高宗顯慶以後的劃時代意義 / 常舉科目早期的過渡情況 / 永隆二年的改革及進士科和明經科的特點

第二章: 武則天和中宗、睿宗時期的常舉制度與現實情況

1. 武則天時期的變化
   政治動盪中的官人選拔 / 常舉和常舉及第者的情形

2. 中宗、睿宗時期官人選拔制度的整頓
   唐朝的復舊和官學的重視 / 進士科和明經科的情況

3. 武則天執政以後進士科和明經科的興起
   進士科和明經科的鞏固與其及第者 / 進士科和明經科的異同: 以陳寅恪研究爲起點 / 從應舉方式考察進士科及第者的特徵

小結

第三部: 科舉制度的確立

第一章: 玄宗時期科舉制度的完善

1. 開元年間的情況: 以吏部試實施期爲中心
   官人選拔制度的概況 / 《唐六典》所載常舉制度 / 進士科和明經科的運作情況

2. 禮部主管的科舉制度
   禮部試的出現 / 禮部試的兩面性 / 常舉制度的行用趨向

第二章: 玄宗時期科舉的情況

1. 進士科和明經科及第者的特點: 通過計量分析
   與武則天~睿宗時期比較 / 吏部試和禮部試實施期的異同

2. 科舉制度的確立和進士科的實況
   圍繞科舉的士人動向 / 進士科及第者和應考者的實況 / 進士科和以文學作品爲媒介的交際、請托 / 以進士科爲媒介的士人集團性深化

小結

序章

　　科舉制度始於何時、如何發展是本書要討論的核心問題。諸多學者已關注到這一話題，目前學界普遍認爲，對自願報名的人施行官人選拔的制度最早誕生於隋朝、最晚始於唐初，這種選拔制度由統一帝國主導其發展變遷。但筆者認爲，該觀點存在兩方面的問題：一、過於注重國家權力，僅從官人選拔制度的執行主體來考察整個科舉制度；二、視科舉制度爲客觀、開放的制度，並從中尋求"近代"先進制度的性質，如此，從後來者的"現在"觀點出發討論科舉制，是否會歪曲中國古代社會和制度所呈現的特徵?

　　本書將根據隋文帝至唐玄宗這一時期的文獻資料，利用文獻考證法和比較研究法，具體探討官人選拔制度的演變和發展歷程，盡可能避免"以今律古"的失誤。筆者發現，科舉制在漫長的歷史實踐過程中，經過了制度設計及其社會現實的背離、調和；選拔者與被選拔者的角力互動，最終才逐漸成爲主要的人才選拔制度。因此，本書定名爲"科舉制度形成史"。

　　本書研究內容主要分爲以下三部分：第一部分是考察新型人才選拔制度之"雛形"產生年代(隋文帝至唐太宗)的情況；第二部分是討論唐高宗至睿

宗時期"常擧"的獨立發展歷程; 第三部分是根據玄宗年間"禮部試"確立後, 對後世科擧制度産生重大影響的文獻, 綜合考察選官制度是如何設計、運行的。筆者爲提高分析結果的準確性和可靠性, 對唐前期進士科和明經科及第者及其世系特徵進行了全面考察, 並在附錄中詳細介紹了分析結果。

第一部 : 科擧制度的雛形

一般認爲科擧制伴隨著隋唐帝國的成立而形成, 但目前尙未有具體史料能夠揭示科擧制的早期發展情況, 因此學術界對科擧制度的起源問題仍有所爭論。其實, 科擧制度的複雜體系難以在短期內完成。本研究根據隋文帝至唐太宗時期編纂的文獻資料, 考察當時選官制度的實際運行情況, 並考證、比較了後世文獻得出:

隨著隋唐帝國的建立和統一, 朝廷對人才的需求大幅度提高, 但社會對新王朝的持續性仍存懷疑, 當時的人才並不熱衷於入朝爲官。隋文帝、煬帝以及唐高祖、太宗在位期間廣納天下賢才, 不必廢除旣有的選官制度"察擧制"。甚至地方向朝廷推擧賢才時, 朝廷待以賓禮, 此謂"賓貢"。隋至唐太宗年間, 皇帝屢下"求賢詔"招才納賢, 這一選官形式類似於後世的"制擧"。此外, 朝廷還大力實施"官學"振興措施, 建立了穩定的人才培養和選拔機制。但是, 我們沒有發現具體史料能夠證實此時已經形成了如後世一般以常擧科目選官的固定化的制度, 因此本書提出疑問, 是否在隋唐帝國建立之初就已經確立了以進士科爲代表的科擧制度?

唐太宗年間, "進士"一詞首見於文獻, 似乎證實作爲常擧科目的進士科出現了。然而, 通過梳理這些進士的仕宦情況可以發現, 他們的初官官品遠高於後世進士及第者，且他們彼此之間初官品階也相差懸殊。因此，我們難以將太宗時期的進士與後世通過官人選拔考試的進士等同視之。再者，從當時"進士"一詞的用例來看，進士並不是特定科目的名稱，而是"將士進上"、"進人爲士"或"被進上的士"、"被薦舉的士"之意。也就是說，由傳統察舉和非定期發布求賢詔而選拔的官人也包括在內。所以，唐太宗年間的進士是與後代進士科不同的"廣義的進士"。但我們需要意識到"習學文武者"之"士"爲四民之一，與官人也可以參加的察舉相比，這一時期的科舉制度更加呈現出"舉士"與"選官"分離的特点。因此，我們可以認爲科舉制度的"雛形"最晚出現在貞觀年間。

第一部的分析結果並非全面否定既往研究所强調的隋至唐初的社會變化。隋文帝建國後，面對新的歷史條件，試圖改革人才選拔機制，凸顯"皇帝主導性"、"官學中心性"和"以普通民衆爲對象的進士"的特徵。雖然如此，我們還無法斷定這一時期已經出現"科舉制度"。這是因爲傳統官人選拔機制"察舉"仍然存在，如後世"常舉科目"般常規化的考試制度尚未形成。總之，當時官人選拔制度處於逐漸發展的過程中，可定義爲過渡期狀態。

科舉制度在歷史中逐漸形成，隋至唐太宗時期是初期階段，具有十分重要的意義。卽使它與後世科舉制度不同，但科舉制的"雛形"已經形成。貞觀年間第一次出現的"進士"一詞，就證實了這一點。由"進"和"士"組成的這一動賓短語顯示出對象是無官平民，這是與察舉制的不同之處。進無官平民爲士是從隋代官人選拔制度中醞釀而生的。有趣的是，後來出現了名目相同的常舉科目"進士科"。隨著"進士"發展爲"進士科"，常舉成爲與其他官人選拔形式相區別的一項獨立的選拔制度，常舉的發展也成爲科舉制發展的前提，這就是第二部的核心內容。

第二部：常擧制度的獨立發展

隨著隋唐帝國創立，選官制度也發生了變化，但直到唐初，常擧和制擧基本上沒有區分開來，也沒有發現在地方有自願報名者參加官府考試的文獻記載。唐太宗年間，“進士”一詞雖然出現於可靠的文獻之中，但這裏的進士與後世常擧科目“進士”並不相同，僅爲“廣義的進士”而已。因此，如果說當時科擧制度已經出現，那麼這只不過是“雛形”罷了。高宗卽位後，官人選拔發展趨勢與以往不同，到睿宗時期的變化更加明顯，可整理如下：

高宗永徽二年的“始停秀才”擧措削弱了以薦擧爲主的傳統官人選拔形式。據“制詔擧人……始於顯慶”的記載，可推知顯慶年間制擧的概念更爲明確，依據皇帝詔書而設的制擧從旣有的“廣義的進士”中獨立出來。結果，由地方推擧和中央官學定期選拔人才的科目也發展成爲獨立的制度。這就是與過去“廣義的進士”不同的常擧，由此可見制擧和常擧的分化情況。高宗末期的永隆二年，進士科和明經科分別增加“雜文”和“帖經”考試，由此，常擧與以試策爲唯一考試內容的制擧區分開來，且常擧各個科目的特點也形成了。因此，最晚到高宗末期，作爲常擧科目的進士科和明經科的特點被確定下來，這就爲科擧制度的形成奠定了基礎。

武則天至睿宗年間，發生了一系列宮廷政變，科擧制度也難以落實。皇帝爲了充實自己的政治勢力，增加了制擧的次數，選拔大量官人，這在一定程度上混淆了常擧和制擧的界限。不過，武則天時期，科擧考試制度得到鞏固，文獻記載中開始出現自願應考者，科擧及第者的晉升機會也大幅提高。中宗和睿宗還秉承了唐初的政治理念，大力振興官學，明經科因與在官學講授的經學科目息息相關而備受重視，所以中央政府對官人選拔的影響力也日趨擴大。這一時期，最爲引人注目的是，自願參加進士科的士人之間形成了某種"同類意識"，開始團結合作，他們還編寫了《進士登科記》。筆者認爲，這是在明經科地位高於進士科的情況下，進士科成員採取的自救措施，換言之，這是朝廷政策和實際落實環境之間的相互制衡的結果。

我們根據【附錄1】、【附錄2】所示進士科和明經科及第者的分析結果可以獲知高宗顯慶年間至睿宗時期的變化趨勢。高宗永徽以前的唐初(第Ⅰ期)到永徽以後的高宗時期(第Ⅱ期)，及第科目不詳的人數比例降低，可見官人選拔方式的制度分化日趨成熟。第Ⅱ期及第者中的名門勢家占比低於第Ⅰ期，籍貫卻更加廣泛，由此推論，到這一時期新興政治勢力開始崛起了。該時期更爲引人注目的是，進士科和明經科及第者不同的品階特徵。進士科及第者的初官品階低於明經科，但其升級機會和終官品階卻高於明經科。常舉和制舉分化發展以後，常舉中的兩科及第者的這一特徵相當凸顯。由此認爲，制度與現實之間存在反差。

常舉剛誕生的第Ⅱ期與武則天統治時期(第Ⅲ期)至中宗、睿宗時期(第Ⅳ期)的差異也相當明顯。其間進士科和明經科及第者的初官品階標準差變小，兩類科目的定位更加明確。進士科及第人員中，名門姓氏的占比日趨降低，新興姓氏逐漸增加，明經科卻出現完全相反的情況，兩種科目在應舉方式上顯得更加不同。与第Ⅱ期相比，第Ⅲ期、第Ⅳ期的進士科和"鄉貢"(在家鄉讀書，經州縣考試及第之人)、明經科和"生徒"(兩京和州縣官學的學生)之間的關系分別更爲密切。出現如此變化的原因可能在於官學教育課程以經書爲主。但是我們仍需注意於初官、終官的品階以及名門子弟對應舉方式的偏好，鄉貢進士的地位呈持續上升趨勢。

據第二部分析結果顯示，科舉制度的發展不能僅從進士科的角度考察。我們也可以分析明經科與進士科的異同點，這樣更加接近當時科舉制的具體面貌。唐廷要以官學爲媒介，樹立中央集權性的官人選拔制度，因此朝廷重視明經科也是理所當然的。而進士科所側重的文學素養也有十分複雜的社會歷史背景: 南北朝以來, 駢儷文體廣泛流行, 並影響到公文文風和宮廷文化; 鄉貢進士的特徵接近於南北朝士人, 主動性相當凸顯; 雖然提高文筆技倆的難度低於體會經學, 但文學素養往往被視爲君子的基本素質。筆者認爲, 新興勢力更加注重進士科的原因也在於此。

高宗顯慶以後至睿宗時期, 科舉制度逐漸分爲常舉和制舉, 常舉和制舉又發展成各自獨立的體系。其間政局雖然動蕩不安, 但進士科和明經科逐漸備受重視, 科舉制度的基本框架也得以奠定, 明經科與進士科日益顯著的差異反映了國家制度、士人風氣相乖離。其實, 不管是哪種社會制度, 都是人類的意識、行爲的產物。接下來在第三部, 筆者將從制度和現實的關係角度來深入探討玄宗時期科舉制度的發展進程。

第三部 : 科舉制度的確立

高宗年間常舉和制舉分化, 以後唐廷雖然經歷了多次政變, 但科舉制作爲新的官人選拔制度發展起來了。其代表性科目的進士科以文學素養爲主、明經科以經學知識爲主。然此兩科發展之中呈現不同特徵。一、應考者來源不同: 明經科以生徒爲主, 進士科則以鄉貢爲主; 二、品階不等: 明經科及第者初官品階高於進士科, 但其終官品階低於進士科。筆者根據這樣的初步觀察, 分析了玄宗年間的文獻, 發現了如下內容:

《唐六典》規定, 常舉科目的應考者應參加官學或州縣的考試, 及第者的初官品階都由中央"省試"結果決定。換言之, 當時官人選拔制度的核心是考試, 與教育制度和銓選制度合爲一體, 揭示出統一帝國的組織化程度。但是玄宗開元二十四年春, 發生了進士科應考者和吏部考功員外郎之間的衝突，由此考試最終管理權從吏部轉移到禮部侍郎。這樣的變化促進"選官"、"舉士"的分離，禮部主管科舉成爲固定的制度，一直延續到清末。換言之，隨著科舉制的發展，選官屬於吏部，舉士屬於禮部，可見科舉和察舉的差異進一步明顯。

不過，禮部試的出現具有"兩面性"：常舉與選官分離後，入仕程式進一步複雜，國家權力介入、控制的可能性隨之提高；與此相反，舉士的最終階段禮部試的權威以及考官與應考者的地位也進一步提高了。卽使唐廷重視明經科，但士人對進士科的偏好和主動性逐漸提高。唐廷爲了應對這種趨向，到天寶九年，國子監增開"廣文館"(專供進士科應考者的學習機構)，效果卻不如預期。三年後，甚至敕天下罷鄉貢之舉，試圖建立以生徒爲中心的人才選拔機制，但最終卻以失敗而告終。可見，制度(朝廷/皇帝)和現實(社會/士人)之間的差距仍然懸殊。

【附錄1】、【附錄2】科舉及第者的統計也符合上述內容。進士、明經及第者的初官與《唐六典》規定幾乎一致，同時生徒、鄉貢比例變化看似與朝廷的意圖吻合，但進士科初官品階低於明經科，終官品階和升級機會則高於明經科，進士科應考者之中鄉貢占比也仍然高於生徒。不僅如此，應考方式也有類似現象。與武則天至睿宗年間相比，這一時期獲得高品官位與出身名門勢家的人員中鄉貢比例高於生徒。禮部主管科舉成爲固定的制度後，制度和現實之間的反差更加明顯。具體來看，進士科及第者官品上升幅度大於明經科，其政治社會地位逐漸提高，名門子弟應考者中鄉貢的占比漸趨超過生徒。

現實和制度之間的反差讓我們注意到玄宗時期的科舉應考者和及第者，尤其是進士科和鄉貢及第者的實際情況。業已發展的極爲細化、難度極高的科舉考試，使省試及第、應考者都抱有自豪感。然而他們及第後需要較長時間纔獲得職事官，而且初官品階也不高。這樣的矛盾現象在以鄉貢進士爲主的新興士人階層更加明顯。因爲進士科的競爭比明經科激烈，並且鄉貢還需要經過類似於傳統的察舉程式，這使他們更爲自豪。他們在這樣的背景之下，對科舉考試抱有主動性和能動性。

這樣的社會環境使我們注意到玄宗年間士人們之間用文學作品的交流與請托，特別是進士科及第者和應考者的"行卷"。這些文件往往表達了對自己文筆的信心和對自己處境的遺憾。王泠然的事例說明，進士及第雖然對士人而言是一件最爲榮顯的事情，但同時也混雜著他們不遇處境的窘迫。這樣的矛盾心態促使進士及第者和應考者擁有同類意識，強化了集體化傾向。這一時期，曲江宴等進士科及第者的儀禮也得以擴散，形成了座主門生關係的雛形。以蕭穎士爲首的文人集團也可以放在同一脈絡中去理解，但重要的是，在他們的意識底層裏總存在著傾向復古的"學"、"文"理念，追求理想的儒學精神。如此，蕭穎士等顯揚"文學"的邏輯可以促進以文學爲本的進士科的發展，帶動文人階層的團結。在這種背景之下，進士及第者和應考者在入仕和晉升時互相幫助。尤其在玄宗年間設置藩鎮，擴大辟署制度後，進士出身的集團化現象又使得進士科的地位逐漸提高。

筆者通過第三部的發現，正如前輩學者的研究已多次論證的，科舉制度到玄宗年間便確立了新的官人選拔制度。但是筆者要強調的是，禮部試施行以後選官和舉士各自獨立，而科舉和察舉完全分化。我們仍需注意到這樣的現象並不符合統一帝國制度設計的初衷。禮部試施行以後，進士科和鄉貢地位竟然得以提高，與朝廷的政策形成了明顯反差。筆者認爲，朝廷對科舉制度的設計初衷和現實情形仍有背離之處，進士科應考者和及第者雖在制度上處於弱勢，但仍對自身力量抱有自豪感，在自己的社會地位問題上具有強烈的主體性，因而形成了以行卷和座主門生爲代表的社交關係、請托，以及堅實的集體同類意識。

據筆者的分析，科舉制度的"形成"過程到玄宗時期告一段落。安史之亂以後，唐朝面臨嚴重的政治混亂，朝廷對地方的影響力也日趨下降，然而士民可以自願報名參加的定期考試——常舉仍成爲了官人選拔制度的核心。不僅如此，常舉科目和應考方式之中，進士科和鄉貢特別重要，這些都在玄宗年間進一步凸顯。持續到清末的禮部試和進士科成爲常舉唯一科目的淵源也出現於這一時期。筆者要强調的是，延續至清末的官人選拔制度的確立過程中，玄宗時期格外重要。同時爲科舉制度的變化起到重要影響的進士科應考者和及第者的社會處境與動態，也是不可忽視的。

終章

筆者主要研究時段爲隋至唐前期。隋代以來，經過漫長時間曲折發展而成爲以禮部試爲主要形式的科舉制度，以及圍繞這一制度的士人的社會現實，在後世也沒有太大的變化。到唐後期，進士科作爲官人選拔形式，其重要性日趨提高。這一變化的背後存在著士人的積極活動，所以，本書研究的內容亦可謂涵蓋了整個唐代。如此，科舉制度的確立和發展無法從統一帝國中央集權的角度來簡單理解。這是因爲在使唐朝政局失控的安史之亂後，以進士科爲代表的常舉竟然進一步鞏固下來。所以我們必須充分關注從國家觀點出發的研究思路容易忽視的被選拔人——士人的主動作用，以及促使其進一步活躍的禮部試的作用。

唐朝的科舉考試並不匿名，考試結果往往取決於推薦或輿論等其他外在因素，這與宋朝匿名考試制度形成明顯的反差。從現代的角度看，唐朝科舉制度沒有解決成績考核的公正、公平問題，但傳統時代的人才選拔標準和考核方法很難符合現代社會的觀念。從這一角度來看，我們可以再考察唐以後歷代科舉制，並從中發現唐代科舉制和歸一爲進士科的後代科舉制之間潛在的"延續性"。到明代，科舉與官學合爲一體，呈現新面貌。這其實是官學融入到了科舉的過程，與重視鄉貢的唐代現實一脈相通。宋朝以後，皇帝通過主持"殿試"直接參與常舉，不久出現了不黜落的慣例，以保障禮部試及第之人入仕，皇帝欽定的禮部試及第之人被賦予了"皇帝"的權威，可見禮部試作爲"舉士"的最終階段依然重要。到清末，士人之間以科舉爲媒介的社交關係逐漸擴散，這與唐前期科舉制度形成過程中體現出來的、包含士人集體能動性的"同類意識"有一定的關係。

通過如此思考，我們可以對科舉制度有全面性的新瞭解。中國歷史潮流中，不能僅從君主專制的角度理解科舉制度，也必須從由齊民上層發展而來的士人階層的性質去理解。魏晉南北朝時期，士族根據血緣關係形成了不拘於皇帝權威的一股強大勢力。結束分裂時代的統一帝國爲吸收和抑制這一勢力，便創設以考試爲主的更開放的官人選拔制度——科舉制度。朝廷爲加強中央集權，樂於推行以官學爲核心、重視明經科與生徒的科舉；然而由於士人偏好、社會風氣，其制以進士科及鄉貢爲主導，唐前期的這種現象基本上持續到後世。換言之，以禮部試爲核心的科舉制度，是國家權力和對該時期社會文化具有支配性影響力的士人之間相互妥協而逐漸形成並持續運行的"合作品"。那麼，科舉制度的出現，與其說是官人選拔制度的變化，不如說是新建了士人正式考核制度。通過科舉制度抬頭的階層成爲中國特有的新支配階層，從這一角度來看，更是如此。筆者在科舉制度的形成過程及其歷史意義之中，特別強調士人問題的原因也在於此。

후기

이 책은 저의 박사학위논문 「당대의 진사과와 사인에 관한 연구」(1995. 8) 전반부 내용을 토대로 한 것입니다. 30년 가까이 지난 이제, 그 일부나마 단행본으로 출판하니 참으로 감개무량합니다. 솔직히 말해서, 박사학위를 받고서도 당대의 진사과가 정녕 무엇인지 잘 모르겠다는 생각을 했습니다. 그래서 이후 관련 연구를 계속하며 자신의 생각을 조금이라도 더 다듬어 보려고 애썼습니다. 예상보다 긴 시간이 걸리는 바람에 한국연구재단과의 약속도 지키지 못하고……. 제 무능과 노력의 부족 탓이 큽니다.

그럼에도 불구하고, 지금 이렇게 연구서를 낼 수 있는 것은 많은 분들이 도와주신 덕분입니다. 우선, 진지한 학문의 자세와 중국사의 묘미를 가르쳐 주신 선생님들께 감사드리고 싶습니다. 서울대학교 동양사학과의 민두기(閔斗基), 오금성(吳金成), 이성규(李成珪), 박한제(朴漢濟), 김호동(金浩東) 선생님 등이 그분들입니다. 그리고 저의 첫 직장이자 마지막 일터일 성균관대학교 사학과 동료 교수님들의 도움도 잊지 못하겠습니다. 특히 동양사연구실에서 교육자의 모범을 보여주신 박기수(朴基水) 선생님께 고마움을 전합니다. 아울러 『당률소의(唐律疏議)』, 『당육전(唐六典)』, 『천성령(天聖令)』 독회를 이끌어 주신 고려대학교 역사교육과 김택민(金鐸敏) 교수님께도 많은 것을 배웠습니다.

기실 선생님들만이 아니라 제 곁에는 좋은 학우들, 학생들도 허다하였습니다. 서울대 동양사학과 대학원실에서 동고동락했던 동기와 선후배들, 성균관대학교의 교정에서 함께 중국사를 고민했던 제자들 그리고 독회나 학회에서 인연을 맺었던 중국사 연구자들……. 이분들이 있었기에 제가 지금까지 즐겁게 공부하며 연구할 수 있었고, 또 이분들의 학문적 자극과 격려가 이 책의 밑거름이 되었다고 생각합니다. 여기에서 낱낱이 거명해 인사드리지 못하나, 다들 감사드립니다. 이 책을 예쁘게 꾸며 주신, 현상철 선생님을 비롯한 성균관대학교출판부의 여러 선생님들도 마찬가지입니다.

1980년대 혼란스러운 시절에 역사학을 공부하기 시작한 뒤, 항상 제 뇌리에는 '어떻게 살 것인가'라는 고민이 있었습니다. 전통시대의 지식인이던 사인 문제에 줄곧 관심을 가진 이유도 여기에 있을 터입니다. 과거제도라는 이 책의 주제 역시 바로 이러한 사람들의 삶을 이해하기 위한 하나의 방법으로서 택해진 것이었습니다. 사람들이 함께 만드는 제도, 그리고 이 제도가 다시 빚어내는 사람들의 삶! 앞으로도 최대한 사실(史實)에 입각하여 이런 현상을 살펴보고자 노력하고, 또 이를 통해 나와 우리들이 어떻게 사는 게 좋을까 끊임없이 고민해 보고 싶습니다. 이것이 지금까지 저를 도와주신 모든 분들께 조금이나마 보답하는 길이 아닐까 합니다.

마지막으로 극히 사적인 이야기를 덧붙입니다. 인간에 대한 깊은 신뢰 위에서 늘 약자의 편이셨던 선친 하종홍(河鍾洪), 저에게 무한한 사랑을 베풀어 주신 선비 문소주(文小珠) 두 분께 대한 그리움이 그것입니다. 이 책을 직접 보셨다면 그 학문적 성취와 무관하게 반기셨을 부모님께 보잘것없는 제 연구를 바칩니다. 그리고 여러모로 부족한 남편에게 인문학자로서의 긍지와 책임감을 잃지 않도록 독려해 온 아내 김순자(金順子), 삶의 특별한 기쁨을 맛보게 해 준 딸 하상진(河相眞)에게도 쑥스럽지만 고마운 마음을 전합니다.

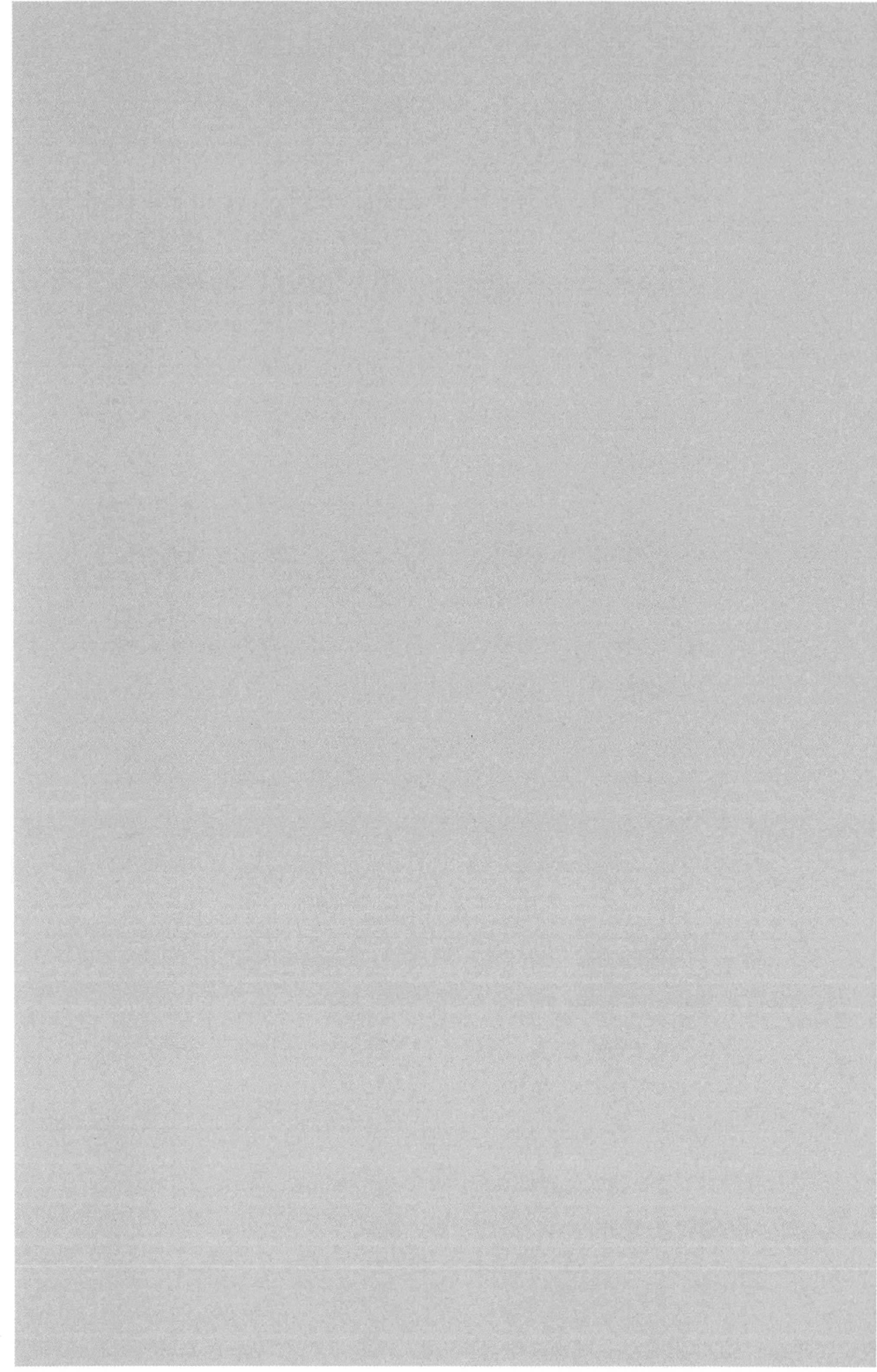

총서 知의회랑 arcade of knowledge 을 기획하며

대학은 지식 생산의 보고입니다. 세상에 바로 쓰이지 않더라도 언젠가는 반드시 인류에 필요할 지식을 생산하고 축적하며 발전시키는 일을 끊임없이 해나갑니다. 오랫동안 대학에서 생산한 지식은 책이란 매체에 담겨 세상의 지성을 이끌어왔습니다. 그 책들은 콘텐츠를 저장하고 유통시키며 활용하게 만드는 매체의 차원을 넘어, 인간의 비판적 사유 능력과 풍부한 감수성을 자극하는 촉매의 역할을 충실히 해왔습니다.

이와 같은 '책을 읽는다'는 것은 단순히 지식과 정보를 습득하는 데 멈추지 않고, 시대와 현실을 응시하고 성찰하면서 다시 그 너머를 사유하고 상상함을 의미합니다. 그러므로 '세상의 밑그림'을 그리는 책무를 지닌 대학에서 책을 펴내는 것은 결코 가벼이 여겨선 안 될 일입니다.

이제 우리는 다양한 방식으로 존재하는 지식과 정보, 그리고 사유와 전망을 담은 책을 엮어 현존하는 삶의 질서와 가치를 새롭게 디자인하고자 합니다. 과거를 풍요롭게 재구성하고 미래를 창의적으로 기획하는 작업이 다채롭게 펼쳐질 것입니다.

대학의 심장부에 해당하는 도서관이 예부터 우주의 축소판이라 여겨져 왔듯이, 그곳에 체계적으로 배치된 다양한 책들이야말로 이른바 학문의 우주를 구성하는 성좌와 다름없습니다. 우리는 그 빛이 의미 없이 사그라들지 않기를, 여전히 어둡고 빈 서가를 차곡차곡 채워가기를 기대합니다.

앎을 쉽게 소비하는 시대를 살고 있지만, 다양한 앎을 되새김함으로써 학문의 회랑에서 거듭나는 지식의 필요성에 우리는 공감합니다. 정보의 홍수와 유행 속에서도 퇴색하지 않을 참된 지식이야말로 인간이 가야 할 길에 불을 밝혀줄 수 있기 때문입니다. 앞으로 대학이란 무엇을 하는 곳이며, 왜 세상에 남아 있어야 하는 곳인지 끊임없이 되물으며, 새로운 지의 총화를 위한 백년 사업을 시작하겠습니다.

총서 '知의회랑' 기획위원

안대회 · 김성돈 · 변혁 · 윤비 · 오제연 · 원병묵

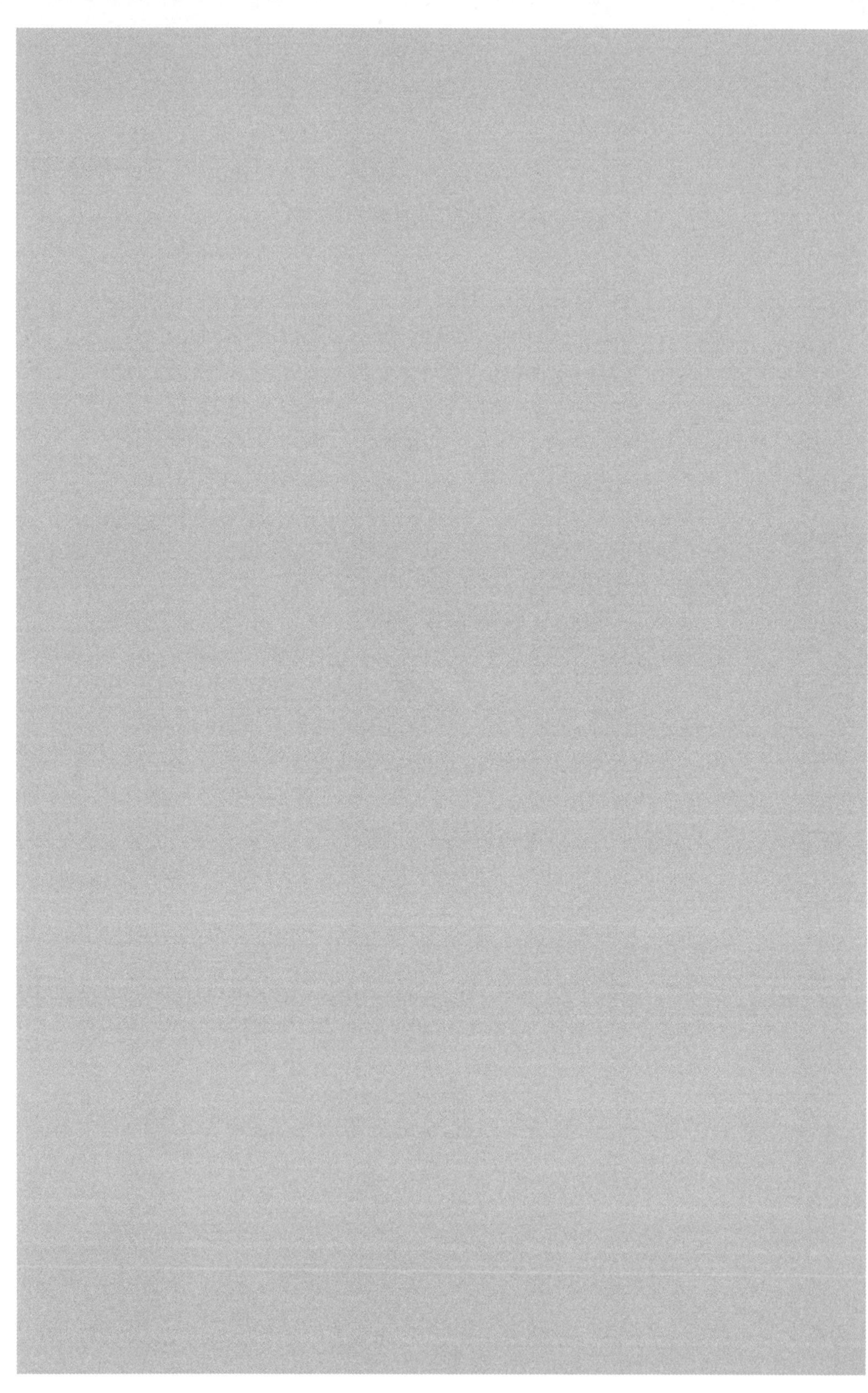

지은이 하원수

서울대학교 동양사학과를 졸업하고, 동대학원에서 「당대(唐代)의 진사과(進士科)와 사인(士人)에 관한 연구」로 박사학위를 받았다. 성심여자대학교(현 가톨릭대학교), 서울대학교 등의 강사를 거쳐 1997년부터 성균관대학교 사학과 교수로 있다. 동양사학회 편집이사·중국고중세사학회 회장을 역임했으며, 하버드옌칭연구소(Harvard-Yenching Institute)와 칭화대학(淸華大學)의 방문학자를 지냈다.

그간 당대사(唐代史)를 중심으로 사료에 충실한 밀도 높은 연구들을 수행해 왔다. 「신당서(新唐書) 선거지상(選擧志上)의 내용과 송대(宋代) 편자(編者)의 성격」, 「응시자의 입장에서 본 당대의 과거: 예부시(禮部試)의 성격에 관한 일시론(一試論)」, 「수·당초 진사과(進士科)에 관한 기록의 재검토」, 「위진남북조 시기의 '사(士)'에 관한 일시론: 일본 학계에서의 '귀족'론에 대한 재검토를 중심으로」 등의 논문이 있으며, 『당율소의(唐律疏議)』, 『당육전(唐六典)』과 천일각장(天一閣藏) 『천성령(天聖令)』, 당대 공식령(公式令) 등의 공동 역주 작업에 동참하거나 이를 주도하였다.

사실 위에 진실이 선다는 학인의 신념으로, 국내 역사학계의 튼실한 연구 기반 마련에 매진하고 있다.

知의회랑
arcade of knowledge
022

과거제도 형성사
황제와 사인士人들의 줄다리기

1판 1쇄 인쇄 2021년 8월 20일
1판 1쇄 발행 2021년 8월 30일

지 은 이   하원수
펴 낸 이   신동렬
책임편집   현상철
편   집   신철호·구남희
마 케 팅   박정수·김지현

펴 낸 곳   성균관대학교 출판부
등   록·   1975년 5월 21일 제1975-9호
주   소   03063 서울특별시 종로구 성균관로 25-2
전   화   02)760-1253~4 팩스 02)762-7452
홈페이지   http://press.skku.edu

ISBN 979-11-5550-483-3 93910

ⓒ 2021, 하원수
값 39,000원

⊙ 잘못된 책은 구입한 곳에서 교환해 드립니다.
⊙ 이 저서는 2013년 정부(교육과학기술부)의 재원으로 한국연구재단의
   지원을 받아 수행된 연구임(NRF-2013S1A6A4A02017433).